Ergänzende Unterlagen zum Buch bieten wir Ihnen unter www.metzlerverlag.de/webcode zum Download an.
Für den Zugriff auf die Daten verwenden Sie bitte Ihre E-Mail-Adresse und Ihren persönlichen Webcode.
Bitte beachten Sie bei der Eingabe des Webcodes auf eine korrekte Groß- und Kleinschreibung.

Ihr persönlicher Webcode: 02343-4wsG1

Handbuch
Gattungstheorie

Herausgegeben von
Rüdiger Zymner

Verlag J.B. Metzler
Stuttgart · Weimar

Der Herausgeber
Rüdiger Zymner, seit 1997 Professor für Allgemeine
und Vergleichende Literaturwissenschaft
(einschl. Neuere deutsche Literaturgeschichte)
an der Bergischen Universität Wuppertal

Bibliografische Information der Deutschen
Nationalbibliothek
Die Deutsche Nationalbibliothek verzeichnet diese
Publikation in der Deutschen Nationalbibliografie;
detaillierte bibliografische Daten sind im Internet über
http://dnb.d-nb.de abrufbar.

Gedruckt auf chlorfrei gebleichtem, säurefreiem und
alterungsbeständigem Papier

ISBN 978-3-476-02343-8

Dieses Werk einschließlich aller seiner Teile ist urheber-
rechtlich geschützt. Jede Verwertung außerhalb der engen
Grenzen des Urheberrechtsgesetzes ist ohne Zustimmung
des Verlages unzulässig und strafbar. Das gilt insbesondere für Vervielfältigungen, Übersetzungen, Mikrover-
filmungen und die Einspeicherung und Verarbeitung in
elektronischen Systemen.

© 2010 J. B. Metzler'sche Verlagsbuchhandlung und
Carl Ernst Poeschel Verlag GmbH in Stuttgart
www.metzlerverlag.de
info@metzlerverlag.de

Einbandgestaltung: Willy Löffelhardt / Melanie Frasch
Satz: ARThür Grafik-Design & Kunst, Weimar
Druck und Bindung: CPI – Ebner & Spiegel, Ulm
Printed in Germany
November 2010

Verlag J. B. Metzler Stuttgart · Weimar

Inhalt

Zur Gattungstheorie des ›Handbuches‹,
zur Theorie der Gattungstheorie und
zum »Handbuch Gattungstheorie«.
Eine Einführung. 1

(A) Aspekte der literaturwissenschaftlichen Gattungsbestimmung

1. Methodische Aspekte 7
1.1 Definitionen und Begriffsformen 7
1.2 Definieren von Gattungen 10
1.3 Gattungssystematiken 12
1.4 Generische Allgemeinheitsgrade 15
1.5 Invarianz und Variabilität von Gattungen 19
1.6 Kategorisieren 21
1.7 Korpusbildung 23
1.8 Terminologien und Gattungsnamen 25
1.9 Methoden der Gattungsforschung 26
2. Bestimmungskriterien 29
2.1 Faktualität/Fiktionalität als Bestimmungskriterium 29
2.2 Figural als Bestimmungskriterium 31
2.3 Form als Bestimmungskriterium 32
2.4 Funktion/pragmatische Kontexte als Bestimmungskriterium 33
2.5 Inhalt als Bestimmungskriterium 35
2.6 Mündlichkeit/Schriftlichkeit als Bestimmungskriterium 37
2.7 Prosa als Bestimmungskriterium 38
2.8 Redekriterium 39
2.9 Selbständigkeit als Bestimmungskriterium 41
2.10 Stil als Bestimmungskriterium/Gattungsstilistik 42
2.11 Textualität als Bestimmungskriterium . . . 43
2.12 Umfang als Bestimmungskriterium 44
2.13 Vers als Bestimmungskriterium 45

(B) Problemkonstellationen der Gattungstheorie

1. Texttheoretische Problemkonstellationen 47
1.1 Autorintention und Gattung 47
1.2 Editorik und Gattung 48
1.3 Formzitat und Gattung 50
1.4 Gattungsmischung, Gattungsübergänge, Unbestimmbarkeit 52
1.5 Interpretation und Gattung 54
1.6 Intertextualität und Gattung 56
2. Normentheoretische Problemkonstellationen 59
2.1 Deskriptivität und Präskriptivität 59
2.2 Epigonalität und Gattung 61
2.3 Geschlecht und Gattung 64
2.4 Ideologie und Gattung 66
2.6 Innovation und Gattung 69
2.7 Kanon und Gattung 71
2.8 Konvention und Gattung 73
2.9 Originalität und Gattung 75
2.10 Wertung und Gattung 77
2.11 Zensur und Gattung 79
3. Vermittlungs- und institutionentheoretische Problemkonstellationen 82
3.1 Bibliothek und Gattung 82
3.2 Buchhandel und Gattung 85
3.3 Kontext und Gattung 87
3.4 Lexikographie und Gattungen 90
3.5 Literaturkritik und Gattung 92
3.6 Literaturunterricht und Gattung 94
3.7 Textproduktion und Gattung 97
3.8 Textrezeption und Gattung 99
4. Medientheoretische Problemkonstellationen 102
4.1 Computer und Gattung 102
4.2 Medialität und Gattung 105
5. Literaturtheoretische Problemkonstellationen 107
5.1 Écriture und Gattung 107
5.2 Einteilung der Literatur in Gattungen 109
5.3 Gattungsmetaphoriken 112
5.4 Literatur als Gattung 114
5.5 Literaturbegriff und Gattung 117
5.6 Normativität und Gattung 119
5.7 Ontologie und Gattung 121
5.8 Transkulturalität und Gattung 123
5.9 Wahrnehmung und Gattung 126
5.10 Einzelwerk und Gattung 128

(C) Gattung und Gattungshistoriographie

1. Bedürfnissynthese, -erweiterung und -produktion 131
2. Darstellungsformen der Gattungsgeschichtsschreibung 133
3. Entstehungstheorien von Gattungen 135
4. Gattung und Geschichtsphilosophie 138
5. Gattungshistoriographische Ordnungsmuster 140
6. Gegenstände und Gegenstandskonstitution der Gattungsgeschichtsschreibung 142
7. Historische Systematik von Gattungen... 146
8. Institution/Institutionalisierung 148
9. Leitgattungen 150
10. Normbildende Werke 152
11. Theorien des historischen Endes von Gattungen 154
12. Theorien generischen Wandels 156

(D) Richtungen und Ansätze der poetologischen Gattungstheorie

1. Ästhetischer Nominalismus............ 159
2. Biopoetische/Kognitionswissenschaftliche Gattungstheorie 162
3. Darwinistische Gattungstheorie 164
4. Dichtungslehren/Gattungspoetiken (bis 1800) 166
5. Formgeschichtliche Gattungstheorie 169
6. Gattungsästhetik 172
7. Geistesgeschichtlich-anthropologische Gattungstheorie 174
8. Konstruktivistische Gattungstheorie 177
9. Kontextorientierte Gattungstheorien.... 180
10. Neoaristotelismus 182
11. Poststrukturalistische Gattungstheorie... 185
12. Rhetorische Gattungstheorie.......... 188
13. Sozial- und funktionsgeschichtliche Gattungstheorie 190
14. Struktural-formalistische Gattungstheorie............................. 193

(E) Zur Geschichte der poetologischen Gattungstheorie

1. Präantike Gattungstheorie............. 197
2. Gattungstheorie in der Antike.......... 199
3. Gattungstheorie im Mittelalter 201
4. Gattungstheorie in der Frühen Neuzeit 203
5. Gattungstheorie um 1800.............. 206
6. Gattungstheorie im 19. Jahrhundert..... 210
7. Gattungstheorie im 20. Jahrhundert..... 213
8. Gattungstheorie im 21. Jahrhundert..... 217

(F) Bezugssysteme von Gattungstheorie und Gattungsforschung

1. Analytische Literaturwissenschaft 221
2. *Cognitive Poetics* und Biopoetik........ 223
3. Dekonstruktion 225
4. Diskursanalyse...................... 227
5. Empirische Literaturwissenschaft....... 229
6. Feministische Literaturwissenschaft und *Gender Studies*................... 231
7. Formalismus und Strukturalismus...... 232
8. Gesellschaftswissenschaften............ 235
9. Hermeneutik 237
10. Kulturwissenschaften 239
11. Linguistik und Semiotik............... 240
12. Naturwissenschaften................. 243
13. Philosophie......................... 245
14. Psychologie......................... 247
15. Rezeptionsästhetik 248
16. Rhetorik 250

(G) Gattungsforschung disziplinär

1. Anglistische/Amerikanistische Gattungsforschung 253
2. Germanistische Gattungsforschung..... 256
3. Geschichtswissenschaftliche Gattungsforschung 260
4. Japanologische Gattungsforschung...... 263
5. Journalistische Gattungsforschung...... 267
6. Komparatistische Gattungsforschung ... 270
7. Kunstwissenschaftliche Gattungsforschung 274
8. Medienwissenschaftliche Gattungsforschung 277
9. Musikwissenschaftliche Gattungsforschung 281
10. Romanistische Gattungsforschung...... 284
11. Sinologische Gattungsforschung........ 288
12. Sozialwissenschaftliche Gattungsforschung 291
13. Sprachwissenschaftliche Gattungsforschung 295

14. Theaterwissenschaftliche Gattungsforschung 298
15. Theologische Gattungsforschung 302
16. Volkskundliche/Ethnologische Gattungsforschung 306

4. Theorien des Komischen 320
5. Theorien der Lyrik 324
6. Theorien des Narrativen 328
7. Theorien des Satirischen 331
8. Theorien der Theaterliteratur 335
9. Theorien des Tragischen 338

(H) Theorien generischer Gruppen und Schreibweisen

1. Theorien der Epik 311
2. Theorien der Faktographischen Literatur 315
3. Theorien der Kunstprosa 317

Verzeichnis der Beiträgerinnen und Beiträger 343

Sachregister 345

Namenregister 357

Zur Gattungstheorie des ›Handbuches‹, zur Theorie der Gattungstheorie und zum »Handbuch Gattungstheorie«. Eine Einführung.

Der Ausdruck ›Handbuch‹ ist die Verdeutschung des lateinischen *manuale* (eigentlich: Bücherfutteral) bzw. des mittellateinischen *liber manualis* und meint zunächst ein »buch von mäszigem umfang, zum leichten gebrauch, entweder um hinein zu schreiben oder darin zu lesen« (Grimm 1877, 366). Ein besonderer Typus des Handbuches bzw. des Manuals ist das Vademekum (lateinisch »geh mit mir«), das man – als Ratgeber in der Jackentasche – bei sich führen kann, wie das polemisch-scherzhafte *Ein / VADE MECUM / für den /HRN. SAM. GOTTH. LANGE / Pastor in Laublingen / in / diesem Taschenformate ausgefertiget / von / Gotth. Ephr. Lessing* (1754) oder *The Fishermen's Vade Mecum* (1942) von G. W. Maunsell. Bereits in der Frühen Neuzeit benutzte man den Ausdruck ›Handbuch‹ auch im Diminutiv und betrachtete »Handbüchlein« als Synonym von griechisch *enchiridion*: das, was leicht oder gut in der Hand liegt und zum Beisichtragen geeignet ist, wie Erasmus von Rotterdams Handbüchlein des christlichen Ritters *Encheiridion militis christiani* (1503) oder auch das Erfurter ›Färberfass-Enchiridion‹ mit dem Titel *Ein Enchiridion oder Handbüchlein geistlicher Gesänge und Psalmen* (1520). In neuerer Zeit, so hält das Grimmsche Wörterbuch außerdem fest, werde der Ausdruck »Handbuch« »häufig verwandt zu bezeichnung eines buches das in knapper fassung das hauptsächlichste einer lehre gibt«, wie z. B. »handbuch der griechischen und römischen alterthümer; handbuch der schönfärberei. das englische hat das wort als handbook herübergenommen« (ebd.).

Die ›neuere‹ Verwendungsweise des Ausdrucks, die das Grimmsche Wörterbuch im 19. Jh. verzeichnet, deutet die Richtung an, in die sich die Begriffs- und Sachgeschichte des Handbuchs entwickeln sollte. Mehr und mehr verstand man unter ›Handbuch‹ so etwas wie eine an den praktischen Bedürfnissen des täglichen raschen Gebrauchs ausgerichtete und sozusagen auf einen handlichen Band kondensierte Enzyklopädie, die ein bestimmtes Thema oder einen bestimmten Sach- bzw. Wissensbereich systematisch und vollständig, im Unterschied zu Sach- und Fachlexika aber nicht unbedingt auch alphabetisch geordnet, nach Stichwörtern erschließt. Die Buchkunde betrachtet das Handbuch heute als »Buchgattung der Gegenwart« (Umlauf 2001; Umlauf 1996). Man kennt und nennt eine Reihe von formalen, inhaltlichen ebenso wie pragmatischen Kriterien zur Bestimmung dieser Gattung, allen voran die materiale Beschaffenheit als selbständiges Buch (das ist: eine »Verbindung mehrerer Blätter oder Bogen mittels Heftung/Bindung, die von einem Einband umschlossen sind«, Füssel 1997, 259), die das – fallweise auch in mehreren Bänden erscheinende – Handbuch von unselbständigen oder auch elektronischen und von lediglich buchverwandten Publikationen (wie Broschüre, Heft oder Zeitung und Zeitschrift) nach Umfang, Format und Erscheinungsweise unterscheidet. Das Handbuch grenzt sich gegen andere moderne Buchgattungen wie Lexikon, Sachbuch oder Lehrbuch und erst recht das buchkundlich sogenannte Belletristische Buch (Romane, Dramen, Gedichte etc.) dadurch ab, dass es den Stoff eines *Fachgebietes* systematisch präsentiert und sich dabei an Fachleute und Studierende wendet. Das Handbuch fasst das vorhandene Wissen für Fachleute zusammen und/oder stellt die Fakten, die Praktiker in einem bestimmten Zusammenhang brauchen, bereit. Zu seinen Merkmalen gehört nach Umlauf 2001 überdies, dass die Autoren von Handbüchern selbst Fachleute sind, dass die Gliederung eines Handbuches differenziert und das Handbuch mit umfangreichen Registern versehen sei. Es ist seiner gattungstheoretischen Idealform nach zum Nachschlagen ebenso wie zum Lernen geeignet. Die Titelformulierung gibt präzise das Fachgebiet an, das in dem Handbuch entfaltet wird, nennt aber nicht unbedingt auch das Stichwort ›Handbuch‹. Umgekehrt gebe es Publikationen, die zwar den Gattungsnamen ›Handbuch‹ auf dem Titelblatt führten, ohne jedoch zu der Gattung zu gehören. Typisch für richtige Handbücher sei schließlich, dass sie in Wissenschafts- und Fachverlagen erscheinen und dass sie zumeist im Lesesaal einer Universitätsbibliothek oder auch in öffentlichen Bibliotheken aufgestellt und somit entgegen der Wortgeschichte heute vermutlich in den wenigsten Fällen in privaten Jackentaschen mitgeführt werden.

Gattungstheorie und Gattungstheorien

Gemessen an den generischen Erwartungen, die heute buchkundlich mit dem Begriff verbunden werden, könnten Zweifel darüber aufkommen, ob es sich bei dem vorliegenden *Handbuch Gattungstheorie* tatsächlich um ein Handbuch in einem strengen Sinn handelt. Zwar sind die einzelnen Artikel dieses Handbuches von Fachleuten verfasst worden, und das Handbuch als ganzes richtet sich auch in erster Linie an Studierende und Fachleute, allerdings ist es fraglich, ob die Gattungstheorie ein *Fachgebiet* ist, dessen ›Wissen‹ man so einfach zusammenfassen, dessen ›Fakten‹ man bereitstellen könnte. Gattungstheorie wird heute nämlich in ganz unterschiedlichen Disziplinen in Form von jeweils spezifischen Gattungstheorien betrieben. Neben der Literaturwissenschaft wären dies (wie oben gesehen) nicht nur die Buchwissenschaft, sondern z. B. auch die Musikwissenschaft, die Geschichtswissenschaft oder die Soziologie – ebenso wie die Biologie (vgl. z. B. Lecointre/Le Guyader 2006) oder die Chemie (vgl. Cahn 2002), die Physik (Baehr 1974), die Mathematik (Hardy/Wright 2008; Bundschuh 2008) und viele andere Fachgebiete, die weit davon entfernt sind, sich zu *einem* Fachgebiet bzw. *einer* Forschungsrichtung, zu einer *Allgemeinen Gattungstheorie* als einer metareflexiven, alle disziplinären Gattungstheorien umfassenden, Tätigkeit zusammenführen zu lassen.

Gattungstheorien als *wissenschaftliche Reflexionen* über Eigenart, Gemeinsamkeit, Abgrenzung, Funktion oder auch Historizität von Gattungen werden überall dort entwickelt, wo es um kategoriale Unterscheidungen, die Konstitution stabiler Objekte und die kontrollierte Beobachtung dieser Objekte in einem Forschungszusammenhang geht, gleichviel, ob es sich hierbei nun um Lebewesen, chemische Elemente, Sprachverwendungsweisen oder Zahlen handelt. Gattungstheorien gibt es daneben aber auch im Alltag, als subjektive oder auch mehr oder weniger sozial verfestigte Annahmen oder Wissensbestände, die die Wahrnehmung und auch das Verständnis von Gattungen bestimmen. Menschen kategorisieren nämlich von klein auf und unterscheiden dann schließlich in unterschiedlichen kulturellen Kontexten unterschiedlich (vgl. Taylor 1989): Im Wallisischen benutzt man z. B. das Farbadjektiv »llwyd«, wo man im Englischen zwischen den Farben »grey« und »brown« unterscheidet (Hjelmslev 1963, 53), und es kann durchaus fraglich sein, wann etwas als Tasse oder schon als Schüssel oder gar als Vase betrachtet wird (vgl. Labov 1973). Schließlich ist es, nach einem Gedicht Peter Rühmkorfs, »schon toll/ dass die Eskimos früher mal über über/ zweihundert Wörter für Schnee verfügten/ (der Ausdruck der weißen Öffentlichkeit) –/ aber ein normales mitteleuropäisches Schulkind von heute/ hat doch auch seine (locker)/ hundertzwanzig Sorten von Speiseeis drauf« (Rühmkorf 1989, 39). Solche *Folk-Gattungstheorien*, nach denen die Welt eben alles sei, was sich nennen und aufzählen lasse (vgl. Eco 2009), haben in der Regel die Form impliziter Vorannahmen oder Vorurteile, die sich freilich in ihren jeweiligen Kontexten durchgesetzt und erhalten haben, weil sie dort irgendwie funktionieren oder nützlich sind – nicht zuletzt: weil sie dem Einzelnen helfen, ›die Welt‹ zu strukturieren, zu ordnen und sich in ihr zurechtzufinden. Wissenschaftliche Gattungstheorien betreiben das explizit und explizierend, was in den Folk-Gattungstheorien implizit bleibt. Wissenschaftliche Gattungstheorien orientieren sich in ihren Aussagen und Argumentationen wenigstens tendenziell z. B. an Kriterien wie Nachprüfbarkeit, empirische Triftigkeit, Widerspruchsfreiheit und Vorläufigkeit. Sie versuchen, Einzelphänomene begrifflich explizit zu erfassen, zusammenzufassen und zu koordinieren und überdies zu erklären. Sie zeichnen sich durch Systematizität in dem Sinn aus, dass ihre Aussagen in argumentativen bzw. folgerichtig aufbauenden Beziehungen zueinander stehen sollen, und sie bemühen sich um Transparenz in dem Sinn, dass sie Vorannahmen, Vorteile ebenso wie axiomatische Basisannahmen und konstitutive Bezugstheorien möglichst offenlegen. Dadurch unterscheiden sich wissenschaftliche Gattungstheorien nicht nur von Folk-Gattungstheorien, sondern auch von anderen, teilweise historisch der Verwissenschaftlichung von Gattungsforschung und Gattungstheorie vorangehenden generischen Wissenssystematisierungen, wie sie z. B. im Bereich der Rhetoriken, Grammatiken, Poetiken und Ästhetiken vorliegen.

Literaturwissenschaftliche Gattungstheorie

Eine der generologisch interessiertesten und elaboriertesten Fachdisziplinen ist dabei sicherlich die Literaturwissenschaft. Die literaturwissenschaftliche Gattungstheorie kann daher vielleicht sogar den Status einer Leitdisziplin der *Allgemeinen Gattungstheorie* beanspruchen und muss in jedem Fall im Zentrum des vorliegenden *Handbuches Gattungstheorie* stehen. Als literaturwissenschaftliche Gattungstheorie lassen sich alle systematischen, methodisch und theoretisch kontrollierten Versuche einer auf Prinzipienwissen ausgerichteten Reflexion über *literarische Gattungen* bestimmen, und zwar als Theorie bestimmter Einzelgattungen oder als Theorie der literarischen Gattungen überhaupt. Diese allgemeine Reflexion kann von Gewohnheiten im Umgang mit oder Reden über Gattungen ausgehen (z. B. in Folk-Gattungstheorien, Poetiken oder Ästhetiken) und diese in rationalen Rekonstruktionen überprüfen, korrigieren und präzisieren. Sie kann aber auch von literaturfernen Vorannahmen oder auch von abstrakten Postulaten ausgehen und jene vorwissenschaftlichen Gewohnheiten an ihnen messen. Die literaturwissenschaftliche Gattungstheorie hat es dabei immer wieder mit grundlegenden Problemen zu tun, die sie in Richtung einer Allgemeinen Gattungstheorie öffnen: So z. B. mit der (1) Frage nach dem ontologischen Status von Gattungen; sodann mit der (2) Frage nach Kriterien und Möglichkeiten der Begriffsbestimmung und der Beschreibung von Gattungen. Eine andere, disziplinär spezifische Grundfrage (3) wäre die nach der Einteilung der Literatur als solcher in Gattungen, weiter (4) die Frage nach dem Verhältnis von Dichtarten (wie z. B. Roman, Ballade, Tragödie etc.) und Dichtweisen (den vermeintlichen Naturformen Epik, Lyrik, Dramatik) und (5) das Verhältnis von Gattungen zu sogenannten Schreibweisen. (6) Bedingungen und Möglichkeiten der Gattungsgeschichte gehören ebenso zu den gattungstheoretischen Grundsatzproblemen wie die (7) Frage nach dem Zusammenhang zwischen Gattungen und im weiteren Sinne soziologischen Sachverhalten (Funktionen von Gattungen, Gattungen als Institution, Gattung und Geschlecht) oder (8) nicht zuletzt die Frage nach den biopoetischen bzw. anthropologischen Dispositionen, welche Gattungen bedingen oder gar erzwingen. Dabei ist allerdings schon die Rede von *literarischen* Gattungen bzw. Gattungen der *Literatur* nicht unproblematisch (→ B 5.5), weil hier ein normativer moderner Literaturbegriff impliziert wird, der für andere Kulturen der Dichtung als der abendländischen und für andere historische Kontexte als demjenigen moderner Gesellschaften nicht passt bzw. keine Rolle spielt. Literaturwissenschaft und literaturwissenschaftliche Gattungstheorie, die sich jedoch nicht von kulturell bedingten Vorurteilen und einer Verabsolutierung moderner (National-)Literaturen beschränken lassen will, muss den Blick ebenso auf vormoderne Kulturen der Dichtung, auf die Ära der Poesie vor der Literatur und auf schriftliche wie mündliche Verfahren und Formen der Symbolisierung, Stilisierung, Fiktionalisierung oder auch pragmatisch-funktionalen Auszeichnung durch bzw. von Sprache richten.

Die die abendländische Geschichte der Dichtung oder Poesie betreffende gattungstheoretische Reflexion reicht von ästhetisch-philosophischen Fragestellungen bei Platon und Aristoteles über eine lange Phase normativer Poetiken bis zu anthropologisch und psychologisch argumentierenden Poetiken des 18. Jh.s, die in gewisser Weise die spekulativen Wesensbestimmungen von Gattungen um 1800 (von Schlegel bis Hegel) vorbereiteten. Die literaturwissenschaftliche Gattungstheorie folgte zunächst jenen philosophischen, rhetorischen oder auch dichtungspraktischen Ansätzen und gelangte seit Ende des 19. Jh.s und im frühen 20. Jh. mit morphologischen oder auch fundamental-anthropologischen, essenzialistischen Theorien zu einer gewissen Selbständigkeit. Seit den 60er Jahren des 20. Jh.s kommt es zu einer Abwendung von solchen Auffassungen und zu einer Hinwendung zu im strengeren Sinne literaturwissenschaftlichen Strukturbestimmungen (in strukturellen Theorien, vgl. Lamping 1997) sowie nicht zuletzt auch zu autologischen Ansätzen, die die Rolle des Beobachters als Teil des Beobachteten sowie die unhintergehbare biologische und soziokulturelle Bedingtheit des Beobachtens zu einem wesentlichen Aspekt gattungstheoretischer Reflexion machen (vgl. z. B. Zymner 2009). Generell verfestigt sich dabei die Auffassung, dass dichterische oder literarische *Gattungen* am besten als historisch-sozial relative *Normen der Kommunikation* aufzufassen sind, man könnte auch von Kategorisierungen als Zuschreibungen oder Zuweisungen von Sinn sprechen. *Gattungszuschreibungen* sind stets konkret physisch bedingte und soziale, institutionalisierende Kategorisierungsvorgänge. Es handelt sich im Prinzip um Verständigungsprozesse zwischen mehreren Akteuren, in denen Geltungsbedingungen jener Zuschreibungen ausgehandelt oder durchgesetzt und kulturelle Haushalte irgendwie zusammengehöriger Gruppen organisiert werden. Gattungen sind daher auch als *kommunikativ etablierte und dadurch sozial geteilte* Kategorisierungen zu bezeichnen. Gattungszuschreibungen unterliegen den natürlichen und den kulturellen Bedingungen des Kategorisierens, sie sind kulturrelativ und historisch flexibel, und sie beruhen auf der Wahrnehmung von besten Beispielen (Prototypen) und derjenigen von weniger trennscharfen als eher ›verschwimmenden‹ Grenzen zu ›besten Beispielen‹ anderer Kategorien. Daher haben sie also schon allein aus wahrnehmungspsychologischen Gründen keine scharfe, sondern eine prinzipiell schwankende Gestalt. Die Akteure, die sich jeweils durch Gattungszuschreibungen (be-

oder umschreibend, benennend, definierend) an der Organisation kultureller Haushalte beteiligen, können im Hinblick auf die Objekte der Kategorisierung lediglich Beobachter oder auch Teilnehmer sein, in jedem Fall sind sie jedoch hermeneutische Mitspieler, die durch ihre Teilnahme oder durch ihre Beobachtung den Gegenstand der Teilnahme oder Beobachtung beeinflussen und ihn eben nicht quasi-objektiv unberührt lassen. Gattungsbestimmungen sind stets abhängig von den vorausgesetzten Alltags- oder auch von Literaturtheorien, denn diese bestimmen die Einteilungs- und Unterscheidungsgründe. Zudem sind Gattungsbestimmungen paradigmen-, interessen- und auch zweckabhängig, Gattungsdefinitionen können daher unterschiedliche Begriffsformen haben, und sie können klassifizierend oder typologisierend ausgerichtet sein. Gattungen haben nicht zuletzt auch keine festen oder eigentlichen Namen, vielmehr sind die Begriffsnamen vielfach semasiologischer Variabilität unterworfen. Die Subjektgebundenheit, die Theorieabhängigkeit und der Konstruktcharakter von Gattungen und Gattungsbestimmungen – also: dass sie Gemachtes und nicht Gegebenes sind –: das ist ein grundlegender Sachverhalt, der nicht nur von Bedeutung ist für den sozusagen alltäglichen Umgang mit Gattungen, sondern auch für den wissenschaftlichen. Gleichwohl sind literarische oder dichterische Gattungen keine bloßen Phantasmen, sondern es gibt sie in dem Sinn, als sie als *Normen der Kommunikation* jeweils auf bestimmte Probleme oder Bedürfnisse antworten, die in jenen kulturellen Kontexten virulent sind, in denen eben Gattungszuschreibungen und -differenzierungen vorgenommen werden. Als Normen der Kommunikation aber, mit denen produktions- wie rezeptionsästhetische Erwartungen sozial stabil und stabilisierend umrissen werden, sind sie zugleich ebenso unfest wie wandelbar. Hier setzen u. a. die Gattungshistoriographie und die Theorie der Gattungsgeschichte als Teiltheorien der literaturwissenschaftlichen Gattungstheorie an (→ C).

Das *Handbuch Gattungstheorie*

Aus dem Gesagten ergeben sich Bedingungen, spezifische Einschränkungen und das Konzept des *Handbuchs Gattungstheorie*: Das vorliegende *Handbuch Gattungstheorie* kann das Feld der Allgemeinen Gattungstheorie nur insofern deutlich werden lassen, als diese in disziplinär unterschiedlichen wissenschaftlichen Gattungstheorien greifbar wird oder in bereichsspezifischen vorwissenschaftlichen Gattungs-

theorien sich zeigt bzw. rekonstruieren lässt. Der Schwerpunkt des Handbuches liegt aus sachlichen Gründen im Bereich der literaturwissenschaftlichen bzw. poetologischen Gattungstheorie, und hier interessieren nicht allein wissenschaftliche Theorien der Gattung im Allgemeinen, der besonderen Gattungen und weiterer Gruppierungsmöglichkeiten von Literatur bzw. Dichtung, sondern auch vorwissenschaftliche Theorien, wie sie z. B. in Poetiken oder auch in Ästhetiken erkennbar werden oder als implizite Theorien sich aus Textzeugnissen erschließen lassen (etwa im Fall der präantiken Gattungstheorie). Der Bereich der literaturwissenschaftlichen bzw. poetologischen Gattungstheorie im o. g. Sinn ist prinzipiell über die Grenzen von Einzelphilologien hinweg allgemeinliteraturwissenschaftlich strukturiert, kann hier aber aus pragmatischen Gründen lediglich anhand der Anglistischen, Germanistischen, Romanistischen und Komparatistischen Gattungsforschung exemplarisch konkretisiert werden. Hinzu treten die Sinologische und die Japanologische Gattungsforschung sowie Artikel über die präantike Gattungstheorie (mit einem Schwerpunkt auf dem Alten Ägypten) und die antike Gattungstheorie (mit einem Schwerpunkt in der griechischen und römischen Kultur), um anhand exemplarischer Fälle den Beschränkungen und Einseitigkeiten einer modernen westlichen Konzeption von Literatur und Literaturtheorie entgegenzuwirken.

»Literatur« bezeichnet im Kontext des Handbuches nicht bloß ästhetisch autonome sprachliche Artefakte und den sozialen Rahmen eines modernen literarischen Feldes, sondern eben auch vormoderne, zumeist heteronome sprachliche Artefakte in den Rahmen vormoderner literarischer Felder. In diesen Zusammenhang gehört auch, dass sich das gattungstheoretische Interesse nicht allein auf schriftlich fixierte Artefakte richtet, sondern auch auf phonisch repräsentierte sprachliche Artefakte, also zusammenfassend: auf Literatur und Poetrie. Literaturwissenschaftliche bzw. poetologische Gattungstheorie und Gattungstheorien seit der Präantike richten sich auf dieses umfassende Bezugsfeld, und das soll in dem Handbuch deutlich werden.

Steht der Bereich der literaturwissenschaftlichen bzw. poetologischen Gattungstheorie im Zentrum des Handbuches, so lässt sich die gattungstheoretische Reflexion an und für sich nicht auf die literaturwissenschaftliche bzw. poetologische Gattungstheorie begrenzen. Daher soll auch die gattungstheoretische Reflexion in anderen als den literaturwissenschaftlichen Disziplinen wenigstens exemplarisch erfasst werden, insbesondere in solchen Disziplinen, die traditionell in einer fruchtbaren Beziehung zu den Literaturwissenschaften stehen – z. B. in der Theologie, in der Musikwissenschaft oder auch in der Geschichtswissenschaft. Das besondere Augenmerk auf die literaturwissenschaftliche bzw. poetologische Gattungstheorie wird aber nicht zuletzt dadurch verdeutlicht, dass das Handbuch einige gattungstheoretische Problemfelder separat und explizit behandelt (texttheoretische, normentheoretische, vermittlungstheoretische oder auch allgemein literaturtheoretische) und separat und exemplarisch auf die Theorien einiger literarhistorisch signifikanter Gattungsgruppen und Schreibweisen eingeht (wie z. B. Epik, Lyrik und Theaterliteratur).

Insgesamt soll das *Handbuch Gattungstheorie* ein möglichst weites Spektrum gattungstheoretischer Reflexion erfassen, wenn es schon aus prinzipiellen wie auch aus wissenschaftssystematischen Gründen so etwas wie die Totalität eines *Fachgebietes* nicht nachzeichnen kann.

Literatur

Baehr, Hans Dieter: *Physikalische Größen und Einheiten*. Düsseldorf 1974.
Bundschuh, Peter: *Einführung in die Zahlentheorie*. Berlin ^{6}2008.
Cahn, Ralph M.: *Historische und philosophische Aspekte des Periodensystems der chemischen Elemente*. Hyle-Books 2002.
Eco, Umberto: *Die unendliche Liste*. München 2009.
Füssel, Stefan: »Buch«. In: *Reallexikon der deutschen Literaturwissenschaft*. Bd. 1, hg. v. Klaus Weimar u. a. Berlin, New York 1997, 259–263.
Grimm, Jakob/Grimm, Wilhelm: *Deutsches Wörterbuch. Vierten Bandes zweite Abtheilung*. bearb. v. Moriz Heyne. Leipzig 1877.
Hardy, Godfrey H./Wright, Edward M.: *An Introduction to the Theory of Numbers*. Oxford ^{6}2008.
Hjelmslev, Louis: *Prolegomena to a Theory of Language* (dän. 1943). Bloomington 1963.
Labov, William: »The Boundaries of Words and Their Meanings«. In: Charles-James N. Bailey/Roger W. Shuy (Hg.): *New Ways of Analyzing Variation in English*. Washington 1973, 340–373.
Lamping, Dieter: »Gattungstheorie«. In: *Reallexikon der deutschen Literaturwissenschaft*, Bd. 1, hg. v. Klaus Weimar u. a. Berlin, New York 1997, 658–661.
Lecointre, Guillaume/Le Guyader, Hervé: *Biosystematik*. Berlin 2006.
Rühmkorf, Peter: *Einmalig wie wir alle*. Reinbek 1989.
Taylor, John: *Linguistic Categorization. Prototypes in Linguistic Theory*. Oxford 1989.
Umlauf, Konrad: *Die modernen Buchgattungen*. Berliner Handreichungen zur Bibliothekswissenschaft 68. Berlin 2001.
Umlauf, Konrad: *Moderne Buchkunde*. Wiesbaden 1996.
Voßkamp, Wilhelm: »Gattungsgeschichte«. In: *Reallexikon der deutschen Literaturwissenschaft*. Bd. 1, hg. v. Klaus Weimar u. a. Berlin, New York 1997, 655–658.
Zymner, Rüdiger: *Lyrik. Umriss und Begriff*. Paderborn 2009.

Rüdiger Zymner

(A) Aspekte der literaturwissenschaftlichen Gattungsbestimmung

1. Methodische Aspekte

1.1 Definitionen und Begriffsformen

»Gibt es literarische Gattungen, und wenn ja, wie viele? Wie lassen sie sich rechtfertigen, welches ist ihre Existenzweise und ihr Nutzen? Erlauben sie eine Klassifikation der literarischen Werke? Oder dienen sie nur, als bloße Namen, der vorläufigen Verständigung? Müssen Gattungen sein?« (Enzensberger 2009, 65). Die Grundsatzfragen, die sich hier ein Dichter und Gelehrter wie Hans Magnus Enzensberger stellt, richten sich zugleich provokativ an die wissenschaftliche Gattungsforschung. Deren Fähigkeiten zur Reflexion und Klärung ihrer eigenen Grundlagen sieht der Autor als durchaus unzureichend an: »Alle Gattungsbegriffe, welche die Literaturwissenschaft bisher entwickelt hat, sind verschwommen, unklar und widersprüchlich« (Enzensberger 2009, 73).

Denn Gattungen ›gibt‹ es nicht einfach. Gattungen werden von Menschen erdacht. Und zwar von Menschen, die über Literatur reden oder auch schreiben: von Dichtern und Lesern, Bibliothekarinnen und Buchhändlerinnen, Philosophinnen und Verlegern, Zeitungskritikern und akademischen Literaturwissenschaftlerinnen. Gattungen sind keine realen Sachen wie ein geerbtes Buch oder eine selbst beschriebene Festplatte: Gattungen existieren nur durch *Begriffe*, die wir uns davon bilden.

Aber natürlich bilden wir sie nicht beliebig. Begriffe dienen Zwecken der menschlichen Verständigung, und diese Zwecke können sehr unterschiedlich sein. Dementsprechend gebraucht ein Buchhändler anders bestimmte Gattungsbegriffe als eine Dichterin, und eine Dichterin der Barockzeit anders als ein Dichter der Postmoderne. Gefährlicherweise gebrauchen sie trotzdem oft dieselben *Wörter* dafür.

Also benötigen wir für eine intersubjektiv zuverlässige Verständigung über Gattungen ausdrückliche Verabredungen darüber, in welchem Sinne wir Wörter wie ›Gedicht‹, ›Bildungsroman‹ oder ›SitCom‹ verwenden wollen. Solche Verabredungen über einen Wortgebrauch pflegt man ›Definitionen‹ zu nennen.

Nun haben Definitionen in historischen Disziplinen wie der Literaturwissenschaft nicht unbedingt einen guten Ruf. Zum einen werden sie oft als ›normativ‹ abgelehnt – der Sache nach ganz zu Unrecht: Im Gegensatz zu begrifflichen Festsetzungen in Gesetzestexten oder DIN-Normen binden Gattungsdefinitionen niemanden als denjenigen, der sie vorschlägt oder sich einem Gebrauchsvorschlag ausdrücklich anschließt. Aber damit dennoch nicht jeder, der über eine Gattung schreibt, eigenbrötlerisch und ganz nach Belieben seine eigene Gattungsbestimmung vornimmt (»Unter einem *Sonett* verstehe ich im Folgenden eine Kriminalerzählung von mindestens 200 und höchstens 201 Druckseiten«) und damit dann vorhersehbar allein bleibt, hat sich die Einsicht durchgesetzt, dass humanwissenschaftliche Definitionen tunlichst den Charakter einer *Begriffsexplikation* haben sollten (näher dazu Zymner/Fricke 2007, 246–255): Eine Explikation verbindet eine möglichst sorgfältige historische Analyse des bisherigen Wort- und Begriffsgebrauchs (also eine *Lexikalische Definition* im Sinne von deskriptiven Wörterbuch-Eintragungen, die richtig oder auch mal empirisch falsch sein können) mit einem Vorschlag für die Festsetzung des dann selber terminologisch geklärt verwendeten Fachausdrucks (also mit einem *Bedeutungs-Postulat* im Sinne einer explizit eingeführten Sprachkonvention, die nicht ›falsch‹, sondern nur mehr oder weniger unzweckmäßig sein kann). In dieser Weise ist eine arbeitsfähige Bestimmung von Gattungsbegriffen in aller Regel eine präzisierende *Rationale Rekonstruktion* früherer, aber unscharfer Gebrauchsweisen und Verwendungstraditionen.

Zum anderen gelten Begriffsdefinitionen in historischen Wissenschaften verbreitet als ›starr‹ und deshalb auch als ungeeignet für den steten Wandel gattungsgeschichtlicher Entwicklungen. Hier aber hat man offensichtlich nur einen sehr primitiven Typ von Definitionen vor Augen, nämlich die ›starre‹ Festlegung auf eine feste Kombination von Merkmalen, die ein Text immer alle erfüllen muss, um zu einer Textgattung zu gehören (zu weiteren Definitionstypen und Begriffsformen vgl. Strube 1993; Zymner 2003). Man folgt hierbei ex- oder implizit der auf Aristoteles zurückgehenden scholastischen Begriffsstruktur von *genus proximum + differentia[e] specifica[e]*, also [1] von einer übergeordneten Klasse und [2] einem oder mehreren unterscheidenden Merkmalen innerhalb der Mitglieder dieser Klasse. Im hier rein exemplifizierend gewählten Musterfall der Gattung *Anekdote* würde eine solche starre Gattungsdefinition dann beispielsweise folgendermaßen lauten:

Eine ANEKDOTE ist [1] *eine Wirklichkeitserzählung mit* [2] *einer pointierten Wendung am Schluss.*

Definitions-Struktur: [1] + [2]

Nimmt man dabei gleich mehrere unterscheidende Merkmale der Gruppendifferenzierung an, so sähe das beispielsweise so aus:

Eine ANEKDOTE ist [1] *eine Wirklichkeitserzählung mit* [2] *einer bislang unbekannten Einzelheit über bekannte Personen und mit* [3] *einer pointierten Wendung am Schluss.*

Definitions-Struktur: [1] + [2] + [3]

Eine Gattungsdefinition mit solcher Struktur erweist sich nun aber in der Tat als sehr starr und historisch wenig flexibel: Sie verlangt, dass alle Texte einer Gattung dieselben Merkmale aufweisen, also in den gattungsrelevanten Eigenschaften zu allen Zeiten vollständig übereinstimmen. Damit kommt man in einer differenzierten Gattungsgeschichte nicht weit.

Um diesem Problem zu begegnen und historisch geschmeidigere Begriffe für Textgruppierungen aller Art zu bilden, hat man nach geeigneteren Definitionsstrukturen als denen der schulmäßigen Tradition zwischen Aristoteles und dem Botaniker Carl von Linné Ausschau gehalten. Abhilfe verspricht hier insbesondere das semantische Konzept der *Familienähnlichkeit*, das der Sprachphilosoph Ludwig Wittgenstein in seiner Spätphilosophie entwickelt hat: Mitglieder einer Familie stimmen jeweils miteinander z. B. in diesen oder jenen Gesichtszügen oder auch in anderen genetischen Merkmalsbündeln überein, aber niemals in allen gleichzeitig.

Im Sinne einer solchen *Familienähnlichkeit* hat man nun wiederholt versucht (vgl. z. B. Strube 1993, 29–66), auch Gattungsbegriffe mit einer ›weicheren‹ Verbindung zwischen ihren relevanten Merkmalen zu definieren (vgl. Hempfer 2010). Der einfachste Weg dahin wäre die Ersetzung aller oben verwendeten ›und‹-Kombinationen von durchweg ›notwendigen Merkmalen‹ einer Gattung durch ›und/oder‹ (›u/o‹, bzw. umgangssprachlich besser ›oder auch‹). Denn damit werden alle prägenden Gattungseigenschaften nur ›fakultative Merkmale‹ und können einander wechselweise auch ganz ersetzen:

Eine ANEKDOTE ist [1] *eine Wirklichkeitserzählung <u>oder auch</u>* [2] *ein Text mit einer bislang unbekannten Einzelheit über bekannte Personen <u>oder auch</u>* [3] *ein Text mit einer pointierten Wendung am Schluss.*

Definitions-Struktur: [1] u/o [2] u/o [3]

Damit aber ist man offenkundig über das Ziel hinausgeschossen: Es lässt sich leicht einsehen, dass hier in manchen Fällen überhaupt keine Übereinstimmung oder wenigstens partielle Familienähnlichkeit zwischen Texten derselben Gattung mehr bestehen kann. (»Unter einem *Sonett* verstehe ich im Folgenden ein Gedicht von 14 oder von 15 oder von 17 Versen oder jedes Gedicht mit einem pointierten Sextett am Schluss.«)

Man kann hier freilich die Begriffsstruktur der Familienähnlichkeit auch schärfer fassen und verlangen, dass z. B. ›mindestens 2‹ oder ›mindestens 3‹ oder sogar mehr aus der Reihe genannter ›fakultativer Merkmale‹ gleichzeitig erfüllt sein müssen, damit ein Text zur definierten Gattung gerechnet werden kann. Bei mindestens zwei Merkmalen könnte das dann etwa folgendermaßen ausgeführt werden:

Eine ANEKDOTE ist

eine [1] *Wirklichkeitserzählung mit* [2] *einer bislang unbekannten Einzelheit über bekannte Personen;*

<u>oder auch</u> [1] *eine Wirklichkeitserzählung mit* [3] *einer pointierten Wendung am Schluss;*

<u>oder auch</u> [1] *eine Wirklichkeitserzählung mit* [4] *einem schematischen Aufbau aus ›Anlass und Ausspruch‹ (occasio und dictum);*

<u>oder auch</u> [2] *ein Text mit einer bislang unbekannten Einzelheit über bekannte Personen und mit* [3] *einer pointierten Wendung am Schluss;*

<u>oder auch</u> [2] *ein Text mit einer bislang unbekannten Einzelheit über bekannte Personen und mit* [4] *einem schematischen Aufbau aus ›Anlass und Ausspruch‹ (occasio und dictum);*

<u>oder auch</u> [3] *ein Text mit einer pointierten Wendung am Schluss und mit* [4] *einem schematischen Aufbau aus ›Anlass und Ausspruch‹ (occasio und dictum)*

1. Methodische Aspekte

Definitions-Struktur:
[1] + [2]
u/o
[1] + [3]
u/o
[1] + [4]
u/o
[2] + [3]
u/o
[2] + [4]
u/o
[3] + [4]

Familienähnlichkeit, so sieht man hier allerdings rasch ein, ist eine reichlich unübersichtliche Angelegenheit. Man bemerkt beispielsweise erst bei genauerer Nachprüfung, dass es auch bei solchen skrupulös aussehenden Begriffsbestimmungen zu unerwünschten Folgen kommen kann: Auch hier finden sich innerhalb ein- und derselben Gattung Texte wieder, die nicht ein einziges Textmerkmal miteinander teilen (vgl. z. B. erste und letzte Zeile).

Und im Übrigen würde sich auch unter Anekdoten-Forschern deutlicher Zweifel oder gar entschiedener Widerspruch zu verschiedenen der hier aufgelisteten fakultativen Merkmalen oder Merkmalsbündeln erheben. Schon die Einordnung von Anekdoten in die Gruppe der ›Wirklichkeitsberichte‹ wie Gerichtsprotokolle oder historische Chroniken ist mehr als fraglich: Die bekannten ›Wander-Anekdoten‹ über unterschiedliche Personen oder der häufige Zusatz *Si non è vero, è ben trovato* (›vielleicht nicht wahr, aber gut erfunden‹) zeigen ebenso wie manche narratologischen Kennzeichen, dass wir es hier eben doch mit einer Form fiktionaler ›Dichtung‹ zu tun haben. Wie beim Historischen Roman oder Geschichtsdrama beziehen sie sich aber auf nichtfiktive Sachverhalte. Das wird man deshalb besser auflösen in die drei zueinander *alternativen Merkmale* ›personal historisch‹ (*Und jetzt noch eine weitere Adenauer-Anekdote: …*) oder auch ›stofflich historisch‹ (Kleists *Anekdote aus dem letzten preußischen Kriege*) oder auch ›beglaubigt historisch‹ (*Ein Nationalspieler unter Sepp Herberger erzählte gern, der ›Chef‹ habe …*).

›Erzählt‹ jedoch muss eine Anekdote nach traditioneller Vorstellung nun mal sein, und insofern braucht man neben *alternativen* auch *notwendige Merkmale*, um z. B. Limericks oder Krippenspiele aus der Gattung heraushalten zu können. Zu diesen Ausschlusskriterien durch notwendige Merkmale sollte nach allgemeinem Wortgebrauch auch eine gewisse Kürze oder besser verknappende ›Konzision‹

der Erzählweise gehören (eine Anekdote ist keine Novelle). Und dennoch liegt der zentrale Reiz einer jeden Anekdote darin, dass in dieser aussparenden Knappheit der berichteten Einzelheit zugleich *pars pro toto* eine allgemeine Einsicht oder z. B. ein typischer, genereller Charakterzug der Hauptperson zur Erscheinung kommt; die Fachforschung spricht hier von ›Metonymischer Uneigentlichkeit‹ (vgl. Müller 2003, 189–197). Nicht in allen Anekdoten darf man hingegen am Ende einen ›witzigen‹ oder ›geistreichen‹ Ausspruch erwarten – neben ›sprachlichen Pointen‹ können Anekdoten ebenso auch mit einer rein ›sachlichen Pointe‹ enden, die dem Hörer oder der Leserin etwas Bedeutungsvolles zu denken gibt.

Am angemessensten also bestimmt man einen Gattungsbegriff weder zu starr durch eine ›einfache Addition‹ notwendiger Merkmale noch zu weich durch eine ›offene Reihe‹ alternativer Merkmale, sondern durch eine Verbindung aus beiden: durch eine *Flexible Definition*. Sie schafft auf der einen Seite durch ihre ›notwendigen Merkmale‹ Klarheit über die Zugehörigkeit und Ähnlichkeitsbeziehung von Texten einer Gattung; und sie lässt andererseits durch (immer mindestens partiell erfüllte!) ›alternative Merkmale‹ genug Spielraum für historische Wandlungen in der Ausgestaltung einer solchen Gattung.

Definitions-Struktur:
[1] + [2] + [3] + [4a u/o 4b] + [5a u/o 5b u/o 5c]

Im hier gewählten Beispielfall der Anekdote könnte der Gattungsbegriff dann etwa wie folgt ›flexibel definiert‹ werden:

Eine ANEKDOTE ist
[1] *eine fiktionale Erzählung*
[2] *in konziser Darstellung*
[3] *mit der Metonymischen Uneigentlichkeit eines typischen Einzelfalls*
<u>und</u> *mit mindestens einer der beiden folgenden markanten Schlusswendungen:*
[4a] *sprachliche Pointe*
<u>oder auch</u>
[4b] *sachliche Pointe*
<u>und</u> *mit mindestens einer der drei folgenden Anschlüsse an geschichtlich Bekanntes:*
[5a] *historische Hauptfigur*
<u>oder auch</u>
[5b] *historischer Stoff*
<u>oder auch</u>
[5c] *historische Beglaubigung.*

Mit einem ›flexiblen Gattungsbegriff‹ dieser Art lassen sich nun unterschiedlichste Gattungen und Gattungsentwicklungen in ebenso trennscharfer wie historisch anpassbarer Weise bestimmen (vgl. Fricke 1981, 144–154).

Literatur

Enzensberger, Hans Magnus: »Vom Nutzen und Nachteil der Gattungen«. Frankfurter Poetik-Vorlesungen 1964/65, Nr. 4. In: Ders.: *Über Literatur*. Hg. v. Rainer Barbey. Frankfurt a. M. 2009, 64–82.
Fricke, Harald: *Norm und Abweichung. Eine Philosophie der Literatur*. München 1981.
Hempfer, Klaus W.: »Zum begrifflichen Status der Gattungsbegriffe: von ›Klassen‹ zu ›Familienähnlichkeiten‹ und ›Prototypen‹«. In: *Zeitschrift für französische Sprache und Literatur 120* (2010), 14–32.
Müller, Ralph: *Theorie der Pointe*. Paderborn 2003.
Strube, Werner: *Analytische Philosophie der Literaturwissenschaft. Untersuchungen zur literaturwissenschaftlichen Definition, Klassifikation, Interpretation und Textbewertung*. Paderborn 1993.
Zymner, Rüdiger: *Gattungstheorie. Probleme und Positionen der Literaturwissenschaft*. Paderborn 2003.
Zymner, Rüdiger/Fricke, Harald: *Einübung in die Literaturwissenschaft: Parodieren geht über Studieren*. 5. überarb. u. erweiterte Aufl. Paderborn 2007.

Harald Fricke

1.2 Definieren von Gattungen

»Denn die Theorie der Gattungen ist das trübseligste Kapitel der Literaturwissenschaft« (Enzensberger 2009, 65). Jedenfalls wird man, wenn man sich mit der *Geschichte der literarischen Gattungsbestimmungen* näher befasst, auf eine wenig geordnete Vielfalt unterschiedlichster und unterschiedlich durchdachter Ansätze zur Bildung von Textgruppierungen stoßen. Unter dem irritierend gemeinsamen Namen der *Gattung* hat man nämlich unter anderem die folgenden Resultate literarischer Sortierungsversuche (→ A 1.4) antreffen können:

- *Sammelbegriffe* wie ›Epik‹, ›Lyrik‹, ›Drama‹
- *Klassenbildungen* wie ›Gebrauchsliteratur‹, ›Fiktionale Literatur‹, ›Frauenliteratur‹
- *Grundqualitäten* (im Sinne von Goethes ›Naturformen‹, s. u.) wie ›das Lyrische‹, ›das Epische‹, ›das Dramatische‹
- *Schreibweisen* als Repertoire transhistorischer Invarianten wie ›das Satirische‹, ›das Komische‹, ›das Tragische‹
- *Historische Textgruppen* wie ›Verssatire‹, ›Prosaroman‹, ›Tragödie‹
- *Untergruppen* wie ›anakreontische Ode‹, ›Briefroman‹, ›bürgerliches Trauerspiel‹
- Metrisch bestimmte *Formen* wie ›Sonett‹, ›Rondeau‹, ›Limerick‹.

Es ist offenkundig, dass eine solche Vielfalt von Gattungssortierungen *historisch* nach ganz uneinheitlichen Unterscheidungskriterien und Allgemeinheitsgraden entstanden ist. Eine der dauerhaft wiederkehrenden *Leitfragen* war dabei, ob Gattungen von uns eigentlich ›erfunden‹ oder ›vorgefunden‹ werden. Gern verbuchen die Lehrbücher das unter dem gelehrt-scholastischen Namen des ›Universalien-Problems‹ (Hempfer 1973, 30–36 – nach der mittelalterlichen Debatte zwischen ›Begriffsrealisten‹ und ›Nominalisten‹ über die Frage aus Platons Dialog *Kratylos*, ob ganz allgemein unsere Wörter eigentlich *physei* ›von Natur aus‹ oder *thesei* ›durch menschliche Setzung‹ gegeben seien): Müssen wir vorhandene Gattungen durch ›Real-Definitionen‹ *beschreiben*, oder können wir sie lediglich durch ›Nominal-Definitionen‹ sprachlich so oder auch anders *konstruieren*?

Im immer deutlicher nominalistisch oder sogar ›konstruktivistisch‹ geprägten Wissenschaftsverständnis unserer Zeit mag dabei die Vorstellung befremdlich anmuten, Gattungen seien gleichsam auffindbare, historisch gewachsene Naturobjekte wie Vulkane oder Schmetterlingsarten. Wirkungsmächtige Stützung oder gar Heiligsprechung hat eine solche Annahme jedoch durch Goethes Formulierung von den einzig existierenden drei ›Naturformen der Dichtung‹ gefunden, die seit 1816 immer wieder zitiert wird: »Es gibt nur drey ächte Naturformen der Poesie: die klar erzählende, die enthusiastisch aufgeregte und die persönlich handelnde: *Epos, Lyrik* und *Drama*« (Goethe 1994: XXII, 206).

Nun verstand Goethe zu viel von der Natur, um hier wirkliche Naturobjekte zu unterstellen – zumal er gleich im nächsten Satz einräumt, dass alle drei Naturformen in der Regel miteinander vermischt begegnen. Man darf Goethes Wendung deshalb getrost so verstehen, dass hier (im Gegensatz zu den dann von ihm unterschiedenen speziellen »Dichtarten«, den historisch begrenzten Formaten wie Idylle, Cantate oder Lehrgedicht) von drei *überall und überzeitlich* auffindbaren ›Grundformen der Poesie‹ die Rede ist.

Damit allerdings vertritt Goethe hier nun gar keine neue Einsicht (wiewohl in neuen Worten, unübertrefflich knapp und bündig). Er variiert lediglich dreiteilige Gattungssystematiken, wie sie schon Platon (*Politeia*, 394 a 5 – c 4, vgl. hierzu Primavesi 2008)

1. Methodische Aspekte

in aller Deutlichkeit vorgenommen hat. Platons Frage ›Wer spricht da in dieser Dichtungsgattung?‹ ist seither unter dem Stichwort des *Redekriteriums* leitend für viele grundlegende Gattungsbestimmungen bis in die Gegenwart geblieben (→ A 2.8).

Mitnichten aber bedeutet dieser zweitausendjährige Siegeszug des *Redekriteriums* – bis hin zum radikalen Nominalisten und Gattungs-Skeptiker Benedetto Croce (vgl. bes. Croce 1902) und zur Gattungstheorie der Linguistischen Poetik von heute (vgl. z. B. van Dijk 1972, Gülich/Raible 1972) – dass damit nur noch nominalistische Positionen in der Gattungstheorie vertreten worden wären. Wenigstens zwei prominente Vertreter ›begriffsrealistischer‹ Positionen mit erheblicher Wirkung auf die literaturwissenschaftliche Alltagsarbeit seien hier exemplarisch dafür erwähnt:

Mit seinem vielzitierten, literarhistorisch auch vielfach anregend genutzten Buch *Einfache Formen* hat André Jolles 1930 eine neue Art der Begründung für Textgruppierungen ins Spiel gebracht. Für ihn sind solche elementaren Gestaltungsmuster der Literatur von archetypischer Universalität wie »*Legende, Sage, Mythe, Rätsel, Spruch, Kasus, Memorabile, Märchen, Witz*« nämlich nicht beliebige Setzungen der Wissenschaft; sie beruhen vielmehr auf grundlegenden ›Kollektiv-Bedürfnissen‹ oder menschlichen ›Geistesbeschäftigungen‹ (Jolles 1930). Historisch können sie sich dann durchaus in unterschiedlichen Spezialgattungen wie Predigtexempel, Aphorismus oder Detektivgeschichte ausformen. Hier wird also gleichsam eine fundamentale Alternative zur literarische Ganztexte sortierenden Gattungssystematik angeboten.

Noch deutlicher tritt das in Emil Staigers drei ›Grundbegriffen der Poetik‹ von 1946 hervor, die zeitweilig durchaus einflussreich auf die Germanistik wirkten, aus späterer Sicht hingegen fast schon als letztes Refugium eines veralteten ›Begriffsrealismus‹ in der Gattungstheorie erscheinen. Denn mit seiner neuartigen Zuordnung der platonisch-goetheschen, auch in Hegels *Ästhetik* fortgeschriebenen Gattungstrias zu den drei Modi von ›Zeitlichkeit‹ versuchte sich Staiger an Heideggers Existenzphilosophie anzuschließen (übrigens durchaus ohne Gegenliebe): Demnach sollte ›das Lyrische‹ als »Erinnerung« auf die *Vergangenheit*, ›das Epische‹ als »Vergegenwärtigung« auf die *Gegenwart*, und ›das Dramatische‹ als »Spannung« auf die *Zukunft* gerichtet sein. Insofern diese ›fundamental-ontologischen‹ Zuweisungen im Sinne einer bloßen *Typologie* literarischer Elemente sich aber nicht gut mit der überlieferten *Klassifikation* literarischer Texte in dramatische, epische und lyrische Dichtung vertrugen (vgl. dazu Strube 1993), kann man diesen Versuch inzwischen zu den weitgehend folgenlosen Irrwegen der historischen Gattungstheorie zählen.

Ein anderer solcher Irrweg konnte sich lange auf die Autorität des spätantiken Gattungssystematikers Diomedes berufen. Er nämlich war der erste, der neben der von ihm selber kanonisierten Gattungstrias auch noch eine vierte Grundgattung zu erkennen meinte: die didaktische Poesie oder *Lehrdichtung*. Aber auch wenn solche Versuche bis ins 20. Jh. hinein immer wieder einmal unternommen worden sind (z. B. bei Seidler 1959): Gegenüber einer solchen Einteilung haben schon Jean Paul in seiner *Vorschule der Ästhetik* (Jean Paul 1960, V. 250 f.) und vor allem Goethes Erörterung *Über das Lehrgedicht* gegen dieses »Mittelgeschöpf zwischen Poesie und Rhetorik« (Goethe 1999: FA I.22, 317–318) starke Gründe geltend gemacht. Denn wohl kann man eine große Gruppe von Dichtungen unter einem Etikett wie ›Didaktische Poesie‹ zusammenfassen. *Poetisch* sind all diese Texte jedoch nicht, insofern sie *didaktisch*, sondern insoweit sie außerdem noch beispielsweise lyrisch (wie als Epigramm), episch (wie als Fabel) oder dramatisch (wie als Lehrstück) ausgearbeitet sind.

Aber selbstredend kann es in verschiedensten Argumentationszusammenhängen sinnvoll sein, mehrere solcher zusätzlichen Eigenschaften wie ›lehrhaft‹, ›politisch‹, ›naturmagisch‹, ›mundartlich‹, ›petrarkistisch‹ oder ›feministisch‹ mit den zentralen Unterscheidungen nach ›notwendigen‹ oder ›alternativen Merkmalen‹ (→ A 1.1) zu verbinden. Auf diese Weise erhält man eine im Prinzip fast beliebig verfeinerbare Ausdifferenzierung literarischer Gattungen und Untergattungen, bei deren effektiv genutzter Zahl man schon auf mehr als 3000 verschiedene Genres gekommen ist (vgl. Nies 1978; Verweyen u. a. 1988).

Die Versuche, Ordnung in eine solche schwer zu überblickende Vielfalt der Einteilungen zu bringen und eine handhabbare Gattungssystematik zu erstellen, sind so alt wie die Gattungstheorie selbst (→ A 1.3). Stellvertretend für die vielen Abarten von Schubladen-Schemata und Strukturbäumen, deren Abfolge an dieser Stelle nicht nachgezeichnet werden kann, sei hier exemplarisch auf das Modell der gattungsbezogenen ›Typenkreise‹ verwiesen. Einer der neueren und mit dem Zentralbegriff der »Urdichtung« ambitioniertesten Entwürfe dieser Art war z. B. noch das ›Gattungsrad‹ von Julius Petersen aus dem Jahre 1925 nach der spätantiken Rota Vergilii (abgebildet und erläutert auch bei Müller-Dyes 1978, 57).

Literatur

Croce, Benedetto: *Estetica come scienze dell‹ expressione e liguistica generale*. Bologna 1902.
Enzensberger, Hans Magnus: »Vom Nutzen und Nachteil der Gattungen«. Frankfurter Poetik-Vorlesungen 1964/65, Nr. 4. In: Ders.: *Über Literatur*. Hg. v. Rainer Barbey. Frankfurt a. M. 2009, 64–82.
Fricke, Harald: *Norm und Abweichung. Eine Philosophie der Literatur*. München 1981.
Fricke, Harald: »Semantics or Pragmatics of Fictionality? A modest proposal«. In: *Poetics* 11. Special issue: *Semantics of Fiction*. Hg. v. Hannes Rieser. Amsterdam 1982, 439–452.
Goethe, Johann Wolfgang von: »Besserem Verständnis«. In: Ders.: *West-Östlicher Divan*. Hg. v. Hendrik Birus. Frankfurt a. M. 1994 (Sämtliche Werke, Abt. I, Bd. 3.1,2), 138–299.
Goethe, Johann Wolfgang von: »Über das Lehrgedicht«. In: Ders.: *Ästhetische Schriften 1824–1832*. Hg. v. Hendrik Birus. Frankfurt a. M. 1999 (Sämtliche Werke, Abt. I, Bd. 22), 317–318.
Gülich, Elisabeth/Raible, Wolfgang (Hg.): *Textsorten*. Frankfurt a. M. 1972.
Hempfer, Klaus W.: *Gattungstheorie. Information und Synthese*. München 1973.
Jolles, André: *Einfache Formen*. Halle 1930.
Müller-Dyes, Klaus: *Literarische Gattungen*. Freiburg/Br. 1978.
Petersen, Julius: »Zur Lehre von den Dichtungsgattungen«. In: Reinhold Backmann u. a. (Hg.): *Festschrift August Sauer*. Stuttgart 1925, 72–116.
Primavesi, Oliver: »Aere perennius? Die antike Transformation der Lyrik und die neuzeitliche Gattungstrinität«. In: Klaus W. Hempfer (Hg.): *Sprachen der Lyrik. Von der Antike bis zur digitalen Poesie*. Stuttgart 2008, 15–32.
Seidler, Herbert: *Die Dichtung*. Stuttgart 1959.
Staiger, Emil: *Grundbegriffe der Poetik*. Zürich 1946.
van Dijk, Teun A.: »Foundations for typologies of texts«. In: *Semiotica* 6 (1972), 297–323.
Verweyen, Theodor u. a.: »Zur Problematik literaturwissenschaftlicher Gattungsbegriffe«. In: *Zur Terminologie der Literaturwissenschaft*. Hg. v. Christian Wagenknecht. Stuttgart 1988, 263–356.

Harald Fricke

1.3 Gattungssystematiken

Gattungssystematiken unternehmen den Versuch, der scheinbar ungeordneten und chaotischen Fülle zahlloser einzelner literarischer Texte eine Ordnungsstruktur zu unterlegen. Die wichtigsten Ordnungsmodelle sind dabei bisher (1) die aufzählend nebenordnende Reihe, (2) das geschlossene Gattungsrad bzw. der Kreis, (3) hierarchisierende ›Strukturbäume‹/Taxonomien und das der (4) offenen Familienähnlichkeit. Die Frage, ob Gattungen einer systematischen Ordnung angehören bzw. einer solchen zugeführt werden können, beschäftigt die theoretische Auseinandersetzung mit Dichtung und Literatur seit der Antike. Dabei lassen sich präskriptive und deskriptive Systematisierungsversuche ebenso unterscheiden wie klassifikatorische und typologische. Gattungssystematiken versuchen häufig, z. B. in Analogie zu naturwissenschaftlichen Systematisierungen, Gruppen von literarischen Werken nach Gemeinsamkeiten inhaltlicher, formaler oder auch funktionaler Art zu bilden. Während man zu diesem Zweck früher u. a. nach essenziellen Kriterien suchte, besteht heute weitgehend Konsens darüber, dass Gattungen »aus der Interaktion von Erkenntnissubjekt und -objekt resultierende Konstrukte« sind (Hempfer 1973, 221) und dass daher auch ihr systematischer Zusammenhang je nach Herangehensweise unterschiedlich ausfallen kann. Als entscheidende Kriterien für die Erstellung einer Systematik können immerhin gelten: Adäquatheit, Geschlossenheit, Homogenität, Distinktivität, Komplementarität, Koordiniertheit, Perspektiven- und Paradigmenabhängigkeit sowie die Konventionalität der klassifikatorischen Begriffe (Strube 1993).

Die historisch einflussreichste Gattungssystematik geht zurück auf die *Poetik* des Aristoteles (ca. 335 v. Chr.). Dieser unterscheidet Gattungen im Allgemeinen auf dreifache Weise: (1) nach den Mitteln, (2) dem Gegenstand, (3) der Art und Weise (*modus*) der Nachahmung. Im Hinblick auf die Art und Weise greift Aristoteles zurück auf die Dreiteilung Platons nach dem Redekriterium: (1) *genus narrativum*, Rede des Dichters (Dithyrambos, entspricht einfacher Erzählung), (2) *genus dramaticum*, Rede der Personen (Tragödie und Komödie), (3) *genus mixtum* – bald Rede des Dichters, bald der Person (Epos). Diese Dreiteilung – die nicht der goethezeitlichen Aufteilung in die Großgattungen Epik, Dramatik, Lyrik entspricht (Lyrik im modernen Sinne ist darin nicht enthalten, vgl. Hempfer 2008) – bleibt bis mindestens ins 19. Jh. hinein ein wichtiger Bezugspunkt für Gattungssystematiken (Jäger 1970, 373).

Drama und Epos sind seit Aristoteles feste Bestandteile der Gattungspoetik, u. a. auch in den aneinanderreihend-nebenordnenden Gattungssystematiken der Frühen Neuzeit (z. B. Gottscheds *Critische Dichtkunst*, 1730), bei denen Art und Anzahl der erfassten Gattungen durch deren Kanonizität verbürgt werden. Noch in den Gattungspoetiken um 1800 findet sich häufig die Unterscheidung (Jäger 1970, 374) nach dem Redekriterium als zentrales formales Kriterium: der Dichter lässt reden oder redet selbst. Literarische Formen, die diesem Schema nicht entsprechen, weil sie keine Nachahmungen im Sinne des Aristoteles

1. Methodische Aspekte

sind (Lyrik, Lehrgedicht) oder weil der Nachahmung keine Handlung zugrunde liegt (Lyrik, Lehrgedicht, beschreibendes Gedicht), werden nun diesem Kern in wechselnder Weise angeschlossen (Jäger 1970, 373). Die Aufhebung des Redekriteriums als wichtigster systematischer Bestimmung führt zur Erweiterung zu einem Dreierschema (Epos – Drama – Lyrik), teilweise auch zur Nebenordnung einer vierten (Lehrgedicht) oder fünften Gattung (beschreibendes Gedicht). Bestimmend für die Systematisierung der Gattungen ist hier u. a. die Bestimmung des Verhältnisses zwischen Form und Inhalt (→ A 2.3, A 2.5). Dabei lassen sich fünf Positionen voneinander unterscheiden, nämlich die

(a) Gefäßtheorie, nach der das Verhältnis von bestimmter Form und bestimmtem Inhalt idealtypisch sei;

(b) die Begleitungstheorie, nach der Form und Inhalt eigentlich gegeneinander gleichgültig seien, aber in bestimmter Verbindung in verschiedenen Texten wiederkehren;

(c) die Organismustheorie, nach der Form und Inhalt unlöslich seien und ihre Einheit in der inneren Form als Organisationsprinzip des Textes bzw. der Gattung liege;

(d) die Morphologische Auffassung, nach der die Form als äußerlich wahrnehmbare Gestalt wesentlich und mehreren Texten gemeinsam sein könne;

(e) die Gehaltsästhetische Auffassung, nach der der Inhalt als dargestellter Gegenstand wesentlich und mehreren Texten gemeinsam sein könne (vgl. Zymner 2003, 114 f.).

In Anlehnung an Cicero entwickelt Johannes von Garlandia im 12. Jh. die Rota Vergilii (Rad des Vergil), die vor dem Hintergrund antiker Vergilkommentare die drei Stillagen der klassischen Rhetorik *stilus humilis* (niedriger Stil), *stilus mediocris* (mittlerer Stil) und *stilus gravis* (hoher oder erhabener Stil) den drei Hauptwerken des Vergil (*Bucolica, Georgica, Aeneis*) zuordnet (→ A 2.10). Der gattungsausprägende Stil wird dabei in Anlehnung an die genannten Werke Vergils auch mit typischen Helden, Tieren, Werkzeugen, Orten, Pflanzen, vor allem aber einem spezifischen Personal verbunden (→ A 2.2). Dem *stilus humilis* entspricht der Hirte, dem *stilus mediocris* der Bauer und dem *stilus gravis* der soldatische Held (Ajax oder Hector). Problematisch ist dabei u. a., dass die Anordnung auf einem geschlossenen Rad bzw. in einem Kreis suggeriert, die gesamte Dichtung zu umfassen, und dass sie die Kontiguität von Heroischem und Pastoralem impliziert (Fowler 1982, 241). Die für die Literatur der neueren Zeit typische Stil- und Gattungsmischung lässt sich mit einem solchen Instrumentarium gar nicht abbilden. Dennoch hat noch im 20. Jh. etwa Julius Petersen mit einem *Gattungsrad* zu arbeiten versucht, bei dem typologisch bestimmte Begriffe wie »Epik«, »Lyrik« und »Dramatik« neben klassifikatorischen Begriffen wie »Briefroman« und »Epistel« zu stehen kommen (Petersen 1944).

In der neueren Gattungsforschung tritt häufig an die Stelle des Rades oder Kreises das *Kladogramm*, das – analog zu den auf Linné zurückgehenden Systematisierungen der Biologie – mit Baumstrukturen arbeitet (Bonheim 1991, 1992), wie sie auch aus der modernen Linguistik bekannt sind. Das Baumdiagramm soll es ermöglichen, sowohl Ähnlichkeiten als auch Unterschiede zwischen literarischen Formen graphisch sichtbar zu machen. Auf dem Stamm des Baumes werden dazu die Eigenschaften aufgezeichnet, die die verschiedenen literarischen Formen gemeinsam haben, auf den Ästen diejenigen, in denen sie sich voneinander unterscheiden (Bonheim 1992, 1). Wie in der Linnéschen Nomenklatur arbeitet man hier mit bipolaren Termen. Schwierig ist hierbei die Integration der für die Gattungstheorie typischen »fuzzy sets of data« (Bonheim 1991, 160) oder »poröser Begriffe« (Strube 1993), wofür Fricke die »*Verschränkung* von Konjunktion und Alternation, von notwendigen und alternativen Merkmalen« vorschlägt (Fricke 1981, 146; → A 1.1; A 1.2; A 1.5).

In Europa setzt sich seit der Renaissance, in Deutschland seit dem 18. Jh. (vgl. Scherpe 1968) die Auffassung durch, der Großbereich der Literatur sei auf drei ›Hauptgattungen‹ (Lyrik, Epik und Dramatik) aufzuteilen. Dieses triadische Modell findet sich auch bei Goethe, der »drey ächte Naturformen der Poesie« voneinander unterscheidet: »die klar erzählende, die enthusiastisch aufgeregte und die persönlich handelnde: *Epos, Lyrik* und *Drama*« (Goethe 1998, 194). Goethe spricht hier aber nicht eigentlich von Gattungen, sondern von poetischen Auffassungs- bzw. »Dichtweisen«: »In dem kleinsten Gedicht findet man sie oft beysammen, und sie bringen eben durch diese Vereinigung im engsten Raume das herrlichste Gebild hervor« (ebd.). Er selbst spricht außerdem von »Dichtarten« und stellt fest, dass die herkömmlichen Gattungsbezeichnungen wie Allegorie, Ballade, Cantate usw. »bald nach äußeren Kennzeichen, bald nach dem Inhalt, wenige aber einer wesentlichen Form nach benamst sind. Man bemerkt schnell daß einige sich neben einander stellen, andere sich andern unterordnen lassen« (ebd., 193). Er empfiehlt einen an die Rota Vergilii erinnernden Kreis, der zugleich das Prinzip des Farbenkreises aus Goethes *Farben-*

lehre aufnimmt: »Man wird sich aber einigermaßen dadurch helfen, daß man die drey Hauptelemente in einem Kreis gegen einander überstellt und sich Musterstücke sucht, wo jedes Element einzeln obwaltet. Alsdann sammle man Beyspiele die sich nach der einen oder andern Seite hinneigen, bis endlich die Vereinigung von allen dreyen erscheint und somit der ganze Kreis in sich geschlossen ist« (ebd., 194 f.).

Man hat der Rede von den »Naturformen«, die Dilthey auf psychologische Kategorien zurückführt, G. Müller morphologisch (Müller 1929) und Staiger fundamentalontologisch (Staiger 1946 u. ö.) zu untermauern versucht, eine »Verwechslung von ontologischer Fragestellung (Präexistenz von Ideen) und Logik (Bildung von Allgemeinbegriffen)« vorgehalten (Müller-Dyes 1996, 324). In der neueren Gattungsforschung versteht man die drei vermeintlichen ›Hauptgattungen‹ Epos, Lyrik und Drama nurmehr als klassifikatorische *Sammelbegriffe*, von denen man typologisch ›Untergattungen‹ (wie (Bildungs-)Roman, Sonett, Tragödie) absetzt. Auf der Ebene der Untergattungen lassen sich etwa im Bereich der Epik Textumfang, Prosaform, Fiktionalität als Bestimmungs- und Unterscheidungsmerkmale verwenden. Als weitere Kriterien lassen sich neben formalen und inhaltlichen Kriterien auch solche der übergreifenden ›Wirkungsdisposition‹, der weltanschaulichen Grundhaltung sowie der literatursoziologischen Situierung und der literarischen Wertung (Zymner 2003, 107 f.) heranziehen. Hempfer stellt dazu fest, es ließen sich grundsätzlich zwei »verschiedene Ansätze unterscheiden: Textgruppen werden entweder aufgrund spezifisch-literarischer Phänomene unterschieden oder aber aufgrund von Kriterien außerhalb des sprachlich-literarischen Systems; in praxi werden beide Verfahren häufig in unterschiedlichem Mischungsverhältnis verwendet. In den beiden letzteren Fällen entstehen Probleme der Korrelierung verschiedener Systeme, des Verhältnisses von Struktur und Funktion und ähnliches, die meist nicht nur nicht gelöst, sondern in der Regel überhaupt nicht erkannt werden. Hinzu kommt die bereits wiederholt angesprochene unzureichende Differenzierung verschiedener Abstraktionsebenen, die natürlich auch in bezug auf die Art der Differenzierungskriterien zu Unklarheiten führt« (Hempfer 1973, 150).

Dabei ist zu beachten, dass die Ausdrücke ›Schreibweise‹, ›Typ‹, ›Gattung‹ und ›Untergattung‹ »verschiedene generische Begriffe« bezeichnen: »Mit ›Schreibweise‹ sind ahistorische Konstanten wie das Narrative, das Dramatische, das Satirische usw. gemeint, mit ›Gattung‹ historisch konkrete Realisationen dieser allgemeinen Schreibweisen wie z. B. Verssatire, Roman, Novelle, Epos usw., während ›Untergattungen‹ die pathetische Verssatire, der pikareske Roman u. ä. sind. Der Typusbegriff fungiert als »Bezeichnung verschiedener, grundsätzlich möglicher, d. h. überzeitlicher Ausprägungen bestimmter Schreibweisen« (Hempfer 1973, 27). Grundsätzlich sind daher ahistorisch-typologische und historische Kategorien zu unterscheiden.

Nünning empfiehlt zur Gattungssystematik ein »Raster von systematisch angeordneten Kategorien […], aus denen sich Anhaltspunkte für eine typologische Klassifizierung ableiten lassen«. In einer ›differenzierten Merkmalsmatrix‹ unterscheidet er drei Gruppen: »je nachdem sie sich auf die paradigmatische Achse der Selektionsstruktur, die syntagmatische Achse des dominanten Zeitbezugs und der Vermittlungsformen oder die diskursive Achse der Relationierung und Gestaltung der Erzählebenen beziehen«. Auf dieser Grundlage können dominant paradigmatische, syntagmatisch-formale und diskursiv-kommunikationstheoretische Skalarmodelle entwickelt werden (Nünning 2007, 84 f.).

Linguistisch inspiriert ist der Versuch, mithilfe der Textsemantik zu einer Klassifikation von Texten nach Typen zu kommen. Metzeltin/Jaksche haben dazu eine Vierteilung vorgenommen, wobei sie davon ausgehen, dass »sich alle Texte einer dieser Hauptfunktionen zuordnen lassen« (Metzeltin/Jaksche 1983, 40). Diese Hauptfunktionen bringen sie auf die Begriffe Narration, Deskription, Argumentation oder Kontrakt. Bei der *Narration* »beruht der Zusammenhang auf einer Abfolge von Prozessen […] und/oder Zuständen an einem oder mehreren Objekten, d. h. auf der Veränderung einer oder mehrerer als identisch aufgefaßter Substanzen. Die tragenden Propositionen sind hier solche, deren Prädikate Zustands- oder Prozeßbegriffe enthalten und sukzessiv verbunden sind. *Deskriptionen* informieren über wesentliche oder momentane Eigenschaften eines oder mehrerer Objekte, wobei diese Eigenschaften nicht in einen Prozeß eingebettet sind. *Argumentationen* geben Gedankenkombinationen wieder, mit denen jemand sich selbst oder andere von einem Sachverhalt überzeugen will. *Kontrakte* drücken grundsätzlich Abmachungen zwischen zwei Parteien aus, die sich gewöhnlich auf irgendeine Art von Leistung und Gegenleistung beziehen« (ebd.). Mischformen, bei denen keine dieser Funktionen dominiert, sind möglich.

Als fruchtbares Instrumentarium, sinnvolle systematische Einheiten zu schaffen bzw. zu rekonstruieren, hat sich in den letzten Jahren schließlich der Bezug auf Wittgensteins Konzept der ›Familienähnlichkeit‹ erwiesen. Hier braucht ein einzelnes literarisches Werk nicht alle Merkmale einer Gattung aufzuweisen, sondern lediglich so viele, dass man seine ›Familienzugehörigkeit‹ erkennen kann. Es kann dabei auch mehreren ›Familien‹ zuzurechnen sein (Ryan 1981, Fowler 1982, Suerbaum 1993). Bei dem Modell der Familienähnlichkeit handelt es sich um ein sehr flexibles System, das die historische Variabilität von Gattungszuschreibungen ebenso zu erkennen gibt wie die offenkundige Konstruktionstätigkeit, die der einzelne Literaturwissenschaftler bei der Zuordnung einzelner Texte unweigerlich betreibt.

Literatur

Bonheim, Helmut: »Systematics and Cladistics: Classification of Text Types and Literary Genres«. In: Claus Uhlig/Rüdiger Zimmermann (Hg.): *Anglistentag 1990 Marburg. Proceedings*. Tübingen 1991, 154–165.
Bonheim, Helmut: »The Cladistic Method of Classifying Genres«. In: *Yearbook of Research in English and American Literature 8*. Tübingen 1992, 1–32.
Fowler, Alastair: *Kinds of Literature. An Introduction to the Theory of Genres and Modes*. Oxford 1982.
Fricke, Harald: *Norm und Abweichung. Eine Philosophie der Literatur*. München 1981.
Goethe, Johann Wolfgang: *West-östlicher Divan*. Sämtliche Werke nach Epochen seines Schaffens. Münchner Ausgabe. Hg. v. Karl Richter u. a. Bd. 11.1.2. München, Wien 1998.
Hempfer, Klaus W.: *Gattungstheorie. Information und Synthese*. München 1973.
Hempfer, Klaus W.: »Überlegungen zur historischen Begründung einer systematischen Lyriktheorie«. In: Ders. (Hg.): *Sprachen der Lyrik. Von der Antike bis zur digitalen Poesie*. Stuttgart 2008, 33–60.
Jäger, Georg: »Das Gattungsproblem in der Ästhetik und Poetik von 1780 bis 1850«. In: Jost Hermand/Manfred Windfuhr (Hg.): *Zur Literatur der Restaurationsepoche 1815–1848*. Stuttgart 1970, 371–404.
Metzeltin, Michael/Jakshe, Harald: *Textsemantik. Ein Modell zur Analyse von Texten*. Tübingen 1983.
Müller, Günther: »Bemerkungen zur Gattungspoetik«. In: *Philosophischer Anzeiger 3* (1929), 129–147.
Müller-Dyes, Klaus: »Gattungsfragen«. In: Heinz Ludwig Arnold/Heinrich Detering (Hg.): *Grundzüge der Literaturwissenschaft*. München 1996, 323–348.
Nünning, Ansgar: »Kriterien der Gattungsbestimmung: Kritik und Grundzüge von Typologien narrativ-fiktionaler Gattungen am Beispiel des historischen Romans«. In: Marion Gymnich/Birgit Neumann/Ansgar Nünning (Hg.): *Gattungstheorie und Gattungsgeschichte*. Trier 2007, 73–99.
Petersen, Julius: *Die Wissenschaft von der Dichtung*. Berlin 1944.
Scherpe, Klaus R.: *Gattungspoetik im 18. Jh. Historische Entwicklung von Gottsched bis Herder*. Stuttgart 1968.
Ryan, Marie-Laure: »On the why, what and how of generic theory«. In: *Poetics 10* (1981), 109–126.
Staiger, Emil: *Grundbegriffe der Poetik*. München 1946 u. ö.
Strube, Werner: *Analytische Philosophie der Literaturwissenschaft. Untersuchungen zur literaturwissenschaftlichen Definition, Klassifikation, Interpretation und Textbewertung*. Paderborn 1993.
Suerbaum, Ulrich: »Text, Gattung, Intertextualität«. In: Bernhard Fabian (Hg.): *Ein anglistischer Grundkurs: Einführung in die Literaturwissenschaft*. Berlin 2004, 82–125.
Zymner, Rüdiger: *Gattungstheorie. Probleme und Positionen der Literaturwissenschaft*. Paderborn 2003.

Axel Dunker

1.4 Generische Allgemeinheitsgrade

Die Gattungstheorie beschäftigt sich mit Textgruppenbildungen höchst unterschiedlichen Allgemeinheitsgrades, deren Nichtscheidung zu erheblichen Missverständnissen geführt hat. Grundsätzlich sind ein metatheoretischer und ein theoretischer Gebrauch des Terms ›Gattung‹ und hiervon gebildeten Ableitungen wie ›generisch‹ zu unterscheiden. Als metatheoretischer Term dient ›Gattung‹ in Ausdrücken wie ›Gattungstheorie‹, ›generische Allgemeinheitsgrade‹ usw. als Oberbegriff für die unterschiedlichen Typen von Textgruppenbildungen. Als theoretischer Term fungiert ›Gattung‹ neben jeweils spezifischen Termini zur Bezeichnung folgender Textgruppenbildungen, die sich sowohl hinsichtlich ihres Allgemeinheitsgrades wie hinsichtlich des vorausgesetzten bzw. explizit zugrunde gelegten Begriffstyps unterscheiden:

(a) Die Sammelbegriffe Epik/Narrativik, Dramatik, Lyrik und/oder andere Klassenbildungen wie ›Gebrauchsliteratur‹, Zweckformen usw. Dabei handelt es sich um Grobklassifizierungen, die Zuordnungen von Texten nach mehr oder weniger isolierten Einzelelementen vornehmen und im Wesentlichen dem abkürzenden Sprechen dienen. Die Sammelbegriffe sind zwar Klassenbegriffe, konstituieren aber keine wirklich disjunkten Klassen, da etwa der Lyrik zugeordnete Texte bzw. Textgruppen wie die Ballade auch erzählend sein können.

(b) Ein offenes Repertoire transhistorischer Invarianten wie das Narrative, das Dramatische, das Satirische, das Komische usw., die als strukturelle Konstrukte Phänomene einer transphrastischen kommunikativen Kompetenz abzubilden suchen, deren jeweils kulturell gebundener oder transkultureller Charakter nicht apriorisch postuliert, sondern nur kulturvergleichend ermittelt werden kann. Dass zumindest ›Erzählen‹ eine solch kommunikative

›Universalie‹ darstellt, scheint in der aktuellen Narrativitätsforschung unumstritten.

(c) Historische Textgruppenbildungen wie Verssatire, Fabel, Ode, Tragödie usw., die als ge- und bewusste Normen die Produktion und Rezeption von Texten bestimmen.

(d) Untergruppen von (c) als typologische und/oder historische Spezifizierungen historischer Gattungen wie Briefroman, anakreontische Ode, bürgerliches Trauerspiel usw.

In den 1970er und 1980er Jahren tobte ein heftiger Streit zwischen eher hermeneutisch-rezeptionsästhetisch und eher analytisch-strukturalistisch (→ D 7; D 14) ausgerichteten Literaturwissenschaftlern um die Frage, ob sich ›Gattungen‹ nur historisch oder auch transhistorisch bestimmen ließen, ob also die Abstraktionsebene (b) angesetzt werden kann oder nicht. Der Streit basierte neben grundsätzlich erkenntnistheoretischen Unterschieden auf einer Reihe von Prämissen, die von der Nichtscheidung von Objekt- und Beschreibungsebene (1) über die jeweils präsupponierte Extension von ›Gattung‹ (2) bis zu den Modellen der Vermittlung unterschiedlicher Abstraktionsebenen reichen (3).

(1) Es ist eines der grundsätzlichen Missverständnisse literaturwissenschaftlicher Theoriebildung, aus der Asystematik der Objektebene die Unsystematik wissenschaftlicher Begriffsbildung abzuleiten (so etwa Suerbaum 1971, 108–112; Trappen 2001, 1–22), vielmehr kann die wissenschaftliche Beschreibung von ›Unsystematischem‹ immer nur systematisch sein, indem eben genau beschrieben wird, was am Objekt un- bzw. asystematisch ist (Heringer 1971, 54). Geht man rein sprachanalytisch vor, so hat etwa die Kennzeichnung einer Gruppe von Texten als ›erzählend‹ einen offenkundig höheren Allgemeinheitsgrad als die Zusammenfassung von Texten unter Termini wie ›Roman‹, ›Novelle‹, ›Epos‹ usw., die alle gleichermaßen erzählend sind. Und ein Terminus wie ›Roman‹ ist offensichtlich allgemeiner als ›pikaresker Roman‹, ›heroisch-galanter Roman‹, ›realistischer Roman‹ usw. Erst in einem zweiten Schritt ist die Frage zu stellen, wie diese unterschiedlichen generischen Allgemeinheitsgrade näher zu bestimmen und wie sie miteinander zu vermitteln sind. Impliziert werden solche unterschiedlichen Allgemeinheitsgrade seit der antiken Poetologie, wenn etwa Aristoteles über das ›Redekriterium‹ zwischen erzählenden und dramatischen Texten unterscheidet und weitere Differenzierungen etwa dramatischer Texte in Komödie und Tragödie dann nach den Mitteln und dem Gegenstand der Darstellung vornimmt (*Poetik* 1448a 24–28). Dass solche Allgemeinheitsgrade in historischen Poetologien nicht oder nicht ausreichend reflektiert und voneinander unterschieden werden, ist natürlich kein Grund gegen eine solche Unterscheidung auf der Metaebene wissenschaftlicher Theoriebildung, weil solchermaßen eben das zu beschreiben ist, was sich in der historischen Poetologie schlicht vollzieht, nämlich die Vermischung von Unterschiedlichem. So ist etwa die in der Poetologie des 16. Jh.s partiell vorfindliche Nichtscheidung von ›Dialog‹ als in einer Mehrzahl von Gattungen mögliche *Redeform* einerseits und als von anderen Gattungen unterschiedene eigenständige Gattung andererseits kein Grund gegen eine systematische Scheidung, wie sie etwa im *Reallexikon* vorgenommen wird (s. v. Dialog$_1$ und Dialog$_2$).

(2) Dass sich historische Textgruppenbildungen nur historisch bestimmen lassen, ist selbstverständlich. Das weitergehende Postulat, das generische Strukturen generell als ausschließlich historisch bestimmbar auffasst, erweist sich aufgrund des performativen Widerspruchs, in den ein solches Verständnis gerät, wenn gleichwohl auf Kategorien wie das ›Erzählen‹ oder das ›Komische‹ rekurriert wird, als problematisch, so dass es wohl nicht mehr um ein Entweder-oder, sondern nur noch um ein Sowohl-als-auch gehen kann, das seine Begründung aus dem sprachlich vorgegebenen unterschiedlichen Allgemeinheitsgrad generischer Strukturen erhält.

So werden seit Anfang der 1970er Jahre – durchaus unterschiedliche – Modelle entwickelt, die systematisch zwischen Gattungen als historischen Gruppen von Texten und (mehr oder weniger) transhistorisch invarianten generischen Strukturen unterscheiden. Letztere werden terminologisch als ›Schreibweisen‹ (Hempfer 1973), Textsorte (Fricke 1981), *modes* (engl.) (Hempfer 1986/³2010) oder *modes* (frz.) (Genette 1979) von den historischen Gattungen unterschieden, eine Differenzierung, die sich im Grundsätzlichen etabliert hat (Fricke 1981, Schaeffer 1989, Fludernik 2000, *Reallexikon* s. v. Schreibweise$_2$, Zymner 2003, Neumann/Nünning 2007 u. a.; → A 1.1; A 1.2; A 1.5). Eine solche Unterscheidung ist historisch vorgegeben in der Goetheschen Differenzierung von »Naturformen« und »Dichtarten«, allerdings werden Erstere normativ-apriorisch auf »*nur* drey ächte Naturformen« eingeschränkt, und zwar »die klar erzählende, die enthusiastisch aufgeregte und die persönlich handelnde: *Epos, Lyrik* und *Drama*« (Goethe 1994, 206). Hiervon ausgehend hat Staiger seine »Qualitäten« des Lyrischen, Epischen und Dramatischen entwickelt, die er explizit als anthropologische Konstanten fasst und »im Sein des Seienden« fundiert (Staiger 1946/

1. Methodische Aspekte

1971, 155). Demgegenüber werden in der modernen Gattungstheorie – trotz des immer wieder behaupteten Gegenteils (vgl. die präzisierenden Klarstellungen in Klausnitzer/Naschert 2007, 387–404) – die transhistorischen Invarianten gerade nicht normativ gesetzt und anthropologisch fundiert, sondern aufgrund von deskriptiv ermittelten Textdaten konstruiert, und die Frage, welche und wie viele generische Strukturen als transgenerische Invarianten konstruiert werden können, gilt als prinzipiell offen (Hempfer 1973, 148; Zymner 2003, 187). Näher unterschieden wird dabei zwischen primären, unmittelbar auf Bedingungen der Kommunikationssituation zurückführbaren Schreibweisen wie dem seit Platon und Aristoteles über das Redekriterium unterschiedenen Narrativen und Dramatischen und sekundären Schreibweisen wie dem Komischen, Satirischen, Grotesken, Tragischen usw., die in unterschiedlichen Typen von Kommunikationssituationen vorkommen können (Hempfer 1973, 162 f.; Genette 1979, 81 unterscheidet analog zwischen *modes* und *catégories thématiques*). Ob, und wenn ja, inwiefern sich auch das Lyrische als transhistorische generische Struktur konstruieren lässt, ist umstritten (Warning 1997, Hempfer 2008, Zymner 2009). Von Zymner werden die primären Schreibweisen als »poetogene Strukturen« von den Schreibweisen im eigentlichen Sinne unterschieden, da sie wie etwa das Erzählen »eine Allerweltsredetätigkeit mit bestimmten kommunikativen Funktionen darstellt« (Zymner 2003, 168, ferner 186–190). Eine weitere Differenzierung erfolgt dahingehend, dass zwischen systematischen Schreibweisen (z. B. Manierismus) und historischen Schreibweisen als je historisch unterschiedlichen Ausprägungen der systematischen Schreibweisen (z. B. der Marinismus in Italien zu Beginn des 17. Jh.s) unterschieden wird (Lamping 1990, 18–24; Zymner 1995, 59–85; Zymner 2003, 184 f.). Für einzelne, medienübergreifende Schreibweisen wie die Kontrafaktur haben Verweyen/Witting den Terminus ›Verfahren‹ vorgeschlagen (1987, 126–137).

Wenn in der aktuellen Diskussion weitgehend Einigkeit darüber herrscht, dass unterschiedliche Allgemeinheitsgrade generischer Strukturen systematisch zu unterscheiden sind, so ist nach wie vor strittig, wie die Vermittlung zwischen den unterschiedlichen ›Ebenen‹ theoretisch zu konzipieren ist.

(3) Die Unterscheidung verschiedener generischer Allgemeinheitsgrade ist nicht mit einer Klassenhierarchie, einer Taxinomie im traditionellen Sinne zu verwechseln (dies macht Genette 1979, 78 f.), da die unterschiedlichen generischen Abstraktionsebenen keine Klassen im logischen Sinne sind, sondern aufgrund von anderen Typen von Allgemeinbegriffen wie Strukturen, Familienähnlichkeiten, Prototypen usw. konstruiert werden (Zymner 2009, 144–152; Hempfer 2010). In Hempfer 1973 wurde vorgeschlagen, die transhistorische und die historische Ebene im Rahmen des dynamischen Strukturbegriffs Piagets zu vermitteln, der kein ontologisch-realistischer, sondern ein konstruktivistischer ist. Das Zentrale an Piagets Strukturbegriff, das ihn zu einem dynamischen macht, ist die Integration von Transformationen in die Struktur selbst, wodurch zwischen deren Konstitutionsbedingungen und der im Rahmen dieser Bedingungen möglichen ›Veränderungen‹ unterschieden werden kann. Dies bedeutet, dass etwa das Satirische (→ H 7) als transgenerische Schreibweise über eine spezifische Menge von Relationen bestimmt wird, deren Elemente historisch ganz unterschiedlich realisiert sein können, wobei es diese mehr oder weniger abstrakten Relationen zwischen je unterschiedlichen Elementen sind, die es erlauben, so verschiedenartige Texte wie die *Sermones* des Horaz oder die *Saturae* Juvenals, Swifts *A Modest Proposal*, Voltaires *conte Candide* oder dessen ›heroisch-komisches‹ Epos *La Pucelle*, Hugos *Châtiments* u. v. a. m. jeweils als ›Satiren‹ oder zumindest als partiell satirisch – und z. B. nicht ›nur‹ als komisch – zu bezeichnen. Die Gattung der Verssatire wäre sodann über das Satirische als notwendige Bedingung hinaus durch weitere Merkmale zu charakterisieren, die sie diachron wie synchron von anderen Versgattungen unterscheiden und in der Diachronie eine Identität der Gattung qua historischer Textgruppe konstituieren, wobei intertextuellen Bezügen eine besondere Bedeutung zukommt. Die unterschiedlichen historischen Transformationen, in denen sich das Satirische manifestiert, basieren ihrerseits dann auf den Konstituenten des jeweils historischen Literatursystems, die der einzelne Text in je spezifischer Weise aktualisiert und/oder modifiziert, so dass sich unterschiedliche Allgemeinheitsgrade auch für den Bereich der historischen Transformationen ansetzen lassen, die von epochal gültigen bis zu kontextspezifischen Transformationen reichen. Eine im Grundsätzlichen ähnliche Konzeption findet sich bereits in Jolles 1930 oder Lämmert 1955 und liegt auch Zymners Vermittlung von systematischen und historischen Schreibweisen zugrunde, insofern Letztere als die »konkreten historischen Ausprägungen« der Ersteren begriffen werden (Zymner 2003, 184 f.).

Die weitergehende Analogisierung des Modells mit Grundkonzepten der generativen Transformationsgrammatik wurde vielfach kritisiert (Warning 1976;

Zymner 2003, 143). Auf sie ist unschwer zu verzichten, da es sich eben nur um eine Analogiebildung handelt (Hempfer 2010, 16 f.), wohingegen neuere Einsichten der Kognitionspsychologie und der kognitiven Linguistik in die Struktur unserer Begriffs- bzw. Kategorienbildung für die Gattungstheorie zentral scheinen (Wolf 2005; Zymner 2009, 144–152; Hempfer 2010, 18–29). Wenn unser Denken generell nämlich nicht auf disjunkten Klassen, sondern auf Prototypen basiert, die dadurch charakterisiert sind, dass sie sowohl die Zuordnung eines Exemplars zu einer Kategorie A und nicht zu einer Kategorie B als auch die Skalierung dieser Zugehörigkeit ermöglichen, dann lassen sich die Schreibweisen in dem Sinn als ›Prototypen‹ begreifen, dass sie untereinander distinktiv sind, sich in historischen Gattungen und Einzeltexten jedoch über unterschiedliche Ähnlichkeitsrelationen zu ihrem prototypischen Kern realisieren. Welche generische Strukturen sich als Prototypen konstruieren lassen, ist beim gegenwärtigen Forschungsstand offen. In Hempfer 2010 wird vorgeschlagen, die transhistorischen Invarianten als Prototypen zu begreifen, während sich für die historischen Gattungen der Wittgensteinsche Begriff der ›Familienähnlichkeit‹ anbietet, der für die diachrone Identität der Gattung im Unterschied zum Klassenbegriff nicht die Rekurrenz eines identischen Merkmals in allen Exemplaren der Gattung voraussetzt, sondern diese über historisch unterschiedliche Merkmalsbündel beschreibt, die jedoch zueinander in einer Ähnlichkeitsrelation stehen, so dass es stets zu partiellen ›Überlappungen‹ historisch unterschiedlicher Manifestationsformen der Gattung kommt.

Das Verhältnis von prototypisch definierten Schreibweisen und über Familienähnlichkeiten bestimmten historischen Gattungen ist dabei je nach Gattung variabel. Bestimmte Gattungen basieren notwendig auf einer primären Schreibweise (dem Erzählen). Andere wie die Komödie setzen die Verbindung einer primären mit einer sekundären Schreibweise (dem Dramatischen und dem Komischen) voraus, beide können optional als satirischer Roman bzw. satirische Komödie auf eine weitere Schreibweise rekurrieren, die die beiden anderen in spezifischer Weise refunktionalisiert (Mahler 1988), während etwa die Verssatire auf keiner spezifischen Binnenpragmatik basiert, als notwendige Bedingung der Unterscheidbarkeit von anderen Versgattungen aber historisch unterschiedliche Realisationsmodi des Prototyps des Satirischen voraussetzt. Einen besonderen Fall stellen schließlich die metrisch bestimmten Gattungen dar wie Ode oder Elegie in der Antike und eine Mehrzahl im Mittelalter entstandener Gedichte ›fester Form‹ (frz. *poèmes à forme fixe*) wie Kanzone, Rondeau, Virelai und insbesondere natürlich das Sonett. Obgleich diese Textgruppen ihre Identität aus einer bestimmten Menge metrischer Attribute beziehen, sind sie doch nur in eingeschränktem Sinn ›feste Formen‹, deren historische Variabilität über den Begriff der Familienähnlichkeit adäquat abgebildet werden kann, wie Wittbrodt 1998 am Beispiel des Sonetts gezeigt hat. Ob sich darüber hinaus das Sonett als Prototyp begreifen lässt (so Wittbrodt 1998, 95–97), scheint fraglich, da die Annahme eines prototypischen Kerns als spezifischer Relation spezifischer Attribute die Gefahr der Hypostasierung einer bestimmten historischen Ausprägung von ›Sonett‹ zum Prototypen des Sonetts beinhaltet. Entscheidend für die adäquate Übernahme des Prototypenkonzepts aus der Kognitionsforschung in die Gattungstheorie dürfte sein, dass man den Prototyp einer ›Gattung‹ weder mit einem bestimmten Textexemplar noch mit einer historisch spezifischen Textgruppe identifiziert, sondern als abstrakte Repräsentation der zentralen Attribute eines generischen Konzepts begreift (Hempfer 2010, 22 f.). Welche generischen Konzepte welcher Allgemeinheitsgrade sich nach dieser Maßgabe als ›Prototypen‹ konstruieren lassen, ist Aufgabe konkreter historischer Forschung.

Literatur

Fricke, Harald: *Norm und Abweichung. Eine Philosophie der Literatur*. München 1981.
Genette, Gérard: *Introduction à l'architexte*. Paris 1979.
Goethe, Johann Wolfgang von: »Besserem Verständnis«. In: Ders.: *West-Östlicher Divan*. Hg. v. Hendrik Birus. Frankfurt a. M. 1994 (Sämtliche Werke, Abt. I, Bd. 3.1,2), 138–299.
Hempfer, Klaus W.: *Gattungstheorie*. München 1973.
Hempfer, Klaus W.: »Überlegungen zur historischen Begründung einer systematischen Lyriktheorie«. In: Ders. (Hg.): *Sprachen der Lyrik. Von der Antike bis zur digitalen Poesie*. Stuttgart 2008, 33–60.
Hempfer, Klaus W.: »Zum begrifflichen Status der Gattungsbegriffe: von ›Klassen‹ zu ›Familienähnlichkeiten‹ und ›Prototypen‹«. In: *Zeitschrift für französische Sprache und Literatur 120* (2010), 14–32.
Hempfer, Klaus W.: »Genres«. In: Tomas A. Sebeok (Hg.): *Encyclopedic Dictionary of Semiotics*. 3 Bde. Berlin u. a. ³2010, Bd. 1, 290–292 (¹1986).
Heringer, Hans Jürgen: »Warum wir formale Theorien machen«. In: Dieter Wunderlich (Hg.): *Probleme und Fortschritte der Transformationsgrammatik*. München 1971, 47–56.
Jolles, André: *Einfache Formen* [1930]. Unver. Nachdr. der 4. Aufl. Darmstadt 1969.
Klausnitzer, Ralf/Naschert, Guido: »Gattungstheoretische Kontroversen? Konstellationen der Diskussion von Textordnungen im 20. Jh.«. In: Ralf Klausnitzer/Carlos Spoer-

hase (Hg.): *Kontroversen in der Literaturtheorie – Literaturtheorie in der Kontroverse.* Bern 2007, 369–412.

Lämmert, Eberhard: *Bauformen des Erzählens.* Stuttgart 1955 u. ö., insb. 9–18.

Mahler, Andreas: »Soziales Substrat, Komik, Satire, Komödie und ein Beispiel: Molière, Le Misanthrope«. In: *Zeitschrift für französische Sprache und Literatur* 98/3 (1988), 264–297.

Neumann, Birgit/Nünning, Ansgar: »Einleitung: Probleme, Aufgaben und Perspektiven der Gattungstheorie und Gattungsgeschichte«. In: Marion Gymnich/Birgit Neumann/Ansgar Nünning (Hg.): *Gattungstheorie und Gattungsgeschichte.* Trier 2007, 1–28.

Reallexikon der deutschen Literaturwissenschaft. 3 Bde. Hg. v. Klaus Weimar u. a. Berlin, New York 1997–2003.

Schaeffer, Jean-Marie: *Qu'est-ce qu'un genre littéraire?* Paris 1989.

Staiger, Emil: *Grundbegriffe der Poetik* [1946]. Zürich ⁸1968, München 1971.

Suerbaum, Ulrich, »Text und Gattung«. In: Bernhard Fabian (Hg.): *Ein anglistischer Grundkurs.* Frankfurt 1971, 104–132 (Schwerpunkte Anglistik 5).

Trappen, Stefan: *Gattungspoetik. Studien zur Poetik des 16. bis 19. Jh.s und zur Geschichte der triadischen Gattungslehre.* Heidelberg 2001.

Verweyen, Theodor/Witting, Gunther: *Die Kontrafaktur.* Konstanz 1987.

Warning, Rainer, »Interpretation, Analyse, Lektüre: Methodologische Erwägungen zum Umgang mit lyrischen Texten«. In: Ders.: *Lektüren romanischer Lyrik: von den Trobadors zum Surrealismus.* Freiburg 1997, 9–44.

Warning, Rainer: »Elemente einer Pragmasemiotik der Komödie«. In: Wolfgang Preisendanz/Rainer Warning (Hg.): *Das Komische.* München 1976, 279–333.

Wittbrodt, Andreas, »Wie definiert man ein Sonett? Gattungstheoretische Überlegungen zur Verwendung von logischen Begriffen und Familienähnlichkeitsbegriffen«. In: *Compass. Mainzer Hefte für Allgemeine und Vergleichende Literaturwissenschaft* 3 (1998), 52–79.

Wolf, Werner, »The Lyric: Problems of Definition and a Proposal for Reconceptualization«. In: Eva Müller-Zettelmann/Margarete Rubik (Hg.): *Theory into Poetry: New Approaches to the Lyric.* Amsterdam/New York 2005, 21–56.

Zymner, Rüdiger: *Gattungstheorie. Probleme und Positionen der Literaturwissenschaft.* Paderborn 2003.

Zymner, Rüdiger: *Lyrik. Umriss und Begriff.* Paderborn 2009.

Klaus W. Hempfer

1.5 Invarianz und Variabilität von Gattungen

»Unbewiesenes und Unbeweisbares mit dreister Miene zu verkünden, das war im Streit um die Gattungen jahrhundertelang gang und gäbe« (Enzensberger 2009, 65). Zu den ewig und unbewiesen wiederholten Verkündungen, die Enzensberger hier zu Recht bemerkt und beklagt, gehört in allererster Linie der Topos, Gattungsbegriffe ließen sich ›nur historisch bestimmen‹. Aber wenn ich feststellen möchte, ob z. B. eine Anekdote im 16. Jh. angebbar anders auszusehen pflegte als im 18. Jh., muss ich diese Unterschiede erst einmal mit stabilen, für beide Jahrhunderte anwendbaren Begriffen beschreiben. (›Schäferhunde sahen um 1750 ganz anders aus als 2000, denn 1750 gab es noch gar keine Schäferhunde im heutigen Sinne‹ – so ein historischer Vergleich wäre ohne zeitlos feststellbare Merkmale dieser Hunderasse offenkundig sinnlos). Umgekehrt wird ein Schuh daraus: Allein auf der sicheren Grundlage systematisch zuverlässiger Beschreibungsbegriffe (→ A 1.1) lassen sich historische Wandlungen innerhalb eines Gattungszusammenhanges überhaupt erst ermitteln und in ihren Entwicklungsschritten näher bestimmen.

Solche Einsichten haben das Definieren von Gattungen nicht immer und überall geleitet. Und selbst unter wissenschaftstheoretisch versierten Gattungstheoretikern der Analytischen Literaturwissenschaft hat man am Beispiel der Gedichtgattung *Elegie* noch resigniert die These formuliert, dass man hier – angesichts der vielfältigen Wandlungen vom antiken Gedichtmaß aus Distichen über die zunehmenden inhaltlichen Festlegungen der Goethezeit bis zu den beides hinter sich lassenden *Duineser Elegien* Rilkes oder gar den *Buckower Elegien* Brechts – nichts Stärkeres werde ermitteln können als »einen genetischen Zusammenhang, wenn man diese Veränderung Schritt für Schritt verfolgt« (Eibl 1979, 53).

Ihre gründlichste Ausformung hat die rein historische Bestimmung literarischer Gattungen in der sogenannten ›Institutionentheorie‹ gefunden. In deutscher Sprache war es vor allem der führende Gattungshistoriker Wilhelm Voßkamp, der die Prägung von »Gattungen als literarisch-sozialen Institutionen« (Voßkamp 1977) fest etabliert hat: als eine historisch verfestigte Form »institutionalisierter Textgruppen und -reihen, die vom Lesepublikum als solche wiedererkannt werden können und ein eigenes Beharrungsvermögen aufweisen, aber zeitlich begrenzte Dauer und Funktion haben« (Voßkamp 1997, 655). Ihre internationale Verbreitung hatte diese Institutionentheorie literarischer Gattungen bereits durch die weltweit gelesene *Theorie der Literatur* des emigrierten Prager Strukturalisten René Wellek gefunden (vgl. Wellek/Warren 1949). Und ein aufmerksamer Leser wie Hans Magnus Enzensberger hat darauf hingewiesen, dass diese Auffassung noch weiter zurückgeht auf ältere Anreger wie H. Lewin oder N. H. Pearson mit ihrem literatursoziologischen Blick auf Gattungen als

Institutionen wie »Staaten, Kirchen oder Universitäten«, nämlich als »institutionelle Imperative, die auf den Autor einen Druck ausüben« (Enzensberger 2009, 75 f.).

Sind wir also gezwungen, uns zwischen einer solchen Gattungskonzeption von historisch begrenzten ›Gruppennamen‹ und einer rein systematisch angeordneten Verbindung von Textmerkmalen zu *entscheiden*? Keineswegs: Wir müssen nur klar zwischen ihnen *unterscheiden*. Und dabei sollte auch klar werden, in welchem begrifflichen Verhältnis die zeitunabhängige Gattungsdefinition und die gattungsgeschichtliche Gruppenbildung literaturgesellschaftlich etablierter Institutionen zueinander stehen.

Deshalb differenziert man in elaborierteren Gattungstheorien der letzten Jahrzehnte klar zwischen zwei getrennten Grundbegriffen: zwischen der literarischen *Textsorte* und dem literarischen *Genre* (zuerst Fricke 1981, 132–138).

Eine Textsorten-Definition bestimmt dabei einen rein systematischen Ordnungsbegriff der Literaturwissenschaft: Ob ein bestimmtes Werk zu einer gewissen literarischen Textsorte gehört oder nicht, das muss sich allein anhand der Merkmalskonfiguration dieses Werkes, durch textnahe Prüfung auf die definierten notwendigen und alternativen Merkmale (→ A 1.1), intersubjektiv und zeitunabhängig ermitteln lassen. Zu den relevanten Textmerkmalen gehören dabei nicht etwa nur sprachliche Ausdrucksphänomene, sondern auch semantische und pragmatische Grundzüge wie Motivik, Handlungsstruktur oder dominante Sprechsituationen. Eine literarische Textsorte vereinigt somit gleichartige dichterische Erscheinungen ohne Rücksicht auf ihren Ort und historischen Entstehungszusammenhang (so dass unter Umständen ein alttestamentarischer Weisheitsspruch und ein Graffito aus unseren heutigen Innenstädten zur selben Textsorte gehören können).

Für die Zuordnung eines Werkes zu einen literarischen *Genre* hingegen ist es unumgänglich, weitere ähnliche Texte derselben oder früherer Zeit (nicht aber der folgenden!) sowie bei Bedarf auch nicht- oder paraliterarische Begleitdokumente aus diesem Zeitraum zu berücksichtigen. Denn ein Genre bildet ein literarhistorisch begrenztes und mehr oder weniger kohärentes Phänomen im obigen Sinne einer ›literarisch-sozialen Institution‹ einer bestimmten Periode im literarischen Leben einer Gesellschaft. Zugleich aber baut jede *Ermittlung* eines literarhistorischen Genres, zur deutlichen Abgrenzung von anderen verbalen Zeiterscheinungen, auf dem systematischen Begriff einer wohlbestimmten *Textsorte* auf, nämlich durch die folgenden drei definitorischen Bestimmungen der entsprechenden Begriffsexplikation:

(1) Jeder Text eines Genres gehört derselben, durch notwendige und alternative Merkmale eindeutig bestimmbaren Textsorte an.

(2) Diese literarische Textsorte ist zur Entstehungszeit bereits etabliert, trifft also im zeitgenössischen Lesepublikum auf vorgeformte Erwartungen hinsichtlich bestimmter Textmerkmale.

(3) Solche institutionellen Erwartungen löst der Text gezielt durch dem Publikum geläufige Genresignale aus, etwa durch ausdrückliche Angabe einer eingeführten Gattungsbezeichnung in der Titelei oder auch durch andere texteinleitende Kennzeichnungen einer bereits etablierten Textsorte.

Es versteht sich, dass solche Genresignale auch einmal ironisch oder sogar gezielt irreführend eingesetzt werden können (»Es war einmal ...« kann statt eines Märchens auch eine Satire einleiten; Enzensbergers Gedichtzyklus *Untergang der Titanic. Eine Komödie* ist weder ein Theaterstück noch insgesamt zum Lachen). Die Frage nach der gattungsgeschichtlichen Zuordnung eines Werks zu einem festen Genre seiner Zeit verlangt also, auch wenn die begrifflichen Voraussetzungen einmal geklärt sind, genaue Textarbeit und gründliche historische Erforschung des Umfelds (vgl. z. B. Scholz bei Verweyen u. a. 1988, 289–308 am Beispiel des Emblems).

Was aber bleibt dann für den weit verbreiteten Leitbegriff der ›Gattung‹ noch übrig? Die Aussichten für jeden Versuch, aus diesem Wort der Alltagssprache und der literaturkritischen, buchhändlerischen und akademisch-literaturwissenschaftlichen Umgangssprache einen wohldefinierten literaturwissenschaftlichen *Terminus technicus* zu machen, wären wohl denkbar gering. Deshalb hat man vorgeschlagen, man solle »den Ausdruck ›Gattung‹ weiterhin so verwenden, wie es ohnehin die gängige und wohl schwerlich korrigierbare Praxis ist – nämlich als unspezifizierten Oberbegriff für ganz *verschiedenartige* literarische Gruppenbildungen: nach Textsorten, nach Genres, aber auch nach ganz anderen Kriterien wie ›pathetisch‹ oder ›komisch‹, ›erotisch‹ oder ›politisch‹, ›kommerziell‹ oder ›progressiv‹, ›mundartlich‹ oder ›literatursprachlich‹, ›trivial‹ oder ›anspruchsvoll‹ usw. usf.« (Fricke 1981, 133). In diesem Sinne wird auch in A 1.4 dieses Handbuchs bereits die Bestimmung vorgenommen, den Ausdruck *Gattung* zunächst als rein metatheoretischen Term zu verwenden, nämlich »als Oberbegriff für die unterschiedlichen Typen von Textgruppenbildungen«.

Als theoretisch wohldefinierte Termini zur geklärten Verständigung darüber, wovon genau man im Zusammenhang mit einer literarischen ›Gattung‹ gerade sprechen möchte, bieten sich hingegen die oben explizierten Fachbegriffe ›*Textsorte*‹ und ›*Genre*‹ an. Ihre explizite Ausdifferenzierung zwischen systematischer und historischer Kategorie lässt sich nun aber auch für die zuerst von Hempfer 1973 eingeführte Generalisierungsform gattungsübergreifender *Schreibweisen* [A 1.4, sowie Verweyen u. a. 1988] wie dem Satirischen, dem Polemischen oder dem Utopischen vornehmen (Lamping 1990, 18–24; Zymner 1995, 59–85): Es kann hier in bestimmten Kontexten durchaus nützlich sein, zwischen rein systematischen Schreibweisen (z. B. dem Manierismus in artistischen Texten verschiedenster Jahrhunderte und spätzeitlicher Kulturen) und historischen Schreibgenres (z. B. der *préciosité* in der französischen Dichtung des 16./17. Jh.s) einen begrifflichen Unterschied zu machen (vgl. Fricke 2000, 35–37).

In einer solchen Weise lässt sich das vermeintliche Dilemma von Invarianz und Variabilität innerhalb literarischer Gattungen durchaus lösen: indem man seine beiden Dimensionen, die systematische und die historische, ständig reflektiert und sorgfältig unterscheidet. Denn an dem Ziel einer integrierenden Verbindung beider Aspekte sollte man ebenso festhalten, wie dies Friedrich Schlegel schon gefordert hat: »Und doch ist eine Theorie der Dichtungsarten grade das, was uns fehlt. Und was kann sie anders seyn als eine Classification, die zugleich Geschichte und Theorie der Dichtkunst wäre?« (Schlegel 1882, 354).

Literatur

Eibl, Karl: »Zur Funktion hermeneutischer Verfahren innerhalb der Forschungslogik einer empirisch-theoretischen Literaturwissenschaft«. In: *Studien zur Entwicklung einer materialen Hermeneutik*. Hg. v. Ulrich Nassen. München 1979, 48–62.
Enzensberger, Hans Magnus: »Vom Nutzen und Nachteil der Gattungen«. Frankfurter Poetik-Vorlesungen 1964/65, Nr. 4. In: Ders.: *Über Literatur*. Hg. v. Rainer Barbey. Frankfurt a. M. 2009, 64–82.
Fricke, Harald: *Norm und Abweichung. Eine Philosophie der Literatur*. München 1981.
Fricke, Harald: *Gesetz und Freiheit. Eine Philosophie der Kunst*. München 2000.
Hempfer, Klaus W.: *Gattungstheorie. Information und Synthese*. München 1973.
Lamping, Dieter: »Probleme der neueren Gattungstheorie«. In: Ders./Dietrich Weber (Hg.): *Gattungstheorie und Gattungsgeschichte*. Wuppertal 1990, 9–43.
Schlegel, Friedrich: »Prosaische Jugendschriften« (1794–1802). Hg. v. Jakob Minor. Bd. 2: *Zur deutschen Literatur und Philosophie*. Wien 1882.
Verweyen, Theodor u. a.: »Zur Problematik literaturwissenschaftlicher Gattungsbegriffe«. In: *Zur Terminologie der Literaturwissenschaft*. Hg. v. Christian Wagenknecht. Stuttgart 1988, 263–356.
Voßkamp, Wilhelm: »Gattungen als literarisch-soziale Institutionen. Zu Problemen sozial- und funktionsgeschichtlich orientierter Gattungstheorie«. In: *Textsortenlehre – Gattungsgeschichte*. Hg. v. Walter Hinck. Heidelberg 1977, 27–44.
Wellek, René/Warren, Austin: *Theorie der Literatur* [1949]. Aus dem Amerikanischen von E. u. M. Lohner. Berlin 1963.
Zymner, Rüdiger: *Manierismus. Zur poetischen Artistik bei Johann Fischart, Jean Paul und Arno Schmidt*. Paderborn u. a. 1995.

Harald Fricke

1.6 Kategorisieren

Die Leichtigkeit, mit der wir im Alltag einen Text als ›Erzählung‹, ›Drama‹ oder ›Arztroman‹ bezeichnen, lenkt davon ab, wie voraussetzungsreich Gattungskategorien sind. Zunächst werden verschiedene Kategorisierungsweisen (v. a. klassifikatorische oder typologische) unterschieden: Klassifikationen sind disjunkt, d. h. sie lassen (theoretisch) keine Überschneidungen zu und verwenden Begriffe typischerweise strenger als der Alltagsgebrauch (Strube 1993, 30 f.; Zymner 2003, 102). Mit einer Klassifikation kann das Ziel verbunden sein, Gattungskategorien nur mit ähnlichen Texten zu füllen (Strube 1993, 30 f.); Klassifikationen sind deshalb gerade für das Bilden von Korpora wichtig (→ A 1.8). Gegenüber klassifikatorischen Begriffen entwickeln typologische Begriffe unscharfe Kategorien anhand von Idealtypen, so dass ein einzelner Text einem Typus mehr oder weniger entsprechen kann (vgl. Strube 1993, 32 f.; Zymner 2003, 103). Komplexer ist die Begriffbildung nach Familienähnlichkeit, die in Anlehnung an historische Konventionen der Begriffsverwendung Texte zusammenfasst (Strube 1993, 33 f.). So wäre es möglich, dass von den Texten a, b und c derselben Gattung Z, nur a und b sowie b und c Ähnlichkeiten aufweisen, nicht aber a und c. Gattungskategorien können taxonomisch mit Ober- und Unterbegriffen verwirklicht werden. Dabei können verschiedene Kategorisierungsprinzipien kombiniert werden, z. B. historisch definierte Genres im Rahmen einer systematischen Typologie oder Klassifikation (vgl. z. B. »Macro-Genre« versus »Genre« bei Fludernik 2000; »Genre« versus »Textsorte« bei Fricke 1981, 132–138; »Gattung« versus »Schreibweise« bei Hempfer 1973, 26–29, 224; → A 1.1; A 1.2; A 1.5).

Die vielfältigen Ordnungsprinzipien deuten an, dass Kategorisieren nicht selbstverständlich ist, gerade weil Texte (theoretisch) nach beliebigen Kriterien kategorisiert werden können (vgl. Zymner 2003, 85; → A 2.1). Die Probleme des Kategorisierens sind in der Form der Gattungsbegriffe und Texte angelegt: Zunächst ist die Kategorie der Literatur für eine vollständig systematische Klassifikation nicht deutlich genug eingegrenzt. Weiterhin sind Texte zu unterschiedlich, um aufgrund essenzieller Eigenschaften nachprüfbar klassifiziert zu werden (vgl. Raible 1996). Wenn man zudem die Kategorien an historisch etablierte Begriffsnamen mit ihren Unschärfen und historischen Veränderungen anlehnt, sind Überschneidungen unumgänglich.

Die geschilderten Probleme werfen die Frage auf, wie Kategorisieren überhaupt literarischen Texten gerecht werden kann (vgl. Klausnitzer/Naschert 2007). Skeptizistische Kritiken, wie sie seit dem 20. Jh. größere Verbreitung gefunden haben, betonen einerseits das Grenzfällige und Einzigartige literarischer Texte, die durch das wissenschaftlich zergliedernde Zuordnen (und Ausschließen) ihrer ästhetischen Würde beraubt würden (Derrida 1986). Andererseits stellen sie die Gültigkeit der Gattungsbegriffe infrage: Es gebe demnach keine Gattung ›Roman‹ an sich, sondern nur sehr unterschiedliche Texte, die bisweilen von Autoren oder Lesern als Romane bezeichnet werden (Croce 1905).

Tatsächlich hat sich in der Gattungstheorie eine gemäßigt ›nominalistische‹ Ansicht durchgesetzt, dass Gattungen kulturell konventionalisierte Formen der Strukturierung von Wirklichkeit sind. Insofern mögen Gattungsbegriffe Texte nach willkürlichen Ähnlichkeitsgesichtspunkten ordnen. Dies schließt aber nicht aus, dass man die Bedingungen untersuchen kann, unter denen eine Gruppe von Texten als Gattungen zusammengefasst werden (vgl. Zymner 2003, 53–57). Im schlechtesten Fall sind also Gattungen soziale Institutionen (Voßkamp 1977), die zur Verständigung innerhalb von Diskursgemeinschaften soziale Funktionen erfüllen (vgl. Swales 1990, 21–32, 54–57). Allerdings wurde kritisiert, dass Gattungen ebenso Diskursgemeinschaften begründen, so dass die Gefahr eines Zirkelschlusses besteht (Freedman/Medway 1994, 7). Die Auffassung, dass das Kategorisieren nur auf kulturellen Konventionen beruht, wurde zudem von den Kognitionswissenschaften (insbesondere aus Psychologie und Linguistik) relativiert: Empirisch belegbare Effekte beim spontanen Kategorisieren weisen darauf hin, dass Kategorien nicht völlig willkürliche Einteilungen eines diffusen Kontinuums von Eindrücken sind, sondern auf allgemeinen menschlichen Weisen der Wahrnehmung (→ B 5.9) und Kognition beruhen. Gut erforscht ist der Prototypen-Effekt (vgl. Taylor 1995): Manche Mitglieder von Kategorien sind insofern prototypisch, als sie sog. »beste Beispiele« sind und schneller als andere Beispiele derselben Kategorie zugeordnet werden. Prototypikalität ergibt sich häufig aus nicht-notwendigen Merkmalen, die sich vor allem auf die sozio-kulturelle Funktion des Kategorisierten beziehen und deshalb von klassischen Kategorisierungsprinzipien unzureichend erfasst werden (z. B. zeichnen sich prototypische Tassen durch einen Henkel aus, ohne dass das Merkmal ›Henkel‹ in irgendeiner Weise essenziell für Tassen wäre). Der Prototypen-Effekt kann vor allem auf der taxonomischen Ebene des sog. *basic levels* beobachtet werden (vgl. Taylor 1995: 40–51). Auf dem *basic level* werden meistens die ›besten Beispiele‹ zu übergeordneten Kategorien benannt (z. B. »Stuhl« zu »Möbel«), zudem können innerhalb solcher Kategorien prototypische Fälle beschrieben werden.

Spontanes Kategorisieren (auch sog. *folk categories*, vgl. Taylor 1995: 68–74) besteht neben genaueren Weisen des Klassifizierens und Typologisierens von Experten. Da sich aber literarische Gattungsbegriffe auch an soziale Konventionen anlehnen, sind Einflüsse vorhanden. Effekte des *basic level* finden sich in literaturwissenschaftlichen Taxonomien wieder. So stehen allgemeine Kategorien (z. B. »Gedicht«) neben *basic level*-Kategorien (z. B. Sonett), zu denen jeweils spezifischere Kategorien vorliegen (Shakespeare-Sonett). Ebenso können Gattungen durch prototypische ›beste Beispiele‹ beschrieben werden; damit besteht auch die Möglichkeit, auf deutliche Abweichungen vom Prototypischen einzugehen. Allerdings sind einzelne Kategorienmerkmale ihrerseits kategorisierbar und somit prototypisch strukturiert. Zudem sind viele Gattungskategorien nicht durch ein Zentrum von Prototypen erfassbar (z. B. die Komödie). Bei komplexeren Kategorien spricht man z. T. von *radial categories* (Lakoff 1987, 91–114) oder Familienähnlichkeitskategorien (Taylor 1995: 260 f.). Tatsächlich scheinen Prototypen-Effekte keine Ansätze zu bieten, den Umfang von Kategorien in irgendeiner Weise zu beschränken oder überhaupt vorherzusagen.

Literatur

Croce, Benedetto: *Ästhetik als Wissenschaft des Ausdrucks und allgemeine Linguistik. Theorie und Geschichte.* Übers. v. Karl Federn. Leipzig 1905.

Derrida, Jacques: »La loi du genre«. In: Ders.: *Parages.* Paris 1986, 249–287.

Fludernik, Monika: »Genres, Text Types, or Discourse Modes? Narrative Modalities and Generic Categorization«. In: *Style* 34,1 (2000), 274–292.
Freedman, Aviva/Medway, Peter: »Locating Genre Studies. Antecedents and Prospects«. In: Aviva Freedman/Peter Medway (Hg.): *Genre and the New Rhetoric.* London 1994, 1–20.
Fricke, Harald: *Norm und Abweichung. Eine Philosophie der Literatur.* München 1981.
Hempfer, Klaus W.: *Gattungstheorie. Information und Synthese.* München 1973.
Klausnitzer, Ralf/Naschert, Guido: »Gattungstheoretische Kontroversen? Konstellationen der Diskussion von Textordnungen im 20. Jh.«. In: Ralf Klausnitzer/Carlos Spoerhase (Hg.): *Kontroversen in der Literaturtheorie – Literaturtheorie in der Kontroverse.* Bern 2007, 369–412.
Lakoff, George: *Women, Fire and Dangerous Things. What Categories Reveal about the Mind.* Chicago 1987.
Raible, Wolfgang: »Wie soll man Texte typisieren?«. In: Susanne Michaelis/Doris Tophinke (Hg.): *Texte – Konstitution, Verarbeitung, Typik.* München 1996, 59–72.
Strube, Werner: *Analytische Philosophie der Literaturwissenschaft. Untersuchungen zur literaturwissenschaftlichen Definition, Klassifikation, Interpretation und Textbewertung.* Paderborn 1993.
Swales, John M.: *Genre Analysis. English in Academic and Research Setting.* Cambridge 1990.
Taylor, John R.: *Linguistic Categorization. Prototypes in Linguistic Theory.* Oxford 1995.
Voßkamp, Wilhelm: »Gattungen als literarisch-soziale Institutionen«. In: Walter Hinck (Hg.): *Textsortenlehre, Gattungsgeschichte.* Heidelberg 1977, 27–44.
Zymner, Rüdiger: *Gattungstheorie. Probleme und Positionen der Literaturwissenschaft.* Paderborn 2003.

Ralph Müller

1.7 Korpusbildung

Mit ›Korpus‹ (lat. ›Körper‹, aber auch ›Schriftwerk‹, z. B. *Corpus Iuris Civilis*) bezeichnet man in Literatur- und Sprachwissenschaft eine absichtliche Sammlung von Einzeltexten. In einem engeren Sinne sind Korpora durch transparente Kriterien begründete (häufig digitale) Textsammlungen, die als Datengrundlage für literaturwissenschaftliche und linguistische Analysen dienen.

Grundsätzlich beruht jede literaturwissenschaftliche Aussage über Texte auf einem Korpus. Dennoch sind die Standards der Korpusbildung in der Literaturwissenschaft (mit Ausnahme der Gattungstheorie) bedenklich unterreflektiert. In der Gattungstheorie wird die Bildung von Korpora vor allem als Problem behandelt, da sie in ein Dilemma hineinführt (vgl. Hempfer 1973, 128–136; Zymner 2003, 125–131): Gattungen sind nur in den Einzeltexten beobachtbar. Deshalb stützt man sich, wenn man eine Gattung beschreibt (z. B. die Gattung Epigramm), auf eine Auswahl von Einzeltexten. Allerdings können die Auswahlkriterien der Texte nur schwierig unabhängig von einer expliziten (bzw. im schlimmeren Fall impliziten) Definition der Gattung formuliert werden; d. h. um eine Gattung beschreiben zu können, muss man sich auf Texte stützen, die man nur mit einer Gattungsdefinition auswählen kann. Damit liegt eine gattungstheoretische Variante des Henne-Ei-Problems vor, das nun anhand der Unterscheidung von induktivem und deduktivem Verfahren der Gattungsbeschreibung dargestellt wird.

Eine induktive Vorgehensweise versucht das geschilderte Dilemma dadurch zu lösen, dass das Korpus ohne eine vorgefasste Arbeitsdefinition gebildet wird (vgl. Hempfer 1973, 128–130). So könnte ein induktives Vorgehen das Korpus aus Texten bilden, die historisch mit dem entsprechenden Etikett (z. B. »Epigramm«) versehen worden sind. Auf dieser Grundlage kann Induktion historisch etablierte Gattungsnamen untersuchen. Allerdings würde sich z. B. die Frage stellen, wie man mit möglichen synonymen Namen umgeht (z. B. ›Sinngedicht‹ beim Epigramm). Ein einzelner Begriffsname deckt also nicht unbedingt alle relevanten Texte ab. Gleichzeitig verändern sich Gattungsbegriffe historisch, so dass ein durch Induktion gewonnenes Korpus uneinheitlich werden kann. Dies kann z. B. anhand der Anekdote beobachtet werden: Die Anekdote hat sich von einer historiographischen Gattung zu einer Unterhaltungsgattung entwickelt. Vor diesem Hintergrund hat eine dezidiert induktive Studie der Anekdote (Hilzinger 1997, 15) von einer Auflösung der Gattung im frühen 19. Jh. gesprochen (Hilzinger 1997, 233 f.). Ein solches Werturteil zeigt symptomatisch (da es mit einem induktiven Vorgehen unvereinbar ist), dass auch induktive Vorgehen Anteile von Deduktion verwenden, um die Homogenität des Korpus sicherzustellen.

Im Gegensatz zur Induktion geht eine deduktive Vorgehensweise von einem allgemeinen, überhistorischen Gattungsbegriff aus und ordnet aufgrund von Begriffssetzungen das historische Material. Die begriffliche Klarheit wird allerdings um den Preis der historischen-sozialen Adäquatheit erkauft: Eine konsequent deduktive Herangehensweise interessiert sich nicht dafür, wie die dadurch kategorisierten Texte in der historischen und sozialen Praxis der Literatur bezeichnet wurden (Zymner 2003, 130). Sie könnte z. B. auch Texte als Anekdoten bezeichnen, die zu einer Zeit entstanden sind, als man den Gattungsnamen »Anekdote« noch nicht einmal kannte.

Sowohl Induktion als auch Deduktion führen in ihrer reinen Anwendung zu Widersprüchen und sind deshalb selten in reinen Ausprägungen anzutreffen. Vielmehr trifft man auf Mischverfahren, die zwischen Induktion und Deduktion vermitteln.

Hermeneutische Verfahren (Hempfer 1973, 134–135) erheben die Zirkularität der Gattungsdefinition gewissermaßen zur Methode. Sie setzen auf einen fortgesetzten Ausgleich zwischen intuitivem Erfassen des Gattungsbegriffs und der Überprüfung am Textkorpus. Damit wird allerdings das Grundproblem der Korpusbildung nicht gelöst.

Eine solide Basis der Korpusbildung bietet eine rezeptionsästhetische Begründung (Hempfer 1973, 135). Damit bemüht man sich darum, ein Korpus zusammenzustellen, dessen Texte von Zeitgenossen als zusammengehörig empfunden werden. Auf diese Weise können rezeptionsästhetische Verfahren Elemente des historischen Gebrauchs von Begriffen im Prozess der Korpusbildung einbeziehen. Auf diesem Weg ist aber nicht unbedingt ein homogenes Korpus zu erreichen. Die Überlegungen zur Induktion haben gezeigt, dass der historische Gebrauch von Begriffen verwirrend sein kann. In dieser Hinsicht kann das Verfahren der Begriffsexplikation helfen. Es stützt sich ebenfalls auf eine Beschreibung des historischen Sprachgebrauchs. Es zielt aber darauf, vor dem Hintergrund poetologischer und literaturwissenschaftlicher Diskussionen einen begründeten Vorschlag zu machen, wie der Begriff zu benutzen sei (Fricke/Weimar 1996; Zymner 2003, 88–90; → A 1.1).

Mit dem Aufkommen digitalisierter Korpora im Rahmen der *digital humanities* und der Computerphilologie sind neue Herausforderungen entstanden. Abgesehen davon, dass Texte im Korpus nach bestimmten, möglichst transparenten, Kriterien ausgewählt sein sollten, gilt es, philologische Ansprüche auch im digitalen Format zu erfüllen: Die Quellen sollten nachvollziehbar sein und allfällige orthographische Anpassungen erwähnt werden. Für die Beschreibung der Texte bietet sich der Standard der TEI (Text Encoding Initiative) an (Jannidis 1997). TEI ermöglicht nicht nur Annotationen zur Textbeschreibung. Korpora können auf diese Weise auch mit textanalytischen Kategorien angereichert werden.

Der Umfang eines Korpus (Anzahl der Wortvorkommnisse, Anzahl der Einzeltexte) sollte so groß wie möglich sein. Ein wohlgemeinter (aber letztlich uneinlösbarer) Vollständigkeitsanspruch ist dabei nicht praktikabel. Vielmehr gilt es, einen ›Grenznutzen‹ im Auge zu behalten und den Umfang an die Erkenntnisziele anzupassen (Biber 1990, 258). So benötigen begriffsgeschichtliche Studien sehr große Korpora, während häufig auftretende syntaktische Merkmale schon an relativ kleinen Korpora studiert werden können. Neben dem Umfang sollte auch die Ausgeglichenheit des Korpus beachtet werden. In dieser Hinsicht spielen Gattungskriterien eine besonders wichtige Rolle (Biber 1990, 261), da Gattungskategorien tendenziell ähnliche Texte umfassen. Für ein ausgeglichenes Korpus können zudem Herkunft der Texte und Größe der Textproben relevant sein. Wollte man etwa in einem Korpus alle überlieferten Epigramme des deutschsprachigen Barocks versammeln, dann könnte in diesem Korpus das umfangreiche Epigramm-Werk von Friedrich von Logau eine verzerrende Wirkung haben. In gleicher Weise kann ein einziger umfangreicher Text den Gesamteindruck eines Korpus verzerren. Um einzelnen Texten kein zu großes Gewicht zu verleihen, wird deshalb empfohlen, ungefähr gleich große Textproben zu machen. Für stilistische Untersuchungen empfehlen z. B. Short und Semino einen Stichprobenumfang von mindestens 2000 Ausdrucksvorkommnissen (am besten 5000, vgl. Semino/Short 2004, 25 f.). Gleichzeitig sollte bei Textproben aus längeren Texten darauf geachtet werden, dass die Proben unterschiedlichen Teilen des Textes entnommen werden.

Ausgewogene und annotierte Korpora sind notwendig, wenn Regelmäßigkeiten von Texten beschrieben werden. Für eine Gattungstheorie, die nach dem Besonderen fahndet, mögen deshalb diese Standards weniger wichtig sein. Doch angesichts fortgeschrittener Analysemöglichkeiten der Computerphilologie werden statistische Belege für die Gattungstheorie in Zukunft wichtiger werden. Gleichzeitig kann die Gattungstheorie bei der Definition von Gattungskriterien für große Textkorpora wichtige Dienste leisten.

Literatur

Biber, Douglas: »Methodological Issues Regarding Corpus-Based Analyses of Linguistic Variation«. In: *Literary and Linguistic Computing* 5 (1990), 257–269.

Fricke, Harald/Weimar, Klaus: »Begriffsgeschichte im Explikationsprogramm. Konzeptuelle Anmerkungen zum neubearbeiteten Reallexikon der deutschen Literaturwissenschaft«. In: *Archiv für Begriffsgeschichte* 39 (1996), 7–18.

Hempfer, Klaus W.: *Gattungstheorie. Information und Synthese.* München 1973.

Hilzinger, Sonja: *Anekdotisches Erzählen im Zeitalter der Aufklärung. Zum Struktur- und Funktionswandel der Gattung Anekdote in Historiographie, Publizistik und Literatur des 18. Jh.s.* Stuttgart 1997.

Jannidis, Fotis: »Wider das Altern elektronischer Texte. Philologische Textauszeichnung mit TEI«. In: *Editio* 11 (1997), 152–177.

Semino, Elena/Short, Mick: *Corpus Stylistics. Speech, Writing and Thought Presentation in a Corpus of English Writing*. London/New York 2004.

Zymner, Rüdiger: *Gattungstheorie. Probleme und Positionen der Literaturwissenschaft*. Paderborn 2003.

Ralph Müller

1.8 Terminologien und Gattungsnamen

Häufig wird in Arbeiten zur Gattungstheorie »Begriffsanarchie« beklagt (vgl. z. B. Lamping 1997, 660; Neumann/Nünning 2007, 10). Auch Hempfers Befund, mit dem Terminus ›Gattung‹ werde »in literaturwissenschaftlichen Arbeiten grundsätzlich Verschiedenes bezeichnet« (Hempfer 1973, 14), ist nach wie vor zutreffend. Der Ausdruck ›Gattung‹ wird in einer »Doppelfunktion« gebraucht, »einmal als Oberbegriff für alle Textgruppenbezeichnungen (Art, Naturform, Grundhaltung usw.), zum anderen als eine dieser Bezeichnungen mit unterschiedlicher semantischer Differenzierung« (Hempfer 2005, 6).

Hempfer (1973/2005) hat sich vor diesem Hintergrund um einen »Entwurf einer systematischen Terminologie« bemüht und unterscheidet ›Sprechsituation‹, ›Schreibweise‹, ›Typus‹, ›Gattung‹, ›Untergattung‹ einerseits von ›Sammelbegriffen‹ andererseits (Hempfer 2005, 12). So kann er im *Reallexikon der deutschen Literaturwissenschaft* feststellen, der Begriff ›Gattung‹ stehe für folgende Textgruppen:

»(1) Die Sammelbegriffe *Epik*, *Lyrik* und *Drama* oder andere Klassenbildungen wie Gebrauchsliteratur, Fiktionale Literatur usw.;

(2) die auf die Goetheschen ›Naturformen‹ zurückgehenden ›Qualitäten‹ des Lyrischen, Epischen und Dramatischen (nach Staiger 1946);

(3) die *Schreibweisen* als Repertoire transhistorischer Invarianten wie das Narrative, das Dramatische, das Satirische, das Komische usw.;

(4) die als ge- und bewußte Normen die Produktion und Rezeption von Texten bestimmenden ›historischen Textgruppen‹ wie Verssatire, Fabel, Ode, Tragödie usw. [...];

(5) Untergruppen von (4) als typologische und/oder historische Spezifizierungen wie Briefroman, bürgerliches Trauerspiel, anakreontische Ode usw.;

(6) feste, d. h. metrisch bestimmte Formen wie Sonett, Rondeau, Sestine usw.« (Hempfer 1997, 651).

Bei den Bezeichnungen einzelner Gattungen ist zu beachten, dass sich die Namen sowohl »interlingual (im Vergleich zweier Sprachen und Literaturen)« als auch »intralingual (innerhalb einer einzigen Sprache und Literatur)« (Zymner 2003, 61) voneinander unterscheiden können. So können sowohl gleiche Namen unterschiedliche Gattungen bezeichnen als auch gleiche Gattungen unter verschiedenen Namen geführt werden.

Auf die Frage ›Wie heißen Gattungen wirklich?‹ kann es daher keine verbindliche Antwort geben: dies ist »eine Frage von Entscheidungen und Gewohnheiten«. Gattungsnamen sind arbiträr im Sinne von ›auf Konventionen beruhend‹, sie werden willkürlich eingeführt unter Orientierung an historischen Sachverhalten, begriffsstrategischen Erwägungen, Gewohnheiten, die sich literaturhistorisch und forschungsgeschichtlich einspielen (Zymner 2003, 69).

Zur Beseitigung dieser terminologischen Unschärfen hat man versucht, »normierte Prädikatoren einzuführen, die im Unterschied zu Gebrauchsprädikatoren kontextunabhängige und kontextinvariante Elemente einer spezifischen Wissenschaftssprache darstellen und in systematischem Bezug zueinander stehen müssen« (Hempfer 1973, 221).

Strube weist darauf hin, dass die Definition von z. B. ›Novelle‹ mit dem Kontext, in dem ein solcher Gattungsname benutzt wird und mit dem Zweck, zu dem ein Literaturwissenschaftler ihn benutzt, variiert. Dazu unterscheidet er voneinander: »Die Genus-differentia-Definition eines klassifikatorischen Begriffs (im Kontext der Klassifikation), die essenzialistische Definition eines Typenbegriffs (im Kontext der Gattungsgeschichte), die Erklärung eines Familienähnlichkeitsbegriffs (im Kontext der Lexikon-Eintragung) und die extensionale Definition einer Vokabel (im Kontext der individualitätsmetaphysisch begründeten Literaturästhetik)« (Strube 1993, 36).

Wagenknecht hat für das »Taufen von Begriffen« festgehalten, zu den »gebräuchlichsten Verfahren, die bei der Benennung typologischer Begriffe angewandt werden«, gehöre die »Kompositionsbildung, wobei in der Regel das Grundwort als genus proximum und das Bestimmungswort die differentia specifica« bezeichne: *Liebessonett*, *Geschichtsdrama*, *Bildungsroman* (Wagenknecht 1988, 36).

Die von Goethe als »Naturformen« (Goethe 1998, 194) bezeichneten Formen Epos, Lyrik und Drama werden häufig auch als ›allgemeine Gattungen‹ oder ›Hauptgattungen‹ bezeichnet, von denen zahlreiche ›Untergattungen‹ abgeleitet werden. Daneben existieren die ebenfalls nicht eindeutig verwendeten Namen

›Textsorte‹ und ›Genre‹. Als Textsorten werden im Unterschied zu den drei ›Hauptgattungen‹ häufig nicht-literarische Gebrauchsformen bezeichnet, die sich in das Dreierschema nicht (ohne Weiteres) einordnen lassen. Der Ausdruck ›Genre‹ wird meist aus dem französischen und angelsächsischen Wortgebrauch als mehr oder weniger synonym zu Gattung abgeleitet. Fricke hat dagegen andere Definitionen vorgeschlagen. Unter ›Textsorte‹ möchte er einen »rein systematische[n] literaturwissenschaftliche[n] *Ordnungsbegriff*« verstanden wissen, unter ›Genre‹ eine »historisch begrenzte literarische Institution«. »Ob ein Text zu einer bestimmten literarischen *Textsorte* gehört oder nicht, das muß sich allein anhand von Merkmalen dieses Textes aufgrund einer Kenntnis der allgemeinen Sprachnormen seiner Entstehungszeit feststellen lassen. […] Für die Zuordnung eines Textes zu einem *Genre* hingegen muß man außerdem noch andere Texte derselben und der vorausgehenden Zeit – nicht aber der folgenden! – sowie unter Umständen auch nichtliterarische Dokumente aus diesem Zeitraum heranziehen« (Fricke 1981, 132 f.; → A 1.1; A 1.2; A 1.5).

Literatur

Fricke, Harald: *Norm und Abweichung. Eine Philosophie der Literatur*. München 1981.
Goethe, Johann Wolfgang: *West-östlicher Divan*. Sämtliche Werke nach Epochen seines Schaffens. Münchner Ausgabe. Hg. v. Karl Richter u. a. Bd. 11.1.2. München, Wien 1998.
Hempfer, Klaus W.: *Gattungstheorie. Information und Synthese*. München 1973.
Hempfer, Klaus W.: »Gattung«. In: *Reallexikon der deutschen Literaturwissenschaft*. Bd. 1. Hg. v. Klaus Weimar. Berlin, New York 1997, 651–655.
Hempfer, Klaus W.: »Probleme der Terminologie. Wissenschaftssprache, Objektebene und Beschreibungsebene«. In: Siegfried Mauser (Hg.): *Theorie der Gattungen*. Laaber 2005, 5–14 (identisch mit Klaus W. Hempfer: *Gattungstheorie. Information und Synthese*. München 1973, 14–29).
Lamping, Dieter: »Gattungstheorie«. In: *Reallexikon der deutschen Literaturwissenschaft*. Bd. 1. Hg. v. Klaus Weimar. Berlin, New York 1997, 658–661.
Neumann, Birgit/Nünning, Ansgar: »Einleitung: Probleme, Aufgaben und Perspektiven der Gattungstheorie und Gattungsgeschichte«. In: Marion Gymnich/Birgit Neumann/Ansgar Nünning (Hg.): *Gattungstheorie und Gattungsgeschichte*. Trier 2007, 1–28.
Strube, Werner: *Analytische Philosophie der Literaturwissenschaft. Definition, Klassifikation, Interpretation, Bewertung*. Paderborn u. a. 1997.
Wagenknecht, Christian: »Das Taufen von Begriffen. Am Beispiel der Widmung«. In: Ders. (Hg.): *Zur Terminologie der Literaturwissenschaft*. Akten des IX. Germanistischen Symposions der Deutschen Forschungsgemeinschaft Würzburg 1986. Stuttgart 1988, 423–436.
Rüdiger Zymner: *Gattungstheorie. Probleme und Positionen der Literaturwissenschaft*. Paderborn 2003.

Axel Dunker

1.9 Methoden der Gattungsforschung

Im Bereich der Gattungsforschung sind historisch wie systematisch die unterschiedlichsten Methoden zur Anwendung gekommen. Einen methodischen Konsens gibt es auch in der gegenwärtigen Forschung nicht. »Umstritten ist nach wie vor, ob neben den historisch-variablen auch universale Komponenten generischer Strukturen zu unterscheiden sind, und wenn ja, wie diese in einem kohärenten Beschreibungsmodell zueinander in Beziehung gesetzt werden. Umstritten ist auch, ob bei der Beschreibung der strukturelle oder der funktionale Aspekt vorzuordnen sind« (Hempfer 1997, 654).

Grundlegend voneinander unterscheiden lassen sich induktive und deduktive Verfahren der Gattungsbestimmung. Induktive Verfahren gehen zur Korpusbildung von Einzelfällen aus, um zu allgemeinen Regeln oder Gesetzen einer Gattung und damit zu Gattungsbegriffen zu kommen. Wichtig kann dabei der unterstellte bzw. vermutete »Archetypus einer Gattung als Ausgangspunkt« (Hempfer 1973, 132) oder eine ›klassische‹, kanonisch gewordene Ausprägung sein, wie sie sich etwa in der ersten historischen Realisation einer Gattung finden lässt. So werden auch in aktuellen Arbeiten zum historischen Roman der Gegenwart etwa innovative Formen wie die ›historiographic metafiction‹, die ›postmodernist revisionist historical novel‹ oder die ›self-reflexive historical novel‹ einem ›klassischen‹ Gattungsmodell des traditionellen historischen Romans, wie ihn Walter Scott zu Beginn des 19. Jh.s geprägt hat, gegenübergestellt (Nünning 2007, 80). Das kongruiert häufig mit einer »deviationsstilistischen Gattungskonzeption«, bei der ›traditionelle‹ Formen dichotomisch mit innovativen konfrontiert werden (Nünning 2007, 79).

Während rein induktive Verfahren »letztlich nur alle jene Texte als zu einer ›Gattung‹ gehörig zusammenfassen, die in der Geschichte den gleichen Gattungsnamen erhalten haben« (Hempfer 1973, 130), und daher die empirisch hergeleiteten Begriffe beim Auftauchen neuer Beispiele ständig überprüft werden müssen, hat man rein deduktiven, von allgemeinen

Annahmen zu empirischen Einzelphänomenen herabsteigenden Verfahren, wie sie im Strukturalismus bei Barthes (Barthes 1966) oder Todorov (Todorov 1972) zu beobachten sind, eine ›Beliebigkeit der Textgruppenbildung‹ vorgeworfen. Häufig finden sich daher Versuche, induktives mit deduktivem Vorgehen zu verbinden.

In den normativ-systematischen Gattungspoetiken des 18. Jh.s dominieren die deduktiven Verfahren: an einer vorangestellten allgemeinen Regel, wie eine literarische Gattung beschaffen zu sein habe, wurde das einzelne Werk gemessen. Dagegen richtet sich als einer der Ersten Johann Gottfried Herder, der in seinen Überlegungen zur lyrischen Form der Ode einen ›philosophischen Begriff‹ der Gattung zu bestimmen sucht. Dazu will er »Hauptbegriffe des Schönen in dieser Dichtungsart« heranziehen und daraus einen ›philosophischen Begriff der Ode‹ entwickeln, was dann auch für die Erstellung einer Gattungsgeschichte genutzt werden soll. Er bereitet damit aber auch den Weg für »einen konzeptionellen Wechsel zu einer spekulativen Gattungspoetik« (Zymner 2003, 30), die seit dem 18. Jh. (vgl. Scherpe 1968) bis weit ins 20. Jh. hinein die Methodik der Gattungsforschung bestimmen wird (vgl. Szondi 1974). Durch seine Akzentuierung der ›Art der Empfindung‹ statt der Zusammenstellung von formalen Regeln inauguriert Herder auch die Psychologisierung der Gattungsforschung in Deutschland, die bis zu Staigers Versuch einer allgemeinen Anthropologie des Dichterischen in einer Fundamentalontologie führt (Staiger 1946).

Gegen Ende des 19. Jh.s gibt es Versuche, die Gattungstheorie mit Methoden der biologischen Evolutionstheorie zu verbinden (Brunetière 1890).

Neben die »fundamental-anthropologisch« (Zymner 2003, 30) ausgerichteten Denkweisen treten in der ersten Hälfte des 20. Jh.s im Gefolge des Russischen Formalismus morphologische Konzepte, die in Propps *Morphologie des Märchens* (Propp 1975, russ. 1929) ihr prominentestes Beispiel finden. Mit einem ähnlichen methodischen Ansatz – der Suche nach Grundformen, Urtypen oder ›Gestalten‹ – arbeitet Jolles in seinem Buch *Einfache Formen* (Jolles 1930), in dem er deren neun bestimmt (Legende, Sage, Mythe, Rätsel, Spruch, Kasus, Memorabilie, Märchen, Witz). In vergleichbaren Arbeiten wird der nach Gestalttypen suchende morphologische Ansatz mit Goethes ›Naturformen‹-Begriff in einen Zusammenhang gebracht (Müller 1944).

Seit den 1960er Jahren ist eine Abwendung von fundamental-anthropologischen und morphologisch ausgerichteten literaturphilosophischen Wesensbestimmungen von Gattungen zugunsten von eher strukturell ausgerichteten Ansätzen zu konstatieren. Dabei wird eine stärkere wissenschaftlich-theoretische Nachvollziehbarkeit der einzelnen Versuche angestrebt nach »wissenschaftstheoretischen Maßstäben wie Überprüfbarkeit«, »Widerspruchsfreiheit«, »empirischer Triftigkeit« und »Vorläufigkeit der aufgestellten Behauptungen« (Zymner 2003, 33). Methodisch lassen sich in der Rückschau seit der Antike nunmehr Gattungsästhetik, normative Gattungspoetik, spekulative Gattungspoetik und literaturwissenschaftliche Gattungstheorie voneinander unterscheiden, die einander historisch ablösen (vgl. ebd.).

Auch in neueren Arbeiten wird eine methodische Verschränkung von induktiven und deduktiven Ansätzen angestrebt. So versucht z. B. Spicker eine Begriffsbestimmung der historisch sehr unscharf verwendeten Kategorie ›Aphorismus‹ über eine »konsequente Untersuchung der Begriffsgeschichte« (Spicker 1997, 12) zu erreichen. Er geht dazu aus von der analytisch-literaturwissenschaftlichen Bestimmung Frickes, nach dem der Begriff Aphorismus dreierlei bezeichnet: »die systematisch orientierte ›Textsorte‹, das historische ›Genre‹, dazu aber etwas neben der Literatur *außerhalb* der Textsorte und *vor* dem Genre« (ebd., 15; vgl. Fricke 1992; → A 1.1; A 1.2; A 1.5). Spicker sucht nun nach der Beziehung dieses Gattungsbegriffs »zu der Bezeichnung für das außerhalb Stehende«. Zum Schlüssel dafür wird die Bestimmung einer »semantischen Mitte«. Dazu untersucht er die Verwendung des Begriffs ›Aphorismus‹ durch die Autoren selbst, den Gebrauch des Fachterminus in Poetiken und Literaturgeschichten, aber auch in der Editionspraxis, in Lexika und Wörterbüchern. Dabei entsteht eine Geschichte des Aphorismus-Begriffs mit folgendem Ergebnis: »Am Rande des Begriffes läßt sie semantische Bereiche erkennen, die zum größeren Teil von benachbarten Begriffen abgedeckt werden. In der Mitte des Begriffsfeldes finden sich Merkmale, die bei aller Ausuferung, bei mannigfachen Interferenzen und entsprechender definitorischer Selbstbescheidung ein integratives Element deutlich machen, das […] auf den gemeinsamen Ursprung und das Zentrum des ›Aphorismus‹ zurückführt« (Spicker 1997, 329). Es entstehen dabei »Begriffe mit eigenem Gattungscharakter als Randbegriffe«, die mit ›Aphorismus‹ synonym oder teilsynonym sind. Wichtig ist daher die Beschreibung von »offenen Randzonen«, von »Gebieten der Überlappung mit Nachbarbegriffen« (ebd., 330; ähnlich Zymner 2009 in seiner Metatheorie der Lyrik).

An die Arbeiten Frickes zur Aphoristik, der zur Gattungsbestimmung notwendige Merkmale mit alternativen Merkmalen (im Falle des Aphorismus kontextuelle Isolation, Prosaform und Nichtfiktionalität als notwendige Merkmale, die alle zu erfüllen sind, Einzelsatz, Konzision, sprachliche Pointe und sachliche Pointe als alternative Merkmale, von denen nur eines zu erfüllen ist, um einen Text zur Gattung des Aphorismus zu zählen (Fricke 1984, 14) verbindet, schließt Zymner in seiner Arbeit zur Parabel an. Er hebt mehrere widerstreitende Parabeltheorien (reine Vergleichstheorie, gemischte Vergleichstheorie, hermeneutische Theorie, Kohärenztheorie der Allegorie, Verkettungstheorie der Allegorie, Theorie der metaphorischen, aber eigentlichen Parabel, Theorie der metaphorischen, uneigentlichen Parabel; Zymner 1991, 30) voneinander ab, um zum Begriff der ›literarischen Uneigentlichkeit‹ als der Kernfrage der Gattungsbestimmung der Parabel zu kommen. Erst wenn geklärt sei, was darunter zu verstehen ist, lassen sich gattungstheoretische Ziele wie die Entwicklung eines trennscharfen ›Parabel‹-Begriffes und gattungssystematische Ziele wie die Erprobung der Trennschärfe des Begriffes durch die »Konfrontation mit anderen Gattungen wie der Fabel, dem Gleichnis, der Allegorie, der Beispielgeschichte« (ebd., 31) methodisch sinnvoll verfolgen.

Neben dem zentralen Problem der Bestimmung einzelner Gattungen nach deskriptiven, historischen oder komparativen Kriterien rücken in den letzten Jahrzehnten in der Forschung soziologische und semiotische (Schnur-Wellpott 1983) Perspektiven in den Vordergrund. Funktionsgeschichtliche Ansätze hat in zahlreichen Arbeiten vor allem Voßkamp (Voßkamp 1983) vertreten. Für ihn gehört die Beschreibung der Selektionsstrukturen zu den wichtigsten Aufgaben einer sozial- und funktionsgeschichtlich orientierten Gattungstheorie. »Literarische Gattungen sind in besonderer Weise durch ihre Selektionsstruktur charakterisiert, bei der die vorhandenen, dominanten Text- und Lesererwartungskonstanten eine entscheidende Rolle spielen. Selektiv verhalten sich literarische Gattungen einerseits zum literarischen, andererseits zum sozialen Kontext, so daß die literarhistorische und realgeschichtliche Konstellation jeweils präzise angegeben werden muß, um das Verhältnis einer besonderen Gattung etwa zu anderen literarischen Formen und zeitgenössischen Diskursen bzw. historisch-sozialen Lebenswelt genauer beschreiben zu können« (Voßkamp 2004, 258). Voßkamp sieht literarische Gattungen eingespannt zwischen Sozialabhängigkeit und Eigengesetzlichkeit, was jeweils eine präzise historische Bestimmung erfordert. Er sieht in Gattungen »geschichtliche Bedürfnissynthesen«, in denen sich historische Problemstellungen und Problemlösungen wie gesellschaftliche Widersprüche artikulieren. So erläutert er etwa exemplarisch an der Gattung des Bildungsromans, dass sich die historisch-sozialen Entstehungsbedingungen für diese für die deutsche Literatur des 19. Jh.s so wichtige Gattung nur im Zusammenhang einer Analyse bürgerlicher Schichten in Deutschland im 18. und 19. Jh. bestimmen lassen. Unter funktionsgeschichtlichen Aspekten geht es Voßkamp dabei darum, »Übergänge von der utopisch-emanzipatorischen Intention der Romanform zu Formen der melancholisch-weltfluchtartigen Verinnerlichung und Resignation zu präzisieren und zu periodisieren« (ebd., 263). Methodisch ist dazu eine Rekonstruktion der Entwicklung des Bildungsromans in seinen einzelnen Ausformungen und Stationen vor dem Hintergrund seiner sozialen Verflechtungen vonnöten. Ziel ist es, zu zeigen, wie eine bestimmte Gattung auf die historische Wirklichkeit reagiert und gleichzeitig die geschichtliche Realität mitprägt, beim Bildungsroman konkret, wie sie als »Medium möglicher Identitätsstiftung und Identitätsvergewisserung bürgerlicher Leser in Deutschland« dient. »Gattungen sind institutionalisierte Organisationsformen literarischer Kommunikation, in denen spezifische Welterfahrungen sedimentiert werden« (ebd., 265). Versteht man Gattungen als ›literarisch-soziale Institutionen‹ (Voßkamp 1997) und Gattungsbegriffe als ›soziokulturelle Verständigungsbegriffe‹, so verweisen sie neben ihren Entstehungsbedingungen im sozialen Kontext immer auch »auf den wissenschaftsgeschichtlichen Ort, in dem sie entstanden sind und gebraucht werden« (Voßkamp 2004, 265).

Mit einem ähnlichen Ansatz versucht Fluck, die »Geschichte des amerikanischen Romans als die eines fortlaufenden Funktionswandels« zu beschreiben (Fluck 1997, 25). Dabei begreift er den Roman als »eigene Form kultureller Sinnbildung, die als zunehmend ›eigensinnige‹ Form mentaler Synthesis in Konkurrenz steht zu anderen kulturellen Systemen«. Auch für Fluck bedarf es methodisch dazu der »Herausarbeitung der komplexen Interaktion von kultureller Selbstdeutung und literarischer Wirkungsstruktur« (ebd., 12).

Literatur

Barthes, Roland: »Introduction à l'analyse structurale des récits«. In: *Communications* 8 (1966), 1–27.
Brunetière, Ferdinand: *L'évolution des genres dans l'histoire de la littérature*. Paris 1980.

Fluck, Winfried: *Das kulturelle Imaginäre. Eine Funktionsgeschichte des amerikanischen Romans 1790–1900*. Frankfurt a. M. 1997.
Fricke, Harald: *Aphorismus*. Stuttgart 1984.
Fricke, Harald: »Aphorismus«. In: *Historisches Wörterbuch der Rhetorik*. Hg. v. Gert Ueding. Bd. 1. Tübingen 1992, 773–790.
Hempfer, Klaus W.: »Gattung«. In: *Reallexikon der deutschen Literaturwissenschaft*. Bd. 1. Hg. v. Klaus Weimar u. a. Berlin, New York 1997, 651–655.
Jolles, André: *Einfache Formen*. Halle 1930.
Müller, Günther: *Die Gestaltfrage in der Literaturwissenschaft und Goethes Morphologie*. Halle 1944.
Nünning, Ansgar: »Kriterien der Gattungsbestimmung: Kritik und Grundzüge von Typologien narrativ-fiktionaler Gattungen am Beispiel des historischen Romans«. In: Marion Gymnich/Birgit Neumann/Ansgar Nünning (Hg.): *Gattungstheorie und Gattungsgeschichte*. Trier 2007, 73–99.
Propp, Vladimir: *Morphologie des Märchens* [1928]. Hg. v. Karl Eimermacher. 2. erw. Aufl. Frankfurt a. M. 1975.
Scherpe, Klaus R.: *Gattungspoetik im 18. Jh. Historische Entwicklung von Gottsched bis Herder*. Stuttgart 1968.
Schnur-Wellpott, Margrit: *Aporien der Gattungstheorie aus semiotischer Sicht*. Tübingen 1983.
Staiger, Emil: *Grundbegriffe der Poetik*. Zürich 1946.
Spicker, Friedemann: *Der Aphorismus. Begriff und Gattung von der Mitte des 18. Jh.s bis 1912*. Berlin, New York 1997.
Szondi, Peter: »Von der normativen zur spekulativen Gattungspoetik«. In: Ders.: *Poetik und Geschichtsphilosophie II*. Hg. v. Wolfgang Fietkau. Frankfurt a. M. 1974, 7–183.
Todorov, Tzvetan: *Einführung in die fantastische Literatur*. München 1972.
Voßkamp, Wilhelm: »Literaturgeschichte als Funktionsgeschichte der Literatur am Beispiel der frühneuzeitlichen Utopie«. In: Thomas Cramer (Hg.): *Literatur und Sprache im historischen Prozeß. Vorträge des Deutschen Germanistentages*. Bd. 1: Literatur. Tübingen 1983, 3–54.
Voßkamp, Wilhelm: »Gattungsgeschichte«. In: *Reallexikon der deutschen Literaturwissenschaft*. Bd. 1. Hg. v. Klaus Weimar u. a. Berlin, New York, 655–658;
Voßkamp, Wilhelm: »Gattungen«. In: Helmut Brackert/Jörn Stückrath (Hg.): *Literaturwissenschaft. Ein Grundkurs*. Reinbek [8]2004, 253–269.
Zymner, Rüdiger: *Uneigentlichkeit. Studien zur Semantik und Geschichte der Parabel*. Paderborn 1991.
Zymner, Rüdiger: *Gattungstheorie. Probleme und Positionen der Literaturwissenschaft*. Paderborn 2003.
Zymner, Rüdiger: *Lyrik. Umriss und Begriff*. Paderborn 2009.

Axel Dunker

2. Bestimmungskriterien

2.1 Faktualität/Fiktionalität als Bestimmungskriterium

Für die Zuordnung von Texten zu Gattungen können die Merkmale *fiktional* und *faktual* eine grundlegende Rolle spielen – und umgekehrt kann die von Autor, Verlag, Buchhandel oder auch Kritikern vorgenommene Sortierung eines Textes in eine bestimmte Gattung vorgeben, ob man den Text als *fiktional* oder *faktual* und insofern grundsätzlich verschieden liest. Die Verteilung der Merkmale *fiktional* und *faktual* auf einzelne Gattungen ist in diesem Zusammenhang weniger ein theoretisches Problem als eine Frage der sozialen Praxis. Ein prominentes Beispiel für diese Praxis liefert etwa der Text *Bruchstücke. Aus einer Kindheit 1939–1948*, der 1995 als Autobiographie eines Autors namens Binjamin Wilkomirski veröffentlicht wurde. Aus der Perspektive eines in Riga aufwachsenden jüdischen Kindes werden hier Erlebnisse aus der Zeit des Holocaust berichtet, zu denen auch der Aufenthalt des Ich-Erzählers in den Konzentrationslagern von Majdanek und Auschwitz zählt. Als Autobiographie wurde das Buch vielfach für seine Authentizität gelobt, und sein Autor trat wiederholt öffentlich als Zeitzeuge und Experte der Shoa auf. Tatsächlich aber, so stellte sich Ende der 1990er Jahre heraus, widersprach die angebliche Autobiographie den historischen Fakten – und bei dem sogenannten Wilkomirski handelte es sich um den unter einem anderen Namen aufgewachsenen unehelichen Sohn einer Schweizerin, der sein Heimatland als Kind nie verlassen hatte (Mächler 2000). Unabhängig davon, ob hier ein Fall von bewusster Fälschung oder aber Selbsttäuschung eines aus anderen biographischen Gründen als Kind traumatisierten Autors vorliegt, macht die Geschichte der Rezeption von Wilkomirskis Buch doch eines deutlich: Auch im gegenwärtigen ›Zeitalter der Simulation‹ (Baudrillard 1978) und einer gewissen Tendenz zum ›Panfiktionalismus‹ wird ein Text der Gattung Autobiographie offensichtlich nach anderen Regeln gelesen und bewertet als etwa ein Text der Gattung Roman. Zu diesen Regeln gehört, dass Autobiographien – im Gegensatz zu Romanen, bei denen nach modernem Verständnis eine Nicht-Identität von Autor und Erzähler besteht – prinzipiell als »Wirklichkeitserzählungen« (Klein/Martínez 2009) gelten, die infolge eines besonderen »Paktes« (Lejeune, 1994) einer »Wahrheitsverpflichtung« (Genette 1992, 78) ihres Autors und insofern notwendig dem Faktualitätskriterium unterliegen. Eine fiktive (Auto)Biographie oder aber auch z. B. ein fiktives Tagebuch oder fiktive Briefwechsel betrachtet man im Kontext moderner westlicher Kulturen insofern schlicht als Fälschung. Ist aber die Fiktivität des in und mit diesen Texten Behaupteten dagegen einmal anerkannt bzw. gibt es irgendein pragmatisches oder (para)textuelles Fiktionssignal, so können solche Texte auch als fiktionale Prosa gelesen werden, die man dann wie einen Text der Gattung Novelle oder Roman rezipiert (ein Beispiel dafür, dass z. B. eine von einem bekannten Schriftsteller geschriebene fiktive Biographie trotz fehlender textueller Fiktionssignale nicht als bösartige Täuschung, sondern als Literatur und in diesem Fall ähnlich wie ein Text der Gattung Roman gelesen wird, ist Wolfgang Hildesheimers ›Pseudo-Biographie‹ *Marbot. Eine Biographie.* 1981).

Dass die hier angesprochenen Beispiele der Epik entstammen, ist kein Zufall. Tatsächlich werden die Kriterien Fiktionalität bzw. Faktualität in aller Regel nicht im Feld von Lyrik oder Drama, sondern auf der Ebene der epischen Untergattungen zur Gattungsbestimmung genutzt (wobei ›Fiction‹ im englischen Sprachraum alle Formen fiktionaler erzählender Literatur bezeichnet und insofern selbst zu einem Gattungsnamen geworden ist). Dabei sind die skizzierten Zuordnungen aus historischer und sozio-kultureller Sicht variabel und im Einzelfall auch vom jeweiligen Konzept von Fiktionalität und Faktualität abhängig. Verlässt man den historischen Kontext der Neuzeit, so gilt überdies, dass das Kriterium von Fiktionalität bzw. Faktualität in einigen Epochen – so z. B. in der christlich geprägten Kultur des frühen Mittelalters – für die Bestimmung von Gattungen schon deshalb keine Bedeutung hat, weil ein Bewusstsein für das kulturelle Phänomen Fiktionalität nicht oder zumindest nur sehr schwach ausgeprägt ist (→ E 3).

Am Beginn der abendländischen Dichtungstheorie wird das Fiktionalitätskriterium erstmals – jedenfalls dem Sinne nach – in der *Poetik* des Aristoteles genutzt, um zu bestimmen, was die Texte der Dichtung grundsätzlich von einer anderen Gattung von Texten, nämlich historiographischen Werken, unterscheidet. Nicht die sprachliche Form macht nach Aristoteles den Unterschied zwischen Dichtung und Geschichtsschreibung aus, sondern das, wovon die Dichtung spricht: »Denn der Geschichtsschreiber und der Dichter unterscheiden sich […] dadurch, dass der eine das wirklich Geschehene mitteilt, der andere, was geschehen könnte« (Aristoteles 1991, 29; 1451b). Dichtung im Allgemeinen handelt für Aristoteles also von Erfundenem, wobei er das Prinzip der Mimesis (im Sinne von ›Nachahmung‹, aber auch ›Darstellung‹) von dem »nach den Regeln der Wahrscheinlichkeit oder Notwendigkeit Mögliche[n]« (ebd.) als Gemeinsamkeit aller Dichtung betrachtet. Die verschiedenen Erscheinungsformen der Dichtung wie die in der *Poetik* detaillierter behandelten Gattungen Epos und Tragödie unterscheidet Aristoteles vor dem skizzierten Hintergrund dann konsequenterweise nicht nach dem Fiktionalitäts- oder Faktualitätskriterium, sondern danach, mit welchen Mitteln sie welche Gegenstände in welcher Weise nachahmen bzw. darstellen (Aristoteles, 1991, 5 ff.; 1447a). Das Konzept der Mimesis wird in den dichtungs- und gattungstheoretischen Abhandlungen der Epochen nach Aristoteles immer wieder neu erörtert und als Basis für Gattungsbestimmungen genutzt. Bei allen Unterschieden im systematischen Zugriff bleibt das Kriterium der Fiktionalität bzw. Faktualität hier bis hin zur Ausbildung und Bestimmung des in Deutschland seit dem 18. Jh. verbreiteten Konzepts einer Gattungstrias für gewöhnlich ohne Bedeutung. Eine gewisse Rolle spielt es vor allem dort, wo es um die Auf- oder Ablösung des triadischen Gattungsmodells bzw. um eine Erweiterung des Literaturbegriffes geht, derzufolge z. B. ›Gebrauchsformen‹, Faktographische Literatur oder Formen der Kunstprosa (Biographie, Aphorismus, Essay etc.) als Formen von Literatur betrachtet werden (→ B 5.5, H 2, H 3, B 3.6).

Eine wichtige Ausnahme findet sich schließlich bei der Neo-Aristotelikerin Käte Hamburger, die die Kategorien des triadischen Gattungssystems mit ihrem eigenwilligen, aber systematisch durchaus konsequenten, als Sprachtheorie angelegten Entwurf einer ›Logik der Dichtung‹ grundlegend infrage stellt (Hamburger 1980). Im Anschluss an Aristoteles sieht Hamburger Dramatik und Epik gleichermaßen durch den Entwurf einer imaginären Objektivität und insofern durch das Merkmal der Fiktionalität gekennzeichnet, während sie die Lyrik (genauer gesagt Gedichte mit einem lyrischen Ich) ebenso wie Ich-Erzählungen aus dem Bereich der literarischen Fiktion grundsätzlich ausschließt (d. h. ihre Aussagen nicht als ›fiktional‹ sondern ›fingiert‹ betrachtet). Hamburgers letztlich aus dem eigenen Systemzwang geborene Gattungsordnung bleibt aber singulär. Tatsächlich entspricht es sowohl neueren fiktions- (Zipfel, 2001) und gattungstheoretischen Überlegungen (Zymner 2009) als auch der sozialen Praxis, dass lyrische Texte im Einzelfall als fiktional oder faktual gelten können – wobei es hier allerdings, ähnlich wie im Feld des Dramas, keine vergleichsweise eindeutigen und pragmatisch eingespielten Gattungszuordnungen wie in der Epik gibt.

2. Bestimmungskriterien

Literatur

Aristoteles: *Poetik*. Griechisch/Deutsch. Übers. u. hg. v. Manfred Fuhrmann. Stuttgart 1991.

Baudrillard, Jean: *Agonie des Realen*. Übers. v. L. Kurzwawa u. V. Schaefer. Berlin 1978 [frz. 1978].

Genette, Gérard: *Fiktion und Diktion*. Übers. v. H. Sutho. München 1992 [frz. 1991].

Hamburger, Käte: *Die Logik der Dichtung*. Ungek. Ausg. nach d.3. Ausg. Frankfurt a. M. u. a. 1980.

Klein, Christian/Martínez, Matías (Hg.): *Wirklichkeitserzählungen. Felder, Formen und Funktionen nicht-literarischen Erzählens*. Stuttgart, Weimar 2009.

Lejeune, Philippe: *Der autobiographische Pakt*. Übers. v. W. Bayer u. D. Hornig. Frankfurt a. M. 1994 [frz. 1975].

Mächler, Stefan: *Der Fall Wilkomirski. Über die Wahrheit einer Biographie*. Zürich u. München 2000.

Zipfel, Frank: *Fiktion, Fiktivität, Fiktionalität. Analysen zur Fiktion in der Literatur und zum Fiktionsbegriff in der Literaturwissenschaft*. Berlin 2001.

Zymner, Rüdiger: *Lyrik. Umriss und Begriff*. Paderborn 2009.

Michael Scheffel

2.2 Figural als Bestimmungskriterium

Anders als die Frage der Fiktionalität oder die Unterscheidung zwischen Vers und Prosa hat das Figural in Gattungstheorien aus der Tradition der antike Rhetorik oder der philosophischen Ästhetik zwar keinen systematischen Ort. Dennoch besitzen Figurentypen und manche Konfigurationsmodelle literarhistorisch gattungsdifferenzierende Funktion, und neuere, vor allem strukturalistisch geprägte Ansätze haben die Handhabung der Figurenwelt besonders in erzählenden und dramatischen Texten auch gattungstheoretisch zu beschreiben begonnen.

Im Bereich des Dramas hat im Anschluss an die *Poetik* des Aristoteles die (erst nach 1945 so genannte) ›Ständeklausel‹ in der Literatur des 16. bis 18. Jh.s (von Opitz bis zu Gottsched, wirkungsgeschichtlich aber weit darüber hinaus) gattungsdifferenzierende Funktion erlangt. Deren Verknüpfung von moralischem Rang und sozialer Stellung entsprechend unterscheiden sich Tragödie und Komödie nicht allein durch ihren Stoff, ihre Stillage und die Form der Konfliktlösung, sondern auch durch den Gegensatz zwischen den ›hohen‹ (typischerweise adligen) Protagonisten der Tragödie und den ›niederen‹ (bürgerlichen oder unterbürgerlichen) Figuren der Komödie. Die Durchsetzung des bürgerlichen Trauerspiels ist im 18. Jh. (Lessing, J. M. R. Lenz) nicht zuletzt eine Antwort auf diese Ständeklausel.

Theorie und Geschichte der Komödie unterscheiden zudem je nach dem Grad der Individualisierung des Figurals zwischen Typen- und Charakterkomödie. Während Typenkomödien (Plautus, Commedia dell'arte, Molière, Schwank) mit konventionalisierten Figurenschablonen arbeiten, verleihen die (seit Lessing dominierenden) Charakterkomödien ihren Gestalten größerer Komplexität und Individualität. Als Sonderform dramatischer Rede realisiert schließlich das Monodrama die Möglichkeit, eine einzelne Figur ganz in den Mittelpunkt zu rücken.

Im Bereich der epischen Formen ist u. a. die Fabel seit der Antike wesentlich durch ihre nicht-menschlichen Figuren definiert. Tiere, Pflanzen oder auch unbelebte Gegenstände »agieren, als stünden ihnen die Möglichkeiten menschlichen Bewußtseins zur Verfügung« (Grubmüller 1997, 555) und dienen so lehrhaften Darstellungsintentionen. Anders als in der Literatur der modernen Phantastik (seit der Romantik), Fantasy oder Science Fiction (seit dem 20. Jh.), anders auch als in der Gattungsgeschichte der Parabel (vgl. Zymner 1991) sind die modellhaften Figuren der Fabel anthropomorphisierend der wirklichen Welt entnommen. Durch typisches Personal geprägt sind auch andere Genres wie Feenmärchen, Schelmenroman, Räuberroman, historischer Ritterroman, Angestelltenroman des 20. Jh.s oder im Bereich des Films der Western.

Ist schon das Heldenepos seit der Antike durch die spezifischen Qualitäten seiner Zentralfigur bestimmt, so haben Figurentypen und Konfigurationsformen für die neuere Geschichte des Romans seit dem 18. Jh. entscheidende Bedeutung gewonnen. In Anlehnung an Wielands *Geschichte des Agathon* (1766/67) definiert Friedrich von Blanckenburg in seinem *Versuch über den Roman* (1774) den Roman als die »innre Geschichte« des ›wirklichen Menschen‹ und legt damit die theoretische Grundlage für den Bildungs- oder Individualroman, der die Geschichte des deutschsprachigen Romans über Goethes modellbildenden Roman *Wilhelm Meisters Lehrjahre* (1795/96) bis ins 20. Jh. weithin prägen sollte. Im 18. Jh. ist der Individualroman jedoch zugleich ein Gegenentwurf zum pragmatischen Aufklärungsroman, der sich typischerweise als Familienroman strukturiert. Der ›kleine Zirkel‹ des Familienromans fungiert als Mikrokosmos der sich konstituierenden bürgerlichen Gesellschaft, erlaubt in der Folge der Generationen sowie im Nebeneinander unterschiedlicher Angehöriger einer Generation darüber hinaus aber auch die multiperspektivische Reflexion historischen Wandels und sozio-politischer Konflikte und wird seit den 1790er Jahren daher eines der Grundmodelle des Zeitromans (vgl. Göttsche 2001). Seit den 1990er Jahren erlebt der

Familienroman (Uwe Timm, Stephan Wackwitz, Dieter Forte u. a.) eine verwandelte Renaissance als Medium des kulturellen Gedächtnisses zur deutschen Geschichte des 20. Jh.s, wie sie sich aus der Perspektive der nachgeborenen Kinder und Enkel darstellt.

Eine systematische gattungstheoretische Erschließung von Figurentypen und Konfigurationsformen steht noch aus. Ansätze finden sich in Vladimir Propps *Morphologie des Märchens* (1928/75) mit ihrer Zuordnung von Figuren(typen) zu charakteristischen Handlungskreisen oder in Algirdas J. Greimas' Modell literarischer Aktanten (1966/71).

Literatur

Göttsche, Dirk: *Zeit im Roman. Literarische Zeitreflexion und die Geschichte des Zeitromans im späten 18. und im 19. Jh.* München 2001.
Greimas, Algirdas J.: *Strukturale Semantik*. Braunschweig 1971.
Grubmüller, Klaus: »Fabel«. In: *Reallexikon der deutschen Literaturwissenschaft*. Bd. 1. Hg. v. Klaus Weimar u. a. Berlin, New York 1997, 555–558.
Propp, Vladimir: *Morphologie des Märchen* [1928]. Frankfurt a. M. 1975.
Zymner, Rüdiger: *Uneigentlichkeit. Studien zu Semantik und Geschichte der Parabel*. Paderborn 2001.

Dirk Göttsche

2.3 Form als Bestimmungskriterium

Die Form und formale Eigenschaften von (literarischen) Texten und anderen (ästhetischen) Gegenständen, die nach Gattungszugehörigkeit unterschieden werden, spielen für alle Konzeptionen von *Gattung* und für wohl alle Gattungsbestimmungen eine Rolle. Daneben stehen in aller Regel inhaltliche Bestimmungen und solche, die auf die Funktion, Rezeption oder Pragmatik abzielen (vgl. Neumann/Nünning 2007, 7).

Relevanz formaler Bestimmungskriterien

Dies gilt insbesondere für die »unterschiedlichen Typen von Textgruppenbildungen«, die Hempfer in seinem *Reallexikon*-Artikel »Gattung« aufführt (Hempfer 1997, 651): Die *Sammelbegriffe* Epik, Lyrik und Dramatik weisen ebenso wie die ›Naturformen‹ des Epischen, Lyrischen und Dramatischen einen freilich vage bleibenden Bezug zu formalen Eigenschaften der betreffenden Texte auf, etwa solche, die sich aus der Spezifik eines dramatischen Textes ergeben, der auf eine theatrale Aufführung hin angelegt ist. *Schreibweisen* als trans- oder ahistorische Invarianten sind ebenfalls auf formale Kriterien der Identifizierung oder Differenzierung ausgerichtet: schwächer etwa im Fall des Satirischen (→ H 7), das zur Überzeichnung des jeweils Dargestellten neigt, stärker sicherlich im Fall intertextueller Schreibweisen wie der Parodie, die auf die Übernahme relevanter Formeigenschaften des parodierten Prätextes verpflichtet ist (vgl. Verweyen/Witting 1979). In ähnlicher Weise sind zudem Gattungskonzepte, die die Orientierung der Texte einer Gattung an historisch vorliegenden Gattungsmustern betonen, auf die Übernahme formaler Eigenschaften des Musters angewiesen. Vergleichbares gilt für *historische Textgruppen* und deren *Untergruppen*, also historische Gattungen im engeren Sinne, weil diese kaum ohne einen Bezug auf formale Eigenschaften der betreffenden Texte näher zu bestimmen sind: So wird etwa im Kriminalroman (und insbesondere in dessen Subgenre ›Detektivroman‹) nicht nur eine bestimmte Art von Geschehen, die Aufklärung eines Verbrechens, erzählt, sondern auch auf eine bestimmte Art und Weise, nämlich so, dass analytisch die Umstände des Verbrechens bis zum Ende hin aufgeklärt werden. Hempfers letzter Typ von Textgruppenbildungen, »bestimmte Formen wie Sonett« (ebd.), bezieht sich ausschließlich auf die (im Regelfall metrisch bestimmte) *Form* der Texte solcher Gruppen; reine Formbestimmungen sind freilich – ähnlich wie Jolles' *Einfache Formen* – als Gattungsbegriffe durchaus umstritten.

Probleme der Identifikation und Abgrenzung

In jüngerer Zeit ist mehrfach – etwa von Zymner – darauf hingewiesen worden, dass »die Kriterien zur Beschreibung und Unterscheidung von Gattungen […] paradigmen- und theorieabhängig« sind (Zymner 2003, 105); dies gilt insbesondere für die »klassischen Kriterien […] zur Gattungsbeschreibung – ›Inhalt‹ und ›Form‹« (ebd., 118). Dieser Vorbehalt bezieht sich im Hinblick auf formale Kriterien auf mindestens fünf unterschiedliche Aspekte: erstens die gattungstheoretische Konzeption von dem, was ›Gattung‹ (oder ›Textsorte‹, ›Schreibweise‹, ›Genre‹ usw.) genannt wird (s. o.); zweitens die Unterschiedlichkeit historisch vorliegender Gattungskonzepte und Gattungstheorien (s. u.); drittens die Tatsache, dass formale Texteigenschaften (etwa Komplexität, Verdichtung usw.) häufig genutzt werden, um literarische von anderen Texten zu unterscheiden; viertens die Anlage dieses Handbuchs, das neben diesem Abschnitt zur »Form« im engeren Sinne auch andere Abschnitte zu Kriterien aufweist, die als formale gelten können, insbesondere »Faktualität/Fiktionalität«, »Mündlichkeit/Schriftlichkeit«, »Prosa«, »Redekriterium«, »Selbständigkeit«, »Stil«, »Textualität«, »Umfang« und »Vers«.

Form und Inhalt

Schließlich gibt es fünftens unterschiedliche Auffassungen dazu, was »Form« meint bzw. welche formalen Eigenschaften von Texten für Gattungszuschreibungen relevant sind (vgl. Burdorf 2001). Dies betrifft insbesondere die Relation formaler Eigenschaften zum Inhalt der jeweiligen Texte oder Gattungen, da ausschließlich formale Bestimmungen von Textgruppen – insbesondere solche, die nur die Anordnung und Gestaltung des Wortmaterials betreffen (etwa im Fall des Sonetts mit seinen 14 Versen und seiner spezifischen Anordnung von Ausgangsreimen) – eher selten als gattungsbestimmend aufgefasst oder als (nur) ›äußere‹ Formen gegenüber ›inneren‹ Formen für nachrangig erklärt werden. Denn auch wenn im Anschluss an die aristotelische *Poetik* und andere antike Poetiken gerade im Mittelalter und der Frühen Neuzeit das Verskriterium zum entscheidenden Merkmal aller Poesie wird und zur Unterscheidung von Gattungen genutzt wird – etwa in Scaligers *Poetices libri septem* (1561) –, geschieht dies doch nie ohne Bezugnahme auf inhaltliche Spezifizierungen (vgl. Trappen 2001).

Typischerweise beziehen sich die gattungsrelevanten formalen Eigenschaften von literarischen Texten also auch und insbesondere auf die Formung ihres Inhalts, so dass eine (ästhetische bzw. funktionale) Einheit entsteht. Oder es werden formale und inhaltliche Charakteristika der Texte zwar als relativ unabhängig voneinander angesehen, aber im Verbund miteinander zur Gattungsbestimmung herangezogen (vgl. Zymner 2003, 114). Epigramme z. B. sind zwar sicherlich üblich in der tradierten (äußeren) Form des Distichons, aber auch in anderen Formen, etwa dem Alexandriner, gebräuchlich, nicht jedoch ohne Kürze und Pointierung des zum Ausdruck gebrachten Gedankens. Und eine Tragödie erfüllt nach Aristoteles' *Poetik* die Erwartungen an diese Gattung, wenn sie deren (rein formalen) Kriterien der direkten theatralen Handlungswiedergabe durch (rhythmische, zum Teil gesungene, versifizierte) Figurenrede entspricht, wenn sie eine (inhaltlich) ›gute‹ Handlung präsentiert, die außerdem (inhaltlich-formal) in sich geschlossen ist und bestimmten Organisationsregeln genügt, so dass sie bestimmte Affektwirkungen beim Publikum hervorrufen kann.

Solche Verbindungen von formalen und inhaltlichen Kriterien sind im historischen Überblick zwar theoretisch jeweils recht unterschiedlich begründet – etwa durch aus der Rhetorik übernommene Vorstellungen vom Passenden (*aptum*) in antiken, mittelalterlichen und frühneuzeitlichen Poetiken, durch für die Goethezeit typische Vorstellungen von der organischen Geschlossenheit des Kunstwerks, in dem Inhalt und Form aufs Engste aufeinander bezogen sind (vgl. Willems 1981, 81 f.), oder auch in aktuellen kognitiven Gattungstheorien, die Gattungen als die Rezeption prägende (Inhalt-Form-)Schemata auffassen (vgl. Hallet 2007) –, sie sind insgesamt aber sicherlich typisch für die Bestimmungen von (literarischen) Gattungen.

Literatur

Aristoteles: *Poetik*. Griechisch/Deutsch. Übers. u. hg. v. Manfred Fuhrmann. Stuttgart 1982.
Burdorf, Dieter: *Poetik der Form. Eine Begriffs- und Problemgeschichte*. Stuttgart, Weimar 2001.
Hallet, Wolfgang: »Gattungen als kognitive Schemata«. In: Marion Gymnich/Birgit Neumann/Ansgar Nünning (Hg.): *Gattungstheorie und Gattungsgeschichte*. Trier 2007, 53–71.
Hempfer, Klaus W.: »Gattung«. In: *Reallexikon der deutschen Literaturwissenschaft*. Bd. 1. Hg. v. Klaus Weimar u. a. Berlin, New York 1997, 651–655.
Jolles, André: *Einfache Formen* [1930]. Halle ²1956.
Neumann, Birgit/Nünning, Ansgar: »Einleitung. Probleme, Aufgaben und Perspektiven der Gattungstheorie und Gattungsgeschichte«. In: Marion Gymnich/Birgit Neumann/Ansgar Nünning (Hg.): *Gattungstheorie und Gattungsgeschichte*. Trier 2007, 1–28.
Scaliger, Julius Caesar: *Poetices libri septem* [1561]. *Sieben Bücher über die Dichtkunst*. Hg. v. Luc Deitz u. a. Stuttgart-Bad Cannstatt 1994–2003.
Verweyen, Theodor/Witting, Gunther: *Die Parodie in der deutschen Literatur. Eine systematische Einführung*. Darmstadt 1979.
Trappen, Stefan: *Gattungspoetik. Studien zur Poetik des 16. bis 19. Jh.s und zur Geschichte der triadischen Gattungslehre*. Heidelberg 2001.
Willems, Gottfried: *Das Konzept der literarischen Gattung. Untersuchungen zur klassischen deutschen Gattungstheorie, insbesondere zur Ästhetik F. Th. Vischers*. Tübingen 1981.
Zymner, Rüdiger: *Gattungstheorie. Probleme und Positionen der Literaturwissenschaft*. Paderborn 2003.

Uwe Spörl

2.4 Funktion/pragmatische Kontexte als Bestimmungskriterium

Die Suche nach Funktionen bestimmter Gattungen reicht poetikgeschichtlich bis in die Antike zurück. Aristoteles bedenkt die Funktion der Hauptaffekte

(*Phobos, Eleos*) in der Tragödie; die rhetorische Tradition unterscheidet grundlegende Wirkungsdispositionen (*movere, docere, delectare*) oder funktional begründete Redegattungen (*genus iudicale, genus deliberativum* oder *genus laudativum*); und auch neuzeitlich stabilisieren sich literarische Genres wie im Umfeld der Lehrdichtung z. B. die Fabel, Gnome oder Parabel, die auf der poetikgeschichtlichen Dominanz solcher Funktionsbeschreibungen fußen (vgl. etwa die Formel »Aut prodesse volunt aut delectare poetae« des Horaz: *De arte poetica*, V. 333). Die fundamentale Bedeutung der Funktion als Bestimmungskriterium von Dichtkunst überhaupt betont die moderne Abweichungspoetik, die zwischen interner und externer Funktion trennt. Dabei stellt die interne Funktion durch abweichende Sprachverwendung »innerhalb des betreffenden Textes eine Beziehung der Ähnlichkeit, der Entgegensetzung oder auch der geordneten Reihung her« (Fricke 1981, 100). Insofern lässt sich grundsätzlich formulieren, dass auch formale Kriterien der Gattungsbestimmung (z. B. Reim, Versbindung) letztlich auf den Funktionsbegriff zurückführbar sind. Die genannten poetik- und rhetorikgeschichtlichen Funktionsüberlegungen betreffen nach abweichungstheoretischem Verständnis jedoch die externe Funktion, die ein Text oder Textelement immer dann erfüllt, wenn durch dessen Besonderheit eine Beziehung zu einem »außerhalb desselben Textes liegenden Sachverhalt« hergestellt wird (ebd.). Auf dieser Ebene bewegt sich auch die Frage nach der Funktion literarischer Genres in pragmatischen Kontexten. Während sich Untersuchungen zur Strukturgeschichte von Gattungen also auf den innerliterarischen Formenwandel konzentrieren, stellt die funktionsgeschichtliche Gattungsforschung die Analyse der außerliterarischen (›externen‹) Funktionen in kulturellen und sozialen Kontexten in den Mittelpunkt (vgl. Lamping 2009, XVII). Gattungsspezifische Textmerkmale werden mithin gezielt zu sozialgeschichtlichen Ereignishorizonten, Produktionsbedingungen (z. B. Mäzenatentum, Verlagswesen, Zensurgeschichte) und Rezeptionsweisen (Publikumserwartungen, Lesepraktiken, Sehgewohnheiten usw.) in Beziehung gesetzt. Insofern erhält die funktionsorientierte Gattungsforschung wesentliche Impulse durch die Rezeptionsästhetik (vgl. Jauß 1972). Eine gattungsgesteuerte Rezeptionsfunktion übernehmen beispielsweise Verfahren literarischer Spannungserzeugung. Genrekonstitutiv ist Spannung als Wirkungsdisposition von Texten z. B. im Thriller oder Detektivroman (vgl. auch weiter gefasste Bezeichnungen wie ›crime fiction‹ oder ›Spannungsliteratur‹). Beim Detektivroman wird die Rezeptionsfunktion dabei durch das Zusammenspiel von Lösungsaufschub und Überraschung am Ende bestimmt.

Zur gattungstheoretischen Fundierung solcher Bestimmungsversuche können pragmalinguistische Beschreibungsmodelle dienen, um einzelne Textsorten sprachfunktional zu differenzieren. Grundlegend ist hierzu die Funktionstypologie von Jakobson 1971, der im Anschluss an das Organon-Modell Karl Bühlers sechs Grundfunktionen sprachlicher Äußerungen unterscheidet: Die referenzielle (oder denotative) Funktion stellt den Wirklichkeitsbezug des Kommunikationsakts her; senderbezogen ist die emotive (oder expressive) Funktion, empfängerbezogen die konative (oder appellative) Funktion. Die phatische Funktion dient der Aufrechterhaltung des Sprachkontakts; die metalinguale Funktion thematisiert den Sprachcode, die poetische schließlich die Inhalts- oder Ausdrucksebene der Botschaft selbst. Prinzipiell bewegt sich jede sprachliche Äußerung in diesem (jeweils unterschiedlich gewichteten) Funktionszusammenhang, wobei sich literarische Kommunikation nach Jakobson durch eine Dominanz der poetischen Funktion auszeichnet. Vor diesem Hintergrund lassen sich funktionsbezogene Gattungszuschreibungen nun genauer verstehen. So erscheinen etwa Hymne (als ›Lobgesang‹) oder Elegie (als ›Klage‹) durch einen emotiven Funktionskontext bestimmt. Für die Schlüsselliteratur erweist sich der referenzielle Bezug als Gattungskonstituente, während der funktionale Rahmen der Konkreten Poesie durch die Unterordnung oder Preisgabe der Mitteilungsfunktion bei gleichzeitiger Verabsolutierung der poetischen Funktion im Sinn eines selbstreflexiven Spiels mit der Materialität der Sprachzeichen gestiftet wird.

Neben den Ansätzen, über kontext- oder sprachfunktionale Kriterien zu einer Eingrenzung literarischer Gattungen zu gelangen, spielen funktionsgeschichtliche Überlegungen auch bei der Bestimmung transgenerischer Schreibweisen eine wesentliche Rolle. Als Parodie beschreiben Verweyen/Witting 1979 etwa die thematisch gegen eine Vorlage gewendete Funktion der komischen Herabsetzung. Für die Schreibweise des Manierismus wird die pragmatische Wirkungsfunktion der Demonstration von Artistik als konstitutiv angesehen (Zymner 1995). Erhalten solche Sprachfunktionen indessen den Status transhistorischer Konstanten, bewegen sie sich letztlich auf der Grundlage eines fundamentalontologischen Gattungsverständnisses. Entsprechend deutet sich auch bei Jakobson eine Zuordnung nach anthropologisch gegebenen Dichtungsqualitäten an, wie sie im 20. Jh. vor allem Emil Staiger (*Grundbegriffe der Poetik*, 1946) entlang der triadischen Unterscheidung von Grundhaltungen des poetischen Ausdrucks (›lyrisch‹, ›episch‹, ›dramatisch‹) vertreten hat. So betont Jakobson die Korrelation von epischer Dichtung und referenzieller Funktion bzw. lyrischer Dichtung und emotiver Funktion. Folglich ist mit dem ontologischen Status immer wieder die Herleitung oder Setzung gattungstypologischer Funktionen theoretisch zu hinterfragen. Dabei steht den sprachmodellorientierten Abstraktionsversuchen von wenigen Hauptfunktionen die Ausdifferenzierung einer Vielzahl von Einzelfunktionen in der empirischen Textarbeit gegenüber, wie sie etwa Vladimir Propp in seiner *Morphologie des Märchens* (russ. 1928) erarbeit hat.

Gattungstheoretisch sind Funktionen und pragmatische Kontexte nicht zuletzt als wichtige Faktoren der Gattungsentwicklung zu bedenken. Reflektieren Gattungen als literarisch-soziale Institutionen bestimmte historische Problemkonstellationen, ist ihnen mit deren Lösung ein Ende gesetzt, wie etwa Voßkamp 1977 anhand der funktionsgeschichtlichen Ablösung der Robinsonade durch den Bildungsroman gezeigt hat. Daneben werden auch Funktionswechsel innerhalb einzelner Genres als Faktor der Gattungsdynamik diskutiert. So wirkt sich beispielsweise bei Horaz die Umadressierung eines Geleitgedichts (Propemptikon) vom Menschen an einen Gegenstand (›Staatsschiff‹) als funktionsbedingte Gattungsveränderung aus (vgl. Zymner 2003, 213). Darüber hinaus können gattungsfunktionale Spielräume auch durch die Überlagerung verschiedener Gattungsmuster eröffnet werden (hybride Genres). Entsprechend unternimmt z. B. Theodor Storms Erzählung *Ein Bekenntnis* (1887) den metapoetischen Versuch einer Transgression der Novelle durch die Überblendung mit einer Gattung, die sprachfunktional (›bekennen‹) bestimmt ist (vgl. Malinowski 2003).

Literatur

Fricke, Harald: *Norm und Abweichung. Eine Philosophie der Literatur*. München 1981.
Jakobson, Roman: »Linguistik und Poetik«. In: Jens Ihwe (Hg.): *Literaturwissenschaft und Linguistik. Ergebnisse und Perspektiven*. Bd. II/1. Frankfurt a. M. 1971, 142–178.
Jauß, Hans Robert: »Theorie der Gattungen und Literatur des Mittelalters«. In: Ders./Erich Köhler (Hg.): *Grundriß der romanischen Literaturen des Mittelalters*. Bd. 1. Heidelberg 1972, 107–138.
Lamping, Dieter: »Einführung. Literaturwissenschaftliche Gattungsforschung«. In: Ders. u. a. (Hg.): *Handbuch der literarischen Gattungen*. Stuttgart 2009, XV-XXVI.
Malinowski, Bernadette: »Mimesis als Transgression. Gegendiskursive Untersuchungen zu Theodor Storms Bekenntnisnovelle ›Ein Bekenntnis‹«. In: *Jahrbuch der Raabe-Gesellschaft* (2003), 77–116.
Verweyen, Theodor/Witting, Gunter: *Die Parodie in der neueren deutschen Literatur. Eine systematische Darstellung*. Darmstadt 1979.
Voßkamp, Wilhelm: »Gattungen als literarisch-soziale Institutionen. Zu Problemen sozial- und funktionsgeschichtlich orientierter Gattungstheorie und -historie«. In: Alexander von Bormann/Walter Hinck (Hg.): *Textsortenlehre – Gattungsgeschichte*. Heidelberg 1977, 27–42.
Zymner, Rüdiger: *Manierismus. Zur poetischen Artistik bei Johann Fischart, Jean Paul und Arno Schmidt*. Paderborn 1995.
Zymner, Rüdiger: *Gattungstheorie. Probleme und Positionen der Literaturwissenschaft*. Paderborn 2003.

Jörg Wesche

2.5 Inhalt als Bestimmungskriterium

Die Inhalte, Themen, Gegenstände, Stoffe und Gehalte (literarischer) Texte und anderer (ästhetischer) Gegenstände, die nach Gattungszugehörigkeit unterschieden werden, spielen für die meisten Konzeptionen von ›Gattung‹ und für die meisten Gattungsbestimmungen eine Rolle. Daneben stehen in aller Regel formale Bestimmungen und solche, die auf die Funktion, Rezeption oder Pragmatik abzielen (vgl. Gymnich/Neumann 2007, 32).

Relevanz inhaltlicher Bestimmungskriterien für Gattungen

Von den sechs unterscheidbaren Typen der Textgruppenbildung, die Hempfer im *Reallexikon*-Artikel »Gattung« aufführt, schließt einer inhaltliche Bestimmungen aus: die Gruppierung durch reine Formbegriffe; diese sind als Gattungsbegriffe freilich umstritten, weil Formen wie z. B. das Sonett sehr verschiedene Inhalte aufweisen und ganz unterschiedlichen Kommunikationszwecken dienen können.

Die übrigen »Typen von Textgruppenbildungen« (Hempfer 1997, 651) weisen mehr oder minder deutliche inhaltliche Orientierungen auf. Dies gilt für die a- oder transhistorischen *Sammelbegriffe*, ›*Naturformen*‹ und *Schreibweisen*, da z. B. epische Texte durchaus auf bestimmte Inhalte, nämlich erzählbare Geschichten, verpflichtet sind, »das Komische« (ebd.) kaum vorstellbar ist ohne komische Inhalte, und da selbst intertextuelle textverarbeitende Schreibweisen wie die Kontrafaktur auf inhaltliche Bestimmungen angewiesen sind, nämlich auf eine vom Prätext abweichende Aussageabsicht und somit auf einen anderen Gehalt (vgl. Verweyen/Witting 1987). Vor allem aber sind die Bestimmungen von historischen Gattungen im engeren Sinne und deren »Untergruppen« (ebd.) wohl allesamt auch inhaltlich bestimmt, insbesondere Letztere und gerade dann, wenn man davon ausgeht, dass sie Mustertexten (und ihren Inhalten) nachfolgen: So gibt es natürlich formale Bestimmungen der Elegie, aber ebenso sehr eine Verpflichtung von Elegien auf den Ausdruck oder die Thematisierung von Trauer und Verlust; ein Bildungsroman gilt als solcher, wenn er die Bildungsgeschichte einer Hauptfigur erzählt; und ein bürgerliches Trauerspiel ist eine Tragödie, in der bürgerliche bzw. private Konflikte zur Katastrophe führen.

Inhaltliche Bestimmungen sind vor allem dann von Bedeutung, wenn Erwartungen des Zielpublikums eine Rolle spielen (Arztroman usw.) oder wenn kunst- oder medienübergreifende Konzepte gebildet werden, wie es etwa im Fall von Krimi(nalroman, -geschichte, -film, -drama), Science Fiction oder Fantasy geschieht. Denn natürlich nutzen auch die Gattungskonzepte anderer Künste, Medien und nicht-literarischer Texte inhaltliche Bestimmungen: So bestimmen sich z. B. das Stillleben durch die Darstellung lebloser Gegenstände, das Porträt durch die charakteristische Darstellung einer Person oder die Erörterung durch die argumentative Auseinandersetzung mit bestimmten Problemfeldern.

Probleme der Identifikation und Abgrenzung inhaltlicher Bestimmungen

Der Inhalt ist somit neben der Form zwar eines der »beiden klassischen Kriterien« der Gattungsbestimmung. Er ist aber auch ein »sehr schillernde[s]« Kriterium (Zymner 2003, 118), das in verschiedenen Hinsichten theorie- und perspektivenabhängig ist, so dass erst die jeweils zugrunde liegende Sichtweise festlegt, was »Inhalt« genau bezeichnet. Diese Einschränkung betrifft erstens die gattungstheoretische Konzeption von dem, was »Gattung« (oder »Textsorte«, »Schreibweise«, »Genre« usw.) genannt wird (s. o.); zweitens die Unterschiedlichkeit historisch vorliegender Gattungskonzepte und Gattungstheorien (s. u.); drittens die Tatsache, dass inhaltliche Momente (insbesondere Fiktivität) literarische von anderen Texten unterscheidbar machen oder Gattungen hierarchisch anordnen (so dass etwa von der Antike bis in die Neuzeit dem Epos als Erzählung bedeutsamer Heldentaten häufig der höchste Rang unter den Gattungen zugeschrieben wurde); die Einschränkung bezieht sich viertens auf die Überschneidung mit anderen Kriterien, die in der Anlage dieses Handbuchs den Inhalt (mit)betreffen, insbesondere »Faktualität/Fiktionalität«, »Figural«, »Stil« und »Umfang«.

Inhalt und Form

Zur Undeutlichkeit tragen schließlich fünftens unterschiedliche Auffassungen darüber bei, in welchem Verhältnis inhaltliche und formale Bestimmungen zueinander stehen, da die Mehrzahl der aktuellen und historisch vorliegenden Gattungskonzepte dazu neigt, beide – freilich in unterschiedlicher Weise – zu verknüpfen und mit entsprechenden Funktionen oder Wirkungsweisen zu korrelieren, so dass die (bestimmte) Formung eines (bestimmten) Inhalts im Zentrum der jeweiligen Gattungsbegriffe steht.

Schon die aristotelische *Poetik* nutzt – in Kombination mit formalen Kriterien wie dem ›Modus‹ und den ›Mitteln‹ der Darstellung – »je verschiedene Gegenstände« zur Unterscheidung poetischer »Gattungen« (Aristoteles 1982, 5; 1447b) und zeigt am Beispiel der Tragödie nicht nur, welche Gegenstände tragödienspezifisch sind (nämlich ›gute‹ Handlungen), sondern auch, wie diese organisiert sein sollten, um die tragödienspezifischen Affektwirkungen zu erzielen (als geschlossene Einheit und mit einem Handlungsumschwung vom Glück zum Unglück). Ebenfalls bereits in der Antike sind Gattungskonzepte nach rhetorischem Modell entwickelt worden, die bestimmte *res* (Gegenstände) mit bestimmten Organisationen dieser Inhalte und bestimmten Darstellungsweisen sowie -mitteln (etwa Stilniveaus als *genera dicendi*, Versformen) über eine Angemessenheitsregel (*aptum*) verknüpfen. Ähnlich, wenngleich mit spezifischen Transformationen (vgl. Trappen 2001), organisieren auch das Mittelalter und die Frühe Neuzeit ihre Gattungsbegriffe – greifbar etwa in der sog. Rota Vergilii (vgl. Fowler 2003, 193) –, so dass z. B. in Scaligers *Poetices libri septem* von 1561 immer auch inhaltliche Bestimmungen für Gattungen angeführt werden, die dann in barocken Poetiken des 17. Jh.s gerade für den Bereich der Gelegenheitsdichtung stark ausdifferenziert werden.

Noch stärker sind die goethezeitlichen, idealistischen und auf deren Grundlagen rekurrierenden modernen Gattungsvorstellungen (etwa Goethes, Hegels, Vischers oder Staigers) auf die durch ein ›inneres Gesetz‹ (vgl. Willems 1981, 130) garantierte (organische) Einheit des Werkes und seiner Gattungsbestimmung bezogen, so dass in Konzepten wie etwa dem der ›inneren Form‹ kaum mehr zwischen Inhalt und Form unterschieden werden kann.

Neuere gattungstheoretische Ansätze – etwa solche des russischen Formalismus – bestreiten diese unlösbaren Verbindungen von Inhalt und Form, andere – etwa poststrukturalistische – bezweifeln mit der inhaltlichen Bestimmbarkeit von Gattungen deren Sinnfälligkeit überhaupt. Vor allem in der Praxis der Definition konkreter Gattungen wird man aber kaum ohne inhaltliche Momente auskommen, wie etwa Webers *Kleine Logik der Gespenstergeschichte* belegt.

Literatur

Aristoteles: *Poetik*. Griechisch/Deutsch. Übers. u. hg. v. Manfred Fuhrmann. Stuttgart 1982.

Fowler, Alastair: »The Formation of Genres in the Renaissance and After«. In: *New Literary History* 34.2 (2003), 185–200.

Gymnich, Marion/Neumann, Birgit: »Vorschläge für eine Relationierung verschiedener Aspekte und Dimensionen des Gattungskonzepts: Der Kompaktbegriff Gattung«. In: Marion Gymnich/Birgit Neumann/Ansgar Nünning (Hg.): *Gattungstheorie und Gattungsgeschichte*. Trier 2007, 31–52.

Hempfer, Klaus W.: »Gattung«. In: *Reallexikon der deutschen Literaturwissenschaft*. Bd. 1. Hg. v. Klaus Weimar u. a. Berlin, New York 1997, 651–655.

Scaliger, Julius Caesar: *Poetices libri septem* [1561]. *Sieben Bücher über die Dichtkunst*. Hg. v. Luc Deitz u. a. Stuttgart-Bad Cannstatt 1994–2003.

Trappen, Stefan: *Gattungspoetik. Studien zur Poetik des 16. bis 19. Jh.s und zur Geschichte der triadischen Gattungslehre*. Heidelberg 2001.

Verweyen, Theodor/Witting, Gunther: *Die Kontrafaktur. Vorlage und Verarbeitung in Literatur, bildender Kunst, Werbung und politischem Plakat*. Konstanz 1987.

Weber, Dietrich: »Kleine Logik der Gespenstergeschichte. Eine literaturwissenschaftliche Unterhaltung«. In: Dieter Lamping/Dietrich Weber (Hg.): *Gattungstheorie und Gattungsgeschichte. Ein Symposium*. Wuppertal 1990, 71–103.

Willems, Gottfried: *Das Konzept der literarischen Gattung. Untersuchungen zur klassischen deutschen Gattungstheorie, insbesondere zur Ästhetik F. Th. Vischers*. Tübingen 1981.

Zymner, Rüdiger: *Gattungstheorie. Probleme und Positionen der Literaturwissenschaft*. Paderborn 2003.

Uwe Spörl

2.6 Mündlichkeit/Schriftlichkeit als Bestimmungskriterium

Die *Oral history*-Forschung hat lange Zeit Fragen der Entstehung und historischen Konkurrenz von Mündlichkeit und Schriftlichkeit ins Zentrum gestellt. Neuere Ansätze betonen dagegen die Gleichrangigkeit von Oralität und Literarität in literaten Gesellschaften, welche sich nur einer »relationale[n] Betrachtungsweise« erschließt (Ong 1987, 173). Entsprechend unterscheidet man interdependente Formen von Mündlichkeit und Schriftlichkeit, die auch gattungstheoretisch relevant sind. Grundlegend ist die Differenzierung zwischen primärer und sekundärer Mündlichkeit (vgl. Zumthor 1987). Zum ersten Typus gehören Verserzählungen, die mündlich entstanden und überliefert sind (Oral poetry). Die zunächst widersprüchlich scheinende Bezeichnung ›Oral literature‹ schließt auch lyrische Genres (z. B. Volkslied) und Prosaformen (z. B. Märchen) ein; Teil der ›Oral tradition‹ insgesamt sind zudem nicht-literarische mündliche Textsorten wie Gesetz oder Sprichwort. Bei sekundärer Mündlichkeit handelt es sich um schriftgeprägte Oralität. Die Mittelalterforschung spricht z. B. bei der graphisch-phonischen Mischform des altenglischen Epos von Vokalität (vgl. Schaefer 1992). Zu den sekundär mündlichen Dichtungsformen gehören in der Neuzeit Genres vom Meistersang bis zum Hörbuch bzw. Hörspiel. Während etwa das Hörspiel gezielt für ein akustisches Distributionsmedium verfasst ist (z. B. Radio, CD), basieren Hörbücher in der Regel auf bekannten Schriftfassungen. Aus gattungstheoretischer Sicht wird bei Formen sekundärer Mündlichkeit daher auch die mediale Präsentationsform zur Gattungsunterscheidung herangezogen. Textlinguistisch bewegen sich solche Varianten zwischen medialer und konzeptioneller Mündlichkeit bzw. Schriftlichkeit (vgl. Koch/Oesterreicher 1994), wobei sich die mediale Dimension auf die Realisationsform der Äußerung, die konzeptionelle auf die gewählte Ausdrucksweise bezieht. Nach dieser Unterscheidung ist z. B. das Hörspiel durch konzeptionelle und mediale Mündlichkeit, der als Hörbuch eingesprochene Roman durch konzeptionelle Schriftlichkeit und mediale Mündlichkeit gekennzeichnet. Bei gattungssystematischen Fragen wird dabei besonders auf Texteigenschaften konzeptioneller Mündlichkeit Bezug genommen. So werden vor allem bei längeren Dichtungen, die mündlich schwer zu überliefern sind, typische Merkmale diskutiert, denen man eine mnemotechnische Funktion zuweist. Diese betreffen ebenso die Geschehensebene (z. B. Einsträngigkeit der Handlung) wie Darstellungsebene (z. B. Zeilenstil, Reimbindung). Gleichwohl treffen solche Merkmale auch auf konzeptionell schriftliche Textsorten zu. Daher greift das Bestimmungskriterium der Mündlichkeit/Schriftlichkeit oft nur vordergründig. So lässt etwa eine Abgrenzung von Volks- und Kunstmärchen anhand des Überlieferungsmediums Merkmale konzeptioneller Schriftlichkeit im Volksmärchen unberücksichtigt.

Auf metatheoretischer Ebene lässt sich die schriftindizierte Entkopplung von Dichtung und Gedächtnis als zivilisationsgeschichtliche Voraussetzung für die Entstehung, Weitergabe und Variation kodifizierter Genres bedenken. Schriftlichkeit erscheint somit als entscheidender Faktor für die Ausdifferenzierung neuzeitlicher Gattungssysteme. Ist zwar auch die Moderne durch eine starke Kontinuität der Schriftkultur geprägt (vgl. Stein 2006), begünstigen elektronische Medien eine Tendenz zur Reoralisierung (vgl. Tristram 1996), die auch neue Genres primär mündlicher Dichtung hervorbringt (z. B. Slam Poetry, Playback Theater).

Literatur

Koch, Peter/Oesterreicher, Wulf: »Schriftlichkeit und Sprache«. In: Hartmut Günter/Otto Ludwig (Hg.): *Schrift und Schriftlichkeit. Ein interdisziplinäres Handbuch internationaler Forschung*. Berlin, New York 1994, 587–604.
Ong, Walter J.: *Oralität and Literalität. Die Technologisierung des Wortes*. Opladen 1987.
Schaefer, Ursula: *Vokalität. Altenglische Dichtung zwischen Mündlichkeit und Schriftlichkeit*. Tübingen 1992.
Stein, Peter: *Schriftkultur. Die Geschichte des Schreibens und Lesens*. Lüneburg 2006.
Tristram, Hildegard L. C. (Hg.): *(Re)Oralisierung*. Tübingen 1996.
Zumthor, Paul: *Einführung in die mündliche Dichtung*. Berlin 1990.

Jörg Wesche

2.7 Prosa als Bestimmungskriterium

Vers und Prosa sind seit der Antike korrelative Kriterien der Gattungsbestimmung (→ A 2.13); ihre ästhetischen Funktionen sind weithin kultur- und epochenspezifisch. Insbesondere das Ende der Regelpoetik antiker Prägung und die Emanzipation der Prosa im Zuge der Durchsetzung des modernen, bürgerlichen Literatursystems schaffen im späteren 18. Jh. grundsätzlich neue Funktionsbedingungen für Vers und Prosa. Schon vor dieser Zäsur entsteht (nach Vorläufern wie dem »Prosa-Lancelot« des 13. Jh.s und in Abgrenzung gegen den mittelalterlichen Versroman) im 15. Jh. der populäre Prosaroman (Volksbuch), der typischerweise verschiedene Erzählmuster unterhaltsam verschränkt (u. a. *Ulenspiegel* 1508/09, *Faustbuch* 1587, Jörg Wickram). In den Kontext des bürgerlichen Literaturverständnisses gehört dann bereits der programmatische Übergang vom Vers zu der als wirklichkeitsnäher und ›natürlicher‹ empfundenen Prosa im bürgerlichen Trauerspiel des 18. Jh.s (Lessing, Schiller, J. M. R. Lenz). Im Bereich der erzählenden Gattungen wird das Versepos (trotz seiner vorübergehenden Renaissance im mittleren 19. Jh.) marginal; als »moderne bürgerliche Epopöe« in Prosa setzt sich der Roman als paradigmatische Gattung einer »bereits zur Prosa geordneten Wirklichkeit« durch (Hegel: *Vorlesungen über die Ästhetik*, 1818–29).

Die Dichotomie von Vers und Prosa ist seit der Antike Gegenstand gattungsbezogener Diskussion und poetischer Subversion. Die aus der antiken Rhetorik tradierte Unterscheidung zwischen ›gebundener‹ poetischer Rede in Versen und ›ungebundener‹ Prosa verbindet sich im Mittelalter mit der Konkurrenz zwischen metrischen und rhythmischen Formen der Poesie zunächst zu einem dreigliedrigen System metrischer, rhythmischer und prosaischer Schreib- und Redeweisen. Es führt zur Unterscheidung von Poesie (Vers), Kunstprosa und Sachprosa und bringt gegenläufig zugleich Übergänge zwischen Vers- und Prosaverwendung hervor. So entsteht in Anlehnung an die griechisch-lateinische Literatur (Cicero, Augustinus) im 9.–16. Jh. (Mechthild von Magdeburg, mystische und Gebetsprosa) die Zwischenform der Reimprosa, in der Reime logisch-syntaktische Sinneinheiten der Kunstprosa markieren. Bis in die Antike (Menippeische Satire) zurückverfolgen lässt sich auch der planvolle, als Prosimetrum bezeichnete Wechsel von Prosa und (polymetrischen) Versen vor allem in philosophisch-didaktischen Gattungsformen der lateinisch- wie volkssprachlichen Literatur des Mittelalters und der Frühen Neuzeit (Boethius, Dante, Ulrich von Liechtenstein; vgl. Pabst 1994). Noch das romantische Programm der Gattungsmischung (hier: Verseinlagen in Erzählprosa) steht in dieser Tradition.

Im Zuge des Paradigmenwechsels vom Vers zur Prosa entstehen im späten 18. Jh. als neues Übergangsphänomen verschiedene Spielarten poetischer Prosa (z. B. in Gessners Idyllen, Goethes *Die Leiden des jungen Werthers* [1774], Novalis' *Hymnen an die Nacht*, Jean Pauls »Streckversen«), die zugleich als Vorläufer des modernen Prosagedichts gelesen werden können. Allerdings zielt das durch Charles Baudelaires *Poèmes en prose* begründete Prosagedicht in der französischen (Rimbaud, Mallarmé), russischen (Turgenjev) und deutschsprachigen Tradition (Dauthendey, Bierbaum, Rilke, Hofmannsthal, Trakl) nicht allein auf eine Subversion der traditionellen Bindung der Lyrik an den Vers, sondern darüber hinaus auf eine grundsätzlichere Infragestellung des tradierten Gattungssystems (vgl. Bunzel 2005). Als gattungstranszendierende Experimentalform trägt das Prosagedicht um 1900 so auch zur Herausbildung jenes Feldes Kleiner Prosa in der literarischen Moderne bei, das wesentlich durch die Transformation, Kombination und Dekonstruktion etablierter Gattungskonventionen bestimmt ist (vgl. Göttsche 2006). In dieser Tradition wird der Begriff ›Prosa‹ (S. Kirsch, Z. Gahse, K. Merz u. a.) zum poetologischen Signal ›gattungsfreier‹ Literarizität.

Literatur

Bunzel, Wolfgang: *Das deutschsprachige Prosagedicht. Theorie und Geschichte einer literarischen Gattung der Moderne.* Tübingen 2005.
Göttsche, Dirk: *Kleine Prosa in Moderne und Gegenwart.* Münster 2006.
Pabst, Bernhard: *Prosimetrum.* 2 Bde. Köln u. a. 1994.

Dirk Göttsche

2.8 Redekriterium

Im Rahmen seiner Auffassung von Dichtung als Mimesis unterscheidet Aristoteles drei Aspekte der Nachahmung, die unterschiedliche Gattungen ausdifferenzieren: die Mittel der Nachahmung, die Gegenstände der Nachahmung und die Art und Weise, wie nachgeahmt wird. Das Redekriterium als Differenzierungsmerkmal für Gattungen basiert auf der aristotelischen Definition unterschiedlicher Weisen der Nachahmung: »Denn es ist möglich, mit denselben Mitteln dieselben Gegenstände nachzuahmen, hierbei *entweder* zu *berichten* – in der Rolle des anderen, wie Homer dichtet, oder so, dass man unwandelbar als derselbe spricht – *oder* alle Figuren als *handelnde* und in Tätigkeit befindliche auftreten zu lassen« (*Poetik* 1448a 19–20, kursiv v. K. W. H.). Wie die Entweder-oder-Formulierung eindeutig macht, stellt Aristoteles zwei Modi der Nachahmung gegenüber – Bericht und Darstellung – und differenziert auf diese Weise erzählende von dramatischer Dichtung.

Die aristotelische Dyade ist die Reformulierung einer platonischen Trias, die zu grundsätzlichen Missverständnissen auch der aristotelischen Opposition von erzählender und dramatischer Dichtung geführt hat. Im Unterschied zu Aristoteles bestimmt Sokrates in Platons *Politeia* Dichtung nicht generell als Nachahmung (*mímēsis*), sondern als »Dihēgēsis

(Erzählung) entweder geschehener Dinge oder jetziger oder künftiger« (*Politeia* 392d) und gelangt zu der berühmten Trias, die noch in neuesten Nachschlagewerken als Differenzierung der drei ›Hauptgattungen‹ Epik, Lyrik und Dramatik missverstanden wird (vgl. *Reallexikon* s. v. Lyrik), obgleich sie nur drei unterschiedliche Formen der *dihēgēsis*, der Vermittlung einer Geschichte, meint: »Und jetzt denke ich dir schon deutlich zu machen, was ich vorher nicht vermochte, dass von der gesamten Dichtung und Fabel einiges ganz in Darstellung besteht, wie du sagst, die Tragödie und Komödie, anderes aber in dem *Bericht* des Dichters selbst, welches du vorzüglich in den Dithyramben finden kannst, noch anderes aus beiden verbunden, wie in der epischen Dichtkunst und auch vielleicht anderwärts, wenn du mich verstehst« (394b–c, kursiv v. K. W. H.). Wie schon Behrens 1940 erkannt und Primavesi 2008 präzisiert hat, geht aus diesem Zitat zweifelsfrei hervor, dass Platon den Dithyrambos als idealtypisch *erzählendes* Genus begreift, denn er steht stellvertretend für den »*Bericht* des Dichters selbst«, während das Epos für Platon eine Mischgattung darstellt. Grundlage der platonischen Trias ist ein generelles Verständnis von Dichtung als *dihēgēsis* (und nicht als *mímēsis* wie bei Aristoteles), so dass sich folgendes Diagramm erstellen lässt:

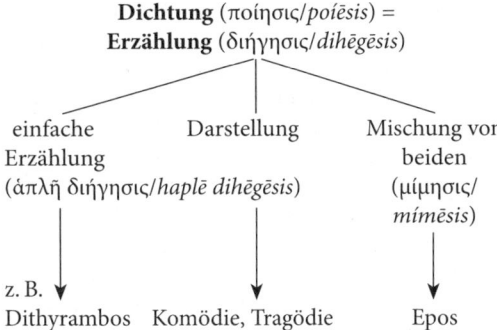

Sowohl bei Aristoteles wie bei Platon dient das Redekriterium der Differenzierung zweier unterschiedlicher Typen von Texten mit *histoire*-Substrat – Epik und Dramatik –, wobei das dyadische Schema des Aristoteles den fundamentalen Unterschied von erzählenden und dramatischen Texten – Vermitteltheit versus Unmittelbarkeit –, präziser fasst als die platonische Trias. Die Lyrik findet sich in keinem der beiden Modelle. Dass auch die platonische Trias über das Redekriterium nicht die moderne Trias vorwegnimmt, ergibt sich nicht nur aus der Tatsache, dass Platon explizit vom *Berichten* – und nicht vom *Spre-*

chen – des Dichters in eigener Person spricht, sondern auch daraus, dass das, was wir heute vorzugsweise als Lyrik bezeichnen, explizit nicht der Dichtung (= *dihēgēsis*), sondern dem Gesang (*melos*) zugeordnet wird (*Politeia* 398 b–c, vgl. hierzu Hempfer 2008, 38 f.).

Das Redekriterium findet sich auch in spätantiken Kompilationen wie etwa dem dritten Buch der *Ars grammatica* von Diomedes (4. Jh. n. Chr.), der eine zu Platon analoge Trias entwirft, den ›Hauptgenera‹ aber ganz andere Untergattungen und Beispieltexte zuordnet. Das *genus enarrativum* wird von Diomedes vorrangig durch die Lehrdichtung (Lukrez und die ersten dreieinhalb Bücher der *Georgica*) repräsentiert, während unter das *genus mixtum* neben dem Epos auch Elegie, Iambus oder Satire subsumiert werden. Wie schon Behrens und Curtius zeigen, ist die ›Systematik‹ als solche inkohärent, da Diomedes unterschiedliche Quellen kompiliert, doch war er nicht nur für das Mittelalter, sondern durch frühe Drucke (Paris 1498 und 1527) auch noch für die Renaissancepoetologie, z. B. Scaliger, ein wesentlicher Referenzautor. Was sich aber auch bei Diomedes auf jeden Fall nicht finden lässt, ist die Etablierung von ›Lyrik‹ als dritter Hauptgattung neben Epik und Dramatik, ganz im Gegenteil: Im modernen Verständnis ›lyrische Genera‹ wie die Elegie werden mit dem Epos einer gemeinsamen ›Mischgattung‹ zugeordnet.

Neben dem Weiterwirken traditioneller Schemata findet sich in der italienischen Renaissancepoetik zum ersten Mal auch die Verwendung des Redekriteriums zur Differenzierung der modernen Trias von Epik, Lyrik und Dramatik, etwa bei Trissino 1562 und Minturno 1564 (Hempfer 2008, 44–60). Beide Autoren ordnen dem zum *Reden* des Dichters in eigener Person generalisierten *Berichten* Platons explizit lyrische Genera wie Oden, Elegien, Kanzonen, Sonette u. a. zu und etablieren damit erstmalig die moderne Trias auf der Basis des Redekriteriums. Dass dies gerade in Italien geschieht, ist im Zusammenhang der besonderen Bedeutung der heimischen Lyriktradition seit Petrarca zu sehen und lässt sich etwa in der französischen Poetologie nicht beobachten, wo bis zu Batteux' *Principes de la littérature* (1754/⁵1775) das Redekriterium genuin aristotelisch erzählende von dramatischer Dichtung unterscheidet (vgl. Hempfer/Kablitz 1987, 272).

Die Goethesche Trias der drei Naturformen beruht nun überhaupt nicht, wie bereits Hartl 1924 festgestellt hat, auf dem Redekriterium, sondern »sucht inhaltliche Kriterien für sich nutzbar zu machen« (Hartl 1924, 3), wie eindeutig aus Goethes Definition hervorgeht: »Es giebt nur drey ächte Naturformen der Poesie: die klar erzählende, die enthusiastisch aufgeregte und die persönlich handelnde: *Epos, Lyrik* und *Drama.* Diese drey Dichtweisen können zusammen oder abgesondert wirken« (Goethe 1994, 206).

Schließlich ist die Differenzierung nach dem Redekriterium bei Aristoteles nur eines von drei Kriterien, es schafft keine drei oder zwei ›Naturformen‹, sondern differenziert schlicht erzählende von dramatischen Texten, für deren weitere gattungsmäßige Bestimmung, etwa als Tragödie oder Komödie, dann die beiden anderen Kriterientypen (Mittel und Gegenstand der Nachahmung) herangezogen werden müssen. Für die neue und neueste Erzähl- und Dramentheorie ist das platonisch-aristotelische Redekriterium nach wie vor von zentraler Bedeutung (zu Problemen und Missverständnissen vgl. Rajewsky 2007), während die wiederholten Hinweise, dass sich die Lyrik als dritte ›Hauptgattung‹ nicht über das Redekriterium bestimmen ließe (Jäger 1970; Hempfer 1973, 156–158; Warning 1997, 17 f.), in der Forschung nicht angemessen Berücksichtigung fanden.

Literatur

Aristoteles: *Poetik*. Griechisch/Deutsch. Übers. u. hg. v. Manfed Fuhrmann. Stuttgart 1982.

Behrens, Irene: *Die Lehre von der Einteilung der Dichtkunst vornehmlich vom 16. bis 19. Jh. Studien zur Geschichte der poetischen Gattungen.* Halle 1940 (Beihefte zur Zeitschrift für Romanische Philologie XCII).

Curtius, Ernst Robert: *Europäische Literatur und lateinisches Mittelalter* [1948]. Bern, München ⁴1963.

Goethe, Johann Wolfgang v.: »Besserem Verständnis«. In: Ders., *West-östlicher Divan*. Hg. v. Hendrik Birus. Frankfurt a. M. 1994 (Sämtliche Werke Abt. I, Bd. 3.1,2), 138–299.

Hartl, Robert: *Versuch einer psychologischen Grundlegung der Dichtungsgattungen*. Wien 1924.

Hempfer, Klaus W.: *Gattungstheorie. Information und Synthese.* München 1973.

Hempfer, Klaus W.: »Überlegungen zur historischen Begründung einer systematischen Lyriktheorie«. In: Ders. (Hg.): *Sprachen der Lyrik. Von der Antike bis zur digitalen Poesie.* Stuttgart 2008, 33–60.

Hempfer, Klaus W./Kablitz, Andreas: »Französische Lyrik im 18. Jh.«. In: Dieter Janik (Hg.): *Geschichte der französischen Lyrik*. Darmstadt 1987, 267–341.

Jäger, Georg: »Das Gattungsproblem in der Ästhetik und Poetik von 1780 bis 1850«. In: Jost Hermand/Manfred Windfuhr (Hg.): *Zur Literatur der Restaurationsepoche 1815–1848.* Stuttgart 1970, 371–404.

Minturno, Antonio Sebastiano: *L'Arte Poetica*. Venedig 1564 (Nachdr. München 1971).

Platon: ΠΟΛΙΤΕΙΑ – *Der Staat*. Bearb. v. Dietrich Kurz. Griech. Text v. Émile Chambry, dt. Übers. v. Friedrich Schleiermacher [1971] (Platon: *Werke*. Griechisch und deutsch. 4). Darmstadt ⁴2005.

Primavesi, Oliver: »Aere perennius? Die antike Transformation der Lyrik und die neuzeitliche Gattungstrinität«. In: Klaus W. Hempfer (Hg.): *Sprachen der Lyrik. Von der Antike bis zur digitalen Poesie.* Stuttgart 2008, 15–32.

Rajewsky, Irina Olga: »Von Erzählern, die (nichts) vermitteln. Überlegungen zu grundlegenden Annahmen der Dramentheorie im Kontext einer transmedialen Narratologie«. In: *Zeitschrift für französische Sprache und Literatur* 117 (2007), 25–68.

Reallexikon der deutschen Literaturwissenschaft. 3 Bde. Hg. v. Klaus Weimar u. a. Berlin, New York 1997–2003.

Trissino, Giovan Giorgio: »La quinta e la sesta divisione della poetica«. In: Bernhard Weinberg (Hg.): *Trattati di poetica e retorica del Cinquecento.* 4 Bde. Bari 1970–1974. Bd. 2, 5–90.

Warning, Rainer: »Interpretation, Analyse, Lektüre: Methodologische Erwägungen zum Umgang mit lyrischen Texten«. In: Ders. (Hg.): *Lektüren romanischer Lyrik: Von den Trobadors zum Surrealismus.* Freiburg 1997, 9–44.

Klaus W. Hempfer

2.9 Selbständigkeit als Bestimmungskriterium

Das Kriterium *Selbständigkeit* ist (1) als Bestimmungskriterium einzelner Textsorten oder Genres und (2) metatheoretisch als methodologische Prämisse bei der Begründung spezifischer Gattungs- bzw. Schreibweisenauffassungen zu bedenken.

(1) Als generisches Bestimmungskriterium wird Selbständigkeit beispielsweise zur Präzisierung des Aphorismus als Textsorte herangezogen (vgl. Fricke 1984). Aphorismen treten häufig in Gruppen auf, in denen der Einzeltext jeweils für sich steht. Neben den Merkmalen der Prosaform und Nichtfiktionalität wurde daher die kotextuelle Isolation als notwendiges Bestimmungskriterium vorgeschlagen (vgl. ebd., 14). Ähnlich wird für die versifizierte Form des Epigramms die Selbständigkeit und Geschlossenheit hervorgehoben. Indem durch den Epigrammtitel ein eineindeutiger Bezug zwischen Text und Gegenstand bzw. Thema hergestellt wird, kommt das Kriterium der Kotextisolation (in Reihen) zum Tragen (vgl. Hess 1989, 12). Gattungsunterscheidend ist das Merkmal dabei z. B. gegenüber dem (mündlichen) Sprichwort, das durch ko- und kontextuelle Einbettung gekennzeichnet ist (vgl. ebd., 21, anders Fricke 1984, 23). Geschlossene Formen wie das Sonett oder das Gleichnis erscheinen ebenso selbständig wie textuell integriert (vgl. Zymner 1997, 725), wobei das Sonett auch gattungshistorisch kodifizierte Reihen ausbildet (vgl. Sonettenkette oder -kranz).

(2) Metatheoretisch liegt die Vorstellung der Selbständigkeit normativen Gattungsauffassungen zugrunde, die um Kohärenz und Linearität bemüht sind, indem sie Textgruppen anhand von trennscharfen Merkmalen eineindeutig unterscheiden. Eine Alternative hierzu bietet poetikgeschichtlich das dialektische Gattungsverständnis in der Frühen Neuzeit, nach dem einzelne Texte mehrfach (z. B. nach Form- und Gegenstandsbezug wie in Georg Neumarks *Poetischen Tafeln*, 1668) generisch zugeordnet werden (vgl. Trappen 2001). Gattungstheoretisch fragwürdig ist das Kriterium der Selbständigkeit vor dem Hintergrund polythetischer, auf eine Vielzahl von Merkmalen fußender Klassifikationsmodelle, die Wittgensteins Konzept der Familienähnlichkeit verpflichtet sind. Gattungen werden dabei nicht als feststehend geschlossene, sondern offene Textkorpora aufgefasst, die sich überlagern oder einschließen können. Partizipation und nicht Selbständigkeit erscheint aus dieser Perspektive als notwendige Prämisse im Gattungsverständnis, das neben der realen Vielfalt auch die Dynamik gattungshistorischer Veränderungen abzubilden versucht. Programmatisch aufgehoben wird die Selbständigkeit einzelner Gattungen schließlich bei hybriden Genres, die Gattungsgrenzen gezielt überschreiten. So ist z. B. die Romantheorie der Romantik (vgl. besonders Friedrich Schlegel) ausdrücklich dem Prinzip der Gattungsmischung verpflichtet und versucht, sämtliche poetische Gattungen im Roman zu vereinigen. Auch der Annahme historisch invarianter Schreibweisen liegt die Vorstellung der Selbständigkeit zugrunde. Einzelne Gattungen wie z. B. die Komödie können aus dieser Sicht auf einer oder mehreren Schreibweisen fußen (vgl. Hempfer 2003, 392 f.). Gegenüber Versuchen, zwischen systematisch stabilen und historisch variablen Schreibweisen zu differenzieren, wurde indessen eingewendet, dass überzeitliche Schreibweisen empirisch nicht überprüfbar sind. Mit dieser Überzeugung steht auch ihre ›primäre‹ Selbständigkeit infrage (vgl. Stolz 2005, 29).

Literatur

Fricke, Harald: *Aphorismus.* Stuttgart 1984.
Hempfer, Klaus W.: »Schreibweise$_2$«. In: *Reallexikon der deutschen Literaturwissenschaft.* Bd. 3. Hg. v. Jan-Dirk Müller u. a. Berlin, New York 2003, 391–393.
Hess, Peter: *Epigramm.* Stuttgart 1989.
Stolz, Peter: »Der literarische Gattungsbegriff. Aporien einer literaturwissenschaftlichen Diskussion. Versuch eines Forschungsberichts zum Problem der ›literarischen Gattungen‹«. In: Siegfried Mauser (Hg.): *Theorie der Gattungen.* Laaber 2005, 24–33.

Trappen, Stefan: *Gattungspoetik. Studien zur Poetik des 16. bis 19. Jh.s und zur Geschichte der triadischen Gattungslehre*. Heidelberg 2001.

Zymner, Rüdiger: »Gleichnis«. In: *Reallexikon der deutschen Literaturwissenschaft*. Bd. 1. Hg. v. Klaus Weimar. Berlin, New York 1997, 724–727.

Jörg Wesche

2.10 Stil als Bestimmungskriterium/ Gattungsstilistik

Das Verhältnis von Stil und Gattung lässt sich komplementär-gegenläufig in zweierlei Weise bestimmen: als Übersetzung charakteristischer Gattungsmerkmale in Stilmerkmale, die damit für Texte anderer Gattungen (oder ohne eindeutige Gattungszuordnung) verfügbar werden, und als (je historisch spezifische) genrehafte Verdichtung stilistisch prägnanter Schreibweisen, die quer zum System der Gattungen stehen. Als Erweiterung traditioneller Gattungstheorie hat sich in letzterem Sinne Klaus Hempfers Unterscheidung zwischen ›Schreibweisen‹ als »ahistorische[n] Konstanten wie das Narrative, das Dramatische, das Satirische« und ›Gattungen‹ als »historisch konkrete[n] Realisationen dieser allgemeinen Schreibweisen« etabliert (Hempfer 1973, 27). In anderer, auf übergreifende Systematik zielender Ausrichtung fasst Bernhard Sowinski literarische (lyrische, epische, dramatische, didaktische) Gattungsstile und nicht-literarische (rhetorische, journalistische, administrative, »innovative«) Textsortenstile mit dem Begriff »Genrestil« zusammen, unter dem er ganz allgemein »die stilistischen Eigenschaften von Texten« versteht, »die ihnen hinsichtlich ihrer Funktion und Gestalt zukommen, unabhängig von den Eigenschaften des jeweiligen Individualstils (Persönlichkeitssils) und Zeitstils (Epochenstils)« (Sowinski 1996, 750). Historisch stehen beide Ansätze in der Nachfolge von Goethes Unterscheidung zwischen historisch spezifischen »Dichtarten« (Gattungen) und drei anthropologisch konstanten »Naturformen« der Dichtung: »die klar erzählende, die enthusiastisch aufgeregte und die persönlich handelnde: Epos, Lyrik und Drama« (*Westöstlicher Divan*, 1819). Im Anschluss an den Russischen Formalismus und eine textlinguistisch geschulte Rhetorik sind solche Schreibweisen aber auch als literarische Verfahren zu begreifen, die ein charakteristisches (im Kern transhistorisches, aber nicht ahistorisches) Repertoire an thematisch-motivischen, textrhetorischen und wirkungsästhetischen Mitteln in je spezifischer Form und Funktion realisieren.

Von vorgängigen Gattungsbegriffen bzw. Genretraditionen abgeleitete Gattungsstile lassen sich (wie bei Sowinski) auf übergeordnete Gattungsgruppen oder Einzelgenres beziehen. So sind die Begriffe ›lyrisches Drama‹ oder ›lyrische Prosa‹ seit dem 18. Jh. von einem Lyrikverständnis geprägt, das Subjektivität und Musikalität des Ausdrucks (sowie gegebenenfalls weitere Struktur- und Stilmerkmale wie verdichtete Lautstruktur und Verzicht auf pragmatische Handlungsführung) miteinander verbinden. Der ›epische‹ Gattungsstil bezeichnet außerhalb erzählender Genres narrative Extensionen in der Lyrik oder im Drama (und ist daher nicht mit Bertolt Brechts Begriff des ›epischen Theaters‹ zu verwechseln). Entsprechend gewinnen lyrische und epische Texte dramatische Qualität, wo sie die performativen Möglichkeiten dramatischer Rede (z. B. in der Form des Dialogs) adaptieren.

Die Frage der Gattungsstile richtet damit die Aufmerksamkeit auf die Wechselwirkungen zwischen den vielfältigen Gattungen im Literatursystem der jeweiligen Kultur und Epoche. Insbesondere im Prozess der literarischen Moderne mit seiner zunehmenden Auflösung tradierter Gattungsnormen und -grenzen wird die Transformation von Genrekonventionen in stilistisch verfügbare Verfahren bedeutsam. Bei Hölderlin, Trakl oder Celan z. B. sind elegische oder hymnische Ausdrucksintentionen nicht mehr auf die entsprechenden tradierten Gattungsformate beschränkt. Narrative Kurzprosa kann (z. B. als Kalendergeschichte, Genrebild oder Prosaskizze) anekdotische oder novellistische Qualität besitzen, ohne den gültigen Genrekonventionen der Anekdote oder Novelle zu folgen; aphoristischer Stil ist nicht mehr auf die Gattungstradition des Aphorismus beschränkt. Vor allem für die Kleine Prosa der Moderne erweist sich die Vermischung von Stilmerkmalen anderer (lyrischer, narrativer, argumentativer, journalistischer, diaristischer) Gattungen in autor- und epochenspezifische literarische Verfahrensweisen (Schreibstile) als konstitutiv (vgl. Göttsche 2006).

Von der historisch spezifischen, stilistischen Extension bestimmter Merkmale tradierter Gattungen zu unterscheiden sind transhistorische Schreibweisen, die für Texte unterschiedlicher Gattungen zur Verfügung stehen, sich gegebenenfalls aber (je historisch spezifisch) auch zu eigenen Genres verdichten können. Ein klassisches Beispiel ist das Verhältnis der Gattungsgeschichte der Satire zur Geschichte der satirischen Schreibweise. Bereits im Rahmen der antiken Verssatire entstehen programmatische Texte (Horaz, Juvenal), deren Verständnis der Satire als Kritik von Lügen, Mängeln und Missständen über die Gattung hinaus auf die satirische Schreibweise verweist, die »Momente der Negativität und des Ethischen mit dem des Ästhetischen vermittelt« (Brummack 2003, 356). Die durch die Mischung von Vers und Prosa und ihre Polemik geprägte Tradition der Menippeischen Satire (Seneca, Apuleius; Fischart) bereitet zudem den Übergang zur Prosaform vor. Aufklärung, Romantik und Vormärz (z. B. Wielands Roman *Die Abderiten*, 1774/81; Eichendorffs Drama *Krieg den Philistern*, 1823; Heines *Reisebilder*, 1826–31) entfalten das bis in die Gegenwart wirksame transgenerische Potenzial satirischen Schreibens. Entsprechend begreift z. B. Schiller das Satirische gattungsübergreifend als eine der »drey einzig möglichen Arten sentimentalischer Poesie« (*Über naive und sentimentalische Dichtung*, 1795). Als Form Kleiner Prosa findet die Satire (seit den Moralischen Wochenschriften der Aufklärung) daneben Eingang in die entstehende Zeitschriftenliteratur, bis hin zu den satirischen Zeitschriften der Moderne (*Kladderadatsch*, *Simplicissimus*, Karl Kraus' *Fackel*; *Titanic*).

Ein ähnliches Changieren zwischen Gattung und Schreibweise ist beim Grotesken zu beobachten. Stilistisch durch die komisch-schreckliche und phantasievolle Verbindung von Heterogenem, oft unter Einschluss monströser Körperlichkeit bestimmt, realisiert sich diese Schreibweise um 1900 auch im Genre der Groteske als eine Form Kleiner Prosa (Panizza, Scheerbart, Meyrink). Noch deutlicher als Schreibweisen zu begreifen sind die intertextuellen Verfahren der Parodie, Kontrafaktur und Travestie (vgl. Verweyen/Witting 1979), die jeweils durch ihre spezifische Funktion bestimmt sind und deren Persiflage Gattungsstile ebenso treffen kann wie Autor- oder Zeitstile. Eine ähnlich variable Schreibweise ist das Phantastische, das sich allgemein als nicht-mimetisches Verfahren der Aufbrechung ›normaler‹ Wirklichkeit durch eine ›andere‹ Welt und deren Gesetze verstehen lässt. Anders als in dem modernen Genre ›Fantasy‹, in dem die ›andere Welt‹ vollständig herrscht, bezieht das Phantastische z. B. bei E. T. A. Hoffmann, E. A. Poe oder Kafka seinen Reiz gerade aus der unaufgelösten Konkurrenz der Welten (vgl. Todorov 1972). Analog kann auch der umstrittene Begriff des Manierismus als eine (historisch je unterschiedlich realisierte) Schreibweise verstanden werden, deren Funktion es ist, »bei gewahrter konventioneller Basis auf der formalen und/oder semantischen Ebene der Gestaltung [...] demonstrative Artistik vorzuführen« (Zymner 2003, 184).

Literatur

Brummack, Jürgen: »Satire«. In: *Realexikon der deutschen Literaturwissenschaft*. Bd. 3. Hg. v. Jan-Dirk Müller u. a. Berlin 2003, 355–360.
Göttsche, Dirk: *Kleine Prosa in Moderne und Gegenwart*. Münster 2006.
Hempfer, Klaus W.: *Gattungstheorie. Information und Synthese*. München 1973.
Sowinski, Bernhard: »Genrestil«. In: *Historisches Wörterbuch der Rhetorik*. Hg. v. Gert Ueding. Bd. 3. Tübingen 1996, 750–759.
Todorov, Tzvetan: *Einführung in die fantastische Literatur*. Dt. v. Karin Kersten u. a. München 1972.
Verweyen, Theodor/Witting, Gunther: *Die Parodie in der neueren deutschen Literatur*. Darmstadt 1979.
Zymner, Rüdiger: *Gattungstheorie. Probleme und Positionen der Literaturwissenschaft*. Paderborn 2003.

Dirk Göttsche

2.11 Textualität als Bestimmungskriterium

Wenngleich die Eigenschaft der Textualität eine Grundvoraussetzung im Umgang mit literarischen Texten darstellt, ist sie in der Literaturwissenschaft im Vergleich zu Fragen der Fiktionalität oder Literarizität noch wenig reflektiert. Angeregt sind neuere Überlegungen daher besonders durch die Textlinguistik, die das Problem ausführlich diskutiert und ihr Textverständnis wesentlich an sprachliche Kohäsions- und Kohärenzmittel knüpft (vgl. Beaugrande/Dressler 1981). Auch gattungstheoretisch erlangt Textualität eine fundamentale Bedeutung, da generische Zuordnungen implizit von dem jeweils zugrunde liegenden Textverständnis abhängig sind. Im Bereich der Lyrikforschung differenziert z. B. Lamping (1989, 23) zwischen Rede als »sinnhaltige[r], endliche[r] Folge sprachlicher Zeichen« und Text als Form schriftlich fixierter Rede. Wird Textualität dabei durch die Sinnhaltigkeit und Sukzessivität der Sprachzeichen bestimmt, klammert dieses Textverständnis beispielsweise Formen der Konkreten Poesie aus dem lyrischen Gedicht aus, sofern sie keiner vorgegebenen Leserichtung folgen oder sich einem Textsinn verweigern (vgl. Nonsense-Poesie). Für Baßler (2007, 356) beruht Textualität dagegen auf Speicherung und Lesbarkeit bzw. Simultanität und Wiederholbarkeit. Jenseits des Textbegriffs steht damit z. B. die mündliche Rede, der erst durch Aufzeichnung auf einem Speichermedium entsprechende Textualitätseigenschaften zuwachsen. Aus gattungstheoretischer Sicht bedeutet dies, dass generische Modelle nicht strikt an den Textbegriff gekoppelt werden dürfen, da beispielsweise Formen mündlicher Dichtung (Oral poetry) solche Textualitätskriterien eindeutig überschreiten. Im Gegenzug erscheint im Rahmen von funktionsorientierten Ansätzen der Gattungsforschung die Rede von generischen *Kon*texten problematisch, wenn der Textbegriff als fest vorausgesetzter Bezugspunkt typologischer Bemühungen preisgegeben wird. Ist Textualität zudem an die Bedingungen der Wiederholbarkeit und Weitergabe geknüpft, sind damit zugleich grundlegende Faktoren der Gattungsentstehung und -progression benannt. Insofern ist gerade Textualität als entscheidende Voraussetzung literarischer Gattungsdynamik anerkannt. Systematische Klärung erfährt der Problemkomplex aus literaturwissenschaftlicher Perspektive zuletzt durch Zymner 2009. Dieser schlägt vor, nach »Erscheinungsweisen oder Formatierungen von Sprache« zu unterscheiden, die auf »Verdauerung« angelegt sind, und zeigt, dass auch mündliche Sprachhandlungen die Kriterien der Wiederholbarkeit und Tradierbarkeit erfüllen, sofern sie sich poetischer »Verschnürungstechniken« (z. B. Wiederholung von rhythmischen Strukturen) bedienen (ebd., 24). Zur Feindifferenzierung graphischer Formatierungen spricht Zymner sodann von Schriftzeichen, Schriftzeichengebilden und Texten; phonische Formatierungen erscheinen analog als Redezeichen, Redezeichengebilde und Rede. Vor diesem Hintergrund ergibt sich gegenüber Lamping schließlich ein erweiterter Lyrikbegriff, der neben Texten dezidiert auch Nicht-Texte einschließt. Zur Gattung Lyrik gehören demnach »(1) schriftlich fixierte Schriftzeichen, Schriftzeichengebilde und Texte sowie (2) mündliche Redezeichen, Redezeichengebilde und Rede« (ebd., 25). Wird in diesem Gattungsverständnis das Textualitätskriterium bewusst überschritten, erfasst es somit z. B. auch Buchstabenbilder, Zweiwortgedichte, Mundgeräusche oder Audiopoeme als Lyrik.

Literatur

Baßler, Moritz: »Kontexte«. In: Thomas Anz (Hg.): *Handbuch Literaturwissenschaft*. Bd. 1. Stuttgart, Weimar 2007, 355–370.
Beaugrande, Robert-Alain de/Dressler, Wolfgang Ulrich: *Einführung in die Textlinguistik*. Tübingen 1981.

Lamping, Dieter: *Das lyrische Gedicht. Definitionen zu Theorie und Geschichte einer Gattung*. Göttingen 1989.
Zymner, Rüdiger: *Lyrik. Umriss und Begriff*. Paderborn 2009.

Jörg Wesche

2.12 Umfang als Bestimmungskriterium

Der Umfang eines literarischen Werks ist zumeist nicht exakt festgelegt. Allerdings hebt z. B. Eberhard Lämmert die typusbildende Bedeutung des Umfangs hervor (vgl. Hempfer 1973, 153 f.). Im quantitativen Sinn dient er nur in wenigen Fällen zur Begrenzung historisch kodifizierter Genres. Dies ist insbesondere bei Gedichttexten der Fall, deren Umfang sich nach der Anzahl der Verse oder Strophen bemisst (u. a. Sonett, Sestine). Ähnliche Normierungen, die entweder den Umfang von Textteilen oder den Gesamttext betreffen, gelten z. B. für das Distichon (zweiversig), die Ode (z. B. sapphische Form: drei Elfsilber und ein Adoneus) oder die Stanze (acht Endecasillabi). Als extreme Kurzform erscheint das Haiku (insgesamt 17 ›Moren‹ bzw. Silben in der Gruppierung 5-7-5). Bei der Terzine wird gerade der festgelegte Strophenumfang (dreiversiges Kettenreimschema) zum vielfach perpetuierbaren Strukturelement, aus dem Langdichtungen wie Dantes *Divina Commedia* entstehen. Ist also zwischen dem *Umfang eines Gesamttexts* und *textinternen Umfangsbeschränkungen* als Bestimmungskriterium zu unterscheiden, wird poetikgeschichtlich vor allem der Gesamtumfang als Gattungskonstituente reflektiert. Dies gilt insbesondere für das Kriterium ›Kürze‹, das jedoch mehrdeutig auf verschiedene Textdimensionen bezogen wird. Im Fall des Breviers bedeutet Kürze (1) *Auswahl*. Im Sinne einer (2) exakten *Umfangsbeschränkung* gilt sie z. B. für das Quatrain als vierversige Sonderform des Epigramms. Zumeist betonen z. B. Epigrammdefinitionen jedoch, dass Kürze gerade nicht quantitativ, sondern qualitativ im Bezug zur (3) *Darstellungsebene* zu verstehen sei. Im Hintergrund steht das rhetorische Stilideal sprachlicher Knappheit und gedanklicher Konzentration (*brevitas*): »Die Kürtze bestehet nicht eben darinnen / daß man nothwendig innerhalb zwo oder vier Verse dieselben einschließen müsse / sondern / wenn man Wörtern und s e n t e n t i i s nicht unnöthige Umbschweiffe machet« (so z. B. Morhof ²1700, 357). Auch bei Kurzformen wie Aphorismus, Anekdote, Apophtegma, Fabel, Facetie, Kalendergeschichte, Märchen, Parabel, Schwank oder Kurzgeschichte und bei dramatischen Kurzformen ist das Kriterium der Kürze mehrdeutig. Während für den Einakter oder das Monodrama wiederum die Festlegung eines *Strukturelements* (Akt- bzw. Personenzahl) bestimmend ist, zielen andere Bezeichnungen für dramatische Kurzformen (z. B. ›Dramolett‹, ›Minidrama‹, ›Sketch‹) auf den *Textumfang* bzw. eine kurze *Spieldauer*. Die Kurzgeschichte leitet sich hingegen nur vordergründig aus einer relativen Umfangsbeschränkung ab. Vielmehr bezieht sich Kürze hier auf die fragmentarische, einsträngige oder einperspektivische Form der Geschehensdarstellung. Ähnlich wird historisch für die Novelle als Erzählung ›mittlerer Länge‹ argumentiert: »Die Novelle verhält sich zum Romane wie ein Strahl zu einer Lichtmasse. Sie gibt nicht das umfassende Bild der Weltzustände, aber einen Ausschnitt daraus«, so etwa Vischer 1857, 1318. Entsprechend vermag der Roman die Totalität fiktiver Weltentwürfe in ›epischer Breite‹ zu entfalten. Im Gegenzug wird Komplexitätsreduktion als Gattungskriterium u. a. für elementare, vorliterarische und transhistorische Texttypen wie Rätsel, Sage oder Witz diskutiert (vgl. Jolles ²1956). Darüber hinaus ist der Umfang im Hinblick auf die Medialität eines literarischen Werks zu bedenken. So wird z. B. zwischen spätmittelalterlichen Einblattdrucken und mehrseitigen Flugschriften unterschieden. Ähnlich sind Formen wie der Brief- oder E-Mail-Roman durch die tendenzielle Kürze des generischen Strukturelements geprägt (vgl. z. B. Daniel Glattauer: *Gut gegen Nordwind*, 2006).

Literatur

Hempfer, Klaus W.: *Gattungstheorie*. München 1973.
Jolles, André: *Einfache Formen* [1930]. Halle ²1956.
Morhof, Daniel Georg: *Unterricht von der deutschen Sprache und Poesie* [²1700]. Hg. v. Henning Boetius. Berlin, Zürich 1969.
Vischer, Friedrich Theodor: »Über die Novelle«. In: Ders.: *Ästhetik oder Wissenschaft des Schönen*. Stuttgart 1857.

Jörg Wesche

2.13 Vers als Bestimmungskriterium

Zwar hält schon die *Poetik* des Aristoteles fest, dass es nicht die Versform als solche ist, welche die Dichtung etwa von der Geschichtsschreibung unterscheidet, sondern die unterschiedliche Handhabung des Sujets: Literatur zielt in dieser Tradition auf das Mögliche, Wahrscheinliche und Denkbare, während Historiographie sich auf die Rekonstruktion des Tatsächlichen konzentriert. Dennoch fungiert der Vers bis weit in das 18. Jh. hinein als grundlegendes Poetizitätssignal literarischer Rede, nicht zuletzt da die Ästhetik Poesie auf das Lied zurückführt: »Die Gesänge sind [...] die älteste Gattung der Gedichte, und die ersten Poeten sind Liederdichter gewesen« (Gottsched: *Versuch einer Critischen Dichtkunst*, 1751). Erst mit dem Ende der Regelpoetik und der Entstehung des modernen, bürgerlichen Literatursystems kommt es im späteren 18. Jh. zur Emanzipation der Prosa (v. a. in den dramatischen und epischen Formen) und damit zur Neubestimmung der ästhetischen Funktion des Verses als einer gattungsdifferenzierenden, nunmehr primär lyrischen Ausdrucksform. Anders als in Antike und Mittelalter unterscheidet sich das Versepos seither schon formal vom modernen Roman, und mit dem bürgerlichen Trauerspiel der Aufklärung (Lessing) beginnt (gegen die Alexandriner-Verse der Barocktragödie) die Durchsetzung der Prosa im Drama, hier allerdings (von Klopstock bis zur DDR-Dramatik) in Konkurrenz mit dem Blankvers Shakespearscher Prägung, der die Poetizität der Verssprache mit der Lebendigkeit der Prosa zu vermitteln sucht.

Gattungsdifferenzierende Funktion gewinnt der Vers im Bereich der lyrischen Formen in der Regel in historisch spezifischer Verbindung mit anderen Elementen gebundener Rede wie Reim und Strophenform. (Komplikationen ergeben sich zudem aus der Übertragung der quantifizierenden, auf relativer Silbenlänge beruhenden Versmuster der Antike in die akzentuierenden Versmaße der modernen europäischen Sprachen.) So ist z. B. die Ode seit der Antike durch verschiedene Muster vierversigen Strophenbaus definiert, die Elegie bis ins 19. Jh. durch Distichen (Verspaare) aus einem Hexameter und einem Pentameter, die eine metrische Einheit bilden. Während die deutschsprachige Hymne seit dem 18. Jh. unterschiedliche Versformen, freie Rhythmen und sogar die Prosaform kennt, setzen sich z. B. im deutschsprachigen Sonett gegen die Alexandriner des Barocksonetts seit der Romantik nach englischem Vorbild jambische Fünfheber durch. Mit den freien Rhythmen in der Lyrik des 18. Jh.s (Klopstock, Goethe, Hölderlin) beginnt die Loslösung des Verses von metrischen und anderen Schemata, die in der Moderne schließlich zum freien, nur noch durch den graphisch nicht bedingten Zeilenumbruch markierten Vers führt.

Die Dichotomie von Vers und Prosa ist trotz ihrer systematischen Bedeutung in der Geschichte der

Gattungstheorie seit der Antike poetologisch umstritten und literarisch Gegenstand der Subversion. Ältere Hybridisierungsformen wie die Reimprosa und das Prosimetrum sowie moderne wie poetische (rhythmisierte) Prosa oder das Prosagedicht unterlaufen oder verändern die je gültigen Genregrenzen (→ A 2.7). Die Durchsetzung der Prosa als Standardform erzählender Texte provoziert im 18. und 19. Jh. die Gegenbewegung der (im 19. Jh. lyrisierenden) Verserzählung (Hagedorn, Goethe, Heine, Heyse) und eine Renaissance des Versepos (Scheffel, C. F. Meyer, Liliencron, Däubler). Die gattungstranszendierende Dynamik literarischer Innovation im Prozess der Moderne führt dann einerseits lyrische Schreibweisen zum Verzicht auf den Vers (Prosagedicht, Konkrete Poesie), andererseits um 1900 zur Renaissance des Verses im Drama, vor allem in der Form des lyrischen Dramas (Hofmannsthal).

Literatur

Lamping, Dieter: *Das lyrische Gedicht. Definitionen zu Theorie und Geschichte der Gattung*. Göttingen ³2000.

Wagenknecht, Christian: *Deutsche Metrik*. München 1981 u. ö.

Dirk Göttsche

(B) Problemkonstellationen der Gattungstheorie

1. Texttheoretische Problemkonstellationen

1.1 Autorintention und Gattung

In hermeneutischer Perspektive erscheint die Gattungswahl als vom Autor intendierte und insofern als Teil einer Aussage, die sich als Werkbedeutung konkretisiert.

Die ›Intention des Autors‹ ist eine literaturwissenschaftlich umstrittene Kategorie, weil sie Aspekte der Textbedeutung jenseits des Zusammenspiels von paradigmatischen und syntagmatischen Zeichenbedeutungen (und auch jenseits pragmatischer Zusammenhänge) in einer Subjektivität *vor* dem Text ansiedelt, die überdies analytisch unzugänglich bleibt. In der hermeneutischen Lektüre konkretisiert sich die Intention in Form einer postulierten einheitlichen Werkbedeutung, der sich das hermeneutische Verständnis annähert, indem es die Textbefunde im hermeneutischen Zirkel mit einem ganzheitlichen Vorverständnis abgleicht, das sich in diesem Prozess immer weiter zum richtigen Verständnis läutert. Diese Bedeutung als ganze erscheint dann als vom Autor intendierte Aussage. Hirsch (1967) unterscheidet diese autorintentionale Werkbedeutung als ›meaning‹ von einer ›significance‹ des Textes, die von Epoche, Leser und anderen Umständen abhänge. Der Text selbst besteht dabei jedoch stets aus konventionellen Zeichen, die sprachlich und kulturell zur allgemeinen Verfügung stehen. Wimsatt/Beardsely (1946) haben daher früh vor dem ›intentionalen Trugschluss« (*intentional fallacy*) gewarnt. Zum Vorrat dieser Zeichen gehören, als paradigmatische Syntagmen, auch die Gattungen (→ B 1.6).

Die Wahl einer bestimmten Gattung erscheint so als intendierter, die Bedeutungsträgerschaft des Werks unterstützender selektiver Akt eines Autors, der sich dabei in der Regel aus einem verfügbaren Vorrat von topischen Gattungen bedient. Dabei sind verschiedene Abstufungen erkennbarer Intentionalität zu unterscheiden: (1) die explizite Wahl einer Gattungsbezeichnung, die paratextueller Bestandteil des Werks wird (*Der Zauberberg. Roman*), (2) die explizite Aussage eines Autors über sein Werk in Autodokumenten, z. B. in Briefen oder Interviews, (3) die Eindeutigkeit der impliziten Gattungszuordnung im kulturellen Wissen der Entstehungszeit, (4) die offenbar eher unbewusste Wahl einer Schreibweise – hier schlösse sich unter Umständen die Diskussion darüber an, ob und in welcher Hinsicht es generische ›Naturformen‹ gibt. Allerdings bleibt selbst im vermeintlich eindeutigen Fall (1) die Autorintention Ergebnis einer Interpretation des Textbefundes. Gattungsangaben können (intentional oder nicht) ebenso gut in die Irre führen (*Doktor Faustus. Das Leben des deutschen Tonsetzers Adrian Leverkühn erzählt von einem Freunde* etwa verweist auf eine Biographie und nicht auf einen fiktionalen Roman – Defoes *Robinson Crusoe* ist der berühmteste Fall dieser Art), sie können ironisch gemeint oder auch vom Herausgeber oder Verlag zugefügt sein (z. B. Kafkas *Kleine Fabel* – Titel und damit Gattungszuordnung sind von Max Brod) und der Autorintention geradezu widersprechen. Überdies wird die Zuordnung zu einer Gattung nicht falsch, wenn der Autor sie explizit leugnet (Max Goldt wehrt sich z. B. vehement dagegen, dass man seine Werke als Popliteratur rubriziert, weil er bestimmte, damit verbundene Assoziationen vermeiden möchte.). Dies verweist auf eine weitere analytische Schwierigkeit: Die Gattungszuweisung impliziert den Auftrag zum Vergleich mit anderen Exemplaren der Gattung (→ B 1.6) – auch die mit einiger Wahrscheinlichkeit unterstellte Intentionalität einer Gattungswahl sagt dem Interpreten jedoch noch nicht, welche Exemplare und welche ihrer Eigenschaften der Autor mit der Gattung assoziierte, d. h. welche Vergleichstexte und -aspekte für die interpretatorische Auswertung der Gattungsangabe heranzuziehen sind. (Welche der Prototypen bis zurück zu Scott, Arnim und Manzoni sollen tatsächlich als interpretative Muster für einen zeitgenössischen Roman dienen, den sein Autor als ›historischen Roman‹ bezeichnet? Ist damit vielleicht eher ein Korpus aufgerufen, dessen Prototyp die Romane von Noah Gordon sind?).

Insgesamt bleibt die Autorintention bei der Gattungszuordnung ebenso wie generell eine zwar pragmatisch sinnvolle, jedoch theoretisch-methodologisch problematische und analytisch wenig fruchtbare Kategorie.

Literatur

Hirsch, Eric Donald: *Validity in Interpretation*. New Haven 1967.
Jannidis, Fotis: »Intention«. In: *Reallexikon der deutschen Literaturwissenschaft*. Bd. 2. Hg. v. Jan-Dirk Müller u. a. Berlin, New York 2000, 160–162.
Spoerhase, Carlos: *Autorschaft und Interpretation. Methodische Grundlagen einer philologischen Hermeneutik*. Berlin, New York 2007.
Wimsatt, William K./Beardsley, Monroe C.: »The Intentional Fallacy« [1946]. In: David Newton-DeMolina (Hg.): *On Literary Intention. Critical Essays*. Edinburgh 1976, 1–13.

Moritz Baßler

1.2 Editorik und Gattung

Die Editorik (auch: Editionswissenschaft, Editionsphilologie, Textologie) beschäftigt sich mit der Herausgabe von (zuvorderst literarischen) Texten. Ihr Verhältnis zur Gattung von Texten stellt sich je nach Heranziehung welchen Gattungsbegriffs unterschiedlich dar.

Editorik und Dichtungsformen bzw. Genres

Die Editorik hat aufgrund ihres Status als einer Basisdisziplin der Literaturwissenschaft eine breite Praxis der Herausgabe u. a. von lyrischen, dramatischen und epischen Texten ausgebildet. Jedoch bilden Lyrik, Dramatik und Epik keine Diversifikationsfelder für die Methodik und Theorie der Editionswissenschaft. Erörtert worden ist dies exemplarisch am Beispiel der Dramenedition (siehe *editio* 3, 1989, besonders Scheibe 1989; → H 8). Deutlich wird dabei, dass die Differenzen des Dramas zu den Texten anderer Dichtungsformen zwar spezielle editorische Aufmerksamkeit, jedoch keine kategorial anderen editorischen Verfahrensweisen erfordern. So ist für das Drama zwar neben dem textuellen Aspekt der Verschriftlichung der Aspekt der Performanz zu nennen, doch erweist sich Letzterer nicht allein als Spezifikum der Dramatik, sondern ist z. B. auch verschiedenen historischen Genres der Lyrik aufgrund der historischen Distributionssituation oder aufgrund ihres textuellen Charakters eigen, etwa dem hochmittelalterlichen Minnesang oder dadaistischen Lautgedichten. Aus wirkungsgeschichtlichem Gesichtspunkt kann angeführt werden, dass das Drama durch die Trennung von Aufführung und Textdruck (Performanz und Textualität) andere Stufen im Produktionsprozess des Textes entstehen lässt, die für die Darstellung der Textgenese in der Edition Bedeutung haben. Doch ließe sich eine etwaige Resonanz des Publikums und ihre Konsequenzen für vom Autor veränderte Folgefassungen durchaus mit Publikationsgegebenheiten bei Texten anderer Gattungen vergleichen, etwa wenn ein epischer Text, z. B. ein Roman, als Vorabdruck in einer Zeitung erscheint. Insgesamt hat sich weder für die Großbereiche der Literatur noch für deren historische Textgenres die Notwendigkeit ergeben, eigenständige Editionsverfahren oder theoretische Grundlegungen zu entwickeln oder zumindest zu reklamieren.

Wichtig geworden sind die Großbereiche der Literatur dagegen für die Anordnung des Autorœuvre in einer Gesamtausgabe. In weitem Maße hat die Abfolge ›lyrische Texte – dramatische Texte – epische Texte (– kritische Prosa)‹, wie sie die umfangreichste neugermanistische Edition, die Weimarer Goethe-Ausgabe (1887–1919), als ein auf den Autor selbst zurückgehendes Muster vorlegte, die Struktur neugermanistischer Ausgaben geprägt. Obwohl dieses Anordnungsverfahren für Autoren anderer Epochen, etwa für Heine, als entstellend bezeichnet wurde (Windfuhr 1957, 432–435), ist es dennoch vielfach in Ausgaben zu Autoren verschiedenster Epochen der neueren Literatur zu finden.

Editorik und Textsorten

Editorisch besonders virulent geworden sind unterschiedliche Problemlagen auf der Ebene der systematischen Textkategorisierung im Sinne von Textsorten (→ A 1.5; D 14; G 13).

Vers-Prosa-Differenz. Die Darstellung der Textgenese bildet eine Hauptaufgabe der historisch-kritischen Edition. Dazu sind verschiedene Darstellungsmodelle erarbeitet worden. Nach dem Einzelstellenapparat sind dies der Stufenapparat, der synoptische Apparat und der Einblendungs- oder integrale Apparat (Überblick bei Plachta 2006, 99–114). Weil der Einzelstellenapparat nur Textabweichungen als Differenzen zum Edierten Text darstellt, ist es unerheblich, ob es sich dabei um Vers- oder Prosatext handelt (→ A 2.7; A 2.13).

Dagegen ist festzustellen, dass die Modelle des Stufenapparats und des synoptischen Apparats maßgeblich an Verstext entwickelt worden sind, nämlich in der von F. Beißner herausgegebenen Stuttgarter Hölderlin-Ausgabe (1943–1985) bzw. in den von H. Zeller edierten Bänden der Lyrik-Abteilung in der C. F.-Meyer-Ausgabe (1958–1996). Dies hat offensichtlich mit dem Charakter des Verstextes zu tun, im Vers eine formal feste und graphisch eindeutig zu repräsentierende Ordnungskategorie zu besitzen, die es ermöglicht, die Textgenese besser zu differenzieren, weil Metrik, Reim oder auch Strophenbau als Hilfsmittel für die Rekonstruktion zusammengehöriger Änderungsprozesse dienen können. Der Stufen- und der synoptische Apparat weisen eine große Affinität zur Ordnungskategorie des Verstextes auf, weil sie diesem formal ähnlich organisiert sind und zugleich jeweils ein bestimmtes typographisches Schema verwenden. So benutzt der Stufenapparat auf der Buchseite Zeilenbrechungen und unterschiedliche Einrückungen auf den verschieden Ebenen der Textstufenentwicklung.

Noch deutlicher überträgt der synoptische Apparat die Form des Verses auf sein Modell, indem er die Verszeile zum Basiselement der Darstellung macht. Die zeilenbezogene Darstellung verwendet auf der ersten Ebene den ältesten überlieferten Zustand des Verses als Grundzeile und führt für jeden weiteren Überlieferungszustand in den Folgezeilen das neuere variante Element des Verses räumlich unterhalb des Grundelements an, während die identischen, nicht-varianten Teile des Verses in den auf die Grundzeile folgenden Zeilen ohne aufgefüllten Text bleiben. Somit sind auf einen Blick variierende und nicht-variierende Textstellen wahrnehmbar, und der Text des Werkes lässt sich syntagmatisch und paradigmatisch lesen.

Obwohl es spezielle Untersuchungen zur Frage der ›Prosa-Edition‹ gegeben hat (Werner/Woesler 1987), sind die Probleme der textgenetischen Darstellung von Prosatext bis heute nicht wirklich gelöst. Es wurde sowohl der Stufenapparat verwendet als auch der synoptische Apparat auf Prosatextbeispiele übertragen (zu Letzterem Zeller 1986 und Scheibe 1988); zudem erscheint auch der Einblendungs- bzw. integrale Apparat als nicht ungeeignet (siehe z. B. Klopstock-Ausgabe, Abt. Addenda, Bd. II: Klopstocks Arbeitstagebuch, 1977). Ganz offensichtlich erschwert aber die fehlende formale Rahmung nicht-versgebundener Texte nicht nur die textgenetische Erkenntnis, welche Änderungsprozesse in einem Text in inhaltlichem und zeitlichem Zusammenhang stehen, sondern zugleich auch das entsprechende Modell textgenetischer Repräsentation. In einem Teil der Editionswissenschaft ist – nicht nur aufgrund dieser Problemlage – mit der Beschränkung auf die Präsentation des Handschriftenfaksimiles und einer zugehörigen Transkription unter Verzicht auf die eigentliche Darstellung der Textgenese reagiert worden (z. B. in der Historisch-Kritischen Kafka-Ausgabe 1995 ff.).

Abgeschlossener Text versus Fragment und Entwurf. Während in einem größeren Teil der Editionswissenschaft die Meinung vertreten wird, dass man aus fragmentarischen genauso wie aus abgeschlossenen Texten einen sogenannten Edierten Text bzw. Klartext konstituieren dürfe, wenn man zugleich den Charakter der Textgrundlage und die textkritischen Entscheidungen in der Edition offenlege, ist an anderer Stelle eine spezielle Theorie der Fragmentedition angeboten worden. Sie versteht das Fragment als eine spezifische Textsorte, die keine Varianten enthalte, sondern »[m]ehrfach besetzte Ausdruckspositionen als ›Text‹« (Kraft 2001, 132). Zugleich wird die räumliche Anordnung des Textes auf dem Manuskript als strukturell bedeutsam verstanden. Aufgrund dessen wird »die Räumlichkeit zu einem Theorem der Fragmentedition« erklärt, die somit in der Textpräsentation abzubilden sei. Dabei wird jedoch zwischen »struktureller und akzidenteller Räumlichkeit differenziert«; nur Erstere sei bei der Textkonstitution zu berücksichtigen, so dass »das Editionsverfahren […] von einer Nachbildung der Handschrift kategorial verschieden« bleibe (ebd., 135).

Ein anderes, stärker materialorientiertes Editionsverfahren ist noch weiter gegangen. In ihm wird das Nebeneinander von syntagmatischen und paradigmatischen Elementen in der Entwurfshandschrift als »einmalige Konstellation der Zeichen auf dem Papier (oder einem anderen Trägerstoff)« verstanden, die »nicht ohne Verlust an Information transformierbar« sei. Daraus leite sich die editorische »Notwendigkeit von Faksimiles« der Handschriften (und einer sie begleitenden, chronologisch differenzierenden diplomatischen Umschrift) ab (Reuß 1995, 17).

Werk-Lebenszeugnis-Differenz. Gesamtausgaben edieren nicht nur die Werke des Autors, sondern vielfach und umfänglich auch jene Texte, die unter dem Begriff der Lebenszeugnisse zusammengefasst werden können: Briefe des Autors und Briefe an den Autor, Tagebücher, gelegentlich auch auf den Autor und sein Werk bezogene Zeugnisse Dritter. Während für die Edition der Werke Verfahren der Textkritik und der textgenetischen Darstellung im Vordergrund stehen, werden Briefe und Tagebücher editorisch primär als Dokumente verstanden (etwa Woesler 1977, dann exponiert Hurlebusch 1995 und Zeller 2002). Daraus hat sich in Teilen der Editionswissenschaft eine besonders strikte Auffassung der Wiedergabe materialer Authentizität von Texten dieser Textsorte ergeben (etwa C. F. Meyers Briefwechsel, 1998 ff., Kasseler Grimm-Ausgabe, 1998 ff.).

Relationale Textsorten: Entstehungszeugnisse und Quellen. In Hinblick auf die Aufgabe der Edition, die Entstehung des edierten Werkes ausführlich darzustellen, lassen sich bestimmte Textsorten als relational bezeichnen, d. h. ihre Klassifizierung erfolgt aufgrund ihres Bezugsverhältnisses zum edierten Werktext. Eine erste solche Gruppe bilden Autor- oder Fremdäußerungen als Zeugnisse zur Entstehung und zeitgenössischen Rezeption des Werkes. Sie können direkt in die editorischen Beschreibungen der Entstehungsgeschichte eingefügt oder – wie etwa in Bänden der Schiller-Nationalausgabe (1943 ff.) – zunächst dokumentierend aufgelistet und erst dann in der Entstehungsgeschichte verarbeitet werden. Das letztere Verfahren trennt explizit die editorischen Arbeitsschritte von Befund und Deutung und kann damit den Schwierigkeiten, Entstehungsgeschichten nur aufgrund der erhaltenen, materialisierten Zeugnisse schreiben zu können (Bürger 2000), differenziert begegnen.

Eine zweite editorisch relationale Textsorte machen die Quellen eines Werks aus. Es ist breit diskutiert worden, wie Quellen editorisch präsentiert werden sollen (siehe z. B. Beiträge in *editio* 11, 1997 sowie Schwob/Streitfeld/Kranich-Hofbauer 1997). Minutiöse editorische Darstellungen des Verhältnisses von Werktext und Quelle (z. B. Marburger Büchner-Ausgabe 2000 ff.) stehen vereinzelten Positionen gegenüber, die der historisch-kritischen Ausgabe den Verzicht auf die Quellenneruierung aufgrund der Unwägbarkeiten in Hinblick auf Korrektheit und Vollständigkeit nahelegen (z. B. Zeller 1997).

Literatur

Bürger, Jan: »Zeit des Lebens, Zeit der Künste. Wozu dienen Entstehungsgeschichten und biographische Informationen bei der Edition poetischer Schriften?«. In: Rüdiger Nutt-Kofoth u. a. (Hg.): *Text und Edition. Positionen und Perspektiven.* Berlin 2000, 231–243.

editio. Internationales Jahrbuch für Editionswissenschaft. Bd. 1 ff. Tübingen 1987 ff.

Hurlebusch, Klaus: »Divergenzen des Schreibens vom Lesen. Besonderheiten der Tagebuch- und Briefedition«. In: *editio* 9 (1995), 18–36.

Kraft, Herbert: *Editionsphilologie.* Zweite, neubearb. u. erw. Aufl. mit Beiträgen von Diana Schilling und Gert Vonhoff. Frankfurt a. M. u. a. 2001.

Plachta, Bodo: *Editionswissenschaft. Eine Einführung in Methode und Praxis der Edition neuerer Texte.* 2., erg. u. aktual. Aufl. Stuttgart 2006.

Reuß, Roland: »Schicksal der Handschrift, Schicksal der Druckschrift. Notizen zur ›Textgenese‹«. In: *Text. Kritische Beiträge* 5 (1999), 1–25.

Scheibe, Siegfried: »Benötigen wir eine eigene Theorie der Edition von Dramen? Einige Bemerkungen zur Einheit der Textologie«. In: *editio* 3 (1989), 28–40.

Scheibe, Siegfried: »Zur Anwendung der synoptischen Variantendarstellung bei komplizierter Prosaüberlieferung. Mit einem Beispiel aus Franz Fühmanns ›Das Judenauto‹«. In: *editio* 2 (1988), 142–191.

Schwob, Anton/Streitfeld, Erwin/Kranich-Hofbauer, Karin (Hg.): *Quelle – Text – Edition.* Tübingen 1997.

Werner, Michael/Woesler, Winfried (Hg.): *Edition et Manuscrits. Probleme der Prosa-Edition.* Bern u. a. 1987.

Windfuhr, Manfred: »Die neugermanistische Edition. Zu den Grundsätzen kritischer Gesamtausgaben«. In: *DVjs* 31 (1957), 425–442.

Woesler, Winfried: »Der Brief als Dokument«. In: Wolfgang Frühwald/Hans-Joachim Mähl/Walter Müller-Seidel (Hg.): *probleme der brief-edition.* Bonn-Bad Godesberg, Boppard 1977, 41–59.

Zeller, Hans: »Authentizität in der Briefedition. Integrale Darstellung nichtsprachlicher Informationen des Originals«. In: *editio* 16 (2002), 36–56.

Zeller, Hans: »Die Typen des germanistischen Varianten-Apparats und ein Vorschlag zu einem Apparat für Prosa«. In: *Zeitschrift für deutsche Philologie* 105 (1986), Sonderheft, 42–69.

Zeller, Hans: »Übernahme und Abweichung – ein Darstellungsproblem. Quellenforschung und Edition«. In: *editio* 11 (1997), 20–32.

Rüdiger Nutt-Kofoth

1.3 Formzitat und Gattung

Ein Formzitat ist die Übernahme der Struktur eines Textes in einen anderen Text, die zugleich als intertextueller Verweis funktioniert. Da Gattungsbegriffe sich häufig auf syntagmatische Strukturen beziehen, ist die bewusste Verwendung von Gattungen mit dem Formzitat verwandt.

Als Zitat ist das Formzitat zu den intertextuellen Verfahren im engeren Sinne zu zählen, d. h. es wird in der Regel produktionsästhetisch als Übernahme aus einem Prätext und rezeptionsästhetisch als bewusster, intendierter Verweis auf diesen Prätext verstanden. Da jedoch die Strukturmerkmale eines Textes normalerweise über das gesamte Syntagma verteilt sind und daher nicht, wie übernommene Textpassagen, als Zitat hervorgehoben werden können (etwa durch Quellenangabe, Anführungszeichen oder Einrückung), sind Formzitate in der Praxis oft schwach oder gar nicht markiert und können so leicht übersehen werden oder – wie jedes unausgewiesene Zitieren – auch in den Ruch des Plagiats gelangen.

Insofern die Verwendung einer Gattung immer auch den intertextuellen Verweis auf Prätexte, nämlich andere Exemplare und vor allem die kanonischen Prototypen dieser Gattung impliziert, könnte man Gattungen ganz generell und vor allem in ihrer Entstehungsphase als Ketten von Formzitaten im Sinne einer ›linearen Intertextualität‹ (vgl. Suerbaum 1985) beschreiben. Jeder, der eine Gattung verwendet, setzt sozusagen die Kette dieser Zitate fort. Ebenso kann ein Verständnis von Gattung als Systemreferenz (vgl. Broich/Pfister 1985) Formzitate als Sonderfälle der Verwendung von Gattungsmustern fassen. Dennoch erscheint es sinnvoll, die Bezeichnung ›Formzitat‹ konkreten intertextuellen Übernahmen aus einem Text in einen anderen vorzubehalten. Die Form des Prätextes muss dann in ihrer Spezifik das allgemeinere Gattungsmuster, an dem sie partizipiert, transzendieren und im zitierenden Text als individuelle Form genau dieses Prätextes wiedererkennbar sein. Sobald der Bezug zum Prätext dabei zum hauptsächlichen Skopus des Formzitates wird, gerät man in den Bereich von Parodie und Travestie. Dabei ist das Formzitat vom Stilzitat zu unterscheiden, es bezieht sich auf Strukturmerkmale, jenes dagegen auf Merkmale der Textur.

Die Übernahme von Formmerkmalen, vor allem von Personenkonstellationen und Handlungsstrukturen, bei gleichzeitigem Wechsel von inhaltlich-diegetischen Elementen wie Raum, Zeit und Kultur oder auch von Texturmerkmalen ist typisch bei der Adaptation von Romanen, Dramen und Filmen in verschiedenen Kulturen. So übernimmt Sturges' *The Magnificent Seven* die Handlungsstruktur von Kurosawas *Die sieben Samurai*, verlegt die Handlung aber vom Japan des 16. Jh.s in den Wilden Westen, mit entsprechenden Veränderungen in der Textur, der Diegese, der verwendeten Waffen etc. Kurosawa wiederum zitiert in seinem Historienfilm *Ran* die Struktur von Shakespeares *King Lear*.

Die Struktur der *Glorreichen Sieben* diente in der Folge auch als Basis für komische Filme wie den Animationsfilm *A Bug's Life* – es ist sehr die Frage, ob es sich in solchen Fällen noch um Zitate in einem semantischen Sinne handelt, zu deren Nachvollzug die Prätexte dann auch in der Rezeption aktualisiert werden müssten, oder nur um die handwerkliche Übernahme erfolgreicher Strukturen und insofern eher um die Entstehung eines (Form-)Genres. Märchen und einige andere Stoffe (z. B. *Romeo und Julia*, *Die Schöne und das Biest*) bieten solche quasi zeitlosen Strukturvorlagen: »Die Zahl solcher Fabeln ist mäßig«, heißt es in Kellers Adaptation *Romeo und Julia auf dem Dorfe*, »aber stets treten sie in neuem Gewande wieder in die Erscheinung und zwingen alsdann die Hand, sie festzuhalten.« Roland Barthes (1976, 24 f.) hat solche Handlungsmuster als proaïretische oder Handlungs-Codes beschrieben: »wer auch immer den Text liest, sammelt bestimmte Informationen unter irgendeinem einführenden Namen von Handlungen (Promenade, Ermordung, Stelldichein), dieser Name stellt die Sequenz auf«. Diese Ordnung habe »die Logik des Schon-Vollendeten, des Schon-Gelesenen […] (die Entführung verweist auf alle bereits geschriebenen Entführungen)« – sie wird also zitiert und kann als Formzitat verstanden werden. Solche allgemeinen Handlungsstrukturen werden allerdings noch von medien- und gattungsspezifischen Mustern überschrieben – eine Entführung in der Oper des 18. Jh.s folgt anderen Regeln als eine Entführung im ›Tatort‹.

In der Hochliteratur werden Formzitate vor allem als intertextuelle Lese- und Assoziationsanweisungen eingesetzt. Joyces *Ulysses* lehnt sich, markiert nur durch den Titel, in der Kapiteleinteilung an die Gesänge der *Odyssee* an und löst damit (wie anders auch der Film *O Brother Where Art Thou* von den Coen-Brüdern) ein gelehrtes Spiel mit Bezügen unterschiedlichster Art aus, das zur Übercodierung zahlreicher Textdetails beiträgt. Im weiteren Sinne ist damit durchaus auch ein Gattungsbezug aufgerufen: der moderne enzyklopädische Roman beansprucht sozusagen, das Epos der Gegenwart zu sein. Böhn weist darauf hin, dass intergenerische (vgl. Böhn 1999) und intermediale (vgl. Böhn 2003) Formzitate, indem sie die Aufmerksamkeit eben auf formale Aspekte lenken, gattungs- bzw. medienreflexive Funktionen erfüllen können. Auch hier spielt wiederum der Übergang zu parodistischen Mustern eine Rolle.

Literatur

Barthes, Roland: *S/Z* [1970]. Frankfurt a. M. 1976.
Böhn, Andreas (Hg.): *Formzitate, Gattungsparodien, ironische Formverwendung: Gattungsformen jenseits von Gattungsgrenzen*. St. Ingbert 1999.
Böhn, Andreas: *Das Formzitat. Bestimmung einer Textstrategie im Spannungsfeld zwischen Intertextualitätsforschung und Gattungstheorie*. Berlin 2001.
Böhn, Andreas (Hg.): *Formzitat und Intermedialität*. St. Ingbert 2003.
Böhn, Andreas: »Intra- und intermediale Formzitate im Film als Medienreflexion«. In: Ders.: *Formzitat und Intermedialität*. St. Ingbert 2003, 13–44.

Broich, Ulrich/Pfister, Manfred (Hg.): *Intertextualität. Formen, Funktionen, anglistische Fallstudien.* Tübingen 1985.

Suerbaum, Ulrich: »Intertextualität und Gattung. Beispielreihen und Hypothesen«. In: Ulrich Broich/Manfred Pfister (Hg.): *Intertextualität. Formen, Funktionen, anglistische Fallstudien.* Tübingen 1985, 58–77.

Moritz Baßler

1.4 Gattungsmischung, Gattungsübergänge, Unbestimmbarkeit

Gattungsmischung liegt vor, wenn ein Text als Hybrid aus mehreren, auf gleicher systematischer Ebene angesiedelten Gattungen empfunden wird.

Gattungen sind Ergebnisse von Paradigmenbildung, d. h. sie bezeichnen Gruppen ähnlicher Texte in einem Archiv. Die Ähnlichkeit kann sich, je nach Zuschnitt des Gattungsbegriffs, auf Verfahren, Struktur und/oder Inhalt der Texte beziehen. Weil es sehr verschiedene Vergleichsaspekte geben kann, die zur generischen Kategorisierung von Texten verwendet werden, kann jeder Einzeltext mehreren Gattungen angehören (→ B 1.6). Das ist trivial, solange die Gattungen Unter- bzw. Oberbegriffe voneinander sind (Platens *Es liegt an eines Menschen Schmerz* gehört der formal sehr streng definierten Gattung Ghasel an; damit ist es aber per definitionem auch ein Gedicht und Lyrik), jedoch nicht mehr, wenn verschiedene Vergleichsaspekte sich ergänzen, etwa solche, die sich eher auf die Form und solche, die sich eher auf Inhaltliches beziehen (Platens Ghasel ist außerdem Gedankenlyrik, Ghasele können aber auch Liebeslyrik sein, wie z. B. Storms *Gasel*). In beiden Fällen würde man allerdings nicht von Gattungsmischung im engeren Sinne sprechen – die Gattungszuweisungen entsprechen in diesem Falle nur unterschiedlichen Paradigmen, d. h. unterschiedlichen Vergleichsaspekten, denen differierende Textkorpora zugeordnet sind.

Gattungsmischung im engeren Sinne liegt nur vor, wenn die gattungsbestimmenden Vergleichsaspekte auf einer systematischen Ebene angesiedelt sind. Schon Goethe sagt über die ›Dichtweisen‹ Epos, Lyrik und Drama, sie könnten ›zusammen oder abgesondert wirken‹, sieht also, ebenso wie Staiger mit seinen Qualitäten des Lyrischen, Epischen und Dramatischen, die Möglichkeit der Mischung vor. Das gilt auch auf Genre-Ebene: *Wilhelm Meisters Lehrjahre* ist ein Geheimbundroman, ein Bildungsroman und ein Künstlerroman, das sind drei inhaltlich-thematische Kategorien, die jeweils unterschiedliche Vergleichs-

texte aufrufen und unterschiedliche inhaltliche Aspekte des Werkes gegenüber anderen hervorheben. Dennoch ist auch ein solcher Text nur als Ergebnis einer Gattungsmischung, als Gattungshybrid zu beschreiben, wenn er als solcher empfunden wird, wenn also (1) die nebengeordneten paradigmatischen Aspekte in der Lektüre aktiviert werden und dies (2) auffällig (also nicht topisch und erwartbar) und (3) semantisch relevant ist. So vermischt Dietmar Daths *Die salzweißen Augen* die Gattung einer ästhetischen Abhandlung in Briefen (Untertitel: *Vierzehn Briefe über Drastik und Deutlichkeit*) mit der eines Romans. Man liest den Text als Essay und Roman (1), dabei kommt es durchaus überraschend, dass aus der fiktiven Briefkonstellation eine Handlung um einen Kreis von Jugendfreunden erwächst (2), und schließlich (3) werden durch diese diegetische Einbettung die essayistisch entwickelten Positionen personal und situativ relativiert und in ihrer Bedingtheit sichtbar gemacht. Genette gibt das Beispiel von Boiardos *Orlando innamorato*, der »durch die Vermischung zweier Überlieferungen, des karolingischen Epos und des Artusromans, [...] eine richtige Gattungskontamination vornimmt« – und Kontamination ist zugleich eine »Transformationstechnik« (Genette 1993, 283), die zu neuen Gattungen führen kann.

In jedem Fall hängt es vom jeweils verwendeten Gattungsbegriff und seinem Anspruch auf ›Reinheit‹ ab, welche Gattungsform als hybrid gilt. Seibel (2007) hat ein Modell vorgelegt, den Grad der Kontamination (»level of contamination«) eines Genres durch ein anderes zu bestimmen; sie spricht von schwacher Kontamination bei Genres mit ähnlichen, starker Kontamination bei Genres mit stark abweichenden Parametern. – Historisch lassen sich Phasen der Gattungsmischung (z. B. Romantik, literarische Moderne, Postmoderne) von solchen unterscheiden, die nach Reinheit der Gattung streben (z. B. Aufklärung, Klassik, Moderne in der Architektur).

Wenn Gattungsmischungen sich zu syntagmatischen Mustern mit eigenständiger Tradition verfestigen, in denen aber weiterhin die zunächst getrennten Ursprungskomponenten unterscheidbar bleiben, spricht man von *Mischgattungen*. Ihre Bezeichnungen konservieren die oxymoronische Qualität, die ihnen ursprünglich anhaftete: Auf der Ebene der Dichtformen wären das etwa das lyrische und das epische Drama, das Prosagedicht oder lyrische Prosa, die Tragikomödie etc. – Davon zu unterscheiden ist die Einbettung unterschiedlicher Gattungen und Schreibweisen im Syntagma eines Werkes, also etwa die Einfügung von Liedern und dramatischen Dialogpassagen in romantischen, modernen und postmodernen Novellen und Romanen oder die Verwendung von Liedern und Tänzen in Drama und Film. Hier bleibt in der Regel eine Gattung dominant, die Einfügung der ›fremden‹ Gattung wird nicht selten innerhalb der Diegese motiviert, wie es generell auch z. B. im Briefroman der Fall ist. Ebenso gut kann es aber auch zum diegetischen Bruch kommen, wenn etwa im Spielfilm plötzlich unmotiviert gesungen wird oder die Darsteller eine Revuenummer tanzen und dazu aus ihrer Rolle fallen. Eine Aneinanderfügung von Textmaterial unterschiedlicher Gattungen kann als Montage wirken (z. B. in Liliencrons *Der Mäcen*, in den auch Fremdmaterial eingeht). – Ein spezieller und eher seltener Fall der Gattungsmischung ist der Gattungswechsel innerhalb eines einzelnen Werks, etwa in Tarantinos Spielfilm *From Dusk Till Dawn*, der als Roadmovie anfängt und etwa in der Mitte in einen Vampirfilm umschlägt und als solcher endet.

Gattungsmischung und -hybridität als ihr Ergebnis haben generell den Effekt, dass in der Lektüre zwei Vergleichs-Korpora mit ihren jeweiligen Prototypen bzw. zwei Sätze von generischen Diskursregeln aufgerufen werden. Diese können sich ergänzen und verstärken, aber auch gegenseitig neutralisieren oder gar widersprechen. In jedem Fall befördert die Hybridität die Reflexion auf die generischen Eigenschaften des Textes. Das gilt insbesondere auch für Gattungen, die mit nicht-fiktionalem Material arbeiten (z. B. documentary novel, new journalism), in denen also »eine über die realistische Darstellung hinausgehende Mischung von Fakt und Fiktion vorliegt« (Ernst 1998, 220), sowie noch in verstärktem Maße für intermediale und intermateriale Hybriden. Die Entwicklung der audiovisuellen und digitalen Medien ist hier seit langem der Motor für neue generische Entwicklungen.

Gattungshybriden sind zunächst einzelne Werke. Sobald solche Hybridformen jedoch selbst paradigmatisch und also musterbildend wirken, können sie sich zu Mischgattungen verfestigen; und auch deren Mischcharakter kann mit der Zeit verloren gehen – so ist der Rock'n'Roll für uns keine Mischgattung mehr, während er in den 1950er Jahren noch als solche empfunden wurde. Gattungsübergänge finden sich in solchen historischen Phasen, in denen eine neue Gattung entsteht. Ein Gattungshybrid, der synchron Merkmale mehrerer Gattungen in sich vereint, kann als Zeugnis eines Gattungsübergangs gelesen werden, wenn die nebengeordneten hybriden Merkmale unter diachroner Perspektive als ›noch zur alten‹ und ›schon zur neuen Gattung gehörig‹ erscheinen. Da diachrone Ablösungsprozesse literaturgeschichtlich eher unter Epochen- als unter Gattungsbegriffen behandelt werden, betreffen solche Übergänge vor allem Genres in ihrer historischen Spezifik. So weist Storms *Immensee* ›noch‹ Merkmale der romantischen Novelle, aber auch ›schon‹ Merkmale der realistischen Novelle auf.

Die Gattung gehört zu den Paradigmen, die bei der Produktion ebenso wie bei der Lektüre eines Textes regelmäßig aufgerufen werden und wesentlich zu seiner intertextuellen und interpretatorischen Verortung beitragen. Die Unbestimmbarkeit der Gattungszugehörigkeit eines Textes ist daher der absolute Ausnahmefall. Zumeist entsteht ein Text bereits im Rahmen einer Gattungsvorgabe. Es ist eine relativ rezente Entwicklung, dass man überhaupt zunächst von Texten und nicht gleich von Romanen, Dramen etc. spricht. Erst spät- und postmoderne Autoren nennen ihre literarischen Werke ›Texte‹, weil ihnen die Gattungsmuster, angefangen bei den Schreibweisen, problematisch geworden sind, so z. B. Heißenbüttel: »Ich finde mich nicht berechtigt, gegen Namen wie Gedicht oder Roman oder Drama Stellung zu nehmen, aber ich kann sie auch nicht verteidigen oder gar ihr Wesen ergründen« (Heißenbüttel 1970, 51 f.). Generell verlieren aber die traditionellen Gattungen bereits in der literarischen Moderne ihre Selbstverständlichkeit. So listet Raabes *Index Expressionismus* für seine Epoche über dreihundert verschiedene Gattungen auf, die allermeisten davon Prosaformen, und kommt dennoch nicht ohne eine riesige Restkategorie ›Prosa‹ aus. In dieser modernen Kurzprosa von Baudelaire bis Heißenbüttel ist die systemische Intertextualität, die Bezugnahme auf generische Vorbilder und Traditionen offenbar sehr schwach ausgeprägt, vielmehr neigt diese Prosa, als »Gattung des modernen Texturexperiments«, immer wieder zu einer Art generischen Spontanzeugung (Baßler 2007). Diese manifestiert sich dann in Gattungsangaben wie denen Paul Scheerbarts, der zu beinahe jedem seiner Kurztexte eine eigene Gattung erfindet (z. B. *Arbeitsspaß, Weisheitsidyll, Humanitätsmythos, Zukunftsnovellette, Kater-Szene, Nervöses Capriccio, Bummler-Vision, Stil-Scherzo, Architektonische Apokalypse*), oder auch in Eichs Gattungsbezeichnungen *Maulwürfe* und *Formeln*, die immerhin jeweils ein ganzes Korpus bezeichnen. Generell führt die Verselbständigung von generativen Texturen um 1900 zur Sprengung und letztlich Verunklärung von Gattungsmustern, das gilt etwa auch für die Amplificatio von lyrischen Gebilden zu Großformen wie in den späten Versionen des *Phantasus* von Arno Holz. Auch die Bezeichnung

›absolute Prosa‹ (Benn) verweist auf die Loslösung der Verfahren von tradierten Formen. In der Postmoderne werden Gattungsmuster, wie alles andere auch, zum Spielmaterial für Bricolage-Verfahren, die ebenfalls zu einer »generic ›unclassifiability‹« führen können (Cooke 2007, 248 f.). – Außerhalb der literarischen Moderne sind es dagegen allenfalls einzelne, erratische Texte, z. B. nachgelassene Fragmente oder Autodokumente, deren generischer Status unbestimmt oder unbestimmbar bleibt.

Literatur

Baßler, Moritz: »Kurzprosa im 20. Jh. – Kontinuitäten außerhalb einer Gattungstradition«. In: Thomas Althaus u. a. (Hg.): *Kleine Prosa. Theorie und Geschichte eines Textfeldes im Literatursystem der Moderne*. Tübingen 2007, 187–196.
Cooke, Simon: »Generic ›Unclassifiability‹ in the Work of W. G. Sebald«. In: Marion Gymnich/Birgit Neumann/Ansgar Nünning (Hg.): *Gattungstheorie und Gattungsgeschichte*. Trier 2007, 235–252.
Ernst, Jutta: »Hybride Genres«. In: Ansgar Nünning (Hg.): *Metzler Lexikon Literatur- und Kulturtheorie*. Stuttgart, Weimar 1998, 220.
Genette, Gérard: *Palimpseste. Die Literatur auf zweiter Stufe*. Übers. v. Wolfram Bayer u. Dieter Hornig. Frankfurt a. M. 1993 [frz. 1982].
Heißenbüttel, Helmut: »Die Frage der Gattungen« [1970]. In: Ders.: *Zur Tradition der Moderne. Aufsätze und Anmerkungen 1964–1971*. Neuwied, Berlin 1972, 49–55.
Seibel, Klaudia: »Mixing Genres. Levels of Contamination and the Formation of Generic Hybrids«. In: Marion Gymnich/Birgit Neumann/Ansgar Nünning (Hg.): *Gattungstheorie und Gattungsgeschichte*. Trier 2007, 137–150.

Moritz Baßler

1.5 Interpretation und Gattung

Gattungstheorie zielt, wie jede Art von Literaturtheorie, letztlich auf die Interpretation konkreter literarischer Texte und hat sich in ihr zu bewähren. »Das Wissen um die Gattungszugehörigkeit eines Textes lenkt und bestimmt, wie man weiß, in hohem Maße den ›Erwartungshorizont‹ des Lesers und damit die Rezeption des Werkes« (Genette 1993, 14). Jede Gattungsangabe erteilt dem Rezipienten den Auftrag, den mit ihr bezeichneten Text mit anderen Texten und vorzugsweise mit den ›klassischen‹ Mustern, den Prototypen dieser Gattung (→ B 1.6) zu vergleichen. Ein solcher Vergleich »um der Gleichheit und der Ungleichheit willen« semantisiert den Text (Jakobson 1960, 369) und stellt somit einen Akt der Interpretation dar.

Gattungsangaben sind somit ebenso Ergebnisse wie Vorgaben von Interpretation. Wie alle intertextuellen Verweise sind sie immer erst interpretierend zu verifizieren und qualifizieren (→ B 1.6). Literaturwissenschaftlich besonders heikel (aber nicht zwangsläufig illegitim) ist dabei jede Art von Gattungsbildung und -zuordnung, der im jeweiligen historischen oder kulturellen Kontext bei Produzenten und Rezipienten kein Begriff und daher womöglich auch kein Gattungsbewusstsein entspricht. Hier zeigt sich, dass jede Gattungszuordnung selbst bereits ein Akt der Interpretation ist. Dieser kann zeitgenössisch und ›von innen‹ (z. B. durch den Autor), ebenso aber auch post festum und ›von außen‹ (z. B. durch nachgeborene Literaturwissenschaftler) erfolgen. Bestimmte Merkmale des Syntagmas werden zusammengefasst und auf ein Gattungsparadigma bezogen. Dabei werden, wie bei jeder hermeneutischen Operation, andere Merkmale gar nicht registriert, vernachlässigt oder im Hinblick auf die Gattungskonstitution als sekundär behandelt.

Liest man Christian Krachts *Faserland* als Poproman, vergrößert man gewisse Eigenschaften, etwa die Bedeutung von Markennamen, die ›oberflächliche‹ Erzählweise, die jugendkulturellen Aspekte. Liest man ihn dagegen als Adoleszenzroman, so wird man eher auf die Probleme des Protagonisten achten, soziale Bindungen einzugehen, auf das belastete Generationenverhältnis, die verdrängte Homosexualität und die eingeschobenen Kindheitserinnerungen. Differierende Gattungszuweisungen können hier zu sehr unterschiedlichen Lektüren und damit Interpretationen und Wertungen desselben Textes führen (beide wurden in der zeitgenössischen Rezeption realisiert): Im ersten Fall wäre das Buch ein arrogantes Schnöselbuch auf der Höhe der Zeit (das ist: 1995), im zweiten die diagnostische Rollenprosa eines problembeladenen Jugendlichen in der Salinger-Nachfolge. Solche Gattungsbestimmungen lenken also die Interpretation und beschränken letztlich die Semiose der Texte. So ist zu erklären, dass in hochliterarischen Zusammenhängen Genrebezeichnungen zumeist vermieden und vorzugsweise allgemeinere Gattungsbegriffe wie ›Roman‹ gebraucht werden. Die *Brenner*-Romane von Wolf Haas erschienen zunächst als rororo-Thriller im entsprechenden Serien-Layout (z. B. *Auferstehung der Toten*, 1996), nach ihrer literarischen Kanonisierung erscheinen sie im gleichen Verlag mit individuellen Umschlägen und der Gattungsbezeichnung ›Roman‹ (z. B. 9. Auflage, 2003). Wenn in literaturwissenschaftlichen Studien der *Ulysses* oder *Berlin Alexanderplatz* als Großstadtromane untersucht werden, dann gibt

1. Texttheoretische Problemkonstellationen

diese Genrebezeichnung ausdrücklich nur einen unter zahlreichen paradigmatischen und also interpretatorischen Aspekten an.

Es gibt grundsätzlich zwei methodologische Vorstellungen vom interpretatorischen Umgang mit Gattungsbegriffen. Man kann (a) von einer fixen Definition der Gattung ausgehen und den konkreten Text dann anhand eines Merkmalsabgleichs als entweder dieser Gattung zugehörig oder nicht zugehörig bestimmen. Man wird dann feststellen, dass z. B. Goethes *Faust. Der Tragödie erster und zweiter Teil* keine besonders gelungene Tragödie ist, Schopenhauers *Aphorismen zur Lebensweisheit* nicht dem Begriff des Aphorismus entsprechen, Franz Richard Behrens' *B = C. Roman der Lyrik* kein Roman ist und Brechts *Buckower Elegien* keine Elegien sind. Mit diesem klassifikatorischen, deviationsästhetischen Ansatz ist freilich im Hinblick auf die Interpretation wenig gewonnen. Sinnvoller scheint es, (b) Gattungsangaben eben als Hinweise auf intertextuelle Bezüge zu verstehen, die interpretatorisch nachzuvollziehen sind, um dem Text gerecht zu werden (→ B 1.6). Bestimmte Bedeutungsaspekte des Textes erschließen sich dann erst im Bezug auf die benannte Gattungstradition. Ob der Text in der Folge dann selbst tatsächlich auch als ein Exemplar dieser Gattung aufgefasst und zu paradigmatischen Vergleichen für nachfolgende Texte herangezogen wird, ob er gar zu einem neuen Prototyp der Gattung avanciert (und insofern womöglich die Kraft hat, den Gattungsbegriff zu modifizieren), erweist sich, wie immer, erst im Verlaufe einer Kanonisierungsgeschichte.

Der Vorzug der methodologischen Option (b) erweist sich in Fällen von Gattungsbegriffen, die zunächst einen performativen Widerspruch darzustellen scheinen, z. B. weil ihre bloße Verwendung eine Reflexionshöhe ausdrückt, die mit der benannten Gattung im Widerspruch steht (z. B. Vicki Baum: *Menschen im Hotel. Ein Kolportageroman mit Hintergründen*, Hans-Joachim Schädlich: *Trivialroman*, Bodo Kirchhoff: *Schundroman*, Quentin Tarantino: *Pulp Fiction*). Ein Roman, der sich 1929 selbst als Kolportage bezeichnet, ist offenbar keine; dennoch wird man formale Ähnlichkeiten mit Kolportageromanen feststellen können und also eine Zugehörigkeit zu dieser Gattung nicht in jeder Hinsicht ausschließen. Die Gattung tritt in solchen Fällen in ein Meta-Stadium, das sich aber durchaus als Teil der Gattungstradition fassen lässt. Generell hat der Umgang mit traditionellen Gattungen in der Moderne und Postmoderne oftmals einen solchen reflexivdistanzierten, bisweilen geradezu uneigentlichen Charakter angenommen, der sich abhebt von der selbstverständlichen Erwartung und Erfüllung von Gattungsmustern in stabilen Traditionen oder gar in regelpoetischen Systemen. Funktional äquivalent zu den oben genannten Gattungsangaben sind die sehr freie, aber noch erkennbare Verwendung von formalen Gattungsmustern (z. B. in Rilkes *Duineser Elegien* und *Sonette an Orpheus*) sowie die Thematisierung der eigenen Gattungskonventionen im Text selbst (z. B. des Horrorfilms in *Scream*), aber auch parodistische Formen. In all diesen Fällen trägt nicht nur die Gattung zur Interpretation des Textes, sondern auch umgekehrt der Text zur (Neu-)Interpretation der Gattung bei.

Eine Literatur, die selbstverständlich Gattungsmuster erfüllt, tendiert dagegen zur Schemaliteratur (in der Gegenwart z. B. Krimi, Thriller, Fantasy, Film-Formate wie Drama, Zombiefilm, Fernseh-Formate wie die Sitcom etc.). Ihre stabilen Eigenschaften bedienen mehr oder weniger ausdrücklich mit der Gattung verbundene Rezeptionserwartungen und erfüllen sozusagen die Funktion, eine Markenqualität zu garantieren. Wo Thriller draufsteht, ist auch Thriller drin, der Rezipient und Käufer wünscht hier keine Überraschungen und Brüche auf der Ebene des Genres. Die Produktion populärer Formate, von den Schreibschulen bis zur Verlagspolitik und Werbestrategie, sorgt für die Stabilität der Genres. Insofern befördern klare Gattungsmerkmale eine automatisierte Rezeption, die nicht nach expliziten interpretativen Akten verlangt. Stabile Gattungen gehören zu jenen Strukturen, die im Sinne Barthes' ›bewohnbar‹ sind.

Eine vorgängige Gattungszuordnung erzeugt für die interpretierende Lektüre eines Textes vor allem die erhöhte Erwartbarkeit bestimmter Merkmale. Das betrifft bestimmte Verfahren (z. B. Reime beim Sonett, *genus sublime* in der Tragödie), Inhalte (z. B. ein Mord im Kriminalroman), vor allem aber Strukturen, syntagmatische Muster. Erhöhte Erwartbarkeit ist ganz generell ein Definiens von Kontiguität. Wenn bestimmte Strukturen, etwa von Erwartung und Erfüllung, regelhaft auftreten, dann handelt es sich offenbar im weitesten Sinne um makrostrukturelle Formen usueller Kookkurrenz (z. B. Geheimnis und Aufklärung, Verbrechen und Überführung des Täters, Spiel und Gegenspiel), mit anderen Worten: um kulturelle Skripte. »In diese Rubrik gehören nicht nur die gängigen Narrative, sondern überhaupt Gattungs- und Textsortenmuster aller Art, der weite Bereich dessen, was man als ›Systemreferenz‹ selbst bei engerer Verwendung des Intertextualitätsbegriffs noch unter diesen zu subsumieren bereit ist. Als usuelle Kombinationsmuster sind diese Skripte selbst paradigmatisch« (Baßler 2005, 264). Zahlreiche topische Gattungsmuster fallen unter das, was Roland Barthes ›hermeneutischer Code‹ genannt hat – sie regeln Strukturerwartungen auf verschiedenen Textebenen. »Die Inventur des hermeneutischen Codes wird darin bestehen, die verschiedenen (formalen) Terme zu unterscheiden, in deren Verlauf ein Rätsel auf sein Zentrum ausgerichtet, gesetzt, formuliert wird, seine Auflösung verzögert und es schließlich aufgedeckt« (Barthes 1976, 23). Das betrifft insbesondere auch die Art der Schließung (›clôture‹) der im Text aufgebauten Strukturen. So erkennen wir zuverlässig den Helden (und zumeist auch die ihm für später zugedachte Heldin) am Beginn eines Abenteuerromans (oder -films) und können sicher sein, dass er nicht bereits nach der Hälfte des Textes umkommt, und dies, obwohl er in seiner Diegese alles unternimmt, um die Wahrscheinlichkeit dafür zu erhöhen. Gattungen funktionieren auf Dauer nur, wenn diese Erwartungen in der Regel erfüllt werden; Neuerungen auf Gattungsebene setzen sich meist nur sehr langsam durch. Doch kann auch der gezielte Bruch der geweckten Gattungserwartung als Mittel zur Produktion literarischer Bedeutung eingesetzt werden.

Gattungsstrukturen sind sinntragend und dienen daher unmittelbar der Semantisierung (und damit der Interpretation) literarischer Texte. Inhaltliche Momente werden zu Trägern struktureller Bedeutung und umgekehrt. Ein Toter am Ende einer Tragödie hat bereits rein generisch eine andere Bedeutung als ein Toter am Beginn eines Krimis oder ein Toter in einer Schießerei in der Mitte eines Thrillers, auch wenn alle drei in hohem Maße erwartbar sind. Die Art und Weise der Grenzüberschreitung, die die Bedeutung des Dargestellten bestimmt, ist nicht nur kultur-, sondern vor allem auch gattungsabhängig (in einem Schwank mag ein Fluch praktisch folgenlos bleiben, in einer Tragödie oder einem Horrorfilm nie). Die Gattung weist bestimmten Textmerkmalen Funktion und Bedeutung zu. Der Interpret kann also sinnvollerweise auch umgekehrt untersuchen, ob bestimmte Textmerkmale und -ereignisse geeignet sind, die Gattungsbestimmung zu erfüllen (weil es sich um einen Witz/Thriller/historischen Roman/Porno handelt, soll das hier offenbar witzig/spannend/historisch glaubwürdig/sexuell anregend sein), und den Grad der Übereinstimmung als Qualitätsmerkmal werten.

Neben solchen allgemeinen generischen Vorgaben für die Textdeutung gibt es Gattungen mit speziellen, klar umrissenen Interpretationsimplikationen.

Allegorie, Fabel, Parabel und Rätsel etwa erfordern stets eine übertragene Lektüre, eine Allegorese; der Schlüsselroman erfordert die Zuordnung der Romancharaktere zu realen Personen etc.

Literatur

Barthes, Roland: *S/Z* [1970]. Frankfurt a. M. 1976.
Baßler, Moritz: *Die kulturpoetische Funktion und das Archiv. Eine literaturwissenschaftliche Text-Kontext-Theorie.* Tübingen 2005.
Genette, Gérard: *Palimpseste. Die Literatur auf zweiter Stufe.* Übers. v. Wolfram Bayer u. Dieter Hornig. Frankfurt a. M. 1993 [frz. 1982].
Jakobson, Roman: »Closing Statement: Linguistics and Poetics«. In: Thomas A. Sebeok (Hg.): *Style in Language* [1960]. Cambridge (MA) ²1964, 350–377.

Moritz Baßler

1.6 Intertextualität und Gattung

Intertextualität ist die Beziehung zwischen Texten. Texttheoretisch sind Gattungen wesentlich intertextuell zu bestimmen. Gattungen sind, texttheoretisch gefasst, paradigmatische Syntagmen (vgl. Baßler 2005, 264). Die Gattungsbestimmung eines Textes bezieht sich auf eine bestimmte Art und Weise der Kombination seiner Zeichen, auf eine oder mehrere Eigenschaften seines Syntagmas. Diese Anordnung wird als eine regelhafte (wieder-)erkannt im Vergleich mit anderen Texten eines gegebenen Archivs, die eine ähnliche Kombination aufweisen. Diese Ähnlichkeit weist die syntagmatische Struktur als paradigmatische aus. Sie kann sich, je nach Zuschnitt des Gattungsbegriffs, auf Verfahren, Struktur und/oder Inhalt der Texte beziehen. – In der Terminologie von Broich/Pfister (1985) fallen Gattungen unter den Intertextualitätstyp der ›Systemreferenz‹, worunter generell die Bezugnahme auf Diskurstypen verstanden wird. Genette spricht im gleichen Sinne von ›Architextualität‹ als Beziehung des Textes zu Textklassen, z. B. Gattungen. Es handele sich dabei in der Regel »um eine unausgesprochene Beziehung, die bestenfalls in einem paratextuellen Hinweis auf die taxonomische Zugehörigkeit des Textes zum Ausdruck kommt« (Genette 1993, 13).

»Gattungen bestehen aus Texten« (Suerbaum 1985, 58) – von der Analyse her betrachtet sind die als Gattung bezeichneten Paradigmen also keine Codes oder Regeln, sondern Mengen gleichartiger Texte. Die vielfach umstrittenen Gattungszuschnitte und ihre unterschiedlichen Allgemeinheitsgrade sind Funktionen solcher Paradigmenbildung, denn Texte lassen sich bekanntlich in vielerlei Hinsicht miteinander vergleichen. So ist auch die Tatsache zu erklären, dass ein und derselbe Text mehreren Gattungen angehören kann (*Wilhelm Meisters Lehrjahre* ist Geheimbundroman, Bildungsroman und Künstlerroman, Schillers *Der Taucher* Ballade, Parodie und Science Fiction zugleich). Anders als pragmatische Gattungen in der Linguistik sind Gattungen in der Literaturwissenschaft demnach zunächst Textkorpora. In der Regel enthalten sie bestimmte zentrale Texte, Prototypen, die historisch, in Produktion und Rezeption, immer wieder als Muster für andere gedient haben, die ›Klassiker‹ der Gattung (Homers Epen, Petrarcas Sonette, Boccaccios Novellen, *Wilhelm Meisters Lehrjahre* für den Bildungsroman, *Dawn of the Dead* für den Zombiefilm). Im intertextuellen Vergleich mit den anderen Exemplaren und vor allem den ›klassischen‹ Mustern einer Gattung lässt sich die Gattungszugehörigkeit eines Textes bestimmen und interpretatorisch fruchtbar machen (→B 1.5). Gehört ein Gattungsname zum Paratext eines Textes, wird die dadurch ausgelöste Rezeptionserwartung durch die Kenntnis anderer Exemplare dieser Gattung bestimmt. »Durch die ständige intertextuelle Bezugnahme bzw. Reaktualisierung vorgängiger Texte verfestigen sich spezifische Textstrukturen, Inhalte und Topoi zu mehr oder weniger konventionalisierten Gattungsmustern« (Neumann/Nünning 2007, 13). Gattungsbegriffe und ihre formalen Definitionen sind demgegenüber sekundäre Ausformulierungen und Festschreibungen der vortheoretischen Vergleichsaspekte. Im Verlaufe der Kanonisierung einer Gattung können sie allerdings selbst zu generativen Regeln der Textproduktion werden, denen in regelpoetischen Zusammenhängen (bis hin zu den Schreibschulen der Gegenwart) auch Präskriptivität zukommen kann.

»Die Konstituierung von Gattungen fiktionaler Texte hängt wesentlich von der Ausbildung eigener Strukturen der Intertextualität ab« (Suerbaum 1985, 68). Neue Gattungen entstehen, wenn historisch eine Häufung von Texten mit ähnlichen Merkmalen auftritt und zeitgenössisch einen Gattungsnamen erhält (z. B. das bürgerliche Trauerspiel im 18. Jh., das *Poème en prose* um 1900, der Poproman in den 1990er Jahren). Dabei spielt ›lineare Intertextualität‹, der markierte oder doch deutlich erkennbare Anschluss neuer an bereits existierende Texte, eine zentrale Rolle (z. B. Conan Doyles Bezugnahme auf Poe). Genette spricht in solchen Fällen von »Gattungsreaktivierung« auf hyper- (gemeint ist: inter-) textuellem Wege: »Als Epochenphänomen, das eine Gattung unter anderem immer ist, entspricht sie nicht nur einer historisch lokalisierten Situation und dem entsprechenden ›Erwartungshorizont‹; sie setzt auch [...] die Ansteckung, die Imitation und den Wunsch ein, eine Erfolgswelle auszunutzen oder in eine andere Richtung zu lenken« (Genette 1993, 283). Nicht selten werden dann rückwirkend auch frühere Texte als ähnlich und daher (als Vorläufer) der Gattung zugehörig erkannt (so kann Ulrich Fülleborn Novalis' *Hymnen an die Nacht* als Prosagedichte, Katharina Rutschky Goethes *Werther* als Poproman lesen).

In der texttheoretischen Gattungstheorie kommt der ursprüngliche, weite Intertextualitätsbegriff zur produktiven Anwendung, wie ihn Kristeva (1967) entwickelt hat. Jeder Text wird idealiter mit allen Texten eines Archivs verglichen, um seine Gattung(en) zu bestimmen. (Ein enger Begriff von Intertextualität beschränkt die Vergleichsoperation dagegen auf mehr oder weniger markierte, intentionale (→B 1.1) Bezugnahmen auf andere Texte und bestimmt Gattungseigenschaften demnach als mehr oder weniger bewusste Formzitate (→B 1.3). Diese Sichtung selektiert eine Anzahl ähnlicher Texte, die dann im engeren Sinne das Gattungskorpus für den manifesten Text bilden. Dieses bestimmt den semiotischen Hintergrund (bzw. rezeptionsästhetisch: den Erwartungshorizont), mit dem seine Textgestalt abgeglichen wird. In den Äquivalenzen und Differenzen, die dabei zutage treten, wird die Gattungszuordnung semantisch und damit interpretatorisch relevant. Gattungszuordnungen realisieren sich also in Form von intertextuellen Bezugnahmen.

Generell gilt, dass intertextuelle Bezüge immer der interpretatorischen Qualifikation bedürfen; das gilt sowohl für die intertextuelle Realisierung von Gattungsmustern als auch für die Gattungsimplikationen intertextueller Einzelverweise. Untersucht man Goethes *Werther* als Briefroman, stellt man intertextuelle Vergleiche mit anderen Briefromanen der Zeit her und erkennt, neben zahlreichen Gemeinsamkeiten, einige Besonderheiten, die den Text im Rahmen dieses Paradigmas auszeichnen: überwiegende Monologizität, Abwesenheit von Intrige, besonders lebendige Ausschmückung der Schreibsituation etc. Es treten dabei spezifisch andere Aspekte zutage, als wenn man den Roman etwa als Liebesroman lesen würde (beides ist möglich und sinnvoll). Der Briefroman ist überdies eine Gattung, die mit der Form einer weiteren Gattung, des Briefes, operiert. Aktualisiert man diesen Bezug, so lassen sich intertextuelle Verbindungen zu Privatbriefen Goethes, aber auch zu zeitgenössischen Briefstellern ziehen (z. B. Gellert);

man hat sogar die Übereinstimmung der Fiktion mit der postalischen Praxis der Zeit überprüft, mit dem Ergebnis, es handele sich hier eher um einen Tagebuchroman.

Umgekehrt können markierte intertextuelle Verweise auch mehr oder weniger starke Gattungsimplikationen haben. Im Verweis auf einen Einzeltext sind ja dessen sämtliche Eigenschaften, also auch die der Gattung, potenzielle Vergleichsaspekte. Im *Werther* werden keine Briefromane genannt, doch auch die integrierten *Ossian*-Texte geben eine Schreibweise lyrischer Prosa vor, die paradigmatisch für den Roman verstanden werden kann. Der intertextuelle Bezug behauptet gleichsam eine Tradition für das eigene Verfahren oder versucht, eine solche zu stiften. Die Nennung von *Emilia Galotti* am Ende des Textes ist dagegen offenkundig keine Aufforderung, den Roman etwa als Trauerspiel zu lesen. Dennoch stiftet auch ein solch zunächst rein inhaltlich motivierter intertextueller Verweis, qua Aufforderung zum Vergleich, ein Paradigma (etwa: Suizid-Literatur), das sich jedoch weder zeitgenössisch noch im Verlaufe der Literaturgeschichte zur Gattung verfestigt hat. Das intertextuelle Spiel mit Gattungsmerkmalen kann erhebliche Komplexität erreichen: Im Titel von Christian Krachts *Faserland* lässt sich ein intertextueller Verweis auf Robert Harris' parahistorischen Nazi-Thriller *Fatherland* erkennen – eine Spur, die ins Leere zu führen schien, bis Kracht selbst einen parahistorischen Roman vorlegte (*Ich werde hier sein im Sonnenschein und im Schatten*). Erst von hier aus wurden auch in *Faserland* bestimmte thematische und poetologische Aspekte eines kontrafaktischen Schreibens sichtbar, die man zuvor, in Ermangelung eines deutlichen Paradigmas, übersehen hatte.

Der weite Intertextualitätsbegriff geht grundsätzlich von einer Reziprozität der intertextuellen Verbindung aus, d. h. die Texte einer Gattung können, unabhängig von konkreten Einflüssen bei der Entstehung, jeweils paradigmatisch für einander werden. Ein solcher Ansatz verstärkt zusätzlich den Fokus auf Gattungsaspekte der intertextuell aufeinander bezogenen Texte. In einem engeren Sinne zitiert Shakespeares *King Lear* Material aus einem antikatholischen Traktat von Harsnett. Wenn Greenblatt (1988) betont, dass Harsnett auch umgekehrt dramatische Texte und Theaterpraktiken zitiert, um etwa das ungewöhnliche Verhalten der vermeintlich Besessenen bei einem Exorzismus zu erklären, wird die Verbindung zugleich reziprok und richtet sich allgemeiner auf generische Formen einer Textualität der Kultur.

Vom bislang explizierten generellen intertextuellen Charakter von Gattungen ist ein spezieller zu unterscheiden: Für Gattungen wie Parodie, Travestie, Palinodie, Kontrafaktur, Cento (vgl. Verweyen/Witting 2010) oder auch das Cover in der Popmusik sind intertextuelle Bezüge konstitutiv. Der Gattungsname dient hier als Markierung eines solchen Bezuges. Die Bedeutung von Texten, die einer solchen Gattung zugehören, wird verfehlt, wenn der intertextuelle Bezug zum Prätext nicht aktualisiert wird. Beim Prätext handelt es sich zumeist um einen Einzeltext (oder zumindest eine überschaubare Zahl konkreter Vorlagen), der als Prototyp der Gattung oder als zeitgenössisch populäres Werk einen hohen Bekanntheitsgrad hat. Ein spezieller Modus der Intertextualität ist auch der Gattungswechsel. Plett definiert die strukturelle Substitution der Regeln einer Gattung durch die einer anderen als ›generische Intertextualität‹ (auch: ›intergenericity‹). Wie Huysmans' Prosa-Beschreibung von Moreaus Salomé-Gemälden ein intermediales Phänomen ist, so ist die Dramatisierung dieser Beschreibung durch Oscar Wilde ein intergenerisches Phänomen (vgl. Plett 1991, 21, 24).

Literatur

Baßler, Moritz: *Die kulturpoetische Funktion und das Archiv. Eine literaturwissenschaftliche Text-Kontext-Theorie*. Tübingen 2005.
Broich, Ulrich/Pfister, Manfred (Hg.): *Intertextualität. Formen, Funktionen, anglistische Fallstudien*. Tübingen 1985.
Genette, Gérard: *Palimpseste. Die Literatur auf zweiter Stufe*. Übers. v. Wolfram Bayer u. Dieter Hornig. Frankfurt a. M. 1993 [frz. 1982].
Greenblatt, Stephen: *Shakespearean Negotiations. The Circulation of Social Energy in Renaissance England*. Berkeley/Los Angeles 1988.
Kristeva, Julia: »Bakhtine, le mot, le dialogue et le roman«. In: *Critique* 23.239 (1967), 438–465.
Neumann, Birgit/Nünning, Ansgar: »Einleitung: Probleme, Aufgaben und Perspektiven der Gattungstheorie und Gattungsgeschichte«. In: Marion Gymnich/Birgit Neumann/Ansgar Nünning (Hg.): *Gattungstheorie und Gattungsgeschichte*. Trier 2007, 1–30.
Plett, Heinrich F.: »Intertextualities«. In: Ders. (Hg.): *Intertextuality*. Berlin, New York 1991, 3–29.
Suerbaum, Ulrich: »Intertextualität und Gattung. Beispielreihen und Hypothesen«. In: Ulrich Broich/Manfred Pfister (Hg.): *Intertextualität. Formen, Funktionen, anglistische Fallstudien*. Tübingen 1985, 58–77.
Verweyen, Theodor/Witting, Gunther: *Einfache Formen der Intertextualität. Theoretische Überlegungen und historische Untersuchungen*. Paderborn 2010.

Moritz Baßler

2. Normentheoretische Problemkonstellationen

2.1 Deskriptivität und Präskriptivität

Die Unterscheidung von Gattungsbegriffen nach Präskriptivität und Deskriptivität ist für pragmatische Theorieansätze, die klären, »*wozu* man eigentlich eine Gattung definiert« (Zymner 2003, 41), zentral: Mit deskriptiven Gattungsbegriffen klassifiziert man Texte (nach definierten Prinzipien, die Gegenstand gattungstheoretischer Erörterungen sind); mit präskriptiven Gattungsbegriffen regulieren Gattungspoetiker die Textproduktion aufgrund vorgängiger Normen. Beide Konzepte unterscheiden sich also hinsichtlich ihrer Zeitstruktur: Deskriptive Gattungsbegriffe beziehen sich ›im Rückblick‹ auf Texte, die bereits verfasst wurden; präskriptive Gattungsbegriffe wollen erst entstehende Texte ›im Vorgriff‹ normieren. Im ersten Fall ist das Ziel der konstruierenden Arbeit des Literaturwissenschaftlers die Beschreibung einer Gattung (mithin ein literaturwissenschaftliches Meta-Produkt). Im zweiten liegt eine solche Gattungsdefinition bereits vor: Sie liefert normative Vorgaben, die als generative Prinzipien zur Produktion neuer Texte dienen. Präskriptive Gattungstheorien sind, weil Gattungen heute »keine ahistorischen oder gar transhistorischen Formkonstanten« (Gymnich/Neumann 2007, 38) mehr darstellen, eigentlich ein gattungstheoretischer Anachronismus.

Deskriptive Ansätze werden bisweilen unter den Begriffen ›Gattungstheorie‹ oder ›Gattungsästhetik‹ geführt, präskriptive Ansätze als ›normative Gattungspoetik‹, ›Anweisungspoetik‹ etc. bezeichnet. In der Frühen Neuzeit ist das präskriptive Modell vorherrschend (→ E 4), das während des 18. Jh.s im Gefolge der Auflösung der lateindominierten europäischen Kultur der Gelehrsamkeit, der Entstehung des Historismus und einer allgemeinen Ausweitung des Lesepublikums etc. seine Verbindlichkeit verliert.

Poetiken

Präskriptive Gattungstheorien liegen in Gestalt von Anweisungspoetiken vor. Diese formulieren explizite Normen für eine Gattung, die sich auf Inhalts-, Form- und Wirkungsaspekte beziehen können. Diese Normen propagieren häufig ein *form-function-mapping*, nach dem die Erfüllung der vom Dichter intendierten externen Funktion literarischer Texte durch Realisierung der Gattungsvorschriften gesichert wird. Solche Normen sind innerhalb einer sozialen Gruppe (von Leser/innen und Autor/innen) verbindlich (auch wenn deren Gruppenspezifik selten thematisiert wird). Ihre Beherrschung und gekonnte Realisierung in einem literarischen Text gilt zudem als Ausweis von Gruppenzugehörigkeit (Differenz Poet/Nicht-Poet). Der Verstoß gegen poetologische Normen wird sanktioniert und hat keine eigenständige ästhetische Qualität. Grundlegend ist das aus der Rhetorik und Grammatik adaptierte System von positiven *virtutes* (›Tugenden‹) und negativen *vitia* (›Lastern‹), das literarische Werturteile durch das Devianzkriterium begründet (vgl. von Heydebrand/Winko 1996; → B 2.9). Ihre Geltung erlangen präskriptive Normen durch Verweis auf die Tradition (Anciennitätsprinzip; Vorbildfunktion bestimmter Literaturen, etwa der klassisch-römischen), auf wichtige Begründungsfiguren oder autoritative Texte (Kanonbildung). Häufig ist das Bildungssystem eine zentrale Instanz der Sozialisation literarischer Normen, die im Sinne Pierre Bourdieus ›habitualisiert‹ werden (Bourdieu 1970, 143; → B 3.3).

Präskriptive Gattungskonzepte sind Teil der bis ins 18. Jh. gültigen Ästhetik der *imitatio auctorum* (›Nachahmung von Autoren‹), verstanden als »sprachlich-stilistische bzw. gattungs- und stoffbezogene Nachahmung normativer rhetorischer oder literarischer *exempla*« (Kaminski 1998, 236). Poetiken regulieren vor diesem Hintergrund die Textproduktion (Musterfall ist die Unterrichtssituation) nach dem Dreischritt von 1. *praecepta*/*doctrina* (Normen/Regeln und Theorie), 2. *exempla* (kanonische Mustertexte) und 3. *imitatio* (eigene Textproduktion). Entscheidend für Gattungspoetiken sind deshalb nicht zuletzt Beispiele, die idealiter kanonischen Autoren (›Klassikern‹) entstammen. Auf diese Weise wird die Kontinuität der literarischen Tradition bestärkt und zugleich vielfach erst konstruiert. Häufig ist das Verhältnis von Theorieentwurf und Beispielen prekär. Existiert nämlich eine vorbildgebende literarische Tradition, wie in Martin Opitz' *Buch von der deutschen Poeterey* (1624), nicht oder noch nicht, müssen Autoren ihre *exempla* selbst erfinden (oder wenigstens aus anderen Sprachen übersetzen). Manifest ist dies bei Opitz und in Gottscheds *Critischer Dichtkunst* (1730). Gottscheds Beispiele spiegeln den normativen Anspruch ihres Verfassers insofern, als in den unterschiedlichen Auflagen der *Critischen Dichtkunst* (bis 1751) die Anteile von Fremdautoren zurücktreten und Gottscheds eigene Mustertexte immer mehr dominieren. Eine solche Form der (eigentlich paradoxen) Selbstbegründung einer Tradition kann Ausdruck eines Avantgardeanspruchs sein (Opitz), aber auch eines restaurativen Bemühens (Gottsched). Letzteres ist noch der Fall in Gustav Freytags in der *Technik des Dramas* (1863) gesammelten »Handwerksregeln« aus den »Dramen großer Dichter«. Sie sind das Antidot für die vorgebliche »Zuchtlosigkeit und Formlosigkeit« (Freytag 1992, Vorrede) der zeitgenössischen Dramenproduktion.

Historische Gattungssysteme sind häufig hierarchisch (→ A 1.3). Die einzelnen Gattungen haben, aufgrund der unterschiedlichen ›Wertigkeit‹ der sie begründenden Prätexte, eine spezifische Position in der Reihenfolge der Gattungen, in der sie in den Poetiken abgehandelt werden. Sie schlägt sich auch im Grad der Regulierung nieder: Je höher die Gattung, desto geringer der erlaubte Grad der Abweichung. Frühneuzeitliche Poetiken stellen das Epos (Homer, *Ilias*; vor allem aber die als superior angesehene *Aeneis* Vergils) an die Spitze. Ihm folgt das Trauerspiel, das z. B. in Opitz' *Poeterey* in folgender Weise definiert wird: »Die Tragedie ist an der maiestat dem Heroischen getichte gemeße / ohne das sie selten leidet / das man geringen standes personen vnd schlechte [= einfache] sachen einführe: weil sie nur von Königlichen willen / Todtschlägen / verzweiffelungen / Kinder- vnd Vatermördern / brande / blutschande / krieg vnd auffruhr / klagen / heulen / seiffzen vnd dergleichen handelt« (Opitz 2002, 30). Damit formuliert Opitz Normen für Themen (Inhaltsaspekte), für das Personal (›Ständeklausel‹), für dargestellte Ereignisse und korrespondierende Affektlagen (mit denen auf Wirkungsaspekte angespielt wird) einer Tragödie.

Zugleich wird die Position eines Trauerspiels innerhalb der Gattungshierarchie durch die Nähe zum Epos definiert, was nahelegt, dass dessen Normen auch für die Tragödie gültig sind. Implizit bleibt hier die für die Dichtung überhaupt geltende Norm, dass Poesie stets gebundene Rede (*oratio ligata*) mit Metrum und Endreim ist (Formaspekt). Solche Normen definieren also, welche thematischen, formalen und wirkungsintentionalen Merkmale ein Text aufweisen muss, damit er der Gattung Tragödie/Trauerspiel zugeordnet werden kann.

Norm und Abweichung, Normierungslücken, Spielräume

Für präskriptive Gattungstheorien ist das Verhältnis von Norm und Abweichung (vgl. Fricke 1981) im synchronen Verhältnis von vorgängiger Theorie und Text zentral. Gilt Normdurchbrechung als Fehler (*vitium*), so ist das positive Ausloten von ›Spielräumen‹ doch erlaubt und ästhetisch erwünscht. Die *imitatio* zielt also stets auf die *aemulatio*, »das Wetteifern mit einem stilistischen oder poetischen Vorbild, in der Absicht, es zu erreichen oder zu übertreffen« (Bauer 1992, 142).

Auf einer allgemeinen, primär sprachlichen Ebene, die sich u. a. auf lexikalische und syntaktische Aspekte erstreckt, sind die Normen durchaus darauf ausgelegt, überboten zu werden. Dies gilt auch für die Ebene der Gattungen, wo es auch in präskriptiven Gattungstheorien zahlreiche ›Spielräume‹ und ›Normierungslücken‹ gibt, um deren Erforschung man sich neuerdings verstärkt kümmert (Wesche 2004; Stockhorst 2008). Die zentrale Gattung, die in den Poetiken erst gegen Ende des 17. Jh.s verzeichnet wird, in der literarischen Praxis aber längst floriert, ist der (niedere und höhere) Roman. Da Dichtungsbegriffe in der Frühen Neuzeit am Modell der Rhetorik entwickelt werden, wird die Poesie auf ›gebundene Rede‹ (*oratio ligata*) festgelegt. Als Prosagattung wird der Roman durch diese Vorentscheidung aus dem Gattungssystem exkludiert. Neben dem Ausloten und Überbieten von Norm-Grenzen gibt es allerdings eine offensichtliche Lust an der Übertretung und am ›Aussetzen‹ solcher Normen, die auch im systematischen Rahmen einer präskriptiven Gattungstheorie möglich ist, wenn der Dichter ein klares Kalkül (*finis*) verfolgt (vgl. Till 2008).

Übergängigkeiten

Deskriptivität und Präskriptivität sind nur synchron unvereinbare Prinzipien der Gattungstheorie. In diachroner Perspektive gibt es verschiedene Modi der Übergängigkeit: (1) Deskriptive Gattungspoetiken können in der Rezeption als normative Gattungspoetiken interpretiert werden: die (hinsichtlich Korpusbildung und Kriterien) kontingente ›Momentaufnahme‹ wird zur Norm. Dies hat zur Folge, dass die nur an einem Exemplar (verstanden als normativer Prototypus) oder auf der Grundlage eines begrenzten Kanons weniger Texte gemachten Beobachtungen zu allgemeinen Gattungsregeln erklärt werden. In der Rezeption der aristotelischen *Poetik* seit dem 16. Jh. wurden dessen deskriptive Beobachtungen zur attischen Tragödie präskriptiv interpretiert: Aus den Einzel-Beobachtungen wurden allgemeine Gattungsnormen (vgl. Kappl 2006). (2) Wissen über Gattungen wird in Form von kognitiven Schemata gespeichert, die sich der Leser/die Leserin durch Rezeption von Texten und Teilhabe an der literarischen

Kommunikation erwirbt. Ein solches Wissen kann in der konkreten Rezeptionssituation als ›Vorurteil‹ präskriptiv verwendet werden. Es geht dann nicht mehr um die Frage: »Welche Merkmale muss ein Text aufweisen, damit er einer Gattung angehört?«, sondern um den Nachweis fehlender (oder falscher) Textmerkmale, aufgrund deren eine vorliegende Zuordnung zu einer Gattung kontraindiziert ist. Paratexte wie ›Roman‹ oder ›Drama‹ rufen solches schematisiertes Wissen ab, das dann durch das Zusammenspiel von Gattungserwartung und -erfüllung (und ihrer Verweigerung) literarische Wertung beeinflusst. (3) Die Literaturkritik bedient sich gerne solcher implizit-deskriptiver Gattungsbegriffe, die als präskriptiv deklariert werden (→ B 3.5). Auf diese Weise zu allgemeingültigen Prinzipien erklärt, dienen sie der argumentativen Fundierung literarischer Wertung. Literaturkritiken zu Martin Walsers Roman *Ehen in Philippsburg* (1957) bieten Beispiele der Vertauschung von Deskriptivität und Präskriptivität, mit der eine Abwertung begründet wird. Walsers Roman besteht aus vier Teilen, die ihre Wahrnehmung auf unterschiedliche Personen fokalisieren. Der Verzicht auf die Fixierung auf eine Hauptperson und die seriell multiple interne Fokalisierung hat die frühe Literaturkritik dazu gebracht, dem Werk, das durch seine Thematik, eine klare Chronologie und das vielfach aufeinander bezogene Figurenensemble ein kaum zu übersehendes Kohärenzprinzip aufweist, ›Romanhaftigkeit‹ abzusprechen. So urteilte Reich-Ranicki apodiktisch: »Ein Roman allerdings ist es nicht« (Reich-Ranicki 1970, 141).

Literatur

Bauer, Barbara: »Aemulatio«. In: *Historisches Wörterbuch der Rhetorik*. Hg. v. Gert Ueding. Bd. 1. Tübingen 1992, 141–187.
Bourdieu, Pierre: »Der Habitus als Vermittlung zwischen Struktur und Praxis«. In: Ders.: *Zur Soziologie der symbolischen Formen*. Frankfurt a. M. 1970, 125–158.
Freytag, Gustav: *Die Technik des Dramas*. Darmstadt 1992 [Nachdr. der Ausgabe Leipzig ¹³1922].
Fricke, Harald: *Norm und Abweichung. Eine Philosophie der Literatur*. München 1981.
Gymnich, Marion/Neumann, Birgit: »Vorschläge für eine Relationierung verschiedener Aspekte und Dimensionen des Gattungsbegriffs: Der Kompaktbegriff Gattung«. In: Marion Gymnich/Birgit Neumann/Ansgar Nünning (Hg.): *Gattungstheorie und Gattungsgeschichte*. Trier 2007, 31–52.
Heydebrand, Renate von/Winko, Simone: *Einführung in die Wertung von Literatur*. Paderborn 1996.
Hempfer, Klaus W.: »Gattung«. In: *Reallexikon der deutschen Literaturwissenschaft*. Bd. 1. Hg. v. Klaus Weimar u. a. Berlin, New York 1997, 651–654.
Kaminski, Nicola: »Imitatio auctorum«. In: *Historisches Wörterbuch der Rhetorik*. Hg. v. Gert Ueding. Bd. 4. Tübingen 1998, 235–285.
Kappl, Brigitte: *Die Poetik des Aristoteles in der Dichtungstheorie des Cinquecento*. Berlin, New York 2006.
Opitz, Martin: *Buch von der deutschen Poeterey*. Studienausgabe hg. v. Herbert Jaumann. Stuttgart 2002.
Reich-Ranicki, Marcel: *Lauter Verrisse*. München 1970.
Stockhorst, Stefanie: *Reformpoetik. Kodifizierte Genustheorie des Barock und alternative Normenbildung in poetologischen Paratexten*. Tübingen 2008.
Till, Dietmar: »Schalline. Zu Zesens Echo-Gedichten«. In: Dieter Martin/Maximilian Bergengruen (Hg.): *Philipp v. Zesen. Wissen – Sprache – Literatur*. Tübingen 2008, 55–75.
Wesche, Jörg: *Literarische Diversität. Abweichungen, Lizenzen und Spielräume in der deutschen Poesie und Poetik der Barockzeit*. Tübingen 2004.
Zymner, Rüdiger: *Gattungstheorie. Probleme und Positionen der Literaturwissenschaft*. Paderborn 2003.

Dietmar Till

2.2 Epigonalität und Gattung

Epigonalität kann verstanden werden als eine produktionsästhetische Praxis oder Haltung. Sie besteht in einem expliziten oder jedenfalls doch selbstverständlichen Bezug auf überlieferte Formen und Verfahren bzw. in einem kreativen Verfügen über technisch, thematisch oder formal Vergangenes. Epigonalität in diesem deskriptiv-wertneutralen Sinn grenzt sich gegen ältere, pejorative Konzepte ab und steht in einem systematisch kritischen Zusammenhang mit ästhetischen oder auch texttheoretischen Konzepten wie *Intertextualität, Originalität, Nachahmung, Innovation* u. a. m. (→ B 1.7, B 2.5, B 2.6, B 2.7, B 2.8). Epigonalität als produktionsästhetische Praxis oder Haltung, die sich nicht zuletzt an Texten ablesen lässt, spielt historisch gesehen erst eine Rolle, seit normative Poetiken mehr und mehr ihre Bedeutung verloren haben. Bis zur Mitte des 18. Jh.s waren Autoren häufig weniger an der Übernahme von bestimmten *Gattungsmustern* orientiert als vielmehr auf die Nachbildung von Stilen vorbildlicher Autoren (*imitatio auctorum*) ausgerichtet. Das Schreiben *wie* Cicero, *wie* Vergil u. a. m. brachte eine starke Bindung an Traditionen hervor, die nun, im Zeitalter der fortschreitenden Selbständigkeit gegenüber dem Kanon und althergebrachten Normen, zu einer Aufwertung der konkreten Beziehungen zwischen einzelnen Texten, Themen und Motiven führte. An die Stelle der *Nach-Schrift* im Sinne des ›Schreibens wie‹ trat häufig die *Um-Schrift*, das Neuschreiben von alten Texten, Formen und Stoffen auch gegen die Tradition. In der Sattelzeit zwischen Aufklärung und Romantik wandelt sich damit die Beziehung von neuem zu altem Text grundlegend. Die nachahmende Darstellung (*imitatio*) verfällt dem Verdacht der Kopie, und der intertextuelle Dialog zwischen den Texten braucht seither andere Begründungen (→ B 1.7).

Mit und seit Winckelmann verlagert sich die ästhetische Konzeptualisierung von der Nachahmung auf die Differenz von Originalität versus Epigonalität (→ B 2.8), obwohl Winckelmann den Ausdruck noch nicht kennt (Fauser 1999). Die erfolgreiche Einführung des emphatischen Selbstverständnisses vom Werk, vom Schöpfungsakt und des Urheberrechts provozieren seitdem nicht zuletzt auch gerichtliche Auseinandersetzungen über das geistige Eigentum. Zudem muss sich seither jeder Autor um Eigenständigkeit bemühen, weil das Publikum Originalität und Innovation erwartet (→ B 2.5). In Reaktion auf solche überzogenen Ansprüche entsteht um 1800 ein ästhetisches Bewusstsein für die Vorzüge der Epigonalität. In der romantischen Theorie feiert z. B. August Wilhelm Schlegel die grenzenlose Bildsamkeit der Sprache, die in der Poesie »schon Gebildetes wieder bildet« (Schlegel II, 226) und durch Reflexion höher potenziert, und z. B. Ludwig Tieck nimmt *Die altdeutschen Minnelieder* (1803) zum Vorbild für eine reminiszenzreiche Poesie, die sich ihres ehemaligen Geistes erinnere.

Der ›moderne‹ Epigone überblickt demnach die »Gesamtheit der Mittel und Organe« (Schlegel IV, 80) und nutzt u. a. auch historisch vorgefundene Gattungen. Der Ossianismus, Gerstenbergs »Gedicht eines Skalden« (1766) und Klopstocks Bardengesänge etwa beleben zuvor schon eine angeblich aus dem Volk stammende Poesie neu, die Weimarer Klassiker nähern sich dagegen wieder der Antike, auch im Zitat entlegener Gattungen (Xenien), und im Biedermeier greift die Lyrik auf exotische Gattungen aus (Ghasele). Die neue Nibelungenstrophe bei Ludwig Uhland ist ebenso stilisiert und als Bedingung für ungewohnte ästhetische Effekte notwendig wie die hoch artifizielle Formkunst der ›Plateniden‹ (Immermann, Rückert, Geibel). In seiner Tragödie *Die Nibelungen. Ein deutsches Trauerspiel in drei Abteilungen* (1862) möchte Friedrich Hebbel ›den dramatischen Schatz‹ des Epos ›für die reale Bühne flüssig machen‹ und den Gattungswechsel als Medienwechsel befördern. In der Neuklassik um 1900 versucht man vergleichsweise erfolglos, eine Literatur der Nachmoderne durch gezielten Rückgriff auf einen alteuropäischen Gattungskanon (Tragödie, Komödie, Epos) zu fundieren. Hofmannsthals *Jedermann* (1911), stimuliert durch den mittelenglischen *Everyman* und die Meisterdramen des Hans Sachs, erneuert in dem modernen *morality play* den Festspielgedanken. Dass solche umfangreichen Bezüge immer wieder auch als durchgängiges Gattungszitat erfolgreich sein können, beweist Peter Hacks *Ein Gespräch im Hause Stein über den abwesenden Herrn von Goethe* (1976). Das Monodrama nutzt eine paradoxe Sprechhaltung für ein virtuoses Spiel, das im Zitat der klassizistischen Form eine überzeugende Variante von Metatheater hervorbringt.

Für den Zusammenhang von *Epigonalität und Gattung* scheinen u. a. folgende begründende Aspekte besonders wichtig:

(1) Legitimation des Neuen durch Formen. Gattungsübernahmen gehen einher mit Kontrafakturen (Verweyen/Witting 1987). Innerhalb des vorgegebenen Schemas kann man z. B. variierende Subjektivitätskonzepte abstützen oder auch neue Handlungsmodelle legitimieren und Geschichtskonzepte verändern. Gerade in der Anlehnung an häufig gebrauchte Formen zeigen sich die vielfältigen Möglichkeiten der Literatur. Positiv verlaufene Rezeptionen (eingebürgerte Gattungen) können dann, wie z. B. bei Peter Rühmkorf, auch als Gegenstand von Parodien dienen.

(2) Dialogizität und Subjektivität. Formzitate wirken stabilisierend auf unsichere Subjektivitätsentwürfe. Gattungstitel und die gesamte Gattungsgrammatik bilden bei Weiterführungen wie bei Gattungsreaktivierungen erste Ansatzpunkte für die Wiederbelebung. Stilübungen wie die Pastiches (Proust) oder die ›Exercises de style‹ (Raymond Queneau) übernehmen das gesamte Setting einer jeweiligen Textsorte. Bei Wolfgang Hildesheimer etwa bildet die Gattung Legende (*Lieblose Legenden*) in Anlehnung an die äußeren Merkmale nur noch den ironisch umspielten, stets mitzudenkenden religiösen Hintergrund. Der enge Zusammenhang von Gattung und Selbstentwurf reicht hinein bis in imaginäre Identitätsprozesse (»Der neue …«). Das poetische Subjekt muss sich nur verschiedenen Rollen anverwandeln, um möglichst viele Aspekte des Selbst auszuleuchten. Ein wichtiger Aspekt ist dabei die Prätextualisierung des eigenen Werks. Immer wieder neu aufgegriffene Produktionen dienen als Grundlage für Umschriften und Gegenentwürfe, mit denen der Autor seine einmal gefundene Position verwirft.

(3) Reflektierte Stilisierung. Häufig begegnet die Technik der Stilisierung zu einer künstlichen Altertümlichkeit. Die Neugeburt der Ballade nach 1770 und ihr ungeheurer Erfolg im 19. Jh. beispielsweise

2. Normentheoretische Problemkonstellationen

haben mit einem reflektierten Verständnis von Geschichtlichkeit der Literatur zu tun. Die scheinbare Einfachheit, die Naivität des Sprechens sind höchst künstlerisch und dienen dem Wiedergewinnen von ästhetischen Möglichkeiten, die verloren geglaubt waren. Der Rückgriff von Intellektuellen auf Formen der sogenannten Volkspoesie (u. a. Herder, Bürger, Goethe, Uhland) geschieht unter Einbezug des Wissens um die historisch bedingte Erklärung von Gattungen. Uhland etwa begründet den Rückgriff explizit als epigonalen, weil er wie Goethe in der Ballade ein Archiv elementarer Äußerungsformen sehen will, in dem alle Geistestätigkeiten vereint gewesen seien. Wer in der neueren Zeit wieder Balladen schreibt, handelt demnach schon in der Verwendung der (altertümlichen) Gattung historistisch und hofft auf eine Wiederkehr von Erfahrungsqualitäten, die nur von dieser Art Poesie ermöglicht werden können. Bei diesen Autoren (sie imaginieren sich poetisch als *Sänger*) gehören das Verfassen von Balladen, die Reflexion darüber und die literarhistorische Sammlertätigkeit gleichermaßen zum Programm.

(4) Transgression generischer Grenzen. Die *gespielte Oralität*, die *simulierte Mündlichkeit* etwa in der Novelle seit 1790 (ebenfalls in der deutschen Literatur erst seit dieser Zeit wiederbelebt) oder im Roman seit der Renaissance (z. B. bei Rabelais und Fischart) sind Teil umfassender Bezugnahmen. Ganze Großformen werden reproduziert (Joyces *Ulysses* und das Epos Homers; Jorge L. Borges Kriminalerzählungen, sein *Buch der Träume*, Vladimir Nabokovs *Pale Fire*). Exemplarisch erscheint auch *Der Name der Rose* von Umberto Eco (1982). In einem intertextuellen Verwirrspiel zwischen Lovestory, Politthriller und wissenschaftlicher Dokumentation gelingt hier die Aufhebung der Grenzziehung zwischen der als Realität erzählten Fiktion und der eindeutig als fiktiv ausgegebenen Fiktion, die bewusst die Schranke zum Film beseitigen will. Das bloße Spiel mit Medienphantasmen wäre zu ergänzen um das direkte Auftreten von Fremdmedien im jeweils bevorzugten Medium. Dabei sind die technologisch bedingten Differenzen bei den Gattungskontaminationen unübersehbar und können unüberwindliche Hürden bilden. Als rein literarisches Beispiel für das Spiel mit generischen Grenzen unübertroffen ist nicht zuletzt der *Marbot*-Roman von Wolfgang Hildesheimer (1981). Paratextuell angekündigt (Klappentext, Rede vor philosophischer Gesellschaft, vorgeblicher Quellenfund), spielt der Autor mit der Lesererwartung, indem er konsequent von der Biographie eines vergessenen und von ihm wiederentdeckten Zeitgenossen Goethes und Schopenhauers spricht. Die Kontrafaktur der wenige Jahre zuvor erschienenen *Mozart*-Biographie legt nahe, an ein Sachbuch zu glauben. Die dennoch vorhandenen Fiktionalitätssignale zeigen, dass ein die Gattungsgrenzen sprengendes Spiel mit Paratextualität und Metatextualität getrieben wird, das die fiktive Biographie als eine neue Konstellation der Romangeschichte präsentierte.

Ein ungelöstes Problem stellt die Frage dar, ob sich in unterschiedlichen generischen Bereichen (v. a. Epik, Lyrik, Drama) Epigonalität unterschiedlich gestaltet. Es gibt allerdings Hinweise darauf, dass gerade die Lyrik in den letzten Dezennien sehr viel häufiger als andere Gattungen Rückgriffe auf bekannte Formen und Schreibweisen aufweist und vielfach von reflektierter Epigonalität bestimmt zu sein scheint. Durs Grünbein spricht beispielsweise deshalb auch von der »Omnitemporalität der Poesie« und wie Hans Magnus Enzensberger vom prinzipiellen Anachronismus der Literatur im »Marsch der Epigonen«. Die Moderne zu allen Zeiten produziere gerade in der bewussten Epigonalität die bedeutende Poesie (Grünbein 2001, 17–19, 44 f.). Nach dem ›Ende des literarischen Fortschrittsdenkens‹ schreibe man nun wieder Terzinen, Sestinen, Villanellen, Sonettenkränze und Trionfi. Von der Antike bis zur Renaissance, vom Orient bis zum Okzident stehe alles zur freien Verfügung. Raoul Schrott leitet deshalb auch in seiner Gedichtsammlung *Tropen. Über das Erhabene* (1998) die erhobene Schreibweise direkt aus dem »Augusteischen« ab. Die Typographie der Gedichte soll an Inschriften aus der Antike erinnern. Nur der informierte Epigone verstehe es, die Dinge wieder neu zu zeigen. Von Hermann Brochs Essay »Die mythische Erbschaft der Dichtung« (1945) bis zu den Essays der gelehrten Lyriker unserer Tage wird in der Epigonalität das von Thomas Mann in seiner Rede »Freud und die Zukunft« von 1936 so genannte »zitathafte Leben« deutlich, es gehört bis heute zum Kern unseres kulturellen Gedächtnisses. Denn die Vergangenheit überdauert nicht als solche, sondern nur als eine symbolische Form.

Literatur

Fauser, Markus: *Intertextualität als Poetik des Epigonalen. Immermann-Studien*. München 1999.
Genette, Gérard: *Palimpseste. Die Literatur auf zweiter Stufe*. Übers. v. Wolfram Bayer u. Dieter Hornig. Frankfurt a. M. 1993.
Groys, Boris: *Über das Neue. Versuch einer Kulturökonomie*. München, Wien 1992.
[Grünbein, Durs:] *Durs Grünbein im Gespräch mit Heinz-Norbert Jocks*. Köln 2001.

Homscheid, Thomas: *Interkontextualität. Ein Beitrag zur Literaturtheorie der Neomoderne.* Würzburg 2007.
Müller, Jan-Dirk: »Texte aus Texten. Zu intertextuellen Verfahren in frühneuzeitlicher Literatur«. In: Wilhelm Kühlmann/Wolfgang Neuber (Hg.): *Intertextualität in der Frühen Neuzeit.* Frankfurt a. M. 1994, 63–109.
Schlaffer, Heinz: *Poesie und Wissen. Die Entstehung des ästhetischen Bewusstseins und der philologischen Erkenntnis.* Frankfurt a. M. 1990.
Schlegel, August Wilhelm: *Kritische Schriften und Briefe.* Bd. II und IV. Hg. v. Edgar Lohner. Stuttgart 1963 u. 1965.
Verweyen, Theodor/Witting, Gunther: *Die Kontrafaktur. Vorlage und Verarbeitung in Literatur, bildender Kunst, Werbung und politischem Plakat.* Konstanz 1987.

Markus Fauser

2.3 Geschlecht und Gattung

Die Kategorien ›Gattung‹ und ›Geschlecht‹ (*gender*) werden besonders in der jüngeren, von den *Gender Studies* inspirierten Literatur- und (Medien-)Kulturwissenschaft in einen Zusammenhang gebracht und in ihrem Verhältnis zueinander untersucht. Den Ausgangspunkt der *gender*-bezogenen Literatur- und Gattungsanalysen bildet dabei in der Regel die Annahme, dass die Kategorien ›Gattung‹/›Genre‹ und ›Geschlecht‹ grundsätzlich in keinem *systematischen* Zusammenhang zueinander stehen, sondern kontingente Begriffe darstellen (vgl. Babka 2001, 92): Sowohl die literarischen Gattungen (sowie ihre zugrunde gelegten Gattungssystematiken) als auch die Zweigeschlechterordnung von ›männlich‹ versus ›weiblich‹ stellen aus heutiger Sicht kulturelle Konstrukte dar. In historischer und kulturell vergleichender Hinsicht jedoch lassen sich »strukturelle Ähnlichkeiten« bzw. eine »Affinität« (Fleig/Meise 2005[a], 157 f.) zwischen ›Gattung‹ und ›Geschlecht‹ erkennen.

Hier setzt eine von der feministischen Literaturwissenschaft ausgehende und zu einer *gender*-orientierten und diskursgeschichtlich verfahrenden Gattungsanalyse erweiterte Literaturwissenschaft an, um Fragen kultureller Konstruktionsprozesse im Zeichen einer ›Geschlechtlichkeit‹ von Gattungen sowohl in synchroner als auch in diachroner Perspektive zu untersuchen.

Aus Sicht der Geschlechterforschung bieten sich dabei zwei Wege an, um die Form bzw. die Gattungszugehörigkeit eines Textes und ihre Funktionalisierung zu bestimmen: Zum einen die Analyse von (häufig außerkanonischen) Texten, die das Verhältnis von ›Gattung‹ und ›Geschlecht‹ problematisieren; zum anderen die Analyse von kanonischen Texten, die vor dem Hintergrund ihrer Gattungszugehörigkeit auf ihre inhärenten, *gender*-bezogenen Normen- und Wertmodelle sowie auf die in ihnen wirksamen Machtdiskurse und Ausgrenzungsmechanismen hin befragt werden. Dabei wird in beiden Fällen »zumeist Bezug auf Merkmale des *Einzel*textes in einem synchronen *System* von literarischen Werken und gesellschaftlichen Geschlechterverhältnissen« genommen (Erll/Seibel 2004, 181). Die Ergebnisse solcher Korrelationen von ›Gattung‹ und ›Geschlecht‹ lassen sich in einem zweiten Schritt auch in ihrem diachronen Wandel betrachten. Hierbei sind wiederum zwei mögliche Ansätze zu unterscheiden: Einerseits lassen sich (a) Gattungen in den Blick nehmen mit Bezug auf ein Autorsubjekt und dessen Geschlechtlichkeit; gefragt wird dann, welche Gattungen unter welchen Bedingungen innerhalb eines bestimmten Zeit- und Kulturraums eher von Autorinnen und welche von Autoren funktionalisiert wurden. Andererseits lässt sich (b) danach fragen, welche Gattungen unter welchen kulturellen und historischen Bedingungen mit textinternen Geschlechterkonzeptionen operieren; mit Blick auf die Textpragmatik ließe sich hier beispielsweise die Artikulation eines Aussagesubjekts und seiner Sprechweise als ›weiblich‹ oder ›männlich‹ markierte ›Stimme‹ untersuchen. Tendieren solche Verfahren dazu, anthropologisch-universal, ahistorisch und eher systematisch zu argumentieren, indem z. B. die Begriffe ›weiblich‹ und ›männlich‹ mit vermeintlich essenzialistischen Charakteristika verbunden werden, so gilt es dagegen mit Schneider, Gattungen bzw. Genres in ihren kulturellen und medialen Kontexten differenziert zu betrachten, um die »Situationen und ihr Zusammenspiel zu analysieren, in dem Images von Weiblichkeit und Männlichkeit zirkulieren« (Schneider 2001, 101).

Neuere Ansätze plädieren daher eher dafür, reduktionistische Dichotomien zu vermeiden und »die Semantik von Weiblichkeit und Männlichkeit, wie sie sich aus unterschiedlichen Diskursen erschließen lässt, nicht als eine Liste von dichotomischen Merkmalen zu begreifen, sondern als eine Semantik der vielfachen Durchkreuzungen und Durchquerungen« (Schneider 2001, 101). Aus dem Blick der *Gender* und *Queer Studies* wird dabei zugleich auch die Identitätskategorie ›Geschlecht‹ jenseits der Dichotomie ›männlich‹ versus ›weiblich‹ verortet. Ein solches Verständnis von jenseits heteronormativer Zweigeschlechtlichkeit angesiedelter geschlechtlicher Identität weist das ›Geschlecht‹ dann als Zusammenspiel der unterschiedlichen Faktoren *sex* (biologisches

2. Normentheoretische Problemkonstellationen

Geschlecht), *gender* (soziale Geschlechterrolle) und *desire* (Begehren) aus.

Der Konnex zwischen Gattung und Geschlecht rückt erstmals in das Blickfeld, als sich im Zuge identifikatorischer Schreib- und Lektürepraktiken und mit der Emotionalisierung der Literatur in der mittleren Aufklärung des 18. Jh.s subjektive, als ›authentisch‹ markierte Formen literarischen Sprechens herausbilden. Den neuen Formen des Briefs, des Briefromans und des (Frauen-)Romans, aber auch des Tagebuchs und eines Teils der Reiseliteratur wird dabei im 18. Jh. ein ›natürlich-weiblicher‹, von einer männlich dominierten Gattungstradition abweichender Status zugeschrieben. Unter dem Gesichtspunkt ›Geschlecht‹ ließe sich daher eine Literaturgeschichte als Gattungsgeschichte im Zeichen subjektiver literarischer Ausdrucksformen auch als eine Geschichte der Subjektivität neu schreiben, wie sie etwa Schabert für den Bereich der englischen Literaturgeschichte vom 16. bis zum 20. Jh. nachgezeichnet hat.

Die Verflechtung von Gattungs- (hier insbesondere Brief- und Roman-) und Geschlechterdiskurs hat ihren Ursprung im 18. Jh. und seinem Interesse an anthropologischen und literarischen ›Naturformen‹. Das zugrunde gelegte Postulat einer anthropologisch universalen geschlechtsspezifischen Dichotomie unterscheidet dabei insbesondere im deutschsprachigen Kulturraum zwischen ›weiblich‹ versus ›männlich‹ als Differenz von Emotionalität versus Rationalität, subjektiver versus objektiver Perspektive, Passivität versus Produktivität, Natur/Naivität/Spontaneität versus Kultur/Wissen/Gelehrsamkeit sowie Einbildungskraft versus systematische Bildung. Innerhalb des sich verändernden und erweiternden Gattungssystems etablieren sich dabei im kulturellen Wissen als ›weiblich‹ gehandelte Formen zunächst in Form noch nicht traditionell und normativ festgelegter, ›offener‹ Gattungen, die jedoch innerhalb des Literaturbetriebs gering geschätzt werden (›Frauenroman‹). Es entsteht zugleich ein sozial- und kulturgeschichtlicher Freiraum, der Frauen die Teilnahme am Literaturbetrieb überhaupt erst ermöglicht – und sei es in der zirkulären Struktur einer moralpädagogisch ausgerichteten Literatur von Frauen für Frauen. Vermeintlich ›weibliche‹ Naturformen korrelieren hier mit ›natürlichen‹ Schreibarten, die, wie etwa in Gellerts Brieflehre, aus dem ›Naturwesen‹ der Frau abgeleitet werden (vgl. Fleig/Meise 2005[b], 166). Dem gegenüber treten Gattungen wie Drama und Lyrik latent als ›männlich‹ besetzte hervor, die auf Bildung und rationaler Kultur (etwa der poetisch-rhetorischen Tradition) beruhen und auch in sozialer Hinsicht fest im Literatur- und Kulturbetrieb verankert sind (vgl. Bovenschen 1997, 216; dagegen Fleig/Meise 2005[b], 169 ff.). So ist es für das 18. Jh. auch über den deutschsprachigen Bereich hinaus vor allem die Herausbildung des modernen Romans, mit dem gattungsgebunden neue Möglichkeiten subjektiven und damit auch geschlechtsspezifischen Sprechens verbunden werden (vgl. zum französischen Frauenroman Schlieper 2007; zum englischen Frauenroman und der Funktionalisierung einer neuartigen Perspektivenführung vgl. Schabert 1997, 303 ff.). Wenngleich sich auch hier geschlechtlich markierte Varianten etablieren (›männlicher‹ Bildungsroman versus ›weiblicher‹ Prüfungsroman; vgl. Schlimmer 2005), so bieten sich doch vielfältige, dominant als ›weiblich‹-emotional markierte, ›natürliche‹ Ausdrucksformen an (»Weiblichkeit[s]muster«, Scheitler 1999, 245), die nicht poetischen und rhetorischen Regelsystemen verpflichtet sind, sondern Subjektivität und Unmittelbarkeit der Darstellung suggerieren: etwa mittels erzählerischer Ich-Form, expliziter Selbstthematisierung der Erzählinstanz und selbstreflexiver Problematisierung eigenen Schreibens, der Bevorzugung bestimmter, auf Privatheit zielender Exordialtopoi (vgl. für die Reiseliteratur Scheitler 1999, 116 f.), Authentizitätsbeglaubigungen in Herausgebervorworten und Erzählervorreden, stilistischer Einfachheit, zunehmender Psychologisierung und Verlagerung der Handlung nach ›innen‹ oder der Einladung zu identifikatorischer Lektüre.

Die geschlechtlich variable Funktionalisierung der neuen Gattung Roman im 18. Jh. deutet bereits an, was sich im Laufe des 19. Jh.s bis hinein in die Entwicklung neuer Medien (Film, Internet) im 20. Jh. fortsetzt: Es sind gerade die Untergattungen, die für einzelne *gender*-bezogene Sprechweisen funktionalisierbar werden, so dass die ihnen übergeordneten Gattungen offen erscheinen für variable, d. h. auch gegenteilige geschlechtliche Funktionalisierungen. Dabei ist es primär die Gattung Roman, die, zunächst am Modell des Bildungs- und Künstlerromans ausgerichtet, zur Repräsentation einer weiblichen Stimme in Fin de Siècle und Früher Moderne adaptiert wird, um Bilder eigener geschlechtlicher Identitäten zu entwerfen (vgl. Usandizaga 2000, 109). Gerade um die Jahrhundertwende koinzidieren hier mit dem Beginn der Frauenemanzipation sowie der literarischen Moderne Entwicklungen, die das Geschlechter- und Gesellschaftsbild sowie die dominanten Lebenslaufmodelle der realistischen Romanliteratur zu überwinden versuchen. In diesem Zusammenhang tritt im 20. Jh. ein neues Erzählmodell an die Stelle des männlich vorgeprägten Gattungsmusters Bildungsroman: die Biographie respektive Autobiographie, die zur tendenziell offenen Form avanciert, mit der individuelle geschlechtliche Identitäten darstellbar werden.

Der Zusammenhang von Gattung und Geschlecht wird im 20. Jh. neuerlich im Zusammenhang mit dem Medium Film diskutiert. So galt das Melodrama der 1940er Jahre der Filmtheorie als ›woman's film‹ (vgl. Schneider 2001, 98); auch wurden eher ›männliche‹ (z. B. Krimiserien) und eher ›weibliche‹ TV-Genres/Formate (z. B. Soap Operas) unterschieden (vgl. Fiske 1989, 179 ff.) – nicht ohne dabei essenzialistische Kategorisierungen und fixierte Wesensmerkmale der Geschlechter vorauszusetzen (vgl. Schneider 2001, 98).

Literatur

Babka, Anna: »›Gender/Genre-(in)-trouble‹. Literaturtheorie nach dem Gesetz der Gattung«, in: Beate Burtscher-Bechter/Martin Sexl (Hg.): *Theory Studies? Konturen komparatistischer Theoriebildung zu Beginn des 21. Jh.s.* Innsbruck 2001, 91–107.
Bovenschen, Silvia: *Die imaginierte Weiblichkeit. Exemplarische Untersuchungen zu kulturgeschichtlichen und literarischen Präsentationsformen des Weiblichen.* Frankfurt a. M. 1979.
Fleig, Anne/Meise, Helga [Red.]: *Das achtzehnte Jh.* 29 (2005), Themenheft »Gattung und Geschlecht«.
Fleig, Anne/Meise, Helga: »Zur Einführung«. In: Dies.: *Das achtzehnte Jh.* 29 (2005), 157–158 [Fleig/Meise (a)].
Fleig, Anne/Meise, Helga: »Das Geschlecht der Innovation: Bedeutung und Reichweite der Verknüpfung von Gattungs- und Geschlechterdiskurs bei Gellert, Sulzer und Wieland«. In: Dies.: *Das achtzehnte Jh.* 29 (2005), 159–178 [Fleig/Meise (b)].
Eagleton, Mary: »Genre and Gender«. In: David Duff (Hg.): *Modern Genre Theory.* Harlow u. a. 2006, 250–262.
Erll, Astrid/Seibel, Klaudia: »Gattungen, Formtraditionen und kulturelles Gedächtnis«. In: Vera Nünning/Ansgar Nünning (Hg.): *Erzähltextanalyse und Gender Studies.* Stuttgart, Weimar 2004, 180–208.
Fiske, John: *Television Culture.* London 1989.
Schabert, Ina: *Englische Literaturgeschichte. Eine neue Darstellung aus der Sicht der Geschlechterforschung.* Stuttgart 1997.
Scheitler, Irmgard: *Gattung und Geschlecht. Reisebeschreibungen deutscher Frauen 1780–1850.* Tübingen 1999.
Schlieper, Hendrik: »La femme ›avant la lettre‹. Gattungspoetik und Genderdiskurs in der französischen Aufklärung«. In: *onlinejournal kultur & geschlecht*, Ausg. 1 (Juni 2007), URL: http://www.ruhr-uni-bochum.de/genderstudies/kulturundgeschlecht/pdf/Schlieper_Beitrag.pdf (27. 06. 2010).
Schlimmer, Angelika: »Der Roman als Erziehungsanstalt für Leser. Zur Affinität von Gattung und Geschlecht in Friedrich von Blanckenburgs *Versuch über den Roman* (1774)«. In: Anne Fleig/Helga Meise: *Das achtzehnte Jh.* 29 (2005), 209–221.
Schneider, Irmela: »Genre und Gender«. In: Elisabeth Klaus/Jutta Rösner/Ulla Wischermann (Hg.): *Kommunikationswissenschaft und Gender Studies.* Wiesbaden 2001, 92–102.
Usandizaga, Aranzazu: »Gender and Genre«. In: Manuel Barbeito (Hg.): *Modernity, Modernism, Postmodernism.* Santiago de Compostella 2000, 107–132.
Utler, Anja: *›Weibliche Antworten‹ auf ›menschliche Fragen‹? Zur Kategorie Geschlecht in der russischen Lyrik (Z. Gippius, E. Guro, A. Achmatova, M. Cvetaeva).* Hochschulschrift Universität Regensburg (Dissertation) 2004, URL: http://deposit.ddb.de/cgi-bin/dokserv?idn=972665706&dok_var=d1&dok_ext=pdf&filename=972665706.pdf.
Zymner, Rüdiger: *Gattungstheorie. Probleme und Positionen der Literaturwissenschaft.* Paderborn 2003.

Andreas Blödorn

2.4 Ideologie und Gattung

Die Thematisierung der ideologischen Prägung von Gattungen impliziert prinzipiell eine doppelte Fragestellung: Zum einen geht es um eine mögliche Einflussnahme vorgegebener Textstrukturen auf das Bewusstsein und das Wissen von Subjekten, zum andern darum, dass partikulare Überzeugungen textuelle Traditionsbildungen prägen. ›Gattung‹ erscheint in dieser Perspektive als eine formal und inhaltlich von literaturexternen Faktoren tingierte Einheit, die wiederum in der Lage ist, in sozialen und politischen Zusammenhängen Wirkung zu entfalten. Diese zwei Blickrichtungen sind zwar analytisch zu unterscheiden, sie werden sich in konkreten Beispielen aber meist als eine eng verflochtene Wechselwirkung erweisen.

Die Untersuchungsperspektive von ›Ideologie und Gattung‹ hat forschungsgeschichtlich ihren Entstehungszusammenhang im Kontext der akademischen Politisierung in den 1960er Jahren und ist vor allem in den 1970er und 1980er Jahren intensiver verfolgt worden. Dabei verbindet sich die literaturwissenschaftliche Herangehensweise mit einem auf Marx bezogenen Ideologie-Begriff, der ›Ideologie‹ als aufgrund der historischen Lage der Klassengegensätze notwendig falsches Bewusstsein versteht (Lieber 1985, 37 f.). Die Forschungsrichtung ist so einem kritischen Impetus verpflichtet, der die Beseitigung von Vorurteilen und falschen traditionellen Denkformen zum Ziel hat (ebd., 21–27, 53). Dies hat dazu geführt, dass sie vorzugsweise zum einen als ideologisch problematisch verstandene Gattungen wie z. B. den Bauernroman untersucht und deren ›Verblendungszusammenhänge‹ herausgearbeitet hat (Schweizer 1976), und dass sie zum anderen marginalisierte Gattungen, wie z. B. den Reisebericht, aufgrund der dort möglichen Äußerung alternativer gesellschaftspolitischer Ansichten nobilitiert hat (Mattenklott/Scherpe 1975).

Die in dieser Form ›klassisch‹ zu nennende Ideologiekritik geht von einem Gegensatz von ›Ideologie‹ und ›Wissen‹ aus, wobei Ersteres als subjektiv, nicht aber objektiv hinlänglich für wahr haltbarer Glaube und Letzteres als subjektiv wie objektiv hinlänglich für wahr haltbare Kenntnis betrachtet wird (Beebee 1994, 15). ›Ideologie‹ verortet sich derart auf der Seite des untersuchten Gegenstandes, ›Wissen‹ bei den Untersuchenden. Dieser klare Gegensatz ist aber von anderen Konzeptionen infrage gestellt worden. Adorno und Horkheimer betonen z. B. in der *Dialektik der Aufklärung* das Ineinander von Wahrem und Unwahrem in den Ideologien, was insbesondere zu differenzierteren Analyseansätzen bezüglich der Gattungen der Unterhaltungsliteratur geführt hat. So machte etwa C. Bürger geltend, dass sich die bürgerlichen Ideologien aus den Produkten der Kulturindustrie zurückgezogen hätten und dort nur noch als in Verhaltensmodellen eingelassene »Residual-Ideologien« fungieren würden, denen mit Untersuchungen zu sprachlichen Techniken beizukommen sei (Bürger 1973, IX). Weiter konnte am Beispiel des Kriminalromans gezeigt werden, dass durch ihre Merkmale stark restringierte Gattungen sich ihren formalen und inhaltlichen Schemata zu entwinden vermögen und, unter bewusstem Verzicht auf bestimmte Genreeigenheiten wie das ›mystery‹-Element, eine neue ideologische Vertiefung bzw. Markierung ihrer Thematik erreichen können (Schulz-Buschhaus 1975).

Auch aus der Perspektive der Foucaultschen Diskursanalyse wird der Gegensatz von ›Ideologie‹ und ›Wissen‹ obsolet, weil jedes ›Wissen‹ stets in von Partikularinteressen geprägten Machtzusammenhängen steht, was sich auch in den Formen der sprachlichen Darstellung niederschlägt. ›Gattungen‹ sind in diesem Zusammenhang als relativ stabile formal-inhaltlich Komplexe zu verstehen, die von Machtkonflikten durchzogene, diskursiv organisierte Wissensbestände aktualisieren, repräsentieren und distribuieren. In dieser Weise geht die Problemstellung von ›Ideologie und Gattung‹ aus der Obhut der Ideologiekritik in diejenige der seit den späten 1990er Jahren etablierten Wissenspoetologie über, die das Auftauchen neuer Wissensobjekte und Erkenntnisbereiche zugleich als Form ihrer Inszenierung begreift, bestimmte Repräsentationsweisen spezifischer Wissensordnungen untersucht, Regeln und Verfahren der Ausbildung eines Äußerungszusammenhangs analysiert und deshalb der Gattungsfrage besondere Aufmerksamkeit schenkt. Dieser Ansatz beschränkt sich nicht mehr auf die Bearbeitung literarischer Genres, sondern fordert programmatisch »die Ergänzung und Ausweitung von Gattungsbegriffen« auch auf andere Disziplinen und Redeweisen (Vogl 1999, 13, 15). Beispiele für solche Untersuchungen stellen Arbeiten zur Fallgeschichte des Menschenversuchs oder zu Gattungsexperimenten dar (Pethes 2007; Gamper 2010).

Bevorzugter Gegenstand der ideologiekritischen Gattungsgeschichte sind literarische Texte, die sich durch einen klaren Verwendungszweck auszeichnen. Dies gilt zum einen generell für Genres der ›Trivial‹- und Unterhaltungsliteratur, zum andern tendenziell für die Literatur vor der funktionalen Ausdifferenzierung der Gesellschaft bzw. der Ausbildung von ästhetischen Autonomieprogrammen, die meist in mehr oder minder klar formulierten gesellschaftlichen Verwertungszusammenhängen stand. So verband sich denn auch eine nach den rhetorischen Stilebenen organisierte Regelpoetik stets in mehr oder minder vermittelter Weise mit den Wertvorstellungen und Interessen spezifischer Gruppen der ständischen Gesellschaft, wofür etwa die Gattungsordnung der französischen Klassik im 17. Jh. ein prägnantes Beispiel ist (Beebee 1994, 18 f.). Gleiches gilt, wenn auch in partikulärer Form, für das lateinische oder volkssprachliche Jesuitendrama, für das im Zuge der Gegenreformation die Konversion der zentrale Zweck darstellte, für den die ästhetischen Mittel zugerichtet wurden. Auch die protestantische deutsche Barocktragödie war an einem ähnlichen religiös-neostoizistischen Wertekanon orientiert (Tarot 1969).

Für das 18. Jh. hat die Forschung herausgearbeitet, wie ganze Gattungen für das Projekt der bürgerlichen Emanzipation in Anspruch genommen wurden. Dies gilt für das sogenannte ›bürgerliche Trauerspiel‹, welches die traditionelle Form der Tragödie nun in signifikanter Weise für die Durchsetzung bürgerlicher Werte benutzte und für seine Zwecke durch entsprechende neue Gattungsmerkmale zurichtete. Dabei wurden verschiedene Themen neu funktionalisiert und durch wirkungsästhetische Maßnahmen für die Implementierung neuer Ideologeme eingesetzt, was besonders prägnant für die Thematik der ›Liebe‹ galt (Saße 1996). Ist das ›bürgerliche Trauerspiel‹ Beispiel für die ideologische Neufunktionalisierung einer Gattung, so gilt der Roman als ein Genre, das seine Anerkennung als Kunstform überhaupt erst der Absonderung der bürgerlichen Privatsphäre innerhalb der Ständegesellschaft verdankte. Es waren gerade die formale Freiheit und die Erweiterungsfähigkeit der Gattung, die es ihr erlaubten, in verschiedenen Epochen und unterschiedlichen sozialen Konstellationen je spezifisch das Wertebewusstsein bürgerlicher Gruppierungen zum Ausdruck zu bringen (Broggini 2003). Diese These der außerordentlichen ideologischen Aufnahmefähigkeit der Gattung ›Roman‹ wird gestärkt durch die Tatsache, dass dieser es oppositionellen sozialen Gruppen erlaubt hat, gerade gegenteilige, die bürgerliche Gesellschaft anklagende bzw. auf deren Ersetzung hinarbeitende Ideologien in eine populäre Form zu fassen (›proletarischer Roman‹). Dabei konnten gar Stil-Merkmale des dominanten Roman-Typs der zweiten Hälfte des 19. Jh.s, des ›realistischen Romans‹, auch für die sozialistische literarische Produktion übernommen werden (Schmitt 1973).

In den sozialen und damit auch ideologischen Umbrüchen des 18. Jh.s hat sich auch die Gattungstheorie selbst neu formiert. Die einflussreichste Abhandlung war diesbezüglich Lessings Laokoon-Schrift, anhand deren gezeigt werden konnte, dass die gattungstheoretische Auseinandersetzung selbst ideologisch aufgeladen war und eigene »Politics of Genre« produzierte, indem hier in den Termini der Poetik der Künste eine sowohl religiös wie politisch motivierte protestantische Allianz gegen katholisch-französische Idolatrie geschmiedet wurde (Mitchell 1984, 106).

Besonders vielversprechende Anregungen sind von differenztheoretisch orientierten Ansätzen ausgegangen. So haben Link und Link-Heer eine »kulturelle Distinktionsfunktion« herausgearbeitet, der zufolge sich die Beziehung zwischen literarischen Genres und sozialen Ideologie-Trägern nicht durch eine sachliche Beziehung ergibt. Vielmehr haben sie argumentiert, dass die Wahl auf bestimmte Gattungen falle, weil diese eine Unterscheidung von ideologischen Gegnern erlaubten. So hätten sich viele Vormärzautoren klassizistischer Formen bedient, um sich damit vom Volksliedton der politisch unliebsamen romantischen Autoren abzusetzen. Dabei sei entscheidend gewesen, dass die klassizistischen Genres mehrfach determinierte Phänomene waren, die sowohl eine klare Distinktionsfunktion ausübten als auch Allianzen mit den liberalen Kräften ermöglichten und neue Traditionszusammenhänge, vor allem mit dem ›Freiheitsdichter‹ Schiller, schufen. Heine wiederum gelang unter diesen Bedingungen eine Abgrenzung gegenüber beiden Gruppierungen, indem er nun seinerseits den Volksliedton ironisch unterlegte (Link/Link-Heer 1980, 378–392). In dieser Weise werden Gattungen als Institutionen in einem interaktionistischen Sinne verstanden, die von Subjekten internalisierbare, relativ stabile Sinnschemata enthalten und so einen Normenkomplex ausbilden (ebd., 392–395; Voßkamp 1977). Genres sind in dieser Perspektive äußerst wirkungskräftige Agenten im Kampf um soziale Macht, die mit Diskursen in einem engen, aber bislang von der Forschung noch nicht abschließend geklärten Zusammenhang stehen.

Dieser Untersuchungsansatz bleibt insofern einer Hauptlinie der Forschung verpflichtet, als er ganze Gattungen in den Blick nimmt und ihre textuelle Differenzproduktion beobachtet. Einen prinzipiell anderen Zugang wählt Beebee, der den Einzeltext als ideologischen Kampfplatz versteht, der seine Spannung aufgrund des Zusammentreffens verschiedener Gattungstraditionen in einem literarischen Werk erhält, was er u. a. an Melvilles *Moby Dick* exemplifiziert (Beebee 1994, 19–27).

Literatur

Beebee, Thomas O.: *The Ideology of Genre. A Comparative Study of Generic Instability*. University Park Pennsylvania 1994.
Broggini, Gisbert: »Der Aufstieg des Romans. Seine Kunstform und ideologische Praxis«. In: Andrea Hohmeyer/Jasmin S. Rühl/Ingo Wintermeyer (Hg.): *Spurensuche in Sprache und Geschichtslandschaften*. Münster u. a. 2003, 103–121.
Bürger, Christa: *Textanalyse als Ideologiekritik. Zur Rezeption zeitgenössischer Unterhaltungsliteratur*. Frankfurt a. M. 1973.
Gamper, Michael: »Gattungsexperimente. Explorative Wissenspoetik und literarische Form«. In: Ders. (Hg.): *Experiment und Literatur. Themen, Methoden, Theorien*. Göttingen 2010, 96–165.
Lieber, Hans-Joachim: *Ideologie. Eine historisch-systematische Einführung*. Paderborn u. a. 1985.
Link, Jürgen/Link-Heer, Ursula: »Soziologische Fundierung literarischer Kategorien (I) – Diskursformen, Genres und Genre-Systeme«. In: Dies.: *Literatursoziologisches Propädeutikum*. München 1980, 377–415.
Mattenklott, Gert/Scherpe, Klaus R. (Hg.): *Demokratisch-revolutionäre Literatur in Deutschland: Jakobinismus*. Kronberg/Ts. 1975.
Mitchell, William John Thomas: »The Politics of Genre. Space and Time in Lessing's ›Laocoon‹«. In: *Representations* 6 (1984), 98–115.
Pethes, Nicolas: *Zöglinge der Natur. Der literarische Menschenversuch des 18. Jh.s*. Göttingen 2007.
Saße, Günter: *Die Ordnung der Gefühle. Das Drama der Liebesheirat im 18. Jh.* Darmstadt 1996.
Schmitt, Hans-Jürgen (Hg.): *Die Expressionismusdebatte. Materialien zu einer marxistischen Realismuskonzeption*. Frankfurt a. M. 1973.
Schulz-Buschhaus, Ulrich: *Formen und Ideologien des Kriminalromans. Ein gattungsgeschichtlicher Essays* [sic]. Frankfurt a. M. 1975.
Schweizer, Gerhard: *Bauernroman und Faschismus. Zur Ideologiekritik einer literarischen Gattung*. Tübingen 1976.

Tarot, Rolf: »Ideologie und Drama. Zur Typologie der untragischen Dramatik in Deutschland«. In: Stefan Sonderegger/Alois M. Haas/Harald Burger (Hg.): *Typologia Litterarum*. Zürich 1969, 351–366.
Vogl, Joseph: »Einleitung«. In: Ders. (Hg.): *Poetologien des Wissens um 1800*. München 1999, 7–16.
Voßkamp, Wilhelm: »Gattungen als literarisch-soziale Institutionen. Zu Problemen sozial- und funktionsgeschichtlich orientierter Gattungstheorie und -historie«. In: Walter Hinck (Hg.): *Textsortenlehre – Gattungsgeschichte*. Heidelberg 1977, 27–44.

Michael Gamper

2.6 Innovation und Gattung

Das Verhältnis von Innovation und Gattung zeigt sich erstens als Neukonstitution von Gattungen und Neustiftung von Gattungstraditionen, zweitens als Erneuerung und Differenzierung von bestehenden Gattungen und Gattungssystemen und drittens als neue Integration oder neue Synthese von verschiedenen bestehenden Gattungen, auch in neuen medialen Kontexten und veränderten Rezeptionszusammenhängen. Es handelt sich beim Verhältnis von Innovation und Gattung um eine normentheoretische Problemkonstellation insofern, als dass sich Neukonstitutionen, Erneuerungen und Synthesen zu implizit oder explizit geltenden generischen Normen in ein nichtaffirmatives Verhältnis setzen. Geltende Normen, die die Gattungssysteme sozial stabilisieren und die im Hinblick auf einzelne Genres Gattungserwartungen und die Erfüllung dieser Gattungserwartungen aufseiten des Autors wie der Rezipienten bestimmen, werden in Prozessen der Innovation verändert. Diese implizieren oder provozieren Wertungsprozesse und können in Konflikt geraten mit vorhandenen Kanones, ideologischen Rahmenbedingungen und generischen Konventionen (→ B 2.4, B 2.6, B 2.9). Generische Innovationen können programmatisch von einer Innovationsrhetorik begleitet werden oder aber sich gleichsam unkommentiert ereignen.

Innovation ist für das prinzipielle Verhältnis von Gattungstheorie und Gattungsgeschichte ein entscheidender Kristallisationspunkt: »Literarische Innovation artikuliert immer auch einen Protest gegen vorherrschende Gattungen. Eben deshalb ist literarische Innovation ohne Gattungen nicht denkbar« (Walch 1991, 6; →C). Aber nicht nur im Sinne einer ›Literaturgeschichte als Provokation‹ ist Innovation in vielschichtiger Weise und in diachron wie synchron zu differenzierender Hinsicht (literaturanthropologisch, sowie stil-, struktur-, sozial- und funktionsgeschichtlich) an der Konstitution und Veränderung von Gattungen beteiligt.

Rüdiger Zymner hat verschiedene Möglichkeiten am Beispiel des Dramas so beschrieben: »Wenn etwa ein Trauerspiel nicht mehr im ästhetisch-sozialen Handlungsfeld einer Hofgesellschaft entsteht, sondern von bürgerlichen Autoren für bürgerliches Publikum, mag man schon Anlaß genug dafür haben, von einem neuen Genre […] zu sprechen […]. Wenn ein Drama nicht mehr, wie es ›eigentlich‹ üblich ist, in Versen gestaltet ist, sondern in Prosa, wird man dies wohl als Entwicklung zu einem neuen dramatischen Genre betrachten können; und wenn schließlich bestimmte literarische Gattungen nicht mehr einem bestimmten Publikum vorbehalten sind, sondern sich nun auch oder ausschließlich an ein neues, vorher ausgeschlossenes Publikum richten, so wird man dies ebenso als Aspekt der Gattungsentwicklung betrachten dürfen« (Zymner 2003, 205). Neben dem Beispiel des Trauerspiels aus der Zeit Lessings lassen sich auch Bertolt Brechts Neukonzeption des Theaters als ›episches Theater‹ oder Richard Wagners Konzept eines musikdramatischen Gesamtkunstwerks als Gattungsinnovationen beschreiben, die u. a. die Rezeptionssituation verändern wollen. Dabei lässt sich Brechts Theaterkonzeption eher als kritische Neustiftung einer politisch-sozialen Gattungstradition und Wagners Kunstkonzept als neue Synthese gattungsgeschichtlicher und gattungstheoretischer Reflexionen einschätzen, als eine Form gattungsinterner Überbietung wie im rhetorischen Modell der *aemulatio*.

Die Neukonstitution von Gattungen lässt sich u. a. in literaturanthropologischer, ideengeschichtlicher oder literatursoziologischer Hinsicht beschreiben. Im Blick auf Wilhelm Voßkamps Arbeiten zu Gattungstheorie und -geschichte lassen sich Gattungen ganz generell als »Bedürfnissynthesen« auffassen (Voßkamp 1996, 261–265). In ihnen erscheinen bestimmte historische Probleme, soziale bzw. sozialgeschichtliche Widersprüche oder Lösungen für die historischen Problemlagen als ›Antworten auf die Geschichte‹ aufbewahrt (vgl. auch Zymner 2003, 202). Literaturanthropologisch werden der besondere anthropologische Charakter dieser ›Bedürfnisse‹, aber auch der mit ihnen verbundenen Haltungen und Situationen stärker betont; ideen-, sozial- oder funktionsgeschichtliche Untersuchungen richten eher den Blick auf die Synthese-Qualität und ihre historische Situiertheit.

Die Neukonstitution von Gattungen und die Erneuerung innerhalb von bestehenden Gattungen hat Jörg-Ulrich Fechner (1974) mit dem Begriff einer ›permanenten Mutation‹ zusammenzufassen versucht, weil »eine annähernd identische Nachahmung [von] Gattungserscheinungen den extremsten Fall der Epigonalität, die Kopie mit schöpferischem Anspruch, hervorriefen. [... Demgegenüber stehen] der permanenten Mutation Möglichkeiten nach allen Richtungen hin offen [...]: Arten der Mutation, d. h. Gattungswahl, werden mitbestimmt vom literarischen Bewußtsein, von der literarischen Tradition, von der Bildung des Autors, ferner von soziologisch faßbaren Rezeptions- und Geschmackskriterien« (Fechner 1974, 29). Fechners Modell selbst hat Gottfried Willems (vgl. Willems 1981, 347) mit der großen Differenziertheit der traditionsgeschichtlichen Entwicklungen kritisiert. Insbesondere die kultur- und literarhistorische Erfahrung zeige, dass die ›Offenheit in alle Richtungen‹ in der Verwendung und Ausgestaltung von Gattungen keineswegs immer erstrebt oder gar der Normfall gewesen ist.

Eine evolutionäre oder gar evolutionstheoretisch anschließbare Sicht des Innovationsprozesses als ›permanente Mutation‹ sieht Fechner auch noch nicht. Sie wird in Klaus W. Hempfers Gattungstheorie im Blick auf die Gattungstheorie des Strukturalismus (Hempfer 1973, 98 f. u. 212–220) zwar mitbedacht. Letztlich hat sie sich aber erst in der literaturanthropologischen und evolutionsbiologischen Wendung des letzten Jahrzehnts wirklich entfaltet und z. B. einen Bezug zwischen Gattungsentwicklung und -innovation und ›poetogenen Strukturen‹ hergestellt. Es lassen sich Parallelen solcher ›poetogenen Strukturen‹ zu kognitiven Schemata ziehen, womit eine kognitive Gattungstheorie auch »Gattungsdynamiken [...] sowohl auf der Produktions- wie Rezeptionsseite« erklären kann (Hallet 2007, 69; dort weitere Literatur). Wie dies im Einzelnen zu sehen und für einzelne Gattungen zu beschreiben ist, ist aber noch Desiderat.

Ein weiteres Modell, Innovation im Rahmen der Gattungsbegründung und poetologischen Gattungsreflexion und innerhalb von Gattungen zu erfassen, liegt in der Bestimmung von ›Spielräumen‹ für die Gestaltung ›Literarischer Diversität‹ (vgl. Wesche 2004 für die Dichtung und Poetik des Barock im Übergang zur frühaufklärerischen Lyrik; ähnlich auch Stockhorst 2008 für Kodifizierungsstrategien in den Vorreden zu barocken Poetiken). Das Modell von Spielraum und die Beschreibung von Diversitäten greifen das ältere Strukturmodell von Norm und Abweichung auf (vgl. Fricke 1981); sie entwickeln es aber an dem Punkt weiter, dass sie es stärker von den Dynamiken der Veränderung und Innovation her denken und nicht so sehr von der Vorgabe von Normativität.

Detaillierter und präziser als die Gattungstheorie bis in die 1970er Jahre hat Alastair Fowler die Vielzahl und unabgeschlossene Reihe der Möglichkeiten von Gattungsentwicklungen im Sinne von Innovation bezeichnet: als Thematische Neuerung (»topical invention«), Kombination (wie z. B. beim Emblem), Zusammenstellung (in Anthologien und Zyklen), Wechsel der Abfolge (Variation der Abfolge von einzelnen Elementen), Wechsel der Funktion (und des Kontexts), Antithetische Gegenüberstellung (wie z. B. Anti-Utopie), Einschluss (als paratextuelle Rahmung, intertextuelle oder intermediale Kombination), Gattungsmischung (wie z. B. im Formzitat) und Selektion (Fowler 1982; vgl. dazu Zymner 2003, 212 f.). In Ergänzung dazu hat Rüdiger Zymner auch ein Modell der Gattungsvervielfältigung vorgeschlagen, die aus den Verfahren der Nachahmung, der Übersetzung und Variation resultiert (vgl. Zymner 2007). Daneben sind als besonders charakteristische und innovative Tendenzen z. B. der postmodernen Literatur die Hybridisierung und Metaisierung »bei der Weiterentwicklung traditioneller und der Entstehung neuer (Meta-)Gattungen« gesehen worden (Neumann/Nünning 2007, 18).

Integration und Synthese als Innovation von Gattungen geraten dann besonders in den Blick, wenn man Gattungen nicht so sehr als Ordnungssystem begreift, sondern von Stil, literarischen Verfahren, Schreibweisen oder kulturellen Praktiken her bestimmt. Sie sind als gattungsübergreifend bzw. auch als gattungsintegrierend zu sehen, wie sich für das Phänomen des Manierismus zeigen lässt (siehe die Beiträge in: Braungart 2000). Schreibweisen oder andere stilistisch-kulturelle Ausdrucksweisen tragen aber auch zur Dynamisierung und grundlegenden Veränderung von Gattungen bei, des Weiteren zu ihrer Hybridisierung und sogar Auflösung, wie sich an Beispielen der postmodernen Literatur oder dem ›postdramatischen Theater‹ feststellen lässt. Innovation wird dabei zur Bedingung der Möglichkeit einer neuen Gattungsbildung.

Literatur

Braungart, Wolfgang (Hg.): *Manier und Manierismus.* Tübingen 2000.
Fechner, Jörg-Ulrich: »Permanente Mutation – Betrachtungen zu einer offenen Gattungspoetik«. In: Horst Rüdiger (Hg.): *Die Gattungen in der Vergleichenden Literaturwissenschaft.* Berlin, New York 1974, 1–31.
Fowler, Alastair: *The Kinds of Literature. An Introduction to the Theory of Genres and Modes.* Oxford 2002.
Fricke, Harald: *Norm und Abweichung. Eine Philosophie der Literatur.* München 1981.

Hallet, Wolfgang: »Gattungen als kognitive Schemata: Die multigenerische Interpretation literarischer Texte«. In: Marion Gymnich/Birgit Neumann/Ansgar Nünning (Hg.): *Gattungstheorie und Gattungsgeschichte*. Trier 2007, 53–71.

Hempfer, Klaus W.: *Gattungstheorie. Information und Synthese*. München 1973.

Neumann, Birgit/Nünning, Ansgar: »Einleitung: Probleme, Aufgaben und Perspektiven der Gattungstheorie und Gattungsgeschichte«. In: Marion Gymnich/Birgit Neumann/Ansgar Nünning (Hg.): *Gattungstheorie und Gattungsgeschichte*. Trier 2007, 1–28.

Stockhorst, Stefanie: *Reformpoetik. Kodifizierte Genustheorie des Barock und alternative Normenbildung in poetologischen Paratexten*. Tübingen 2008.

Voßkamp, Wilhelm: »Gattungen«. In: Helmut Brackert/Jörn Stückrath (Hg.): *Literaturwissenschaft. Ein Grundkurs*. Reinbek ⁴1996, 253–269.

Walch, Günter: »Aktuelle Tendenzen und Probleme des *genre criticism* aus anglistischer Sicht«. In: *Zeitschrift für Anglistik und Amerikanistik* 39 (1991), 5–15.

Wesche, Jörg: *Literarische Diversität. Abweichungen, Lizenzen und Spielräume in der deutschen Poesie und Poetik der Barockzeit*. Tübingen 2004.

Willems, Gottfried: *Das Konzept der literarischen Gattung. Untersuchungen zur klassischen deutschen Gattungstheorie, insbesondere zur Ästhetik F. Th. Vischers*. Tübingen 1981.

Zymner, Rüdiger: *Gattungstheorie. Probleme und Positionen der Literaturwissenschaft*. Paderborn 2003.

Zymner, Rüdiger: »Gattungsvervielfältigung: Zu einem Aspekt der Gattungsdynamik«. In: Marion Gymnich/Birgit Neumann/Ansgar Nünning (Hg.): *Gattungstheorie und Gattungsgeschichte*. Trier 2007, 101–116.

Lothar van Laak

2.7 Kanon und Gattung

Unter einem *Kanon* versteht man eine Zusammenstellung von Werken (bzw. Werktiteln) und/oder Autorennamen, die eine Gemeinschaft als besonders wertvoll bzw. normsetzend und deshalb tradierenswert bzw. nachahmenswert betrachtet und um deren Tradierung sie sich kümmert. Ein Kanon kann stets auf eine spezifische Trägergruppe bezogen werden«, in der oder für die der Kanon vor allem die Funktion übernimmt, gegenwärtige Werte durch ihre Verankerung in der Vergangenheit zu legitimieren. Außerdem können Kanons der Identitätsstiftung der Trägergruppe in Abgrenzung gegen andere Gesellschaften oder gesellschaftliche Gruppierungen dienen sowie der Handlungsorientierung im Hinblick auf die Zukunft (vgl. von Heydebrand/Winko 1994, 131). Kanons sind historisch und kulturell relativ und veränderlich. Zu den grundlegenden Mechanismen der Veränderung gehört das Hinzutreten von Neuem und das Ausscheiden von Altem aus einem sogenannten ›materialen Kanon‹ durch eine veränderte Gewichtung von Selektionskriterien oder auch durch eine Umdeutung kanonisierter Werke, Autoren etc.

›Kanon und Gattung‹ bilden in vielerlei Hinsicht eine normentheoretische Problemkonstellation, zeigen sich doch einerseits (in Grammatiken, Poetiken, Ästhetiken oder auch in literaturwissenschaftlichen Zugriffen) immer wieder Versuche, den Bereich der dichterischen Gattungen durch Kanonisierung zu regulieren bzw. zu systematisieren, und stellt sich doch andererseits dabei immer wieder die Frage nach den Bedingungen solcher Normierungen und den Mechanismen von Geschmacksbildung und Wertung. Hierbei lassen sich typologisch (a) Gattungskanons in Bezug auf ein bestimmtes Genre (intragenerisch) von (b) gattungsübergreifenden Gattungskanons (supragenerisch) unterscheiden. Während intragenerische Gattungskanons die vorbildlichen oder normsetzenden *Werke und Autoren* innerhalb eines Genres bzw. einer Gattung bestimmen, bestimmen supragenerische Gattungskanons *die Gattungen*, die als relevant (wertvoll, normsetzend) und geradezu als konstitutiv für Dichtung/Literatur betrachtet werden.

Bereits die Namenskataloge hellenistischer Grammatiker mit ihrer Nennung vorbildlicher Dichter, wie den drei griechischen Tragikern Aischylos, Sophokles und Euripides oder auch den als ›lyrikoi‹ bezeichneten Lyrikern Alkman, Sappho, Stesichoros, Lasos, Pindar, Simonides und Anakreon, sind als intragenerische Gattungskanons zu bezeichnen (vgl. Primavesi 2008), während die nebenordnenden oder hierarchisierenden Gattungsnennungen und -systematisierungen, wie man sie spätestens seit der *Poetik* des Aristoteles, weiter über die normativen Poetiken der Renaissance (vgl. z.B. Schanze 1994) und des Barock und die spekulativen Gattungsästhetiken um 1800 bis hin zu den modernen literaturwissenschaftlichen Systematisierungen (wie das triadische Modell: Epik, Lyrik, Drama) antrifft, tendenziell als supragenerische Gattungskanons oder jedenfalls Versuche supragenerischer Gattungskanonisierung zu bezeichnen sind. Ferner muss auch von Mechanismen der Kanonisierung gesprochen werden, wenn einzelne bestimmte Werke als vorbildlich für ganze Gattungen betrachtet werden (wie im Fall des bürgerlichen Trauerspiels einzelne Werke Lessings, Schillers oder auch Hebbels; vgl. Pailer 1998).

Für all diese Kanonisierungen sind Unterscheidungen nach der Normativität (institutionell oder informell), Unterscheidungen nach der Kanonpflege (institutionell – z.B. in Schulen und Universitäten –

gepflegt oder ›wild‹), Unterscheidungen nach der sozialen und temporalen Reichweite des Geltungsanspruchs, Unterscheidungen nach dem Grad der Durchsetzung des Geltungsanspruchs sowie Unterscheidungen nach dem Typus des Kanons (absoluter Musterkanon, repräsentierend, dokumentierend, historizistisch, anwendungsbezogen) vorzunehmen (vgl. Heydebrand 1998).

In der Praxis der Literaturgeschichtsschreibung bilden ›Gattung und Kanon‹ ebenfalls eine normentheoretische Problemkonstellation (vgl. u. a. Göttsche 2003). Da eine totale historiographische Abbildung von Sachverhalten nie zu bekommen ist bzw. auch Literaturgeschichtsschreibung immer nur Fragmente der Vergangenheit repräsentieren kann, stellt sich hier zwangsläufig die Frage nach der Auswahl, nach den Werken, die als repräsentativ und damit kanonisch für die einzelnen Gattungen aufgenommen werden. Ein weiterer wichtiger literarhistorischer Aspekt in diesem Zusammenhang sind die tatsächlich oder vermeintlich wechselnden Präferenzen einzelner Epochen für bestimmte Gattungen. So erlaubt die Frage, warum in bestimmten Epochen bestimmte Gattungen dominieren und damit (insofern) kanonische Geltung als ›epochale Leitgattungen‹ erlangen (z. B. das Drama in der Aufklärung, dagegen seine marginale Bedeutung etwa in Romantik und Realismus), Rückschlüsse auf diese Epochen.

Auch bei der Bildung literarischer Schulen ebenso wie bei Preisverleihungen spielen kanonisierende Gattungsunterscheidungen häufig eine Rolle. Bei den Kanonisierungsversuchen der Nobel-Preis-Verleihungen etwa ist eine Präferenz für erzählende Prosa auszumachen. Aus wirtschaftlicher Perspektive bzw. derjenigen des Buchhandels ist heute in westlichen Literaturgesellschaften ganz allgemein eine Kanonisierung der erzählenden und dramatischen Gattungen festzustellen; einem Verfasser erzählender Prosa ist es hier aufgrund höherer Auflagen daher auch leichter möglich, von den Einkünften seiner künstlerischen Produktion zu leben, als einem Lyriker.

Die historische Determiniertheit und die Relativität vermeintlich zeitloser kanonischer Werke und Listen ist in der neueren Kanonforschung mit dem Begriff der ›Hypolepse‹ bezeichnet worden, und es ist weiter darauf hingewiesen worden, dass Kanonisierungsvorgänge innerhalb konfliktueller Prozesse ›agonistischer Intertextualität‹ stattfinden (vgl. Assmann 1992, 121, 286). Ähnlich betrachtet Pierre Bourdieu Kanonisierungsprozesse im literarischen Feld als einen Prozess ständiger ›Kämpfe‹, in deren Verlauf jede erfolgreiche Kanonisierung unausweichlich eine diesen Kanon destabilisierende Reaktion herausfordere (vgl. Bourdieu 1992, 191, 223).

Auf die grundlegende Veränderlichkeit von Kanons deutet (u. a.) auch schon Walter Benjamin mit dem Titel seines Hörspiels »Was die Deutschen lasen, während ihre Klassiker schrieben« (Benjamin 1972, IV, 641.) hin: Die Bestseller der Gegenwart sind demnach meist nicht die kanonischen Werke kommender Generationen. Für Benjamin ist es »eine der wichtigsten Aufgaben der Kunst [...], eine Nachfrage zu erzeugen, für deren volle Befriedigung die Stunde noch nicht gekommen ist« (Benjamin 1974, I, 500). Der Kanonforschung obläge es somit, den »historischen Index« der Kunstwerke zu bestimmen, die zwar »einer bestimmten Zeit angehören«, aber »erst zu einer bestimmten Zeit zur Lesbarkeit kommen« (Benjamin 1982, V, 577). Bei der Analyse zeitgenössischer Werke müsste sie Prognosen darauf abgeben, welche im Werk angelegten »historischen Indices« das Werk zukünftig zum kanonischen Werk machen könnten, was ein schwieriges und letztendlich immer spekulatives Unterfangen ist, weil sie Aussagen über historisch kontingente Entwicklungen machen müsste. Bei bereits kanonischen Werken kann sie hingegen untersuchen, welche in der Tiefe des Werks angelegten ›Indices‹ ihm dauerhafte Aktualität verleihen und es damit qualitativ aus der Masse herausheben, weil es immer wieder neu und immer wieder anders aktualisierbar ist. Nach Bourdieu entsteht dieses ›symbolische Kapital‹ dadurch, dass sich der autonome Künstler so tief wie möglich im Möglichkeitsraum (*espace des possibles*) der Tradition und der Gegenwart verankert, auf alle aktuellen und historischen Tendenzen und Fragen seiner Zeit reagiert und damit auch in gewisser Weise die der Zukunft vorwegnehme. Der Produzent potenziell kanonischer Kunst verbindet somit die synchronen und diachronen Tendenzen seiner Zeit, er schafft paradigmatische Werke großer vertikaler Tiefe, mit denen er eine Option auf syntagmatische, d.h. lineare historische Geltung auf Dauer nimmt. Hier finden sich Parallelen und Unterschiede von Gattungs- und Kanonforschung in gewisser Weise auf den Punkt gebracht: Auch die Gattungsforschung nimmt vertikale paradigmatische Schnitte vor, um Gattungsformen zu einem bestimmten Zeitpunkt zu bestimmen, verliert aber die historischen Entwicklungen und Veränderungen der Gattung nicht aus dem Auge. Das Ordnungsprinzip der Kanonforschung besteht hingegen nicht darin, durch Kategorisierung Ordnung in die Masse der Phänomene zu bringen, sondern einzelne Werke aus der Masse zu isolieren und ihre paradigmatische Bedeutung sowie historische Dauer herauszustellen.

Literatur

Arnold, Heinz Ludwig/Korte, Hermann: *Literarische Kanonbildung*. Text und Kritik Sonderband. München 2002.
Assmann, Jan: *Das kulturelle Gedächtnis*. München 1992.
Benjamin, Walter: *Gesammelte Schriften*. 7 Bde. Hg. v. Rolf Tiedemann u. Hermann Schweppenhäuser. Frankfurt a. M. 1972–1989.
Bourdieu, Pierre: *Les règles de l'art. Genèse et structure du champ littéraire*. Paris 1992.
Hamann, Christof/Hofmann, Michael (Hg.): *Kanon heute. Literaturwissenschaftliche und fachdidaktische Perspektiven*. Hohengehren 2009.
Göttsche, Dirk. »Kanonrevision und Gattungsgeschichtsschreibung am Beispiel des Zeitromans im 19. Jh.«. In: Peter Wiesinger/Hans Derkits (Hg.): *Kanon und Kanonisierung als Probleme der Literaturgeschichtsschreibung*. Bern 2003. 119–124.
Heydebrand, Renate von (Hg.): *Kanon, Macht, Kultur. Theoretische, historische und soziale Aspekte ästhetischer Kanonbildung*. Stuttgart 1998.
Heydebrand, Renate von/Winko, Simone: »Geschlechterdifferenz und literarischer Kanon. Historische Beobachtungen und systematische Überlegungen«. In: *IASL* 19/2 (1994), 96–172.
Malkani, Fabrice/Saint-Gille, Anne-Marie/Zschachlitz, Ralf (Hg.): »Canon et mémoire culturelle«. In: *Etudes Germaniques*. Juillet-septembre 2007, No. 3.
Pailer, Gaby: »Gattungskanon, Gegenkanon und ›weiblicher‹ Subkanon. Zum bürgerlichen Trauerspiel des 18. Jh.s«. In: Renate von Heydebrand (Hg.): *Kanon. Macht. Kultur. Theoretische, historische und soziale Aspekte ästhetischer Kanonbildungen*. Stuttgart, Weimar 1998, 365–382.
Primavesi, Oliver: »Aere perennius? Die antike Transformation der Lyrik und die neuzeitliche Gattungstrinität«. In: Klaus W. Hempfer (Hg.): *Sprachen der Lyrik. Von der Antike bis zur digitalen Poesie*. Stuttgart 2008, 15–32.
Schanze, Helmut: »Zur Konstitution des Gattungskanons in der Poetik der Renaissance«. In: Heinrich F. Plett (Hg.): *Renaissance-Poetik/Renaissance-Poetics*. Berlin, New York 1994, 177–196.
Saul, Nicholas/Schmidt, Ricarda (Hg.): *Literarische Wertung und Kanonbildung*. Würzburg 2007.
Winko, Simone: »Literarische Wertung und Kanonbildung«. In: Heinz-Ludwig Arnold/Heinrich Detering (Hg.): *Grundzüge der Literaturwissenschaft*. München 1996, 585–600.

Ralf Zschachlitz

2.8 Konvention und Gattung

Der Begriff ›Konvention‹

Konventionen sind allgemein akzeptierte Normen innerhalb einer sozialen Gruppe. Sie modellieren gegenseitige Erwartungshaltungen in Interaktionen mit dem Ziel der Erleichterung durch Vorhersehbarkeit und lösen damit, wie David Lewis herausgestellt hat, ›Koordinationsprobleme‹ einer Gruppe (vgl. Lewis 1969). Kognitiv werden solche Konventionen in Form von Schemata und *scripts* repräsentiert und bei Produktion wie Rezeption aus dem Langzeitgedächtnis abgerufen. Konventionen sind soziokulturell variabel und historisch wandelbar; dies betrifft die Extension von Konventionen ebenso wie ihre konkrete Ausgestaltung, den Grad akzeptierter Abweichung und die Modi der Sanktionierung unkonventionellen Verhaltens. Niklas Luhmann hat darauf hingewiesen, dass Abweichung und Nicht-Befolgen von Konventionen diese nicht außer Kraft setzen, sondern im Gegenteil stabilisieren: »Der Enttäuschungsfall wird als möglich vorausgesetzt [...], wird aber im voraus als für das Erwarten irrelevant erklärt« (Luhmann 1969, 37).

Bei Konventionen handelt es sich primär um ein implizites Wissen, das durch ›stillschweigendes Übereinkommen‹ zustande kommt, durch Habitualisierung erworben wird und überwiegend nicht in kodifizierter Form vorliegt. Das schließt Asymmetrien und Machtverhältnisse, durch die Konventionen etabliert werden, nicht aus. In Interaktionen wird dieses implizite Wissen als solches in der Regel nicht thematisiert, sondern vorausgesetzt. Dies unterscheidet Konventionen von expliziten Normen (etwa DIN-Normen) und Gesetzen (Bsp. Strafrecht), auf die sich ein Interaktionspartner auch im Konfliktfall berufen kann. Das Verletzen von Konventionen durch Interaktionspartner ist nicht formal sanktionierbar, es kann von den Reagierenden nur missbilligt werden. Insofern werden Konflikte um Konventionsverletzungen kommunikativ auf der Ebene der Interaktionspartner thematisiert und gelöst, nicht aber wie in Rechtsfällen durch Anrufung einer höheren Instanz (vgl. Schrader 1976, 1071). In der Tradition der Rhetorik sind Konventionen Teil des umfassenden Regulativs der ›Angemessenheit‹ (lat. *aptum*; griech. *prépon*).

In der Literaturwissenschaft wird der Konventionsbegriff in Analogie zur Konventionalität sprachlicher Kommunikation verwendet: Erstens in der Bedeutung, dass spezifische Konventionen bei der Rezeption literarischer Texte greifen, zweitens bei der Definition von Gattungen als Produkte von Konventionen. In beiden Fällen werden ›Konvention‹ und ›Norm‹ nicht deutlich voneinander unterschieden (vgl. Weninger 1994).

Konventionen in literarischer Kommunikation

Rezeptionsorientierte Literaturtheorien haben wiederholt darauf hingewiesen, dass literarische Kommunikation in hohem Maße auf Konventionen basiert. Hans Robert Jauß prägt z.B. im Rahmen der

Rezeptionsästhetik der ›Konstanzer Schule‹ das Konzept des *Erwartungshorizonts*, der den Leser bei der Lektüre leitet. Der Erwartungshorizont basiert auf der Kenntnis literarischer Konventionen und Kontexte seitens des Lesers, die im Verlauf der Rezeption in der Literaturgeschichte reproduziert, aktualisiert, negiert, parodiert etc. werden können (vgl. Jauß 1970). Wilhelm Voßkamp hat gefordert, die rezeptionsästhetischen Entwürfe um Aspekte der Gattungstheorie und -geschichte zu erweitern: Gattungsgeschichte soll rekonstruiert werden in der »wechselseitigen Komplementarität von historisch unterschiedlichen ›Erwartungen‹« – nichts anderes sind Konventionen – »und (diese wieder im konstituierenden) Werk-›Antworten‹« (Voßkamp 1992, 257 f.).

Im Rahmen der ›Empirischen Literaturwissenschaft‹ hat Siegfried J. Schmidt herausgestellt, dass die Frage nach der ›Literarizität‹ eines Textes nur unter Rückgriff auf die leserseitigen Aktualisierungen von literarischen Konventionen beantwortet werden kann. Zwei literarische Konventionen, deren Befolgen Teilnahme am literarischen System ermöglicht, sind dabei prägend: die *Ästhetik-Konvention* und die *Polyvalenz-Konvention*. Erstere betont, dass Texte, die als ›literarisch‹ rezipiert werden, nach anderen Kriterien zu beurteilen sind als pragmatische Alltagstexte. Nicht die Unterscheidung ›wahr/falsch‹ ist entscheidend, sondern ›ästhetisch/nicht-ästhetisch‹, mithin also ein ästhetisch-literarischer Code. Literarische Texte müssen sich deshalb auch nicht an einem vorherrschenden Modell von Realität und Wirklichkeit orientieren (Fiktionalität), was literarische Texte zugleich unmittelbarer Funktionalisierung entzieht (Entpragmatisierung). Die Polyvalenz-Konvention propagiert, dass literarische Texte nicht auf eine Lesart reduziert werden können. Vielmehr sind abweichende Interpretationen aufgrund der grundsätzlichen Mehrdeutigkeit literarischer Texte prinzipiell möglich (vgl. Schmidt 1980). Im Kontext eines solchen Modells literarischer Kommunikation sind dann Gattungscharakteristika als spezifische Handlungskonventionen zu sehen, die Textmerkmale und ihren soziokulturellen Bedeutungszusammenhang umfassen. Alle an der Kommunikation mit einer spezifischen Gattung »Beteiligten sind mit diesen Konventionen vertraut und handeln intuitiv und bewußt danach« (Würzbach 1984, 113).

Gattungskonventionen

Im Unterschied zu ›Norm‹ und ›Institution‹ spielt ›Konvention‹ in der literaturwissenschaftlichen Diskussion über Gattungen eine sekundäre Rolle. Der Begriff selbst wird kaum je hinreichend expliziert und ist vielfach synonym mit Begriffen wie ›Gattungscharakteristika‹, ›Gattungsnormen‹, ›Gattungsvorschriften‹ etc.

Gattungstheorien, die mit diesen oder ähnlichen Begriffen arbeiten, sind Gegenmodelle zu geschichtsphilosophischen und anthropologischen Entwürfen eines Gattungsessenzialismus. Sie betonen, dass Gattungen in der Forschung als »soziokulturelle, literarisch-soziale Konsensusbildungen« gelten »und nicht als normative, transgeschichtliche Formkonstanten« (Voßkamp 1992, 256).

Harald Fricke bezeichnet Konventionalisierungen als innerliterarische »*Quasi-Normen*«: Sie »fungieren für die Dichtung in ähnlicher Weise als Erwartungsvorgaben wie die primären sprachlichen Normen, unterscheiden sich von diesen jedoch durch eine sehr viel weniger strikte Geltung« (Fricke 1981, 163). Sie stellen ›sekundäre Abweichungen‹ dar, insofern Literatur auch ohne sie auskommen kann. In einer gattungshistorischen Reihung kann es Innovationen (als Abweichungen von vorgängigen Konventionen) geben, doch sind Fälle möglich (und literarhistorisch vielfach belegt), in denen Einzeltext und Konventionssystem restlos ineinander aufgehen (vgl. Fricke 1981, 164). Die Phasen der ›Gründung‹ und ›Etablierung‹ einer Gattung dauern oft längere Zeit, auch der Zeitraum, »in der sich die literarhistorische Weiterentwicklung nicht auf die *Veränderung* der Textsorte richtet, sondern auf ihre variierende *Ausfüllung* und *Erprobung*« (Fricke 1981, 166; vgl. auch Voßkamp 1992, 259), hat vielfach größere zeitliche Ausdehnung als die des punktuellen Konventionsbruchs. Zudem ist die ›Überwindung‹ bzw. ›Befolgung‹ literarischer Konventionen in den konkreten literarhistorischen Epochen unterschiedlich ausgeprägt: ›Sturm und Drang‹ und die ›Moderne‹ etwa präferieren die Destruktion tradierter Normen, während die am Modell der rhetorischen *imitatio auctorum* orientierte Literatur der Frühen Neuzeit eher das Modell der Norm-Erfüllung bevorzugt (vgl. Fricke 1981, 166 f.).

Fricke hat herausgestellt, für welche *Typen* von Gattungsbegriffen die Rede von Gattungskonventionen überhaupt sinnvoll ist: Nämlich in Bezug auf »historische *Gruppennamen*« (Fricke 1981, 132), die Gattungen im Sinne einer »historisch begrenzten literarischen *Institution*« (ebd.) beschreiben. Diese bezeichnet er auch als ›Genre‹, wobei *Genre* (als historisch institutionalisierten Ordnungsgruppen) zusammen mit *Textsorte* (als literaturwissenschaftlich abstrakte Ordnungsgruppe) von ›Gattung‹ als allgemeinem literaturwissenschaftlichem Klassifikations-

2. Normentheoretische Problemkonstellationen

begriff unterschieden werden. Diese sinnvolle Differenzierung hat sich im literaturwissenschaftlichen Sprachgebrauch allerdings nicht durchgesetzt.

Klaus W. Hempfer betont, dass ›Gattungen‹ »mehr oder minder interiorisierte Normen« darstellen, »die bei der aktualen Realisierung von Texten konstitutive Funktion haben« (Hempfer 1973, 128). Gattungen werden hier im Sinne eines präskriptiven Gattungsbegriffs verstanden, wobei im Einzelfall zu rekonstruieren wäre, was dieses ›mehr oder minder‹ ist und welche normative Kraft es hat. Für Wolfgang Raible ist der »Text als Exemplar einer Gattung […] ein konventionalisiertes Modell. Gattungsnormen sind also Konventionen, sie konstituieren Modelle, die durch Konventionen Geltung haben« (Raible 1982, 326). Der Konventionsbegriff lässt sich hier, unspezifischer als bei Fricke, auf Textklassifikationen wie historische Textgruppennamen beziehen.

Da sich heute allgemein durchgesetzt hat, Gattungen als »Phänomene sprachlicher Kommunikation« (Hempfer 1973, 128) zu begreifen, stellt sich die Frage, wie diese Konventionen anhand eines Korpus literarischer Texte und gegebenenfalls nichtliterarischer Dokumente zu rekonstruieren sind. In Frage kommen die bei Hempfer diskutierten Kriterien der Gattungsbestimmung: Korpusbildung, Strukturierungsverfahren, Differenzierungskriterien (ebd.). Klarer zu differenzieren wäre dabei zwischen expliziten *Normen* der Textproduktion (im Sinne präskriptiver Gattungsbegriffe) und impliziten (und nur in Gestalt konkreter Texte manifesten) *Konventionen*. Dabei ist von einem Spektrum möglicher Konventionalisierungs- und Abweichungsgrade auszugehen. Eine solche literarhistorische Rekonstruktion literarischer Konventionen fragt also zugleich, »unter welchen Bedingungen man von Gattungen spricht, welches die kulturell eingeübten und tradierten Regeln der Sprachspiele sind, in denen man über Gattungen spricht« (Zymner 2003, 59).

Literatur

Anz, Thomas: »Vorschläge zur Grundlegung einer Soziologie literarischer Normen«. In: *IASL* 9 (1984), 128–144.
Fricke, Harald: *Norm und Abweichung. Eine Philosophie der Literatur*. München 1981.
Hempfer, Klaus W.: *Gattungstheorie. Information und Synthese*. München 1973.
Jauß, Hans Robert: *Literaturgeschichte als Provokation*. Frankfurt a. M. 1970.
Lewis, David: *Conventions. A Philosophical Study*. Cambridge, MA 1969.
Luhmann, Niklas: »Normen in soziologischer Perspektive«. In: *Soziale Welt* 20 (1969), 28–48.
Raible, Wolfgang: »Was sind Gattungen? Eine Antwort aus semiotischer und textlinguistischer Sicht«. In: *Poetica* 12 (1982), 320–349.
Schmidt, Siegfried J.: *Grundriß der empirischen Literaturwissenschaft. Teilbd. 1: Der gesellschaftliche Handlungsbereich Literatur*. Braunschweig 1980.
Schrader, Wolfgang H.: »Konvention«. In: *Historisches Wörterbuch der Philosophie*. Hg. v. Joachim Ritter/Karlfried Gründer. Bd. 4. Basel 1976, 1071–1076.
Voßkamp, Wilhelm: »Gattungen«. In: Helmut Brackert/Jörn Stückrath (Hg.): *Literaturwissenschaft*. Reinbek 1992, 253–269.
Weninger, Robert: *Literarische Konventionen. Theoretische Modelle – Historische Aufarbeitung*. Tübingen 1994.
Würzbach, Natascha: »Überlegungen zu einer kontextorientierten Gattungsbeschreibung der Ballade«. In: *Jahrbuch für Volksliedforschung* 29 (1984), 112–116.
Zymner, Rüdiger: *Gattungstheorie. Probleme und Positionen der Literaturwissenschaft*. Paderborn 2003.

Dietmar Till

2.9 Originalität und Gattung

Originalität ist eine an den Vermögen der Kreativität orientierte, performative und werthafte Bestimmung ästhetischer Auffassungen, Verfahren und Charakteristika. *Originalität* ist eine zentrale Kategorie der Genieästhetik und der frühromantischen Kunst- und Literaturkonzeption, sowie jeder Ästhetik, die Kreativität, Innovation und Konzepte einer starken Autorschaft in besonderer Weise betont. *Originalität* setzt auf Individualität und Subjektivität als ausgezeichnete Vermögen der Autorschaft, auf Normen- und Regelkritik und den Bruch mit normorientierten Auffassung von Mimesis, Nachahmung bzw. *imitatio* und gegebenenfalls Legitimationsstrategien der Inspiriertheit und naturanalogen Schöpferkraft. Originalität hat auch eine rhetorisch-pragmatische Dimension und ist Kriterium literarischer Wertungsprozesse. In diesem Sinn ist das Konzept *Originalität* heute noch am ehesten gebräuchlich.

Originalität zeigt sich in und an Gattungen und ihrer geschichtlichen und theoretisch-systematischen Reflexion in vierfacher Hinsicht: Erstens in den Prozessen der Neuschöpfung von Gattungen, zweitens im Umgang mit den Gattungen und den Gattungstraditionen, drittens in ihrer kreativen Ausgestaltung, sowie viertens schließlich in der Kritik und Überschreitung von Gattungsvorgaben und Gattungsgrenzen.

Dabei ist Originalität in Gattungsfragen aber nicht erschöpfend mit dem Schema von Norm und Abweichung beschrieben (vgl. Fricke 1981). Denn Originalität kann sich auch in der Erfüllung von Gattungsnormen und -vorstellungen zeigen (vgl. Willems 1981, 86–90). Zu Recht stellt Klaus W. Hempfer in kritischer Sicht auf genieästhetisch geprägte Autor- und Gattungskonzepte fest: »Daß die Individualität des Autors in verschiedenster Weise in die Textproduktion eingeht, ist unbestritten, nur darf der Spielraum dieser Individualität nicht als ein absoluter gesehen werden, wie dies die Genieästhetik tut, sondern muß in seiner historischen Konditioniertheit betrachtet werden« (Hempfer 1973, 209). In engerer oder weiterer Auslegung dieser »historischen Konditioniertheit« kann Originalität des Weiteren im Umgang mit Gattungen und ihren Traditionen durchaus auch zu deren Bestätigung und (Wieder-)Verlebendigung führen. Und schließlich kann im Literatursystem von Kritik und Wertung Originalität sowohl die Gattung selbst wie auch ihre konkrete Ausgestaltung und Weiterentwicklung zugleich stabilisieren und variieren.

Gattungsfragen auf die Originalität zu beziehen, rückt sie nahe an die Frage nach der Bedeutung von Innovationen in der Gattungstheorie und Gattungsgeschichte. Denn »[w]enn es [...] keine immer neuen geschichtlichen Besonderungen der Gattungen gäbe, wäre kein Raum da für die künstlerische Erfindungsgabe auf dem Gebiet der Form: für all die Neuerungen formaler Art, die ein wesentliches Element in der Anziehungskraft von Literatur ausmachen« (Horn 1998, 18). Schwieriger als das Verhältnis von Gattung und Innovation (→ B 2.5) ist das Verhältnis von Gattung und Originalität im Blick auf die Fragen nach Normen und Traditionen von Gattungsmustern oder nach der Erfüllung von Gattungsvorgaben und Konventionen zu bestimmen. Gleichwohl kann sich Originalität auch in der virtuosen Anwendung von Gattungs- und Traditionsvorgaben zeigen, wie es sehr differenziert im Manierismus bzw. in manieristischen Schreibweisen und ästhetischen Verfahren zu sehen ist (vgl. Zymner 2000, 11–13).

Originalität in Bezug auf die Gattung stellt so Perspektiven her, die die Entwicklungs- und Innovationsprozesse in Gattungsgeschichte und Gattungstheorie sowohl von der Öffnung und Veränderbarkeit von Gattungen in den Blick nehmen, als auch die pragmatischen und performativen Seiten von Gattungen und Gattungstraditionen näher bestimmen lassen.

Historisch besonders signifikant sind dabei z.B. diejenigen Poetiken von der Antike bis in die Frühneuzeit, die Originalität als produktive Variation der Gattungstraditionen ästhetisch, rhetorisch und sozial forcieren, sodann vor allem die Genieästhetik in der zweiten Hälfte des 18. Jh.s und die (früh-)romantische Literatur- und Kunsttheorie, schließlich die Moderne und nicht zuletzt auch die Gegenwartsliteratur, sofern sie Gattungsmischungen, -synthesen und -hybridisierungen (→ B 1) vornehmen oder auf Gattungstraditionen in variierender bzw. überbietender Weise zurückgreifen.

Originalität kann sich so in der antiken Poetik und Rhetorik als konkrete Ausgestaltung der Mimesis zeigen, die für Aristoteles ein schöpferisches Wiederhervorbringen, ein produktives und wieder vergegenwärtigendes Nach-Erschaffen darstellt; in der Rhetorik als *aemulatio*, die das nachahmende Übertreffen der tradierten Vorbilder und damit ihre ›produktive Rezeption‹ (vgl. Barner 1973, am Beispiel von Lessings Seneca-Rezeption), Anverwandlung und originelle Überbietung meint; und als Wertungskategorie in den Mimesisbestimmungen der antiken Literaturkritik (vgl. Möller 2004). Die Genieästhetik des 18. Jh.s macht Originalität zur zentralen ästhetischen Norm und zum grundlegenden Charakteristikum des Genies, womit Gattungsdynamik und Gattungsinnovation von der naturhaft-schöpferischen Subjektivität des Autors abhängig gemacht werden (vgl. Schmidt 2004). In Relation dazu stehen bestimmte Gattungsentscheidungen, wie z. B. die Wahl der Gattung Hymne bei Goethe (*Prometheus, Mahomets Gesang*), und Stilvorstellungen, wie das Erhabene und die Verwendung des ›hohen Tons‹ sowie die genieästhetische Bestimmung der Poesie als Kraft und als Gestaltung der Mythopoesis bei Herder (vgl. Kemper 2002, 226 ff.). In der Frühromantik wird mit der grundlegenden kritischen Haltung ästhetischer Subjektivität Originalität als zentrales Charakteristikum einer Innovations- und Überbietungsästhetik verankert, die Friedrich Schlegel in der Konzeption einer »progressiven Universalpoesie« fasst (Bohrer 1989). Damit setzen sich Originalität und Innovation schließlich auch als Wertungsparadigmen des literarischen Markts durch, als die sie in der Moderne und bis in die Gegenwartsliteratur gültig sind. Mit der sich seit 1800 etablierenden Moderne entwickeln sich dann verschiedene Optionen, wie sich Originalität im Umgang mit Gattungen zeigen kann: in der Vermischung von Gattungen (Wieland, Schiller und August Wilhelm Schlegel), der Synthetisierung (Goethes Konzeption der Ballade als »Ur-Ei« aller Gattungen und die transzendentalpoetische Konzeption bei Novalis), der Totalisierung (romantische und ästhetizistische Konzepte von Synästhesie und Gesamtkunstwerk) und der Hybridisierung von Gattungen z. B. im modernen und postmodernen Roman und Drama (vgl. Neumann/Nünning 2007, 18).

2. Normentheoretische Problemkonstellationen

Literatur

Barner, Wilfried: *Produktive Rezeption. Lessing und die Tragödien Senecas*. München 1973.
Bohrer, Karl Heinz: *Die Kritik der Romantik. Der Verdacht der Philosophie gegen die literarische Moderne*. Frankfurt a. M. 1989.
Fricke, Harald: *Norm und Abweichung. Eine Philosophie der Literatur*. München 1981.
Hempfer, Klaus W.: *Gattungstheorie. Information und Synthese*. München 1973.
Horn, András: *Theorie der literarischen Gattungen. Ein Handbuch für Studierende der Literaturwissenschaft*. Würzburg 1998.
Kemper, Hans-Georg: *Deutsche Lyrik der frühen Neuzeit. Bd. 6/II. Sturm und Drang: Genie-Religion*. Tübingen 2002.
Möller, Melanie: *Talis oratio – qualis vita. Theorie und Praxis mimetischer Verfahren in der griechisch-römischen Literaturkritik*. Heidelberg 2004.
Neumann, Birgit/Nünning, Ansgar: »Einleitung: Probleme, Aufgaben und Perspektiven der Gattungstheorie und Gattungsgeschichte«. In: Marion Gymnich/Birgit Neumann/Ansgar Nünning (Hg.): *Gattungstheorie und Gattungsgeschichte*. Trier 2007, 1–28.
Schmidt, Jochen: *Die Geschichte des Genie-Gedankens in der deutschen Literatur, Philosophie und Politik 1750–1945*. 3. verb. Aufl. Heidelberg 2004.
Willems, Gottfried: *Das Konzept der literarischen Gattung. Untersuchungen zur klassischen deutschen Gattungstheorie, insbesondere zur Ästhetik F. Th. Vischers*. Tübingen 1981.
Zymner, Rüdiger: »Manierismus als Artistik. Systematische Aspekte einer ästhetischen Kategorie«. In: Wolfgang Braungart (Hg.): *Manier und Manierismus*. Tübingen 2000, 1–14.

Lothar van Laak

2.10 Wertung und Gattung

Das Wissen über Gattungen ist Teil des individuellen Voraussetzungssystems, das als »evaluatives literarisches Wissen« (Worthmann 2004, 143–150) bzw. als ›Erwartungshorizont‹ auf literarische Wertungshandlungen Einfluss nimmt. Zwei Beispiele sollen dies verdeutlichen:

(1) Möchte ein potenzieller Buchkäufer z. B. ein *spannendes* Buch erwerben, kann er bei der Entscheidung für den Buchkauf (= praktische Wertungshandlung) auf sein Wissen über die Konventionen verschiedener Genres (z. B. Kriminalroman, Naturlyrik etc.) zurückgreifen und wird sich wahrscheinlich eher für einen Krimi als für eine Naturlyrikanthologie entscheiden, da jener konventionell eher erwarten lässt, dass der Text am Wertmaßstab ›Wunsch nach spannender Lektüre‹ positiv bewertet werden wird.

(2) Gottsched hat in seiner *Critischen Dichtkunst* verschiedene Forderungen aufgestellt, die ein Text erfüllen muss um (a) zur Subgattung ›Tragödie‹ gezählt werden zu können und (b) als eine gute Tragödie zu gelten. Gottscheds literarisches Wissen über die Subgattung ›Tragödie‹ setzt in diesem Fall präskriptive Erwartungen oder Normen. Die Bewertung von Tragödien in seiner *Critischen Dichtkunst* (= theoretische Wertungshandlung) beruht letztlich auf diesen Normen, die er zudem argumentativ einsetzt, um seine Werturteile (etwa die Abwertung Shakespeares) zu begründen.

Zum evaluativen Wissen über Gattungen gehört nicht nur das erworbene Wissen über die Konventionen literarischer Texte, sondern auch das Wissen über implizite Wertungen, die mit bestimmten Gattungsbegriffen verbunden sind. Der ›Bildungsroman‹ z. B. gilt konventionell als eine anspruchsvolle Gattung, wohingegen der ›Arztroman‹ als literarisch wertlos gilt. Diese mit Gattungsbegriffen verbundenen Werte resultieren aus der Geschichte des Genres, sagen über einen tatsächlichen Wert der diesen Genres zuzuordnenden Texte indes nichts aus. Die Gegenwartsliteratur spielt daher häufig mit stereotypen Gattungsbewertungen und versieht Texte mit Gattungsbezeichnungen, die konventionell auf ›schlechte Literatur‹ deuten (etwa Bodo Kirchhoffs *Schundroman*, 2002, Elfriede Jelineks *Gier. Ein Unterhaltungsroman*, 2000, Gert Jonkes *Geometrischer Heimatroman*, 1969). Mit dem spezifisch österreichischen ›Antiheimatroman‹ wurde zudem ein Genre geschaffen, das programmatisch die Konventionen eines bestimmten Genres umkehrt.

Versuche, komplementäre und disjunkte Gattungsbegriffe zu ermitteln (vgl. Strube 1990), sind stets vom jeweils gegebenen Textkorpus bedingt. Am deutlichsten wird dies bei Gattungstypologien, die ausgehend von einem ›Urtyp‹ der Gattung bzw. durch Festlegung eines Idealtypus per Induktionsschluss die Merkmale einer Gattung oder eines Genres ermitteln. Der Text, der auf diese Weise zum Maßstab einer Gattung erklärt wird, muss, um dieses Verfahren plausibel zu machen, ein hochkanonischer Text sein. Auf diese Weise geht etwa F. Th. Vischer in seiner *Ästhetik oder Wissenschaft des Schönen* vor: »[G]attungstheoretische Zuordnung und literarische Wertung« fallen hier zusammen, da Vischer den Wert literarischer Texte danach bemisst, wie sehr sie dem von ihm gesetzten Ideal einer Gattung entsprechen (Willems 1981, 160).

Dasselbe gilt für Klassifizierungen von Gattungen: Brauchbare, d. h. hinreichend übersichtliche Gattungssystematiken (→ A 1.4) können nicht das gesamte Archiv einer Literatur (im Sinne der Summe aller als literarisch geltenden Texte, die eine Literatur gespeichert hat) abbilden, sondern greifen auf vorgängige Selektionen, mithin den Kanon zurück. Gleichzeitig haben die meisten Gattungssystematiken jedoch eine historische Tiefenstruktur, d. h. sie erfassen nicht nur die zum Zeitpunkt der Systematisierung noch aktuellen Gattungen und Genres, sondern auch solche, die bereits historisch geworden sind. Der sich in Gattungssystematisierungen widerspiegelnde ›Kanon der Gattungen‹ kann also auch Genres erfassen, ohne dass diejenigen Texte, die dieses Genre repräsentieren, selbst noch kanonisch sein müssen (z. B. das Jesuitendrama als eine der zahlreichen Subgattungen der Gattung Drama). Es gilt hier also zu unterscheiden zwischen dem literarischen Kanon als einem die Bildung von Gattungsbegriffen und Gattungssystematiken bedingenden Parameter und einem ›Gattungskanon‹, der alle für eine Literaturproduktion (einer bestimmten Literatur zu einem bestimmten Zeitpunkt) als kanonisch geltenden Gattungen und Genres bezeichnet, unabhängig vom kanonischen Status der unter diese Begriffe zu subsumierenden Texte (vgl. z. B. Zymner 2003, 56). Daneben kennt die Forschung auch noch eine andere Bedeutung von ›Gattungskanon‹, nämlich die Bezeichnung für das Korpus derjenigen Texte, die für eine Gattung oder ein Genre als kanonisch gelten (für den Kanon des bürgerlichen Trauerspiels vgl. Pailer 1998).

Die Klassifikation von literarischen Texten nach Haupt- und Subgattungen, Nebengattungen, Genres, Typen etc. ordnet Texte in einer hierarchischen Systematik, die in den meisten Fällen keine literarische Wertung zum Ausdruck bringt, sondern lediglich das zu Klassifizierende mithilfe subordinierender und koordinierender Begriffe systematisiert (Strube 1990, 120 ff.). Strube weist jedoch zu Recht darauf hin, dass der für dieses Verfahren verwendete Begriff der ›Gattungshierarchie‹ zweideutig ist, da er »im logischen Zusammenhang ›Pyramidik‹, im Zusammenhang der (z. B. moralischen) Einstufung oder Bewertung ›Rangfolge‹« bedeute (ebd., 147 f.). Ein solches, explizite hierarchisierende Wertungen einschließendes Verständnis von Gattungen liegt etwa in den Poetiken der ›doctrine classique‹ (Straub 1988) und in Gottscheds *Critischer Dichtkunst* vor, in der das Heldenepos und die Tragödie (Gottsched 1962, 469–504; 603–630) als die Hauptgattungen der Literatur benannt werden. Gottscheds Gattungshierarchie ergibt sich aus seinen dort genannten literarischen Wertmaßstäben (wie Mimesis, Ausdruck einer moralischen Lehre, Wahrscheinlichkeitsforderung etc.), die

ihm nicht nur dazu dienen, normative Forderungen aufzustellen und den Wert bereits vorliegender Beispiele zu ermitteln, sondern auch diejenigen Gattungen hierarchisch zu exponieren, die im Verlauf der Literaturgeschichte seine Wertmaßstäbe idealerweise erfüllt haben, was er mit Verweis auf mustergültige Beispiele (etwa die Epen Homers und Vergils sowie die Tragödien von Sophokles) plausibilisiert.

Ein anderes Verständnis verbindet dagegen Fowler mit dem Begriff der »generic hierarchy« (Fowler 1979, 100). Er bezeichnet damit das Resultat der diachronen Transformation von Gattungssystemen, das sich – für einen bestimmten historischen Zeitraum – in einer Hierarchie von wichtigen und weniger wichtigen Gattungen ausprägt: »In a weak sense all genres may have existed in all ages, shadowily embodied in bizarre and freakish exceptions. [...] But the repertoire of active genres has always been small and subject to proportionately significant additions and deletions« (ebd., 110). ›Gattungshierarchie‹ heißt hier also generell ›axiologischer Bedeutungswandel von einzelnen Gattungen und Genres‹. Diesen diachronen Wandel in der literarischen Bewertung, der das »repertoire of active genres« hervorbringt und innerhalb dieses Repertoires für eine hierarchische Ordnung nach Präferenz sorgt (man denke etwa an die ›Verfallsgeschichte‹ des Versepos (Michler 2005) oder die ›Erfolgsgeschichte‹ des Romans), sollte nicht einfach als das Resultat von Moden oder des sich wandelnden Geschmacks verstanden werden. Vielmehr handelt es sich um einen Komplex zahlreicher praktischer und theoretischer Wertungen, an dem die Akteure des Sozialsystems Literatur auf unterschiedlichen Ebenen beteiligt sind.

In einem weiteren Sinne lässt sich unter ›Gattungshierarchie‹ auch die Abbildung stratifikatorischer Gesellschaftsformen in literarischen Gattungen verstehen, die z. B. in poetologischen Normen wie der Ständeklausel oder der Fallhöhe zum Ausdruck kommt. In der Gattungsgeschichte werden zudem bestimmte Genres herausgehoben (wie etwa das bürgerliche Trauerspiel oder der Bildungsroman), die in der Lage sind, der Repräsentation schichtenspezifischer Interessen und Werte besonders zu entsprechen (man denke etwa an Hegels Auffassung vom Roman als ›der modernen *bürgerlichen* Epopöe‹), bzw. Gattungen ermittelt, die in bestimmten Epochen aus funktionalen Gründen präferiert werden (für die Aufklärung z. B. Zelle 1997, 163). In modernen pluralistischen Gesellschaften sind solche gattungsgebundenen Wertzuschreibungen weitgehend bedeutungslos geworden. Die sich in Hierarchien ausdrückenden Präferenzen von literarischen Genres lassen sich heute eher im Rückbezug auf soziale Parameter (Geschmack, Klassenhabitus, Feldposition etc.) analysieren, die unterschiedliche soziale Gruppen konstituieren und daher auch für die Ausbildung unterschiedlicher Gattungshierarchien sorgen. Mit literatursoziologisch orientierten Ansätzen ließe sich auf diese Weise der »sozialisationsbedingte [...] Charakter kultureller Bedürfnisse« ermitteln, der sich u. a. auch in der »Präferenz für eine bestimmte Literatur, ein bestimmtes Theater, eine bestimmte Musik« (Bourdieu 1999a, 17 f.) niederschlägt.

Bourdieu selbst hat sich (im Rückblick auf das 19. Jh.) ausführlich der im literarischen Feld vorherrschenden, gesellschaftlich bedingten Gattungshierarchie gewidmet und dabei nach einer Hierarchie unter wirtschaftlichem Gesichtspunkt und einer unter dem Gesichtspunkt der innerhalb des Feldes herrschenden Bewertungskriterien unterschieden. Um die Position einzelner Gattungen in der französischen Literatur gegen Ende des 19. Jh.s zu verdeutlichen, wurden diese beiden Typen der Gattungshierarchie in einem schematischen Modell zusammengefasst (Bourdieu 1999b, 199). In seiner Analyse der »Hierarchie des Prestiges« (ebd., 189) kommt Bourdieu u. a. zu dem Ergebnis, dass die »Hierarchie der Romangattungen – Gesellschaftsroman, der sich zum psychologischen Roman wandelt, naturalistischer Roman, Sittenroman, Heimatroman, Massenliteratur – sehr direkt der gesellschaftlichen Hierarchie des betreffenden Publikums entspricht sowie auch recht strikt der Hierarchie der dargestellten gesellschaftlichen Welten und sogar der Hierarchie der Autoren je nach sozialer Herkunft und Geschlecht« (ebd., 190 f.). Bourdieus Begriff der Gattungshierarchie schließt also die Widerspiegelung sozialer Schichtungen mit ein. Dieses nicht unproblematische Modell bedürfte, um sich als tragfähig zu erweisen, freilich empirischer Untermauerung.

Literatur

Bourdieu, Pierre: *Die feinen Unterschiede. Kritik der gesellschaftlichen Urteilskraft*. Übers. v. Bernd Schwibs u. Achim Russer. Frankfurt a. M. [11]1999a [frz. 1979].

Bourdieu, Pierre: *Die Regeln der Kunst. Genese und Struktur des literarischen Feldes*. Übers. v. Bernd Schwibs u. Achim Russer. Frankfurt a. M. 1999b [frz. 1992].

Fowler, Alastair: »Genre and the Literary Canon«. In: *New Literary History* 11.1 (1979), 97–119.

Gottsched, Johann Christoph: *Versuch einer Critischen Dichtkunst*. Unver. photomech. Nachdr. der 4., vermehrten Auflage, Leipzig 1751. Darmstadt [5]1962.

Michler, Werner: »Möglichkeiten literarischer Gattungspoetik nach Bourdieu. Mit einer Skizze zur ›modernen Versepik‹«. In: Markus Joch/Norbert Christian Wolf (Hg.): *Text und Feld. Bourdieu in der literaturwissenschaftlichen Praxis*. Tübingen 2005, 189–206.

Pailer, Gaby: »Gattungskanon, Gegenkanon und ›weiblicher‹ Subkanon. Zum bürgerlichen Trauerspiel des 18. Jh.s«. In: Renate von Heydebrand (Hg.): *Kanon. Macht. Kultur. Theoretische, historische und soziale Aspekte ästhetischer Kanonbildungen*. Stuttgart, Weimar 1998, 365–382.

Straub, Enrico: »Die Problematik poetologischer Normen in der französischen doctrine classique«. In: Eberhard Lämmert/Dietrich Scheunemann (Hg.): *Regelkram und Grenzgänge: von poetischen Gattungen*. München 1988, 26–37.

Strube, Werner: »Zur Klassifikation literarischer Werke«. In: Dieter Lamping/Dietrich Weber (Hg.): *Gattungstheorie und Gattungsgeschichte*. Wuppertal 1990, 105–155.

Willems, Gottfried: *Das Konzept der literarischen Gattung. Untersuchungen zur klassischen deutschen Gattungstheorie, insbesondere zur Ästhetik F. Th. Vischers*. Tübingen 1981.

Worthmann, Friederike: *Literarische Wertungen. Vorschläge für ein deskriptives Modell*. Wiesbaden 2004.

Zelle, Carsten: »Aufklärung«. In: *Reallexikon der deutschen Literaturwissenschaft*. Bd. 1. Hg. v. Klaus Weimar u. a. Berlin, New York 1997, 160–165.

Zymner, Rüdiger: *Gattungstheorie. Probleme und Positionen der Literaturwissenschaft*. Paderborn 2003.

Matthias Beilein

2.11 Zensur und Gattung

Zu Begriff und Geschichte der Zensur

Zensur, verstanden als Kontrolle jeglicher Form von Meinungsäußerungen, prüft, beurteilt und handelt nach festgelegten Strukturen und orientiert sich an Normen und Regeln. Als Kommunikationskontrolle versucht Zensur, Verstöße gegen religiöse, moralische und politische Normen zu entschlüsseln, die z. B. als Gotteslästerung, Verleumdung, Sittenlosigkeit, Hochverrat, Häresie oder Obszönität in Erscheinung treten (vgl. Kanzog 1984; Aulich 1988). Obwohl geregelte Prüf- und Verbotsverfahren erst seit dem späten Mittelalter bzw. seit der Erfindung des Buchdrucks institutionalisiert und damit sichtbar werden, lassen sich schon in antiken Kulturen Zensurpraktiken rekonstruieren (z. B. Entfernung von Inschriften, Vernichtung von Textträgern, Verfolgung von Autoren). Derartige Verfahren waren im weitesten Sinne immer auch Verwaltungs- und Polizeiakte, die nicht nur festgelegten Abläufen – etwa als Vor- oder Nachzensur – folgten, sondern auch das zu prüfende Material nach bestimmten Kriterien und Merkmalen ordneten. Dabei wurden Medien, von denen man eine weitreichende öffentliche und soziale Wirkung annahm (z. B. Zeitschriften, Theater- oder Filmaufführungen) einer besonderen Kontrolle unterworfen. Aber auch Institutionen wie (Leih-)Bibliotheken oder Lesegesellschaften, die die Lektüremöglichkeiten verbreiterten, provozierten Konflikte mit der Zensur.

Indizierte Bücher wurden in Listen erfasst, um deren Distribution zu unterbinden und deren Lektüre als ›gefährlich‹ zu markieren. Zensur kontrolliert und sanktioniert zwar in erster Linie nach inhaltlichen Kriterien, orientiert sich im Verlauf der Zensurgeschichte aber immer stärker auch am medialen Charakter ihrer Objekte. Noch heute ordnet die Bundesprüfstelle für jugendgefährdende Medien für ihre Indizierungsverfahren nach medienspezifischen Kriterien (z. B. Filme, Computer- und Konsolenspiele, Printmedien, Radio/Fernsehen, Internet).

Die früheste Form der Bekanntgabe eines Buchverbots geschah mithilfe von Indices, die die katholische Kirche seit dem Ende des 16. Jh.s veröffentlichte. In dem Maße, wie es der katholischen Kirche nach der Erfindung des Buchdrucks immer weniger gelang, sowohl das reformatorische als auch das gelehrte Schrifttum effizient zu kontrollieren, suchte sie nach einem Instrument, mit dem sie ihr ›Wächteramt‹ öffentlich sichtbar verteidigen konnte (vgl. Wolf 2001). Nachdem ein erstes gedrucktes Verzeichnis (1558/59) wegen seiner inquisitorischen Maßlosigkeit auf Kritik gestoßen war, erließ Papst Pius IV. mit der Bulle *Dominici gregis custodiae* (1564) Regeln für ein differenziertes System von Kontroll- und Verbotsmechanismen, die die Grundlage für den ersten *Index librorum prohibitorum* (1564) sowie alle weiteren Indices bildeten. Der Index beruhte auf drei Kategorien von Verboten: 1. Verboten wurden Bücher, die von Häretikern verfasst oder häretischen Inhalts (insbesondere reformatorisches Schriftgut) waren. 2. Unzüchtige oder moralisch anstößige Bücher unterlagen ebenfalls dem Verbot, wobei die Lektüre klassischer erotischer Literatur »propter sermonis elegantiam et proprietatem« einem nicht-jugendlichen Leserkreis ausnahmsweise erlaubt wurde. 3. Verboten waren Schriften, die von Weissagung, Giftmischerei, Wahrsagerei, Hexerei oder Magie handelten. Später wurden die Indexeintragungen um Kommentare ergänzt, aus denen u. a. hervorging, warum ein Buch oder -teile gegen die katholische Glaubenslehre verstießen. 1948 erschien eine letzte Liste mit indizierten Büchern; seit dem Zweiten Vatikanischen Konzil indiziert die katholische Kirche nicht mehr, sondern *missbilligt* nur noch Bücher, die mit ihren religiösen, moralischen und ethischen Vorstellungen kollidieren.

Während sich die Zensur im 16. und 17. Jh. im Wesentlichen mit Büchern religiösen oder religionskritischen Inhalts beschäftigte, wurden die Zensoren seit dem 18. Jh. mit neuen medialen Entwicklungen, einem expandierenden Buchmarkt und neuen Lesegewohnheiten konfrontiert. Es ging nicht mehr nur um die Abwehr schädlicher Bücher, sondern um Strategien, Einfluss auf den Buchmarkt und die Leserschaft zu nehmen. Hinzu kam, dass das kirchliche Zensurmonopol in dem Maße aufgeweicht wurde, wie sich alle Lebensbereiche säkularisierten. In Österreich und Preußen wurde die Zensur reformiert, wobei man Kommissionen schuf, die der »besonderen Art und Gattung von Schriften« (1749; zit. n. Plachta 1994, 102) aus den Fachgebieten Geschichte, Philosophie, Theologie und Jura gerecht werden sollten. Die Zensur wandelte sich zu einer Verwaltungsbehörde mit fest umrissenem ›Geschäftsverteilungsplan‹. Verbotsentscheidungen wurden nicht mehr willkürlich gefällt, sondern kamen aufgrund sachlicher Kriterien in Fachkommissionen zustande. In Österreich ging man noch einen Schritt weiter. War die Zensur zunächst in einer Behörde zentralisiert und wie in Preußen aufgrund fachlicher Kriterien ausgerichtet worden, ordnete Joseph II. das Zensurwesen insofern neu, als der Kriterienkatalog für Verbote drastisch eingeschränkt wurde und nur noch indiziert werden sollte, »was ungereumte Zotten enthält, aus welchen keine Gelehrsamkeit, keine Aufklärung jemals entstehen kann, streng, gegen alle übrige aber, wo Gelehrsamkeit, Kenntnisse und ordentliche Sätze sich vorfinden, umso mehr nachsichtig ist, als erstere nur vom großen Haufen und von schwachen Seelen gelesen, letztere aber nur schon bereiteten Gemüthern und in ihren Sätzen standhaften Seelen unter die Hände kommen« (1781; zit. n. Plachta 1994, 59). Spätestens mit der Französischen Revolution sollten sich solche liberalen Zensurauffassungen als Illusion erweisen. Bis weit ins 19. Jh. hinein wurden Publikationen allein danach beurteilt, ob sie gegen ›Ruhe‹ und ›Ordnung‹ verstießen. Zensur wurde wieder zum Mittel der repressiven Durchsetzung eines kollektiven Normenhorizonts.

Auch die Geschichte von Zeitungen und Zeitschriften ist in vieler Hinsicht eine Geschichte der Zensur. Aktualität, Verbreitung, regelmäßiges Erscheinen, sprachliche Prägnanz und Raum für Kritik und Kommentar machen den hohen Öffentlichkeitsgrad aus, der die Zensur auf den Plan rief. Die besondere Medialität periodischer und publizistischer Druckwerke brachte eine Diskussion über Meinungs- und Redefreiheit mit sich, wodurch sich die Auseinandersetzungen mit der Zensur verschärften. Waren

2. Normentheoretische Problemkonstellationen

es anfangs noch religiös-theologische Argumente, die zu Zensur und Verbot führten, wurde der Schutz des Staates nach innen und außen bald als Kontrollgrund genannt. Im 19. Jh. traten moralische Aspekte und Verstöße gegen die im Strafgesetzbuch niedergelegten Schutzvorschriften (Persönlichkeitsschutz, ›Majestätsbeleidigung‹, ›Aufreizung zur Unzucht‹, Gotteslästerung) hinzu. Diese ›Verstrafrechtlichung‹ der Zensur reduzierte keineswegs den Zensurdruck, denn der Produzent war nun von vornherein für die ›Ungefährlichkeit‹ eines Druckerzeugnisses verantwortlich.

Nicht zuletzt wurde die Kontrolle von Dramentexten und Theateraufführungen stets als ›Anwendungsfall‹ von Zensur schlechthin gesehen. Handlungsleitend war dabei die Absicht, die öffentliche Ordnung und Sicherheit zu gewährleisten. Diese Absicht resultierte aus historischen Erfahrungen von der besonderen Wirkung des Theaters, nachdem es sich zu einer öffentlichen Institution entwickelt hatte und der Aspekt der ›Nützlichkeit‹ verstärkt in das Visier der Zensur geriet. Aber auch soziale Aspekte, die insbesondere das volkstümliche Theater mit seinen Derbheiten und dem Hang zum spontanen und kritischen Extemporieren betrafen, prägten die Perspektive der Theaterzensur. Dies ging soweit, dass Regeln aufgestellt wurden, die u. a. das Auftreten von Figuren aus der höfischen oder kirchlichen Sphäre untersagten (vgl. Plachta 1994, 171 ff.). Das Verhältnis von Theater und Öffentlichkeit wurde daher als zensorischer Sonderfall betrachtet und deutlich von der Kontrolle von Buch und Lektüre abgegrenzt. Obwohl der Zensor oder Theaterpolizist Aufführungen besuchte, war Theaterzensur zunächst Präventivzensur, denn bevor ein Theaterstück auf die Bühne gelangte, musste der Spieltext vom Zensor geprüft werden. Daher fand häufig schon im Theater selbst eine Zensur statt. Während es in der Zensurgeschichte eine Reihe von spektakulären Aufführungsverboten gab, die manchmal sogar die Gerichte beschäftigten (vgl. Breuer 1982, 187 ff.), blieb in den überwiegenden Fällen die Publikation der jeweiligen Dramentexte davon unberührt.

Zur Zensur von Gattungen

Obwohl immer wieder auch literarische Gattungen neben denen der Theaterliteratur, wie z. B. der Roman im späten 18. Jh. (vgl. Hobohm 1992) oder die politische Lyrik in der ersten Hälfte des 19. Jh.s, die Aufmerksamkeit der Zensur erlangten, ist in der Zensurforschung kaum untersucht worden, ob bei deren Beurteilung explizit gattungsspezifische oder nur inhaltliche, politische und soziale Aspekte eine Rolle spielten. Diese Fragen berühren grundsätzlich die Frage, inwieweit Zensur auf Sprache, Stil oder auch Gattungen einzuwirken vermag. Hypothetisch blieb bislang die Frage, ob »Gattungswandel und Gattungspräferenzen« durch Zensur beeinflusst wurden (Haefs 2007, 421). Wurde Goethes *Werther* deshalb verboten, weil hier ein Roman vorlag, oder weil hier Selbstmord enttabuisiert wurde und man Nachahmungen im wirklichen Leben mit erheblichen sozialen Konsequenzen fürchtete? Inwieweit griffen die »Karlsbader Beschlüsse« in das Gattungsspektrum ein, als 1819 für alle Druckwerke, die weniger als 20 Druckbogen (= 320 Seiten) im Oktavformat umfassten, eine prinzipielle Vorzensur eingeführt wurde, während für Publikationen über 20 Druckbogen nur die Nachzensur galt? Da politische Meinungsäußerungen meistens in Zeitschriften oder in preiswerten und schnell zu produzierenden Broschüren erfolgten, galt es, diesen Bereich vor einer breiten Öffentlichkeit abzuschotten bzw. ihre Veröffentlichung durch strikte Vorzensur zu erschweren. Allerdings gelang es vielen Autoren und Verlegern diese Regelung durch entsprechende Manipulationen (größere Drucktype, großzügige Layout-Gestaltung, gemeinsame Publikation unterschiedlicher Werkgruppen in einem Band) zu unterlaufen. Zu den Strategien dieses ›Ideenschmuggels‹ gehörte aber auch die operative Nutzung der Unterhaltungsliteratur mit einer Mischung aus lyrischen und prosaischen Formen, die Maskierung von politischen Inhalten durch unverdächtige Gattungen wie Reisebericht, Brief oder Märchen (vgl. Ziegler 1983, 154). Auf diese Weise entstanden Zensurlücken, denn die Zensur ging schematisch vor und prüfte Bücher zunächst aufgrund ihres Umfangs. Man war der Ansicht, dass nur eine Minderheit diese teureren Bücher lesen würde. Diese Vorgehensweise wiederholt sich ähnlich bei der sog. ›Heftchenliteratur‹ mit ihrem spezifischen Themenspektrum, das von Wildwest-, Abenteuer-, Kriegs- und Kriminalgeschichten bis zu Jungen- und Mädchengeschichten reicht. Aufgrund der weiten Verbreitung dieser preiswerten und im Umfang beschränkten Hefte galten sie pauschal als jugendgefährdend. Ergänzend wurden sie mit dem diffusen Vorwurf belegt, es handle sich bei ihnen um »Schmutz und Schund« (vgl. Maase 2002) und man müsse die Leser vor sozialen Gefährdungen schützen.

Literatur

Aulich, Reinhard: »Elemente einer funktionalen Differenzierung der literarischen Zensur«. In: Herbert G. Göpfert/Erdmann Weyrauch (Hg.): »*Unmoralisch an sich ...*«. *Zensur im 18. und 19. Jh.* Wiesbaden 1988, 177–230.

Breuer, Dieter: *Geschichte der literarischen Zensur in Deutschland.* Heidelberg 1982.

Haefs, Wilhelm: »Zensur im Alten Reich des 18. Jh.s – Konzepte, Perspektiven und Desiderata der Forschung«. In: Wilhelm Haefs/York-Gothart Mix (Hg.): *Zensur im Jahrhundert der Aufklärung. Geschichte – Theorie – Praxis.* Göttingen 2007, 389–424.

Hobohm, Hans-Christoph: *Roman und Zensur zu Beginn der Moderne: Vermessung eines sozio-poetischen Raumes. Paris 1730–1744.* Frankfurt a. M. 1992.

Kanzog, Klaus: »Zensur, literarische«. In: Werner Kohlschmidt/Wolfgang Mohr (Hg.): *Reallexikon der deutschen Literaturgeschichte.* Bd. 4. Berlin, New York ²1984, 998–1049.

Maase, Kaspar: »Die soziale Bewegung gegen Schundliteratur im deutschen Kaiserreich«. In: *IASL* 27 (2002), H. 2, 45–123.

Plachta, Bodo: *Damnatur – Toleratur – Admittitur. Studien und Dokumente zur literarischen Zensur im 18. Jh.* Tübingen 1994.

Plachta, Bodo: *Zensur.* Stuttgart 2006.

Wolf, Hubert (Hg.): *Inquisition, Index, Zensur. Wissenskulturen der Neuzeit im Widerstreit.* Paderborn u. a. 2001.

Ziegler, Edda: *Literarische Zensur in Deutschland 1819–1848. Materialien, Kommentare.* München, Wien 1983.

Bodo Plachta

3. Vermittlungs- und institutionentheoretische Problemkonstellationen

3.1 Bibliothek und Gattung

Das Ordnen gehört neben dem Sammeln und Vermitteln von Medien und Informationen zu den Kernaufgaben einer Bibliothek. Unter Medien sind dabei alle physischen Informationsträger zu verstehen, die eine Bibliothek vorhält (Bücher und andere Träger von schriftlichen oder rein visuellen oder akustischen Informationen).

Die Prinzipien für die Ordnung des Medienbestands einer Bibliothek können sich von denen unterscheiden, nach denen Wissenschaften ihren Gegenstandsbereich systematisch ordnen. So bildet das Leitprinzip für die sachliche Ordnung oder inhaltliche Erschließung von Dokumenten in Bibliotheken, »den Nutzern *Zugang* zu und *Orientierung* über Dokumentinhalte zu verschaffen« (Bertram 2005, 19). Der Ansatz ist im Fall der bibliothekarischen Ordnung also ein rein pragmatischer, während er im Fall der wissenschaftlichen Ordnung eines Gegenstandsgebiets ein heuristischer ist. Dennoch sind beide Arten der Ordnung, vor allem auch in Hinsicht auf literarische Gattungen, nicht als völlig getrennt voneinander zu verstehen; im Gegenteil, die nichtbibliothekarischen Einteilungen des Gesamtbereichs der Belletristik bilden oft genug die Basis für die Präsentation und Ordnung von Literatur in Bibliotheken.

Nach überwiegend pragmatischen Kriterien scheinen schon die ersten heute bekannten Bibliotheken geordnet gewesen zu sein. Während über die Anordnung der auf Tontafeln gesammelten Texte in den Tempelanlagen des Assyrerkönigs Assurbanipal (668–627 v. Chr.) im babylonischen Ninive wenig bekannt ist (vgl. Jochum 1999, 15; Šamurin 1977, 6 f.), existieren einige wenige Zeugnisse darüber, wie die Papyri in den Bibliotheken im antiken Ägypten geordnet waren. Offenbar gebräuchlich gewesene Kategorien wie ›Von der Abwehr des Krokodils‹ mögen skurril wirken, zeugen andererseits aber davon, dass die Nützlichkeit für den Gebrauch ein wichtiges Kriterium bei der Anordnung der Texte im ›Bücherhaus‹ gewesen sein muss (vgl. Šamurin 1977, 9).

Das früheste bibliothekarische Ordnungssystem für Schriftzeugnisse, das auch Kategorien für solche Texte enthielt, die wir heute als literarisch bezeichnen, sind die *Pinakes* des Kallimachos von Kyrene (ca. 310 – ca. 245 v. Chr.; als ›Pinakes‹ wurden ursprünglich die den Inhalt bezeichnenden Holztafeln an den Gestellen, in denen die Schriftrollen untergebracht waren, bezeichnet). Die *Pinakes* stellen ein Verzeichnis der Schriftrollen in der Bibliothek von Alexandria dar, das aufgrund der Vollständigkeit dieser Schriftensammlung zugleich quasi auch als Gesamtverzeichnis des antiken Schrifttums angesehen werden kann. Die *Pinakes* selbst sind nicht erhalten, aus Überlieferungen Dritter lässt sich jedoch einiges über deren Umfang und Aufbau erschließen. So sollen sie jeweils sechs Klassen für die Dichtung und sechs für Prosa enthalten haben. »Die Gruppe der Dichter hatte die Abteilungen Epiker, Elegiker, Jambiker, Meliker (= Lyriker), Tragiker und Komiker« (Umstätter 2005, 24).

Für die Bibliotheken des europäischen Mittelalters, die zumeist Klosterbibliotheken waren, spielt die Ordnung und Verzeichnung literarischer Texte so gut wie keine Rolle. Dies liegt hauptsächlich darin begründet, dass es sich bei diesen Bibliotheken um klerikale Einrichtungen handelte, die vor allem dem Zweck der Bildung und Ausbildung der Ordensangehörigen dienten. Was z. B. für die Bibliotheken des Kartäuserordens galt, kann auch auf viele andere Klosterbibliotheken übertragen werden: »Man findet zwar auch profane Literatur in den Kartäuserbibliotheken, doch gewiss nur aus Schenkungen« (Lorenz 1999, 60). Die so in die Klosterbibliotheken gelangte Literatur wurde dann, meist nicht weiter als alphabetisch nach Verfassernamen geordnet, dem Bestand an letzter Stelle angefügt. Erst im späteren Mittelalter und im Übergang zur Renaissance entdecken Bibliotheken die literarische Überlieferung – vor allem die der Antike – als sammelns- und ordnenswertes Bibliotheksgut wieder. Dies hat seinen Grund in der Rückbesinnung auf die geistigen Leistungen der klassischen Antike, die sich in einer ganz auf die Kenntnis der griechischen und lateinischen Autoren ausgerichteten Bildung widerspiegelt. Die ›septem artes liberales‹ bildeten dabei den Grundstock, wobei vor allem das ›trivium‹ aus Grammatik, Rhetorik und Dialektik anhand der antiken Vorbilder studiert wurde. Ein Blick in die erhaltenen Bibliothekskataloge widerlegt allerdings die naheliegende Vermutung, »daß das in den enzyklopädischen Werken und Lehrbüchern verbreitete System des Triviums und Quadriviums in gleicher Weise den Katalogen der Kloster- und Dombibliotheken zugrunde gelegt worden wäre« (Šamurin 1977, 41). Eine neue Anordnung der Bestände in Bibliotheken bewirkte erst eine andere kulturelle und gesellschaftliche Neuerung im Spätmittelalter: die Gründung der ersten Universitäten. Denn die dort sich sehr schnell durchsetzende Einteilung der Lehrgebiete in vier Fakultäten – Theologie, Jurisprudenz, Medizin und Philosophie (Artistenfakultät) – war »das Modell, dem die Buchaufstellung folgte« (Jochum 1999, 73). Hierbei führte die nun innerhalb der philosophischen Fakultät fest institutionalisierte und professionalisierte Beschäftigung mit der klassischen Poesie in Bibliotheken zur Trennung der literarischen Zeugnisse selbst von den Arbeiten, die sich mit der fachgerechten Kommentierung dieser Werke befassten, d. h. zwischen Philologie und ihrem Gegenstand. Diese Differenzierung steht bereits in Zusammenhang mit der im Übergang von Mittelalter zu Neuzeit einsetzenden und in den folgenden Jahrhunderten stetig zunehmenden Vermehrung des Wissens und der Ausdifferenzierung der Wissenschaften im heutigen Sinn. Eng damit verbunden ist auch eine technische Entwicklung, die für die spätere massenhafte Verbreitung von Schrifterzeugnissen überhaupt erst die Voraussetzung schaffte: die Erfindung des Buchdrucks. Für die immer größere Zahl von Universitäts- und aristokratischen Hof-, später dann auch bürgerlichen Rats- und Stadtbibliotheken bedeutete dies ein Anwachsen der Büchermenge – auch im Bereich der Belletristik und der Literatur über Belletristik –, der es Herr zu werden galt.

Die explosionsartige Zunahme der Zahl gedruckter Publikationen vor allem seit Beginn des 20. Jh.s resultierte auf der Seite der als Speicher und Zugriffsort fungierenden Bibliotheken in vielerlei Anstrengungen, effizientes Auffinden von fachlichen Informationen zu ermöglichen. In Bezug auf die ›Schöne Literatur‹ und die Literatur*wissenschaft* ergaben sich damit einige interessante Probleme und Entwicklungen. Da sich die Bemühung um schnellen und zielgerichteten Zugang zu Informationen nicht zuletzt wegen der auf diesen Gebieten zunehmend gegebenen unmittelbaren ökonomischen Verwertbarkeit ganz auf die Bereiche Naturwissenschaft und Technik konzentrierte, gab es – und gibt es bis heute – nur vergleichsweise schwache Bestrebungen, belletristische Bibliotheksbestände nach Gattungen oder anderen sachlichen Kriterien zugänglich zu machen. Es herrscht immer noch eine grobe Einteilung nach Sprachen und Zeiträumen vor; innerhalb dieser Klassen wird meist alphabetisch nach Autorennamen sortiert. Sehr wohl existiert allerdings im Hinblick auf die *literaturwissenschaftliche Fachliteratur* eine Differenzierung nach Kriterien, die sich unter anderem auf Gattungsbegriffe stützen. So ist es für Benutzer wissenschaftlicher Bibliotheken ein selbstverständliches Anliegen, alle Werke finden zu wollen, die sich z. B. mit dem Bildungsroman oder dem Sonett befassen. Dabei liegt für Bibliothekare das Problem weniger darin, wissenschaftliche Literatur, die sich thematisch mit einer bestimmten literarischen Gattung auseinandersetzt, zu identifizieren – dazu reichen meist die üblichen paratextuellen Informationen (vgl. Genette 2001) –, sondern vielmehr darin, im Vorhinein ein geeignetes Instrument zur sachlichen Erschließung zu entwerfen, das sowohl den aktuellen als auch möglichst den zukünftigen Bedürfnissen der Informationssuchenden gerecht wird. Hierbei stehen Bibliothekare letztlich vor genau denselben Problemen wie die literaturwissenschaftlichen Gattungstheoretiker. Die pragmatische Lösung läge aber natürlich darin, die ›kanonische Ordnung‹ zu übernehmen, d. h. »eine Ordnung, die dadurch sanktioniert wird, daß Fachleute des entsprechenden Gebietes sie verwenden« (Buchanan 1989, 42). Nur existiert eine solche allgemein akzeptierte ›kanonische Ordnung‹ für den Bereich der Literatur nicht.

Methodisch lässt sich das bibliothekarische Instrumentarium zur sachlichen Erschließung in zwei große Gruppen einteilen: Während bei der *verbalen Sacherschließung* den Dokumenten Wörter einer natürlichen Sprache, die allerdings meist in Form eines kontrollierten Vokabulars normiert sind (vgl. dazu die in Deutschland gebräuchliche *Schlagwortnormdatei* (SWD)), zugeordnet werden, teilt die *klassifikatorische Sacherschließung* die Dokumente zuvor festgelegten und in hierarchischer Beziehung zueinander stehenden Klassen zu. In beiden Fällen stellt sich hinsichtlich der Erschließung literarischer Werke das beschriebene Problem, welche Gattungstermini bzw. -klassen gewählt werden sollen. Wird eine Klassifikation zugleich als System genutzt, nach dem die Bücher in einer Bibliothek aufgestellt sind, kommt erschwerend hinzu, dass ein physisch an das Objekt ›Buch‹ gebundener Text immer nur an einem Ort in der Bibliothek stehen kann. Bei einem satirischen Roman müsste man sich z. B. entscheiden, ob er unter der Rubrik ›Romane‹ oder der Rubrik ›Satiren‹ eingruppiert werden soll. Trotz solcher Schwierigkeiten hat es, vor allem in den letzten Jahrzehnten, einige wenige Initiativen von Bibliothekaren gegeben, geeignete Verfahren zur inhaltlichen Erschließung literarischer Texte zu entwickeln (vgl. Saarti 1999; Beghtol 1994). Fraglich bleibt jedoch, ob mit der Erschließung des Inhalts literarischer Texte für die Bibliotheksbenutzer mehr gewonnen ist als mit der Zuordnung zu den als ›soziale Institutionen‹ (vgl. Zymner 2003, 147 ff.; Enzensberger 2009, 75 ff.) bereits mehr oder minder etablierten Gattungen.

In der literaturwissenschaftlichen Diskussion über Sinn und Konstitution von Gattungsbegriffen wird zuweilen kolportiert, die Anordnung von Texten, wie sie in Bibliotheken zu finden ist, könne als Paradebeispiel einer gänzlich willkürlichen und somit – unter wissenschaftlichem Gesichtspunkt – lächerlichen Ordnung angesehen werden (vgl. Hempfer 1973, 50). Noch H. M. Enzensberger lobt Bibliothekare geradezu dafür, dass sie »die Literatur in ihre Regale entweder nach Zugangsnummer oder alphabetisch« (Enzensberger 2009, 73) einordnen. Da es sich ganz so einfach aber nicht verhält, ist die Erschließung von Literatur und auch von literaturwissenschaftlichen Schriften durch Bibliotheken unter Umständen nicht so uninteressant, wie das Vorurteil glauben machen will. Denn zum einen erfolgt sie oft eben nicht nach willkürlichen, sondern durch die Literaturwissenschaft vorgegebenen Kriterien und ist somit in gewisser Weise auch ein untersuchenswerter Spiegel dieser fachlichen Vorgaben. Zum anderen gibt sie aber zugleich die Bedürfnisse wieder, mit denen Benutzer an Bibliotheken herantreten, und kann insofern, auch in historischer Sicht, im Zusammenhang mit literatursoziologischen Fragestellungen von Interesse sein.

Literatur

Beghtol, Clare: *The Classification of Fiction. The Development of a System Based on Theoretical Principles*. Metuchen, N. J. 1994.

Bertram, Jutta: *Einführung in die inhaltliche Erschließung. Grundlagen – Methoden – Instrumente*. Würzburg 2005.

Buchanan, Brian: *Bibliothekarische Klassifikationstheorie*. München 1989 [engl. 1979].

Enzensberger, Hans Magnus: »Vom Nutzen und Nachteil der Gattungen«. Frankfurter Poetikvorlesungen 1964/65, Nr. 4. In: Ders.: *Scharmützel und Scholien. Über Literatur*. Frankfurt a. M. 2009, 64–82.

Genette, Gérard: *Paratexte. Das Buch vom Beiwerk des Buches*. Frankfurt a. M. 2001 [frz. 1987].

Hempfer, Klaus W.: *Gattungstheorie. Information und Synthese*. München 1973.

Jochum, Uwe: *Kleine Bibliotheksgeschichte* [1993]. Stuttgart ²1999.

Lorenz, Bernd: *Systematische Aufstellung in Vergangenheit und Gegenwart*. Wiesbaden 2003.

Saarti, Jarmo: »Fiction indexing and the development of fiction thesauri«. In: *Journal of Librarianship and Information Science* 31. Jg., 2 (1999), 85–92.

Šamurin, Evgenij I.: *Geschichte der bibliothekarisch-bibliographischen Klassifikation*. München 1977 [russ. 1955/59].

Umstätter, Walther: *Einführung in die Katalogkunde. Vom Zettelkatalog zur Suchmaschine*. Stuttgart 2005.

Zymner, Rüdiger: *Gattungstheorie. Probleme und Positionen der Literaturwissenschaft*. Paderborn 2003.

Peter Blume

3.2 Buchhandel und Gattung

Unter ›Buchhandel‹ wird im Folgenden, wie in der buchhändlerischen Fachterminologie üblich, die gewerbsmäßige, organisierte Herstellung und Verbreitung von Büchern verstanden. Die Wirtschaftsstufen des Buchhandels sind der Verlagsbuchhandel, der Zwischenbuchhandel und der Bucheinzelhandel (Emrich/Rautenberg 2010, 140). Seiner wirtschaftlichen und kulturellen Funktion entsprechend, vermittelt der Buchhandel zwischen Autor und Text einerseits und Buchkäufer bzw. Leser andererseits; die buchhändlerischen Organisationen und Institutionen sind daher auf die Bereitstellung des ›Mediums‹ Buch ausgerichtet. Die Bereitstellungsqualität des Buchs wird durch das inhaltliche Angebot ebenso bestimmt wie durch das buchspezifische Zeichensystem: die Buchform (Buchrolle, Kodexform in Handschrift und Druck, digitale Buchformen) und den Buchtyp (nach Ausstattung, z. B. repräsentatives Buch, Taschenbuch), das buchtypische Zeichensystem (Schrift- und Bildzeichen, Symbole) und seine medienspezifische Grammatik (niedergelegt in den Regeln der Skriptographie und Typographie) sowie die darauf jeweils abgestimmten Verbreitungskanäle.

Der Begriff der ›Gattung‹ als textbezogene Kategorie spielt in der buchhändlerischen Praxis eine geringe Rolle, denn literaturwissenschaftliche Gattungsbezeichnungen scheinen nur in einem Segment des gesamten inhaltlichen Spektrums der Buchproduktion auf, der Belletristik. Für den Buchhandel hingegen besteht seit der Erfindung des Buchdrucks um 1450 die Notwendigkeit, die gesamte wachsende Buchproduktion mit allen ihren *Buchgattungen* von der Bibel und Theologie über das lateinische juristische und medizinische Buch und die Literatur der Artesfakulät bis zur volkssprachlichen Buchproduktion in buchhändlerischen Verzeichnissen und Katalogen zu ordnen (siehe Artikel Textproduktion und Gattung).

Die Warengruppen-Systematik des Buchhandels

Gegenwärtig ordnet der Buchhandel seine Waren nach der 1997 eingeführten und 2007 überarbeiteten Warengruppen-Systematik (vgl. im Folgenden grundlegend: Pohl/Umlauf 2007). Jeder Titel, den ein Verlag im Programm hat, wird von diesem mit einer eineindeutigen vierstelligen Warengruppenziffer versehen. Die erste Ziffer der Gruppe steht für den Warengruppen-Index und bezeichnet die Editionsform des Buchs, z. B. Hardcover/Softcover, Taschenbuch, Zeitschrift, DVD, Audio-CD, Kalender, Karten/Globen und sogenannte Nonbooks. Die folgenden drei Ziffern klassifizieren den Titel nach inhaltlichen Kriterien, wobei die erste von diesen (die zweite der Gruppe) die Hauptwarengruppe nennt, die beiden folgenden innerhalb der Warengruppe weiter differenzieren. Die Warengruppen-Systematik ordnet für die Marktteilnehmer bindend die Waren des Buchhandels im Verkehr der Wirtschaftsstufen untereinander und für den Buchvertrieb; darüber hinaus liegt sie den Statistiken über die wirtschaftliche Entwicklung der einzelnen Warengruppen zugrunde, ist ein nützliches Instrument für die Recherche in den buchhändlerischen Katalogen und bietet für den Sortimentsbuchhandel Hilfestellung bei der Sortimentspflege und der Kundenberatung.

Die drei wichtigsten Warengruppen sollen im Folgenden besprochen werden.

Belletristik

Warengruppe 1, Belletristik (nach dem frz. *belletrist*, schöngeistiger Schriftsteller; *belles lettres*: schöne Literatur), umfasst im Wesentlichen die ›schöngeistige‹ (fiktionale) Literatur. Zwischen anspruchsvoller und populärer (Trivial-, Unterhaltungs-)Literatur wird nicht unterschieden. Innerhalb der Gruppe wird weiter aufgeteilt nach: Erzählende Literatur (Romane, Erzählungen, Briefe, Tagebücher etc.), Spannung (Kriminal- und Horrorliteratur), Science Fiction, Anthologien, Lyrik/Dramatik, Zweisprachige Ausgaben, Comic mit Manga/Humor und Satire, Geschenkbücher.

Traditionell übernimmt die Warengruppe der schönen Literatur mit einem Drittel am Gesamtumsatz die Führungsrolle im Buchmarkt. Die Belletristik hat nach den jährlichen Erhebungen in »Buch und Buchhandel in Zahlen« den größten Anteil an der gesamten inländischen Buchproduktion nach Wert (31,5 % im Jahr 2008); auch nach dem Barumsatz im Sortimentsbuchhandel, in Warenhäusern und im E-Commerce ist die Belletristik (32,3 % im Jahr 2008) Spitzenreiter.

Innerhalb der Hauptwarengruppe entfällt der Löwenanteil auf die *Erzählende Literatur* mit der Hälfte des Umsatzes (51,5 % in 2008), gefolgt von *Spannung* mit einem Viertel (24,9 % in 2008) und den ebenfalls erzählenden Gattungen *Science Fiction*, *Fantasy* mit noch 6,7 %, *Comic* 7,3 %. *Lyrik* und *Dramatik* zusammen kommen nur auf 1,4 %. Pro Jahr erscheinen einige hundert Lyrikbände, meist Neuausgaben etablierter Gegenwartsautoren oder bedeutender Lyriker der Literaturgeschichte. Bei den Dramen sind es weniger als hundert, die über den Buchhandel verkauft werden, darunter auch die Dramenausgaben in der

Reihe Reclams Universal-Bibliothek für den Schulunterricht. Die Bühnenmanuskripte werden über Theaterverlage unabhängig vom Buchhandel vertrieben.

Die Statistik unterscheidet nicht zwischen gehobener und populärer Literatur. So werden auch wissenschaftliche Werk- und Gesamtausgaben in der Untergruppe »Hauptwerke vor 1945« oder »Gegenwartsliteratur ab 1945« der Belletristik zugeschlagen. Für den großen Publikumsmarkt der Belletristik lässt sich aber ablesen, dass das Leseinteresse des breiten Lesepublikums zur unterhaltenden Lektüre tendiert. Zur Erzählenden Literatur gehören Genres wie Abenteuer-, Heimat-, Kriegs-, Arzt-, Familien- und Liebesroman. Diese knüpfen zum Teil deutlich an Kolportagethemen der zweiten Hälfte des 19. Jh.s an.

Ein weiterer aussagekräftiger Indikator sind die Bestsellerlisten, die aus den Verkaufszahlen und Kassendaten repräsentativ ausgewählter Buchhandlungen ermittelt werden. Die einflussreichsten Bestsellerlisten publiziert wöchentlich die buchhändlerische Fachzeitschrift *buchreport*, die in Publikumszeitschriften wie *Der Spiegel*, *TV-Gong* oder *Focus* abgedruckt werden (→ G 8). Unter den Spitzentiteln befinden sich regelmäßig Übersetzungen internationaler Bestseller aus dem angloamerikanischen Raum: Übersetzungen haben in der Belletristik einen fast doppelt so hohen Anteil an den Erstauflagen wie in den anderen Warengruppen, unter den Übersetzungen ins Deutsche dominiert traditionell die englische Sprache.

Kumuliert auf den Zeitraum von 1974–2001 zeigt sich am Beispiel der auf den Jahreslisten zehn bestplatzierten Titel, dass in den 1970er und 1980er Jahren genuin deutschsprachige Titel noch deutlich in der Überzahl waren (z. B. von Autoren wie Böll, Grass, Simmel, Lenz), während ab 1990 erstmals Bücher (u. a. Pilcher, Grisham, Leon), für die Lizenzen im englischsprachigen Ausland erworben wurden, die größte Gruppe stellen. Seitdem steigt die Zahl englischer Lizenztitel gegenüber deutschen ständig weiter an, 2001 stehen 27 genuin deutschsprachigen Bestsellern 42 aus dem Englischen und 31 aus anderen Sprachen übersetzte gegenüber (Liebenstein 2005, 25 f. u. 32 f.).

Auch die genuin deutsche Unterhaltungsliteratur, wie z. B. der sogenannte heitere Frauenroman seit den 1980er Jahren, besetzt regelmäßig die Listen. In der ernsten Sparte gelingt meist nur solchen Autoren der wirtschaftliche Durchbruch, die mit hochrangigen Literaturpreisen wie dem Literaturnobelpreis, dem Friedenspreis des Deutschen Buchhandels etc. ausgezeichnet werden oder die aus thematischen und außerliterarischen Gründen die Aufmerksamkeit der literarischen Öffentlichkeit auf sich ziehen (z. B. Charlotte Roche: *Feuchtgebiete*, mit 1,5 Millionen verkauften Exemplaren 2008).

Kinder- und Jugendbücher

Warengruppe 2 gliedert sich u. a. nach Bilderbüchern, Vorlesebüchern (Märchen, Sagen, Reime, Lieder), Bücher für das Erstlese- und Vorschulalter, Kinderbücher bis 11 Jahre, Jugendbücher ab 12 Jahre. Nach der Belletristik – und nahezu gleichauf mit dem Sachbuch – ist das Kinder- und Jugendbuch die umsatzstärkste Warengruppe (14,6 % im Jahr 2008). Seit der Jahrtausendwende steigen Umsatz, Zahl der Erstauflagen und der Neuauflagen stark, auch hier ist der Anteil der Übersetzungen hoch. Die letzten Jahre zeigen einen Trend zum Kinder- und Jugendsachbuch (z. B. die Reihe *Was ist Was?* aus dem Tessloff-Verlag, die international in 37 Sprachen verbreitet ist), zu All-age-Titeln wie *Harry Potter* oder auch die *Tintenherz*-Reihe von Cornelia Funke (*Tintenherz*, 2003, *Tintenblut*, 2005, *Tintentod*, 2007) und zu Mädchengeschichten, die sich an eine Gruppe von Leserinnen richtet, die Identifikation und Orientierung (noch) im Buch suchen. Die umsatzstarken Titel werden entsprechend adressatenspezifisch vermarktet (z. B. der Coppenrath-Verlag mit der Merchandising-Linie zu *Prinzessin Lillifee*).

Ratgeber

Warengruppe 4 umspannt nicht nur ein breites inhaltliches Spektrum von Ratgebern und Anleitungen für alle Hobbies und Lebensbereiche, z. B. Kochen, Gesundheit, Spiritualität, Lebenshilfe, Recht, Beruf, Finanzen. Es handelt sich um allgemeinverständliche Darstellungen für den Laien. Der Umsatzanteil lag 2008 bei bis zu 15,1 %, wobei einzelne Bereiche der Ratgeberproduktion durch die Konkurrenz der frei verfügbaren Inhalte über das Internet rückläufig sind.

Weitere Hauptwarengruppen

Der Vollständigkeit halber seien die weiteren Hauptwarengruppen mit ihren Umsatzanteilen genannt: Reise (Warengruppe 3: 6,5 %); die Gruppen für das Fachbuch und das wissenschaftliche Buch für die berufliche Weiterbildung und die akademische und schulische Nutzung: Warengruppe 5: Geisteswissenschaften, Kunst, Musik (4,7 % im Jahr 2008); Warengruppe 6: Naturwissenschaften, Medizin, Information, Technik (5,2 %); Warengruppe 7: Sozialwissenschaft, Recht, Wirtschaft (3,0 %); Warengruppe 8: Schule und Lernen (9,4 %) sowie das Sachbuch (Warengruppe 9: 9,3 %), das fachliche Inhalte für den Laien vermittelt.

Gattung und Warengruppen

Anders als literaturwissenschaftliche Gattungsbezeichnungen orientiert sich die Ordnung nach Warengruppen an Buchgattungen und Lesebedürfnissen. Ihre Sicht auf die literarische Produktion im weitesten Sinn ist daher eine pragmatische Bestandsaufnahme aller vorkommenden Inhalte, Themen und ihrer heterogenen Darstellungsformen.

Literatur

Buch und Buchhandel in Zahlen 2009. Hg. vom Börsenverein des Deutschen Buchhandels e. V. Frankfurt a. M. 2009 [enthält die Buchmarktstatistik für 2008].
Emrich, Kerstin/Rautenberg, Ursula: »Buchhandel«. In: *Lexikon der Bibliotheks- und Informationswissenschaft*. Hg. v. Konrad Umlauf und Stefan Gradmann. Bd. 1. Stuttgart 2010, 140 f.
Liebenstein, Karina: Bestsellerlisten 1962–2001 Eine statistische Analyse. Erlangen 2005 (online-Publikation: www.buchwiss.uni-erlangen.de/forschung/publikationen/Liebenstein.pdf [5. 4. 2010]).
Pohl, Sigrid/Umlauf, Konrad: *Warenkunde Buch. Strukturen, Inhalte und Tendenzen des deutschsprachigen Buchmarkts der Gegenwart*. 2., verb. Aufl. 2007.
Rautenberg, Ursula (Hg.): *Reclams Sachlexikon des Buches*. Stuttgart. 2., verb. Aufl. 2003.

Ursula Rautenberg

3.3 Kontext und Gattung

›Kontext‹ ist eine Kategorie, die üblicherweise auf Einzeltexte bezogen wird; sie wird dann entweder in hermeneutisch-interpretatorischer Intention als »Menge der für die Erklärung eines Textes relevanten Bezüge« (Danneberg 2000, 333) oder, allgemeiner, als »Zusammenhang, in dem ein Textelement oder ein Text steht« (Zabka 2007), definiert. Es werden vier Arten von Kontexten unterschieden: innerhalb des Einzeltextes der (1) intratextuelle Kontext (Ko-Text; Beziehungen zwischen Textelementen) und der (2) infratextuelle Kontext als Beziehung von Textelementen zu einem Textganzen. Als (3) intertextuell werden die Beziehungen zu anderen Texten erfasst, der (4) extratextuelle Kontext ist schließlich die Beziehung eines Textes »zu nicht textuellen Begebenheiten« (Danneberg 2000, 334). Nun sind Gattungen keine Texte; die Übertragung der Kontext-Kategorien auf Textgruppen führt zu einer Beziehung zwischen Texten (»intra«), also zum intertextuellen Verhältnis, das die Gattung selbst charakterisiert (Gattungen als »Erscheinungsformen von Intertextualität«, so Plett 1994, 147; vgl. auch Genette 1982/1996: »Architextualität«); zum anderen führt dies zur Beziehung Text/Gattung (»infra«; bei Fowler [2003, 190] sind Gattungen »virtual contexts«, »providing for the individual work a context equivalent to the pragmatic context of speech«, »fields of association«). Die dritte Ebene (»inter«) bezöge sich auf das Verhältnis zwischen Gattungen, während die »extra«-Ebene den Außenbezug von Gattung und Gattungssystem beträfe.

Die Möglichkeiten zur Kontextualisierung sind besonders auf den beiden letzten Ebenen allerdings virtuell bzw. prinzipiell unbegrenzt, weshalb es sinnvoll ist, formal weitere »extra«-Kontextarten zu unterscheiden, etwa Entstehungs- und Rezeptionskontexte (vgl. Zabka 2007), die, unter Einschluss der Gattungsgeschichte, ein legitimes und klassisches Arbeitsfeld der Literaturwissenschaft bilden. Sachlich lassen sich – verkürzend – drei Klassen von extraliterarischen Kontexten ausmachen: »Ideen« (philosophische, religiöse, wissenschaftliche, ›weltanschauliche‹ Kontexte), »Gesellschaft« (sozial- und geschlechtergeschichtliche, ökonomische sowie literaturökonomische Kontexte) und »Kultur«, verstanden etwa als »System kollektiv verwendeter Sinngehalte, Einstellungen und Werte sowie der symbolischen Formen […], in welchen sie sich ausdrücken oder verkörpern« (Burke 1978/1981, 11) oder als »a whole way of life« (Raymond Williams; ›Geschichte‹ wäre hier als übergreifender Horizont zu verstehen). Schon an dieser Zusammenstellung zeigt sich die Relevanz der ›Kontexte‹ für die Gattungstheorie: Jede der drei Klassen konnte zur Basis von globalen Gattungsdefinitionen werden, als ›Sehweisen‹ (vgl. Medvedev 1928/1976, 174–177), als ›kognitive (Medienhandlungs-)Schemata‹ (vgl. Schmidt 1987), als historisch-soziale Institutionen (vgl. Wellek/Warren 1955/1995, 245; zum Roman: Voßkamp 1978) oder als pragmatische Kategorien an der Grenze von Literatur und Rhetorik (vgl. Devitt 2000).

Die ›infra‹- und ›inter‹-Ebenen sind die Domäne internalistisch operierender, autonomiezentrierter Theorien (Formalismus, Strukturalismus u. a.), die extraliterarischen Kontexten keine oder keine entscheidende Rolle im Entstehungs- und Rezeptionsprozess von Gattungen einräumen, wogegen die ›extra‹-Ebene vor allem von ideen- (Ideen- und Problemgeschichte, historische Anthropologie, Spielarten der Diskursanalyse, Dekonstruktion) sowie sozial- und funktionsgeschichtlich bzw. kulturwissenschaftlich orientierten (›kontextualistischen‹) Literaturtheorien thematisiert wird (Marxismus, Sozialgeschichte der Literatur, Literatur- und Kultursoziologie, Mentalitätengeschichte, *New Historicism, Cultural Materialism, Cultural Studies,* »Kulturwissenschaft«, feministische Literaturwissenschaft, *Gender Studies*). Im Folgenden soll nur von Letzteren die Rede sein, was auch dem allgemeinen Sprachgebrauch in der Literaturwissenschaft entsprechen dürfte (vgl. z. B. die bei Routledge erscheinenden Publikationsreihen »Context and Genre in English Literature«, 2004 ff., und »Genres in Context«, 2001 ff.).

Das Verhältnis von Gattung und extragenerischem Kontext ist immer dort von besonderem Interesse, wo Umbrüche in soziokulturellen Ordnungen konstatiert werden können, die die Rahmenbedingungen des literarischen Systems tangieren: Verschiebungen in der sozialen Zusammensetzung der Akteure (Autoren und Publikum) sowie in den Distributionsmodi (literarische Märkte, Medienwandel). Veränderungen im Gattungssystem können dabei ›neue‹ Gattungen betreffen, Neufunktionalisierungen (z. B. ›höfischer‹ versus ›bürgerlicher‹ Roman; ›Verweiblichungen‹) sowie das Ausscheiden von Gattungen aus zeitgenössischen Literaturkanones (›Gattungstod‹ oder ›Vergessen‹). Zugleich wird in der neueren Forschung betont, dass Gattungen auch epochale Möglichkeiten von Erfahrung prägen, dass Gattungswandel also (Rück-)Wirkungen auf kollektive Bewusstseinsstrukturen hat. Wenn verkürzend von ideen- und soziokulturellen Kontexten gesprochen werden kann, ergeben sich zunächst zwei Fragen: Welche außerliterarischen Kontexte sind mit Prozessen der Gattungsformierung und -evolution sinnvoll zu korrelieren; und wie lässt sich das Verhältnis zwischen diesen Kontexten und den Gattungen jeweils bestimmen? Während die im weitesten Sinn sozialgeschichtliche Tradition die sozioökonomischen Formationen stets als vorgängig betrachtete, sind auch gegenläufige Determinationen vorgeschlagen worden (vgl. Anderson 1983/1993 zur Rolle von Zeitung und Roman als Medien nationalsprachlicher Kommunikationsverdichtung bei der Formierung des modernen Nationalstaats). In jüngerer Zeit verabschiedet man sich zunehmend von der Vorstellung einseitiger Determinierungen, es wird zumeist ein jeweils zu spezifizierendes wechselseitiges Bedingungsverhältnis von Kontext und Gattung angenommen. Die Kategorie ›Gender‹ zeigt exemplarisch, wie eng diese ›Kontext‹-Faktoren miteinander verbunden sind: Gender-Parameter finden sich auf allen Ebenen des Gattungssystems als eines sozialen Handlungssystems (Autorschaft, Publikum, Distribution); zugleich sind Gattungen zentral beteiligt an der paradigmatischen Ausformung kulturspezifischer Gender-Konzepte wie auch an der Herausbildung genderspezifischer Perzeptionsweisen (vgl. z. B. Fleig/Meise 2005).

Der Roman als zentrale Gattung der Neuzeit und der literarischen Moderne hat stets das besondere Interesse kontextorientierter Gattungstheorie auf sich gezogen. Das kausalistische Verständnis des Marx'schen Basis-Überbau-Modells führte bei Georg Lukács, Lucien Goldmann u. a. zu soziogenetischen ›Ableitungen‹ von Gattungen aus soziohistorischen Formationen (Roman als ›Ausdruck‹ der bürgerlichen Klassenbewegung). In Abweichung davon hat Michail Bachtin den Roman in die Geschichte der neuzeitlichen Disziplinierungsbewegung eingeschrieben, als Reservoir nicht-offizieller Diskurse und zugleich als Terrain der Auseinandersetzungen zwischen offizieller und plebejischer ›Volks‹-Kultur (zum Verhältnis Lukács-Bachtin vgl. Tihanov 2000). Die Überwindung dieses kausal determinierten Ableitungsverhältnisses hat zu besonderen ›Anstrengungen des Begriffs‹ geführt. Bei Fredric Jameson ist »der Roman weniger eine organische Einheit als vielmehr ein symbolischer Akt, der heterogene narrative Paradigmen wiedervereinen und harmonisieren muß, die ihre eigenen spezifischen und widersprüchlichen ideologischen Bedeutungen haben« (Jameson 1981/1988, 140). Michael McKeon konzeptualisiert den Roman als »an early modern cultural instrument designed to confront, on the level of narrative form and content, both intellectual and social crisis simultaneously« (McKeon 2000, 397). Die Brücke von soziologischen zu kulturalistischen Gattung-Kontext-Bezügen schlägt Tony Bennett in seiner scharfen und einflussreichen Kritik der soziogenetischen Tradition in der Gattungstheorie, wenn er – anstelle der Entzifferung von Gattungen als ›geprägt‹ von ›Lebensformen‹ – »the ways« zu untersuchen vorschlägt, »in which forms of writing which are culturally recognised as generically distinct [...] function within the ›forms of life‹ – the specific modes of organised sociality – of which they form a part«, »to examine what genres *do* within and as parts of such modes of sociality rather than to reveal how their determined conditions speak through them« (Bennett 1990, 108 f.).

Solche und andere Bedenken haben zu einer zunehmenden Brüchigkeit der Text- bzw. Gattung-/Kontext-Dichotomie geführt. Kontexte werden nicht mehr bloß zur Erklärung generischer Prozesse oder zum Nachweis von deren Determiniertheit herangezogen; Text, Gattung und Kontext werden nun häufig ›auf derselben Ebene‹ thematisiert. Damit kommt es zu einer Integration der Kategorien ›Ideen‹ und ›Gesellschaft‹ in einer Theorie der ›Kultur‹. Wo einst von Ideen und Weltbildern die Rede war (wie in E. M. W. Tillyards einflussreichem Werk *The Elizabethan world picture*, 1943, oder in der ›geistesgeschichtlichen‹ Tradition, etwa bei Herbert Schöffler), dort finden sich jetzt die ›Wissen‹ im Sinn Michel Foucaults. Die Beziehungen von Literatur und ›Wissen‹ erscheinen in einer Reihe unterschiedlicher und unterschiedlich intrikater Konstellationen, in denen kein logisches, zeitliches oder realgeschichtliches Prius auszumachen ist. Den »Poetologien des Wissens« (Vogl 1999) zufolge sind die »Gegenstände des Wissens« – nach Foucault – »nicht in den Referenten der Aussagen, sondern insbesondere in den Aussageweisen zu lokalisieren« (ebd., 15). Die Entscheidung für Genres und Diskursarten erscheint dann einerseits als eine Bedingung für die Begründung und Organisation von Wissensfeldern (wie im Fall der Autobiographie als Matrix elementarer Formen historischer und humanwissenschaftlicher Theoriebildung), andererseits tangieren »elementare Figuren modernen Funktionswissens« (Kontingenz, Verzeitlichung, Selbstregulierung) die Fragen der Erzählweise und der narrativen Struktur etwa des Romans (zur Rolle von Roman und Drama im 18. Jh. im Rahmen einer ›Poetik des ökonomischen Menschen‹ vgl. Vogl 2002). Von der Seite der – ebenfalls zum Teil auf Foucault basierenden – ›cultural poetics‹ hat Stephen Greenblatt die Kategorie der Gattung in eine Trias von ›Intention‹, ›Genre‹ und ›historische Situation‹ eingebettet und betont, dass diese drei ›Kräfte‹ keine einheitliche gesellschaftlich-ideologische Sprache bildeten, sondern »effektiv selbständige Kräfte« seien, »die sich aneinander reiben, miteinander Bündnisse eingehen oder in erbittertem Widerstreit liegen können«, wie etwa an Albrecht Dürers Entwurf zu einem Bauernkriegs-Denkmal gezeigt wird (Greenblatt 1983/1995, 181 f.). Einen Versuch zur Synthese der Ansätze von Bachtin, Jameson und Williams im Licht der Foucaultschen Diskursanalyse unternimmt Frank Palmeri (1999), indem er die Ungleichzeitigkeiten der Geschichten von Gattungssystem, Gesellschaftsformation und Denkform im Begriff des ›cultural paradigm‹ zu bündeln versucht. Als eine andere Option zur Integration von soziogenetischen und kulturalistischen Ansätzen wurde eine Theoriebildung um die Begriffe von Klassifikation und Habitus im Sinn Pierre Bourdieus vorgeschlagen (vgl. Michler 2005).

Literatur

Anderson, Benedict: *Die Erfindung der Nation. Zur Karriere eines folgenreichen Konzepts*. Frankfurt a. M., New York ²1993 [engl. 1983].
Bennett, Tony: *Outside Literature*. London, New York 1990.
Burke, Peter: *Helden, Schurken und Narren. Europäische Volkskultur in der frühen Neuzeit*. Hg. v. Rudolf Schenda. Stuttgart 1981 [engl. 1978].
Danneberg, Lutz: »Kontext«. In: *Reallexikon der deutschen Literaturwissenschaft*. Bd. II. Hg v. Harald Fricke. Berlin, New York 2000, 333–337.
Devitt, Amy J.: »Integrating Rhetorical and Literary Theories of Genre«. In: *College English* 62 (2000), 696–718.
Fleig, Anne, Helga Meise (Hg.): *Gattung und Geschlecht*. Wolfenbüttel 2005.
Fowler, Alastair: »The formation of genres in the Renaissance and after«. In: *New Literary History* 34 (2003), 185–200.
Genette, Gèrard: *Palimpseste. Die Literatur auf zweiter Stufe*. Übers. v. Wolfram Bayer u. Dieter Hornig. Frankfurt a. M. ²1996 [frz. 1982].
Greenblatt, Stephen: »Bauernmorden: Status, Genre und Rebellion«. In: Moritz Baßler (Hg.): *New Historicism. Literaturgeschichte als Poetik der Kultur*. Frankfurt a. M. 1995, 164–208 [engl. 1983].
Jameson, Fredric: *Das politische Unbewußte. Literatur als Symbol sozialen Handelns*. Reinbek 1988 [amer. 1981].
McKeon, Michael: »Generic Transformation and Social Change: Rethinking the Rise of the Novel«. In: Ders. (Hg.): *Theory of the Novel. A Historical Approach*. Baltimore 2000, 382–399.
Medvedev, Pavel: *Die formale Methode in der Literaturwissenschaft*. Stuttgart 1976 [russ. 1928].
Michler, Werner: »Möglichkeiten literarischer Gattungspoetik nach Bourdieu. Mit einer Skizze zur ›modernen‹ Versepik‹«. In: Markus Joch/Norbert C. Wolf (Hg.): *Text und Feld. Bourdieu in der literaturwissenschaftlichen Praxis*. Tübingen 2005, 189–206.
Palmeri, Frank: »History of narrative genres after Foucault«. In: *Configurations* 7 (1999), 267–277.
Plett, Heinrich F.: »Gattungspoetik in der Renaissance«. In: Ders. (Hg.): *Renaissance-Poetik – Renaissance poetics*. Berlin, New York 1994, 147–176.
Schmidt, Siegfried J.: »Skizze einer konstruktivistischen Mediengattungstheorie«. In: *SPIEL* 6 (1987), 163–205.
Tihanov, Galin: *The Master and the Slave: Lukács, Bakhtin, and the Ideas of their Time*. Oxford 2000.
Vogl, Joseph: »Einleitung«. In: Ders. (Hg.): *Poetologien des Wissens um 1800*. München 1999, 7–16.
Vogl, Joseph: *Kalkül und Leidenschaft: Poetik des ökonomischen Menschen*. München 2002.
Voßkamp, Wilhelm: »Methoden und Probleme der Romansoziologie. Über Möglichkeiten einer Romansoziologie als Gattungssoziologie«. In: *IASL* 3 (1978), 1–37.
Wellek, René/Warren, Austin: *Theorie der Literatur*. Durchges. Neuaufl. Weinheim 1995 [amer. 1955].
Zabka, Thomas: »Kontext«. In: *Metzler Lexikon Literatur*. 3. Aufl. hg. v. Dieter Burdorf u. a. Stuttgart, Weimar 2007, 398.

Werner Michler

3.4 Lexikographie und Gattungen

Ausgehend von der Frage nach den Schnittstellen von Lexikographie und Gattungstheorie, werden in diesem Artikel drei Perspektiven dargestellt: Ansätze der Lexembeschreibung unter text- und gattungstheoretischen Gesichtspunkten, Ansätze zur typologischen Binnenklassifikation der Textsorte ›Wörterbuch‹ und die Lexikographie von Gattungsbegriffen.

Zu den Schnittstellen von Lexikographie und Gattungstheorie: Bezugsrelationen von Wort- und Textebene

Gegenstand der Lexikographie ist die Wörterbuchschreibung in Theorie und Praxis, wobei eine große Nähe zur Lexikologie, der Erforschung und Beschreibung des Wortschatzes einer Sprache, besteht. Fokussiert wird in beiden Schwesterdisziplinen die linguistische Ebene des Lexems oder Wortes. Die beiden Lemmata ›Lexikographie‹ und ›Gattungen‹, beziehen sich hingegen auf die beiden verschiedenen Sprachebenen des Lexems respektive Wortes und des Textes. Zwischen ihnen bestehen mehrere Bezugsrelationen, die in linguistisch-semiotischen Zugängen unterschiedlich akzentuiert werden. Zu nennen sind integrative disziplinäre Ansätze von:

(1) Textlinguistik und Lexikologie respektive Lexikographie – Untersuchung von Lexemen und Texten in der Perspektive des Gebrauchs von Sprache und der Produkte sprachlicher Tätigkeit u. a. (vgl. Pohl 2005)
(2) Texthermeneutik und (zweisprachiger) Lexikographie – u. a. geht es um die systematische Auslegung und Translation schwer verständlicher Texte (vgl. Ayivi 2000, 5)
(3) Textsortenlinguistik und Wörterbuchforschung bzw. -schreibung – u. a. Erfassung spezifischer Gattungsmerkmale und Typologie der Textsorte ›Wörterbuch‹ (vgl. Svensén 2009, 76–92) sowie Lexikographie der Gattungsbegriffe
(4) Textkorpuslinguistik und lexikographische Praxis – Auswertung gattungsspezifischer Textkorpora, wie z. B. Zeitungstexte, als Materialbasis der Wörterbucherstellung (vgl. Schaeder 1981, 109–122)
(5) Semiotik und Lexikographie – Untersuchung von Wörterbüchern als textueller Einheit mit eigener Semiotik, obwohl Wörterbücher nicht durchgehend gelesen werden u. a. (vgl. Dubois 1985 [1970]; Rey-Debove 1971)

Die Punkte 1–3 werden im Folgenden ausführlicher erläutert. Für weitere Ausführungen zu 4 und 5 wird auf die Forschungsliteratur verwiesen.

›Textwort‹, Textsemantik, Texttypologie und Gattungen

Textgerichtete Wissenschaften sind auf die systematische, lexikologisch fundierte Beschreibung von Lexemen angewiesen, um deren textsemantische Rolle im konkreten Einzeltext adäquat zu erfassen (vgl. Pohl 2005, 1860). Lexikographische Lexembeschreibungen können somit in der gattungsbezogenen Textanalyse bedeutsam sein. Die Lexikologie und Lexikographie tragen diesem Umstand Rechnung, indem sie sich zunehmend dem ›Textwort‹ zuwenden. Darüber hinaus können interdisziplinäre Zugänge an der Schnittstelle von Lexikologie bzw. Lexikographie und Textlinguistik für die Text- und Gattungstypologie fruchtbar gemacht werden. Es sind verschiedene Ansatzpunkte zu nennen (vgl. Pohl 2005):

(a) die Isotopie-Konzeption der Strukturalen Semantik (Algirdas J. Greimas u. a.) mit der Untersuchung spezifischer, typischer Isotopieketten z. B. in Genres wie dem Dinggedicht oder dem Roman der Empfindsamkeit; dabei können literarische Gattungen ihrerseits zur Prägung besonderer Wortschatzfelder beitragen, so z. B. zur forcierten Ausbildung des deutschsprachigen Emotionswortschatzes zur Zeit der Epoche der Empfindsamkeit im 18. Jh.;

(b) die Sprechakttheorie (John L. Austin, John R. Searle) in ihrer Ausdehnung auf die Textebene und der Übertragung der Einteilung in Sprechaktklassen auf die funktional orientierte Textlinguistik.

(c) Andererseits wurden funktionalstilistisch klar bestimmten Texten auch Wortbildungsanalysen zugrunde gelegt und z. B. die Bildung von Okkasionalismen in der Belletristik zur Steigerung der Expressivität untersucht sowie spezifische Genres wie Science-Fiction-Texte hinsichtlich ihrer Wort- und Satzbildungsmittel analysiert.

(d) In den Bereich der Stilistik fällt u. a. die Untersuchung der spezifischen Verwendung lexikalischer Mittel in der textsorten- und gattungsbezogenen Textgestaltung; entsprechende stilistische Hinweise sind elementarer Bestandteil der Lexikographie.

(e) An der Schnittstelle von Stilistik und Semantik ist die Erfassung von Konnotationen angesiedelt, die über Lexeme in die Textsemantik eingebracht werden und gattungsrelevante stilistische Charakteristika prägen können.

(f) Weiter zu nennen sind kognitionswissenschaftliche Orientierungen der Linguistik mit Ausrichtungen auf das mentale Lexikon, den ›Inferenz‹-Begriff, kognitive Netze u. a. m. sowie in der Literaturwissenschaft mit dem Einsatz dieser Instrumente im Rahmen der Semantisierung literarischer Texte.

(g) Eine Rolle kann lexikographischer Arbeit für den sprachgeschichtlich folgenreichen Übergang von Oralität zu Schriftliteratur und damit für die Ausbildung besonderer Textsorten, kommunikativer und literarischer Gattungen zukommen (vgl. Ayivi 2000, 2); ferner können Lexika schon in Gattungen der oralen traditionellen Literatur eingegliedert sein, mit dem Ziel, die Kreativität des Geistes durch poetische Übung zu fördern (vgl. Ayivi 2000, 8) – so gibt es poetische Gattungen, die ihrerseits (zweisprachige) Wortlisten beinhalten, die in einer früheren Entwicklungsphase sowohl einen poetischen als auch einen didaktischen Zweck verfolgten und aus denen sich später echte zweisprachige, mündliche Lexika entwickelten (vgl. Ayivi 2000, 8 f.).

Wörterbuchtypologie

Die Existenz einer großen Zahl unterschiedlichster Arten von Wörterbüchern macht kriteriengeleitete Systematisierungen aufgrund von Gattungsmerkmalen erforderlich. Das Vorliegen einer ausgearbeiteten Wörterbuchtypologie wird sogar als Voraussetzung für eine Theorie der lexikographischen Sprachbeschreibung und als zentraler Teil einer allgemeinen Theorie der Lexikographie erachtet (vgl. Kühn 1989, 111 f.), wobei sich für die zukünftige Theoriebildung eine Zusammenführung gattungstheoretischer und lexikographischer Diskussionen als fruchtbar erweisen könnte.

Gegenwärtig gibt es eine ganze Reihe von Typisierungsvorschlägen und Typologien (vgl. für einen Überblick Franz F. Hausmann 1989). Aus gattungstheoretischer Sicht sind mit Blick auf Wörterbuchtypen, die insbesondere für literaturwissenschaftliche Belange relevant sind, folgende Typen hervorzuheben (vgl. das Baumdiagramm in: Franz F. Hausmann 1989, 977 und Kühn 1989):

(1) Allgemeine Wörterbücher:
Definitionswörterbücher – z. B. fachsprachliche Wörterbücher wie etwa Sachlexika bzw. Sachwörterbücher der Literatur, die einen von drei Haupttypen literaturwissenschaftlicher Lexika ausmachen (vgl. Hausmann 1989a und Zymner 1999, 2036).

Enzyklopädische Wörterbücher – mit einer Mittelstellung zwischen Sprachwörterbuch und Enzyklopädie, prototypisch z. B. die *Encyclopédie* von Diderot und D'Alembert, 1751–1780 (vgl. Hupka 1989); auch die beiden weiteren Haupttypen literaturwissenschaftlicher Lexika, Werklexika und Autorenlexika, sind hier zuzuordnen und können, ebenso wie Sachlexika, wiederum spezifische Gattungen betreffen (vgl. Zymner 1999, 2036 f.).

(2) Spezialwörterbücher:
Hier führen zwei Kriterien (Funktionstypologie und Phänomenologische Typologie) auf weitere Typen, die in der Lexikographie als besonders relevant betrachtet werden (vgl. Franz F. Hausmann 1989, 970).

Zur Funktionstypologie: Im Zentrum steht hier die Frage danach, wozu das Wörterbuch dient (vgl. Franz F. Hausmann 1989, 970; Svensén 2009, 12 ff.). Ein sowohl sprach-, kultur- als auch literaturwissenschaftlich interessantes Beispiel stellen Fremdkulturwörterbücher dar, die dazu dienen, den Benutzer in das fremde Denken anderer und exotischer Gesellschaften einzuführen (vgl. Ayivi 2000, 16 f., 18).

Zur Phänomenologischen Typologie: Leitendes Kriterium ist die Frage danach, wie das Wörterbuch aussieht (vgl. Franz F. Hausmann 1989, 971). Entscheidend ist damit, um welche Art von lexikalischen Einheiten oder Lemmata es sich handelt und welchen Typs die betreffenden Informationen sind. Hervorzuheben ist mit Blick auf gattungstheoretische Belange der auf Texte bezogene Typus von Wörterbüchern. Hierzu werden z. B. gerechnet:

(a) textsortenbezogene Wörterbücher, in denen die zu einer Textsorte gehörenden Werke lexikographisch beschrieben werden und die ihrerseits als Quellen für die Begriffsgeschichtsschreibung dienen können (vgl. Reichmann 1990, 1540);

(b) Autoren-Bedeutungswörterbücher, in denen die Sprache eines Autors erfasst wird (vgl. Mattausch 1990); dabei wird auch von ›Textlexikographie‹ gesprochen (vgl. Wiegand 1998, 14).

Typologie der Wörterbücher nach Benutzungsmöglichkeiten

Maßgebliches Kriterium ist hier die Frage, wer welches Wörterbuch benutzt (vgl. Kühn 1989, 113). Aus literaturwissenschaftlicher Sicht sind z. B. die individuellen Nutzungsgewohnheiten von Schriftstellern im Umgang mit Wörterbüchern von Interesse. Hinzuweisen ist hier ferner auf die spezifischen Nutzungsmöglichkeiten, die mit Online-Wörterbüchern und

Datenbanksystemen der Neuen Medien einhergehen; zu nennen wären hier z. B. Wikis wie Wikepedia, die unter kollaborativer Mitwirkung der Nutzer aufgebaut werden.

Gattungsbegriffe als lexikographische Lemmata

Im Rahmen literaturwissenschaftlicher Sachlexika, die eine wichtige Funktion für die Standardisierung literaturwissenschaftlicher Fachsprache und Terminologie innehaben, spielt die Aufnahme literarischer Gattungsbegriffe als Lemmata mit den entsprechenden informierenden Artikeln eine wichtige Rolle (vgl. Zymner 1999). Hinzuweisen ist mit Blick auf die Erfassung alltäglicher Textsorten auf das von Thomas Luckmann (→ G 12) formulierte Desiderat der empirischen Erfassung des ›kommunikativen Haushalts‹ einer Gesellschaft; eine zumindest partielle Erfassung dieses ›Haushalts‹ könnte als Materialbasis zunehmend detaillierter lexikographischer Erfassung von (kommunikativen) Gattungsbegriffen dienen.

Die Schnittstellen von lexikographischen und gattungstheoretischen Themenkomplexen stehen wie viele intra- und interdisziplinäre Aufgabenfelder nicht im Zentrum der Forschung. Gleichwohl betrifft das Feld von Lexikographie *und* Gattungen zentrale Fragen der Textproduktion, -rezeption und -analyse (→ B 3.7; B 3.8), denen im Hinblick auf Fragen des Sprach- und Kulturkontaktes mehr Aufmerksamkeit zu schenken wäre, da insbesondere zweisprachigen Wörterbüchern nicht nur translationstheoretisch und -praktisch eine wichtige Rolle für die gattungsspezifische Textarbeit zukommt, sondern auch unter dem Aspekt des zwischensprachlichen Wissenstransfers.

Literatur

Ayivi, Christian K.: *Zweisprachige Lexikographie. Zur Adaption von Wissen in ewe-deutschen und deutsch-ewe Wörterbüchern*. Münster u. a. 2000.
Dubois, Jean: »Das Wörterbuch und der didaktische Text«. In: Ladislav Zgusta (Hg.): *Probleme des Wörterbuchs*. Darmstadt 1985, 115–135.
Hausmann, Franz F.: »Wörterbuchtypologie«. In: Franz J. Hausmann (1989), 968–981.
Hausmann, Franz F.: »Das Definitionswörterbuch«. In: Franz J. Hausmann (1989), 981–988.
Hausmann, Franz J. u. a. (Hg.): *Wörterbücher. Ein internationales Handbuch zur Lexikographie*. Bd. 5.1. Berlin u. a. 1989.
Hupka, Werner: »Das enzyklopädische Wörterbuch«. In: Franz J. Hausmann (1989), 988–999.
Kühn, Peter: »Typologie der Wörterbücher nach Benutzungsmöglichkeiten«. In: Franz J. Hausmann (1989), 111–127.
Mattausch, Josef: »Das Autoren-Bedeutungswörterbuch«. In: Franz J. Hausmann u. a. (Hg.): *Wörterbücher. Ein internationales Handbuch zur Lexikographie*. Bd. 5.2. Berlin u. a. 1990, 1549–1562.
Pohl, Inge: »Lexikologie und Textlinguistik«. In: D. Alan Cruse u. a. (Hg.): *Lexikologie. Ein internationales Handbuch zur Natur und Struktur von Wörtern und Wortschätzen*. Bd. 21.2. Berlin u. a. 2005, 1860–1868.
Reichmann, Oskar: »Das textsortenbezogene Wörterbuch«. In: Franz J. Hausmann u. a. (Hg.): *Wörterbücher. Ein internationales Handbuch zur Lexikographie*. Bd. 5.2. Berlin, New York 1990, 1539–1549.
Rey-Debove, Josette: *Étude linguistique et sémiotique des dictionnaires français contemporains*. The Hague 1971.
Schaeder, Burkhard: *Lexikographie als Praxis und Theorie*. Tübingen 1981.
Svensén, Bo: *A Handbook of Lexicography. The Theory and Practice of Dictionary-Making*. Cambridge 2009.
Wiegand, Herbert Ernst: *Wörterbuchforschung. Untersuchungen zur Wörterbuchbenutzung, zur Theorie, Geschichte, Kritik und Automatisierung der Lexikographie*. 1. Teilbd. Berlin u. a. 1998.
Zymner, Rüdiger: »Die Fachlexikographie der Literaturwissenschaft: Eine Übersicht«. In: Lothar Hoffmann u. a. (Hg.): *Fachsprachen. Ein internationales Handbuch zur Fachsprachenforschung und Terminologiewissenschaft*. Bd. 14.2. Berlin u. a. 1999, 2036–2045.

Gesine Lenore Schiewer

3.5 Literaturkritik und Gattung

Im System literarischer Kommunikation gehört die Literaturkritik zu den Institutionen der Kommunikation *über* Literatur (vgl. Anz 2007, 344): Sie dient u. a. der Information über Literatur (v. a. über Neuerscheinungen) sowie der kommentierenden Erörterung, der Selektion und der Bewertung von Literatur (→ G 5; B 2.9). Gegenstände literaturkritischer Erörterung, Selektion und Wertung können nicht allein einzelne Texte sein, sondern u. a. auch Textgruppen, wie z. B. Gattungen es sind. Dabei orientieren sich Kritiker vielfach an ästhetischen und poetologischen Normen – im Hinblick auf literarische Ausdrucksformen, Sprechweisen, Gattungskonventionen –, die im ›Literaturbetrieb‹ jeweils gültig sind oder vorausgesetzt werden. Auffällig ist, dass sich in der praktizierten Literaturkritik dabei vielfach ein Gattungsverständnis behaupten kann, das als wissenschaftlich überholt gilt. Obgleich z. B. die historische Novellentheorie die Existenz der Gattung bislang nicht belegen konnte, wird bei Texten, die sich als Novelle ausweisen, das historische Beschreibungsrepertoire mobilisiert, geglaubt und gegebenenfalls am Text ›beobachtet‹. Generell scheint für die Literaturkritik zu gelten, dass sie auf

3. Vermittlungs- und institutionentheoretische Problemkonstellationen

der Basis einer ›älteren‹, wenig komplexen und kaum problematisierten Gattungstypologie (v. a. des triadischen Naturformen-Modells: Lyrik, Epik, Drama) argumentiert. Obgleich nicht wenige moderne Literaturkritiker eine philologische Ausbildung nachweisen können, schlagen sich in ihren Argumentationen systematische Aspekte der Gattungsforschung kaum nieder. Gattungsbezeichnungen werden häufig eher umgangssprachlich verwendet und fallen dementsprechend vage aus. Gelegentlich wird der Ehrgeiz sichtbar, die Besonderheit eines Textes durch ad hoc gebildete, kreative ›Gattungserfindungen‹ hervorzuheben (vgl. Zymner 2007); nicht selten werden dabei auch Anregungen des jeweiligen Autors oder Textes aufgegriffen. Weiter gehört in den Zusammenhang, dass die moderne Literaturkritik bestimmte Gattungen (wie insbesondere Romangenres) bevorzugt. Narrative Texte hingegen, die als ›Erzählungen‹ oder Erzählsammlungen firmieren, werden – statistisch belegbar – weniger häufig und offensichtlich weniger gern besprochen. Neuerscheinungen der Theaterliteratur werden oftmals nur im Zusammenhang mit Aufführungen erwähnt, eigene Dramentextkritiken finden sich fast ausnahmslos in speziellen Zeitschriften. Für Gedichtkritiken hingegen haben Tages- und Wochenzeitungen eigene Formate (darunter prominent z. B. die »Frankfurter Anthologie«) entwickelt. Freilich spiegeln sich die geringeren Vermarktungschancen von Lyrik auch im geringeren Rezensionsaufkommen bei Lyrikbänden wider. Zugleich ist eine Spezialisierung einzelner Publizisten auf bestimmte, von der Kritik wenig(er) nachgefragte Gattungen zu beobachten, ein Umstand, dem etwa durch spezielle Kritikerpreise (Johann-Heinrich-Merck-Preis für literarische Kritik und Essay, Preis der Frankfurter Anthologie etc.) Rechnung getragen wird.

Literaturkritik bildet bestimmte Gattungstopiken aus oder tradiert sie zumindest häufig, denen zufolge z. B. Lyrik als schwierig und als schwer vermittelbar gilt, während dem Roman breitere Leserschichten zugetraut werden. Literaturkritik dürfte somit verbreitete Vorurteile gegen bestimmte historische Gattungen verstärken. Da modernen Literaturkritiken ein – freilich nie befriedigend belegter – Einfluss auf die Rezeption von Literatur und das Käuferverhalten von Lesern unterstellt wird, dürften sie auch für den Erfolg bzw. Misserfolg bestimmter Gattungen beim Publikum mitverantwortlich sein.

Literaturkritik ist bislang kein Ausbildungsberuf, zum Literaturkritiker ernennt man sich quasi selbst. Entsprechend unterschiedlich fällt die Professionalität derer aus, die sich eine Urteilsfähigkeit zumessen oder denen ihre Leserschaft eine Urteilsautorität zubilligt. Untersuchungen des sprachlichen Inventars haben ergeben, dass Rezensionen sich an den Milieus orientieren, für die sie gedacht sind, und dass einige wenige Feuilletons überregionaler Zeitungen und Zeitschriften (bzw. deren Online-Ausgaben) sowie einige Formate in Hörfunk und Fernsehen die geläufigsten Redeweisen und Darstellungsformen der Literaturkritik vorgeben, unter die sich ganz unkonventionell auch Kundenrezensionen auf den Seiten von Internetbuchhändlern mischen können.

Die geläufigste Form der Kritik, die Buchbesprechung, hat ihren traditionellen Ort im Feuilleton von Zeitungen und Zeitschriften und in speziellen Rezensionsorganen. Hier wird häufig nach einer eher eklektischen Gattungssystematik zwischen Belletristik, Sachbuch und Politischer Literatur, auch nach Kinder- und Jugendliteratur usw. differenziert. Eigene Foren mit teils sehr weitgehender Spezialisierung (etwa auf Kriminalliteratur, Lyrik, Sachbuch) zeugen von der lebendigen Nachfrage beim Publikum und von der Vielfalt der Medien, die der Kritik ein Forum bieten. Bibliotheksdienste und Fachzeitschriften oder spezielle Themenhefte und Beilagen der Massenmedien sondieren für ihre Klientel den Buchmarkt und entscheiden, welche Neuerscheinungen, welche Inszenierungen und Events sie an ihr Publikum kommunizieren möchten. Sie entwickeln bzw. bedienen dabei selbst diverse Texttypen (Autorenporträt, Glosse, Parodie etc.), Medien (Printmedien, audio-visuelle Medien, Internet etc.) und Formate (Aufmacher, Bestenliste, Doppelrezension etc.) und werden damit, ob gewollt oder nicht, zum Instrument von Werbung und Wertung, von Geschmacksbildung und Orientierung über Entwicklungen des Buchmarktes.

Von Literaturkritik in einem heute noch gültigen Sinn spricht man, seit sich das Sozialsystem Literatur im 18. Jh. etablierte, sich von ästhetischen, moralischen und theologischen Dogmen befreite und subjektive Werturteile zuließ. Dadurch wurden die wesentlichen Handlungsrollen der Literaturkritik (Förderer, Kritiker und Vermittler) für potenziell jedermann zugänglich, der sich in den Dienst des Buches stellen oder sich als ›Gatekeeper‹ des Literaturbetriebes betätigen wollte. Diese Handlungsrollen umfassen heute den professionellen Kunstrichter, der einer Literaturredaktion vorsteht, ebenso wie den Laienkritiker, der seine Beiträge in einem Weblog veröffentlicht.

Wie jede Gattung der Kritik verfallen kann, so kann mit jeder Gattung auch auf Kritik geantwortet und in jeder Gattung Kritik transportiert werden. Ohnehin entsprach es dem alteuropäischen Modell literarischer Kritik, imitatorisch-aemulativ auf Texte kritisch Bezug zu nehmen, und auch in der Moderne haben Autoren Hybridformen der Kritik entwickelt, die von der tradierten Gattungstrias ausgehen oder sie als Folie benutzen: So hat Rainald Goetz Aspekte des postdramatischen Theaters (*Kritik in Festung*), der Lyrik (*1989*) und der Prosa (*loslabern*) dergestalt weiterentwickelt, dass Literaturkritik als ›Literatur‹ einen Ort im Medium des Fiktionalen erhält und gleichsam ›zwischen‹ den Gattungen zu stehen kommt – und hat damit einer These Niklas Luhmanns entsprochen, der zufolge Literatur in der Neuzeit die Bedingungen ihrer eigenen Rezeption mitzureflektieren habe. Im Anschluss an ältere Konzepte einer Universalpoesie wird hier ein ›praktischer Theoretizismus des Erzählens und Beobachtens‹ entwickelt, der jeder Gattung ihre Kritik von vornherein einschreibt, so dass ›Erfahrung und Gedanke, Ereignis, Theorie, Erleben, Sache, Kommentar und Reflexion‹ zusammengeführt werden. Dieser Zusammenhang von Kritik und Gattung ist vor allem dort evident, wo die Kritik im Medium der Gattung erfolgt: Als Parodie, Pasticcio, Epigramm, Groteske usw. Scharfzüngige Autoren wie Heine konnten zeigen, dass es im Prinzip keinen Texttyp gibt, der nicht auch Kritik transportieren könnte und würde: literaturgeschichtliche Arbeiten (*Die Romantische Schule*) eignen sich dafür ebenso wie Reiseliteratur (*Reisebilder*) und Nachrufe (*Ludwig Marcus Denkworte*). Ein virtuoses Spiel, das in der Form des Sonetts Kritik an einem bestimmten Milieu und Jargon übt und dabei selbst der Kritik verfällt, betreibt Robert Gernhardts Sonett *Materialien zu einer Kritik der bekanntesten Gedichtform italienischen Ursprungs* (1979).

Literaturkritik ist keine Wissenschaft, und folglich sind auch ihre Beurteilungskriterien weniger strikt, weniger verbindlich und weniger expliziert als die der Wissenschaften. Objektivität und Intersubjektivität, Konsequenz der Argumentation oder gar Wahrheit sind weder notwendige noch hinreichende Bedingungen von Literaturkritik und werden zumeist weder angestrebt noch erreicht. Literaturkritik gilt daher als ein extrem launen- und wechselhaftes Geschäft, das auf Wirkung, auf Unterhaltung, oft auch auf Polarisierung aus sei und dieser manches unterordnet. Schließlich tendiert Literaturkritik häufig selbst zur Kunstform. Bedeutende Virtuosen der Literaturkritik seit Lessing (*Hamburgische Dramaturgie*) beharren darauf, dass Literaturkritik eine autonome geistige Schöpfung darstelle, und in besonderen Fällen ist der Kritik weit mehr Resonanz zuteil geworden als dem kritisierten Werk.

Literatur

Anz, Thomas/Baasner, Rainer (Hg.): *Literaturkritik. Geschichte – Theorie – Praxis*. München 2004.
Anz, Thomas: »Literaturkritik«. In: Ders. (Hg.): *Handbuch Literaturwissenschaft*. Bd. 1. Stuttgart, Weimar 2007, 344–353.
Carlsson, Anni: *Die deutsche Buchkritik von der Reformation bis zur Gegenwart*. Bern, München 1969.
Hohendahl, Peter Uwe (Hg.): *Geschichte der deutschen Literaturkritik (1730–1980)*. Stuttgart 1985.
Jaumann, Herbert: *Critica. Untersuchungen zur Geschichte der Literaturkritik zwischen Quintilian und Thomasius*. Leiden u. a. 1995.
Neuhaus, Stefan/Holzner, Johann (Hg.): *Literatur als Skandal. Fälle – Funktionen – Folgen*. Göttingen 2007.
Barner, Wilfried (Hg.): *Literaturkritik – Anspruch und Wirklichkeit. DFG-Symposium 1989*. Stuttgart 1990.
Luhmann, Niklas: *Die Kunst der Gesellschaft*. Frankfurt a. M. 1995.
Titzmann, Michael: *Strukturwandel der philosophischen Ästhetik 1800–1880. Der Symbolbegriff als Paradigma*. München 1978.
Zymner, Rüdiger: »Gattungsvervielfältigung. Zu einem Aspekt der Gattungsgeschichte«. In: Marion Gymnich/Birgit Neumann/Ansgar Nünning (Hg.): *Gattungstheorie und Gattungsgeschichte*. Trier 2007, 101–116.

Lutz Hagestedt

3.6 Literaturunterricht und Gattung

Im Literaturunterricht und in der Literaturdidaktik spielen gattungsspezifische Probleme seit jeher eine zentrale Rolle. Für den Schulkanon werden Texte auch nach ihrer Repräsentativität für bestimmte Gattungsmuster selektiert. Als synchrone Ordnungsprinzipien fungieren Gattungsbegriffe bei der Strukturierung von Lese- oder Arbeitsbüchern und von didaktischem Begleitmaterial. In der Fachdidaktik haben sich bereichsspezifische Didaktiken ausdifferenziert, deren Schwerpunkt jeweils auf unterschiedliche Genres ausgerichtet ist. Und auch im Unterricht selbst wird in den Rahmenplänen für den Lernbereich »Umgang mit Texten« in der Regel ein textsortenspezifischer Zugriff auf literarische Gegenstände als selbstverständliche Norm vorausgesetzt. Texte unterschiedlichster Art sollen von den Lernenden ihren jeweiligen Gattungstypen zugeordnet und deren spezifische Regeln erkannt sowie im analytischen Umgang mit exemplarischen Werken methodisch fruchtbar gemacht werden. Dabei kommt ein breites und sehr heterogenes Spektrum literarischer Gattungen zum Einsatz, das sowohl fiktionale als auch faktographische und expositorische Texte umfasst, und, je nach Schulform und Altersgruppe, von einfachen

3. Vermittlungs- und institutionentheoretische Problemkonstellationen

Formen (Kinderlied, Fabel, Märchen, Anekdote, Parabel) über Texte mittleren Umfangs (Ballade, Erzählung, Novelle, Legende) bis zu komplexeren Formen (Komödie, Tragödie, Roman/Epos) reicht. Auch im Lernbereich »Schreiben« werden gattungsspezifische Kompetenzen, vor allem die Fähigkeit zur Arbeit mit ziel- und adressatenbezogenen Textsorten, verlangt (vgl. Russell 1997).

Der Literaturunterricht setzt ein grundlegendes Wissen darüber, was literarische Gattungen sind, welche Funktion und Geschichte sie haben und wie man sie adäquat analysieren kann, in verschiedenen Arbeitsfeldern als selbstverständliche Basis voraus. Gleichwohl unterscheidet sich der schulische Umgang mit Gattungsfragen aufgrund seiner speziellen institutionellen Rahmenbedingungen grundsätzlich von der fachwissenschaftlichen Auseinandersetzung mit diesen Problemen, sofern die entsprechenden didaktischen Konzepte den literaturwissenschaftlichen Diskussionsstand (vgl. Zymner 2003) überhaupt hinreichend zur Kenntnis nehmen. Der Unterricht kann sich nicht nur von seinen Gegenständen her definieren, sondern muss zumindest gleichrangig auf die sachlichen Vorkenntnisse, lernpsychologischen Voraussetzungen und den intellektuellen Entwicklungsstand der Schüler Rücksicht nehmen. Der Behandlung von gattungstheoretischen, -systematischen und -historischen Fragen sind daher, je nach Altersgruppe und kognitiver Entwicklung, bestimmte Grenzen gezogen. Selbst in den dezidiert wissenschaftspropädeutischen Kursen der gymnasialen Oberstufe können meist nur elementare Grundkenntnisse vermittelt werden. Elementare Kenntnisse der Gattungslehre vermittelte seit der Antike schon der Rhetorikunterricht an den Schulen. An Mustertexten klassischer Autoren wurden im Rahmen der rhetorischen Erziehung auch Gattungsnormen und -theorien behandelt. Kennzeichnend für das rhetorische Bildungssystem, dessen Auswirkungen sich bis weit ins 18. Jh. verfolgen lassen, war dabei die konstitutive Verbindung von Theorie und Praxis, Lesen und Schreiben, Textanalyse und Textproduktion. Die enge Verknüpfung von professionellem Wissen und Eigenaktivität löste sich mit dem Geltungsverlust der Rhetorik und der Professionalisierung der Handlungsrollen im Zeichen der Autonomieästhetik seit Ende des 18. Jh.s zusehends auf. Dichtung galt nun nicht mehr als erlernbares Handwerk, der Poetikunterricht trennte sich von der rhetorischen Praxis. An die Stelle der Eigenproduktion trat ein ausschließlich auf Lektüre gegründeter Unterricht, der seine Entsprechung in einer primär auf die Reproduktion und Kommentierung der gro-

ßen Texte ausgerichteten Aufsatzlehre fand (vgl. Bosse 1978). Aus dem Schreiben *von* Texten aus den unterschiedlichsten Genres wurde das Schreiben *über* Texte (Nacherzählung, Inhaltsangabe, Charakteristik, Problemerörterung, Interpretation). Zur gleichen Zeit wurde aufgrund der semantischen Umcodierung des Spielbegriffs der spielerisch-kreative Umgang mit Textformen und Gattungsregeln auf den kontemplativen Nachvollzug des ›ästhetischen Spiels‹ eingeengt (vgl. Kaulen 2009).

Mit der Etablierung des Deutschunterrichts in Konkurrenz zu den altphilologischen Fächern und der Ausbreitung der Neusprachen etablierte sich an den weiterführenden Schulen im Laufe des 19. Jh.s ein vorwiegend hermeneutisch-analytischer Literaturunterricht, der auf Kanontexte aus den jeweiligen Nationalliteraturen unter Einschluss wichtiger theoretischer Abhandlungen der behandelten Autoren (einschließlich solcher zu Gattungsproblemen) zielte. Als favorisierte Gattungen fungierten dabei insbesondere die Tragödie und das nationalsprachliche Epos (z. B. *Nibelungenlied*, Klopstocks *Messias* oder Goethes *Herrmann und Dorothea*), in engerer Auswahl auch die Lyrik. Hinzu traten Sachtexte, besonders historiographische und kunsttheoretische Schriften. Romane kamen im Schulkanon der Zeit nicht vor. Als klassische Erzählformen dienten Fabeln, Märchen, Sagen, Legenden und die Kalendergeschichte. Seit den letzten Jahrzehnten des 19. Jh.s fanden auch die Novellen des Realismus in der Sekundarstufe I größere Verbreitung. In den didaktischen Lesealtertheorien von Charlotte Bühler bis Susanne Engelmann wurde später der Versuch unternommen, den im Unterricht behandelten Gattungen jeweils fest fixierte Altersgruppen (Märchenalter, Robinsonalter, Balladenalter, Romanalter) zuzuordnen – eine Konzeption, die sich nicht nur wegen dieser starren Festlegungen, sondern auch im Blick auf ihre entwicklungspsychologischen Prämissen und wegen des ahistorischen und substantialistischen Verständnisses literarischer Gattungen als gleichsam ontologischer Phänomene auf Dauer nicht als haltbar erwies.

Im 20. Jh. löste der Roman im Literaturunterricht die Vorrangstellung des (mittelalterlichen) Epos ab. Auch das Drama, insbesondere das antike, verlor etwas an Bedeutung. Stattdessen gewannen moderne Erzählgenres (Novelle, Kurzgeschichte, Parabel) im neusprachlichen Literaturunterricht zunehmend an Dominanz. Die Kanonöffnung nach 1968 führte darüber hinaus zu einer stärkeren Berücksichtigung bis dato nicht-kanonisierter Textformen (Kinder- und Jugendromane, Comics, Unterhaltungsliteratur,

Werbetexte u. a.). Zudem erweiterte sich das Spektrum der Sachtexte um Essays, Zeitungsartikel, politische Reden oder populärwissenschaftliche Texte aus unterschiedlichsten Wissensbereichen. Als neues Aufgabenfeld trat im Zuge der Medienentwicklung die Auseinandersetzung mit audiovisuellen Medienformaten hinzu, zunächst mit dem Film (speziell der Literaturverfilmung) und dem Radiohörspiel, die bereits in den 1950er Jahren in den Deutschunterricht integriert wurden, später auch mit dem Fernsehen und den Angeboten der neueren digitalen Medien (PC, Internet).

Insgesamt ist das Spektrum der im Schulunterricht berücksichtigten Gattungen, auch durch das starke Gewicht expositorischer Texte, in der Regel breiter und heterogener als das der universitären Literaturwissenschaft. Umso erstaunlicher ist der Umstand, dass sich die meisten literaturdidaktischen Lexika und Einführungsbände nach wie vor auf die seit dem 18. Jh. etablierte Gattungstrias Epik, Lyrik und Dramatik konzentrieren (vgl. Lange/Weinhold 2005, Kliewer/Pohl 2006, Esser 2007), wobei bis in die 1960er Jahre die von Dilthey und Staiger übernommenen anthropologischen Gattungskonzepte leitend waren (so noch bei Helmich 1970; →D 7). Die in der Neuzeit verstärkt zu beobachtende Tendenz zur Gattungsmischung (→B 1.4) und zu gleitenden Gattungsübergängen (→B 1.5) findet angesichts dieser Fokussierung meist nur am Rande Beachtung.

Bei den methodischen Konzepten zur Behandlung literarischer Gattungen im Unterricht kann man zwischen handlungsorientierten Verfahren und analytisch-kognitiven Zugängen unterscheiden. Während das rhetorische Bildungssystem den Erwerb von Sachkenntnissen im Sinne einer kreativen Handwerkslehre immer mit der Vermittlung von Schreibtechniken und kreativen Eigenleistungen der Lernenden verbunden hat, setzte sich mit der Etablierung der neusprachlichen Schulfächer im 19. Jh. an den Gymnasien das gegenläufige Modell eines vorwiegend rezeptiven Wissenserwerbs mittels Lektüre durch. Gattungsnormen wurden dabei in der dominanten Sozialform des gelenkten, lehrerzentrierten Unterrichts an kanonischen Gegenständen erarbeitet und durch die Behandlung von anspruchsvollen kunsttheoretischen Abhandlungen (im Deutschunterricht etwa von Winckelmann, Lessing, Herder, Goethe oder Schiller) vertieft. Im gegenwärtigen Literaturunterricht fehlt für Letzteres angesichts der Vervielfältigung der Arbeitsbereiche und Gegenstände schlicht die Zeit. Gattungstheoretische Texte werden, wenn überhaupt, in Arbeits- und Lesebüchern meist nur noch in Form von kürzeren, teilweise kommentierten Auszügen dargeboten. Die Ausbildung konzentriert sich zusehends auf die Vermittlung elementarer Grundkenntnisse für die Analyse von Erzähltexten, Dramen und Gedichten (vgl. Schuster 1994, Franz 2006, Leubner/Saupe 2009) und die im Unterricht gebräuchlichsten epischen Kurzformen. Für die Epik wird dabei oft auf die Analyse der Erzählsituationen des Anglisten Franz K. Stanzel (Stanzel 1964), für das Drama auf die von Volker Klotz eingeführte Unterscheidung der ›offenen‹ und ›geschlossenen‹ Form rekurriert (Klotz 1960). In den letzten Jahren ist im Literaturunterricht eine auffällige Renaissance handlungs- und produktionsästhetischer Konzepte zu konstatieren (vgl. Waldmann 1992, 2001, 2010; Frommer 1995; Spinner 2010; Stocker 1994; Zymner/Fricke 2007).

Literatur

Bosse, Heinrich: »Dichter kann man nicht bilden. Zur Veränderung der Schulrhetorik nach 1770«. In: *Jahrbuch für internationale Germanistik* 10 (1978), 80–125.

Esser, Rolf: *Das große Arbeitsbuch Literaturunterricht: Lyrik, Epik, Dramatik*. Mühlheim a. d. Ruhr 2007.

Franz, Kurt: *Lyrik im Deutschunterricht. Grundlagen – Methoden – Beispiele*. Baltmannsweiler 2006.

Freedman, Aviva/Medway, Peter (Hg.): *Learning and Teaching Genre*. Portsmouth 1994.

Frommer, Harald: *Lesen und Inszenieren. Produktiver Umgang mit dem Drama auf der Sekundarstufe*. Stuttgart 1995.

Helmich, Wilhelm: »Die erzählende Volks- und Kunstdichtung in der Schule«. In: Alexander Beinlich (Hg.): *Handbuch des Deutschunterrichts im ersten bis zehnten Schuljahr*. Bd. 2. Emsdetten 1970, 1157–1264.

Kaulen, Heinrich: »Spielmethoden ohne Spieltheorie? Zur Geschichte und aktuellen Konjunktur des Spielbegriffs in der Literaturdidaktik«. In: Thomas Anz/Heinrich Kaulen (Hg.): *Literatur als Spiel. Evolutionsbiologische, ästhetische und pädagogische Konzepte*. Berlin 2009, 579–599.

Kliewer, Heinz-Jürgen/Pohl, Inge: *Lexikon Deutschdidaktik*. 2 Bde. Baltmannsweiler 2006.

Klotz, Volker: *Geschlossene und offene Form im Drama* [1960]. München [14]1999.

Lange, Günter/Weinhold, Swantje (Hg.): *Grundlagen der Deutschdidaktik. Sprachdidaktik – Mediendidaktik – Literaturdidaktik*. Baltmannsweiler 2005.

Leubner, Martin/Anja Saupe: *Erzählungen in Literatur und Medien und ihre Didaktik*. Baltmannsweiler [2]2009.

Russell, David R.: »Rethinking Genre in School and Society. An Activity Theory Analysis«. In: *Written Communication* 14 (1997), No. 4, 504–554.

Schuster, Karl: *Das Spiel und die dramatischen Formen im Deutschunterricht*. Baltmannsweiler 1994.

Spinner, Kaspar H.: *Umgang mit Lyrik in der Sekundarstufe I*. Baltmannsweiler [6]2005.

Stanzel, Franz K.: *Typische Formen des Romans* (1964). Göttingen [11]1987.

Stocker, Karl: *Wege zum kreativen Interpretieren: Lyrik. Sekundarbereich.* Baltmannsweiler 1993.
Waldmann, Günter/Bothe, Karin: *Erzählen. Eine Einführung in kreatives Schreiben und produktives Verstehen von traditionellen und modernen Erzählformen.* Stuttgart 1992.
Waldmann, Günter: *Produktiver Umgang mit dem Drama. Eine systematische Einführung in das produktive Verstehen traditioneller und moderner Dramenformen und das Schreiben in ihnen.* 3. korr. Aufl. Baltmannsweiler 2001.
Waldmann, Günter: *Produktiver Umgang mit Lyrik. Eine systematische Einführung in die Lyrik, ihre produktive Erfahrung und ihr Schreiben.* Baltmannsweiler [11]2010.
Zymner, Rüdiger: *Gattungstheorie. Probleme und Positionen der Literaturwissenschaft.* Paderborn 2003.
Zymner, Rüdiger/Fricke, Harald: *Einübung in die Literaturwissenschaft. Parodieren geht über Studieren.* 5. erw. Aufl. Paderborn 2007.

Heinrich Kaulen

3.7 Textproduktion und Gattung

Die Textproduktion ist im Spannungsfeld von Autor, Werk, Gattung und Genre einerseits und Publikation andererseits angesiedelt. Die Aufgabe des Verlags (materieller Urheber) ist es, dem für die Publikation vom Autor (geistiger Urheber) zur Verfügung gestellten Manuskript eine zur Vervielfältigung und Verbreitung geeignete (materiale) Form zu geben und an die Öffentlichkeit zu bringen. In den professionalisierten Herstellungs- und Vertriebssystemen des Buchhandels geschieht das ›Büchermachen‹ in Anlehnung an traditionell entstandene Buchgattungen und Buchtypen (vgl. Rautenberg 2010). Der Begriff Buchgattung ordnet grob nach Inhalten, Gattungen, Genres und Lesebedürfnissen: z. B. das literarische Buch (Belletristik), das Kinder- und Jugendbuch, das wissenschaftliche Buch, das Sachbuch, das Schul- und Lehrbuch u. a. (→ B 3.2). Buchtyp hingegen bezieht sich eher auf die Ausstattung des Buches, Qualität und Verarbeitung der Trägermaterialien, Bindungsart, Buchgröße, Umfang, Typographie und Gestaltung, Art der Abbildungen und Bildanteil etc. Buchtypen lassen sich gebrauchsfunktional beschreiben als repräsentatives und bibliophiles Buch, Gebrauchsbuch, Taschenbuch, Nachschlagewerk etc. So kann beispielsweise ein Klassiker-Roman als bibliophile illustrierte Ausgabe erscheinen, als wissenschaftliche kommentierte Ausgabe, als Taschenbuch, als Heft, als Hörbuch oder als E-Book parallel zur gedruckten Ausgabe. Die verlegerische Planung wird außer von den rein wirtschaftlichen von vielfältigen weiteren Überlegungen bestimmt: In welche Buchgattung ist das Werk einzuordnen? Welcher Buchtyp soll hergestellt werden? Bei welchen Lesergruppen und -schichten (Zielgruppen) kann die Veröffentlichung zu welchem Preis reüssieren? Handelt es sich um einen Spitzentitel im Programm, der besonders herausgehoben und beworben werden soll? Oder um ein wissenschaftliches Werk, das überwiegend von Bibliotheken erworben wird? In dieses ohnehin komplexe Beziehungsgeflecht gehen auch gesellschaftliche Zuschreibungen ein, die das Buch in seiner langen Geschichte als Basismedium der Schriftüberlieferung erworben hat; so beeinflusst beispielsweise die Dignität, die dem Buchmedium zugeschrieben wird, die Wahrnehmung und Bewertung seiner Inhalte.

Die (literarischen) Autoren haben meist genaue Vorstellungen vom Buchtyp und der Umgebung, in der ihr Manuskript erscheinen soll. Autoren anspruchsvoller Kriminalromane beispielsweise möchten ihr Werk in der Erstveröffentlichung als gebundenes Buch sehen wie den gehobenen Gegenwartsroman und nicht in einer Taschenbuchreihe als eine Neuerscheinung unter mehreren Titeln. Autobiographien und Lebenserinnerungen von Politikern und Prominenten hingegen erscheinen meist, unabhängig von ihrer Qualität und der Tatsache, dass nicht selten Ghostwriter mitschreiben, gebunden und mit Schutzumschlag. Auch die Gattungsbezeichnungen werden nicht selten in diese Überlegungen einbezogen; so kann ein erzählender Text deutlich unter 200 Druckseiten in der gebundenen Erstausgabe mit der Bezeichnung »Roman« erscheinen, um den Preis zu rechtfertigen, aber auch weil Romane beim breiten Lesepublikum besser ankommen als Erzählungen.

Der Abgleich zwischen den Interessen des Autors, den Vermittlungsinstanzen des Buchhandels und Bedürfnissen der Leser und Literaturkonsumenten verläuft nicht ohne Spannungen. In Umbruchsituationen des Medienwandels treten diese deutlich zutage. Gegenwärtig ist zu beobachten, wie das web 2.0 unter Ausschaltung traditioneller Gatekeeper (den Instanzen des Buchhandels) neue Formen von Netzliteratur (Hyperfiction, Mitschreibeprojekte etc., vgl. Winko 2009) entstehen lässt.

Textproduktion, Gattung und Publikationsform

Eine umfassende wissenschaftliche und historische Aufarbeitung der ›Zwischenräume‹ der Materialität der Überlieferung entlang der Mediengeschichte des Buchs bzw. der wichtigsten Formen literarischer Schriftlichkeit ist ein Desiderat; die komplexen Zusammenhänge können hier nur punktuell mit wenigen Beispielen angedeutet werden. Bereits in der antiken Textüberlieferung finden sich Hinweise für den Einfluss der physischen Buchform und ihres Speichervermögens auf die Textorganisation. Eine einzige aus Papyrusfasern als Trägermaterial gefertigte Buchrolle mit einer Länge von sieben bis zehn Metern hatte eine begrenzte Speicherkapazität. Alexandrinische Bibliothekare teilten umfangreiche Werke auf mehrere Rollen auf, die wiederum als eigenständige bibliographische Einheiten behandelt wurden. Diese Praxis wirkte auf die Textproduzenten zurück: Schreiber und Autoren planten sinnvolle Textabschnitte voraus (Mazal 1999, 105 f.). Es entsteht die Untergliederung in ›Bücher‹ als Gliederungseinheiten, für die die Bücher der *Bibel* oder die Einteilung des *Parzival* Wolframs von Eschenbach in 16 Bücher prominente Beispiele sind. Mit dem gedruckten Buch der Frühen Neuzeit zeichnet sich ab, dass die Werkeinheit mehr und mehr als physische Bucheinheit gedacht wird, als (Buch-)Titel. Das Einzelwerk als Handelseinheit (bei umfangreichen Werken auch in mehreren Bänden) ist eine Folge der Ökonomisierung der Buchproduktion und des Buchhandels, aber auch der flexibel möglichen Umfangsgestaltung gedruckter Bücher von der schmalen Broschüre bis hin zum großformatigen, Hunderte von Seiten umfassenden Buch.

In die unmittelbare Gegenwart führt ein anderes Beispiel für den Einfluss technologischer Voraussetzungen des Medienwandels auf literarische Formate. Der Handyroman ist für die kurzzeitige Nutzung auf mobilen, multifunktionalen Endgeräten entstanden (»Unterwegs- und Verbrauchsliteratur«, Mölleken 2008) und als Genre der Identifikationsliteratur meist junger Frauen einzuordnen. Das ursprünglich aus dieser Gruppe und deren intensiver Handynutzung entstandene Format wird inzwischen mit Geschäftsmodellen des E-Commerce verbunden. Während der Handyroman eine Randexistenz führt, hat sich das Hörbuch seit der Mitte der 1990er Jahre beim Publikum und kommerziell als neue Möglichkeit der Literaturrezeption durchgesetzt (Rühr 2008). Der größte Teil der Hörbuchproduktionen entfällt nach wie vor auf die (inszenierte) Lesung bereits vorliegender literarischer Werke (zunehmend auch: das Sachbuch) oder auf ursprünglich für den Rundfunk geschaffene Hörspiele, Features etc. Neue, genuin für das Hörbuch entwickelte literarische Formate sind hingegen selten.

Textproduktion, Autor und literarischer Markt

Die soziale Stellung des Autors und seine Produktionsbedingungen sind insbesondere in literatursoziologischen und buchwissenschaftlichen Studien erforscht (vgl. Schneider 1999). Der (ständisch gebundene) Schriftsteller ist vom Mittelalter bis ins 17. Jh. hinein abhängig von Gönnern und Mäzenen oder einem ›Brotberuf‹, da selbst mit der Einführung des Buchdrucks und der Ökonomisierung des Buchmarkts über gelegentliche Honorare der Druckerverleger bzw. der späteren Verlegersortimenter diesem eine freiberufliche Existenz in der Regel nicht möglich war. Erst mit der sog. Ersten Leserevolution um 1800 und der industriellen Buchproduktion entsteht besonders seit der zweiten Hälfte des 19. Jh.s ein Massenpublikum, dessen Geschmack die Buch- und Textproduktion beeinflusst. Hier sind kursorisch die folgenden Entwicklungen zu nennen: Die Diskussionen um das geistige Eigentum des Autors und das daraus entstehende Urheberrecht, das den Anspruch auf Honorarzahlungen begründet, die Trennung von gelehrten bzw. wissenschaftlichen und schöngeistigen Schriftstellern und Wissenschaft und Kunst sowie die strukturellen Veränderungen des Lesepublikums und den Aufstieg neuer Leserschichten im 19. Jh.: »[...] dem schon um 1800 weitgehend anonymisierten, inhomogenen und zersplitterten, kurz: dem modernen Lesepublikum war mit Leseerziehung längst nicht mehr beizukommen. Die Leser lasen nicht, was ihnen von Obrigkeit und Ideologen empfohlen wurde, sondern was ihre konkreten emotionalen und intellektuellen, sozialen und privaten Bedürfnisse befriedigte« (Wittmann 1999, 453 f.). In der Folge gerät der freie Schriftsteller als bürgerlich-emanzipierter Autor, der den Idealen von Originalität und Inspiration verpflichtet ist, in Abhängigkeit vom Geschmack des neuen Massenpublikums und einer entstehenden Buchindustrie. Die Schere zwischen dem weitgehend für eine Elite produzierenden, hochliterarischen, geschätzten aber wenig gelesenen Autor und dem massenhaft verbreiteten (Trivial-)Schriftsteller tut sich auf (→ B 3.8). Als geradezu paradigmatisch ist seit dem letzten Drittel des 18. Jh.s der Aufstieg des Romans zu sehen. Trivialliterarische Stoffe meist anonym bleibender Autoren oder Autorenkollektive, wie sie als Kolportageromane in der zweiten Hälfte des 19. Jh.s in einem auf unterbürgerliche Schichten zugeschnittenen Vertriebssystem verbreitet werden, fachen die bis in die zweite Hälfte des 20. Jh.s reichende Diskussion um die sogenannte Schund- und Schmutzliteratur an.

Mit der Kulturindustrie stellt sich die Frage nach der Machbarkeit von Literatur. Im 20. Jh. entstehen, zunächst in den USA, Schulen und Seminare, die Anleitungen zum literarischen Schreiben geben. Als Gründungsfigur gilt Lajos Egri mit der in den 1930er Jahren in New York gegründeten Egri School of Writing und seinen einflussreichen Werken *How to Write a Play* 1942 und *The Art of Creative Writing* 1965. Der Zusammenhang mit einem von den USA ausgehenden wachsenden Bewusstsein für die Vermarktbarkeit von Literatur und der Entwicklung wie steten Verfeinerung von Marketinginstrumenten liegt auf der Hand. Dies ist auch daran abzulesen, dass die Schulen und Schreibanleitungen überwiegend auf Unterhaltungsformate ausgerichtet sind, die ein Massenpublikum finden, z. B. Romane, Drehbücher, Kurzgeschichten, Sachbuch und Ratgeber. Die deutschen Schreibschulen der 1980er Jahre wenden sich zunächst gegen das Schreiben für eine Kulturindustrie, finden in den 1990er Jahren aber wieder Anschluss an angloamerikanischen Richtungen (Porombka 2007, 4 f.). Die Durchleuchtung der Marktgesetze schlägt sich auch in Erwartungen an den nicht am Massenmarkt entlang schreibenden Schriftstellern nieder, diesen zumindest im Blick zu haben. Auf dem deutschsprachigen Buchmarkt ist die Zahl der Ratgeber groß, die den literarischen Markt und seine Regeln dem Freiberufler vermitteln wollen (z. B. Ackstaller/Evers/Hacke 2006; Tieger/Plinke 2010; Uschtrin/Küspert 2010). Hinzu kommen Ausbildungs- und Weiterbildungsinstitute. Für das Jahr 2010 nennt das *Deutsche Jahrbuch für Autorinnen und Autoren* allein 40 kommerzielle Schreibwerkstätten, hinzu kommen universitäre Angebote mit eigenen Studiengängen für die Ausbildung von Autoren, so am renommierten Deutschen Literaturinstitut Leipzig.

Literatur

Ackstaller, Susanne/Evers, Momo/Hacke, Konstanze (Hg.): *Treffpunkt Text. Das Handbuch für Freie in Medienberufen*. Frankfurt a. M. 2006.
Mazal, Otto: *Griechisch-römische Antike* (Geschichte der Buchkultur 1). Graz 1999.
Mölleken, Jan: »Aufregende Telefonbücher« [Interview mit Oliver Bendel]. In: *Zeit online* vom 17. 10. 2008 [www.zeit.de/online/2008/42/handyroman-bendel; 7. April 2010].
Porombka, Stephan: *Wie man ein (verdammt) gutes Sachbuch schreibt*. Hildesheim, Göttingen 2007. (www.uni-hildesheim.de/media/magazin/Porombka_(39)_Wie_man_ein_gutes_Sachbuch_schreibt.pdf; 7. April 2010).
Rautenberg, Ursula: »Buchmedien«. In: Natalie Binczek u. a. (Hg.): *Medien der Literatur. Ein Handbuch*. Berlin, New York (im Druck).
Rühr, Sandra: *Tondokumente von der Walze zum Hörbuch*. Göttingen 2008.
Schneider, Ute: »Forschungsgeschichte des Buch- und Broschürenautors«. In: Hans-Joachim Leonhard u. a. (Hg.): *Medienwissenschaft. Ein Handbuch zur Entwicklung der Medien und Kommunikationsformen*. 1. Teilbd. Berlin, New York 1999, 574–583.
Tieger, Gerhild/Plinke, Manfred (Hg.): *Deutsches Jahrbuch für Autoren und Autorinnen 2010/2011. Schreiben und Veröffentlichen*. Berlin 2010.
Uschtrin, Sandra/Küspert, Michael Joe (Hg.): *Handbuch für Autorinnen und Autoren. Informationen und Adressen aus dem deutschen Literaturbetrieb und der Medienbranche*. Neuaufl. München 2010.
Winko, Simone: »Am Rande des Literaturbetriebs: Digitale Literatur im Internet«. In: Heinz Ludwig Arnold/Matthias Beilein (Hg.): *Literaturbetrieb in Deutschland*. 3. Aufl. (Neufassung). München 2009, 292–303.
Wittmann, Reinhard: »Gibt es eine Leserevolution am Ende des 18. Jh.s?«. In: Roger Chartier/Guglielmo Cavallo (Hg.): *Die Welt des Lesens. Von der Schriftrolle zum Bildschirm*. Frankfurt a. M., New York 1999, 419–454.

Ursula Rautenberg

3.8 Textrezeption und Gattung

Textrezeption und Leseverstehen

Die kognitiv-analytischen Vorgänge beim Leseverstehen (Christmann/Groeben 1999; Wittmann/Pöppel 1999) werden von der Neurophysiologie und Sprachpsychologie erforscht. Lesen ist danach aktive Konstruktion von Bedeutung durch den Lesenden, der über die erlernte Fähigkeit der Alphabetisierung (Entschlüsselung der geschriebenen Sprachzeichen) hinaus Vorwissen, d. h. allgemeines Weltwissen und spezielles Sprachwissen, in den Akt des Lesens einbringt: »Wir *erfassen* im Vorgang des Verstehens nicht nur Information, wir *schaffen* auch Information, nämlich jene Information, die wir brauchen, um eine Äußerung in einen sinnvollen Zusammenhang stellen zu können« (Hans Hörmann, zit. n. Christmann/Groeben 1999, 146). Die Lesekompetenz ist individuell unterschiedlich ausgebildet und reicht von der Fähigkeit zur Lokalisierung und Aufnahme von Informationen aus einfach strukturierten Texten bis zum tiefen Verständnis inhaltlich und strukturell anspruchsvoller, besonders literarischer und wissenschaftlicher, Texte.

Die moderne Lese- und Leserforschung untersucht interdisziplinär und mit empirischen Methoden Lesesozialisation, Lesemotivation und Lesewirkung. »Lesen« wird häufig allgemein als jeder Leseakt verstanden und noch selten auf unterschiedliche Textsorten, Lesemedien und die sich ausdifferenzierenden textbasierten (Digital-)Medien bezogen (Kuhn/Rühr 2010).

Textrezeption und Typographie

Das Textverständnis wird wesentlich von der typographischen Gestaltung der Textträger geleitet und beeinflusst. Einflussfaktoren auf die Lesbarkeit und das Leseverstehen sind u. a. die Art der gewählten Schrift, die Buchstaben- und Zeilenabstände (Durchschuss), das Verhältnis von Schriftgröße, Zeilenlänge und Zeilenabstand, aber auch das Seitenformat und das Verhältnis von Satzspiegel zum umgebenden Weißraum (Rahmenfunktion der Seitenstege) sowie die Textgliederungsmittel wie Überschriften, Zwischenüberschriften, Absätze, Auszeichnungen etc.; weiter die Materialqualitäten des Schriftträgers wie Art, Farbe und Opazität des Papiers. Aufgabe der gestalterischen Typographie ist es, Textsorte, Typographie und Buchtyp bzw. Buchgattung in Übereinstimmung zu bringen, wobei es *die* Lösung nach Auffassung moderner Typographen nicht gibt. Das typographische Regelwerk wird in Lehrbüchern seit dem 17. Jh. (u. a. Hieronymus Hornschuch: *Orthotypographia*, 1608) niedergelegt und von führenden Typographen seit dem ausgehenden 18. Jh. reflektiert (Typographie und Bibliophilie 1971). Eine Theorie der Typographie hat Wehde (2000) auf der Grundlage zeichentheoretischer Überlegungen vorgelegt: Danach ist Typographie, unabhängig von der kognitiv-denotativen Funktion der (physischen) Schriftzeichen ein sprachunabhängiges, visuelles Ausdrucks- und Bedeutungssystem mit einer eigenen Konnotationssemantik. Diese beruht auf Konventionen und ist historisch wandelbar. Ein Beispiel für die Konnotationssemantik einer Schrift im Schnittpunkt von Typographie und Literatur ist die Auseinandersetzung um 1800 über Fraktur versus Antiqua in der deutschen Rezeption der Klassizistischen Typographie (u. a. Giambattista Bodoni: *Manuale Tipografico*, 1788, 1818). Bei den Zeitgenossen umstritten ist der Satz der *Sämmtlichen Werke* (bei Georg Joachim Göschen in Leipzig 1494/95) von Christoph Martin Wieland, dem Befürworter der klassizistischen Typographie in Deutschland, in Antiqua. Diese Schrift gilt den an die Fraktur als Normschrift für deutsche Texte gewöhnte Lesern als fremd und schlecht lesbar.

Literarische Autoren entwickeln besonders in Moderne und Gegenwart feste Vorstellungen von der typographischen Gestaltung ihrer Werke, die eng mit der intendierten literarischen Aussage verbunden sind. Beispiele sind Arno Schmidts monumentale Ausgabe *Zettel's Traum* (1979 im Stahlberg Verlag) oder neuerdings der Roman *Alix, Anton und die anderen* (2009) von Katharina Hacker. U. a. wegen des nicht autorisierten Layouts des in zwei gleichberechtigten Parallelspalten geschriebenen Manuskripts, die im Druck in eine Haupt- und eine Marginalspalte umgesetzt wurden, kam es zum Bruch der Autorin mit Suhrkamp.

Typographie und Gattung

Die Gestaltung des modernen Gebrauchsbuchs folgt dem Konzept der Lesetypographie (Jan Tschichold, ausgeführt bei Willberg/Forssman 2005). Ausgehend von unterschiedlichen Lesearten wird eine Systematik der Buchtypographie entwickelt. Das *lineare Lesen* ist die Leseart, die bei erzählenden Prosatexten (z. B. Roman, Erzählung) und Abhandlungen angewandt wird. Diese Texte sind wenig strukturiert, ihre Gestaltung soll den Lesefluss während der langen Lesedauer nicht stören. Typographische Mittel sind eine unaufdringliche (wenig konnotativ besetzte) Schrift, komfortable Leseschriftgrade (zwischen 8 und 11 Punkt), 60 bis 70 Zeichen pro Zeile und 30 bis 40 Zeilen pro Seite mit größerem Zeilenabstand, ausgewogene Proportionen von Satzspiegel und Seitenrand. Das *informierende* Lesen wird vor allem bei Ratgebern und Sachbüchern, auch bei der Zeitung angewandt und dient der schnellen Informationsaufnahme. Die Texte werden in kürzere Einheiten gegliedert und aktiv im Text ausgezeichnet (z. B. fett, kursiv etc.). Buchtypen wie wissenschaftliche Bücher und Lehrbücher sind der differenzierenden Typographie zugeordnet, d. h. sie werden klar strukturiert, u. a. durch verschiedene Schriftarten, gliedernde, hierarchische Überschriften und zahlreiche Textauszeichnungen. *Konsultierendes* Lesen dient dem gezielten Aufsuchen von Textstellen u. a. in Lexika und Nachschlagewerken. Da die Lesedauer gering ist, kann der Satz dichte Informationen platzsparend anordnen. Weitere Lesearten sind das selektierende Lesen z. B. bei Schul- und Lehrbüchern, die Typographie nach Sinnschritten für Leseanfänger (z. B. Fibeln, Bilderbücher).

Während die Lesetypographie von Leseweisen ausgeht, sind typographische Dispositive an Gattungen gebunden. Diese Kompositionsschemata stellen sicher, dass bestimmte Textsorten, z. B. Lyrik oder Drama, im Schriftbild identifiziert werden können, ohne dass die konkrete inhaltliche bzw. sprachliche Füllung gelesen wird. Als formale Strukturvorgaben sind sie Teil des Sinnbildungsprozesses, die die Erwartungen des Lesers ›top-down‹ steuern. Zu den wichtigen Formationsregeln typographischer Dispositive gehört die Anordnung und Auszeichnung von Textelementen auf der Fläche. Beim Dramensatz sind dies die unterschiedliche Strukturierung der Bühnenanweisungen und der Rollenbezeichnungen, Kennzeichnung gebundener Sprache oder Prosasatz durch den Zeilenumbruch. Kennzeichnend für den Gedichtsatz ist der sinntragende Zeilenumbruch auch unabhängig von Metrum und Reim. Der Satz von Prosatexten ist hingegen dispositiv nur schwach markiert, da er für viele unterschiedliche Textsorten und Gattungen verwendet wird. Weitere typographische Dispositive, z. B. das Titelblatt, sind nicht gattungsbezogen, sondern ordnen Metatexte.

Lesergeschichte und Lektürepräferenzen

Die historische Lese- und Leserforschung beschäftigt sich mit dem Zusammenhang von Alphabetisierung, Schul- und Bildungsgeschichte, Lesergruppen und -schichten mit Buchproduktion und präferierten Lesestoffen bzw. Gattungen (Schneider 1999, Glauch/Green 2010, Messerli 2010). Für die quantitativ-bibliometrische Forschung stehen Sammlungs-, Bibliotheks- und Auktionskataloge zur Verfügung; wichtige serielle Quellen zur Buchtitelproduktion nach Buchgattungen sind die buchhändlerischen Kataloge, u. a. die »Messkataloge« der Neuerscheinungen zur Frankfurter (seit 1564) und Leipziger Messe (seit 1594) oder Johann Conrad Hinrichs *Halbjahrs-Katalog der im deutschen Buchhandel erschienenen Bücher, Zeitschriften und Landkarten usw.* (Leipzig 1857–1913); die privatunternehmerischen Leipziger Buchhandelsbibliographien wurden durch die seit 1916 erscheinenden Gesamtverzeichnisse (Nationalbibliographien) in der Trägerschaft der Deutschen Bücherei/Deutsche (National)Bibliothek abgelöst. Die qualitative Auswertung der Lektüregewohnheiten und -präferenzen von Lesergruppen und individuellen historischen Lesern stützt sich auf die Provenienz- und Marginalienforschung, die als Forschungsgebiet besonders für das Mittelalter und die Frühe Neuzeit ausgebildet ist, während in der Neuzeit mehr und mehr auf literarische und (auto)biographische Zeugnisse zurückgegriffen werden kann.

Unter den Epochen der Lesergeschichte (Schön 1999) ragen die Erste (um 1800) und Zweite Leserevolution (um 1900) heraus. Um 1800 entstehen als Folge der Aufklärung im Bürgertum neue Lektürepräferenzen: die Unterhaltungslektüre (Romane, Erzählungen, Almanache), auch als empathische Lektüre besonders von Leserinnen, die nützliche, berufsbezogene Lektüre und das ›räsonnierende‹ (politische) Lesen von Zeitungen und Zeitschriften (Lesegesellschaften). Mit der fortschreitenden Schulbildung und Alphabetisierung im Laufe des 19. Jh.s, die um 1900 in der quantitativen Leserevolution zum Abschluss gelangt, kommen unterbürgerliche Schichten als ›neue Leser‹ in Kleinbürgertum und der Arbeiterschaft hinzu. Das Angebot an nützlicher und bildender Lektüre der nicht-kommerziellen Arbeiter- und Werksbibliotheken findet allerdings wenig Resonanz, wohl aber die periodische Zeitschriften- und Zeitungslektüre (die besonders in Berlin entstehende Boulevardpresse, aber auch Familien- und Romanzeitschriften). Die »Volksbücher«, die seit dem 17. Jh. außerhalb der gelehrten und gebildeten Eliten das Bedürfnis nach ›wildem‹ Lesen bedient haben, münden in den Strom der populären, unterhaltenden Lesestoffe, u. a. den Kolportage- und Leihbibliotheksroman ein. Das moderne Leseverhalten wird im 19. Jh. begründet, so die geschlechterspezifische Differenzierung der Lesestoffe und die Dominanz der entlastenden Unterhaltungslektüre gegenüber der gehobenen Literatur. Daneben gilt ›das Buch‹ bis ins 20. Jh. hinein als bürgerlicher Kulturträger schlechthin, eine Zuschreibung, die die seit den 1970er Jahren deutlich werdende Medienkonkurrenz, vor allem des Fernsehens, überlebt.

Leseverhalten und Lektürepräferenzen werden regelmäßig zu Zwecken der Buchmarktforschung und in repräsentativen wissenschaftlichen Studien (Leseverhalten in Deutschland, 2001; Lesen in Deutschland, 2008) erhoben. 2008 geben 64 % der Befragten an, Bücher, die spannend sind, packend und faszinierend, zu bevorzugen, für 46 % sollen Bücher realistisch, faktenreich und wirklichkeitsgetreu sein.

Literatur

Christmann, Ursula/Groeben, Norbert: »Psychologie des Lesens«. In: Bodo Franzmann u. a. (Hg.): *Handbuch Lesen*. München 1999, 145–223.

Glauch, Sonja/Green, Jonathan: »Lesen im Mittelalter. Forschungsergebnisse und Forschungsdesiderate«. In: Ursula Rautenberg (Hg.): *Buchwissenschaft in Deutschland. Ein Handbuch*. Berlin 2010, Bd. 1, 361–410.

Kuhn, Axel/Rühr, Sandra: »Stand der modernen Lese- und Leserforschung – eine kritische Analyse«. In: Ursula Rautenberg (Hg.): *Buchwissenschaft in Deutschland. Ein Handbuch*. Berlin 2010, Bd. 1, 535–602.

Lesen in Deutschland 2008. Eine Studie der Stiftung Lesen. Mainz 2009.

Leseverhalten in Deutschland im neuen Jahrtausend. Eine Studie der Stiftung Lesen. Mainz 2001.

Messerli, Alfred: »Leser. Leseschichten und -gruppen in der Neuzeit (1450–1850).: Konsum, Rezeptionsgeschichte, Materialität«. In: Ursula Rautenberg (Hg.): *Buchwissenschaft in Deutschland. Ein Handbuch*. Berlin 2010, Bd. 1, 443–502.

Schön, Erich: »Geschichte des Lesens«. In: Bodo Franzmann u. a. (Hg.): *Handbuch Lesen*. München 1999, 1–85.

Typographie und Bibliophilie. Aufsätze und Vorträge über die Kunst des Buchdrucks aus zwei Jahrhunderten. Hamburg 1971.

Wehde, Susanne: *Typographische Kultur. Eine zeichentheoretische und kulturgeschichtliche Studie zur Typographie und ihrer Entwicklung.* Tübingen 2000.

Willberg, Hans Peter/Forssman, Friedrich: *Lesetypographie.* Mainz 2005.

Wittmann, Marc/Pöppel, Ernst: »Neurobiologie des Lesens«. In: Bodo Franzmann u. a. (Hg.): *Handbuch Lesen.* München 1999, 224–239.

Ursula Rautenberg

4. Medientheoretische Problemkonstellationen

4.1 Computer und Gattung

Dass mit dem Medium Computer verbundene Gattungsfragen hier losgelöst von anderen Medien diskutiert werden, reflektiert den Umstand, dass Computer gleichzeitig sowohl im Mittelpunkt der Mediendebatte als auch außerhalb von ihr stehen, sind sie doch universelle Maschinen, die in der Lage sind, praktisch jedes beliebige Medium in ihrem digitalen Code zu speichern, zu übertragen und wiederzugeben (Gendolla/Schäfer 2007, 38). Vor allem durch die internationale Vernetzung und die Freiheit des Datenaustauschs zwischen Computern wird deren Dispositiv-Charakter deutlich: Es ist nicht eine einzelne Rechenmaschine, die ein neues Meta-Medium konstituiert, sondern deren Ausstattung mit besonderen Ein- und Ausgabetechnologien in Hard- und Software. Die heute allgegenwärtigen multimodalen Texte des World Wide Web sind nicht einfach Produkte von Computern, sondern von hoch spezialisierten und spezifischen Schaltkreisen, Speichertechnologien und Schnittstellen. Mit Computer ist daher im Folgenden der gesamte medientechnologische Komplex digitaler Datenverarbeitung gemeint.

Gattungszuschreibungen im Sinn einer Modellbildung zur Abgrenzung und Bestimmung (literarischer) Textsorten aufgrund invarianter Merkmale (Klausnitzer/Naschert 2007, 372) existieren hier zwar, sind jedoch häufig eher gewachsen als systematisch konstruiert, so dass eine ganze Reihe von Modellen mit stark divergierenden Sichtweisen miteinander in Konkurrenz stehen.

Die Vielzahl konkurrierender Begriffe könnte in ihrer Gesamtheit bereits als implizite Gattungsordnung verstanden werden. Der im deutschen Sprachraum verbreiteten Begrifflichkeit der *Netzliteratur* stehen im internationalen Gebrauch *Hyperfiction*, *Digital Literature* und vor allem *Electronic Literature* (auch in ihren französisch- und spanischsprachigen Entsprechungen) gegenüber, aber auch spezifischere Konzepte wie E. Aarseths *Cybertext*. Auch wenn die Begrifflichkeiten häufig unterschiedslos gebraucht werden, betont doch jeder Ausdruck bestimmte Aspekte der Digitalisierung von Sprachkunst. Netzliteratur stellt die Vernetztheit von Computern und der in ihnen erstellten bzw. gespeicherten Texte in den Vordergrund – wobei der Leser explizit als Teil dieses nicht nur technologischen Netzes verstanden

4. Medientheoretische Problemkonstellationen

wird (Gendolla/Schäfer 2007, 24). Im Gegensatz zu dieser oft auf die Bedeutung *Internetliteratur* reduzierten Sichtweise kehrt *Hyperfiction* die Möglichkeit der Verzweigung und Verknüpfung digitaler Texte hervor. *Digital* bzw. *Electronic Literature* sind bewusst neutral und deskriptiv gewählte Termini, wohingegen *Cybertext* die mittlerweile meist als unzeitgemäß empfundene Assoziation an den Cyberspace, der dominanten Metapher für weltweite Computernetzwerke in den 1990er Jahren, in Kauf nimmt, um über einen noch unbesetzten Begriff zur Bezeichnung eines spezifischen Konzepts zu verfügen (Aarseth 1997, 19–22). Eine Gemeinsamkeit dieser Begriffe ist eine große Unsicherheit darüber, ob es sich bei den beschriebenen Textgruppen um Medien oder Gattungen handelt, wovon sich diese abgrenzen, und ob die festgestellten Eigenschaften tatsächlich zur Differenzierung geeignet sind (Simanowski 2007, 54). Die vorgefundenen Ansätze lassen sich in vier Gruppen einteilen, die das Begriffsfeld um unterschiedliche Invarianten herum ordnen.

Die erste Sichtweise beschreibt Texte darauf hin, in welchem Umfang, auf welche Weise und von welchen Instanzen sie digital verarbeitet werden (Kind 2002, 183). Leitfragen sind darauf gerichtet, ob (a) bei der Produktion Computer eingesetzt werden, sowohl in der Arbeit des Autors als auch in Herstellung und Vertrieb des fertigen Textes, ob (b) die Rezeption in einem Analog- (Buch) oder Digitalmedium (E-Text) erfolgt und welche Besonderheiten für die Rezeption digitaler Texte gelten, sowie ob c) die Orte der Publikation und Rezeption sich ändern, wenn Texte im Internet verfasst und auf derselben Website rezipiert werden. Ohne eine Ausweitung des Literaturbegriffs sind die drei Dimensionen von unterschiedlicher Bedeutung. Computergestützte Texterstellung ist von untergeordneter Relevanz, solange das Zielmedium ein linearer schriftsprachlicher Text ist, da die Erleichterungen im kollaborativen Schreiben oder der typographischen Gestaltung durch den Autor keine gattungsbegründenden Charakter haben. Die Bedeutung zeitgenössischer publizistischer Praktiken wie *Public Access*, *Book on demand* oder *E-Books* ist bislang noch nicht absehbar, während Phänomene wie literarische *Blogs* durch den Zusammenfall von Produktions- und Rezeptionsort, gepaart mit der Auflösung eindeutiger Autor-Leser-Rollenzuschreibungen schon heute als eigenständige Kunstform erscheinen: Eine literarische Form, in der noch während des Entstehungsprozesses verfasste Rezipientenkommentare nicht nur mit dem Autor kommunizieren, sondern zum Textbestandteil werden, unterscheidet sich in Produktion, Rezeption und Ort radikal von traditionellen Mustern.

Der zweite, der Mediensystemtheorie nahestehende Ansatz unterscheidet zwischen den Teilnehmern digitaler Kommunikation, besonders zwischen Mensch-Mensch- und Mensch-Maschine-Kommunikation (Gendolla/Schäfer 2007, 25). Ersteres ist hauptsächlich im gemeinschaftlichen Schreiben mehrerer Autoren mithilfe von Autoren- und Versionierungssoftware repräsentiert, während Letzteres das weite Feld der Programmierung umfasst, vom Anlegen hypertextueller Verweisstrukturen bis hin zur Kreation autonomer Textgeneratoren. In der Praxis ist bei der Erstellung digitaler Texte eine vielfache rekursive Verknüpfung beider Kommunikationsstrukturen anzutreffen, da zwischen Produktion und Rezeption beliebig viele Interaktionsschritte von Lektoren, Webmastern, Designern etc. mit Menschen und Computern stattfinden. Diese Beschreibungsdimension ermöglicht die Aufgliederung von komplexen Kommunikationsprozessen, macht aber wenige Aussagen über die entstehenden Texte und hat daher wenig gattungspoetologisches Potenzial.

Die dritte Sichtweise unterscheidet primär zwischen Computern als Werkzeug und der Erweiterung des philologischen Forschungsfelds um digitale, nicht ausschließlich schriftsprachliche Kommunikationsformen. In Deutschland werden die verschiedenen philologischen Einsatzmöglichkeiten des Computers durch den Anfang der 1990er Jahre in Anlehnung an die Computerlinguistik eingeführten Begriff *Computerphilologie* zusammengefasst. Die so bezeichneten Hilfsmittel reichen von Forscherdatenbanken über die Erstellung elektronischer Texteditionen bis hin zu deren Erforschung mittels taxonomischer Verfahren (Jannidis 1999). Davon scharf abgegrenzt sind Bestrebungen, über diese Erweiterungen des Methodenrepertoires hinaus auch eine Ausdehnung des Untersuchungsfeldes vorzunehmen. Die zunehmende Kopräsenz literarischer und bildkünstlerischer Ausdrucksformen in digitalen Medien hat dazu geführt, dass entweder die Grenzziehung zwischen den Künsten völlig infrage gestellt wird (Simanowski 2007), oder dass diese Grenzziehungen grundlegend neu verhandelt werden. Verschiedentlich ist die Neusystematisierung der Philologie als transmediale Erzählforschung angedacht worden, die innerhalb der digitalen Medien Gattungen wie Hypertextfiktion, Interaktives Drama, Digitale Umgebungen und Computerspiele erforschen könnte (Ryan 2004, 330).

Ein vierter Ansatz besteht in der Frage danach, ob es sich bei den digitalen Texten um originäre Gattungen handelt oder um Übernahmen aus der Literatur. E. Aarseth zufolge stellt bereits der Programmcode die erste originäre Textsorte (genre) des Computers dar, abgefasst in künstlichen, zweckorientierten Programmiersprachen, in denen aber auch schon Lyrik geschrieben worden ist (Aarseth 1997, 11). L. Manovich schlägt vor, die durch den Computer ermöglichten Ausdrucksformen als Genres zu klassifizieren, deren hervorstechendste Gemeinsamkeit die Datenbankbasiertheit ist (Manovich 2000). Die am deutlichsten mit dem Computer verbundene originäre Hervorbringung ist das Computerspiel, auch in seinen schriftsprachlichen Ausprägungen, ganz besonders aber in Fällen, die intensiv und extensiv von den verschiedenen Dimensionen der Computer-Medialität Gebrauch machen. Im Computerspiel existiert bereits eine ausdifferenzierte Systematik von Genres, die zwar (wie beim Film) dem Marketing entstammen, aber so etabliert sind, dass sie von der Forschung nicht umgangen werden können (Pias 2002, 4). Die Mehrzahl der von den Philologien wahrgenommenen Formen besteht hingegen in adaptierten Gattungen wie Hypertext-Fiktion oder multimediale Poesie, bei denen die Digitalität in gedruckter Form schwer oder nicht zu realisierende Produktion, Rezeption oder Verbreitung möglich macht. Sowohl Produzenten als auch Rezipienten und Wissenschaftler nehmen die adaptierten Gattungen im unmittelbaren Kontext ihrer analogen Vorbilder wahr. Gewisse Adaptionen sind dabei nur experimentell vorstellbar, gerade in Verbindung mit gemeinschaftlicher Autorschaft (kollaborative Autobiographie) oder rezeptiver Interaktivität (nicht-fiktionales Computerspiel).

Von diesen individuellen Perspektiven abgesehen, bieten die inhärenten Eigenschaften digitaler Texte ebenfalls Potenzial zur Gattungsbildung. Zunächst ist mit der Digitalisierung von Schrift prinzipiell die Notwendigkeit zur Kommentierung der Form gegeben, da das digital codierte Zeichen zunächst keine typographische Gestaltung aufweist. Erst die Verwendung einer Auszeichnungsschrift, die Zeichen, Absätzen und Seiten Formate zuweist und diese Informationen parallel zum Inhalt speichert, macht Formatierungen möglich (Lauer 2003). Diese materiell nachvollziehbare Trennung von Inhalt und Form, von Oberflächen- und Tiefenstruktur unterscheidet digitale Texte generell von analogen. Eng mit Auszeichnungssprachen verbunden ist die Möglichkeit zur Ablösung linearer Strukturen durch hypertextuelle Strukturen, wobei nicht alle digitalen Texte von dieser Möglichkeit Gebrauch machen. Das gilt allerdings nicht nur für die so ermöglichte Interaktion im Rezeptionsprozess, sondern auch für Partizipation am Schaffensprozess und die Ergänzung von Schriftsprache durch Material aus anderen Medien. Diese drei Eigenschaften könnten demnach zur Gattungseinteilung digitaler Texte genutzt werden, wenn sie nicht aus unterschiedlichen Gründen infrage stellen würden, ob es sich bei diesen Formen um Literatur oder auch nur um Texte handelt. In interaktiven Formen entsteht der Oberflächentext erst durch und während des Rezeptionsprozesses, was ihm einen anderen Status als den eines schriftsprachlichen Textes gibt. Gemeinschaftlich verfasste Sprachkunst stellt gängige Autorkonzepte infrage, und audiovisuelle Formen räumen Schriftsprache bestenfalls eine untergeordnete Rolle ein. Die Verwendung dieser Faktoren als Gattungsmerkmale ist also nicht von einer prinzipiellen Gegenstandsbestimmung der Literaturwissenschaft abzukoppeln.

Die Frage nach dem Status der verschiedenen Typen von computergestützten Texten kann offensichtlich (noch) nicht abschließend beantwortet werden. Dennoch scheint es in einigen Fällen sinnvoll, von Gattungen zu sprechen: einige Kategorien dienen sehr wohl Autoren zur Fokussierung ihrer Ausdrucksinteressen, Distributionsinstanzen zur Programmorganisation und Lesern zur Textauswahl.

Literatur

Aarseth, Espen J.: *Cybertext. Perspectives on Ergodic Literature*. Baltimore 1997.
Gendolla, Peter/Schäfer, Jörgen: »Playing With Signs. Towards an Aesthetic of Net Literature«. In: Dies. (Hg.): *The Aesthetics of Net Literature. Writing, Reading and Playing in Programmable Media*. Bielefeld 2007, 17–42.
Jannidis, Fotis: »Was ist Computerphilologie?«. In: *Jahrbuch für Computerphilologie*, 1. Jg. (1999), 39–60.
Kind, Thomas: »Literatur und Neue Medien«. In: Helmut Schanze (Hg.): *Metzler Lexikon Medientheorie – Medienwissenschaft*. Stuttgart 2002, 183–184.
Klausnitzer, Ralf/Naschert, Guido: »Gattungstheoretische Kontroversen? Konstellationen der Diskussion von Textordnungen im 20. Jh.«. In: Ralf Klausnitzer/Carlos Spoerhase (Hg.): *Kontroversen in der Literaturtheorie – Literaturtheorie in der Kontroverse*. Bern 2007, 369–412.
Lauer, Gerhard: »Die zwei Schriften des Hypertexts. Über den Zusammenhang von Schrift, Bedeutung und neuen Medien«. In: Fotis Jannidis (Hg.): *Regeln der Bedeutung. Zur Theorie der Bedeutung literarischer Texte*. Berlin, New York 2003, 527–555.
Manovich, Lev: »Database as a genre of new media«. In: *AI & Society*, 14. Jg. 2 (2000), 176–183.
Pias, Claus: *Computer-Spiel-Welten*. München 2002.
Ryan, Marie-Laure: »Digital Media«. In: Dies. (Hg.): *Narrative Across Media. The Languages of Storytelling*. Lincoln 2004, 327–335.

Simanowski, Roberto: »Holopoetry, Biopoetry and Digital Literature. Close Reading and Terminological Debates«. In: Peter Gendolla/Jörgen Schäfer (Hg.): *The Aesthetics of Net Literature. Writing, Reading and Playing in Programmable Media*. Bielefeld 2007, 43–66.

Hans-Joachim Backe

4.2 Medialität und Gattung

Kurz und eindeutig zu definieren, was ein Medium ist, scheint unmöglich (Winkler 2004a, 9), denn ganz abgesehen von weiteren allgemeinsprachlichen Verwendungen kann Medium sowohl als sensorischer Kanal, technologisch-distributorisches Dispositiv, spezifische Materialität oder distinkte Kommunikationsform verstanden werden (Ryan 2005, 14–18). Nicht weniger problembefrachtet als die theoretische Bestimmung des Medien-Begriffs ist die Identifikation eines spezifischen kulturellen Artefakts als Medium, zumal der Zusammenhang zwischen diesen und anderen Konzepten wie Gattung oder Zeichensystem nicht aufzulösen ist (vgl. Winkler 2004b, 211).

Der Gattungsbegriff lässt sich vom Medienbegriff (genau wie von den Begriffen Textsorte und Schreibweise) nicht intuitiv oder scharf abgrenzen, was angesichts der Uneinheitlichkeit im Gebrauch der Termini nicht verwundern kann. Gerade bei der Kategorisierung nicht ausschließlich schriftsprachlicher kultureller Artefakte bleibt das referenzierte Gesamtsystem häufig unbestimmt: Wenn das Emblem als eine »Text und Bild miteinander verbindende Gattung« (Zymner 2002, 12) bezeichnet wird, stellt sich die Frage, was hier durch Gattungen unterteilt wird, das semiotische System Literatur oder das materiell-distributive System Druckerzeugnisse.

Das literarische Gattungskonzept ist von anderen Medien und Wissenschaften aufgegriffen worden und hat selbst nicht-mimetische Medien wie die Musik beeinflusst (Bernhart 1999). Besonders die narrative Dimension wird dabei als Gemeinsamkeit aufgefasst (Lämmert 1999), und die Gattungseinteilungen narrativer Medien, besonders des Spielfilms (Altman 1999), ähneln der der Literatur. Allerdings sind die Gattungssysteme neuerer Medien wie Film oder Computerspiel weniger wissenschaftlichen oder kreativen als kommerziellen Überlegungen geschuldet, da sie meist von den Produzenten und Vertrieben eingeführt worden sind, um die Vermarktung zu erleichtern.

Aus gattungstheoretischer Perspektive kommen durch diese zusätzlichen Gesichtspunkte zu den auf das Medium Literatur beschränkten (also intramedialen) Parametern ästhetischer Tiefenstrukturen sowohl verschiedene Typen von Medienvermischung und -kombination (Intermedialität) als auch medienübergreifende (transmediale) Phänomene hinzu. Das hat zur Folge, dass einerseits der Einfluss des Mediums auf die Definition und Identifikation von Gattungen berücksichtigt werden muss, während andererseits literarische Gattungen mit denen anderer Medien sowohl individuell als auch in ihrer Gesamtheit als System verglichen werden müssen. Auch auf metatheoretischer Ebene unterscheiden sich inter- und transmediale Konfigurationen, denn wo bei Letzteren der Fokus auf den in der literarischen Gattungsdiskussion mittlerweile favorisierten Familienähnlichkeiten zwischen Einzeltexten liegen kann, lässt sich bei Ersteren das in diesem Kontext sonst häufig vermiedene Klassensystem nicht umgehen. Beispielhaft zeigen dies die divergierenden Wahrnehmungen des Emblems als Bild-Text und Text-Bild, die nicht nur eines der beteiligten Medien diskursiv privilegieren (Zymner 2002, 12), sondern zugleich eine Bevorzugung literarischer oder bildkünstlerischer Kategorienschemata implizieren. Verallgemeinernd stellt sich die Frage, ob die Gattung hierarchisch über oder unter der Medialität anzusiedeln ist – ob z. B. ein Hypertextgedicht zuallererst als digitaler Text oder Lyrik kategorisiert wird, eine Graphic Novel vorrangig als Comic oder als Roman –, oder ob es sich bei ihnen um zwei völlig voneinander losgelöste Ordnungsverfahren handelt (Bateman 2008, 213–214).

Das Aufeinandertreffen mehrerer Medien wird häufig unter dem Überbegriff *Intermedialität* zusammengefasst. Neben der einfachen Bezeichnung für Mediengrenzen überschreitende Äußerungsformen kann der Begriff auch in Erweiterung der Intertextualität als totales Beziehungsgeflecht zwischen Texten in allen Medien (in der Denkungsart eines *texte général*) verstanden werden. Im Wortsinn scheint es sich um ein Phänomen zwischen den Medien zu handeln (Zymner 2002, 16), was die Frage aufwirft, ob es einen Raum außerhalb von Medien gibt oder jedes Dazwischen ein neues Medium sein müsste. Solche weitreichende Sichtweisen sind z. B. von Müller zurückgewiesen worden, der unter Intermedialität »eine Integration von ästhetischen Konzepten einzelner Medien in einen neuen medialen Kontext« (Müller 1996, 89) verstanden wissen will. Die Phase der Verunsicherung über den Begriff ist Roloff zufolge (Roloff 2008, 15) mit Rajewskys Untersuchung (Rajewsky 2002) zu Ende gegangen, die ihn als »Mediengrenzen überschreitende Phänomene, die mindestens zwei konventionell als distinkt wahrgenommene Medien involvieren« (Rajewsky 2002, 13), definiert. Diese Definition wird von Wolf leicht modifiziert, der Intermedialität bezeichnet als »eine intendierte, in einem Artefakt nachweisliche Verwendung oder Einbeziehung wenigstens zweier konventionell als distinkt angesehener Ausdrucks- oder Kommunikationsmedien« (Wolf 2008, 328). Spätestens hier wird durch das Beharren auf Intention und Nachweisbarkeit eine deutliche Abkehr vom weiten Intertextualitätsbegriff vollzogen und darüber hinaus klargestellt, welches Medienverständnis von vorrangiger Relevanz ist. Diesem Intermedialitätsbegriff ist mittlerweile vorgeworfen worden, Grenzziehungen zwischen Medien zu zementieren und Transferprozesse nicht akkurat abzubilden, weshalb – in Anlehnung an Transkulturalität – die Etablierung eines ergänzenden Transmedialitätskonzepts gefordert worden ist (Meyer u. a. 2006, 10). Da Transmedialität ein Bestandteil von Rajewskys Intermedialitätskonzept ist, sind auch hier Begriffsverwirrungen vorprogrammiert.

Als transmedial werden bei Rajewsky Merkmale bezeichnet, die in verschiedenen Medien auftreten, ohne dass die Identifikation eines Ursprungsmediums sinnvoll oder möglich erscheint. Neben Motiven, Diskurstypen (wie dem Satirischen) und Stilmittel wie der Metalepse (Wolf 2005), die in vielen Medien ohne genetische Bezüge vorkommen, existieren auch komplexe ästhetische Konfigurationen (z. B. Noir), die in den Einzelmedien mitunter Gattungen identifizieren. Auch andere Parameter wie Produktionsbedingungen und vor allem die ontologische Qualität des Gegenstands finden sich über Gattungsgrenzen hinweg, etwa in der Unterscheidung zwischen Fiktional und Faktual. Diese transmedialen Phänomene sind in den Medien unterschiedlich stark ausdifferenziert: Während Literatur im Erzählakt Wirklichkeit nie unmittelbar abbildet, sondern nur beschreibt, können die filmisch aufgezeichneten Objekte und Figuren der physischen Welt entstammen (Realfilm) oder nicht (Animationsfilm).

Medienkombination – die von Rajewsky neben Medienwechsel und intermedialer Bezugnahme als dritte distinkte Ausprägung ausgemachte Qualität von Intermedialität – ist im Kontext von Gattungsüberlegungen mehrfach gesondert untersucht worden. Zymner bezeichnet Gattungen, »die synthetisierend sind«, als synmedial, denn ihre unterschiedlichen Medien entstammenden Teile »stehen eben nicht zusammenhanglos und beliebig nebeneinander, sondern sie bilden ein perzeptuelles und ästhetisch strukturiertes Ganzes« (Zymner 2002, 22). Am Beispiel des Emblems, einer aufgrund ihres Formenreichtums schwer zu definierenden Gattung, zeigt er auf, dass sich Komposition und Rezeption solcher Artefakte nur durch eine Methode analysieren lassen, die der Verzahnung der beteiligten Medien Rechnung trägt. Er zählt zu den synmedialen Gattungen neben dem Emblem auch Comics, Oper, Musikvideo und Passionsspiel.

Diese Sichtweise wird ergänzt durch Batemans empirisch-linguistische Untersuchung multimodaler Dokumente. Die so bezeichneten Artefakte müssen nicht notwendigerweise in einem Printmedium vorliegen, verwenden aber zumindest metaphorisch das Konzept der Seite, weisen eine statische Anordnung der Elemente auf sowie ein Layout, das verschiedene visuelle Aspekte vereint – schriftsprachlichen Text und verschiedene Formen graphischer Darstellung –, die entweder nahtlos integriert sind oder Schrift sogar ersetzen. Der visuelle Wahrnehmungskanal wird durch mehrere, miteinander interagierende Modi angesprochen, wobei die modale Dichte zunimmt und die semantischen Beziehungen vielfältiger werden. Diese Komplexität ist für Rezipienten nur deshalb zu bewältigen, weil sie aufgrund der Materialität des Mediums und eines Gattungseindrucks Hypothesen über die intendierten Rezeptionspfade aufstellen können (Bateman 2008, 178). Der Gattungseindruck ist dabei nur ein »virtuelles Artefakt«, da die Komplexität multimodaler Dokumente eine eingehende Analyse voraussetzt, um einschätzen zu können, welche Faktoren welche Einflüsse hatten (Trägermedium, Produktionsbedingungen, Konsumbedingungen) (Bateman 2008, 15–16).

Die Einbeziehung digitaler Medien sprengt schließlich den Rahmen der rein repräsentierenden Medien. Die anhaltende Diskussion über die Literarizität des Computerspiels wirft die Frage auf, ab welchem Grad von Interaktivität von Text oder von Spiel gesprochen werden muss – was für die Literaturwissenschaft unmittelbar relevant ist, da eine der prominentesten Eigenschaften von Netzliteratur deren partielle Wahrnehmung als Spiel ist (Gendolla/Schäfer 2007, 30). Noch weiter geht die in der Computerspielforschung schon länger vertretene Ansicht, audio-visuelle Spiele als von Repräsentationen grundlegend unterschiedene Simulationsmedien zu verstehen (Frasca 2003).

Literatur

Altman, Rick: *Film/Genre*. London 1999.
Bateman, John A.: *Multimodality and Genre. A Foundation for the Systematic Analysis of Multimodal Documents*. Basingstoke 2008.
Bernhart, Walter: »Reflections on Literary Genres and Music«. In: Walter Bernhart/Steven Paul Scher/Werner Wolf

(Hg.): *Word and Music Studies, Defining the Field*. Amsterdam 1999, 25–35.
Frasca, Gonzalo: »Simulation versus Narrative. Introduction to Ludology«. In: Mark J. P. Wolf/Bernard Perron (Hg.): *The Video Game Theory Reader*. New York 2003, 221–235.
Gendolla, Peter/Schäfer, Jörgen: »Playing With Signs. Towards an Aesthetic of Net Literature« In: Dies. (Hg.): *The Aesthetics of Net Literature. Writing, Reading and Playing in Programmable Media*. Bielefeld 2007, 17–42.
Lämmert, Eberhard (Hg.): *Die erzählerische Dimension. Eine Gemeinsamkeit der Künste*. Berlin 1999.
Meyer, Urs/Simanowski, Roberto/Zeller, Christoph: »Vorwort«. In: Dies. (Hg.): *Transmedialität. Zur Ästhetik paraliterarischer Verfahren*. Göttingen 2006, 10–17.
Müller, Jürgen E: *Intermedialität. Formen moderner kultureller Kommunikation*. Münster 1996.
Rajewsky, Irina O: *Intermedialität*. Tübingen 2002.
Roloff, Volker: »Intermedialität und Medienanthropologie. Anmerkungen zu aktuellen Problemen«. In: Joachim Paech/Jens Schröter (Hg.): *Intermedialität – analog/digital. Theorien, Methoden, Analysen*. München 2008, 15–30.
Ryan, Marie-Laure: »On the Theoretical Foundations of Transmedial Narratology«. In: Jan Christoph Meister/Tom Kindt/Wilhelm Schernus (Hg.): *Narratology Beyond Literary Criticism. Mediality, Disciplinarity*. Berlin 2005, 1–23.
Winkler, Hartmut: »Mediendefinition«. In: *Medienwissenschaft*, 4. Jg. 1 (= 2004a), 9–27.
Winkler, Hartmut: »Medium Computer. Zehn populäre Thesen zum Thema und warum sie möglicherweise falsch sind«. In: Lorenz Engell/Britta Neitzel (Hg.): *Das Gesicht der Welt. Medien in der digitalen Kultur*. München 2004b, 202–213.
Wolf, Werner: »Metalepsis as a Transgeneric and Transmedial Phenomenon. A Case Study of the Possibilities of ›Exporting‹ Narratological Concepts«. In: Jan Christoph Meister/Tom Kindt/Wilhelm Schernus (Hg.): *Narratology Beyond Literary Criticism. Mediality, Disciplinarity*. Berlin 2005, 83–107.
Wolf, Werner: »Intermedialität«. In: Ansgar Nünning (Hg.): *Metzler Lexikon Literatur- und Kulturtheorie. Ansätze – Personen – Grundbegriffe*. Stuttgart, Weimar ⁴2008, 327–328.
Zymner, Rüdiger: »Das Emblem als offenes Kunstwerk«. In: Wolfgang Harms/Dietmar Peil/Michael Waltenberger (Hg.): *Polyvalenz und Multifunktionalität der Emblematik/Multivalence and Multifunctionality of the Emblem*. Frankfurt a. M. 2002, 9–24.

Hans-Joachim Backe

5. Literaturtheoretische Problemkonstellationen

5.1 Écriture und Gattung

Während aus strukturalistischer Perspektive die Sprache ein auf Differenzierungen basierendes geschlossenes System darstellt, akzentuiert der Poststrukturalismus die Offenheit von Zeichensystemen und die Unabschließbarkeit des Differenzierungsprozesses. Texte werden als prinzipiell unabschließbare Spiele der Differenzen beschrieben. Lektüren sind keine Entzifferungen, sondern Fortsetzungen dieses Spiels der Zeichen. Poststrukturalistisch betrachtet, sind Gattungen Begriffsfiktionen, die verbindliche Differenzierungen suggerieren, wo es gerade darum geht, das offene Spiel der Differenzen wahrzunehmen: im Feld der literarischen Schreibverfahren. Der Begriff der ›écriture‹ vermittelt zwischen dem an sich unvereinbaren poststrukturalistischen Textkonzept und konventioneller Gattungstheorie. Er kann wie der deutsche Ausdruck »Schreiben« sowohl den Schreibvorgang als auch dessen Resultat meinen und verknüpft beide Aspekte insofern miteinander. Eine zentrale Rolle spielt er in den texttheoretisch-poetologischen Arbeiten von Roland Barthes.

In der Sprache einer jeden Gemeinschaft kommen für Barthes die für diese Gemeinschaft konstitutiven Machtstrukturen zum Ausdruck; Systeme und Ideologien produzieren ihre jeweils spezifischen Schreibverfahren, und wer immer eine Sprache gebraucht, ist hiervon kontaminiert, spricht und schreibt in den Spuren des Systems. Barthes' Schrift *Le degré zéro de l'écriture* widmet sich im Ausgang von dieser These der brisanten Frage nach der Möglichkeit einer ›freien‹ Sprache, welche die Bedingung jedes Freiheitsspielraums der Sprachbenutzer wäre. Trotz seiner generellen Skepsis entwirft Barthes das utopische Konzept einer solchen ›écriture blanche‹ – einer Schreibweise, die nicht den Anforderungen einer gesellschaftlichen Klasse und ihren Machtansprüchen subordiniert wäre, sondern die Möglichkeit böte, sozialen Zwängen zu entkommen und sich künstlerisch über diese zu erheben. Der Begriff ›écriture‹ changiert also hinsichtlich seiner Bedeutung: Er bringt die Prägung des Sprachgebrauchs durch Hierarchien und Normen ebenso zum Ausdruck wie die Möglichkeit von Überschreitung und Regelverstoß. In letzterem Sinn bezeichnet er vor allem die differenziale Qualität des jeweiligen Textes – das, was er an ›Bewegung‹ in die Zeichen bringt. Literatur benutzt

Sprache nicht einfach und bestätigt insofern nicht schlicht die dieser eingeschriebenen hierarchischen Strukturen, sondern sie inszeniert Sprachliches und macht zugleich auf ihren eigenen Inszenierungscharakter aufmerksam. Stets unterläuft sie Regeln des Sprachgebrauchs und des an diesen gebundenen Verhaltens, destabilisiert Begriffe, wird bezogen auf normierte Kommunikation wie auf andere Funktionalisierungen der Wörter zum Schauplatz der ›Differenz‹. Eine Möglichkeit der Subversion besteht für Barthes – ausschließlich – im Bereich des literarischen Schreibens, denn mit diesem vollziehe sich eine Verschiebung, die von alltäglichem und wissenschaftlichem Sprachgebrauch grundlegend verschieden sei. Barthes möchte Literaturgeschichte als Geschichte der ›écritures‹ (Schreibverfahren) verstanden und betrieben wissen. Eine solche Literaturgeschichte ist dann zugleich Geschichte der gesellschaftlichen Systeme, Kräfte und Bewegungen. Bei seiner Skizzierung des Projekts einer Geschichte der Schreibverfahren unterscheidet Barthes drei verschiedene historische Phasen. In einer ersten, ›vorklassischen‹ Phase, der des 16. und frühen 17. Jh.s, beobachtet er eine Vielfalt an literarischen Ausdrucksformen, die sich recht frei entfalte – was sich für ihn daraus erklärt, dass sich hier der Mensch noch vorrangig um ein »Erkennen der Natur« bemühe, nicht aber um den Ausdruck seiner selbst. Autoren wie Rabelais und Corneille entwickeln solche Schreibverfahren zur Erforschung der äußeren Welt – experimentelle Formen der ›écriture‹, die mit den vorgefundenen sprachlichen Möglichkeiten flexibel umgehen. Mit dieser noch dynamischen Sprachverwendung korrespondiert, dass auch die französische Sprache zu dieser Zeit noch nicht normiert ist. Um die Mitte des 17. Jh.s setzt eine solche Normierung ein. Nicht nur die Sprache wird standardisiert, auch ihre Verwendungsweisen werden homogenisiert, konventionalisiert, geordnet; Verstöße werden mit Sanktionen belegt. Mittels sprachlicher Dispositive setzt sich die Ideologie des Bürgertums durch (insbesondere das Ideologem einer allgemeinen ›Natur‹ des Menschen). Die diesen ›klassischen‹ Diskurs darstellende, ihm korrespondierende und ihn bestätigende ›écriture classique‹ hat Systemcharakter und unterwirft die verfügbaren rhetorischen Mittel ebenso wie die bekannten Textformen und -gattungen der dominierenden Ideologie. Um die Mitte des 19. Jh.s erfolgt eine neuerliche Wende, bedingt durch die scheiternden Universalitätsansprüche des bürgerlichen Denksystems. Die Schreibverfahren der Moderne gestalten sich disparat; die Sprache der Literatur erfährt eine extreme Ausdifferenzierung

und Zersplitterung. Existierte die ›écriture classique‹ letztlich nur im Singular, so bestehen nun simultan heterogene Spielformen des Literarischen, die miteinander rivalisieren und sich wechselseitig relativieren. Die Vertreter unterschiedlicher literarischer Strömungen reagieren unterschiedlich auf das Scheitern des Projekts einer universalen ›klassischen‹ Schreibweise. (1) Die einen, Realisten und Naturalisten, sind bestrebt, künstlich eine als ›natürlich‹ interpretierte Weltsicht nebst der entsprechenden Schreibverfahren durchzusetzen. (2) Demgegenüber arbeiten revolutionär gesinnte Autoren am Zerbrechen aller Formen, betreiben auf semantischer wie syntaktischer Ebene die Fragmentierung der Sprache, produzieren eine chaotische Vielfalt der Formen. (3) Wiederum andere, Repräsentanten der ›écriture blanche‹, widmen sich einer sprachutopisch profilierten Gesellschaftsutopie. Ihr Ziel ist die Befreiung der Schreibverfahren von allen Normen der Bewertung und damit die Befreiung der Literatur von gesellschaftlichen Funktionalisierungen. Diese Form der ›écriture‹ unterläuft binäre Klassifikationen, verweigert sich identifizierbaren Aussagen, hintergeht das Denken und Schreiben in Oppositionen. Barthes spricht metaphorisch von einem »degré zéro« des Schreibens, um dieses utopische Projekt zu charakterisieren. Auf diesem Nullpunkt ist die Sprache der Literatur zu einem freien Spiel fähig, bei dem die experimentell verwendeten Formen noch keine Festlegung auf Inhalte, keine Bestätigung von Hierarchien und gesellschaftlichen Strukturen bedeuten. Literarisches Schreiben steht im Zeichen der Verfremdung geläufiger Ausdrucksmittel und begehrt damit gegen Normierungen auf verschiedenen Ebenen sozialer und kultureller Wirklichkeit auf.

Affinitäten zwischen Barthes' Konzept der ›écriture‹ und der Poetik des russischen Formalismus bestehen schon insofern, als Barthes in formalistischer Tradition die formal-strukturelle Dimension literarischer Texte akzentuiert und den Zusammenhang zwischen Form und Funktion zum Hauptgegenstand der Reflexion macht. Sein Konzept der ›écriture blanche‹, des sich der Normierung widersetzenden, antihierarchischen Schreibens, weist konzeptuell Analogien zu dem Theorem von der Literatur als ›Entautomatisierung‹ des Sprachgebrauchs auf. Die Geschichte der literarischen Formen ist für Barthes in stärkerem Maße als für die Formalisten politisch und gesellschaftlich geprägt (und entsprechend semantisiert).

Die literarische ›écriture‹ entzieht sich Bedeutungsfixierungen, unterläuft Tendenzen der Vereindeutigung, Katalogisierung und Hierarchisierung, verhält sich widerständig gegenüber verallgemeinernden und subsumierenden Begriffen. Sie bezeugt, dass und wie Sprache (als System) auf Distanz zu sich selbst gehen kann. Die entsprechend konzipierte Literatur-Geschichte ist nicht die Geschichte von Kontinuitäten, sondern die von Brüchen. Und so sei es nicht möglich, sie im Horizont allgemeiner Muster und Ordnungsbegriffe zu beschreiben. Es verbiete sich, literarische Phänomene als Literaturtheoretiker auf einheitliche Begriffe zu bringen. Margrit Schnur-Wellpott, die sich am Leitfaden des écriture-Begriffs in die Diskussion über Gattungsbegriffe und ihre Implikationen einschaltet, betont entsprechend, »die klassifikatorische Zusammenfassung von Texten zu einer ›Gattung‹ nach formal-inhaltlichen Gesichtspunkten« sei damit wohl obsolet (Schnur-Wellpott 1983, 133). »Gattungstheorie impliziert eine Ästhetik der Kontinuität und Tradition, die Semiotik der ›écriture‹ eine Ästhetik des Bruchs und der Emanzipation« (Schnur-Wellpott 1983, 233).

Gattungssystematischen Ansätzen gegenläufige Tendenzen sind im Feld der modernen und postmodernen Poetik in mehr als einer Hinsicht zu verzeichnen. Nicht nur, dass die Deutung des literarischen Schreibens als subversive Auflehnung gegen Konventionen, Erwartungshaltungen, Codes und Sinnsysteme dem Gattungsdiskurs den Boden entzieht. Auch die Akzentuierung des Schreib- und Arbeitsprozesses gegenüber dem ›Werk‹ trägt dazu bei, dass selbst vorsichtige Klassifikationen vorliegender Texte als allenfalls bedingt brauchbare Annäherungen an diese gelten. Ein Text, der unter dem Aspekt einer prinzipiellen Fortsetzbarkeit, seiner Unfestgestelltheit, Offenheit, Fragmentarität wahrgenommen wird, lässt die Zuordnung zu einer bestimmten Sorte von Texttyp nicht zu. Der dekonstruktivistische Diskurs bestreitet die Existenz einer feststellbaren Textbedeutung. Damit wird zumindest solchen Gattungstheorien der Boden entzogen, die Differenzierungen auf Inhalts- und Bedeutungsebene treffen. Wie eine Konkretisierung und Bestätigung der These vom subversiven Potenzial der literarischen ›écriture‹ nehmen sich vor allem die Schreibverfahren der Avantgarden des 20. Jh.s aus, die auf Gattungskonventionen vorwiegend Bezug nehmen, um sie infrage zu stellen, zu verletzen, zu unterlaufen (Baßler spricht von Texturen). Dies impliziert aber immerhin eine relative Existenzberechtigung von Gattungsbegriffen und Gattungssystematiken – nämlich als Gegenstände des Anstoßes, als Widerstände. Vor allem aus zwei Richtungen wird der Diskurs über Gattungen durch die Akzentuierung von Schreibverfahren unterlaufen: Erstens spielen literarische Autoren mit Gattungskonventionen und verwenden Gattungsbegriffe manchmal in provokanter Abweichung von unterstellten Erwartungen. Ein Spiel mit Gattungskonventionen liegt aber auch schon dort vor, wo Gattungsbegriffe in innovatorischer Weise eingesetzt werden. Zweitens erweitern Wissenschaftstheoretiker zumindest den Begriff der ›Erzählung‹ über den Bereich der sprachlichen Phänomene (und erst recht der literarischen) hinaus. Auch nonverbale Darstellungen können als ›erzählend‹ beschrieben werden.

Erscheinen moderne literarische Texte nicht mehr als Realisationen von Gattungsnormen oder auch nur -konventionen, sondern als Produkte der Erprobung von Schreibverfahren im Sinne der Barthesschen ›écriture‹, so muss die Beziehung des Einzeltextes zu anderen Texten auf entsprechende Weise (neu) modelliert werden. Theorien der Intertextualität setzen hier an. Wiewohl sich mit dem Begriff ›Intertextualität‹ unterschiedliche Theorien des literarischen Werkes, der Literatur und des Text-Universums verbinden, betonen sie doch alle die konstitutive Beziehung eines jeden Textes zu anderen Texten. Gérard Genette bietet mit seinem Konzept des Architextes einen auf moderne und postmoderne Textmodelle zugeschnittenen Nachfolgediskurs zum Diskurs der Gattungen (Genette 1993, 9).

Literatur

Barthes, Roland: *Le degré zéro de l'écriture suivi de Nouveaux essais critiques*. Paris 1972 [1953].
Baßler, Moritz: »Kurzprosa im 20. Jh. – Kontinuitäten außerhalb einer Gattungstradition«. In: Thomas Althaus u. a. (Hg.): *Kleine Prosa. Theorie und Geschichte eines Textfeldes im Literatursystem der Moderne*. Tübingen 2007, 187–196.
Genette, Gérard: *Palimpseste. Die Literatur zweiter Stufe*. Übers. v. Wolfram Bayer u. Dieter Hornig. Frankfurt a. M. 1993 [frz. 1982].
Schnur-Wellpott, Margrit: *Aporien der Gattungstheorie aus semiotischer Sicht*. Tübingen 1983.

Monika Schmitz-Emans

5.2 Einteilung der Literatur in Gattungen

Eng verknüpft mit der Frage nach der Seinsweise von Gattungen (→ B 5.7) ist die Frage, ob sich die Literatur insgesamt nach Gattungsfeldern aufgliedert. Einer strukturalistischen These zufolge gibt es keinen gattungsfreien Text (vgl. Zymner 2003, 209). Diese Auffassung ist einem normativen Literaturbegriff verpflichtet und setzt bestimmte Vorstellungen davon voraus, was eine ›literarische Gattung‹ überhaupt ist. Vor allem aus dem Bereich der modernen und postmodernen Literatur ließen sich jedoch Beispiele dafür anführen, dass sich Werke einer tragfähigen Gattungszuordnung nicht allein entziehen, sondern mit der Vorstellung fester Gattungsschemata zudem ostentativ spielen. Gegen die Möglichkeit eindeutiger und verbindlicher Zuordnung aller literarischen Werke zu bestimmten Gattungen spricht insbesondere die Historizität der Vorstellungen, die mit Gattungsbegriffen verbunden sind (→A 1.4; E 2–E 8). Die für die Geschichte der Germanistik lange Zeit prägende Lehre von der Einteilung der Literatur in Lyrik, Epik und Dramatik kann als die geisteswissenschaftliche Variante der strukturalistischen These gelten, alle Werke gehörten grundsätzlich einer bestimmbaren Gattung an. Im 19. Jh. besteht ein breiter Grundkonsens über die Aufteilung des literarischen Feldes in dramatische, epische und lyrische Formen. Goethes Diskurs über »Naturformen« der Poesie stimuliert im Folgenden zu Übertragungen lebenswissenschaftlicher, insbesondere morphologischer Modelle in den literarästhetischen Bereich (vgl. Zymner 2003, 30 f.). Julius Petersen entwirft 1939, gestützt auf Goethes These der Trias von epischer, dramatischer und lyrischer Dichtungsart und der Vielfalt der Schreibweisen eine Ringstruktur, die diese Schreibweisen abbilden soll (Petersen 1939, 124.) Emil Staiger unterscheidet zum einen die Bereiche Epik, Lyrik, Dramatik als »Fächer«, denen die Einzelwerke kraft bestimmter äußerer Merkmale zugehören, zum anderen die »Qualitäten« des »Epischen, Lyrischen und Dramatischen«; Letztere betrachtet er als Ausdrucksformen im Menschen selbst angelegter Möglichkeiten (vgl. Staiger 1946/1963). Wolfgang Kayser geht ebenfalls davon aus, dass es sich mit dem Lyrischen, Epischen und Dramatischen um ›fundamentalanthropologische‹ Möglichkeiten poetischer Gestaltung handelt (vgl. Kayser 1948/1978). Anthropologisch-psychologisch und morphologisch ausgerichtete Theorien der literarischen Gattungen werden bis in die zweite Hälfte des 20. Jh.s hinein immer wieder vertreten. Sie implizieren die Vorstellung, in jedem Einzelwerk realisierten sich entsprechend vorgegebene formale Gattungsmuster. Um die 1960er Jahre kommt es hier zu einem Paradigmenwechsel. Wichtige Impulse für die Gattungsdiskussion gehen vom russischen Formalismus und vom Strukturalismus aus; deren Ansätze scheinen die Möglichkeit klarer kategorialer Bestimmungen der verschiedenen Dichtungsarten zu implizieren. Klaus Hempfer, der in einem großangelegten Modell die Idee fundamentaler textueller ›Qualitäten‹ gattungstheoretisch fruchtbar machen möchte, unterscheidet zwischen (ahistorischen) »Schreibweisen« (hierzu gehören das Dramatische, das Narrative, aber auch das Satirische) und »Gattungen«. Letztere sind aus seiner Sicht die historisch-konkreten Realisationen der Schreibweisen (vgl. Hempfer 1973, 27). Dabei differenziert Hempfer zwischen »primären« und »sekundären« Schreibweisen (ebd. 225). Sein primäres Ziel ist es, »zwischen relativ oder absolut konstanten Tiefenstrukturen und den sich wandelnden historischen Transformationen, in denen sich die Tiefenstrukturen konkretisieren« zu unterscheiden (ebd. 141). Zymner kommentiert Hempfers Modell als Ausdruck eines »ontologischen Strukturalismus«, bei dem die intendierte Vermittlung von Gattungssystem und Geschichte nicht erfolge, sondern Geschichtliches aus postulierten »Ur-Struktur[en]« abgeleitet werde (Zymner 2003, 143; vgl. auch 172). Noch András Horn charakterisiert die Gattungen als »übergeschichtlich«, wenn auch nicht »überzeitlich«; als etwas, das »immer und überall in neuen Formen« wiederkehre (Horn 1998, 9).

Die oft substantivierten Adjektive laufen den ›alten‹ Gattungsnamen teilweise den Rang als Kernbegriffe im Gattungsdiskurs ab. Das Historische Wörterbuch der Rhetorik differenziert zwischen ›lyrisch‹, ›episch‹, ›dramatisch‹ und ›didaktisch‹, die ihrerseits in Gruppen untergliedert werden. Im Bereich der Textsorten finden sich als Unterformen ›rhetorische‹, ›journalistische‹, ›administrative‹ und ›innovative‹ Texte aufgeführt, und wiederum werden diesen Gruppen verschiedene Untergruppen zugeordnet. Bei der Auflistung der Manifestationsformen verschiedener »Gattungsstile« erscheint es signifikant, dass mit »usw.« die Offenheit der jeweiligen Liste betont wird. Analoges gilt für die Aufzählungen von »Textsorten«.

Vertreten verschiedene Theoretiker die These von der Existenz fundamentaler ›generischer‹ Spielformen der Dichtung – wobei diese als »Naturformen«, als »Dichtweisen« (Goethe), als »Qualitäten« (Staiger) oder als »Schreibweisen« (Hempfer) bezeichnet werden mögen –, so stellt sich jeweils die doppelte Frage nach der Relation dieser Spielformen zu den literarischen Gattungen auf der einen, zu den einzelnen Werken auf der anderen Seite. Dass das triadische Schema keineswegs alle Spielformen des Literarischen eindeutig erfasst, wurde zu Recht betont. So wäre der Aphorismus ein Beispiel für eine Gattung, die weder als Lyrik noch als Epik oder Dramatik einordbar ist (Zymner 2003, 161), und man spricht (so Zymners Beispiele) von »epischen Dramen und dramatischer Epik, lyrischen Dramen und epischer Lyrik« (ebd. 162). Auch rezente Historiker des Gattungsdiskurses vertreten allerdings die Auffassung, »die Dreiteilung der Literatur in Naturformen oder Dichtweisen [...] [erscheine] nicht ganz grundlos [...]« (Zymner 2003, 161). Große Teile dessen »was als Literatur bezeichnet« werde, fielen »in den Bereich der Epik und des Dramas«, weitere große Teile in den Bereich dessen, »was wir ungefähr seit dem 18. Jahrhundert mehr und mehr als Lyrik betrachten« (ebd.). (Aus den Formulierungen geht die Bindung an sprachliche Übereinkünfte bzw. an konventionelle Sprachspiele klar hervor.) Auf parallele Diskussionen zur deutschsprachigen Literaturwissenschaft im Ausland weist Lamping hin. Wichtige Impulse gehen insbesondere von Gérard Genette aus (*Introduction à l'architexte*), der sich u. a. auf die deutsche Diskussion bezieht; Genette unterscheidet zwischen »genres«, »modes« und »types«.

Die Einstellungen literarischer Autoren zur Frage nach der differenzierenden Bestimmbarkeit von Gattungen sowie nach der Zuordenbarkeit des Einzelwerks zu einer Gattung divergieren. Zum einen wirken sich bestehende Gattungssysteme auf die literarische Produktion zweifellos oft prägend aus, zum anderen werden sie aber auch zum Anlass genommen, sie zu unterlaufen oder mit ihnen zu spielen. Zum einen ist vielen literarischen Autoren an der begrifflichen Klärung von Gattungsfragen und an entsprechenden Differenzierungen gelegen – so bemühen sich diverse Vertreter der konkreten Poesie um deren begriffliche Explikation –; zum anderen verraten oft schon die Untertitel von Texten, dass Gattungsbegriffe literarisches Spielmaterial sein können (›verwilderter Roman‹, ›Anti-Roman‹ etc.). Neue Gattungsbegriffe zu erfinden, ist spätestens seit der Romantik ein Anliegen verschiedener Autoren. Vielfach finden sich spielerisch-parodistische Bezugnahmen auf Gattungseinteilungen, etwa durch Untertitel wie ›Biographie‹, ›Lebensbeschreibung‹, ›Bericht‹, ›Chronik‹, durch Imitation von Rezensionen oder wissenschaftlichen Berichten. Innovatorische Werke modifizieren als solche bereits die bestehenden Vorstellungen über literarische Gattungen; so hat Mallarmés Werk auf die Geschichte des Begriffs ›Gedicht‹ epochale Auswirkungen gehabt. Paratexte literarischer Werke haben für deren Zuordnung zu einer Gattung (oder auch zu einer Schreibweise) umso wichtigere Funktionen, je unklarer die Gattungszugehörigkeit auf den ersten Blick erscheint. Aber Paratexte sind weder immer eindeutig noch immer verlässlich im Sinne einer begrifflichen Bestimmung. Das Interesse der literarischen Autoren (und Künstler) ist generell von dem der Literaturtheoretiker zu unterscheiden. Letztere suchen im weiten Feld der literarischen Phänomene nach Ordnungsmustern, sei es im Zeichen ontologischer Prämissen (wie etwa Staiger, Kayser), sei es unter konstruktivistischen Prämissen und allein zu didaktisch-pragmatischen Zwecken. Literarische Texte hingegen unterlaufen in der Moderne solche Ordnungsmuster immer wieder. Das Aufbegehren gegen Kategorisierungen wird oft zum Motor literarischer Innovationen. Diese setzen damit allerdings eine Gattungsbegrifflichkeit auch wieder voraus. Aber sie bestätigen, dass Gattungsdiskurse Sprachspiele sind, auch und gerade die Einteilung der Literatur in Gattungen.

Literatur

Barthes, Roland: »L'ancienne rhétorique. Aide-mémoire«. In: *Communications* 16 (1970), 172–223.
Baumgarten, Alexander Gottlieb: *Meditationes philosophicae de nonnullis ad poema pertinentibus* (Philosophische Betrachtungen über einige Bedingungen des Gedichts) [1735]. Hg. v. Heinz Paetzold. Hamburg 1983.
Croce, Benedetto: *Ästhetik als Wissenschaft vom Ausdruck*. Hg. v. Hans Feist u. Richard Peters. Tübingen 1930 [ital. 1902].
Fowles, Alastair: *Kinds of Literature. An Introduction to the Theory of Genres and Modes*. Oxford 1982.
Fuhrmann, Manfred: *Dichtungstheorie der Antike. Aristoteles, Horaz, ›Longin‹. Eine Einführung*. Darmstadt ²1992, 70–110.
Genette, Gérard: *Introduction à l'architexte*. Paris 1979.
Genette, Gérard: »Genres, ›Types‹, Modes«. In: *Poétique* 8 (1977), 389–421.
Genette, Gérard: *Théories des genres*. Paris 1986.
Hempfer, Klaus W.: *Gattungstheorie. Information und Synthese*. München 1973.
Hirsch, Eric Donald: *Validity in Interpretation*. New Haven, London 1967.
Horn, András: *Theorie der literarischen Gattungen. Ein Handbuch für Studierende der Literaturwissenschaft*. Würzburg 1998.
Kaiser, Gerhard R.: »Zur Dynamik literarischer Gattungen«. In: Horst Rüdiger (Hg.): *Die Gattungen in der Vergleichenden Literaturwissenschaft*. Berlin, New York 1974, 32–62.
Kayser, Wolfgang: *Das sprachliche Kunstwerk. Eine Einführung in die Literaturwissenschaft* (1948). Bern, München ¹⁸1978.
Lamping, Dieter: »Probleme der neueren Gattungstheorie«. In: Dieter Lamping/Dietrich Weber (Hg.): *Gattungstheorie und Gattungsgeschichte*. Wuppertaler Broschüren zur Allgemeinen Literaturwissenschaft Nr. 4/1990, 9–44.
Petersen, Julius: *Die Wissenschaft von der Dichtung. System und Methodenlehre der Literaturwissenschaft. Bd. 1: Werk und Dichter*. Berlin 1939.

Scherpe, Klaus R.: *Gattungspoetik im 18. Jh. Historische Entwicklung von Gottsched bis Herder*. Stuttgart 1968.
Staiger, Emil: *Grundbegriffe der Poetik* [1946]. Freiburg/Br., Zürich ⁶1963.
Steinmetz, Horst: »Gattungen: Verknüpfungen zwischen Realität und Literatur«. In: Dieter Lamping/Dietrich Weber (Hg.): *Gattungstheorie und Gattungsgeschichte*, 45–70.
Strube, Werner: »Zur Klassifikation literarischer Werke«. In: Dieter Lamping/Dietrich Weber (Hg.): *Gattungstheorie und Gattungsgeschichte*, 105–155.
Weissenberger, Klaus: »Gattungsmorphologie im Rahmen einer Stiltypologie als Gegenentwurf zu linguistischen Textsortenklassifikation«. In: Albrecht Schöne (Hg.): *Kontroversen. Alte und neue. Akten des VII. Internationalen Germanisten-Kongresses Göttingen 1985*. Tübingen 1986, 40–48.
Zymner, Rüdiger: *Gattungstheorie. Probleme und Positionen der Literaturwissenschaft*. Paderborn 2003.

Monika Schmitz-Emans

5.3 Gattungsmetaphoriken

Die literaturwissenschaftliche und textlinguistische Gattungstheorie bedient sich zur Analyse von Gattungen immer wieder unterschiedlicher, mehr oder weniger ›metaphorischer‹ Modelle. So werden Gattungen wie die Tragödie gelegentlich als »Rahmen«, »Norm«, »Institution«, »Art« oder »Familie« charakterisiert. Die in diesen Modellen benutzten Metaphern können auf so unterschiedliche Bereiche wie die Lebenswissenschaften (Brunetière 1890) oder Sozialwissenschaften (Wellek/Warren 1949, Voßkamp 1977, Jameson 1981) verweisen; sie können sich auch auf eher alltagsweltliche Erfahrungsbereiche beziehen (Fowler 1971). Eine Metaphorologie der Gattungstheorie macht es sich zur Aufgabe, diese ›metaphorischen‹ Modelle systematisch zu beschreiben und in ihrem heuristischen und explikativen Wert zu bestimmen.

Eine erste umfassendere Auseinandersetzung mit Gattungsmetaphoriken findet sich in Fishelov 1993. Fishelov vertritt darin die Auffassung, dass die gattungstheoretische Reflexion von einer Tiefenmetaphorik (»deep metaphor«, Fishelov 1993, 1, 7, 71, 155) vorstrukturiert werde, die letztlich auch darüber bestimme, was jeweils im Fokus eines gattungstheoretischen Ansatzes liege. Die gattungstheoretische Tiefenmetaphorik sei kein bloßer *ornatus*, sondern sei das Fundament einer literaturwissenschaftlichen Modellbildung, die weitgehend mit Analogien operiere. Er identifiziert vier gattungstheoretische Tiefenmetaphoriken: (1) Biologie, (2) Familie, (3) Institution, (4) Sprechakt. Die biologische Tiefenmetapher analogisiere die Gattungsgeschichte der Gattungsevolution der Lebewesen, orientiere sich also an einer Analogie von literarischen Gattungen und biologischen Arten (→ D 3). Die Familienmetapher diene einerseits der Definition von Gattungen anhand des von Ludwig Wittgenstein entlehnten Konzepts der Familienähnlichkeit; sie diene andererseits aber auch der Beschreibung der genealogischen Abfolge (›Ahnenreihe‹) von Einzelwerken innerhalb einer Gattung entlang der familiären Metaphorik einer von ›Gründungsvätern‹ initiierten Gattungstradition, in der die ›Eltern‹ auf die ›Kinder‹ Einfluss ausüben. Die Institutionenmetapher diene der Beschreibung der Kommunikation mit Gattungen; sie analogisiere die kommunikative Funktionsweise von Gattungen mit institutionellen Phänomenen wie Verträgen, gesellschaftlichen Normen und Konventionen; auch werde der Gattungswandel mit dem Wandel von sozialen Institutionen analogisiert. Die Sprechaktmetapher diene schließlich der Analogisierung von Gattungen als Rahmungen von literarischer Kommunikation einerseits und von Sprechhandlungen andererseits.

Der Textlinguist John M. Swales hat in Swales 2004 die Vorschläge Fishelovs weitergeführt und verfeinert. Swales stimmt mit Fishelov darin überein, dass »unsere Versuche, Genres zu charakterisieren, im Wesentlichen metaphorischer Natur sind« (»we should see our attempts to characterize genres as being essentially a metaphorical endeavor«, Swales 2004, 61). Laut Swales 2004, 61–68 lassen sich sieben zentrale Gattungsmetaphoriken identifizieren: Gattungen als (1) Rahmung, (2) Norm, (3) Art, (4) Familie, (5) Institution, (6) Sprechakt, (7) Archiv. Die Rahmenmetapher (»frames«) konstruiere Gattungen als Leitprinzipien der Kommunikation analog zur Rahmung sozialer Handlungen. Die Metapher der Norm (»standards«) konstruiere Gattungskonventionen als Erwartungserwartungen analog zu sozialen Konventionen. Die Metapher der »Art« (»species«) beschreibe die Gattungsevolution analog zur Evolution der Tier- oder Pflanzenarten. Die Metapher der Familie (»family«) bestimme Gattungen ausgehend von der Theorie der Familienähnlichkeit und der Prototypentheorie im Sinne einer an musterhaften Gattungsexemplaren orientierten Definition, wobei die einzelnen Exemplare einer Gattung, wie menschliche Familien, weniger durch starke Merkmalsähnlichkeit als durch eine gemeinsame Genealogie verknüpft seien, die von einem oder mehreren paradigmatischen Exemplaren bestimmt werde. Die Metapher der »Institution« (»institution«) rekonstruiere Gattungen analog zu sozialen Institutionen, was in zweierlei Hinsicht hilfreich sei: es erlaube erstens zu erkennen, dass Gattungen als abstrakte Entitäten nicht in ihren materiellen Manifestationen aufgehen, und zweitens dass die Verwendung von Gattungen nie das Subjekt als Ganzes, sondern immer nur in bestimmten ›institutionellen‹ Rollen involviere. Die Metapher des Sprechakts betone die Nähe von literarischen Gattungen zu performativen Sprechakten; die Metapher des Archivs schließlich unterstreiche, dass Gattungen immer ein Repertoire an potenziellen Artikulationen seien, das in den faktisch vollzogenen kommunikativen Handlungen nicht aufgehe.

Während Fishelov 1993 und Swales 2004 sich um eine Metaphorologie der Gattungstheorie bemühen und den methodologischen Ort von Metaphorik in der Literaturtheorie bzw. Textlinguistik zu bestimmen versuchen, fordert Heyerick 2006 eine Untersuchung der Metaphern, die von den Produzenten und unmittelbaren Rezipienten von Literatur verwendet werden, wenn sie Gattungszuschreibungen vornehmen. Im Gegensatz zu Fishelov und Swales plädiert Heyerick nicht für eine Metaphorologie der textwissenschaftlichen Gattungstheorie, sondern für eine Metaphorologie der Gattungsbezeichnungen in der Verwendung der außerakademischen Akteure des Literaturbetriebs, die im Kontext ihrer Selbstverständigung über Gattungen immer auch Metaphern verwenden.

Das allgemeine methodische Problem der Gattungstheorie, ob sie ihren Ausgangspunkt von den Diskursproduzenten, den unmittelbaren Diskursrezipienten, den wissenschaftlichen Experten (z. B. Literaturwissenschaftlern) oder den textuellen Artefakten selbst nehmen soll, tritt auch an dieser Stelle wieder auf, wenn Fishelov und Swales die Perspektive der Experten privilegieren und Heyerick sich auf die Perspektive der Produzenten und unmittelbaren Rezipienten konzentriert.

Probleme

Die bestehenden Ansätze zu einer Metaphorologie der Gattungstheorie weisen verschiedene Probleme auf. An erster Stelle ist hier das Problem der Verwendung eines unpräzisen Metapherbegriffs zu nennen: Die von Fishelov und Swales genannten Gattungsmetaphern sind häufig keine Metaphern im engeren Sinne, sondern heuristische oder explikative Modelle. Die Unklarheiten in der Verwendung des Metapherbegriffs mögen sich daraus ergeben, dass beide weder an die jüngere Metapherforschung noch an die jüngere Diskussion zu wissenschaftlichen Modellen anknüpfen (Fishelov 1993 verweist nur beiläufig auf die wissenschaftstheoretische Diskussion von Modellen bei Mary Hesse oder Richard Boyd). So scheint es z. B. unplausibel, die Analogisierung von Gattungen und Sprachakten als eine Sprechakt-Metaphorik zu rekonstruieren, da literarische Gattungen hier nicht in einem übertragenen, metaphorischen Sinne als Sprechakte bezeichnet werden, sondern *direkt* entweder als genuin literarische Sprechakte oder als Imitationen von ›normalen‹, nicht-literarischen Sprechakten konzeptualisiert werden. Ebenso scheint das Konzept der Familienähnlichkeit wenigstens dort, wo es wie bei Fishelov im Sinne der Prototypentheorie (nach Eleanor Rosch) reformuliert ist, auch ohne Bezug auf eine Familienmetaphorik reformulierbar. Häufig scheint es sich bei den von Fishelov und Swales genannten Gattungsmetaphern nicht um Metaphern *stricto sensu* zu handeln; und dort, wo es sich um Metaphern handelt, bleibt meist offen, ob es sich in einem anspruchsvolleren Sinne um eine konstitutive »Tiefenmetaphorik« handelt oder ob sich das metaphorisch ausgedrückte nicht auch ohne größeren Aufwand nicht-metaphorisch reformulieren ließe. Es ist zudem fraglich, ob alle gattungstheoretischen Konzeptionen von »deep metaphors« vorstrukturiert sind: so scheint z. B. der rhetorische Gattungsbegriff, der Gattungen als Kommunikationsformen auszeichnet, die eine bestimmte soziale Funktion erfüllen (d. h. an bestimmten intersubjektiv geteilten sozialen Zwecken ausgerichtet sind), weitgehend ohne Tiefenmetaphorik auszukommen. Weiterhin wird häufig die Heterogenität der verwendeten ›metaphorischen‹ Modelle nicht ausreichend gewürdigt: so können mit der biologischen Gattungsmetaphorik ganz unterschiedliche Metaphern evoziert werden, die in keinem geordneten Verhältnis zueinander stehen. Unter die biologische Gattungsmetaphorik werden so heterogene Modelle subsumiert wie das wissenschaftsphilosophische Modell einer der biologischen Taxonomie analogisierten Gattungsklassifikation, das evolutionstheoretische Modell einer von biologischen Prinzipien organisierten Gattungsgeschichte oder das organizistische Modell eines (durch die Abfolge von Geburt, Reife und Tod geprägten) individuellen Lebenszyklus von Gattungen (vgl. dazu die Hinweise von Fishelov 1999). Schließlich ergibt sich aus der Perspektive einer *historischen* Metaphorologie der Gattungstheorie das Problem der retrospektiven Zuschreibung von Metaphorisierung: Ob es sich z. B. bei Goethes Gattungsreflexionen über die »Naturformen der Dichtung« um eine Naturmetaphorik handelt oder nicht, hängt weitgehend davon ab, ob es sich dabei um eine *metaphorische* Übertragung aus einem anderen Wissensbereich handelt oder um eine nicht-metaphorische Form des Wissenstransfers. Um entscheiden zu können, ob in einem bestimmten Fall Gattungs*metaphorik* vorliegt, ist also der relevante historische Wissenskontext heranzuziehen: Bei der Rede von »Naturformen der Dichtung« kann es sich, je nach historisch relevantem Wissenskontext und Spezifik des Wissenstransfers, mal um eine Gattungs*metaphorik* handeln und mal nicht.

Perspektiven

Die Metaphorologie der Gattungstheorie steht, wie im Übrigen auch die Metaphorologie der Literaturtheorie insgesamt (vgl. Culler 1975, 96–109; Steiner 1984), noch an ihrem Anfang. Bereits Fishelov und Swales verweisen darauf, dass die heuristische und explikative Reichweite der von ihnen genannten Modelle begrenzt ist: die ›Metaphern‹ taugen nur zur Analyse bestimmter Aspekte von Gattungen und erweisen sich häufig auch nur für die Analyse bestimmter Einzelgattungen als hilfreich. Die Bemühungen um eine kritische Bestimmung der spezifischen Reichweite der unterschiedlichen Modelle, wie sie etwa schon Schaeffer (Schaeffer 1989, 47–63) für das evolutionsbiologische Modell Brunetières vorgenommen hat, sind keineswegs abgeschlossen. Dass die genannten metaphorischen Modellierungen von Gattungstheorie nur in gewissen Hinsichten aufschlussreich sind (so ist die Modellierung literarischer Gattungen nach biologischen Arten z. B. nur in bestimmten Punkten sinnvoll, weil sich bei literarischen Gattungen neue Genres auch aus unterschiedlichen Gattungen herausbilden können und das Verhältnis von Einzeltext und Genre ein anderes als das Verhältnis von Individuum und Gattung ist), ist noch kein Einwand gegen sie. Wichtiger wäre es, über Kriterien zu verfügen, die treffende oder hilfreiche Modelle von solchen zu unterscheiden erlaubten, die diese Anforderungen nicht erfüllen. Weiterhin wäre es sinnvoll, alle Formen gattungstheoretischen Wissenstransfers zwischen unterschiedlichen Disziplinen, nicht nur die im engeren Sinne metaphorischen, im Rahmen einer disziplinübergreifenden Gattungsforschung zu diskutieren (vgl. u. a. Günthner/Knoblauch 1995, 1–4).

Literatur

Brunetière, Ferdinand: *L'évolution des genres dans l'histoire de la littérature*. Bd. 1. Paris 1890, 1–31.
Culler, Jonathan: *Structuralist Poetics. Structuralism, Linguistics and the Study of Literature*. Ithaca 1975.
Fowler, Alastair: »The Life and Death of Literary Forms«. In: *New Literary History* 2.2 (1971), 199–216.
Fishelov, David: *Metaphors of Genre. The Role of Analogies in Genre Theory*. University Park 1993.
Fishelov, David: »The Birth of a Genre«. In: *European Journal of English Studies* 3.1 (1999), 51–63.
Heyerick, Koenraad: »Towards a Metaphorology of the Novel. Metaphor, Narration, and the Early Modern Novel«. In: *Orbis Litterarum* 61.3 (2006), 202–213.
Günthner, Susanne/Knoblauch, Hubert: »Culturally Patterned Speaking Practices – The Analysis of Communicative Genres«. In: *Pragmatics* 5.1 (1995), 1–32.
Jameson, Fredric: *The Political Unconscious. Narrative as a Socially Symbolic Act*. Ithaca 1981.
Schaeffer, Jean-Marie: *Qu'est-ce qu'un genre littéraire?* Paris 1989.
Steiner, Peter: *Russian Formalism. A Metapoetics*. Ithaca 1984.
Swales, John M.: *Research Genres: Explorations and Applications*. Cambridge 2004.
Voßkamp, Wilhelm: »Gattungen als literarisch-soziale Institutionen. Zu Problemen sozial- und funktionsgeschichtlich orientierter Gattungstheorie und -historie«. In: Walter Hinck (Hg.): *Textsortenlehre – Gattungsgeschichte*. Heidelberg 1977, 27–44.
Wellek, René/Warren, Austin: *Theory of Literature*. London 1949.

Carlos Spoerhase

5.4 Literatur als Gattung

Literatur als ›Gattung‹ zu erörtern, kann zweierlei Differenzierungen implizieren: erstens die von Literatur qua Dichtung gegenüber anderen Künsten, zweitens die von Literatur (im Sinne literarischer Kunstwerke respektive im Sinne fiktionaler Texte) gegenüber anderen Formen von Texten (nicht-künstlerischen respektive nicht-fiktionalen; → B 5.5).

Das Bestreben, die Künste als System aufzufassen und vergleichend in Beziehungen zueinander zu setzen, ist im 18. und 19. Jh. besonders ausgeprägt. Die ›Schönen Künste‹ gliedern sich einem in verschiedenen Modifikationen entwickelten Grundansatz zufolge in Hauptgruppen: Bildende Künste (Malerei, Zeichnung, Plastik, Architektur), Dichtung/Literatur, Musik und darstellende Kunst. Wenn man von solchen Einteilungen im Laufe des 20. Jh. weitgehend abkommt, weil sie den künstlerischen Darstellungsformen und -praktiken nicht mehr gerecht werden, so ist davon die Frage nach der Abgrenzbarkeit der Literatur/Dichtung gegenüber anderen Künsten in besonderem Maße betroffen. Mit Blick auf Entgrenzungstendenzen zwischen Wort und Bild scheinen sich in vielen Bereichen Literatur und bildende Kunst aufeinander zuzubewegen (vgl. Faust 1977). In Dis-

5. Literaturtheoretische Problemkonstellationen

kursen der allgemeinen Ästhetik oder Kunstphilosophie wird Literatur vielfach als eine Kunst im System der Künste aufgefasst, neben die anderen Künste gestellt und vergleichend gegenüber diesen abgegrenzt. Dies gilt etwa für Hegels wirkungsmächtige *Vorlesungen über die Ästhetik* (1835). Hegel bestimmt die »Poesie« als »die redende Kunst« und charakterisiert sie als »Totalität, welche die Extreme der bildenden Künste und der Musik auf einer höheren Stufe, in dem Gebiete der geistigen Innerlichkeit selber, in sich vereinigt« (Hegel 1828/2004, 224).

Konstitutiv für Literatur ist ihre Sprachlichkeit, aber damit ist noch keine definitorische Bestimmung getroffen. Um eine Zeichenfolge als literarischen Text auffassen zu können, werden in literaturwissenschaftlichen wie in alltäglichen Kontexten weitere Bedingungen gestellt. Solche Bedingungen sind z. B. Speicherung oder Fixierung der Zeichen, Fiktionalität sowie Poetizität (vgl. Schneider 2007, 2). Alle drei Kriterien werfen ihrerseits Bestimmungsprobleme auf. Der differenzierende Vergleich der Literatur mit anderen Künsten lenkt die Aufmerksamkeit auf deren Bindung an Schrift. Gerade im Zeichen eines verstärkten Interesses an Schrift und Schriftlichkeit, wie es Theoretiker moderner und postmoderner Literatur, Kulturwissenschaftler, Philosophen, Schriftsteller und bildende Künstler verbindet, erschließen sich durch die Reflexion über ›Literalität‹ im Sinne von ›Schriftlichkeit‹ wichtige Perspektiven auf Literatur als künstlerische Gattung. Zumindest implizit wird Literatur dort, wo ihre Schriftlichkeit als gattungskonstitutiv gilt, gegen mündliche Bekundungs- und Darstellungsformen abgegrenzt. Einerseits wird die Differenz zwischen Oralität und Literalität von Kulturwissenschaftlern und Ethnologen, Philosophen und Literaturtheoretikern zu Recht in ihrer Signifikanz betont. Andererseits sind gerade als Folge des aus solchen Differenzierungen erwachsenen Interesses an der Spezifik oraler Darstellungsformen bei manchen Dichtungstheoretikern Tendenzen zu registrieren, den Begriff des Literarischen (im Sinne künstlerischer Textgestaltung) auch auf Formen der Mündlichkeit auszudehnen – um teilweise mit einer eigentümlichen Formulierung von ›oraler Literatur‹ zu sprechen. Die Bestimmung von Literatur über ihre Bindung an *litterae* eignet sich nicht als trennscharfes Kriterium zur Profilierung einer Gattung von Texten. Denn an Buchstaben gebunden sind auch Texte, die als ›literarisch‹ zu betrachten wenig Sinn macht. Zudem würde die Grenzlinie zwischen schriftlicher und mündlicher Dichtung dabei wohl überbetont.

Differenzierungen zwischen Literatur/Dichtung als einer ästhetischen Gattung und nicht-literarisch/dichterischen Texten können auf der Ebene der poetischen Verfahren wie auf der der Gegenstände ansetzen. Die Literatur als Gattung neben nichtliterarischen Textsorten wird schon in der Antike theoretisch erörtert. Platon setzt als Fiktionalitätskritiker implizit die scheinhafte Darstellung des Dichters gegen sachhaltige sprachliche Darstellungen ab. Aristoteles differenziert zwischen Dichtung und Geschichtsschreibung. So geläufig der Fiktionsbegriff in alltagssprachlichen wie in wissenschaftlichen Kontexten ist, wenn es darum geht, Literarisches von Nichtliterarischem abzuheben, so groß sind doch die Probleme, die dieser Begriff selbst aufwirft – insbesondere im Spannungsfeld zwischen konstruktivistischen und im weiteren Sinn realistischen Konzepten von Erfahrung und Erkenntnis. Die Grenzen zwischen Sach- und Fach-›Literatur‹ auf der einen, Werken literarischer Fiktion auf der anderen Seite ist nicht immer einfach zu bestimmen. Literarische Autoren spielen vielfach mit der Grenze zwischen fiktionalem und faktualem Erzählen, Sachtext und literarischem Text etc. – etwa mittels der Form des fiktiven Lebens-, Reise- oder Forschungsberichts. Damit wird in letzter Konsequenz die Eingrenzbarkeit einer Gattung ›Literatur‹ infrage gestellt.

Theoretische Reflexionen über das Erzählen illustrieren exemplarisch, dass und inwiefern sprachliche Verfahren, die im künstlerischen wie im außerkünstlerischen Feld praktiziert werden, Anlass zur Erörterung der Frage nach dem spezifisch Literarischen geben können. Ob man auch Alltagserzählungen in außerästhetischen Kontexten als rudimentäre Kunst gelten lassen möchte, hängt von der Weite des zugrunde liegenden Kunst-Begriffs ab. Aber auch in diesem Fall stellt sich die Frage nach den Spezifika literarisch-künstlerischer Erzählgattungen. Nicht die inhaltlich-thematische Dimension der fraglichen Texte, sondern allein ihre Form kann für die Modellierung einer Großgattung ›literarische Erzählung‹ sowie für mögliche Subdifferenzierungen maßgeblich sein.

Das Konzept und die Lehre vom ›sprachlichen Kunstwerk‹ betrachten eine an organologische Konzepte angelegte Geschlossenheit des jeweiligen Werks als konstitutiv für seine poetische Qualität und mithin als maßgebliches Kriterium der Zuordnung eines Textes zur Gattung Literatur. Wolfgang Kaysers Schrift *Das sprachliche Kunstwerk* (zuerst 1948), grundlegend für die sog. werkimmanente Interpretation (die neben Kayser auch Staiger vertrat), bestimmt das literarisch-poetische Werk primär als autonom. Zumindest implizit vorausgesetzt wird bei der Erörterung von Literarizität, dass sich künstlerisch gestaltete Texte von anderen Texten abheben. Dass dies in gebundener Rede auf evidente Weise geschieht, die Ausdifferenzierung des ›Literarischen‹ also unmittelbar verifizierbar ist, bedingte, dass lange Zeit die Versform als prägendes Merkmal von Dichtung galt. Dagegen könnte man einwenden, dass ein versifizierter Sachtext darum noch keine Dichtung sei. Nun könnte man sich zwar darauf verständigen, alle Texte in gebundener Rede (auch primär sachbezogene und ästhetisch minderwertige) als Dichtung gelten zu lassen. Doch gegen eine Gleichsetzung dichterischer mit gebundener Rede spricht die Vielfalt an teilweise ganz prosaisch wirkenden Schreibverfahren in der Literatur. Definitiv gebrochen wird mit der zumindest assoziativen Verknüpfung zwischen Poesie/Dichtung und Formen poetischer Sprachgestaltung durch Konzepte strukturalistischer Poetik, denen zufolge alle sprachlichen Äußerungen neben anderen auch eine ›poetische Funktion‹ besitzen.

Zur Unterscheidung literarischer Texte von nichtliterarischen und mithin zur Profilierung einer literarischen Kunst-Gattung sind strukturalistische und formalistische Ansätze besonders fruchtbar. Die russischen Formalisten und andere Vertreter einer Poetik bzw. Ästhetik der Verfremdung vertreten die These, literarische Texte seien durch ihre Abweichung von sprachlichen Normen respektive automatisierten Vorgaben charakterisiert. Strukturalisten und Formalisten betrachten Literatur als Wortkunst, deren Ausdrucksmedium die Sprache ist und die durch literarische Kommunikation vermittelt wird. Damit verbinden sich Ansätze zur abstrahierenden und generalisierenden Modellierung von Literarizität bzw. Poetizität.

In Weiterentwicklung des Bühlerschen Organonmodells entwirft Roman Jakobson ein nach sechs Faktoren gegliedertes Schema sprachlicher Kommunikation samt entsprechender Funktionen: Sender, Adressat, Botschaft, Kontext, Kanal und Code sind die Faktoren, die entsprechenden sechs Funktionen nennt er emotiv, konativ, poetisch, referenziell, phatisch und metasprachlich. Als ›poetische Funktion‹ versteht er die »*Einstellung* auf die BOTSCHAFT als solche« (Jakobson 1960/1979, 92). Die poetische Nachricht macht auf sich selbst aufmerksam. Dies geschieht durch Übertragung des Äquivalenz-Prinzips von der Achse der Selektion (wo es um die Frage nach dem passenden Ausdruck für einen mitzuteilenden Inhalt geht) auf die Achse der Kombination (wo es darum geht, wie gut die einzelnen Bestandteile einer sprachlichen Äußerung zueinander passen, bzw. welchen Eindruck das Ensemble der Signifikanten erzeugt). Betrachtet Jakobson die Fokussierung auf die Botschaft als konstitutiv für Poetizität, so hebt Mukařovský in etwas anderer Akzentuierung das für literarische Kunstwerke konstitutive Interesse am »Zeichen« bzw. am »Kode« der jeweiligen sprachlichen Äußerung hervor (vgl. Doležel 1999, 172).

Aus der Sicht systemtheoretischer Literaturwissenschaft ist Literatur kein »historisch gewachsenes Ensemble von Dingen mit bestimmten substantiellen Merkmalen, die ihr ›Literatur-Sein‹ definierten«, sondern eine »spezifische Kommunikationskonvention, mit der alles beobachtet und zur Sprache gebracht werden kann, aber auf eine Weise, die ansonsten in der Gesellschaft nicht mehr vorkommt« (Plumpe 1995, 103). Binär codiert sei die als System aufgefasste Literatur durch die disjunktiven Prädikate ›interessant‹ und ›uninteressant‹, nicht wie das System Wissenschaft durch die Opposition wahr/falsch. Die in diesem Sinn als System verstandene Literatur existiere erst seit dem späten 18. Jh. Erst in dieser Zeit bilde sich im Zuge funktionaler Ausdifferenzierung der Gesellschaft der sie bedingende »Beobachtungs- und Kommunikationsstil« (ebd.) heraus. Die sog. Autonomieästhetik markiert den Bruch mit älteren Kunstlehren und Ästhetiken. Literatur begriff sich aus systemtheoretischer Sicht im Zeichen der Autonomieästhetik als Artikulationsmedium einer sozial nicht festgelegten Subjektivität, emanzipierte sich vom Postulat mimetischer Darstellung ebenso wie von verbindlichen formalen Mustern – und in letzter Konsequenz von den gängigen Spielregeln der Kommunikation. Als autonome Literatur verzichte Literatur (zwangsläufig) darauf, sich über nicht-literarische Vorgaben zu bestimmen; sie bespiegele sich selbst, sei ›Poesie der Poesie‹, als solche aber wiederum durch kein außerliterarisches begriffliches Instrumentarium adäquat beschreibbar.

Literatur

Doležel, Lubomir: *Geschichte der strukturalen Poetik. Von Aristoteles bis zur Prager Schule*. Übers. v. Norbert Greiner. Dresden 1999.
Faust, Wolfgang Max: *Bilder werden Worte. Zum Verhältnis von bildender Kunst und Literatur im 20. Jh. oder vom Anfang der Kunst im Ende der Künste*. München, Wien 1977.
Hegel, Georg Wilhelm Friedrich: *Vorlesungen über die Ästhetik*. Bd. 3. Frankfurt a. M. 2004.
Jakobson, Roman: »Closing Statement: Linguistics and Poetics«. In: Thomas Sebeok (Hg.): *Style in Language*. Cambridge (MA) 1960, 350–377.

Jakobson, Roman: »Linguistik und Poetik« [engl. 1960]. In: Ders.: *Poetik. Ausgewählte Aufsätze 1921–1971*. Frankfurt a. M. 1979, 83–121.
Kayser, Wolfgang: *Das sprachliche Kunstwerk* (1948). Bern ¹⁴1969.
Weber, Dietrich: *Erzählliteratur*. Göttingen 1998.
Petersen, Jürgen H.: *Fiktionalität und Ästhetik. Eine Philosophie der Dichtung*. Berlin 1996.
Plumpe, Gerhard: »Literatur als System«. In: Jürgen Fohrmann/Harro Müller (Hg.): *Literaturwissenschaft*. München 1995, 103–116.
Schneider, Jost: »Literatur und Text«. In: Thomas Anz (Hg.): *Handbuch Literaturwissenschaft*. Bd. 1. Stuttgart, Weimar 2007, 2–23.
Weber, Dietrich: *Erzählliteratur. Schriftwerk Kunstwerk, Erzählwerk*. Göttingen 1998.
Zymner, Rüdiger: *Gattungstheorie. Probleme und Positionen der Literaturwissenschaft*. Paderborn 2003.
Zymner, Rüdiger/Engel, Manfred (Hg.): *Anthropologie der Literatur. Poetogene Strukturen und ästhetisch-soziale Handlungsfelder*. Paderborn 2003.

Monika Schmitz-Emans

5.5 Literaturbegriff und Gattung

Die Rede von ›literarischen‹ Gattungen (vgl. z. B. Lamping 2009, Klausnitzer 2010) und die Fokussierung auf Gattungen ›der‹ Literatur implizieren stets ein bestimmtes Konzept von Literatur (→ B 2; → B 5.4). Der vorausgesetzte Literaturbegriff entscheidet aber darüber, was literaturwissenschaftlich überhaupt als ein relevanter Sachverhalt gelten kann. Die Frage, was Literatur sei, ist indes umstritten. Zu den einflussreichsten Auffassungen von Literatur zählen z. B. diejenigen, die ›Literatur‹ an Ästhetik- und Autonomiekonzepte binden und allemal unter ›Literatur‹ eine Ausprägung von ›Kunst‹ verstehen. Der Literaturbegriff verengt sich dabei normativ auf solche schriftlich fixierten Texte bzw. ›Werke‹, die sich durch ästhetische Qualitäten (wie Stimmigkeit, Einheit, Ganzheit) auszuzeichnen scheinen und zugleich als Medien der oder einer ›Wahrheit‹ aufgefasst werden können. Generologisch führt diese Verengung zu einem literarhistorischen Traditionalismus, insofern insbesondere kanonische Gattungen bildungs- und machteliterärer Milieus in den literaturwissenschaftlichen Blick geraten (vgl. Schneider 2004): als ›literarische‹ Gattungen werden demnach eher z. B. die Tragödie, die Ode oder auch das Epos betrachtet, nicht jedoch z. B. der Heftchenroman, das Marterl oder der Schlager. Eine Variante solcher Konzepte, nach denen Gattungen der Literatur als Formate der Sprachkunst aufgefasst werden müssen,

kann in allen Versuchen gesehen werden, Literatur aufgrund sprachlicher Eigenschaften (Poetizität bzw. Literarizität) zu bestimmen. Solche Versuche können spätestens seit dem Russischen Formalismus beobachtet werden und liegen in gewisser Weise bereits mit den normativen Poetiken seit der Antike vor. Über die Auffassung vom literarischen Kunstwerk als ästhetisches System von bestimmten ›Kunstmitteln‹ hinaus gehört die Annahme der Autonomie der Literatur sowie ihrer Systemhaftigkeit zu strukturalformalistischen Literaturkonzepten. Gattungen erscheinen hierbei als ›literarische Fakten‹, die in ihren Einzeltexten durch den systematischen Zusammenhang künstlerischer Verfahren mit ›systemprägenden Dominanten‹ und als Gattung durch ihre Korrelation mit dem literarischen System als Ganzem bestimmt werden (vgl. Zymner 2003, 206 f.). Die Literatur als Ganze kann hier als ein komplexes System angesehen werden, das aus Gattungen und Untergattungen besteht, Literatur und Gattungssystem sind also aus dieser Perspektive koextensional. In kritischen Überprüfungen struktural-formaler Ansätze ist allerdings gezeigt worden, dass die vermeintlichen sprachlichen Merkmale oder Verfahren der ›Literatur‹ keineswegs exklusiv in ›Literatur‹ vorkommen, und dass es andererseits Texte im Rahmen der ›Literatur‹ gibt, die auf Merkmale der Poetizität weitgehend oder vollständig verzichten.

In anderer Weise normativ sind Bestimmungen von Literatur, die ihr bei aller vermeintlich wesentlichen ›Autonomie‹ eine emanzipatorische Funktion zuschreiben und in der Verweigerung leichter Konsumierbarkeit den Beleg für die ›Echtheit‹ als Literatur erblicken. Immerhin werden bei einem solchen Zuschnitt leicht auch sonst ausgegrenzte (unterhaltende oder triviale) Gattungen zum Gegenstand literaturwissenschaftlicher Bemühungen – wenn auch oft nur aus Gründen der ideologischen Entlarvung (→ B 2.4). Eine Erweiterung des Literaturbegriffes, bei der sonst ausgegrenzte Formen integriert werden, kann überall dort festgestellt werden, wo von einer Erschließung der oder einer Sprache der Literatur zugunsten von handlungsorientierten Konzepten Abstand genommen wird. Dies ist z. B. bei sozialgeschichtlichen Ansätzen der Fall, für die Literatur ein sozialer Kommunikationsraum bzw. ein ›Sozialsystem‹ ist. Dies ist aber auch im Bereich der Empirischen Literaturwissenschaft der Fall, nach der ein Text aufgrund bestimmter sozialer Konventionen als ›literarisch‹ gilt. Literarische Gattungen wären demnach nur insofern gegeben, als Rezipienten mit Texten generisch spezifisch und ›literarisch‹ umgehen. Hierin trifft sich die

Empirische Literaturwissenschaft mit Tendenzen der Kognitivistischen Literaturwissenschaft (vgl. Zymner 2006), aber auch mit solchen, die von poststrukturalistischen Ansätzen ausgehen.

Aus mehreren Richtungen ist im Zuge einer Revision des Konzeptes ›Literatur‹ gezeigt worden, dass Literaturbegriffe einen historischen und einen kulturellen Index tragen: ›Literatur‹ als Sozialsystem und/oder als durch bestimmte Verfahren bestimmte Verwendung von Sprache ist ein modernes, europäisches bzw. westliches Konzept, das es in historisch oder räumlich fernen kulturellen Zusammenhängen nicht gibt oder gab. So kann man im Hinblick auf die europäische bzw. westlich geprägte Literaturgeschichte sagen, dass sich ein ›Sozialsystem Literatur‹ in mehreren Schüben erst ungefähr seit dem 18. Jh. etabliert hat und von hier aus als Konzept seit dem 19. Jh. in andere Kulturen als der europäisch-westlichen exportiert wurde (vgl. bes. Lindberg-Wada 2006). Charakteristisch ist für Literatur als bzw. im ›Sozialsystem Literatur‹ die Tendenz zur Ablösung von Funktionen in sozialen Mikrobereichen sowie ihre Massenproduktion, ihr Warencharakter und ihre anonyme Distribution (vgl. Dörner/Vogt 1994, 43). Im Hinblick auf die Dichtung und Praktiken der Poesie vor der Herausbildung des Sozialsystems Literatur spricht man heute oft von ›Literatur vor der Literatur‹ (vgl. Stöckmann 2001, Müller/Robert 2007) und auch von einzelnen Gattungen, wie z. B. dem Roman, ›bevor sie Literatur wurden‹ (vgl. Simons). Solche Versuche werden besonders durch komparatistische Ansätze, Literaturgeschichte in einer globalen Perspektive zu betreiben, bestärkt (→ B 5.8; → G 6). Es zeigt sich, dass das moderne Konzept ›Literatur‹ im Hinblick auf außereuropäische bzw. vormoderne Kulturen der Dichtung wenig sinnvoll ist und man auch hier besser von ›Texten vor der Ära der Literatur‹ (Assmann 1999) sprechen oder, angesichts der poetologischen und historisch-sozialen Diversität von Dichtungs- oder Poesiekulturen ›der Welt‹, einen metatheoretischen Begriff von ›Literatur‹ entwickeln sollte. Pettersson schlägt z. B. vor, »literature« zu bestimmen als »presentational discourse produced with pretensions to being culturally important, and/or well-formed, and/or conductive to aesthetic experience« (Petterson 2006, 35). Ähnlich verfährt Schneider, wenn er vorschlägt: »Als literarischen Text definiere ich eine Abfolge von Laut- oder Schriftzeichen, die (a) fixiert und/oder (b) sprachkünstlerisch gestaltet und/oder (c) ihrem Inhalt nach fiktional ist« (Schneider 2004, 10). Beide versuchen, in der variablen Verbindung von Konjunktion bzw. Disjunktion reduktive Kriterien der abendländischen Poetiktradition zu integrieren und zugleich umgehbar zu machen. Ähnlich unterscheidet Zymner (Zymner 2010) zwischen ›Literatur‹ (im bzw. als Sozialsystem) und ›Poetrie‹. Zur Poetrie sind allgemein die poetischen (mündlichen wie schriftlichen) Produkte und die darauf bezogenen Handlungszusammenhänge der sogenannten Folklore zu rechnen, ebenso wie Dichtungen und darauf bezogene Handlungszusammenhänge neben und vor der ›autonomisierten‹ Literatur des ›Sozialsystems Literatur‹ (also die ›vormoderne‹ Dichtung und ihre Kontexte von der Präantike bis ins 18. Jh.); daneben die ›außermodernen‹, gegenwärtig noch gepflegten ›Popularpoesien‹, wie z. B. die Mythenerzählungen der Aborigines oder die Lieder der Eipo in Neuguinea, sowie die ›nebenmodernen‹, nämlich gleichzeitig neben dem Sozialsystem Literatur innerhalb der modernen Gesellschaft gepflegten poetischen Produkte der ›Populärpoesie‹ (Gelegenheitsgedichte bei Familienfeiern ›urban legends‹, Anekdoten, Witze). Poetrie und Literatur sind zwei Ausprägungen unterschiedlicher, nicht trennscharf voneinander abgeschlossener Handlungszusammenhänge eines ›making special‹ (vgl. Dissanayake 1999) graphisch oder phonisch repräsentierter Sprache. Kennzeichnend für die Poetrie im Allgemeinen ist vor allem, dass sie (mündlich wie schriftlich) auf enge Funktionsräume bezogen ist (wie den Freundeskreis, den Stamm, die Handwerkergruppe, die Stadt, die Universität, den Hof, die Ritualgemeinschaft) und dominierend heteronom bestimmt wird (z. B. als magische oder Zauberdichtung, als Lobdichtung, zur Wissensspeicherung, zur Unterhaltung usw.).

Solche metatheoretischen, an kultureller und historischer Diversität ausgerichteten Literaturkonzepte haben Konsequenzen für die Gattungsforschung. Es zeigt sich u. a., dass Gattungen demnach in systematisch unterschiedlicher Weise als ›literarisch‹ bzw. ›Literatur‹ (oder aber ›Poetrie‹) bezeichnet werden können. Die Bestimmungen von Petterson und Schneider etwa implizieren (je nach Konjunktion bzw. Disjunktion) sieben logische Möglichkeiten; berücksichtigt man, dass beide zwischen graphischer und phonischer Repräsentation von Sprache unterscheiden, so handelt es sich sogar jeweils um vierzehn Typen von ›Literatur‹. Diese systematische Variabilität erlaubt es, mit der Diversität von Gattungskonzepten in unterschiedlichen Kulturen der Dichtung kontrolliert umzugehen. Sie gewinnt an analytischer Kraft, wenn zudem zwischen emischer (Blickpunkt eines Teilnehmers innerhalb der betreffenden Kultur) und etischer Perspektive (Blickpunkt eines Beobachters außerhalb der betreffenden Kultur) unterschieden wird, aus der über ›Literatur‹ und ›literarische‹ Gattungen gesprochen wird (vgl. Lindberg-Wada 2006, Bd. 2, 3, Zymner 2007). Dabei lässt sich aber auch zeigen, dass ›Kulturen der Dichtung‹, seien es solche der Literatur, seien es solche der Poetrie, in sich keineswegs so homogen sind, wie das zusammenfassende Etikett glauben machen könnte. Vielmehr sind auch die einzelnen ›Kulturen‹ in sich differenziert, so dass hier jeweils noch einmal zwischen unterschiedlichen ›Binnenkulturen‹ mit unterschiedlichen etischen oder emischen Gattungskonzepten unterschieden werden kann. Mit Bezug auf die ›literarische Kommunikation in Deutschland‹ hat dies Schneider verdeutlicht (vgl. Schneider 2004), indem er zwischen sozialen Schichten in unterschiedlichen gesellschaftsgeschichtlichen Zeitaltern unterscheidet und für jede dieser Schichten in jedem dieser Zeitalter unterschiedliche Lektüregewohnheiten und Gattungspräferenzen feststellt.

Literatur

Assmann, Aleida: »The History of the Text Before the Era of Literature. Three Comments«. In: Gerald Moers (Hg.): *Definitely: Egyptian Literature. Proceedings of the Symposion »Ancient Eygyptian Literature: History and Forms«*. Göttingen 1999, 83–90.
Dissanayake, Ellen: »›Making special‹. An undiscribed universal and the core of behavior of art«. In: Brett Cooke/ Frederick Turner (Hg.): *Biopoetics. Evolutionary Explorations in the Arts*. Lexington 1999, 27–46.
Dörner, Andreas/Vogt, Ludgera: *Literatursoziologie. Literatur, Gesellschaft, Politische Kultur*. Opladen 1994.
Jannidis, Fotis/Lauer, Gerhard/Winko, Simone (Hg.): *Grenzen der Literatur. Zu Begriff und Phänomen des Literarischen*. Berlin, New York 2009.
Klausnitzer, Ralf u. a. (Hg.): *Literarische Gattungen*. Berlin, New York 2010.
Lamping, Dieter (Hg.): *Handbuch der literarischen Gattungen*. Stuttgart 2009.
Lindberg-Wada, Gunilla (Hg.) *Literary History: Towards a Global Perspective*. 4 Bde., Berlin, New York 2006.
Müller, Jan-Dirk/Robert, Jörg (Hg.): *Maske und Mosaik. Poetik, Sprache, Wissen im 16. Jh.* Berlin 2007.
Pettersson, Anders: »Introduction: Concepts of Literature and Transcultural Literary History«. In: Gunilla Lindberg-Wada (Hg.): *Literary History: Towards a Global Perspective*. 4 Bde., Berlin, New York 2006, hier Bd. 1, 1–35.
Schneider, Jost: *Sozialgeschichte des Lesens. Zur historischen Entwicklung und sozialen Differenzierung der literarischen Kommunikation in Deutschland*. Berlin, New York 2004.
Simons, Olaf: *Marteaus Europa oder Der Roman, bevor er Literatur wurde*. Amsterdam 2001.
Stöckmann, Ingo: *Vor der Literatur. Eine Evolutionstheorie der Poetik Alteuropas*. Tübingen 2001.
Zymner, Rüdiger: *Gattungstheorie. Probleme und Positionen der Literaturwissenschaft*. Paderborn 2003.
Zymner, Rüdiger: »›Naturformen‹, ›Regeln der Seele‹? Poetogene Dispositionen und literaturwissenschaftlich Gattungstheorie«. In: Uta Klein u. a. (Hg.): *Heuristiken der Literaturwissenschaft*. Paderborn 2006, 293–317.
Zymner, Rüdiger: »Gattungsvervielfältigung. Zu einem Aspekt der Gattungsdynamik«. In: Marion Gymnich/Birgit Neumann/Ansgar Nünning (Hg.): *Gattungstheorie und Gattungsgeschichte*. Trier 2007, 101–116.
Zymner, Rüdiger: »Schwankende Gestalten. Zur Theorie einer transkulturellen Gattungsgeschichte«. In: Colloquium Helveticum 40 (2010), 185–198.

Rüdiger Zymner

5.6 Normativität und Gattung

Normativ ausgerichtete Gattungstheorien können zum einen darauf abzielen, Anweisungen für die richtige – z. B. den rhetorischen Intentionen und Regeln angepasste – Dichtungsweise zu geben. Sie können aber auch das Ziel verfolgen, anhand bereits bestehender Werke die unterstellte Norm deutlich zu machen Klaus W. Hempfer spricht von einem »Bedingungsverhältnis zwischen normativen Gattungskonzepten und dem apriorischen Verständnis der Allgemeinbegriffe. Allgemeingültige Gesetze für das spezifische So-Sein einer einzelnen Tragödie sind nur dann aufzustellen, wenn vorher eine Idee der Tragödie angenommen wird«; als logische Konsequenz aus einem solchen Ansatz erscheine die Gattungsmischung als obsolet, könne doch ein Werk »nicht zugleich die Idee der Tragödie und die Idee der Komödie verwirklichen« (Hempfer 1973, 58).

Von der Antike bis ins 18. Jh. hinein sind Gattungsdiskurse zu weiten Teilen Diskurse über Gattungsnormen (→ E2-E8). Um 1800 kommt es zu einer Abkehr von der normativen Poetik. Maßgeblich dafür ist die Herausbildung neuer poetologisch-ästhetischer Denk- und Schreibweisen seit dem mittleren 18. Jh. Diese wiederum dokumentieren einen fundamentalen Neuansatz innerhalb des philosophisch-anthropologischen Diskurses: Die ›Ästhetik‹ als philosophische Wissenschaft von der sinnlichen Erkenntnis tritt als Grunddisziplin neben die klassischen Disziplinen (wie Erkenntnistheorie und Ethik). In ihrem Zeichen verbindet sich die Erörterung der Modalitäten sinnlicher Erkenntnis mit Reflexionen über die Gegenstände dieser Erkenntnis, darunter die künstlerischen. Gründungsdokument dieses neuen philosophischen Ansatzes ist Alexander Gottlieb Baumgartens *Aesthetica* (1750–58). Baumgarten bestätigt zwar die Existenz unterschiedener dichterischer Formen und Unterformen; er spricht explizit von lyrischen, epischen und dramatischen Gattungen. Aber er spricht sich gegen eine Deduktion dieser Formen aus abstrakten und allgemeinen Prinzipien aus und sieht das (von Rhetorikern zu verwaltende) Wissen über jene Formen als ein historisches, auf Erfahrungen gegründetes Wissen an (vgl. auch A. G. Baumgarten: *Meditationes philosophicae de nonnullis ad poema pertinentibus*, 1735). Die normative Diskursivierung dichterischer Gattungen wird im Laufe des 18. Jh.s vor allem deshalb allmählich obsolet, weil man die Geschichtlichkeit aller kulturellen Leistungen, darunter auch der Künste und Kunstwerke als für diese konstitutiv begreift. Der Idee überzeitlich geltender Maßstäbe und Regeln tritt die Vorstellungen entgegen, dass gerade die Literatur sensibel auf die Anliegen und Probleme sich historisch wandelnder Gemeinschaften reagiert und das Einzelwerk über seine kulturellen und geschichtlichen Rahmenbedingungen Auskunft gibt. Aus Normen werden Konventionen, Produkte historisch-kultureller Vereinbarungen, die auf Veränderung angelegt sind und deren Veränderungen oft signifikanter sind als die (relativen) temporären Kontinuitäten. Nicht nur die Beziehung des Einzelwerks zu Gattungskonventionen ist von der Neueinschätzung aller Regeln als Konstrukte und Konventionen betroffen. Auch das Gefüge der Gattungen wird nun mehr und mehr als historisch begriffen. Und so artikuliert sich bereits im Verlauf des 18. Jh.s in theoretischen Reflexionen über Dichtung und Künste ein zunehmendes Unbehagen gegenüber normativen und systematischen Ansätzen. Schon Batteux, der eine wirkungsmächtige Einteilung der Dichtung in Gattungen vornimmt und mit seinem Konzept der ›Nachahmung‹ als verbindendes Prinzip dem gattungspoetologischen Diskurs nachhaltige Impulse gibt, betrachtet das einzelne poetische Werk als individuell-besondere Schöpfung, an welcher sich die Allgemeingültigkeit von Gattungsmerkmalen relativiere. Er registriert markante und ästhetisch relevante Unterschiede zwischen den Einzelwerken, die man bestimmten Gattungen zuordnet, bedingt durch die kompositorische Verwendung unterschiedlicher ›Elemente‹ und durch unterschiedliche Verfahren ihrer ›Mischung‹, ja er geht so weit zu konstatieren, dass manchmal nur der (Gattungs-)Name die Einzelwerke innerhalb einer Gattung miteinander verbinde (vgl. Batteux 1756–1758). Daraus resultiert in letzter Konsequenz die Frage »ob es denn überhaupt Gattungen gebe« oder »ob nicht vielmehr jedes Kunstwerk für sich gewissermaßen als Individuum betrachtet werden müsse« (Zymner 2003, 23).

In jedem Fall verschiebt sich bei Akzentuierung der Besonderheiten des Einzelwerks als ästhetisch relevante Qualitäten, wenn nicht gar als entscheidende Indikatoren des ästhetischen Rangs, die Perspektive auf Gattungsnamen: Diese erscheinen nicht mehr als Bezeichnungen für vorgängige Normen poetischer Gestaltung, sondern als nachträglich – auf dem Weg des Vergleichs und der Abstraktion – gewonnene Allgemeinbegriffe, die mehr oder weniger gut an das Einzelwerk in seiner Besonderheit heranführen, im Übrigen aber vor allem dazu dienen, im Feld der dichterischen Phänomene Ordnung zu schaffen. Metaphorisch gesagt, erscheinen die begrifflichen Gattungsbestimmungen nicht mehr als Bezeichnungen des Gerippes, das den Körper des Einzelwerks trägt, zusammenhält und funktionieren lässt, sondern als Bauelemente von Schubfächern, in denen die einzelnen Werke abgelegt werden können, damit man den Überblick behält und gute Vergleichsmöglichkeiten hat.

Die beiden Schweizer Poetiker Johann Jacob Bodmer und Johann Jacob Breitinger tragen maßgeblich zur Ablösung der normativen Poetik bei. Wie sie bahnen auch andere Poetiker der Aufklärung den Weg für eine Betrachtung dichterischer Werke, die sich primär auf deren Besonderheit und auf deren Bezug zur Sphäre der menschlichen Sinne und Empfindungen konzentriert, so für Johann Georg Sulzer, Johann Adolf Schlegel, Friedrich Gottlieb Klopstock und Johann Gottfried Herder. An die Stelle normativer Regeln der Kunstgattungen tritt als Grund dichterischer Produktivität die individuelle Schöpferkraft, die im Genie ihre höchste Ausprägung findet. Dem Genie wird von den Poetikern der zweiten Hälfte des 18. Jh.s manche Lizenz eingeräumt: die des Verstoßes gegen Konventionen der ›Nachahmung‹ ebenso wie die des Verstoßes gegen Gattungsregeln (die nun nicht mehr als Normen, sondern als Konventionen erscheinen). Insgesamt führt die sich um die Mitte des 18. Jh.s vollziehende Wende von normativen poetologischen Ansätzen zu individualisierenden und vergleichenden Würdigungen ästhetischer Einzelphänomene, von einer Akzentuierung überzeitlicher Konstanten zur Betonung der Historizität aller kulturellen und künstlerischen Leistungen, zur Abwendung von als überzeitlich konzipierten Gattungssystematiken. Dem korrespondiert im Feld der literaturgeschichtlichen Phänomene vor allem die Karriere des Romans, der in traditionell-normativen Gattungssystematiken keinen Platz hat, im bürgerlichen Zeitalter aber zunehmend wichtiger wird, gleichsam unbekümmert um die Nichtexistenz von Gattungsnormen, ja sogar in (manchmal explizit thematisierter) Ausnutzung solcher Ungebundenheit. Das Epos verliert in derselben

Phase, die den Roman zur paradigmatischen literarischen Gattung aufsteigen lässt, an Bedeutung und illustriert so prägnant die Geschichtlichkeit von Gattungen. Peter Szondi hat den historischen Wechsel von der normativen zur spekulativen Gattungspoetik dargestellt (vgl. Szondi 1974).

Doch noch im 20. Jh. vertreten manche Literaturtheoretiker normative Konzepte der Gattungen, die an die Lehre der drei sogenannten ›Naturformen‹ anknüpfen; dies verbindet sich u. a. mit spekulativen anthropologischen Konzepten. So spricht Robert Hartl von der »Dreigliedrigkeit der Dichtung«, welche »tief in der menschlichen Natur ihre letzte Wurzel« habe, der sie »mit unbeirrbarer, naturgesetzlicher Notwendigkeit« entwachse (Hartl 1924, III). Die Verwissenschaftlichung der Literaturwissenschaften, darunter auch der Gattungsdiskurse seit den 1960er Jahren (typisch dafür: Hempfer) ist nicht im Sinn einer neuen Normierungstendenz zu sehen. Hempfers Ziel ist zwar eine Normierung der Prädikatoren der Gattungstheorie, eine Fixierung von Kommunikationsnormen zum Zweck einer Optimierung der literaturwissenschaftlichen Kommunikation (vgl. dazu Lamping 1990, 11). Die Unterstellung, es gehe auch um Normierungen der Produktion oder Rezeption literarischer Texte, trifft nicht seine Intentionen (vgl. ebd.).

Gattungsnormen – werden sie nun von einer Epoche ernst genommen oder nurmehr als historisch obsolete Relikte betrachtet – sind in jedem Fall oft Anlässe zu literarisch-poetischen Spielen und Normverstößen – bis hin zur Parodie oder zum Widerspruch, wie er sich etwa in der Titulierung von Werken als ›Anti-Roman‹ ausdrückt. Dass Normen und Gattungsregeln die literarische Produktivität freisetzen und zu Spielen einladen, bezeugt etwa auch eine Gedicht-Anthologie wie Andreas Thalmayers (= Hans Magnus Enzensbergers) *Das Wasserzeichen der Poesie*, wo eine große Zahl codifizierter lyrischer Gattungen zusammen mit anderen Modi und Spielformen lyrischer Rede vorgestellt werden: Zum einen enthält der Band – der als ganzes den Charakter eines Kunstwerks hat – vielfältige, an barocke Poetiken erinnernde Belehrungen über poetische Formen und die ihnen zugeordneten Begriffe. Zum anderen wird dabei das Spektrum der lyrischen Formen auf sehr unkonventionelle Weise erweitert – und der Umgang mit Regeln und Terminologien erscheint als Praxis ludistischen Zitierens.

Literatur

Batteux, Charles: *Einleitung in die schönen Wissenschaften*. Übers. v. Karl Wilhelm Ramler. Leipzig 1756–1758 [frz. 1747–1750].
Hartl, Robert: *Versuch einer psychologischen Grundlegung der Dichtungsgattungen*. Wien 1924.
Hempfer, Klaus W.: *Gattungstheorie*. München 1973.
Lamping, Dieter: »Probleme der neueren Gattungstheorie«. In: Dieter Lamping/Dietrich Weber (Hg.): *Gattungstheorie und Gattungsgeschichte*. Wuppertaler Broschüren zur Allgemeinen Literaturwissenschaft Nr. 4/1990. Wuppertal 1990, 9–44.
Steinmetz, Horst: Gattungen: »Verknüpfungen zwischen Realität und Literatur«. In: Dieter Lamping/Dietrich Weber (Hg.): *Gattungstheorie und Gattungsgeschichte*. Wuppertal 1990, 45–70.
Szondi, Peter: *Poetik und Geschichtsphilosophie II: Von der normativen zu spekulativen Gattungspoetik. Schellings Gattungspoetik*. Frankfurt a. M. 1974.
Zymner, Rüdiger: *Gattungstheorie. Probleme und Positionen der Literaturwissenschaft*. Paderborn 2003.

Monika Schmitz-Emans

5.7 Ontologie und Gattung

Gattungen sind Allgemeinbegriffe (= generelle Prädikatausdrücke) wie ›grün‹, ›Haus‹ oder ›Feigheit‹ im Unterschied zu Bezeichnungen für Individuen wie ›Shakespeare‹ oder ›der Verfasser des *Faust*‹. Allgemeinbegriffe werfen notwendig die Frage nach ihrem ontologischen Status auf, weil sie keine konkreten Individuen bezeichnen, auf die man mit einer Zeigehandlung hinweisen kann (›dieses Haus‹), sondern z. B. einer Klasse von Gegenständen zugesprochen werden können, die eben dadurch zu einer Klasse werden, dass man ihnen jeweils den gleichen generellen Prädikatausdruck zuordnet. Die Frage ist nun, ob solche Allgemeinbegriffe wie Klassen, Eigenschaften, Relationen, Zahlen, Funktionen, Typen usw., die man traditionell als ›Universalien‹ bezeichnet, neben den konkreten Individuen existieren oder nicht.

In dem bis in die Antike zurückreichenden Universalienstreit werden traditionell drei Positionen unterschieden, eine platonistische bzw. realistische, eine nominalistische und eine konzeptualistische.

Für einen Nominalisten gibt es keine Allgemeinbegriffe, sondern bloß allgemein verwendete Wortzeichen, welche das Verstehen von Allgemeinbegriffen vortäuschen, während wir in Wahrheit nur über Einzelvorstellungen verfügen; der Realist gesteht demgegenüber »die Annahme eines objektiven allgemeinen Seins neben den individuellen Dingen, unabhängig vom subjektiven begrifflichen Denken«, zu. Eine Mittelposition nimmt der Konzeptualismus ein, der zwar das Bestehen von Allgemeinbegriffen behauptet, diesen aber kein seinsmäßiges Korrelat in der Wirklichkeit zuordnet. Bezeichnet man letztere Position auch als *universalia in mente* bzw. *universalia post res*, so werden innerhalb des Universalienrealismus nochmals zwei Tendenzen unterschieden, einmal die Auffassung der *universalia ante res*, wonach neben »der realen raum-zeitlichen Welt [...] als eine zweite Seinssphäre die des idealen Seins existiert«, zum anderen jene der *universalia in rebus*: Danach bestehen zwar Ideen, »aber ihre Seinsweise ist keine vom Realen unabhängige, vielmehr sind sie in die konkret-realen Tatsachen und Vorgänge hineinverflochten, kommen *in* ihnen zum Ausdruck« (alle Zitate Stegmüller ²1967, 56 f.; zu Quines Ontologiekriterium und Stegmüllers hierauf basierender formallogischen Präzisierung der beiden Grundpositionen des Nominalismus und des Realismus vgl. Hempfer 1973, 32–34).

Der philosophische Universalienstreit wurde in der literaturwissenschaftlichen Gattungstheorie vielfach missverstanden. Dies betrifft zum einen das Verhältnis von Allgemeinerkenntnis und der Annahme idealer Entitäten (1), es betrifft zum zweiten das Verständnis der Differenz zwischen der auf Platon einerseits (*universalia ante res*) und auf Aristoteles andererseits (*universalia in rebus*) zurückgehenden Auffassungen (2), und es betrifft drittens das Verständnis von ›Universalien‹ selbst (3).

(1) Wie Stegmüller gezeigt hat, muss eine nominalistische Position keineswegs auf die Negation von Allgemeinerkenntnis hinauslaufen, da in ihrem Rahmen durchaus der Rekurs auf Allgemeinbegriffe (= generelle Prädikatausdrücke) erlaubt ist, nur werden sie anders verstanden als im realistischen Kontext: Während Realisten Allgemeinbegriffe grundsätzlich als Namen auffassen, die auf etwas verweisen, versteht sie ein Nominalist als synkategorematische (synsemantische) Ausdrücke, die nur innerhalb eines Kontextes Sinn ergeben, ohne auf etwas zu verweisen. In den (pseudo-)nominalistischen Gattungsverständnissen von Croce bis Derrida steckt demnach das fundamentale Missverständnis, dass Allgemeinerkenntnis notwendig die Annahme der Existenz idealer Entitäten voraussetzt. Diese Voraussetzung ist platonischen Ursprungs, insofern für Platon nur die Existenz von ›Ideen‹ das Feststellen von Ähnlichkeiten und Gleichheiten zwischen konkreten Dingen erklärlich macht, d. h. die Annahme der Existenz idealer Entitäten ist eine *conditio sine qua non* der Allgemeinerkenntnis. Diese Koppelung wird nach Stegmüller bereits bei Duns Scotus aufgehoben, so dass ein moderner Nominalismus nur dann akzeptabel sein kann, wenn er mit den idealen Entitäten nicht zugleich die Möglichkeit der Allgemeinerkenntnis leugnet. Eben dies ist in der Gattungsgeschichte von Croce bis Derrida der Fall (Hempfer 1973, 37–52).

(2) Die Unterscheidung zweier realistischer Positionen (*universalia ante res* vs. *universalia in rebus*) war für die mittelalterliche Metaphysik von zentraler Bedeutung, doch »besteht in logischer Hinsicht hier überhaupt kein Unterschied« (Stegmüller ²1967, 63). Beide Positionen postulieren die Existenz abstrakter Entitäten, die gleichermaßen als historisch invariant gedacht werden. Die aristotelische Modifikation der platonischen Ontologie dahingehend, dass die Universalien nur ›in‹ den konkreten Individuen existieren bzw. ›an‹ ihnen zur Anschauung kommen, impliziert in keiner Weise, dass sie sich im historischen Prozess verändern. Der Versuch in Jauß 1972, mit der aristotelischen *universalia-in-rebus*-Konzeption ein Verständnis von Gattungen als historischen ›Familien‹ zu begründen, denen gerade keine transhistorische Invarianz zukommt, ist ein Missverständnis des ›Universalienstreits‹, dem es aufgrund seines antik-mittelalterlichen Ursprungs ja überhaupt nicht um die Opposition von universell versus historisch gehen konnte (historisches Denken setzt bekanntlich erst allmählich in der Frühen Neuzeit ein), sondern einzig um die ontologische Frage, ob es Universalien qua Allgemeinbegriffen neben den konkreten Individuen gibt oder nicht.

(3) Die Opposition von ›universell‹ versus ›historisch‹ verweist auf ein weiteres Problem, das unterschiedliche Bedeutungen von ›Universalie‹ vermischt. Während die *universalia* des Universalienstreits Allgemeinbegriffe im Unterschied zu konkreten Individuen bezeichnen, werden insbesondere in der neueren linguistischen und allgemein semiotischen Theoriebildung mit ›Universalien‹ diachron und/oder diatop invariante Strukturen bezeichnet. So meinen etwa ›linguistische Universalien‹ im Kontext der generativen Transformationsgrammatik identische Eigenschaften der Grammatiken natürlicher Sprachen (Chomsky 1969, 44). Die ontologische Frage, ob Gattungen ›existieren‹ oder nicht, ist also grundsätzlich von der methodologischen Frage zu unterscheiden, ob Gattungen ›universell‹ (transhistorisch, invariant usw.) oder immer nur historisch zu bestimmen sind.

Während der als Abstraktionsprozess verstandene traditionelle Konzeptualismus *implicite* die *universalia-in-rebus*-Position voraussetzt, konzipiert Stegmüller einen »konstruktiven Konzeptualismus«, der zwar Individuen- und Allgemeinbegriffe annimmt, dabei jedoch davon ausgeht, dass Klassen usw. nicht als existent vorausgesetzt, sondern durch Definition geschaffen werden (Stegmüller ²1967, 97 f.). Die bei

Stegmüller rein logisch entwickelte Präferenz für einen konstruktiven Konzeptualismus lässt sich anschließen an die vielfältigen, in der Fundierung durchaus unterschiedlichen konstruktivistischen Epistemologien, wie sie in den letzten Jahrzehnten in einer Mehrzahl von Disziplinen entwickelt wurden (vgl. zusammenfassend etwa Piaget 1970, Le Moigne 1994/95, Vogel/Wingert 2003).

Eine konstruktivistische Fundierung der Gattungsbegriffe wurde zuerst in Hempfer 1973 entwickelt und ist heute weitgehend Konsens (vgl. etwa Zymner 2003, 57–61; Neumann/Nünning 2007, 5 f.). Hempfer rekurriert dabei auf die genetische Epistemologie Jean Piagets (Piaget 1970), der auf der Basis seiner empirischen Arbeiten zur Intelligenzpsychologie sowie seiner wissenschaftshistorischen Untersuchungen zu Logik und Mathematik zu der Überzeugung gelangte, »que la nature dernière du réel est d'être en construction permanente au lieu de consister en une accumulation de structures toutes faites« (Piaget 1968, 57 f.) (»dass die letztendliche Natur des Wirklichen darin besteht, dass sie sich in beständiger Konstruktion befindet anstatt aus einer Anhäufung von vorgegebenen Strukturen zu bestehen«). ›Gattungen‹ sind in dieser Perspektive also weder apriorische Entitäten noch rein aposteriorische Klassifikationen, sondern Konstrukte, die auf der Basis rekurrenter Eigenschaften von Texten und der im Zusammenhang historischer Poetologien vorfindlichen Vorstrukturierungen synchron und diachron distinktive Textgruppen konstituieren. Dabei geht es keineswegs um die Projizierung einer ahistorischen Systematik auf ein historisches Objekt, sondern ganz im Gegenteil um die Modellierung je historischer Kommunikation, die deren Spezifität allererst verstehbar macht.

Grundsätzlich zu unterscheiden ist nämlich zwischen der Objekt- und der Beschreibungsebene. Die Objektebene wird nicht nur durch die konkreten Texte selbst, sondern auch durch die historisch unterschiedlichen, in der Regel aber immer schon vorgegebenen Zusammenfassungen von Texten zu Gruppen gebildet, die bis zu den relativ systematischen Differenzierungen führen können, wie wir sie etwa aus der ›Regelpoetik‹, aber auch aus der goethezeitlichen Poetologie kennen. Was historische ›Vorstrukturierungen‹ in der Regel nicht enthalten, ist die Reflexion ihrer jeweiligen Historizität. Auf der Beschreibungsebene geht es nun genau darum, Vorstrukturierungen hinsichtlich ihrer Adäquatheit bezüglich rekurrenter Merkmale der Texte selbst zu überprüfen, um auf dieser Basis eine Neukonstruktion generischer Strukturen vorzunehmen, die je historisch vorgegebene ›Systematik‹ in ihrer Spezifizität verstehbar macht, in eben diesem Verstehensprozess aber immer schon über das historisch Verstandene hinausgeht.

Literatur

Chomsky, Noam: *Aspekte der Syntax-Theorie*. Frankfurt a. M. 1969.
Hempfer, Klaus W.: *Gattungstheorie. Information und Synthese*. München 1973.
Jauß, Hans Robert: »Theorie der Gattungen und Literatur des Mittelalters«. In: Ders./Erich Köhler (Hg.), *Grundriß der romanischen Literaturen des Mittelalters*. Bd. 1, Heidelberg 1972, 107–138.
Le Moigne, Jean-Louis: *Le constructivisme*. 2 Bde. Paris 1994/1995.
Neumann, Birgit/Nünning, Ansgar: »Einleitung: Probleme, Aufgaben und Perspektiven der Gattungstheorie und Gattungsgeschichte«. In: Marion Gymnich/Birgit Neumann/Ansgar Nünning (Hg.): *Gattungstheorie und Gattungsgeschichte*. Trier 2007, 1–28.
Piaget, Jean: *Qu'est-ce que le structuralisme?* Paris 1968.
Piaget, Jean: *L'épistémologie génétique*. Paris 1970.
Stegmüller, Wolfgang: *Glauben Wissen und Erkennen/Das Universalienproblem. Einst und jetzt* [1965]. 2., überprüfte Ausgabe. Darmstadt 1967.
Vogel, Matthias/Wingert, Lutz (Hg.): *Wissen zwischen Erkenntnis und Konstruktion. Erkenntnistheoretische Kontroversen*. Frankfurt a. M. 2003.
Zymner, Rüdiger: *Gattungstheorie. Probleme und Positionen der Literaturwissenschaft*. Paderborn 2003.

Klaus W. Hempfer

5.8 Transkulturalität und Gattung

Transkulturalität ist kein Spezifikum einer bestimmten Gattung, sondern ein Phänomen, das viele Gattungen auszeichnen kann. Gleichwohl existieren Genres, die in stärkerem Maße trans- oder interkulturell geprägt sind als andere. Das klassische Beispiel ist der *Reiseroman*, der zumindest partiell von territorialen und kulturellen Grenzüberschreitungen lebt. Der Begriff der Transkulturalität wird in der einschlägigen Literatur als »hochgradige Vernetzung und Verflechtung vieler Kulturen der Gegenwart« verstanden (Lüsebrink 2005, 17), d. h. als das Resultat moderner gesellschaftlicher und kommunikationstechnologischer Entwicklung. Es scheint daher legitim, ihn mit dem Phänomen der Globalisierung zu assoziieren (Schmeling/Schmitz-Emans 2000). Jedoch ist zu bedenken, dass es sich hier nur um eine graduelle Unterscheidung handeln kann, denn schon immer hat es literarische Wanderbewegungen und damit auch den Transfer von Gattungen gegeben.

In einigen Forschungen werden Transkulturalität und Interkulturalität unterschieden: Dem Begriff »Interkulturalität« liege »die Vorstellung autonomer kultureller Systeme« zugrunde (Lüsebrink 2005, 17). Nur auf dieser Grundlage könne das Bewusstsein von Fremdheit und Eigenheit entstehen. Die seit Jahrzehnten anhaltenden Diskussionen über kulturelle Hybridität, Kreolisierung, Synkretismus etc. verdeutlichen allerdings, dass antipodische Konstruktionen wie Identität und Alterität oder Eigenes und Fremdes an Trennschärfe verloren haben. Deutlich spiegelt sich diese Entwicklung in literarischen Tendenzen wider, unter anderem im *postkolonialen Roman*. Der Verzicht auf einen monolithischen Kulturbegriff und die Auseinandersetzung mit kultureller Hybridität ist für viele Autoren Programm (Welsch 1997). Nicht weniger relevant ist die methodische Überlegung, ob das vergleichende Verfahren, d. h. der Blick auf mehrere Kulturen, nicht grundsätzlich Voraussetzung dafür ist, um das, was Gattungen als solche auszeichnet, nämlich Eigenschaften wie Konstanz, Kanonbildung, Wiederholbarkeit, Allgemeingültigkeit etc., zu erkennen bzw. um gattungsspezifische Entwicklungen aufzudecken, die zu einer Relativierung von (scheinbar) nationalen Traditionen führen. Dabei geht es im Sinne von Trans- oder Interkulturalität primär nicht um statisch-typologische Vergleiche, etwa um »Invarianten« zwischen westlicher und östlicher Lyrik (Étiemble 1975, 205–219), sondern um Beziehungen, die auf Kontakten, Vermittlungen, Interaktionen etc., d. h. auf *genetischen* Zusammenhängen beruhen. So sind z. B. die Wirkungspotenziale russischer oder skandinavischer Gesellschaftsromane im Werk von Thomas Mann klassische Zeugnisse transkultureller Bewegungen innerhalb Europas.

Typisches Beispiel für außereuropäische Einflüsse ist das japanische Genre des *Haiku*, das laut Étiemble (1975) durch Übersetzungen in europäische Sprachen systematisch »verraten« wurde. Gleichwohl ist die Wirkung auf den seit Mitte des 19. Jh.s in Mode kommenden »freien Vers« (Pound, Éluard, Ungaretti u. a.) unübersehbar (Étiemble 1975, 147 ff.). In Deutschland wurde das Genre zunächst durch Übersetzungen aus zweiter Hand überliefert, d. h. aus englischen und französischen Vorlagen. Nach und nach etablierte es sich in der modernen deutschen Lyrik, etwa bei H. C. Artmann, U. Becker u. a. (Wittbrodt 2009, 358).

Die Transkulturalität von Gattungen bzw. Texten lässt sich von zwei Seiten her bestimmen: Sie kann sich erstens innerhalb eines Werkes manifestieren und zweitens auf der Ebene der *Vermittlung*, des materiellen Transfers zwischen unterschiedlichen Kulturen. Im ersten Fall kommt es zu text*internen* transkulturellen Prozessen, sei es durch Thematisierungsprozesse, z. B. durch Fremdheitswahrnehmungen des Protagonisten im Reiseroman (imagologische Perspektive), sei es durch ästhetische Mittel, etwa durch den Einsatz von Mehrsprachigkeit innerhalb eines literarischen Textes (Schmitz-Emans 2004). Im zweiten Fall handelt es sich um *externe* Reaktionen (Übersetzung, Bearbeitung, auch intermedial, kommentierende Paratexte, institutionelle Vermittlung etc.). Formen der produktiven Rezeption und der transkulturellen Intertextualität sind daher prädestinierte Gegenstände komparatistischer bzw. interkultureller Literaturwissenschaft.

Das Beispiel der *Medea*-Tragödie ist besonders geeignet, die Dialektik von regionaler bzw. nationaler Provenienz und Trans- oder Interkulturalität zu verdeutlichen. Zunächst innerhalb des Stoffes selbst: Das Thema der ›doppelten‹ Fremdheit – Medea als verlassene Frau und als ›Barbarin‹ aus Kolchis – hat diese Tragödie über zweitausend Jahre hinweg in immer wieder neuen Gestaltungen in ihrer anthropologischen Substanz bestätigt. Andererseits bezeugt die Geschichte des produktiven Umgangs mit der Euripides-Tragödie von Seneca über Corneille, Grillparzer, Anouilh, Heiner Müller bis hin zur *Manhattan Medea* (1999) von Dea Loher die historische und kulturelle Variabilität der Gattung. Auch Lohers Medea wird zur Mörderin, aber sie repräsentiert gleichzeitig ein osteuropäisches Migranten-Schicksal unserer Zeit, das dem Kapitalismus des Westens Tribut zollt. Nationale Traditionen – wie z. B. bei Corneille die Brechung der griechisch-römischen Tragödie durch die *tragédie classique* – auf der einen Seite, die Patchwork-Strategien im Zeitalter der Postmoderne auf der anderen (z. B. die Mischung von lyrischen, epischen und dramatischen Passagen bei Loher) kennzeichnen eine Entwicklung, die in der Forschung erst allmählich ihr Echo findet: »auch auf dem Feld der Tragödienvariation gibt es Indizien, die eher auf eine transnationale, sogar transkontinentale Öffnung der Idiome und auf neue interkulturelle Mixturen und Synthesen hindeuten« (Frick 2000, 221).

Auch die Gattungsgeschichte des Romans beruht auf kulturellem und historischem Transfer. Bis ins 19. Jh. hinein vollziehen sich die entsprechenden Transferbewegungen vor allem innerhalb Europas, erst in nachkolonialistischer Zeit kommt es vermehrt zu weltliterarischen kulturellen und intertextuellen Verzahnungen. Die These, dass die Entstehung europäischer Identität und die Entstehung des europäischen Romans miteinander korrespondieren, wird durch entsprechende Forschungen gestützt. Exemplarisch hervorzuheben ist hier ein Beitrag von Karlheinz Stierle (Stierle 2000), der die mittelalterlichen Vermittlungswege der »romanz«, der neuen aus dem Stoff der Artuslegende hervorgegangenen Gattung (von Geoffrey de Monmouth über Wace zu Chrétien de Troyes) im Einzelnen nachweist. Dieser »transfer en France d'un mythe breton fabriqué par des intellectuels normands en Angleterre« (Transfer eines von normannischen Intellektuellen in England bearbeiteten bretonischen Mythos nach Frankreich) bezeugt den großen Stellenwert von Vermittlung und produktiver Rezeption im Mittelalter (vgl. Stierle 2000, 36). U. a. auf dieser historischen Grundlage des Artusromans – mit Chrétiens *Érec et Énide* als »premier roman européen« (ebd., 40) – entwickelt sich nach und nach ein Profil des europäischen Romans insgesamt. Eine konsequente internationale Entwicklungsgeschichte der Gattung des Romans und seiner Untergattungen würde aufzeigen, dass keine nationale Tradition alleine steht, sondern Transferbewegungen eher die Regel sind. Das gilt besonders für den Reiseroman als »genuin transnationales Genre« (Fuchs 2009, 596). Das gilt auch für eine Untergattung wie den *Picaro*-Roman, der, wie Claudio Guillén aufzeigt, ein zutiefst europäisches Produkt ist, dessen Ausmaße vom *Lazarillo de Tormes* über Cervantes, Lesage und Defoe bis zu Thomas Manns *Felix Krull*, wenn nicht noch weiter, reichen (Guillén 1971, 74). Methodisch konzentriert sich Guillén mehr auf den statisch-typologischen Vergleich als auf den Transfer.

Anhand einer anderen Romangattung, des *historischen* Romans, ist man den Spuren kultureller Vermittlung konsequenter nachgegangen. Deutsche Autoren wie Willibald Alexis und Heinrich Heine haben als produktive Rezipienten Walter Scotts, teilweise als seine Übersetzer, für »die Abwendung von einem idealistischen Romankonzept« und für ein »Anwachsen historischer Romane« in Deutschland gesorgt (Steinecke 1995, 113 u. 117). Seitdem hat es weltweit, insbesondere auch aus Exilsituationen heraus, immer wieder Blütezeiten von Formen des historischen Romans gegeben. Einem klassischen Beispiel wie Heinrich Manns *Henri Quatre* (1937) stehen heute postmoderne Formen gegenüber, die, wie Salman Rushdies *The Satanic Verses* (1988; dt. 1997), historisch gewachsene Kulturkonflikte auf individueller Ebene austragen lassen und dabei, nicht zuletzt durch internationale mediale Unterstützung, für ein neues Konzept von ›Weltliteratur‹ sorgen. Zugleich entsteht eine neue synkretistische ›Gattung‹, die Vereinigung von historischem Roman und *Exilroman*. Mit dieser Entwicklung hin zu mehr Transkulturalität vollzieht sich eine Tendenz zur Öffnung geschlossener Gattungsformen (Schmeling 2009).

Parallel zu den Diskussionen über Postkolonialismus und Kulturfremdheit hat sich eine postmoderne Ästhetik entwickelt, die insbesondere die hybriden Formen favorisiert. Orale Traditionen in narrativen Texten, Mischungen aus *fact* und *fiction*, Interaktionen verschiedener Medien, transkulturelle Intertextualität, Polyphonie und Heteroglossie etc. gehören zu den Merkmalen einer Literatur, die sich monolithischen Denkmustern widersetzt. Namen wie Edward W. Said, Clifford Geertz oder Homi K. Bhabha stehen für eine Kulturauffassung, die das ›beobachtende Subjekt‹, den Transfer und die Mischung betont: »Kulturen im globalen Zeitalter stehen unter dem Vorzeichen einer Überlagerung und Transformation der vielschichtigen Zugehörigkeiten und Erfahrungen im konfliktreichen Spannungsfeld von Migration und Diaspora. Dadurch wird die Vorstellung von Kultur als einer ›reinen‹, in sich geschlossenen traditions- und identitätssichernden Instanz immer fragwürdiger« (Nünning/Nünning 2008, 97). Die Romane von Assia Djebar, Salman Rushdie, Mongo Beti, Amin Maalouf, Patrick Chamoiseau, Mario Vargas Llosa u. a. haben den Kulturtransfer zwischen europäischer und außereuropäischer Welt ebenso programmatisch wie kritisch in Szene gesetzt. Neben diesen im engeren Sinne postkolonialen Romanen existiert eine breite Migrationsliteratur, die auf der Basis der Schilderung von interkulturellen Schicksalen die Beziehung zwischen *(Auto-)Biographie* und Transkulturalität herausstellt (Chiellino 2000; Franceschini 2001).

Literatur

Chiellino, Carmine (Hg.): *Interkulturelle Literatur in Deutschland*. Stuttgart, Weimar 2000.
Étiemble, René: *Essais de littérature (vraiment) générale*. Paris 1975.
Franceschini, Rita: *Biographie und Interkulturalität*. Tübingen 2001.
Frick, Werner: »Mythische Polyphonie. Nationale Brechungen in der modernen Rezeption der griechischen Tragödie«. In: Udo Schöning (Hg.): *Internationalität nationaler Literaturen*. Göttingen 2000, 202–221.
Fuchs, Anne: »Reiseliteratur«. In: Dieter Lamping (Hg.): *Handbuch der literarischen Gattungen*. Stuttgart 2009, 593–600.
Guillén, Claudio: *Literature as System. Essays toward the Theory of Literary History*. Princeton, New Jersey 1971.
Loher, Dea: *Manhatten Medea. Blaubart – Hoffnung der Frauen*. Frankfurt 1999.

Lüsebrink, Hans-Jürgen: *Interkulturelle Kommunikation.* Stuttgart 2005.

Nünning, Ansgar/Nünning, Vera (Hg.): *Einführung in die Kulturwissenschaften.* Stuttgart 2008.

Schmeling, Manfred: »Die Entgrenzung der Nation im Literaturbegriff der Schriftsteller«. In: Rainer Hudemann/Manfred Schmeling (Hg.): *Die ›Nation‹ auf dem Prüfstand/La ›Nation‹ en question/Questioning the ›Nation‹.* Berlin 2009, 161–174.

Schmeling, Manfred/Schmitz-Emans, Monika (Hg.): *Literatur im Zeitalter der Globalisierung.* Würzburg 2000.

Schmitz-Emans, Monika (Hg.): *Literatur und Vielsprachigkeit.* Heidelberg 2004.

Steinecke, Hartmut: »Der ›reichste, gewandteste, berühmteste Erzähler seines Jahrhunderts‹. Walter Scott und der Roman in Deutschland«. In: Lothar Jordan/Bernd Kortländer (Hg.): *Nationale Grenzen und internationaler Austausch. Studien zum Kultur- und Wissenschaftstransfer in Europa.* Tübingen 1995, 109–120.

Stierle, Karlheinz: »Le roman, une dimension de l'Europe littéraire«. In: Marc Fumaroli u. a. (Hg.): *Identité littéraire de l'Europe.* Paris 2000, 35–51.

Welsch, Wolfgang: »Transkulturalität. Zur veränderten Verfassung heutiger Kulturen«. In: Irmela Schneider/Christian Thomsen (Hg.): *Hybridkultur. Medien, Netze, Künste.* Köln 1997, 67–90.

Wittbrodt, Andreas: »Haiku«. In: Dieter Lamping (Hg.): *Handbuch der literarischen Gattungen.* Stuttgart 2009, 355–359.

Manfred Schmeling

5.9 Wahrnehmung und Gattung

Im Alltag verfügen wir über die Fähigkeit, Texte spontan unterschiedlichen Gattungen zuzuordnen. So fällt es uns meist nicht schwer, eine Novelle von einem Krimi oder einer Heiratsanzeige zu unterscheiden. Insofern scheint das Definieren von Gattungen in der Literaturwissenschaft auf einer anthropologischen Konstante zu beruhen: Der Mensch kategorisiert seine Umwelt, um sich darin besser zurechtzufinden. Tatsächlich hilft uns die Fähigkeit, Gattungen zu erkennen, Texte mit adäquaten Interpretationshypothesen besser zu verstehen (László/Viehoff 1993; Stempel 1979, 358).

Aus der (wenig kontroversen) Beobachtung, dass nicht nur Literaturwissenschaftler Texte klassifizieren, folgen verschiedene Herausforderungen für die Gattungstheorie: Wo ist dieses Wissen über Gattungen zu verorten? Wie wirkt dieses Wissen im Produktions- und Rezeptionsprozess? Wie kann das meist implizite Wissen über Gattungen beschrieben werden? Und: Wie können unsystematisches Erfahrungswissen und literaturwissenschaftliche Terminologie verbunden werden? Auf diese Fragen wurden seit der zweiten Hälfte des 20. Jh.s unterschiedliche Antworten im Rahmen kognitivistischer Theorien formuliert (→D 2; F 3).

Unter den Bedingungen der Normpoetiken, die bis in das 18. Jh. dominierten, gab es wenig Anlass, Überlegungen anzustellen, wie Autoren und Leser ihre Vorstellungen von Gattungen erwerben. Gattungsregeln erschienen als überzeitlich geltende Regeln. Selbst proto-kognitivistische Herangehensweisen am Anfang des 20. Jh.s scheinen noch einer Normpoetik verpflichtet zu sein, wenn sie Gattungen, vor allem die Goetheschen ›Naturformen der Dichtung‹ (Epik, Lyrik, Dramatik), auf psychologische Grundhaltungen zurückführen (vgl. Hempfer 1973, 62–69). Exemplarisch kann dies an Emil Staigers (1946) einflussreichen *Grundbegriffe der Poetik* gezeigt werden (vgl. Zymner 2006): Staiger führt stabile Ideen des Lyrischen, Epischen und Dramatischen auf Grunderfahrungen des menschlichen Daseins zurück (z. B. Emotionales, Bildliches und Logisches bzw. Kindheit, Jugend und Reife, vgl. Staiger 1946, 226). An Staigers Ansatz interessieren hier vor allem die kognitivistischen Elemente: Zum einen geht Staiger davon aus, dass man z. B. Ideen vom Lyrischen erwirbt (vgl. Staiger 1946, 9). Zum anderen sind seine Kategorien prototypisch nach Idealtypen strukturiert, wenn Staiger bessere und schlechtere Beispiele des Lyrischen annimmt (Staiger 1946, 9, 243). Im Gegensatz zu kognitiven Prototypentheorien sind aber Staigers Ideale von der Wahrnehmung abgelöst. Er stützt sich vielmehr auf eine problematische sprachphilosophische Argumentation (vgl. Hempfer 1973, 70 f.) und entwirft seine Prototypen auf dem Reißbrett eines Goethischen Ideals, dessen Geltung dann anthropologisch verallgemeinert wird. Staigers Theorie zeigt symptomatisch ein allgemeines Problem anthropologischer Gattungstheorien. Auch *Einfache Formen* (Jolles 1968) werden darauf zurückgeführt, dass sich menschliche ›Geistesbeschäftigungen‹ in bestimmten Formen niederschlagen. Über die kognitiven Mechanismen, die solche Formen bewirken, werden jedoch keine Aussagen gemacht. Die historischen Beispiele zeigen auf diese Weise, dass die Verlockung groß ist, philologische Theorien der Literatur als anthropologische Konstanten zu postulieren. Insofern scheint es nötig, solche Thesen näher zu begründen.

Gegenüber proto-kognitivistischen Gattungstheorien nehmen gegenwärtige kognitive Gattungstheorien eine stärker rezeptionsorientierte Perspektive ein: Gattungen zu beschreiben heißt demnach vor allem Kompetenzen von Lesern zu beschreiben (Ryan 1981, 112). Gattungswissen ist von Anfang an (*top down*) beim Verstehen von Texten beteiligt, da es das Verständnis aufgrund von Erwartungsschemata mitprägt

5. Literaturtheoretische Problemkonstellationen

(vgl. Christmann/Schreier 2003, 258 f.). So geht es weniger um die Frage, wie Texte als Mitglieder von Gattungen erkannt werden, sondern wie Gattungsschemata beim Textverständnis wirken (z. B. Sacks 1968, 114). Damit verlieren literaturwissenschaftliche Höchstleistungen (z. B. das Epische zu erspüren oder eine alkäische Ode von einer asklepiadeischen zu unterscheiden) an Relevanz. In der einen oder anderen Form gehen kognitivistische Ansätze davon aus, dass gewisse Prinzipien vorstrukturiert sind. Damit wird nicht naiv angenommen, dass Gattungswissen angeboren ist, sondern dass unsere Gattungswahrnehmung im Rahmen angeborener kognitiver Dispositionen stattfindet (Sacks 1968, 111). Solche Dispositionen werden in den 1970er Jahren hauptsächlich im Rahmen von generativen Tiefenstrukturen beschrieben. Hempfer z. B. entwickelte in Anlehnung an Jean Piaget eine konstruktivistische Sichtweise mit einer dialektischen Beziehung zwischen Erkenntnissubjekt und zu erkennendem Objekt. In dieser dialektischen Beziehung sucht das Erkenntnissubjekt, ausgehend von früheren Strukturen, adäquatere Beschreibungsstrukturen (Hempfer 1973, 124). Auf diese Weise sollen Gattungsstrukturen (in Analogie zur generativen Grammatik von Chomsky 1973) auf ein Set von Tiefenstrukturen zurückgeführt werden. Die Beschreibung solcher Tiefenstrukturen ist aber abstrakt geblieben, und die literaturwissenschaftliche Rezeption verlief skeptisch (vgl. Klausnitzer/Naschert 2007).

Gegenwärtig können zwei verschiedene Modelle zur Erklärung von allgemeinen menschlichen Dispositionen unterschieden werden: In Anlehnung an die Evolutionäre Psychologie werden manche Gattungsfunktionen aufgrund von sog. Modulen als evolutionär erworbenes Gemeingut (d. h. als angeboren) betrachtet (vgl. z. B. Eibl 2008). Mit solchen Ansätzen können manche Wahrnehmungsgrundlagen von Gattungen erklärt werden (z. B. das Empfinden von emotionalen Komponenten wie Trauer, vgl. Carroll, 640). Gegenüber solchen differenzierten adaptiven Modulen haben Teile der kognitiven Linguistik eine holistische Sicht entworfen. Sie erklären stabile Dispositionen aufgrund der anthropologisch universalen Erfahrung des Aufwachsens und Lebens in einem Körper (*embodiment*, vgl. Lakoff/Johnson 1999). Die theoretischen Gegensätze zwischen beiden Ansätzen werden als groß betrachtet (vgl. z. B. Lakoff/Johnson 1999, 469–512). Die Betonung der Gegensätze ist allerdings nicht im Sinne kognitiver Vorgehensweisen, die Modellannahmen möglichst durch Belege aus unterschiedlichen Disziplinen zeigen sollten (*converging evidence*).

Ausgangspunkt kognitivistischer Beschreibungen von Gattungswissen ist ein erweiterter Wissensbegriff, der unterschiedliche Wissensformen zulässt: Dementsprechend kann man z. B. wissen, wie viele Zeilen ein Sonett hat (deklaratives Wissen), ohne dass man weiß, wie man ein Sonett schreibt (prozedurales Wissen). Typischerweise werden diese Wissensformen im Rahmen von kognitiven Schemata beschrieben (die zum Teil mit unterschiedlichen Begriffsnamen wie *scripts* oder *frames* bezeichnet werden, vgl. Müller 2003). Wurden diese Schemata anfangs ziemlich starr betrachtet, so hat sich vermehrt die Ansicht durchgesetzt, dass Schemata hierarchisch strukturiert, kontextuell flexibel und leicht kombinierbar sind (Gibbs 2003). Bezüglich der hierarchischen Struktur von Schemata ist vor allem die Prototypentheorie wichtig geworden. Der Prototypeneffekt wurde anhand der Farbwahrnehmung von Rosch (1973) belegt. Ausgangspunkt der Prototypentheorie ist die Annahme, dass Kategorien keine einheitlichen Gruppen von Erscheinungsformen sind, sondern einer inneren Rangordnung von guten und weniger guten Beispielen unterworfen sind. Die Mitglieder der Kategorie sind dann durch ein Netz von Familienähnlichkeiten mit besonders prominenten ›besten Beispielen‹ verbunden (Stockwell 2002, 27–40). Im Falle von literarischen Gattungen kann in diesem Zusammenhang auch an kanonische ›Meisterwerke‹ gedacht werden, deren Kenntnis in einer bestimmten Kultur vorausgesetzt wird. Gleichzeitig liegen Prototypen häufig auf einem bestimmten hierarchischen Niveau (Wir sagen eher »Tisch« als »Möbel« und verwenden spezifische Benennungen wie »Esstisch« allenfalls zur Differenzierung). Dieses Niveau wird als *basic level* bezeichnet und wurde auch bei Gattungskategorien beobachtet (für Erzählungen vgl. Herman 2009, 83; vgl. Stockwell 2002; → A 1.7).

Mit kognitiven Ansätzen übernimmt die Literaturwissenschaft das Problem der ›Unwissenschaftlichkeit‹ der Leser. Kognitives Kategorisieren erfolgt meist intuitiv und nicht nach zuverlässigen Verfahren der Begriffsdefinition und Begriffsabgrenzung. Dies hat mehrere Konsequenzen für das Erkennen und Benennen von Gattungen. Das Wissen der Leser ist je nach Expertise unterschiedlich differenziert. Es ist sogar tendenziell unsystematisch und vorurteilsbehaftet. Auch wenn man die Kompetenzen von sehr erfahrenen Lesern zur Grundlage nimmt, können zwar komplexere Modelle beschrieben werden, aber eine systematische literaturwissenschaftliche Begriffsexplikation kann nicht erreicht werden. Zumindest kann diesen Problemen eine abweichungstheoretische Pointe abgewonnen werden: Borniterte Gattungsschemata erklären, warum Gattungsinnovationen als abweichend empfunden werden. Schließlich werfen kognitivistische Herangehensweisen Probleme bezüglich der Definition von Gattungen auf: Spontanes Kategorisieren nimmt wenig Rücksicht auf begriffliche Abgrenzungen, und prototypisch strukturierte Gattungsbegriffe verfügen über keine scharfen begrifflichen Ränder. Die Anwendung von Differenzkriterien, wie sie in der Gattungstheorie beliebt sind (Hempfer 1973, 150–191), ist deshalb nicht möglich. Ein kognitivistischer Ansatz ist insofern nicht geeignet, die Anarchie der literaturwissenschaftlichen Begriffe zu beseitigen. Insgesamt steht noch offen, wie wahrnehmungsbasierte Kategorien mit wissenschaftlichen Ansprüchen abgeglichen werden können. Ein solcher Abgleich ist insofern wünschenswert, als eine wahrnehmungsbasierte Gattungstheorie besser an die Praxis des spontanen Kategorisierens angenähert werden kann.

Literatur

Carroll, Joseph: »Evolutionary Approaches to Literature and Drama«. In: Robin I. M. Dunbar/Louise Barrett (Hg.): *Oxford Handbook of Evolutionary Psychology*. Oxford 2007, 637–648.
Chomsky, Noam: *Strukturen der Syntax*. Den Haag 1973.
Christmann, Ursula/Schreier, Margrit: »Kognitionspsychologie der Textverarbeitung und Konsequenzen für die Bedeutungskonstitution literarischer Texte«. In: Fotis Jannidis u. a. (Hg.): *Regeln der Bedeutung. Zur Theorie der Bedeutung literarischer Texte*. Berlin 2003, 246–285.
Eibl, Karl: »Epische Triaden. Über eine stammesgeschichtlich verwurzelte Gestalt des Erzählens«. In: *Journal of Literary Theory* 2 (2008), 197–208.
Gibbs, Raymond W.: »Prototypes in Dynamic Meaning Construal«. In: Joanna Gavins/Gerard Steen (Hg.): *Cognitive Poetics in Practice*. London 2003, 27–40.
Hempfer, Klaus W.: *Gattungstheorie. Information und Synthese*. München 1973.
Herman, David: *Basic Elements of Narrative*. Malden (MA), Oxford 2009.
Jolles, André: *Einfache Formen* [1930]. Tübingen 1968.
Klausnitzer, Ralf/Naschert, Guido: »Gattungstheoretische Kontroversen? Konstellationen der Diskussion von Textordnungen im 20. Jh.«. In: Ralf Klausnitzer/Carlos Spoerhase (Hg.): *Kontroversen in der Literaturtheorie – Literaturtheorie in der Kontroverse*. Bern 2007, 369–412.
Lakoff, George/Johnson, Mark: *Philosophy in the Flesh. The Embodied Mind and its Challenge to Western Thought*. New York 1999.
László, János/Viehoff, Reinhold: »Literarische Gattungen als kognitive Schemata«. In: *SPIEL* 12.1 (1993), 230–251.
Müller, Ralph: »Script-Theorie«. In: *Reallexikon der deutschen Literaturwissenschaft*. Bd. 3. Hg. v. Harald Fricke u. a. Berlin 2003, 414–416.
Rosch, Eleanor H.: »Natural Categories«. In: *Cognitive Psychology* 4 (1973), 328–350.
Ryan, Marie-Laure: »On the Why, What and How of Generic Taxonomy«. In: *Poetics* 10 (1981), 109–126.
Sacks, Sheldon: »The Psychological Implications of Generic Distinctions«. In: *Genre. Forms of Discourse and Culture* (1968), 106–115.
Staiger, Emil: *Grundbegriffe der Poetik*. Zürich 1946.
Stempel, Wolf-Dieter: »Aspects génériques de la réception«. In: *Poétique* 39 (1979), 353–362.
Stockwell, Peter: *Cognitive Poetics. An Introduction*. London 2002.
Zymner, Rüdiger: »›Naturformen‹, ›Regeln der Seele‹? Poetogene Dispositionen und literaturwissenschaftliche Gattungstheorie«. In: Uta Klein/Katja Mellmann/Stefanie Metzger (Hg.): *Heuristiken der Literaturwissenschaft. Disziplinexterne Perspektiven*. Paderborn 2006, 293–317.

Ralph Müller

5.10 Einzelwerk und Gattung

In der Geschichte des Diskurses über literarische Gattungen werden zur Grund- und Ausgangsfrage nach der Existenz literarischer Gattungen sowie zur Frage der Relation zwischen Einzelwerk und Gattungen stark divergente Positionen vertreten. Wurde gelegentlich die Existenz von Gattungen bestritten, so argumentierte man hier vor allem mit der Vielfalt der Erscheinungsformen literarischer Werke und den unausweichlich reduktiven Effekten jeder Klassifizierung von Einzelphänomenen. Dieser Akzentuierung des Besonderen als unter Allgemeinbegriffe nicht subsumierbare Größe stehen Ansätze entgegen, denen zufolge Letztere erst einen Zugang zu Ersterem eröffnen. Weit verbreitet sei, so Steinmetz, die Überzeugung, »daß man für ein angemessenes Verständnis, für die Interpretation eines jeden Textes von der Vorstellung einer bestimmten Gattung ausgehe« (Steinmetz 1990, 47). Manche Literaturwissenschaftler halten Gattungsvorstellungen insbesondere für die Basis jeder wissenschaftlichen Auseinandersetzung mit Texten (vgl. Hirsch 1972). Von textlinguistischer Seite erscheint die Beziehung auf Gattungsmuster als konstitutiv für alle Texte. So statuiert der Linguist Wolf-Peter Stempel, es gebe »keine Rede ohne Rückführbarkeit auf generelle Muster« (Stempel 1975, 175). In Gattungen manifestieren sich für Wilhelm Voßkamp möglichkeitshaltige Selektionen aus einem Angebot literarischer Optionen (vgl. Voßkamp 1990). Die Entstehung von Einzelwerken vollzieht sich aus dieser Sicht in einem Spannungsfeld zwischen Stabilisierung gattungsbezogener Erwartungshaltungen und flexiblem Umgang mit diesen. Zur Institutionalisierung von Gattungen komme es insbesondere durch normbildende Werke sowie durch das Zusammenwirken von Gattungserwartungen und den ihnen komplementären Antworten der Werke.

Wo das Einzelwerk unter dem Aspekt seiner Beziehung zu Gattungskonventionen und -normen betrachtet wird, hängt seine ästhetische Bewertung vom Status dieser Normen und Konventionen ab. Aus der Sicht normativer Poetiken ist ein Einzelwerk nur dann gelungen, wenn es den jeweils gattungsspezifischen Regeln folgt. Aber die Erfüllung einer solch notwendigen Bedingung ist noch keine Garantie für ästhetischen Wert: Werke können ›schlecht‹ sein, obwohl sie formal der eigenen Gattung genügen. Aus der Perspektive einer post-normativen Poetik heraus erscheinen Werke, die Gattungsregeln gehorchen, als konventionell.

Schon Batteux behauptet mit provokanter Wendung gegen restriktive Gattungsdiskurse und daraus abgeleitete Bewertungsmaßstäbe, jedes poetische Werk bilde letztlich eine ›besondere Gattung‹ für sich. Dies gibt der Erörterung der Beziehungen zwischen Einzelwerk und Gattung eine Wendung, welche die Erörterung der ›Angemessenheit‹ dieses Einzelwerks an eine Gattungsnorm hinter sich lässt. Wo Gattungskonzepte und -namen sich als Ableitungen aus Einzelwerk-Beobachtungen auf der Basis von Vergleich und Abstraktion ergeben, kann es ohnehin nicht mehr darum gehen, die Einzelwerke nach dem Kriterium der Erfüllung ihnen vorgängiger Gattungsnormen zu bemessen. Sind alle Werke aber entscheidend durch ihre Individualität geprägt, so verschärft sich das Problem im Umgang mit jedem Gattungsbegriff: Ist dieser ein »bloße[r] Nahme«, wie es schon bei Batteux (in Ramlers Übersetzung 1756–1758, 11) heißt, dann stellt sich die Frage, was dieser ›bloße Name‹ über das benannte Werk überhaupt auszusagen vermag.

Werden Gattungsnormen nicht mehr als verbindliche Vorgaben zur Beurteilung und Klassifizierung der einzelnen Werke betrachtet, stellt sich konsequent die Frage nach den Kriterien der Zuordnung eines Einzelwerks zu einer Gattung. Werner Strube spricht bezogen auf Erläuterungen zu Gattungsmerkmalen von porösen Begriffen, sofern die Gattungsbeschreibungen mehrere Möglichkeiten zulassen – wie im Fall des Sonetts mehrere Formschemata alternativ realisiert werden können (vgl. Strube 1993). Für Harald Fricke resultiert das Problem mit als starr empfundenen und kritisierten Ansätzen daraus, dass man meist die als gattungskonstitutiv festgelegten Merkmale additiv postuliert, um einen Text einer Gattung zuordnen zu können: Alle Bedingungen sollen erfüllt sein. Demgegenüber ergeben sich Spielräume, falls man sich entschließt, »auf die Angabe *notwendiger* Gattungsmerkmale ganz zu verzichten und Gattungsbegriffe aufzufassen als ein bloßes Ensemble logisch *alternativer* Merkmale, zwischen denen die Gattung unbeschränkt variiert. Sie stellen dann unter den historischen aufeinander folgenden Texten einer Gattung keine stärkere Übereinstimmung als die einer bloßen ›Familienähnlichkeit‹ her« (Fricke 1981, 145). Angesichts drohender Beliebigkeit von Gattungsbegriffen plädiert Fricke für die Kombination von notwendigen Merkmalen mit fakultativen und alternativen (vgl. ebd. 145 f.). Bezogen auf die Frage nach der Definition von Gattungsbegriffen schlägt er ein spezifisches Modell vor: eine »*Verschränkung* von Konjunktion und Alternation, von notwendigen und alternativen Merkmalen«, analog zu diesem Schema: »Ein Text gehört dann und nur dann einer Textsorte X an, wenn er *sowohl* A *als auch* B und *zusätzlich* wenigstens *eine* der folgenden Bedingungen erfüllt: er ist C *oder auch* D *oder auch* E *oder auch* ...« (ebd. 146; → A 1.1; A 1.2; A 1.5). Gunther Witting wendet dagegen allerdings ein, die »Verschränkung von Konjunktion und Alternation« könne bei der Bestimmung von Schreibweisen wie Parodie oder Kontrafaktur dazu führen, maßgebliche Funktionsunterschiede zwischen einzelnen – durch alternative Merkmale charakterisierte – Schreibweisen zu nivellieren (vgl. Witting 1988, 287).

Eine Konsequenz der Abkehr von normativen Gattungskonzepten ist die Frage danach, wie sich Gattungsvorstellungen überhaupt konstituieren und welche Rolle dabei die Einzelwerke spielen. Zur Institutionalisierung von Gattungen komme es, so Voßkamp, insbesondere durch »*normbildende Werke*« sowie das Zusammenwirken von »*Gattungserwartungen und Werkantworten*«, die sich komplementär zueinander verhalten (Voßkamp 1977, 30). Gattungen sind für Voßkamp Reaktionen auf »historische Problemstellungen« respektive »Problemlösungen« (die Robinsonade und den Bildungsroman führt er als Beispiele an, vgl. ebd. 32), das Einzelwerk versucht jeweils eine Antwort auf solche Epochenprobleme zu geben. Hans Robert Jauß modelliert im Rahmen seines rezeptionsästhetischen Ansatzes die Beziehung des einzelnen Textes zur »gattungsbildenden Textreihe« als einen »Prozeß fortgesetzter Horizontstiftung und Horizontveränderung«: »Der neue Text evoziert für den Leser (Hörer) den aus früheren Texten vertrauten Horizont von Erwartungen und Spielregeln, die alsdann variiert, erweitert, korrigiert, aber auch umgebildet, durchkreuzt oder nur reproduziert werden können« (Jauß 1973, 119).

Relativierende und ablehnende Positionen zu einem zwischen Kunst und Nichtkunst unterscheidenden Literaturbegriff beziehen Vertreter poststrukturalistisch-dekonstruktivistischen Denkens. Stanley Fish zufolge kann jede Sequenz von Lauten oder Schriftzeichen, die zum Gedicht deklariert oder als Gedicht aufgefasst wird, aus poetologischer Sicht als ein Gedicht gelten – so dass die Beziehung zwischen Text und Gattung sowohl hinsichtlich der Kunst-›Gattung‹ ›Literatur‹ als auch hinsichtlich spezifischerer Gattungskonzepte gänzlich offen und instabil erscheint. Man könne, so Fish weiter, an allen möglichen Texten lyrikspezifische Eigenschaften entdecken, auch beispielsweise an zufällig nebeneinander stehenden Wörtern (vgl. Fish 1980).

Die Frage nach der Beziehung zwischen Einzelwerk und Gattung setzt den Werkbegriff als Bezugsbasis voraus. Dies ist Anlass, daran zu erinnern, dass in der Moderne und Postmoderne der Werkbegriff ebenso wie der des Autors, der Aussage-Intention und der Textbedeutung kritisch reflektiert und von manchen Theoretikern als Konzepte aufgegeben wurde.

Literarische Texte nehmen selbst auf vielfältige Weisen Bezug auf die Frage nach dem Verhältnis zwischen Einzelwerk und Gattung, insbesondere, indem sie sich selbst als jeweilige Einzelwerke auf Gattungsbegriffe und daran geknüpfte Erwartungen beziehen. In Titeln und Untertiteln spielen Gattungsbezeichnungen oft zentrale Rollen, manchmal im Sinn einer orientierenden Selbstkommentierung, manchmal allerdings auch im parodistischen Sinn. Wie Fritz Nies richtig feststellt, gibt es Indikatoren unterschiedlicher Art, welche die Zugehörigkeit eines Textes zu einer Textgruppe anzeigen. Titel wie ›Dunciad‹, ›Jobsiade‹, ›Köpenickiade‹, ›Hanswurstiade‹, ›Robinsonade‹ indizieren die Zugehörigkeit zur Gattung Epos (vgl. Nies 1988, 328). Aber gerade die gewählten Beispiele signalisieren dies teilweise auf ironische Weise; die Verknüpfung der Namen Köpenick und Hanswurst mit dem Suffix »-iade« und d. h. mit der Suggestion des Epischen wirken als solche komisch und sind damit mehr als nur Gattungsnamen, welche die Existenz einer Gattung bekräftigen. Hinsichtlich der für das antike Epos charakteristischen Stilebene unterlaufen sie gattungsbezogene Vorstellungen sogar. Dass Gedichtsammlungen oft durch Termini aus dem Vorstellungsfeld um Blumen bezeichnet werden (wie z. B. ›Florilegium‹), hebt Nies ebenfalls zu Recht hervor (ebd. 329). Schon hier vermischen sich Begriffliches und Metaphorisches aufs engste. Mit der Bezeichnung einer Lyrik-Anthologie als »Luftfracht«, »Wasserzeichen«, »Atlas« etc. werden ebenfalls komplexe Konnotationen aufgerufen, die im Sinne eines kreativen Umgangs mit gattungsbezogenen Vorstellungen zu lesen sind. In Vor- und Nachworten sowie in anderen, das Einzelwerk rahmenden und seine Rezeption steuernden Textformen setzen sich viele Autoren mit Gattungskonzepten und Gattungsfragen auseinander. Bis zum späten 18. Jh. stellten solche Reflexionen quantitativ wie qualitativ maßgebliche Beiträge zu Gattungsdiskursen dar. Aber auch danach werden solche Fragen vielfach gerade in den Paratexten erörtert, die den Leser ans einzelne Werk heranführen und dabei letztlich selbst schon Bestandteile dieses Werks sind.

Literatur

Batteux, Charles: *Einleitung in die schönen Wissenschaften*. Übers. v. Karl Wilhelm Ramler. Leipzig 1756–1758 [frz. 1747–1750].

Baumgarten, Alexander Gottlieb: *Meditationes philosophicae de nonnullis ad poema pertinentibus* (Philosophische Betrachtungen über einige Bedingungen des Gedichts) [1735]. Hg. v. Heinz Paetzold. Hamburg 1983.

Fish, Stanley: »How To Recognize a Poem When You See One«. In: Ders.: *Is There a Text in This Class? The Authority of Interpretive Communities*. Cambridge, Mass/London 1980, 323 ff.

Fricke, Harald: *Norm und Abweichung. Eine Philosophie der Literatur*. München 1981.

Hirsch, Eric Donald: *Prinzipien der Interpretation*. München 1972 [amer. 1967].

Jauß, Hans Robert: »Theorie der Gattungen und Literatur des Mittelalters«. In: Ders./Erich Köhler: *Grundriß der romanischen Literaturen des Mittelalters*. Bd. 1. Heidelberg 1973.

Lamping, Dieter: »Probleme der neueren Gattungstheorie«. In: Ders./Dietrich Weber (Hg.): *Gattungstheorie und Gattungsgeschichte*. Wuppertaler Broschüren zur Allgemeinen Literaturwissenschaft Nr. 4/1990. Wuppertal 1990, 9–44.

Nies, Fritz: »Für die stärkere Ausdifferenzierung eines pragmatisch konzipierten Gattungssystems«. In: Christian Wagenknecht (Hg.): *Zur Terminologie der Literaturwissenschaft*. Stuttgart 1988, 326–336.

Steinmetz, Horst: »Gattungen: Verknüpfungen zwischen Realität und Literatur«. In: Dieter Lamping/Dietrich Weber (Hg.): *Gattungstheorie und Gattungsgeschichte*. Wuppertal 1990. 45–70.

Stempel, Wolf Dieter: »Gibt es Textsorten?«. In: Elisabeth Gülich/Wolfgang Raible (Hg.): *Textsorten. Differenzierungskriterien aus linguistischer Sicht*. Wiesbaden ²1975, 175–179.

Strube, Werner: *Analytische Philosophie der Literaturwissenschaft. Definition, Klassifikation, Interpretation, Bewertung*. Paderborn 1993.

Voßkamp, Wilhelm: »Gattungen als literarisch-soziale Institutionen«. In: Walter Hinck (Hg.): Textsortenlehre, Gattungsgeschichte. Heidelberg 1977, 27–44.

Voßkamp, Wilhelm: »Utopie als Antwort auf Geschichte. Zur Typologie literarischer Utopien in der Neuzeit«. In: Dieter Lamping/Dietrich Weber (Hg.): *Gattungstheorie und Gattungsgeschichte*. Wuppertal 1990, 183–203.

Witting, Gunther: »Über Schwierigkeiten beim Isolieren einer Schreibweise«. In: Christian Wagenknecht (Hg.): *Zur Terminologie der Literaturwissenschaft*. Stuttgart 1988, 274–288.

Monika Schmitz-Emans

(C) Gattung und Gattungshistoriographie

1. Bedürfnissynthese, -erweiterung und -produktion

Im Anschluss an Luhmann definiert Voßkamp (1997, 655) Gattungen als »Selektionen aus einem Reservoir literarischer Möglichkeiten«, deren Geschichte sowohl durch Textkonstanten als auch durch Lesererwartungen bzw. kulturell-historische Herausforderungen bestimmt wird. Die diachrone Variabilität von Gattungen erklärt sich maßgeblich aus ihrem Status »als geschichtliche ›Bedürfnissynthesen‹«, als potenziell sinnstiftende Konstellationen, »in denen [...] bestimmte historische Problemstellungen bzw. Problemlösungen oder gesellschaftliche Widersprüche artikuliert und aufbewahrt sind« (Voßkamp 1977, 32). In diesem Sinne lassen sich etablierte Gattungen, d. h. jene ›Selektionen aus dem Reservoir literarischer Möglichkeiten‹, die ein gewisses zeitliches Beharrungsvermögen aufweisen, als soziokulturelle, literarisch-soziale Konsensbildungen erklären. Sie fungieren als »institutionalisierte Organisationsformen literarischer Kommunikation« (Voßkamp 1990, 265) im Haushalt einer Gesellschaft, in denen sich kultur- und epochenspezifische Welterfahrungen, gesellschaftliche Widersprüche, Problemstellungen und auch potenzielle Problemlösungen niederschlagen. Als historische ›Antworten‹ auf gesellschaftliche Bedürfnisse reagieren Gattungen mit den ihnen eigenen literarischen Darstellungsmöglichkeiten dynamisch auf variable Herausforderungslagen und jeweils kulturell prävalente Sinnbedürfnisse. So konnte z. B. Erll (2003) zeigen, dass pastorale Gattungsmuster in englischen Kriegsromanen der 1920er Jahre die Aufgabe hatten, traumatische kollektive Erfahrungen zu deuten und Modelle für die kulturelle Erinnerung zu entwerfen. Die Erfolgsgeschichte des Bildungsromans in der deutschen Literatur seit dem späten 18. Jh. lässt sich vor allem dadurch begründen, dass die Gattung »am zentralen, bewußtseins- und traditionsbestimmenden Diskurs ›Bildung‹« (Voßkamp 1989, 340) partizipierte. Die Verbreitung und das Beharrungsvermögen einer Gattung erscheinen somit wesentlich durch deren soziale Funktionen bestimmt. Dabei können Gattungen freilich weder auf eine einzige Funktion reduziert werden, noch bleiben ihre Funktionen notwendig diachron konstant. Außerdem ist zu berücksichtigen, dass nicht immer gesamtgesellschaftliche Bedürfnisse durch eine Gattung befriedigt werden, sondern dass durchaus auch nur die Bedürfnisse einer bestimmten gesellschaftlichen Gruppe (differenziert nach Faktoren wie Geschlecht, Alter, soziale Schicht, ethnische Herkunft u. a.) in einer Gattung ihren Niederschlag finden können. Die Relation zwischen der Dynamik von Gattungen und gesellschaftlichen Entwicklungen erschöpft sich aber keineswegs in der Funktion der Bedürfnisbefriedigung; vielmehr können Gattungen auch ihrerseits »neue Bedürfnisse frei[setzen]« (Voßkamp 1997, 655), also zur gesellschaftlichen Bedürfniserweiterung und -produktion beitragen. In diesen Funktionen schlagen sich in besonders deutlicher Weise die Möglichkeiten des fiktionalen Freiraums zur kreativen Verarbeitung von Welterfahrung nieder.

Der funktionsgeschichtliche Ansatz zur Erklärung der Dynamik der Gattungsgeschichte als fortlaufendem Prozess des ›Antwortens‹ auf sich wandelnde gesellschaftliche Bedürfnislagen lässt sich durch eine Anknüpfung an andere funktionsgeschichtliche Modelle produktiv ergänzen. Das von Zapf entwickelte funktionsgeschichtliche Modell von Literatur als ›kulturelle Ökologie‹ beispielsweise ermöglicht eine Präzisierung der Beschreibung des Verhältnisses von Literatur und Gesellschaft sowie von Gattungsgeschichte und Gesellschaft. Die Vorstellung von Literatur als kulturelle Ökologie beruht auf der Annahme von »Analogien zwischen ökologischen Prozessen und den spezifischen Strukturen und kulturellen Wirkungsweisen der literarischen Imagination« (Zapf 2002, 3). Literarische Texte erfüllen laut Zapf zwei grundlegende Funktionen. Erstens fungieren sie als *Sensorium und symbolische Ausgleichsinstanz* für kulturelle Fehlentwicklungen und Ungleichgewichte, als kritische Bilanzierung dessen, was durch dominante geschichtliche Machtstrukturen, Diskurssysteme und Lebensformen an den Rand gedrängt, vernachlässigt, ausgegrenzt oder unterdrückt wird, was aber für eine angemessen komplexe Bestimmung konkret erfahrbarer menschlicher Realität innerhalb dieser Systeme und Entwicklungen von unabweisbarer Bedeutung ist« (ebd.). Die zweite grundlegende Funktion von Literatur besteht nach Zapf »in der Artikulation des kulturell Verdrängten und in der Freisetzung von Vielfalt, Mehrdeutigkeit und dynamischer Interrelation aus der Dogmatik erstarrter Weltbilder und diskursiver Eindeutigkeitsansprüche« (ebd.). Diese Grundfunktionen literarischer Texte konkretisieren sich nicht nur auf der Ebene individueller Texte, sondern auch im spezifischen Bedeutungsspektrum und Funktionspotenzial einzelner Gattungen. Gerade die Annahme, dass Literatur primär auf gesellschaftliche Defizite reagiert, vermag die Dynamik von Gattungssystemen zu erklären.

Um diese Dynamik genauer erfassen zu können, bietet sich ein Rückgriff auf Zapfs triadisches Funktionsmodell an, welches die folgenden drei Funktionen literarischer Texte differenziert: (1) die Funktion als *kulturkritischer Metadiskurs*, d. h. als »Sensorium und symbolische Bilanzierungsinstanz für kulturelle Fehlentwicklungen, Erstarrungssymptome und Pathologien« (Zapf 2008, 33); (2) die Funktion »als *imaginativer Gegendiskurs*, mit der Literatur das kulturell Ausgegrenzte ins Zentrum rückt und oppositionelle Wertansprüche zur Geltung bringt« (ebd., 34); (3) die Funktion als *reintegrativer Interdiskurs*, welche sich in literarischen Texten manifestiert, die »als Ort der Zusammenführung von Spezialdiskursen, der komplexen Interrelation des Heterogenen und vielgestaltigen Wechselwirkungen des kulturell Getrennten« (ebd., 35) fungieren. Alle drei Funktionen lassen sich nicht nur für Einzeltexte ansetzen, sondern können auch für gattungstypische Konstellationen geltend gemacht werden. So verdichtet sich etwa das Funktionspotenzial von Literatur als kulturkritischem Metadiskurs im englischen ›Industrieroman‹ der 1850er Jahre (z. B. in Dickens' *Hard Times* und Gaskells *North and South*) in gattungstypischer Weise, indem Probleme der viktorianischen Gesellschaft wie etwa die Arbeitsbedingungen in den Fabriken, die desolate Wohnsituation vieler Arbeiter in den Industriestädten und nicht zuletzt auch die Gefahr einer gewaltsamen Eskalation des Konflikts zwischen Fabrikbesitzern und Arbeiterschaft aus verschiedenen Perspektiven beleuchtet werden. Als imaginativer Gegendiskurs fungiert beispielsweise der Schauerroman, der sich im 18. Jh. etablierte und die im Zeitalter der Aufklärung marginalisierte Irrationalität in geradezu genüsslicher Weise zelebriert. Als Beispiel für die Funktion einer Gattung als reintegrativer Interdiskurs lässt sich u. a. die Dystopie anführen, die oftmals eben jene »spannungsreiche Zusammenführung des Systems mit dem Ausgegrenzten« (ebd., 36) zum Ausdruck bringt, die Zapf als kennzeichnend für die Funktion von Literatur als reintegrativem Interdiskurs erachtet. Das triadische Funktionsmodell sowie generell die Auffassung von Literatur als kulturelle Ökologie eignen sich dazu, die Funktionen von Gattungen in den Prozessen der Bedürfnissynthese, -erweiterung und -produktion zu präzisieren und weiterzudenken.

Literatur

Erll, Astrid: *Gedächtnisromane: Literatur über den Ersten Weltkrieg als Medium englischer und deutscher Erinnerungskulturen in den 1920er Jahren.* Trier 2003.

Voßkamp, Wilhelm: »Gattungen als literarisch-soziale Institutionen«. In: Walter Hinck (Hg.): *Textsortenlehre – Gattungsgeschichte.* Heidelberg 1977, 27–42.

Voßkamp, Wilhelm: »Der Bildungsroman als literarisch-soziale Institution. Begriffs- und funktionsgeschichtliche Überlegungen zum deutschen Bildungsroman am Ende des 18. und Beginn des 19. Jh.s«. In: Christian Wagenknecht (Hg.): *Zur Terminologie der Literaturwissenschaft.* Stuttgart 1989, 337–352.

Voßkamp, Wilhelm: »Utopie als Antwort auf Geschichte. Zur Typologie literarischer Utopien in der Neuzeit«. In: Hartmut Eggert/Ulrich Profitlich/Klaus R. Scherpe (Hg.): *Geschichte als Literatur. Formen und Grenzen der Repräsentation von Vergangenheit* Stuttgart 1990, 273–283.

Voßkamp, Wilhelm: »Gattungsgeschichte«. In: *Reallexikon der Deutschen Literaturwissenschaft.* Bd. 1. Hg. v. Klaus Weimar. Berlin, New York 1997, 655–658.

Wenzel, Peter: »Gattungsgeschichte«. In: Ansgar Nünning (Hg.): *Metzler Lexikon Literatur- und Kulturtheorie.* Stuttgart, Weimar [4]2008, 231–232.

Zapf, Hubert: *Literatur als kulturelle Ökologie: Zur kulturellen Funktion imaginativer Texte an Beispielen des amerikanischen Romans.* Tübingen 2002.

Zapf, Hubert: »Kulturökologie und Literatur. Ein transdisziplinäres Paradigma der Literaturwissenschaft«. In: Ders. (Hg.): *Kulturökologie und Literatur. Beiträge zu einem transdisziplinären Paradigma der Literaturwissenschaft.* Heidelberg 2008, 15–44.

Marion Gymnich

2. Darstellungsformen der Gattungsgeschichtsschreibung

Die Darstellungsformen, auf die in der Gattungsgeschichtsschreibung zurückgegriffen wird, sind aus theoretischer Sicht vor allem deshalb von großer Relevanz, weil sie direkt oder indirekt Ansätze zur Konzeptualisierung und zur Erklärung gattungsgeschichtlicher Prozesse zum Ausdruck bringen können. Eine der Grundfragen, die sich für die Gattungsgeschichtsschreibung stellt, besteht darin, inwieweit es vertretbar erscheint, zwischen den einzelnen als Beispielen einer bestimmten Gattung identifizierten Texten eine ursächliche Beziehung herzustellen. Der Gattungshistoriograph sieht sich somit stets vor der Alternative, »eine Geschichte der Gattung [zu schreiben], in der die Belegfälle der Gattung auf einer irreversiblen Zeitachse *aufeinander* folgen« (Zymner 2003, 199), oder aber »eine Geschichte, bei der die Belegfälle der Gattung auf einer irreversiblen Zeitachse *auseinander* folgen« (ebd.). Zwar liefert der zweite Typus von Gattungsgeschichtsschreibung sicherlich potenziell den weitaus größeren Erkenntnisgewinn, er stellt aber auch deutlich höhere Anforderungen an die Interpretation. Im Hinblick auf die Darstellung gattungsgeschichtlicher Entwicklungen ist zudem zwischen solchen Ansätzen zu unterscheiden, die Kontinuitätslinien in den Mittelpunkt stellen, und solchen, die den Akzent auf Brüche und Zäsuren in der Gattungsgeschichte legen. Fowler etwa, als Vertreter einer starken Kontinuitätsthese, argumentiert, dass sich zumindest theoretisch selbst die ersten erhaltenen literarischen Texte genealogisch zur Literatur der Gegenwart in Bezug setzen lassen, da sich Gattungsgeschichte für ihn als Prozess fortlaufender Transformationen und Ausdifferenzierungen realisiert (vgl. Fowler 1982, 168).

Die Darstellung gattungsgeschichtlicher Entwicklungen orientiert sich zumindest im Kern häufig an einem recht simplen dreischrittigen Schema, einer Unterscheidung zwischen: (1) einer ersten Phase, die durch die Formierung der Gattung gekennzeichnet ist; (2) einer Phase, in der die Gattung fortbesteht und unter Umständen einen Höhepunkt erlebt; (3) einer Phase der Auflösung, in der sich das Ende der Gattungsgeschichte bereits abzeichnet. Die zweite Phase ist dabei in der Regel nicht nur durch die Identifizierbarkeit einer quantitativ hohen Zahl von Beispielen gekennzeichnet, sondern zusätzlich durch ein qualitatives Kriterium, d. h. durch das Auftreten von Texten, in denen sich die Gattungsmerkmale in einer Weise verdichten, welche die betreffenden Werke als Prototypen der Gattung erscheinen lässt. Für die Endphase der Gattungsentwicklung hingegen ist tendenziell ein Auftreten von Werken charakteristisch, in denen die gattungstypischen Merkmale ausgedünnt sind oder vermehrt im Prozess der Metaisierung zum Gegenstand von Selbstreflexion werden. Das dreischrittige Schema erscheint insofern problematisch, als in ihm eine lineare und klar teleologische Entwicklung vorausgesetzt wird, auf die sich nicht notwendig jede Gattungsentwicklung reduzieren lässt.

Bei den gängigen Darstellungsformen der Gattungsgeschichte ist in sehr starkem Maße eine Tendenz zu Analogiebildungen zur Biologie festzustellen (→ B 5.3). So wird etwa zur Bezeichnung von Entwicklungsphasen häufig auf Metaphern zurückgegriffen, die aus der Biologie entlehnt sind. Gängig sind insbesondere organische Bilder, welche die Gattungsentwicklung als Prozess des Wachsens, der Blüte und des Verfalls konzipieren und so dazu beitragen, ein Denken zu reproduzieren, das Fishelov (1993, 28) als »organistic fallacy« kritisiert. Bisweilen werden Analogien zwischen literarischen und biologischen Entwicklungsprozessen durchaus als gewinnbringend eingeschätzt (vgl. u. a. Fowler 1982, 166; Wenzel 2008). Was u. a. für die Analogie biologischer und literarischer Entwicklungsprozesse sprechen mag, sind die multikausalen Begründungen, die in beiden Bereichen für den Verlauf der Entwicklung anzusetzen sind. Auch die Auffassung, dass Gattungen nicht *ex nihilo* entstehen, sondern sich als Resultat kontinuierlicher Transformationen erklären lassen, steht in Einklang mit der Analogie zur Biologie. Die biologische Metaphorik erscheint jedoch vor allem insofern problematisch, als »die bloße Analogie zwischen (tatsächlichen oder vermeintlichen) ›Gesetzmäßigkeiten‹ bei biologischen und literarischen Gattungen argumentativ gewissermaßen zur Identität verrutscht« (Zymner 2007, 105). Solche Analogiebildungen bergen die Gefahr einer ›Naturalisierung‹ von Gattungen und speziell von deren diachroner Dynamik. Noch problematischer als die organischen Implikationen im engeren Sinne erscheint an dieser Darstellungsform der Gattungsgeschichte, dass sie – gerade aufgrund ihrer weiten Verbreitung – die Erwartung eines teleologischen Verlaufs von Gattungsgeschichten fördert. Einem Darstellungsmuster in Form des groben Dreischritts von Wachstum, Blütezeit und Verfall ist das historische Ende literarischer Gattungen schließlich gewissermaßen schon eingeschrieben. Viëtor (1923,

3) betont zwar in seinen Überlegungen zu gattungsgeschichtlichen Entwicklungen die dem organischen Darstellungsmodell grundsätzlich auch inhärente Komponente einer zyklischen Wiederkehr, nimmt damit aber wiederum eine stark biologisch gefärbte, deterministische Setzung vor: »Sie [die Gattung bzw. in diesem Fall speziell die Ode] wächst, blüht, vergeht, um viele Generationen später in gewandelter Gestalt von neuem den gleichen Lauf zu beginnen.« Einen Ausweg aus der ›organistic fallacy‹ bietet beispielsweise Voßkamps Ansatz zur Darstellung der Gattungsgeschichte als Prozess, der sich von der Institutionalisierung der Gattung bis zu deren Entinstitutionalisierung erstreckt (vgl. Voßkamp 1977). Nicht nur in den allgegenwärtigen organisch-biologischen Metaphern kommen Analogiebildungen zur Biologie zum Tragen. Darüber hinaus werden oft taxonomische Darstellungsverfahren aus der Biologie, d. h. Stammbäume bzw. Kladogramme, herangezogen, um Gattungsentwicklungen vorstellbar zu machen (vgl. Bonheim 1991/92; →A 1.3).

Strukturalistische Ansätze innerhalb der Gattungstheorie greifen bisweilen auf Analogiebildungen zum Sprachwandel zurück. Laut Marsch (1979, 120) führt der an linguistische Darstellungsmethoden angelehnte Gedanke einer ›Gattungsgrammatik‹ die Beschreibung des Gattungswandels konsequent auf die Definition von Gattungen anhand von distinktiven Merkmalen zurück und unterscheidet folglich drei Formen der Gattungsentwicklung: (1) das Ersetzen eines Merkmals durch ein anderes; (2) das Auftreten eines neuen Merkmals; (3) das Verschwinden eines oder mehrerer Merkmale. Die Identifikation solcher Veränderungen setzt immer die Rückbindung an individuelle Texte voraus, in denen allein sich letztlich der Gattungswandel konkretisiert, worin eine Schwierigkeit dieser Darstellungsform besteht: »Vereinigen mehrere Texte in einem Schnitt (synchron) diese Änderung oder läßt sich diese Änderung sogar im Durchschnitt der Texte einer Gattung beobachten und zählen, so ließe sich damit ein Gattungswandel durch Variation beschreiben. Dies wird jedoch kaum möglich, weil nicht beobachtbar sein« (Marsch 1979, 120). Gattungsgrammatische Konzeptionen erscheinen laut Marsch vor allem insofern problematisch, als sie jede Form von Veränderung lediglich als Modifikation eines bestehenden Systems beschreiben und damit unter Umständen den Blick für radikalere Innovationen verstellen und den Besonderheiten von Literatur nicht gerecht zu werden vermögen, denn »[a]nders als beim Sprachwandel erzeugt nicht ›Systemdruck‹ Veränderungen im Gattungssystem, sondern Kreativität und literarische Originalität der Schriftsteller führen Systemwandel herbei« (Marsch 1979, 121).

Literatur

Bonheim, Helmut: »The Cladistic Method of Classifying Genres«. In: *Yearbook of Research in English and American Literature* 8 (1991/92), 1–32.

Fishelov, David: *Metaphors of Genre: The Role of Analogies in Genre Theory*. University Park, Pennsylvania 1993.

Fowler, Alastair: *Kinds of Literature: An Introduction to the Theory of Genres and Modes*. Oxford 1982.

Marsch, Edgar: »Gattungssystem und Gattungswandel«. In: Wolfgang Haubrichs (Hg.): *Probleme der Literaturgeschichtsschreibung*. Göttingen 1979, 104–123.

Viëtor, Karl: *Geschichte der Ode*. München 1923.

Viëtor, Karl: »Probleme der literarischen Gattungsgeschichte«. In: *DVjs* 9.3 (1931), 425–447.

Voßkamp, Wilhelm: »Gattungen als literarisch-soziale Institutionen. Zu Problemen sozial- und funktionsgeschichtlich orientierter Gattungstheorie und -historie«. In: Walter Hinck (Hg.): *Textsortenlehre – Gattungsgeschichte*. Heidelberg 1977, 27–44.

Zymner, Rüdiger: *Gattungstheorie. Probleme und Positionen der Literaturwissenschaft*. Paderborn 2003.

Zymner, Rüdiger: »Gattungsvervielfältigung: Zu einem Aspekt der Gattungsdynamik«. In: Marion Gymnich/Birgit Neumann/Ansgar Nünning (Hg.): *Gattungstheorie und Gattungsgeschichte*. Trier 2007, 101–116.

Marion Gymnich

3. Entstehungstheorien von Gattungen

Die Auseinandersetzung mit der Frage nach der Entstehung literarischer Gattungen stellt einen der schwierigsten Aspekte gattungsgeschichtlicher Theoriebildung dar. Dies liegt nicht zuletzt daran, dass das historische Wissen über den Ursprung vieler Gattungen defizitär ist. So ist vor allem über den Ursprung zahlreicher Gattungen in der Präantike und Antike nichts bekannt (vgl. Fowler 1982, 149), da für deren Anfangsphase keine schriftlichen Zeugnisse erhalten sind. Der Übergang von Oralität zu Schriftlichkeit ist in der Regel ebenfalls nicht anhand von Quellen nachvollziehbar. Das defizitäre Wissen bezüglich der Ursprünge vieler Gattungen, die aus der antiken Literatur stammen, aber auch noch solcher aus dem Mittelalter, welches aus der fragmentarischen schriftlichen Überlieferung resultiert, hat in der Vergangenheit bisweilen zu anthropologisch motivierten Spekulationen über die Entstehung von Gattungen geführt (vgl. Fowler 1982, 150). Diese müssen jedoch unbefriedigend bleiben, geht man von einer merkmalsbasierten Definition von Gattungen aus, die sich zu einem beträchtlichen Teil auf rekurrierende *textuelle* Charakteristika stützt. Für eine große Anzahl von Gattungen, die nach dem Mittelalter entstanden sind, kann der Entstehungsprozess hingegen recht gut rekonstruiert werden. Inwieweit sich die bei der Entstehung von Gattungen in den letzten Jahrhunderten zu beobachtenden Prozesse aber auf die Genese von Gattungen in Mittelalter und Antike oder auch in anderen Kulturräumen übertragen lassen, ist wohl zumindest kritisch zu hinterfragen.

Schriftliche Zeugnisse fehlen gerade auch für die Entstehungsgeschichte der drei ›Hauptgattungen‹ Lyrik, Epik und Drama, was nicht zuletzt auch die Vorstellungen von diesen drei Gattungen als ›Naturformen‹ der Literatur geprägt hat. Historisch-genetische Ansätze, welche Lyrik, Epik und Dramatik als ›Naturformen‹ der Dichtung ansehen, unterscheiden sich freilich hinsichtlich der von ihnen jeweils angesetzten ›Urform‹ der Literatur. Während oft – anknüpfend an Herders einflussreiche *Abhandlung über den Ursprung der Sprache* (1772) – die Lyrik als erste Form von Literatur betrachtet wird, finden sich durchaus auch Ansätze, die in der Epik die Ursprungsform der Literatur sehen (vgl. etwa Carrieres *Die Poesie. Ihr Wesen und ihre Formen mit Grundzügen der vergleichenden Literaturwissenschaft*, 1884). Da solche Entstehungstheorien aber schon aufgrund der fehlenden Textgrundlage hochgradig spekulativ bleiben, erweisen sie sich für eine theoriebasierte gattungsgeschichtliche Forschung zwangsläufig als ungeeignet.

Die literaturwissenschaftliche Beschäftigung mit der Entstehung neuer literarischer Gattungen erfordert eine vorgängige definitorische Klärung, denn Entstehungstheorien sollten im Idealfall auf eine möglichst präzise Abgrenzung literarischer Gattungen voneinander zurückgreifen können. Angesichts der Häufigkeit von – mehr oder minder fundierten und plausiblen – ad hoc Begriffsprägungen zur Identifikation von (vermeintlichen) neuen Gattungen ist grundsätzlich kritisch zu hinterfragen, ob die durch Begriffsprägungen als Gruppe oder Textreihe zusammengefassten Texte tatsächlich den Status einer Gattung haben können. Folglich setzen Entstehungstheorien gattungstheoretische und -typologische definitorische Klärungen voraus. Eine Rekonstruktion der Entstehung literarischer Gattungen erscheint deshalb im Prinzip nur aus der Retrospektive möglich (vgl. Fowler 1982, 159), wenn die Identifikation einer zurückliegenden, gattungsgeschichtlich relevanten Reihenbildung möglich ist und wenn gattungsgeschichtliche Zäsuren mit einiger Sicherheit bestimmt werden können.

Strukturanalytische Entstehungstheorien von Gattungen beruhen auf der Prämisse, dass die Herausbildung neuer Gattungen stets auf eine Transformation bereits existierender Gattungen zurückzuführen ist. Fowler und Todorov etwa vertreten die Position, dass es in der Gattungsgeschichte – zumindest soweit sie auf der Basis schriftlicher Quellen rekonstruierbar ist – keinen Ursprung *ex nihilo* gebe (vgl. Fowler 1982, 156; Todorov 2000). Neue Gattungen lassen sich gemäß solcher Ansätze als Modifikation bereits bestehender Gattungen oder als Kombinationen von Merkmalen verschiedener Gattungen auffassen (vgl. Fowler 1982, 156). So bildet etwa die im 18. Jh. in England entstehende Gattung des Romans eine Fortsetzung und Synthese verschiedener fiktionaler und nicht-fiktionaler Textsorten, darunter Briefe, Verbrecherbiographien und puritanische ›Seelentagebücher‹. Die Abhängigkeit der Entstehung neuer Gattungen von Gattungstransformationen schlägt sich auch darin nieder, dass sich zumeist Subgattungen bereits existierender Gattungen herausbilden, bevor es zur Entstehung neuer Gattungen kommt (vgl. Fowler 2003, 187).

Bisweilen wird die Entstehung literarischer Gattungen auch als Ergebnis einer Transformation von außerliterarischen Diskurstypen oder Sprechakten betrachtet. Einen solchen Ansatz vertritt beispielsweise Jolles in seinem Klassiker *Einfache Formen* (1930), wenn er die neun seiner Auffassung nach vorliterarischen ›Gattungen‹ Legende, Sage, Mythe, Rätsel, Spruch, Kasus, Memorabile, Märchen und Witz als Grundbausteine für komplexere literarische Gattungen ansetzt (→ G 16). Bei genauerer Betrachtung wird jedoch rasch ersichtlich, dass die neun ›einfachen‹ Formen bereits einen hohen Grad an Komplexität aufweisen und ihrerseits das Ergebnis einer gattungsgeschichtlichen Entwicklung sind, weshalb sich dieser Ansatz nicht als Erklärung für die Entstehung literarischer Gattungen anbietet (vgl. Fowler 1982, 151). Gleichwohl stellt die Annahme, dass außerliterarische Formen zur Entstehung neuer literarischer Gattungen beitragen können, einen produktiven Ansatz dar, wie etwa das oben schon erwähnte Beispiel des Ursprungs des Romans – und selbstverständlich auch des Briefromans – verdeutlicht. Todorov (1976) liefert eine sprechakttheoretische Erklärung des Ursprungs von Gattungen. Gattungen können laut Todorov als Transformation eines unter Umständen recht komplexen Sprechaktes konzeptualisiert werden. Bei der Transformation kommen Prozesse wie etwa das Prinzip der Narrativisierung zum Tragen.

Sozial-kommunikativ und funktionsgeschichtlich ausgerichtete Entstehungstheorien literarischer Gattungen liefern Erklärungsmodelle, die sich auf die sich wandelnden relevanten Umwelten beziehen. Kaiser (1974, 60) etwa geht zwar nicht von einer »kausale[n], wohl aber [einer] vermittelte[n] gesellschaftliche[n] Genesis der Gattungen« aus. Insbesondere die ›soziale Funktion‹ von Gattungen und antizipierte Lesererwartungen spielen für die Gattungsentwicklung laut Kaiser, der Gattungen als ›Kommunikationssysteme‹ konzeptualisiert, eine zentrale Rolle. Zu den vielfältigen außerliterarischen Faktoren, welche die Entstehung neuer Gattungen begünstigen, zählen sicherlich Kulturkontaktsituationen. Die internationale Verbreitung des Sonetts ist eines der bekanntesten Beispiele für die Bedeutung von Kulturkontaktsituationen im Prozess der Einführung neuer Gattungen in verschiedenen Nationalliteraturen. Für die Entstehung literarischer Gattungen sind aber beispielsweise auch die sich wandelnden medialen Möglichkeiten von unmittelbarer Relevanz, denn Erfindungen wie der Buchdruck oder das Internet machten bestimmte Gattungen erst möglich: »Ohne den Buchdruck keine Flugschriften, ohne den Computer kein Hyperfiction« (Zymner 2007, 108).

Funktionsgeschichtlich ausgerichtete Entstehungstheorien von Gattungen bieten durch ihre systematische Rückbindung an soziale und kulturelle Bedingungen ein hohes Erklärungspotenzial hinsichtlich der Genese einzelner Gattungen. Gerade in der Antike lässt sich die Entstehung neuer Gattungen in manchen Fällen durch die Anbindung an rituelle Funktionen erklären (vgl. Fowler 1982, 152). Auch soziale Funktionen, die durch bestimmte literarische Gattungen erfüllt werden können, liefern Ansätze zu einer Erklärung der Entstehung der jeweiligen Gattungen. Fasst man in Anlehnung an Voßkamp Gattungen als Antworten auf gesellschaftliche Bedürfnislagen auf, dann ist damit zugleich eine soziokulturelle Begründung für die Herausbildung neuer Gattungen gegeben. Als Impuls für die Entstehung von Gattungen lässt sich in diesem Fall eine Veränderung gesellschaftlicher Problemlagen und Bedürfnisstrukturen annehmen, die zur Folge hat, dass bestehende Gattungen keine befriedigenden Antworten auf aktuelle Problemlagen mehr bieten und sich daher neue Gattungen formieren. Der Prozess der Herausbildung von Gattungen konkretisiert sich nach Voßkamp im Prozess der Institutionalisierung (vgl. Voßkamp 1977).

Die potenzielle normbildende Wirkung einzelner Texte kann im Kontext von Entstehungstheorien ebenfalls relevant sein, stehen doch normbildende Werke oft am Beginn der Geschichte einer Gattung. Ein weit verbreiteter – und vielfach auch in Literatur- und Gattungsgeschichten perpetuierter – Ansatz zur Erklärung der Entstehung literarischer Gattungen besteht darin, Gattungen im Sinne einer ›Monogenese‹ auf einen einzelnen, normbildenden Text und damit letztlich auch auf die kreative Leistung eines bestimmten Autors zurückzuführen. Monogenese setzt voraus, »wir seien in der Lage, den Ursprung oder doch die erste charakteristische und dann zur Nachahmung anregende Ausbildung eines Genres bei einem einzelnen Autor zu konstatieren« (Berger 1974, 85) – eine Voraussetzung, die bei Weitem nicht für alle Gattungen erfüllt ist. Als klassisches Beispiel für Monogenese gilt etwa der historische Roman, der in der Gattungsgeschichtsschreibung traditionell auf Scotts *Waverley* (1814) als normbildendes Einzelwerk zurückgeführt wird.

Vorstellungen von Monogenese sind aus verschiedenen Gründen keineswegs unproblematisch. Die Annahme einer Monogenese erscheint ohne das Vorliegen einer hinreichenden zeitlichen Distanz problematisch (vgl. Zymner 2007) und kann letztlich wohl erst aus der Retrospektive begründet erfolgen, wenn eine gattungskonstituierende Reihenbildung stattgefunden hat. Den Zeitgenossen und dem Autor des normbildenden Werks selbst ist die Entstehung einer neuen Gattung vielfach nicht bewusst, oder aber es erfolgen *ad hoc* Begriffsprägungen, welche kein Beharrungsvermögen aufweisen. Wenngleich sicher die Kreativität einzelner Autoren als Faktor für die Entstehung neuer Gattungen nicht von der Hand zu weisen ist, so ist damit ein Einfluss des soziokulturellen Kontexts keineswegs ausgeschlossen, muss doch auch das Schaffen von Autoren in Wechselwirkung mit der jeweiligen Gesellschaft gesehen werden. Das Fehlen textueller Zeugnisse und das Vergessen mancher Werke können zudem dazu führen, dass der Eindruck von Monogenese lediglich auf einer retrospektiven Verzerrung der Entstehungsbedingungen basiert. Folglich können Vorstellungen von Monogenese im Hinblick auf viele Gattungen durch die Suche nach Vorläufern relativiert werden; so lässt sich beispielsweise auch Scotts historischer Roman *Waverley* als romantisierende und historisierende Transformation der bereits existierenden Gattung des Regionalromans beschreiben (vgl. Fowler 1982, 168). In den letzten Jahrzehnten hat sich die literaturgeschichtliche Forschung zunehmend bemüht, die Annahmen einer klaren Monogenese durch das Aufzeigen von Kontinuitätslinien zu hinterfragen und zu problematisieren. Als Beispiel hierfür sei die Forschung zur Entstehung des englischen Romans im 18. Jh. genannt (vgl. schon Fowler 1982, 149). Die Identifikation von Kontinuitätslinien bestätigt die strukturanalytische Annahme, dass Gattungen notwendig aus der Transformation bereits bestehender Gattungen resultieren.

Literatur

Berger, Willy R.: »Probleme und Möglichkeiten vergleichender Gattungsforschung«. In: Horst Rüdiger (Hg.): *Die Gattungen in der Vergleichenden Literaturwissenschaft*. Berlin, New York 1974, 63–92.

Fowler, Alastair: »The Life and Death of Literary Forms«. In: *New Literary History* 2.2 (1971), 199–216.

Fowler, Alastair: *Kinds of Literature: An Introduction to the Theory of Genres and Modes*. Oxford 1982.

Fowler, Alastair: »The Formation of Genres in the Renaissance and After«. In: *New Literary History* 34 (2003), 185–200.

Jolles, André: *Einfache Formen*. Halle 1930.

Kaiser, Gerhard R.: »Zur Dynamik literarischer Gattungen«. In: Horst Rüdiger (Hg.): *Die Gattungen in der Vergleichenden Literaturwissenschaft*. Berlin, New York 1974, 32–62.

Todorov, Tzvetan: »The Origin of Genres« [1976]. In: David Duff (Hg.): *Modern Genre Theory*. Harlow 2000, 193–209.

Voßkamp, Wilhelm: »Der Bildungsroman als literarisch-soziale Institution. Begriffs- und funktionsgeschichtliche Überlegungen zum deutschen Bildungsroman am Ende des 18. und Beginn des 19. Jh.s«. In: Christian Wagenknecht (Hg.): *Zur Terminologie der Literaturwissenschaft* Stuttgart 1989, 337–352.

Zymner, Rüdiger: »Gattungsvervielfältigung: Zu einem Aspekt der Gattungsdynamik«. In: Marion Gymnich/Birgit Neumann/Ansgar Nünning (Hg.): *Gattungstheorie und Gattungsgeschichte*. Trier 2007, 101–116.

Marion Gymnich

4. Gattung und Geschichtsphilosophie

Geschichtsphilosophische Auffassungen postulieren unmittelbare Zusammenhänge »zwischen den sozialen, politischen und moralischen Gegebenheiten einer bestimmten Epoche einerseits und den ›faits littéraires‹ andererseits« (Hempfer 1973, 194); sie gehen damit von einer holistischen Betrachtungsweise der Gattungsgeschichte aus. Geschichtsphilosophischen Ansätzen in der Gattungstheorie ist zudem zu eigen, dass sie das Spannungsverhältnis von Gattungen und historischen Prozessen im Hinblick auf Gesetzmäßigkeiten zu beschreiben suchen, die einen direkten Bezug zwischen historischen und literarischen Entwicklungen herzustellen vermögen. Für geschichtsphilosophische Gattungskonzepte sind außerdem zyklische Vorstellungen von Prozessen der historischen Entwicklung wie auch der (daran gekoppelten) Gattungsentwicklung kennzeichnend. Damit beschreiben geschichtsphilosophische Ansätze die Gattungsgeschichte nicht allein aus der Retrospektive, sondern legen letztlich auch Prognosen über zukünftige Entwicklungen nahe. Aus geschichtsphilosophischer Sicht erscheint die Gattungsgeschichte zugleich als Prozess, der universellen Prinzipien folgt, der also in unterschiedlichen Nationalliteraturen gemäß den gleichen Entwicklungsschritten verläuft.

Geschichtsphilosophische Ansätze beschäftigen sich in der Regel nicht mit der Entwicklung eines breiten Spektrums fein ausdifferenzierter Gattungen; sie ziehen hingegen als Bezugsgröße auf literarischer Ebene zumeist die ›Hauptgattungen‹, ›Grundformen‹ oder ›Naturformen‹ Lyrik, Epik und Drama heran, also Kategorien, die in gattungstypologischer Hinsicht auf der höchsten möglichen Abstraktionsebene angesiedelt sind. Zwischen diesen Kategorien und historischen Entwicklungsphasen und Entwicklungsverläufen stellen geschichtsphilosophische Ansätze Korrelationen her, die schon aufgrund des mangelnden Wissens über den Ursprung der drei ›Hauptgattungen‹ tendenziell spekulativen Charakter haben. Für geschichtsphilosophische Ansätze zur Gattungsgeschichte ist ferner kennzeichnend, dass sie auch bezüglich der drei ›Hauptgattungen‹ von einem vergleichsweise vagen Gattungskonzept ausgehen. Gattungen werden in geschichtsphilosophischen Ansätzen in der Regel nicht aufgrund textueller oder außerliterarischer Merkmale unterschieden. Vielmehr erscheinen Gattungen oft eher als dominante Sichtweisen der Welt, »die in einem einzelnen Werk durchaus zusammen auftreten könnten« (Hempfer 1973, 193), statt als definitorisch klar umrissene Textgruppen oder Textreihen.

In aktuellen theoretisch ausgerichteten Forschungen zur Gattungstheorie und Gattungsgeschichte spielen geschichtsphilosophische Ansätze keine zentrale Rolle. Historisch gesehen kommt geschichtsphilosophischen Ansätzen hingegen eine große Bedeutung in der Auseinandersetzung mit gattungsgeschichtlichen Fragen zu. Geschichtsphilosophische Überlegungen zur Erklärung der diachronen Dynamik von Gattungen entstanden im 18. Jh. im Kontext der deutschen Klassik und hatten bis ins 20. Jh. maßgeblichen Einfluss auf die Sichtweise der Prinzipien der Gattungsgeschichte. Aus der spekulativen Ausrichtung und speziell der fehlenden Trennschärfe im Umgang mit Gattungsunterscheidungen, die für geschichtsphilosophische Ansätze charakteristisch ist, folgt, dass geschichtsphilosophische Ansätze für die strukturalistische Richtung in der Gattungstheorie, die sich zu Beginn des 20. Jh.s etablierte, keinerlei geeignete Anknüpfungspunkte boten. Auch für die jüngeren, kognitiv ausgerichteten Ansätze in der Gattungstheorie liefern die geschichtsphilosophischen Vorstellungen von Gattungsgeschichte keine adäquaten Anknüpfungsmöglichkeiten. Die Tatsache, dass geschichtsphilosophische Ansätze den Diskurs über Gattungsgeschichte lange Zeit geprägt haben, mag sogar eine partielle Erklärung für die auffällige Tendenz der Gattungstheorie, synchrone, gattungstypologische Aspekte gegenüber gattungsgeschichtlichen Fragestellungen zu privilegieren, liefern.

Die geschichtsphilosophischen Ansätze zur Erklärung der Gattungsentwicklung, die sich seit der Klassik entwickelt haben, sind in unterschiedlicher Weise ideologisch geprägt und sind in divergierende Wissensparadigma eingebunden. Von besonders nachhaltiger Bedeutung waren jene geschichtsphilosophischen Ansätze, die sich im Kontext des deutschen Idealismus entwickelt haben. Daneben finden sich als zweite wichtige Gruppe geschichtsphilosophische Ansätze marxistischer Prägung. Schließlich sind als dritte Gruppe geschichtsphilosophische Konzepte biologischer Prägung auszumachen, die speziell darwinistisches Denken für die Gattungsgeschichte fruchtbar zu machen suchen. So unterschiedlich diese Ansätze hinsichtlich ihres ideologischen Hintergrunds sind, so starke Parallelen weisen sie doch hinsichtlich der

4. Gattung und Geschichtsphilosophie

Konzeptualisierung der Gattungsentwicklung und insbesondere ihres Bezugs zur Umwelt auf.

Vor allem in der Tradition des deutschen Idealismus verbreiteten sich geschichtsphilosophische Auffassungen der Gattungsgeschichte und nahmen starken Einfluss auf den literaturwissenschaftlichen Diskurs über Gattungen. Geschichtsphilosophische Ansätze idealistischer Prägung, die sich Mitte des 18. Jh.s herausbildeten und in der Gattungspoetik seit der deutschen Klassik und Romantik eine Rolle zu spielen begannen (vgl. Hempfer 1973, 192), basieren auf der Annahme, dass historische Entwicklungen jeglicher Art – und dazu zählt auch die Gattungsgeschichte – nicht kontingent sind, sondern vielmehr bestimmten historisch wiederkehrenden Gesetzmäßigkeiten folgen. Die Menschheitsgeschichte wird in geschichtsphilosophischen Ansätzen zur Gattungsentwicklung in Entwicklungsphasen eingeteilt, die mit den drei ›Hauptgattungen‹ als deren affinem Ausdruck korrelieren. Die historischen Entwicklungsphasen und deren gattungsgeschichtliche Korrelate lassen sich laut geschichtsphilosophischen Vorstellungen »im historischen Entwicklungsprozeß jeder einzelnen Literatur wie in demjenigen der Weltliteratur insgesamt« (Hempfer 1973, 193) identifizieren. Noch in den ersten Jahrzehnten des 20. Jh.s dominierten geschichtsphilosophische Ansätze in der Gattungstheorie. Ging es zunächst um das Feststellen allgemeiner Gesetzmäßigkeiten der Gattungsentwicklung, so wurde in den 1920er und 1930er Jahren zwar die Universalität von gattungsgeschichtlichen Entwicklungen in Zweifel gezogen; zugleich »gehörte die Vorstellung, daß bestimmte ›Gattungen‹ nur zu bestimmten Zeiten möglich sind bzw. sich voll entfalten können, zu den Grundkonzeptionen der Gattungstheorie« (Hempfer 1973, 195) in dieser Zeit. Dies verweist auf die nachhaltige Wirkung geschichtsphilosophischer Vorstellungen der Gattungsentwicklung.

Zu den wichtigsten Vertretern geschichtsphilosophischer Ansätze in der Gattungstheorie zählt auch Lukács, der eine marxistische Ausprägung geschichtsphilosophischer Gedanken entwickelt hat, der aber »die Koppelung eines Formapriorismus mit einer geschichtsphilosophischen Interpretation des Formwandels« (Hempfer 1973, 195) nicht erst in seinen marxistisch ausgerichteten Schriften vertritt. Lukács zählt zu den bis heute prominentesten Vertretern einer deterministischen Auffassung der Gattungsentwicklung, die auf der Annahme basiert, dass eine Weltanschauung nicht nur spezifische literarische Formen hervorbringt, sondern andere ebenso kategorisch ausschließt. So ist gemäß Lukács in der Neuzeit die Gattung des Epos unmöglich geworden und durch den Roman ersetzt worden. In den marxistisch ausgerichteten Arbeiten Lukács lässt sich eine Entwicklung von der Annahme einer Widerspiegelung gesellschaftlicher Verhältnisse in literarischen Formen zu der Vorstellung einer »relative[n] Eigendynamik [...], die den Entwicklungsprozeß von ›Gattungen‹ nicht mehr einfach als Abbildung des gesellschaftlichen Evolutionsprozesses beschreibbar und somit im Rahmen der marxistischen Geschichtsphilosophie prognostizierbar macht« (Hempfer 1973, 199 f.), erkennen.

Geschichtsphilosophische Ansätze biologischer und speziell darwinistischer Prägung, welche die Gattungsgeschichte in Analogie zu Naturgesetzen zu erklären suchen, werden vor allem mit dem Namen Brunetière in Verbindung gebracht. Der klassische Prozess der Entwicklung einer Gattung von der Entstehung über die ›Blütezeit‹ bis zum Verschwinden wird von Brunetière im Rahmen biologischer Vorstellungen als deterministischer Vorgang gedeutet, dessen Ende bereits feststeht. In Analogie zur evolutionären Entwicklung in der Natur sieht Brunetière in Prozessen, die zu einer zunehmenden Komplexität und Heterogenität führen, Grundprinzipien der Gattungsentwicklung und geht darüber hinaus davon aus, dass auch für die Gattungsgeschichte eine (darwinistische) natürliche Auslese anzunehmen ist. Wenngleich nach Brunetière außerliterarische Faktoren – u. a. »die geographischen, klimatologischen, gesellschaftlichen und geschichtlichen Gegebenheiten« (Hempfer 1973, 203) – sowie »die Individualität des Produzenten« (ebd.) durchaus Einfluss auf die Gattungsentwicklung nehmen, so wird der Vorgang der Entstehung, der Weiterentwicklung und des Verfalls literarischer Gattungen doch »zugleich enthistorisiert, durch das ewig Gleiche der natürlichen Gesetzlichkeit in einen geschichtsjenseitigen Raum gebannt« (Bickmann 1984, 122). Brunetières Ansatz zur Erklärung gattungsgeschichtlicher Prozesse lässt sich zum einen sicher als eine Reaktion auf die Wirkmacht des innovativen evolutionären Denkmodells im Kontext der Darwin-Rezeption am Ende des 19. Jh.s erklären; zum anderen lässt sich der geschichtsphilosophische Ansatz aber auch »als Reaktion auf eine rein phänomenologisch-positivistisch verfahrende Literaturgeschichtsschreibung« (Bickmann 1984, 120) auffassen, als Versuch also, ein *Erklärungsmodell* für die diachrone Dynamik literarischer Gattungen zu liefern, das über eine reine Ereignisgeschichte hinausgeht.

Literatur

Bickmann, Claudia: *Der Gattungsbegriff im Spannungsfeld zwischen historischer Betrachtung und Systementwurf: Eine Untersuchung zur Gattungsforschung an ausgewählten Beispielen literaturwissenschaftlicher Theoriebildung im 20. Jh.* Frankfurt a. M. u. a. 1984.

Brunetière, Ferdinand: *L'évolution des genres dans l'histoire de la littérature.* Paris 1890.

Hempfer, Klaus W.: *Gattungstheorie. Information und Synthese.* München 1973.

Lukács, Georg: *Die Theorie des Romans: Ein geschichtsphilosophischer Versuch über die Formen der großen Epik* [1920]. Neuwied, Berlin 1971.

Lukács, Georg: *Der historische Roman: Probleme des Realismus III* [1937], Werke 6. Berlin, Neuwied 1965.

Naumann, Dietrich: *Literaturtheorie und Geschichtsphilosophie. Teil I: Aufklärung, Romantik, Idealismus.* Stuttgart 1979.

Szondi, Peter: *Poetik und Geschichtsphilosophie II: Von der normativen zur spekulativen Gattungspoetik.* Hg. v. Wolfgang Fietkau. Frankfurt a. M. 1974.

Marion Gymnich

5. Gattungshistoriographische Ordnungsmuster

Gattungsgeschichtsschreibung setzt eine retrospektive Strukturierung der Gattungslandschaft in Form einer Gattungstypologie voraus. Damit stellt sich zunächst die Frage, wie differenziert die unterschiedenen Typen sein sollten, um den höchstmöglichen Erkenntnisgewinn zu gewährleisten. Eine sehr grobe Gattungseinteilung wird sicherlich nur in äußerst begrenztem Maße Einsichten generieren können, die aus gattungsgeschichtlicher Sicht interessant sind. Allerdings dürfte sich auch eine sehr kleinteilig angelegte Aufteilung des Gattungsspektrums vielfach als problematisch erweisen, tendiert sie doch dazu, den Blick für größere Zusammenhänge zu verstellen. Probleme bringt außerdem auch der Rückgriff auf historische Systematiken von Gattungen mit sich, denn diese Einteilungen stehen oft nicht in Einklang mit dem aktuellen Stand der Gattungsforschung und können folglich bei der notwendigen retrospektiven Überprüfung nicht bestehen. Gleichwohl bietet es sich in der Gattungshistoriographie an, historische Systematiken von Gattungen zumindest punktuell zu Vergleichen heranzuziehen, schlägt sich in diesen doch die historische Auseinandersetzung mit Gattungskonzepten nieder. Der Vergleich aktueller und historischer Gattungseinteilungen verdeutlicht zudem den Konstruktcharakter, der jedem Versuch, die Gattungslandschaft zu kartographieren, zu eigen ist.

Ein weit verbreitetes und vom ausgehenden 18. Jh. bis in das 20. Jh. gerade in der deutschen Literatur- und Gattungsgeschichtsschreibung äußerst einflussreiches gattungshistoriographisches Ordnungsmuster ist die triadische Unterscheidung in Epik, Lyrik und Dramatik, deren Brauchbarkeit als gattungshistoriographisches Ordnungsmuster inzwischen freilich äußerst zweifelhaft erscheint (vgl. Zymner 2006). Die Gattungstrias ist ein Produkt der gattungstypologischen Systematik des 18. Jh.s, denn »[e]rst nachdem sich der Kollektivsingular ›Lyrik‹ als Sammelbegriff für unterschiedliche Gedichtformen herausgebildet hat und damit neben Epik und Drama eine dritte ›Säule‹ vorhanden ist, kann sich der Übergang von einer bloß klassifikatorischen Regelpoetik zu einer triadischen Gattungskonzeption vollziehen« (Voßkamp 1992, 254). Epik, Lyrik und Dramatik wurden bis ins 20. Jh. oft als »fundamentale anthropologische Kategorien« aufgefasst oder zumindest »mit solchen in Verbindung« gebracht (Hempfer 1973, 62). Vorstellungen von Epik, Lyrik und Dramatik als anthro-

5. Gattungshistoriographische Ordnungsmuster

pologischen Konstanten bzw. ›Naturformen der Dichtung‹ haben somit häufig einen ahistorischen Charakter, vermögen jedenfalls nicht der historischen Spezifität und Dynamik literarischer Gattungen gerecht zu werden und erweisen sich insofern für die Gattungsgeschichtsschreibung als wenig brauchbar. Vor allem durch Staigers *Grundbegriffe der Poetik* wurde die Auffassung von der Gattungstrias als ahistorischer Gattungseinteilung gefestigt, während »in der idealistischen Kunsttheorie [...] das Bewußtsein von der Geschichtlichkeit der Gattungen präsent« (Voßkamp 1992, 255) bleibt. Staiger interpretiert »[d]ie Vielfalt literarischer Formen [...] nicht als Problem geschichtlicher Entwicklungen und damit zusammenhängender, jeweils besonderer historischer Konstellationen; vielmehr geht es ihm um allgemeine anthropologische Grundbefindlichkeiten des Menschen, die im ›Lyrischen, Epischen und Dramatischen‹ zum Ausdruck kommen« (ebd.). Diese Konzeptualisierung der Gattungstrias durch Staiger weist das Konzept folglich als geradezu konträr zum ureigenen Interesse der Gattungshistoriographie aus. Ekman (2003, 87) charakterisiert die auf die Weimarer Klassik zurückgehende triadische Gattungsgliederung als »ausgesprochen intuitive und globale wirkungsästhetische Text-Typologie [...], die im Meinungsaustausch zwischen Goethe und Schiller entworfen worden war und zunächst von der germanistischen Literaturwissenschaft als poetologische ›Grundbegriffe‹ übernommen wurde«. Typologisch betrachtet, stellt die Gattungstrias eine *Komplexitätsreduktion* dar, die dazu tendiert, den Wahrnehmungshorizont zu verengen. Wenn die Gattungstrias als ›Naturformen‹ (Goethe) oder ›Grundbegriffe‹ (Staiger) festgeschrieben wird, dann führt dies zur Marginalisierung oder gar zum kategorischen Ausschluss von Gattungen, die nicht in dieses triadische Schema passen (vgl. Voßkamp 1992, 254). Damit vermag das triadische Gattungskonzept auch der Dynamik, die dem Gattungssystem inhärent ist, nicht gerecht zu werden, wie schon die Versuche einer »Erweiterung dieses Dreierschemas durch eine vierte Großgattung, die didaktische Literatur« (Voßkamp 1997, 656), zeigen. Eine Grobeinteilung in drei (oder vier) Gattungen greift angesichts der Vielfalt der Gattungslandschaft unweigerlich zu kurz. Die zentralen Kritikpunkte an der triadischen Gattungseinteilung betreffen neben dem normativen Charakter der Gattungseinteilung auch die mangelnde historische Differenzierung der Gattungstrias, ihre Ausrichtung auf die antike und klassizistische Gattungslandschaft und die ihr inhärente Perpetuierung eines engen Literaturbegriffs (vgl. Ekman 2003, 87).

Bei der Frage nach gattungshistoriographischen Ordnungsmustern gilt es auch, das Verhältnis von Literaturgeschichte und Gattungsgeschichte zu hinterfragen. In der Literaturgeschichte stellen die Kategorien ›Gattung‹ und ›Epoche‹ die zentralen Ordnungsmuster dar, wobei sich Literaturgeschichten dahingehend, welche dieser beiden Kategorien das dominante Strukturierungsprinzip bildet, durchaus unterscheiden können. Traditionell ist eine Dominanz der Kategorie ›Epoche‹ für die Literaturgeschichtsschreibung kennzeichnend; d.h. die Epochengliederung fungiert in der Regel als primäres Ordnungsmuster, während die Gattungseinteilung das sekundäre, untergeordnete Gliederungsprinzip bildet. Es finden sich jedoch auch Literaturgeschichten, die der Gattung den Stellenwert als primäre Ordnungskategorie zuweisen und damit Literaturgeschichte sehr deutlich als Gattungsgeschichte konzipieren. In einigen neueren deutschsprachigen Geschichten der englischen Literatur beispielsweise bildet die Kategorie ›Gattung‹ das übergeordnete Ordnungskriterium. Dies trifft für die von Erlebach, Reitz und Stein verfasste *Geschichte der englischen Literatur* (2004) ebenso zu wie für die von A. Nünning herausgegebene, stärker selektive Überblicksdarstellung *Eine andere Geschichte der englischen Literatur: Epochen, Gattungen und Teilgebiete im Überblick* (1996), bei der auch schon im Titel das besondere Interesse an gattungsgeschichtlichen Fragen angedeutet wird. Bereits in den 1920er Jahren initiierte Viëtor das Projekt einer *Geschichte der deutschen Literatur nach Gattungen*. Die Bedeutung, die der Kategorie ›Gattung‹ in unterschiedlichen literaturgeschichtlichen Darstellungen im Verlauf der Zeit als Ordnungsmuster jeweils zugewiesen wurde, lässt durchaus bereits tentative Rückschlüsse auf den Stellenwert zu, den die Gattungsforschung in der literaturwissenschaftlichen Forschungslandschaft zu bestimmten Zeitpunkten innehatte. Studien zur »praktischen Gattungsgeschichtsschreibung« (Voßkamp 1997, 657), die bislang fehlen, könnten in dieser Hinsicht auch wissenschaftsgeschichtlich interessante Einsichten vermitteln.

Literaturgeschichtliche Darstellungen unterscheiden sich ferner dahingehend, wie differenziert und reflektiert der Umgang mit der Kategorie ›Gattung‹ sich gestaltet; oft mangelt es bereits an einer Explikation des Gattungsbegriffs. Gerade in deutschen Literaturgeschichten ist zudem ein Rückgriff auf die Trias Epik, Lyrik, Dramatik als Strukturprinzip durchaus nicht unüblich, was als Hinweis darauf gelten kann, dass literaturgeschichtliche Darstellungen oft nicht den Stand der stärker spezialisierten gattungsgeschichtlichen Untersuchungen reflektieren, sondern hinter den Erkenntnisstand der synchron ausgerichteten Gattungstheorie und der Gattungsgeschichte zurückfallen. Ein Desiderat für eine Literaturgeschichtsschreibung als Gattungsgeschichtsschreibung stellt somit sicherlich eine verstärkte Anknüpfung an die aktuelle gattungstheoretische Forschung dar. Insbesondere ein Rückgriff auf »kommunikativ fundierte Gattungstheorien« (Voßkamp 1992, 253) erscheint äußerst produktiv, betonen diese doch »den historischen Charakter literarischer Gattungen im Sinne soziokultureller Konventionen« (ebd.). Wenn sich Literaturgeschichten an der Vorstellung von Gattungen als kommunikativ hergestellten Konsensbildungen, die eine gesellschaftliche Bedürfnissynthese darstellen, orientieren und eine funktionsgeschichtliche Ausrichtung verfolgen, dann kann nicht nur eine Vernetzung von Gattungs- und Literaturgeschichte erfolgen, sondern zugleich wird auch die kulturgeschichtliche Dimension der Gattungs- und Literaturgeschichte hervorgehoben.

Literatur

Bickmann, Claudia: *Der Gattungsbegriff im Spannungsfeld zwischen historischer Betrachtung und Systementwurf: Eine Untersuchung zur Gattungsforschung an ausgewählten Beispielen literaturwissenschaftlicher Theoriebildung im 20. Jh.* Frankfurt a. M. u. a. 1984.
Ekman, Björn: »Lyrisch, episch, dramatisch. Die ›Grundformen‹ der deutschen Klassik – doch noch als ästhetische Typologie brauchbar?« In: Marek Cieszkowski/Monika Szczepaniak (Hg.): *Texte im Wandel der Zeit: Beiträge zur modernen Textwissenschaft* Frankfurt a. M. 2003, 87–111.
Hempfer, Klaus W.: *Gattungstheorie. Information und Synthese.* München 1973.
Lockemann, Wolfgang: *Lyrik, Epik, Dramatik oder die totgesagte Trinität.* Meisenheim a. Glan 1973.
Scherpe, Klaus: *Gattungspoetik im 18. Jh.: Historische Entwicklung von Gottsched bis Herder.* Stuttgart 1968.
Sengle, Friedrich: *Die literarische Formenlehre: Vorschläge zu ihrer Reform.* Stuttgart 1967.
Staiger, Emil: *Grundbegriffe der Poetik.* Zürich ³1956.
Voßkamp, Wilhelm: »Gattungen«. In: Helmut Brackert/Jörn Stückrath (Hg.): *Literaturwissenschaft.* Reinbek 1992, 253–269.
Voßkamp, Wilhelm: »Gattungsgeschichte«. In: *Reallexikon der Deutschen Literaturwissenschaft.* Bd. 1. Hg. v. Klaus Weimar. Berlin, New York 1997, 655–658.
Zymner, Rüdiger: »›Naturformen‹, ›Regeln der Seele‹? Poetogene Dispositionen und literaturwissenschaftliche Gattungstheorie«. In: Uta Klein u. a. (Hg.): *Heuristiken der Literaturwissenschaft. Disziplinexterne Perspektiven auf Literatur.* Paderborn 2006, 293–317.

Marion Gymnich

6. Gegenstände und Gegenstandskonstitution der Gattungsgeschichtsschreibung

Zentraler Gegenstand der Gattungsgeschichtsschreibung ist die »Darstellung der Geschichte 1. einer bestimmten lit[erarischen] Gattung oder 2. eines (z. B. nationalsprachlich oder historisch) begrenzten Zusammenhanges von Gattungen oder 3. der Lit[eratur] unter dem Aspekt ihrer gattungssystematischen Ordnung« (Zymner 2007, 262). Als »historisch hervorgebrachte Organisationsformen jeglichen Schaffens« (Walch 1991, 5) stehen literarische Gattungen in einer dynamischen Wechselbeziehung zu ihrem literarischen und außerliterarischen historischen Entstehungs- und Verbreitungskontext und sind als hochgradig kulturell präformiert sowie als historisch variabel anzusehen. Die Beschäftigung mit der Gattungsgeschichte ist auf das engste mit der Frage der Gattungsdefinition verknüpft, denn erst die Bestimmung einer Gattung erlaubt überhaupt die Rekonstruktion von deren historischer Entwicklung – festzumachen an den einzelnen Beispielen der jeweiligen Gattung und deren zu rekonstruierender Relation zueinander (vgl. Zymner 2003, 199). Die Darstellung der Besonderheiten der historischen Entwicklung einzelner Gattungen über einen mehr oder weniger langen Zeitraum hinweg ist traditionell Gegenstand einer beträchtlichen Anzahl von literaturwissenschaftlichen Studien. Ebenso bildet in Literaturgeschichten die Einteilung in Gattungen neben der Einteilung in Epochen das zweite grundlegende Ordnungs- und Strukturprinzip. Literaturgeschichte lässt sich letztlich von Gattungsgeschichte kaum trennen, da, so etwa Marsh (1979, 104), »Gattungsgeschichte […] in ›Gruppierungen‹ konkretisierte Literaturgeschichte« sei.

Die Bedeutung, die der Gattungsgeschichte als Untersuchungsgegenstand innerhalb der Literaturwissenschaft und in der Literaturgeschichtsschreibung eigentlich folgerichtig zukommen sollte, steht allerdings in einem eklatanten Missverhältnis zu dem Grad an Theoretisierung, den gattungsgeschichtliche Fragestellungen in der Vergangenheit erfahren haben. Die »Theoretisierung und umfassende Beschreibung der G[attungsgeschichte]« wird beispielsweise von Wenzel (2008, 231) nach wie vor als Forschungsdesiderat eingeschätzt. Der geringe Grad an Theoretisierung übergreifender gattungsgeschichtlicher Fragestellungen hat zwangsläufig zur Folge, dass es

6. Gegenstände und Gegenstandskonstitution der Gattungsgeschichtsschreibung

auch vielen gattungsgeschichtlichen Darstellungen von Einzelgattungen an einer gattungstheoretischen Fundierung mangelt. Einer der zentralen Gründe für die mangelnde theoretische Ausdifferenzierung im Bereich der Gattungsgeschichte ist sicherlich in der für das 20. Jh. insgesamt kennzeichnenden ›Systempriorität‹ (vgl. Suerbaum 1993, 92) bzw. Privilegierung der Synchronie zu sehen, die selbst bei einem Interesse für gattungs*theoretische* Fragen einer Vernachlässigung gattungs*geschichtlicher* Fragestellungen Vorschub geleistet hat, wenngleich es wohl »nie eine ausschließlich historische oder ausschließlich synchrone und systematische Betrachtungsweise gegeben« (ebd.) hat. Die überwiegende Zahl gattungstheoretischer Studien beschäftigt sich nach wie vor ausschließlich oder doch zumindest dominant aus synchroner Perspektive mit der Gattungsproblematik. Wenn aber die historische Entwicklung von Gattungen ausgeblendet wird, dann wird man der Komplexität der Gattungsproblematik nicht gerecht werden können, denn »[e]ine Theorie der Gattungen ist immer auch auf die Geschichte der Gattungen angewiesen« (Marsch 1979, 105). Daraus folgt, dass »Gattungstheorie und Gattungsgeschichte […] permanente Aufgaben von Literaturwissenschaft und Literaturgeschichtsschreibung« sind (ebd., 106) und in sehr viel stärkerem Maße vernetzt werden sollten, als dies bisher in der Regel der Fall war.

Im Kontext des Russischen Formalismus und des Strukturalismus war zunächst eine klare Ausrichtung auf die synchrone Dimension der Gattungsproblematik zu beobachten. Seit den 1920er Jahren wurden dann jedoch von Jurij Tynjanov und anderen zentrale Gedanken einer formalistisch ausgerichteten Gattungstheorie, insbesondere die Vorstellung von Gattungen als Systemen, in Richtung einer Theorie gattungsgeschichtlicher Prozesse weiterentwickelt. Wichtige Arbeiten, die Ansätze zu einer Theoretisierung gattungsgeschichtlicher Fragestellungen entwickelten, entstanden zudem in den 1970er Jahren. Neben strukturalistischen Ansätzen, welche die sozialgeschichtliche Dimension der Gattungsgeschichte weitgehend außer Acht ließen, kamen nun auch in starkem Maße literatursoziologische Ansätze zum Tragen, die eine Kontextualisierung literaturgeschichtlicher Entwicklungen einforderten. Fowler, Köhler, Voßkamp und Marsch gehören zu jenen Literaturwissenschaftlern, die in den 1970er Jahren einen wichtigen Beitrag zur Entwicklung einer Theorie der Gattungsgeschichte lieferten. Nach einem Theorieschub in den 1970er und 1980er Jahren hat die Gattungsgeschichte als Forschungsgebiet literaturtheoretischer Überlegungen allerdings wieder einige Zeit weitgehend brach gelegen.

Werden Gattungen definiert, dann ist das Ziel dabei in der Regel primär, ein Konzept zu bestimmen, das nicht an eine bestimmte Epoche gebunden ist, denn »Gattungsbegriffen geht es […] zunächst einmal nur um die ›Zusammenfassung‹ aller Fälle einer Gattung durch den Begriff, gleichgültig, wann und wo und wie diese Fälle ›in der Zeit‹ als geschichtsbildende und geschichtsbeeinflussende Textereignisse auftauchen, während das Auftauchen eines konkreten Falls einer Gattung in der Zeit eine besondere und sich von anderen Fällen der Gattung unterscheidende Erfüllung der statischen, allgemeinen Gattung ist« (Zymner 2003, 191). Laut Marsch (1979, 121) besteht in der Ausrichtung »auf den Nachweis der *Konstanz* einer idealtypischen Form«, welche in der Regel an den kanonisierten Beispielen einer Gattung festgemacht wird, jedoch gerade ein Defizit traditioneller gattungsgeschichtlicher Arbeiten. Durch diese Ausrichtung werde der Blick für Veränderungen, für gattungskonstitutive Entwicklungen verstellt. Eine Historisierung des Gattungskonzepts, welche »die Geschichtlichkeit literarischer Gattungen ernst nimmt und sie als historisch bedingte Kommunikations- und Vermittlungsformen, d. i. als soziokulturelle Phänomene interpretiert und beschreibt« (Voßkamp 1977, 27), stellt nach wie vor ein zentrales Desiderat gattungsgeschichtlicher Forschung dar. Dies bedeutet nicht zuletzt auch, dass eine funktionsgeschichtliche Perspektivierung literarischer Gattungen erforderlich erscheint. Die aus funktionsgeschichtlicher Sicht notwendige »genaue Rekonstruktion eines geschichtlichen ›Erwartungshorizonts‹ bzw. präzise Bestimmung des jeweiligen Interaktionsverhältnisses von Fiktion und Realität« (Voßkamp 1977, 29) stellt ohne Zweifel eine methodologische Herausforderung dar. Versuche, die Entwicklung literarischer Gattungen zu gesellschaftlichen und historischen Veränderungen in Bezug zu setzen, erfordern auf den ersten Blick ein völlig anderes Instrumentarium als es gattungstypologische Ansätze in der Mehrzahl heranziehen. Gleichwohl verspricht eine Vernetzung merkmalsbasierter gattungstypologischer Überlegungen mit außerliterarischen Faktoren einen Grad an Präzision, der in gattungsgeschichtlichen Studien oft fehlt.

Die »Zeitabhängigkeit aller Gattungsphänomene« (Suerbaum 1993, 87) verweist auf die Notwendigkeit einer theoriegeleiteten Gattungsgeschichtsschreibung. Ähnlich argumentiert Fechner (1974), dass sich Gattungen letztlich nur in ihrer diachronen Dynamik, in einem Zustand ›permanenter Mutation‹, erfassen lassen. Dies hat für Gattungsbestimmungen zur Folge, dass diese im Sinne einer ›offenen Gattungspoetik‹ konzipiert werden müssen. Dabei gilt es, die Relation »von überzeitlichem Gattungssystem und einer Geschichtlichkeit, die Gattungen neu entstehen, sich verändern und aussterben läßt« (Suerbaum 1993, 91), zu erfassen.

Die Rekonstruktion von Gattungsgeschichten ist von dem Bestreben geleitet, sinnstiftende Bezüge zwischen einzelnen Texten (als Repräsentanten der Gattung) zu etablieren, denn »Gattungen treten dem Rezipienten als diachrone Reihen entgegen, deren einzelne Glieder eine sowohl chronologische als auch bedingende und bedingte Folge bilden« (Suerbaum 1993, 92). Dabei werden die diachronen Reihen durch eine gattungstypologisch zu identifizierende Orientierung an Normen und Abweichung von Normen strukturiert. Mit Kaiser (1974, 44) lässt sich die retrospektiv wahrgenommene (temporäre) Stabilität einer Gattung als »Nähe zur historisch gewordenen Norm« beschreiben.

Gattungsgeschichte »meint die Darstellung der Geschichte institutionalisierter Textgruppen und -reihen [...], die vom Lesepublikum als solche wiedererkannt werden können und ein eigenes Beharrungsvermögen aufweisen, aber zeitlich begrenzte Dauer und Funktion haben« (Voßkamp 1997, 655). Auf eine Epoche oder einen historischen Zeitpunkt bezogen, lassen sich die verschiedenen jeweils koexistenten Gattungen in Relation zueinander setzen und als System beschreiben (vgl. Wenzel 2008). Dieses System wiederum ist nicht statisch, sondern befindet sich fortwährend in Bewegung. Ein Grundgedanke gattungsgeschichtlich ausgerichteter Ansätze besteht darin, dass Gattungen stets aufeinander und auf soziokulturelle Kontexte reagieren (vgl. Phillips 2003, 212). Will man dem aus gattungsgeschichtlicher Sicht zentralen »systemischem Zusammenhang der Literaturentwicklung« (Bunzel 2005, 8) Rechnung tragen, dann ist es erforderlich, immer auch die sich wandelnde Relation der Gattung zu anderen Gattungen in den Blick zu nehmen. Darüber hinaus bezieht sich die Beschreibung bzw. die Rekonstruktion gattungsgeschichtlichen Wandels auf »Voraussetzungen, Art, Verlauf, Ergebnis der *Transformationen – in bzw. von literarischen [Gattungs-]Systemen* im Kontext des jeweiligen Kultursystems« (Titzmann 1991, 415). Somit lässt sich Gattungsgeschichte als »diachrone Systemtransformation« (Wenzel 2008, 231) begreifen, »die sich auf zwei Ebenen abspielt: auf der Ebene der einzelnen Gattung und auf der Ebene der Gattungslandschaft« (Wenzel 2008, 231).

Jede Form der Geschichtsschreibung ist letztlich von den jeweils zum Tragen kommenden Erkenntnisinteressen geleitet. Auch Gattungen haben deshalb »nicht einfach eine ›objektive‹ und unzweifelhafte Geschichte [...], vielmehr bekommen sie die Geschichte, die ihnen durch eine interessegeleitete Forschung zugeschrieben wird« (Zymner 2003, 204). Gattungsgeschichtsschreibung hat folglich – wie jede Form der Literaturgeschichtsschreibung – unweigerlich *Konstruktcharakter*. Im Prozess der Gattungsgeschichtsschreibung werden zwischen einzelnen literarischen Texten, die mit anderen Texten Merkmalsgemeinsamkeiten aufweisen, Zusammenhänge identifiziert, die zu einem kohärenten Narrativ synthetisiert werden. Bei Versuchen, Gattungsgeschichten zu konstruieren, ist zu berücksichtigen, »daß wir es bei literarischen Gattungen eben nicht mit gleichsam wachsenden oder sich verändernden Organismen zu tun haben, sondern mit Kulturprodukten, die zumeist nachträglich in einen klassifikatorischen oder typologischen und zudem historiographischen Zusammenhang gebracht werden« (Zymner 2003, 204). Aus der Retrospektive kann sich die Geschichte einer literarischen Gattung unter Umständen anders darstellen als für die Zeitgenossen, da oft erst die Berücksichtigung längerer Systemtransformationen eine begründete gattungsgeschichtliche Einordnung bestimmter Texte erlaubt. So werden oft Vorläufer, aber auch Begründer neuer Gattungen erst rückblickend als solche identifiziert werden, da die Traditions- und Reihenbildung sie erst als solche ausweisen müssen. Solche Probleme der Gattungsgeschichtsschreibung sind freilich letztlich ein Problem jeglicher Form von Historiographie. Der Konstruktcharakter von Gattungsgeschichten kommt verstärkt zum Tragen, wenn über die reine *Beschreibung* gattungsgeschichtlicher Prozesse hinaus auch eine ›explanative Komponente‹ (Titzmann 1991, 429) hinzukommt, wenn also erklärt werden soll, weshalb ein bestimmter Veränderungsprozess innerhalb der Gattung oder der Gattungslandschaft erfolgt ist.

Eine der zentralen Herausforderungen, vor denen die Gattungsgeschichtsschreibung steht, besteht darin, an die existierenden theoretischen Modelle zur Gattungsgeschichtsschreibung anzuknüpfen und diese im Lichte der neueren Entwicklungen im Bereich der Gattungstheorie fortzuschreiben und zu ergänzen. Dabei gilt es, Gattungsgeschichte(n) konsequent als Systemgeschichte aufzufassen (vgl. Titzmann 1991, 414). Nicht zuletzt aufgrund der Tatsache, dass aus gattungstheoretischer Sicht relevante Phänomene besonders schwer zu erfassen sind, wenn sie auf die diachrone Achse projiziert werden, scheint es der Forschung im Bereich der Gattungsgeschichte schwerzufallen, mit dem Erkenntnisstand auf dem Gebiet der synchronen Gattungsforschung Schritt zu halten. Zugleich schreibt die Gattungsgeschichte unweigerlich hinsichtlich der angestrebten Theoretisierung und Trennschärfe die Probleme der Definition und Abgrenzung literarischer Gattungen voneinander fort.

Eine genauere Bestimmung des Verhältnisses zwischen der Gattungsgeschichte einerseits und der Literaturgeschichte sowie der Kulturgeschichte andererseits stellt ebenfalls eine Herausforderung für die gattungsgeschichtliche Forschung dar. Zwischen den drei Perspektiven bestehen offensichtliche Affinitäten, aber auch deutliche Unterschiede. Manche Literaturgeschichten verstehen sich zugleich auch als Gattungsgeschichten; die Mehrheit der Literaturgeschichten orientiert sich allerdings an multiplen Kriterien. Die Gattungsgeschichtsschreibung teilt viele Probleme mit der Literaturgeschichtsschreibung. Eines dieser Probleme ist das der Selektion der Beispiele. So stellt die Selektion der in der Gattungshistoriographie berücksichtigten Texte schon insofern ein Problem dar, als der Ausschluss und die Einbeziehung bestimmter Texte unter Umständen zu völlig unterschiedlichen Lesarten der Gattungsentwicklung führen können.

Literatur

Bunzel, Wolfgang: *Das deutschsprachige Prosagedicht: Theorie und Geschichte einer literarischen Gattung der Moderne.* Tübingen 2005.

Fechner, Jörg-Ulrich: »Permanente Mutation – Betrachtungen zu einer ›offenen‹ Gattungspoetik«. In: Horst Rüdiger (Hg.): *Die Gattungen in der Vergleichenden Literaturwissenschaft.* Berlin, New York 1974, 1–31.

Fowler, Alastair: *Kinds of Literature: An Introduction to the Theory of Genres and Modes.* Oxford 1982.

Gymnich, Marion/Neumann, Birgit: »Vorschläge für eine Relationierung verschiedener Aspekte und Dimensionen des Gattungskonzepts: Der Kompaktbegriff Gattung«. In: Marion Gymnich/Birgit Neumann/Ansgar Nünning (Hg.): *Gattungstheorie und Gattungsgeschichte.* Trier 2007, 31–52.

Gymnich, Marion/Birgit Neumann/Ansgar Nünning (Hg.): *Gattungstheorie und Gattungsgeschichte.* Trier 2007.

Kaiser, Gerhard R: »Zur Dynamik literarischer Gattungen«. In: Horst Rüdiger (Hg.): *Die Gattungen in der Vergleichenden Literaturwissenschaft.* Berlin, New York 1974, 32–62.

Köhler, Erich: »Gattungssystem und Gesellschaftssystem«. In: *Romanistische Zeitschrift für Literaturgeschichte* 1 (1977), 7–21.

Marsch, Edgar: »Gattungssystem und Gattungswandel«. In: Wolfgang Haubrichs (Hg.): *Probleme der Literaturgeschichtsschreibung.* Göttingen 1979, 104–123.

Phillips, Mark Salber: »Histories, Micro- and Literary: Problems of Genre and Distance«. In: *New Literary History* 34 (2003), 211–229.

Suerbaum, Ulrich: »Text, Gattung, Intertextualität«. In: Bernhard Fabian (Hg.): *Ein anglistischer Grundkurs: Einführung in die Literaturwissenschaft.* Berlin 1993, 81–123.

Titzmann, Michael: »Skizze einer integrativen Literaturgeschichte und ihres Ortes in einer Systematik der Literaturwissenschaft«. In: Ders. (Hg.): *Modelle des literarischen Strukturwandels.* Tübingen 1991, 395–438.

Trappen, Stefan: *Gattungspoetik. Studien zur Poetik des 16. bis 19. Jh.s und zur Geschichte der triadischen Gattungslehre.* Heidelberg 2001.

Voßkamp, Wilhelm: »Gattungen als literarisch-soziale Institutionen«. In: Walter Hinck (Hg.): *Textsortenlehre – Gattungsgeschichte.* Heidelberg 1977, 27–42.

Voßkamp, Wilhelm: »Gattungen«. In: Helmut Brackert/Jörn Stückrath (Hg.): *Literaturwissenschaft.* Reinbek 1992, 253–269.

Voßkamp, Wilhelm: »Gattungsgeschichte«. In: *Reallexikon der Deutschen Literaturwissenschaft.* Bd. 1. Hg. v. Klaus Weimar. Berlin, New York 1997, 655–658.

Walch, Günter: »Aktuelle Tendenzen und Probleme des *genre criticism* aus anglistischer Sicht«. In: *Zeitschrift für Anglistik und Amerikanistik* 39 (1991), 5–15.

Wenzel, Peter: »Gattungsgeschichte«. In: Ansgar Nünning (Hg.): *Metzler Lexikon Literatur- und Kulturtheorie.* Stuttgart, Weimar ⁴2008, 231–232.

Zymner, Rüdiger: *Gattungstheorie. Probleme und Positionen der Literaturwissenschaft.* Paderborn 2003.

Zymner, Rüdiger: »Gattungsgeschichte«. In: *Metzler Lexikon Literatur.* 3. Aufl. hg. v. Dieter Burdorf u. a. Stuttgart, Weimar 2007, 262 f.

Marion Gymnich

7. Historische Systematik von Gattungen

Die Geschichte literarischer Gattungen ist bereits seit der Antike von vielfältigen Versuchen einer Systematisierung des jeweils synchron existierenden Gattungsspektrums begleitet. Solche Ansätze zu einer Systematisierung des Gattungsspektrums sind in erster Linie Gegenstand von Poetiken; sie sind aber mitunter auch in Textsorten wie dem Vorwort oder dem Prolog zu finden. Jegliche Formulierung einer Systematik literarischer Gattungen ist letztlich immer auch ein normbildendes Moment zu eigen, das sich insofern stabilisierend auf die Gattungsentwicklung auswirken kann, als ein poetologischer Text Gattungsunterscheidungen in der Regel nicht nur identifiziert, sondern diese auch festschreibt und vielfach sogar mit expliziten Wertungen versieht. Aber selbst ohne Wertung ist für historische Systematiken von Gattungen tendenziell ein bewahrender Charakter kennzeichnend.

Historische Systematiken von Gattungen können aufgrund ihres normbildenden Charakters potenziell in starkem Maße beeinflussen, welche Gattungen in einem Literatursystem zu einem bestimmten Zeitpunkt akzeptiert oder auch nur wahrgenommen werden. Gerade der Etablierung von Gattungssystematiken in *normativen Poetiken*, die bis Ende des 18. Jh.s großen Einfluss auf die Literaturproduktion in vielen europäischen Literaturen genommen haben, kann ein lenkender Einfluss auf die Gattungsgeschichte beigemessen werden. Gattungspoetiken bilden historisch gesehen einen wichtigen Faktor im Prozess der Konsensbildung bezüglich Gattungen und im Prozess der Institutionalisierung von Gattungen. Dies ist in besonderem Maße dann der Fall, wenn die Gattungssystematik mit Wertungen einhergeht und klare Hierarchien zwischen unterschiedlichen Gattungen etabliert. Während Aristoteles' *Poetik* noch kein normativer Charakter zugeschrieben wird, entfaltete sich seit dem Hellenismus »die Normativität der Poetik […], indem sie sich seit jener Zeit als an ideal begriffenen Mustern orientierte, aus denen allgemeingültige Regeln abgeleitet wurden, denen jedes neue Werk gehorchen mußte« (Hempfer 1973, 57). Gattungssystematiken und insbesondere Gattungshierarchien kann also tendenziell ein Bestreben zur Aufrechterhaltung des *status quo*, zugesprochen werden. So lässt sich zwar beispielsweise zwischen dem Niedergang des Epos und dem parallelen Bedeutungsverlust normativer Poetiken, welche das Epos an der Spitze der Gattungshierarchie angesiedelt hatten, sicherlich kein simpler ursächlicher Zusammenhang herstellen. Gleichwohl war der schwindende Einfluss von Gattungshierarchien einer von mehreren Faktoren, die den historischen Bedeutungsverlust des Epos begünstigt haben. Poetiken können die Literaturproduktion beeinflussen, indem sie bestimmte Gattungsmuster gewissermaßen zur Nachahmung und Fortführung der Traditionslinie zur Verfügung stellen und in das kulturelle Gedächtnis einschreiben, andere hingegen kategorisch ausschließen. Vom Ausschluss können nicht nur einzelne Gattungen betroffen sein; oft werden gerade auch Gattungsmischungen ausgeschlossen, da Poetiken schon im Interesse der Systematisierung dazu tendieren, die Grenzen zwischen Gattungen hervorzuheben. Insofern wirken Poetiken Gattungsmischungen bzw. -hybridisierungen als einer der Möglichkeiten zur Entstehung neuer Gattungen zumindest theoretisch entgegen.

Hinsichtlich ihrer tatsächlichen Wirkung auf die Literaturproduktion variieren die historischen Systematiken von Gattungen freilich sehr stark. Gerade solche Systematiken literarischer Gattungen, die aus der Antike stammen (Aristoteles, Cicero, Horaz, Quintilian), hatten weit über ihre Entstehungszeit hinaus erheblichen Einfluss auf die Produktion, Rezeption und Verbreitung von Literatur. Parallel zu der anhaltenden Rezeption antiker Poetiken und oft in direkter Auseinandersetzung mit der antiken Tradition der Poetik sind in den einzelnen Nationalliteraturen eigene Poetiken verfasst worden. Während im 17. und 18. Jh. insbesondere in Frankreich »eine Poetik vorherrschte, die den Autoren präzise Vorschriften machte und die vor allem dem Dramatiker einengende formale und strukturelle Bedingungen auferlegte« (Suerbaum 1993, 104 f.), wurden in England »die Fragen der Regelpoetik zwar auch lebhaft diskutiert, aber die einheimische Tendenz zur Durchlässigkeit der Gattungen […] wurde nicht aufgegeben« (ebd.).

Die Kriterien, die bei der Systematisierung von Gattungen zugrunde gelegt werden, können erheblich variieren, und die existierenden Gattungssystematiken sind folglich hochgradig kulturell und historisch variabel. Neben hierarchisch strukturierten Systematiken literarischer Gattungen lassen sich schon seit der Antike auch andere Ausprägungen einer historischen Gattungssystematik antreffen. Die zugrunde gelegten Differenzierungskriterien waren dabei tendenziell eher formaler als inhaltlicher Art. In der Antike und im Mittelalter finden sich beispielsweise Versuche, Gattungen anhand metrischer Unterschiede zu differenzieren (vgl. Fowler 1982, 239 f.). Auch Ansätze zur Systematisierung literarischer Gattungen anhand von Stilhöhen haben sich als äußerst einflussreich erwiesen (vgl. ebd., 241).

Unabhängig von den zugrunde gelegten Differenzierungskriterien werden historische Systematisierungen literarischer Gattungen zumeist der historischen Wandlungsfähigkeit von Literatur nicht gerecht, sondern sind bestrebt, überzeitlich konstante Systeme zu beschreiben (vgl. ebd., 235). Historische Systematiken des Gattungssystems gehen bisweilen von der Annahme universeller Gattungsunterscheidungen aus und vermögen folglich der Tatsache, dass das Gesamtrepertoire literarischer Gattungen sich in permanentem Wandel befindet, nicht Rechnung zu tragen. Hierin besteht ein zentraler Unterschied zwischen der Herangehensweise an Gattungsfragen in traditionellen Gattungspoetiken und in der modernen Gattungsgeschichtsschreibung, die gerade den permanenten Wandel zu erfassen sucht. Aus der Retrospektive erscheinen historische Systematiken von Gattungen in Form von Poetiken bisweilen denn auch stärker als literatur- und kulturgeschichtliches Dokument denn als produktiver Ansatz zu einer historischen Gattungstypologie. Eine historische Systematik von Gattungen kann erheblich von der heutigen Sicht der Gattungslandschaft in einer früheren Epoche abweichen. Selbst hinsichtlich der Zuordnung bestimmter Einzeltexte zu Gattungen kann aus der Retrospektive eine erhebliche Abweichung von historischen Gattungssystematiken zu verzeichnen sein, denn »[i]m Verlauf der Rezeptionsgeschichte ändert sich gerade bei wichtigen und in der Wirkung fortdauernden Werken oft die Zuordnung und der Gruppenzusammenhang« (Suerbaum 1993, 88).

Das strukturalistisch-formalistische Konzept der Gattungssystematik, das von Tynjanov u. a. entwickelt wurde, impliziert ebenfalls eine Systematisierung und hierarchische Relationierung zwischen verschiedenen Gattungen. Anders als die Autoren normativer Gattungspoetiken versuchen die russischen Formalisten allerdings nicht, Gattungshierarchien ideologisch zu legitimieren und festzuschreiben. Vielmehr betonen sie die Veränderlichkeit von Gattungshierarchien und setzen sich zum Ziel, wertungsfrei zu erklären, wie und aus welchen Gründen Gattungshierarchien und die Systematik von Gattungen sich verändern können (vgl. Duff 2003, 557).

Literatur

Duff, David: »Maximal Tensions and Minimal Conditions: Tynianov as Genre Theorist«. In: *New Literary History* 34 (2003), 553–563.
Fowler, Alastair: *Kinds of Literature: An Introduction to the Theory of Genres and Modes*. Oxford 1982.
Hempfer, Klaus W.: *Gattungstheorie. Information und Synthese*. München 1973.
Marsch, Edgar: »Gattungssystem und Gattungswandel«. In: Wolfgang Haubrichs (Hg.): *Probleme der Literaturgeschichtsschreibung*. Göttingen 1979, 104–123.
Suerbaum, Ulrich: »Text, Gattung, Intertextualität«. In: Bernhard Fabian (Hg.): *Ein anglistischer Grundkurs: Einführung in die Literaturwissenschaft*. Berlin 1993, 81–123.
Tynyanov, Yury: »The Literary Fact« [1924]. In: David Duff (Hg.): *Modern Genre Theory*. Harlow 2000, 29–49.
Zymner, Rüdiger: »›Naturformen‹, ›Regeln der Seele‹? Poetogene Dispositionen und literaturwissenschaftliche Gattungstheorie«. In: Uta Klein u. a. (Hg.): *Heuristiken der Literaturwissenschaft. Disziplinexterne Perspektiven auf Literatur*. Paderborn 2006, 293–317.

Marion Gymnich

8. Institution/ Institutionalisierung

Die Definition von Gattungen als ›literarisch-sozialen Institutionen‹ impliziert, dass Gattungsgeschichte als »literarisch-soziale Institutionengeschichte« (Voßkamp 1977, 30) zu konzeptualisieren und damit im Kontext größerer gesellschaftlicher Entwicklungsprozesse zu verorten ist. Gattungsgeschichte lässt sich laut Voßkamp (ebd.) in Analogie zur Institutionengeschichte »als Folge eines Auskristallisierens, Stabilisierens und institutionellen Festwerdens von dominanten Strukturen beschreiben, die durch besondere Merkmale geprägt sind«. Durch diese literatursoziologisch ausgerichtete Definition von Gattungen und von Gattungsgeschichte, gemäß deren die Entstehung von Gattungen als ›Institutionalisierung‹ und das Ende von Gattungen als ›Entinstitutionalisierung‹ gefasst werden können, wird der Blick nachdrücklich auf die Bedeutung gelenkt, die dem Sozialsystem Literatur für die Herausbildung und den Entwicklungsverlauf von Gattungen zukommt. Die Entstehung von literarischen Gattungen ist nach Voßkamp als Prozess der Habitualisierung und der nachfolgenden Institutionalisierung aufzufassen. Der ›historisch-institutionelle Charakter‹ von Gattungen (vgl. ebd., 29) konkretisiert sich zunächst in ›literarisch-sozialen Konsensbildungen‹ (vgl. ebd.). In diesen Konsensbildungen kommt maßgeblich zum Tragen, inwieweit eine Gruppe oder Reihe von Texten im Kontext gesellschaftlicher Bedürfnislagen adäquate Antworten zu liefern vermag. So steht etwa »die Institutionalisierung des Romanmodells ›Bildungsroman‹ im Zusammenhang eines für die Neuzeit grundlegenden Paradigmawechsels von der epischen Darstellung öffentlicher Handlungen und Ereignisse im Epos zur Nachzeichnung einer privaten, ›inneren Geschichte eines Menschen‹ im modernen Roman« (Voßkamp 1989, 338). Ist ein hinreichender Konsens im Literatursystem erreicht, so werden damit mehr oder minder uniforme »Kontinuitätserwartungen« (Voßkamp 1977, 30) in Bezug auf die Inhalte, Formen und/oder Funktionen einer Gattung etabliert, die wiederum auch Auswirkungen auf die Literaturproduktion haben, denn grundsätzlich ist von einem »dynamischen Wechselprozeß zwischen rezeptiver Erwartung und produktiver Bestätigung« (ebd., 34) auszugehen. Der Prozess der Institutionalisierung entscheidet darüber, welche Gattungen in einer Gesellschaft wahrnehmbar werden. Kennzeichnend ist für Gattungen aber neben einer Stabilisierung durch Kontinuitätserwartungen auch »die Unvoraussehbarkeit ihrer Funktionalität« bzw. ihre »relative Autonomie« (ebd., 30), die auch Raum für Kreativität und Veränderung lässt.

Betrachtet man den Prozess der Institutionalisierung genauer, so wird rasch deutlich, dass in diesem Prozess verschiedene Akteure im Sozialsystem Literatur Einfluss auf den Verlauf der Gattungsgeschichte nehmen können. Sicherlich trägt die Herausbildung von (festen) Begriffen zur Bezeichnung einer Gattung maßgeblich zur Institutionalisierung und Wahrnehmbarkeit einer Textreihe als Gattung bei. Folglich kann man dem literaturwissenschaftlichen Diskurs generell sowie der Literatur- und Gattungsgeschichtsschreibung im Besonderen einen hohen Stellenwert im Prozess der Institutionalisierung von Gattungen beimessen. Normative Poetiken hatten darüber hinaus bis ins 18. Jh. eine hochgradig stabilisierende Wirkung auf die Gattungslandschaft. Über die Literaturwissenschaft und die Poetik hinaus können aber zahlreiche weitere Akteure den Prozess der Institionalisierung beeinflussen; hierzu zählen natürlich die Literaturproduzenten selbst (u. a. durch die recht häufig anzutreffende Verwendung von Gattungsbezeichnungen als Untertiteln, die stabilisierende Wirkung haben kann), aber auch »Literaturkritiker und -rezensenten [...], Verlage und selbst Buchhändler und Bibliothekare [...], sofern sie sich aktiv oder konstruktiv [...] an der Kommunikation über die Normen und Grenzen der ›Literatur hier und jetzt‹ mit Zuschreibungen, Einteilungsvorschlägen oder Äußerungen über deren Geltungsbedingungen beteiligen« (Zymner 2007, 106). Bei der Verstetigung von Gattungen über eine aktuelle Konsensbildung hinaus, die das historische Beharrungsvermögen von Gattungen begründet, kommt Literaturgeschichten eine zentrale Bedeutung zu, fungieren diese doch »als übergeordnetes Narrativ eines schriftlich fixierten kollektiven Gattungsgedächtnisses, das zunächst scheinbar dem Vergessen explizit entgegenwirkt« (Detmers 2007, 187). Aufgrund der bei jeder Form von Geschichtsschreibung unerlässlichen Selektivität leisten Literaturgeschichten aber zugleich unweigerlich dem kulturellen Vergessen bzw. der Entinstitutionalisierung bestimmter Gattungen Vorschub, wie etwa im englischsprachigen Bereich an der *novel in verse* deutlich wird (vgl. ebd.). Entinstitutionalisierung ist ein Prozess des Vergessens, er kann aber durchaus auch als aktiver Prozess betrachtet werden, steht er doch vielfach im Zusammenhang mit »institutionell gestützte[n] Ausschlussmechanismen, wie etwa das Zensieren, Aussortieren, Marginalisieren oder Tabuisieren« (Detmers 2007, 187).

Das Phänomen der Institutionalisierung literarischer Gattungen hängt auf das engste mit der Frage der Kanonisierung einzelner literarischer Werke wie auch größerer Textkorpora zusammen. Während in der Literaturwissenschaft Gattungsunterscheidungen perpetuiert, weiter ausdifferenziert, aber auch kritisch reflektiert werden, sind jene Bereiche, die nicht als Teil des literarischen Kanons gelten, zumindest traditionell weitgehend von dieser Diskussion ausgeschlossen, da sie aus literaturwissenschaftlicher Sicht »dem Vergessen anheim gegeben« (Neuhaus 2002, 13) sind. Daher mangelt es bezüglich solcher Gattungen, die traditionell aus dem literarischen Kanon ausgeschlossen waren, an einer differenzierten Debatte über Gattungsunterscheidungen und Gattungsentwicklungen. Für viele Texte dient somit die (grobe) Zuordnung zu einer Textsorte bereits als Kriterium für deren Ausschluss aus einer differenzierteren gattungsgeschichtlichen Diskussion. Im Zuge der Ansätze zu einer Kanonrevision in den letzten Jahrzehnten hat sich das Spektrum der auch aus gattungstypologischer und gattungsgeschichtlicher Sicht als relevant erachteten Texte allerdings erweitert. Die viel beschworene ›kulturwissenschaftliche Wende‹ der Literaturwissenschaft hat ebenfalls einer Erweiterung des Spektrums der Gattungen, die auf wissenschaftliches Interesse stoßen, Vorschub geleistet. Zu unterscheiden ist außerdem hinsichtlich der Gattungen, die Berücksichtigung finden, zwischen den verschiedenen nationalen Traditionen der Literaturgeschichtsschreibung. Während die Literaturgeschichtsschreibung im deutschsprachigen Raum traditionell zur Perpetuierung eines engen Literaturbegriffs tendierte, ist für die englische Literaturgeschichtsschreibung ein weiter(er) Literaturbegriff kennzeichnend, der traditionell beispielsweise durchaus auch nicht-fiktionalen Gattungen in Literaturgeschichten Raum gab. Gleichwohl ist auch für die englische Literaturgeschichtsschreibung ein deutlich stärkeres Interesse an fiktionalen Gattungen, die auch in der deutschen Literaturwissenschaft im Zentrum standen, festzustellen, und damit waren für die Institutionalisierung fiktionaler Gattungen und Subgattungen historisch besonders günstige Voraussetzungen gegeben.

Literatur

Detmers, Ines: »»Mut(Maßungen) zur Lücke«: Kulturelles Vergessen und Kontingente Gattungsentwicklung am Beispiel der modernen *novel in verse*«. In: Marion Gymnich/Birgit Neumann/Ansgar Nünning (Hg.): *Gattungstheorie und Gattungsgeschichte* Trier 2007, 185–203.

Neuhaus, Stefan: *Revision des literarischen Kanons*. Göttingen 2002.

Todorov, Tzvetan: »The Origin of Genres« [1976]. In: David Duff (Hg.): *Modern Genre Theory* Harlow 2000, 193–209.

Voßkamp, Wilhelm: »Gattungen als literarisch-soziale Institutionen. Zu Problemen sozial- und funktionsgeschichtlich orientierter Gattungstheorie und -historie«. In: Walter Hinck (Hg.): *Textsortenlehre – Gattungsgeschichte*. Heidelberg 1977, 27–44.

Voßkamp, Wilhelm: »Der Bildungsroman als literarisch-soziale Institution. Begriffs- und funktionsgeschichtliche Überlegungen zum deutschen Bildungsroman am Ende des 18. und Beginn des 19. Jh.s«. In: Christian Wagenknecht (Hg.): *Zur Terminologie der Literaturwissenschaft*. Stuttgart 1989, 337–352.

Zymner, Rüdiger: »Gattungsvervielfältigung: Zu einem Aspekt der Gattungsdynamik«. In: Marion Gymnich/Birgit Neumann/Ansgar Nünning (Hg.): *Gattungstheorie und Gattungsgeschichte* Trier 2007, 101–116.

Marion Gymnich

9. Leitgattungen

Normbildung, normstabilisierende Faktoren und Abweichungen von der Norm spielen eine zentrale Rolle, will man die diachrone Dynamik des Gattungssystems erfassen. Während normbildende Werke (Einzeltexte oder Textgruppen) in Bezug auf die Entwicklung einer einzelnen Gattung eine stabilisierende Wirkung haben können, wirken sich Leitgattungen zumindest temporär stabilisierend auf das System konkurrierender Gattungen aus. Versteht man mit Tynjanov die Gattungslandschaft als ein System konkurrierender Gattungen, dann sind Leitgattungen jene Gattungen, die zu einem bestimmten Zeitpunkt in der Gattungskonkurrenz dominant sind. Da Verschiebungen in der Gattungskonkurrenz dem System inhärent sind, ist davon auszugehen, dass die dominante Position der Leitgattung nur von begrenzter Dauer sein wird. In der Tat haben sich die Leitgattungen im Verlauf der Literaturgeschichte immer wieder geändert. Leitgattungen büßen ihre normbildende Funktion ein, wenn ihr Potenzial erschöpft scheint, wie Tynjanov am Beispiel der russischen Ode aufgezeigt hat (vgl. Duff 2003, 557 f.).

Historisch gesehen, hatte das Konzept der Leitgattung freilich keinen deskriptiven Status, sondern muss vielmehr normativ-wertend gesehen werden. In normativen Gattungspoetiken wird nicht nur eine Hierarchie literarischer Gattungen festgeschrieben, sondern es werden vielfach auch bestimmte Gattungen als Leitgattungen identifiziert. Im Konzept der Leitgattung wird also der lenkende Einfluss, den Poetiken bis in das 18. Jh. auf die Gattungsgeschichte ausübten, in besonderem Maße deutlich. Gerade die Identifikation einer Gattung als Leitgattung ist dazu angetan, eine bestimmte Aufteilung der Gattungslandschaft und eine spezifische Gewichtung innerhalb des Gattungsspektrums zu perpetuieren und so potenziell auch die zukünftige Entwicklung der Gattungsgeschichte zu prägen. Welche Gattung in einer literaturgeschichtlichen Epoche als Leitgattung fungiert, hängt maßgeblich vom jeweiligen relativen Status der Gattungen im gesamten Gattungssystem ab.

Die Tatsache, dass z. B. englische Gattungspoetiken das Epos in der Zeitspanne vom 16. bis zum frühen 18. Jh. an der Spitze der Gattungshierarchie situiert haben, hat ohne Zweifel einen maßgeblichen Beitrag zu der Blüte, welche die Gattung in diesem historischen Zeitraum in der englischen Literatur erfahren hat, geleistet. Zugleich lässt sich am Beispiel der Bedeutung des Epos in der englischen Literatur der Restaurationszeit aber auch die mögliche Wirkung von Leitgattungen auf das Gattungssystem über die Leitgattung selbst hinaus verdeutlichen. Wenn eine Gattung innerhalb der Gattungshierarchie einen hohen Stellenwert hat und als Leitgattung fungiert, dann kann sie eine gewisse Strahlkraft auf koexistierende Gattungen ausüben bzw. zur Entstehung neuer Gattungen und Gattungsmodifikationen beitragen. Dies lässt sich im England der Restaurationszeit (1660–1700) in Bezug auf das Verhältnis von Versepos und Drama feststellen. Die sich in der Restaurationszeit neu herausbildende Gattung des heroischen Dramas, die von 1664 bis Mitte der 1670er Jahre einen kurzen Höhepunkt erlebte, wurde von ihrem Begründer und wichtigsten Vertreter Dryden in dessen einflussreichem poetologischen Essay *Of Heroic Plays* (1672) explizit als Adaptation der Konventionen des heroischen Versepos für die Bühne konzipiert. Insbesondere die Sprache des heroischen Dramas, aber auch die Thematik und die Figurenkonzeption lassen die Anlehnung an das Epos als Leitgattung deutlich erkennen.

Das normative Konzept der Leitgattung im Sinne von wertenden Gattungshierarchien hat seine Bedeutung spätestens mit dem Verschwinden normativer Gattungspoetiken im 18. Jh. eingebüßt. Gleichwohl lassen sich auch für spätere Epochen durchaus noch Gattungen identifizieren, die den Status von Leitgattungen innehaben. Wenngleich das Konzept der Leitgattung in der normativen Gattungspoetik verwurzelt zu sein scheint, so lässt sich doch mit Voßkamps Vorstellung von Gattungen als Antworten auf gesellschaftliche Bedürfnislagen ein produktiver Erklärungsansatz für das temporäre Auftreten bestimmter Gattungen als Leitgattungen finden. Definiert man Gattungen als Reaktionen auf gesellschaftliche Bedürfnisse, Probleme und Fragestellungen, dann erscheinen jene Gattungen geradezu als Leitgattungen prädestiniert, die in besonders überzeugender Weise Antworten auf die jeweiligen gesellschaftlichen Problemlagen zu geben wissen. Eine Veränderung der Bedürfnislage tendiert folglich dazu, die bisherige Leitgattung hinsichtlich ihres normbildenden Status zu diskreditieren. Konzipiert man Leitgattungen in dieser Weise, so stellt sich freilich die Frage, anhand welcher Kriterien sich festmachen lässt, welche Gattungen besonders überzeugende Antworten auf gesellschaftliche Bedürfnislagen zu geben wissen. Einen Anhaltspunkt kann sicherlich die Popularität einer Gattung in einer bestimmten Epoche liefern. Quantitative Kriterien (alleine) können es aber wohl kaum sein, welche die funktionsgeschichtliche Bestimmung einer Leitgattung zulassen. Der Bildungsroman beispielsweise lässt sich durchaus aufgrund von qualitativen Kriterien als eine der Leitgattungen der deutschen Literatur des ausgehenden 18. und 19. Jh.s auffassen, bietet er doch gleich in mehrfacher Hinsicht eine Antwort auf gesellschaftliche Bedürfnislagen (vgl. Voßkamp 1989). So »liefert diese Romanform eine ›Antwort‹ auf historische Bedürfnisse und Dispositionen bürgerlicher Leser« (Voßkamp 1992, 261) und ist in »starkem Maße [...] mit historisch-politischen Wandlungsprozessen verknüpft« (ebd.). Der Bildungsroman kann als vielschichtige Reaktion auf eine gesellschaftliche Bedürfnissynthese betrachtet werden, was ihn geradezu als Leitgattung zu prädestinieren scheint.

Quantitative und qualitative (im Sinne von ästhetisch-wertenden) Kriterien zur Bestimmung von Leitgattungen sind keineswegs unumstritten. Bunzel beispielsweise betrachtet das Prosagedicht als Leitgattung der Moderne, ohne dass diese Gattung »rein mengenmäßig den Zeitraum um 1900 dominieren würde« (Bunzel 2005, 6). Ebenso wenig schlägt sich die Stellung des Prosagedichts als Leitgattung darin nieder, dass die qualitativ wichtigsten Werke der Zeit dieser Gattung zuzurechnen sind oder dass die Gattung in literarischen Debatten der Zeit besondere Prominenz erlangte. Vielmehr lässt sich laut Bunzel der Status einer Gattung als Leitgattung an deren systemverändernder Funktion innerhalb des Konkurrenzverhältnisses unterschiedlicher Gattungen festmachen. So argumentiert Bunzel (2005, 79) in Bezug auf die Rolle des Prosagedichts als Leitgattung der Moderne, dass dessen »eigentliche Bedeutung [...] in seiner Funktion als Katalysator der innerliterarischen Entwicklung« zu sehen sei: »Es wirkt als Störelement, das zu einer Deformation der herkömmlichen literarischen Klassifikationsparameter führt und so eine Erneuerung des Formenspektrums und – in Konsequenz daraus – eine Umstrukturierung des Gattungssystems erfordert. Indem das Prosagedicht die weitere Ausdifferenzierung literarischer Ausdrucksmuster in Gang bringt und vorantreibt, trägt es in erheblichem Maß zur Überwindung des vormodernen Textsortenkanons bei« (ebd.). Aus strukturalistischer Sicht lässt sich also der Status einer Gattung als Leitgattung an deren Wirkung auf das Gattungssystem und speziell an dem Potenzial dieses umzustrukturieren festmachen.

Literatur

Bunzel, Wolfgang: *Das deutschsprachige Prosagedicht: Theorie und Geschichte einer literarischen Gattung der Moderne*. Tübingen 2005.

Duff, David: »Maximal Tensions and Minimal Conditions: Tynianov as Genre Theorist«. In: *New Literary History* 34 (2003), 553–563.

Opacki, Ireneusz: »Royal Genres« [1963]. In: David Duff (Hg.): *Modern Genre Theory*. Harlow 2000, 118–126.

Tynianov, Yuri: »On Literary Evolution«. In: Ladislav Matejka/Krystyna Pomorska (Hg.): *Readings in Russian Poetics: Formalist and Structuralist Views*. Cambridge, MA 1971.

Tynyanov, Yury: »The Literary Fact« [1924]. In: David Duff (Hg.): *Modern Genre Theory*. Harlow 2000, 29–49.

Voßkamp, Wilhelm: »Der Bildungsroman als literarisch-soziale Institution. Begriffs- und funktionsgeschichtliche Überlegungen zum deutschen Bildungsroman am Ende des 18. und Beginn des 19. Jh.s«. In: Christian Wagenknecht (Hg.): *Zur Terminologie der Literaturwissenschaft*. Stuttgart 1989, 337–352.

Voßkamp, Wilhelm: »Gattungen«. In: Helmut Brackert/Jörn Stückrath (Hg.): *Literaturwissenschaft*. Reinbek 1992, 253–269.

Marion Gymnich

10. Normbildende Werke

Normbildende Werke, d. h. einzelne literarische Werke, die den Verlauf der Geschichte einer bestimmten Gattung maßgeblich prägen, lassen sich für viele Gattungen identifizieren und spielen daher eine bedeutsame Rolle, wenn man die Dynamik der Gattungsentwicklung erfassen will (vgl. Voßkamp 1977, 30). Suerbaum (1993, 106) etwa stellt fest: »Es gibt kaum eine Gattung, deren Geschichte nicht durch Prototypen und Modelltexte mitbestimmt worden ist.« Bei normbildenden Werken handelt es sich um solche Texte, die in besonders deutlicher Weise die Merkmale einer Gattung zu verkörpern scheinen und insofern als Prototypen gelten können. Die Gattungsgeschichte ist grundsätzlich durch ein Wechselspiel von Normsetzung und Abweichung von Normen gekennzeichnet, wobei oft einzelne, normbildende Werke eine lenkende Funktion übernehmen. So argumentiert Kaiser (1974, 45), dass »große Werke häufig Gattungen auflösen oder konstituieren, oft beides«. D. h. normbildende Werke markieren oft Zäsuren in der Gattungsentwicklung und weisen somit einen »innovativ systemverändernden Status« (Titzmann 1991, 415) auf.

Häufig stehen normbildende Werke am Beginn einer gattungsgeschichtlich relevanten Reihe. So wird etwa Goethes *Wilhelm Meister* oft als normbildend und zugleich als Ursprung der Gattung Bildungsroman betrachtet; ähnliches trifft für Scotts Roman *Waverley* zu, der als normbildend und begründend für die Gattung des historischen Romans angesehen wird. Bei normbildenden Werken muss es sich aber keineswegs notwendig um die ersten Beispiele einer Gattung handeln. Da der Entstehung neuer Gattungen in der Regel die Herausbildung von Subgattungen vorangeht, bedarf es vielfach eines vorgängigen Prozesses von Abweichungen von der Norm, bis Werke entstehen können, die als normbildend für eine neue Gattung betrachtet werden können.

Normbildende Texte können zudem einen zentralen stabilisierenden Faktor in der Gattungsentwicklung darstellen, wenn sie eine Gattung begründet oder doch zumindest in der Wahrnehmung der Zeitgenossen gefestigt haben. Durch den Rückbezug auf die Merkmale eines Prototyps in anderen literarischen Werken wird eine Kontinuitätslinie geschaffen, die auch eine retrospektive, gattungskonstituierende Reihenbildung erleichtert. Wenngleich normbildende Werke für die Gattung einen »gemeinsamen Bezugsrahmen« (Suerbaum 1993, 107) schaffen, führen sie doch nicht notwendig zu Uniformität und Homogenisierung; vielmehr kann durch die Bezugnahme auf ein normbildendes Werk sogar »die Individualität der Texte umso deutlicher zutage treten« (ebd.). Normbildende Werke können somit ebenso zum Bezugspunkt von epigonenhaften Nachahmungen werden wie auch von solchen kreativen Weiterentwicklungen einer Gattung, die im Rahmen der etablierten Normen bleiben und diese lediglich mehr oder weniger virtuos zu variieren wissen. Die normbildende Funktion bestimmter literarischer Texte korreliert mit einer Tendenz zu deren Kanonisierung, bzw. es gilt umgekehrt auch, dass eine Aufnahme in den literarischen Kanon die normbildende Wirkung eines Werks über einen längeren Zeitraum hinweg zu unterstützen vermag. Oft handelt es sich bei normbildenden Werken um Texte, die den Status von ›Meisterwerken‹ haben; die normbildende Funktion literarischer Werke ist jedoch nicht notwendig an deren literarisch-ästhetischen Wert gebunden: »Wichtiger als der künstlerische Rang ist die Eignung zur Nachahmung, die Verwendbarkeit der Werkstruktur als abwandelbares, mit verschiedenen Inhalten zu füllendes Schema« (Suerbaum 1993, 107).

Bei normbildenden Werken kann es sich sowohl um Einzeltexte als auch um kleinere Gruppen von Texten, beispielsweise die Werke eines bestimmten Autors, handeln, so etwa »die Epen Homers, Boccacios Novellen oder Richardsons Briefromane« (Voßkamp 1977, 30). Eine gattungsgeschichtliche Orientierung an einem einzigen normbildenden Werk lässt sich schon für die Antike und vor allem die römische Literatur der Antike ausmachen (vgl. Suerbaum 1993, 106). In der Renaissance lebte die Tendenz zur Bezugnahme auf normbildende Werke wieder auf, was nicht zuletzt auf die für diese Epoche kennzeichnende ästhetische Ausrichtung auf die Antike zurückzuführen ist: »In der europäischen Renaissance wurde nicht nur das antike Gattungssystem wiederbelebt, sondern auch die Orientierung an einem als Muster betrachteten klassischen Werk oder Autor fortgesetzt und verstärkt« (Suerbaum 1993, 106). Die normbildende Wirkung bestimmter Einzelwerke findet mitunter sogar in der Gattungsbezeichnung ihren Niederschlag, wie die nach Morus' *Utopia* benannte Utopie und die Robinsonade, die ihren Namen von Defoes Roman *Robinson Crusoe* ableitet, exemplarisch zeigen (vgl. Voßkamp 1977, 30). Normbildende Werke sind in einigen Gattungen mit besonderer Häufigkeit anzutreffen und besitzen in gewissen Gattungen auch tendenziell öfter einen unangefochtenen modellbildenden Status. Voßkamp (1977, 31) argumentiert, dass

»[b]esonders bei deutlich zweckgerichteten Gattungen, etwa im theologisch-heilsgeschichtlichen oder politischen Bereich (vgl. z. B. Evangelien, Gleichnisse, Bibelepik [...]) und in vornehmlich durch das jeweilige Medium ermöglichten Gattungen (z. B. Kalendergeschichten, Fortsetzungsromane) bestimme konstante Erwartungen gegenüber den Gattungsmodellen in entscheidendem Maße die Werkproduktion« prägen.

Welche Werke normbildende Wirkung haben können, lässt sich letztendlich nur durch eine Bezugnahme auf die relevanten Umwelten erklären. Schließlich können normabweichende Werke auch singulär bleiben, also gerade keine normbildende Wirkung entfalten, was vor allem in »Krisen- bzw. Experimentierphasen zu erwarten« (Titzmann 1991, 419) ist, wie dies beispielsweise für Goethes *Faust II* gelten mag (vgl. ebd., 420). Titzmann (ebd., 424) argumentiert, dass eine »Akzeptanz zunächst singulärer Texte [als normbildend] notwendig eine Funktion des Denk- bzw. Literatursystems« sei. Aus funktionsgeschichtlicher Sicht besteht eine zentrale Voraussetzung dafür, dass ein Werk normbildende Wirkung haben kann, darin, dass dieses Werk in inhaltlicher und formaler Hinsicht ein Angebot als Antwort auf gesellschaftliche Bedürfnislagen darstellt, das als produktiv aufgefasst wird. Einen Einflussfaktor zur Etablierung bestimmter literarischer Werke als normbildend können aber beispielsweise auch literarische Schulen darstellen, innerhalb deren günstige Voraussetzungen für eine Konsensbildung gegeben sind (vgl. Fowler 1982, 155), was die Wahrscheinlichkeit der Ausrichtung auf ein bestimmtes normbildendes Werk oder eine Gruppe normbildender Texte steigert.

Wenngleich normbildende Werke großen Einfluss auf die Entwicklung einer Gattung haben können, so ist die Gattungsgeschichte – wie die Literaturgeschichte generell – doch »mehr als die Summe ihrer ›Meisterwerke‹ bzw. einer »*Teilmenge der privilegierten Texte*, die durch deskriptiv nachweisbare, epocheninterne (literar)historische Relevanz oder durch die evaluative Setzung einer Wertung ausgezeichnet worden sind« (Titzmann 1991, 414). Normbildende Werke können zwar innerhalb eines Gattungssystems für Stabilität sorgen, indem sie als Bezugsrahmen dienen, die Gattungsgeschichte zeichnet sich aber durch eine Vielzahl dem Prototyp mehr oder minder nahestehender Texte aus. Ebenso relevant wie die ›Meisterwerke‹ ist für eine Gattungsgeschichte auch der »Kontext der (quantitativ weit überwiegenden) Menge der sonstigen literarischen Texte, in deren Rahmen überhaupt erst die privilegierten Texte sinnvoll situiert werden können« (ebd.).

Literatur

Fowler, Alastair: *Kinds of Literature: An Introduction to the Theory of Genres and Modes*. Oxford 1982.

Kaiser, Gerhard R.: »Zur Dynamik literarischer Gattungen«. In: Horst Rüdiger (Hg.): *Die Gattungen in der Vergleichenden Literaturwissenschaft*. Berlin, New York 1974, 32–62.

Suerbaum, Ulrich: »Text, Gattung, Intertextualität«. In: Bernhard Fabian (Hg.): *Ein anglistischer Grundkurs: Einführung in die Literaturwissenschaft*. Berlin 1993, 81–123.

Titzmann, Michael: »Skizze einer integrativen Literaturgeschichte und ihres Ortes in einer Systematik der Literaturwissenschaft«. In: Ders. (Hg.): *Modelle des literarischen Strukturwandels*. Tübingen 1991, 395–438.

Voßkamp, Wilhelm: »Gattungen als literarisch-soziale Institutionen. Zu Problemen sozial- und funktionsgeschichtlich orientierter Gattungstheorie und -historie«. In: Walter Hinck (Hg.): *Textsortenlehre – Gattungsgeschichte*. Heidelberg 1977, 27–44.

Marion Gymnich

11. Theorien des historischen Endes von Gattungen

Wenngleich Gattungsgeschichte als prinzipiell »zur Zukunft hin dynamischer Prozeß« (Voßkamp 1997, 655) konzipiert wird, so ist doch immer wieder das historische Ende bestimmter Gattungen, also ein Verschwinden von Gattungen aus dem Gattungsspektrum bzw. das Abbrechen von als Gattung definierbaren diachronen Textreihen zu konstatieren. Ein grundsätzliches Problem, das sich für Theorien des historischen Endes von Gattungen stellt, betrifft die Frage, an welchen Kriterien das Abbrechen einer gattungskonstituierenden Reihe von Texten sich festmachen lässt, zumal das Ende einer Gattung mitunter parallel zur Entstehung einer neuen Gattung verläuft, die bestimmte inhaltliche und formale Merkmale oder auch funktionale Aspekte der verschwindenden Gattung übernimmt. In der Mehrzahl der Fälle lässt sich das Ende von Gattungen nicht präzise identifizieren, sondern es stellt vielmehr einen graduellen Prozess dar, der unter Umständen in der Herausbildung einer neuen Gattung mündet, die mehr oder minder eng mit der verschwundenen Gattung verwandt erscheint (vgl. Fowler 1982, 165).

Betrachtet man die Gattungslandschaft im Sinne des Gattungskonzepts des russischen Formalismus als System, in dem die einzelnen Gattungen mehr oder weniger in Konkurrenz miteinander stehen, dann können Verschiebungen zugunsten bestimmter Gattungen in dem auf Konkurrenz angelegten System zum Ende anderer Gattungen führen. Tynjanov betrachtet die Parodie als zentralen Katalysator im Prozess der Veränderungen im Gattungssystem, welcher zum Verschwinden bestimmter Gattungen führt und eine Neuorganisation des Gattungssystems herbeizuführen vermag; damit ist der Parodie ein destruktives und ein regeneratives Potenzial zugleich zu eigen (vgl. Duff 2003, 554). Letztendlich lässt sich das historische Ende von Gattungen zwar als Verschiebung im Gattungssystem beschreiben, ist aber nicht allein systemimmanent zu erklären; vielmehr sind zur Erklärung des historischen Endes von Gattungen immer auch komplexe kontextuelle Aspekte zu berücksichtigen.

Mehr noch als bei den Entstehungstheorien von Gattungen wird bei Theorien des historischen Endes von Gattungen auf außerliterarische Faktoren, auf ›Umweltveränderungen‹ (vgl. Wenzel 2008), Bezug genommen. Das historische Ende von Gattungen lässt sich in manchen Fällen sehr unmittelbar auf Veränderungen im soziokulturellen Kontext zurückführen; in anderen Fällen machen sich die Auswirkungen soziokultureller Veränderungen hingegen erst mittelbar bemerkbar. Geht man mit Voßkamp von einer Vorstellung von Gattungen als Antworten auf (sich wandelnde) gesellschaftliche Bedürfnislagen aus, dann lässt sich auch das historische Ende literarischer Gattungen im Rahmen dieses Modells erklären. Was in einer Epoche gesellschaftlich relevant ist, muss in einer späteren Epoche nicht mehr gleichermaßen bedeutsam sein. Sobald Gattungen nicht mehr auf gesellschaftlich virulente Fragestellungen reagieren können und kulturelle Bedürfnisse nicht länger zu befriedigen vermögen, verlieren sie ihre Wirkmacht und werden durch die im Literatursystem geltenden Spielregeln delegitimiert bzw. entinstitutionalisiert (vgl. Voßkamp 1977). Das Ende von literarischen Gattungen wird gemäß diesem Ansatz also maßgeblich durch eine Verschiebung gesellschaftlicher Bedürfnislagen herbeigeführt.

Geistesgeschichtliche Veränderungen stellen sicherlich einen entscheidenden Faktor für das Ende literarischer Gattungen dar (vgl. Fowler 1982, 166). Ein geistesgeschichtlicher Wandel kann Erklärungs- und Sinnstiftungsmodelle, also beispielsweise die Welt- oder Menschenbilder, die sich in einer Gattung niederschlagen, diskreditieren und so letztlich auch zum Ende der betreffenden Gattung beitragen. Bei einem durch geistesgeschichtliche Veränderungen induzierten Verschwinden literarischer Gattungen handelt es sich tendenziell um einen allmählichen, graduellen Prozess.

Veränderungen auf politischer Ebene können gleichfalls zum historischen Ende von Gattungen führen. So wurde etwa das Ende der Rachetragödie, die sich im jakobäischen England am Beginn des 17. Jh.s großer Beliebtheit erfreute, durch die Schließung der Theater mit Ausbruch des englischen Bürgerkriegs im Jahr 1642 herbeigeführt. Wie dieses Beispiel zeigt, sind Veränderungen der politischen Situation in sehr viel stärkerem Maße als ein geistesgeschichtlicher Wandel dazu angetan, zu einem abrupten Abbruch der Geschichte einer bestimmten Gattung zu führen. Zu berücksichtigen ist freilich auch, dass politische Veränderungen vielfach einen geistesgeschichtlichen bzw. ideologischen Wandel induzieren, so dass geistesgeschichtliche und politische Einflussfaktoren zusammenwirken und sich wechselseitig verstärken. Die Schließung der Theater in England zwischen 1642 und 1660 etwa lässt sich nicht allein auf den Ausbruch des Bürgerkriegs, sondern auch auf die sprichwörtliche Theater- und Vergnügungsfeindlichkeit der in dieser Zeit politisch einflussreichen Puritaner zurückführen. Politische Einflussfaktoren konkretisieren sich mitunter auch in der Gesetzgebung, wie etwa im Verbot öffentlicher Theateraufführungen in England zwischen 1642 und 1660, oder auch in Form von Zensur, also in aktiven, lenkenden staatlichen Eingriffen in das Literatursystem.

Wie die obigen Beispiele gezeigt haben, kann das historische Ende von Gattungen in manchen Fällen sehr klar auf außerliterarische Faktoren zurückgeführt werden. Darüber hinaus kann das Ende von Gattungen aber auch durch das kreative Potenzial von Autoren oder literarischen Schulen, durch ein *Streben nach Erneuerung*, erklärt werden. Erscheinen die Möglichkeiten zur inhaltlichen und formalen Variation, die innerhalb einer Gattung angelegt sind, erschöpft, so kann dies seitens der Literaturproduzenten zu Formexperimenten führen, welche zum Ersetzen einer Gattung durch eine andere führen. Vor dem historischen Ende von Gattungen lässt sich bisweilen eine Phase ausmachen, in der die ›Erschöpfung‹ des Gattungsmusters sich bereits auf textueller Ebene in den Beispielen der betreffenden Gattung bemerkbar macht. Gekennzeichnet ist diese Phase insbesondere durch das Auftreten von Parodien sowie von einer Tendenz zur Metaisierung, d. h. zur selbstreflexiven Beschäftigung mit den Merkmalen der betreffenden Gattung. Mit solchen Verfahren werden die Grenzen der Ausdrucksmöglichkeiten der jeweiligen Gattung erprobt. ›Meta-Sonette‹ wie etwa Robert Gernhardts »Materialien zu einer Kritik der bekanntesten Gedichtform italienischen Ursprungs« (1981) lassen sicherlich die Hypothese zu, dass die Möglichkeiten dieser Gattung nach Jahrhunderten der inhaltlich-thematischen und formalen Transformation weitgehend erschöpft scheinen. Gattungsparodien und eine selbstreflexive, innerliterarische Thematisierung von Gattungskonventionen können durchaus längere Zeit neben ›regulären‹ Ausprägungen der Gattung existieren.

Die Chancen für das Fortbestehen einer Gattung lassen sich auch zur Flexibilität der Gattungsmerkmale in Bezug setzen; so kann eine »mangelnde Mutationsfähigkeit des Regelsystems (wie im Falle des petrarkistischen Liebessonetts)« (Wenzel 2008, 231) in letzter Konsequenz zum Ende einer Gattungstradition führen. Hingegen »besitzen diejenigen Gattungen die größten Überlebens- und Entwicklungschancen, deren Regelsystem sich (wie das des Krimis) als variabel und anpassungsfähig erweist« (Wenzel 2008, 231). Neben dem endgültigen Ende literarischer Gattungen besteht auch die Möglichkeit, dass gattungskonstituierende diachrone Textreihen lediglich für einen mehr oder weniger langen Zeitraum unterbrochen sind, um später wieder aufgegriffen zu werden. Das erneute Anknüpfen an eine Gattungstradition kann sich im Extremfall auf ein Werk beschränken; denkbar ist aber auch, dass sich wiederum eine umfangreiche Gattungsreihe entwickelt. Gleichwohl ist bei dem Vorliegen einer diachronen Lücke anzunehmen, dass sich die Gattung in mancher Hinsicht substanziell verändert hat (vgl. Fowler 1982, 169). Günstige Voraussetzungen für die Wiederbelebung einer Gattung sind dann gegeben, wenn die betreffende Gattung bzw. der Gattung zugehörige Werke Teil des literarischen Kanons sind und insofern im kulturellen Gedächtnis verankert sind.

Literatur

Duff, David: »Maximal Tensions and Minimal Conditions: Tynianov as Genre Theorist«. In: *New Literary History* 34 (2003), 553–563.

Fowler, Alastair: »The Life and Death of Literary Forms«. In: *New Literary History* 2.2 (1971), 199–216.

Fowler, Alastair: *Kinds of Literature: An Introduction to the Theory of Genres and Modes.* Oxford 1982.

Voßkamp, Wilhelm: »Gattungen als literarisch-soziale Institutionen«. In: Walter Hinck (Hg.): *Textsortenlehre – Gattungsgeschichte* Heidelberg 1977, 27–42.

Voßkamp, Wilhelm: »Gattungsgeschichte«. In: *Reallexikon der Deutschen Literaturwissenschaft.* Bd. 1. Hg. v. Klaus Weimar. Berlin, New York 1997, 655–658.

Wenzel, Peter: »Gattungsgeschichte«. In: Ansgar Nünning (Hg.): *Metzler Lexikon Literatur- und Kulturtheorie.* Stuttgart, Weimar [4]2008, 231–232.

Marion Gymnich

12. Theorien generischen Wandels

Wie Ansätze zur Erklärung literarischen Strukturwandels generell setzen auch Theorien generischen Wandels ein systemisches Denken voraus, da »Wandel nur als Transformation von Systemen in Korrelation mit deren systematischen Umwelten adäquat beschrieben werden kann« (Titzmann 1991, 3). Hinsichtlich der Theorien generischen Wandels ist grundsätzlich zwischen systemisch-funktional ausgerichteten Ansätzen, die in der Tradition des russischen Formalismus und des Strukturalismus stehen, und kommunikativ-funktionsgeschichtlich ausgerichteten Ansätzen zu unterscheiden.

Nachdem der russische Formalismus zunächst – ähnlich wie strukturalistische Ansätze generell – auf die synchrone Beschreibung von Gattungen anhand von distinktiven Merkmalen ausgerichtet war und die diachrone Perspektive nicht in den Blick genommen hatte, lieferte Tynjanov in den 1920er Jahren einen wegweisenden Ansatz zur Deskription und Erklärung der diachronen Dimension literarischer Gattungen. Tynjanov fasst sowohl einzelne literarische Werke als auch Gattungen sowie Literatur als Ganzes als dynamische Systeme auf, deren Elemente in hierarchischer Relation zueinander stehen, d. h. einander notwendig innerhalb des Systems über- oder untergeordnet sind. Die Entwicklung von Gattungen resultiert aufgrund ihres Systemcharakters aus Veränderungen bezüglich der hierarchischen Relation zwischen den Elementen des Systems, wobei die grundsätzliche Tendenz zu derartigen Verschiebungen dem Systemcharakter bereits inhärent ist. Neben Verschiebungen hinsichtlich der Dominanzverhältnisse zwischen den einzelnen gattungskonstituierenden Elementen sind auch Veränderungen in den hierarchischen Relationen zwischen verschiedenen Gattungen für die Gattungsentwicklung prägend. Die graduelle Auflösung einer Gattung lässt sich als Verschiebung zur Peripherie des Gattungssystems beschreiben (vgl. Tynyanov 2000, 33). Analog können weniger wichtige Gattungen im Verlauf der Zeit an Bedeutung gewinnen und ins Zentrum des Systems rücken. Die Hierarchie der Gattungen ist also in diachroner Perspektive variabel, wobei die fortwährende Gattungskonkurrenz zu einem Wandel einzelner Gattungen sowie zu deren Verschwinden führen kann. Das systeminhärente Potential zum Wandel von Gattungen verdichtet sich laut Tynjanov in der Parodie, welche als Indikator und Katalysator sich verändernder Relationen der gattungskonstituierenden Elemente zueinander dient, da sie überholte Anordnungen offenlegt und neue Möglichkeiten der Strukturierung und Gewichtung impliziert (vgl. Duff 2003, 554). Insofern kann die Parodie sowohl zum historischen Ende von Gattungen als auch zur Entwicklung neuer Gattungen beitragen.

Geht man davon aus, dass Gattungen in kommunikativen Prozessen und über Konsensbildung definiert werden, dann ist zu folgern, »dass neue Gattungen gewissermaßen in sozialen, kommunikativen Prozessen eingeführt werden« (Zymner 2007, 104). Die gattungsgeschichtliche Dynamik ist also letztlich durch einen kollektiven Prozess der Konstruktion von Gattungskonzeptionen und der Konsensbildung über diese Konstrukte bestimmt. In diesem Prozess der Konsensbildung kommen soziokulturelle Veränderungen, also diverse außerliterarische Aspekte, darunter auch mediale Veränderungen (vgl. Fechner 1974, 20), als zentrale Faktoren für einen Wandel einzelner Gattungen oder auch der Gattungslandschaft insgesamt zum Tragen, wobei freilich nicht von einer 1:1-Entsprechung zwischen gesellschaftlichen und gattungsgeschichtlichen Entwicklungen auszugehen ist, denn »die literarischen Gattungen wie Dichtung überhaupt spiegeln die gesellschaftlichen Verhältnisse und Veränderungen keineswegs in jedem Fall wider; sie verhalten sich oft neutral zu ihnen oder stehen zu ihnen in eklatantem Widerspruch« (Berger 1974, 85). Konzipiert man, Voßkamp folgend, Gattungen dominant als Reaktionen auf bestimmte gesellschaftliche oder gruppenspezifische Fragestellungen, Probleme und Bedürfnislagen, so erscheinen gesellschaftliche Veränderungen nicht nur als ein wichtiger Impuls für die Entstehung literarischer Gattungen, sondern auch für deren Entwicklung im Laufe der Zeit, denn »Systeme transformieren sich, um *aktuelle* Probleme zu lösen« (Titzmann 1991, 430). Ändern sich gesellschaftliche Bedürfnislagen, so muss dies nicht zum historischen Ende einer Gattung führen, sondern kann auch einen Entwicklungsprozess der Gattung initiieren bzw. vorantreiben, indem ein latentes Potential zur Sinnstiftung realisiert wird. Das Vorliegen von »koexistenten, aber widersprüchlichen Bedürfnissen« (Titzmann 1991, 424) kann einer Stabilisierung von Gattungsmustern entgegenwirken und der Aushandlung »immer neuer Kompromißbildungsversuche zwischen beiden Bedürfnissen, ein[em] Zwang zur beständigen Transformation« (ebd.) Vorschub leisten.

Die typologische Beschreibung verschiedener Formen der Gattungsentwicklung stellt nach wie vor eine

12. Theorien generischen Wandels

Herausforderung für Theorien generischen Wandels dar, denn bislang herrscht kein Konsens über die möglichen Typen von Entwicklungsprozessen. Köhler (1977) etwa differenziert vier zentrale Entwicklungsmuster: (1) eine Kapazitätssteigerung einzelner Gattungen; (2) das Entstehen neuer Gattungen; (3) das Entstehen hybrider Gattungen und (4) die Veränderung des gesamten Gattungssystems. Als zentralen Impuls für diese Formen der Veränderung der Gattungslandschaft betrachtet Köhler außerliterarische Faktoren. Ähnlich wie Köhlers Typologie ist auch Fowlers (1982) Versuch, die unterschiedlichen Formen generischen Wandels zu systematisieren, insofern problematisch, als die unterschiedlichen Typen der Gattungstransformation nicht auf derselben Ebene angesiedelt sind. Fowler unterscheidet die folgenden neun Typen generischen Wandels: (1) *Thematische Innovation*, wobei Themen allerdings nicht notwendig völlig neu eingeführt werden müssen, sondern auch in neuer Weise ins Zentrum rücken oder aber aus anderen Gattungen, Nationalliteraturen oder Medien entlehnt sein können; (2) *Kombination*, d. h. die innovative Verbindung von Elementen aus unterschiedlichen Gattungen, z. B. in der Tragikomödie, die Elemente des bürgerlichen Trauerspiels und des weinerlichen Lustspiels verbindet (vgl. Zymner 2003, 212); (3) *Aggregation*, d. h. die Verbindung mehrerer kürzerer Werke zu einem komplexeren Werk, wie etwa im Briefroman, im Sonettzyklus oder auch in Boccaccios *Decamerone*; (4) eine *Änderung des Umfangs* in Form von Macrologia (einer signifikanten Ausweitung eines bestimmten Aspekts, wie im Fall der extensiven Regieanweisungen in Shaws Dramen), Brachylogia (der Reduktion einer umfänglicheren Gattung) oder Auslassung; (5) *Funktionswandel*; (6) eine Entstehung von *Antithesen zu existierenden Gattungen*, etwa im pikaresken Roman als Anti-Romanze; (7) *Gattungseinbettung*, d. h. das Aufgreifen einer Gattung im Rahmen einer anderen Gattung; (8) *Selektion* (ein Typus, der bei Fowler unklar bleibt) und (9) *Gattungsmischung* oder *Gattungshybridisierung*. Zwar liefert Fowlers Typologie einen Überblick über verschiedene gattungsgeschichtlich sicherlich relevante Phänomene, aber eine konsistente Typologie von Formen generischen Wandels bietet sie wohl kaum.

In einem äußerst produktiven Ansatz zu einer Systematisierung der Gesetzmäßigkeiten der Gattungsentwicklung differenziert Zymner (2007, 105 f.) drei Typen der Gattungsvervielfältigung, zu denen er wiederum jeweils Untertypen ansetzt. Dabei knüpft er an Voßkamps Vorstellung von Gattungsentwicklung als Prozess, der sich als Institutionalisierung fassen lässt, an. Gattungsvervielfältigung konkretisiert sich für Zymner (ebd.) als: (1) »Hinzufügung zum bestehenden institutionellen Rahmen«; (2) »Variation oder Veränderung von Gattungen innerhalb eines bestehenden institutionellen Rahmens«; (3) »Veränderung des Literaturbegriffes und damit der historisch und kulturell flexiblen Institution Literatur, also des Rahmens selbst.« Zymner unterscheidet ferner für alle drei genannten Typen Subtypen, ausgehend von der Unterscheidung zwischen der ›Teilnehmerperspektive‹ und der ›Beobachterperspektive‹ (ebd., 106), wobei sich die beiden Perspektiven hinsichtlich ihrer (zeitlichen und/oder kulturellen) Distanz zum Gegenstand unterscheiden. So konkretisiert sich die ›Hinzufügung zum bestehenden institutionellen Rahmen‹ aus der Teilnehmerperspektive als »(I) Erfindung neuer Gattungen«, als »(II) Nachahmung fremdsprachiger Vorbilder« und als »(III) Übersetzung als Transfer von einer Literatur in eine andere« (Zymner 2007, 107). Der zweite Typus, die ›Variation von Gattungen innerhalb eines bestehenden institutionellen Rahmens‹, manifestiert sich aus der Teilnehmerperspektive in Gattungstransformationen und Gattungshybridisierungen. Der dritte Typus von Gattungsvervielfältigung aus Teilnehmerperspektive, die ›Veränderung des Literaturbegriffes und damit des Rahmens selbst‹ schließlich findet u. a. in Prozessen der Kanonrevision seinen Niederschlag oder auch in der Berücksichtigung zuvor marginalisierter oraler Traditionen (vgl. ebd., 109). Das Phänomen der Gattungsvervielfältigung aus der Beobachterperspektive in Form einer ›Hinzufügung zum bestehenden institutionellen Rahmen‹ kommt in einer retrospektiven Neuordnung der Gattungslandschaft vorgängiger Epochen zum Ausdruck. Als Beispiel für dieses Phänomen nennt Zymner (ebd., 109 f.) die mittelhochdeutsche Gattung des Maere, eine relativ kurze Reimpaarerzählung, die seit der Mitte des 13. Jh.s nachgewiesen werden kann, aber erst im 20. Jh. als eigenständige Gattung definiert wurde. In ähnlicher Weise kann aus der Beobachterperspektive auch die ›Variation oder Veränderung von Gattungen innerhalb eines bestehenden institutionellen Rahmens‹ eine kritische Neuperspektivierung erfahren, infolge deren »ein Beobachter Unterscheidungen vor- oder wahrnimmt, die bislang im Hinblick auf die betreffende existierende Gattung nicht vor- oder wahrgenommen wurden, und dadurch ein neues Genre oder Subgenre konstituiert« (ebd., 110). Der Fall der ›Veränderung des Literaturbegriffes und damit der historisch und kulturell flexiblen Institution Literatur, also des Rahmens selbst‹, aus Beobachterperspektive schließlich konkretisiert sich in der retrospektiven Umkategorisierung bestimmter Textgruppen als Literatur sowie in der retrospektiven Revision des Kanons.

Hinsichtlich der gattungsdynamischen Prozesse kann zudem laut Zymner (ebd., 112) zwischen einer starken und einer schwachen Variante der Gattungsvervielfältigung differenziert werden. Eine starke Form der Gattungsvervielfältigung liegt in solchen Fällen vor, in denen eine Gattung »sich im Wissensbestand einer Gruppe oder Gesellschaft etabliert, normierend wie auch interpretationslenkend« (ebd.), in Fällen also, in denen ein breiter Konsens erzielt wird. Bei der schwachen Spielart der Gattungsvervielfältigung mangelt es (zunächst zumindest) hingegen an einer breiten Konsensbildung, was die Etablierung und Stabilisierung der Gattung erschwert.

Literatur

Becker, Sabina: »Die bürgerliche Epopöe im bürgerlichen Zeitalter: Zur kulturgeschichtlichen Fundierung des Bildungs- und Entwicklungsromans im 19. Jh.«. In: *Euphorion* 101 (2007), 61–86.

Berger, Willy R.: »Probleme und Möglichkeiten vergleichender Gattungsforschung«. In: Horst Rüdiger (Hg.): *Die Gattungen in der Vergleichenden Literaturwissenschaft*. Berlin, New York 1974, 63–92.

Duff, David: »Maximal Tensions and Minimal Conditions: Tynianov as Genre Theorist«. In: *New Literary History* 34 (2003), 553–563.

Fechner, Jörg-Ulrich: »Permanente Mutation – Betrachtungen zu einer ›offenen‹ Gattungspoetik«. In: Horst Rüdiger (Hg.): *Die Gattungen in der Vergleichenden Literaturwissenschaft*. Berlin, New York 1974, 1–31.

Fowler, Alastair: *Kinds of Literature: An Introduction to the Theory of Genres and Modes*. Oxford 1982.

Kaiser, Gerhard R.: »Zur Dynamik literarischer Gattungen«. In: Horst Rüdiger (Hg.): *Die Gattungen in der Vergleichenden Literaturwissenschaft*. Berlin, New York 1974, 32–62.

Köhler, Erich: »Gattungssystem und Gesellschaftssystem«. In: *Romanistische Zeitschrift für Literaturgeschichte* 1 (1977), 7–21.

Titzmann, Michael: »Skizze einer integrativen Literaturgeschichte und ihres Ortes in einer Systematik der Literaturwissenschaft«. In: Ders. (Hg.): *Modelle des literarischen Strukturwandels*. Tübingen 1991, 395–438.

Tynianov, Yuri: »On Literary Evolution«. In: Ladislav Matejka/Krystyna Pomorska (Hg.): *Readings in Russian Poetics: Formalist and Structuralist Views*. Cambridge, MA 1971.

Tynyanov, Yury: »The Literary Fact« [1924]. In: David Duff (Hg.): *Modern Genre Theory*. Harlow 2000, 29–49.

Zymner, Rüdiger: *Gattungstheorie. Probleme und Positionen der Literaturwissenschaft*. Paderborn 2003.

Zymner, Rüdiger: »Gattungsvervielfältigung: Zu einem Aspekt der Gattungsdynamik«. In: Marion Gymnich/Birgit Neumann/Ansgar Nünning (Hg.): *Gattungstheorie und Gattungsgeschichte* Trier 2007, 101–116.

Marion Gymnich

(D) Richtungen und Ansätze der poetologischen Gattungstheorie

1. Ästhetischer Nominalismus

Grundlegend für Positionen eines sogenannten *ästhetischen Nominalismus* ist die radikale Skepsis gegenüber einer realistischen Deutung von Gattungsbegriffen: Gegen Auffassungen, die Gattungen eine apriorische Existenz neben konkreten Individuen zuweisen, bestimmen nominalistische Theorien literarische Gattungen als ›Sprachfiktionen‹. Begründet wird dies zumeist im Rekurs auf die inkommensurable Individualität der ästhetischen Artefakte. Ihre wirkungsmächtige Formulierung findet diese Position nicht erst, doch in entscheidender Weise im Werk des italienischen Philosophen und Kunsttheoretikers Benedetto Croce (1866–1952).

Croce formuliert im Kapitel »Kritik der Lehre von den künstlerischen und wissenschaftlichen Gattungen« der erstmals 1902 erschienenen und rasch übersetzten *Aesthetik*: »Aber der höchste Triumph des intellektualistischen Irrtums liegt in der Lehre von den *künstlerischen* und *literarischen* Gattungen, die noch heute in literarischen Abhandlungen häufig zu finden ist, und Kritiker wie Kunstschriftsteller verwirrt. Betrachten wir uns einmal ihre Entstehung. Der menschliche Geist kann vom *Ästhetischen* zum *Logischen* übergehen, weil eben jenes im Verhältnis zu diesem die erste Stufe ist: er kann den Ausdruck oder das Denken des Individuellen durch das Denken des Allgemeinen zerstören: die Ausdruckserscheinungen in logische Beziehungen auflösen. Daß auch dieser Vorgang wiederum sich auch seinerseits in einem Ausdruck niederschlägt, das haben wir schon gezeigt; trotzdem sind die ersten Ausdrücke nun einmal *zerstört*, da sie den neuen ästhetisch-logischen Platz gemacht. Wer auf der zweiten Stufe steht, hat die erste verlassen« (Croce 1905, 35).

Der hier vorgetragene Angriff gilt weniger konkreten Textumgangsformen und Gattungssystemen, als vielmehr einem rationalistischen bzw. szientifischen Verständnis von Kunst und Literatur überhaupt (vgl. Fubini 1971, 69 ff.). Die fundamentale Kritik am Konzept der künstlerischen und literarischen Gattung ist letztlich weltanschaulich-philosophisch motiviert: Logische Analyse verfehlt und verlässt nicht nur den ästhetischen Standpunkt, sie »zerstört« ihn auch – denn das Verhältnis von *Begriff* und *Intuition* bleibt inkommensurabel. Allgemein- und Gattungsbegriffe lassen sich zwar formulieren, aber nur als logische Instrumente, denen am Kunstwerk als individuellem Ausdruck nichts entspricht. Dieser bleibt letztlich der Mitteilung entzogen: »Wer in eine Bildergalerie eintritt, oder wer eine Reihe verschiedentlicher Dichtungen liest, der kann, nachdem er geschaut und gelesen, einen weiteren Schritt tun und die Natur und die mannigfachen Beziehungen der so ausgedrückten Dinge untersuchen. In diesem Fall werden sich jene Bilder und jene Kompositionen, deren jede etwas Individuelles, logisch absolut nicht Auszusprechendes ist, sich für ihn in Allgemeinbegriffe und Abstraktionen auflösen, wie ›Genrebild‹, ›Landschaft‹, ›Porträts‹, ›Stilleben‹, ›Schlachtenbilder‹, ›Tierstücke‹, ›Blumenstücke‹, ›Fruchtstücke‹, ›Marinen‹, ›Gehöfte‹, ›Seen‹, ›Wüsten‹, ›tragische Ereignisse‹ oder ›komische‹, ›mitleiderregende‹, ›gräßliche‹, ›lyrische‹, ›epische‹, ›dramatische‹, ›ritterliche‹, ›idyllische‹ usw., und oft auch in Kategorien, die lediglich quantitativ sind, wie ›Bildchen‹, ›Bild‹, ›Figürchen‹, ›Gruppe‹, ›Madrigal‹, ›Kanzone‹, ›Sonett‹, ›Sonettenkranz‹, ›Gedicht‹, ›Dichtung‹, ›Novelle‹, ›Roman‹ und ähnliche« (Croce 1905, 35). Selbst der so festgestellte pragmatische Wert von Gattungsbegriffen verfällt der Kritik. Gattungen seien Scheinbegriffe, die sich aus ihnen ergebenden Fragestellungen blieben Scheinprobleme (vgl. Croce 1905, 36).

Nicht nur die historisch überlieferte Sprache der Literaturkritik und ihre einzelnen Gattungstypen, auch die Allgemeinkonzepte Epik, Lyrik, Drama sehen sich dieser Kritik ausgesetzt: »Auch die verfeinertsten dieser Erscheinungen, diejenigen, die sich den philosophischen Anstrich geben, halten vor der Kritik nicht stand; so wenn man z. B. die Kunstwerke in subjektive und objektive einteilt, in lyrische oder epische, in Werke der Empfindung und solche der Gestaltung, da es unmöglich ist, in der ästhetischen Analyse die subjektive Seite von der objektiven, die lyrische von der epischen, die Wiedergabe der Empfindung von der Wiedergabe der Dinge zu trennen« (Croce 1905, 357).

Weder Typen noch Gattungen beschreiben laut Croce also eine wirkliche Qualität der Kunstwerke, noch besitzen sie eine normativ-regelleitende Kraft für den Künstler. Wie die Emphase des Angriffs belegt, ist diese Position nicht allein aus den epistemischen Voraussetzungen einer Autonomie des Ästhetischen herzuleiten; der Kampf gegen den »intellektualistischen Irrtum« muss in einem größeren, hier nicht im Einzelnen entfaltbaren Kontext der Wissenschafts- und Kulturkritik um 1900 gesehen werden (vgl. Paolozzi 2002, 66).

Resonanz findet die Kritik am Konzept der Gattungen in den sich nach 1900 neu orientierenden geisteswissenschaftlichen Disziplinen und speziell in der deutschen Literaturforschung, die zwischen 1910 und 1925 die Wende von ›positivistischen‹ zu ›geistesgeschichtlichen‹ Textumgangsformen vollzieht. Einer der Pioniere dieser ›geistesgeschichtlichen Wende‹, der Romanist Karl Vossler, wird zu einem wichtigen Briefpartner Croces und zum Befürworter seiner Ideen (vgl. Croce – Vossler 1955; Devoto 1968).

Aufgenommen und fortgeführt wird Croces Skeptizismus gegenüber dem »begrifflichen Kult der Gattung« bei gleichzeitiger emphatischer Affirmation des Regelbruchs u. a. auch in der erstmals 1916 veröffentlichten und überaus einflussreichen Goethe-Biographie von Friedrich Gundolf. Diese neuartige »Kräftegeschichte« gibt nicht nur das generische Einteilungsprinzip Lyrik, Epik, Drama in der Behandlung des vielschichtigen Autors auf, »weil es ihm gegenüber, wenn nicht falsch, so doch gleichgültig ist, nichts Spezifisches faßt, seinem Gehalt und seinen Formen nicht gerecht wird« (Gundolf 1916, 19 f.). Gundolf dementiert zugleich die Möglichkeiten gattungsspezifischer Ordnungen für die neuere Literatur generell: »In einer modernen Dichtung fängt das Wesentliche erst an wo die Gattung aufhört, und ein neuerer Dichter ist, im Gegensatz zu den antiken Dichtern, umso wertvoller, je hinfälliger bei ihm die Frage nach seiner ›Gattung‹ wird« (Gundolf 1916, 20; zum Kontext vgl. Osterkamp 1993). Doch Gundolf geht noch weiter, indem er nach Gründen für die Konservierung von Gattungskonzepten angesichts individueller Ausdrucksformen fragt und zu einer Oppositionsbildung von antikem ›Genus‹- und modernem ›Gattungs‹-Begriff gelangt: »Wer Gesetze sucht, losgelöst vom einmaligen so und so beschaffenen Menschen, wer Proportionen oder Dimensionen in der Dichtung abziehen will von der konkreten Gestalt, dem ist mit den Merkmalen der Gattung viel geholfen. Wer vom konkreten Menschen ausgeht und die Formen erforschen will, worin sich ein bestimmter Lebensgehalt entfaltet, der kann nichts anfangen mit den vorgezimmerten, von seinem konkreten Fall unabhängigen, allgemeinen Begriffsfächern: denn gerade das worauf es ihm ankommt, das spezifische, neue, noch nicht Dagewesene, den Gehalt eines Lebens kann er nicht einfassen in Schachteln, die zu anderen Zwecken hergestellt sind. [...] Während im Altertum der Schöpfergeist vor allem Vollender der Gattung war, ist er in der modernen, individualisierten Welt vor allem Zersprenger der Gattung. Während im Altertum die Gattung das Maß des großen Menschen war, ist seit der Renaissance der Mensch das Maß, der Richter oder Vernichter der Gattung. Das liegt nicht daran, daß sich das Wesen und die Funktion des schöpferischen Menschen an sich seitdem geändert hätte, sondern der Sinn der Gattung hat sich geändert – das antike Genus und die moderne Gattung sind zwei völlig verschiedene Dinge geworden – sie sind so verschieden wie eine Substanz von einer Relation, wie eine Gestalt von einem Begriff« (Gundolf 1916, 16 f. und 19 f.).

Auch wenn Gundolfs Relativierungen des Gattungsbegriffs eine andere Fundierung als Croces intuitionistische Erkenntnistheorie aufweist, ist der übergreifende Impuls zur Abwertung des Gattungssystems bzw. seiner Überwindung nicht zu übersehen. Gundolfs Formulierungen demonstrieren einmal mehr die Beweggründe dieser Interventionen: Sie essenzialisieren die Individualität des ästhetischen Artefakts, indem sie das Wesen des dichterischen Ausdrucks einer sprachlichen Fixierung grundsätzlich entziehen bzw. »das spezifische, neue, noch nicht Dagewesene, den Gehalt eines Lebens« in einen kongenialen Anschauungsakt verlagern wollen (siehe dazu Lönne 2002).

Eine affirmative Rezeption erfahren nominalistische Positionen und insbesondere die Interventionen von Benedetto Croce im US-amerikanischen *New Criticism*, der das ästhetisch maximierte ›Werk‹ in den Mittelpunkt rückt (vgl. Orsini 1961; Wellek 1992, 187–223, sowie die Beiträge der Croce-Tagung von 1972 in Palmer/Harris 1975; zur Rezeption durch Cleanth Brooks siehe Zimmer 1985, 114 ff.). Spuren eines ästhetischen Nominalismus in der neueren Gattungsdiskussion finden sich bei Emil Staiger, der die Konstitution von Textgruppen – gegen Croce – zu einer Wesensbestimmung zeitloser Qualitäten des »Epischen«, »Lyrischen« und »Dramatischen« phänomenologisch-anthropologisch weiterzuentwickeln sucht und dabei vor allem die auch von Croce bevorzugte Lyrik präferiert (→ D 7). Selbst in Eberhard Lämmerts *Bauformen des Erzählens* von 1955 finden sich affirmative Nachwirkungen der Croce'schen Kritik: Sich von Karl Viëtor und dessen Konzept einer »Gattungsgeschichte« sowie von Emil Staiger und dessen »systematischer Dichtungsbetrachtung« abgrenzend, wird hier Benedetto Croce und seiner These zugestimmt, »daß die Gattungsbegriffe gerade durch die bedeutendsten Kunstwerke immer wieder erweitert und für die Folgezeit neu gesetzt werden« (Lämmert: 1955, 12).

Die eigentliche Last der Auseinandersetzung mit nominalistischen Attacken auf den Gattungsbegriff tragen vor allem die an generischen Einzelgegenständen orientierten Einzelstudien. Allein schon aus legitimatorischen Gründen mussten sich die jeweiligen Autoren zu Croces Kritik verhalten. So repliziert etwa Arnold Hirsch in seiner 1927 in Frankfurt a. M. verteidigten Dissertation *Der Gattungsbegriff »Novelle«* (Berlin 1928) auf Croce und entwickelt im Rückgriff auf Max Webers Begriff des »Idealtypus« einen neuen, von den Problemen der aristotelischen Definitionslehre befreiten Gattungsbegriff. Nachhaltige Kritik erfährt Croces Ästhetik später auf mehreren Ebenen: Zum einen in der Zurückweisung seiner Verwechslung von literarhistorischer Klassifikation mit Fragen der literarischen Wertung, zum anderen durch Korrektur seiner ontologischen Vorannahme, dass es sich bei Gattungsbegriffen überhaupt um Seinsweisen des Literarischen handelt. Letztendlich lassen sich aus nominalistischen Interventionen sogar produktive Gewinne ziehen – erhöhen sie doch den Begründungsdruck auf die Vertreter einer konstruktiven Gattungstheorie und tragen so *ex negativo* zur Schärfung gattungstheoretischer Reflexionen bei (→ D 8).

Literatur

Croce, Benedetto: *Briefwechsel Benedetto Croce – Karl Vossler*. Frankfurt a. M. 1955.
Croce, Benedetto: *Aesthetik als Wissenschaft des Ausdrucks und allgemeine Linguistik. Theorie und Geschichte* [1902]. Leipzig 1905.
Dessè Schmid, Sarah: *Ernst Cassirer und Benedetto Croce. Die Wiederentdeckung des Geistes. Ein Vergleich ihrer Sprachtheorien*. Tübingen, Basel 2005.
Devoto, Giacomo: *Vossler und Croce. Ein Kapitel aus der Geschichte der Sprachwissenschaft*. München 1968.
Fubini, Mario: *Entstehung und Geschichte der literarischen Gattungen*. Tübingen 1971.
Gundolf, Friedrich: *Goethe*. Berlin 1916.
Lämmert, Eberhard: *Bauformen des Erzählens*. Stuttgart 1955 u. ö.
Lönne, Karl-Egon: *Benedetto Croce. Vermittler zwischen deutschem und italienischem Gesistesleben*. Tübingen 2002.
Orsini, Gian N. G.: *Benedetto Croce. Philosopher of Art and Literary Critic*. Carbondale 1961.
Osterkamp, Ernst: »Friedrich Gundolf zwischen Kunst und Wissenschaft. Zur Problematik eines Germanisten aus dem George-Kreis«. In: Christoph König/Eberhard Lämmert (Hg.): *Literaturwissenschaft und Geistesgeschichte 1910 bis 1925*. Frankfurt a. M. 1993, 177–198.
Palmer, Lucia M./Harris, Henry S. (Hg.): *Thought, Action and Intuition. A Symposium on the Philosophy of Benedetto Croce*. Hildesheim, New York 1975.
Paolozzi, Ernesto: *L'estetica di Benedetto Croce*. Guida 2002.
Wellek, René: *A History of Modern Criticism. Vol. 8: French, Italian, and Spanish Criticism, 1900–1950*. New Haven, London 1992.
Zimmer, Robert: *Einheit und Entwicklung in Benedetto Croces Ästhetik. Der Intuitionsbegriff und seine Modifikationen*. Frankfurt a. M. u. a. 1985.

Ralf Klausnitzer

2. Biopoetische/Kognitionswissenschaftliche Gattungstheorie

Biopoetische bzw. kognitionswissenschaftliche gattungstheoretische Ansätze befassen sich mit den ›natürlichen‹ Bedingungen der Konstitution und Systematisierung von Gattungen (→ F 2; A 1.7) und verfolgen damit zugleich eine Naturalisierung und eine Empirisierung der Gattungsforschung. Sie fragen grundlegend danach, wie Menschen als biologische Wesen überhaupt kategorisieren, wie Kategorien vergesellschaftet werden und welche Konsequenzen dies für die (vor allem: literaturwissenschaftliche) Gattungsforschung haben könnte. Dabei werden besonders kognitionspsychologische und psycholinguistische Hypothesen aufgegriffen, die nahelegen, dass natürliche Kategorien anders aussehen und anders erworben werden, als man sich dies gemeinhin in der Gattungstheorie im Hinblick auf literarische Gattungen vorstellt. Natürliche Kategorien sind demnach nicht diskrete Einheiten mit klar umrissenen Grenzen (starre und ›trennscharfe‹›Begriffsschubladen‹), sondern sie lassen sich eher als in ihren Grenzen ›ausfransende‹ oder ›verschwimmende‹ semantische Bündel betrachten, in deren Zentrum so etwas wie ein bestes Beispiel, ein *Prototyp* steht. Kategorien werden in der Regel durch das Kennenlernen von Prototypen erworben, und ihrer referenziellen Struktur nach sind sie Verbindungen von besten Beispielen mit anderen Gegenständen oder Sachverhalten über nicht scharf bestimmte ›Familienähnlichkeiten‹ (s. u.).

Es scheint weiter so zu sein, dass Kategorien im Laufe der individuellen Sozialisation und *kulturelativ, kulturell spezifisch erworben* werden – ontogenetisch am frühesten zunächst etwa durch Zeigehandlungen. Kategorien, die sich um einen Prototyp herum ›kristallisieren‹, sind daher zunächst in ihrer Extension begrenzt, nämlich mindestens auf die holistische Gestalt des Prototyps (siehe hierzu auch Stockwell 2002). Erst auf der Basis von (induktiven) Ähnlichkeitswahrnehmungen erhält die Kategorie eine größere oder wachsende Extension (vgl. Taylor 1989, 240 f.), funktional auf den sozialen und kulturellen Kontext abgestimmt, in dem die Kategorie eingeübt wird. Über ›natürliche‹ Kategorisierungen lässt sich aus kognitionswissenschaftlicher Sicht sagen, dass sie nicht etwa eine hierarchische Taxonomie nach ›Spezies, Gattung, Familie, Ordnung‹ usw. abbilden, sondern dass hier stets sogenannte *basiclevel-Kategorisierungen* (Hund) die kognitiv und kommunikativ wichtigsten bzw. die im Vergleich zu *superordinate-level-Kategorisierungen* (Tier) oder auch *subordinate-level-Kategorisierungen* (Pudel) bevorzugten sind. Basic-level-Kategorisierungen gewährleisten in der Praxis ein Optimum an kognitiver Ökonomie, die Namen von solchen Basis-Kategorien werden von Kindern zuerst erworben, sie sind am gebräuchlichsten in der Sprachpraxis, und sie sind passend hierzu statistisch signifikant kürzer als die Namen von übergeordneten oder untergeordneten Kategorien (vgl. Rosch/Loyd 1978; Lakoff 1987, 46).

Folgerungen, die sich aus gattungstheoretischer Perspektive aus solchen Einsichten ergeben, bestehen u. a. in einer Antwort auf die Frage, wie ›uns‹ eigentlich Gattungen begegnen. Weitere Konsequenzen ergeben sich zudem für das grundlegende Ansinnen, ›biopoetische‹ (also mit den Körperbedingungen des Menschen zusammenhängende) Fundamente literarischer Gattungen freizulegen. Im Hinblick auf die ›Begegnungsart‹ von (literarischen) Gattungen könnte man demnach sagen, dass es sich hierbei grundsätzlich und zunächst um unscharfe, inhomogene und jedenfalls nicht systematisch oder taxonomisch geordnete *mentale Repräsentationen* handelt (»fuzzy-edged frames«, Paltridge 1997, 62), die durch sprachliche Symbole (die *Gattungsbezeichnungen*) meta-repräsentiert und über das Kennenlernen von *Prototypen*, besten Beispielen in einem über *Familienähnlichkeiten* miteinander verbundenen, durch diese konstituierten Kontinuum von Gegenständen, erworben werden. Die sprachliche Vergegenständlichung erlaubt es, von den konkreten Prototypen zu abstrahieren – bis zur Konstruktion ganzer Systeme von Allgemeinbegriffen als Effekt fortschreitender Spezialisierung, was in bestimmten didaktischen Situationen wiederum dazu führen kann, dass Gattungswissen allein über abstrakte und somit gewissermaßen leere Begriffe erworben werden soll (aber wohl nicht wirklich wird).

Als unscharfe mentale und sozial geteilte Kategorien, die über den Prototypeneffekt erworben werden, sind Gattungsbildungen und Gattungsunterscheidungen im Prinzip sozial- und kulturrelativ; Gattungskategorien folgen ›tatsächlich‹ keiner (aristotelischen) *Logik der Allgemeinbegriffe* und auch keiner *Metaphysik der Allgemeinbegriffe*, sondern unterliegen den entwicklungs- und kognitionspsychologischen Bedingungen der Kategorisierung im Allgemeinen. Weiter könnte man sagen, dass Gattungen keine bestimmten Namen tragen oder haben, sondern viele verschiedene sprachliche, arbiträre

2. Biopoetische/Kognitionswissenschaftliche Gattungstheorie

Repräsentationen ungefähr ganz ähnliche mentale Konzepte symbolisieren können. Daneben ergibt sich aus dem Gesagten als empirisch zu überprüfende Hypothese, dass *basic-level-Kategorisierungen*, wie sie etwa mit den deutschsprachigen Vokabeln *Lied*, *Gedicht*, *Geschichte* oder auch *Spiel* bezeichnet werden, kognitiv elementarer und ökonomischer sind als beispielsweise übergeordnete Kategorien wie *Lyrik*, *Epik und Drama* oder untergeordnete Kategorien wie *Kunstlied, Sinngedicht, Gespenstergeschichte* oder *Mysterienspiel*. Diese *basic-level-Kategorien* müssten in der deutschen Sprache und für Deutschsprachige auch zu den entwicklungspsychologisch frühesten gehören, mithilfe deren man Gattungsunterscheidungen im Bereich der Dichtung vornimmt. Andererseits dürfte es sich aber auch so verhalten, dass diese Gattungsunterscheidungen nur wenig trennscharf ausfallen und die mentalen Repräsentationen eher so etwas wie Tendenzen der Poesie im Hinblick auf ganz unterschiedliche Kriterien oder Eigenschaften festhalten. Keine trennscharfe Gattungshierarchie, sondern eher so etwas wie ein sich verwischendes Kontinuum ineinander übergehender Gattungen der Poesie wird in diesem Kategorisierungsbereich gebildet.

Die erkennbare Umkehr der gattungstheoretischen Blickrichtung, weg von der Textstruktur, hin zum Rezipienten, impliziert eine Abwendung von der Suche nach Textmerkmalen, die stets erfüllt sein müssen, um einen Text zu einer Gattung rechnen zu können, und fordert dagegen eine Konzentration auf die »Analyse und Erklärung von ›Text-Handlungs-Syndromen‹«, bei denen ein Text nur insofern ›Merkmale hat‹, als ein Leser diese ›Merkmale‹ mental repräsentieren kann (Viehoff/László 1993, 231; vgl. auch Viehoff 1995; Fishelov 1995). Sinding vertritt überdies die Ansicht, dass man mit einer kognitionswissenschaftlichen Sicht auf Gattungen auch gleich das ›Paradigma der Gattungsdefinition‹ hinter sich lassen sollte. Er betont: »We can better explain genres not by denying their fluidity or their structure, but by showing how they reflect the fluidly structured character of categories. And we can explain family resemblance structures by invoking theories of cognition that see categories as elements of mental models that characterize prototypical or central subcategories and cases, and get extended to noncentral cases according to cognitive principles« (Sinding 2002, 184). Alternativ zum Verzicht auf jede Form der Definition hat man aber auch versucht, ›natürlichen‹ Kategorisierungsvorgängen angepasste Begriffsformen zu nutzen, insbesondere in sogenannten Mehrkomponentenmodellen oder auch mit ›Familienähnlichkeitsbegriffen‹: »[H]istorische Gattungen lassen sich am ehesten über den Wittgensteinschen Begriff der ›Familienähnlichkeit‹ beschreiben, der kein Klassen-, sondern ein Typusbegriff ist und nicht voraussetzt, daß alle ›Mitglieder‹ einer ›Familie‹ durch eine bestimmte Menge gemeinsamer Merkmale charakterisiert sind, sondern daß die Ähnlichkeit zwischen den ›Familienmitgliedern‹ auf jeweils unterschiedlichen Mengen sich unterschiedlich überlappender Merkmale basiert« (Hempfer 1997, 663). Wittbrodt (1998) hat am Beispiel der Leitfrage, wie man eigentlich am besten ein Sonett definiert, die Vorteile von *Familienähnlichkeitsbegriffen* im Vergleich zu logischen Begriffen diskutiert. Er sieht mehrere Probleme, die durch logische Begriffe aufgeworfen werden, die sich um das Grundproblem der ›Definitionsopfer‹ gruppieren. In systematischer Perspektive sind demnach logische Begriffe (›unnatürlich‹) *exakt*, in historischer Perspektive (›unnatürlich‹) *geschlossen* und allemal nicht flexibel genug, um etwa der durch Prototypenvorstellungen von Musterfällen, Regelfällen oder auch Randfällen strukturierten Vielfalt dessen, was man in der historischen Wirklichkeit für Sonette hielt, hält oder halten könnte, zu entsprechen.

Hier bieten nach Wittbrodt Familienähnlichkeitsbegriffe, die in systematischer Perspektive verschwommen und in historischer Perspektive offen sind, einige Vorteile – zumal, wenn sie eben nicht wie logische Begriffe mit dem Kriterium notwendiger und variabler Merkmale arbeiten, sondern mit zugeschriebenen Attributen, die – mit der wittgensteinschen Formulierung – lediglich »Züge« *aufzählen* (vgl. Wittbrodt 1998, 60 f.):

Aus der Perspektive einer biopoetischen bzw. kognitionswissenschaftlichen Gattungstheorie kann schließlich nach Zymner (2006) gesagt werden, dass literarische Gattungen zwar nicht Verfahren und Unterscheidungen der Natur sind, aber sie *beruhen* als soziokulturelle Konstrukte auf biologischen und ontogenetischen *Dispositionen*, die er als »poetogene Dispositionen« bezeichnet (Zymner 2006; 313): »Solch eine poetogene, biologisch und ontogenetisch bedingende Disposition wäre ganz sicher schon die Sprachfähigkeit im Allgemeinen, die zu so etwas wie Poesie genutzt werden kann, aber natürlich auch zu anderen Zwecken. Und eine weitere poetogene, biologisch und ontogenetisch herleitbare Disposition wäre auch die Fähigkeit zur Kategorisierung, die nicht zur Unterscheidung von poetischen Verfahren und Formen genutzt werden muß, aber werden kann. Beide sind schlicht die Voraussetzungen für Poesie und ihre kulturell bewußte Differenzierung, oder besser: grundlegende Werkzeuge, die mit anderen multifunktionalen Werkzeugen aus dem Angebot der biologischen und ontogenetischen Ausstattung unter anderem auch zu einer soziokulturellen Entwicklung von Poesie, Dichtung und schließlich schriftlich fixierte Literatur gebraucht werden können« (ebd, 313 f.).

Literatur

Hempfer, Klaus W.: »Gattung«. In: *Reallexikon der deutschen Literaturwissenschaft.* Bd. 1. Hg. v. Klaus Weimar. Berlin, New York 1997, 651–655.
Fishelov, David: »The Structure of Generic Categories. Some Cognitive Aspects«. In: *Journal of Literary Semantics* 24 (1995), 117–124.
Lakoff, George: *Women, Fire and Dangerous Things. What Categories Reveal About the Mind.* Chicago 1987.
Paltridge, Brian: *Genre, Frames and Writing in Research Settings.* Amsterdam, Philadelphia 1997.
Rosch, Eleanor/Mervis, Carolyn B.: »Family Resemblance. Studies in the Internal Structure of Categories«. In: *Cognitive Psychology* 7 (1975), 573–605.
Rosch, Eleanor/Loyd, Barbara B. (Hg.): *Principles of Categorization.* Hillsdale, NJ 1978.
Sinding, Michael: »›After Definitions‹. Genre Categories, and Cognitive Science«. In: *Genre* XXXV/2 (2002), 181–220.
Stockwell, Peter: *Cognitive Poetics. An Introduction.* London 2002.
Taylor, John R. *Linguistic Categorization. Prototypes in Linguistic Theory.* Oxford 1989.
Viehoff, Reinhold/László, János: »Literarische Gattungen als kognitive Schemata«. In: *SPIEL* 12 (1993), 230–251.
Viehoff, Reinhold: »Literary Genres as Cognitive Schemata«. In: Gebhard Rusch (Hg.): *Empirical Approaches to Literature.* Siegen 1995, 72–76.
Wittbrodt, Andreas: »Wie definiert man ein Sonett? Gattungstheoretische Überlegungen zur Verwendung von logischen Begriffen und Familienähnlichkeitsbegriffen«. In: *Compass* 3 (1998), 52–79.
Zymner, Rüdiger: »›Naturformen‹, ›Regeln der Seele‹?. Poetogene Dispositionen und literaturwissenschaftliche Gattungstheorie«. In: Uta Klein u. a. (Hg.): *Heuristiken der Literaturwissenschaft. Disziplinexterne Perspektiven auf Literatur.* Paderborn 2006, 293–317.

Rüdiger Zymner

3. Darwinistische Gattungstheorie

Unter einer ›darwinistischen Gattungstheorie‹ bzw. unter gattungstheoretischem Darwinismus in der Literaturwissenschaft lassen sich all jene generologischen Ansätze und Versuche subsumieren, die (1) im besonderen Grundgedanken der Darwinschen Evolutionstheorie auf den Bereich der literarischen Gattungen anzuwenden versuchen oder (2) im Allgemeinen Gattungstheorie und Gattungsforschung im Horizont evolutionstheoretischer Konzepte betreiben. Dies wären vor allem Darwins grundlegende Evolutionstheorie von der (a) Veränderlichkeit der Arten, (b) die Theorie von der Abstammung aller Lebewesen von gemeinsamen Vorfahren (Evolution durch Verzweigung), (c) die Theorie vom allmählichen Ablauf der Evolution (Gradualismus: keine Sprünge, keine Diskontinuitäten), (d) die Theorie von der Entstehung biologischer Vielfalt sowie (e) die Theorie der Evolution durch Selektion (vgl. Mayr 2001).

Als wichtigster älterer Vertreter eines gattungstheoretischen Darwinismus gilt der französische Literaturwissenschaftler Ferdinand Brunetière. In einer wissenschaftsgeschichtlichen Phase des ausgehenden 19. Jh.s, in der die Evolutionstheorie nicht allein Charles Darwins, sondern auch Herbert Spencers (›survival of the fittest‹) und Ernst Haeckels in zahlreichen Wissens- und Wissenschaftsbereichen aufgegriffen und als Instrument einer Erneuerung zahlreicher Wissenschaften und sogar ihrer Verwissenschaftlichung in Abkehr von vermeintlich spekulativ-idealistischen Positionen erscheint (vgl. Brunetière 1890, 1 f.), überträgt Brunetière evolutionstheoretische Konzepte auf die Literaturgeschichte und insbesondere auf die Geschichte der Gattungen. Die »Generalidee der Evolution der (literarischen) Gattungen« (Hoeges 1980, 69) leitet Brunetières Behandlung einer Reihe grundlegender gattungstheoretischer Fragen – angefangen bei der Frage, ob literarische Gattungen existieren, über die Frage nach ihrer Unterscheidung und diejenige nach ihrer Bestimmung, bis hin zu der Frage nach den verändernden Einflüssen und derjenigen nach der Transformation literarischer Gattungen (vgl. Brunetière 1890, 11 f.). Als Mustergattung, an der sich die Leistungsfähigkeit der Evolutionstheorie im Hinblick auf literarische Gattungen demonstrieren lässt, betrachtet Brunetière vor allem die klassische französische Tragödie. Sie gebe ein großartiges Beispiel dafür, wie »un genre naît, grandit, atteint sa perfection, décline, et enfin meurt« (Brunetière 1890, 13). Am

3. Darwinistische Gattungstheorie

Beispiel der Tragödie entwickelt Brunetière u. a. die Auffassung, dass Gattungen Entwicklungsprozesse zwischen ihrer ›Geburt‹ und ihrem ›Tod‹ durchlaufen, in denen es auch darum geht, durch diverse ›Abstoßungsprozesse‹ »als Opposition zum anhaftenden Wesensfremden« (Hoeges 1980, 70) ihre eigentliche oder ursprüngliche ›Natur‹ zu erreichen. Dabei komme es zu einer Ausdifferenzierung des Genresystems, die (in Anlehnung an ein Theorem Herbert Spencers) vom Homogenen zum Heterogenen führe (vgl. Brunetière 1890b, Bd. 6, 11). Der ›Höhepunkt‹ in der Entwicklung einer Gattung sei das Ende ihres Aufstieges und der Beginn ihres Abstieges. Brunetière glaube, so Hempfer in seiner kritischen Würdigung, »die Darwinsche Konzeption unmittelbar auf historische Prozesse übertragen und dergestalt ein allgemeines geschichtsphilosophisches Modell für die Entwicklung von ›Gattungen‹ konstruieren zu können« (Hempfer 1973, 203). Grundsätzlich problematisch sei vor allem, dass Brunetière, »um von der ›Geburt‹, der ›Reife‹ und dem ›Tod‹ einer ›Gattung‹ sprechen zu können, eine apriorische Gattungsnorm annehmen muß, die er jedoch nur intuitiv, aufgrund seines Geschmacks, setzen kann« (Hempfer 1973, 204; kritisch auch schon Curtius 1914).

Auch in der amerikanischen Literaturwissenschaft der Wende zum 20. Jh. finden sich einige Beispiele für darwinistische Gattungstheorie. Theoretiker wie Manly oder Hoskins (Manly 1906; Hoskins 1909) distanzieren sich allerdings von Brunetière insofern, als sie u. a. den metaphorischen Charakter des Brunetièrschen Ansatzes kritisieren. Gleichwohl konnten sich gattungsgeschichtliche Modelle, die die ›Lebensspanne‹ einer Gattung von der ›Geburt‹ bis zu ihrem ›Tod‹ nachzuzeichnen beanspruchen, mit oder ohne Bezug auf Brunetière, lange Zeit in den Literaturwissenschaften halten. Besonders in der zweiten Hälfte des 20. Jh.s kommt es allerdings zu einem Neuansatz des literaturwissenschaftlichen und zugleich auch gattungstheoretischen Darwinismus. Wichtige Impulse geben hierbei u. a. die Arbeiten des amerikanischen Literaturwissenschaftlers Joseph Carroll (siehe z. B. Carroll 1995; Carroll 2004). Carroll und andere setzen mit ihrem neuen literaturwissenschaftlichen Darwinismus an einer anderen Stelle und mit anderen Zielen als die literaturwissenschaftlichen Darwinisten um 1900 an. Insbesondere betreiben sie keine Geschichtsphilosophie im Gewand darwinistischer Literaturwissenschaft und versuchen auch nicht, Prinzipien und Ablaufschemata der Entwicklung von Lebewesen auf eine vergegenständlichte und gleichsam belebte Literaturgeschichte zu übertragen. Vielmehr interessieren sie sich für die evolvierten natürlichen *Bedingungen* der Kultur und näherhin für die *Körperbedingtheit* menschlicher Kognition und menschlichen Handelns (→ D2). Zu ihren zentralen Ausgangsannahmen gehört, dass alle Lebewesen sich in einem Prozess von Adaptation und natürlicher Selektion entwickelt haben und dass insbesondere auch der menschliche Verstand oder Geist das Ergebnis evolutionärer Prozesse sei. Der menschliche Verstand ebenso wie motivationale und behaviorale Systeme seien eigentlich nur vor dem Hintergrund der Evolution zu verstehen. Daher erlaube es adaptionistisches Denken auch, besser als bislang zu verstehen, was Literatur (als menschliche Handlungs- oder Verhaltensform) eigentlich sei, welche Funktionen sie habe und wie sie funktioniert – was also Menschen überhaupt dazu bringt, so etwas wie Dichtung zu machen und zu rezipieren, was Dichtung eigentlich repräsentiere bzw. symbolisiere, und schließlich auch, warum sie die Formen aufweise, die sie nun einmal hat bzw. deren sich Menschen bedienen. Derartige Programmskizzen transportieren also das Versprechen, auch Gattungen und Gattungsentwicklungen mithilfe evolutionstheoretischer Annahmen zu erklären. Freilich wurde dieses Versprechen nur selten eingelöst. Vielmehr ist bei zahlreichen Forschern, die sich dem ›neuen‹ literaturwissenschaftlichen Darwinismus zuordnen lassen, eine Konzentration auf fiktionale Erzähltexte und auf die Untersuchung ihrer Inhalte, in denen sich evolutionstheoretische Einsichten tatsächlich oder vermeintlich spiegeln, zu beobachten (vgl. hierzu z. B. Barash/Barash 2005; Gottschall/Wilson 2005; Zunshine 2006). Von solchen Einengungen und oft fragwürdigen Zuspitzungen kann in Karl Eibls *Animal poeta* (2004) hingegen keine Rede sein. Zu den hier vorgestellten ›Bausteinen einer biologischen Kultur- und Literaturtheorie‹ gehören auch evolutionstheoretische Überlegungen und Erklärungen zu den Gattungsbereichen Lyrik, Epik und Drama. So wird das Erzählen u. a. als eine »Methode des Verschnürens von Informationen« expliziert (Eibl 2004, 255) und der Lyrik »der intensive Augenblick« als ›paradigmatische Domäne‹ (Eibl 2004, 274) zugeordnet. Epik, Lyrik und Drama schließlich werden allesamt mit der evolutionär höchst sinnvollen Lust am schönen Spiel in Verbindung gebracht.

Als jüngstes Beispiel für einen gattungstheoretischen Darwinismus lassen sich schließlich die Arbeiten Franco Morettis anführen. Insbesondere in seinem Buch »Kurven, Karten, Stammbäume« (ital. 2005) rekurriert Moretti auf Modelle und Verfahren, die er bei Darwin entlehnt, bzw. benutzt (freilich eher suggestiv) ein evolutionstheoretisch inspiriertes Vokabular, um u. a. die Entwicklungsgeschichte des Romans zu skizzieren.

Literatur

Barash, David P./Barash, Nanelle R.: *Madame Bovary's Ovaries. A Darwinian Look at Literature.* New York 2005.
Brunetière, Ferdinand: *L'évolution des genres dans l' historie de la littérature.* Paris 1890.
Brunetière, Ferdinand: *Nouvelles questions de critique.* Paris 1890 (= 1890a).
Brunetière, Ferdinand: »La Réforme de Malherbe et l' évolution des genres«. In: *Revue des deux Mondes* 62 (1892), 660–683.
Brunetière, Ferdinand: *L' évolution de la poésie lyrique en France au dix-neuvième siecle.* 2 Bde. 4. Aufl. Paris 1905/1906.
Brunetière, Ferdinand: »La doctrine évolutive et l' histoire de la littérature«. In: *Revue des deux Mondes* 68 (1898), 874–896.
Brunetière, Ferdinand: *Études critiques sur l' histoire de la littérat française.* 8 Bde. Paris 1890–1907 (= 1890b).
Carroll, Joseph: *Evolution and Literary Theory.* Columbia 1995.
Carroll, Joseph: *Literary Darwinism. Literature and the Human Animal.* Columbia 2004.
Curtius, Ernst Robert: *Ferdinand Brunetière. Beitrag zur Geschichte der französischen Kritik.* Straßburg 1914.
Eibl, Karl: *Animal poeta. Bausteine der biologischen Kultur- und Literaturtheorie.* Paderborn 2004.
Gottschall, Jonathan/Wilson, David Sloan (Hg.): *The literary animal. Evolution and the nature of narrative.* Evanston 2005.
Hempfer, Klaus W.: *Gattungstheorie. Information und Synthese.* München 1973.
Hoeges, Dirk: *Literatur und Evolution. Studien zur französischen Literaturkritik im 19. Jh. Taine – Brunetière – Hennequin – Guyau.* Heidelberg 1980.
Hoskins, John Preston: »Biological Analogy in Literary Criticism«. In: *Modern Philology* VI (April, 1909), 407–434.
Hoskins, John Preston: »Biological Analogy in Literary Criticism II: The Struggle for Existence and the Survival of the Fittest«. In: *Modern Philology* VII (July 1909), 61–82.
Manly, J. M.: »Literary Form and the Origin of species«. In: *Modern Philology* IV (1906), 577–595.
Mayr, Ernst: *What Evolution is.* New York 2001.
Moretti, Franco: *Kurven, Karten, Stammbäume. Abstrakte Modelle für die Literaturgeschichte.* Frankfurt a. M. 2009.
Zunshine, Lisa: *Why we read fiction. Theory of mind and the novel.* Columbus 2006.

Rüdiger Zymner

4. Dichtungslehren/Gattungspoetiken (bis 1800)

Seit den Anfängen der Reflexion über Dichtkunst gibt es auch Überlegungen zu ihrer generischen Einteilung und Bestimmung. Im europäischen Raum sind es nicht erst, doch wohl in besonders wirkungsmächtiger Weise philosophisch grundierte Überlegungen angesichts einer entfalteten Schriftkultur, die auf die nachfolgenden Dichtungslehren wirken. Platon (427–348 v. Chr.) bestimmt in seinem Dialog über den Staat »drei Arten von Gedichten und Erzählungen« und unterscheidet sie nach der Redeform (Politeia, 394b 9ff; → B 2.8). Sein Schüler Aristoteles (384–322 v. Chr.) handelt in seinen um 335 v. Chr. entstandenen, doch nur fragmentarisch überlieferten Vorlesungen über die Poetik »von der Dichtkunst selbst und von ihren Gattungen, welche Wirkung eine jede hat« und nennt zur Unterteilung der Dichtung, deren allgemeines oder transgenerisches Merkmal die Nachahmung bzw. nachahmende Darstellung ist, drei Differenzierungskriterien (Poetik, 1447a 17 ff.): Unterschieden werden ›Mittel‹ der Darstellung (Vers, Rhythmus), ›Gegenstände‹ der Darstellung (hohe, uns gleichstehende, niedrige Personen) und ›Modi‹ der Darstellung (durch die Rede der dargestellten Personen, durch die Rede des Dichters in eigener Person), die in den ersten drei Kapiteln der nur unvollständig überlieferten Schrift eingehendere Behandlung finden.

Die erste umfassendere Gattungspoetik stammt aus der Spätantike. Die im 4. Jh. n. Chr. entstehende *Ars grammatica* unterscheidet zunächst drei Gattungen: »Poematos genera sunt tria«, heißt es in diesem, während des gesamten Mittelalters weit verbreiteten Lehrwerk (Diomedes 1981, 482): das »genus dramaticum«, das »genus epicum« (welches durch Einordnung kleiner Dichtungsarten wie Elegie, Idylle und Satire zum »genus commune« erweitert wird) und als dritte, von der Rede des Dichters getragene Hauptgattung das »genus enarrativum« oder »exegeticon«: Es umfasst gnomische, historische und didaktische Dichtung.

Fragt man von hier aus nach den grundlegenden Entwicklungslinien der Dichtungslehren bzw. Gattungspoetiken bis 1800, lassen sich in starker Abstraktion drei Vorgänge nennen:

(1) Seit dem Ausgang der Spätantike werden Dichtungslehren bzw. Gattungspoetiken zunächst zu präskriptiv-normierenden Muster- und Regelvorgaben. Diese Bewegung wird u. a. an dem nicht von Aris-

toteles selbst stammenden ›Gesetz‹ von den ›drei Einheiten‹ (Einheit der Handlung, der Zeit und des Ortes), nach dem sich der Bau der Tragödie richten soll ebenso wie an der sozialen Bindung des Figurals v. a. in Tragödie und Komödie (Ständeklausel) besonders deutlich (siehe z. B. Martin Opitz' in wenigen Tagen niedergeschriebenes *Buch von der Deutschen Poeterey*, Breslau 1624).

(2) In der Auseinandersetzung mit der nachklassischen Textproduktion, insbesondere mit der hochrangigen italienischen Dichtung in der Volkssprache wie etwa Dantes zwischen 1307 und 1321 entstandener *Divina comedia*, Petrarcas Lyrik oder Ariosts *Orlando furioso* (gedruckt 1516) gerät die an klassischen Mustern orientierte normative Gattungspoetik unter Druck. Vor allem in der Renaissance entdeckt man zugleich auch die Kultur des augusteischen Zeitalters und also auch Vergils Epos *Aeneis* und die Oden des Horaz wieder – was zu einer nachhaltigen Aufwertung lyrischer Formen beiträgt. Italienische Verfasser von Poetiken wie etwa Giovanni Giorgio Trissino gehen im 16. Jh. dazu über, die Lyrik der Tragödie und dem Epos gleichzustellen (vgl. *Poetica*, 1529, Teile 5 u. 6, postum 1563), auch wenn deren systematischer Ort weiterhin unsicher blieb. Im Ergebnis dieser Bewegungen bilden sich allmählich triadische Gattungsvorstellungen heraus, die aber erst in der französischen Fassung von Charles Batteux' Grundlagenschriften *Les beaux arts réduits à un même principe* 1753–1756 breiter begründet werden. Hier unterscheidet der sein Werk immer wieder verbessernde Autor drei Hauptgattungen (erzählende, dramatische, lyrische Poesie) und eine weitere, nur zögernd anerkannte Gattung (didaktische Poesie).

(3) Im 18. Jh. erfolgen schließlich in langwierigen und komplexen Prozessen die noch unsere Gegenwart bestimmenden Umbauten der literarischen Kultur. Diesen Umbauten entsprechen massive Verschiebungen innerhalb des Gattungssystems, die auch in Dichtungslehren und Poetiken reflektiert werden. Das deutschsprachige Drama empfängt Impulse aus dem europäischen Ausland, bildet neue Genres mit vervielfältigten Darstellungsmöglichkeiten aus und macht das Theater zu einem zentralen Ort kultureller Repräsentation. Aufgehoben oder relativiert werden u. a. die Bindung der Tragödie und ihrer ernsten Thematik an ein Personal hohen Standes; ebenso die Bindung der Komödie an niedriges Personal und Lächerlichkeit. Aus England kommen Theorie und Beispiele der *domestic tragedy*; aus Frankreich die *comédie larmoyante*, die zum *rührenden Lustspiel* wird.

Mit der Aufhebung der Ständeklausel – zu deren Erschütterung auch der Philologe Michael Conrad Curtius beiträgt hatte, indem er 1753 ihre angebliche Herkunft aus Aristoteles widerlegt – verändert sich der Charakter des Tragischen und des Komischen: Sie werden ›menschlicher‹ und nähern sich von zwei Seiten dem neutralen ›*Schauspiel*‹, das Denis Diderot in Frankreich ausdrücklich fordert.

Vorbereitet und begleitet werden diese Veränderungen in der Dramatik durch die von Charles Du-Bos und anderen entwickelte ästhetische Theorie des Emotionalismus, die das Mitempfinden menschlicher Schicksale für moralisch wirkungsvoller einschätzt als ihre didaktisch-sentenziöse Verwertung. Mitleid mit literarischen Figuren empfindet man am intensivsten bei unmittelbarer Darbietung. Das bedeutet, dass Handlungsträger auf der Bühne oder im Roman nicht mehr länger als hochgestellte Personen mit Attributen sozialer Unerreichbarkeit modelliert werden, sondern als dem Publikum ähnliche Menschen. Mit diesem Empathie-Programm wird nicht nur eine aristokratisch-klassizistische Dramen-Poetik überwunden, sondern zugleich eine folgenreiche Umprogrammierung von Literatur vorgenommen. Denn die Darstellung von Handlungen – die in motivierter Folge von dramatischer Personenrede (Sprechhandeln), Tathandeln und mit gestisch bzw. mimisch ausgedrückter innerer Bewegtheit abläuft – erscheint nun als wichtigste und wirksamste Form poetischer Mimesis. Dieses psychologisch fundierte Modell begründet gleichfalls die sich ausweitende Erzählliteratur und beeinflusst nachhaltig den Prosaroman, der intensivierte theoretische Reflexionen findet (vgl. Blanckenburg 1774, Engel 1774). Schon vorher hatte die Geschichtsschreibung eine tendenziell ›szenische‹ bzw. ›dramatische‹ Unmittelbarkeit der Narration entwickelt, die den Leser zu eigener Beobachtung und Urteilsbildung anregen sollte. Diese als ›pragmatische Geschichtsschreibung‹ bezeichnete Umgangsform mit der Vergegenwärtigung historischer Ereignisse und Personen partizipiert an einer bezeichnenden Bedeutungsveränderung des Attributs ›pragmatisch‹: Aus der Bestimmung, dass der Historiker allgemeine handlungsanleitende Folgerungen (menschenkundliche und moralische Sentenzen) aus den dargestellten Ereignissen zu ziehen habe, wird nun die Aufgabe, das motivierte Handeln der geschichtlichen Gestalten anschaulich darzulegen, mit eigenen Folgerungen dagegen sparsam umzugehen. Emphatisches Drama und pragmatische Geschichtsschreibung bilden so komplementäre Strukturmodelle für den pragmatischen Roman der späten Aufklärung.

Die gattungspoetologischen Einsätze vor 1800 reagieren jedoch nicht nur auf neue Hierarchisierungen von Textsorten und Genres sowie auf den gravierenden Funktions- und Gestaltwandel von Literatur, in dessen Folge sich ein eigenen Regeln folgendes Literatursystem formiert. Sie beziehen sich zugleich auf einen Theorieschub aus der Philosophie. Wichtig ist die bei Alexander Gottlieb Baumgarten (1714–1762) in der Mitte des 18. Jh.s dokumentierte Aufwertung der Dichtung zu einer eigenen Erkenntnisquelle. Auf der Basis einer neuen Wertschätzung der sinnlichen Erkenntnis (*cognitio sensitiva*) ermöglicht sie eine philosophische Behandlung von Poesie. Stellten die bislang vorherrschenden kompilatorischen Lehr- und Anweisungspoetiken paratakische Gattungsreihen auf und legten Regeln von Dekorum bzw. Aptum fest (die etwa in Form von ›Ständeklauseln‹ die Figurationen von Tragödien und Komödien bestimmten), sucht Baumgartens ästhetische Systematisierung nun nach allgemeinen und verbindlichen Kunstprinzipien (vgl. Trappen 2001, 142 ff.; Zymner 2003, 18). Auch wenn neuere Untersuchungen nachgewiesen haben, dass die Erhebung Baumgartens zum wirkungsmächtigen Begründer eines triadischen Gattungsmodells (so noch Scherpe 1968, 58) kaum haltbar ist (vgl. Trappen 2001, 124), bleibt seine Aufnahme der aus der frühneuzeitlichen Aristoteles-Rezeption hervorgegangenen Untergliederung der Poetik (!) in »eine lyrische, epische, dramatische nebst ihren verschiedenen entsprechenden Arten« (Baumgarten 1983, § 117) nachhaltig bedeutsam. Daneben bildet sich eine Viererteilung heraus, die neben Epik, Lyrik und Dramatik noch die »didaktische Poesie« integriert und vor allem im einflussreichen Lehrbuch *Les beaux arts réduits à un même principe* von Charles Batteux (1746) – das in mehreren Übersetzungen im deutschen Sprachraum zirkuliert – ihre theoretische Begründung findet.

Mit ihren Reflexionen gelangen die Dichtungslehren und Gattungspoetiken an eine Grenze. Markant illustriert wird eine neue Stufe des Nachdenkens über Gattungen – die nun nicht mehr die Produktion von Texten anleiten bzw. verfertigte Produkte bewerten will – in dem vom Aufklärer Johann Jakob Engel (1741–1802) entworfenen philosophischen Fundament einer Gattungstheorie: Die 1783 veröffentlichten *Anfangsgründe einer Theorie der Dichtungsarten* demonstrieren den Übergang zu einer theoretisch distanzierten Beobachtung der Dichtkunst. Angeleitet von der zeitgenössischen Assoziationspsychologie, ordnet Engel jeder Gattung einen bestimmten Typus von »Ideenverbindung« als spezifische anthropologische Grundlage zu: Eine auf den temporalen Prozess von Ursachen und Wirkungen bezogene Ideenverbindung erzeuge, wenn sie aus dem Verstand kommt, didaktische Poesie. Kommt sie aus dem Herzen, bringe sie »pragmatische Poesie« – im Sinne einer dramatischen oder epischen Darstellung innerlich motivierten Handelns – hervor. Bezieht sich eine Ideenverbindung auf abstrakte (zeitlose) Bewusstseinsinhalte, so entstehe aus dem Verstand die Beschreibung, aus der Phantasie dagegen das lyrische Werk.

Ein letztes hier zu nennendes Indiz für eine neue Qualität gattungsästhetischer Überlegungen um 1800 bilden schließlich die Reflexionen Johann Gottfried Herders (vgl. Scherpe 1968). Auch sie richten sich gegen normativ-systematische und auf überzeitliche Geltung hin angelegte Gattungspoetiken. Getragen von der Einsicht in die Diskrepanz zwischen dem normativen Allgemeingültigkeitsanspruch von Gattungsbegriffen und der empirisch beobachtbaren Vielfalt literarischer Erscheinungen, unternimmt Herder den Versuch, die Gattungslehre auf neue Grundlagen zu stellen. Er will allgemeine Begriffe aus historischen Vorgängen ermitteln, in dem er induktiv vorgeht: Poetische Beispiele sollen nach Ausdruckswerten und Empfindungsarten, Gegenstand, Rhythmus und Versbau untersucht werden, um so allgemeine Gattungsbegriffe gewinnen und zugleich die Geschichte der Gattung rekonstruieren zu können. Diese Gattungsgeschichte stellt sich ihm jedoch stets als Verfallsgeschichte dar, in der nur die Originalwerke aus zumeist frühen Zeiten wertvoll sind – fallen doch in ursprünglichen Erscheinungen wie den vermeintlich archaischen Gesängen von Ossian, in Volksliedern sowie in den Werken von Homer und Shakespeare gattungsmäßige Kunstform und einmalige Ausdrucksform zusammen.

Literatur

Baumgarten, Alexander Gottlieb: *Meditationes philosophicae de nonnullis ad poema pertinentibus* (Philosophische Betrachtungen über einige Bedingungen des Gedichts) [1735]. Hg. v. Heinz Paetzold. Hamburg 1983.

Blanckenburg, Friedrich von: *Versuch über den Roman*. Leipzig 1774.

Diomedes: *Artis grammaticae libri tres*. In: Heinrich Keil (Hg.): *Grammatici Latini*. Bd. 1. Nachdr. Hildesheim, New York 1981.

Engel, Johann Jakob: *Anfangsgründe einer Theorie der Dichtungsarten*. Berlin 1783.

Engel, Johann Jakob: »Über Handlung, Gespräch und Erzählung«. In: *Neue Bibliothek der Schönen Wissenschaften und der freyen Künste*. Bd. 16 (1774).

Latacz, Joachim (Hg.): *Die griechische Literatur in Text und Darstellung*. Bd. 1. Zweite, durchges. u. verb. Auflage. Stuttgart 1998.

5. Formgeschichtliche Gattungstheorie

Pfeiffer, Rudolf: *Geschichte der klassischen Philologie. Von den Anfängen bis zum Hellenismus.* Reinbek (1970), ²1978.
Scherpe. Klaus R.: *Gattungspoetik im 18. Jh. Historische Entwicklung von Gottsched bis Herder.* Stuttgart 1968.
Trappen, Stefan: *Gattungspoetik. Studien zur Poetik des 16. bis 19. Jh.s und zur Geschichte der triadischen Gattungslehre.* Heidelberg 2001.

Ralf Klausnitzer

Die vorrangig von Paul Böckmann und seinen Schülern entwickelte Formgeschichte kann als Surrogat formalistischer bzw. strukturalistischer Textumgangsformen bezeichnet werden, die in der deutschen Literaturforschung erst verspätet rezipiert wurden. Paul Böckmann (1899–1987), beim geistesgeschichtlich orientierten Robert Petsch in Hamburg 1923 promoviert und 1930 habilitiert, hatte mit der 1949 veröffentlichten *Formgeschichte der deutschen Dichtung* einen Versuch unternommen, Kategorien einer problem- und ideengeschichtlichen Literaturforschung mit der Beschreibung von »Form«-Zügen in Texten zu verbinden. Das noch 1973 in vierter Auflage erscheinende Werk, von dem nur der erste Band *Von der Sinnbildsprache zur Ausdruckssprache. Der Wandel der literarischen Formensprache vom Mittelalter bis zur Neuzeit* vorliegt, sucht nach einer Alternative zur geistesgeschichtlichen Literaturforschung (→ D 7). Im Unterschied zu deren typologischen Zugriffen und ideen- bzw. problemgeschichtlichen Synthesen will »Formgeschichte« die »Verfahrensweisen der Dichter« untersuchen, um durch »genaue Textbeobachtung« deren »Vorstellungs- und Kompositionsweise« bestimmen und die »jeweilige Sprachfähigkeit und Sprachleistung« in ihrer historischen Bestimmtheit markieren zu können (Böckmann 1988, 444). Den innovativen Anspruch des fast 700 Seiten starken Buches und Ignoranz gegenüber der Literaturforschung jenseits der deutschen Grenzen dokumentiert schon das Vorwort: Da die verfolgte Fragestellung – »Leistung und Bedeutung der poetischen Werke von der Form her zu erläutern« – bisher »kaum irgendwo grundsätzlicher aufgegriffen und durchgeführt« worden sei, stelle das Unternehmen einen Vorstoß ins »Neuland« dar, bei dem sich der Forscher »eigene Wege« bahnen müsse (Böckmann 1949, 1). Spezifisch für die »formgeschichtliche Betrachtungsweise« sei eine »entschiedene Umwendung in der Blickrichtung«: Diese »sucht Dichtung als Dichtung zum Forschungsgegenstand zu machen und sieht sich deshalb genötigt, bis zur konkreten Struktur des jeweiligen Werkes vorzufragen« (ebd., 2). Gleichzeitig strebt »Formgeschichte« nach einer Berücksichtigung der historischen Bedingungen von literarischen Erzeugnissen. Dieser Imperativ wird aber in so abstrakten bzw. zeitenthobenen Kategorien formuliert, dass eine konkrete Umsetzung problematisch werden muss. Weil Dichtung als privilegiertes »Organ des Welt- und

Lebensverständnisses« fungiere und »*die Schicksalsfragen des Daseins* den Kerngehalt alles Dichtens bilden« (ebd., 26, Hervorhebung im Original), sei jede normative Poetik als »Handwerkslehre des dichterischen Schaffens« unzulänglich und »an die Stelle der normativen Poetik eine Formgeschichte zu stellen, die erst verständlich macht, in welcher Weise die Dichtung jeweils das menschliche Selbstverständnis erschließt und als ein Organ des Weltergreifens zur Geltung kommt« (ebd., 26 f.).

Auch in gattungstheoretischer Hinsicht bleibt die »Formgeschichte« anthropologischen Typenbildungen verpflichtet. Zwar erkennt Böckmann die Probleme, die sich bei Fragen nach dem »Gesetz der Gattung« und den Kriterien für deren »verbindlichen Maßstab« ergeben. Und er fordert die Berücksichtigung von »Geschichtlichkeit« für gattungstheoretische Reflexionen. Doch die von Wilhelm Dilthey und Rudolf Unger übernommene Auffassung von Dichtung als dem privilegierten »Organ des Weltverständnisses« mündet in eine Gattungsauffassung, die Goethes Reden von dichterischen »Naturformen« aufnimmt und in eine Trias von »sprachlichen Verhaltungsweisen« bzw. »Hauptgattungen« als Äquivalent von wesenseigenen »Auslegungsformen« bzw. »Grundeinstellungen« transformiert: »Wenn die dichterische Formensprache im Wechselverhältnis zum menschlichen Selbstverständnis steht, so bedeutet das für die Gattungen, daß sich in ihnen der Mensch jeweils nach einer bestimmten Seite seines Wesens auslegt. Die drei Naturformen der Dichtung – Lyrik, Epik und Dramatik – besitzen darin ihre Konstanz, daß sie den menschlichen Grundbezügen zum Dasein entsprechen und ihnen zugehörige sprachliche Verhaltungsweisen entfalten: das Innenleben verlangt nach Aussprache, das tätige Handeln kommt zur Klarheit im dramatischen Gespräch, die Teilhabe an einem Geschehen führt zum Bericht.« Jeder dieser »Grundeinstellungen« entspricht eine »Hauptgattung«: Lyrik bringe das »Innenleben« zur Darstellung, Dramatik vergegenwärtige die »Welt des Handelns« und Epik zeuge vom »Geschehen, das den Menschen betrifft« (ebd., 39). Die programmatisch angekündigte Historisierung dieser Textumgangsweise bleibt allerdings vage, wenn es schließlich heißt, dass die Darstellungen von Handeln und Geschehen »niemals primär von den Gattungen als solchen« abhängen, sondern »von dem sich in ihnen sich darstellenden Selbstverständnis des Menschen« (ebd., 39). Die gattungstheoretischen Reflexionen der »Formgeschichte« in der von Böckmann 1949 vorgelegten Version schreiben letztlich geistesgeschichtlich-anthropologische Schematisierungen fort, die in den gattungsästhetischen Spekulationen der Zeit nach 1800 wurzeln. Die Hypostasierung eines goethezeitlichen Literaturbegriffs und dessen Verknüpfung mit einer Dreiteilung abstrakter »Grundeinstellungen« führen zu Fixierungen, die normative Setzungen trotz verbaler Dementis perpetuieren (vgl. ebd., 40).

Trotz – oder vielleicht gerade wegen – ihrer Orientierung auf überzeitliche »Grundeinstellungen« und ihre »Formen« wurde die bis 1973 viermal aufgelegte *Formgeschichte* bedeutsam; nicht zuletzt durch ihre Wirkungen auf nachrückende Wissenschaftlergenerationen. Als einflussreicher ›Großordinarius‹ in Hamburg, Heidelberg und Köln wurde Böckmann zum Lehrer und Anreger zahlreicher Germanisten. Unter seinen über 60 Doktoranden befinden sich neben Walter Müller-Seidel und Hans-Henrik Krummacher der Goethe-Spezialist Rolf Christian Zimmermann, der Humoristikforscher Wolfgang Preisendanz und der spätere Popularisator des Formalismus Jurij Striedter. Noch 1967 betreute Böckmann die Dissertation von Jürgen Petersen (*Die Rolle des Erzählers und die epische Ironie im Frühwerk Thomas Manns*) und wirkte so auf die Erzählforschung in der Bundesrepublik. Nicht ohne Grund erschien 1964 die von Müller-Seidel gemeinsam mit Preisendanz herausgegebene Festschrift zum 65. Geburtstag des gemeinsamen Lehrers unter dem Titel *Formenwandel* mit Aufsätzen über »Formen«, »Kunst der Darstellung«, »Sprache als Erzählform« und »Gestaltwandlung« etc.

Die Arbeiten der Schüler dokumentieren innovative Umgangsformen mit der »Formgeschichte«, deren Wirkung für eine Weiterentwicklung gattungstheoretischer wie gattungsgeschichtlicher Fragestellungen nicht zu unterschätzen bleibt. Exemplarisch dafür ist etwa die Dissertation von Böckmanns Schüler Preisendanz *Die Spruchform in der Lyrik des alten Goethe und ihre Vorgeschichte seit Opitz*, die 1951 verteidigt worden war und als erstes Heft in der 1952 im Universitätsverlag Carl Winter begründeten Reihe *Heidelberger Forschungen* erschien. Die im ersten Teil der Dissertation (»Voruntersuchungen«) geleistete Rekonstruktion des Begriffs »Spruchlyrik« und ihre historische Rekonstruktion von Opitz' Epigrammen bis zu Goethes und Schillers *Xenien* folgt dem formgeschichtlichen Prinzip des akademischen Lehrers. Die nachfolgende Behandlung der von der Forschung bis dahin als »Splitter und Abfälle« (Gundolf 1916, 678) abgewerteten Spruchlyrik des alten Goethe mit dem Anspruch, sie »als Dichtung ernst zu nehmen« und im Kontext einer seit der Barockepigrammatik entwickelten Tradition zu untersuchen (Preisendanz

1952, 9), eröffnet Perspektiven, die mit der Eröffnung eines neuen Forschungsfelds zugleich Reputation sichern.

Gattungsgeschichtliche Interessen und Impulse zu einer Erforschung des literarischen Formwandels wurden durch Böckmanns Schüler in unterschiedlichen Bereichen weitergeführt. Müller-Seidel widmete sich der »Historizität in Sprach- und Literaturwissenschaft«, thematisierte die »Geschichtlichkeit der deutschen Klassik« und bildete in München mehrere Generationen von Germanisten aus, die bis heute Lehrstühle besetzen. Böckmanns Kölner Assistent Krummacher wandte sich dem Barock zu; Zimmermann erweiterte seine Forschungen zum jungen Goethe und bearbeitete mit den mystisch-hermetischen Untergründen des 18. Jh.s ein bislang vernachlässigtes Feld. Mehr als einen Fachwechsel vollzog Striedter, der 1954 in Heidelberg mit der Schrift *Die Fragmente des Novalis als ›Präfigurationen‹ seiner Dichtung* von Böckmann promoviert worden war. Er habilitierte sich 1961 an der Freien Universität Berlin mit der Schrift *Der Schelmenroman in Russland* für slawistische Philologie und spielte mit der Edition des Sammelbandes *Texte der russischen Formalisten* (München 1969) eine bedeutende Rolle bei der lange verzögerten Entdeckung dieses Literaturforschungsprogramms in der BRD.

Sicher ist, dass Böckmanns »Formgeschichte« als Surrogat für die lange unbekannt gebliebenen formalistischen und strukturalistischen Beschreibungsverfahren einen nicht zu unterschätzenden Einfluss auf konkrete Gattungsforschungen gewann. In dieser Ersatzfunktion korrespondierte sie der »morphologischen Poetik«, die der in Münster und Bonn lehrende Günther Müller im Anschluss an diverse Einsätze für eine am Begriff der »Gestalt« ausgerichtete Wissenschaft projektiert hatte (Müller 1944/1968). Wie in der wirkungsmächtigen Einführung *Das sprachliche Kunstwerk*, die der aus Portugal zurückkehrende Wolfgang Kayser 1948 nach zahlreichen gattungsgeschichtlichen Untersuchungen vorlegte (Kayser 1936a; Kayser 1936b, Kayser 1938, Kayser 1939), erlaubte die auch hier demonstrierte Konzentration auf das ästhetisch maximierte und als relationales Beziehungsgefüge gedachte Werk, neue Frage- und Problemstellungen zu thematisieren und zugleich ahistorische Konstruktionen festzuschreiben. Eben darum konnten Müller-Seidel und Preisendanz 1964 die Konzentration auf die »Eigengesetzlichkeiten des literarischen Kunstwerks« und die »geschichtlichen Bedingungen seines Werdens« als besondere Leistung der »formhistorischen« Literaturforschung hervorheben (Müller-Seidel, Preisendanz 1964, 8). Die retardierenden Momente dieser proto- bzw. pseudostrukturalistischen Textumgangsformen sind aber vor allem auch auf dem Feld von Gattungstheorie und Gattungsgeschichte nicht zu übersehen. Zentraler Bezugsgegenstand blieben Werke der kanonischen Hochliteratur; die Definition von »Form« als Manifestation eines »durchgängigen Bildungsgesetzes«, das nicht nur das einzelne Werk, sondern zugleich auch die Konstitution von Textgruppen und den Stil einer Epoche bestimmen soll, schrieb einen aus Goethes Morphologie stammenden Form-Begriff fort, der für eine präzisere Beschreibung und Erklärung von Text- und Gattungseigenschaften nur begrenzte Anschlussmöglichkeiten bot. Ob die Einsicht in diese Defizite letztlich der Grund dafür war, dass Böckmann den angekündigten zweiten Band seiner *Formgeschichte* nicht schrieb, muss hier dahin gestellt bleiben.

Literatur

Böckmann, Paul: *Formgeschichte der deutschen Dichtung. Bd. 1: Von der Sinnbildsprache zur Ausdruckssprache.* Hamburg 1949.

Böckmann, Paul: »Über die Leistung der Dichtung im Zeichen der Bewusstseinskritik« [1984]. In: Ders.: *Dichterische Wege der Subjektivierung. Studien zur deutschen Literatur im 19. und 20. Jh.* Tübingen 1999, 441–446.

Gundolf, Friedrich: *Goethe.* Berlin 1916.

Kayser, Wolfgang: *Geschichte der deutschen Ballade.* Berlin 1936 (= 1936a).

Kayser, Wolfgang: »Die Ballade als deutsche Gattung«. In: *Zeitschrift für Deutschkunde* 50 (1936), 453–465 (= 1936b).

Kayser, Wolfgang: »Vom Wesen der gegenwärtigen Balladendichtung«. In: *Klingsor* 15 (1938), 105–114.

Kayser, Wolfgang: »Die Erneuerung der deutschen Ballade um 1900«. In: *Neue Literatur* 40 (1939), 113–119.

Müller, Günther: *Die Gestaltfrage in der Literaturwissenschaft und Goethes Morphologie.* Halle 1944 (wiederabgedr. in Günther Müller: *Morphologische Poetik. Gesammelte Aufsätze.* Hg. v. Elena Müller. Tübingen 1968, 146–224).

Müller-Seidel, Walter/Preisendanz, Wolfgang: »Vorwort«. In: Dies. (Hg.): *Formenwandel. Festschrift zum 65. Geburtstag von Paul Böckmann.* Hamburg 1964.

Preisendanz, Wolfgang: *Die Spruchform in der Lyrik des alten Goethe und ihre Vorgeschichte seit Opitz.* Heidelberg 1952.

Ralf Klausnitzer

6. Gattungsästhetik

Zwischen 1750 und 1850 ändern sich Formate und Inhalte der literarischen Kommunikation nachhaltig. Katalysiert und reflektiert werden diese Veränderungen durch gattungspoetologische Überlegungen. Mit ihnen formieren sich Beobachtungsverfahren und kategoriale Ordnungen, die die Gattungsdiskussion bis ins 20. Jh. beeinflussen: Präskriptive Einteilungen werden durch spekulative ästhetische Systeme ersetzt, in deren Rahmen sich eine »Theorie der poetischen Gattungen« ausbilden kann (Szondi 1974, 10). Die in der frühneuzeitlichen Aristoteles-Rezeption formulierte und durch Alexander Gottlieb Baumgarten in der Mitte des 18. Jh.s ästhetisch fundierte Dreiteilung von Poesie bzw. Poetik zu einer der Literatur inhärenten bzw. gleichsam naturgegebenen Trias verfestigt (→ E 5). Im Unterschied zu den weit verbreiteten und noch zu Beginn des 19. Jh.s wieder aufgelegten Lehrwerken von Ramler, Engel, Eschenburg (die mit Epik und Dramatik zwei durch das Redekriterium unterschiedene Gattungen behandeln) postuliert August Wilhelm Schlegel in seinen Wiener Vorlesungen von 1808 »drei Hauptgattungen der Poesie überhaupt« (A. W. Schlegel 1808/1846/1971, 38). Er begründet sie unter Rekurs auf Prinzipien, die der Literatur selbst zugrunde liegen sollen: Epik, Lyrik und Dramatik bilden ein System, dem sich die literaturgeschichtlich bekannten und poetologisch seit der Antike reflektierten Formen als Unterabteilungen oder als Mischungen subsumieren lassen. Sie sind weder willkürliche Bestimmungen noch Ergebnis der Exegese musterhafter Texte, sondern auf deduktivem Wege »aus dem Wesen der Poesie construirt« (A. W. Schlegel 1801–04/1989, 263). Und sie stehen in einem Zusammenhang, in dem »das Epische das rein objective im menschlichen Geiste«, das »Lyrische das rein subjective« und »das Dramatische die Durchdringung von beyden« darstellt (ebd., 462).

Diese Weichenstellungen werden bedeutsam, zunächst für Selbstbeobachtungen des Literatursystems und nachfolgend für die damit befassten Wissenskulturen. In den *Noten und Abhandlungen zu besserem Verständnis des west-östlichen Divans* unterscheidet Goethe »Dichtarten« (Allegorie, Ballade, Elegie, Epopöe etc) und »drei echte Naturformen der Poesie« (Goethe 1819/HA 187). Diese Bestimmungen gehen über den Rahmen gattungssystematischer Argumentationen hinaus, fixiert doch die Rede von »Naturformen« Epik, Lyrik, Dramatik als allgemeinste, mit der natürlichen Ausstattung des Menschen gegebene Äußerungs- bzw. »Dichtweisen«. Das Interesse gilt aber nicht nur ihrer Unterscheidung, sondern gerade auch ihrer Vermischung – und das setzt voraus, dass hier nicht starre Gattungen oder Gattungsbereiche identifiziert, sondern poetische Möglichkeiten modelliert werden, die auch quer zu solchen Ordnungen erscheinen können.

Die gattungsästhetischen Innovationen der Zeit nach 1800 vollziehen also den Übergang von einer normativen zu einer spekulativen Gattungspoetik, der mehrere Aspekte umfasst:

(1) Im Umgang mit einer zunehmend eigenständigen Literatur bilden sich distanzierte Beobachtungsweisen aus, die in Bestimmung und Ordnung übergreifender Texteigenschaften auf ästhetische Prinzipien rekurrieren und dabei die Spezifik einer neuartigen literarischen Kommunikation reflektieren. Gattungspoetologische Überlegungen werden zu einer Grundlage der Reflexion über Literatur. Sie korrespondieren einer Ästhetik, die sich als »Philosophie der Kunst« (Schelling 1802/03) und nicht mehr als praktisch dienstbare Doktrin formiert.

(2) Im Zuge einer in der zweiten Hälfte des 18. Jh.s einsetzenden Umstellung der Textproduktion von rhetorischen Regulierungen auf individuelle Äußerungen des regelbefreiten ›Genies‹ lösen sich Gattungsbegriffe von historisch bedingten Konditionierungsfunktionen. Sie werden »frei für ›menschheitsphilosophische‹ Spekulationen und geschichtsphilosophische Assoziationen« (Scherpe, 257) sowie für anthropologische und kunsttheoretische Konzeptualisierungen: Von allgemeinen poetischen »Empfindungsweisen«, die sich »keineswegs in jene engen Grenzen« von üblicherweise so bezeichneten Gattungen einschließen lassen, spricht Schiller in der Abhandlung *Über naive und sentimentalische Dichtung* (1795) bei der Behandlung von Satire, Elegie und Idylle (Schiller 1962, 728). August Wilhelm Schlegel fixiert den »Geist des epischen Gedichts« als »klare Besonnenheit« und »ruhige Darstellung des Fortschreitenden«, die »mit Gleichmuth« ein Geschehen »als schon vergangen in einer gewissen Ferne vor unserm Gemüth« präsentiert, während das lyrische Gedicht als »der musikalische Ausdruck von Gemüthsbewegungen durch Sprache« gilt, um eine »Regung [...] festzuhalten, ja innerlich zu verewigen« (Schlegel 1971, 39). Im Verbund mit Goethes Rede von »Naturformen der Dichtung« stellen diese Kategorien die Weichen für Textumgangsformen einer Literaturwissenschaft, die später den »seelischen Grundcharakter« der drei von Goethe vermeintlich festgelegten »Hauptgattungen« zu ermitteln sucht (Veit 1892) oder in den substantialisierten Begrif-

fen »Lyrisches«, »Episches«, »Dramatisches« nicht weniger als »literaturwissenschaftliche Namen für fundamentale Möglichkeiten des menschlichen Daseins überhaupt« zu erkennen glaubt (Staiger 1971, 185). Spekulationen der klassisch-romantischen Ästhetik fundieren schließlich Bemühungen um »eine mit literaturwissenschaftlichen Mitteln bestrittene Anthropologie« (Staiger 1961, 356): In der zweiten Fassung seines Gespräches über die Poesie von 1823 legt Schlegel der Gattungseinteilung die Dreiheit von Körper (Drama, Roman), Seele (Epos) und Geist (Lyrik) zugrunde.

(3) Die Ästhetik des Idealismus treibt die Verknüpfung gattungspoetologischer Überlegungen mit geschichtsphilosophischen Spekulationen weiter. In den Kunstphilosophien Schellings, Hegels und Solgers werden Gattungen aus der Idee bzw. der Absolutheit des Geistes deduziert. Epik, Lyrik, Dramatik bilden ein System, dessen Elemente sich wie These, Antithese, Synthese verhalten: Epische Dichtung gilt als objektives Element der Poesie, lyrische Dichtung als subjektives, die Dramatik vereinigt beide Elemente. Die Auffassung, dass die Poesie die anderen Künste in sich wiederhole und vereinige, legt den Vergleich von Lyrik mit Musik, von Epik mit bildender Kunst oder Malerei, von Dramatik mit Malerei oder Plastik nahe. Die Reihenfolge impliziert eine Rangfolge. Friedrich Ast, Karl Wilhelm Friedrich Solger, Georg Wilhelm Friedrich Hegel und Friedrich Theodor Vischer behandeln nacheinander Epik, Lyrik, Dramatik als Stufen, mit denen sich die Entwicklung des Geistes zu sich selbst vollzieht. Schelling unterscheidet eine »wissenschaftliche Ordnung« mit der Stufenfolge Lyrik, Epik, Dramatik (Schelling 1802/03, 283). In beiden Fällen stellt die Dramatik die krönende Gattung dar: Bis weit ins 19. Jh. gilt das Drama als »Mittelpunkt und Grundlage der ganzen Kunst« (Solger 1829, 274) bzw. als »höchste Stufe der Poesie und der Kunst überhaupt« (Hegel 1986, 474).

(4) Dass die Etablierung einer triadischen Gattungsordnung mitsamt ihren spekulativ-geschichtsphilosophischen Ausdeutungen keineswegs alternativlos verläuft, zeigen die in der Tradition der Spätaufklärung stehenden Poetiken, die bis ins 19. Jh. wirksam bleiben. Die Lehrbücher in der Nachfolge des erstmals 1783 veröffentlichten und noch 1817 in vierter Auflage erschienenen Werkes *Entwurf einer Theorie und Literatur der schönen Wissenschaften* von Johann Joachim Eschenburg unterscheiden zwei Großgruppen: »Gattungen, worinn der Dichter selbst redet, er mag nun erzählen, oder beschreiben, oder schildern, oder lehren und bestrafen, oder sein volles Gefühl ausdrücken, die *epischen*, und die, worinn er fremde Personen reden, oder handeln läßt, ohne seinen eignen Vortrag einzumischen, die *dramatischen*« (Eschenburg 1790, 78). Was die Autoritäten von Platon bis Vossius dem *genus narrativum* (Epik, lyrische Formen) und dem *genus mixtum* (Lehrgedicht, lyrische Formen) zurechnen, fällt damit in eine Klasse. – Verbreitet bleibt ebenfalls die von Batteux begründete Vierteilung, bei der didaktische Formen eine eigene Gattung bilden (Sengle 1969). Von der Hochschätzung des Lehrgedichts zeugt das bis 1828 fünfmal aufgelegte *Handbuch der schönen Redekünste* von Johann Heinrich Martin Ernesti, das es als »das *Höchste aller Geisteskunst*« bestimmt; schließe man es aus, so müsse man es »nicht *unter*, sondern *über* die Werke der Dichtkunst« setzen (Ernest 1828, VIII ff.). Eine Fünfteilung, welche dem beschreibenden Gedicht neben dem didaktischen eine eigene Gattung einräumt, wird in einigen Poetiken vertreten (vgl. Jäger 1970).

(5) Unter philologisch-hermeneutischen Reflexionen von Gattungsfragen ragen die Einsätze von Friedrich Daniel Ernst Schleiermacher und August Boeckh heraus. Der Theologe Schleiermacher vergleicht den Charakter von Gattungen mit einem »Flussbett«, das als »Gewalt der schon feststehenden Form« nicht erst den »Ausdruck«, sondern schon die »Erfindung« sprachlich-literarischer Äußerungen konditioniert. Diese Funktion muss vor allem auch bei der Interpretation von Texten beachtet werden – was für den Interpreten heißt, den Entwicklungsstand der Gattung im Zusammenhang der Epoche zu kennen (vgl. Schleiermacher 1959, 136). Zentrale Positionen besetzen Gattungen und ihre Behandlung beim klassischen Philologen August Boeckh. Seine *Encyklopädie und Methodologie der philologischen Wissenschaften* fasst mit dem Gattungsbegriff die »ideale höhere Einheit des Mitgetheilten« zusammen und projektiert eine spezifisch »generische Interpretation« (Boeckh 1877, 82 f.)

Literatur

Boeckh, August: *Encyklopädie und Methodologie der philologischen Wissenschaften*. Hg. v. Ernst Bratuschek. Leipzig 1877.

Ernesti, Johann Heinrich Martin: *Neues theoretisch-praktisches Handbuch der schönen Redekünste*. 1. Teil. 5. Ausgabe. München 1828.

Eschenburg, Johann Joachim: *Entwurf einer Theorie und Literatur der schönen Wissenschaften*. Frankfurt, Leipzig 1790.

Goethe, Johann Wolfgang von: »Noten und Abhandlungen zu besserem Verständnis des west-östlichen Divans«

[1819]. In: Ders.: *Werke*. Bd. 2. Hg. v. Erich Trunz. München ¹²1981, 126–267.

Hegel, Georg Wilhelm Friedrich: *Vorlesungen über die Ästhetik III*. In: Ders.: *Werke*. Auf der Grundlage der Werke von 1832–1845 neu edierte Ausgabe. Redaktion Eva Moldenhauer und Karl Markus Michel. Bd. 15. Frankfurt a. M. 1986.

Jäger, Georg: »Das Gattungsproblem in der Ästhetik und Poetik von 1780 bis 1850«. In: Jost Hermand/Manfred Windfuhr (Hg.): *Zur Literatur der Restaurationsepoche 1815–48*. Stuttgart 1970, 371–404.

Schelling, Friedrich Wilhelm Josef: *Philosophie der Kunst* [1802/03]. Darmstadt 1966 (Reprograph. Nachdr. der Ausgabe 1859).

Scherpe, Klaus R.: *Gattungspoetik im 18. Jh. Historische Entwicklung von Gottsched bis Herder*. Stuttgart 1968.

Schiller, Friedrich: »Über naive und sentimentalische Dichtung« [1795/96]. In: Ders.: *Sämtliche Werke*. Hg. v. Gerhard Fricke u. Herbert G. Göpfert in Verb. mit Herbert Stubenrauch. München ³1962. Bd. 5, 694–780.

Schlegel, August Wilhelm: »Vorlesungen über dramatische Kunst und Litteratur« [1808]. In: Ders.: *Sämmtliche Werke*. Hg. v. Eduard Böcking. Leipzig 1846. Nachdr. Hildesheim, New York 1971. Bd. 5.

Schlegel, August Wilhelm: »Vorlesungen über schöne Literatur und Kunst« [1801–04]. In: Ders.: *Kritische Ausgabe der Vorlesungen*. Bd. 1. Hg. v. Ernst Behler. Paderborn u. a. 1989, 179–781.

Schleiermacher, Friedrich Daniel Ernst: *Hermeneutik*. Nach den Handschriften neu hg. u. eingel. von Heinz Kimmerle. Heidelberg 1959.

Sengle, Friedrich: *Die literarische Formenlehre. Vorschläge zu ihrer Reform*. Stuttgart 1967, ²1969.

Solger, Karl Wilhelm Friedrich: *Vorlesungen über Aesthetik*. Hg. v. K. W. L. Heyse. Leipzig 1829.

Staiger, Emil: *Grundbegriffe der Poetik* [1946, erw. 1951]. München 1971.

Staiger, Emil: »Andeutung einer Musterpoetik«. In: *Unterscheidung und Bewahrung. Festschrift für Hermann Kunisch*. Berlin 1961, 354–362.

Szondi, Peter: *Poetik und Geschichtsphilosophie II: Von der normativen zur spekulativen Gattungspoetik*. Frankfurt a. M. 1974.

Trappen, Stefan: *Gattungspoetik. Studien zur Poetik des 16. bis 19. Jh.s und zur Geschichte der triadischen Gattungslehre*. Heidelberg 2001.

Veit, Valentin: »Poetische Gattungen«. In: *Zeitschrift für vergleichende Literaturgeschichte* 5 (1892), 35–51.

Ralf Klausnitzer

7. Geistesgeschichtlich-anthropologische Gattungstheorie

Die geistesgeschichtlichen bzw. anthropologischen Gattungstheorien, die sich seit Beginn des 20. Jh.s formieren, sind Resultate von grundlegend veränderten Weichenstellungen im Umgang mit Texten und Kontexten. Gegen den vermeintlichen ›Positivismus‹ und ›Philologismus‹ der bisherigen Literaturforschung favorisiert das Integrationsprogramm »Geistesgeschichte«, das in der Zeit zwischen 1900 und 1950 ein Spektrum verschiedener Positionen ausbildet, philosophische Konzepte – insbesondere aus Idealismus und Neukantianismus – sowie Begriffe und Verfahren einer Psychologie, die mit ihren durch empirische Beobachtung und Introspektion gewonnenen Einsichten als »königin der geisteswissenschaften« gilt (Biese 1899, 237). Den Abstand zu mikrologischer Quellenerschließung und philologischer Textkritik markieren veränderte Arbeitsfelder und Zielstellungen: Im Zentrum der geistesgeschichtlichen Literaturforschung stehen nicht länger die Edition, die als »Prüfstein des Philologen« (Roethe 1913, 623) gegolten hatte, und die Biographie, deren Lückenlosigkeit durch Detailforschung und Induktion zu sichern war, sondern die »synthetische« Rekonstruktion von grundlegenden Beziehungen in literatur- und kulturgeschichtlichen Prozessen. Ermittlung und Deutung eines in der kulturellen Überlieferung objektivierten ›Geistes‹ eröffnen unterschiedliche Anschlussmöglichkeiten, die methodisch gleichwohl dem Prinzip der typologischen Generalisierung verpflichtet bleiben und ›Gestalt‹ bzw. ›innere Form‹ literarischer Werke als Ausdruck eines unterschiedlich akzentuierten ideellen ›Gehalts‹ privilegieren (vgl. Klausnitzer 2007, 94–102).

Für gattungstheoretische Überlegungen bedeutsam werden Konzeptionen, die ihren Ausgang von Überlegungen des Philosophen Wilhelm Dilthey nehmen. Versuche, literarische Gattungen als ›Weltanschauungstypen‹ zu bestimmen, korrespondieren Diltheys Überzeugung, einen in poetischen Texten manifestierten, transpersonal und zumeist epochenspezifisch bestimmten ›Geist‹ auffinden und darstellen zu können. Voraussetzung dafür sind Grundformen der Welterfahrung (›Erlebnisse‹ bzw. ›elementare Probleme des Menschenlebens‹), ›Ideen‹ bzw. Bewusstseinseinstellungen oder altersgemeinschaftliche ›Generationserfahrungen‹, die durch vorgängige Ver-

7. Geistesgeschichtlich-anthropologische Gattungstheorie

allgemeinerungen bzw. durch Rekurs auf philosophische Theoreme gewonnen und in literarischen Texten bzw. Textgruppen entdeckt werden. Zwar hatte Dilthey sich explizit gegen Übertragungen von ›Weltanschauungstypen‹ auf die Literatur und ihre Gattungen gewandt (vgl. Dilthey 1907/1924, 397). Gleichwohl werden extrapolierende Verknüpfungen von ›Weltanschauung‹ und poetischen Gattungen in die Literaturwissenschaft eingeführt (vgl. Spoeri 1929, Wundt 1930, Beriger 1938). Ohne die ontologische und erkenntnistheoretische Fundierung dieser Begriffe zu hinterfragen, wird die Existenz von Gattungen als gegeben angenommen und ihre Korrelation mit verschiedenen ›Weltanschauungstypen‹ durchgespielt. Die zumeist zirkulär organisierten Spekulationen basieren auf der Überzeugung, jede Dichtungsgattung realisiere eine »bestimmte Stellung zur Wirklichkeit, die eine bestimmte Weltanschauung voraussetzt« (Wundt 1930, 415). Zu deren Bestätigung werden – wie schon in den spekulativen Trinitätsvorstellungen des Idealismus – ›Hauptgattungen‹ mit sehr allgemein bestimmten Welthaltungen in Beziehung gesetzt (Wundt 1930, 416; Beringer 1938, 93). Verknüpfungen von Weltanschauungstypen und literarischen Formen finden sich auch beim jungen Georg Lukács (Lukács 1912/1968, 73), der in seiner *Theorie des Romans* (mit dem Untertitel *Ein geschichtsphilosophischer Versuch über die Formen der großen Epik*) den Roman als »Epopöe der gottverlassenen Welt« charakterisiert, wobei die »tiefste Melancholie jedes echten und großen Romans« das »Reflektierenmüssen« sei (Lukács 1920/1971, 74 und 71).

Die Varianten einer Verbindung von Gattungsbestimmungen mit psychologischen bzw. psychologisierenden Kategorien berufen sich ebenfalls auf Dilthey. Dabei hatte der Philosoph in seinem 1887 veröffentlichten Essay *Die Einbildungskraft des Dichters* eine psychologische Begründung von Gattungskonzepten noch für unmöglich erklärt (Dilthey 1887/1924). Seine poetologischen Überlegungen gehen von verschiedenen ›Gefühlskreisen‹ aus (Körpererfahrungen, Empfindungen, Sinneseindrücke, zur Form werdende Vorstellungen etc.), die als innere Grundlagen des menschlichen Seins dichterisch entäußert werden. Entscheidend ist die Unterscheidung zwischen allgemeinen ästhetischen Gesetzen, die sich aus der Natur des Menschen ergeben, und historisch konditionierten poetischen Techniken: Diese sind nicht aus allgemeinen ästhetischen Gesetzen ableitbar, sondern Produkt der jeweiligen Zeitumstände. Die Vertreter einer psychologistischen Poetik knüpfen daran in unterschiedlicher Weise an. Wie Dilthey gehen sie von den als apriorisch gesetzten Gattungsbegriffen Epik, Lyrik, Dramatik aus. Die »Dreigliedrigkeit der Dichtung« sei »durchaus nichts Willkürliches, von poetischen Schulmeistern der lebendigen Dichtung aufgezwungen«, sondern besitze »tief in der menschlichen Natur ihre letzte Wurzel [...], aus der sie mit unbeirrbarer, naturgesetzlicher Notwendigkeit erwächst« (so Hartl 1924, III). Im Unterschied zu Dilthey aber wird ein eindeutiger und notwendiger Zusammenhang zwischen »Erlebnisformen« und Gattungen statuiert: Da »die poetischen Gattungen nicht nur Techniken sind, sondern ihr Wesen als drei grundverschiedene seelische Haltungen haben, kann jede nur einen organisch bestimmten Komplex von Erlebnisformen, Stoffen darstellen« (Hirt 1923, 6). Für Karl Viëtor sind literarische Gattungen »menschliche Grundhaltungen zur Wirklichkeit« bzw. »letzte Reaktionen, schöpferische Antworten, die der elementaren Organisation des Menschen entsprechen« (Viëtor 1931/1952, 292 f.); nach Robert Petsch entsprechen sie »als Ausdrucksweisen bestimmten Grundeinstellungen des dichterischen Menschen« (Petsch 1934, 83; ebenso Petsch 1933, 55).

Fortgeführt werden diese typologisch-essenzialistischen Gattungsauffassungen vor allem durch Emil Staiger. Seine *Grundbegriffe der Poetik* (1946) unterscheiden zwischen den »Fächern« Epik, Lyrik, Dramatik, in denen man Werke »nach bestimmten äußerlich sichtbaren Merkmalen« sortiert (Staiger 1946/1971, 167), und grundlegenden Qualitäten des »Epischen«, »Lyrischen«, »Dramatischen«. Diese fungieren als grundsätzlich verschiedene »Seinsweisen« von Dichtung, die sich überlagern und gegenseitig beeinflussen können. Die auch als »einfache Qualitäten« bestimmten »Ideen« des »Lyrischen«, »Epischen«, »Dramatischen« haben keinen praktisch sortierenden und poetologisch regulierenden Anspruch. Sie stellen die Ordnungen des Poetischen vielmehr in einen anthropologischen, die Literatur im Wesen des Menschen fundierenden Zusammenhang, wird doch die grundbegriffliche Trias zu einer Explikation der drei Arten, sich zur Welt zu verhalten: Lyrisches Dasein erinnert, episches vergegenwärtigt, dramatisches entwirft. Wie Heideggers Fundamentalontologie, die das menschliche Dasein durch seine Zeitlichkeit interpretiert, ist Staigers »Fundamentalpoetik« an literarisch modellierenden Zeitformen ausgerichtet: Das Lyrische, charakterisiert durch »Stimmung«, »Eingebung«, Kürze und Einheit von Wortbedeutung und Musikalität, repräsentiert den Modus des Erinnerns. Das Epische, durch Distanz und Gleichmaß geprägt, vergegenwärtigt Vergangenes und organisiert seine selbständigen Teile additiv (während das Lyrische alle Elemente subordiniert). Das Dramatische als Entwurf der Zukunft basiert dagegen auf einer Spannung, die durch »pathetische« oder »problematische« Verfahren erzeugt wird (ebd., 125).

Entscheidend für diese vom Autor selbst als »Beitrag der Literaturwissenschaft an die philosophische Anthropologie« (ebd., 12) angekündigte Gattungspoetik ist die Fundierung der drei Grundbegriffe in einer Seinslehre, die in Anlehnung an Martin Heideggers hermeneutische Ontologie und an Ernst Cassirers *Philosophie der symbolischen Formen* sprachlich-literarische Formen zu Grundlagen des menschlichen Verhaltens erklärt (ebd., 185; zur Kritik vgl. Schlaffer 2003, 5). Doch werden nicht nur Analogien zwischen poetischen Formen und Seinsdimensionen hergestellt, sondern grundbegriffliche »Qualitäten« auch unterschiedlichen Sprachstufen zugeordnet: Die Silbe charakterisiert das Lyrische, das bedeutungstragende Wort repräsentiert das Epische, syntaktisch gebaute Sätze bilden das Dramatische. Zugleich werden Brücken zwischen kommunikativen Formen und sozialen Institutionen geschlagen: Das persuasiv-zweckgebundene Sprechen des Dramatischen schafft nicht nur den Raum des Theaters, sondern legt auch den Grund für juridische und politische Macht. Die fließend-stimmungsreichen Artikulationen des Lyrischen formulieren Emotionen. Der differenzierte epische Stil erlaubt die Ausbildung von Individualität.

Staigers Ansatz hat eine Reihe von Nachfolgern gefunden (noch Horn 1998). Terminologisch und methodisch fortgeführt wird sein Programm u. a. von Wolfgang Kayser, der in *Das sprachliche Kunstwerk* mit der von Staiger eingeführten Fundamentalunterscheidung operiert, indem er »Grundhaltungen« bestimmt, die aufgefächert und in Verbindung mit literarischen Formkomplexen gebracht werden: »Als die drei einzigen Grundhaltungen, die als lyrische Kundgabe Gefüge schaffen, erkannten wir das lyrische Ansprechen, das liedhafte Sprechen und das lyrische Nennen, RUF, LIED und SPRUCH sind die drei lyrischen Gattungen« (Kayser 1951, 346). Der Ausdruck »Gattung« wird hier also in dreifacher Bedeutung verwendet: zur Kennzeichnung von kommunikativen Qualitäten, als Sammelbegriff für nicht an spezifische historische Gattungen gebundene Unterarten des Lyrischen, als historische Genre-Bezeichnung. Eine Erweiterung von Staigers »Grundbegriffen« findet sich in den *Reflexionen über eine modifizierte Fundamentalpoetik* von Wolfgang V. Ruttkowski, der die Trias »Lyisches«, »Episches«, »Dramatisches« durch »das Artistische« ergänzt (Ruttkowski 1968, 86–102).

Damit wird eine vierte Grundhaltung eingeführt, die Staiger bewusst aussparte, weil sie sich nicht anthropologisch fundieren und mit einer dreidimensionalen Zeit verknüpfen ließ.

Literatur

Beriger, Leonhard: *Die literarische Wertung. Ein Spektrum der Kritik.* Halle 1938.

Biese, Alfred: »Rezension Ernst Elster, Prinzipien der Literaturwissenschaft«. In: *Zeitschrift für deutsche Philologie* 31 (1899), 237–243.

Dilthey, Wilhelm: »Die Einbildungskraft des Dichters. Bausteine für eine Poetik« [1887]. In: Ders.: *Gesammelte Schriften.* VI. Bd. Leipzig, Berlin 1924, 103–241.

Dilthey, Wilhelm: »Das Wesen der Philosophie« [1907]. In: Ders.: *Gesammelte Schriften.* V. Bd. Leipzig, Berlin 1924, 339–416.

Hankiss, János: »Les genres littéraires et leur base psychologique«. In: *Helicon* 2 (1940), 117–129.

Hartl, Robert: *Versuch einer psychologischen Grundlegung der Dichtungsgattungen.* Wien 1924.

Hirt, Ernst: *Das Formgesetz der epischen, dramatischen und lyrischen Dichtung.* Leipzig 1923, Nachdr. Hildesheim 1972.

Horn, András: *Theorie der literarischen Gattungen. Ein Handbuch für Studierende der Literaturwissenschaft.* Würzburg 1998.

Kayser, Wolfgang: *Das sprachliche Kunstwerk. Eine Einführung in die Literaturwissenschaft.* Zweite, erg. Aufl. Bern 1951.

Klausnitzer, Ralf: »Institutionalisierung und Modernisierung der Literaturwissenschaft seit dem 19. Jh.«. In: Thomas Anz (Hg.): *Handbuch Literaturwissenschaft.* Bd. 3. Stuttgart, Weimar 2007, 70–147.

Lukács, Georg: »Aus dem Vorwort zu ›Entwicklungsgeschichte des modernen Dramas‹« [1912]. In: Ders.: *Schriften zur Literatursoziologie.* Neuwied ³1968, 71–74.

Lukács, Georg: *Theorie des Romans. Ein geschichtsphilosophischer Versuch über die Formen der großen Epik* [1920]. Neuwied, Berlin 1971.

Petsch, Robert: »Die Analyse des Dichtwerks«. In: Emil Ermatinger (Hg.): *Philosophie der Literaturwissenschaft.* Berlin 1930, 240–276.

Petsch, Robert: »Goethe und die Naturformen der Dichtung«. In: *Dichtung und Forschung. Festschrift für Emil Ermatinger.* Frauenfeld, Leipzig 1933, 45–62.

Petsch, Robert: »Gattung, Art und Typus«. In: *Forschungen und Fortschritte* 10 (1934), 83–84.

Roethe, Gustav: »Gedächtnisrede auf Erich Schmidt«. In: *Sitzungsberichte der Königlich Preußischen Akademie der Wissenschaften* 1913, 617–624.

Ruttkowski, Wolfgang Viktor: *Die literarischen Gattungen. Reflexionen über eine modifizierte Fundamentalpoetik.* Bern 1968.

Schlaffer, Heinz: »Emil Staigers Grundbegriffe der Poetik«. In: *Monatshefte für deutschsprachige Literatur und Kultur* 95 (2003), 1–13.

Spoeri, Theophil: *Präludium zur Poesie. Eine Einführung in die Deutung des dichterischen Kunstwerks.* Berlin 1929.

Staiger, Emil: *Grundbegriffe der Poetik* [1946, erw. 1951]. München 1971.

Viëtor, Karl:. »Probleme der literarischen Gattungsgeschichte«. In: *DVjs* 9 (1931), 425–447 (unter dem Titel »Die Geschichte der literarischen Gattungen« wieder in K. Viëtor: *Geist und Form*. Bern 1952, 292–309).

Wundt, Max: »Literaturwissenschaft und Weltanschauungslehre«. In: Emil Ermatinger (Hg.): *Philosophie der Literaturwissenschaft*. Berlin 1930, 398–421.

Ralf Klausnitzer

8. Konstruktivistische Gattungstheorie

Zentrales Dokument einer konstruktivistischen Gattungstheorie im deutschen Sprachraum ist die Monographie *Gattungstheorie* (1973) von Klaus W. Hempfer. Sie überwindet die kontroversen Positionen von Nominalismus (der Gattungen als Sprachfiktionen auffasst, die von realiter existierenden Einzelwerken zu unterscheiden sind) und Realismus (der Gattungen eine apriorische Existenz neben den konkreten Individuen zuweist) durch eine »konstruktivistische Synthese«: Gattungen gelten als »aus der Interaktion von Erkenntnissubjekt und -objekt resultierende Konstrukte«, sind somit wesentlich Kommunikationsphänomene (Hempfer 1973, 221). Die für Textgruppenbildungen zentrale Frage nach gattungsbildenden Typen und das damit verbundene Problem einer systematischen Ordnung historischer Phänomene löst die »konstruktivistische Gattungstheorie« durch Unterscheidung zwischen »generischen Invarianten« und der »Variabilität historischer Textgruppen« (Hempfer 1973, 224). Differenziert werden »Schreibweisen« als »ahistorische Konstanten wie das Narrative, das Dramatische, das Satirische usw.« und »Gattungen« als »historisch konkrete Realisationen dieser allgemeinen Schreibweisen wie z. B. Verssatire, Roman, Novelle, Epos usw.« (Hempfer 1973, 27).

Hempfers *Gattungstheorie* beabsichtigt nicht weniger als die Schaffung von Grundlagen für die weitergehende Forschung: Auf Basis einer systematisierten Darstellung der Forschungslage sollen die »Grundfragen [...] jeglicher Gattungsanalyse« und das »generelle Problem der Gruppierungsmöglichkeiten überhaupt« geklärt werden, ohne dabei »spezifische Probleme im Zusammenhang mit spezifischen Gattungen« (Hempfer 1973, 11 u. 17) zu thematisieren.

Ausgangspunkt der konstruktivistischen Gattungstheorie ist die Einführung von »normierten Prädikatoren«, die eine klare Unterscheidung zwischen »Sprechsituation«, »Schreibweise«, »Gattung«, »Untergattung« und »Typus« gewährleisten sollen. Die »Sprechsituation« ist eine allgemeine Relation zwischen Sprecher und Hörer, der auf kategorialer Ebene die zusammenhängenden generischen Konzepten gegenüber stehen. »Schreibweisen« gelten als Relationen von Elementen, d. h. als Strukturen, deren Transformationen überzeitliche Typen und konkrete historische Gattungen ergeben; sie bilden letztlich ahistorische Konstanten der (literarischen) Produktion wie »das Narrative«, »das Dramatische«,

»das Satirische« etc. Der Begriff »Gattung« umfasst historisch konkrete Realisationen dieser allgemeinen Schreibweisen wie »Verssatire«, »Roman«, »Novelle«, »Epos«. Der Begriff »Untergattung« kategorisiert spezifizierte Subformen von Gattungen wie etwa »pathetische Verssatire«, »pikaresker Roman« etc. »Gattung« und »Untergattung« sind jedoch nicht nur Transformationen einer Grundstruktur, sondern können auch aus der Überlagerung mehrerer solcher Strukturen und deren Transformation hervorgehen. Der »Typus« schließlich bezeichnet verschiedene, grundsätzlich mögliche und überzeitliche Ausprägungen bestimmter Schreibweisen.

Zentraler Gedanke von Hempfers »konstruktivistischer Synthese« ist die Unterscheidung von überzeitlich wirksamen Tiefenstrukturen, die als »rudimentäre generische Strukturen [...] interiorisiert sind« und als »psychogenetische Konstante« wirksam werden, und historisch konkreten Realisationen. Nach Hempfer sind »absolut bzw. relativ (d. h. in Bezug auf spezifische sozio-kulturelle Systeme) invariante Strukturen (Sprechsituationen, generische Tiefenstrukturen) von den jeweils historischen Formensprachen zu unterscheiden, d. h. wir differenzieren eine universale von einer jeweils historisch bedingten Kompetenz [...]. Dabei ist die universale Kompetenz weitgehend internalisiert, während die historische den jeweiligen Sprechern und Hörern weitgehend bewußt ist und infolgedessen immer schon Gegenstand poetologischer Reflexion war. [...] Aus dieser Tatsache, daß rudimentäre generische Strukturen genauso interiorisiert sind wie die logischen und daß ihre allmähliche Konstruktion in gleicher Weise eine psychogenetische Konstante darstellt, ergibt sich für uns notwendig die Berechtigung zur Annahme generischer Tiefenstrukturen als zumindest weitgehend ahistorischer Invarianten [...]« (Hempfer 1973, 126 f.).

Genau diese Unterscheidung wird zum Anlass von zum Teil heftiger Kritik. Was die ersten, nach Erscheinen des Bandes verfertigten Rezensionen noch vorsichtig formulieren (Lockemann 1976; Hernadi 1976), wird später direkt attackiert. Gottfried Willems erklärt den von Hempfer eingeführten Terminus der »Tiefenstruktur« zu einer »Neuformulierung des Gedankens von der ›inneren Gattungsgesetzlichkeit‹« und attestiert dem Romanisten, die Aporien der Gattungstheorie fortzuschreiben: »Denn was ist der ›dynamisierte und historisierte Strukturbegriff‹ anderes als das Aristotelische Konzept der Formsubstanz?« (Willems 1981, 93; zu Willems Attacke mit dem »in den Geisteswissenschaften geradezu tödlichen Vorwurf« des Positivismus vgl. Lamping 1990, 11; detailliert dazu Klausnitzer, Naschert 2007). Die Kritik an der Trennung von »ahistorischen Tiefenstrukturen« und historisch-konkreten Realisationen wird verschärft, wenn Hempfers »konstruktivistischer Synthese« attestiert wird, Gattungsstrukturen nicht als geschichtlich gewordene Traditionen literarischer Gestaltung aufzufassen, sondern sie als verbindliche Bedingung jeder Produktion und Rezeption von literarischen Werken in einem axiomatisch-deduktiven System vorab festzulegen (vgl. Bickmann 1984, 265 u. 267).

Hempfer ist auf die kontrovers diskutierte Frage nach tiefenstrukturellen »Invarianten« und historisch-konkreten »Realisationen« noch einmal eingegangen – und zwar im Artikel »Gattung« für den ersten Band des *Reallexikons der deutschen Literaturwissenschaft*. In seinem Artikel definiert Hempfer »Gattung« als »theoretische[n] wie metatheoretische[n] Begriff für Textgruppenbildungen unterschiedlichen Allgemeinheitsgrades, die diachron und synchron in Opposition zueinander stehen« und führt in der Rubrik »Explikation« dann weiter aus: »Metatheoretisch fungiert ›Gattung‹ als Oberbegriff zur Benennung der unterschiedlichen Gruppen von Textgruppenbildungen. Als theoretischer Begriff dient ›Gattung‹ – neben jeweils eigenständigen Begriffen – auch zur Bezeichnung für folgende Textgruppen: (1) die Sammelbegriffe Epik, Lyrik und Drama oder andere Klassenbildungen wie Gebrauchsliteratur, Fiktionale Literatur usw.; (2) die auf die Goetheschen ›Naturformen‹ zurückgehenden ›Qualitäten‹ des Lyrischen, Epischen und Dramatischen (nach Staiger 1946); (3) die Schreibweisen als Repertoire transhistorischer Invarianten wie das Narrative, das Dramatische, das Satirische, das Komische usw.; (4) die als ge- und bewußte Normen die Produktion und Rezeption von Texten bestimmenden ›historischen Textgruppen‹ wie Verssatire, Fabel, Ode, Tragödie usw. (Genre im Sinne von Fricke 1981); (5) Untergruppen von (4) als typologische und/oder historische Spezifizierungen wie Briefroman, bürgerliches Trauerspiel, anakreontische Ode usw.; (6) feste, d. h. metrisch bestimmte Formen wie Sonett, Rondeau, Sestine usw.« (Hempfer 1997, 651). Lexikalisch festgeschrieben werden hier unterschiedliche Gattungsbestimmungen, wobei die Gliederungspunkte (3) und (4) an der 1973 eingeführten Differenzierung zwischen »Schreibweisen« im Sinne »transhistorischer Invarianten« und historisch-konkreten »Realisationen« festhalten. In der Rubrik »Begriffsgeschichte« verfährt Hempfer vorsichtiger. Zwar beharrt er auch hier auf der Trennung von »transhistorischen Invarianten« und »historischen Textgruppen«, doch behauptet er die Existenz von überzeitlichen »Tiefenstrukturen« in nur eingeschränkter Weise und beruft sich auf eine sprachphilosophische Autorität, um geschichtliche Gattungen über Ähnlichkeitsrelationen zu bestimmen: »Transhistorische Invarianten sind, wenn überhaupt, nur als relativ abstrakte Relationen zwischen Elementen, d. h. als Strukturen bestimmbar; historische Gattungen lassen sich am ehesten über den Wittgensteinschen Begriff der ›Familienähnlichkeit‹ beschreiben, der kein Klassen-, sondern ein Typusbegriff ist und nicht voraussetzt, daß alle ›Mitglieder‹ der ›Familie‹ durch eine bestimmte Menge gemeinsamer Merkmale charakterisiert sind, sondern daß die Ähnlichkeit zwischen den ›Familienmitgliedern‹ auf jeweils unterschiedlichen Mengen sich unterschiedlich überlappender Merkmale basiert« (Hempfer 1997, 653).

Die Differenzierungen der konstruktivistischen Gattungstheorie haben nicht zu unterschätzende Wirkungen gezeigt. Sie finden sich z. B. wieder im Vorschlag, zwischen »Gattungen als typologischen Grundbegriffen« und »Gattungen als literarhistorisch fixierbaren Dichtungsformen« zu unterscheiden, wobei Erstere als »überhistorischen Konstanten« und Letztere als »literarische Konventionen oder Traditionen von begrenzter geschichtlicher Funktion und Dauer« charakterisiert werden (Hinck 1977, IX). Literaturgeschichtlich fruchtbar wurden sie in Untersuchungen, die etwa den Begriff des »Satirischen« als »Schreibweise« im Sinne einer gattungsübergreifenden Konstante bearbeiten und dessen Realisationen in unterschiedlichen (systematischen oder historischen) Gattungen wie etwa der »Verssatire« oder der »Verssatire der Aufklärung« beobachten (vgl. Verweyen/Witting 1979, 101–112).

Literatur

Bickmann, Claudia: *Der Gattungsbegriff im Spannungsfeld von historischer Betrachtung und Systementwurf. Eine Untersuchung zur Gattungsforschung an ausgewählten Beispielen literaturwissenschaftlicher Theoriebildung im 20. Jh.* Frankfurt a. M. u. a. 1984.

Duhamel, Roger: »Die literarischen Gattungen als Bewusstseinsprozesse«. In: J. van Haver (Hg.): *Handelingen van het XXXIe Vlaams Filologencongres*. Leuven 1977, 139–146.

Gerhard F. Probst: »Gattungsbegriff und Rezeptionsästhetik«. In: *Colloquia Germania* 10 (1976/77), 1–14.

Hempfer, Klaus W.: *Gattungstheorie. Information und Synthese*. München 1973.

Hempfer, Klaus W.: »Gattung«. In: *Reallexikon der deutschen Literaturwissenschaft*. Bd. 1. Hg. v. Klaus Weimar u. a. Berlin, New York 1997, 651–655.

Hermand, Jost: »Probleme der heutigen Gattungsgeschichte«. In: *Jahrbuch für Internationale Germanistik* 2 (1970), 81–94.

Hernadi, Paul: *Concepts of Genre in 20th Century Criticism*. Yale 1967.

Hernandi, Paul: »Hempfer, Klaus W.: Gattungstheorie«. In: *Comparative Literature* 28 (1976), 83–85.

Hinck, Walter: *Textsortenlehre – Gattungsgeschichte*. Heidelberg 1977.

Klausnitzer, Ralf/Naschert, Guido: »Gattungstheoretische Kontroversen? Konstellationen der Diskussion von Textordnungen im 20. Jh.«. In: Ralf Klausnitzer/Carlos Spoerhase (Hg.): *Kontroversen in der Literaturtheorie – Literaturtheorie in der Kontroverse*. Bern u. a. 2007, 369–412.

Lamping, Dieter: »Probleme der neueren Gattungstheorie«. In: Ders./Dietrich Weber (Hg.): *Gattungstheorie und Gattungsgeschichte*. Wuppertal 1990, 9–44.

Lockemann, Wolfgang: *Lyrik, Epik, Dramatik oder die abgesagte Trinität*. Meisenheim a. Glan 1973.

Lockemann, Wolfgang: »Rezension Hempfer, Klaus W.: Gattungstheorie: Information und Synthese«. In: *The German Quarterly* 49 (1976), 248–251.

Verweyen, Theodor/Witting, Gunther: *Die Parodie in der neueren deutschen Literatur*. Darmstadt 1979.

Ralf Klausnitzer

9. Kontextorientierte Gattungstheorien

Kontextorientierte Gattungstheorien zeichnen sich durch einen grundlegend veränderten Umgang mit Verfahren der Textgruppenbildung aus. Sie suchen weniger nach Strukturen oder Mustern von literaturgeschichtlich überlieferten und poetologisch reflektierten Formen, sondern rücken die Konventionen und Regularien der literarischen Kommunikation ins Zentrum – wobei es primär um jene Ordnungen geht, die sich nicht über explizit formulierte Regeln, sondern durch implizit wirksame Normierungen und ästhetische Regime erschließen lassen. Durch Ermittlung von kulturell konditionierten Praktiken der Inklusion und Exklusion wird versucht, Verfahren und Wege generischer Reproduktion nachzuzeichnen, die durch historisch situierte Redeformationen bzw. »Diskurse« instituiert und legitimiert, aber auch abgewehrt oder unfreiwillig befördert werden und je eigene Typen von Genealogien ausbilden.

Varianten eines solchen kontextorientierten Umgangs mit Gattungen sind in der diskursanalytischen Literaturforschung ebenso anzutreffen wie in einer feministisch oder gendertheoretisch orientierten Literaturwissenschaft. Eine wesentliche Grundlage bilden Überlegungen Michel Foucaults (1926–1984), der seit 1970 einen Lehrstuhl für Geschichte der Denksysteme am Collège de France in Paris inne hatte und mit seinen Schriften nachhaltige Wirkungen in den textinterpretierenden Disziplinen auslöste. In seiner Antrittsvorlesung *Die Ordnung des Diskurses* von 1970 formuliert Foucault zentrale Bestimmungen eines kategorialen Feldes, das auch gattungstheoretische bzw. gattungsgeschichtliche Untersuchungen anleiten sollte: ›Diskurs‹ fungiert als Zentralbegriff zur Beschreibung und Erklärung kultureller Konditionierungen; er umfasst neben Texten auch Praktiken und Institutionen. ›Diskurse‹ und von bzw. in ihnen hervorgebrachte generische Ordnungen unterliegen nach Foucault der Kontrolle und Kanalisation durch Prozeduren, zu denen verschiedene Formen der Ausschließung, der Klassifikation und Sprachregelung gehören; sie sind Ergebnisse von Macht und deren ungleicher Verteilung in regulierten Konstellationen. Diskursanalytische Explorationen wollen durch Umkehrung gängiger Sprach-Regelungen und unter besonderer Berücksichtigung diskontinuierlicher Elemente die Aufmerksamkeit auf das ›Verdrängte‹ dieser Denk- und Redeformationen lenken und die Mechanismen jener Zuschreibungen offenlegen, in denen Berufungen auf ein begründendes Subjekt oder auf eine ursprüngliche Erfahrung den Umstand verdecken, dass sich Redegegenstände und ihre Ordnungen überhaupt erst im Rahmen von regelgeleiteten Praktiken (und damit stets vorläufig) konstituieren können.

In seiner besonderen Aufmerksamkeit für historische Dimensionen und Ordnungen unterscheidet sich der diskursanalytische Ansatz von gattungstheoretischen Konzepten poststrukturalistischer Provenienz, die sich kritisch gegen die Repräsentationsfunktion von Sprache überhaupt wenden und das »Gesetz der Gattung« (Jacques Derrida) vorführen und zugleich unterlaufen wollen. Die Rede von ›Diskursen‹ und die zumindest implizite Auflösung vormals verbindlicher Demarkationslinien zwischen historisch entwickelten Formationen aber hat ähnlich entgrenzende Konsequenzen: Die von Foucault entwickelte und in zahlreichen Untersuchungen angewandte ›Diskursarchäologie‹ sucht keine Ausgangs- und Endpunkte kommunikativer Interaktionen und gattungsbildender Prozeduren, sondern will ein ›Archiv‹ als Summe dieser Ereignisse rekonstruieren. Zugleich zielen diskursarchäologische Untersuchungen auf die Ermittlung von Regeln, die nicht mehr nur Relationsgefüge von Zeichen, sondern auch Praktiken dirigieren. Die Konsequenzen für gattungstheoretische und gattungsgeschichtliche Fragestellungen der Literaturwissenschaft sind gravierend. Diskurse und diskursive Praktiken sind nicht losgelöst von literarischen Äußerungen und ihren Ordnungen, sondern konstituieren diese eigentlich erst. Denn sie definieren nicht allein, wie Texte und Textumgangsformen nach bestimmten Regeln hervorgebracht werden, sondern auch, was mit spezifischen Ausschlussmechanismen als das ›Nicht-Sagbare‹ exkludiert wird und damit gleichsam ›draußen‹ bleibt (dazu schon Foucault 1971/1974, 24).

Mit dieser Privilegierung von Kontextelementen weiten sich zum einen die historischen Räume und Zugriffsmöglichkeiten. Diskursanalytisch bzw. diskursgeschichtlich verfahrende Gattungsforschungen tendieren einerseits zur Entwicklung großräumiger Szenarien der Literatur- und Wissensgeschichte, in deren Zentrum jene historischen Wissensformationen stehen können, die Foucault als *Episteme* bezeichnet hat (vgl. Foucault 1966/1971; als jüngstes Zeugnis Friedrich 2009). Zum anderen verabschieden sie emphatische Subjekt- und Textbegriffe (und korrespondieren darin einer – freilich von anderen Prämissen ausgehenden und zu alternativen Schlüssen gelangenden – Neukonzeptualisierung von Au-

9. Kontextorientierte Gattungstheorien

torschaft durch Roland Barthes): Kontextorientierte Umgangsweisen mit Literatur beobachten weniger individuelle Texte und die in ihnen fixierten Ausdrucksinteressen als vielmehr die ihnen vorausgehenden Strukturen und Mechanismen. Die Grundlagen für diesen – auch die Gattungstheorie betreffenden – Perspektivwandel legte Foucault in dem 1969 vor der Französischen Gesellschaft für Philosophie gehaltenen Vortrag *Qu'est-ce qu'un auteur?*, der primär spezifische Umgangsweisen mit dem Begriff ›Autor‹ kritisiert, daneben aber auch Anstöße für einen reflektierten Werk-Begriff und die Ordnung von Texten enthält. Ausgangspunkt ist eine kritische Reflexion der bisherigen Praxis, durch Autorennamen bestimmte Schriften in einen Kontext einzuordnen oder sie durch das Konzept einer ›Autorenfamilie‹ miteinander zu verbinden, ohne dass sich diese Relationen aus den Texten selbst ergeben würden. Autorname und Werkzuschreibung seien aber nicht einfach nur Elemente in bestimmten Redezusammenhängen, sondern Träger einer ›klassifikatorischen Funktion‹: Mit Autornamen gruppiere man Texte, grenze diese von anderen ab, schließe aus und stelle gegenüber. Zugleich richteten sich Fragen nach dem Autor auf individuelle und letztlich irrelevante Aspekte: »Wer hat eigentlich gesprochen? Ist das auch er und kein anderer? Mit welcher Authentizität oder welcher Originalität? Und was hat er vom tiefsten seiner selbst in seiner Rede ausgedrückt?« (Foucault 1969/1993, 31) Diesen letztlich nicht zu klärenden Fragen gegenüber plädiert Foucault für eine Umkehr der Blickrichtung: Zu fragen sei nicht, wer spreche, sondern: »Welche Existenzbedingungen hat dieser Diskurs? Von woher kommt er? Wie kann er sich verbreiten, wer kann ihn sich aneignen? Wie sind die Stellen für mögliche Stoffe verteilt?« (ebd.)

Die Anwendung dieser Überlegungen auf Gattungstheorie und Gattungsgeschichtsschreibung hat zu einer fruchtbaren Erweiterung des Gegenstandsbereichs der Literaturforschung geführt. Kontextorientierte Untersuchungen zu den Ordnungen des Literarischen nehmen nicht nur kanonische Texte und kulturell hoch geschätzte Epochen, sondern vor allem auch außerkanonische Formen des Darstellens, Erzählens und Zeigens wahr; sie widmen sich den Entwürfen der Avantgarde ebenso wie den Produktionen der modernen *popular culture* (die zuerst in den britischen und US-amerikanischen *Cultural Studies* bearbeitet wurden). Daneben liegt ein wesentlicher Schwerpunkt kontextorientierter Ansätze auf geschlechter- bzw. genderspezifischen Regulierungen der literarischen Kommunikation. Prämisse der unter Begriffen wie feministische Literaturwissenschaft oder *Gender Studies* firmierenden Textumgangsformen ist die These, dass die literarische Kommunikation mit ihren generischen Mustern geschlechtsspezifisch festgelegten Regeln folgt: Inhalt und Stil, Gattung und Textverfahren sind das Ergebnis eines Instruktionssystems, das durch geschlechterbedingte Normierungen mit impliziten und expliziten Exklusionen wirkt und dessen Spuren sich in Werken wie in Urteilen über sie nachweisen lassen (exemplarisch Scheitler 1999). Die grundlegende Kategorie »Geschlecht« wird dabei als eine sozial und kulturell konstruierte Größe aufgefasst, in deren Genese aus dem biologischen Geschlecht (*sex*) durch diskursive und performative Praktiken eine soziale Rolle (*gender*) entsteht. »Weiblichkeit« und »Männlichkeit« konstituieren sich also über Funktionsmuster und Zuschreibungen und sind nicht kausal aus biologischen Unterschieden erklärbar. Im Anschluss daran untersucht man diskursive Kontextualisierungen von Geschlechtsidentitäten sowie die Transformationen, in denen »Geschlecht« als »Maskerade« bzw. als »performativer Akt« sichtbar wird. Besonders relevant werden Texte, in denen nicht mehr stabile Zuordnungen geschlechtlicher Kodierungen, sondern Übergänge zwischen ›Weiblichkeit‹ und ›Männlichkeit‹ zum Vorschein kommen. In den Blick genommen werden zugleich auch narrative Verfahren, symbolische Bedeutungszuschreibungen und ästhetische Zeichensysteme, die an der Konstruktion von Geschlechterdifferenzen beteiligt sind (vgl. von Braun/Stephan 2000; Kraß 2003; Nünning/Nünning 2004). Profitieren können diese Forschungen von poststrukturalistischen Ansätzen, die eine komplexere Modellierung von Text-Kontext-Verhältnissen erlauben. Im Unterschied zur frühen Phase feministischer Literaturtheorie verabschieden sich die seit den 1970er Jahren entwickelten Programme von der Praxis, weibliche Autorschaft und feministische Kritik an außersprachliche Erfahrungen zu koppeln und dadurch zu autorisieren. Nachdem in einer ersten Phase vor allem ›vergessene‹ Autorinnen mit ›ihren‹ (im Vergleich zu den Höhenkamm-Werken von Männern eher randständigen) Gattungen Brief und Tagebuch wiederentdeckt wurden, richtet sich das Interesse nun auf das »subversive potential of women's writing« (Eagleton 1999, 253) bzw. auf Einschreibungen der Geschlechterdifferenz in Texte, die zum Ausgangspunkt einer feministischen bzw. gendertheoretischen Re-Lektüre gemacht werden. Die frühere Konzentration auf zeitgenössische Literatur und Populärkultur wird durch historisch ausgreifendere Perspektiven überwunden (so etwa Mellor 1993).

Zugleich erfolgt die Berücksichtigung weiterer kontextueller Faktoren: Um etwa die dominante Rolle der Gattung Roman für Autorinnen des 19. Jh.s zu erklären, werden sozialhistorische Faktoren wie Umstellungen in der familiären Beziehungs- und Zeitökonomie beim Übergang zur industriellen Gesellschaft ebenso herangezogen wie die literaturgeschichtlich gegebenen Bedingungen eines noch ›jungen‹ und ›flexiblen‹ Genres, dessen Verfassung noch nicht durch rhetorische oder poetologische Normen fixiert war. Zugleich gilt die »domestic form of production« als Bedingung für die besondere Rolle des Romans bei weiblichen Schriftstellern: Soziale Stigmatisierungen des öffentlichen Auftritts und Rollenerwartungen in der Familie führen zur Anfertigung von Romanen am Esstisch (»dining room table«) oder in der Küche. – Ob die Beziehungen zwischen »Genre and Gender« (so schon Curti 1988, Curti 1998) damit hinreichend beschrieben, gedeutet und erklärt werden können, muss sich in der Zukunft zeigen. Denn wie kritische Selbstreflexionen selbst einräumen, bieten selbst statistische Daten noch keine hinreichende Begründung für die Herstellung von Relationen zwischen Genrespezifik und Geschlechtszugehörigkeit: »the numerical predominance of either sex among the practitioners or consumers of a particular genre need not to imply any essential affinity, since many other factors may be operative« (Eagleton 1999, 250).

Literatur

Braun, Christina von/Stephan, Inge (Hg.): *Gender-Studien. Eine Einführung*. Stuttgart, Weimar 2000.
Curti, Lidia: »Genre and gender«. In: *Cultural Studies 2* (1988), 152–167.
Curti, Lidia: *Female Stories, Female Bodies: Narrative, Identity and Representation*. Basingstoke 1998.
Eagleton, Mary: »Genre and Gender«. In: David Duff: *Modern Genre Theory*. Harlow, Essex 2000, 250–262.
Foucault, Michel: *Die Ordnung der Dinge* [1966]. Frankfurt a. M. 1971.
Foucault, Michel: *Die Ordnung des Diskurses* [1971]. Frankfurt a. M. 1974.
Foucault, Michel: »Was ist ein Autor?« [1969] In: Ders.: *Schriften zur Literatur*. Frankfurt a. M. 1993, 7–31.
Friedrich, Lars: *Der Achill-Komplex. Versuch einer dekonstruktiven Gattungspoetik*. Paderborn, München 2009.
Kraß, Andreas (Hg.): *Queer Denken. Gegen die Ordnung der Sexualität (Queer Studies)*. Frankfurt a. M. 2003.
Mellor, Anne: *Romanticism and Gender*. London 1993.
Nünning, Vera/Nünning, Ansgar (Hg.): *Erzählanalyse und Gender Studies*. Stuttgart, Weimar 2004.
Scheitler, Irmgard: *Gattung und Geschlecht. Reisebeschreibungen deutscher Frauen 1780–1850*. Berlin, New York 1999.

Ralf Klausnitzer

10. Neoaristotelismus

Der Neoaristotelismus ist eine Variante literatur- und gattungstheoretischer Reflexion, der sich in den 1930er-1950er Jahren in den USA insbesondere an der Universität von Chicago herausbildet. In Auseinandersetzung mit dem *New Criticism* und unter dezidiertem Rekurs auf die gattungspoetologischen Überlegungen des Aristoteles formieren seine Vertreter ein Programm, das einerseits Einzelinterpretation und Gattungstheorie zu verbinden sucht, andererseits einen originären Zugang zu Form und Struktur des literarischen Werkes gewinnen will.

Auslöser und Referenzgröße des Neoaristotelismus ist die Bewegung des *New Criticism*, dessen Entstehung analogen Prozessen der Wissenschaftsentwicklung in Deutschland und Westeuropa korrespondiert. Frühe Programmschriften dieser neu-kritischen Textumgangsformen sind die 1941 erschienene Monographie *The New Criticism* von John Crowe Ransom und die 1947 veröffentlichten *Studies in the Structure of Poetry* von Cleanth Brooks. Der literarische Text gilt hier als gleichsam organische Einheit bzw. »achieved unity« (Brooks 1947/1968, 169), dessen Komplexität und Ambiguität allein durch intensive genaue Lektüre (»close reading«) zu erfassen und nicht durch Rekurs auf biographische, psychologische oder sozialhistorische Kontexte auszulegen ist. In dieser Maximierung ästhetischer Eigenschaften bei gleichzeitiger Abweisung vermeintlich verstellender Faktoren traf sich der *New Criticism* mit der in der romanistischen Literaturwissenschaft seit längerem betriebenen »explication de texte«, die als Reaktion gegen historisch-biographische und soziologische Kausalanalysen in den 1930er Jahren wieder verstärkte Geltung gewonnen und in Leo Spitzers 1949 veröffentlichter Programmschrift *A Method of Interpreting Literature* ihre systematische Darstellung gefunden hatte.

Gegen diese werkfixierten Textumgangsformen, deren akademische Vorherrschaft bis in die 1960er Jahre ungebrochen blieb, intervenieren schon in den 1930er Jahren »Critics«, die vornehmlich an der Universität von Chicago lehren. Auch ›Neu-Aristotelische Schule‹ oder ›Chicago Aristoteleans‹ genannt, bestehen sie auf einer verstärkten Berücksichtigung gattungstheoretischer Aspekte: Sie bilden, so Edgar Lohner in einer retrospektiven Würdigung, »zu jener Zeit die einzigen literaturwissenschaftlichen Kritiker, die die Notwendigkeit einer Verbindung von Einzelinterpretation und Gattungstheorie erkannt hatten« (Lohner 1967, 529).

Dabei ging es diesen Fachvertretern zunächst um eine Überwindung der Dichotomie von Literaturgeschichte (History) und Literaturkritik (Critic). Im undogmatischen Rückgriff auf die aristotelische *Poetik* und besonders auf ihre Tragödientheorie sollten *Form* und *Struktur* des einzelnen literarischen Werkes wieder ins Zentrum der Analyse rücken. Ihre Konstitution als wissenschaftliche Schule ist über den regionalen Raum aber kaum hinausgekommen und hat sich – trotz Vorläuferstellung in den 1930er Jahren – nicht gegen die wachsende Dominanz der *New Critics* durchsetzen können. Die erste Generation der ›Chicago Aristoteleans‹ bestand u. a. aus dem Literaturprofessor und zentralen Meinungsführer Ronald Salmon Crane (1886–1967), seinem jüngeren Kollegen, dem Gräzisten, Philosophen und UNESCO-Berater Richard Peter McKeon (1900–1985) sowie dem Dichter und Kritiker Elder James Olson (1909–1992). Zu einer späteren Generation zählt noch Wayne C. Booth (1921–2005), dessen 1961 veröffentlichte Studie *The Rhetoric of Fiction* zu einem Klassiker der Fiktionalitätstheorie aufstieg (siehe Schneider 1994, 107–217).

Ihren Ausgang nehmen die literaturtheoretischen Entwürfe der *Chicago Critics* von einem verfeinerten Werkbegriff. Literarische Texte sind demnach durch fünf Aspekte charakterisiert: (1) verbal elements, (2) form, (3) thought, emotion, expression, (4) circumstances, (5) effect (vgl. Crane 1967, 181 ff. sowie Schneider 1994, 276 f.). Aus diesen Werkaspekten werden verschiedene Fragestellungen der Kritik abgeleitet. Zum einen spielt das Verfahren des *close reading* (das auch der *New Criticism* praktiziert) eine wesentliche Rolle, das aber um einen *criticism of structure or form* erweitert wird. Dazu sollen die funktionalen Beziehungen zwischen Teil und Ganzem eines Werkes detailliert untersucht werden. Eine Fragerichtung, die Crane deutlich gegen den *New Criticism* in Stellung bringt, wenn er bemerkt: »The criticism of poetry (in the large sense that includes prose fiction and drama) is […] primarily an inquiry into the specific characters and powers, and the necessary constituent elements, of possible kinds of poetic wholes, leading to an appreciation, in individual works, of how well their writers have accomplished the particular sorts of poetic tasks which the natures of the wholes they have attempted to construct imposed on them« (Crane 1952, 13). Zum anderen gilt die Aufmerksamkeit der Analyse von Gedanken bzw. weltanschaulichen Ideen, der Sensibilität und Ausdrucksfähigkeit des Autors sowie der spezifisch literarhistorischen Untersuchung von Quellen, Konventionen und Traditionen eines Werkes. Nach dieser Analyse erfolgt in einem abschließenden Schritt die Kritik der moralischen, sozialen, politischen, religiösen Werte und ihrer Beziehung zum Rezipienten. Die literaturwissenschaftliche Arbeit, die also Autor, Werk und Rezipient zu umfassen versucht, erfolgt für Crane durchaus undogmatisch im Zeichen eines methodischen Pluralismus, welcher sich gegenüber dem dominierenden methodischen »Monismus« des *close reading* und seiner Gleichsetzung von Dichtung mit dichterischem Sprachgebrauch zu profilieren versucht (siehe Crane 1952, 11).

Der an Aristoteles orientierte Werkbegriff wird durch das Merkmal der Ganzheit bzw. Totalität gekennzeichnet und mit den Kategorien der aristotelischen Tragödientheorie und ihrem Handlungsprimat, aber auch mithilfe der aristotelischen Ursachenlehre analysiert (vgl. Crane 1952, 17 f.).

So ist es nicht verwunderlich, dass vor allem die Plot-Struktur im Mittelpunkt zahlreicher Einzelanalysen steht. Ferner soll – in einer sehr freien Interpretation – das scheinbar diskreditierte Nachahmungstheorem wieder in Geltung gesetzt werden, indem es im Sinne einer Untersuchung des generellen Verhältnisses von Sprache und Wirklichkeit ausgelegt wird. Gattungstheoretisch zielen die *Chicago Critics* weniger auf eine historische Entwicklung einzelner Typen, als vielmehr auf eine poetische Absicherung von Grundunterscheidungen wie derjenigen zwischen mimetischer und didaktischer Dichtung. Dazu werden verschiedene methodische Zugänge fixiert. Ein als Verfahren bestimmter »criticism of structure and form« soll als erstes das inhärente Formprinzip eines literarischen Werkes aufzeigen (vgl. Olson 1952, 559.). Zweitens sollen die Besonderheiten der Wirkung aus den Besonderheiten der Struktur erklärt werden. Und drittens geht es darum, am Werk objektivierbare Werturteile zu ermöglichen. Letzteres geschieht vor allem durch eine Abwägung der spezifischen Aktualisierungen der einzelnen Teile eines Werkes gegen alternative Möglichkeiten, die der als intendiert angenommene Strukturtypus (Gattung) bereithält. Die Entdeckung neuer Möglichkeiten wird als Innovationsleistung des Dichters gewertet. Die einzelnen in die Analyse der Werkganzheit involvierten Typen lassen sich nur *a posteriori* aus den Werken abstrahieren, und sehen sich damit – systematisch betrachtet – den bekannten Schwierigkeiten von Abstraktionstheorien ausgesetzt (vgl. Hempfer 1974, 115 f.).

In der Auseinandersetzung um das Programm des Neoaristotelismus spielt die Frage der Seinsweise von Gattungen keine unwichtige Rolle. Denn nachdem

Ronald S. Crane als der Wortführer der *Chicago Critics* seit Beginn der 1950er Jahre Autoren wie I. A. Richards und Cleanth Brooks gezielt angegriffen hatte und sowohl im schulbildenden Sammelband *Critics and Criticism* (1952) als auch in seinem Werk *The Languages of Criticism and the Structure of Poetry* (1953) zu einer Generalabrechnung aus dem humanistischen Geist der antiken Poetik blies, schlug William K. Wimsatt unter dem Titel *The Fallacy of Neoclassic Species* polemisch zurück: »One of the central Chicago doctrines says that every poem ought to be seen as belonging to a specific kind, species, or genre of poems (tragic, comic, lyric, didactic) and ought to be treated according to the ›causes‹ which determine this specific kind. A poem should be treated as an instance not of poetry in general but of a specific kind of poetry. In some passages, as in Crane's Introduction [von *Critics and Criticism*] (p. 15), the Chicago critics deny that they mean to commit themselves to any antique rules of genre (the three unities, or the tragic protagonist of noble lineage), but these denials have very much the appearance of patches applied to a system which is basically different in texture. McKeon (p. 543) calls such an application of Aristotle a ›perversion‹. It may well be a perversion of Aristotle, but it is one which is strongly invited by the Chicago reconstruction« (Wimsatt 1953/1954, 52 f.).

Zwar geht es Wimsatt scheinbar um den Status von Gattungsbegriffen, insgesamt jedoch darum, die eigene Wissenschaftskonzeption als überlegen zu erweisen: »It is true that as soon as we undertake to define or defend ›poetry‹ or ›poem‹ (as soon, that is, as we are convinced that there is any basic difference between types of discourse such as poetry, philosophy, or science), we are committed to some kind of ›real‹ and ›essential‹ inquiry. But, as in all our thinking, much depends on where we draw lines of discrimination and how many we draw. Literary critics in the Coleridgean tradition, if I understand them, have been Occamites with regards to literary entities and specific values. ›Let not the categories be multiplied. We will defend the essential concept of poem, a work of verbal art, and insist that it applies always differently to an indefinite number of individual instances. The name of species (tragic, comic, lyric) will be neutral descriptive terms of great utility, but not different aesthetic essences and not points of reference for different sets of definable rules.‹ The justice of this way of minimizing the essential lines cannot be deduced a priori. It must be seen if at all by experience. The cumulative experience of literary criticism does testify emphatically in favour of this way and against the neoclassic genres and the rules attached to them« (Wimsatt 1953/1954, 53 f.).

Dass die *Chicago Critics* Wesensmerkmale des Dichterischen *a priori* hätten deduzieren wollen, kann man ihnen jedoch schwerlich vorwerfen. Vielmehr erweist sich das polemische Missverständnis letztlich als wissenschaftspolitisch grundiert, wenn Wimsatt am Ende seines Aufsatzes resümiert: »They [die Chicago critics] have had little or nothing to say about the main issues raised by what they call the ›dialectical‹, rather than ›literal‹, criticism of our time – the relations which poetry bears to religion, morals, philosophy, science, and language« (Wimsatt 1953/1954, 64). Damit läuft die an Schlagworten wie ›Gattungsfehlschluss‹, ›Psychologismus‹ und ›Intentionalismus‹ orientierte Kritik auf allgemeine Relevanzfragen hinaus, die den zuvor behandelten theoretischen Rahmen überschreiten und die Diskussion auf ein bildungspolitisches Feld verlagert.

Verschiedene Gründe wissenschaftstheoretischer und methodologischer Art, aber auch ihre rhetorischen Strategien und die vergleichsweise geringe Faszinationskraft ihrer Texte bilden die Ursache für das Ausbleiben weiterer Resonanz auf die gattungstheoretischen Einsätze des Neoaristotelismus (vgl. Wellek 1986, 67).

Literatur

Brooks, Cleanth: *The Well Wrought Urn. Studies in the Structure of Poetry* [1947]. Nachdr. London 1968.
Crane, Ronald S. (Hg.): *Critics and Criticism. Ancient and Modern*. Chicago 1952.
Crane, Ronald S.: »History versus Criticism in the Study of Literature«. In: *English Journal* 23 (1934), 740–758.
Crane, Ronald S.: »Questions and Answers«. In: Ders.: *The Idea of the Humanities and Other Essays Critical and Historical*. Bd. 2. Chicago, London 1967, 176–193.
Lohner, Edgar: »Die Neu-Aristoteliker in Chicago. Einige grundsätzliche Bemerkungen zu Begriffen ihrer kritischen Theorie«. In: Horst Meller/Hans-Joachim Zimmermann (Hg.): *Lebende Antike. Symposion für Rudolf Sühnel*. Berlin 1967, 528–547.
Olson, Elder: »An Outline of Poetic Theory«. In: Ronald S. Crane (Hg.): *Critics and Criticism. Ancient and Modern*. Chicago 1952, 546–566.
Schneider, Anna Dorothea: *Literaturkritik und Bildungspolitik. R. S. Crane, die Chicago (Neo-Aristoteleans) Critics und die University of Chicago*. Heidelberg 1994.
Wimsatt, William K.: »The Chicago Critics. The Fallacy of Neoclassic Species«. In: *Comparative Literature* 5 (1953), 50–74; zit. nach dem Wiederabdr. in Ders.: *The Verbal Icon*. Lexington 1954, 41–65.

Ralf Klausnitzer

11. Poststrukturalistische Gattungstheorie

Der in verschiedenen Spielarten und Varianten auftretende Poststrukturalismus, der sich seit Mitte der 1960er Jahre in Auseinandersetzung mit Theorie und Praxis des Strukturalismus formiert und spätestens in den 1980er Jahren zu einem diversifizierten und gleichwohl überaus einflussreichen Spektrum von Umgangsformen mit Texten und Zeichen avanciert, bezieht in gattungstheoretischen Fragen ambivalente Positionen. Eine wesentliche und von verschiedenen Ansätzen geteilte Überzeugung besteht in kritischer Distanzierung bzw. Infragestellung von Ordnungsprinzipien – bis hin zur Auflösung generischer Differenzqualitäten in einem entgrenzten Begriff von ›Intertextualität‹ (bei Julia Kristeva; alternativ bei Roland Barthes) und zur performativen ›Dekonstruktion‹ des ›Gesetzes der Gattung‹ (Jacques Derrida).

Die poststrukturalistischen Infragestellungen bzw. Entgrenzungen des Gattungsbegriffs basieren auf kritischer Auseinandersetzung mit strukturalistischen Prinzipien (→ D 14): Einsichten in die differentielle Organisation von Zeichen und Zeichensystemen werden zumindest partiell geteilt; Versuche zum Nachweis universell gültiger Strukturen aber abgelehnt. Doch wird von nachstrukturalistischen Programmen nicht nur bestritten, dass literarische Artefakte sinnvoll als eindeutige ›Strukturen‹ rekonstruierbar seien und generischen Regelmäßigkeiten folgten. Da Zeichenträger nicht auf feststehende Bedeutungen und damit auf stabile Signifikate zurückführbar seien, sei jede Zeichenverwendung prinzipiell unabschließbar; Texte könnten nicht als Träger eines fixierten Sinns angesehen und als Realisationen gattungsspezifischer Prinzipien interpretiert werden.

Doch dementieren poststrukturalistische Überlegungen nicht nur hierarchische Beziehungen zwischen feststehenden Elementen, wie es strukturalistische Konzepte annehmen und in Oppositionen wie ›episch‹ und ›dramatisch‹, ›showing‹ und ›telling‹ fixieren. Als kritische Überwinder des Strukturalismus gehen sie vielmehr davon aus, dass in diesen Gegensatzpaaren immer eine Seite unterdrückt bzw. verdrängt wird – und formulieren deshalb Forschungsimperative, welche die Aufmerksamkeit auf differente und plurale Elemente richten und die ›Verdrängungsleistungen‹ generischer Ordnungen in besonderer Weise thematisieren: Nicht die *Rekonstruktion* von Textgruppenbildungen, sondern deren *Dekonstruktion* soll vollzogen werden, indem man die Prozesse der Zuordnung und Zuschreibung kritisch hinterfragt; nicht die den Gattungen zugeschriebenen Repräsentations- und Verallgemeinerungsfunktionen gilt es zu erforschen, sondern das in sie eingetragene *verdrängte Wissen*, das durch Lektüren ›gegen den Strich‹ sichtbar zu machen ist.

Ausgangspunkt wie Katalysator dieser neuen Textumgangsformen sind weitreichende Umstellungen im Autor- und Werkbegriff, deren weitreichende Konsequenzen vor dem Hintergrund der akademischen Traditionen Frankreichs deutlich werden. Zielte das seit dem 19. Jh. an Universitäten und Lyzeen vermittelte Programm einer ›explication de texte‹ vornehmlich auf die Analyse von Stil und Komposition des isolierten literarischen Werkes, exponieren die namentlich von Julia Kristeva entwickelten Ansätze nun die internen Beziehungen zwischen literarischen Äußerungen: »Jeder Text baut sich als Mosaik von Zitaten auf, jeder Text ist Absorption und Transformation eines anderen Textes. An die Stelle des Begriffs Intersubjektivität tritt Intertextualität« (Kristeva 1967/1972, 348; vgl. Brütting 1976, 26–32; Hempfer 1976, 51).

Gegen die normierte Verbindung von Lektüre und Interpretation sowie in Fortführung bzw. Überwindung des Mitte der 1960er Jahre in akademischer Blüte stehenden Strukturalismus entwerfen Kristeva und ihre Adepten radikal auftretende Forschungsprogramme, die trotz diverser Unterschiede im Gestus der *aktiven Entgrenzung* übereinstimmen und das von Bachtin konzeptualisierte ›dialogische Prinzip‹ maximieren. Von Interesse ist an dieser Stelle jedoch weniger das reduktionistische Verhalten Kristevas zu Bachtin, den sie des Öfteren als ›naiv‹ tadelt (vgl. Duff 2002, 60). Wesentlich sind vielmehr Strategien zur Einebnung von Differenzen im Werk ihres Stichwortgebers, die Folgen für eine spezifische Lösung des Gattungsproblems haben. Während für Bachtin ›Dialog‹ und ›Dialogizität‹ als mehrdimensionale Beziehungen realisiert sind, die im Text eins werden (horizontal im Bezug zwischen Autor und Leser, vertikal zwischen Wort bzw. Rede als Text und anderen Texten), hebt Kristeva diese Unterscheidungen auf: »Doch im diskursiven Universum des Buches ist der Adressat ausschließlich einbeschlossen, insofern er selbst Rede (discours) ist. Er fällt somit mit jener anderen Rede (jenem anderen Buch zusammen), in Bezug auf die der Autor seinen eigenen Text schreibt« (Kristeva 1967/1972, 348 f.). So werden die ›horizontale‹ Achse zwischen Autor und Adressat ebenso wie die ›vertikale‹ Verbindung von Text und Kontext eins: Es gibt nur Texte und keine Subjekte, Personen oder irgendwie konkrete Menschen, die mehr oder etwas anderes wären als solche Texte im Vollzug. Nicht ein Autor spricht bzw. schreibt (in der Vermittlung von Ausdrucksinteressen und generischen Mustern), sondern schreibend negiert oder affirmiert sich jeweils neu die selbstbezogene Produktivität des Textes. Die Konsequenzen für literatur- und gattungstheoretische Überlegungen sind nicht zu unterschätzen: Literarische Texte gelten nun als ›Kreuzungen‹, und zwar im genetischen wie im generischen Sinne; sie verweisen nicht auf eine außer ihnen liegende Wirklichkeit, sondern funktionieren in ihrer als ›paragrammatisch‹ bezeichneten Spezifik, wenn sie ›eine Vielzahl von Texten (und Sinn)‹ in sich tragen

Ein so aufgeladener Begriff von Intertextualität übernimmt mehrere Funktionen, die hier nicht detailliert aufgeführt und diskutiert werden können. Hinzuweisen ist jedoch auf seine deskriptiven Leistungen zur Beschreibung und Deutung von Beziehungsverhältnissen zwischen schriftsprachlichen Artefakten sowie auf sein polemisches Potenzial innerhalb des umfassenderen poststrukturalistischen Projekts einer Dezentrierung des Subjekts. Wenn jeder Text als ›Mosaik von Zitaten‹ zu beschreiben und zu deuten ist, beschränkt sich Intertextualität nicht mehr nur auf (intendierte) Bezüge bzw. Anspielungen auf andere Texte; sie ersetzt vielmehr den Dialog von intentional handelnden Sprechern durch vielfältige Austausch- und Zirkulationsprozesse zwischen Texten, in denen auch un- oder vorbewusste Haltungen bzw. ausgeschlossene Elemente zur Sprache kommen. Hatte Bachtin noch betont, dass jeder Text einen Sprecher oder Autor habe und dass Sprache also stets die Form einer Äußerung annehme, die zu einem bestimmten sprechenden Subjekt gehöre, löst sich diese Bindung bei Kristeva und ihren Nachfolgern auf: Die Grenzen zwischen lesendem und schreibendem Subjekt werden verwischt: »Derjenige, der schreibt, ist auch derjenige, der liest« und ist »selbst nur ein Text, der sich aufs neue liest, in dem er sich wieder schreibt« (Kristeva 1967/1972, 372).

Dieser Einebnung der Unterschiede zwischen personalen Trägern von Ausdrucksinteressen, generischen Konditionen und textuellen Konkretionen korrespondiert die von Roland Barthes formulierte ›generative Vorstellung‹, »dass der Text durch ein ständiges Flechten entsteht und sich selbst bearbeitet; in diesem Gewebe – dieser Textur – verloren, löst sich das Subjekt auf wie eine Spinne, die selbst in die konstruktiven Sekretionen ihres Netzes aufginge« (Barthes 1974, 94).

Die universalisierende Intertextualitätstheorie überschreitet also die Exploration von Phänomenen, die auch in traditionellen Rhetoriken, in der philologischen Quellen- und Einflussforschung oder durch die vergleichende Literaturwissenschaft thematisiert wurden, in dem sie diese in die Figur des ›offenen Textes‹ überführt. Ein entgrenzter Textbegriff, wie ihn etwa Roland Barthes in seinem Essay *La mort de l'auteur* (1968) konzeptualisiert und in der Lektüre von Balzacs *Sarrasine* in *S/Z* (1970) vorführt, basiert auf dem strukturalistischen Axiom, dass jedes Wort die Differenz zu anderen Worten als Spur in sich trägt und automatisch auf diese verweist; der darauf aufbauende Begriff von ›Intertextualität‹ wird zur theoretischen Grundlage einer Literaturforschung, die sich radikal von traditionellen (ontologisierenden) Autor- und Werk-Konzepten verabschiedet. Vor diesem Hintergrund gewinnt der weitreichende Intertextualitätsbegriff von Julia Kristeva an Plastizität: Er erlaubt die – auch rhetorisch maximierte – Priorisierung von Relationen zwischen Texten und Zeichen, die einander unaufhörlich zitieren, absorbieren und transformieren. Eingeführte und innovative Bedeutungen stehen in diesem Entgrenzungsprozess unlogisch und ambivalent nebeneinander; auf der Produktionsebene vermischen sich Lektüre- und Schreibprozesse; auf der Rezeptionsebene werden die Adressaten in das Sprachspiel zwischen alten und neuen Bedeutungen involviert. Die Entgrenzung eines herkömmlichen Text- und Literaturbegriffs präsentiert sich als allumfassend und apodiktisch, indem von nicht weniger als dem ›Text überhaupt‹ (»le texte général«, »la Bibliothèque générale«) bzw. dem ›unendlichen Text‹ (»le texte infini«) die Rede ist und Intertextualität einen universalen Status erhält: »Il n'est de texte que d'intertexte« (Grivel 1982, 240; Leitch 1983, 59: »Every text is intertext«).

Die Konsequenzen eines so entgrenzten Intertextualitätsbegriffs für die Gattungstheorie sind gravierend. Wenn etwa Tzvetan Todorov darauf beharrt, dass Regeln bzw. gattungsspezifische Bindungen die Präsenz des Anderen in der Zeichenkörperlichkeit bewahrten (vgl. Todorov 1979, 21), richtet sich das nicht nur gegen die Auflösung generischer Differenzqualitäten in einem entgrenzten Begriff von Intertextualität, dessen Resultate auch von deutschen Diskutanten infrage gestellt wurden (vgl. Broich/Pfister 1985, 15; Plett 1991). Dieses Insistieren kann zugleich als Abwehr jener besonderen Disqualifikation des Gattungsbegriffs verstanden werden, die Jacques Derrida in einem Vortrag vom Juli 1979 in Straßburg vorgebracht hatte. Bei dem internationalen Kolloquium *Le Genre*, das von Philippe Lacoue-Labarthe und Samuel Weber organisiert wurde, sprach Derrida über *La loi du genre* und polemisierte hier gegen die restriktive Gewalt von Gattungsbegriffen: »Sobald man das Wort ›Gattung‹ vernimmt, sobald es erscheint, sobald man versucht, es zu denken, zeichnet sich eine Grenze ab. Und wenn sich eine Grenze herausbildet, dann lassen Norm und Verbot nicht auf sich warten: ›man muß‹, ›man darf nicht‹, – das sagt Gattung, die Figur, die Stimme oder das Gesetz der Gattung« (Derrida 1980/1986/1994, 245).

Unter Bezug auf Maurice Blanchots *La folie du jour* (von dem er »nicht sagen wird«, welcher Gattung er angehört, vielmehr werde er ihn bei seinem Namen *Der Wahnsinn des Tages* nennen; Derrida 1994, 261) und in kunstvoller Gestaltung teilt Derridas Text seine zentrale These dann gleichermaßen deklarativ wie performativ mit: Jeder Text bilde in gewisser Weise eine Gattung und könne an einer oder mehreren Gattungen teilhaben; Gattungen differieren fortwährend und die Unmöglichkeit, ihre »Reinheit« zu bewahren, führe zu einer Vielfalt von Genres.

Die von Derrida nicht nur an dieser Stelle programmatisch und sowohl auf Aussage- wie auf Darstellungsebene demonstrierte Aufhebung von ›Gattungsgesetzen‹ hat mehrere prominente Kritiker auf den Plan gerufen. In einem *Exkurs zur Einebnung des Gattungsunterschiedes zwischen Philosophie und Literatur* entfaltet Jürgen Habermas die Hintergründe und den sich ergebenden Selbstwiderspruch des von Derrida verfochtenen Entdifferenzierungsprogramms, dessen Folgen nicht nur für eine generische Ordnung von Texten, sondern vor allem auch für die Grenzziehung von Geltungsansprüchen gravierend sind (vgl. Habermas 1988). Derridas Behauptung einer Indifferenz von diskursiven und literarischen Texten mündet, so lässt sich die Argumentation knapp zusammenfassen, in einen performativen Widerspruch: Als diskursive Behauptung erhebt das Postulat von der Äquivalenz literarischer und philosophischer Texte einen Anspruch auf theoretische Geltung, der sich vom ästhetischen Wirkungsanspruch literarischer Texte unterscheidet. Indem aber Derrida für seine Behauptungen argumentiert, partizipiert er am theoretischen Diskurs und nimmt also dessen (logische) Regeln in Anspruch, die er zuvor den rhetorischen Qualitäten literarischer Texte nach- bzw. untergeordnet hatte. Der von Derrida behauptete »Universalitätsanspruch der Literatur« (Habermas 1988, 256) impliziert, so schließt die diskurstheoretische Kritik, einen Gegensatz zwischen »performativ vorgetragenen Geltungsansprüchen und der propositionalen Verleugnung aller universalen Geltungsansprüche« (so Apel 1988, 114).

Literatur

Apel, Karl-Otto: »Kann der postkantische Standpunkt der Moralität noch einmal in substantielle Sittlichkeit ›aufgehoben‹ werden? Das geschichtsbezogene Anwendungsproblem der Diskursethik zwischen Utopie und Regression«. In: Ders.: *Diskurs und Verantwortung*. Frankfurt a. M. 1988, 103–153.
Barthes, Roland: *Die Lust am Text*. Frankfurt a. M. 1974.
Broich, Ulrich/Pfister, Manfred (Hg.): *Intertextualität. Formen, Funktionen, anglistische Fallstudien*. Tübingen 1985.
Brütting, Richard: »écriture« und »texte«: Die französische Literaturtheorie »nach dem Strukturalismus«. Kritik traditioneller Positionen und Neuansätze. Bonn 1976.
Derrida, Jacques: »La loi du genre/The law of genre«. In: *Glyph* 7 (1980), 176–201; wieder in Ders.: *Parages*. Paris 1986; wieder in Jacques Derrida: »Das Gesetz der Gattung«. In: Ders.: *Gestade*. Wien 1994, 245–284.
Duff, David: »Intertextuality versus Genre Theory: Bakhtin, Kristeva and the Question of Genre«. In: *Paragraph* 25 (2002), 54–74.
Grivel, Charles: »Les universaux de texte«. In: *Littérature* 30 (1978), 25–50.
Grivel, Charles: »Thèses préparatoires sur les intertextes«. In: Renate Lachmann (Hg.): *Dialogizität*. München 1982, 237–248.
Habermas, Jürgen: »Exkurs zur Einebnung des Gattungsunterschiedes zwischen Philosophie und Literatur«. In: Ders.: *Der philosophische Diskurs der Moderne. Zwölf Vorlesungen*. Frankfurt a. M. 1988, 219–247.
Habermas, Jürgen: »Philosophie und Wissenschaft als Literatur?«. In: Ders.: *Nachmetaphysisches Denken*. Frankfurt a. M. 1988, 242–263.
Hempfer, Klaus W.: *Poststrukturale Texttheorie und narrative Praxis: Tel Quel und die Konstitution eines Nouveau Roman*. München 1976.
Kristeva, Julia: »Bachtin, das Wort, der Dialog und der Roman« [¹1967]. In: Jens Ihwe (Hg.): *Literaturwissenschaft und Linguistik*. Bd. 3. Frankfurt a. M. 1972, 345–375.
Leitch, Vincent B.: *Deconstructive Criticism: An Advanced Introduction*. London 1983.
Plett, Heinrich F. (Hg.): *Intertextuality*. Berlin, New York 1991.
Todorov, Tzvetan: »Préface«. In: Mikhaïl Bakhtine: *Esthétique de la création verbale*. Paris 1979, 7–23.

Ralf Klausnitzer

12. Rhetorische Gattungstheorie

Von der griechischen und römischen Antike bis in das 18. Jh. hinein war die Rhetorik u. a. *die* maßgebliche Texttheorie, sie stellte als ein Wissenssystem u. a. die wichtigsten, konzeptionell leitenden gattungstheoretischen Annahmen und Behauptungen zur Verfügung, die über die Rhetorik hinaus auch in den Gattungslehren der Poetiken und der Grammatiken bestimmend waren und in der Gegenwart ihren Widerhall in Ansätzen einer Literarischen oder Literaturwissenschaftlichen Rhetorik finden. Dabei wurde die Dichtkunst selbst seit der Antike vielfach geradezu als eine Gattung der Rhetorik betrachtet oder zumindest doch als eine sehr nahe Verwandte, deren Regularitäten und Normen sich an den Systematiken der Rhetorik orientierten und die wie die Rhetorik als eine *ars* lehr- und lernbar war.

Das Wissenssystem der Rhetorik kennt u. a. eine Reihe von Redegattungen (*genera oratoris*) sowie Stilgattungen (*genera elocutionis*). Ausgehend von unterschiedlichen Redesituationen, unterscheidet man *drei klassische Redegattungen* voneinander, nämlich die judiziale Gattung (*genus iudiciale*), die deliberative Gattung (*genus deliberativum*) und die epideiktische Gattung (*genus demonstrativum*). Diese Redegattungen lassen sich wiederum durch eine Gruppe von Kriterien voneinander unterscheiden, nämlich jeweils nach den thematischen Bereichen, den Textfunktionen, den erregten Affekten und der primären Zeitreferenz (vgl. Plett 2000, 15). Sind der thematische Bereich des *genus iudiciale* ›Recht oder Unrecht‹, die Textfunktion ›Anklage oder Verteidigung‹, die erregten Affekte ›Strenge oder Milde‹ und die primäre Zeitreferenz die ›Vergangenheit‹, so geht es im *genus deliberativum* um ›Nutzen oder Schaden‹, Mahnung oder Warnung‹, ›Furcht oder Hoffnung‹ und um die Zukunft, während schließlich im genus demonstrativum ›Ehre oder Unehre‹ thematisiert werden, ›Lob oder Tadel‹ erzielt und ›Freude oder Hass erregt werden sollen, und zwar im Bezug auf die Gegenwart (zur entsprechenden Systematik in der Rhetorik des Aristoteles vgl. z. B. Knape 2000, 36 f.). Aus der Perspektive einer Systematischen Rhetorik, die einer modernen generologischen Texttheorie die Orientierung an den pragmatischen rhetorischen Kriterien der Textsituationen und der sie determinierenden Funktionen empfiehlt (vgl. Plett 2000, 16), werden für die klassischen *genera oratoris* nun jeweils rhetorische, aber auch literarische Modellfälle genannt. So bezeichnet Plett als Modellfälle des *genus iudiciale* nicht allein die Gerichtsrede, sondern auch das sozialkritische Drama, das Pamphlet, die Satire und die Apologie; Modellfälle für das *genus deliberativum* seien nicht allein die politische Rede, sondern auch die Werbung, die Lehrdichtung, die Suasorie, die Utopie und die Predigt; Modellfälle für das *genus demonstrativum* seien außer Lobrede und Schmähschrift schließlich vor allem Genres der Gelegenheitsdichtung wie das Epithalamium (Hochzeitsgedicht), der Panegyricus (Preisgedicht), das Enkomium (Lobgedicht) oder auch das Epithaphios (Inschrift). Die Systematische, literaturwissenschaftlich ausgerichtete Rhetorik kann sich im Hinblick auf die generisch unterscheidenden Kriterien ebenso wie bei der Präsentation von Modellfällen auch auf historische Sichtweisen stützen, wie sie in Poetiken und Grammatiken bis in die Frühe Neuzeit hinein auftreten (vgl. Behrens 1940; Trappen 2001). In historischer Perspektive war die gattungssystematische und gattungstheoretische Orientierung an der rhetorischen Stillehre und der Unterscheidung von *genera elocutionis* (auch: *genera dicendi*) aber mindestens von ebenso großer Bedeutung. In der Systematik der alten Rhetorik bezeichnet ›elocutio‹ (neben der *inventio*, der *dispositio*, der *memoria* und der *actio*) eine von fünf Phasen der Textherstellung, die besonders dem ›ornatus‹, also dem ›Wortschmuck‹ gilt und für die die Rhetorik nicht nur ein detailreiches System von rhetorischen Figuren und Tropen erfasst und entwickelt, sondern eben auch unterschiedliche *genera elocutionis* oder Stilgattungen, nämlich vor allem den *stilus humilis* (niederer Stil), den *stilus mediocris* (mittlerer Stil) und den *stilus gravis* (hoher Stil). Die Dreistillehre (vgl. Spang 1996) wird historisch und systematisch von drei Seiten her begründet, nämlich von der Wirkungsabsicht her (intentionaler Stilbegriff), von der Beschaffenheit des behandelten Stoffes her (materialer Stilbegriff) sowie von der Wahl der Stilkategorie und ihrer Ausdrucksform her (elokutioneller Stilbegriff). Nach Plett habe insbesondere der ›unterschiedliche Rang‹ des Stoffes, also die unterschiedliche Bewertung des Stoffes »zur Ausbildung unterschiedlicher Textsorten« geführt (Plett 1979, 102). So sei die Wirkungsabsicht des niederen Stils das *docere* (informieren, belehren, argumentieren, beweisen), generisch dominiere er in der wissenschaftlichen Fachliteratur ebenso wie z. B. im Roman oder auch in der Komödie; die Wirkungsabsicht des mittleren Stils sei das *delectare* (erfreuen, gewinnen), er finde sich in der Lyrik ebenso wie in ekphrastischen Darstellungen. Die Wirkungsabsicht des hohen Stils sei das *movere* (bewegen, mitreißen, erschüttern), typische Textbereiche seien hier das

12. Rhetorische Gattungstheorie

Epos, die Tragödie oder auch die pathetische Lyrik (Plett 1979, 103 f.).

Den drei *genera elocutionis* werden jeweils unterschiedliche Formen und Verfahren der *elocutio* zugeordnet, in der langen Konzeptgeschichte der Unterscheidung dann auch unterschiedliche Stoffe und Situationen. Die sogenannte Rota Vergilii (das Rad Vergils; vgl. Faral 1924, 87), wie wir sie u. a. in der *Poetria de arte prosaica, metrica et rythmica* des Johannes von Garlandia im 13 Jh. antreffen, verknüpft schließlich die unterschiedlichen *genera elocutionis* mit den drei Hauptwerken Vergils (*Bucolica, Georgica, Aeneis*) und bindet sie dabei weiter an unterscheidende Kriterien im Hinblick auf die soziale Stellung des Figurals, die verwendeten Eigennamen, die vorkommenden Tiere, Pflanzen und Werkzeuge sowie die Handlungsorte (vgl. Ottmers 1996, 204 f.). Ausgehend von Differenzierungen von frei handhabbaren elokutionären Mitteln, entsteht also seit der Spätantike die schematisch-starre Unterscheidung von stilistischen und *generischen Modellfällen*, erkennbar verbinden sich hier bereits »Standeslehre, Stilhöhe und Gattungseinteilung« miteinander (Fischer 1968, 263). Besonders deutlichen Ausdruck findet diese Verbindung im 16. u. 17 Jh. in der Poetik der Theaterliteratur und der Unterscheidung zwischen Tragödie und Komödie, wie sie u. a. bei Julius Cäsar Scaliger oder auch bei Martin Opitz und anderen anzutreffen ist (vgl. z. B. Dyck 1991; Trappen 2000). Die Dreistillehre wird allerdings schon im mittelalterlichen Schulsystem vor allem aufgrund der Berücksichtigung neuer Textformen zunehmend modifiziert, die grundsätzliche gattungstheoretische Verknüpfung von generischen und stilistischen Sachverhalten setzt sich aber über das Mittelalter hinaus bis mindestens in das 19. Jh. fort. »Mit dem Rückgang der Rhetorik im 19. Jh. schwinden jedoch die normativen Zuordnungen der Stilarten zu den Literaturgattungen und damit die antike Dreistillehre, wenn auch in einzelnen Fällen die Traditionen noch nachwirken (z. B. im Pathos mancher Dramen Schillers und in der Tönerhetorik des 19. Jh.)« (vgl. Lindner 1996, 758).

Historisch wie vor allem gattungstheoretisch grundlegend ist, dass das normative Gattungsverständnis in der poetisch-rhetorischen Tradition sich ca. seit dem Hellenismus an ›Idealmustern‹ orientierte, aus denen allgemeine, vermeintlich überzeitlich und kulturell übergreifend gültige Regeln abgeleitet wurden, denen auch jedes neue Werk gehorchen musste. Hierbei wurde also ein spezifisches Verhältnis zwischen einer apriorischen Idee oder einem vorgegebenen universalen Idealtypus einer Gattung wie z. B. der Tragödie einerseits und einer einzelnen historischen Konkretisierung angenommen, derart nämlich, dass jedes Einzelwerk den vermeintlich überzeitlich gültigen Regeln zu folgen hatte oder diese anstreben musste, wollte es als eine ›gute‹ Konkretisierung oder Repräsentation des ›präexistenten‹ Idealtypus betrachtet werden können. Im Hinblick auf die gattungstheoretische Position bei Horaz hat man z. B. in bezeichnender Weise von den zugrunde liegenden ›Gesetzen‹ einer Gattung gesprochen und betont, »the laws of the genres are nothing but the expression in the sphere of literature of the Platonic doctrine of ideal forms« (Hack 1916, 43). Es besteht nach diesem gattungstheoretischen Ansatz also »ein Bedingungsverhältnis zwischen normativen Gattungskonzepten und dem apriorischen Verständnis der Allgemeinbegriffe. [...] Als logische Folgerung hieraus ergibt sich das Verbot der Gattungsmischung« (Hempfer 1973, 58; → B 1.4), denn ein Werk könne demnach nicht zugleich z. B. die Idee der Tragödie und die Idee der Komödie verwirklichen. Nach Hempfer ermögliche es erst das Konzept der ›Naturformen‹, wie es u. a. bei Goethe anzutreffen ist, »apriorische Gattungskonzepte mit dem Prinzip der Gattungsmischen zu vereinbaren« (ebd.). Für die moderne (literatur-)wissenschaftliche Rhetorik »hat die rhetorische Gattungslehre nicht nur eine historische Bedeutung« (Plett 200, 16), sondern auch eine methodisch-theoretische (vor allem im Hinblick auf die Kontext- und Funktionsbindung von Gattungen). Allerdings distanziert man sich hier auch von dem »Universalitätsanspruch der klassischen Theorie« und stellt sich den »hypothetischen Charakter dieses Modells« vor Augen (ebd.). Außer der allgemein texttheoretisch orientierten Systematischen Rhetorik Pletts ist in diesem Zusammenhang auch der sogenannte ›Rhetorical Criticism‹ (vgl. Goodwin 1993) zu nennen, dem es u. a. um generische Systematisierungen aus der Perspektive der Rhetorik geht (vgl. z. B. Cambell/Jamieson 1978; Harrell/Linkugel 1978, Freedman 1994; Freedman 1994a)

Literatur

Behrens, Irene: *Die Lehre von der Einteilung der Dichtkunst vornehmlich vom 16. bis 19. Jh. Studien zur Geschichte der poetischen Gattungen*. Halle 1940.

Cambell, Karlyn Kohrs/Jamieson, Kathleen Hall (Hg.): *Form and Genre. Shaping Rhetorical Action*. Falls Church, Va. 1978.

Dyck, Joachim: *Ticht-Kunst. Deutsche Barockpoetik und rhetorische Tradition. Mit einer Bibliographie zur Forschung 1966–1986*. 3. erg. Aufl. Tübingen 1991.

Faral, Edmond: *Les Arts poétiques du XIIe et du XIIIe siècle*. Paris 1924.

Fischer, Ludwig: *Gebundene Rede. Dichtung und Rhetorik in der literarischen Theorie des Barock in Deutschland.* Tübingen 1968.

Freedman, Aviva: (Hg.): *Genre and the New Rhetoric.* London 1994.

Freedman, Aviva: (Hg.): *Learning and Teaching Genre.* Portsmouth 1994 (= 1994a).

Göttert, Karl-Heinz: *Einführung in die Rhetorik. Grundbegriffe, Geschichte, Rezeption.* München ³1998.

Goodwin, David: »Rhetorical criticism«. In: Irena K. Makaryk (Hg.): *Encyclopedia of contemporary Literary theory. Approaches, Scholars, Terms.* Toronto 1993, 174–178.

Hack, R. K.: »The Doctrine of the Literary Forms«. In: *Harvard Studies in Classical Philology* 27 (1916), 1–65.

Harrell, Jackson/Linkugel, Wil A.: »Rhetorical Genre. An Organizing Perspective«. In: *Philosophy and Rhetoric* 2 (1978), 262–281.

Hempfer, Klaus W.: *Gattungstheorie. Information und Synthese.* München 1973.

Knape, Joachim: *Allgemeine Rhetorik.* Stuttgart 2000.

Komfort-Hein, Susanne: »Gattungslehre«. In: *Historisches Wörterbuch der Rhetorik.* Hg. v. Gert Ueding. Bd. 3. Tübingen 1996, 528–557.

Lindner, Hermann: »Genrestil«. In: *Historisches Wörterbuch der Rhetorik.* Hg. v. Gert Ueding. Bd. 3. Tübingen 1996, 750–760.

Otmers, Clemens: *Rhetorik.* Stuttgart, Weimar 1996.

Plett, Heinrich F.: *einführung in die rhetorische textanalyse.* 4. erg. Aufl. Hamburg 1979.

Plett, Heinrich F.: *Systematische Rhetorik. Konzepte und Analysen.* München 2000.

Spang, Kurt: »Dreistillehre«. In: *Historisches Wörterbuch der Rhetorik.* Hg. v. Gert Ueding. Bd. 2. Tübingen 1996, 921–972.

Trappen, Stefan: *Gattungspoetik. Studien zur Poetik des 16. bis 19. Jh.s und zur Geschichte der triadischen Gattungslehre.* Heidelberg 2000.

Ueding, Gert/Steinbrink, Bernd: *Grundriß der Rhetorik. Geschichte, Technik, Methode.* Stuttgart, Weimar ³1994.

Rüdiger Zymner

13. Sozial- und funktionsgeschichtliche Gattungstheorie

Ansätze zu einer sozialhistorischen und funktionsgeschichtlichen Erklärung der literarischen Kommunikation und ihrer Formate lassen sich bis in die erste Hälfte des 20. Jh.s zurückverfolgen. Doch erst in der zweiten Hälfte des 20. Jh.s formieren sich mehr oder weniger erfolgreiche Versuche, auch Theorie und Geschichte literarischer Gattungen in ihren konkreten gesellschaftlichen und geschichtlichen Bedingungen zu erfassen.

Eine Grundlage für das sich im deutschen Sprachraum eher zögerlich ausbildende Verständnis von Gattungen als »literarisch-soziale Institutionen« (so Voßkamp 1977) bilden Thematisierungsweisen von Literatur, die sich unter Bezeichnungen wie »sozialliterarische Methode« (Merker 1921) oder »soziologische Literaturgeschichtsforschung« (Hirsch 1928; Kleinberg 1931/32, Löwenthal 1932) in der ersten Hälfte des 20. Jh.s entwickeln und geistig-kulturelle Phänomene aus wirtschaftlichen und sozialen Verhältnissen zu erklären suchen. Im Rückgriff auf Karl Lamprechts umfassende Kulturgeschichtsschreibung und die von Wilhelm Wundt entwickelte »Sozialpsychologie« projektiert man bereits in den 1920er Jahren kulturhistorisch interessierte Programme, die »an Stelle des Einzelwerkes und der Einzelpersönlichkeit, die sonst im Vordergrund des Interesses steht und den Ausgangspunkt, vielfach aber zugleich auch den Endpunkt der Betrachtung bildet«, nun den Schwerpunkt »auf die societas litterarum, auf die allgemeinen geistigen und literarischen Strukturen einer Epoche« legen und neben sozialen Bindungen des Autors konkrete Faktoren des literarischen Lebens wie Publikum, poetische Theoriebildung und Einfluss ausländischer Dichtungen untersuchen sollen (Merker 1921, 49). Neben den an Lamprechts Kulturgeschichte orientierten Varianten sozialhistorischer Literaturbetrachtung formiert sich in der »Soziologie der literarischen Geschmacksbildung« (Schücking 1923/1961) ein Forschungsprogramm, das eine Publikumssoziologie unter besonderer Berücksichtigung von Produktions- und Distributionsbedingungen entwirft und auch gattungsgeschichtliche Konsequenzen zieht: In der 1929 veröffentlichten Untersuchung *Die Familie im Puritanismus* setzt Schücking seine theoretischen Überlegungen zu einer »Geschmacksgeschichte« am Beispiel einer konkreten historischen Gattungsentwicklung um, indem er den Einfluss puritanischer Hauszuchtbücher auf die Entwicklung des modernen Romans nachweist.

Zeitlich versetzt formieren sich ähnliche Ansätze in den USA, wo etwa Harry Levin den Begriff »Institution« zur Charakterisierung von Literatur insgesamt und des Romans im Besonderen vorschlägt, aber nicht weiterentwickelt (Levin 1946; Pearson 1941). Diese Ansätze beeinflussen das Lehrwerk *Theory of Literature*, das René Wellek gemeinsam mit Austin Warren verfasst hat. Die erstmals 1949 veröffentlichte Übersichtsdarstellung bestimmt die literarische Gattung als eine »Institution« analog zu den mit spezifischen Traditionen und Konventionen ausgestatteten Einrichtungen Kirche, Universität, Staat und erläutert ihre Prägekräfte für die Formierung von literarischen Ausdrucksinteressen (vgl. Wellek/Warren 1949/1972, 245). Deutlicher wird diese Auffassung, wenn Wellek und Warren den Grund des Vergnügens an literarischen Werken zu bestimmen suchen und dazu die Verbindung von Innovation und Tradition heranziehen: Da eine vollständig vertraute und sich wiederholende Anordnung von Elementen langweilig, eine völlig neue Form dagegen unverständlich bzw. sogar unvorstellbar wäre, übernehmen Gattungen die Funktion, Verstehen und damit Kommunikation zwischen Autoren und Lesern überhaupt möglich zu machen: »Die Gattung stellt sozusagen eine Summe der vorhandenen ästhetischen Mittel dar, die dem Dichter zur Verfügung stehen und dem Leser bereits verständlich sind. Der gute Dichter paßt sich zum Teil der vorgefundenen Gattung an, zum Teil dehnt er sie aus« (Wellek/Warren, 212).

Im deutschen Sprachraum entwirft Hugo Kuhn 1956 eine soziologisch fundierte Gattungstheorie und fragt nach »Typen, Werkstattschemaen und -schablonen, Werkvorstellungen und Werkgebrauchsweisen«, um anschließend das »Schichtenproblem« und »Entelechieproblem« der Literatur im Mittelalter zu lösen. Zwar konstatiert er abschließend, aus ständischen und nationalen Bedürfnissen ergebe sich eine »Gattungsentelechie, ein Hineinwachsen der Literatur in bestimmte, diesem Geschichtsprozeß am meisten dienende Haupt-Typen, die uns am Schluß doch wieder so etwas wie mittelalterliche ›Naturformen‹ der Literatur bedeuten dürfen« und fixiert höfischen Roman, Heldenepos und Lyrik als diese Haupttypen (Kuhn 1956/1959, 58 f.). Wichtig aber bleibt der Gewinn einer Gattungssystematik, die den historischen Charakter von Formen erkennt und diese Einsicht mit dem Postulat von relativ konstanten Strukturprinzipien verbindet.

Einen Entwicklungsschub für sozial- und funktionsgeschichtliche Modellierungen der literarischen Kommunikation bedeuten die seit den 1960er Jahren intensivierte Bemühungen um die Rezeption literarischer Texte – auch wenn gattungstheoretische Überlegungen vorerst wenig davon profitieren. In der Bundesrepublik ist es vor allem die Forschergruppe »Poetik und Hermeneutik«, die eine Vermittlung strukturalistischer Prinzipien mit der Hermeneutik (namentlich Hans Georg Gadamers) anstrebt und dabei auch die konkreten Bedingungen von Verbreitung und Aufnahme literarischer Aussagen reflektiert. In seiner Konstanzer Antrittsvorlesung *Literaturgeschichte als Provokation der Literaturwissenschaft* (1967) entwirft Hans Robert Jauß eine Rezeptionsästhetik, die nicht nur die Wirkungsdimensionen literarischer Werke einbezieht, sondern auch die »vorgängige Erfahrung des literarischen Werkes durch seine Leser« in Rechnung stellt (Jauß 1967, 29). Der von ihm verwendete Begriff des »Erwartungshorizonts« bündelt jene Haltungen, die durch ein jeweils in der Erscheinungszeit der Texte herrschendes Vorverständnis der Gattung sowie durch thematisch-formale Einschätzungen bekannter Werke konstituiert werden. Erwartungshaltungen des lesenden Publikums gegenüber bestimmten Gattungen und literarischen Traditionen prägen die Entstehung und Geschichte literarischer Gattungen in entscheidender Weise. Rezeptionstheoretische Ansätze entstehen in den 1970er Jahren auch in den USA. Die *reader-response theory* ist ein Bündel unterschiedlicher Ansätze, deren gemeinsame Stoßrichtung der *New Criticism* und dessen Auffassung von einem objektiv gegebenen, zur Deutung bereit stehenden Text bildet. Demgegenüber werden nun der Leser und die ihn prägenden sprachlichen und literarischen Konventionen zur Basis von Bedeutungszuweisungen exponiert. Besonders radikal agiert in diesem Zusammenhang Stanley Fish, der die Existenz eines objektiven, von Interpretationen unabhängigen Textes bestreitet und stattdessen die Konventionen einer Lesergemeinschaft (*community of readers*) akzentuiert (Fish 1980).

Eine Zusammenführung literatursoziologischer, rezeptionsästhetischer und semiotischer Positionen leisten schließlich die Versuche Wilhelm Voßkamps, Gattungen als »historisch bedingte Kommunikations- und Vermittlungsformen« aufzufassen und in einer sozial- bzw. funktionsgeschichtlich orientierten Gattungstheorie zu konzeptualisieren. Von systemtheoretischen Vorgaben ausgehend, bestimmt er Gattungen als »möglichkeitsreiche Selektionen«, mit bzw. in denen die Komplexität des literarischen Lebens »auf bestimmte kommunikative Modelle reduziert ist« (Voßkamp 1977, 29). Die Geschichte literarischer Gattungen erscheint dementsprechend als »Folge eines Auskristallisierens, Stabilisierens und institutionellen Festwerdens von dominanten Strukturen«. Diese »dominanten Strukturen« entstehen nach Voßkamp auf zweierlei Weise: Zum einen durch normbildende Werke (Prototypen), zum anderen im Wechselspiel zwischen (leserseitigen) Gattungserwartungen und (autorenabhängigen) Werkantworten. Die Geschichte von Gattungen bzw. Genres stellt sich in dieser Perspektive als Reihenbildung dar, in der Erwartungen und einander beeinflussende Werkantworten korrespondieren. Auf diese Weise werden schließlich auch die Funktionen von Gattungen in symbolischen und sozialen Systemen bestimmbar: Sie stellen »Bedürfnissynthesen« dar, in denen »historische Problemstellungen bzw. Problemlösungen oder gesellschaftliche Widersprüche artikuliert und aufbewahrt sind« (ebd., 32); Gattungen funktionieren als institutionalisierte literarische Reaktionen auf andere literarische Texte, Traditionen, Erwartungen, Bedürfnisse und historische Konstellationen.

Ergebnis dieser Entwicklungen ist eine Auffassung, die Gattungen als »geschichtlich situierbare Gebilde« (Kaiser 1974, 34) bzw. als historisch gewachsene »Familien« (Jauß 1977, 330) bestimmt und die mit ihnen verbundenen Vorgänge von Institutionalisierung und Entinstitutionalisierung in den Mittelpunkt rückt. Auf diese Weise kann die Geschichte von Gattungen als differenzierte Abfolge von »Strukturierung« und »De-Strukturierung«, d. h. von Auskristallisierungs- und Stabilisierungsprozessen einerseits und Auflösungs- und Zerfallsprozessen andererseits beschrieben werden (Glowinski 1974, 180). Diese Strukturierungs- und Destrukturierungsprozesse vollziehen sich nicht nur innerhalb einer Gattung, sondern auch zwischen verschiedenen Gattungen und verändern somit das Gattungssystem einer Epoche insgesamt.

Die Schwierigkeiten einer befriedigenden Theorie der Gattungsentwicklung unter sozialhistorischen bzw. funktionsgeschichtlichen Aspekten liegen vor allem darin, dass die bisher verfolgten Ansätze hauptsächlich von formalistisch bzw. strukturalistisch fundierten Theorien der literarischen Evolution geprägt sind. Ob die evolutionstheoretischen Diskussionen in den Sozialwissenschaften mit dem auch auf Gattungsbildungsprozesse anwendbare Differenzierungsschema Variation – Selektion – Stabilisierung, die Modellbildungen der von Pierre Bourdieu u. a. (vgl. z. B. Jurt 1984; →B 3.3) entwickelten Feld-Theorie oder die von rhetorischen Explorationen ausgehende Bestimmung von Gattungen als situationsabhängigen Varianten sozialen Handelns (Miller 1984) tragfähige Lösungen bieten, wird zu überprüfen sein.

Literatur

Fish, Stanley: *Is There a Text in This Class? The Authority of Interpretative Communities.* Cambridge (MA) 1980.
Glowinski, Michal: »Die literarische Gattung und die Probleme der historischen Poetik«. In: Alexander Flaker/Viktor Zmegac (Hg.): *Formalismus, Strukturalismus und Geschichte.* Kronberg/Ts. 1974, 155–185.
Hirsch, Arnold: »Soziologie und Literaturgeschichte«. In: *Euphorion* 29 (1928), 74–82.
Jameson, Fredric: *The Political Unconscious. Narrative as a Socially Symbolic Act.* Ithaca 1981.
Jauß, Hans Robert: *Literaturgeschichte als Provokation der Literaturwissenschaft.* Konstanz 1967.
Jauß, Hans-Robert: »Theorie der Gattungen und Literatur des Mittelalters«. In: Ders.: *Alterität und Modernität der mittelalterlichen Literatur. Gesammelte Aufsätze 1956–1976.* München 1977, 327–358.
Jurt, Joseph: »Gattungshierarchie und Karrierestrategien im XIX. Jahrhundert«. In: *Lendemains* 9 (1984), H. 36, 33–41.
Kaiser, Gerhard R.: »Zur Dynamik literarischer Gattungen«. In: Horst Rüdiger (Hg.): *Die Gattungen in der vergleichenden Literaturwissenschaft.* Berlin 1974, 32–62.
Kleinberg, Alfred: »Marxistische Literaturforschung«. In: *Die Literatur* 34 (1931/32), 596–597.
Kuhn, Hugo: »Gattungsprobleme der mittelhochdeutschen Literatur« [1956]. In: Ders.: *Dichtung und Welt im Mittelalter.* Stuttgart 1959, 41–61.
Levin, Harry: »Literature as Institution«. In: *Accent* 6 (1946), 159–168 (wieder in: Mark Schorer/Kenzie Miles (Hg.): *Criticism: The Foundations of Modern Literary Judgement.* Rev. Ed. New York 1958, 546–553.
Löwenthal, Leo: »Zur gesellschaftlichen Lage der Literatur«. In: *Zeitschrift für Sozialforschung* 1 (1932), 85–102.
Merker, Paul: »Individualistische und soziologische Literaturgeschichtsforschung«. In: *Zeitschrift für deutsche Bildung* 1 (1925), 15–27.
Merker, Paul: *Neue Aufgaben der deutschen Literaturgeschichte.* Leipzig, Berlin 1921.
Miller, Carolyn R.: »Genre as Social Action«. In: *Quarterly Journal of Speech* 70 (1984), 151–167.
Pearson, Norman Holmes: »Literary Forms and Types: or, A Defense of Polonius«. In: *English Institute Annual 1940*, New York 1941, 61–72;
Schücking, Levin L.: *Soziologie der literarischen Geschmacksbildung.* München 1923, rev. ³1961.
Voßkamp, Wilhelm: »Gattungen als literarisch-soziale Institutionen. Zu Problemen sozial- und funktionsgeschichtlich orientierter Gattungstheorie und -historie«. In: Walter Hinck (Hg.): *Textsortenlehre – Gattungsgeschichte.* Heidelberg 1977, 27–44.
Wellek, René/Warren, Austin: *Theorie der Literatur* [1949]. Übers. v. Edgar Lohner. Frankfurt a. M. 1972.

Ralf Klausnitzer

14. Struktural-formalistische Gattungstheorie

Formalistische und strukturalistische Gattungskonzepte bzw. die von ihnen beeinflussten Theoriebildungen sind durch die Abkehr von normativen Prinzipien und geschichtsphilosophisch bzw. anthropologisch fundierten Modellbildungen gekennzeichnet (→ C 4; D 5; D 6; D 7). Zwar haben Vertreter des Russischen Formalismus und die durch sie beeinflussten Sprach- und Literaturtheoretiker, die nach grenzüberschreitenden Wanderungsbewegungen in Prag, Kopenhagen und New York den »Strukturalismus« begründen, keine systematische Gattungstheorie entwickelt. Doch gewinnen texttheoretische Überlegungen zum Konzept der »literarischen Reihe« bzw. der »literarischen Evolution« nachhaltigen Einfluss auf Vorstellungen, nach denen literarische Gattungen als historisch bedingte Kommunikations- und Vermittlungsformen veränderliche Bezugssysteme bilden, in denen Verstöße gegen geltende Vorbilder und Regeln mindestens ebenso prägend sind wie deren Bestätigung (vgl. Striedter 1971, XLI). Ebenfalls wichtig werden Bemühungen um eine präzise Terminologie, mit deren Hilfe die in der Gattungsforschung oft beklagte ›Begriffsanarchie‹ überwunden werden soll.

Diese Umstellungen resultieren aus Textumgangsformen, die zwischen 1915 und 1925 in Moskau und Sankt Petersburg entstehen. Die hier versammelten Philologen wie Boris Michajlovič Ėjchenbaum (1886–1956), Roman Osipovič Jakobson (1896–1982), Viktor Borisovič Šklovskij (1893–1984), Jurij Nikolajevič Tynjanow (1894–1943) entwerfen neue Beobachtungsverfahren, die im Unterschied zur bislang dominierenden philologisch-historischen Behandlung von Literatur nach der spezifischen Differenzqualität poetischer Texte bzw. ihrer »литературность« (*literaturnost'*; Literarizität) fragen (vgl. Erlich 1955/1964; Striedter 1969; Hansen-Löve 1978). Die Hauptaufgabe von Sprach- und Literaturforschung wird nun darin gesehen, die intersubjektive Bedeutung einer Äußerung und ihrer Komponenten festzustellen sowie die besonderen Zwecke von verbalen Ausdrucksformen zu bestimmen. Literarische Texte bzw. Textgruppenbildungen gewinnen in diesem Zusammenhang besondere Relevanz. Zum einen sind sie aufgrund ihrer besonderen Eigenschaften gleichsam prädestiniert für die Exploration von *Formen* und *Funktionen*: Denn die poetische Sprache organisiert nahezu alle ihre Komponenten nach konstruktiven Prinzipien, um ästhetische Effekte zu erzielen. Zum anderen spielt das kulturelle Umfeld eine Rolle. Die in Russland besonders intensive futuristische Bewegung legt in ihren Texten sprachliche Mittel in einer Weise offen, dass es möglich wird, das Laboratorium der modernen Dichtung gleichsam direkt und im Prozessieren zu studieren. Die Sprachexperimente von Velemir Chlebnikov, Alexej Krutschenych und des jungen Wladimir Majakowskij unterstreichen die besondere Funktion der poetischen Sprache und unterscheiden sie dezidiert von allen Arten der mitteilenden Sprache. Sprachphilosophische Interventionen gegen spekulative Verknüpfungen und eine gesteigerte Selbstreflexivität des Literatursystems inspirieren so neue Textumgangsformen, die sich im zweiten Jahrzehnt des 20. Jh.s zu einer organisierten Bewegung kristallisieren: 1915 gründet eine Gruppe von Studenten den »Moskauer Linguistik-Kreis«; ein Jahr später vereinten sich in Sankt Petersburg junge Philologen und Literarhistoriker in der »Обшество изучения поэтического языка« (*Obščestvo izučenija poetičeskogo jazyka*; Gesellschaft zur Erforschung der poetischen Sprache), die unter der Abkürzung »Опояз« (*Opojaz*) bekannt wird.

Als treibende Kraft im Moskauer Linguisten-Zirkel agiert Roman Jakobson, der in Studien über die poetische Sprache Velemir Chlebnikows nicht nur lyrische Mittel und Verfahren analysiert, sondern zugleich die formalistische Konzeption von Dichtung und ihrer Erforschung darlegt. In der Petersburger »Gesellschaft zur Erforschung der poetischen Sprache« profiliert sich Viktor Šklovskij, der mit dem bahnbrechenden Aufsatz *Искусство, как приём* (*Iskusstvo, kak priem*; dt. Die Kunst als Verfahren) 1917 eine radikale Revision der bisherigen Vorstellungen von Literatur liefert. Die in literarischen Texten gebrauchte Bildsprache erklärt nicht Unbekanntes mithilfe des Bekannten, so seine These, sondern verfährt genau umgekehrt: Jede Form der Übertragung »verfremdet« die gewohnte Wahrnehmung und lässt so etwas entdecken, was im konventionalisierten Umgang mit Phänomenen verschüttet bleibt. Indem die bewusst gestaltete Form künstliche Hindernisse zwischen dem wahrnehmenden Subjekt und dem wahrgenommenen Objekt aufbaut, wird die Kette gewohnheitsmäßiger Verknüpfungen und automatischer Reaktionen unterbrochen. Das »Verfahren der Verfremdung« (приём остранения, *priem ostranenia*) lässt die sprachlich gegebenen Dinge überhaupt sehen, statt sie bloß wiederzuerkennen.

Das »Verfahren« (приём, *priem*), verstanden als Technik des bewussten Herstellens eines sprachlichen Kunstwerks durch Formung seines sprachlichen

Materials und Deformierung seines Stoffes, wird zum Schlüsselbegriff des Formalismus. Untersucht (und durch Referate bei den Versammlungen des Moskauer Linguisten-Zirkels vorgestellt) werden vorrangig Attribute der poetischen Sprache wie Epitheta, konsonantische Häufungen in Versen, metrische Formen etc. Die dezidiert ahistorische Konzentration der formalistischen Literaturforschung auf Ausdrucksmittel und Verfahren lässt gattungstheoretische Überlegungen vorerst in den Hintergrund treten. Mit der Korrektur dieser einseitigen Betrachtungsweise seit Beginn der 1920er Jahre gewinnen diese ein neues Gewicht. Nachdem Jakobson schon 1919 die »Überwindung der Statik« und die »Vertreibung des Absoluten« als das »aktuelle Tagesgespräch« bestimmt und auf die Agenda der Literaturforschung gesetzt hatte (Jakobson 1919/1988, 44), ersetzt Jurij Nikolajevič Tynjanow 1924 die statische Bestimmung des literarischen Werkes als Summe aller in ihm realisierten Mittel durch seine Modellierung als ästhetisches »System«, in dem jedes Verfahren eine bestimmte Funktion zu erfüllen habe (vgl. Tynjanow 1924, 10). Wird so die Funktion der künstlerischen Mittel bzw. Verfahren in Abhängigkeit vom ästhetischen Gesamtzusammenhang eines Werkes beobachtet, können historische Dimensionen und gattungsgeschichtliche Aspekte nicht mehr vernachlässigt werden: Was zu einem bestimmten Zeitpunkt tragisch wirkte, kann in einer anderen historischen Umgebung komische Effekte auslösen. Um also zwischen divergierenden Anwendungen von »Verfahren« unterscheiden und deren Rolle innerhalb eines gegebenen ästhetischen Systems unterscheiden zu können, muss das »literarische Faktum« wieder in seinen geschichtlichen Bezügen beobachtet werden. In der Observation der »literarischen Evolution« gewinnen generische Fragen grundsätzliche Bedeutung. Deutlich wird das in den Untersuchungen zu Autoren des »золотой век« (*solotoj wek*), des »Goldenen Zeitalters« der russischen Poesie (so etwa in Jurij Tynjanows Werk zur »Theorie der Parodie« bei Dostojewskij und Gogol) und in systematischen Reflexionen, die den Terminus »Literaturtheorie« als eigenständiges Arbeitsfeld einer wissenschaftlichen Beschäftigung mit poetischen Texten fixieren (Tomaševskij 1925).

Die Prager Strukturalisten, die sich im 1926 konstituierten und bis in die Zeit des Zweiten Weltkrieg aktiven »Cercle Linguistique de Prague« um Roman Jakobson und die Sprachwissenschaftler Vilem Mathesius, Bohuslav Havránek, Bohumil Trnka sowie Jan Mukařovský sammeln, nehmen die neuen Einsichten in den evolutionären Charakter von Text- und Gattungsbeziehungen auf. Auch sie zielen auf die Untersuchung bestimmter Textkonstanten und ihrer jeweiligen Abweichungen zum Zweck einer Rekonstruktion literarischer Typenbildungen. Von grundlegender Bedeutung für die Erfassung generischer Zusammenhänge werden die von Roman Jakobson und Jurij Tynjanow 1928 vorgestellten Thesen zu Fragen der Literatur- und Sprachforschung, in denen die Erforschung synchroner Zusammenhänge ergänzt wird durch eine Berücksichtigung der in Systemen ablaufenden Entwicklungsvorgänge (Jakobson, Tynjanow 1928/1988, 64). Die Konsequenzen für die Modellierung der literarischen Kommunikation und deren gattungsspezifische Aspekte sind gravierend, gelangen doch Vertreter des »Prager Strukturalismus« zu der Überzeugung, dass die Entwicklung der literarischen Kommunikation autonomen Regeln folgt, die durch form- und gattungsspezifische Reaktionen auf (vorgängige) Formen und Gattungen konditioniert werden. Mit anderen Worten: Aufbau und Gestaltung literarischer Texte einer bestimmten Epoche reagieren stets und in konkreter Weise auf Muster und Formen, Strukturen und Traditionen, mit denen Autoren beim Eintritt ins literarische Leben konfrontiert sind (vgl. Chvatík 1989, 42).

Inwieweit Gesetzmäßigkeiten der literarischen Evolution auch mit sozialen und historischen Prozessen verknüpft sind und wie sich diese auf die Entstehung und Ausbildung literarischer Reihen und Typenbildungen auswirken, können auch die Vertreter des »Prager Strukturalismus« noch nicht genauer angeben. Bezeichnenderweise zieht sich Jan Mukařovský auf die Bestimmung der literarischen Persönlichkeit als widerspruchsvolles »Bündel von Dispositionen« angeborener, erworbener und reagierender Eigenschaften zurück (Mukařovský 1943–1945/1989, 235).

Bleibende Unterscheidungsleistungen gewinnen formalistische bzw. strukturalistische Textumgangsformen vor allem durch Modellbildungen, in deren Rahmen literarische Gattungen als kommunikative »Reihen« bzw. »evolutionierende Bezugssysteme« aufgefasst werden. Von diesen strukturfunktionalen Ansätzen profitieren deskriptiv vorgehende Ermittlungen generischer Muster, die historisch vorgängige Textgruppenbildungen ebenso beobachten wie deren Mischung und Aufhebung. Hatten ältere gattungspoetologische Überlegungen die kommunikativ konditionierenden Qualitäten von Gattungen weitgehend ausgeblendet und sie als Niederschlag von psychischen oder anthropologischen Konstanten essenzialisiert, gelangen nun gerade diese Aspekte in den Blick:

Literarische Texte und die mit ihnen verbundenen Kommunikationen sind nicht als abstrakte Entitäten gegeben, sondern erscheinen in generisch immer schon spezifizierten Zusammenhängen. Diese lassen sich anhand der geschichtlich konkreten Konstellationen von Norm und Abweichung auf verschiedenen Ebenen bestimmen, so etwa durch Rekonstruktion von Abweichungen auf semantischer Ebene, auf sprachlicher Ausdrucksebene und auf pragmatischer Ebene (Fricke 1983). Eine Konsequenz dieser auf historisch variable Komponenten konzentrierten Perspektive sind terminologische Differenzierungen, die gleichwohl konzeptionelle Konsequenzen haben: Sie legen »Gattung« als »unspezifizierten Oberbegriff für ganz verschiedenartige literarische Gruppenbildungen« fest, während die Kategorie »Textsorte« als »rein systematischer literaturwissenschaftlicher Ordnungsbegriff« fungieren und der Begriff »Genre« nun »begrenzten literarischen Institutionen« vorbehalten bleiben soll (Fricke 1981, 132–138).

Literatur

Chvatík, Květoslav: »Vorwort«. In: Jan Mukařovský: *Kunst, Poetik, Semiotik*. Hg. v. Květoslav Chvatík. Frankfurt a. M. 1989, 7–58.
Erlich, Victor: *Russischer Formalismus*. München 1964 [engl. 1955].
Fricke, Harald: *Norm und Abweichung*. München 1981.
Fricke, Harald: »Sprachabweichungen und Gattungsnormen. Zur Theorie literarischer *Textsorten* am Beispiel des Aphorismus«. In: *Textsorten und Gattungsnormen*. Berlin 1983, 262–280.
Jakobson, Roman: »Futurismus« [1919]. In: Ders.: *Semiotik. Ausgewählte Texte 1919–1982*. Frankfurt a. M. 1988, 41–49.
Jakobson, Roman/Tynjanow, Jurij: »Fragen der Literatur- und Sprachforschung« [1928]. In: Roman Jakobson: *Semiotik. Ausgewählte Texte 1919–1982*. Frankfurt a. M. 1988, 64.
Jakobson, Roman: *Novějaja russkaja poèzija*. Prag 1921.
Hansen-Löve, Aage A.: *Der russische Formalismus. Methodologische Rekonstruktion seiner Entwicklung aus dem Prinzip der Verfremdung*. Wien 1978.
Mukařovský, Jan: »Das Individuum und die literarische Evolution«. In: Ders.: *Kunst, Poetik, Semiotik*. Hg. v. Květoslav Chvatík. Frankfurt a. M. 1989, 213–237.
Šklovskij, Viktor: *Rosanov*. Sankt Petersburg 1921.
Striedter, Jurij (Hg.): *Texte der russischen Formalisten. Bd. I: Texte zur allgemeinen Literaturtheorie und zur Theorie der Prosa*. München 1969.
Strube, Werner: *Analytische Philosophie der Literaturwissenschaft*. Paderborn 1993.
Tomaševskij, Boris: *Teorija Literatury*. Leningrad 1925.
Tynjanow, Jurij Nikolajevič: *Problema stichotvornogo Jazyka*. Leningrad 1924.

Ralf Klausnitzer

(E) Zur Geschichte der poetologischen Gattungstheorie

1. Präantike Gattungstheorie

Der Beitrag kann nur exemplarisch das alte Ägypten und Mesopotamien in den Blick nehmen, andere präantike Kulturen können hier nicht berücksichtigt werden (→ G 11). Aus den großen frühen Hochkulturen Ägypten und Mesopotamien sind keine innerkulturellen Abhandlungen zur Gattungstheorie bekannt. Dies liegt im Trend der betreffenden Kulturen, weniger theoretisch-abstrakte Abhandlungen explizit auszuformulieren, sondern Grundsätze in der praktischen Anwendung zu exemplifizieren. Weitgehend muss man deshalb anhand der *impliziten Klassifizierung* vorgehen, welche bestimmte Texte durch die zugewiesenen Titel als Vertreter einer größeren Gruppe bzw. Gattung versteht. Diese Titel finden sich in ägyptischen Werken meist am Textanfang, teilweise, insbesondere in der älteren funerären Literatur, auch am Textende. Die Ägypter haben dabei keine Terminologie entwickelt, welche den heute üblichen Unterscheidungen von Epik, Lyrik und Dramatik entsprechen würde, und es erscheint auch problematisch, eine derartige Systematik auf ihr Schrifttum anzuwenden.

Die klarste ägyptische Nebeneinanderstellung verschiedener Gattungen findet sich im *Ritual zum Eintritt in die Kammer der Finsternis*, einer komplexen dialogischen Komposition, in der es um die Initiation des Schreibers in das arkane Wissen geht. Dort werden in einer Passage die verschiedenen Textkategorien aufgezählt, welche der Gelehrte kennen soll (B02, 3/13–15). In der (lexikalisch relativ schwierigen und in den Handschriften nicht ganz einheitlich überlieferten) Liste werden u. a. ›Erkenntnis‹, ›Ansehen‹, ›Annalen‹, ›Erziehung‹, ›Erklärung‹, ›Anordnung‹, ›die Anbetungen‹, ›Lobpreis‹ und ›Geheimnis‹ genannt. Dies stellt sicher nicht das Gesamtspektrum der in der Kultur verankerten Gattungen dar, sondern nur eine Auswahl solcher, deren Beherrschung besondere Anforderungen stellte.

Es gibt eine fragmentarisch erhaltene Liste zum Schriftwesen im *Onomastikon Tebtynis* (J 12, 13–13, 16), die allerdings keineswegs evident alle Gattungen auflistet und zudem keine inhaltlichen Erläuterungen enthält, welche formalen oder inhaltlichen Kriterien für die Unterscheidung ausschlaggebend sind.

Etliche Texte haben auch eine ›weiche‹ Gattungszuweisung, indem sie mit einem generellen Begriff wie ›Buch‹ oder ›Spruch‹ belegt werden und eine genauere Festlegung über die Angabe der konkreten Zweckbestimmung erfolgt.

Es gibt auch schärfere und weniger scharf definierte Gattungszugehörigkeit. Im Bereich der ›schönen Literatur‹ wird bei Lebenslehren der Begriff *sbꜣy.t* praktisch durchgehend im Titel angegeben, während Erzählungen ohne gattungsanzeigenden Titel direkt einsteigen. Hier können fallweise gleichartige floskelhafte Wendungen am Textanfang eine Signalwirkung auf den Leser ausüben, die einer expliziten Gattungsnennung nahe kommt.

Für bestimmte Textsorten ist eine Zuschreibung zu einem konkreten Autor, der als Gewährsmann für die Qualität der darin enthaltenen Ratschläge oder Vorhersagen gilt, ebenso regelmäßig, wie sie für andere Gattungen ausgeschlossen ist.

Es kann vorkommen, dass ein prinzipiell gleicher Text mit verschiedenen Titeln versehen wird, insbesondere im Bereich der religiösen Literatur. Dabei gibt es mitunter interessante Umarbeitungen, die auch etwas darüber aussagen, wie die Ägypter das Wesentliche der betreffenden Gattungen gesehen haben.

Eine markante Eigenheit nicht weniger ägyptischer Texte ist ihre Fähigkeit, Segmente zu integrieren, die für sich genommen als Repräsentanten anderer Gattungen als der des Basistextes gelten könnten. Hilfreich ist hier das Konzept der ›Sprechsitten‹. So enthält die *Erzählung des Sinuhe*, die primär eine Schilderung der wesentlichen Etappen des Lebens in der ersten Person (im Stil von Grabinschriften, wenngleich merklich ausführlicher) ist, auch einen Hymnus auf den König sowie eine Kopie eines Königsbriefes und der Antwort darauf.

Ein Gespür dafür, dass bestimmte Gattungen von Gesängen ihre jeweils angemessene Anwendungssituation haben, zeigt sich im demotischen Gedicht vom verkommenen Harfenspieler, dem u. a. vorgeworfen wird, er habe an unpassenden Tagen bestimmte Kompositionen vorgetragen (1, 12–13).

Auch in der mesopotamischen Keilschriftliteratur spielt die Frage der eigenkulturell zugewiesenen Gattungsbezeichnung eine Rolle, obgleich manche derartigen Angaben primär für die Vortragsweise oder musikalische Begleitung relevant sind. Dabei steht man allerdings unter dem Problem, dass in erheblichem Maß Texte (anders als in Ägypten) nicht nach einer Gattungsbezeichnung zitiert werden, sondern einfach nach dem ersten Vers der Komposition. Zusammenstellungen von solchen *Incipits* können allerdings Aussagen über wahrgenommene Ähnlichkeit und Zusammengehörigkeit erlauben, zumal sie sich in der Überlieferung verschiedener Orte als relativ stabil erweisen. Verschiedene Gattungen werden tendenziell auch mit unterschiedlichen Formaten von Tontafeln verbunden.

Im Schulcurriculum gibt es eine aufsteigende Folge, die auch nach Genrezugehörigkeit definiert ist, allerdings pro Phase mehrere Gattungen nach unserer Begrifflichkeit nebeneinander stellt. Dabei scheint in einem frühen Stadium auch in einer Art von Chrestomathie anhand ausgewählter Beispiele ein Überblick über unterschiedliche Textsorten geliefert worden zu sein. Die Etablierung dieser Phasen erfolgt vornehmlich nach den auf einer Tafel nebeneinander aufgezeichneten Texten. Die erste Gruppe wird durch Sprichwörter, Fabeln und kurze didaktische Kompositionen gebildet, die zweite durch Texte über das Schulleben, längere didaktische Kompositionen und Streitgespräche, die dritte durch Hymnen, Oden und performative Texte, die vierte durch längere hymnische, lyrische und ›historische‹ Texte (zu letzterer Gruppe gehören Klagen über Städtezerstörungen), die fünfte durch längere narrative Werke über Heroen und Götter sowie reflektierende Gedichte.

In manchen Fällen kann man verfolgen, wie Texte Elemente verschiedener Gattungen kombinieren, etwa solche der Fabel, des Streitgesprächs, und in Einzelfällen sogar noch solche von fiktiven Gerichtssituationen, heroischem Epos und Gebeten.

Literatur

Ägypten:

Assmann, Jan: »Der literarische Text im Alten Ägypten. Versuch einer Begriffsbestimmung«. In: *Orientalistische Literaturzeitung* 69 (1974), 117–126.
Assmann, Jan: »Cultural and literary texts«. In: Gerald Moers (Hg.): *Definitely: Egyptian literature. Proceedings of the Symposion ›Ancient Egyptian literature: history and forms‹, Los Angeles, March 24–26, 1995*. Göttingen 1999, 1–15.
Blumenthal, Elke: »Die Erzählung des Papyrus d'Orbiney als Literaturwerk«. In: *Zeitschrift für Ägyptische Sprache und Altertumskunde* 99 (1972), 1–17.
Blumenthal, Elke: »Die altägyptische Literatur im Kulturkontext«. In: Volker Hertel u. a. (Hg.): *Sprache und Kommunikation im Kulturkontext*. Frankfurt a. M. 1996, 17–31.
Hermann, Alfred: »Zur Frage einer ägyptischen Literaturgeschichte«. In: *Zeitschrift der deutschen Morgenländischen Gesellschaft* 83 (1929), 44–66.
Loprieno, Antonio (Hg.): *Ancient Egyptian Literature. History and Forms*. Leiden 1996.
Schott, Siegfried: *Bücher und Bibliotheken im alten Ägypten*. Wiesbaden 1990.
Seibert, Peter: *Die Charakteristik*. Wiesbaden 1967.
Vinson, Steve: »The Accent's on Evil: Ancient Egyptian »Melodrama« and the Problem of Genre«. In: *Journal of the American Research Center in Egypt* 41 (2004), 33–54.

Mesopotamien:

Haul, Michael: *Stele und Legende. Untersuchungen zu den keilschriftlichen Erzählwerken über die Könige von Akkade*. Göttingen 2009.
Longman, Tremper III: *Fictional Akkadian Autobiography*. Winona Lake 1991.
Michalowski, Piotr: »Commemoration, Writing, and Genre in Ancient Mesopotamia«. In: Chr. Shuttleworth Kraus (Hg.): *The Limits of Historiography*. Leiden u. a. 1999, 69–90.
Pongratz-Leisten, Beate: »›Öffne den Tafelbehälter und lies …‹ Neue Ansätze zum Verständnis des Literaturkonzepts in Mesopotamien«. In: *Die Welt des Orients* 30 (1999), 67–90.
Shehata, Dahlia: *Musiker und ihr vokales Repertoire. Untersuchungen zu Inhalt und Organisation von Musikerberufen und Liedgattungen in altbabylonischer Zeit*. Göttingen 2009.
Tinney, Steve: »On the Curricular Setting of Sumerian Literature«. In: *Iraq* 61 (1999), 159–172.
Vanstiphout, Herman I. J.: »›I can put anything in its right place‹. Generic and Typological Studies as Strategies for the Analysis of Mankind's Oldest Literature«. In: Bert Roest/Herman I. J. Vanstiphout (Hg.): *Aspects of Genre and Type in Pre-Modern Literary Cultures*. Groningen 1999, 79–99.
Vanstiphout, Herman I. J.: »The Use(s) of Genre in Mesopotamian Literature. An Afterthought«. In: *Archiv Orientálí* 67 (1999), 703–717.

Joachim Friedrich Quack

2. Gattungstheorie in der Antike

Produktion und Rezeption von Literatur in der griechischen und römischen Antike sind grundlegend durch Gattungsvorstellungen bestimmt. Jedes poetische Werk stellt sich in oder gegen eine Gattungstradition, die Metrum, Stilhöhe, Inhalte, Erzählweise und kanonische Vorbilder, im Fall des Epos sogar sprachliche Formeln vorgibt. Dichter reflektieren immer wieder über ihre Gattung oder die Ablehnung einer anderen. Eine allgemeine Gattungstheorie hingegen nimmt ihren Ausgang bei Platon und Aristoteles in der philosophischen Reflexion über gesellschaftlichen Ort, Wesen und Wirkung der Dichtung. Deren Überlegungen bleiben für die Folgezeit grundlegend, daneben treten vor allem systematisierende Ansätze.

Platon

Ein erstes Konzept entwickelt Platon, wenn er sich in der *Politeia* zur Stellung der Dichtung in seinem Idealstaat äußert. Er unterscheidet (v. a. rep. 3,394 b/c) drei poetische Darstellungsweisen: 1. die Nachahmung (*mímēsis*) menschlicher Handlungen und Reden (vgl. rep. 10,603c), wie sie sich in Komödie und Tragödie findet, die allein auf wörtlicher Rede der Figuren beruhen, 2. den Bericht (*apangelía*) oder die Erzählung (*dihēgēsis*) des Dichters (z. B. im Dithyrambos) und 3. eine Mischform, wie sie unter anderem das Epos bietet, in dem sowohl Erzählung als auch wörtliche Rede vorkommen. Freilich geht es Platon nicht um eine Gattungstheorie, sondern um ein Entscheidungskriterium, welcher Dichter Aufnahme in den Idealstaat finden kann: Da die Mimesis von Schlechtem, selbst wenn sie mit höchster Kunstfertigkeit geschieht, schadet, kann nur der Dichter, der sich auf die Nachahmung von sittlich Gutem beschränkt, seinen Platz haben (rep. 3,394c – 398b).

Aristoteles

Aristoteles nennt schon in den ersten Worten seiner *Poetik* als Thema »die Dichtung selbst und ihre Gattungen (*génē*)« (poet. 1,1447a 8.) und führt sodann als Beispiele Epos, Tragödie, Komödie, Dithyrambendichtung sowie das Flöten- und Zitherspiel auf. Dichtung (*poíēsis*, eigentlich ›das Machen‹ oder ›das künstlerisch Gemachte‹) ist für Aristoteles Nachahmung (*mímēsis*); darunter fallen mithin auch der philosophische Dialog, Musik, Tanz und bildende Kunst, nicht aber das Lehrgedicht. Eine nähere Einteilung der *poíēsis* ergibt sich aus dem Mittel der Nachahmung, ihrem Gegenstand und ihrer Art und Weise: Mittel sind geformte Sprache (*lógos*), Rhythmus und Melodie; Drama und Dithyrambos etwa bedienen sich all dieser Mittel, der Tanz nur des Rhythmus. Der Gegenstand der Nachahmung sind Handlungen von Menschen; entweder so, wie sie in der Erfahrungswelt begegnen, oder besser (in der Tragödie) oder schlechter (in der Komödie). Es gibt zwei Arten der Nachahmung: eine indirekte, nämlich das Berichten (*apangéllein*) in eigener Person (z. B. im Hymnos) oder durch einen anderen (z. B. im Epos), und eine direkte, nämlich das Nachahmen handelnder und tätiger Figuren (z. B. im Drama). Dabei haben sich die berichtenden Formen weiterentwickelt zu den direkt nachahmenden: Aus dem Spottvers (*iambeîon*), der die handelnden Menschen schlechter darstellt als in der Lebenswelt, ist die Komödie, aus dem (guten homerischen) Epos, das sie besser darstellt, die Tragödie entstanden. Den Höhe- und Endpunkt dieses Prozesses sieht Aristoteles mit der klassischen attischen Komödie (Aristophanes) und v. a. Tragödie (Sophokles, Euripides) erreicht. Letztere steht im Mittelpunkt der weiteren *Poetik*, von ihr werden Komödie (Nachahmung von schlechteren Menschen), Epos (einheitliches Metrum; Nachahmung durch Bericht; meist keine Handlungseinheit) und, ganz knapp, die Geschichtsschreibung (nicht allgemeingültig; verschiedene Handlungsstränge) abgegrenzt (→ A 2.8).

Der *Tractatus Coislinianus*, eine poetologische Schrift aus dem Umfeld des Aristoteles, die sich vor allem mit der Komödie befasst, beginnt mit einer schematischen Einteilung der Dichtung: Bei der nicht-mimetischen wird unterschieden zwischen der historischen Dichtung und der Lehrdichtung, bei der mimetischen zwischen der berichtenden und der dramatischen, also Handlung darstellenden, unter die Tragödie, Komödie, Mimos und Satyrspiel fallen.

Hellenismus und römische Zeit

Zu beobachten sind zwei gegenläufige Tendenzen: (1) Einerseits werden bestehende Gattungen durch Kanonisierung der Klassiker (die drei attischen Tragiker, die neun Lyriker) fixiert. Gattungen werden dabei zum Mittel der Klassifikation und Schematisierung von Dichtung, was vor allem in der rhetorischen Theorie der Folgezeit weiterwirkt: So nennt z. B. der Grammatiker Dionysios Thrax (*Ars grammatica* 2, 2. Jh. v. Chr.) in einer Anweisung für die rechte Vorleseweise die Gattungen Tragödie, Komödie, Elegie, Epos, lyrische Dichtung (*lyriké* – hier erstmals! – *poíēsis*) und Klagelieder. Ebenfalls in einer Aufzählung poetischer Gattungen erwähnt Cicero (*De optimo genere dicendi* 1) die tragische, komische, epische, melische und dithyrambische Dichtung und betont deren jeweilige Eigenart. Tacitus nennt im *Dialogus de oratoribus* (10,4) Tragödie, Epos, Lyrik, Elegie, Iambos und Epigramm. Quintilian ordnet seinen Durchgang durch die lesenswerten Werke der griechischen Dichtung (*Institutio oratoria* 10,1,46–72) nach Gattungen (Epos/Lehrgedicht, Elegie, Iambos, Lyrik, Komödie, Tragödie), ohne auf deren Charakteristik einzugehen.

(2) Andererseits tritt in der Programmatik der Alexandriner (v. a. des Kallimachos) die Gattungskonvention in den Hintergrund zugunsten der vollendeten sprachlichen Ausgestaltung. Damit einher gehen sowohl die Ablehnung der bei Aristoteles einzig berücksichtigten langen Formen (Tragödie, Epos usw.) als auch ein Verschwimmen bei den bestehenden Gattungstraditionen: Neue Gattungen entstehen (z. B. das Epyllion), alte werden unter neuen Vorzeichen wieder aufgegriffen (z. B. der Iambos), bislang subliterarische etabliert (z. B. das Epigramm), Gattungsgrenzen zerfließen (z. B. in der Bukolik).

Demgegenüber sucht Neoptolemos von Parion (3. Jh. v. Chr.) in seiner verlorenen, von Horaz benutzten *Poetik* diese alexandrinischen Ansätze mit Aristoteles in eine Synthese zu bringen, indem er kurze und lange Formen als Einteilungskriterium berücksichtigt und neben das *poíēma* (die Form, das Werk in seiner sprachlichen Ausgestaltung) die *poíēsis* (Stoff, Inhalt) stellt. Horaz, der Aristoteles' *Poetik* nicht aus erster Hand kennt, erwähnt in seiner *Ars poetica* (73–100) Epos, Elegie, Iambos, Komödie, Tragödie und lyrische Dichtung, durch typische Versmaße und Themen charakterisiert, im Zusammenhang mit der Forderung nach angemessener Stilhöhe.

Spätantike

Nun finden sich wieder Rückgriffe auf die Ansätze bei Platon und Aristoteles: Diomedes (*Ars grammatica* 3, Keil, *Grammatici Latini* I 482 ff., 4. Jh. n. Chr.) verbindet beider Gattungseinteilung, wenn er ein *genus dramaticum* (Mimesis handelnder Menschen), *narrativum* (Erzählung durch den Dichter selbst) und *mixtum* (Erzählung durch Figuren) unterscheidet. Beim *genus dramaticum* kennt Diomedes, wie der *Tractatus Coislinianus*, Tragödie, Komödie, Satyrspiel und Mimos. Zum *genus mixtum* rechnet er Epos, Lyrik (textkritisch unsicher), Elegie, Iambos, Epode, Satire und Bukolik. Die Charakterisierung der Gattungen beruht dann auf Metrum und Inhalt. Der Neuplatoniker Proklos (*Chrēstomátheia grammatikḗ*, 5. Jh. n. Chr., bei Photios, *Bibliothḗkē*, cod. 239) unterscheidet eine erzählende (*dihēgēmatikón*) und eine mimetische Art der Dichtung; zur Ersteren gehören Epos, Iambos, Elegie und Melos, zur letzteren Tragödie, Satyrspiel und Komödie. Unter den Epikern zählt Proklos auch die Lehrdichter auf, beim Melos (d. h. der Lyrik) differenziert er noch zwischen den an Götter (Dithyrambos, Paian usw.) und den an Menschen (Epinikion, Skolion usw.) gerichteten Formen.

Literatur

Averintsev, Sergei: »Genre as Abstraction and Genres as Reality«. In: *Arion* 9 (2001), 13–43.

Depew, Mary/Dirk Obbink (Hg.): *Matrices of Genre. Authors, Canons, and Society.* Cambridge (MA) 2000.

Fuhrmann, Manfred: *Dichtungstheorie der Antike.* Darmstadt ²1992.

Koster, Severin: *Antike Epostheorien.* Wiesbaden 1970.

Kytzler, Bernhard: »Musa dedit. Zur Relativierung des Gattungsbegriffs in der klassischen Antike«. In: Eberhard Lämmert/Dietrich Scheunemann (Hg.): *Regelkram und Grenzgänge: von poetischen Gattungen.* München 1988, 15–25.

Rosenmeyer, Thomas G.: »Ancient Literary Genres: A Mirage?«. In: Andrew Laird (Hg.): *Oxford Readings in Ancient Literary Criticism.* Oxford 2006, 421–439.

Schwinge, Ernst Richard: »Griechische Poesie und die Lehre von der Gattungstrinität in der Moderne«. In: *Antike und Abendland* 27 (1981), 130–162.

Stabryła, Stanisław: »The Notion of Lyric as a Literary Genre in the Greek Theory«. In: Jerzy Styka (Hg.): *Studies in Ancient Literary Theory and Criticism.* Kraków 2003, 41–52.

Stefan Freund

3. Gattungstheorie im Mittelalter

Reflexionen zur Gattungstheorie sind im Mittelalter epistemologisch in grammatischen, rhetorischen oder exegetischen Kontexten verortet, bilden vom Hochmittelalter an zudem einen festen Bestandteil von Poetiken und begegnen schließlich auch in Paratexten (Accessus, Widmungen, Prologe, Exkurse etc.). Gerade die spezifisch mittelalterlichen Gattungen wie die volkssprachige Bibelepik, die *Chanson de geste*, der Antikenroman und der Artusroman sowie lyrische Formen wie Sonett, Ballade und Kanzone avancieren zu Gegenständen generistischer Poetologie. Die gattungstheoretischen Reflexionen bewegen sich im Mittelalter in konzeptioneller Hinsicht im Rahmen von verschiedenen Diskursen, etwa der Stillehre, der Fiktionstheorie und der Philosophie mit ihren Unterdisziplinen. Die verschiedenen Diskurse liefern zugleich Differenzkriterien für die unterschiedlichen Gattungen, die zumeist trennscharf gegeneinander abgegrenzt und spätestens seit der Scholastik systematisch nach dem Modell *genus – species* unterteilt werden.

Das frühmittelalterliche Wissen über literarische Gattungen ist vor allem in den *Etymologiae* des spanischen Enzyklopädisten Isidor (um 560–636) gespeichert. Isidor unterscheidet grundlegend zwischen Vers und Prosa (Isidor, I, XXXVIII), befasst sich mit zahlreichen Versformen und leitet lyrische Gattungen von alttestamentlichen Vorbildern ab. In I, XL differenziert der Spanier zwischen ›facta‹ und ›ficta‹ und behandelt u. a. Gattungen wie die Fabel oder die historische Erzählung.

Als grundlegendes Muster für die Differenz und Hierarchie poetischer Gattungen wird schon seit der *Vita* des Aelius Donatus das Œuvre Vergils betrachtet. Im Mittelalter ordnet z. B. die ›Münchener Expositio II‹ (Vergil-Viten, 264 f.) seinen drei Werken drei *genera dicendi* zu: der *Aeneis* den hohen Stil, das *Genus sublime* mit der Funktion des *movere*; den *Georgica* den mittleren Stil, das *genus medium* mit der Funktion des *docere*; den *Bucolica* den niedrigen Stil, das *genus tenue* mit der Funktion des *delectare*. Die funktionsgeschichtlich angelegte Gattungsstilistik von den drei Qualitäten hat stark auf die mittelalterliche Theorie ausgestrahlt und auch die *ars dictaminis* typenbildend beeinflusst. Schließlich wird Vergils Gesamtwerk auch mit drei Teildisziplinen der Philosophie, Naturlehre (Physik), Sittenlehre (Ethik) und Vernunftlehre (Logik), assoziiert (Vergil-Viten, 280 f.).

Grenzüberschreitende Gattungen wie das von Venantius Fortunatus und Hrabanus Maurus gepflegte *carmen figuratum*, das *opus geminum* und das *prosimetrum*, in denen sich durchgehend der Einfluss der Poetik des Horaz zeigt (Pabst 1994, I, 307), werden wie auch im Fall der didaktischen Dichtung (Haye, 1997) besonders in Paratexten thematisiert.

Angesichts der Expansion pragmatischer Schriftlichkeit im Hoch- und Spätmittelalter dokumentiert die Poetik des Johannes de Garlandia *De arte prosayca metrica et rithmica* aus dem Jahr 1230 die gesteigerte Bedeutung einer sich in vier Formen ausdifferenzierenden Prosa: *artes*-Schrifttum, historisch fundierte Texte, amtliche Schriftstücke und rhythmische Kirchenprosa (*tegnigrapha, ystorialis, dictamen, rithmus*; John of Garland 1974, 6 f.).

Nach Anfängen in der Caedmon-Legende Bedas (Beda 1982, 397–401) und in der Praefatio des *Heliand* (Heliand 1996) ist der erste mittelalterliche Autor, der eine ausführliche theoretische Begründung volkssprachiger Dichtung formuliert, Otfrid von Weißenburg, der zwischen 863 und 871 ein althochdeutsches *Evangelienbuch* in Endreimversen verfasst hat. Wie man Otfrids Ausführungen entnehmen kann, besitzt er differenzierte Gattungsvorstellungen von der antiken klassischen und spätantiken christlichen Epik, vor deren Horizont und zugleich in Kontrast zu der oralen Tradition er seinen generischen Neuansatz einer skripturalen christlichen Großepik in althochdeutscher Sprache begründet.

Nachdem die Bibeldichtung im 12. Jh. durch neue weltliche Formen der Erzählliteratur, die *Chanson de geste*, den Artusroman und den Antikenroman, Konkurrenz bekommen hat, entwickelt Jean Bodel in seiner *Chanson des saisnes* (Bodel 1989) um 1200 unter stofflichen Aspekten neue generische Klassifizierungen und Typisierungen, wenn er im Prolog artikuliert: »N'en sont que trois materes à nul home entendant:/ De France et de Bretaigne et de Romme la grant;/ Ne de ces trois materes n'i a nule samblant./ Li conte de Bretaigne s'il sont vain et plaisant/ Et cil de Romme sage et de sens aprendant,/ Cil de France sont voir chascun jour apparant.« (Es existieren nur drei Sagenkreise für den, der sich auskennt:/ Von Frankreich, von der Bretagne und vom mächtigen Rom;/ Und diese drei Sagenkreise unterscheiden sich in jeder Hinsicht./ Die Erzählungen von der Bretagne sind eitel und bloß unterhaltsam,/ Die von Rom sind lehrreich und sinnhaltig,/ Die von Frankreich sind wahr, wie Tag für Tag offenkundig wird).

Nicht zuletzt mit der Genese der Trobadordichtung ergeben sich neue Anforderungen an die Theorie der

Lyrik. So berücksichtigt z. B. Dante in *De vulgari eloquentia* (1303/04) auch die volksprachige Liedkunst seiner Zeit. Im zweiten Buch legt er drei Themen des *vulgare illustre* fest: *salus (arma)*, *venus* und *virtus*, und proklamiert einen Kanon lyrischer Formen in der Volkssprache mit Kanzone, Ballade und Sonett (II,III, 54), die auch in den französischen Poetiken (Las Leys D'Amors; Eustache Deschamps) behandelt werden. Der Italiener Antonio da Tempo wiederum hat in seiner *Summa artis rithmici vulgaris dictaminis* (1332) eine Theorie volkssprachiger Lyrik mit sieben Gattungen entworfen: *sonetus, ballata, cantio extensa, rotundellus, mandrialis, serventius sive sermontesius, motus confectus*. Von eminenter Bedeutung auch für die moderne klassifikatorische Generistik sind seine theoretischen Aussagen zum Sonett, dessen Bauteile er terminologisch akribisch beschreibt und bei dem er sechzehn Spezies unterscheidet (Weinmann 1989, 19–30).

Literatur

Alighieri, Dante: *Über das Dichten in der Muttersprache* (De vulgari eloquentia). Übers. v. Franz Dornseiff u. Joseph Balogh. Darmstadt 1925 (Nachdr. 1966).
Antonio da Tempo: *Summa artis rithmici vulgaris dictaminis*. Hg. v. Richard Andrews. Bologna 1977.
Les Arts poétiques du XIIe et du XIIIe siècle. Hg. v. Edmond Faral. Paris 1962.
Beda der Ehrwürdige: *Kirchengeschichte des englischen Volkes II*. Übers. v. Günter Spitzbart. Darmstadt 1982.
Behrens, Irene: *Die Lehre von der Einteilung der Dichtkunst. Vornehmlich vom 16. bis 19. Jh. Studien zur Geschichte der poetischen Gattungen*. Halle 1940.
Bodel, Jehan: *La chanson des saisnes*. Hg. v. Annette Brasseur. Genf 1989.
Deschamps, Eustache: *L'art de dictier*. Hg. und übers. v. Deborah M. Sinnreich-Levi. East Lansing 1994.
Haye, Thomas: *Das lateinische Lehrgedicht im Mittelalter*. Leiden 1997.
Heliand und Genesis. Hg. v. Otto Behaghel. 10. Aufl. v. Burkhard Taeger. Tübingen 1996.
Isidor von Sevilla: *Die Enzyklopädie* (Etymologiae). Übers. v. Lenelotte Möller. Wiesbaden 2008.
Jauß, Hans Robert: »Theorie der Gattungen und Literatur des Mittelalters«. In: Ders.: *Alterität und Modernität der mittelalterlichen Literatur*. München 1977, 327–358.
John of Garland: *The Parisiana Poetria*. Hg. und übers. ins Englische v. Traugott Lawler. New Haven 1974.
Kindermann, Udo: »Gattungssysteme im Mittelalter«. In: Willi Erzgräber (Hg.): *Kontinuität und Transformation der Antike im Mittelalter*. Sigmaringen 1989, 303–313.
Las Leys D'Amors. Hg. v. Joseph Anglade. 4 Bde. Toulouse 1919 (Nachdr. New York 1971).
Otfrid von Weißenburg: *Evangelienbuch*. Edition nach dem Wiener Codes 2687. Teil 1. Hg. v. Wolfgang Kleiber. Tübingen 2004.
Pabst, Bernhard: *Prosimetrum*. 2 Bde. Köln 1994.
Quadlbauer, Franz: *Die antike Theorie der genera dicendi im lateinischen Mittelalter*. Wien 1962.
Rabanus Maurus: *In honorem sanctae crucis*. Hg. v. Michel Perrin. Turnhout 1997.
Spang, Kurt: »Dreistillehre«. In: *Historisches Wörterbuch der Rhetorik*. Hg. v. Gert Ueding. Bd. 2. Tübingen 1994, 921–972.
Störmer, Uta: »Grammatik, Rhetorik und Exegese als Quellen gattungstheoretischer Reflexion im Mittelalter«. In: *Zeitschrift für Germanistik* 11 (1990), 133–146.
Weinmann, Peter: *Sonett-Idealität und Sonett-Realität*. Tübingen 1989.
Venantius Fortunatus: *Gelegentlich Gedichte*. Übers. v. Wolfgang Fels. Stuttgart 2006.
Vergil-Viten. Hg. v. Karl Bayer. Würzburg 1970.

Ulrich Ernst

4. Gattungstheorie in der Frühen Neuzeit

Die Gattungslehre der Frühen Neuzeit steht gesamteuropäisch im Zeichen der Auseinandersetzung mit der antiken Poetik und der ›alten Rhetorik‹ (Barthes), deren Autorität bis zum Systemwechsel zur philosophischen Ästhetik um 1750 (A. G. Baumgarten) bestehen bleibt. Diese Auseinandersetzung, die sich in der »eigentümlichen Kommentar-Struktur« (Willems 1981, 102) frühneuzeitlicher Gattungslehre gegenüber der antiken Tradition spiegelt, hat zwei Dimensionen: Eine historische, die auf das Gegensatzpaar von »Traditionalität und Modernität« (Roetzer 1979) bezogen ist, das in der *Querelle des Anciens et des Modernes* Ende des 17. Jh.s. kulminiert, sowie eine systematische, bezogen auf die Notwendigkeit, Synthesen zwischen ›klassischen‹ Gattungsnormen und modernen, vor allem volkssprachigen Paradigmen herzustellen. In beiden Fällen fällt der Auseinandersetzung mit antiken Normen katalysatorische Bedeutung für die Konzeptualisierung des Eigenen zu, sei es für die Theorie des Individualstils, der in der Nachahmungskontroverse erarbeitet wird, sei es im Hinblick auf ein normatives und generisches Gattungskonzept (›Regelpoetik‹ bzw. ›System‹), das in seiner autoritativen Formulierung eine Innovation der frühneuzeitlichen Poetik darstellt. Die frühneuzeitliche Gattungstheorie ist weithin der Versuch, die fortschreitende Pluralisierung der Sprachen, Traditionen und Diskurse durch Prozeduren der Generalisierung und Systematisierung auf eine verbindliche Grundlage zu stellen.

Die entscheidende Zäsur für die Gattungstheorie der Frühen Neuzeit bedeutet die Rezeption der *Poetik* des Aristoteles, die mit Francesco Robortellos kommentierter Edition (1548) einsetzt. Bis an die Schwelle zur Vormoderne wird sich die poetologische Reflexion als ›kommentierende‹ und adaptierende Auseinandersetzung mit bzw. Absetzung von Aristoteles verstehen (Kappl 2006; Wels 2009). Dabei ergaben sich mehrere Integrations- und Homogenisierungsprobleme: Einerseits musste die Poetik mit alternativen gattungspoetischen Quellen und Traditionen abgeglichen werden, zuerst mit der bis dato dominierenden *Ars poetica* des Horaz. Widersprüche ergaben sich vor allem hinsichtlich der beiden differierenden Nachahmungskonzepte, d. h. zwischen *imitatio veterum* und Mimesis, verstanden als Nachahmung bzw. Darstellung von Natur/Wirklichkeit. Die doppelte, deskriptive und normative Dimension der aristotelischen *Poetik* (Söffing 1981) wird in ihrer frühneuzeitlichen Rezeption beinahe ausschließlich zugunsten ihrer präskriptiven Komponente reduziert. Erst der poetologische Aristotelismus macht aus der Poetik einen normativen Text. Dies führt dort zu Konflikten, wo die vermeintlich universellen Gesetze der Poetik auf heteronome (v. a. volkssprachliche) Gattungskonzeptionen bezogen werden. In eminenter Weise trifft dies auf die Versuche des späten Cinquecento in Italien zu, wo im Streit um das »poema eroico« ein Abgleich der Traditionsbestände von »romanzo« und antikem Epos herbeigeführt wird, der in Tassos *Gerusalemme liberata* kulminiert (Hempfer 1987). Hinzu kommt, dass die Lyrik als nicht-mimetische Gattung schon bei Aristoteles weitgehend ausgespart wird; die bedeutendste lyrische Strömung des 16. Jh.s, der Petrarkismus, war zudem ganz auf die Linie der rhetorischen *imitatio* verwiesen.

Die genannten Tendenzen verdichten sich in Julius Caesar Scaligers *Poetices libri septem* (1561), der wirkmächtigsten Gattungspoetik in der aristotelischen Tradition. Aus systematischer Perspektive ist bedeutsam, dass Scaliger nicht nur, wenngleich kritisch, an die *Poetik* anschließt, sondern auch deren logisch-dialektische Prinzipien (nach *genus*, *differentia specifica* und *species*) aufgreift, um so eine systematisch geordnete Dichtungs- und Gattungslehre zu konstruieren, die heterogene Diskurse und Traditionen »methodisch« und »systematisch« integriert. Dieser Wille zum System führt wiederholt zu Inkonsistenzen, etwa in der Wahl der *differentiae specificae* oder im Abgleich zwischen aristotelischer Mimesis und rhetorischer *imitatio* (Robert 2007a). Für die Geschichte der Gattungspoetik ist bedeutsam, dass Scaliger den ersten Versuch unternimmt, im Rekurs auf den Logiker und den Poetologen Aristoteles den Gattungsbegriff (*genus* vs. *species*) der Dialektik mit jenen »klassischen Gattungsbegriffen« abzugleichen, wie sie von Horaz, Quintilian oder Diomedes an die Tradition vermittelt worden waren.

Scaligers Bemühungen um eine dialektisch fundierte Gattungspoetik werden in Martin Opitz' *Buch von der deutschen Poeterey* (1624) auf die Verhältnisse der noch ›unregulierten‹ deutschen Dichtung übertragen. Die Pluralität der Gattungstraditionen zwischen Volkssprache und klassischer Gattungslehre (Scaliger, Heinsius) führt bei Opitz dazu, dass die Gattungslehre im *Buch von der deutschen Poeterey* gleich doppelt abgehandelt ist (Robert 2007b, 420–426). An beiden Stellen spricht Opitz von den »gener(a) carminum vnd art der getichte« (Opitz 2002, 26 bzw. 46). Im Rahmen der Lehre von der *inventio* und *dispositio* (Kap. 5) werden – entlang der Leitautorität Scaliger – die antiken Genera (»Heroisch getichte«, »Tragedie«, »Comedie« etc.) behandelt, im Rahmen der *elocutio*-Regeln (Kap. 7) die ›modernen‹ Gattungen romanischer Lyrik (Sonnet, Quatrain, sapphische Ode, Pindarische Ode). Damit konkurriert eine stofflich-inhaltliche Gattungsordnung nach den *res* bzw. der *inventio* mit einer solchen nach formal-elokutionellen Kriterien (*verba*). In solchen Dubletten spiegelt sich eine strukturelle Verlegenheit, die der Pluralität der späthumanistischen Gattungspoetik, d. h. der Diskrepanz zwischen klassischer Tradition und modernem, volkssprachigem Gattungsspektrum geschuldet ist. In seinen *Acht Büchern deutscher Poematum* (Breslau 1625) wird Opitz den Versuch unternehmen, seine volkssprachige Dichtung konsequent nach dem Bestand seiner »doppelten Gattungspoetik« zu ordnen.

Die Schwierigkeit mit der Pluralität der Gattungspoetik(en) und das Problem, »ein statisches System auf die Dynamik literarischer Prozesse zu übertragen« (Komfort-Hein 1996, 540), bleiben für die Poetik des 17. Jh.s die wesentlichen Herausforderungen. Gelöst wurde dies teilweise dadurch, dass die vermeintliche Regelpoetik systemimmanent Bereiche enthielt, die von normativer Setzung und diskursiver Regulierung frei blieben. Im Sinne der rhetorischen *ars-natura*-Dialektik betont schon Opitz, dass »[d]ie worte vnd Syllaben in gewisse gesetze zue dringen […] das allerwenigste [sei] was in einem Poeten zue suchen ist« (Opitz 2002, 18). Der Dichter müsse vielmehr »von sinnreichen einfällen vnd erfindungen sein[,] ein grosses vnverzagtes gemüte [und] hohe sachen bey sich erdencken können« (ebd.). Die Poetiken nach Opitz werden diese Impulse zu einem Übergang vom »restriktiven« zum »potentialen Regelmodus« (Wesche 2001, 241–256) systematisch fortsetzen, indem sie – etwa innerhalb der *dispositio*-Lehre oder der *ingenium*-Lehre – Freiräume für Abweichungen und »Diversifizierungen« hervortreten lassen, die zugleich auf die ›argutia‹-Poetik des 17. Jh.s verweisen.

Die Reaktion auf die manieristische Poetik setzt in Frankreich mit dem sog. Klassizismus ein, dessen Hauptwerk Boileaus *Art Poétique* (1674) darstellt. Im sog. Vorzugsstreit zwischen Alten und Neuen (*Querelle des Anciens et des Modernes*) bezieht Boileau die Position des »Ancien«, der sich für die exemplarische Gültigkeit der antiken Autoritäten und mithin für das *imitatio*-Prinzip stark macht. Boileau wendet sich entschieden gegen das moderne Epos, an dem sich – wie gut ein Jahrhundert zuvor in Italien – der Streit der Klassizisten und der Modernisten kristallisiert (Jauß 1964; Kapitza 1981). Wie sein Vorbild Horaz bietet Boileau im Übrigen eine betont unsystematische Reihung von Gattungen, Formen und Stilen, die den systematischen Anspruch des Aristotelismus zugunsten einer schwebenden Orientierung an der Meta-Norm der »bienséance« (Schicklichkeit), d. h. des klassischen *aptum/decorum*, überschreitet. Boileaus Schlagworte – »beau désordre« (in der Ode), »la cour et la ville« (Hof und Großbürgertum) und »je ne sais quoi« – wenden sich betont gegen die als akademisch empfundene ältere »Systempoetik« vom Schlage Scaligers, der bei Boileau ein ›mondänes‹ bzw. politisches Literaturideal entgegengestellt wird, das auch in Deutschland – etwa bei Christian Weise – zentral wird (Barner 1970/2002, 190–220). Boileau entfaltet eine rationalistische Theorie des Geschmacks (»bon goût«), der sich in Forderungen nach Wahrscheinlichkeit (»vraisemblance«), Proportion und idealisierter Naturnachahmung artikuliert. Daraus ergeben sich konsequent die Ablehnung vermischter Gattungen und der Widerstand gegen die Aufnahme neuer Formen in den kanonischen Bestand. Wesentlich durch Boileau vermittelt wurde ferner die Lehre von den sog. »drei Einheiten« (Einheit von Ort, Zeit und Handlung), die bei Aristoteles lediglich in Ansätzen (Einheit der Handlung, *Poetik* 6–8) angelegt ist und erst durch den französischen Klassizismus zum normativen Postulat erhoben wurde (Zymner 2003, 12).

Boileau-Rezeption und rationalistische Philosophie (Christian Wolff) bilden die fundierenden Elemente für Johann Christoph Gottscheds *Versuch einer critischen Dichtkunst* (zuerst 1730, [4]1751). Sie tritt an, im Anschluss an die gute eigene Tradition (Opitz, Dach, Günther u. a.) und gegen den spätbarocken »Galimatias« einen Systementwurf vorzulegen, dessen normativer Anspruch sich daraus ableitet, dass die »Regeln der Kunst« bzw. des Geschmacks »aus der Vernunft und Natur« (Gottsched [4]1751/1962, 95) begründet werden. Sofern die Griechen für Gottsched »die vernünftigsten Leute der Welt waren«, scheint der Widerspruch zwischen autoritativ-dogmatischer und »vernünftiger« Begründung einer Dichtungs- und Gattungsnorm ausgeräumt. Im Horizont der *Querelle*-Diskussion betont Gottsched, dass in der Renaissance zu den »alten Gattungen der griechischen und römischen Poesien« schließlich »neue […] Arten erfunden« worden seien (z. B. Sonett, Madrigal, Rondeau). In seiner Gattungslehre (IV. Hauptstück) unterscheidet Gottsched »drey Gattungen«, nämlich »die bloße Beschreibung, oder sehr lebhafte Schilderey«, die »Ausdrückung der Gemüthsbewegungen«

(d. h. die Ethopoiie/*sermocinatio*, besonders auch im Drama) und die »Fabel« als »Erzählung einer unter gewissen Umständen möglichen, aber nicht wirklich vorgefallenen Begebenheit, darunter eine nützliche moralische Wahrheit liegt« (Gottsched ⁴1751/1962, 150). Diese werden nach dem Grad der »sinnlichen« Wirkung auf den Zuschauer bzw. Leser bewertet. Das »Vergnügen der Einbildungskraft« (*pleasure of imagination*) wird im Anschluss an die Position der Engländer (Addison, Shaftesbury, Steele) zum hierarchischen Differenzkriterium der Genres (Trappen 2001, 130–134).

Gottscheds *Critische Dichtkunst* ist der letzte Versuch einer klassizistischen Vollpoetik, die zugleich die gesamte humanistische Tradition integriert und mit der modernsten Philosophie der Zeit, dem Schulrationalismus der Leibniz-Wolffschen Schule, vermittelt. Seinen Prinzipien bleibt auch Alexander Gottlieb Baumgarten, der Begründer der Ästhetik als Wissenschaft von den »unteren Seelenvermögen« (»gnoseologia inferior«), verpflichtet. In seinen *Meditationes philosophicae de nonnullis ad poema pertinentibus* (»Philosophische Betrachtungen über einige Bedingungen des Gedichts«, 1735) erwähnt Baumgarten beiläufig eine triadische Gliederung von epischer, lyrischer und dramatischer Gattung (Scherpe 1968, 57–82), bleibt jedoch sonst im Rahmen der deduktiven, an Aristoteles, Scaliger und Vossius geschulten Gattungslehre. Für die weitere Entwicklung der Gattungslehre im 18. Jh. wird sich weniger die neue Disziplin der Ästhetik als folgenreich erweisen denn die Fortsetzung der *Querelle*-Diskussion im Zeichen einer aufgeklärten Ablehnung einfacher und ›dogmatischer‹ *imitatio veterum*. Mit ihr wird die unaufhebbare Differenz des alten und neueren Gattungsspektrums zum bleibenden Thema, etwa in Johann Adolf Schlegels Kommentierung von Charles Batteux' Schrift *Les beaux arts réduits à un même principe* (1746; später *Principes de la littérature*, ⁶1788), die in Schlegels und Ramlers Vermittlung »zum wichtigen Ausgangspunkt der deutschen Gattungstheorie wird« (Zymner 2003, 22).

Das historische Denken ergreift in der Folge des Vorzugsstreits spätestens Mitte des 18. Jh.s auch die Gattungspoetik und sorgt dafür, dass die systematischen Ausgleichs- und Integrationsversuche zwischen klassischen und neuen Formen, wie sie zwischen Opitz und Gottsched unternommen werden, zugunsten einer »Verzeitlichung« (Koselleck) auch der Gattungsevolution aufgelöst werden. Sie bewirkt eine Verschiebung von der ›critischen Dichtkunst‹ (im Stile Gottscheds) zur »verzeitlichten« Literaturkritik, wie sie die neuen Periodika oder die bewusst fragmentarische Gattungspoetik der Lessingschen *Hamburgischen Dramaturgie* oder der *Briefe, die neueste Literatur betreffend* kennzeichnen (Jaumann 1995). Aufgeklärter Antidogmatismus, »Rehabilitierung der Sinnlichkeit« (Kondylis) in der Ästhetik, Aufgang des Geniegedankens und des historischen Denkens tragen im Verbund dazu bei, die Skepsis gegenüber dem Systemanspruch der rationalistischen Poetik weiter zu vertiefen. Einen Endpunkt markiert die einflussreiche Poetik J. J. Eschenburgs, der eher beiläufig das Ende einer Epoche ausruft, wenn er 1783 feststellt: »Eine logisch strenge Eintheilung läßt sich nicht wohl von den verschiedenen Dichtungsarten machen« (Eschenburg 1783/1976, 38).

Literatur

Barner, Wilfried: *Barockrhetorik. Untersuchungen zu ihren geschichtlichen Grundlagen*. Tübingen [1970]. ²2002.
Eschenburg, Johann Joachim. *Entwurf einer Theorie und Literatur der schönen Wissenschaften*. Berlin 1783 (Nachdr. Hildesheim 1976).
Gottsched, Johann Christoph: *Versuch einer critischen Dichtkunst*. Leipzig ⁴1751 (Nachdr. Darmstadt 1962).
Hempfer, Klaus W.: *Diskrepante Lektüren: die Orlando-Furioso-Rezeption im Cinquecento. Historische Rezeptionsforschung als Heuristik der Interpretation*. Stuttgart 1987.
Jaumann, Herbert: *Untersuchungen zur Geschichte der Literaturkritik zwischen Quintilian und Thomasius*. Leiden 1995.
Jauß, Hans Robert: »Ästhetische Normen und geschichtliche Reflexion in der ›Querelle des Anciens et des Modernes‹«. In: Ders. (Hg.): *Perrault, Charles: Parallèle des anciens et des modernes en ce qui regarde les arts et les sciences*. München 1964, 8–64.
Kapitza, Peter K.: *Ein bürgerlicher Krieg in der gelehrten Welt. Zur Geschichte der Querelle des Anciens et des Modernes in Deutschland*. München 1981.
Kappl, Brigitte: *Die Poetik des Aristoteles in der Dichtungstheorie des Cinquecento*. Berlin, New York 2006.
Komfort-Hein, Susanne: »Gattungslehre«. In: *Historisches Wörterbuch der Rhetorik*. Hg. v. Gert Ueding. Bd. 3. Tübingen 1996, 528–557.
Opitz, Martin: *Buch von der Deutschen Poeterey*. Studienausgabe. Hg. v. Herbert Jaumann. Stuttgart 2002.
Robert, Jörg: »Ex disceptationibus veritas. Julius Caesar Scaligers kritisch-polemische Dichtkunst«. In: Jan-Dirk Müller/Jörg Robert (Hg.): *Maske und Mosaik. Poetik, Sprache, Wissen im 16. Jh.* Münster u. a. 2007, 249–279 (= 2007a).
Robert, Jörg: »Vetus Poesis – nova ratio carminum. Martin Opitz und der Beginn der Deutschen Poeterey«. In: Jan-Dirk Müller/Jörg Robert (Hg.): *Maske und Mosaik. Poetik, Sprache, Wissen im 16. Jh.* Münster u. a. 2007, 397–440 (= 2007b).
Roetzer, Hans Gerd: *Traditionalität und Modernität in der europäischen Literatur. Ein Überblick vom Attizismus-Asianismus-Streit bis zur »Querelle des Anciens et des Modernes«*. Darmstadt 1979.

Scherpe, Klaus R.: *Gattungspoetik im 18. Jahrhundert. Historische Entwicklung von Gottsched bis Herder.* Stuttgart 1968.
Söffing, Werner: *Deskriptive und normative Bestimmungen in der Poetik des Aristoteles.* Amsterdam 1981.
Trappen, Stefan: *Gattungspoetik. Studien zur Poetik des 16. bis 19. Jh.s und zur Geschichte der triadischen Gattungslehre.* Heidelberg 2001.
Wels, Volkhard: *Der Begriff der Dichtung in der Frühen Neuzeit.* Berlin, New York 2009.
Wesche, Jörg: *Literarische Diversität. Abweichungen, Lizenzen und Spielräume in der deutschen Poesie und Poetik der Barockzeit.* Tübingen 2004.
Willems, Gottfried: *Das Konzept der literarischen Gattung. Untersuchung zur klassischen deutschen Gattungstheorie, insbesondere zur Ästhetik F. Th. Vischers.* Tübingen 1981.
Zymner, Rüdiger: *Gattungstheorie. Probleme und Positionen der Literaturwissenschaft.* Paderborn 2003.

Jörg Robert

5. Gattungstheorie um 1800

Zwischen 1750 und 1830 bietet sich die Literatur im Spannungsfeld von Innovation und Variation als riesiges Laboratorium poetischer Formen dar, in dem neue Genres ebenso erprobt werden wie neue Schreibweisen. Zu den herausragenden Erscheinungen in der deutschen Literatur zählen in diesem Zusammenhang etwa die Entwicklung des bürgerlichen Trauerspiels, die Entstehung der Erlebnislyrik, die Anfänge der deutschen Novellistik, die Formierung des Bildungsromans oder auch die Nobilitierung des Fragments als eines genuinen Darstellungsmodus. Dieser Prozess, der letztlich zu einer Dynamisierung des gesamten überlieferten Gattungsgefüges führt (vgl. Zymner 2007, 103–106), hat drei miteinander verbundene, zunächst auf den Begriff der Literatur selbst bezogene Voraussetzungen (→ B 5.5). Das betrifft erstens das Heraustreten der Literatur aus den von der Rhetorik bestimmten Konzeptualisierungen. Dabei kommt es notwendig zu einer Neuordnung des Kanons, bei der nun jene Werke und Autoren der Vergangenheit in den Vordergrund gerückt werden, welche die veränderten Ansprüche umfassend erfüllen. Die auffälligsten Beispiele hierfür bestehen in der Ersetzung des französischen Klassizismus durch Shakespeare und in der Aufwertung des Romans als Gattung. Das betrifft zweitens die medientheoretische Ausdifferenzierung der Künste, insbesondere die wirkungsmächtige Unterscheidung der ästhetischen Prinzipien von Literatur und Malerei, die Lessing in *Laokoon* (1766) unternimmt. Danach ist die Literatur, sofern sie auf Sprache gründet, durch Zeit, Bewegung und Sukzession der Zeichen charakterisiert, die Malerei jedoch durch Raum, Ruhe und Kontiguität der Zeichen. Zu eigener Vollendung als Kunstform gelangt die Literatur in Lessings Sicht folglich nur unter der Bedingung, dass sie dieses mediale Vermögen der Sprache ausschöpft und sich auf die Darstellung von Sukzessionen, nämlich von Leben und Bewegung konzentriert, indem sie das ›natürliche‹ Aufeinanderfolgen der Wörter mit der ›natürlichen‹ Abfolge von Handlungen vermittelt. Das betrifft drittens die Ablösung der Regelpoetik durch die Genieästhetik. An die Stelle eines poetischen Regelwerkes, mit dem zugleich die Lehrbarkeit der Dichtung einherzugehen scheint, tritt die Forderung nach dem ›Originalkunstwerk‹. Sobald jedoch der Regelzwang entfällt, wird das seit Aristoteles vorherrschende Verständnis, Dichtung sei wesentlich Mimesis, neu ausgerichtet, indem man diesen poetologischen Zentralbegriff nicht mehr mit

5. Gattungstheorie um 1800

›Nachahmung‹, sondern mit ›Darstellung‹ übersetzt (Menninghaus 1994, 219 f.), wodurch sich auch innerhalb der Gattungskonventionen größere individuelle Gestaltungsspielräume eröffnen. Die im Rahmen der Nachahmungspoetik vorausgesetzte Musterhaftigkeit der antiken Autoren erscheint relativiert, da neben die *imitatio veterum* zugleich die *aemulatio veterum* als Fortsetzung der *Querelle des Anciens et des Modernes* tritt. Die durch Lehrbücher institutionalisierte, klassifikatorische Poetik weicht einem hochgradig ausdifferenzierten Spektrum individueller Autorenpoetiken mit entsprechend variablen, insbesondere anthropologisch-geschichtsphilosophisch begründeten Gattungsvorstellungen (Voßkamp 1992, 254 f.; Grimm 2000, 152; Zymner 2006, 293–295).

Dieser gewaltige Umbruch des literarischen Feldes und die parallel laufende Entfaltung der Ästhetik als eigenständige philosophische Disziplin bewirken einen umfangreichen gattungstheoretischen Diskurs, an dem sich alle prominenten Autoren der Zeit beteiligen, weil neben Gattungsfragen auch die Legitimität der je eigenen Verfahrensweisen auf dem Spiel steht. Aufgrund der skizzierten Prozesse der Entregelung sowie der starken Individualisierung von Autorenpoetiken ergibt die Gattungstheorie um 1800 kein einheitliches Bild, wohl aber lassen sich dominierende Tendenzen beschreiben. Gemeinsam ist den Entwürfen der weiterhin unabdingbare Antike-Bezug und der Rückgriff auf naturphilosophische Vorstellungen (Willems 1981, 228). Auf die erwähnte praktische Gattungsvervielfältigung reagiert die Theoriebildung vor allem mit *systematischer Reduktion*, sofern man sich in hierarchischer Absicht auf die vermeintlichen drei Hauptgattungen von Epos, Lyrik und Drama konzentriert, aus denen sich alle anderen Formen als Nebengattungen ableiten lassen (Trappen 2001, 22 f.).

Diese Zuspitzung auf die bis dahin keineswegs selbstverständliche Gattungstrias erscheint möglich, weil man die »inneren Gesetzlichkeiten« der einzelnen Gattungen in den Blick nimmt – ihr formales Apriori – und die Mannigfaltigkeit ihrer jeweiligen Erscheinungsweisen als das äußerlich Zufällige begreift (Willems 1981, 212–242). Sowohl der Begriff der »Naturform« als auch Goethes Rekurs auf die vorbildlichen Systematisierungsleistungen der »Naturkunde« (Goethe 1994, Bd. 3,1, 207) lassen die maßgebliche Orientierung an naturgeschichtlichen und biologischen Ordnungsmodellen erkennen, die es erlaubt, auch die Theorie der Dichtarten als »eine naturgemäße Ordnung dem Geiste darzustellen« (ebd., 208). Wenig später wird Hegel in der *Ästhetik* die Gattungstrias dahingehend formalisieren, die Epik als das Objektive, die Lyrik als das Subjektive und die Dramatik als das Subjektiv-Objektive abstrakt zu bestimmen.

Die Analyse der inneren Eigengesetzlichkeit einer poetischen Gattung bildet die gleichermaßen gattungspoetologische wie autonomieästhetische Vertiefung von Lessings Reflexionen zu den medialen und materialen Unterschieden der verschiedenen Kunstformen. Haben frühneuzeitliche Poetiken noch vorausgesetzt, dass jeder beliebige Stoff in nahezu jeder beliebigen Gattung dargestellt werden kann, legt das Bewusstsein von der inneren Gesetzlichkeit ein *unmittelbares Entsprechungsverhältnis von Gattung und Gegenstand* zugrunde; erst dieses Bewusstsein verhindert »einen groben Mißgriff in der Wahl des Stoffs für die Dichtart oder der Dichtart für den Stoff« (Schiller an Goethe, 26. 12. 1797). In dem gemeinsam verfassten Text »Über epische und dramatische Dichtung« (1797) erörtern Goethe und Schiller die wichtigsten inneren Gesetzlichkeiten der beiden Gattungen. Im Anschluss an Lessing dient die *zeitliche Verfasstheit* der Dichtung zur Erklärung des Hauptunterschieds der beiden Gattungen. Er besteht darin, dass der Epiker die Begebenheit als *vollkommen vergangen* vortrage, und der Dramatiker sie als *vollkommen gegenwärtig* darstelle. Aus dieser als gesetzmäßig aufgefassten Grunddifferenz sollen sich die jeweils möglichen Stoffe ergeben: Die Epik zeige den *außer sich wirkenden* Menschen: Schlachten, Reisen, jede Art von Unternehmung, die eine gewisse sinnliche Breite fordere; die Tragödie hingegen zeige *den nach innen geführten* Menschen.

Die Forderung, das innere Gesetz einer Gattung zu beachten, verbindet sich in einem weiteren Schritt mit der Idee der notwendigen *Individualität des Kunstwerks*, die letztlich aus dem um 1770 aufkommenden Postulat des ›Originalkunstwerks‹ entspringt (→ B 2.5; B 2.8). Schematisch können zwei Grundpositionen unterschieden werden, wie diese Individualität, die zugleich als *ein lebendiges Ganzes* vergegenwärtigt wird, zu erzeugen sei: entweder durch die Reinheit der Form (›das Klassische‹) oder durch die Vermischung der Formen (›das Romantische‹). Während Goethe für die erste Variante plädiert, bevorzugen Novalis und die Brüder Schlegel die zweite Möglichkeit; Schiller nimmt eine Zwischenstellung ein. In seiner »Einleitung in die Propyläen« von 1798 formuliert Goethe scharf: »Eines der vorzüglichsten Kennzeichen des Verfalles der Kunst ist die Vermischung der verschiedenen Arten derselben« (Goethe 1994, Bd. 18, 468). Denn die Vermischung läuft gerade den soeben entdeckten inneren Eigengesetzlichkeiten zuwider, wo es doch darauf ankomme, »jede Kunst und Kunstart auf sich selbst zu stellen« (ebd., 469). Indem der Künstler die innere Eigengesetzlichkeit einer Kunstform zur Geltung bringt, erweist er sich umgekehrt zugleich als der »echte gesetzgebende Künstler« (ebd., 469).

Trotz Schillers grundsätzlicher Zustimmung ergeben sich in seiner Perspektive zwei Probleme. Erstens gibt er zu bedenken, dass die modernen Dichter im Gegensatz zu den antiken aufgrund der radikal gewandelten geschichtsphilosophischen Situation zur Vermischung gezwungen sein könnten. Die Vermischung etwa von Epos und Trauerspiel sei unvermeidlich, »[w]eil wir einmal die Bedingungen nicht zusammenbringen können, unter welchen eine jede der beiden Gattungen steht, so sind wir genötigt, sie zu vermischen« (Schiller an Goethe, 29. 12. 1797). Deshalb hatte er bereits in der Schrift *Über naive und sentimentalische Dichtung* (1795) eine ganz anders geartete, im Konzept der »Empfindungsweise« einer Dichtart – ihres Rezeptionsmodus – fundierte Gattungstriade von Satire, Elegie und Idylle entworfen, die sich nach dem Kriterium der Bewegungshaltigkeit richtet. Danach empfindet man Bewegung im poetischen Text, wenn »Erfahrung« und »Ideal« im Widerstreit liegen, Ruhe dagegen, wenn sie miteinander übereinstimmen. Demzufolge sei die Satire durch »energische Bewegung« gekennzeichnet und die Idylle durch »energische Ruhe«; in der Elegie hingegen »wechselt Streit mit Harmonie, wechselt Ruhe mit Bewegung«. Diese drei verschiedenen Empfindungsweisen können sich dann wiederum als Roman, Tragödie, Gedicht etc. realisieren.

Die zweite Schwierigkeit resultiert aus dem strukturellen Dilemma, dass die *Individualität des Kunstwerks* aus dem *Allgemeinen der Gattungen* und Formen erschaffen werden muss und dass in paradoxer Wendung diese Individualität zugleich mit der inneren Gesetzlichkeit der Gattung zu konvergieren hat. Der von Schiller gewählte Lösungsweg besteht in einer äußerst flexiblen Auffassung der neu etablierten Gattungsbegriffe, indem er fordert, man solle »sich durch keinen allgemeinen Begriff feßeln, sondern es wagen, bei einem neuen Stoff die Form neu zu erfinden, und sich den Gattungsbegriff immer beweglich erhalten« (Schiller an Goethe, 26. 7. 1800). Das heißt z. B. auf die Tragödie konkret bezogen: »Die Idee eines Trauerspiels muß immer beweglich und werdend sein, und nur virtualiter in hundert und tausend möglichen Formen sich darstellen« (Schiller an Körner, 28.7.1800). Diese durch Beweglichkeit konzipierte Individualisierung sieht, wie Schiller bereits in den *Kallias*-Briefen (1793) ausgeführt hat, als poetisches Verfahren eine *Gattungskombinatorik* vor, die als »*künstliche Zusammensetzung des Allgemeinen*« die angestrebte Individualität zu konstruieren gestattet (Oschmann 2007, 167–169).

Auch für die Frühromantiker bildet der geschichtsphilosophisch aufgefasste Unterschied von Antike und Moderne den Ausgangspunkt ihrer ebenfalls triadisch angelegten Gattungstheorie (Trappen 2001, 230–246). Das sei am Beispiel Friedrich Schlegels erläutert. Während er in dem Aufsatz »Über das Studium der griechischen Poesie« (1795) noch analog zu Goethe kritisch feststellt, dass moderne Werke »in trüber Mischung sich verworren durcheinander regen« (Schlegel 1957, 119), erfolgt nur wenige Jahre später eine radikale Kehrtwende, die in der allseitigen Gattungsmischung die einzige Möglichkeit für die moderne als dezidiert romantische Poesie erblickt, zu sich selbst zu kommen (Fohrmann 1998, 123 f.; Gesse 1997, 187–210; Grimm 2000, 164–167). Dieses Konzept der Gattungsmischung geht aufgrund seiner Absolutsetzung weit über die von Schiller entwickelte Gattungskombinatorik hinaus. Im 116. Athenäums-Fragment (1798) heißt es programmatisch: »Die romantische Poesie ist eine progressive Universalpoesie. Ihre Bestimmung ist nicht bloß, alle getrennte Gattungen der Poesie wieder zu vereinigen, und die Poesie mit der Philosophie und Rhetorik in Berührung zu setzen. Sie will, und soll auch Poesie und Prosa, Genialität und Kritik, Kunstpoesie und Naturpoesie bald mischen, bald verschmelzen [...]« (Schlegel 1967, 182). Die jeweilige Mischung sichert dem Kunstwerk wie bei Schiller einerseits die nötige Individualität, andererseits verstärkt sie dessen Poetizität, weil sie Dichtung in scheinbar potenzierter Form hervorbringt, nämlich »überall zugleich Poesie und Poesie der Poesie« (ebd., 204).

Diese Konzeption führt zu signifikanten Verschiebungen innerhalb des Gattungsspektrums. Zu den neuen poetischen Leitgattungen zählen im romantischen Horizont *Fragment* und *Roman*. Das Fragment, weil es als poetischer Modus des Philosophierens sowohl den romantischen Anspruch auf ›unendliche Progression‹ erfüllt als auch die geschichtsphilosophische Verfasstheit der Moderne bereits formal veranschaulicht. Der Roman gewinnt an Relevanz, weil er als »beweglichste Gattung« sämtliche Formen zu integrieren vermag (Kurz 2002, 70), worauf das *Gespräch über die Poesie* (1799) verweist. Neue Leitgattung der Poetik schließlich wird die *Rezension* als »Charakteristik«, weil nicht mehr allgemeine Regeln, sondern individuelle Kunstwerke wie Goethes

5. Gattungstheorie um 1800

Wilhelm Meisters Lehrjahre die Maßstäbe der Kunst liefern (Urban 2004, 187–214): »Wer Goethes *Meister* gehörig charakterisierte, der hätte damit wohl eigentlich gesagt, was es jetzt an der Zeit ist in der Poesie. Er dürfte sich, was poetische Kritik betrifft, immer zur Ruhe setzen« (Schlegel 1967, 162). Sofern damit Individualität als zentraler Wert und zugleich immanentes Ordnungskriterium erscheint, zeigt sich gegenüber frühneuzeitlichen Poetiken im gattungstheoretischen Denken um 1800 ein *Prozess der Individualisierung* auf allen Ebenen: in der Modellierung der Poetiken, in der Auffassung der darzustellenden Stoffe, in Absicht und Anlage der Kunstwerke und nicht zuletzt in den Maßstäben ihrer Beurteilung.

Literatur

Fohrmann, Jürgen: *Schiffbruch mit Strandrecht. Der ästhetische Imperativ in der »Kunstperiode«.* München 1998.

Gesse, Sven: »*Genera Mixta*«. *Studien zur Poetik der Gattungsmischung zwischen Aufklärung und Klassik-Romantik.* Würzburg 1997.

Goethe, Johann Wolfgang: *Sämtliche Werke, Tagebücher und Gespräche.* Frankfurt a. M. 1994.

Grimm, Sieglinde: »Dichtarten und Wissenssystematik. Zum Einfluß der nachkantischen Organisation des Wissens auf die poetologische Gattungsdebatte bei Novalis und Friedrich Schlegel«. In: *Euphorion* 94 (2000), 149–171.

Kurz, Gerhard: »Der Roman als Symposion der Moderne. Zu Friedrich Schlegels *Gespräch über die Poesie*«. In: Stefan Matuschek (Hg.): *Wo das philosophische Gespräch ganz in Dichtung übergeht. Platons Symposion und seine Wirkung in der Renaissance, Romantik und Moderne.* Heidelberg 2002, 63–79.

Menninghaus, Winfried: »›Darstellung‹. Friedrich Gottlieb Klopstocks Eröffnung eines neuen Paradigmas«. In: Christiaan L. Hart Nibbrig (Hg.): *Was heißt »Darstellen«?* Frankfurt a. M. 1994, 205–226.

Oschmann, Dirk: *Bewegliche Dichtung. Sprachtheorie und Poetik bei Lessing, Schiller und Kleist.* München 2007.

Schiller, Friedrich: *Werke und Briefe in zwölf Bänden. Bd. 8: Theoretische Schriften.* Hg. v. Rolf-Peter Janz. Frankfurt a. M.: 1992.

Schlegel, Friedrich: »Über das Studium der griechischen Poesie«. In: Ders.: *Kritische Schriften.* Hg. v. Wolfdietrich Rasch. München 1957, 105–158.

Schlegel, Friedrich: *Charakteristiken und Kritiken I (1796–1801).* Hg. v. Hans Eichner. München u. a. 1967.

Trappen, Stefan: *Gattungspoetik. Studien zur Poetik des 16. bis 19. Jh.s und zur Geschichte der triadischen Gattungslehre.* Heidelberg 2001.

Urban, Astrid: »Angewandte Poetik. Die romantische ›Kunstform‹ der Charakteristik«. In: Urban, Astrid: *Kunst der Kritik. Die Gattungsgeschichte der Rezension von der Spätaufklärung bis zur Romantik.* Heidelberg 2004, 187–214.

Voßkamp, Wilhelm: »Gattungen«. In: Helmut Brackert/Jörn Stückrath (Hg.): *Literaturwissenschaft. Ein Grundkurs.* Hamburg 1992, 253–269.

Willems, Gottfried: *Das Konzept der literarischen Gattung. Untersuchungen zur klassischen deutschen Gattungstheorie, insbesondere zur Ästhetik F. Th. Vischers.* Tübingen 1981.

Zymner, Rüdiger: »›Naturformen‹, ›Regeln der Seele‹? Poetogene Dispositionen und literaturwissenschaftliche Gattungstheorie«. In: Uta Klein/Katja Mellmann/Stefanie Metzger (Hg.): *Heuristiken der Literaturwissenschaft. Disziplinexterne Perspektiven auf Literatur.* Paderborn 2006, 293–317.

Zymner, Rüdiger: »Gattungsvervielfältigung. Zu einem Aspekt der Gattungsdynamik«. In: Marion Gymnich/Birgit Neumann/Ansgar Nünning (Hg.): *Gattungstheorie und Gattungsgeschichte.* Trier 2007, 101–116.

Dirk Oschmann

6. Gattungstheorie im 19. Jahrhundert

Wenn das 18. und die Wende zum 19. Jh. den Übergang von der ›normativen‹ zur ›spekulativen‹ Gattungspoetik bringt (Szondi 1974), so ist die Periode von etwa 1820 bis um 1900 durch zwei gegenläufige Bewegungen gekennzeichnet: (a) die Durchsetzung jener ›spekulativen‹ Gattungstheorie (Hegel, Vischer) und, etwa seit der Jahrhundertmitte, (b) einen zunehmenden Widerstand gegen alle Spekulation in der Ästhetik.

(a) Die *Vorlesungen über die Ästhetik* von Georg Wilhelm Friedrich Hegel (posth. 1835–38) gehören zu den wichtigsten Texten der europäischen Gattungstheorie, mit Wirkungen bis tief in das 20. Jh. Hegels Formeln etwa von der epischen ›Totalität‹, vom Roman als bürgerlicher Epopöe, seine Charakterisierung des Bildungsromans haben in Zustimmung und Ablehnung ihre eigene, kaum übersehbare Wirkungsgeschichte entfaltet. Zu den wichtigsten Stichwortgebern Hegels zählen Friedrich Schlegel (mit der Idee der Literaturgeschichte der griechischen Antike als Geschichte der Abfolge paradigmatischer Gattungen: Epos – Lyrik – Drama), August Wilhelm Schlegel (Gattungstrias) und Friedrich Wilhelm Joseph Schelling, dessen idealistische Ästhetik (*Philosophie der Kunst*, 1802/03) bei Hegel einer vollständigen Historisierung unterzogen wird. Hegels Ästhetik ist eingebettet in ein umfassendes idealistisches System, das Geschichte als die Entfaltung der ›Idee‹ von der Natur an bis zur Reflexion im menschlichen Bewusstsein verfolgt. Diese Entfaltung erfolgt im dialektischen Dreischritt von These, Antithese und Synthese, wobei die Synthese die beiden ersten Elemente im dreifachen Sinn ›aufhebt‹, d. h. bewahrt, negiert und auf ein höheres Niveau bringt. Die Theorie der literarischen Gattungen hat bei Hegel ihren systematischen Ort in der Ästhetik, verstanden als der »Philosophie der schönen Kunst«, deren dritte Stufe die »romantischen Künste« (Malerei, Musik, Poesie) bilden; hier wird die Poesie wieder an dritter, letzter und damit höchster Systemposition erörtert, da sie die »Totalität« ist, »welche die Extreme der *bildenden* Künste und der *Musik* auf einer höheren Stufe, in dem Gebiete der geistigen Innerlichkeit selber, in sich vereinigt« (Hegel 1986, 224). Dieselbe Systematik gilt für die Entfaltung der literarischen Gattungen, die die letzte Triade der Ästhetik bilden, in der Abfolge: epische, lyrische und dramatische Poesie.

Dreierlei ist dabei festzuhalten: Die Kunst selbst hat ihren Ort keineswegs an der höchsten Stelle des Gesamtsystems. Zweitens interveniert Hegel mit der systematischen Triade der Gattungen analog den Dreierschematismen, die sich auch in anderen Bereichen der idealistischen Philosophie finden, in der Debatte um die ›Einteilung der Poesie‹, die sich seit der Aufklärung um eine Systematik bemüht. Mit dieser Entscheidung bestärkt Hegel die sich herausbildende Gattungstrias von Lyrik, Epik, Dramatik. Drittens verfestigt er die Zuschreibung der Kategorien von »objektiv«, »subjektiv« und »subjektiv-objektiv« zu Epos (»äußere Realität«), Lyrik (»innere Welt«) und Drama (»Handlung«), Letzteres ist als »höchste Stufe der Poesie und der Kunst überhaupt« anzusehen, »weil es seinem Inhalte wie seiner Form nach sich zur vollendetsten Totalität ausbildet« (ebd., 474). Die Gattungstrias selbst ist keineswegs Sondergut Hegels, sie findet sich verbreitet in der Gattungstheorie um 1800 wie auch bei Goethe (»Naturformen«), den Hegel benützt, den Brüdern Schlegel u. a. (vgl. Trappen 2001); seine Verwendung der Trias befestigt aber den historisch neuen Status der Gattungslehre als eines theoretischen (›spekulativen‹, ›metaphysischen‹) und vollständigen Systems, das auf die ›Hauptgattungen‹ fixiert bleibt.

Über die bisherigen Systementwürfe geht Hegel insofern hinaus, als er dieses System als sich historisch entfaltende Systematik der Gattungen darstellt. (Auf ähnlichen Grundlagen fußt Victor Hugos *Préface* zu *Cromwell* von 1827 mit der Koordinierung dreier universeller Entwicklungsphasen der Menschheit – primitiv, antik, modern –, denen die Gattungsdominanten von Lyrik, Epik, Dramatik entsprechen.) Damit wird der Bereich der literarischen Gattungstheorie auf das Terrain der Geschichtsphilosophie gezogen, anders als etwa bei Schelling, in dessen System der systematische Status der Gattungstrias als von der empirischen Geschichte der literarischen Gattungen und ihrer Beziehungen untereinander weitgehend unabhängig gedacht war. Das hat weitgehende Konsequenzen für die Präsentation der Gattungslehre, die sich damit in eine idealtypische internationale Literaturgeschichte verwandelt. Die paradigmatischen Gattungen von Epos, Lyrik und Drama (Tragödie, Komödie) werden so mit einem Zeitindex versehen, der zugleich ein Kultur- und Gesellschaftsindex ist. Das »ursprüngliche« Epos erscheint vor dem Hintergrund seiner Trägerkultur im »heroischen« »epische[n] allgemeine[n] Weltzustand« (ebd., 341, 339), seine Helden als »totale Individuen« (ebd., 361). Der Roman, die »moderne[ ] *bürgerliche[ ]* Epopöe«, setzt hingegen »eine bereits zur *Prosa* geordnete Wirklichkeit« voraus (ebd., 392), während den modernen

6. Gattungstheorie im 19. Jahrhundert

Epen (Tasso, Ariost, Klopstock, Milton) nur mehr eine »Nachblüte« (ebd., 413) beschieden ist; die moderne Komödie schließlich führt »zur Auflösung der Kunst überhaupt« (ebd., 572). Die Hegelsche Kopplung des Bezugs von geschichtlichem Moment (»Weltzustand«) und Gattung wird außerordentlich folgenreich sein, wobei hier nur auf die (hegel-)marxistische Tradition hingewiesen werden soll, in der die Gattungstheorie zum Kernstück der Literaturtheorie geworden ist (Georg Lukács, Theodor W. Adorno, Lucien Goldmann, Fredric Jameson u. a.).

Das System von Friedrich Theodor Vischer folgt im Wesentlichen Hegel, unternimmt aber im Unterschied zu diesem den Nachweis einer umfassenden Kontinuität der Ästhetik vom Naturschönen bis zum Kunstschönen, wobei die Objektivität des Naturschönen und die Subjektivität der Phantasie ihre »erfüllte Einheit« in der Kunst findet (Vischer 1857, 1261 u. pass.). Die Einteilung der Poesie, der »geistigste[n] unter den Künsten« (ebd., 1259), beruht auf dem »Auffassungs-Unterschied der Phantasie«, d. h. dem »Verhältniß des Künstlers zum Gegenstande«, nicht auf dem Sachbezug (Stoffkriterium). Die drei Arten der Phantasie (bildend, empfindend, dichtend) organisieren die Künste: Bildende Kunst, Musik, Dichtkunst, wobei die Letztere die Ersteren »wiederholt« und auf deren »Boden« die epische, lyrische und »auf eigene[m] Boden« als Synthese die dramatische Form »erzeugt« (ebd.); erst nach der Einführung der Arten der Phantasie wird die Unterteilung gleichsam unterkellert, indem auf ein »Gesetz der Diremtion des Objectiven und Subjectiven und ihrer Zusammenfassung im Subjectiv-Objectiven« verwiesen wird (ebd., 1260). Vischer versucht in der Folge, die spekulative Ästhetik zu retten, indem er eine Reihe von Kompromisspositionen mit der zunehmenden ›Empirisierung‹ der Ästhetik entwirft (vgl. Plumpe 1996, 268 f.; Ajouri 2007).

Insgesamt bilden die idealistischen Ästhetiken (zu denen im späteren Jahrhundert noch die ›idealrealistischen‹ Systeme Moritz Carrières und Rudolf Gottschalls treten) ihre Gattungslehren nach dem platonisch-aristotelischen Prinzip der ›Teilhabe‹ von Einzeltexten an einer hypostasierten ontologischen Gattungskategorie; am deutlichsten wird das an der spekulativen Fundierung der Gattungstrias von Epik, Lyrik und Dramatik, die sich erst nach der Jahrhundertmitte allgemein durchsetzt. Die tatsächliche Pluralität und ›gelebte Wirklichkeit‹ von Gattungstheorie und Gattungspoetik im 19. Jh. lässt sich allerdings erst vor dem Hintergrund der vielen kleineren Namen abseits des in die Handbücher eingegangenen Höhenkamms abschätzen; so konnte gezeigt werden, dass die Poetiken der ersten Jahrhunderthälfte nicht nur mehrheitlich nicht die idealistisch fundierte Trias vertreten, sondern Entwicklungen der Gattungstheorie der Aufklärung weiterverfolgen, und dass innerhalb des deutschen Sprachraums auch kulturräumliche und konfessionskulturelle Differenzen eine beträchtliche Rolle spielen (vgl. Jäger 1970; Ruprecht 1987, Pott 2004). Insgesamt aber lässt sich – auch ungeachtet der Tendenz zum Klassizismus (so Willems 1981, 72 f.) – von einem breiten Historisierungsprozess sprechen, der die Gattungstheorie des 19. Jh.s charakterisiert und der idealistische wie die in der Folge anzusprechenden ›empirischen‹ Gattungstheorien verbindet.

(b) Um die Jahrhundertmitte geraten die spekulativ-metaphysisch argumentierenden Systeme in eine Glaubwürdigkeitskrise; Theoreme der idealistischen Tradition wandern zwar in die Autorenpoetiken des ›poetischen Realismus‹ ein (vgl. Eisele 1976), was mit einer postromantischen und postliberalen Aufwertung klassizistischer ›Gattungsreinheit‹ einhergeht; das idealistische Erbe wird auch in einer Reihe von Ästhetiken, Dichtungslehren und Schulbüchern weitergeführt, der Fokus der Gattungsdiskussion verlagert sich aber doch vom auf Vollständigkeit angelegten System hin zu Problematisierungen der Einzelgattungen, mit einer Bandbreite von regelrechten Anleitungspoetiken bis zu manifestartigen ›Gattungstheorien‹ zur Legitimation eigener Schreibpraxis (Gustav Freytag, *Die Technik des Dramas*, 1863; Friedrich Spielhagen, *Beiträge zur Theorie und Technik des Romans*, 1883; aber auch Richard Wagner, *Oper und Drama*, 1851). Deutlich wird das u. a. an der Tradierung einer Reihe von teils aphoristischen Autorenzitaten, die nun die Rolle von ›Theorien‹ von Einzelgattungen übernehmen (vgl. zur deutschen Novelle Ludwig Tieck, Johann Wolfgang v. Goethe, Paul Heyse, Paul Ernst; zum französischen Roman Stendhal, Honoré de Balzac, Gustave Flaubert), die für Autoren, Publikum, Literaturkritik und Bildungsinstitutionen die Definitions- und Klassifikationsarbeit übernehmen. In weiterem Sinn trifft das dann allerdings auch für die Avantgardefraktionen der literarischen Moderne zu; die Gruppenbildungen der Moderne auf Basis von Manifesten, Programmen und Publikationsorganen leisten polemisch pointierte Definitionsarbeit (z. B. Èmile Zola, *Le Roman expérimental*, 1880). Diese Bewegungen (Realismus, Naturalismus, Symbolismus, Neuklassik) haben einerseits selbst ihre Einsätze in Interventionen ins literarische Gattungssystem, legen aber andererseits mit der Entstehung literarischer Felder und den damit verbundenen

Autonomisierungsprozessen selbst gattungstheoretische Konsequenzen nahe, um und nach 1900 etwa bei Benedetto Croce und der russischen Formalen Schule.

Erst im letzten Jahrhundertdrittel treten wieder als Gattungstheorien zu bezeichnende Reflexionen auf, die nun von Seite der sich etablierenden Nationalphilologien aus angestellt werden; die Philosophie beginnt erst um die Jahrhundertwende wieder eine gewisse Rolle zu spielen, in sehr viel geringerem Ausmaß jedoch als in der idealistischen Periode. Friedrich Nietzsches (alt-)philologisches Frühwerk *Die Geburt der Tragödie aus dem Geiste der Musik* (1872) knüpft an Schopenhauer und Wagner an, aber auch insbesondere an F. Schlegel, Schiller, Schelling und Hegel; an die Stelle der Dialektik von Objekt und Subjekt tritt ein welthistorischer Agon, in den zwei postulierte antithetische Grundprinzipien, das Apollinische und das Dionysische, verstrickt sind, beide unterliegen schließlich dem kunstfeindlichen Sokratismus des theoretischen Menschen. Dem Apollinischen ist das Homerische Epos und die Skulptur, dem Dionysischen die Musik zugeordnet, die Tragödie (Aischylos) erscheint als Verschmelzung von apollinischer Form und dionysischer Ekstase.

Zum Jahrhundertende hin setzen sich die Empisierungstendenzen in der Gattungstheorie vollends durch. Auf ›induktiv-empirischer‹ Grundlage und auf »Causalerkenntnis« und Verwissenschaftlichung aus (so Dilthey 1887, 430; Scherer 1888/1977, 44 u. pass.), programmatisch gegen die Hegel-Tradition gerichtet, setzen viele wichtige Autoren auf Allianzen mit Einzelwissenschaften, mit der Evolutionsbiologie, der (Völker-)Psychologie, aber auch mit der Nationalökonomie: Wilhelm Scherer (*Poetik*, posth. 1888), Wilhelm Dilthey (*Die Einbildungskraft des Dichters*, 1887), Richard Maria Werner (*Lyrik und Lyriker*, 1890), Ferdinand Brunetière (*L'evolution des Genres dans l'histoire de la littérature*, 1890; *L'évolution de la poésie lyrique en France au dix-neuvième siècle*, 1898). Scherer und Dilthey setzen nicht primär auf eine ›Einteilung der Gattungen‹ oder ein Klassifikations- bzw. Subsumtionsverfahren der Texte, sondern setzen an der Einbildungskraft an. Für Dilthey gibt es keine überzeitlichen Ideen, Typen oder literarischen Techniken, »[d]enn die dichterische Form entsteht nur durch eine Umbildung von Lebensvorstellungen in ästhetische Bestandtheile und Beziehungen. Sie ist also schon durch die Coordination der Lebensthatsachen und Lebensvorstellungen bedingt, welche den Charakter eines Zeitalters ausmachen« (Dilthey 1887, 471). Die »Form einer Dichtung und die Technik einer Dichtungsart« ist vom »Gehalt aus [...] geschichtlich bedingt« (ebd., 474); so kann umgekehrt die Poetik vielleicht »zuerst die innere Erklärung eines geistig-geschichtlichen Ganzen nach causaler Methode« (ebd., 334) ermöglichen. Scherer entwickelt die Gattungen aus medialen Standardsituationen, dem »Natur- und Grundverhältniß« (Scherer 1888/1977, 163; Sänger, Rhapsode, Tanz usw.), die den historischen Ursprung der Gattungen im Vergleich mit den ›Naturvölkern‹ erhellen sollen; andererseits findet sich bei Scherer die Idee einer Kombinatorik von Formelementen, die mögliche von historisch realisierten Gattungen unterscheiden lässt, eine Idee, die später bei Tzvetan Todorov (*Introduction à la littérature phantastique*, 1970) wieder vertreten wird (Scherer 1888/1977, 25; Müller 2000, 91). Bei Werner steht die literarische Gattungstheorie in Analogiebeziehung zur Embryologie; der dichterische Schaffensprozess ist damit mit dem ›Leben‹ der Werke koordiniert und versucht die Entstehung von lyrischen Texten zu objektivieren. Zur selben Zeit geht schließlich Brunetière, anknüpfend an Hippolyte Taine und Jean-Marie Guyau, gegen den Biographismus der französischen Kritiker-Tradition an, indem er die biologische Evolution (»divergence des caractères«) als Denkmittel zur Analyse von »Geburt«, »Leben«, »Reife« und »Tod« von literarischen Gattungen einsetzt; der (metaphorische oder reelle) Status von »Evolution« – als »idée generale« einer neuen Literaturwissenschaft und als Konstituens der Gattungstheorie – blieb umstritten (vgl. z. B. Hempfer 1973, Hoeges 1980, Fishelov 1993). Das Werk Brunetières markiert in Zustimmung und Ablehnung zugleich den Übergang in eine neue Phase der Gattungstheorie: Benedetto Croce entwickelt um 1900 seine (»nominalistische«) Ablehnung der Gattungskategorie im Protest gegen Brunetière, während sich die russischen Formalisten als Theoretiker der literarischen Evolution auf ihn und sein Prinzip der literaturimmanenten Genealogie vermittels der ›Wirkung der Werke auf die Werke‹ beziehen werden.

Literatur

Ajoure, Philip: *Erzählen nach Darwin. Die Krise der Teleologie im literarischen Realismus: Friedrich Theodor Vischer und Gottfried Keller*. Berlin, New York 2007.

Burdorf, Dieter: *Poetik der Form. Eine Begriffs- und Problemgeschichte*. Stuttgart, Weimar 2001.

Dilthey, Wilhelm: »Die Einbildungskraft des Dichters. Bausteine für eine Poetik«. In: *Philosophische Aufsätze. Eduard Zeller zu seinem fünfzigjährigen Doctor-Jubiläum gewidmet*. Leipzig 1887, 303–482.

Eisele, Ulf: *Realismus und Ideologie. Zur Kritik der literarischen Theorie nach 1848 am Beispiel des »Deutschen Museums«*. Stuttgart 1976.
Fishelov, David: *Metaphors of Genre. The Role of Analogies in Genre Theory*. University Park, Pa. 1993.
Hegel, Georg Wilhelm Friedrich: *Werke in 20 Bdn*. Auf der Grundlage der Werke von 1832–1845 neu hg. Ausg. Bd. 15: *Vorlesungen über die Ästhetik III*. Frankfurt a. M. 1986.
Hempfer, Klaus W.: *Gattungstheorie. Information und Synthese*. München 1973.
Hoeges, Dirk: *Literatur und Evolution. Studien zur französischen Literaturkritik im 19. Jh.: Taine – Brunetière – Hennequin – Guyau*. Heidelberg 1980.
Jäger, Georg: »Das Gattungsproblem in der Ästhetik und Poetik von 1780 bis 1850«. In: Jost Hermand u. a. (Hg.): *Zur Literatur der Restaurationsepoche 1815–1848. Forschungsreferate und Aufsätze*. Stuttgart 1970, 371–404.
Kindt, Tom/Müller, Hans-Harald: »Dilthey gegen Scherer: Geistesgeschichte contra Positivismus. Zur Revision eines wissenschaftshistorischen Stereotyps«. In: *DVjs* 74 (2000), 685–709.
Müller, Hans-Harald: »Wilhelm Scherer (1841–1886)«. In: Christoph König/Hans-Harald Müller/Werner Röcke (Hg.): *Wissenschaftsgeschichte der Germanistik in Porträts*. Berlin 2000, 80–94.
Plumpe, Gerhard: »Das Reale und die Kunst. Ästhetische Theorie im 19. Jahrhundert«. In: Edward McInnes u. a. (Hg.): *Bürgerlicher Realismus und Gründerzeit 1848–1890*. München u. a. 1996, 242–307.
Pott, Sandra: *Poetiken. Poetologische Lyrik, Poetik und Ästhetik von Novalis bis Rilke*. Berlin u. a. 2004.
Ruprecht, Dorothea: *Untersuchungen zum Lyrikverständnis in Kunsttheorie, Literarhistorie und Literaturkritik zwischen 1830 und 1860*. Göttingen 1987.
Scherer, Wilhelm: *Poetik. Mit einer Einleitung und Materialien zur Rezeptionsanalyse*. Hg. v. Gunter Reiß. Tübingen 1977 [1888].
Streim, Gregor: »Introspektion des Schöpferischen. Literaturwissenschaft und Experimentalpsychologie am Ende des 19. Jh.s. Das Projekt der ›empirisch-induktiven‹ Poetik«. In: *Scientia poetica* Jg. 7 (2003), 148–170.
Szondi, Peter: *Poetik und Geschichtsphilosophie I: Antike und Moderne in der Ästhetik der Goethezeit. Hegels Lehre von der Dichtung*. Hg. v. Senta Metz/Hans-Hagen Hildebrandt. Frankfurt a. M. 1974.
Szondi, Peter: *Poetik und Geschichtsphilosophie II: Von der normativen zur spekulativen Gattungspoetik. Schellings Gattungspoetik*. Hg. v. Wolfgang Fietkau. Frankfurt a. M. 1974.
Trappen, Stefan: *Gattungspoetik. Studien zur Poetik des 16. bis 19. Jh.s und zur Geschichte der triadischen Gattungslehre*. Heidelberg 2001.
Vischer, Friedrich Theodor: *Aesthetik oder Wissenschaft des Schönen. Zum Gebrauche für Vorlesungen. Tl. 3: Die Kunstlehre*. Stuttgart 1857.
Willems, Gottfried: *Das Konzept der literarischen Gattung: Untersuchungen zur klassischen deutschen Gattungstheorie, insbesondere zur Ästhetik F. Th. Vischers*. Tübingen 1981.

Werner Michler

7. Gattungstheorie im 20. Jahrhundert

Die Geschichte der Gattungstheorie des 20. Jh.s könnte gegensätzlicher nicht sein: am Anfang und gegen Ende des Jahrhunderts sind grundsätzliche Infragestellungen bzw. Ablehnungen gattungspoetischer Bestimmungen erkennbar, durch die einflussreichen Schriften des italienischen Philosophen Benedetto Croce (→ D 1) einerseits und durch das poststrukturalistische Konzept der *écriture* (→ B 5.1) andererseits. Daneben ist jedoch im Laufe des Jahrhunderts eine erstaunliche wissenschaftliche Differenzierung der Gattungstheorie zu beobachten.

Croces grundsätzliche Ablehnung von Gattungsbestimmungen (u. a. *Estetica*, 1902) ist sowohl erkenntnistheoretisch wie kunstphilosophisch begründet. Da ästhetische Erkenntnis grundsätzlich von Einzeldingen handele, seien Gattungsbegriffe produktionsästhetisch irrelevant. Zudem seien sie für die Rezeption unbrauchbar, weil sie die unhintergehbare ästhetische Individualität, die inhärente Einmaligkeit des Kunstwerks durch ihre verallgemeinernden Begriffsfiktionen nicht zu erfassen vermögen. In zum Teil ähnlicher Weise werden Gattungsunterscheidungen von poststrukturalistischen Ansätzen infrage gestellt, wenn z. B. Jacques Derrida in seinem Aufsatz *The Law of Genre* (1980) davon ausgeht, dass Gattungen immer einen normativen Kern haben, während literarische Texte Normen grundsätzlich überschreiten (vgl., auch zur Kritik, Frow 2006, 25–26; → F 3), oder wenn Margrit Schnur-Wellpott in ihrem Buch *Aporien der Gattungstheorie* (1983) das Konzept der Gattung als Ästhetik der Konstanz gegen das der *écriture* als Ästhetik des Bruchs auszuspielen versucht (vgl. Zymner 2003, 43–47).

Diese skeptischen Positionen stellen in der für den Verlauf der Geschichte der Gattungstheorie im 20. Jh. bedeutsamen Kontroverse über den ontologischen Status (→ B 5.7) von Gattungen den nominalistischen Extrempol dar: Gattungen gibt es nicht, Gattungsbezeichnungen sind Etiketten, unter denen Texte zusammengefasst werden. Die meisten in der ersten Hälfte des 20. Jh.s veröffentlichten Arbeiten zur Gattungstheorie können jedoch direkt oder indirekt dem entgegengesetzten Extrem einer begriffsrealistischen Gattungstheorie zugerechnet werden, d. h. der Überzeugung, dass Gattungen unabhängig von konkreten Texten existieren.

Zur Ontologisierung neigen insbesondere implizit oder explizit auf Gattungsvorstellungen des 19. Jh.s (wie z. B. denen Herders, Hegels oder Diltheys) zurückgehende spekulative Theorien, die Gattungen mit fundamentalen anthropologischen Kategorien, seien es psychologische Dispositionen oder Weltanschauungstypen, in Verbindung bringen. Dabei wird die etablierte Gattungstrias Lyrik, Epik, Drama als apriorisch gegeben angesehen und mit Vorstellungen über Wesenszüge des Menschen korreliert. In den 20er und 30er Jahren werden Gattungen, z. B. von Viëtor oder Petsch, als menschliche Grundhaltungen zur Wirklichkeit oder Ausdrucksweisen von menschlichen Grundeinstellungen konzipiert (vgl. Hempfer 1973, 66 f.). In dieser Tradition bewegt sich auch Staigers Versuch, die substantivischen Gattungsbezeichnungen Lyrik, Epik, Drama durch die substantivierten Adjektive das Lyrische, das Epische und das Dramatische zu ersetzen (*Grundbegriffe der Poetik*, 1946). In seiner als philosophische Anthropologie verstandenen Poetik korreliert Staiger seine als quasiplatonische Ideen konzipierten Gattungsbegriffe gleich mit mehreren Seinsbereichen: das Lyrische mit Gefühlsausdruck, Erinnerung, Silbe, das Epische mit Bezeichnen, Vergegenwärtigung, Wort, das Dramatische mit begrifflichem Denken, Zukunftsentwurf, Satz. Northrop Fryes späterer Versuch, in *Anatomy of Criticsm* (1957) Gattungen aus der Verbindung mit sogenannten Archetypen zu bestimmen, ist insofern den anthropologischen Ansätzen ähnlich, als es auch ihm um das Aufspüren von grundlegenden Invarianten geht. Allerdings versteht Frye seine Archetypen nicht als anthropologische Konstanten, sondern als Strukturprinzipien der abendländischen Literatur und bezieht seine Fundierungskategorien aus mythologischen Vorstellungen; z. B. werden grundlegende Schreibweisen wie das Komische, das Romantische, das Tragische und das Ironische/Satirische respektive mit den Jahreszeiten Frühling, Sommer, Herbst und Winter korreliert.

Daneben finden sich in der ersten Hälfte des 20. Jh.s diverse morphologische Gattungspoetiken. So versucht der dem russischen Formalismus zugerechnete Vladimir Propp in seiner *Morphologie des Märchens* (1928) die allen Zaubermärchen trotz inhaltlichen Varianten zugrunde liegende Tiefenstruktur und damit eine Art Urform des Märchens herauszupräparieren. Grundlegend für viele andere morphologische Ansätze wird der Begriff der Gestalt. André Jolles sieht darin eine Abstraktion unter Ausschaltung von zeitlich Bedingtem und Individuellem. Er versteht unter seinen *Einfache[n] Formen* (1930) aus den mannigfaltigen Ausdrucksmöglichkeiten sich verdichtende, grundlegende Sprachgebärden. Auch Günther Müller benutzt den Begriff in *Die Gestaltfrage in der Literaturwissenschaft und Goethes Morphologie* (1944), bestimmt jedoch Gattungen als Gestalttypen, die in einzelnen Werken zwar erscheinen, als überzeitliche Arten der Bildungskraft und damit als grundsätzliche formale Möglichkeiten das Einzelwerk jedoch transzendieren (vgl. Hempfer 1973, 83 f.).

Ein weiterer zentraler Diskussionspunkt der Gattungstheorie im 20. Jh. ist die Frage nach dem Verhältnis zwischen systematischen und historischen Gattungskonzepten. Diese Frage wurde vor allem in den 1970er und 1980er Jahren im Umfeld der einflussreichen strukturalistischen Literaturtheorie erörtert. So unterscheidet Tzvetan Todorov in seiner *Introduction à la literature fantastique* (1970) zwischen theoretischen Gattungen als Ergebnis einer systematischen, rein literaturtheoretischen Deduktion und historischen Gattungen als Ergebnis der Beobachtung literarischer Fakten. Dabei werden die historischen Gattungen als konkrete Realisierungen der theoretisch deduzierten Gattungen angesehen und damit jede historische Gattung als Untergruppe einer systematischen (vgl. Todorov 1970, 25). Auf dieser Grundlage werden weiterführende unterschiedlich akzentuierte Unterscheidungen getroffen. Harald Fricke unterscheidet zwischen »literarischer Textsorte« als »rein systematischem literaturwissenschaftlichen Ordnungsbegriff« und »Genre« als »historisch begrenzter literarischer Institution« (Fricke 1981, 132 f.; → A 1.1; A 1.2; A 1.5). Ein differenzierteres Modell entwickelt Klaus Hempfer, der zwischen »Schreibweisen« als »ahistorischen Konstanten« und »Gattungen« als »historisch konkreten Realisationen dieser allgemeinen Schreibweisen« unterscheidet und zwei weitere Kategorien einführt: den »Typus« als »grundsätzlich mögliche d. h. überzeitliche Ausprägungen bestimmter Schreibweisen« und die »Sammelbegriffe« als »grobe Klassifizierungen«, die »kaum Aussagen über die Spezifizität des solchermaßen Klassifizierten« enthalten und »im wesentlichen nur der Sprachökonomie dienen« (Hempfer 1973, 27 f.). Hempfer unterscheidet des Weiteren zwischen primären und sekundären Schreibweisen, wobei die Ersteren (wie das Narrative oder das Dramatische) nur in bestimmten Sprechsituationen vorkommen, während die zweiten (wie das Satirische oder das Komische) in verschiedenen Typen von Sprechsituationen auftreten können. Außerdem macht Hempfer deutlich, dass Gattungen und Untergattungen nicht nur aus der historisch-konkreten Realisation einer Schreibweise, sondern aus einer Überlagerung verschiedener Schreibweisen entstehen können. Hempfers Konzept der Schreibweisen wurde in der Folge sowohl kritisiert wie auch weiterentwickelt. Kritisch betrachtet wurde Hempfers generische Konzeptualisierung der Schreibweisen als Tiefenstrukturen, aus deren Transformationen Gattungen abgeleitet werden. Verweyen/Witting zeigen im Hinblick auf die Parodie, dass bei medienübergreifender Betrachtung Schreibweisen als auf literarische Texte bezogene Teilmenge eines allgemeinen Verfahrens angesehen werden können, Zymner konzipiert Schreibweisen als poetogene Strukturen, d. h. als ästhetisch-soziale Möglichkeiten, als ›Allerweltsredetätigkeiten‹ (vgl. Zymner 2003, 172 f.).

Zu den vordringlich systematischen Gattungstheorien gehören solche Ansätze, die im 20. Jh. quasi in der platonischen Tradition versuchen, Gattungen, insbesondere die Gattungstrias, ganz oder teilweise aus einer bestimmten Aussagenlogik zu deduzieren. Hierzu wären Versuche zu zählen, wie der von Julius Petersen in *Die Wissenschaft von der Dichtung* (1939), Lyrik, Epik, Drama aus unterschiedlichen Kombinationen der Begriffspaare monologisch/dialogisch, Darstellung/Bericht, Handlung/Zustand zu bestimmen (vgl. Horn 1998, 14) oder der von Käte Hamburger in ihrer *Logik der Dichtung* (^{2}1968), der jedoch auf eine von der traditionellen abweichende Gattungseinteilung hinausläuft, in der Drama und Epik (davon allerdings nur heterodiegetisches Erzählen) durch das Kriterium der Fiktion zusammengefasst und von der Lyrik abgegrenzt werden, während homodiegetische Fiktion eine gattungstheoretische Sonderstellung bekommt (vgl. Hempfer 1973, 170–176). In diesen Zusammenhang gehört auch Gérard Genettes scharfsinnige Analyse der unterschiedlichen Versuche einer Begründung der Gattungstrias und seine These, dass diese Versuche durch die Unvereinbarkeit der dabei notwendigen kategorialen Unterscheidungen eine differenzierte Theorie der literarischen Gattungen eher behindert als gefördert haben (vgl. Genette 1979).

Stärker historisch ausgerichtete Ansätze werden auf rezeptionsästhetischer, systemtheoretischer oder sozialgeschichtlicher Basis erarbeitet. Sie unterstreichen die literar- und sozialhistorischen, institutionellen und konventionsbedingten Aspekte von Gattungsbegriffen. Hans Robert Jauß plädierte 1972 für eine Historisierung der Gattungspoetik, indem er das Verhältnis von Einzeltext zur gattungsbildenden Reihe als Prozess der Horizontstiftung und Horizontveränderung konzipierte, die Möglichkeit einer historischen Systematik im Sinne einer diachronen Betrachtung der Abfolge synchroner Gattungssysteme berücksichtigt sehen wollte und forderte, Gattungen im Hinblick auf ihren Platz im geschichtlichen Alltag und ihre gesellschaftliche Funktion zu befragen (vgl. Lamping 1990, 27–29).

In der Nachfolge von Jauß und unter Rückgriff auf Luhmanns Systemtheorie sieht Wilhelm Voßkamp eine Gattung als »möglichkeitsreiche Selektion«, »in der die Komplexität des literarischen Lebens auf bestimmte kommunikative Modelle reduziert ist.« Gattungen werden so zu »literarisch-sozialen Institutionen«, deren Wandel sich in »Institutionalisierungs- und Entinstitutionalisierungsprozessen« vollzieht. Sie sind nicht nur innerliterarische Phänomene, sondern werden als »geschichtliche Bedürfnissynthesen« angesehen, »in denen […] bestimmte historische Problemstellungen bzw. Problemlösungen oder gesellschaftliche Widersprüche artikuliert und aufbewahrt sind« (Voßkamp in Hinck 1977, 29–32). Einen ähnlichen funktionshistorischen Ansatz verfolgt Steinmetz, wenn er nach dem Nutzen der Gattungen im Bereich der literarischen Produktion und Rezeption als Bereiche sozialen Handelns fragt. Steinmetz vertritt gegen Hempfer die Auffassung, dass Gattungen nicht aus überzeitlichen Konstanten generiert werden, sondern als sozial vermittelte Verhaltens- und Handlungsnormen Vorstellungen darstellen, »die sich zu mehr oder weniger allgemeinverbindlichen Konventionen verfestigen«. Diese Konventionen sieht Steinmetz als »Instrumente zur Wirklichkeitsbewältigung«, so dass Gattungsstrukturen »auf außerliterarische Wirklichkeitsmodelle hin orientiert« seien (Steinmetz in Textsorten 1983, 73–76).

Die funktionshistorischen Komponenten solcher Arten von Gattungstheorien mit ihrer Rückbindung der Gattungen an eine kognitiv und sozial vermittelte Wirklichkeit machen deutlich, dass so nur historische Gattungen und diese nur für relativ kurze Zeiträume definierbar sind. Kritisch angemerkt wurde auch, dass die postulierten Korrelationen zwischen historischer Realität und literarischen Strukturen grundsätzlich schwer zu explizieren und durch den Autonomisierungsprozess der Kunst spätestens seit dem 19. Jh. kaum mehr herzustellen sind (vgl. Lamping 1990, 33–34).

Zum Fragenkomplex der Gattungsgeschichte (→ C) gehören auch Theorien der Gattungsentwicklung. Morphologische Ansätze gehen in der Regel explizit oder implizit von biologistischen Vorstellungen der Einteilung in Gattungen und Arten aus und versuchen, den historischen Wandel der Gattungen (z. T. im Anschluss an Brunetière) mit darwinistisch-evolutionistischen Vorstellungen von Geburt, Blüte und Tod einer Gattung zu konzeptionalisieren (vgl. Hempfer 1973, 202–207; Schaeffer 1989, 47–63). Daneben wurden im russischen Formalismus Konzepte der Gattungsgeschichte entwickelt, welche im Verhältnis zwischen Konstanz und Innovation den Akzent stärker auf die Seite der Innovation verlegen (vgl. Hempfer 1973, 212 f.). Vielleicht das differenzierteste Konzept der Gattungsentwicklung hat Alastair Fowler vorgelegt, indem er neun beteiligte Faktoren unterscheidet: Thematische Neuerung, Kombination, Zusammenführung, Wechsel in der Abfolge, Funktionswechsel, antithetische Gegenüberstellung, Inklusion, Selektion und Gattungsmischung (vgl. Zymner 2003, 212 f.).

Seit Mitte der 1980er Jahre versuchen Veröffentlichungen zur Gattungstheorie in der Regel nicht mehr systematische und historische Gattungskonzepte gegeneinander auszuspielen, sondern zu integrieren bzw. Synthesen zu entwickeln, in denen beide ihre Berechtigung haben. So plädiert Jean-Marie Schaeffer für eine epistemische Gleichberechtigung von theoretischen und historischen Gattungskonzepten. Zudem setzt sich das Bewusstsein dafür durch, dass unterschiedliche Gattungskonzepte unterschiedliche Forschungsperspektiven mit unterschiedlichen Erkenntnisinteressen darstellen, wie z. B. Werner Strube an verschiedenen Konzepten zur Bestimmung der Novelle deutlich gemacht hat (vgl. Zymner 2003, 82–99). In diesen Zusammenhang gehört auch Schaeffers umsichtige Darstellung der unterschiedlichen Funktionen von Gattungszuschreibung und der notwendigen Pluralität gattungstheoretischer Unterscheidungs- und Beschreibungskriterien.

In den letzten 20 Jahren des Jahrhunderts wurde versucht, die traditionelle Gattungstheorie aus feministischer oder kulturwissenschaftlicher Sicht zu hinterfragen bzw. ihren Reflexionsbereich zu erweitern. Allerdings erwies es sich als schwierig, klare Kriterien dafür aufzustellen, inwiefern Gattungen als geschlechtsbezogen anzusehen sind. Gattungsforschung aus feministischer Sicht beschäftigt sich kritisch mit Themen die im weitesten Sinne mit der Rolle der Frau in der Literaturgeschichte und im Literaturbetrieb zu tun haben. Es sind dies z. B. das mindere literarische Prestige der früher vorrangig von Frauen benutzten Gattungen wie Tagebuch oder Brief im Gegensatz zu den ursprünglich männlich dominierten Gattungen der sogenannten Hochkultur, die spezifisch männlichen Aspekte einzelner Gattungskonzeptionen wie z. B. dem Bildungsroman oder auch geschlechtsrelevante literaturwissenschaftlichen Zuschreibungen, wie die Darstellung bestimmter eng umgrenzter Romanformen als der weiblichen Sensibilität entsprechend und gleichzeitig als Zeugnis für die Begrenztheit der weiblichen Kreativität (vgl. Eagleton in Duff 2000).

Literatur

Duff, David (Hg.): *Modern Genre Theory*. Harlow u. a. 2000.
Fowler, Alastair: *Kinds of Literature. An Introduction to the Theory of Genres and Modes*. Oxford 1982.
Fricke, Harald: *Norm und Abweichung. Eine Philosophie der Literatur*. München 1981.
Frow, John: *Genre*. London/New York 2006.
Genette, Gérard: *Introduction à l'architexte*. Paris 1979 (dt.: *Einführung in den Architext*. Stuttgart 1990).
Hamburger, Käte: *Die Logik der Dichtung*. Stuttgart 1957.
Hempfer, Klaus W.: *Gattungstheorie. Information und Synthese*. München 1973.
Hernadi, Paul: *Beyond Genre. New Directions in Literary Classification*. Ithaca, London 1972.
Hinck, Walter (Hg.): *Textsortenlehre – Gattungsgeschichte*. Heidelberg 1977.
Horn, András: *Theorie der literarischen Gattungen. Ein Handbuch für Studierende der Literaturwissenschaft*. Würzburg 1998.
Lamping, Dieter: »Problem der neueren Gattungstheorie«, in: Dieter Lamping/Dietrich Weber (Hg.): *Gattungstheorie und Gattungsgeschichte*. Wuppertal 1990, 9–43.
Schaeffer, Jean-Marie: *Qu'est-ce qu'un genre littéraire?* Paris 1989.
Staiger, Emil: *Grundbegriffe der Poetik*. München ⁵1978.
Textsorten und literarische Gattungen. Dokumentation des Germanistentages in Hamburg vom 1. bis 4. April 1979. Hg. vom Vorstand der Vereinigung deutscher Hochschulgermanisten. Berlin 1983.
Wagenknecht, Christian (Hg.): *Zur Terminologie der Literaturwissenschaft. Akten des IX Germanistischen Symposions der Deutschen Forschungsgemeinschaft Würzburg 1986*. Stuttgart 1988.
Zymner, Rüdiger: *Gattungstheorie. Probleme und Positionen der Literaturwissenschaft*. Paderborn 2003.

Frank Zipfel

8. Gattungstheorie im 21. Jahrhundert

Im ersten Jahrzehnt des 21. Jh.s ist ein deutlich ansteigendes Interesse an gattungstheoretischen Fragestellungen zu verzeichnen. Kontinuierlich haben neuere gattungstheoretische Diskussionen an das in den 1970er Jahren entworfene Projekt einer Verwissenschaftlichung der Gattungsdiskussion angeschlossen, das auf eine terminologische Präzisierung literarischer Gattungskonzepte zielte (vgl. Hempfer 1973, Genette 1979). Dazu wird auf sprachanalytische und argumentationslogische Vorgehensweisen zurückgegriffen, und es werden unterschiedliche Typen von Gattungsbegriffen – wie z. B. klassifikatorische und typologische – in ihrer Anwendungsweise analysiert (vgl. Strube 1990; Zymner 2003). Eine Kontrolle der Begriffsverwendung wird durch präzise Gattungsdefinitionen und -explikationen angestrebt (vgl. Fricke 1981; Lamping 1989; Zymner 2003). Die so konstruierten Gattungskonzepte bleiben jedoch historisch ›überscharf‹ gefasst. Aus diesem Grund werden verstärkt Vorschläge diskutiert, die der historischen Varianz und Wandelbarkeit von Gattungsmerkmalen Rechnung tragen sollen. Eine wichtige Rolle spielen dabei prototypentheoretische Ansätze, die sich auf kognitionspsychologischer und linguistischer Basis um die Beschreibung unscharfer Kategorienverwendungen bemühen (vgl. Lakoff 1987). In sehr unterschiedlichen theoretischen Kontexten wird der dafür zentrale, von Ludwig Wittgenstein entwickelte Begriff der ›Familienähnlichkeit‹ herangezogen. Dieser erlaubt es, die prinzipielle Austauschbarkeit jedes einzelnen Gattungsmerkmals im Rahmen der historisch-kulturellen Varianz begriffslogisch zu beschreiben (vgl. z. B. Strube 1990, Oesterreicher 1997; Tophinke 1997; Zymner 2007).

Kritisch fortgesetzt wurde auch die Diskussion über die möglichen universellen oder transhistorischen Grundlagen der Gattungskonstitution. Hier wird in der deutschen Debatte vornehmlich an Hempfers Konzept der ›Schreibweise‹ (Hempfer 1973) angeknüpft. Die Kritik an den universalistischen Annahmen seiner ›generischen Invarianten‹ führt dabei zu einer konstruktivistischen Reformulierung des Begriffs (vgl. Verweyen/Witting 1979 und 1987; Zymner 1995 und 2003). Im Anschluss daran entwickelt Zymner ein neues Konzept der ›poetogenen Strukturen‹, das auf der Basis von Merkmalen der Alltagskommunikation anthropologische Grundlagen der literarischen Gattungsbildung beschreiben soll (vgl. Zymner 2003 und 2004). Die Frage nach universellen Grundlagen der Typisierung von Texten ist kommunikationstheoretisch auch als Rekonstruktion von elementaren ›Dimensionen der Kommunikation‹ (vgl. Raible 1980 und 1995) gefasst worden. Die narratologische Theoriebildung legt ebenfalls eine Bestimmung universeller diskurstypologischer Merkmale nahe. Fludernik hat in diesem Kontext ein Konzept der ›Makrogenres‹ vorgeschlagen (vgl. Fludernik 2000, Nünning/Nünning 2002).

Durch die Ausweitung des Literaturbegriffs seit den 1970er Jahren wurden gattungstheoretische Fragestellungen auf das gesamte Feld der menschlichen Kommunikation beziehbar. Sie sind inzwischen Gegenstand der verschiedensten Forschungsdisziplinen. Insbesondere die Linguistik und die Sozialwissenschaften haben davon profitiert. Erfolgreich wurde die Theorie der ›Textsorten‹ auf alltagssprachliche Phänomene bezogen, wodurch ein eigenes Forschungsgebiet konstituiert wurde (vgl. Adamzik 1995). Die Erwartung, durch die systematische Definition von Textsorten auch eine Klärung der konzeptionellen Problematik historischer Literaturgattungen herbeiführen zu können, wurde dabei allerdings zunehmend aufgegeben. In sprachgeschichtlicher Perspektive haben Koch und Oesterreicher alternativ dazu einen Begriff der ›Diskurstradition‹ formuliert, der den historischen Wandel kommunikativer Muster beschreibbar machen soll. Sie greifen dabei ebenfalls auf den Begriff der Familienähnlichkeit zurück (vgl. Koch 1997, Oesterreicher 1997). Auf dem Gebiet der Sozialwissenschaften hat Luckmann ein Konzept der ›Kommunikativen Gattungen‹ entwickelt, das die allgemeine kommunikationstheoretische Fundierung von Gattungsfragen unterstreicht und wissenssoziologisch fruchtbar macht (vgl. Luckmann 1997, Günthner/Knoblauch 1994). Da solche außerliterarischen Theoretisierungen von Gattungskonzepten allgemeiner formuliert und von den ästhetischen Wertimplikationen der literaturwissenschaftlichen Gattungstheorie frei sind, wäre die Anschließbarkeit der literaturwissenschaftlichen Theoriebildung an solche weiter gefassten Konzepte wünschenswert. In ähnlicher Weise stellt die medientheoretische Ausweitung der Gattungstheorie ein Desiderat dar, das erst in Ansätzen theoretisch konzipiert worden ist (vgl. Nünning/Nünning 2002, Borgstedt 2009).

Die Konzeptionalisierung der historischen Wandelbarkeit literarischer Gattungen und die Verknüpfung von Gattungstheorie und Gattungsgeschichte stellt eine Grundproblematik der literaturwissenschaftlichen Gattungstheorie dar. Die darauf ausgerichteten historisch-hermeneutisch und sozialgeschichtlich angelegten Theorieentwürfe von Jauß (1973) und Voßkamp (1977) haben hier zunächst wenig Nachfolge gefunden. Auf formalistischer und sprachanalytischer Basis hat Fricke demgegenüber einen neuartigen Begriff des ›Genre‹ als einer historisch ›etablierten‹ Textsorte vorgeschlagen, um die mangelnde Historizität der klassifikatorischen Gattungsbegriffe zu beheben (vgl. Fricke 1981, 132; Lamping 1997, Breuer 1997; →A 1.1; A 1.2; A 1.5). Qualifizierte Aussagen über historische Wandlungsprozesse von Gattungen machen allerdings die Einbeziehung historisch-kultureller und sozialgeschichtlicher Fragestellungen erforderlich, wofür inzwischen verstärkt auf ›Mehrebenenmodelle‹ zurückgegriffen wird, die die Korrelation unterschiedlicher analytischer Perspektiven erlauben. So unterscheiden Gymnich und Neumann eine inhaltlich-formale von einer kulturell-historischen, einer kognitiv-individuellen und einer funktionalen Dimension von Gattungen (vgl. Gymnich/Neumann 2007). Borgstedt schlägt eine Unterscheidung von universalistischen, sozialen und literarisch-historischen Aspekten von Gattungen vor, worauf er das historisch ausgerichtete Beschreibungsmodell einer ›Gattungstopik‹ gründet (Borgstedt 2009). Beide Konzeptionen heben sowohl die Kontinuitäten wie die kulturellen Wandlungsprozesse der Gattungsgeschichte hervor und vollziehen einen Blickwechsel von einer synchronen zu einer stärker diachronen Ausrichtung der Gattungstheorie.

Literatur

Adamzik, Kirsten: *Textsorten – Texttypologie. Eine kommentierte Bibliographie*. Münster 1995.
Borgstedt, Thomas: *Topik des Sonetts. Gattungstheorie und Gattungsgeschichte*. Tübingen 2009.
Breuer, Ulrich: »text/sorte/genre: Konkurrenz und Konvergenz linguistischer und literaturwissenschaftlicher Klassifikationen?«. In: *Mitteilungen des deutschen Germanistenverbands* 44 (1997), 53–63.
Fludernik, Monika: »Genres, Text Types, or Discourse Modes? Narrative Modalities and Generic Categorization«. In: *Style* 34 (2000), 274–292.
Fricke, Harald: *Norm und Abweichung. Eine Philosophie der Literatur*. München 1981.
Genette, Gérard: *Introduction à l'architexte*. Paris 1979 (dt.: *Einführung in den Architext*. Stuttgart 1990).
Günthner, Susanne/Knoblauch, Hubert: »›Forms are the food of faith‹. Gattungen als Muster kommunikativen Handelns«. In: *Kölner Zeitschrift für Soziologie und Sozialpsychologie* 46 (1994), 693–723.
Gymnich, Marion/Neumann, Birgit: »Vorschläge für eine Relationierung verschiedener Aspekte und Dimensionen des Gattungskonzepts: Der Kompaktbegriff Gattung«. In: Marion Gymnich/Birgit Neumann/Ansgar Nünning (Hg.): *Gattungstheorie und Gattungsgeschichte*. Trier 2007, 31–52.
Hempfer, Klaus W.: *Gattungstheorie. Information und Synthese*. München 1973.
Jauß, Hans Robert: »Theorie der Gattungen und Literatur des Mittelalters«. In: Ders./Erich Köhler (Hg.): *Grundriß der romanischen Literaturen des Mittelalters*. Bd. 1. Heidelberg 1972, 107–138.
Koch, Peter: »Diskurstraditionen: zu ihrem sprachtheoretischen Status und zu ihrer Dynamik«. In: Barbara Frank u. a. (Hg.): *Gattungen mittelalterlicher Schriftlichkeit*. Tübingen 1997, 43–79.
Lakoff, George: *Women, Fire, and Dangerous Things. What Categories Reveal About the Mind*. Chicago, London 1987.
Lamping, Dieter: »Genre«. In: *Reallexikon der deutschen Literaturwissenschaft*. Bd. 1. Hg. v. Klaus Weimar u. a. Berlin, New York 1997, 704 f.
Lamping, Dieter: »Probleme der neueren Gattungstheorie«. In: Ders./Dietrich Weber (Hg.): *Gattungstheorie und Gattungsgeschichte*. Wuppertal 1990, 9–43.
Lamping, Dieter: *Das lyrische Gedicht. Definitionen zu Theorie und Geschichte der Gattung*. Göttingen 1989.
Luckmann, Thomas: »Allgemeine Überlegungen zu kommunikativen Gattungen«. In: Barbara Frank u. a. (Hg.): *Gattungen mittelalterlicher Schriftlichkeit*. Tübingen 1997, 11–18.
Nünning, Ansgar/Nünning, Vera: »Produktive Grenzüberschreitungen: Transgenerische, intermediale und interdisziplinäre Ansätze in der Erzähltheorie«. In: Dies. (Hg.): *Erzähltheorie transgenerisch, intermedial, interdisziplinär*. Trier 2002, 1–22.
Oesterreicher, Wulf: »Zur Fundierung von Diskurstraditionen«. In: Barbara Frank u. a. (Hg.): *Gattungen mittelalterlicher Schriftlichkeit*. Tübingen 1997, 19–41.
Raible, Wolfgang: »Was sind Gattungen? Eine Antwort aus semiotischer und textlinguistischer Sicht«. In: *Poetica* 12 (1980), 320–349.
Raible, Wolfgang: »Wie soll man Texte typisieren?«. In: Susanne Michaelis/Doris Tophinke (Hg.): *Texte – Konstitution, Verarbeitung, Typik*. München, Newcastle 1996, 59–72.
Strube, Werner: »Zur Klassifikation literarischer Werke«. In: Dieter Lamping/Dietrich Weber (Hg.): *Gattungstheorie und Gattungsgeschichte*. Wuppertal 1990, 105–155.
Tophinke, Doris: »Zum Problem der Gattungsgrenze – Möglichkeiten einer prototypentheoretischen Lösung«. In: Barbara Frank, u. a. (Hg.): *Gattungen mittelalterlicher Schriftlichkeit*. Tübingen 1997, 161–182.
Verweyen, Theodor/Witting, Gunther: *Die Parodie in der neueren deutschen Literatur. Eine systematische Einführung*. Darmstadt 1979.
Verweyen, Theodor/Witting, Gunther: *Die Kontrafaktur. Vorlage und Verarbeitung in Literatur, bildender Kunst, Werbung und politischem Plakat*. Konstanz 1987.
Voßkamp, Wilhelm: »Gattungen als literarisch-soziale Institutionen. Zu Problemen sozial- und funktionsgeschichtlich orientierter Gattungstheorie und -historie«, in: Walter Hinck (Hg.): *Textsortenlehre – Gattungsgeschichte*. Heidelberg 1977, 27–42.
Zymner, Rüdiger: »Poetogene Strukturen, ästhetisch-soziale Handlungsfelder und anthropologische Universa-

lien«. In: Ders./Manfred Engel (Hg.): *Anthropologie der Literatur. Poetogene Strukturen und ästhetisch-soziale Handlungsfelder*. Paderborn 2004, 13–29.

Zymner, Rüdiger: »Texttypen und Schreibweisen«. In: Thomas Anz (Hg.): *Handbuch Literaturwissenschaft*. Bd. 1. Stuttgart, Weimar 2007, 25–80.

Zymner, Rüdiger: *Gattungstheorie. Probleme und Positionen der Literaturwissenschaft*. Paderborn 2003.

Zymner, Rüdiger: *Manierismus. Zur poetischen Artistik bei Johann Fischart, Jean Paul und Arno Schmidt*. Paderborn 1995.

Thomas Borgstedt

(F) Bezugssysteme von Gattungstheorie und Gattungsforschung

1. Analytische Literaturwissenschaft

Explikation

Der analytischen Literaturwissenschaft werden Arbeiten zugerechnet, die in besonderer Weise darum bemüht sind, grundlegende Standards wissenschaftlichen Arbeitens einzuhalten. Der Literaturwissenschaft gebührt Vertretern des Ansatzes zufolge kein Sonderstatus gegenüber anderen wissenschaftlichen Disziplinen: Gelungene Arbeiten erkennt man unter anderem daran, dass sie ihre Ergebnisse auf nachvollziehbare und rational kritisierbare Weise erzielen. Da die analytische Literaturwissenschaft in rein *formaler* Weise bestimmt ist, kann sie im Rahmen der Interpretation, Klassifikation, literaturgeschichtlichen Einordnung etc. mit *inhaltlichen* Annahmen anderer Ansätze kombiniert werden. So können beispielsweise sozialgeschichtlichen, hermeneutischen oder feministischen Annahmen verpflichtete Arbeiten durchaus zur analytischen Literaturwissenschaft hinzugerechnet werden – vorausgesetzt, sie werden den fraglichen Standards gerecht. Hervorgegangen ist die analytische Literaturwissenschaft aus den Verwissenschaftlichungsbestrebungen, die in der deutschen Literaturwissenschaft in den 1970er Jahren stattgefunden haben. Wichtig sind insbesondere die folgenden drei Strömungen:

(1) Der literaturwissenschaftliche Strukturalismus konnte zum einen auf frühere Verwissenschaftlichungsbestrebungen des Formalismus zurückgreifen (vgl. Köppe/Winko 2008, Kap. 3.3). Zum anderen orientierte er sich an den Verfahren und Ergebnissen der Linguistik nach Saussure, die eine strenge Beschreibung genereller Strukturen des Sprachsystems forderte. Literarische Texte werden im Strukturalismus als ›sekundäre semiotische Systeme‹ aufgefasst, die nach ähnlichen Prinzipien strukturiert sind wie natürliche Sprachen. Die Analyse literarischer Texte hat demnach die sprachlichen Strukturen freizulegen, aus denen ein Text besteht. Im deutschen Sprachraum entwickelte Michael Titzmann ein Verfahren der »Strukturalen Textanalyse« (^{1}1977), das detaillierte Analyseregeln formuliert und zudem ausführliche Bedingungen bestimmt, denen die Aussagensysteme des Literaturwissenschaftlers genügen müssen.

(2) Die Empirische Literaturwissenschaft setzte auf eine grundsätzliche Neuausrichtung der Literaturwissenschaft (Schmidt ^{1}1980). Untersucht werden sollte nicht mehr der literarische Text selbst, sondern vielmehr das ›Handlungssystem Literatur‹, das die Produktion, Vermittlung, Rezeption und Verarbeitung literarischer Texte umfasst. An die Stelle der Interpretation im Sinne einer (als bloß ›subjektiv‹ aufgefassten) Bedeutungszuweisung sollte die Untersuchung der Rezeptionsprozesse treten, die Teilnehmer am ›Literatursystem‹ ausführen. Nur dann, so die Überlegung, hat der Wissenschaftler die ihm gebührende Beobachterposition seinem Gegenstand gegenüber inne, und nur so ist er in der Lage, zu intersubjektiv gültigen Aussagen zu kommen. Alle im Rahmen der Empirischen Literaturwissenschaft angewandten Methoden sollten auf einem strengen, an den empirischen (Natur-)Wissenschaften orientierten wissenschaftstheoretischen Fundament aufruhen. Zentrale Forderungen umfassten die explizite Definition wichtiger Ausdrücke der Theorie (»Fachsprachenpostulat«), die empirische Überprüfbarkeit ihrer Resultate (»Prüfbarkeitspostulat«) und die Bezogenheit der Untersuchungen auf eine innerhalb der Wissenschaft anerkannte Problemstellung (»Relevanzpostulat«).

(3) Die Interpretations- und Argumentationsanalyse untersuchte literaturwissenschaftliche Arbeiten in Bezug auf ihre Ziele, Verfahren, Argumentationsstrukturen und Begrifflichkeiten (vgl. Grewendorf 1975; Fricke 1977). Zum Teil geschah dies in rein rekonstruktiver, zum Teil jedoch auch in kritischer Absicht, d. h. mit dem Wunsch, in der etablierten Praxis wissenschaftsfähige von nicht wissenschaftlichen Verfahren zu unterscheiden und die Praxis damit zu reformieren (vgl. Spree 2008).

Die sich herausbildende analytische Literaturwissenschaft teilt mit den drei genannten Strömungen ein Interesse an Begriffsbildung und Methodologie und damit an Fragestellungen, die in den Bereich der Literaturtheorie gehören (vgl. Köppe 2008). Sie geht jedoch insofern über diese hinaus, als mit einer analytischen Zugriffsweise auch traditionelle literaturwissenschaftliche Aufgabenfelder wie die Literaturgeschichtsschreibung, Interpretation oder literarische Wertung bearbeitet werden können.

Bezugstheorien/Rahmenannahmen/ Grundbegriffe

Die wichtigste Bezugstheorie ist die analytische Ästhetik, d. i. die von der analytischen Philosophie entwickelte Kunsttheorie. Als Merkmale der analytischen Ästhetik gelten u. a. die Anwendung von Logik und Verfahren der Begriffsanalyse; ein Bemühen um rationale Argumentationsverfahren sowie Klarheit des Ausdrucks; die Orientierung an der wissenschaftlich-dialektischen Vorgehensweise des Aufstellens von Hypothesen, die kritisiert und modifiziert werden; die Tendenz zur Aufspaltung von Problemkomplexen in einzeln zu behandelnde Teilprobleme; sowie die gemeinsame Arbeit an geteilten Problemstellungen im Rahmen fortlaufender Debatten (vgl. Lamarque/Olsen 2004, 1–5).

Die analytische Ästhetik befindet sich in einer beständigen Entwicklung, in der verschiedene methodische Wege beschritten wurden und werden. Sie kann daher ebenso wenig wie die allgemeine analytische Philosophie durch ein klar umrissenes Set inhaltlicher oder methodischer Merkmale (etwa ein allgemein akzeptiertes Verfahren der Begriffsanalyse) bestimmt werden (vgl. Glock 2008).

Die Grundbegriffe der Literaturwissenschaft sind im Rahmen der analytischen Literaturwissenschaft Gegenstand kontroverser Debatten und entsprechend umstritten. Das gilt etwa für die Begriffe des Textes und des Werkes (vgl. Shusterman 1992) oder den Begriff der Interpretation. Wichtige Streitpunkte in Bezug auf die Methodologie der Textinterpretation betreffen etwa die Frage nach der Vergleichbarkeit unterschiedlicher Interpretationen desselben Werkes (›Singularismus‹ versus ›Pluralismus‹) sowie die Frage nach der Relevanz des Autors für die Interpretation (Intentionalismus-Debatte). Eine rationale Rekonstruktion zentraler literaturwissenschaftlicher Interpretationsverfahren zeigt, dass diese sich nach dem Muster der hypothetisch-deduktiven Methode verstehen lassen (vgl. Føllesdal u. a. 2008). Interpretationen bestehen demnach wesentlich in Hypothesen über nicht-offensichtliche Aspekte eines Textes und können unter Zuhilfenahme von Kontextinformationen indirekt am Text bestätigt werden.

Bezüge zur Gattungstheorie

Von der analytischen Philosophie übernimmt die analytische Literaturwissenschaft ein reiches Methodeninventar zur Begriffsbestimmung (vgl. Pawłowski 1980). Vorliegende Bestimmungen von Gattungsbegriffen zeichnen sich u. a. dadurch aus, dass sie nicht davon ausgehen, dass sich alle Gattungsbegriffe nach demselben Muster bestimmen lassen (vgl. Köppe 2006) oder dass alle Gattungsbegriffe dieselbe interne Struktur haben (vgl. etwa ›Familienähnlichkeiten‹ versus ›essenzielle‹ Definitionen; Strube 1993; → A 1.1; A 1.2; D 2; D 8; D 14).

Literatur

Føllesdal, Dagfinn/Walløe, Lars/Elster, Jon: »Die hypothetisch-deduktive Methode in der Literaturinterpretation«. In: Tom Kindt/Tilmann Köppe (Hg.): *Moderne Interpretationstheorien*. Göttingen 2008, 70–78.

Fricke, Harald: *Die Sprache der Literaturwissenschaft. Textanalytische und philosophische Untersuchungen*. München 1977.

Glock, Hans-Johann: *What is Analytic Philosophy?* Cambridge 2008.

Grewendorf, Günther: *Argumentation und Interpretation. Wissenschaftstheoretische Untersuchungen am Beispiel germanistischer Literaturinterpretationen*. Kronberg/Ts. 1975.

Köppe, Tilmann: »›Was ist Literatur?‹ Bemerkungen zur Bedeutung der Fragestellung«. In: Jürn Gottschalk/Tilmann Köppe (Hg.): *Was ist Literatur?* Paderborn 2006, 155–174.

Köppe, Tilmann: »Konturen einer analytischen Literaturtheorie«. In: Gregor Thuswaldner (Hg.): *Derrida und danach? Literaturtheoretische Diskurse der Gegenwart*. Wiesbaden 2008, 67–83.

Köppe, Tilmann/Winko, Simone: *Neuere Literaturtheorien*. Stuttgart, Weimar 2008.

Lamarque, Peter/Olsen, Stein Haugom (Hg.): *Aesthetics and the Philosophy of Art. The Analytic Tradition*. Malden (MA), Oxford 2004.

Pawłowski, Tadeusz: *Begriffsbildung und Definition*. Berlin, New York 1980.

Shusterman, Richard: »Text«. In: David E. Cooper (Hg.): *A Companion to Aesthetics*. Oxford, Cambridge (MA) 1992, 418–421.

Spree, Axel: »Drei Wege der analytischen Literaturwissenschaft«. In: *Journal of Literary Theory* 1 (2007), 111–133.

Strube, Werner: *Analytische Philosophie der Literaturwissenschaft. Untersuchungen zur literaturwissenschaftlichen Definition, Klassifikation, Interpretation und Textbewertung*. Paderborn u. a. 1993.

Titzmann, Michael: *Strukturale Textanalyse*. 1992.

Tilmann Köppe

2. *Cognitive Poetics* und Biopoetik

Explikation

Mit den Ausdrücken ›Cognitive Poetics‹ und ›Biopoetik‹ werden zwei Tendenzen in dem breiten Spektrum neuerer literaturtheoretischer Ansätze bezeichnet, die für eine Grundlegung oder Umgestaltung der Literaturwissenschaft im Anschluss an natur- und humanwissenschaftliche Fächer wie insbesondere die Psychologie, die Biologie und die Anthropologie eintreten. Auch wenn etwa das Plädoyer für eine kognitionspsychologische Erneuerung der Literaturwissenschaft und das für eine evolutionsbiologische Begründung ihrer Leitkonzepte häufig miteinander verknüpft werden, ist es sinnvoll, die beiden Positionen grundsätzlich auseinander zu halten:

Im Rahmen der *Cognitive Poetics* wird versucht, mithilfe von kognitionswissenschaftlichen Begriffen zu einer differenzierten und für eine empirische Überprüfung prinzipiell offenen Modellierung literarischer Kommunikation zu gelangen (vgl. Tsur 1992; Semino/Culpeper 2002; Stockwell 2002). Im Vordergrund steht dabei die Frage nach dem Prozess der Textrezeption und das heißt hier nach dem Zusammenspiel von Textstrukturen und Rezeptionseffekten. Grundlegend für die Rekonstruktion dieses Zusammenspiels ist die Annahme, dass kognitive Vorgänge ›embodied‹ sind, also stets mit physischen Abläufen korreliert auftreten (vgl. allgemein Varela/Thompson/Rosch 1991).

Die Biopoetik verfolgt das Ziel, die biologischen Grundlagen von Literatur und protoliterarischen Strukturen in unterschiedlichen sozialen Handlungsfeldern zu erhellen (vgl. Eibl 2004a; Zymner/Engel 2004; Gottschall/Wilson 2005). Leitend für biopoetische Untersuchungen ist die Frage, die sich mit Karl Eibl als das »Grundproblem« aller evolutionären Ansätze zur Kunst einstufen lässt – die Frage nach dem »Nutzen des Nutzlosen« (Eibl 2007, 487). Zu ihrer Beantwortung, also zur gattungsgeschichtlichen Erklärung ›ästhetischen Wohlgefallens‹, wird zumeist auf neuere evolutionspsychologische Modelle des Spielens als einer ›lustprämierten Betätigungsform‹ verwiesen, durch die sich ungefährdet kognitive und motorische Fertigkeiten entwickeln und erproben lassen (vgl. Tooby/Cosmides 2001; Eibl 2004a, 2004b).

Bezugstheorien, Rahmenannahmen und Grundbegriffe

Ausgangs- und wesentlicher Bezugspunkt für den Ansatz der *Cognitive Poetics* sind die Modellbildungen in den Bereichen der Kognitionspsychologie und der kognitiven Linguistik. Grundlegende Bedeutung kommt dabei insbesondere den auf die ›Künstliche Intelligenz-Forschung‹ zurückgehenden Schema- oder Skript-Theorien zu: In der kognitionswissenschaftlich ausgerichteten Literaturforschung wird von der Annahme ausgegangen, dass sich Personen in Kognitions- und Kommunikationszusammenhängen auf sogenannte Schemata, *scripts* und *frames* stützen, also auf strukturierte Einheiten von Informationen über spezifische Gegenstände (vgl. Stockwell 2002, Kap. 6; Müller 2003b).

Die Literaturbetrachtung im Sinne der *Cognitive Poetics* legt es in der Regel nicht auf Textinterpretationen an; es geht ihr vielmehr um die idealisierende Rekonstruktion von textstrukturell nahe gelegten kognitiven Rezeptionsoperationen (vgl. dazu Köppe/Winko 2008, 304–311). Gegenstand entsprechend ausgerichteter Rekonstruktionen sind sowohl einzelne Texte als auch werkübergreifende Textstrukturen, denen sich allgemeine Wirkungsdispositionen wie etwa Spannung oder Komik zuschreiben lassen (vgl. dazu Müller 2003a; Mellmann 2005).

Die maßgeblichen Bezugstheorien der Biopoetik sind die Vergleichende Verhaltensforschung, die Soziobiologie und die evolutionäre Psychologie (vgl. für einen Überblick Eibl 2004a, Kap. 3 u. 4). Besonders einflussreich ist in den neueren biopoetischen Auseinandersetzungen die evolutionstheoretische Unterscheidung zwischen dem ›Funktions-‹ und dem ›Organisationsmodus‹ als den grundlegenden Operationsformen von Organismen gewesen; ausgehend von dieser Unterscheidung werden die Lustgefühle, die mit der Produktion und Rezeption von Kunst und Dichtung verknüpft sind, gemeinhin auf eine gattungsgeschichtlich entstandene emotionale Belohnung für die evolutionär vorteilhafte Ausbildung und Erprobung (Organisationsmodus) von Vermögen zurückgeführt, die sich im Ernstfall (Funktionsmodus) als überlebenswichtig erweisen können (vgl. dazu Eibl 2004b).

Bei der Biopoetik handelt es sich nicht um eine Literaturtheorie im Sinne eines Modells der Textinterpretation; im Rahmen des Versuchs, die biologischen Grundlagen von Literatur freizulegen, beteiligen sich biopoetische Beiträge allerdings oft an traditionellen literaturtheoretischen Debatten, etwa an denen zum Verhältnis von Verstehen und Erklären, zur Struktur der literarischen Kommunikation oder zur Bestimmung von Konzepten wie Fiktionalität oder Literarizität (vgl. Eibl 1995, 2004a).

Sowohl die *Cognitive Poetics* als auch die Biopoetik sind in der Literaturwissenschaft auf einige Skepsis und Kritik gestoßen. Beanstandet wird insbesondere der nicht immer klar ausgewiesene und insgesamt begrenzte Beitrag, den beide Strömungen zur Lösung traditioneller literaturwissenschaftlicher Aufgabenstellungen wie etwa der Textdeutung oder der Literaturgeschichtsschreibung leisten (vgl. dazu Köppe, 2009; Zymner 2009).

Bezüge zur Gattungstheorie

Probleme der Gattungstheorie haben weder im Zusammenhang der *Cognitive Poetics* noch in dem der Biopoetik eingehendere Beachtung gefunden (vgl. aber Stockwell 2002; Zymner 2006). Mit der Skript-Theorie verfügt die kognitivistische Literaturwissenschaft allerdings über einen soliden, wenngleich bislang nur in Ansätzen genutzten Bezugspunkt für eine präzisierende Reformulierung gattungstheoretischer Reflexionen und gattungstypologischer Modelle (vgl. für Überlegungen zur Begriffsbildung im Anschluss an evolutionsbiologische Positionen Köppe 2009; → A 1.6; D 2; D 3).

Literatur

Eibl, Karl: *Die Entstehung der Poesie*. Frankfurt a. M. 1995.
Eibl, Karl: *Animal Poeta. Bausteine der biologischen Kultur- und Literaturtheorie*. Paderborn 2004 (= 2004a).
Eibl, Karl: »Adaptationen im Lustmodus. Ein übersehener Evolutionsfaktor«. In: Rüdiger Zymner/Manfred Engel (Hg.): *Anthropologie der Literatur. Poetogene Strukturen und ästhetisch-soziale Handlungsfelder*. Paderborn 2004, 30–48 (= 2004b).
Eibl, Karl: »Naturwissenschaft«. In: Thomas Anz (Hg.): *Handbuch Literaturwissenschaft*. Bd. 2. Stuttgart, Weimar 2007, 486–495.
Gottschall, Jonathan/Wilson, David Sloan (Hg.): *The Literary Animal. Evolution and the Nature of Narrative*. Evanston, Ill. 2005.
Köppe, Tilmann: »Evolutionary Psychology and the Paradox of Fiction«. In: *Studies in the Literary Imagination* 42:2 (2009), 71–97.
Köppe, Tilmann/Winko, Simone: *Neuere Literaturtheorien*. Stuttgart, Weimar 2008.
Mellmann, Katja: »Vorschlag zu einer emotionspsychologischen Bestimmung von ›Spannung‹«. In: Karl Eibl/Katja Mellmann/Rüdiger Zymner (Hg.): *Im Rücken der Kulturen*. Paderborn 2007, 241–268.
Müller, Ralph: *Theorie der Pointe*. Paderborn u. a. 2003 (= 2003a).
Müller, Ralph: »Script-Theorie«. In: *Reallexikon der deutschen Literaturwissenschaft*. Bd. 3. Hg. v. Jan-Dirk Müller u. a. Berlin, New York 2003, 414–416 (= 2003b).
Semino, Elena/Culpeper, Jonathan (Hg.): *Cognitive Stylistics. Language and Cognition in Text Analysis*. Amsterdam 2002.
Stockwell, Peter: *Cognitive Poetics. An Introduction*. London, New York 2002.
Tooby, John/Cosmides, Leda: »Does Beauty Build Adapted Minds?«. In: *Substance. A Review of Theory and Literary Criticism* 94/95, 1/2 (2001), 6–25.
Tsur, Reuven: *Toward a Theory of Cognitive Poetics*. Amsterdam 1992.
Tsur, Reuven: »Aspects of Cognitive Poetics«. In: Elena Semino/Jonathan Culpeper (Hg.): *Cognitive Stylistics. Language and Cognition in Text Analysis*. Amsterdam 2002, 279–318.
Varela, Francisco/Thompson, Evan/Rosch, Eleanor: *The Embodied Mind: Cognitive Science and Human Experience*. Cambridge, MA 1991.
Zymner, Rüdiger: »Körper, Geist und Literatur. Perspektiven der ›kognitiven Literaturwissenschaft‹ – eine kritische Bestandsaufnahme«. In: Martin Huber/Simone Winko (Hg.): *Literatur und Kognition. Bestandsaufnahmen und Perspektiven eines Arbeitsfeldes*. Paderborn 2009, 135–154.
Zymner, Rüdiger: »›Naturformen‹, ›Regeln der Seele‹? Poetogene Dispositionen und literaturwissenschaftliche Gattungstheorie«. In: Uta Klein u. a. (Hg.): *Heuristiken der Literaturwissenschaft. Disziplinexterne Perspektiven*. Paderborn 2006, 293–318.
Zymner, Rüdiger/Engel, Manfred (Hg.): *Anthropologie der Literatur. Poetogene Strukturen und ästhetisch-soziale Handlungsfelder*. Paderborn 2004.

Tom Kindt

3. Dekonstruktion

Explikation

Die Dekonstruktion ist eine philosophische Schule, die in der Tradition der Phänomenologie (insbesondere Heideggers) sowie des Strukturalismus steht. Ihr wichtigster Vertreter ist Jacques Derrida (1930–2004), der in seinem Werk darum bemüht ist, metaphysische Annahmen aufzudecken, die unserem Denken und Sprechen zugrunde liegen (vgl. Rorty 1995). Diese Kritik wird meist auf einem sprachtheoretischen Fundament geleistet und zeichnet sich durch eine weitgehende Abschottung gegenüber den konstruktiven sprachphilosophischen Einsichten insbesondere der analytischen Philosophie aus (vgl. Searle 1993). Der Einfluss der Dekonstruktion auf die Literaturwissenschaft wurde insbesondere durch die *Yale School of Criticism* (u. a. Geoffrey Hartman, J. Hillis Miller, Paul de Man) vermittelt (vgl. Culler 2003). Diesen Literaturwissenschaftlern ging es fortan darum, Grundideen der philosophischen Dekonstruktion auf literarische Texte anzuwenden. In den 1980er Jahren entwickelte sich die Dekonstruktion zusammen mit anderen poststrukturalistischen Theorien auch im deutschen Sprachraum zu einem der erfolgreichsten literatur- und kulturwissenschaftlichen Ansätze; seit den 1990er Jahren kann ein Schwinden des Einflusses beobachtet werden.

Bezugstheorien/Rahmenannahmen/ Grundbegriffe

Grundlegend für die Dekonstruktion ist ein am Strukturalismus orientiertes Zeichenverständnis. Sprachliche Zeichen referieren nach dekonstruktivistischem Verständnis nicht auf die Wirklichkeit. Vielmehr wird im Anschluss an Saussure angenommen, dass für die Bedeutung eines sprachlichen Zeichens die Abgrenzung zu anderen Zeichen innerhalb des Sprachsystems wesentlich ist. Im Unterschied zur strukturalistischen Zeichentheorie wird jedoch davon ausgegangen, dass die Bedeutungskonstitution als ein *Prozess* der Abgrenzung von anderen Zeichen verstanden werden muss, der niemals an ein Ende gelangt (vgl. Derrida 1990). Entsprechend ist es nicht möglich, die Bedeutung eines sprachlichen Zeichens präzise anzugeben; das ›Spiel der Zeichen‹ (Derrida prägt dafür das Kunstwort *différance*) entzieht sich solchen Fixierungsbemühungen. Diese Sprachkritik hat erkenntnistheoretische Implikationen. Sie wendet sich gegen den sogenannten ›Logozentrismus‹, die Vorstellung, dass uns unsere Sprache die Welt direkt und wahrheitsgetreu repräsentiere und uns so einen direkten Zugang zur Welt gewähre (vgl. Ellis 1989, 36 f.).

Dieses Verständnis von Bedeutung wird im Rahmen der Literaturwissenschaft auf literarische Texte übertragen, und es werden Implikationen für deren Interpretation abgeleitet. Die Bedeutung des literarischen Textes gilt als nicht fixierbar, insbesondere nicht durch die semantischen Intentionen des Autors. Auch der Text selbst gilt als ›offen‹, da das ›Bedeutungsgeschehen‹ nicht an vermeintlichen Textgrenzen halt macht (vgl. Barthes 1974, 94). Literarische Texte gelten dabei einerseits als die Texte, in denen sich das ›Spiel der Zeichen‹ besonders klar bemerkbar macht. Andererseits wird angenommen, dass es keinen kategorialen Unterschied zwischen literarischen und nicht-literarischen Texten gibt, da die Mechanismen der Sprache in allen Texten unterschiedslos wirken. Bei Derrida gibt es gleichwohl auch die Vorstellung, dass die Besonderheiten literarischer Texte eher auf institutioneller Ebene (d. h. in besonderen Umgangsformen mit Texten dieses Typs) zu finden sind (vgl. Derrida 2006).

Diese Annahme hat zugleich Auswirkungen auf das dekonstruktivistische Verständnis von Interpretation. So wird der Unterschied zwischen Objekt- und Metaebene programmatisch abgelehnt, was zu einer Einebnung des Unterschieds zwischen dem interpretierten Text und dem Text der Interpretation führt (vgl. Spree 1995, 141 f.). Das Konzept der an bestimmten Gelingensbedingungen bzw. Standards orientierten Interpretation wird zugunsten eines Konzeptes von ›Lektüre‹ aufgegeben, die nicht der Frage nachgeht, was ein Text bedeutet bzw. welche Bedeutung sich ›hinter‹ dem Text als solchem ›verbirgt‹, sondern die vielmehr aufdecken möchte, *wie* ein Text bedeutet (d. h. es geht darum, ›Signifikationsprozesse‹ zu beobachten).

In der literaturwissenschaftlichen Praxis werden gleichwohl auch von Dekonstruktivisten gewisse Standards beachtet. Eine Interpretation (Lektüre) gilt beispielsweise als gelungen, wenn sie ›subversiv‹ ist, d. h. eine zuvor akzeptierte Bedeutungshypothese als unhaltbar ausweist; wenn sie subtil ist und kleinste sprachliche Details (etwa auf der Laut- oder Graphemebene) genauso wichtig nimmt wie übergreifende thematische Strukturen; oder wenn sie schlicht originell verfährt. Dekonstruktivisten interessieren sich vor dem Hintergrund dieser Interpretationsziele vornehmlich für mikrostilistische Aspekte von Texten, etwa Metaphern, unklare Ausdrücke oder eine komplizierte Syntax (vgl. Johnson 2008). Die Nähe dieses Vorgehens zum traditionellen *close reading* der New Critics ist oft herausgestellt worden. Für die Dekonstruktion ist gleichwohl zentral, dass Widersprüche zwischen Textelementen nicht aufgelöst oder im Rahmen einer Interpretation integriert werden sollen. Das Kunstwerk ist keine ›geschlossene‹ Einheit, deren Elemente harmonisch aufeinander abgestimmt sind, sondern es enthält notwendig Widersprüchlichkeiten, die im Zuge der Lektüre aufgewiesen werden können. Jede Lektüre gerät so zur indirekten Bestätigung der sprachtheoretischen Grundannahmen.

Die Dekonstruktion betont die Rolle des Textes, über eine konturierte Theorie der literarischen Kommunikation verfügt sie dementsprechend nicht. Was in anderen Ansätzen dem Autor zugesprochen wird (etwa die Komposition des Textes, der Ausdruck semantischer Intentionen ist) oder aber dem Leser (etwa die Suche nach der Textbedeutung), gilt im Rahmen der Dekonstruktion als Eigenschaft des Textes (als ›Textgeschehen‹). Die Rolle des Autors wird im Anschluss an Foucault oft auf die eines ›Diskursknotenpunktes‹ reduziert: Entscheidend ist sozusagen, dass und wie sich in einem Text verschiedene andere Texte ›kreuzen‹; wer für die ›Kreuzung‹ verantwortlich ist, interessiert nicht (vgl. Lamarque 1994).

Bezüge zur Gattungstheorie

Das Konzept klarer Gattungsgrenzen wird von Dekonstruktivisten vor dem Hintergrund ihrer sprachtheoretischen Annahmen abgelehnt. Der Beitrag der Dekonstruktion zur Gattungstheorie muss wohl eher in ihrem Hinweis auf die Gefahr gesehen werden, die Trennschärfe oder Leistung gattungstheoretischer Klassifikationen zu überschätzen (vgl. Derrida 2000; → B 5.1). Geschwächt wird dieses kritische Potenzial gleichwohl durch die Tatsache, dass dekonstruktivistische Auffassungen nur selten argumentativ gestützt werden; als Beitrag zur rationalen Meinungsbildung in der Wissenschaft können sie daher kaum gelten (vgl. Putnam 1992; → B 1.6; B 5.1; D 11).

Literatur

Culler, Jonathan (Hg.): *Deconstruction. Critical Concepts in Literary and Cultural Studies.* 4 Bde. London/New York 2003.
Derrida, Jacques: »Die différance«. In: Peter Engelmann (Hg.): *Postmoderne und Dekonstruktion. Texte französischer Philosophen der Gegenwart.* Stuttgart 1990, 76–113.
Derrida, Jacques. »The Law of Genre«. In: David Duff (Hg.): *Modern Genre Theory.* Harlow 2000, 219–231.
Derrida, Jacques: »Diese merkwürdige Institution namens Literatur«. In: Jürn Gottschalk/Tilmann Köppe (Hg.): *Was ist Literatur?* Paderborn 2006, 91–107.
Ellis, John M.: *Against Deconstruction.* Princeton (N. J.) 1989.
Johnson, Barbara: »Dekonstruktion im Unterricht«. In: Tom Kindt/Tilmann Köppe (Hg.): *Moderne Interpretationstheorien.* Göttingen 2008, 84–97.
Lamarque, Peter: »The Death of the Author. An Analytical Autopsy«. In: *British Journal of Aesthetics* 30 (1990), 319–331.
Putnam, Hilary: »Irrationalism and Deconstruction«. In: Ders.: *Renewing Philosophy.* Cambridge 1992, 108–133 u. 215–219.
Rorty, Richard: »Deconstruction«. In: Raman Selden (Hg.): *The Cambridge History of Literary Criticism.* Bd. 8: *The Twentieth Century: Formalism, Structuralism, Poststructuralism, Reader-Response Theory.* Cambridge 1995, 166–195 u. 429–432.
Searle, John: »The World Turned Upside Down«. In: Gary B. Madison (Hg.): *Working Through Derrida.* Evanston (Ill.) 1993, 170–183 u. 272 f.
Spree, Axel: *Kritik der Interpretation. Analytische Untersuchungen zu interpretationskritischen Literaturtheorien.* Paderborn u. a. 1995.

Tilmann Köppe

4. Diskursanalyse

Explikation

Die Diskursanalyse ist neben der Dekonstruktion die bestimmende Richtung des Poststrukturalismus. Sie geht in ihren Grundzügen auf Arbeiten des Historikers und Philosophen Michel Foucault (1926–1984) aus der Zeit um 1970 zurück, in denen eine grundlegende Neuausrichtung des Blicks auf Gesellschaften und ihre Entwicklung gefordert und vorgeführt wird. Ausgehend von einer Kritik an traditionellen Subjektvorstellungen, hermeneutischen Verstehensmodellen und etablierten Wissenschaftskonzepten, tritt Foucault dafür ein, sich im Rahmen historischer, soziologischer und philologischer Rekonstruktionen nicht an Menschen, Handlungen oder Ideen, sondern an dem Zusammenspiel, Aufbau und Wandel von ›Diskursen‹ zu orientieren, verstanden als Aussagemengen, deren Elemente demselben ›Formationssystem‹ unterworfen sind (s. u. und vgl. allgemein Dreyfus/Rabinow 1987; Fink-Eitel 1989).

Die Diskursanalyse hat seit rund vier Jahrzehnten starken Einfluss auf die Theoriedebatten und Analyseformen insbesondere der Geschichts-, Literatur- und Kulturwissenschaften. Dabei wird sie schon von Foucault selbst (vgl. etwa Foucault 1992), aber gerade auch in seiner Nachfolge in verschiedenen mehr oder weniger klar voneinander abgegrenzten Varianten vertreten: Von der ›historisch-philologischen Form‹ der Diskursanalyse, der es um die Revision traditioneller literarhistorischer Rekonstruktionen geht, ist vor allem eine ›psychoanalytische Spielart‹ zu unterscheiden, deren Ziel in der Analyse des ›Unbewussten‹ von Kulturen besteht, und eine ›semiotische Spielart‹, deren Augenmerk einerseits den Beziehungen zwischen Texten und Diskursen sowie andererseits ›Kollektivsymbolen‹ und anderen gemeinsamen Bestandteilen unterschiedlicher Diskurse gilt (vgl. dazu Köppe/Winko 2008, 108–110). Darüber hinaus ist die Diskursanalyse in den Kulturwissenschaften wichtiger Bezugspunkt für die Entwicklung weiterer einflussreicher Positionen gewesen, etwa für den Ansatz der *Gender Studies* (vgl. Butler 1995) oder das Vorhaben der ›Poetologie des Wissens‹ (vgl. Vogl 1997).

Unabhängig von Foucaults Ansatz sind in den letzten Jahrzehnten auch innerhalb der Linguistik und der Sozialphilosophie der Frankfurter Schule diskurstheoretische Positionen entstanden, die allerdings in den Literatur- und Kulturwissenschaften nur eine äußerst begrenzte Wirkung entfaltet haben (vgl. Fohrmann 1997, 370; Köppe/Winko 2008, 101).

Bezugstheorien/Rahmenannahmen/ Grundbegriffe

Als wichtiger Impuls für die Foucaultsche Diskursanalyse ist die Geschichtsschreibung der sogenannten Annales-Schule einzustufen, die seit den 1940er Jahren dafür geworben hat, den historiographischen Fokus von politischen Ereignissen auf die sukzessiven Transformationen apersonaler Größen wie etwa Mentalitäten oder Sozialstrukturen zu verschieben. Prägend ist für die Diskurstheorie darüber hinaus die Auseinandersetzung mit dem Strukturalismus gewesen, deren Hauptakzente in der radikalen Weiterführung seines Zeichenmodells und der fundamentalen Infragestellung seines Wissenschaftsverständnisses zu sehen sind (vgl. dazu Dreyfus/Rabinow 1987).

Der Diskursbegriff wird von Foucault wie von den meisten Vertretern der Diskursanalyse – oft mit Bedacht – uneinheitlich gebraucht. Gleichwohl lassen sich zwei vorherrschende Redeweisen von ›Diskurs‹ ausmachen (vgl. dazu Köppe/Winko 2008, 99 f.): Einem allgemeinen und zugleich unscharfen Verständnis zufolge steht der Terminus für das unübersichtliche gesellschaftliche Nach- und Nebeneinander sprachlicher Ereignisse, dessen Entwicklung sich einer Prognose oder gar Kontrolle durch den Menschen entzieht und insofern bedrohlich erscheint; ein entsprechender Begriff des Diskurses lässt Foucault immer wieder zu biologischen Metaphern wie beispielsweise der des ›Wucherns‹ greifen. Im engeren Sinne bezeichnet der Ausdruck »eine Menge von Aussagen, die einem gleichen Formationssystem zugehören« (Foucault 1973, 156). Als Explikation dieses Verständnisses, das es erlaubt, etwa zwischen dem klinischen, dem psychiatrischen, dem juristischen und dem philosophischen Diskurs einer Zeit zu unterscheiden, ist vorgeschlagen worden, Diskurse als »Systeme des Denkens« zu fassen, die durch einen »Redegegenstand«, »Regularitäten der Rede« und »Relationen zu anderen Diskursen« bestimmt sind (vgl. Titzmann 1991, 406).

Leitend für die Beschäftigung der Diskursanalyse mit entsprechend bestimmten Aussagemengen ist die Überzeugung, dass deren Elemente in ihrer »ursprünglichen Neutralität« (Foucault 1973, 41) zu untersuchen sind, dass Aussagen also ›Ereignisse‹ und nicht etwa Träger einer Bedeutung oder Ausdruck eines Sprechers darstellen (vgl. Foucault 1992, 34 f. u. allgemein Frank 1988). Dabei wird zugleich davon ausgegangen, dass Diskurse stets im Zusammenhang mit Kontrollmechanismen, Herrschaftsstrukturen und Machtpraktiken zu sehen sind (vgl. etwa Fink-Eitel 1989, 80).

Ausgehend vom skizzierten Diskursbegriff hebt sich die Literaturwissenschaft Foucaultscher Provenienz erkennbar von derjenigen traditioneller Orientierung ab: Das Ziel diskursanalytischer Untersuchungen ist nicht die Beschreibung oder Auslegung bestimmter literarischer Werke; es besteht vielmehr in der Bestimmung allgemeiner Diskurskonstellationen und ihrer Transformationsprozesse; mit Blick auf einzelne Texte ist für Arbeiten der Diskursanalyse die Frage bestimmend, inwiefern sie die Diskurse ihrer Zeit aufgreifen, modifizieren oder auch subvertieren (vgl. dazu Kittler 1985, 24–33; Köppe/Winko 2008, 104 f.).

Mit diesem Perspektivwechsel geht in der diskursanalytisch orientierten Literaturbetrachtung eine grundlegende Uminterpretation verschiedener philologischer Leitkonzepte wie z. B. denen des Werks, Autors oder Kommentars einher. Nach Foucault steht etwa der Begriff des Autors nicht allein für die Quelle der Aussagen eines Diskurses; er stellt vielmehr ein Ordnungskonzept oder »Verknappungsprinzip« (Foucault 1992, 34) für Diskurse dar, das deren Funktionsweise verdeckt und ihre bedrohlich erscheinende Entwicklungstendenz begrenzen soll (vgl. Foucault 1988, 7–31 und allgemein Japp 1988).

Gegen die Positionen der Diskursanalyse werden seit ihrem Aufkommen mehr oder weniger grundsätzliche Einwände vorgebracht: In der Kritik stehen dabei neben dem Wissenschaftsbegriff Foucaults vor allem die ontologischen Grundannahmen der Diskurstheorie und die Präsentationsform diskursanalytischer Arbeiten (vgl. für einen Überblick Winko 1996, 477 f.).

Bezüge zur Gattungstheorie

Fragen der Gattungstheorie haben im Rahmen der Diskursanalyse bislang kaum Beachtung gefunden. Die an Foucault anschließende Diskussion von Begriffen wie dem des Autors lässt freilich deutlich werden, dass Gattungstypologien aus diskursanalytischer Perspektive als Ordnungspraktiken zu sehen sind, deren Konstruktivität und diskursreglementierende Funktion bewusst zu halten sind (vgl. dazu Foucault 1992, 38 f.; → B 1.3; B 1.6; B 3.2; D 9; D 11; D 13).

Literatur

Butler, Judith: *Körper von Gewicht. Die diskursiven Grenzen des Geschlechts* [1993]. Berlin 1995.
Dreyfus, Hubert/Rabinow, Paul: *Michel Foucault. Jenseits von Strukturalismus und Hermeneutik* [1982]. Frankfurt a. M. 1987.
Fink-Eitel, Hinrich: *Foucault zur Einführung.* Hamburg 1989.
Fohrmann, Jürgen: »Diskurs«. In: *Reallexikon der deutschen Literaturwissenschaft*. Bd. 1. Hg. v. Klaus Weimar u. a. Berlin, New York 1997, 369–372.
Foucault, Michel: *Archäologie des Wissens*. Frankfurt a. M. 1973.
Foucault, Michel: *Schriften zur Literatur*. Frankfurt a. M. 1988.
Foucault, Michel: *Die Ordnung des Diskurses*. Frankfurt a. M. ²1992.
Frank, Manfred: »Zum Diskursbegriff bei Foucault«. In: Jürgen Fohrmann/Harro Müller (Hg.): *Diskurstheorien und Literaturwissenschaft*. Frankfurt a. M. 1988, 25–22.
Japp, Uwe: »Der Ort des Autors in der Ordnung des Diskurses«. In: Jürgen Fohrmann/Harro Müller (Hg.): *Diskurstheorien und Literaturwissenschaft*. Frankfurt a. M. 1988, 223–234.
Kittler, Friedrich A.: »Diskursanalyse«. In: David E. Wellbery (Hg.): *Positionen der Literaturwissenschaft. Acht Modellanalysen am Beispiel von Kleists ›Das Erdbeben in Chili‹*. München ⁴2001, 24–38.
Köppe, Tilmann/Winko, Simone: *Neuere Literaturtheorien*. Stuttgart, Weimar 2008.
Titzmann, Michael: »Skizze einer integrativen Literaturgeschichte und ihres Ortes in einer Systematik der Literaturwissenschaft«. In: Ders. (Hg.): *Modelle des literarischen Strukturwandels*. Tübingen 1991, 395–438.
Vogl, Joseph: »Für eine Poetologie des Wissens«. In: Karl Richter/Jörg Schönert/Michael Titzmann (Hg.): *Die Literatur und die Wissenschaften*. Stuttgart, Weimar 1997, 107–127.
Winko, Simone: »Diskursanalyse, Diskursgeschichte«. In: Heinz Ludwig Arnold/Heinrich Detering (Hg.): *Grundzüge der Literaturwissenschaft*. München 1996, 463–478.

Tom Kindt

5. Empirische Literaturwissenschaft

Explikation

Die Empirische Literaturwissenschaft strebt eine Umgestaltung der Literaturwissenschaft nach dem Modell der Erfahrungswissenschaften an. Im Zentrum steht dabei die Forderung, die zentrale Aufgabe des Faches nicht mehr in der Interpretation literarischer Werke, sondern in der empirischen Untersuchung literaturbezogener Handlungen zu sehen. Durch die Übernahme von Zielsetzungen, Methoden und Standards aus den Natur- und Humanwissenschaften soll die Literaturwissenschaft zu einer Disziplin entwickelt werden, die ebenso den wissenschaftstheoretischen wie den sozialen Anforderungen an Wissenschaften zu genügen vermag (vgl. Finke 1982; Schmidt 1991, Kap. 0).

Das Vorhaben einer Empirischen Literaturwissenschaft geht zurück auf die zunehmende Leserorientierung und die allgemeinen Verwissenschaftlichungstendenzen innerhalb der Literaturwissenschaft der frühen 1970er Jahre. Ausgehend von einer Analyse und Kritik der Praxis traditioneller Literaturwissenschaft, sind im Wesentlichen zwei Varianten einer empirischen Neuausrichtung des Faches vorgeschlagen worden.

Im Siegener Kreis um Siegfried J. Schmidt ist eine soziologische Variante Empirischer Literaturwissenschaft entstanden und in verschiedenen Einzelstudien ausgearbeitet worden. Ihre allgemeine Zielvorgabe ist es, »Literaturwissenschaft als eine empirisch orientierte Sozialwissenschaft zu konzipieren« (Schmidt 1991, 13). Konkret geht es ihr um die erfahrungswissenschaftliche Erforschung der gesellschaftlichen Handlungssysteme, die durch grundlegende Kommunikationshandlungen wie die Produktion, Rezeption, Vermittlung und Verarbeitung literarischer Werke konstituiert werden (vgl. ebd., Kap. 5; Rusch/Schmidt 1983; Schmidt/Zobel 1983).

Zeitgleich und in engem Austausch mit den Siegener Vertretern des Ansatzes ist im Heidelberger Kreis um Norbert Groeben eine psychologische Variante des Empirisierungsprogramms der Literaturwissenschaft entwickelt worden. In Weiterführung rezeptionsästhetischer Positionen tritt sie für die empirische Untersuchung von Rezeptionsvorgängen als Komplement oder Alternative zur interpretativen Erschließung von Textbedeutungen ein (vgl. Groeben 1972, 1977). Entsprechend ausgerichtete Studien widmen sich vor allem dem Einfluss und Zusammenspiel verschiedener Subjekt- und Textvariablen in Rezeptionsprozessen (vgl. Groeben 1982; van Peer 1986).

Hat die Empirische Literaturwissenschaft auch ihr Ziel eines Paradigmenwechsels im Fach nicht zu erreichen vermocht, zeigt sich ihre anhaltende Wirkung auf die Disziplin doch in der wachsenden Aufgeschlossenheit gegenüber Verbindungen von hermeneutischen und empirischen Methoden (vgl. Barsch/Rusch/Viehoff 1994; Winko 2000), wie sie etwa in der jüngeren Auseinandersetzung über den Ansatz der *Cognitive Poetics* ihren Niederschlag gefunden hat.

Bezugstheorien, Rahmenannahmen, Grundbegriffe

Die naturwissenschaftlich ausgerichtete Wissenschaftsphilosophie stellt die maßgebliche Bezugstheorie des Empirisierungsprogramms der Literaturwissenschaft dar. In ihrem Sinne werden von der Literaturwissenschaft explizit begründete Leitnormen, strukturell wohlgeformte Theorien sowie empirisch prüfbare und praktisch anwendbare Resultate gefordert (vgl. Hauptmeier/Schmidt 1985, Kap. 3 u. 8).

Neben der Wissenschaftsphilosophie dienen der Empirischen Literaturwissenschaft verschiedene sozial- und kognitionswissenschaftliche Traditionen als Bezugspunkte der Theoriebildung. Für die Siegener Spielart des Ansatzes ist hier vor allem die Systemtheorie zu nennen, der ebenso ihre gesellschaftstheoretischen Basisannahmen wie – in Form des Radikalen Konstruktivismus – ihre erkenntnistheoretischen Grundpositionen entstammen (vgl. Schmidt 1987, 1991). Die Heidelberger Variante in der Empirischen Literaturwissenschaft orientiert sich in ihren Positionen insbesondere an kognitionspsychologischen Modellen der Textverarbeitung (vgl. Christmann/Schreier 2004).

Mit der Neuausrichtung des Faches verbindet die Empirische Literaturwissenschaft die Neubestimmung seiner Grundbegriffe: Im Anschluss an die Rezeptionsästhetik geht sie davon aus, dass Texte Bedeutungen erst in Kommunikationszusammenhängen erhalten und unterscheidet darum zwischen dem textuellen Zeichenmaterial (der ›Kommunikatbasis‹) und den je individuellen kognitiven und emotionalen Operationen, die Rezipienten dem Zeichenmaterial zuordnen (dem ›Kommunikat‹).

Im Sinne dieser Unterscheidung tritt die Empirische Literaturwissenschaft ferner dafür ein, den

Begriff der Literatur nicht an bestimmte Merkmale von Texten, sondern an eine besondere Umgangsweise mit Texten zu knüpfen. Texte sind demzufolge nicht literarisch, sie werden vielmehr in konventionell geregelten Kommunikationsprozessen als literarische behandelt. Die Besonderheit einer entsprechenden Umgangsweise mit Texten wird dabei für die Zeit seit dem 18. Jh. als Ausrichtung an der ›Ästhetik-‹ und der ›Polyvalenzkonvention‹ erläutert: In der literarischen Kommunikation wird von Textproduzenten demnach nicht verlangt, wahre und eindeutig auslegbare Aussagen zu machen, während von Rezipienten nicht verlangt wird, zu einsinnigen Bedeutungszuschreibungen zu gelangen.

Textinterpretation schließlich gilt in der Empirischen Literaturwissenschaft nicht als Teil des Aufgaben-, sondern des Untersuchungsbereichs der Disziplin; sie wird hier als eine Art der Teilnahme an literarischen Kommunikationsprozessen gedeutet, die nicht in methodisch kontrollierter und intersubjektiv transparenter Form zu erfolgen vermag (vgl. Schmidt 1991, Kap. 5.4). Dieser Deutung hat die traditionelle Literaturwissenschaft etwa unter Verweis auf die Unterscheidung zwischen einem epistemologischen und einem technischen Interpretationsbegriff widersprochen (vgl. Spree 1995).

Bezüge zur Gattungstheorie

Die Empirische Literaturwissenschaft hat keine eigene Gattungstheorie vorgelegt, einige ihrer Beiträge zur literarischen Kommunikation beschäftigen sich aber zumindest am Rande auch mit Fragen wie denen nach dem Status von Gattungen und der Relevanz von Gattungsunterscheidungen. Im Rahmen des literaturwissenschaftlichen Empirisierungsprogramms werden Gattungskonzepte und Gattungsklassifikationen dabei als eine Form von Schemawissen verstanden, das als Bestandteil des Voraussetzungssystems von Textproduzenten und -rezipienten Einfluss auf literarische Kommunikationsprozesse hat (vgl. László/Viehoff 1992; → B 3; D 2; D 9; D 13).

Literatur

Barsch, Achim/Rusch, Gebhard/Viehoff, Reinhold (Hg.): *Empirische Literaturwissenschaft in der Diskussion*. Frankfurt a. M. 1994.
Christmann, Ursula/Schreier, Margrit: »Kognitionspsychologie der Textverarbeitung und Konsequenzen für die Bedeutungskonstitution literarischer Texte«. In: Fotis Jannidis u. a. (Hg.): *Regeln der Bedeutung. Zur Theorie der Bedeutung literarischer Texte*. Berlin, New York 2004, 246–285.
Finke, Peter: *Konstruktiver Funktionalismus. Die wissenschaftstheoretische Basis einer empirischen Theorie der Literatur*. Braunschweig u. a. 1982.
Groeben, Norbert: *Literaturpsychologie. Literaturwissenschaft zwischen Hermeneutik und Empirie*. Stuttgart 1972.
Groeben, Norbert: *Rezeptionsforschung als empirische Literaturwissenschaft. Paradigma- durch Methodendiskussion an Untersuchungsbeispielen*. Kronberg/Ts. 1977.
Groeben, Norbert: *Leserpsychologie: Textverständnis – Textverständlichkeit*. Münster 1982.
Hauptmeier, Helmut/Schmidt, Siegfried J.: *Einführung in die Empirische Literaturwissenschaft*. Braunschweig u. a. 1985.
László, Jánosz/Viehoff, Reinhold: *Genre-Specific Knowledge and Literary Understanding. Some Empirical Investigations*. Siegen 1992.
Peer, Willie van: *Stylistics and Psychology. Investigations in Foregrounding*. London u. a. 1986.
Rusch, Gebhard/Schmidt, Siegfried J.: *Das Voraussetzungssystem Georg Trakls*. Braunschweig 1983.
Schmidt, Siegfried J.: *Grundriß der Empirischen Literaturwissenschaft* [1980/82]. Neuausgabe. Frankfurt a. M. 1991.
Schmidt, Siegfried J. (Hg.): *Der Diskurs des Radikalen Konstruktivismus*. Frankfurt a. M. 1987.
Schmidt, Siegfried J./Zobel, Reinhard: *Empirische Untersuchungen zu Persönlichkeitsvariablen von Literaturproduzenten*. Braunschweig 1983.
Spree, Axel: *Kritik der Interpretation. Analytische Untersuchungen zu interpretationskritischen Literaturtheorien*. Paderborn u. a. 1995.
Winko, Simone: »Verstehen literarischer Texte versus literarisches Verstehen von Texten? Zur Relevanz kognitionspsychologischer Verstehensforschung für das hermeneutische Paradigma der Literaturwissenschaft«. In: *DVjs* 69 (1995), 1–27.

Tom Kindt

6. Feministische Literaturwissenschaft und *Gender Studies*

Explikation

Die Ausdrücke ›Feministische Literaturwissenschaft‹ und ›Gender Studies‹ stehen für zwei Grundorientierungen im Bereich der literaturwissenschaftlichen Geschlechterforschung, die jeweils in einer Reihe recht unterschiedlicher Varianten vertreten werden. Historisch betrachtet, sind die *Gender Studies* als eine spezifische Weiterführung verschiedener Unternehmungen und Überlegungen der *Feministischen Literaturwissenschaft* zu verstehen; systematisch betrachtet, ist es gleichwohl nicht immer möglich, die beiden Hauptströmungen der wissenschaftlichen Beschäftigung mit geschlechterbezogenen Problemzusammenhängen klar voneinander abzugrenzen (vgl. Köppe/Winko 2008, Kap 10).

In idealtypischer Form lassen sich die beiden Richtungen wie folgt charakterisieren (vgl. dazu auch Schößler 2008, Kap. 1): Die Feministische Literaturbetrachtung verfolgt das durch die ›Frauenbewegung‹ der 1970er Jahre angeregte Vorhaben, die Ausgrenzung von Frauen und ›weiblichen Sichtweisen‹ innerhalb der traditionellen Literaturwissenschaft transparent zu machen und zu beenden. Zu den zentralen Aspekten dieses Vorhabens zählen neben der intensiven Beschäftigung mit den ›Frauenbildern‹ in literarischen Texten vor allem die Rekonstruktion und Reflexion der ›Frauenrollen‹ in institutionellen Zusammenhängen wie dem Literaturbetrieb oder der Literaturwissenschaft (vgl. Osinski 1998).

Die in den 1980er Jahren entstandenen *Gender Studies* gehen von der Unterscheidung zwischen ›sex‹ und ›gender‹ aus, das heißt zwischen einem biologischen und einem kulturellen Konzept von Geschlecht. Ziel des Programms ist es, die gesellschaftliche, diskursive und nicht zuletzt literarische Konstruktion von Geschlechtsidentitäten, Geschlechterrollen und Geschlechterdifferenzen zu analysieren und so zugleich zu problematisieren (vgl. grundlegend Butler 1991). Neben der kulturellen Konstitution und historischen Formung der Kategorie der ›Weiblichkeit‹ wird dabei verstärkt auch die des Konzepts der ›Männlichkeit‹ untersucht (vgl. etwa Erhart/Herrmann 1997).

Bezugstheorien/Rahmenannahmen/Grundbegriffe

Während die Feministische Literaturwissenschaft vor allem an gesellschaftswissenschaftliche – früher zumeist ideologiekritische, heute eher sozialpsychologische – Positionen anknüpft, entstammen die wesentlichen Impulse und Orientierungen der *Gender Studies* den poststrukturalistischen Theoriedebatten; maßgeblich für ihre Beschäftigung mit literarischen Texten sind die Grundannahmen der Diskursanalyse, der Dekonstruktion und der Performanztheorie sowie die Leitbegriffe aus der Lacanschen Psychoanalyse und den *Postcolonial Studies* (vgl. dazu im Einzelnen Lindhoff 2003 u. Schößler 2008).

Die Feministische Literaturwissenschaft untersucht die ideologischen Voraussetzungen, literarischen Inszenierungen und die sozialen Konsequenzen von Geschlechter- und insbesondere Weiblichkeitsvorstellungen, die *Gender Studies* fragen nach deren kultureller Konstruktion. Halten die Arbeiten der ersten Richtung am biologischen Geschlechtsverständnis zumindest zu klassifikatorischen Zwecken fest, treten die Untersuchungen der zweiten Richtung entweder dafür ein, es zugunsten eines kulturellen Gender-Konzepts zu vernachlässigen, oder aber dafür, es seinerseits als diskursive Konstruktion zu betrachten (vgl. Köppe/Winko 2008, 202–205).

Die feministische und gendertheoretische Literaturwissenschaft hebt sich von anderen Ansätzen in der Vielzahl gegenwärtig vertretener literaturtheoretischer Positionen durch ihre geschlechtsorientierte Perspektive ab, sie weist jedoch kein eigenes, mehr oder weniger einheitliches programmatisch-methodisches Profil auf: Die philologische Geschlechterforschung umfasst in diesem Sinne ebenso hermeneutisch orientierte Untersuchungen zu Frauenbildern in einzelnen Texten, Œuvres oder Epochen wie strukturalistisch inspirierte Versuche einer geschlechtsbezogenen Erweiterung textanalytischer Instrumentarien; ebenso sozialhistorische Arbeiten zu ›weiblicher Autorschaft‹ wie rezeptionsempirische Beiträge zu geschlechtsspezifischen Leseformen; ebenso dekonstruktive Entwürfe zum Konzept einer ›écriture féminine‹ wie performativitätstheoretische Überlegungen zur Konstruktion von Gender-Identitäten (vgl. etwa Bovenschen 1979; Cixous 1980; Felman 1981; Butler 1991; Groeben/Hurrelmann 2004; Keck/Günther 2001; Nünning/Nünning 2004).

Bezüge zur Gattungstheorie

Obgleich Überlegungen zu Klassifikationsprozeduren und Identitätskonstruktionen in der Feministischen Literaturwissenschaft und vor allem in den *Gender Studies* großen Raum einnehmen, ist bislang noch nicht eingehend versucht worden, die entwickelten Modelle für die Diskussion allgemeiner Fragen der Gattungstheorie fruchtbar zu machen.

Im Rahmen der Auseinandersetzung mit dem Konzept des ›weiblichen Schreibens‹ sind allerdings einige exemplarisch angelegte Studien entstanden, die den Zusammenhang zwischen Geschlecht und Gattung anhand der Herausbildung, Wahl und Gestaltung bestimmter Genres durch Autorinnen zu erhellen versuchen (vgl. dazu Zymner 2003, 203; →B 2.3; D 9; D 11).

Literatur

Bovenschen, Silvia: *Die imaginierte Weiblichkeit. Exemplarische Untersuchungen zu kulturgeschichtlichen und literarischen Präsentationsformen des Weiblichen.* Frankfurt a. M. 1979.
Butler, Judith: *Das Unbehagen der Geschlechter* [1990]. Frankfurt a. M. 1991.
Cixous, Hélène: *Weiblichkeit in der Schrift* [1977–79]. Berlin 1980.
Erhart, Walter/Herrmann, Britta (Hg.): *Wann ist der Mann ein Mann? Zur Geschichte der Männlichkeit.* Stuttgart 1997.
Felman, Shoshana: »Rereading Femininity«. In: *Yale French Studies* 62 (1981), 19–44.
Groeben, Norbert/Hurrelmann, Bettina (Hg.): *Geschlecht und Lesen. Mediennutzung.* Frankfurt a. M. u. a. 2004.
Keck, Annette/Günter, Manuela: »Weibliche Autorschaft und Literaturgeschichte. Ein Forschungsbericht«. In: *Internationales Archiv für die Sozialgeschichte der deutschen Literatur* 26:2 (2001), 201–233.
Köppe, Tilmann/Winko, Simone: *Neuere Literaturtheorien.* Stuttgart, Weimar 2008.
Lindhoff, Lena: *Einführung in die feministische Literaturtheorie.* Stuttgart, Weimar ²2003.
Nünning, Vera/Nünning, Ansgar (Hg.): *Erzähltextanalyse und Gender Studies.* Stuttgart, Weimar 2004.
Osinski, Jutta: *Einführung in die feministische Literaturwissenschaft.* Berlin 1998.
Schößler, Franziska: *Einführung in die Gender Studies.* Berlin 2008.
Zymner, Rüdiger: *Gattungstheorie. Probleme und Positionen der Literaturwissenschaft.* Paderborn 2003.

Tom Kindt

7. Formalismus und Strukturalismus

Explikation

›Formalismus‹ und ›Strukturalismus‹ sind Sammelbegriffe für eine Gruppe literaturtheoretischer Positionen, die bei aller Unterschiedlichkeit im Detail durch die Orientierung an drei Leitideen miteinander verbunden sind: Erstens fordern sie von der Literaturwissenschaft, den literarischen Text selbst in den Mittelpunkt zu stellen, seine Machart, seine Strukturen und semiotischen Aspekte. Zweitens treten sie für das Vorhaben einzeltextübergreifender Generalisierungen ein, sowohl im Hinblick auf Genres oder Epochen als auch im Hinblick auf das Konzept der Literatur. Und drittens verlangen sie von der Beschäftigung mit literarischen Werken die Ausrichtung an strikten Maßstäben von Wissenschaftlichkeit (vgl. allgemein Grübel 1996; Fietz 1998; Köppe/Winko 2008, Kap. 3.3 u. 4).

Die erste ausgearbeitete und bis heute einflussreichste Spielart des Formalismus bildet sich in der russischen Literatur-, Sprach- und Kunstwissenschaft seit den 1910er Jahren heraus: In Abgrenzung von der einseitig historisch perspektivierten Literaturbetrachtung der Philologien um 1900 entwickeln Autoren wie insbesondere Roman Jakobson, Viktor Šklovskij und Boris Tomaševskij einen Ansatz systematisch orientierter Literaturforschung, deren Hauptaugenmerk einerseits der Bauweise einzelner literarischer Texte sowie anderseits der Besonderheit von Literatur, und das heißt im Sinne der Formalisten dem Begriff der ›Literarizität‹, gilt (vgl. Hansen-Löve 1978). Ähnliche Bestrebungen lassen sich bereits zeitgleich, aber vor allem einige Jahre später in den meisten europäischen und nord-amerikanischen Philologien beobachten (vgl. etwa zum Formalismus im deutschsprachigen Raum Müller 2010).

Der Strukturalismus ist eine in der zweiten Hälfte des 20. Jh.s entstandene Forschungsrichtung, die nicht allein in der Literaturwissenschaft, sondern in verschiedenen Kultur-, Sozial- und Humanwissenschaften wie etwa der Ethnologie oder der Psychologie bis heute wirkungsmächtig ist (vgl. allgemein Dosse 1996/97). Ausgehend von der Annahme, dass literarische Texte als strukturierte Zeichensysteme zu verstehen sind, hat die strukturalistische Literaturwissenschaft formalistische Positionen zu einem umfassenden semiotischen Modell der Werkanalyse und Literaturgeschichtsschreibung verbunden, ausgebaut

7. Formalismus und Strukturalismus

und weiterentwickelt (vgl. dazu zusammenfassend Titzmann 1993 u. 2003).

Seit den 1980er Jahren hat sich die zuvor recht unversöhnliche Beziehung zwischen dem Strukturalismus und anderen Strömungen der Literaturtheorie langsam entspannt. Mittlerweile sind viele Begriffe, Verfahren und Überlegungen des Strukturalismus zum Bestandteil des programmübergreifenden Basiswissens der Literaturwissenschaft geworden; so werden etwa die Konzepte der strukturalen Erzählforschung seit einigen Jahren im Rahmen von Interpretationen und Analysen ganz unterschiedlicher literaturtheoretischer Ausrichtung genutzt (vgl. dazu Kindt/Müller 2003).

Bezugstheorien/Rahmenannahmen/ Grundbegriffe

Der für den Formalismus wichtigste negative Bezugspunkt ist die von ihm als positivistisch verengt attackierte Literaturwissenschaft des beginnenden 20. Jh.s; der für ihn maßgebliche positive Bezugspunkt sind die erzählmorphologischen Traditionen, die sich in der volkskundlichen Märchenforschung des ausgehenden 19. Jh.s herausbilden und sich den grundlegenden Gemeinsamkeiten der Texte umfangreicherer Korpora widmen (vgl. dazu etwa Propp 1972 u. für einen Überblick Doležel 1990).

Die entscheidende Inspirationsquelle und Bezugstheorie strukturalistischer Reflexionen stellt neben dem Formalismus das linguistische Modell dar, das Ferdinand de Saussure in seinem 1916 erschienenen *Cours de linguistique générale* entworfen hat (Saussure 2001). Modellbildend hat Saussures Werk vor allem durch den Vorschlag gewirkt, Sprache als ›System‹ zu betrachten, das heißt als Zusammenhang von Elementen, deren Kontur sich wesentlich aus ihren Beziehungen zu den jeweils anderen Elementen ergibt, ferner durch die Unterscheidung zwischen der ›syntagmatischen‹ und der ›paradigmatischen‹ Dimension‹ sprachlicher Äußerungen, also zwischen der linearen Anordnung (oder ›Kombination‹) der Elemente und ihrer spezifischen Auswahl (oder ›Selektion‹) aus Alternativen, und schließlich durch die Leitfrage nach Äquivalenzen und Oppositionen auf und zwischen den verschiedenen Ebenen sprachlicher Einheiten (vgl. Köppe/Winko 2008, 35 f.).

Als Versuche, die Literaturwissenschaft aus einer historisch arbeitenden in eine systematisch ausgerichtete Disziplin zu verwandeln, sehen Formalismus und Strukturalismus die Hauptaufgabe des Faches nicht in der Textinterpretation, sondern in dem Vorhaben der Poetik (vgl. Todorov 1972): Ausdruck dieser Einschätzung ist die intensive Debatte um den Begriff der Literarizität (vgl. etwa Ėjchenbaum 1965, 7–9), die erst in den 1980er Jahren ausläuft (vgl. Winko 2009). Die wirkungsmächtigste Position in den betreffenden Auseinandersetzungen ist Šklovskijs Idee, dass Literatur durch eine besondere Form der Sprachnutzung gekennzeichnet ist, durch die ›Verfremdung‹ bzw. ›abweichende Verwendung‹ der Alltagssprache (Šklovskij 1971). In Weiterführung dieses Vorschlags hat Jakobson literarische Texte über die in ihnen dominierende ›poetische Funktion‹ charakterisiert, das heißt über das Vorherrschen von Strukturen, die die Aufmerksamkeit des Rezipienten vom Inhalt eines Textes auf dessen Machart lenken (vgl. Jakobson 1989, 67–82).

Dem Vorhaben der Deutung von Texten ist im Formalismus und Strukturalismus lange Zeit mit Vorbehalt oder sogar Ablehnung begegnet worden: Statt den Gehalt oder die Bedeutung von Texten zu bestimmen, habe die Literaturwissenschaft durch genaue Strukturanalysen vielmehr ›die Bedingungen des Bedeutens‹ von Texten offenzulegen (vgl. z. B. Barthes 1966, 1988 u. Genette 1994). In den vergangenen Jahrzehnten hat sich die Interpretationsskepsis der formalistischen und strukturalistischen Literaturwissenschaft vom Unternehmen der Textauslegung im Ganzen auf die Verfahren einzelner Interpretationsrichtungen verlagert, insbesondere auf Deutungen und Deutungsmodelle hermeneutischer Provenienz (vgl. Titzmann 1993, Kap. 3.3). Zugleich ist der Strukturalismus insbesondere im deutschsprachigen Raum als methodologisch hoch elaborierte Interpretationstheorie neu konzipiert worden (vgl. zuletzt Titzmann 2003).

Bezüge zur Gattungstheorie

Im Zusammenhang der formalistisch-strukturalistischen Literaturforschung ist eine Reihe wegweisender Arbeiten zu den Problemen der Gattungstheorie entstanden, ebenso zum Status von Gattungen wie zur Rekonstruktion ihres Aufbaus und ihrer Entwicklung. Hervorgehoben seien hier nur die auf Jurij Tynjanov zurückgehenden Überlegungen zur ›literarischen Evolution‹, die den Zusammenhang zwischen den Texten einer Gattung einerseits über die ›interne Funktion‹ erläutern, die die Elemente der Einzelwerke zusammenhält, und andererseits über die ›externe Funktion‹, die die Texte einer Reihe mit den jeweils vorangegangenen und nachfolgenden verbindet (vgl. Tynjanov 1971 u. allgemein Zymner 2003, 206 f.). Im Anschluss an entsprechende Ansätze hat die neuere strukturalistische Literaturwissenschaft anspruchsvolle Vorschläge zur Explikationen des Gattungskonzepts und seiner Integration in ein umfassendes Modell der Literaturgeschichtsschreibung entwickelt (vgl. Titzmann 1991; →D 5; D 11; D 14).

Literatur

Barthes, Roland: »Die strukturalistische Tätigkeit« [1963]. In: *Kursbuch* 5 (1966), 190–196.
Barthes, Roland: »Einführung in die strukturale Analyse von Erzählungen« [1966]. In: Ders.: *Das semiologische Abenteuer*. Frankfurt a. M. 1988, 102–143.
Doležel, Lubomir: *Occidental Poetics. Tradition and Progress*. London 1990.
Dosse, François: *Geschichte des Strukturalismus. 2 Bde. Bd. 1: Das Feld des Zeichens 1945–1966. Bd. 2: Die Zeichen der Zeit 1967–1991* [1991]. Hamburg 1996/97.
Ėjchenbaum, Boris: *Aufsätze zur Theorie und Geschichte der Literatur* [1918–26]. Frankfurt a. M. 1965.
Fietz, Lothar: *Strukturalismus. Eine Einführung*. 3., erw. Aufl. Tübingen 1998.
Genette, Gérard: *Die Erzählung* [1972/83]. Hg. v. Jochen Vogt. München 1994.
Grübel, Rainer: »Formalismus und Strukturalismus«. In: Heinz Ludwig Arnold/Heinrich Detering (Hg.): *Grundzüge der Literaturwissenschaft*. München 1996, 386–408.
Hansen-Löve, Aage: *Der russische Formalismus. Methodologische Rekonstruktion seiner Entwicklung aus dem Prinzip der Verfremdung*. Wien ²1985.
Jakobson, Roman: *Poetik. Ausgewählte Aufsätze 1921–1971*. Hg. v. Elmar Holenstein/Tarcisius Schelbert. Frankfurt a. M. ²1989.
Kindt, Tom/Müller, Hans-Harald: »Narrative Theory and/or/as Theory of Interpretation«. In: Dies. (Hg.): *What is Narratology? Questions and Answers Regarding the Status of a Theory*. Berlin, New York 2003, 205–219.
Köppe, Tilmann/Winko, Simone: *Neuere Literaturtheorien*. Stuttgart, Weimar 2008.
Müller, Hans-Harald: »Formalistische und strukturalistische Theorieansätze um 1910«. In: Ders./Marcel Lepper/Andreas Gardt (Hg.): *Strukturalismus in Deutschland: Literatur- und Sprachwissenschaft 1910–1975*. Göttingen 2010, 217–228.
Propp, Vladimir: *Morphologie des Märchens* [1928]. Frankfurt a. M. 1972.
Saussure, Ferdinand de: *Grundfragen der allgemeinen Sprachwissenschaft* [1916]. Hg. v. Charles Bally/Albert Sechehaye. Berlin, New York ³2001.
Šklovskij, Viktor: »Die Kunst als Verfahren« [1916]. In: Jurij Striedter (Hg.): *Russischer Formalismus. Texte zur allgemeinen Literaturtheorie und zur Theorie der Prosa*. München 1971, 5–35.
Titzmann, Michael: *Strukturale Textanalyse. Theorie und Praxis der Interpretation*. München ³1993.
Titzmann, Michael: »Skizze einer integrativen Literaturgeschichte und ihres Ortes in einer Systematik der Literaturwissenschaft«. In: Ders. (Hg.): *Modelle des literarischen Strukturwandels*. Tübingen 1991, 395–438.
Titzmann, Michael: »Semiotische Aspekte der Literaturwissenschaft: Literatursemiotik«. In: Roland Posner/Klaus Robering/Thomas A. Sebeok (Hg.): *Semiotik/Semiotics. Ein Handbuch zu den zeichentheoretischen Grundlagen von Natur und Kultur*. Berlin, New York 2003, 3028–3103.
Todorov, Tzvetan: *Poetik der Prosa* [1966]. Frankfurt a. M. 1972.
Tynianov, Yuri: »On Literary Evolution«. In: Ladislav Matejka/Krystyna Pomorska (Hg.): *Readings in Russian Poetics: Formalist and Structuralist Views*. Cambridge, MA 1971.
Winko, Simone: »Auf der Suche nach der Weltformel. Literarizität und Poetizität in der neueren literaturtheoretischen Diskussion«. In: Dies./Fotis Jannidis/Gerhard Lauer (Hg.): *Grenzen der Literatur. Zu Begriff und Phänomen des Literarischen*. Berlin, New York 2009, 374–396.
Zymner, Rüdiger: *Gattungstheorie. Probleme und Positionen der Literaturwissenschaft*. Paderborn 2003.

Tom Kindt

8. Gesellschaftswissenschaften

Explikation

Als Gesellschaftswissenschaften (oder auch Sozialwissenschaften) wird die Gruppe akademischer Fächer bezeichnet, die sich mit den Formen, Strukturen und Resultaten menschlichen Zusammenlebens sowie dessen geschichtlicher Entwicklung beschäftigen. Über die genauere Bestimmung und mithin auch über den Umfang des Konzepts der Sozialwissenschaften besteht keine Einigkeit. Allgemein wird allerdings davon ausgegangen, dass die Disziplinengruppe in methodischer Hinsicht durch ein Nebeneinander qualitativer und quantitativer Verfahren charakterisiert und darum weder den hermeneutisch bestimmten Kultur- noch den empirisch ausgerichteten Naturwissenschaften zuzurechnen ist (vgl. dazu Meidl 2009). Als Gesellschaftswissenschaften im umrissenen Sinne werden Disziplinen wie etwa die Soziologie, die Ethnologie, die Politik- und die Wirtschaftswissenschaft verstanden; umstritten ist, ob der Fächergruppe auch Wissenschaften wie etwa die Pädagogik oder die Jurisprudenz zuzuzählen sind.

Die Anfänge der Theoriebildung zum menschlichen Zusammenleben liegen in der antiken Beschäftigung mit Fragen der Staats-, Sozial- und Moralphilosophie, wie sie musterhaft in Platons Werk *Politeia* zur Anschauung kommt. Zur Etablierung gesellschaftsbezogener Perspektiven in der Historiographie und zur Institutionalisierung gesellschaftswissenschaftlicher Disziplinen wie etwa der Soziologie an den Universitäten kommt es allerdings erst im ausgehenden 19. und beginnenden 20. Jh. (vgl. etwa Oestreich 1968; Käsler 1984).

Bezüge zur Literaturwissenschaft

Konzepte und Theorien sozialwissenschaftlicher Provenienz haben innerhalb der Literaturwissenschaft im Allgemeinen und der Literaturgeschichtsschreibung im Besonderen seit dem 19. Jh. großen Einfluss (vgl. für einen Überblick Jannidis 2007; Ort 2007). Die ersten elaborierten Modelle einer gesellschaftswissenschaftlich perspektivierten Literaturanalyse entstehen im Kontext des Marxismus: Ausgehend von einem ›Basis-Überbau-Modell‹ der Gesellschaft, demzufolge kulturelle Hervorbringungen aus ihren sozialen und das heißt wesentlich ökonomischen Entstehungsbedingungen zu erklären sind, wird Literatur als ›Widerspiegelung‹ gesellschaftlicher Verhältnisse interpretiert (vgl. Eagleton 1976). Leitend ist eine solche Sichtweise noch für den ideologiekritischen Interpretationsansatz in den Philologien der 1970er Jahre (vgl. Köppe/Winko 2008, Kap 9.2).

In den neueren Auseinandersetzungen um eine sozialwissenschaftlich ausgerichtete Literaturbetrachtung haben die folgenden drei – nicht notwendig miteinander konkurrierenden – Positionen die meiste Beachtung und Zustimmung gefunden:

(1) Sozialgeschichte: Bei der Sozialgeschichte der Literatur handelt es sich um ein vornehmlich in der Germanistik der 1970er und 1980er Jahre verfolgtes Programm der Literaturgeschichtsschreibung, dessen Hauptaugenmerk der Korrelation von literarischen und sozialen Konstellationen und Prozessen gilt. Dabei ist für die Sozialgeschichte die Überzeugung leitend, dass jene Korrelation nicht marxistisch als einseitige Ableitungsbeziehung, sondern soziologisch als vielschichtiges Wechselverhältnis zwischen dem ›Symbolsystem Literatur‹ und dem ›Sozialsystem Literatur‹ zu beschreiben und zu erklären ist (vgl. allgemein Schönert 2003, 2007). Zur Rekonstruktion der so verstandenen Zusammenhänge zwischen literarischen und sozialen Phänomenen sind anspruchsvolle handlungs-, system- und kommunikationstheoretische Modelle vorgeschlagen worden (vgl. Köppe/Winko 2008, Kap. 9.3). Dass sich keine der Lösungen des sogenannten ›Vermittlungsproblems‹ der Sozialgeschichte durchsetzen konnte, hat wesentlich dazu beigetragen, dass das Projekt schon im Verlauf der 1980er Jahre in eine Krise geraten ist (vgl. dazu Huber/Lauer 2000).

(2) Systemtheorie: Die Systemtheorie ist ein in den Naturwissenschaften entwickeltes und in den Sozialwissenschaften in unterschiedlicher Form weitergeführtes Modell, das innerhalb der Literaturwissenschaft vor allem in einer auf den Soziologen Niklas Luhmann zurückgehenden Variante einflussreich geworden ist. Luhmanns systematische Grundannahme ist, dass sich Gesellschaften aus handlungstheoretischem Blickwinkel nicht angemessen beschreiben lassen, sondern nur auf der Grundlage der systemtheoretischen Annahme von operational geschlossenen sozialen Einheiten unterschiedlicher Komplexität, die aus Kommunikationsprozessen bestehen und über das Verhältnis zum übergeordneten Funktionssystem, zu ihren Teilsystemen und den verschiedenen Umweltsystemen bestimmt sind (vgl. Luhmann 1984). Seine historische Grundannahme ist, dass westliche Gesellschaften seit dem 18. Jh. nicht mehr durch eine hierarchische Ordnung in Schichten, sondern durch eine funktionale Gliederung in Systeme wie etwa Wirt-

schaft, Recht, Politik und eben auch Kunst charakterisiert sind (vgl. Luhmann 1980, 1995) Die ebenso voluminöse wie komplexe Analyse der Gesellschaft und ihrer Entwicklung, die Luhmann ausgehend von diesen Grundannahmen erarbeitet hat, ist in der Literaturwissenschaft Bezugspunkt für viele Studien zum Wechselverhältnis zwischen Gesellschaftsstruktur, Semantik und Literatur, aber auch für die Theorie und Praxis der Textauslegung geworden (vgl. für einen Überblick Köppe/Winko 2008, 184–187).

(3) Feldtheorie: Die feldtheoretische Betrachtung von Literatur geht auf Überlegungen Pierre Bourdieus zurück (vgl. grundlegend Bourdieu 1982, 1985). Ausgangspunkt seines soziologischen Modells ist die Beobachtung, dass der ›soziale Raum‹ einer Gesellschaft in relativ autonome – von ihm als ›Felder‹ bezeichnete – Handlungsbereiche untergliedert ist (wie etwa das wirtschaftliche, das wissenschaftliche oder das literarische Feld), in denen Akteure eine privilegierte Position und d. h. Kapital der feldspezifisch maßgeblichen Form zu erringen versuchen (z. B. ökonomisches, soziales oder symbolisches Kapital). Der feldtheoretische Ansatz bezieht sich also auf Individuen als gesellschaftliche Akteure, er versteht sie jedoch nicht als handelnde Subjekte im traditionellen Sinne: Akteure im sozialen Raum sind Bourdieu zufolge durch ihre relative Feldposition definiert, die von ihrem Bewusstsein unabhängig ist; und ihre Handlungen und Handlungsstrategien erklären sich wesentlich aus ihrem ›Habitus‹, dem im Sozialisationsverlauf erworbenen mentalen Dispositionssystem (vgl. Bourdieu 1982). Bourdieus Ansatz ist in der sozialwissenschaftlich ausgerichteten Literaturwissenschaft vor allem in zwei Formen genutzt worden: einerseits zur Beschreibung der Welten literarischer Texte und andererseits zur Erklärung ihrer Entstehung, Modellierung und Präsentation im literarischen Feld einer Zeit (vgl. Jurt 1995; Joch/Wolf 2005; Köppe/Winko 2008).

Bezüge zur Gattungstheorie

Die gesellschaftswissenschaftlich orientierte Literaturbetrachtung hat sich wiederholt mit dem Zusammenhang zwischen sozialen Entwicklungen und der Herausbildung, Etablierung und Transformation literarischer Gattungen befasst und so zahlreiche Anregungen zu ihrer Definition sowie zur Reflexion ihres Wesens geliefert. Die genaueste Ausarbeitung und breiteste Beachtung hat dabei Wilhelm Voßkamps Vorschlag erfahren, literarische Genres als ›Institutionen‹ zu interpretieren (vgl. Voßkamp 1977). Gattungen wie beispielsweise der Bildungsroman sind einer entsprechenden Interpretation zufolge als vergleichsweise dauerhafte Orientierungsmuster der literarischen Kommunikation zu verstehen, und ihre jeweilige Geschichte ist »als Folge eines Auskristallisierens, Stabilisierens und institutionellen Festwerdens von dominanten Strukturen« (ebd., 30) zu beschreiben (→B 3; D 9; D 13).

Literatur

Bourdieu, Pierre: *Die feinen Unterschiede. Kritik der gesellschaftlichen Urteilskraft* [1979]. Frankfurt a. M. 1982.
Bourdieu, Pierre: *Sozialer Raum und ›Klassen‹* [1984]. Frankfurt a. M. 1985.
Eagleton, Terry: *Marxism and Literary Criticism*. London 1976.
Huber, Martin/Lauer, Gerhard: *Nach der Sozialgeschichte. Konzepte für eine Literaturwissenschaft zwischen Historischer Anthropologie, Kulturgeschichte und Medientheorie*. Tübingen 2000.
Jannidis, Fotis: »Gesellschaftstheoretische Ansätze«. In: Thomas Anz (Hg.): *Handbuch Literaturwissenschaft*. Bd. 2. Stuttgart, Weimar 2007, 338–348.
Joch, Markus/Wolf, Norbert Christian (Hg.): *Text und Feld. Bourdieu in der literaturwissenschaftlichen Praxis*. Tübingen 2005.
Jurt, Joseph: *Das literarische Feld. Das Konzept Pierre Bourdieus in Theorie und Praxis*. Darmstadt 1995.
Käsler, Dirk: *Die frühe deutsche Soziologie 1909 bis 1934 und ihre Entstehungsmilieus. Eine wissenschaftssoziologische Untersuchung*. Opladen 1984.
Köppe, Tilmann/Winko, Simone: *Neuere Literaturtheorien*. Stuttgart, Weimar 2008.
Luhmann, Niklas: »Gesellschaftliche Struktur und semantische Tradition«. In: Ders: *Gesellschaftsstruktur und Semantik. Studien zur Wissenssoziologie der modernen Gesellschaft*. Bd. 1. Frankfurt a. M. 1980, 9–71.
Luhmann, Niklas: *Soziale Systeme. Grundriß einer allgemeinen Theorie*. Frankfurt a. M. 1984.
Luhmann, Niklas: *Die Kunst der Gesellschaft*. Frankfurt a. M. 1995.
Meidl, Christian N.: *Wissenschaftstheorien für Sozialforscherinnen*. Wien u. a. 2009.
Oestreich, Gerhard: »Die Fachhistorie und die Anfänge der sozialgeschichtlichen Forschungen in Deutschland«. In: *Historische Zeitschrift* 208 (1968), 320–363.
Ort, Claus-Michael: »Sozialwissenschaften«. In: Thomas Anz (Hg.): *Handbuch Literaturwissenschaft*. Bd. 2. Stuttgart, Weimar 2007, 470–478.
Schönert, Jörg: »Sozialgeschichte«. In: *Reallexikon der deutschen Literaturwissenschaft*. Bd. 3. Hg. v. Jan-Dirk Müller u. a. Berlin, New York 2003, 454–458.
Schönert, Jörg: »Sozialwissenschaftliche Kategorien und Theorien in der Germanistik 1970–1985«. In: Ders.: *Perspektiven zur Sozialgeschichte der Literatur. Beiträge zu Theorie und Praxis*. Tübingen 2007, 23–41.
Voßkamp, Wilhelm: »Gattungen als literarisch-soziale Institutionen«. In: Walter Hinck (Hg.): *Textsortenlehre – Gattungsgeschichte*. Heidelberg 1977, 27–44.

Tom Kindt

9. Hermeneutik

Explikation

Der Ausdruck ›Hermeneutik‹ dient seit dem 17. Jh. zur Bezeichnung von Lehren des Verstehens. Der Sache nach ist die Hermeneutik allerdings wesentlich älter, erste Vorschläge zu einer systematischen Beschreibung und praktischen Anleitung von Verstehensvorgängen entstehen bereits in der Spätantike, insbesondere in theologischen und juristischen Kontexten (vgl. Seiffert 1992; Weimar 2000). Im Verlauf der beiden vergangenen Jahrhunderte hat die hermeneutische Theoriebildung in den Kultur- und Textwissenschaften an Bedeutung und zugleich an Vielstimmigkeit gewonnen; dabei lassen sich drei grundlegende Verständnisse von Hermeneutik unterscheiden (vgl. Grondin 2009, 7–12):

(1) Hermeneutik als Theorie der Interpretation: Diesem ältesten und noch immer bestimmenden Verständnis zufolge ist Hermeneutik die Methodenlehre der Textauslegung oder – mit Friedrich Schleiermacher – »die Kunst, die Rede eines andern richtig zu verstehen« (Schleiermacher 1993, 75), wobei ›Kunst‹ hier für eine Technik steht, die in Verfahrensregeln gründet (vgl. Scholtz 1995, Kap. IV). Eine entsprechende Sicht der Hermeneutik liegt den philologischen, historischen und theologischen Verstehenslehren des 18. und 19. Jh.s zugrunde, die ihre paradigmatische Gestalt in Vorlesungen Schleiermachers und August Boeckhs finden (vgl. Schleiermacher 1993; Boeckh 1977), und sie ist überdies wesentlicher Bezugspunkt für die im Einzelnen recht unterschiedlich ausgerichteten neohermeneutischen Positionen, die im ausgehenden 20. Jh. entstehen (s. u.).

(2) Hermeneutik als Wissenschaftstheorie der Geisteswissenschaften: Diese Auffassung beruht auf der Überzeugung, dass Verstehen die gemeinsame Grundoperation der Kultur- und Sozialwissenschaften und deren maßgebliches Differenzmerkmal gegenüber den Naturwissenschaften darstellt. Ausgehend von Wilhelm Diltheys These »Die Natur erklären wir, das Seelenleben verstehen wir« (Dilthey 1924, 144) ist in diesem Sinne im 20. Jh. vielfach gefordert worden, die entscheidende Aufgabe der Hermeneutik in der Grundlegung der ›verstehenden‹ Geisteswissenschaften sowie ihrer Abgrenzung von den ›erklärenden‹ Naturwissenschaften zu sehen (vgl. auch Betti 1962; Ricœur 1973).

(3) Hermeneutik als Philosophie des Daseins: Leitend für diese Position, die auf Martin Heidegger und Hans-Georg Gadamer zurückgeht, ist die Annahme, dass Verstehen »nicht eine unter den Verhaltensweisen des Subjektes, sondern die Seinsweise des Daseins selber« (Gadamer 1975, XVIII) ist. Orientiert an einem solchen weit gefassten Verstehensbegriff begnügt sich die ›philosophische Hermeneutik‹ nicht damit, Verfahren der Textinterpretation zu bestimmen; über diese Zielsetzung der ›philologischen Hermeneutik‹ hinaus geht es ihr darum, einen Grundzug menschlicher Welt- und Selbsterfahrung zu reflektieren. Auch im Kontext des Hermeneutik-Verständnisses (3) sind – wie etwa in Gadamers *Wahrheit und Methode* – Modelle der Textauslegung entstanden, die sich aufgrund einer weit reichenden Methodenskepsis von den meisten Ansätzen im Sinne des Hermeneutik-Verständnisses (1) deutlich abheben (vgl. dazu am Beispiel Gadamers Köppe/Winko 2008, 25–29).

Alle drei Hauptströmungen der Hermeneutik sind im 20. Jh. zum Gegenstand grundlegender Kritik geworden (vgl. etwa Rusterholz 1996); insbesondere die interpretationstheoretisch ausgerichtete Hermeneutik hat gleichwohl großen Einfluss auf die Theoriebildung und die Praxis in den philologischen Disziplinen behaupten können.

Hermeneutisch orientierte Literaturwissenschaft

Galt die Hermeneutik in der Literaturwissenschaft lange Zeit als *die* Methode der Textauslegung, wird sie seit rund hundert Jahren nur noch als *ein* Interpretationsansatz neben anderen verstanden, der zudem in einem Spektrum unterschiedlicher Spielarten vertreten wird. Eine Aufnahme (oder auch Neuentdeckung) hermeneutischer Positionen ist dabei ebenso in autor- wie in rezipienten- und textorientierten Literaturtheorien der vergangenen Jahrzehnte zu beobachten.

Offenkundig in der Tradition hermeneutischer Interpretationslehren des 18. und 19. Jh.s stehen zunächst die zahlreichen Beiträge zur Ausgestaltung eines intentionalistischen Interpretationsansatzes, die im Anschluss an Eric D. Hirschs Monographie *Validity in Interpretation* seit den 1990er Jahren entstanden sind (vgl. Hirsch 1967). Wie etwa schon Schleiermacher und Boeckh gehen auch die Teilnehmer der betreffenden – vor allem innerhalb der analytischen Kunstphilosophie ausgetragenen – Debatten davon aus, dass eine angemessene Rekonstruktion der Bedeutung eines Werks die Bestimmung der Autorintention und die der Textstruktur miteinander zu verknüpfen hat (vgl. für einen Überblick Kindt/Köppe 2010). Im Hinblick auf die Frage, wie die Idee einer sowohl sprach- als auch sprecherbezogenen Interpretation im Einzelnen umzusetzen ist, werden zur Zeit mit dem ›starken‹ und dem ›hypothetischen Intentionalismus‹ zwei gleichermaßen hermeneutisch orientierte Positionen einander entgegengestellt (vgl. Köppe/Winko 2008, Kap. 8).

Einen wichtigen Bezugspunkt stellen die hermeneutischen Verstehenslehren allerdings auch für eine Reihe jüngerer literaturtheoretischer Modelle dar, die dem intentionalistischen Ansatz mit Vorbehalten oder sogar Ablehnung gegenüberstehen. So ist einerseits in Richtungen wie etwa der Werkimmanenz, der Rezeptionsästhetik und dem Strukturalismus versucht worden, unter Bezugnahme insbesondere auf die Hermeneutik Gadamers zu einer Fundierung oder zumindest Differenzierung des eigenen Ansatzes zu gelangen (vgl. Jauß 1967; Ricœur 1973). Und so haben andererseits Autoren wie Manfred Frank und Uwe Japp unterschiedliche Entwürfe zu einer literaturwissenschaftlichen Neohermeneutik vorgelegt, der es nicht um die Bestimmung von Textbedeutungen im Allgemeinen und Autorabsichten im Besonderen geht, sondern um die Entfaltung der Bedeutungspotenziale literarischer Texte (vgl. Frank 1977; Japp 1977; zur Kritik der Position Danneberg/Müller 1984).

Bezüge zur Gattungstheorie

In vielen hermeneutischen Methodenlehren wird explizit geltend gemacht, dass Gattungskonzepte und -typologien ebenso als Voraussetzung wie als Ergebnis von Verstehensprozessen anzusehen sind (vgl. etwa Boeckh 1977, 140–156). Weder in der traditionellen Hermeneutik noch in den verschiedenen neohermeneutischen Modellen ist diese Annahme allerdings zum Anlass für weitergehende gattungstheoretische Reflexionen genommen worden (vgl. Zymner 2003, 128–130; D 5; D 7).

Literatur

Betti, Emilio: *Die Hermeneutik als allgemeine Methodik der Geisteswissenschaften*. Tübingen 1962.
Boeckh, August: *Enzyklopädie und Methodenlehre der philologischen Wissenschaften* [1866]. Darmstadt 1977.
Danneberg, Lutz/Müller, Hans-Harald: »Wissenschaftstheorie, Hermeneutik, Literaturwissenschaft. Anmerkungen zu einem unterbliebenen und Beiträge zu einem künftigen Dialog über die Methodologie des Verstehens«. In: *DVjs* 58 (1984), 177–237.
Dilthey, Wilhelm: »Ideen über eine beschreibende und zergliedernde Psychologie« [1894]. In: Ders.: *Die geistige Welt. Einleitung in die Philosophie des Lebens*. Hg. v. Georg Misch. Leipzig, Berlin 1924, 139–240.
Frank, Manfred: *Das individuelle Allgemeine. Textstrukturierung und -interpretation nach Schleiermacher*. Frankfurt a. M. 1977.
Gadamer, Hans-Georg: *Wahrheit und Methode. Grundzüge einer philosophischen Hermeneutik* [1960]. Tübingen ⁴1975.
Grondin, Jean: *Hermeneutik*. Göttingen 2009.
Hirsch, Eric D.: *Validity in Interpretation*. New Haven 1967.
Japp, Uwe: *Hermeneutik. Der theoretische Diskurs, die Literatur und die Konstruktion ihres Zusammenhanges in den philologischen Wissenschaften*. München 1977.
Jauß, Hans Robert: *Literaturgeschichte als Provokation der Literaturwissenschaft*. Konstanz 1967.
Kindt, Tom/Köppe, Tilmann: »Conceptions of Authorship and Authorial Intention«. In: *Authorship Revisited. Conceptions of Authorship around 1900 and 2000*. Hg. v. Liesbeth Korthals Altes/Gillies Dorleijn/Ralf Grüttemeier. Groningen 2010, 213–228.
Köppe, Tilmann/Winko, Simone: *Neuere Literaturtheorien. Eine Einführung*. Stuttgart, Weimar 2008.
Ricœur, Paul: *Hermeneutik und Strukturalismus. Der Konflikt der Interpretationen I* [1969]. München 1973.
Rusterholz, Peter: »Zum Verhältnis von Hermeneutik und neueren anti-hermeneutischen Strömungen«. In: Heinz Ludwig Arnold/Heinrich Detering (Hg.): *Grundzüge der Literaturwissenschaft*. München 1996, 157–178.
Schleiermacher, Friedrich D. E.: *Hermeneutik und Kritik*. Hg. v. Manfred Frank. Frankfurt a. M. ⁵1993.
Seiffert, Helmut: *Einführung in die Hermeneutik: die Lehre von der Interpretation in den Fachwissenschaften*. Tübingen 1992.
Scholtz, Gunter: *Ethik und Hermeneutik. Schleiermachers Grundlegung der Geisteswissenschaften*. Frankfurt a. M. 1995.
Weimar, Klaus: »Hermeneutik«. In: *Reallexikon der deutschen Literaturwissenschaft*. Bd. 2. Hg. v. Harald Fricke u. a. Berlin, New York 2000, 25–33.
Zymner, Rüdiger: *Gattungstheorie. Probleme und Positionen der Literaturwissenschaft*. Paderborn 2003.

Tom Kindt

10. Kulturwissenschaften

Explikation

Der Ausdruck ›Kulturwissenschaften‹ wird beginnend mit den 1970er Jahren meist zur Bezeichnung der traditionell als ›Geisteswissenschaften‹ charakterisierten Einzeldisziplinen verwendet. Als gemeinsamer Gegenstand dieser Disziplinen werden damit Aspekte der Kultur bestimmt; der Begriff der Kultur selbst ist allerdings mehrdeutig und seine Verwendung umstritten (vgl. Eagleton 2000, Kap. 1). Weiterhin wird angenommen, dass sich die Kulturwissenschaften gegenüber den Naturwissenschaften durch eine eigenständige Methodologie, andere Ergebnisformate, eine geringere Exaktheit oder auch die Unerfüllbarkeit der Forderung nach Wertfreiheit auszeichnen (vgl. den Abschnitt *Naturwissenschaften*). Der Singular ›Kulturwissenschaft‹ dagegen bezeichnet eine neue, eigenständige Disziplin, die entweder aus der Verbindung der traditionellen (geisteswissenschaftlichen) Einzeldisziplinen hervorgehen soll oder als Metadisziplin gedacht wird, die die Arbeit der Einzeldisziplinen reflektiert (Böhme/Matussek/Müller 2000).

Vorläufer einer an der Erklärung von Aspekten der Kultur (oder der Erklärung anthropologischer Sachverhalte *durch* Aspekte der Kultur) interessierten Wissenschaft wurden bereits um 1900 entwickelt. Wichtige Arbeiten stammen u. a. von Heinrich Rickert, Georg Simmel und Ernst Cassirer.

Kulturwissenschaftlich orientierte Literaturwissenschaft

Eine kulturwissenschaftlich orientierte Literaturwissenschaft bezieht sich auf Themen oder Verfahren der Kulturwissenschaften (vgl. Köppe/Winko 2008, Kap. 11.3). Als Teilbereiche insbesondere in der Anglistik und Amerikanistik haben sich etwa der *New Historicism*, die *Postcolonial Studies*, die *Gender Studies* oder die *Cultural Studies* etabliert. Allgemeine Kennzeichen der kulturwissenschaftlich orientierten Literaturwissenschaft sind u. a.:

(1) Weitgefasster Gegenstandsbereich. In der kulturwissenschaftlichen Literaturwissenschaft wird meist ein ›erweiterter‹ Literaturbegriff zugrunde gelegt, unter den nicht nur kanonische Texte der Hochliteratur fallen, sondern auch Trivialliteratur und andere von der traditionellen Literaturwissenschaft eher vernachlässigte Texte. Zudem wird der Gegenstandsbereich um die Kontexte erweitert: Das kulturelle Umfeld eines literarischen Textes interessiert nicht länger nur insofern, als es ein Licht auf den Text selbst werfen kann, sondern es wird als eigenständiger Untersuchungsgegenstand ernstgenommen. Weiterhin werden auch ausdrücklich nicht-literarische kulturelle Praktiken in den Gegenstandsbereich der Literaturwissenschaft aufgenommen, etwa religiöse Rituale, Fernsehsendungen oder politische Kampagnen.

(2) Breites Spektrum an Bezugstheorien und Transdisziplinarität. Zur Arbeit an ihren Gegenständen können kulturwissenschaftlich orientierte Literaturwissenschaftler ein breites Spektrum an Bezugstheorien heranziehen; es kann sich dabei um im engeren Sinne literaturwissenschaftliche (etwa strukturalistische oder hermeneutische) Ansätze oder aber um theoretische und methodische Anleihen bei Nachbardisziplinen handeln. Besondere Popularität erlangen dabei in den traditionellen Geisteswissenschaften eher randständige Disziplinen wie die Ethnologie oder Anthropologie. Oft wird der Anspruch vertreten, dass diese Bezugstheorien nicht nur in der literaturwissenschaftlichen Arbeit fruchtbar gemacht werden können, sondern dass die literaturwissenschaftliche Perspektive auch neue Einsichten in den Gegenstandsbereich und das Methodenrepertoire der Ausgangsdisziplinen gestattet. Beispiele wären etwa die semiotische Untersuchung der Bedeutungsebenen eines Rituals oder die Analyse der Erzählstruktur eines Gründungsmythos.

(3) Orientierung am Poststrukturalismus. Typisch für die kulturwissenschaftlich orientierte Literaturwissenschaft (etwa im *New Historicism* oder den *Postcolonial Studies*) sind poststrukturalistische Theoreme oder Verfahren. Ein Beispiel ist die Ausweitung des Textbegriffs, der auf alle zu deutenden Gegenstände angewandt wird (›Kultur als Text‹). Quantitative oder empirische Verfahren werden dagegen in aller Regel nicht übernommen.

(4) Interkulturalität. Neben die (›eurozentrische‹) Beschäftigung mit westlichen Kulturen tritt eine verstärkte Hinwendung zu ›marginalisierten‹ oder ›unterdrückten‹ Kulturen. Oft werden deren Einflüsse oder Manifestationen etwa in der Literatur herausgestellt und untersucht.

(5) Relevanzpostulat. Eine kulturwissenschaftliche Orientierung der Literaturwissenschaft wird bisweilen zur Kompensation schwindender Geltungsansprüche empfohlen. So wird die Notwendigkeit einer Ausweitung des literaturwissenschaftlichen Gegen-

standsbereichs damit begründet, dass die traditionelle Literatur ihre Funktion als kulturelles Leitmedium eingebüßt habe.

(6) Selbstreflexion und Kritik. In der kulturwissenschaftlich orientierten Literaturwissenschaft ist eine ideologiekritische Grundeinstellung verbreitet, die sich sowohl auf die eigentlichen Untersuchungsgegenstände als auch auf die eigenen methodischen und theoretischen Annahmen richtet. Typisch sind dabei ein entlarvender Gestus sowie eine kultur- und wissenschaftskritische Stoßrichtung.

Bezüge zur Gattungstheorie

Kulturwissenschaftliche Theorien sind, wie oben angedeutet, zu heterogen, als dass sich ihnen eine einheitliche Gattungstheorie zuordnen ließe. Von ihnen können jedoch zwei allgemeinere Impulse für die Gattungstheorie ausgehen:

Erstens ist für die kulturwissenschaftlich orientierte Literaturwissenschaft ein Interesse an kleineren oder randständigen Gattungen charakteristisch, und deren Beziehungen zu den etablierten Gattungen geraten stärker in den Blick. Nach poststrukturalistischer Auffassung kann die Etablierung einer Gattung im literarischen Feld als ein Prozess verstanden werden, in dem ›Macht‹ eine Rolle spielt, und es können die beteiligten Akteure und Strukturen untersucht werden.

Zweitens wird so der ›Sitz im Leben‹ literarischer Gattungen betont. Eine Gattung erscheint vor diesem Hintergrund als ein sozio-kulturelles Phänomen, dessen Struktur und Entwicklung untersucht werden kann (→ D 9; D 11; D 13).

Literatur

Böhme, Harmut/Matussek, Peter/Müller, Lothar: *Orientierung Kulturwissenschaft. Was sie kann, was sie will*. Reinbek 2000.
Eagleton, Terry: *The Idea of Culture*. Oxford 2000.
Köppe, Tilmann/Winko, Simone: *Neuere Literaturtheorien*. Stuttgart, Weimar 2008.

Tilmann Köppe

11. Linguistik und Semiotik

Explikation

Die Linguistik erforscht die Sprache. Natürliche Sprachen wie das Deutsche verfügen über verschiedene Aspekte, denen linguistische Arbeitsfelder zugeordnet sind. Dazu gehören u. a. das Laut- und Zeicheninventar (Phonetik und Lexik), die Zeichenkombination (Syntax), der Zeichenaufbau (Morphologie), die Zeichenverwendung (Pragmatik) sowie die Zeichenbedeutung (Semantik). Innerhalb der einzelnen Teilgebiete gibt es verschiedene Schulen oder Ansätze (etwa die Transformationsgrammatik und die lexikalisch-funktionale Grammatik im Bereich der Syntax). Weiterhin untersucht die Linguistik u. a. soziale Aspekte des menschlichen Sprachverhaltens (Soziolinguistik), historische Aspekte von Sprachen (Historische Linguistik), die Sprachverarbeitung im Gehirn (Neurolinguistik), den Aufbau und die Funktionen von Texten (Textlinguistik) oder größere sprachliche Einheiten (linguistische Diskursanalyse). Im Rahmen der angewandten Linguistik werden sprachwissenschaftliche Methoden und Ergebnisse auch außerhalb der Wissenschaft eingesetzt, etwa in juristischen Kontexten (Forensische Linguistik) oder in der Diagnose und Behandlung von Krankheiten (Klinische Linguistik).

Die Semiotik ist die Wissenschaft von den Zeichen. Da Zeichen wesentliche Bestandteile natürlicher Sprachen sind, werden auch in den oben genannten Teilgebieten der Linguistik Zeichentheorien entwickelt. Die Semiotik untersucht darüber hinaus aber auch nichtsprachliche Zeichensysteme, etwa in der bildenden Kunst, Malerei und Musik, daneben allerdings auch religiöse Symboliken oder die Kommunikation innerhalb der Tierwelt. Zu den wichtigsten Aspekten einer Zeichentheorie gehören die Unterscheidung zwischen Zeichenkörper (Signifikant), Zeicheninhalt (Signifikat, d. h. das, was eine Individuation des Bezeichneten ermöglicht) und Bezeichnetem (Referent) sowie die Unterscheidung verschiedener Weisen, auf die Zeichen und Bezeichnetes miteinander verbunden sein können (etwa durch Konvention, Ähnlichkeit oder eine Kausalbeziehung).

Zeichentheorien gibt es bereits in der antiken Philosophie (u. a. in Platons *Kratylos*). Von ›Semiotik‹ im engeren Sinne wird aber meist erst seit den Arbeiten von Ferdinand de Saussure oder Charles S. Peirce gesprochen. Im 20. Jh. wurden semiotische Theorien u. a. der Kunst (vgl. Goodman 1976) sowie der Literatur (vgl. Eco 1990) entwickelt. Eine besondere

Nähe zur Semiotik hat der literaturwissenschaftliche Strukturalismus (vgl. Titzmann 2003). Als ›semiotisch‹ werden in der Literaturwissenschaft auch poststrukturalistische Ansätze bezeichnet, die mit dem Anspruch auftreten, eine Weiterentwicklung strukturalistischer Zeichentheorien zu sein.

Bezüge zur Literaturwissenschaft

Historisch hängen Linguistik und Literaturwissenschaft u. a. über den frühen Strukturalismus zusammen, der eine linguistische Untersuchung der ›Literatursprache‹ forderte (vgl. Culler 1975). Die Suche nach einer spezifisch literarischen Sprachverwendung gilt heute im Allgemeinen als gescheitert (vgl. Posner 1980). Insbesondere literaturtheoretische Ansätze, die sich durch textnahe Verfahren auszeichnen (u. a. *New Criticism* und *Explication de texte*), haben sich u. a. die linguistische Mikrostilistik (u. a. die Theorie der Metapher) zunutze gemacht.

Heute haben sich Linguistik und Literaturwissenschaft an den Universitäten weitgehend auseinanderentwickelt (vgl. Kasten/Neuland/Schönert 1997). In beiden Disziplinen hat ein Ausdifferenzierungs- und Spezialisierungsprozess stattgefunden, der nicht nur die Gegenstände, sondern vor allem auch Verfahrensweisen und Standards der Disziplinen betrifft und eine Zusammenarbeit zunächst einmal erschwert. Nichtsdestotrotz gibt es eine Reihe konkreter Untersuchungsfelder, auf denen eine fruchtbare Zusammenarbeit wünschenswert und auch zu verzeichnen ist:

(1) Stilistik: Die Stilistik gibt es in normativer, theoretischer und deskriptiver Ausprägung. Insbesondere die mit der Analyse konkreter Texte befasste deskriptive Stilistik ist zwischen Linguistik und Literaturwissenschaft angesiedelt. Neben der traditionellen Erfassung von Stilfiguren untersucht sie heute alle Aspekte sprachlicher ›Oberflächenphänomene‹ (vgl. Weber 1996), u. a. mit empirischen Methoden (vgl. Short/Semino/Culpeper 1996).

(2) Semantik: Literaturwissenschaftler und Linguisten sind an der Bedeutung sprachlicher Einheiten interessiert. Berührungspunkte gibt es insbesondere in der Entwicklung von Modellen der Bedeutung von literarischen Texten (vgl. Jannidis u. a. 2003, Teil 1). Strittig ist hier u. a., ob (und in welcher Weise) sich Modelle der Bedeutung sprachlicher Äußerungshandlungen für die Interpretation literarischer Texte fruchtbar machen lassen (vgl. Kindt/Köppe 2008, 130–171).

(3) Metrik: Die Metrik ist ein wesentlicher Aspekt insbesondere der Poesie. Die linguistische Metrikforschung untersucht u. a. die Struktur phonologischer Regelmäßigkeiten (vgl. Fabb 2001), während die Literaturwissenschaft neben der Systematisierung metrischer Formen insbesondere deren Beitrag zur Bedeutung poetischer Texte interessiert.

(4) Narratologie: Der heute einflussreichste Zweig der Narratologie ist aus dem Strukturalismus hervorgegangen und steht der Linguistik daher von Haus aus nahe. Die linguistische Erzählforschung hat darüber hinaus von Literaturwissenschaftlern eher vernachlässigte Problemfelder in den Blick gebracht, etwa das konversationelle Erzählen sowie soziolinguistische Aspekte (vgl. Toolan 2001). Als gescheitert gelten demgegenüber Versuche, eine umfassende ›Erzählgrammatik‹ zu erstellen (vgl. Beaugrande 1982).

(5) Textbeschreibung und Interpretation allgemein: In der Literaturwissenschaft wird oft zwischen der Beschreibung und Interpretation literarischer Texte unterschieden: Erstere gilt als textnah, verfügt über einen höheren intersubjektiven Geltungsanspruch und ist nicht mit semantischen Aspekten befasst. Insbesondere auf der Ebene der Beschreibung wird linguistischen Kategorien nicht zuletzt aufgrund ihrer Genauigkeit ein hohes Potenzial zugesprochen (vgl. Winko 2008).

(6) Fiktionalitätstheorie: Zu den Problemen, die im Rahmen der Fiktionalitätstheorie behandelt werden, gehören die Referenz von Ausdrücken in fiktionalen Kontexten sowie sprechakttheoretische Besonderheiten fiktionaler Rede (vgl. Lamarque/Olsen 1994). Die Fiktionalitätstheorie umfasst in diesen Bereichen nicht nur literaturwissenschaftliche und linguistische Forschungen, sondern hat insbesondere auch eine große Nähe zur analytischen Philosophie, deren Ursprünge mit denen der modernen Linguistik in vielen Bereichen zusammenfallen.

Diese Liste geteilter Arbeitsfelder ließe sich leicht ergänzen, etwa um die Gesprächsanalyse, Diskursanalyse oder Rhetorik (vgl. Schiewer 2007).

Bezüge zur Gattungstheorie

Die Linguistik ist für die Gattungstheorie in verschiedenen Bereichen einschlägig; zu den wichtigsten Bezügen gehören die Folgenden:

(1) Sie entwickelt Modelle der Struktur klassifikatorischer Begriffe sowie ihres Erwerbs und ihrer Anwendung. In diesen Bereichen überschneiden sich die Arbeitsfelder der Linguistik mit denen von (analyti-

scher) Philosophie und den Kognitionswissenschaften (vgl. Margolis/Laurence 1999). Auch allgemeine Verfahren der Begriffsanalyse und -definition werden im Rahmen der Linguistik entwickelt.

(2) Die Textlinguistik entwickelt Theorien und Modelle der Textsortenklassifikation (vgl. z. B. Brinker 2001, Kap. 5). Zugrunde gelegt werden der Klassifikation u. a. die Textfunktion (u. a. Informationstexte, Appelltexte, Deklarationstexte); kontextuelle Kriterien (Unterscheidung nach verschiedenen Typen von Kommunikationssituationen); sowie strukturelle Kriterien (u. a. Textthema und Themenentfaltung). Auch der Textbegriff als solcher wird problematisiert und für die Analyse der Gattung literarischer Texte fruchtbar gemacht (vgl. Fix 2009).

(3) Es gibt linguistische Verfahren der Gattungs- oder Genreanalyse, in denen sprachliche Regelmäßigkeiten (Abweichungen, Besonderheiten) innerhalb einzelner sowie zwischen verschiedenen Gattungen oder Genres untersucht werden (vgl. Biber 1988; Dudley-Evans 2002; → D 14; G 13).

Literatur

Beaugrande, Robert de: »The Story of Grammars and the Grammar of Stories«. In: *Journal of Pragmatics* 6 (1982), 383–422.
Biber, Douglas: *Variation Across Speech and Writing*. Cambridge u. a. 1988.
Brinker, Klaus: *Linguistische Textanalyse*. 5., durchges. u. erg. Aufl. Tübingen 2001.
Culler, Jonathan: *Structuralist Poetics*. London, New York 1975.
Dudley-Evans, Tony: »Genre Analysis«. In: Kirsten Malmkjær (Hg.): *The Linguistics Encyclopedia*. London/New York ²2002, 205–208.
Eco, Umberto: *Lector in fabula. Die Mitarbeit der Interpretation in erzählenden Texten*. München 1990.
Fabb, Nigel: »Linguistics and Literature«. In: Mark Aronoff/Janie Rees-Miller (Hg.): *The Handbook of Linguistics*. Malden (MA), Oxford 2001, 446–465.
Fix, Ulla: »Aktuelle linguistische Textbegriffe und der literarische Text«. In: Simone Winko/Fotis Jannidis/Gerhard Lauer (Hg.): *Grenzen der Literatur. Zu Begriff und Phänomen des Literarischen*. Berlin, New York 2009, 103–135.
Goodman, Nelson: *Languages of Art. An Approach to a Theory of Symbols*. Indianapolis/Cambridge ²1976.
Jannidis, Fotis u. a. (Hg.): *Regeln der Bedeutung. Zur Theorie der Bedeutung literarischer Texte*. Berlin, New York 2003.
Kasten, Ingrid/Neuland, Eva/Schönert, Jörg: »Literaturwissenschaft und Linguistik. Konsequenzen aus Kooperationen und Konfrontationen seit den 60er Jahren?«. In: *Mitteilungen des Deutschen Germanistenverbandes* 44/3 (1997), 4–10.
Kindt, Tom/Köppe, Tilmann (Hg.): *Moderne Interpretationstheorien*. Göttingen 2008.
Lamarque, Peter/Olsen, Stein H.: *Truth, Fiction, and Literature. A Philosophical Perspective*. Oxford 1994.
Margolis, Eric/Laurence, Stephen (Hg.): *Concepts. Core Readings*. Cambridge (MA), London 1999.
Posner, Roland: »Linguistische Poetik«. In: Hans Peter Althaus (Hg.): *Lexikon der germanistischen Linguistik*. 2., vollst. neu bearb. u. korr. Aufl. Tübingen 1980, 687–698.
Schiewer, Gesine Lenore: »Sprachwissenschaft«. In: Thomas Anz (Hg.): *Handbuch Literaturwissenschaft*. Bd. 2. Stuttgart, Weimar 2007, 392–402.
Short, Mick/Semino, Elena/Culpeper, Jonathan: »Using a Corpus for Stylistics Research: Speech and Thought Representation«. In: Jenny Thomas/Mick Short (Hg.): *Using Corpora for Language Research*. London, New York 1996, 110–131.
Titzmann, Michael: »Semiotische Aspekte der Literaturwissenschaft: Literatursemiotik«. In: Roland Posner/Klaus Robering/Thomas A. Sebeok (Hg.): *Semiotik/Semiotics. Ein Handbuch zu den zeichentheoretischen Grundlagen von Natur und Kultur*. 3. Teilbd. Berlin, New York 2003, 3028–3103.
Toolan, Michael: *Narrative. A Critical Linguistic Introduction*. London/New York ²2001.
Weber, Jean Jacques (Hg.): *The Stylistics Reader. From Roman Jakobson to the Present*. London u. a. 1996.
Winko, Simone: »Textualitätsannahmen und die Analyse literarischer Texte«. In: *Zeitschrift für germanistische Linguistik* 36 (2008), 427–443.

Tilmann Köppe

12. Naturwissenschaften

Explikation

Zu den Naturwissenschaften werden akademische Disziplinen wie Physik, Biologie, Geowissenschaften oder Chemie gerechnet. Gemeinsam ist ihnen eine erfahrungswissenschaftliche Methodologie bzw. Theoriekonzeption, wobei im Einzelnen gleichwohl umstritten ist, wie genau das Konzept der Erfahrungswissenschaft zu verstehen ist (vgl. Putnam 1990). Von den Naturwissenschaften werden die Sozial-, Geistes- oder Kulturwissenschaften unterschieden, denen etwa die Philologien, Philosophie, die Geschichtswissenschaften oder die Soziologie zugerechnet werden. Die Zuordnung einiger wissenschaftlicher Disziplinen, wie etwa der Mathematik, oder ›angewandter‹ Wissenschaften wie der Medizin, ist umstritten.

Versuche, die Natur- und Geisteswissenschaften voneinander abzugrenzen, berufen sich u. a. auf die folgenden Kriterien:

(1) Unterschiedliche Gegenstände. Während die Naturwissenschaften vom Menschen unabhängige Naturgegenstände untersuchen, haben es die Geisteswissenschaften mit Produkten des menschlichen Geistes zu tun (W. Dilthey).

(2) Methodologie. In den Naturwissenschaften dominieren Verfahren der experimentellen Überprüfung von Hypothesen; in den Geisteswissenschaften dagegen gilt die Voraussetzung des Experimentierens, nämlich die Möglichkeit der Manipulation und Kontrolle relevanter Untersuchungsparameter, als nicht gegeben. Weiterhin wird die Methode der Naturwissenschaften zuweilen als ›Erklären‹, die der Geisteswissenschaften dagegen als ›Verstehen‹ deklariert.

(3) Ergebnisse. Die Naturwissenschaften sind ›nomothetisch‹, d. h. sie zielen auf die Formulierung allgemeiner Gesetze oder Gesetzmäßigkeiten. Die Geisteswissenschaften dagegen sind ›idiographisch‹, d. h. sie sind an Aussagen über singuläre Phänomene (etwa über den Verlauf bestimmter historischer Ereignisse oder die Bedeutung eines bestimmten Kunstwerks) interessiert (W. Windelband). Damit verbunden ist die Auffassung, dass naturwissenschaftliche Theorien im Unterschied zu geisteswissenschaftlichen über Vorhersagekraft in Bezug auf künftige Ereignisse verfügen: Ein naturwissenschaftliches Gesetz sagt voraus, was eintritt, wenn bestimmte Ausgangsbedingungen vorliegen. Entsprechendes ist im Bereich der Geisteswissenschaften kaum oder nicht möglich, weil Ausgangsbedingungen und Gesetzmäßigkeiten zu komplex und/oder nur vage bestimmt sind.

(4) Exaktheit. Die Naturwissenschaften gelten als exakte Wissenschaften, insofern ihre Theorien und Ergebnisse vielfach in quantifizierter Form vorliegen und ihre Begriffe rekursiv definiert werden (vgl. Helmer/Rescher 1960). Beide Merkmale fehlen oft im Rahmen der Geisteswissenschaften.

(5) Wertfreiheit. In den Naturwissenschaften spielen die wertenden Einstellungen des Forschers (seine Vorlieben etc.) und die Frage, wie Untersuchungsgegenstände bewertet werden, keine Rolle, in den Geisteswissenschaften dagegen schon (Lacey 1999).

Die genannten Abgrenzungen sind umstritten (vgl. Detel 1998, 206–212). Geltend gemacht werden kann gegen sie beispielsweise, dass nicht-exakte Interpretationen oft eine wichtige Rolle als Voraussetzung exakterer Verfahren spielen (vgl. Bartelborth 2007, Kap. V.2); dass auch im Rahmen der Geisteswissenschaften Sachverhalte erklärt werden (vgl. Patzig 1988); dass auch diesen Erklärungen (insofern sie kausale Zusammenhänge betreffen) Gesetzmäßigkeiten zugrunde liegen (vgl. Hempel 1965); oder dass sich einzelne geisteswissenschaftliche Bereiche, etwa die philosophische Entscheidungstheorie (vgl. Nida-Rümelin/Schmidt 2001), quantifizierter Verfahren bedienen. Wenngleich es also schwierig oder sogar unmöglich ist, die Natur- und Geisteswissenschaften anhand der genannten Kriterien voneinander zu trennen, so erscheint es dennoch als sinnvoll, von paradigmatischen natur- bzw. geisteswissenschaftlichen Disziplinen zu sprechen. Die einzelnen Wissenschaften lassen sich dann danach unterscheiden, wie nahe sie dem als paradigmatisch ausgezeichneten Fall (etwa der Physik einerseits und den Geschichtswissenschaften andererseits) in ihren Theorien und Methoden und bezogen auf die genannten Kriterien kommen.

Bezüge zur Literaturwissenschaft

Zwischen den Naturwissenschaften und der Literaturwissenschaft gibt es eine Reihe von Bezügen:

(1) Es hat insbesondere im Rahmen der Empirischen Literaturwissenschaft Versuche gegeben, dieser ein ›erfahrungswissenschaftliches‹ Fundament zu geben (vgl. Schmidt ¹1980). Dies führte allerdings zugleich zu einer Ablehnung traditioneller literaturwissenschaftlicher Aufgaben (wie etwa der Interpretation literarischer Texte), verbunden mit der Forderung nach einer vollständigen Neuausrichtung der Literaturwissenschaft. Andere wissenschaftsthe-

oretische Ansätze betonen fundamentale methodologische Gemeinsamkeiten oder Ähnlichkeiten zwischen den Natur- und Geisteswissenschaften (vgl. Henderson 1993).

(2) Im Rahmen einzelner naturwissenschaftlicher (oder den Naturwissenschaften nahe stehender) Disziplinen sind Voraussetzungen und Elemente der Kunstproduktion und -rezeption untersucht worden. Solche Untersuchungen sind u. a. im Rahmen der Psychologie (vgl. Groeben/Vorderer 1982/1988) und der Kognitionswissenschaften (vgl. Currie 2003) vorgenommen worden.

(3) Es gibt literaturwissenschaftliche Untersuchungen, die die Zusammenhänge von Literatur und den Naturwissenschaften untersuchen (vgl. Richter/Schönert/Titzmann 1997). Dabei kann es sich um traditionelle Literaturgeschichtsschreibung handeln, in der naturwissenschaftlichen Kontexten ein besonderes Gewicht beigemessen wird, oder auch um diskursanalytische Ansätze, die nach den unterschiedlichen ›Diskursen‹ zugrunde liegenden Strukturen und Regeln suchen (vgl. Köppe/Winko 2008, Kap. 11).

(4) Literarische Texte können naturwissenschaftliche Ansätze, Theorien oder Verfahren thematisieren; diese thematischen oder sonstigen Gehalte können Gegenstand literaturwissenschaftlicher Interpretationen sein.

Bezüge zur Gattungstheorie

Auch die Naturwissenschaften stellen sich gattungstheoretische Fragen, etwa in der Biologie, wenn zwischen konkurrierenden klassifikatorischen Schemata entschieden werden muss. Zwischen den praktizierenden Naturwissenschaften und der literaturwissenschaftlichen Gattungstheorie dürften sich lediglich eher indirekte Bezüge herstellen lassen, etwa im Hinblick auf literaturwissenschaftliche Gattungsmetaphoriken oder gattungshistoriographische Ordnungsmuster, die z. B. der Biologie entlehnt sind. Eine explizite Diskussion gattungstheoretischer Fragen findet sich eher in der Philosophie der Naturwissenschaften, etwa in der Diskussion um die Existenz ›natürlicher Arten‹ (vgl. Griffiths 1997) oder in Empirismusdebatten in der Wissenschaftstheorie (vgl. Hempel 1966, Kap. 7; → D 2; D 3).

Literatur

Bartelborth, Thomas: *Erklären*. Berlin, New York 2007.
Currie, Gregory: »Aesthetics and Cognitive Science«. In: Jerrold Levinson (Hg.): *The Oxford Handbook of Aesthetics*. Oxford 2003, 706–721.
Detel, Wolfgang: »Wissenschaft«. In: Ekkehard Martens/Herbert Schnädelbach (Hg.): *Philosophie. Ein Grundkurs*. Bd. 1. Reinbek 1998, 172–216.
Griffiths, Paul E.: *What Emotions Really Are. The Problem of Psychological Categories*. Chicago/London 1997.
Groeben, Norbert/Vorderer, Peter: *Leserpsychologie*. 2 Bde. Münster 1982/1988.
Helmer, Olaf/Rescher, Nicholas: »On the Epistemology of the Inexact Sciences«. In: *Management Science* 6 (1959), 25–52.
Hempel, Carl Gustav: »The Function of General Laws in History«. In: Ders.: *Aspects of Scientific Explanation*. New York 1965, 231–243.
Hempel, Carl Gustav: *Philosophy of Natural Science*. Upper Saddle River (N. J.) 1966.
Henderson, David K.: *Interpretation and Explanation in the Human Sciences*. Albany (N. Y.) 1993.
Köppe, Tilmann/Winko, Simone: *Neuere Literaturtheorien*. Stuttgart, Weimar 2008.
Lacey, Hugh: *Is Science Value Free? Values and Scientific Understanding*. London u. a. 1999.
Nida-Rümelin, Julian/Schmidt, Thomas: *Rationalität in der praktischen Philosophie*. Berlin 2000.
Patzig, Günther: »Erklären und Verstehen. Bemerkungen zum Verhältnis von Natur- und Geisteswissenschaften«. In: Ders.: *Tatsachen, Normen, Sätze*. Stuttgart 1988, 45–75.
Putnam, Hilary: »The Idea of Science«. In: *Midwest Studies in Philosophy* XV (1990), 57–64.
Richter, Karl/Schönert, Jörg/Titzmann, Michael (Hg.): *Die Literatur und die Wissenschaften 1770 bis 1930*. Stuttgart 1997.
Schmidt, Siegfried J.: *Grundriß der Empirischen Literaturwissenschaft* [1980]. Frankfurt a. M. 1991.

Tilmann Köppe

13. Philosophie

Explikation

Der Ausdruck ›Philosophie‹ ist mehrdeutig und kann heute etwa eine akademische Disziplin (»Sie studiert Philosophie und Kunstgeschichte«), ein Gedankengebäude (»die Philosophie Kants«), eine Denktradition (»die abendländische Philosophie«) oder auch eine Weise des Nachdenkens (»Philosophisches Denken ist nicht jedermanns Sache«) bezeichnen. Der Beginn der abendländischen Philosophie wird oft bei den Vorsokratikern um das 6. bis 4. Jh. v. Chr. angesetzt. Im Verlauf der Philosophiegeschichte haben sich u. a. die Kerngebiete Ethik, Erkenntnistheorie oder Ästhetik etabliert. Sie werden heute durch eine Vielzahl weiterer Untersuchungsbereiche ergänzt (u. a. politische Philosophie, Sprachphilosophie, Ontologie, Wissenschaftstheorie).

Eine allgemein akzeptierte Charakterisierung philosophischen Denkens gibt es nicht. Zu den vorgeschlagenen Kennzeichen gehören (vgl. Scruton 1997, 3–6):

(1) Abstraktheit. Philosophisches Denken widmet sich Fragen, die einen hohen Allgemeinheitsgrad aufweisen. So markiert die Frage »Was weiß Peter?« kein philosophisches Problem, die Frage »Was ist Wissen?« hingegen schon.

(2) Wahrheit als Ziel. Philosophisches Denken begnügt sich nicht damit, Thesen aufzustellen oder exegetisch zu rekonstruieren, sondern es fragt nach den Gründen, die für oder gegen eine bestimmte Auffassung sprechen. Gründe zeigen die Wahrscheinlichkeit der Wahrheit einer Auffassung an und mithin, ob das Ziel, zu einer wahren Auffassung zu gelangen, befördert oder erreicht wurde.

(3) Umfassender kritischer Anspruch. Das philosophische Denken ist darum bemüht, die eigenen Voraussetzungen transparent zu machen und in kritischer Absicht zu hinterfragen (vgl. Priest 2006).

(4) Orientierung an der Tradition. Das philosophische Denken kehrt immer wieder zu den Klassikern der Philosophiegeschichte zurück, um Sachfragen zu klären. Auch heutige Philosophen vertreten beispielsweise aristotelische, thomistische oder kantische Positionen. Das unterscheidet die Philosophie etwa von den Naturwissenschaften, in denen frühere Auffassungen oft allenfalls noch von wissenschaftsgeschichtlichem, nicht jedoch von systematischem Interesse sind (vgl. Patzig 2001).

Die Frage »Was ist Philosophie?« gilt vielen als ein philosophisches Problem, das nur im Rahmen eines bestimmten philosophischen Ansatzes beantwortet werden kann. Insbesondere im angelsächsischen Sprachraum ist die grobe Unterscheidung zweier Strömungen der akademischen Philosophie, nämlich der ›analytischen‹ Philosophie einerseits sowie der nicht-analytischen oder ›kontinentalen‹ Philosophie andererseits, üblich. Zugrunde liegt dabei allerdings kein klares Unterscheidungskriterium. Die analytische Philosophie wird meist als eine relativ junge Traditionslinie bestimmt, die mit G. Frege, B. Russell, L. Wittgenstein ihren Anfang nahm und, bedingt durch den Zweiten Weltkrieg, in England sowie den Vereinigten Staaten entwickelt wurde und von dort auf den europäischen Kontinent zurückkehrte. Es gibt jedoch weder ein klares inhaltliches Kennzeichen analytischer Philosophie (also bestimmte Auffassungen, die alle analytischen Philosophen teilen würden), noch einen bestimmten Kanon von Problemstellungen oder ein allgemein akzeptiertes Methodenrepertoire. Vielmehr wird – insbesondere von Seiten analytischer Philosophen selbst – oft darauf verwiesen, es handele sich um eine nicht trennscharf definierte Zugriffsweise auf philosophische Sachfragen, in der der Klarheit und Begründung von Thesen ein besonderes Gewicht beigemessen wird. Die ›kontinentale‹ Philosophie erscheint in dieser Perspektive als eine große und unübersichtliche Restklasse, in der etwa hermeneutische, phänomenologische, existenzialistische, dekonstruktivistische oder der Kritischen Theorie verpflichtete philosophische Strömungen zu finden sind (vgl. Føllesdal 1997).

Bezüge zur Literaturwissenschaft

Zwischen Philosophie und Literaturwissenschaft gibt es eine Reihe wichtiger Beziehungen.

Erstens verdankt die Literaturwissenschaft der langen Tradition philosophischer Ästhetik zahlreiche Problemstellungen und auch Lösungsansätze (vgl. Beardsley 1966). Dies gilt etwa für die Frage nach den Funktionen von Literatur und insbesondere nach dem Zusammenhang von Fiktion und Wahrheit (u. a. Platon, Aristoteles, Hegel), für die Theorie der Interpretation und Hermeneutik (u. a. Schleiermacher, Gadamer) sowie für die Gattungstheorie (vgl. den folgenden Abschnitt). Im Rahmen der zeitgenössischen analytischen Ästhetik werden viele Grundprobleme insbesondere der Literaturtheorie erörtert (vgl. Lamarque/Olsen 2004). Dies liegt insofern nahe, als sowohl die Literaturtheorie als auch die Philosophie als Disziplinen ›zweiter Ordnung‹ verstanden werden können, in denen die Methoden und begrifflichen Ressourcen untersucht werden, in denen literaturwissenschaftliche oder sonstige Sachfragen formuliert und problematisiert werden können (zu diesem Verständnis von Philosophie vgl. Rosenberg 1996).

Zweitens interessieren sich sowohl Philosophen als auch Literaturwissenschaftler für philosophische Gehalte literarischer Texte sowie für die literarische Form philosophischer Texte. Nicht zuletzt die Abgrenzung literarischer und philosophischer Texte ist angesichts der großen Vielfalt textueller Formen in beiden Traditionen/Disziplinen schwierig und umstritten. Vielversprechend sind in dieser Situation Ansätze, die den Unterschied nicht auf der Ebene manifester textueller Merkmale, sondern vielmehr auf der Ebene von Konventionen sehen, die den Umgang mit Texten der jeweiligen Art regeln: Texten, die im Rahmen der sozialen Praxis (Institution) ›Philosophie‹ produziert und rezipiert werden, halten wir demnach einen anderen Umgang gegenüber für angemessen als literarischen Texten (vgl. Lamarque/Olsen 1994). Versuchen, eine Abgrenzung beider Institutionen zu begründen, wird von Seiten dekonstruktivistischer Philosophen vor dem Hintergrund komplexer sprachtheoretischer Annahmen widersprochen (vgl. Habermas 1998, 219–247).

Bezüge zur Gattungstheorie

Die Philosophie ist aus zwei Gründen eine prädestinierte Bezugsgröße für die Gattungstheorie: Erstens wurden insbesondere im Rahmen der analytischen Philosophie Verfahren der Begriffsbestimmung entwickelt (vgl. Pawłowski 1980). Diese Verfahren lassen sich auch auf die Bestimmung von Gattungsbegriffen anwenden. Weiterhin werden in der Philosophie Theorien über die Struktur von Begriffen entwickelt, die für Fragen der Definition von großer Bedeutung sind; so ist beispielsweise umstritten, ob Begriffe Prototypen sind, ob sie eine durch eine Äquivalenzdefinition abbildbare kompositionale Struktur haben, oder ob sie vielmehr durch ihre inferenzielle Rolle in einer Theorie bestimmt sind (vgl. Margolis/Laurence 1999).

Zweitens sind in der Geschichte von vielen Philosophen, die eine eigene Ästhetik entwickelt haben, Definitionen von Gattungsbegriffen vorgeschlagen worden. Wirkmächtige Beispiele sind u. a. der Tragödienbegriff des Aristoteles oder Hegels Gattungsbegriffe (→ C 4; D 1; D 6; D 7; D 10; D 11).

Literatur

Beardsley, Monroe C.: *Aesthetics from Classical Greece to the Present*. Tuscaloosa/London 1966.
Føllesdal, Dagfinn: »Was ist analytische Philosophie?«. In: Georg Meggle (Hg.): *Analyomen 2. Proceedings of the 2nd Conference »Perspectives in Analytical Philosophy«*. Vol. 1. Berlin, New York 1997, 15–28.
Habermas, Jürgen: *Der philosophische Diskurs der Moderne*. Frankfurt a. M. ⁶1998.
Lamarque, Peter/Olsen, Stein Haugom: *Truth, Fiction, and Literature. A Philosophical Perspective*. Oxford 1994.
Lamarque, Peter/Olsen, Stein Haugom (Hg.): *Aesthetics and the Philosophy of Art. The Analytic Tradition*. Malden (MA), Oxford 2004.
Margolis, Eric/Laurence, Stephen (Hg.): *Concepts. Core Readings*. Cambridge (MA), London 1999.
Patzig, Günther: »Über Vergangenheit, Gegenwart und Zukunft der Philosophie«. In: *Wissenschaften 2001. Diagnosen und Prognosen*. Hg. v. der Akademie der Wissenschaften zu Göttingen. Göttingen 2001, 9–26.
Pawłowski, Tadeusz: *Begriffsbildung und Definition*. Berlin, New York 1980.
Priest, Graham: »What is Philosophy?«. In: *Philosophy* 81 (2006), 189–207.
Rosenberg, Jay F.: *The Practice of Philosophy*. Third Edition. Upper Saddle River (NJ) 1996.
Scruton, Roger: *Modern Philosophy. A Survey*. London 1997.

Tilmann Köppe

14. Psychologie

Explikation

Die Psychologie erklärt den menschlichen Geist und das menschliche Verhalten. Als akademische Disziplin zerfällt sie in verschiedene Teilbereiche, u. a. die Sozialpsychologie, die Kognitionspsychologie, die Entwicklungspsychologie oder die Medienpsychologie. Jede dieser Teildisziplinen verfügt über einen eigenen Gegenstandsbereich und ein entsprechend angepasstes methodisches Instrumentarium. Der größte Teil der heutigen akademischen Psychologie versteht sich als empirische Wissenschaft, die ihre Hypothesen mithilfe statistisch ausgewerteter Experimente überprüft; es gibt jedoch auch andere (z. B. hermeneutische) Verfahren.

Der Geist und das Verhalten des Menschen sind zu allen Zeiten Gegenstand des Nachdenkens gewesen; die Geschichte der Psychologie lässt sich daher bis in die Antike zurückverfolgen. Wichtige Vorläufer der modernen Psychologie sind im 19. Jh. anzusiedeln (u. a. Wilhelm Wundt; William James). Für die Literaturwissenschaft ist die auf die Arbeiten Sigmund Freuds zurückgehende Psychoanalyse von besonderer Wichtigkeit. Grundlegend ist für sie ein Modell der menschlichen Psyche, in der es neben bewussten auch vor-bewusste und ›unterbewusste‹ Schichten gibt. Ausgehend von diesem Modell entwickelt die Psychoanalyse u. a. Theorien der Individualentwicklung, der Psychotherapie sowie vieler menschlicher Praxen, zu denen auch der Umgang mit Kunst und Literatur gehört. Die Psychoanalyse führt in der heutigen akademischen Psychologie gleichwohl ein Schattendasein.

Bezüge zur Literaturwissenschaft

Zwischen Psychologie und Literaturwissenschaft gibt es vielfältige Beziehungen:

(1) Die Literaturpsychologie untersucht als Teil der Empirischen Literaturwissenschaft Aspekte der Literaturproduktion und -rezeption mithilfe empirisch-psychologischer Methoden. Gegenstand dieser Untersuchungen sind u. a. verschiedene Prozesse der Textverarbeitung und des Textverstehens, der Einfluss der Lektüre auf Aspekte der Persönlichkeitsbildung oder das Sozialverhalten und vieles mehr (vgl. Groeben/Vorderer 1982 u. 1988). Von literaturwissenschaftlichem Interesse sind darüber hinaus Untersuchungen menschlicher Fähigkeiten und Vermögen wie der Kreativität oder Imagination, denen in der Kunstproduktion und -rezeption eine große Rolle zukommt (vgl. Currie 2003).

(2) Während die Literaturpsychologie die Methoden der empirischen Psychologie auf literaturbezogene Problemstellungen anwendet, beziehen einige Bereiche der literaturwissenschaftlichen Theoriebildung lediglich die Ergebnisse psychologischer Forschungen ein. Dazu gehören etwa die kognitive Narratologie (vgl. Herman 2009) oder die *Cognitive Poetics* (vgl. Stockwell 2002), in denen textuelle Phänomene durch ihre Beziehung zu kognitiven Vermögen erklärt werden. Beispiele sind etwa die Begriffe der narrativen Kohärenz oder des unzuverlässigen Erzählens sowie die Metapherntheorie.

(3) Insbesondere die Psychoanalyse ist in vielfältiger Weise für die Interpretation literarischer Texte fruchtbar gemacht worden (vgl. Anz 2002). Unterscheiden lassen sich u. a. die psychoanalytische Untersuchung von Befindlichkeiten des Autors anhand der Interpretation des Textes; die Psychoanalyse von Figuren; sowie die Aufdeckung ›latenter‹ (u. a. ›verdrängter‹) Bedeutungsschichten eines Textes.

(4) Eine vierte Beziehung zwischen Psychologie und Literaturwissenschaft ergibt sich aus der Tatsache, dass in literarischen Texten in aller Regel in den Bereich der Psychologie fallende Gegenstände verhandelt werden. Dabei handelt es sich meist um Sachverhalte der Sozialpsychologie, d. h. die Befindlichkeiten von Personen in einem sozialen Umfeld. Literaturwissenschaftler, die etwa die Motivation einer Figur verstehen wollen, wenden (oft unbewusst) Verfahren an, die von der Psychologie untersucht und systematisiert werden (vgl. Kunda 1999). Psychologen können darüber hinaus literarische Texte als Quellen psychologischer Einsichten auswerten (vgl. Lewis/Rodgers/Woolcock 2008).

Bezüge zur Gattungstheorie

Indirekte Bezüge zur Gattungstheorie gibt es in der psychologischen Forschung insofern, als diese Formen der mentalen Repräsentation klassifikatorischer Begriffe sowie Mechanismen des Begriffserwerbs und der klassifikatorischen Praxis untersucht (vgl. Margolis/Laurence 1999). Da auch Gattungsbegriffe die Struktur von Klassenbegriffen haben, kann die psychologische Forschung auch über deren ›Logik‹ Aufschluss geben. Zu beachten ist dabei allerdings, dass die Psychologie meist an natürlichsprachlichen Phänomenen interessiert ist. Literaturwissenschaftliche Gattungsbegriffe sind dagegen Teil einer Fachsprache, für deren Struktur, Erwerb und Anwendung oft andere Bedingungen gelten; so werden fachsprachliche Begriffe nicht selten durch explizite Definitionen eingeführt, die notwendige und zusammen hinreichende Bedingungen für die Anwendung des Begriffs spezifizieren. Diese Präzision fehlt Begriffen der Alltagssprache in der Regel (→ A 1.6; A 5.9; D 2).

Literatur

Anz, Thomas: »Praktiken und Probleme psychoanalytischer Literaturinterpretation – am Beispiel von Kafkas Erzählung ›Das Urteil‹«. In: Oliver Jahraus/Stefan Neuhaus (Hg.): *Kafkas »Urteil« und die Literaturtheorie. Zehn Modellanalysen.* Stuttgart 2002, 126–151.
Currie, Gregory: »Aesthetics and Cognitive Science«. In: Jerrold Levinson (Hg.): *The Oxford Handbook of Aesthetics.* Oxford 2003, 706–721.
Herman, David: »Cognitive Narratology«. In: Peter Hühn u. a. (Hg.): *Handbook of Narratology.* Berlin, New York 2009, 30–43.
Groeben, Norbert/Vorderer, Peter: *Leserpsychologie.* 2 Bde. Münster. 1982/1988.
Kunda, Ziva: *Social Cognition. Making Sense of People.* Cambridge (MA), London 1999.
Lewis, David/Rodgers, Dennis/Woolcock, Michael: »The Fiction of Development. Literary Representation as a Source of Authoritative Knowledge«. In: *Journal of Development Studies* 44 (2008), 198–216.
Margolis, Eric/Laurence, Stephen (Hg.): *Concepts. Core Readings.* Cambridge (MA), London 1999.
Stockwell, Peter: *Cognitive Poetics. An Introduction.* London u. a. 2002.

Tilmann Köppe

15. Rezeptionsästhetik

Explikation

Die Rezeptionsästhetik untersucht literarische Texte in ihrer Beziehung zum Leser. Programmatisch fordert sie die Abkehr von ›produktions-‹ und ›darstellungsästhetischen‹ Fragestellungen zugunsten einer verstärkten Beschäftigung mit der Leserrolle und dem Einfluss, den diese auf die Struktur von Texten und deren Bedeutung hat. Innerhalb des Ansatzes lassen sich zwei Spielarten unterscheiden (vgl. Iser 1994, I, IV, 8): Die wirkungstheoretische Spielart der Rezeptionsästhetik versteht sich als ›Texttheorie‹. Sie untersucht, in welcher Weise zentrale Aspekte eines literarischen Textes durch eine Interaktion zwischen Text und Leser bestimmt sind. So wird beispielsweise angenommen, dass sich die erzählte Welt oder auch der ›Sinn‹ eines Textes erst im Bewusstsein des Lesers konkretisieren (vgl. Iser 1970).

Die wirkungsgeschichtliche Spielart der Rezeptionsästhetik beruft sich dagegen insbesondere auf die These, dass sich die Bedeutung literarischer Texte erst im Laufe der Interpretationsgeschichte entfalte – eine Auffassung, die Hans Robert Jauß im Anschluss an die Hermeneutik Hans-Georg Gadamers entwickelt (vgl. Gadamer 1960; Jauß 1967). Für Jauß ist die Kategorie des Horizontwandels darüber hinaus eine Grundlage für die Beurteilung der Innovationsleistung und ästhetischen Gelungenheit literarischer Texte.

Ähnliche Überlegungen wie die Rezeptionsästhetik, jedoch nicht auf dem Hintergrund von Phänomenologie und Hermeneutik, finden sich in der etwa zeitgleich entstandenen Literatursemiotik Umberto Ecos (vgl. Eco 1990). Seit den 1980er Jahren verliert die Rezeptionsästhetik in der deutschen Literaturwissenschaft an Einfluss. Aufgenommen werden ihre Anliegen u. a. im Rahmen der *Cognitive Poetics* (vgl. Hamilton/Schneider 2002), der empirisch-psychologischen Rezeptionsforschung (vgl. Groeben 1982) sowie der Narratologie, die sich u. a. mit Modellen der ›literarischen Kommunikation‹ um die begriffliche Konturierung des Verhältnisses von Text und Leser bemüht (vgl. Chatman 1978, Kap. 5).

Bezugstheorien/Rahmenannahmen/ Grundbegriffe

Die wichtigste Bezugstheorie der Rezeptionsästhetik ist neben der Hermeneutik die phänomenologische Literaturwissenschaft (vgl. Ingarden 1960). Für Ingarden besteht das literarische Kunstwerk aus mehreren ›Schichten‹, die zum Teil erst im Bewusstsein des Lesers ›konkretisiert‹ werden. So wird etwa vom Text des Werkes (Ingarden spricht von der »Schicht der Wortlaute«) eine fiktive Welt entworfen (die Schicht der »dargestellten Gegenständlichkeiten«), die jedoch stets unvollständig bleibt: »Leer-« oder »Unbestimmtheitsstellen« müssen vom Leser in der Lektüre ergänzt werden (ebd., 265). Entsprechend wird das Kunstwerk als ästhetischer Gegenstand erst im Rezeptionsakt hervorgebracht.

Für Iser verfügt ein literarischer Text über einen ›impliziten Leser‹, d. h. eine im Text angelegte Leserrolle, die steuert, wie ein realer Leser den Text aufnimmt (vgl. Iser 1994, 60). Der genaue Status dieses Konzeptes ist allerdings umstritten. Der implizite Leser ist als kommunikationstheoretische Größe (neben narratologischen Standardkategorien wie Autor und Erzähler) nicht greifbar, und auch als interpretationstheoretische Kategorie sind seine Funktion und Berechtigung umstritten (vgl. Köppe/Winko 2008, 88 f.).

Die Interpretation wird von der Rezeptionsästhetik als ein Konkretisierungs- oder Aktualisierungsprozess des im Text angelegten ›Sinnpotenzials‹ verstanden. Diese Aktualisierung ist vielschichtig und umfasst u. a. Elemente der Vorstellungsbildung, der Imagination und der Kommentierung des Gelesenen. Der ›Sinn‹ eines literarischen Textes ist das Ergebnis eines solchen komplexen Prozesses. Für Iser konstituieren sowohl dieser Prozess als auch sein Ergebnis das ›virtuelle‹ Werk. Inwiefern Akte der Vorstellungsbildung als in einem literarischen Text angelegt oder sogar befindlich verstanden werden können, bleibt gleichwohl unklar. Überlegungen zur Ontologie und zu den Identitätsbedingungen von Kunstwerken spielen im Rahmen der Rezeptionsästhetik zwar eine wichtige Rolle, sie können aber wohl kaum als gelöst angesehen werden (vgl. zum Problemzusammenhang Stecker 2005, Kap. 6). Ebenso unklar bleibt, wie genau es um die Standards der Interpretation bestellt ist. Iser ist der Auffassung, dass ein literarischer Text über bestimmte Strategien der ›Leserlenkung‹ verfügt, die die Interpretation anleiten (vgl. Iser 1994, 89). Hinreichend konkretisiert wird diese Idee jedoch nicht. Die größte Nachwirkung hat das rezeptionsästhetische Interpretationsprogramm durch seine Popularisierung der von Ingarden beschriebenen Leerstellenkonzeption erlangt; zudem hat die Rezeptionsästhetik Anlass zu verschiedenen Versuchen gegeben, Leserkonzepte zu unterscheiden (vgl. Prince 2009). Das von Jauß skizzierte wirkungsgeschichtliche Projekt hat sich in dieser Form nicht durchgesetzt (zur Kritik vgl. Müller 1988).

Bezüge zur Gattungstheorie

Im Rahmen der Rezeptionsästhetik wurde keine eigenständige Gattungstheorie entwickelt. Es gibt jedoch die Vorstellung, dass die Gestalt der im Text angelegten Wirkungsbedingungen einem historischen Wandel unterliegt, was eine Gattungstypologie zumindest nahelegt; entsprechend ließen sich eine Entwicklung von ›geschlossenen‹ zu ›offenen‹ Kunstwerken ausmachen (vgl. Iser 1970).

Zumindest im Geiste der Rezeptionsästhetik ist eine Gattungstypologie, die ihren Ausgang von leserseitigen Effekten nimmt. Bestimmte Genres, etwa Horror, Komödie oder Thriller, werden durch die mit ihnen verbundenen Wirkungsdispositionen charakterisiert (→ B 3.8; D 9; D 13; G 10).

Literatur

Chatman, Seymour: *Story and Discourse. Narrative Structure in Fiction and Film*. Ithaca/London 1978.
Eco, Umberto: *Lector in fabula. Die Mitarbeit der Interpretation in erzählenden Texten*. München 1990.
Gadamer, Hans-Georg: *Wahrheit und Methode. Grundzüge einer philosophischen Hermeneutik*. Tübingen 1960.
Groeben, Norbert: »Methodologischer Aufriss der empirischen Literaturwissenschaft. Das Rekonstruktions- und Reformpotential der Empirie-Konzeption in der Literaturwissenschaft«. In: *SPIEL* 1 (1982), 26–89.
Hamilton, Craig/Schneider, Ralf: »From Iser to Turner and Beyond: Reception Theory Meets Cognitive Criticism«. In: *Style* 36 (2002), 640–658.
Ingarden, Roman: *Das literarische Kunstwerk. Eine Untersuchung aus dem Grenzgebiet der Ontologie, Logik und Literaturwissenschaft* [1931]. Tübingen ²1960.
Iser, Wolfgang: *Die Appellstruktur der Texte. Unbestimmtheit als Wirkungsbedingung literarischer Prosa*. Konstanz 1970.
Iser, Wolfgang: *Der Akt des Lesens. Theorie ästhetischer Wirkung* [1976]. München ⁴1994.
Jauß, Hans Robert: *Literaturgeschichte als Provokation der Literaturwissenschaft*. Konstanz 1967.
Köppe, Tilmann/Winko, Simone: *Neuere Literaturtheorien*. Stuttgart, Weimar 2008.
Müller, Hans-Harald: »Wissenschaftsgeschichte und Rezeptionsforschung. Ein kritischer Essay über den (vorerst) letzten Versuch, die Literaturwissenschaft von Grund auf neu zu gestalten«. In: *Polyperspektivik in der literarischen Moderne. Studien zur Theorie, Geschichte und Wirkung der Literatur*. Frankfurt a. M. 1988, 452–479.
Prince, Gerald: »Reader«. In: Peter Hühn u. a. (Hg.): *Handbook of Narratology*. Berlin, New York 2009, 398–410.
Stecker, Robert: *Aesthetics and the Philosophy of Art*. Lanham 2005.

Tilmann Köppe

16. Rhetorik

Explikation

Unter Rhetorik wird die Lehre und Fertigkeit gewandter und darum wirkungsvoller Rede verstanden. In Anlehnung an dieses allgemeine Begriffsverständnis dient der Ausdruck ›Rhetorik‹ auch zur Bezeichnung der wissenschaftlichen Disziplin, die mit der Entwicklung und Vermittlung von Regeln der Beredsamkeit befasst ist, sowie der verschiedenen Merkmale von Texten, die sich als Ergebnis einer wirkungsorientierten Form der Gestaltung von Äußerungen interpretieren lassen (vgl. Ueding 2005, 1–11; Knape 2000a, Kap. 2).

Ein differenziertes Regelsystem für den Aufbau und die Ausgestaltung mündlicher, aber auch schriftlicher Rede in Abhängigkeit von spezifischen Redekontexten und Wirkungsintentionen bildet sich schon in der Antike heraus. Charakteristisch für die meisten Redelehren, die im Anschluss an Aristoteles', Ciceros und Quintilians grundlegende Beiträge zur Rhetorik bis in die Zeit des Barock entstehen (vgl. Knape 2000b), ist neben der Ausrichtung an Typen von Kommunikationssituationen die Unterscheidung von fünf Schritten der Konzeption und Realisierung einer Rede – »vom Auffinden der […] Gedanken (*Inventio*) gemäß spezifischer Techniken (*Topik*) und der Herstellung einer argumentativen Tiefenstruktur über die sachgerechte Anordnung (*Dispositio*) hin zur sprachlichen ›Einkleidung‹ (*Elocutio*) und schließlich dem Sich-Einprägen (*Memoria*)« (Braungart/Till 2003, 290; vgl. auch Neumann 1996, 224–229).

Im Zuge der Umstrukturierung und Ausdifferenzierung des Wissenschaftssystems kommt es seit dem 17. Jh. zu einem langsamen Geltungsverlust und im 18. Jh. schließlich zur »Auflösung« (Braungart/Till 2003, 292) der Rhetorik als System. Einzelne Bestandteile dieses Systems wie insbesondere das Arsenal der rhetorischen Stilmittel, Figuren und Tropen sind allerdings in Schule und Wissenschaft bis heute einflussreich geblieben (vgl. Meuthen/Till 2003).

Bezüge zur Literaturwissenschaft

Innerhalb der Literaturwissenschaft der zweiten Hälfte des 20. Jh.s ist Rhetorik in unterschiedlichem Verständnis zum Bezugspunkt der Theoriebildung geworden; die folgenden drei Vorschläge zu einer rhetorisch ausgerichteten Literaturbetrachtung sind dabei besonders wirkungsmächtig gewesen:

(1) Um eine eingehende Sichtung und anschauliche Aufbereitung etablierter rhetorischer Regelsysteme für die Zwecke der Literaturwissenschaft hat sich Heinrich Lausberg in verschiedenen, bis heute immer wieder aufgelegten Publikationen aus den 1960er Jahren bemüht. Auch wenn sein einflussreiches *Handbuch der literarischen Rhetorik* den Untertitel *Eine Grundlegung der Literaturwissenschaft* führt (vgl. Lausberg 1990), geht es ihm hier wie auch in dem Einführungsbuch *Elemente der literarischen Rhetorik* wesentlich darum, auf der Basis der rhetorischen Formen- und Tropenlehre einen differenzierten »Werkzeugkasten« (Lausberg 1987, 15) für die literaturwissenschaftliche Analysepraxis zu entwickeln. Als Fortführung dieser Spielart philologischer Rhetorikrezeption sind die strukturalistischen Bemühungen um eine Systematisierung und linguistische Fundierung des rhetorischen Erbes zu sehen (vgl. Neumann 1996, 231 f.).

(2) Ein weites, nicht an den Vorschlägen der traditionellen Redelehren orientiertes Verständnis von Rhetorik liegt der Idee rhetorischer Literaturbetrachtung zugrunde, die in der amerikanischen Literaturwissenschaft im Anschluss an Wayne C. Booths Arbeiten *The Rhetoric of Fiction* und *A Rhetoric of Irony* weite Verbreitung gefunden hat (vgl. Booth 1961; 1974). Unter Rhetorik wird dabei das Spektrum der Verfahren verstanden, die Menschen einsetzen, um einander zu beeinflussen; das besondere Augenmerk entsprechend ausgerichteter Interpretationen gilt der Frage, welche Techniken in literarischen Texten genutzt werden, um Wertvorstellungen zu vermitteln (vgl. dazu Kindt 2009).

(3) Zu einer Neudeutung und gleichzeitigen Aufwertung der Rhetorik kommt es in der Text- und Literaturtheorie des Poststrukturalismus. In der Nachfolge von Paul de Mans Buch *Allegories of Reading* wird in vielen Beiträgen aus dem Umkreis der Dekonstruktion die Auffassung vertreten, dass sprachliche Äußerungen wesentlich durch ›Rhetorizität‹ gekennzeichnet sind, dass sie also nicht durch ihren logischen Aufbau und argumentativen Gehalt, sondern notwendig durch metaphorische Strukturen oder andere figurative Elemente bestimmt werden (vgl. etwa de Man 1979; für einen Überblick Meyer 2005, 76 f.; zur Kritik Vickers 1988).

Bezüge zur Gattungstheorie

Die Rhetorik ist einer der Bereiche wissenschaftlicher Theoriebildung, in denen die Gattungstheorie ihren Ursprung hat; schon bei antiken Rhetorikern wie Quintilian finden sich neben Entwürfen von Gattungstypologien allgemeine Überlegungen zum Gattungsproblem. Spätestens seit der Aufklärung schwindet mit der Geltung des rhetorischen Systems insgesamt allerdings auch dessen Einfluss auf die gattungstheoretische Reflexion.

In den verschiedenen jüngeren Bemühungen um eine Wiederentdeckung oder Erneuerung der Rhetorik ist der Beitrag, den sie aufgrund ihrer Modelle des Zusammenhangs von Textgestalt und Wirkungsintention zu einer Theorie der Gattungen leisten könnte, bisher noch unbemerkt geblieben (→ D 10; D 11; D 12; D 14).

Literatur

Braungart, Georg/Till, Dietmar: »Rhetorik«. In: *Reallexikon der deutschen Literaturwissenschaft*. Bd. 3. Hg. v. Jan-Dirk Müller u. a. Berlin, New York 2003, 290–295.
Booth, Wayne C.: *The Rhetoric of Fiction*. Chicago, New York 1961.
Booth, Wayne C.: *A Rhetoric of Irony*. Chicago, New York 1974.
De Man, Paul: *Allegories of Reading. Figurative Language in Rousseau, Nietzsche, Rilke and Proust*. New Haven 1979.
Knape, Joachim: *Was ist Rhetorik?* Stuttgart 2000 (= 2000a).
Knape, Joachim: *Allgemeine Rhetorik. Stationen der Theoriegeschichte*. Stuttgart 2000 (= 2000b).
Kindt, Tom: »Wayne C. Booth, Das literaturwissenschaftliche Werk«. In: *Kindlers Literatur Lexikon*. Bd. 2. Hg. v. Heinz Ludwig Arnold. Stuttgart, Weimar 2009, 766–767.
Lausberg, Heinrich: *Handbuch der literarischen Rhetorik. Eine Grundlegung der Literaturwissenschaft* [1960]. Stuttgart ³1990.
Lausberg, Heinrich: *Elemente der literarischen Rhetorik. Eine Einführung für Studierende der klassischen, romanischen, englischen und deutschen Philologie* [1963]. München ⁹1987.
Meuthen, Erich/Till, Dietmar: »Rhetorische Figur«. In: *Reallexikon der deutschen Literaturwissenschaft*. Bd. 3. Hg. v. Jan-Dirk Müller u. a. Berlin, New York 2003, 295–300.
Meyer, Urs: »Begriffsgeschichte: 20. Jh.«. In: Gert Ueding (Hg.): *Rhetorik. Begriff – Geschichte – Internationalität*. Tübingen 2005, 71–78.
Neumann, Uwe: »Rhetorik«. In: Heinz Ludwig Arnold/Heinrich Detering (Hg.): *Grundzüge der Literaturwissenschaft*. München 1996, 219–233.
Ueding, Gert: »Rhetorik: Begriff und aktuelle Bedeutung«. In: Ders. (Hg.): *Rhetorik. Begriff – Geschichte – Internationalität*. Tübingen 2005, 1–11.
Vickers, Brian: *In Defence of Rhetoric*. Oxford 1988.

Tom Kindt

(G) Gattungsforschung disziplinär

1. Anglistische/Amerikanistische Gattungsforschung

Die Gattungstheorie zählt zu den Kernbereichen literaturwissenschaftlicher Grundlagenforschung und macht daher nicht an Disziplinengrenzen halt: Die Problemkonstellationen und Fragestellungen (Begriffsbildung und Terminologie, Klassifizierung und Gattungsbestimmung, Historisierung) sowie die Antworten, die die germanistische, romanistische, slawistische oder komparatistische Gattungsforschung darauf gegeben haben, sind für die anglistisch-amerikanistische Literaturwissenschaft prinzipiell gleichermaßen relevant wie die innerhalb der Anglistik und Amerikanistik entwickelten Ansätze (vgl. z. B. Strelka 1978, Fowler 1982). Einschränkend ist allerdings hinzuzufügen, dass im anglo-amerikanischen Sprachraum meist nur diejenigen Studien rezipiert werden, die in englischer Übersetzung vorliegen (vgl. etwa die Auswahl relevanter Theorien bei Duff 2000).

Trotz der transdisziplinären Ausrichtung der Gattungsforschung lassen sich jedoch auch disziplinspezifische Tendenzen ausmachen. Dabei handelt es sich weniger um kategorische Unterschiede zu der Forschung in anderen literaturwissenschaftlichen Disziplinen als vielmehr um Akzentverschiebungen, die auf die Wissenschaftstraditionen in den anglophonen Ländern und die daraus resultierenden Spezifika der anglistisch-amerikanistischen Gattungsforschung zurückzuführen sind.

Ungeachtet der Problematik von Generalisierungen beim Vergleich akademischer Kulturen lässt sich festhalten, dass sich die anglistisch-amerikanistische Gattungsforschung durch einen vergleichsweise pragmatischen Umgang mit Kategorien, Begrifflichkeiten und Differenzierungskriterien auszeichnet. Das Bemühen um terminologische Präzision, Systematik und theoretische Stringenz, das die deutschsprachige Forschung insbesondere der 1970er und 1980er Jahre auszeichnet, ist in anglo-amerikanischen Ansätzen weniger stark ausgeprägt. Letztere geben pragmatisch motivierten Differenzierungen sowie funktionsorientierten und historischen Ansätzen häufig den Vorzug vor deduktiven taxonomischen Klassifizierungen. Fachspezifische Akzente finden sich in Beiträgen zur gattungstheoretischen Grundlagenforschung und Gattungsgeschichte (Abschnitt 2), in gattungspoetischen und -typologischen Ansätzen zur Klassifizierung und Beschreibung einzelner Genres (Abschnitt 3) sowie in neuen Entwicklungen innerhalb der anglistisch-amerikanistischen Gattungsforschung (Abschnitt 4).

Gattungstheorie und Gattungsgeschichtsschreibung

Bonheim (1990) unterscheidet unterschiedliche Ebenen der Theoriebildung innerhalb der Gattungsforschung, die Modelle für einzelne Subgattungen und Schreibweisen entwickelt, und differenziert zwischen prospektiven Modellen (wie etwa solchen für das Sonett) als formelhafte, vielfach imitierte Vorlagen und retrospektiven Modellen, die ihren Gegenstandsbereich erst im Nachhinein klassifizieren (z. B. die Gattung des Romans). Bonheims Vorstellung von literarischen Gattungen als Modellen mit primär heuristischer Funktion ist charakteristisch für die dezidiert anti-essenzialistischen Gattungskonzeptionen, die innerhalb der Anglistik und Amerikanistik dominieren. Im Vordergrund stehen dabei die sozialen Kontexte von Gattungen als symbolische Systeme, die den Umgang mit Literatur präfigurieren und Prozesse der Bedeutungszuschreibung regulieren (vgl. Frow 2006).

Einen guten Überblick über den aktuellen Forschungsstand vermitteln das Themenheft »Receptions of Genre« des *European Journal of English Studies* (Duarte 1999), die beiden Ausgaben der Zeitschrift *New Literary History* zum Thema »Theorizing Genres« (Cohen 2003) sowie die Beiträge zum Schwerpunktthema »Remapping Genre« der *Publications of the Modern Language Association of America* (Dimock/Robbins 2007). Die Bandbreite der in diesen Publikationen vertretenen Ansätze reicht von methodisch operationalisierbaren Vorschlägen zu Skalierungen von Gattungsmerkmalen auf der Grundlage kognitiv-linguistischer Prototypentheorien und Wittgensteinscher ›Familienähnlichkeiten‹ auf der einen Seite bis zu metaphorischen Beschreibungen von Gattungen als virtuellen ›Datenbanken‹ oder

›Wissensfeldern‹ auf der anderen Seite. So betrachtet Dimock (2007) Gattungen in Analogie zu digitalen visuellen Medien und versucht, Konzepte wie Medienkonvergenz und Remediation auf die Gattungstheorie zu übertragen.

Dass Gattungstheorie (die für Begriffsbildung und die systematische Reflexion von Differenzierungskriterien zuständig ist) und Gattungsgeschichtsschreibung eng zusammenhängen und einander in der Praxis bedingen (vgl. Gymnich/Neumann/Nünning), zeigt sich in der anglistisch-amerikanistischen Gattungsgeschichtsschreibung. Kennzeichnend für die deutsche Forschung ist die Entwicklung eines kontextorientierten, funktionsgeschichtlichen Ansatzes, der sich etwa bei der Rekonstruktion der Entwicklung der Straßenballade, des historischen Romans in England (in den Arbeiten Natascha Würzbachs bzw. Heinz-Joachim Müllenbrocks) und des amerikanischen Romans (Winfried Fluck) als sehr produktiv erwiesen hat.

Zu den Problemen der Gattungsgeschichtsschreibung zählt, dass nach wie vor selbst zentrale Grundbegriffe uneinheitlich verwendet und nur selten klar definiert werden. Sorgen bereits die Vielfalt der in der Praxis verwendeten Gattungsbezeichnungen und der Mangel an Systematik in den meisten Typologien literarischer Genres für Verwirrung, so wird diese noch dadurch verstärkt, dass nur selten verdeutlicht wird, ob es sich jeweils um eine ahistorisch-typologische oder um eine historische Kategorienbildung handelt. Zudem hat die Tendenz zur metaphorischen Ausdrucksweise Tradition. Zwar weist Fowler (1989) in einem programmatischen Aufsatz zur Zukunft der Gattungsforschung auf die Gefahren hin, die sich aus dem metaphorischen Sprachgebrauch für die Gattungstheorie ergeben, postuliert aber selbst weitreichende Analogien zwischen biologischem Wachstum, Mutationen und organischer Energie auf der einen und Gattungsentwicklungen auf der anderen Seite. Auch Dimock (2007) benutzt Metaphern (›fluid continuum‹, ›alluvial process‹), um Gattungswandel zu beschreiben, und wendet sich gegen die strukturalistische Tradition der taxonomischen Klassifizierung von Gattungen: »literary studies needs to be more fluid in its taxonomies, putting less emphasis on the division of knowledge and more on its kinships, past, present, and future« (ebd., 1384). Zwischen programmatischen Ansätzen dieser Art und der primär deutschen Variante theoriegeleiteter Gattungsgeschichtsschreibung bestehen signifikante Unterschiede, die in den jeweiligen Wissenschaftskulturen und intellektuellen Stilen gründen.

Gattungspoetik und Gattungstypologien

Neben der Gattungsgeschichte steht die Gattungspoetik im Zentrum der anglistisch-amerikanistischen Gattungsforschung, die sich durch einige Schwerpunkte auszeichnet. Erstens gibt es im Anschluss an die ältere Gattungsforschung eine Vielzahl von Arbeiten zu den ›klassischen‹ Gattungen, die für die englische bzw. amerikanische Nationalliteratur besonders charakteristisch sind. Dazu zählen etwa die Volks-, Straßen- und Kunstballade, der Reisebericht, die Ekloge, der Schauerroman (*Gothic novel*), der historische Roman, das Melodrama, die Komödie und Tragikomödie, Science Fiction und Fantasy Fiction, *slave narratives* sowie die Kurzgeschichte und der Short-Story-Zyklus. Zweitens zeichnen sich die britische und amerikanische Literatur seit dem Zweiten Weltkrieg dadurch aus, dass sich monokulturelle Vorstellungen einer homogenen Nationalliteratur zunehmend als obsolet erweisen. Daher zählt es zu den Aufgaben der im Entstehen begriffenen interkulturellen Gattungsforschung, die Gattungsmerkmale neu entstehender multi- und transkultureller Genres differenziert zu beschreiben (vgl. Sommer 2001).

Drittens richtet sich das Interesse verstärkt auf Funktionen von Gattungen als Medien des literarischen und kulturellen Gedächtnisses, aber auch als selbstreflexive Medien des Gattungsgedächtnisses und der Gattungskritik (vgl. Nadj 2006). So sind im Zuge der kulturwissenschaftlichen Neuorientierung ›klassische‹ Genres wie der Kriegsroman hinsichtlich ihrer Funktionen innerhalb der Erinnerungskultur neu interpretiert worden. Dies zeigt sich exemplarisch an Erlls (2003) Studie, die mit dem Konzept des ›Gedächtnisromans‹ nicht nur eine neue Gattungsbezeichnung einführt, sondern auch die mentalitätsgeschichtlichen Funktionen sogenannter ›kultureller Texte‹ unter neuen Gesichtspunkten diskutiert. Viertens richtet die kulturwissenschaftlich orientierte Gattungsforschung den Blick verstärkt auf die Unterhaltungsliteratur und Populärkultur wie etwa den Kriminalroman und die *situation comedy* (vgl. Duarte 1999, 5). Daneben entstehen im Zuge des literarischen Wandels neue ›postmoderne Genres‹ (vgl. Perloff 1988), Subgattungen und hybride Formen, die in der Forschung unter den Stichworten Gattungshybridisierung und Medialisierung behandelt werden (vgl. Abschnitt 4).

Zur Differenzierung und Klassifikation von Gattungen werden ganz unterschiedliche Kriterien herangezogen, u. a. die äußere Form (z. B. Länge, Vers oder Prosa) oder das Medium (z. B. Buch, Bühne, Hörfunk, Film). Eine ebenfalls verbreitete, aber problematische Möglichkeit der Textgruppenbildung besteht darin, sich an der Themenselektion zu orientieren. Der Nutzen von inhaltsorientierten Gattungstypologien besteht vornehmlich darin, dass sie einen ersten Überblick über thematische Schwerpunkte und Aufschluss über den Wirklichkeitsbezug sowie die dominanten Probleme der jeweiligen Zeit geben. Der Liebes-, Gesellschafts- und Universitätsroman können als in der englischen und amerikanischen Literatur weit verbreitete Beispiele für solche inhaltsorientierten Gattungsbegriffe gelten. Problematisch sind stoffbezogene Klassifikationen vor allem deshalb, weil die Vielfalt der Themen potenziell grenzenlos ist und weil die jeweiligen Darstellungsverfahren und damit das spezifisch Literarische unberücksichtigt bleiben.

Im Unterschied dazu zeichnen sich Typologien, die von der Schreibweise ausgehen, dadurch aus, dass sie sich an formalen Merkmalen – d. h. spezifisch literarischen Aspekten – orientieren. Arbeiten wie A. Nünnings (1995) Gattungstypologien zum historischen Roman in der zweiten Hälfte des 20. Jh.s und Müller-Zettelmanns Monographie *Lyrik und Metalyrik* (2000) bestimmen Gattungen nicht aufgrund eines Kriteriums, sondern entwerfen anhand von Kriterienkombinationen bzw. eines typologischen »Mehrkomponentenmodells« (Müller-Zettelmann 2000, 3, 17) differenzierte Merkmalsraster, mit deren Hilfe sich Gattungen und unterschiedliche Subtypen unterscheiden und beschreiben lassen.

Hybridisierung, Metaisierung und Medialisierung von Gattungen als Herausforderungen für die künftige Gattungsforschung

Die gegenwärtige Tendenz zur Gattungshybridisierung und Medialisierung von Literatur ist zwar aus gattungsgeschichtlicher Perspektive kein neues Phänomen, hat aber in den letzten Dekaden so signifikant an Intensität zugenommen, dass sie die Forschung vor neue Herausforderungen stellt. So setzt sich die anglistisch-amerikanistische Gattungsforschung erstens verstärkt mit dem Phänomen der Gattungshybridisierung, dem »genre blurring« (Duarte 1999, 4), auseinander. Zweitens zeugen relativ neue Begriffsprägungen wie Metadrama, Metafiktion, Metabiographie, Metatheater, Metafilm oder Metawestern von einem gestiegenen Interesse an Phänomenen der gattungsbezogenen Selbstreflexivität, deren Spielarten als Phänomene der ›Metaisierung‹ (vgl. Hauthal u. a. 2007) untersucht werden. In Anknüpfung an die funktionsgeschichtliche Tradition der Anglistik hat sich die Forschung drittens mit der Herausbildung, Formenvielfalt und den Funktionspotenzialen neuer, selbstreflexiver Mischformen wie etwa der fiktionalen Metabiographie (vgl. Nadj 2006), der historiographischen Metafiktion und dem Erinnerungsroman (vgl. V. Nünning 2007), dem multimodalen Roman sowie der Renaissance alter Genres als generische Vorlagen für revisionistische Dramen oder Romane (ein Beispiel wäre das Genre der *neo-slave narrative*) beschäftigt.

Viertens entstehen unter dem Einfluss der digitalen Medien neue Subgattungen wie der Email-Roman, fiktionale Hypertexte und Blogs, die der Beschreibung und Verortung im Gattungsspektrum bedürfen (vgl. Giltrow/Stein 2009). Fünftens rücken angesichts der zunehmenden Medienkonvergenz neue Phänomene wie die Musikalisierung der Literatur (Werner Wolf) oder die ausgeprägte Interdiskursivität von Subgattungen wie dem Poproman oder Archivroman (Moritz Baßler) in den Blick. Sechstens reagiert die Gattungstheorie auf die Tatsache, dass im Zeitalter einer zunehmend intermedialen Vermarktung fiktionaler Stoffe – z. B. als Comic, Film, Computerspiel und MMOG (*Matrix*-Trilogie) oder als Episodenroman, Film und Drama (*Trainspotting*) – die klare Abgrenzung zwischen Genres und Medien an Trennschärfe verliert. Die Aufmerksamkeit richtet sich stattdessen auf Transformationsprozesse, die Analyse funktionaler Äquivalenzen zwischen gattungs- und medienspezifischen literarischen Verfahren und die Revision etablierter Gattungsbegriffe.

Wichtige Impulse gehen dabei von der transgenerischen Erzähltheorie aus (vgl. Nünning/Nünning 2002), die innerhalb der Anglistik und Amerikanistik derzeit besondere Aufmerksamkeit erfährt. Transgenerische Ansätze stellen nicht die Gattungsdifferenzierung an sich infrage, sondern wenden sich gegen die kategoriale Differenzierung zwischen Narrativik und Dramatik bzw. Narrativik und Lyrik. Dieser normativen Einteilung wird zum einen mit einer Kritik an herkömmlichen Prämissen begegnet (etwa der Auffassung, es gebe in dramatischen oder lyrischen Texten grundsätzlich keine Vermittlungsinstanzen); zum anderen fragen transgenerische Ansätze aus kognitiver Perspektive danach, welche Frames und Gattungsschemata im Rezeptionsprozess aktiviert werden. Obgleich die gattungstheoretischen Implikationen dieser Ansätze derzeit noch nicht genau abzuschätzen sind, ist davon auszugehen, dass transgenerische und intermediale Forschungsansätze für die Gattungstheorie an Bedeutung gewinnen werden und dass sich Kooperationsmöglichkeiten zwischen Erzähl-, Gattungs- und Medientheorie mit vielfältigen interdisziplinären Anschlussmöglichkeiten eröffnen.

Literatur

Bonheim, Helmut: *Literary Systematics*. Cambridge 1990.
Cohen, Ralph (Hg.): »Theorizing Genres I«. In: *New Literary History* 34.2 (2003).
Cohen, Ralph (Hg.): »Theorizing Genres II«. In: *New Literary History* 34.3 (2003).
Dimock, Wai Chee/Robbins, Bruce (Hg.): *Remapping Genre*. In: *PMLA* 122.5 (2007).
Duarte, João F. (Hg.): *Reconceptions of Genre*. In: *European Journal of English Studies* 3.1 (1999).
Duff, David (Hg.): *Modern Genre Theory*. Harlow 2000.
Erll, Astrid: *Gedächtnisromane. Literatur über den Ersten Weltkrieg als Medium englischer und deutscher Erinnerungskulturen in den 1920er Jahren*. Trier 2003.
Fowler, Alastair: *Kinds of Literature. An Introduction to the Theory of Genres and Modes*. Oxford 1982.
Fowler, Alastair: »The Future of Genre Theory: Functions and Constructional Types«. In: Ralph Cohen (Hg.): *The Future of Literary Theory*. New York, London 1989, 291–303.
Frow, John: *Genre*. London/NY 2005.
Giltrow, Janet/Stein, Dieter (Hg.): *Genres in the Internet. Issues in the Theory of Genre*. Amsterdam 2009.
Gymnich Marion/Neumann, Birgit/Nünning, Ansgar (Hg.): *Gattungstheorie und Gattungsgeschichte*. Trier 2007.
Hauthal, Janine u. a. (Hg.): *Metaisierung in Literatur und anderen Medien. Theoretische Grundlagen – Historische Perspektiven – Metagattungen – Funktionen*. Berlin, New York 2007.
Müller-Zettelmann, Eva: *Lyrik und Metalyrik. Theorie einer Gattung und ihrer Selbstbespiegelung anhand von Beispielen aus der englisch- und deutschsprachigen Dichtkunst*. Heidelberg 2000.
Nadj, Julijana: *Die fiktionale Metabiographie. Gattungsgedächtnis und Gattungskritik in einem neuen Genre der englischsprachigen Erzählliteratur*. Trier 2006.
Nünning, Ansgar: *Von historischer Fiktion zu historiographischer Metafiktion. Bd. 1: Theorie, Typologie und Poetik des historischen Romans. Bd. 2: Erscheinungsformen und Entwicklungstendenzen des historischen Romans in England seit 1950*. Trier 1995.
Nünning, Vera/Nünning, Ansgar (Hg.): *Erzähltheorie transgenerisch, intermedial, interdisziplinär*. Trier 2002.
Nünning, Vera (Hg.): *Der zeitgenössische englische Roman. Genres – Entwicklungen – Modellinterpretationen*. Trier 2007.
Perloff, Marjorie (Hg.): *Postmodern Genres*. Norman 1988.
Sommer, Roy: *Fictions of Migration. Ein Beitrag zu Theorie und Gattungstypologie des zeitgenössischen interkulturellen Romans in Großbritannien*. Trier 2001.
Strelka, Joseph P. (Hg.): *Theories of Literary Genres*. University Park, London 1978.

Ansgar Nünning/Roy Sommer

2. Germanistische Gattungsforschung

Das sich im Kontext spekulativer Gattungspoetik um 1800 langsam etablierende triadische Einteilungsmodell der Literatur (→ E 5) hat sich in der germanistischen Gattungsforschung seit ihren Anfängen im 19. Jh. lange behaupten können, auch wenn es inzwischen nur noch einen heuristischen Wert besitzt. Im Rückgriff vor allem auf Goethes Unterscheidung zwischen drei ›Naturformen‹ der Dichtung (*Noten und Abhandlungen zu besserem Verständnis des westöstlichen Divans*, 1819) hat sich bis weit in das 20. Jh. eine essenzialistisch argumentierende Gattungspoetik fortgeschrieben, die ein normativ triadisches Gattungskonzept privilegiert.

Gattungspoetik und Gattungstheorie

Die germanistisch-literaturwissenschaftliche Gattungsforschung erhält bis in die 1930er Jahre wichtige Anstöße durch Diltheys psychologisch-empirische Begründung der Poetik. Dabei werden zu Beginn des 20. Jh.s einerseits die poetischen Gattungen als Übertragung seiner drei philosophischen Weltanschauungstypen auf die Literatur (vgl. z. B. Wundt, 1930) konzipiert, andererseits im Rahmen einer psychologistischen Poetik, wie sie systematisch z. B. Hartl (1924) präsentiert (vgl. Zymner 2003, 122–139). Das wohl einflussreichste, auf Goethes ›Naturformen‹ rekurrierende anthropologische Gattungskonzept im 20. Jh. stellt Staigers fundamental-ontologische Begründung dar, die jede historische Grundlegung und Systematik entschieden abweist. Seine Studie *Grundbegriffe der Poetik* (1946) orientiert sich an Heideggers Existenzphilosophie und versteht sich selbst als einen literaturwissenschaftlichen Beitrag »zum Problem der allgemeinen Anthropologie« (Staiger 1956, 253 f.). Die ›Grundbegriffe‹ (oder auch ›Grundhaltungen‹) des Epischen, Lyrischen und Dramatischen bezeichnen anthropologische Konstanten, die in literarischen Texten nebeneinander oder überlagert erscheinen können. Sie sind als Ideen im platonischen Sinne konzipiert und werden von den klassifikatorischen Sammelbegriffen für konkrete Texte (Epik, Lyrik und Dramatik) unterschieden. Eine dem triadischen Goetheschen Modell verpflichtete, metaphysisch orientierte anthropologische Gattungspoetik formuliert noch Horn. Gattungswissen vermag, so Horn, nicht nur »die Hauptmöglichkeiten der Literatur als solcher«, sondern auch »etwas von ihrem Wesen, von dem, was sie zur Literatur macht; aber auch etwas vom Wesen des Menschen« zu erkennen (Horn 1998, 10).

Neben anthropologischen Konzepten gibt es in der ersten Hälfte des 20. Jh.s auch Tendenzen einer literaturwissenschaftlichen Systematisierung durch produktionsästhetisch orientierte ›morphologische‹ Gattungspoetiken, die sich für Gattungen als sprachliche Gebilde interessieren und mit ontologischen Fundierungen hinsichtlich der Vermittlung zwischen überzeitlichen Momenten und konkreten historischen Aktualisierungen arbeiten. Diese morphologischen Ansätze berufen sich wiederum auf Goethes Gestaltbegriff und setzen die literarischen ›Gestalten‹ als »absolute, ideale Wesenheiten« (Hempfer 1973, 82). Zu nennen sind vor allem Jolles Annahme ahistorischer elementarer Formen (*Einfache Formen*, 1930) und Müllers *Morphologische Poetik* (posthum 1968), die wiederum auch für die Erzähltheorie wegweisend wurde, bis hin zu Lämmerts *Bauformen des Erzählens* (1955). Die neben Staigers *Grundbegriffen* meistdiskutierte Gattungsstudie der Nachkriegsgermanistik ist Hamburgers *Die Logik der Dichtung* (1957), die mit dem Differenzkriterium der Fiktionalität arbeitet. Hamburger gelangt über den Aspekt der jeweiligen »Wirklichkeitsaussage« (Hamburger ²1968, 44) zu einer Modifikation des triadischen Modells, die eine fiktional-mimetische (Epik, Dramatik) von einer existenziellen Gattung (Lyrik) abgrenzt.

Die Konzentration auf die Textualität der untersuchten Gegenstände im Rahmen einer deskriptiven Gattungsdifferenzierung sowie die Verabschiedung von essenzialistisch gedachten anthropologischen oder morphologischen Modellen stehen im Zeichen eines in den 1960er Jahren einsetzenden literaturwissenschaftlichen Paradigmenwechsels, einer Verwissenschaftlichung der Forschung und Internationalisierung der Theoriebildung der bis dahin nationalphilologisch orientierten Germanistik (vgl. Lamping 2007, 659). Germanistische Gattungsforschung und -theorie wird nun stärker von Diskussionen in anderen Philologien beeinflusst (insbesondere Romanistik, wichtig auch die Rezeption von Formalismus und Strukturalismus), und der ›Text‹ – als strukturale Einheit verstanden – wird nun zu einem leitenden Konzept, was wiederum die gattungstheoretische Verschiebung von der »essentialistischen ›Wesensbeschreibung‹ zur formalistisch-strukturalistischen ›Strukturbestimmung‹« (Lamping 2007, 661) sowie eine Erweiterung des Literaturbegriffs und demzufolge auch des Gattungsspektrums um Formen impliziert, die sich nicht der traditionellen poetischen Gattungstrias zuordnen lassen und die etablierten Grenzen zwischen fiktionalen und nicht-fiktionalen Texten, zwischen ›hoher‹ und ›niederer‹ Literatur überschreiten (→ B 5.5). Auf einen erweiterten Literaturbegriff stützt sich etwa Sengles (1967) Vorschlag einer Ergänzung der etablierten poetischen Gattungstrias durch eine vierte Gattung, nämlich die der sogenannten Zweckformen (→ H 3). Im Zuge einer Annäherung von Literaturwissenschaft und Linguistik öffnet sich das Spektrum weiter (→ G 13): Der textlinguistische Begriff der ›Textsorte‹ tritt als Klassifikationsbegriff für literarische und nichtliterarische Texte in Konkurrenz zum etablierten Gattungsbegriff, und zwar als ein »Abgrenzungsbegriff« (Fricke/Struck 2007, 612) und als ahistorischer Klassifikationsbegriff (kritisch hierzu u. a. Breuer 1997; Zymner 2003; Borgstedt 2009).

Systematische und historische Aspekte

Die Differenzierungsversuche zwischen systematischen und historischen Aspekten sind im Blick auf die Bestimmung unterschiedlicher ›generischer‹ Typen eine der zentralen Aufgaben der germanistischen Gattungstheorie geblieben. Die meistdiskutierten Überlegungen sind Frickes, im Kontext seiner Studien zum Aphorismus erläuterter Vorschlag, zwischen dem systematischen Begriff ›Textsorte‹ (z. B. Aphorismus) und ›Genre‹ als »einer historisch begrenzten literarischen Institution« (Fricke 1981, 132) zu unterscheiden, und Hempfers Vorschlag, die Vermittlung zwischen sogenannten ›Schreibweisen‹ als systematischen, kommunikationstheoretisch konzipierten Kategorien und Gattungen als deren »historisch konkreten Realisationen« (Hempfer 1973, 27) zu suchen, und zwar in durchaus problematischer Analogie zur linguistischen Unterscheidung von *langue* und *parole*. Eine kritische Ausdifferenzierung dessen hat u. a. Zymner vorgenommen, der zwischen systematischer (am Beispiel des ›Manierismus‹) und historischer Schreibweise unterscheidet (vgl. Zymner 2003, 172–190; kritisch dazu Borgstedt 2009, 30–35). Er schließt an die von Verweyen und Witting (1987) erörterte medienübergreifende Perspektive von Schreibweisen an. Zur Vermeidung problematischer Klassenbildung in der Debatte um historische bzw. transhistorische Gattungsbestimmungen ist seit einiger Zeit auch der auf Wittgenstein rekurrierende Begriff der ›Familienähnlichkeit‹ für die Beschreibung historischer Gattungen eingeführt, der Gattungen nicht mehr als fixierte Entitäten reflektiert (vgl. z. B. Wittbrodt 1998; Zymner 2007).

Gattungstheorie und Gattungsgeschichte

Ein zentrales Anliegen germanistischer Gattungsforschung ist die Vermittlung von Gattungstheorie und Gattungsgeschichte. Über die Rezeption des russischen Formalismus und des tschechischen Strukturalismus haben sich in den 1960er und 1970er Jahren strukturgeschichtliche Darstellungen etabliert, die auch – weitgehend ohne theoretische Fundierung – ältere Gattungsgeschichten (z. B. Müller 1925) prägen. Im Zeichen historisierender Gattungspoetik, die jedoch geschichtsphilosophisch normativ argumentiert, stehen Arbeiten zu einzelnen Gattungen (z. B. Szondi: *Theorie des modernen Dramas*, 1956; Lukács: *Die Theorie des Romans*, 1916). Für funktionsgeschichtliche Ansätze ist Jauß' hermeneutisch fundierter rezeptionsgeschichtlicher Zugriff wegweisend gewesen, der an die Historisierung des Formbegriffs durch den russischen Formalismus anschließt. Den Gattungswandel beschreibt er allerdings nicht als evolutionistisches Schema, sondern als »Prozeß fortgesetzter Horizontstiftung und Horizontveränderung« (Jauß 1972, 111). Literaturimmanente Gattungsprozesse werden im Blick auf die Funktionen in ihren sozialen oder kulturellen Kontexten lesbar gemacht, d. h. Gattungsgeschichte öffnet sich »zu einer holistischen Kulturgeschichte« (Zymner 2003, 201). In den 1970er und 1980er Jahren schließen Ansätze einer Sozial- und Funktionsgeschichte literarischer Gattungen daran an, die Gattungen als literarisch-soziale Institutionen untersuchen, so etwa im Rückgriff auf Luhmanns Systembegriff durch Voßkamp (1977). Eigengesetzlichkeit und (soziale) Zweckbedingtheit bzw. »geschichtliche Bedürfnissynthesen« (Voßkamp 1977, 32) charakterisieren demnach literarische Gattungen in ihrer Funktion im symbolischen und sozialen System; »Institutionalisierungs- und Entinstitutionalisierungsprozesse« (ebd., 30) prägen ihre geschichtliche Dynamik. Die literarische Gattungsgeschichte öffnet sich entsprechend zu einer Geschichte literarisch sozialer Institutionen. In der funktionsgeschichtlich orientierten, kulturwissenschaftlich ausgerichteten Gattungstheorie werden u. a. auch Fragen zur Relation von *Gender* und *Genre* diskutiert (vgl. etwa von Heydebrand/ Winko 1995; Erll/Seibel 2004). Im Kontext der jüngsten Debatten um eine Rephilologisierung der kulturwissenschaftlich arbeitenden Literaturwissenschaft wird *Gattungspoetik als Reflexionsmedium der Kultur* (Martus u. a. 2005) hinsichtlich einer notwendigen Verschränkung kulturwissenschaftlicher und philologischer Perspektiven erörtert.

Öffnung und Legitimationsverlust des Gattungsbegriffs

Die literaturwissenschaftliche Gattungsforschung hat wichtige Impulse aus der Medienwissenschaft erhalten, u. a. durch Schmidts konstruktivistische Mediengattungstheorie (vgl. etwa Schmidt 1987). So bestimmen medientheoretische Aspekte aktuelle Gattungsdiskussionen (z. B. Borgstedt 2009), u. a. zu hybriden Genres. Auf literaturtheoretischer Ebene haben die in den 1960er Jahren in Frankreich im poststrukturalistischen Kontext entstandenen Intertextualitätskonzepte für einen Relevanzverlust bzw. eine Relativierung des Gattungsbegriffs gesorgt (vgl. Schnur-Wellpott 1983). In der Germanistik haben sich allerdings eher hermeneutisch orientierte textdeskriptive Ansätze der Intertextualitätsforschung gegen einen ontologischen Intertextualitätsbegriff durchgesetzt (etwa Genettes Konzept des ›Architextes‹) und Debatten um eine Neuformierung der Gattungstheorie als Theorie des Intertextes befördert. Dieses Spannungsfeld diskutieren u. a. Stocker (1998) und Böhn im Blick auf *Das Formzitat* (2001).

Die Paradigmenwechsel in der germanistischen Literaturwissenschaft haben insgesamt vor allem den ontologischen Status von Gattungen problematisiert. Folgenreich war zunächst die Konzeption von Textsorten als »rein wissenschaftliche[n] Konstrukte[n]« (Fricke/Struck 2007, 613). Weitgehend durchgesetzt hat sich im Anschluss an die von Hempfer vorgeschlagene »konstruktivistische Synthese« (Hempfer 1973, 221), welche die Vermittlung strikt nominalistischer (z. B. Croce) und realistischer Positionen anbietet, die Annahme eines relativen kulturellen Status von Gattungen als interessegeleiteten und von Paradigmen abhängigen, mit historischem Index versehen Kommunikationsphänomenen (vgl. u. a. Zymner 2007, 27; ähnlich Borgstedt 2009).

Literatur

Böhn, Andreas: *Das Formzitat. Bestimmung einer Textstrategie im Spannungsfeld zwischen Intertextualitätsforschung und Gattungstheorie*. Berlin 2001.
Borgstedt, Thomas: *Topik des Sonetts. Gattungstheorie und Gattungsgeschichte*. Tübingen 2009.
Breuer, Ulrich: »text/sorte/genre: Konkurrenz und Konvergenz linguistischer und literaturwissenschaftlicher Klassifikationen?«. In: *Mitteilungen des Deutschen Germanistenverbandes* 44 (1997), H. 3, 53–63.
Erll, Astrid/Seibel, Klaudia: »Gattungen, Formtradition und kulturelles Gedächtnis«. In: Vera Nünning/Ansgar Nünning (Hg.): *Erzähltextanalyse und Gender Studies*. Stuttgart, Weimar 2004, 180–208.

Fricke, Harald: *Norm und Abweichung. Eine Philosophie der Literatur.* München 1981.

Fricke, Harald/Struck, Elisabeth: »Textsorte«. In: *Reallexikon der deutschen Literaturwissenschaft*, Bd. 3. Hg. v. Jan-Dirk Müller. Berlin, New York 2007, 612–615.

Goethe, Johann Wolfgang von: »Noten und Abhandlungen zu besserem Verständnis des west-östlichen Divans« [1819]. In: Ders.: *Werke.* Bd. 2. Hg. v. Erich Trunz. München ^{15}1994, 126–267.

Hamburger, Käte: *Die Logik der Dichtung.* Stuttgart ^{2}1968.

Hartl, Robert: *Versuch einer psychologischen Grundlegung der Dichtungsgattungen.* Wien 1924.

Hegel, Georg Wilhelm Friedrich: *Vorlesungen über die Ästhetik.* In: Ders.: *Werke.* Bd. 13–15. Hg. v. Eva Moldenhauer. Frankfurt a. M. ^{3}1992–93.

Hempfer, Klaus W.: *Gattungstheorie.* München 1973.

Hempfer, Klaus W.: »Schreibweise«. In: *Reallexikon der deutschen Literaturwissenschaft.* Bd. 3. Hg. v. Jan-Dirk Müller. Berlin, New York 2007, 391–393.

Heydebrand, Renate von/Winko, Simone: »Arbeit am Kanon. Geschlechterdifferenz in Rezeption und Wertung von Literatur«. In: Hadumod Bußmann/Renate Hof (Hg.): *Genus. Zur Geschlechterdifferenz in den Kulturwissenschaften.* Stuttgart 1995, 206–261.

Horn, András: *Theorie der literarischen Gattungen. Ein Handbuch für Studierende der Literaturwissenschaft.* Würzburg 1998.

Jacobs, Angelika: »Das Gattungskonzept in der neueren deutschen Literaturwissenschaft. Ein historisch-systematischer Abriss«. In: *Germanistische Mitteilungen* 56 (2002), 5–24.

Jauß, Hans Robert: »Theorie der Gattungen und Literatur des Mittelalters«. In: Ders./Erich Köhler (Hg.): *Grundriß der romanischen Literaturen des Mittelalters.* Bd. 1. Heidelberg 1972, 107–138.

Jolles, André: *Einfache Formen.* Halle 1930.

Klotz, Volker: *Geschlossene und offene Form im Drama.* München 1960.

Lamping, Dieter: »Gattungstheorie«. In: *Reallexikon der deutschen Literaturwissenschaft.* Bd. 1. Hg. v. Klaus Weimar. Berlin, New York 2007, 658–661.

Lukács, Georg: *Die Theorie des Romans.* Neuwied u. a. ^{3}1965.

Martus, Steffen/Scherer, Stefan/Stockinger, Claudia (Hg.): *Lyrik im 19. Jh. Gattungspoetik als Reflexionsmedium der Kultur.* Bern u. a. 2005.

Müller, Günther: *Geschichte des deutschen Liedes vom Zeitalter des Barock bis zur Gegenwart.* München 1925.

Müller, Günther: *Morphologische Poetik* (posthum). Tübingen 1968.

Schmidt, Siegfried J.: »Skizze einer konstruktivistischen Mediengattungstheorie«. In: *SPIEL* 6 (1987), 163–205.

Schnur-Wellpott, Margrit: *Aporien der Gattungstheorie aus semiotischer Sicht.* Tübingen 1983.

Sengle, Friedrich: *Die literarische Formenlehre. Vorschläge zu ihrer Reform.* Stuttgart 1967.

Staiger, Emil: *Grundbegriffe der Poetik.* Zürich ^{3}1956.

Stocker, Peter: *Theorie der intertextuellen Lektüre: Modelle und Fallstudien.* Paderborn 1998.

Trappen, Stefan: *Gattungspoetik. Studien zur Poetik des 16. bis 19. Jh.s und zur Geschichte der triadischen Gattungslehre.* Heidelberg 2001.

Verweyen, Theodor/Witting, Gunther: *Die Kontrafaktur. Vorlage und Verarbeitung in Literatur, bildender Kunst, Werbung und politischem Plakat.* Konstanz 1987.

Vischer, Friedrich Theodor: *Ästhetik oder Wissenschaft des Schönen.* 3 Teile, Nachdr. Hildesheim, New York 1975.

Voßkamp, Wilhelm: »Gattungen als literarisch-soziale Institutionen. Zu Problemen sozial- und funktionsgeschichtlich orientierter Gattungstheorie und -historie«. In: Walter Hinck (Hg.): *Textsortenlehre – Gattungsgeschichte.* Heidelberg 1977, 27–42.

Wittbrodt, Andreas: »Wie definiert man ein Sonett? Gattungstheoretische Überlegungen zur Verwendung von logischen Begriffen und Familienähnlichkeitsbegriffen«. In: *Compass* 3 (1998), 52–79.

Wundt, Max: »Literaturwissenschaft und Weltanschauungslehre«. In: Emil Ermatinger (Hg.): *Philosophie der Literaturwissenschaft.* Berlin 1930, 398–421.

Zymner, Rüdiger. *Gattungstheorie. Probleme und Positionen der Literaturwissenschaft.* Paderborn 2003.

Zymner, Rüdiger: »Texttypen und Schreibweisen«. In: Thomas Anz (Hg.): *Handbuch Literaturwissenschaft.* Bd. 1. Stuttgart, Weimar 2007, 25–85.

Susanne Komfort-Hein

3. Geschichtswissenschaftliche Gattungsforschung

Quellen sind die Grundlagen jeglichen geschichtswissenschaftlichen Verstehens. Als ›Quellen‹ bezeichnet man in der Geschichtswissenschaft »alle Texte, Gegenstände oder Tatsachen, aus denen Kenntnis der Vergangenheit gewonnen werden kann« (Kirn 1968, 29). Selbst wenn man dieses Feld (wie im Zusammenhang dieses Artikels aus pragmatischen Gründen) auf die Schriftquellen begrenzt, erweist es sich als beinahe unüberschaubar. Hier setzt die geschichtswissenschaftliche Quellenkunde an, zu deren wesentlichen Aufgaben es gehört, das Schriftgut zu klassifizieren (→ A).

Klassifikatorische Ansätze im Hinblick auf historische Quellen gab es bereits im Mittelalter. So stellte der Mönch Gervasius von Canterbury (gest. um 1210) Überlegungen zur Unterscheidung historiographischer Gattungen an; eine eigene Lehre von der Geschichtsschreibung entwickelte sich daraus nicht. Immerhin achteten die mit der Ausfertigung von Urkunden (latein. lit[t]er[a]e oder griech. tà diplómata [Pl.]) befassten Mitglieder professionell organisierter Kanzleien (z. B. der Päpste, der Könige und Kaiser) zumeist genau auf die äußeren und inneren Merkmale ihrer Stücke, damit nicht etwa die ungewöhnliche oder mangelhafte Gestaltung einer Urkunde deren Glaubwürdigkeit minderte oder den Intentionen ihres Ausstellers widersprach.

Substantielle Impulse erhielt die Urkundenkritik im 17. Jh. Mit der Veröffentlichung der aus der Feder Jean Mabillons OSB stammenden »De re diplomatica libri VI« (1681) war die Urkundenlehre bzw. *Diplomatik* als eigene Wissenschaft begründet. In der zweiten Hälfte des 18. Jhs. wurde sie durch den Göttinger Professor Johann Christoph Gatterer (gest. 1799) zusammen mit anderen, als Historische Hilfswissenschaften bezeichneten Disziplinen (wie z. B. *Genealogie* und *Heraldik*) als Universitätsfach etabliert.

Obgleich man bereits während der Spätaufklärung ein System quellenkritischer Regeln zusammenstellte, wurde die Geschichtswissenschaft erst im 19. Jh. zu einer eigenständigen, methodisch untermauerten und professionell betriebenen Fachdisziplin. Johann Gustav Droysen (1808–1884) führte 1857 im Rahmen seiner Historik (der Methodenlehre geschichtswissenschaftlichen Erkennens) die Unterscheidung der Quellen in ›Überreste‹, ›Quellen‹ (im engeren Sinn) und ›Denkmäler‹ ein, die noch heute gelehrt wird. Ernst Bernheim ersetzte 1903 die Bezeichnung ›Quellen‹ (im engeren Sinn) durch die der (bildlichen, mündlichen und schriftlichen) ›Tradition‹ und meinte damit die durch menschliche Auffassung entstandene Überlieferung von Begebenheiten. Im Gegensatz dazu sind ›Überreste‹ unmittelbar vom vergangenen Geschehen übrig geblieben. ›Denkmäler‹ schließlich sind Quellen, die Merkmale der beiden anderen Gruppen in sich vereinen.

Besonders während des letzten Drittels des 20. Jhs. führten neue Fragestellungen zu einem grundlegenden Wandel des Verständnisses und der Deutung gerade auch mittelalterlicher Quellen. Ein Beispiel dafür ist die sozialgeschichtliche Auswertung der sog. Memorialüberlieferung, jener liturgischen Quellen aus Klöstern und Kirchen, welche die Namen derer verzeichneten, die in das Gebetsgedenken der dort tätigen Geistlichen eingeschlossen werden sollten. Von dort aus wurde das Blickfeld erweitert auf das gesamte Feld der ›pragmatischen Schriftlichkeit‹. Diese umfasst alle »Formen des Gebrauchs von Schrift und Text, die unmittelbar zweckhaftem Handeln dienen oder die menschliches Tun durch die Bereitstellung von Wissen anleiten wollen« (Keller 1992, 1 f.). Die Fragen nach Zweck und Rezeption von Schriftgut im Alltag öffneten unter einer modernen kulturwissenschaftlichen Perspektive den Blick auf mannigfaltige gesellschaftliche Bezüge der Quellen.

Aus der Literaturwissenschaft entlehnte theoretische Ansätze soll(t)en das Verständnis der Quellen fördern: So betrachtet die Diskursanalyse die überlieferten Texte in vielfältigen (etwa literarischen, künstlerischen, sozialen) Zusammenhängen, und eine unter dem Etikett der ›linguistischen Wende‹ (*linguistic turn*) vorgetragene Herangehensweise lenkt die Aufmerksamkeit auf den Textcharakter der jeweiligen Quelle, auf deren sprachliche Gestaltung, textliche ›Konstruktion‹ und Fiktionalität. Weitere, völlig anders orientierte Anregungen kamen im 20. Jh. schließlich von Archivaren, die sich mit Akten und Amtsbüchern beschäftigten. Während Heinrich Otto Meisner mit seinem Buch zur Aktenkunde bereits 1935 ein bis heute grundlegendes Werk veröffentlichte, wurde der Amtsbuchlehre erst in den letzten dreißig Jahren wiederholt Aufmerksamkeit zuteil.

Mittelalterliche Quellen

Die Konstituierung der verschiedenen Gattungen mittelalterlicher Schriftquellen (→ A 1.7; → A 1.8) beruht sowohl auf dem von ihren Verfassern zugedachten Verwendungszweck und den dafür maßgeblichen zeitgenössischen Traditionen und Konventionen als auch auf den Systematisierungsansätzen moderner Historiker. Demnach werden folgende Großgruppen unterschieden:

(1) Erzählende Texte (Historio- und Hagiographie). Historiographische Quellen sind Texte, die in der Absicht geschrieben wurden, die Erinnerung an denkwürdige Taten oder Ereignisse zu bewahren. Eine klare Abgrenzung der zahlreichen Gattungen ist bisher nicht völlig gelungen. Nach formalen Kriterien (→ A 2.3) unterscheidet man zunächst zwischen Annalen und Chroniken. Annalen sind in der Regel kurze, jahrweise gegliederte (zumeist zeitgenössische) Aufzeichnungen über als wichtig wahrgenommene Geschehnisse. Chroniken hingegen bieten nicht allein chronologisch geordnete Fakten, sondern strukturierte und sprachlich ausgearbeitete Berichte über Vergangenes. Ihrem Inhalt entsprechend, etikettiert man die Texte beispielsweise als Welt-, Reichs-, Volks-, Bistums-, Kloster- bzw. Stifts-, Haus-, Landes-, Stadt- Kriegs- oder Kreuzzugschroniken (→ 2.5). Neben annalistisch-chronikalischen Misch- und Sonderformen (etwa Historien, Gestae oder Genealogien) sind noch (Auto-)Biographien, also Lebensbeschreibungen einzelner bedeutender Menschen (wie Einhards *Vita Caroli Magni*) zu erwähnen. Eine eigene Gattung erzählender Texte stellen jene Schriften dar, die das Leben und Wirken von Heiligen schildern (Heiligenleben/ Viten, Wundergeschichten/Mirakel und Translationsberichte, in denen von Reliquienüberführungen berichtet wird).

(2) Briefe. Die Bezeichnung ›Brief‹ findet in der mittelalterlichen Quellenkunde Verwendung für Schriftstücke, die eine Anweisung, eine Mitteilung oder einen Bericht enthalten, aber in der Regel kein Rechtsverhältnis begründen und auch nicht öffentlich beglaubigt sind. Man unterscheidet zwischen privaten (persönlichen oder geschäftlichen) Briefen, herrscherlich-administrativen bzw. amtlichen Schreiben, Gesandtenbriefen sowie publizistischen oder literarischen Formen.

(3) Verwaltungsschriftgut. Mittelalterliches Verwaltungsschriftgut erwuchs aus überindividuellem, vielfach bereits institutionalisiertem und damit auf Dauer angelegtem Verwaltungshandeln. Es besaß als interner (also nicht für die Öffentlichkeit bestimmter) ›Wissensspeicher‹ keine eigene Rechtskraft und diente als Instrument der Steuerung, Dokumentation und Kontrolle jener delegierten Tätigkeit. Dabei fanden Einzelschriftstücke (z. B. Traditionsnotizen oder Listen) ebenso Verwendung wie die Bündelungen solcher Aufzeichnungen (Vor- oder Frühformen von Akten) oder buchförmiges, d. h. in Lagen gebundenes Schriftgut (Amtsbücher). Im Bereich der Güterverwaltung auf dem Land waren sog. Urbare unentbehrlich, also in systematischer Form angelegte grundherrliche Besitz-, Einkünfte- und Leistungsverzeichnisse. Eine besonders rasche Zunahme und Differenzierung erfuhr das Verwaltungsschriftgut in den sich entwickelnden Städten, wo die Buchform bevorzugt wurde (Stadtbuchtypen u. a.: Bürger-, Rats-, Gerichts-, Kämmerei-, Pfandbücher).

(4) Urkunden und verwandte Quellen. »Die Urkunde ist ein unter Beobachtung bestimmter Formen ausgefertigtes und beglaubigtes Schriftstück über Vorgänge rechtserheblicher Natur« (von Brandt 1998, 82). Urkunden dienten entweder dem Beweis für vollzogene Rechtshandlungen (Beweisurkunden, latein. *notitiae*) oder schufen (als dispositive oder Verfügungsurkunden, latein. *chartae*) neue Rechtsverhältnisse. Neben feierlichen Verfügungsurkunden (›Privilegien‹ oder ›Diplome‹) gab es auch schlichtere administrative Verfügungen, sog. Mandate. Die Diplomatik unterscheidet nach den Ausstellern drei Urkundengattungen, die Papst-, Kaiser- bzw. Königs- sowie die Privaturkunden. Da zu den Privaturkunden diejenigen Stücke zählen, die von weltlichen und geistlichen Herrschaftsträgern, von Klöstern und Stiften, Städten, einzelnen Bürgern, öffentlichen Notaren oder Universitäten ausgestellt wurden, ist die Bezeichnung wegen ihrer Unschärfe problematisch.

(5) Weltliche und kirchliche Rechtstexte. Rechtsverhältnisse lassen sich nicht allein aus Urkunden, sondern auch aus normativen Texten ablesen. Solche Rechtstexte sind einzelne Gesetze bzw. Erlasse (etwa die in Kapitel untergliederten, Kapitularien genannten Rechtsverordnungen der fränkischen Könige) oder systematisch angelegte Sammlungen (Kodifikationen). Schriftlich fixiert wurde sowohl bereits geltendes Recht als auch das durch autonome Rechtssetzung (besonders in Städten) geschaffene Recht. Wichtige weltliche Rechtstexte sind die Volksrechte, Hof- und Dienstrechte, Weistümer, ›Spiegel‹ (z. B. der *Sachsenspiegel* Eike von Repgows) und die Stadtrechte. Im kirchlichen Bereich verdienen die Quellen des kanonischen Rechts, die *Canones* (Konzilsbeschlüsse) und die *Dekretalen* (päpstliche Rechtsentscheide), Beachtung, ferner Synodalstatuten, Klosterregeln und -gewohnheiten (*consuetudines*) oder Bußbücher als Handreichungen für die priesterliche Praxis.

(6) Liturgische Bücher. Die zahlreichen Typen liturgischer Bücher bieten Einblicke in die rituellen Handlungen und die religiösen Anschauungen der

mittelalterlichen Geistlichen. Das Graduale etwa enthält die vorgeschriebenen Messgesänge, und das Sakramentar die Gebete, welche die Zelebrierenden bei Messe und Sakramentenspendung sprachen. Darüber hinaus gab es eigene Predigt- sowie Memorialbücher für das Gebetsgedächtnis.

(7) Wissenschaftliches Schrifttum. Das ›wissenschaftliche‹ und Fachschrifttum umfasst theologische Werke, darunter exegetische Texte (z. B. Glossen oder scholastische Kompendien) und dogmatische Schriften (wie Traktate oder Fürstenspiegel). Schließlich gibt es noch enzyklopädische Zusammenfassungen des Stoffes (z. B. in sog. Summen). Hinzu kommen Lehr- oder Handbücher zu den *Artes Liberales* (den Sieben freien Künsten), zu Jurisprudenz, Medizin und Naturkunde oder anderen Fachdisziplinen und Fertigkeiten.

(8) Literarische Texte. Historikerinnen und Historikern können ferner auch literarische Werke als Quellen dienen (→ B 5.5).

(9) Inschriften. Schließlich sind noch (Grab-, Bau- und Kunst-)Inschriften zu nennen, die man allein aus formalen Gründen wegen ihres Beschreibstoffes (wie etwa Stein, Metall, Glas o. Ä.) in einer eigenen Gruppe zusammenfasst und die sowohl als Schrift-, aber auch als Sachquellen betrachtet werden können.

Neuzeitliche Quellen

In der Neuzeit haben sich die Quellen und die Überlieferungssituation erheblich verändert. Das gilt nicht allein für den Umfang des Schriftguts, der massiv zugenommen hat. Es betrifft ebenso das Gefüge der Quellengruppen.

Einige Quellengruppen, die hier zu erwähnen sind, hatte es in Vorformen zwar bereits im Mittelalter gegeben; ihre eigentliche Ausformung fand aber erst in der Neuzeit statt. Das gilt zunächst für die publizistischen Quellen (→ G 5; → G 8). Wenn man darunter Streitschriften verstehen will, die man verfasste, um die ›öffentliche Meinung‹ in aktuellen Fragen zu beeinflussen, dann gab es sie bereits während des Investiturstreits im 11. Jh. Von publizistischen Schriften als Mitteln der Massenkommunikation kann jedoch erst seit Einführung des Buchdrucks in Europa nach der Mitte des 15. Jhs. die Rede sein. Handelte es sich dabei anfangs um Einblattdrucke und Flugschriften, etablierten sich um die Wende vom 16. zum 17. Jh. erste periodisch erscheinende, mehrseitige Druckwerke (›Zeitungen‹). Nach weiteren technischen Neuerungen entwickelte sich die Massenpresse in der ersten Hälfte des 19. Jhs.

Die Zunahme der Lese- und Schreibfähigkeit sowie die Ausprägung eines Individualitätsbewusstseins haben seit dem 16. Jh. eine rasche Vermehrung von Aufzeichnungen bewirkt, in denen auf das jeweilige ›Ich‹ ihrer Verfasser bezogene Beobachtungen und Erfahrungen dargestellt werden. Zu diesen Selbstzeugnissen rechnet man neben persönlichen Briefen in erster Linie Tagebücher, Autobiographien und Memoiren. Sie werden in jüngerer Zeit mit Texten, die (wie Bittschriften oder Verhörprotokolle) unfreiwillig oder unabsichtlich geschriebene Selbstaussagen enthalten, unter dem Oberbegriff der ›Ego-Dokumente‹ zusammengefasst.

Die vorrangige Beschäftigung mit den formalen Gesichtspunkten von Aktenschriftstücken ist ein Charakteristikum der amtlichen Aktenkunde, die sich in erster Linie mit dem schriftlichen Niederschlag behördlicher Verwaltungstätigkeit beschäftigt. Akten sind nach unterschiedlichen Prinzipien (wie Chronologie oder Inhalt [›Sachbetreff‹]) vereinigte Kompositionen von Schriftstücken, die für eine Entscheidungsfindung oder zur Steuerung bzw. Kontrolle von Vorgängen benötigt werden. Akten können aus Urkunden, Schreiben und Memorialschreibwerk bestehen und gegebenenfalls durch weitere schriftliche oder bildliche Informationsträger (wie Karten oder Bilder) ergänzt sein. Auf die Verwendung des Wortes ›Brief‹ wird in diesem Zusammenhang verzichtet, weil man ihn im Kontext der Neuzeit als privates Mitteilungsschreiben an ebenfalls als Privatpersonen angesehene Empfänger definiert. Unter der stattdessen verwendeten Bezeichnung ›Schreiben‹ werden Schriftstücke verstanden, die der Anweisung, Mitteilung oder Berichterstattung dienen, ohne dafür einer öffentlichen Beglaubigung zu bedürfen. ›Memorialschreibwerk‹ schließlich meint amtsinterne Texte, die man schrieb, um Informationen zur eigenen oder fremden Erinnerung festzuhalten.

Die Aktenkunde bemüht sich darum, neuzeitliche Schriftstücke nach den Kriterien des Zwecks (Anweisung, Mitteilung, Berichterstattung) und des Stils (Ich-, Wir-, ›objektiver‹ Stil) systematisch einzuordnen und so eindeutig zu klassifizieren. Diesem Schema zufolge, das zugleich eine Über-, Gleich- oder Unterordnung von Absender und Empfänger deutlich werden lässt, wäre beispielsweise eine Mitteilung (einander nicht unterstellter Personen der fürstlichen Sphäre) im Ich-Stil als ›Hand-Schreiben‹ oder eine Anweisung (von Landesherrn oder Behörden an eine nachgeordnete Stelle) im Wir-Stil als ›Reskript‹ anzusprechen.

Die Blütezeit des Aktenwesens lag im 17. und 18. Jh.; damals wurde das Schriftgut besonders aufwändig gestaltet. Nach dem Ende des Alten Reichs (1806) verzichtete man auf eine Stildifferenzierung und der Formenapparat wurde deutlich reduziert. Weitere wichtige Einschnitte brachten die sog. Büroreform in den Zwanzigerjahren des 20. Jhs. sowie die Einführung der Büroautomation nach dem Zweiten Weltkrieg mit sich. Die elektronische Datenverarbeitung und der Computer begannen seit den späten 1960er Jahren, Arbeitsabläufe der Verwaltung zu verändern. Inzwischen ist die Entwicklung so weit vorangeschritten, dass sich die quellenkundliche Frage stellt, ob mit dem Aufkommen von – der Informationsvermittlung und Selbstdarstellung gleichermaßen dienenden – *websites* und der dort anzutreffenden Kombination von Bild, Text, *links* und bisweilen eigenen Foren nicht sogar eine neue Quellengattung entsteht (→ B4).

Literatur

Beck, Friedrich/Henning, Eckart (Hg.): *Die archivalischen Quellen* [1994]. Köln ⁴2004.
Brandt, Ahasver von: *Werkzeug des Historikers* [1958]. Stuttgart ¹⁵1998.
Goetz, Hans-Werner: *Proseminar Geschichte: Mittelalter.* Stuttgart ³2006.
Hochedlinger, Michael: *Aktenkunde. Urkunden- und Aktenlehre der Neuzeit.* Köln 2009.
Keller, Hagen: »Pragmatische Schriftlichkeit im Mittelalter«. In: Ders. u. a. (Hg.): *Pragmatische Schriftlichkeit im Mittelalter. Erscheinungsformen und Entwicklungsstufen.* München 1992, 1–7.
Kirn, Paul: *Einführung in die Geschichtswissenschaft* [1947]. Berlin ⁵1968.
Kloosterhuis, Jürgen: »Amtliche Aktenkunde der Neuzeit. Ein hilfswissenschaftliches Kompendium«. In: *Archiv für Diplomatik* 45. Jg. (1999), 465–563.
Meisner, Heinrich Otto: *Aktenkunde.* Berlin 1935.
Maurer, Michael (Hg.): *Aufriß der Historischen Wissenschaften*, Bd. 4 und 5. Ditzingen 2002 und 2003.
Pätzold, Stefan: »Amtsbücher des Mittelalters«. In: *Archivalische Zeitschrift* 81. Jg. (1998), 87–111.
Schmale, Franz-Josef: *Formen und Funktionen mittelalterlicher Geschichtsschreibung.* Darmstadt 1985.
Schulze, Winfried: »Ego-Dokumente«. In: Schulze, Winfried (Hg.): *Ego-Dokumente. Annäherung an den Menschen in der Geschichte.* Berlin 1996, 11–30.

Stefan Pätzold

4. Japanologische Gattungsforschung

Seit den 1970er Jahren arbeitet die westlichsprachige Japanologie an einer typologischen Differenzierung und Systematisierung literarischer Gattungen, nicht zuletzt, da »literarische Gattungstheorie in Japan kein eigenständiger, produktiver Wissenschaftsbereich« ist (Hijiya-Kirschnereit 2005, 168). Daran hat auch der Einfluss der westlichen Methodendiskussionen und die Öffnung der japanischen Literaturwissenschaft gegenüber der Literaturtheorie seit den 1980er Jahren wenig geändert, denn die reflektierte und theoretische Auseinandersetzung mit Gattungen tritt zugunsten (vor allem biographistischer und thematischer) Einzelwerkanalysen, diachroner und synchroner Auflistung verschiedener, oftmals ad hoc bestimmter Textsorten oder der Fokussierung des (historischen) Gattungsdiskurses bei gleichzeitiger Vernachlässigung der Gattung als systematischem Gegenstand in den Hintergrund. Ordnet die japanische Literaturkritik bzw. Literaturwissenschaft Textgruppen einer bestimmten Gattung zu, erfolgt vorab und im Nachhinein meist keine Gattungsdefinition, denn »sobald ein […] Begriff […] praktische Anwendung findet und sich im Kontext der etablierten Konventionen der Literaturbetrachtung als annähernd operational erweist, erübrigt sich jedes Bemühen um theoretische Begründung oder terminologischer Fixierung, denn diese ergeben sich nun umgekehrt aus der Praxis« (ebd., 166). Diese primär »dokumentierende […] und kommentierende Literaturbeschäftigung« hat laut Ekkehard May ihren Ursprung bereits in der Entstehung der *kokugaku* (»Nationale Schule«) im 17. Jh. (May 2001, 73 f.); ein »Epochen übergreifendes oder gar Genre überschreitendes Arbeiten« sei in der japanischen Literaturwissenschaft nach wie vor unüblich (ebd., 75). Gleichwohl entstanden seit Mitte der 1970er Jahre auch literaturhistorische Gesamtdarstellungen wie die des Kulturkritikers Katō Shūichi (1990). Suzuki Sadamis Studie *Das Konzept »Literatur« in Japan* (1998) betrachtet »Literaturgeschichte [schließlich] nicht mehr als eine Summe der großen Autoren und ihrer Werke, die dann notdürftig mit einem (etwa aus der Geistesgeschichte entliehenen) roten Faden miteinander verbunden werden« (Schamoni 2001, 99), sondern beschäftigt sich mit Literatur- und Gattungsbegriffen als solchen.

Das Erkenntnisinteresse der japanologischen Gattungsforschung ist es, vormoderne, moderne und gegenwärtige japanische Gattungen hinsichtlich produktions-, rezeptions- und wirkungsästhetischer Aspekte, funktionsgeschichtlicher und fiktionstheoretischer Fragestellungen, ihrer kommunikativen Gebrauchsfunktion sowie ihrer Poetizität und pragmatischen Kontexte, zu untersuchen. Als Bestimmungskriterien spielen auch formal-darstellungsbezogene und semantische Perspektiven eine Rolle, wobei ein weitgehender Konsens darüber herrscht, dass allein über formale, strukturelle und semantische Bestimmungskriterien oder eine vermeintliche ›Literarizität‹ von Texten nur bedingt Aussagen über eine Gattungszugehörigkeit getroffen werden können. Nach der rezeptionsästhetischen Wende in der Literaturwissenschaft in den 1970er und 1980er Jahren tritt nun im Zuge des *cultural-* und *iconic turns* und des Zusammenrückens von Literatur- und Medienwissenschaft verstärkt die Interaktion zwischen Texten und Lesern bzw. Textpotenzial und Lesererwartungen in den Mittelpunkt. Nach kognitionspsychologischen Erkenntnissen »werden Grundannahmen über Informationsstand, Vertrauenswürdigkeit und Kooperation aus der Alltagskommunikation in das Leseerlebnis importiert. Die Interaktion zwischen Leserinnen und Texten funktioniert auf verschiedenen Ebenen als eine Art unausgesprochener Vertrag über den Erwartungsrahmen dieser Kommunikation« (Brosch 2007, 58). Demnach ist die pragmatische und paratextuelle Perspektive für die Zuschreibung zu einer bestimmten Gattung essenziell, worauf auch die japanologische Gattungsforschung in den letzten Jahren wiederholt hingewiesen hat. Eva Kormann betont, dass paratextuelle Merkmale sogar entscheidender für die gattungsbildenden Gemeinsamkeiten sein können als die Darstellungsmittel selbst (Kormann 2004, 10), was auch im japanischen Kontext beobachtet werden kann, denn seit der Meiji-Zeit (1868–1912) besteht dort ein enges Verhältnis zwischen Produzenten, Verlegern und Medien, die den Konsumenten mit autorbezogenem Wissen versorgen und auch über die Paratexte die Textrezeption im Hinblick auf eine Gattungszuordnung maßgeblich steuern (vgl. Hibi 2002).

Entsprechend der Gewichtung, dass autobiographische Gattungen in der japanischen Literaturgeschichte am stärksten vertreten sind und vor allem in der Vormoderne und Moderne, bevor sich die ›Massenliteratur‹ (*taishū bungaku*) im Gegensatz zu der sogenannten ›reinen Literatur‹ (*junbungaku*) bzw. Hochliteratur etablieren konnte, eine prägende Rolle spielten, beschäftigt sich die japanologische Gattungsforschung seit ihren Anfängen mit *Faktualität* und *Fiktionalität* als gattungskonstitutiven Merkmalen. Giannoulis macht in diesem Zusammenhang z. B. den Vorschlag, Gattungsunterscheidungen unter Berücksichtigung von funktionsgeschichtlichen Aspekten von der pragmatischen Perspektive einer Faktizitäts- und Fiktionalitätskonvention her zu explizieren (vgl. Giannoulis 2010).

Von der klassischen europäischen Kategorisierung von Literatur in Lyrik, Prosa/Epik und Drama ausgehend, die die japanische Literaturwissenschaft um 1900 von der westlichsprachigen übernommen hat, lässt sich festhalten, dass in der frühen Vormoderne Lyrik als Kommunikationsmedium der gebildeten Schicht den quantitativ größten Anteil der Literatur ausmachte. Aufgrund der ihr zugeschriebenen ›Authentizität‹ wurde sie als ästhetisch wertvoller betrachtet als die ›erdichtete‹, nach vormodernem Verständnis ›unaufrichtige‹ Erzählprosa, die jedoch seit der mittleren Heian-Zeit (794–1185) zunehmend an Bedeutung gewinnt (vgl. Miner u. a. 1985). In der Moderne kommt es im Zuge der Vereinheitlichung von geschriebener und gesprochener Sprache (*genbun itchi*) und der Rezeption westlicher naturalistischer und realistischer Werke zu einer Aufwertung der Prosa, die seitdem die dominierende literarische Gattung in Japan ist. Die dramatischen Gattungen der japanischen Literaturgeschichte entstehen im Kontext des Nō-Theaters im 14./15. Jh. sowie des Kabuki- und Puppen-Theaters (*bunraku* bzw. *ningyō jōruri*) im 17. Jh.

Von einem textsortentheoretisch orientierten Gattungsbegriff her aufgeschlüsselt, der nach Werkgruppen fragt, identifiziert die japanologische Gattungsforschung in der Vormoderne die literarischen Gattungen *tanka/waka* (Kurzgedichte mit 31 Moren), *nikki bungaku* (Tagebuchliteratur), Biographien, *monogatari* (Erzählungen), *zuihitsu* (Miszellen) und die meist humoristische populäre Prosa (*gesaku*) der Edo-Zeit (1600–1868), die – vor allem an inhaltlichen Kriterien gemessen – noch in zahlreiche Untergruppen aufgeteilt wird. Ein Literaturbegriff existierte in der japanischen Klassik und im ›Mittelalter‹ ebenso wenig wie der der Gattung, wobei jedoch japanische Poetiken erhalten sind, die sich mit diversen inhaltlichen und formalen Merkmalen von unterschiedlichen Textsorten befassen (vgl. Suzuki Sadami 2006). Ab etwa dem 11. Jh. findet man auch in literarischen Texten Hinweise, die die eigene Gattungszugehörigkeit in Abgrenzung zu anderen Gattungen reflektieren. Zu den frühesten japanischen Gattungen zählen die zunächst ausschließlich von Gelehrten auf Chinesisch verfassten Biographien, *tanka* und die im Zuge der Entwicklung der japanischen Silbenschrift ent-

4. Japanologische Gattungsforschung

standenen und hauptsächlich von Hofdamen geschriebenen Tagebücher und *monogatari*, die im 20. Jh. kanonisiert wurden. Die ältesten Lyrik-Anthologien sind das maßgeblich von Ōtomo no Yakamochi zusammengestellte *Man'yōshu* (»Sammlung der zehntausend Blätter«, 8. Jh.) und das von Ki no Tsurayuki kompilierte *Kokinwakashū* (»Sammlung alter und neuer Gedichte«, um 920). Zu den wichtigsten vormodernen Tagebüchern gehören das *Kagerō nikki* (»Tagebuch einer Eintagsfliege«, 954–974), das *Sarashina nikki* (»Das Tagebuch der Hofdame Sarashina«, 1020–1059) und das *Makura no sōshi* (»Das Kopfkissenbuch«) von Sei Shōnagon. Das prominenteste Prosawerk der japanischen Literaturgeschichte ist das um 1000 von der Hofdame Murasaki Shikibu verfasste *Genji monogatari* (»Die Geschichte des Prinzen Genji«), das als der weltweit erste psychologische Roman typisiert wird und sich ebenso wie fast alle anderen Heian-zeitlichen Texte primär auf die Beschreibung der emotionalen Welt der Figuren konzentriert. Ende des 12. Jhs. entstanden die ersten Miszellen wie das *Hōjōki* (»Aufzeichnungen aus meiner Hütte«) (1212) von Kamo no Chōmei oder das *Tsurezuregusa* (»Aufzeichnungen aus Mußestunden«) (1330–1332) von Yoshida Kenkō. Die Gattung der *monogatari* wurde um sogenannte ›Kriegsepen‹ (*gunki monogatari*) wie das *Heike monogatari* (»Die Geschichte des Hauses Taira«) (1371) oder ›Erzählungen geschichtlichen Inhalts‹ (*rekishi monogatari*) erweitert. Durch die Herausbildung eines neuen urbanen Zentrums mit einer bürgerlichen Kaufmannskultur sowie der Popularisierung und Kommerzialisierung von Literatur entstand in der Edo-Zeit, insbesondere in der Genroku-Ära (1688–1704), das *gesaku*. Maßgeblich durch Matsuo Bashō geprägt, entwickelte sich auch die Lyrik weiter; die Ausprägungen dieser Zeit werden als *haiku*, *senryū* und *kyōka* kategorisiert.

Die zentrale literarische Gattung der Moderne ist eine japanische Variante des Ich-Romans, der *shishōsetsu*. Das Wort *shishōsetsu* (wörtlich: ›Ich-Erzählung/Roman/Narration‹) kam 1918/1919 in Literatenzirkeln als Bezeichnung auf für eine als neuartig empfundene, bekenntnishaft-autobiographische Ausdrucksform. Der *shishōsetsu* entwickelte sich aus einer Synthese japanischer und westlicher literarischer und kultureller Tradition und thematisiert zugleich Referenzialität wie Performanz, Wirklichkeitsbezug wie Konstruiertheit. Im ›klassischen‹ *shishōsetsu* intendiert der Autor, mit weitgehend verfestigten Formen des Bekenntnisses seine Innenwelt ›wahrheitsgetreu‹ vor einem Publikum offenzulegen. Der Leser rezipierte die Texte als autobiographische Dokumente; er identifizierte den Protagonisten, der im Falle des *shishōsetsu* als mit dem Erzähler identisch gedacht wird, mit dem Autor. Diese neue Prosaform erhob den Anspruch, durch eigenwillige Interpretation europäischer Modelle eine Literatur mit einer japanspezifischen kommunikativen Gebrauchsfunktion zu sein, die sich zunächst vorwiegend an Eingeweihte, zumindest an ein schmales Lesepublikum mit Detailkenntnissen über das Leben der Autoren wandte. Die westliche *shishōsetsu*-Forschung wird maßgeblich von Irmela Hijiya-Kirschnereits gattungstheoretischer Studie *Selbstentblößungsrituale* (1981/2005) eingeleitet, in der darauf hingewiesen wird, dass die japanische Literaturkritik und Literaturwissenschaft den *shishōsetsu*-Diskurs weniger unter gattungs- und erzähltheoretischen, sondern eher unter kulturalistischen Prämissen führt. Im Zusammenhang mit biographistischen *shishōsetsu*-Einzelfallanalysen wurden insbesondere nach dem Zweiten Weltkrieg ästhetische Perspektiven des *shishōsetsu* im Hinblick auf kulturelle Selbstbehauptung, die mit dem wirtschaftlichen Aufschwung Japans einherging, ins Feld gerückt. Obgleich sich die Ziele und Arbeitsmethoden der japanischen Literaturkritik und Literaturwissenschaft streckenweise verändert haben, schimmern im Umgang mit dem *shishōsetsu* nach wie vor auch die alten Selbstexotisierungsmuster, Instrumentalisierungsmuster und ›methodischen‹ Herangehensweisen an den Gegenstand durch. Ob es sich bei dem *shishōsetsu* um eine Gattung handelt oder ob in diesem Zusammenhang eher von einem Schreib- und Lesemodus gesprochen werden soll, wird in der japanologischen Gattungsforschung unterschiedlich bewertet. Die Lesemodus-Theorie von Tomi Suzuki (vgl. Suzuki 1996) sollte jedoch relativiert werden, da die Aussage, der Rezipient allein bestimme, was ein *shishōsetsu* sei oder nicht, problematisch erscheint. Die These, der *shishōsetsu* sei ein Lesemodus, wird von den Vertretern der Gattungstheorie zwar nicht bestritten, sie möchten ihn jedoch nicht auf diesen reduzieren. Es erscheint hier notwendig, von einer Gattung *shishōsetsu* zu sprechen, da nur so auch die pragmatische Perspektive und die hochgradig konventionalisierten Rezeptions- und Produktionsbedingungen erfasst werden können. Diese wiederum sind paratextuell an die Veröffentlichungspraxis und den Verlagsjournalismus gekoppelt. Die beiden in der Forschung etablierten gattungskonstitutiven Merkmale des *shishōsetsu* lauten ›Faktizität‹ und ›Fokusfigur‹: »Faktizität beschreibt das aus der Sicht japanischer Leser supponierte Verhältnis von literarischem Werk und pragmatischer Wirklichkeit. Sie stellt eine Setzung dar, die besagt, dass das Werk die vom Autor erfahrene Realität unmittelbar wiedergibt« (Hijiya-Kirschnereit 2005, 175). Aber die vermutete oder nachgewiesene Faktizität, an der der ästhetische Wert des *shishōsetsu* gemessen wird, genügt nicht, um ihn als solchen auszuweisen, wird doch die Wirkung eines *shishōsetsu* auf den Leser vor allem durch das Element der Fokusfigur bzw. durch die dialektische Einheit von Faktizität und Fokusfigur erzeugt. Die Fokusfigur ist »eine dem *shishōsetsu* spezifische Textorganisation« (ebd. 138) und dominiert ihn auf verschiedenen Ebenen. Auf formaler Ebene bestimmt sie die Erzählperspektive und die Zeitstruktur, auf semantischer Ebene die äußere und die innere Handlung. Der Versuch der Forschung, über den Konstruktcharakter und die Handlung des *shishōsetsu* Aussagen über seine Gattungszugehörigkeit zu machen, gilt hingegen als gescheitert. Matthew Königsberg weist außerdem nach, dass es im *shishōsetsu* keine textinternen Marker für Fiktionalität bzw. Nicht-Fiktionalität gibt (vgl. Königsberg 2004, 138 ff.). Damit widerlegt er Edward Fowlers These von der Besonderheit der Sprache im *shishōsetsu*, die er von essenzialistisch argumentierenden japanischen Kritikern übernommen haben mag (vgl. Fowler 1988). Um die Frage zu beantworten, was einen *shishōsetsu* kennzeichnet, müssen immer zwei seiner Facetten, nämlich »*shishōsetsu* als Text« und »*shishōsetsu* im literarischen Kommunikationssystem« (Hijiya-Kirschnereit 2005, 280 ff.), betrachtet werden. Die These vom *shishōsetsu*-Kommunikationssytem pointiert, dass der *shishōsetsu* als solcher nicht existiert, er wird von unterschiedlichen Parteien gemacht und besteht nur durch die Interaktion von Autor und Leser innerhalb desselben kulturellen Kontextes.

In der gegenwärtigen japanischen Literatur bestehen die meisten der vormodernen und modernen Gattungen in aktuellen Formen fort – neben neuen Genres, wie z.B. Blogs (*burogu*) oder den Handy-Romanen (*keitai shōsetsu*).

Literatur

Brosch, Renate: »Visualisierungen in der Leseerfahrung: Fokalisierung – Perspektive – Blick«. In: Renate Brosch/Ronja Tripp (Hg.): *Visualisierungen: Textualität – Deixis – Lektüre*. Trier 2007, Trier, 47–84.
Fowler, Edward: *The Rhetoric of Confession: Shishōsetsu in Early 20th Century Japanese Fiction*. Berkeley 1988.
Giannoulis, Elena: *Blut als Tinte – Wirkungs- und Funktionsmechanismen zeitgenössischer shishōsetsu*. München 2010.
Hibi, Yoshitaka: *Jiko hyōshō no bungakushi: Jibun o kaku shōsetsu no tōjō* (Literaturgeschichte der Selbstrepräsentation: Der Auftritt einer Romanform, die das ›Selbst‹ (be)schreibt). Tōkyō 2002.
Hijiya-Kirschnereit, Irmela: *Selbstentblößungsrituale: Zur Theorie und Geschichte der autobiographischen Gattung »Shishōsetsu« in der modernen japanischen Literatur* (1981). München 2005.
Katō, Shūichi: *Geschichte der japanischen Literatur* (Orig. *Nihonbungakushi josetsu*, 1975–1980). Darmstadt 1990.
Königsberg, Matthew: »›Im Dickicht‹: Die japanische Erzählkunst und der Erzähler«. In: Judit Árokay/Klaus Vollmer (Hg.): *Sünden des Worts: Festschrift für Roland Schneider zum 65. Geburtstag*. Hamburg 2004, 137–165.
Kormann, Eva: *Ich, Welt und Gott: Autobiographik im 17. Jh*. Köln u. a. 2004.
May, Ekkehard (2001). »Vormoderne Literatur«. In: Klaus Kracht/Markus Rüttermann (Hg.): *Grundriß der Japanologie*. Wiesbaden 2001, 63–81.
Miner, Earl Roy u. a. (Hg.): *The Princeton Companion to Classical Japanese Literature*. Princeton 1985.
Schamoni, Wolfgang (2001). »Moderne Literatur«. In: Klaus Kracht/Markus Rüttermann (Hg.): *Grundriß der Japanologie*. Wiesbaden 2001, 83–113.
Suzuki, Sadami: *The Concept of »Literature« in Japan*. (Orig. *Nihon no »bungaku« gainen*, 1998). Kyoto 2006.
Suzuki, Tomi: *Narrating the Self: Fictions of Japanese Modernity*. Stanford 1996.

Elena Giannoulis

5. Journalistische Gattungsforschung

Die Journalistische Gattungsforschung ist in erster Linie eine journalistische *Gattungslehre*, die sich im Hinblick auf die *journalistische Praxis* mit unterschiedlichen journalistischen Genres in Printmedien, Rundfunk, Fernsehen und Internet befasst. Die Beschäftigung mit journalistischen Genres erfolgt dabei – der zumeist informatorischen oder ausbildungsdidaktischen Zielsetzung journalistischer Lehrwerke entsprechend – weitgehend normativ oder normpoetisch: Es wird also zumeist versucht, die journalistischen Gattungen in einen systematischen Zusammenhang zu bringen und durch Deskription und Zuweisung charakterisierender Merkmale ihre jeweilige Position im System journalistischer Gattungen sowie ihre unterscheidenden Eigenschaften zu bestimmen. Dabei werden die journalistischen Genres nicht durchweg als ›Gattungen‹ oder ›Genres‹ bezeichnet. Hier haben sich vielmehr unterschiedliche Benennungsvarianten herausgebildet. Das Spektrum reicht von journalistischen Stilformen über journalistische Gattungen, journalistische Textsorten, Texttypen oder Textformen und Textgattungen bis hin zu journalistischen Genres oder allgemein journalistischen Mitteilungsformen und journalistischen Darstellungsformen, ohne dass außer stilistischen Variationen hier auch gravierende begriffliche Differenzierungen erkennbar wären. Das System journalistischer Gattungen oder Darstellungsformen ist primär funktional definiert, es umfasst all jene Gattungen oder Darstellungsformen in Print- wie in anderen Medien, die der Vermittlung von Nachrichten oder der Kommentierung aktueller Ereignisse dienen. Unter einer Nachricht kann man dabei solche Tatsachen oder Ereignisse verstehen, denen Anspruch auf ein öffentliches Interesse zugesprochen wird. Mit diesem Anspruch befasst sich wiederum eine eigenständige journalistische ›Theorie des Nachrichtenwertes‹, die u. a. vorsieht, den Wert einer Nachricht nach bestimmten ›Nachrichtenfaktoren‹ zu beurteilen (vgl. z. B. Staab 1990).

Unterhalb der Ebene einer solchen allgemeinen Charakterisierung trifft man sodann auf unterschiedliche journalistische *Gattungssystematiken*. Grundlegend erscheint dabei die duale Unterscheidung zwischen (1) informierenden und (2) meinungsäußernden Darstellungsformen, die gelegentlich durch die Unterscheidung zwischen informierenden und kommentierenden Darstellungsformen ersetzt und in manchen Systematiken durch (3) unterhaltende Darstellungsformen (vgl. Schneider/Rauhe) oder durch phantasiebezogene Darstellungsformen ergänzt wird. Ähnlich spricht Fasel von tatsachenbetonten Darstellungsformen, erzählenden Darstellungsformen und meinungsbetonten Darstellungsformen (vgl. Fasel 2008). Eine weitere Formentrias bietet die Genre-Lehre der DDR-Journalistik, die nach dem Vorbild der sowjetischen Journalistik zwischen (1) informatorischen, (2) analytischen und (3) bildhaft-konkreten Mitteilungsweisen unterschied.

Diese grundlegenden (und medienübergreifend gedachten) Darstellungs- oder Mitteilungsformen finden in unterschiedlichen journalistischen Medien und Formaten unterschiedliche Ausprägungen – je nach dem, ob es sich um Printmedien handelt, die jeweils vor allem mit graphisch repräsentierter Sprache arbeiten, oder ob es sich z. B. um Rundfunk und Fernsehen handelt, die zumeist mit phonisch repräsentierter Sprache arbeiten. Bei den Formaten ergeben sich überdies Unterschiede, je nach dem, um welchen Typus des Journalismus es sich handelt – ob es sich also z. B. um Boulevardjournalismus oder z. B. um Fachjournalismus handelt. Einen Sonderbereich der journalistischen Gattungslehre bildet der Bildjournalismus mit eigenen Bildgattungen und spezifischen Text-Bild-Verbindungen (siehe z. B. Sachsse 2003).

Im Hinblick auf die informierenden Darstellungsformen unterscheidet die journalistische Gattungslehre zum einen zwischen Kurzformen (wie Kurzmeldung und Nachricht) und längeren Formen (wie dem Bericht), zum anderen zwischen ›objektiven‹ Formen (wie die drei genannten) und ›subjektiveren‹ (auch: interpretierenden oder erzählenden) Formen, wie z. B. Reportage, Feature, Portrait, Interview und Feuilleton. Eine eigene Genregruppe im Bereich der ›subjektiveren‹ Formen bilden die sogenannten Kommentarformen, wie z. B. der Leitartikel, das Editorial, die Glosse, das Entrefilet (Kurzartikel), die Rezension/Kritik oder auch die Kolumne. Während es bei den sogenannten objektiven Formen darum geht, allgemein interessierende Ereignisse oder Sachverhalte ohne Wertung und nach Maßgabe einer variablen Binnenpoetik (z. B. das Wichtigste zuerst im Fall der sogenannten ›fact-story‹; ein dramatisches Ereignis oder Erlebnis zuerst im Fall der ›action-story‹; Sachmitteilungen mit deutenden Zitaten im Fall der ›quote-story‹ usw.) zu vermitteln, tritt bei den subjektiveren Formen der Journalist oder Reporter bzw. der Autor mit eigenen Einschätzungen und Anschauungen stärker in den Vordergrund.

Die skizzierte journalistische Gattungssystematik hat sich im wesentlich erst seit dem 19. Jh. herausgebildet. Mediengeschichtliche Vorläufer, die mit den modernen Genres des Journalismus publizistische Merkmale wie Aktualität, Publizität, Allgemeinheit und Periodizität teilen, finden sich in den Briefzeitungen, Flugblättern, Flugschriften und Messrelationen der Frühen Neuzeit. Bis ins 18. Jh. wird das Repertoire journalistischer Routinen von Berichterstattungen einzelner Korrespondenten bestimmt, seit dem frühen 18. Jh. kommen schriftstellernde Journalisten, nicht zuletzt in der Spielart der literarisch-ästhetischer Journalisten (wie Lessing, A. W. Schlegel, Schubart u. a.) hinzu. Mit der Entstehung des redaktionellen Journalismus und einer sogenannten Meinungspresse seit der Wende zum 19. Jh. bilden sich kommentierende Formen wie Leitartikel, Glosse oder Raisonnement heraus. Im Hinblick auf die historischen Veränderungen der journalistischen Darstellungsformen lässt sich in allen Phasen der Mediengeschichte allgemein eine Art Trägheitsprinzip beobachten: »Neue Medien, ganz gleich ob die periodische Zeitung, das Radio, das Fernsehen oder das Internet, werden zunächst als Verbreitungsmedien für traditionell vorhandene Darstellungsformen genutzt. Neue medienspezifische Textsorten, Sprachstile und Präsentationsformen entwickeln sich erst später« (Bucher 1998, 735).

Neben die journalistische *Gattungslehre* tritt im Fall einzelner journalistischer Genres auch deren (vielfach eher von Literarhistorikern betriebene) *historiographische Erschließung*, etwa im Hinblick auf die Reportage, die Glosse und vor allem im Hinblick auf das Feuilleton (vgl. z. B. Todorov 1996; Stegert 1998; Kauffmann/Schütz 2000). Das historiographische Interesse insbesondere an derartigen Darstellungsformen hängt nicht selten damit zusammen, dass sie als Genres gelten, in denen Journalismus und Literatur einander kreuzen oder überschneiden. Gelegentlich wird daher auch ausdrücklich beispielsweise zwischen literarischen und journalistischen Reportagen, literarischen und journalistischen Glossen oder literarischen und journalistischen Feuilletons unterschieden oder grenzverwischend pauschal von journalistisch-literarischen Gattungen gesprochen (vgl. z. B. den entsprechenden Artikel in Lamping 2009 oder bereits bei Haacke 1943). Besonders anhand solcher Übergangs- oder Mischgattungen lassen sich nicht zuletzt auch Grundsatzfragen erörtern, die die journalistische Gattungstheorie betreffen. So ist an den Übergangs- oder Mischgattungen leicht erkennbar, was sich prinzipiell über alle journalistischen Darstellungsformen sagen lässt: Dass sie sich nämlich mehr oder weniger stark solcher Formen und Verfahren bedienen, die vielfach als literarisch oder allgemein als poetisch angesehen und häufig in verallgemeinernden Systematisierungen der Dichtung oder Literatur vorbehalten werden. Dabei wird nicht allein die Unterscheidung des Journalismus von der Literatur oder Dichtung im Allgemeinen fragwürdig (siehe auch Blöbaum/Neuhaus 2003), sondern mehr noch der journalistische Anspruch auf eine ›objektive‹ Vermittlung von Nachrichten.

Vor allem drei Problembereiche stehen hier gattungs- und journalismustheoretisch im Mittelpunkt der Diskussionen. Erstens betrifft dies die Rolle des Erzählens und die Beobachtung, dass zahlreiche Darstellungsformen des Journalismus zugleich erzählende Formen sind. »Die Erforschung journalistischen Schreibens als besonderer Modus des Erzählens erlebte einen ersten Höhepunkt in den 1920er Jahren in Beiträgen von Egon Erwin Kisch, Georg Lukács, Kurt Tucholsky u. a. Insbesondere verglichen sie die Leistungen literarischen und journalistischen Erzählens und diskutierten den spezifischen Wahrheitsanspruch von Reportagen« (Martínez 2009, 190). Eng verknüpft mit der Frage des Erzählens ist ein zweiter Problembereich, nämlich der des Verhältnisses zwischen Fiktionalität und Faktualität. Die Debatte über die Legitimität fiktionalisierender Darstellungstechniken entzündete sich seit den 1960er Jahren insbesondere am Fall des New Journalism (vgl. Tom Wolfe, *The New Journalism*, 1973). Unter dem Einfluss von postmodernen und konstruktivistischen Theorien wird seit den 1970er Jahren »die Berechtigung der Unterscheidung zwischen fiktional-literarischen und faktual-journalistischem Erzählen« (Martínez 2009, 190) vielfach grundsätzlich bestritten (vgl. Lünenborg 2002; Klaus/Lünenborg 2002; Reus 2002).

Ein dritter Problembereich, der in der Debatte über das Verhältnis zwischen Journalismus und Dichtung eine Rolle spielt, ist die Legitimität von Ästhetisierung, Stilisierung und Symbolisierung, die über das bloße Erzählen hinausgeht. Ein exemplarischer Fall ist hierbei derjenige des *Poetischen Journalismus* (siehe hierzu Zymner 2006). Darunter fasst man solche journalistischen Texte, die durch die übergreifende und überkohärente Verwendung poetischer Formen und Verfahren signalisieren, dass sie nicht ausschließlich oder hauptsächlich der journalistischen Informationsvermittlung dienen, sondern auch oder sogar vor allem eine ästhetische Lektüre ermöglichen wollen, eine Lektüre der Texte als Literatur. Es handelt sich bei diesen Texten nicht um genuin, also konventioneller Weise und eindeutig literarische Texte, wie sie ja beispielsweise in Zeitungen als Fortsetzungsroman oder auch als Gedicht zum Tage durchaus vorkommen. Vielmehr handelt es sich um poetische Texte, die *zugleich* journalistisch sein und bleiben wollen. Es sind gegenwartsbezogene und vielleicht sogar tagesaktuelle Prosatexte, die auch den formalen Zwängen des Journalismus in ihrer Kürze sowie vielfach auch in der Schnelligkeit ihrer Produktion folgen und überdies im Prinzip den rechtlichen Bedingungen des Journalismus unterliegen (vor allem der presserechtlichen Verantwortlichkeit, die aus der öffentlichen Aufgabe des Journalisten erwächst), doch zugleich durch Stilisierung, Symbolisierung oder auch Fiktionalisierung sich an Formen und Techniken der Poesie orientieren, ja durch deren ästhetisierende ›Überkohärenz‹ selbst zu Poesie werden. Diese Texte (Essays oder Reportagen z. B. von Michael Rutschky, Hans-Christoph Buch u. a.; Kolumnen von Harry Rowohlt, Max Goldt, Harald Martenstein u. v. a.) befassen sich typischerweise mit Gegenwartsthemen, mit dem Alltag und der Alltagswelt, aber es geht doch immer auch oder vielleicht sogar vornehmlich um die Selbstverständigung oder Selbstvergewisserung eines schreibenden Subjekts in der Gesellschaft. Diese Texte betonen stets die Subjektivität der Perspektive und richten sich dadurch stets gegen die vermeintliche Objektivität des (bloß) berichtenden oder informierenden Journalismus. Poetischer Journalismus ist dabei nicht auf das Feuilleton (als Sparte) oder den Kulturteil beschränkt, vielmehr ist er in allen gängigen Sparten anzutreffen: In der Sparte »Politik« ebenso wie in der Sparte »Wirtschaft«, in »Lokales« ebenso wie in »Sport«, »Reise«, »Technik« und »Wissenschaft« oder auch in der Sparte »Vermischtes«. Und auch wenn im Zusammenhang mit literarischen ›Grenzüberschreitungen‹ der Bereich der Printmedien von besonderem Interesse sein mag, ist Poetischer Journalismus ebenso in Rundfunk und Fernsehen präsent. Eine umfassende Untersuchung des Poetischen Journalismus steht allerdings noch aus.

Literatur

Bleicher Joan/Pörksen, Bernhard (Hg.): *Grenzgänger. Formen des New Journalism*. Wiesbaden 2004.
Blöbaum, Bernd/Neuhaus, Stefan (Hg.): *Literatur und Journalismus. Theorie, Kontexte, Fallstudien*. Wiesbaden 2003.
Bucher, Hans-Jürgen: »Journalismus«. In: *Historisches Wörterbuch der Rhetorik*. Hg. v. Gert Ueding. Bd. 4. Tübingen 1998, 729–741.
Chillón, Albert: *Literatura y periodismo. Una tradición de relaciones promiscuas*. Valencia 1999.
Dovifat, Emil: *Handbuch der Publizistik*. 3 Bde. Berlin 1968–1969.
Fasel, Christoph: *Textsorten*. Konstanz 2008.
Geisler, Michael: *Die literarische Reportage in Deutschland. Möglichkeiten und Grenzen eines operativen Genres*. Königstein 1982.
Haacke, Wilmont: *Feuilletonkunde. Das Feuilleton als literarische und journalistische Gattung*. 2 Bde. Leipzig 1943/44.
Haller, Michael: *Die Reportage*. 6., überarb. Aufl. Konstanz 2008.
Heß, Dieter (Hg.): *Kulturjournalismus. Ein Handbuch für Ausbildung und Praxis*. München 1992.
Kauffmann, Kai/Schütz, Erhard (Hg.): *Die lange Geschichte der Kleinen Form. Beiträge zur Feuilletonforschung*. Berlin 2000.
Klaus, Elisabeth/Lünenborg, Margret: »Journalismus. Fakten, die unterhalten – Fiktionen, die Wirklichkeit schaffen. Anforderungen an eine Journalistik, die dem Wandel des Journalismus Rechnung trägt«. In: Achim Baum/Siegfried J. Schmidt (Hg.): *Fakten und Fiktion. Über den Umgang mit Medienwirklichkeiten*. Konstanz 2002, 152–164.
Lamping, Dieter (Hg.): *Handbuch der literarischen Gattungen*. Stuttgart 2009.
Lünenborg, Margret: »Journalismus kulturwissenschaftlich betrachtet. (Auch) Fiktionen liefern Orientierung«. In: Michael Haller (Hg.): *Die Kultur der Medien. Untersuchungen zum Rollen- und Funktionswandel des Kulturjournalismus in der Mediengesellschaft*. Münster u. a. 2002, 175–188.
Martínez, Matías: »Erzählen im Journalismus«. In: Christian Klein/Matias Martínez (Hg.): *Wirklichkeitserzählungen. Felder, Formen und Funktionen nicht-literarischen Erzählens*. Stuttgart, Weimar 2009, 179–191.
Mast, Claudia (Hg.): *ABC des Journalismus*. Konstanz [11]2008.
Reus, Günter: »›Zum Tanze freigegeben‹. Fiktion im seriösen Journalismus – ein illegitimes Verfahren?«. In: Achim Baum/Siegfried J. Schmidt (Hg.): *Fakten und Fiktion. Über den Umgang mit Medienwirklichkeiten*. Konstanz 2002, 77–89.
Ruß-Mohl, Stephan: *Journalismus. Das Hand- und Lehrbuch*. Frankfurt a. M. 2003.
Sachsse, Rolf: *Bildjournalismus heute*. München 2003.
Schneider, Wolf/Raue, Paul-Josef: *Das neue Handbuch des Journalismus*. 2. überarb. Aufl. Reinbek 2006.
Schult, Gerhard/Buchholz, Axel (Hg.).: *Fernseh-Journalismus. Ein Handbuch für Ausbildung und Praxis*. München [6]2000.
Staab, Joachim Friedrich: »Entwicklungen der Nachrichtenwert-Theorie. Theoretische Konzepte und empirische Überprüfungen«. In: Jürgen Wilke (Hg.): *Fortschritte der Publizistikwissenschaft*. Freiburg/München 1990, 161–172.
Stegert, Gernot: *Feuilleton für alle. Strategien im Kulturjournalismus heute*. Tübingen 1998.
Straßner, Erich: »Zeitschriftenspezifische Präsentationsformen und Texttypen«. In: Joachim-Felix Leonhard u. a. (Hg.): *Medienwissenschaft. Ein Handbuch zur Entwicklung der Medien und Kommunikationsformen*. 2. Teilbd. Berlin 2001, 1734–1739.
Todorov, Almut: »Feuilleton«. In: *Historisches Wörterbuch der Rhetorik*. Hg. v. Gert Ueding. Bd. 3. Tübingen 1996, 259–266.
von La Roche, Walther: *Einführung in den praktischen Journalismus*. Berlin [18]2008.

Weischenberg, Siegfried (Hg.): *Handbuch Journalismus und Medien*. Konstanz 2005.

Weischenberg, Siegfried: *Nachrichten-Journalismus. Anleitungen und Qualitätsstandards für die Medienpraxis*. Wiesbaden 2001.

Zymner, Rüdiger: »Poetischer Journalismus«. In: Urs Meyer u. a. (Hg.): *Transmedialität. Zur Ästhetik paraliterarischer Verfahren*. Göttingen 2006, 224–233.

Rüdiger Zymner

6. Komparatistische Gattungsforschung

Es gibt nur wenige Gattungen, die ausschließlich in einer Nationalliteratur zu finden sind. Die prominenten, korpusstarken Gattungen der abendländischen Literatur sind alle international verbreitet: die Tragödie wie die Komödie, das Epos wie die Elegie, die Ode wie die Satire, der Roman wie die Novelle. Sie teilen die große Verbreitung noch mit vielen ›kleinen‹ Gattungen; selbst der Limerick, eine vermeintlich durch und durch englische Textsorte, ist etwa auch in der deutschen Literatur zu finden. Aus der internationalen Verbreitung der meisten Gattungen folgt die Notwendigkeit einer komparatistischen Gattungsforschung. ›Komparatistisch‹ ist dabei in einem weiten Sinn zu verstehen, der sowohl historisch vergleichende wie theoretische Arbeiten auf der Grundlage mehrerer Literaturen einschließt. ›Komparatistisch‹ bezeichnet hier also zunächst eine wissenschaftliche Arbeitsweise, erst dann auch ein akademisches Fach. Dass nicht alle komparatistische Forschung auch innerhalb der Komparatistik stattfindet, ist tatsächlich kaum zu übersehen. Die komparatistische Gattungsforschung unterscheidet sich von der einzelphilologischen zunächst durch ihren Gegenstandsbereich. Ihr Gewinn liegt aber weniger in der größeren Vollständigkeit des berücksichtigten Materials als in einer anderen Perspektive. Die Erkenntnisse komparatistischer Gattungsforschung haben eine größere Reichweite; sie beziehen sich auf ein umfangreicheres Korpus von Texten und können daher eher beanspruchen, ihren Gegenständen angemessen zu sein. Die in der Regel größere Bandbreite der Realisierungen, die sie in den Blick bekommt, erlaubt insbesondere Einsichten in das Spektrum der jeweiligen generischen Möglichkeiten, die zumeist innerhalb einer Literatur nicht ausgeschöpft werden. Neben der komparatistischen behält die einzelphilologische Gattungsforschung ihr Recht.

Arbeitsgebiete komparatistischer Gattungsforschung

Die neuere komparatistische Gattungsforschung konzentriert sich zumeist auf zwei Arbeitsgebiete; gattungsgeschichtliche Studien auf internationaler Grundlage stellen ihren einen, gattungstheoretische den anderen Schwerpunkt dar. Hinzu kommt, weniger prominent, aber nicht weniger wichtig, die

6. Komparatistische Gattungsforschung

Erforschung der komparatistischen Gattungsforschung.

Komparatistische gattungsgeschichtliche Arbeiten berücksichtigen immer Texte aus mindestens zwei, meistens mehr als zwei Literaturen. Dabei lassen sich grob drei verschiedenen Typen unterscheiden. Der erste, vielleicht traditionsreichste, besteht im Vergleich zumindest zweier Werke derselben Gattung verschiedener Literaturen. Bei solchen Vergleichen hat sich in den letzten Jahrzehnten ein intertextuell-rezeptionsästhetischer Ansatz weitgehend durchgesetzt. Wilfried Barner hat in dieser Weise Lessings Trauerspiele *Miß Sara Sampson*, *Philotas* und *Emilia Galotti* mit Trauerspielen Senecas wie dem *Hercules furens* und dem *Thyestes* verglichen und Lessings Aneignung als *Produktive Rezeption* gekennzeichnet (vgl. Barner). Ein anderes Beispiel für eine solche vergleichende Gattungsstudie ist Peter Szondis Aufsatz »Amphitryon, Kleists ›Lustspiel nach Molière‹« (Szondi 1991). Solche Rezeptionsstudien haben im Zuge der Intertextualitätsforschung in der Komparatistik typologische Arbeiten weitgehend verdrängt.

Mit einem größeren historischen Anspruch treten gattungsgeschichtliche Arbeiten auf, die man als Epochengeschichten kennzeichnen kann. Sie schreiben die Geschichte einer Gattung für einen genau definierten Zeitraum, meist eben für eine Epoche. Ein prominentes Beispiel dafür ist Hugo Friedrichs grundlegende Studie *Die Struktur der modernen Lyrik*, die weniger eine theoretische als eine historische Arbeit ist. Der Titel von Friedrichs Studie zeigt an, dass seine Darstellung nicht einfach der Chronologie folgt. Der historisch-strukturanalytische Ansatz, der ihr zugrunde liegt, hat sich gerade in der Forschung zur modernen Lyrik durchgesetzt (vgl. Hamburger, Lamping 2009). Das ausschließlich historische Interesse unterscheidet Friedrichs *Die Struktur der modernen Lyrik* von Peter Szondis *Theorie des modernen Dramas (1880–1950)*, die auch einen theoretischen Ehrgeiz erkennen lässt. Szondi ist es um die verschiedenen Veränderungen des Dramas etwa zwischen Henrik Ibsen und Arthur Miller zu tun. Er bezeichnet sie im Ganzen als die »Verschiebungen in der neueren Dramatik, die vom Problematischwerden der dramatischen Form herrühren« (Szondi 1959, 12). Sie führen »vom Drama selber« (ebd., 13) weg, das dadurch ›episch‹ werde (vgl. ebd., 13).

Vergleichende Gattungsgeschichten im emphatischen Sinn schließlich versuchen, die Entwicklung einer literarischen Gattung von ihren Anfängen bis zu ihrem – angenommenen – Ende zu zeichnen. George Steiners *Death of Tragedy* (dt. *Der Tod der Tragödie*) z. B. ist der ehrgeizige Versuch, die Geschichte der Tragödie zu schreiben, und zwar von den Griechen bis zur Gegenwart (des Autors), wobei die Gegenwart zugleich als Schlusspunkt der Entwicklung verstanden wird. Ihre leitende These ist, dass die Gattung »der abendländischen Tradition eigentümlich« (Steiner 1981, 9) sei, »die tragischen Formen hellenistisch geblieben« (ebd.) und notwendig metaphysisch fundiert seien.

Steiners ›kritischer Essay‹, wie er im Untertitel heißt, ist ein Beispiel für eine kulturhistorisch ausgerichtete Gattungsgeschichte, die sich von im engeren Sinn literarhistorischen, zumeist strukturanalytischen Versuchen deutlich unterscheidet. Neben der Frage nach der ›Struktur‹ einer Gattung stellt sie – mit der Formel Rainer Warnings (vgl. Warning 1974) – auch die nach deren Funktion. Vor allem durch die Rezeption der gattungstheoretischen Arbeiten der Russischen Formalisten und der tschechischen Strukturalisten (vgl. Zymner 2003, 206–209) hat die Strukturgeschichte in den 60er und 70er Jahren des 20. Jh.s eine neue Bedeutung erlangt. Die Funktionsgeschichte berücksichtigt darüber hinaus die gleichfalls wechselnden außerliterarischen Funktionen einer Gattung innerhalb ihrer verschiedenen, etwa kulturellen oder sozialen Kontexte (vgl. etwa Voßkamp 1977).

Komparatistischen Untersuchungen, wie denen Barners, Steiners, Friedrichs und Szondis, ist gemeinsam, dass sie Gattungen als internationale Phänomene begreifen. Von ihnen zu unterscheiden sind Studien, die nicht das Faktum der Internationalität, sondern den Prozess der Internationalisierung einer Gattung herausarbeiten. Solche Studien zeichnen den Weg einer Gattung – oder mehrerer Gattungen – von einer Literatur in eine andere nach. Ein neueres Beispiel dafür ist Andreas Wittbrodts Studie »*Hototogisu ist keine Nachtigall*«, die die Rezeption »Traditionelle[r] japanische[r] Gedichtformen in der deutschsprachigen Lyrik (1849–1999)« aufarbeitet. Im Einzelnen untersucht sie etwa die Repräsentation von Tanka und Haiku in populären Anthologien des 20. Jh.s, die für deren Rezeption eine große Rolle gespielt haben; die besondere Bedeutung von Franz Blei, Yvan Goll und Rainer Maria Rilke für die Entwicklung eines deutschen Haiku in den 1920er Jahren; und schließlich japanische Formen in der deutschen Literatur seit 1945. Die »Aufnahme traditioneller japanischer Lyrik« beschreibt Wittbrodt als »Impuls zur Produktion, Evolution bzw. Modifikation deutschsprachiger Literatur« (Wittbrodt 2005, 402).

Eine Gattungsforschung, die im strengen Sinn einen Anspruch auf Allgemeingültigkeit ihrer Aussagen erhebt, ist anders als komparatistisch in der Regel nicht denkbar. Das gilt in besonderer Weise für Gattungstheorien. Es mag sich von selbst verstehen, dass ambitionierte Gattungstheorien mit (lapidarumfassenden) Titeln wie *Das Drama* (M. Pfister) oder *Lyrik* (R. Zymner) sich auf ein Textkorpus beziehen, das die Grenzen einer Literatur überschreitet. So hat Manfred Pfister im Hinblick auf sein »Korpus von Primärtexten« gesagt, es ziele »auf eine übernationale und historisch möglichst weitgespannte typologische Vielfalt ab – von der antiken griechischen Tragödie bis zu den Experimenten der zeitgenössischen Avantgarde« (Pfister 1982, 15).

Im Übrigen unterscheidet sich die komparatistische Gattungstheorie methodisch nicht von der einzelphilologischen (vgl. Lamping 2009, XIX–XXI). Wie diese erschöpft sie sich nicht in der Gattungsdefinition, samt der »Abgrenzung von verwandten Textsorten« (Fricke 1984, 18), sondern bemüht sich etwa auch um die Beschreibung von gattungstypischen oder -spezifischen »Techniken« (ebd., 140). Und schließlich hat sich auch in der komparatistischen Gattungsforschung während der letzten Jahrzehnte die Verbindung von Theorie und Geschichte durchgesetzt (vgl. etwa Guthke, Lamping 2000, Zymner 2009).

Als genuin komparatistisch ist die allgemeine Gattungstheorie – im Unterschied zu den Theorien einzelner Gattungen – zu bezeichnen. Ihre Aufgabe ist die systematische Beschreibung und Erörterung der grundlegenden Prinzipien und Probleme der Gattungsforschung (vgl. Lamping 1997). Der Name ›Gattungstheorie‹ – statt ›Gattungspoetik‹ – hat sich dafür erst vergleichsweise spät eingebürgert; von paradigmatischer Bedeutung war Klaus Hempfers Buch *Gattungstheorie* von 1973. Diese terminologische Tradition fortgeführt hat u. a. die wichtigste neuere Veröffentlichung, Rüdiger Zymners Monographie *Gattungstheorie* (2003). Beiden Arbeiten gemeinsam ist die Erörterung allgemeiner Gattungsprobleme auf der Grundlage der vorliegenden Forschungsliteratur, die allerdings nicht in der Form eines bloßen Berichts, sondern als Gegenstand kritischer Auseinandersetzung erscheint. So hat Hempfer es als das Ziel seiner Studie bezeichnet, »in eingehender Auseinandersetzung mit der gattungstheoretischen Reflexion seit der Jahrhundertwende Ansätze zu einer auf modernen wissenschaftstheoretischen Ergebnissen aufbauenden Systematik dieser textwissenschaftlichen Teildisziplin zu erstellen« (Hempfer 1973, 9). Insofern stellt seine Theorie, ähnlich wie die Zymners, nicht nur, aber auch eine Reflexion der komparatistischen Gattungsforschung dar.

Die Bücher von Hempfer und Zymner sind theoretisch interessiert; ihre Perspektive ist der Entwurf einer allgemeinen Theorie der literarischen Gattung, ihres Verhältnisses zu anderen generischer Typen wie etwa der Schreibweise und zur Geschichte. Daneben hat es in der Komparatistik auch immer wieder Versuche gegeben, die Entwicklung des sei es wissenschaftlichen, sei es vor- oder neben-wissenschaftlichen Nachdenkens über Gattungen zu rekonstruieren. Dazu gehören Irene Behrens' schon aufgrund ihres weiten Horizonts noch immer nicht überholte Dissertation *Die Lehre von der Einteilung der Dichtkunst, vornehmlich vom 16 bis 19. Jh.*, Peter Szondis Untersuchung *Von der normativen zur spekulativen Gattungspoetik* oder Willy R. Bergers ebenso knapper wie instruktiver Abriss *Gattungstheorie und vergleichende Gattungsforschung*.

Ziele und Perspektiven

Eine universale Geschichte der literarischen Gattungen wie ein umfassendes System ihrer Theorien sind, realistischerweise, keine Perspektiven der gegenwärtigen Komparatistik – wenn die Erreichbarkeit dieser Ziele nicht sogar grundsätzlich in Zweifel gezogen wird. Gleichwohl vermag die Komparatistik zumindest eine übersichtliche und überblicksartige Ordnung in das schwer überschaubare Feld der literarischen Gattungen zu bringen. Diesem Anspruch folgt als komparatistisch angelegte Darstellung prominenter literarischer Gattungen das *Handbuch der literarischen Gattungen* (vgl. Lamping 2009). Es versucht die gegenwärtige Gattungsforschung als Forschung zu einzelnen, und zwar in der Regel international verbreiteten Gattungen vor allem aus der westlichen Weltliteratur seit der Antike zu repräsentieren. Ein solcher, notwendig eingeschränkter Überblick kann allerdings nur ein erster Schritt auf dem Weg zu einer repräsentativen komparatistischen Bestandsaufnahme der literarischen Gattungen sein.

Nachdem die Gattungsforschung noch in den 1960er Jahren vielfach der Kritik einer individualisierenden Philologie (vgl. etwa Szondi 1967, 21), oft in der Nachfolge der werkimmanenten Schule, ausgesetzt war, ist sie inzwischen unbestritten eines der großen Arbeitsgebiete der Literaturwissenschaft. Sie gehört heute auch zu den zentralen Feldern der Allgemeinen und Vergleichenden Literaturwissenschaft, vergleichbar etwa der Stoff- und Motiv- oder der Übersetzungsforschung (vgl. etwa Weisstein 1968, Kaiser 1980, Zima 1992). Dies war nicht von Anfang an der Fall; doch seit Ferdinand Brunetières Studie *L'évolution des genres dans l'histoire de la littérature* von 1890 behauptet sie einen wichtigen Platz unter den komparatistischen Aufgaben, der allerdings je nach Schule unterschiedlich gewichtet wird. Dass sie »wenig zur Diskussion« (Corbineau-Hoffmann 2000, 146), und sei es auch nur zur »Diskussion um Gattungstypologie«, beigetragen habe, dürfte ein Fehlurteil sein.

Literatur

Barner, Wilfried: *Produktive Rezeption. Lessing und die Tragödien Senecas*. München 1973.
Behrens, Irene: *Die Lehre von der Einteilung der Dichtkunst, vornehmlich vom 16 bis 19. Jh*. Halle 1940.
Berger, Willy R.: »Gattungstheorie und vergleichende Gattungsforschung«. In: Manfred Schmeling (Hg.): *Vergleichende Literaturwissenschaft. Theorie und Praxis*. Wiesbaden 1981, 99–124.
Brunetière, Ferdinand: *L'évolution des genres dans l'histoire de la littérature*. Paris 1890.
Corbineau-Hoffmann, Angelika: *Einführung in die Komparatistik*. Berlin 2000 (u. ö.).
Fricke, Harald: *Aphorismus*. Stuttgart 1984.
Friedrich, Hugo: *Die Struktur der modernen Lyrik*. Erw. Neuausgabe. Hamburg 1967.
Guthke, Karl S.: *Die moderne Tragikomödie. Theorie und Gestalt*. Aus dem Amerikanischen übers. v. Gerhard Raabe unter Mitarbeit des Verfassers. Göttingen 1968.
Hamburger, Michael: *Wahrheit und Poesie. Spannungen in der modernen Lyrik von Baudelaire bis zur Gegenwart*. Übers. v. Hermann Fischer. Frankfurt a. M. 1985 (u. ö.).
Hempfer, Klaus W.: *Gattungstheorie. Information und Synthese*. München 1973.
Hempfer, Klaus W.: »Gattung«. In: *Reallexikon der deutschen Literaturwissenschaft*. Bd. 1. Hg. v. Klaus Weimar u. a. Berlin, New York 1997, 651–655.
Jacobs, Jürgen: »Bildungsroman und Pikaroroman. Versuch einer Abgrenzung«. In: Amsterdamer Beiträge zur neueren Germanistik 20 (1985/86): *Der moderne Schelmenroman. Interpretationen*, 9–18.
Kaiser, Gerhard R.: »Zur Dynamik literarischer Gattungen«. In: Horst Rüdiger (Hg.): *Die Gattungen in der Vergleichenden Literaturwissenschaft*. Berlin, New York 1974, 32–62.
Kaiser, Gerhard R.: *Einführung in die Vergleichende Literaturwissenschaft. Forschungsstand – Kritik – Aufgaben*. Darmstadt 1980.
Lamping, Dieter: *Das lyrische Gedicht. Definitionen zu Theorie und Geschichte der Gattung*. Göttingen ³2000.
Lamping, Dieter: »Probleme der neueren Gattungstheorie«. In: Ders./Dietrich Weber (Hg.): *Gattungstheorie und Gattungsgeschichte*. Wuppertal 1990, 9–43.
Lamping, Dieter: »Gattungstheorie«. In: *Reallexikon der deutschen Literaturwissenschaft*. Bd. 1. Hg. v. Klaus Weimar u. a. Berlin, New York 1997, 658–661.
Lamping, Dieter: *Moderne Lyrik*. Göttingen 2008.
Lamping, Dieter u. a. (Hg.): *Handbuch der literarischen Gattungen*. Stuttgart 2009.
Pfister, Manfred: *Das Drama. Theorie und Analyse*. München ³1982.
Staiger, Emil: *Grundbegriffe der Poetik*. München 1971.
Steiner, George: *Der Tod der Tragödie*. Frankfurt a. M. 1981.
Szondi, Peter: *Theorie des modernen Dramas (1880–1950)*. Frankfurt a. M. 1959.
Szondi, Peter: *Hölderlin-Studien. Mit einem Traktat über philologische Erkenntnis*. Frankfurt a. M. 1967.
Szondi, Peter: *Poetik und Geschichtsphilosophie II: Von der normativen zur spekulativen Gattungspoetik. Schellings Gattungspoetik*. Hg. v. Wolfgang Fietkau. Frankfurt a. M. 1974.
Szondi, Peter: »Amphitryon, Kleists ›Lustspiel nach Molière‹«. In: Ders.: *Schriften II. Essays: Satz und Gegensatz. Lektüren und Lektionen. Celan-Studien. Anhang: Frühe Aufsätze*. Hg. v. Jean Bollack u. a. Frankfurt a. M. 1991, 155–169.
Szondi, Peter: *Das lyrische Drama des Fin de siècle*. Hg. v. Henriette Beese. Frankfurt a. M. ²1991.
Verweyen, Theodor/Witting, Gunther: *Die Parodie in der neueren deutschen Literatur. Eine systematische Darstellung*. Darmstadt 1979.
Voßkamp, Wilhelm: »Gattungen als literarisch-soziale Institutionen. Zu Problemen sozial- und funktionsgeschichtlich orientierter Gattungstheorie und -historie«. In: Walter Hinck (Hg.): *Textsortenlehre – Gattungsgeschichte*. Heidelberg 1977, 27–42.
Warning, Rainer: *Struktur und Funktion. Die Ambivalenzen des geistlichen Spiels*. München 1974.
Weisstein, Ulrich: *Einführung in die Vergleichende Literaturwissenschaft*. Stuttgart u. a. 1968.
Wittbrodt, Andreas: »*Hototogisu ist keine Nachtigall*«. Traditionelle japanische Gedichtformen in der deutschsprachigen Lyrik (1849–1999). Göttingen 2005.
Zima, Peter V.: *Komparatistik. Einführung in die Vergleichende Literaturwissenschaft*. Unter Mitarbeit von Johann Strutz. Tübingen 1992.
Zymner, Rüdiger: *Gattungstheorie. Probleme und Positionen der Literaturwissenschaft*. Paderborn 2003.
Zymner, Rüdiger: *Lyrik. Umriss und Begriff*. Paderborn 2009.

Dieter Lamping

7. Kunstwissenschaftliche Gattungsforschung

Fragen nach ›Gattung(en)‹ stellen die Kunstwissenschaft vor besondere Herausforderungen. Zwar sind Gattungsbegriffe allgegenwärtig, doch haben sich keine verbindlichen Definitionen und/oder Systematiken etabliert. Trotz wichtiger Einzelstudien fehlen umfassende Untersuchungen zum Thema (vgl. Kauffmann 1982; Kemp 2003; Mauser 2005). Dazu kommt, dass in bestimmten historischen Konstellationen erfolgte Gattungseinteilungen durch gesellschaftliche, institutionelle und ökonomische Rahmenbedingungen lang anhaltend festgeschrieben wurden: Dazu zählt etwa die im späten 19. Jh. abgeschlossene Ausdifferenzierung (öffentlicher) Sammlungsordnungen. Im Verlags- und Ausstellungswesen schienen noch unlängst neben Monographien vor allem Titel lukrativ, die einzelne Gattungen in ihrer Gesamtheit oder aber ›Blütezeit‹ darzustellen versprachen. Schon die Statuten von Akademien hatten lange Zeit klare Zuordnungen zu Kunstgattungen verlangt. Vor diesem Hintergrund sollte sich nicht zuletzt als ein Gegenpostulat moderner Kunst etablieren, dass sie ihre Werke häufig ›gattungsübergreifend‹ oder ›jenseits der Gattungsgrenzen‹ schuf, wenn sie nicht gleich nur mehr auf das immanent Künstlerische zielte, wie es sich an der Darstellung eines Heuhaufens ebenso wie an derjenigen einer Venus manifestieren konnte. Die Fiktion der ›reinen Form‹ erübrigte scheinbar alle Gattungsfragen. Entsprechend schien der Kunstwissenschaft die Beschäftigung damit zunehmend nur noch in historischer Perspektive, nicht jedoch als aktuelle theoretische Herausforderung lohnend (siehe jedoch Bryson 2003, 8).

Zur Geschichte der Gattungsunterscheidung

Die vier in den bildenden Künsten geläufigen Verwendungen des Begriffs ›Gattung‹ hat 1791 bereits Quatremère de Quincy (*Considération sur les arts du dessin en France*, 1791) angedeutet: (1) Gemäß Material und Technik ist von den Gattungen der Malerei, der Skulptur, der Architektur, der Graphik usw. die Rede. (2) Innerhalb der Bildkünste wird häufig allein aufgrund des Sujets der Darstellung differenziert zwischen den Gattungen Historienmalerei, Porträt, Genre, Landschaft, Stillleben und anderen. Dabei gehen mit den Themen zumeist auch bestimmte ästhetische Anforderungen einher, so dass (3) der Übergang zu verschiedenen Gattungsstilen fließend erfolgen kann. Schließlich lässt sich (4) auch nach bestimmten Funktionen von Bildwerken gruppieren, nach Altar- oder Andachtsbildern, Privatporträts, Cassone-Malereien usw. Zusätzliche Verwirrung stiftet, dass der aus dem Französischen entlehnte Begriff des ›Genre‹, der synonym für ›Gattung‹ stehen kann, seit dem späten 18. Jh. auch noch die spezifische Gattung der Genre-Malerei bezeichnet, die sich im Unterschied zur Historienmalerei mit Alltagsszenen befasst. Für den Spezialfall der Architektur, auf den hier nicht näher eingegangen werden kann, lässt sich feststellen, dass Gattungsüberlegungen zwar ebenfalls teils von entscheidender Relevanz waren (für Bautypen, Säulenordnungen usw.), allerdings die Phänomene kaum explizit mit diesem Begriff belegt wurden (vgl. Forssman 1961; Schütte 1986).

Die Auflistung unterschiedlichster Bildthemen und spezialisierter Maler (vom ›anthropographos‹ Dionysios bis hin zum ›rhyparographos‹ Peiraikos) in der *Naturalis historia* des Plinius lässt erahnen, dass bereits in der Antike Bildgattungen unterschieden wurden. Der Eindruck jedoch, mit diesen Unterscheidungen sei auch eine vollgültige Kunsttheorie einhergegangen, ergab sich in der Rezeption der antiken Texte seit der Renaissance vor allem daraus, dass antike Literaturtheoretiker zur Verdeutlichung sprachlicher Eigenschaften auf vermeintlich parallele, unmittelbar anschauliche Phänomene in den Bildkünsten verwiesen hatten, woraus man einen ausdifferenzierten Kunstdiskurs erschließen zu dürfen glaubte: Aristoteles etwa erläuterte seine drei Grundformen der Nachahmung am Beispiel der drei Maler Pauson, Dionysios und Polygnot (Poetik, Kap. 2). Quintilian (Inst. Or. 12, 10, 1 ff.) flankierte seine Ausführungen zu den verschiedenen *genera dicendi* mit dem Hinweis auf Unterschiede in den Kunststilen. Bei Vitruv (5, 7) war zu lesen, dass die Bühnenbilder des Theaters dem Drama, der Komödie oder dem Satyrspiel angemessen sein sollten.

Auch während des gesamten Mittelalters erprobte man in religiösem Kontext hieratische, kommentierende und erzählende Bildmodi, die zudem nach den intendierten Rezipienten unterschieden werden konnten, außerdem gab es Stifterbilder, profane Erzählungen von *high* bis *low*, wissenschaftliche Illustrationen und anderes mehr in den verschiedensten Medien. Dass in dieser Unterteilung auch formalästhetische Kriterien, Vorgaben und Erwartungshaltungen eine Rolle spielten, ist sehr wahrscheinlich. Dennoch ist evident, dass erst mit der Entstehung eines über den engen Kreis der Spezialisten hinaus interessanten, schriftlich fixierten Kunstdiskurses die Gattungsdiskussion neuartige Relevanz erlangen konnte. Begleitet wurde dieser ›Theorie-Schub‹ durch die Ausbildung von Kunstsammlungen und Kunstmärkten, auf die wiederum die neue Bildform des Tableau – des gerahmten, beweglichen, leicht veräußerbaren Galeriebildes – reagierte (Stoichita 1998; Silver 2006). Die Auswahl und Anordnung solcher Tableaux einschließlich ihrer performativen Präsentation in einer Sammlung förderten Kategorisierungen insbesondere auch nach formal-künstlerischen Aspekten. Nach Anfängen um 1300 lieferte Leon Battista Alberti die erste eingehende Besprechung einer Gattung, der *historia* (in *De pictura/Della pittura*, 1435/36). Darunter sind alle Formen von ›Ereignisbildern‹ zu verstehen (christliche Themen, antike Mythologie, Allegorien, und offenbar auch in verschiedenen Medien: Malerei, Mosaik, Relief). Mit Francisco de Hollandas kurzer Abhandlung zu Bildnissen, *Do Tirar Polo Natural* (1549), kommt eine weitere Einzeluntersuchung dazu. Aber erst Giovanni Paolo Lomazzo sollte dann 1584 in seinem *Trattato della pittura* (lib. VI) ein gesamtes Gattungsspektrum abhandeln. Die Vorstellung einer maßgeblich ästhetisch-künstlerisch begründeten Hierarchie der Gattungen – die eben nicht mehr allein auf der Stufenfolge des Seins, der ›Würde‹ der Themen und dem allgemeinen *Decorum* basierte – ließ aber nochmals rund 30 Jahre auf sich warten, bevor Vincenzo Giustiniani fünfzehn Grade der Malerei skizzierte (Preimesberger 1998, 316–320). Erst mit der 1648 in Paris gegründeten *Académie royale de peinture et sculpture* und der staatlich gelenkten Förderung, Reglementierung und Instrumentalisierung der Künste war der Rahmen für eine autoritative Gattungsnormierung geschaffen. Allerdings sollte die bis dato immer noch verhältnismäßig lockere Reihung von Gattungskriterien erst mit André Félibien (1667) und Roger de Piles (1708) zu kanonischen Systementwürfen führen, die Allegorie, Historienmalerei, Porträt, Landschaft, Stillleben und unterschiedliche Formen von Alltagsszenen umfassten, jedoch weiterhin untereinander differierten (siehe Duro 1997).

Trotz des Erfolgs staatlicher Kunstakademien in ganz Europa bis in die Jahrzehnte um 1900 setzten bereits im zweiten Drittel des 18. Jhs. Tendenzen zu einer Revision und letztlich Auflösung der Gattungstheorie des ›klassischen Bildes‹ ein: Zum einen bewirkte der Aufstieg der Wirkungsästhetik im Gefolge der englischen Empiristen, des Abbé DuBos und anderer, dass neben die bislang diskutierten Gattungskriterien eine weitere wichtige Ebene von generischen Qualitäten wie das ›Erhabene‹ oder ›Malerische‹ trat, die eine starke Vermehrung der Kategorien und nochmalige Verkomplizierung der Diskussion bewirkten. Mit der Genieästhetik und ihrem Kult des schöpferisch-subjektiven Individuums gegenüber rationalen Produktionsnormen schienen die Kunsterzeugnisse kaum noch auf ein vorgängig allgemeingültiges Gattungskorsett reduzierbar, vielmehr erwiesen sich Gattungsbegriffe nun als Möglichkeit der nachträglichen Orientierung angesichts potenziell unendlich vielfältiger Schöpfungen. Vor allem in der Malerei finden sich daher Mischformen und gänzlich neue Klassen, aber auch Umwertungen der Hierarchien und Definitionen: neue Formen der Heldendarstellung, eine Aufwertung und Ausweitung des Genres oder eine veränderte Wahrnehmung und Empfindung von Landschaftsgemälden (Busch 1993). Dieser Tendenz zum Subjektiven wurde seit der Wende zum 19. Jh. durch den Hinweis auf anthropologisch fundierte Grundbedingungen zu begegnen versucht, wobei Goethe mit seiner Theorie der drei ›Naturformen‹ wohl den wichtigsten Impuls lieferte. Hegel transformierte die Gattungen der Architektur, Skulptur und Malerei zu epochentypischen Ausdrucksformen. Und in Friedrich Theodor Vischers *Ästhetik* (1846 ff.) erscheint die Gattungsgeschichte als ein Freilegen von Seinsgesetzen in der Zeit. Allerdings sollte man angesichts einer solchen ›Fortschrittsgeschichte‹ nicht übersehen, dass parallel dazu weiterhin auch noch vehement Positionen normativer Gattungshierarchien formuliert wurden.

Probleme der Forschung

Als Beginn einer kunstwissenschaftlichen Gattungsforschung gelten die Arbeiten Jacob Burckhardts, der in seinen Vorlesungen (seit 1863) und in seinem unvollendeten Manuskript zu einer Kunstgeschichte nach »Inhalt und Aufgaben« (Burckhardt 2005) die Gattungen in den Mittelpunkt des Interesses rückte und die Frage nach ihrer historischen Erklärung auch als sein wichtigstes Vermächtnis verstand. Im Druck erschienen allerdings nur seine Einzeluntersuchungen zum Porträt in der Malerei und zum Altarbild (1898). So wichtig die Rolle Burckhardts auch ist, der Absolutheitsanspruch, mit dem sie vorgetragen wird, folgt dem Mythos eines ›disziplinären Neubeginns‹ ab den Jahrzehnten um 1800, bei dem vor allem die antiquarische Tradition ausgeblendet wird. Gerade die Antiquare hatten aber mit ihren Zusammenstellungen zum Bildgebrauch der Antike (und dann des Mittelalters) ebenfalls weniger normative Vorschriften denn ein deskriptiv-ordnendes Erfassen von Funktionsgattungen im Sinn: Kultbilder, Herrscherporträts, Tafeln, die bei Triumphzügen mitgeführt wurden, Sigelbilder, usw. Und immerhin hatte auch schon 1823 Adam Weise eine Mischung aus Geschichte und Systematik der Malerei mit Kapiteln zu Geschichtsmalerei, Allegorie, Bildnismalerei, aber auch Freskomalerei und Glasmalerei vorgelegt (*Grundlage zu der Lehre von den verschiedenen Gattungen der Malerei*, 1823). Burckhardts Ansatz wurde jedenfalls in zweierlei Weise aufgegriffen: Zum einen erschienen nach 1900 zahlreiche Publikationen zur historischen und systematischen Bestimmung einzelner Gattungen, wobei gleich eine der ersten Veröffentlichungen – Alois Riegls große Studie zum *Holländischen Gruppenporträt* (1902) – einen über Jahrzehnte nicht mehr erreichten Standard in der argumentativen Verbindung von künstlerischer Form mit historischen Faktoren setzte. Kaum jedoch wurde das gesamte Gattungsspektrum in den Blick genommen und eine umfassende ›Kunstgeschichte nach Gattungen‹ zu schreiben versucht (Friedländer 1947 liefert eher eine lose Folge von Einzelstudien). Zum anderen wirkte Burckhardts implizite Vorstellung, die Abfolge von Werken innerhalb einer Gattung als fortschreitende Arbeit an ›Problemlösungen‹ zu verstehen: Wilhelm Waetzolds *Die Kunst des Porträts* (1908) ist ein frühes Beispiel dafür. In den zeitgleichen Ansätzen zu einer kunstgeschichtlichen Typenlehre verbindet sich diese Vorstellung mit naturwissenschaftlichen Evolutionsideen. Weiterentwickelt werden diese Gedanken etwa von Paul Frankl (1938), Ernst H. Gombrich (1960) oder in George Kublers *The Shape of Time* (1962), dessen Theorie von »Primärobjekten« und ihrer Fortentwicklung durch »Replikationen« im Spannungsfeld von zeitloser ›Kunst‹ und historischem Wandel ein avanciertes Modell lieferte – und etwa 1990 in Brysons Reflexionen zum Stillleben anklingt.

Wegweisend erscheinen dann zwei Publikationen erneut von Gombrich (1958) sowie von Stechow und Comer (1975): Gombrich versuchte, die »Erfindung der Landschaftsmalerei« in der italienischen Renaissance als Reaktion auf antike Beschreibungen von Landschaften und (verlorenen) Landschaftsbildern zu verstehen. Stechow und Comer verfolgen für den Begriff des ›Genre‹ dessen historisch unterschiedliche Verwendungen und Kategorisierungen. Beide Arbeiten können als Vorläufer von *linguistic turn* und Diskursanalyse in der Kunstwissenschaft gesehen werden. Die fünfbändige Anthologie *Geschichte der klassischen Bildgattungen in Quellentexten und Kommentaren* (Gaethgens/Fleckner 1996; König/Schön 1996; Preimesberger 1998; Busch 1997; Gaethgens 2001) darf als ein Höhepunkt dieser Bestrebungen gelten. Allerdings provozierte diese ›Auflösung‹ der Gattungen zu »Diskursphänomenen« auch Widerspruch (Bryson 1990; Kemp 2003).

Im Spannungsfeld von ›Diskurs und Weltbezug‹, von allgemeingültiger Systematik und historischer Entwicklung bewegen sich Arbeiten der letzten zwei Jahrzehnte, die sich auf die Zeitpunkte der ›Erfindung‹ bzw. des Autonomwerdens bestimmter Gattungen oder aber auf Zeiten der ›Krise‹ konzentrieren und dafür Begründungen suchen. Selten sind dagegen Publikationen, die auch systematische Gattungskategorien zu ermitteln versuchen, wie es etwa Michael Fried (1980) für die Malerei des 18. Jhs. mit der Unterscheidung von *absorption* und *theatricality* vorführte. Die ›Rückkehr der Malerei‹ und des Gemäldes in der Kunst der Gegenwart lässt aber vermuten, dass auch die Kunstwissenschaft sich wieder in aktueller Perspektive intensiver mit Gattungen beschäftigen wird. Andere Künste und mit Bildern befasste Forschungsdisziplinen führen dies bereits vor, vielleicht am deutlichsten die Filmkunst/-industrie und Filmwissenschaft (Altman 1999).

Literatur

Altmann, Rick: *Film/Genre*. London 1999.
Boehm, Gottfried: *Bildnis und Individuum. Über den Ursprung der Porträtmalerei in der italienischen Renaissance*. München 1985.
Bryson, Norman: *Stillleben: Das Übersehene in der Malerei*. München 2003 [engl. 1990].
Burckhardt, Jakob: *Italien Renaissance Painting According to Genres*, eingel. v. Maurizio Ghelardi. Los Angeles 2005 [engl. Übersetzung der noch unpublizierten dt. Fassung von *Die Malerei nach Inhalt und Aufgaben*].
Busch, Werner: *Das sentimentalische Bild. Die Krise der Kunst im 18. Jh. und die Geburt der Moderne*. München 1993.
Busch, Werner (Hg.): *Landschaftsmalerei*. Berlin 1997.
Duro, Paul: *The Academy and the Limits of Painting in Seventeenth-Century France*. Cambridge u. a. 1997.
Forssman, Erik: *Dorisch, Ionisch, Korinthisch. Studien über den Gebrauch der Säulenordnungen in der Architektur des 16.-18. Jh.s*. Stockholm u. a. 1984.
Fried, Michael: *Absorption and Theatricality. Painting and Beholder in the Age of Diderot*. Berkeley u. a. 1980.
Friedländer, Max J.: *Über die Landschaftsmalerei und andere Bildgattungen*. Den Haag 1947.
Gaehtgens, Barbara (Hg.): *Genremalerei*. Berlin 2001.
Gaehtgens, Thomas W./Fleckner, Uwe (Hg.): *Historienmalerei*. Berlin 1996.
Gombrich, Ernst H.: »Renaissance Artistic Theory and the Development of Landscape Painting«. In: *Gazette des Beaux-Arts* 41 (1958), 335–360.

Guest, Claire E. Lapraik (Hg.): *The Formation of the Genera in Early Modern Culture*. Pisa, Rom 2009.

Kauffmann, Georg: »Über die Gattungen in der Bildenden Kunst«. In: Norbert Kamp/Joachim Wollasch (Hg.): *Tradition als historische Kraft*, Berlin, New York 1982, 412–429.

Kemp, Wolfgang: »Gattung«. In: Ulrich Pfisterer (Hg.): *Metzler Lexikon Kunstwissenschaft. Ideen, Methoden, Begriffe*. Stuttgart, Weimar 2003, 108–110.

König, Eberhard/Schön, Christiane (Hg.): *Stilleben*. Berlin 1996.

Mauser, Siegfried (Hg.): *Handbuch der musikalischen Gattungen*. Laaber 2005.

Perkinson, Stephen: *The Likeness of the King. A Prehistory of Portraiture in Late Medieval France*. Chicago/London 2009.

Preimesberger, Rudolf u. a. (Hg.): *Porträt*. Berlin 1998.

Scheffler, Felix: *Das spanische Stilleben des 17. Jh.s: Theorie, Genese und Entfaltung einer neuen Bildgattung*. Frankfurt a. M. 2000.

Schütte, Ulrich: *Ordnung und Verzierung: Untersuchungen zur deutschsprachigen Architekturtheorie des 18. Jh.s*. Braunschweig u. a. 1986.

Schulze, Sabine (Hg.): *Innenleben. Die Kunst des Interieurs*. Ostfildern-Ruit 1998.

Silver, Larry: *Peasant Scenes and Landscapes: the Rise of Pictorial Genres in the Antwerp Art Market*. Philadelphia (PA) 2006.

Stechow, Wolfgang/Comer, Christopher: »The History of the Term ›Genre‹«. In: *Bulletin of the Allen Memorial Art Museum* 33 (1975–76), 89–94.

Stoichita, Victor I.: *Das selbstbewußte Bild. Vom Ursprung der Metamalerei*. München 1998 [frz. 1993].

Wood, Christopher S.: *Albrecht Altdorfer and the Origins of Landscape*. Chicago 1993.

Wind, Edgar: *Hume and the Heroic Portrait. Studies in Eighteenth-Century Imagery*. Oxford 1986.

Ulrich Pfisterer

8. Medienwissenschaftliche Gattungsforschung

Von einer genuin medienwissenschaftlichen Gattungsforschung kann nur in einem eingeschränkten Sinn gesprochen werden, und zwar wegen eines heterogenen Bezugs der Medienwissenschaft auf ein breites disziplinäres Spektrum: So sind u. a. Theater- und Bildwissenschaft, Radio- und Buchmarktforschung, Film- und Fernsehwissenschaft als medienwissenschaftliche Arbeitsfelder zu unterscheiden, die jeweils spezifisch mit Gattungen umgehen. Man kann aber bündelnd nach vier großen medienwissenschaftlichen Gattungsgruppen ordnen (vgl. Faulstich 2005).

Primärmedien: ›Menschmedien‹

Direkt personale Konstellationen der Kommunikation werden als Primärmedien betrachtet. Hierher gehören der Erzähler, der Sänger oder auch Tanz und Theater (→ G 14). Archaische Primärmedien differenzieren sich häufig funktional weiter aus und bilden Varianten – so etwa der Priester: in Innerasien als Schamane, in Nordamerika als Medizinmann, in Afrika als Zauberer, in der Antike als Seherin oder im Judentum, Christentum und Islam als Prophet.

Sekundärmedien: Schreib- und Printmedien

Bei den Schreib- und Printmedien werden in der Medienwissenschaft u. a. das Blatt, der Brief, das Buch, Zeitung und Zeitschrift, das Heft/Heftchen, das Plakat und das Foto voneinander unterschieden.

Das Alltagsmedium Blatt hat bereits die ersten Hochkulturen geprägt (z. B. Papyrusblatt) und sich bis heute in vielfältigen Formen und Funktionen erhalten. Es werden hier etwa fünfzig Gestalten oder Rubriken unterschieden, z. B. Flugblatt, Notenblatt, Notizblatt, Loseblatt, Kalenderblatt oder auch Geldschein, Krankenschein, Totenschein, Fahrschein, Jagdschein, Führerschein oder auch Stimmzettel, Aufgabenzettel, Einkaufszettel oder auch Eintrittskarte, Kundenkarte, Fahrkarte, Landkarte, Speisekarte usw. (vgl. Faulstich 2008b). Die Vielfalt des Genres Blatt beruht auf seinem Format, seiner individuellen Verfügbarkeit, seiner Ubiquität und seiner Multifunktionalität. Man unterscheidet dabei sechs Funktionskreise: (1) Informationsfunktion, (2) Belegfunktion, (3) Spiel- und

Unterhaltungsfunktion, (4) Bezahlfunktion, (5) Speicherfunktion und (6) Werbefunktion. Die Forschungen stehen hier noch am Anfang.

Das Schreib- und Druckmedium Brief ist demgegenüber besser erforscht. Seine Geschichte spannt sich mindestens von der Antike bis in die Gegenwart (vgl. Nickisch 1991; Vellusig 2000; Höflich/Gebhardt 2003). Spätestens die Universalbriefsteller des 19. Jhs. boten Musterbriefe nach Brief-Gattungen, wie z. B. Konventionalbriefe (z. B. Glückwunsch-, Beileids-, Dankesbriefe); Briefe in speziellen Teilsystemen (z. B. politische Briefe, religiöse Briefe); Briefe in Konfliktsituationen (z. B. Erinnerungsschreiben, Klagen, Ermahnungen); sozial spezifizierte Alltags- und Situationsbriefe (z. B. Abschieds-, Einladungs-, Entschuldigungsbriefe) und natürlich Liebesbriefe. Die Genrehistoriographie orientiert sich an Briefsorten, Stilen, sozialen Kontexten oder auch Transportbedingungen. Briefsorten werden dabei nach unterschiedlichen Kriterien wie Kommunikationszusammenhängen und Sprachhaltungen (Privatbrief, Geschäftsbrief usw.), nach ästhetischen Ansprüchen (z. B. die Korrespondenzen von Schriftstellern), nach geschlechtsspezifischen Präferenzen (Frauenbriefe als Ausdruck einer weiblichen Identität) oder auch nach technischen Vorgaben der postalischen Beförderung (Standardbrief, Einschreibbrief, Eilbrief, Drucksache usw.) differenziert. Nur zum Teil werden solche Formen und Funktionen von E-mail und SMS übernommen. Einen besonderen Typus stellt seit jeher der sog. ›offene Brief‹ dar. Er richtet sich nicht an einen individuellen oder einzelnen institutionalisierten Empfänger, sondern an die Öffentlichkeit – z. B. mit dem Ziel von Protest oder Propaganda. Auch hier werden nur manche Funktionen vom World Wide Web übernommen.

Das klassische Kulturmedium Buch reicht vom Kodex über seine gedruckten Formen wie Hardcover und Taschenbuch bis zum *electronic publishing* und der *virtual library*. Generische Bedeutung hat die Unterteilung in Fiction/Belletristik und Nonfiction. Der Buchhandel unterscheidet bei Nonfiction weiter grob in Sachbücher, Fachbücher, Schulbücher, Kinder-/Jugendbücher, Taschenbücher und Hobby/Freizeit/Reiseliteratur, zudem nach Sachgebieten wie Wirtschaft, Medizin, Recht usw. Gattungstheoretisch verschwimmen dabei Faktoren wie Marktrelevanz, Vertriebsform, Fächerdifferenz, Inhalt, Zielgruppe, Nutzungsfunktion. Ähnlich verhält es sich bei den Differenzierungen des Buchhandels im Fictionbereich (z. B. Krimis, Historische Romane, Bestseller, Biographien, Neue Romane, Frauenliteratur). Literaturwissenschaftliche Gattungssysteme sind mit den Ordnungsprinzipien des Buchs als Medium keineswegs kongruent (→ B 3.1; → B 3.2). Da häufig auch der Kalender dem Medium Buch zugeschlagen wird, obwohl es sich um ein eigenständiges Medium handelt, sei angedeutet, dass auch hier von einer eigenen Gattungstypologie gesprochen werden kann (formal: Jahreskalender, Abreißkalender usw., aber auch inhaltlich: Tierkalender, Filmstarkalender usw.).

Bei Zeitung und Zeitschrift handelt es sich um verschiedene Medien. Gerade im Hinblick auf die jeweils ausgebildeten Gattungen muss dies betont werden. Klassifiziert werden Zeitungen heute entweder nach Periodizität oder Aktualität (Tages-, Wochen-, Sonntagszeitung), nach Publizität oder Verbreitung (Lokal-, Provinz-, Regional-, überregionale und nationale Zeitung), nach ihrer Distribution (Abonnement-, Straßenverkaufs-/Boulevard-, Gratis-, Online-Zeitung) oder nach inhaltlichen Kriterien (z. B. Anzeigenblatt, Wirtschafts-, Kirchenblatt). Die Unterscheidung nach dem Erscheinungsformat (z. B. nordisches, rheinisches, Tabloid-Format) hat demgegenüber kaum gattungsspezifische Bedeutung. Aus der Pressegeschichte sind freilich noch weitere Typen von Zeitung bekannt (z. B. Intelligenzblatt, Parteizeitung, Generalanzeiger).

Zeitschriften werden entweder nach Inhalten oder nach Funktionen und Zielgruppen in Genres unterteilt. Inhaltlich gibt es z. B. neben dem Nachrichtenmagazin u. a. die Mode-, Programm-, Kunst-, Computer-, Wohn- oder Sportzeitschrift. Als übergeordnete Gruppierungen gelten auch: Publikums-, Fach-, Special-Interest-, Verbands- und Vereins-, Kunden- und Betriebs- sowie Alternative Zeitschrift, gelegentlich ergänzt durch Rubriken wie Politische und Konfessionelle Zeitschrift. Auch hier sind historisch weitere Zeitschriftentypen bekannt (z. B. Gelehrtenzeitschrift, Moralische Wochenschrift, Rundschauzeitschrift; vgl. Vogel/Holtz-Bacha 2002; → G 5).

Oft übersehen wird bei den Printmedien das Heft/Heftchen, dessen Genres fast ausschließlich inhaltlich bestimmt sind. So kennt man die Comic-Hefte (z. B. Funnies, Superhelden, Mangas), die Rätsel-, Witz- und Hobbyhefte, die Gebrauchsanweisungen und Geräteinformationshefte und, vor allem, die Romanhefte. Bei den Heftchenromanen dominieren geschlechtsspezifische Unterschiede: Als Männer-Genres gelten Western, Krimis, Kriegs-, Abenteuer-, Science Fiction-, Horror-, Agenten- und Superheldenromane, als Frauen-Genres Liebes-, Heimat-, Berg-, Arzt-, Mutter und Kind-, Adels- und Schicksalsromane.

Plakate (und Posters) werden ebenfalls meist nach ihren Inhalten unterschieden (z. B. Film-, Zirkus-, Veranstaltungsplakat). Hier ist das Werbeplakat von besonderer Bedeutung. Neben der politischen Werbung (Wahlplakat) wird der Produkt- und Konsumwerbung große Aufmerksamkeit gewidmet. Bei der Gattung Warenplakat dominieren Nahrungs- und Genussmittel, aber auch Gebrauchsgüter für den täglichen Bedarf, Waren zur Körper- und Gesundheitspflege, Unterhaltungsgeräte (Fernseher, Computer u. a.) und Kraftfahrzeuge. Plakatformate oder Plakatträger (Plakatwand, Litfasssäule, City-Light-Poster u. a.) spielen keine gattungstheoretische Rolle. Das gilt auch für die formale Differenzierung in Bild-, Text-, Bild-Text und Text-Bildplakat.

Beim Medium Fotografie hat sich eine inhaltliche Unterteilung in ca. zwanzig Genres durchgesetzt – von der Erotik- oder Aktfotografie, der Porträt- und der Landschafts- bis zur Ereignisfotografie, der Militärischen, Archäologischen und Medizinischen Fotografie usw. Gattungsspezifische Theoriebeiträge fehlen hier jedoch ebenso wie eine übergreifende Diskussion unterschiedlicher Funktionen.

Tertiärmedien: Elektronische Medien

Bei den elektronischen Medien gibt es vor allem zu den Medien Film und Fernsehen anhaltende genretheoretische Debatten, während Radio und Tonträger bereits im frühen 20. Jh. nach Gattungen geordnet wurden (Faulstich 2008ac; Hickethier 2002; Kreuzer/ Prümm 1979; Rusch 1991).

Neben der Grundunterscheidung zwischen öffentlich-rechtlichen und privaten bzw. kommerziellen Programmen unterschied man beim Radio früher vor allem nach Programm-Genres wie Nachrichten-, Werbe-, Unterhaltungsmusiksendung, Landfunk, Hörspiel, Kinderprogramm, Dokumentarsendung, Sportübertragung, Schulfunk, Jazz, Volksmusik. Heute unterscheidet man vor allem gemäß dominanten Musikgeschmacksrichtungen nach Formaten: *Adult Contempory* (AC), Schlager, Klassik, Easy Listening, Rock, *Middle of the Road* (MOR), Oldies; Werbung und Verkehrsinfos werden in aller Regel darin eingebettet.

Für das Medium Film ist – neben der Unterscheidung spezieller Typen von Film wie Dokumentarfilm, Werbefilm, Lehrfilm – die Genrespezifikation speziell für den Kinospielfilm von Bedeutung, besonders für das Zusammenspiel von Produktion (Standardisierung, Kostenminimierung) und Rezeption (stereotypisierte Publikumserwartungen, Glücksversprechen). Kriterien der Genredefinition sind dabei teils geographisch/historisch (z. B. Western, Ritterfilm), teils wirkungsspezifisch (z. B. Thriller, Komödie), zumeist aber orientiert am Sujet. Filmgenres werden verstanden als spezifische Erzählmuster mit stofflich-motivlichen, dramaturgischen, stilistischen, ideologischen Konventionen und einem festgelegten Figureninventar. Sie stellen dynamische Schemata dar, die sich im Verlauf der Filmgeschichte verändern und zu unterschiedlichen Zeiten paradigmatische Höhepunkte finden können. Filmgenres zeigen häufig eine Gemengelage von Untergattungen, wie etwa im Fall des Abenteuerfilms (Sandalen-, Ritter-, Piraten-, Mantel und Degen-, Tarzanfilm). In der Regel werden mindestens zehn Hauptgenres unterschieden: Western, Kriminalfilm, Liebesfilm, Science Fiction, Abenteuer, Horror, Thriller, Komödie, Musikfilm, Erotikfilm. Oft spricht man auch von Subgenres, die nur in begrenzten zeitlichen Abschnitten Angebot und Nachfrage bestimmt haben: Kriegsfilm, Gefängnisfilm, Heimatfilm, Frauenfilm usw., nicht zu vergessen die Literaturverfilmung (und der umgekehrte Fall der Filmverbuchung). Ansatzweise wurden am Beispiel von Filmgenres auch transgenerische Strukturmodelle des Erzählens diskutiert, nach denen Grundmuster menschlichen Handelns nur immer wieder variiert, neu formuliert und funktionalisiert werden.

Im Programm des Mediums Fernsehen finden sich nicht nur Fiction und Nonfiction mindestens gleichgewichtig nebeneinander, sondern auch Mischformen und ganz neue Programmformen, die von der traditionellen Dichotomie nicht mehr abgedeckt werden. Insofern unterscheiden sich die Programmsparten im Fernsehen rigoros von den Filmgenres oder den Genres in anderen Medien. Pragmatisch differenziert man heute zunächst drei verschiedene Gruppen von Programmformen. An erster Stelle sind Unterhaltungssendungen zu nennen, was dem Fernsehen primär als Unterhaltungsmedium zuzurechnen ist: Quizsendungen, Gameshows, Talkshows, Bekenntnisshows, Late Night Shows, Comedy Shows, Musiksendungen und Sportsendungen; zweitens Informationssendungen, allen voran die Nachrichtensendungen, gefolgt von den Magazinsendungen und den Dokumentar-, Wissenschafts- und Ratgebersendungen – mit dem Bildungsfernsehen bzw. Schulfernsehen als Sonderfällen; drittens fiktionale Sendungen im üblichen Sinn, allerdings in teils neuen Formen: Serien, Fernsehspiele, Theatersendungen und Kinospielfilme, die hier noch einmal vermarktet werden. Eine vierte Gruppe umfasst den großen Rest: z. B. Hybridsendungen (Dokusoap, Real-Life-TV, Living History), Werbe-, Kinder- und Religiöse Sendungen.

Ein Genremix im Fernsehen lässt sich beobachten, etwa wenn Nachrichten fiktionalisiert werden, Informationssendungen zu Shows mutieren, Vergangenes im theatralischen Spiel nachgestellt wird oder Reality Soaps programmatisch die Grenzen von Wissen und Erlebnis, von Dokumentarischem und Imaginativem verwischen.

In Hinblick auf das Fernsehen wurde versucht, an die Stelle eines produktkonstitutiven, programmanalytischen Klassifikationssystems kognitive Schemata zu setzen, die das Fernsehhandeln im Sinne von Wissensstrukturen bestimmen. Empirisch lassen sich dabei, allein bezogen auf Fernsehzeitschriften, über neunhundert Gattungsbezeichnungen für Fernsehsendungen feststellen. Eine solche ›konstruktivistische Mediengattungstheorie‹ orientiert sich an Theorien und Modellen aus der Psycholinguistik und der Kognitiven Psychologie. Fernsehgenres werden demnach als Mittel der Realitätskonstruktion und Handlungsorientierung verstanden – ein Konzept, das in seinen weitreichenden erkenntnistheoretischen Voraussetzungen und ideologischen Implikationen allerdings kaum akzeptiert worden ist (vgl. Schmidt/Weischenberg 1994).

Quartärmedien: Digitale Medien

Auch für die jüngste Mediengruppe wurde der Versuch gemacht, sog. Internet-Genres zu benennen (Askehave/Ellerup Nielsen 2004; Bauman 1999). Im Unterschied zu allen anderen Medien beziehen sich diese weniger auf fixe produktspezifische Systematiken von Formen, Inhalten oder Funktionen als vielmehr auf prozesshafte kommunikative Verweissysteme. Internetgenres werden primär von den Usern geprägt und erhalten von daher ganz spezielle Eigenschaften – sie sind z. B. dynamisch, stark situationsbezogen, nicht zuletzt ubiquitär. Das World Wide Web selbst fungiert als Hypertextmix aus so unterschiedlichen Printmedien wie Brief, Buch, Zeitung und Elektronischen Medien wie Film, Radio, Tonträgern. Am Beispiel von Weblogs, Wikis, Chats, Foren, Hyperfiction, E-mail, SMS, Direct Mail u. a. wird deutlich, dass sich hier tradierte Genregrenzen auflösen. Allerdings wird auch gelegentlich die These vertreten, die Homepage sei eine ganz neue Art von ›netzvermitteltem Genre‹, und auch Links ließen sich in genreähnlicher Typologie differenzieren. Das Internet hat sich zu einer Art Kaufhaus mit verschiedenen Abteilungen entwickelt, denen ebenfalls Genrecharakter attestiert wird (z. B. Buchhandlung, Apotheke, Versteigerung, Pornoshop). Schließlich spricht man auch noch innerhalb dieser Abteilungen von Subgenres wie z. B. bei der Netzpornographie, bei der der Medienwandel vom Pornofilm/Pornovideo (mit bis zu dreißig Subgenres) zum Internet (mit ca. einhundertundfünfzig Subgenres) unmittelbare Auswirkungen hat auf eine nutzerbezogene, nachfragefundierte Genreentwicklung.

Literatur

Askehave, Inger/Ellerup Nielsen, Anne: *Webmediated Genres – A Challenge to Traditional Genre Theory*. Aarhus 2004.

Bauman, Marcy Lassota: »The Evolution of Internet Genres«. In: Computers and Composition 16 (1999), 269–282.

Chignell, Hugh: *Key Concepts in Radio Studies*. Los Angeles u. a. 2009.

Faulstich, Werner (Hg.): *Grundwissen Medien*. Paderborn ⁵2005.

Faulstich, Werner: *Grundkurs Filmanalyse*. Paderborn ²2008 (= 2008a).

Faulstich, Werner (Hg.): *Das Alltagsmedium Blatt*. München 2008 (= 2008b).

Faulstich, Werner: *Grundkurs Fernsehanalyse*. Paderborn 2008 (= 2008c).

Giltrow, Janet: *Genres in the Internet. Issues in the theory of genre*. Amsterdam, Philadelphia 2009.

Hickethier, Knut: »Genretheorie und Genreanalyse«. In: Jürgen Felix (Hg.): *Moderne Film Theorie*. Mainz 2002, 62–96.

Höflich, Joachim R./Gebhardt, Julian (Hg.): *Vermittlungskulturen im Wandel. Brief, E-mail, SMS*. Frankfurt a. M. 2003.

Kreuzer, Helmut/Prümm, Karl (Hg.): *Fernsehsendungen und ihre Formen*. Stuttgart 1979.

Kreuzer, Helmut/Thomsen, Christian W. (Hg.): *Geschichte des Fernsehens in der Bundesrepublik Deutschland*. 5 Bde. München 1993.

Nickisch, Reinhard M. G.: *Brief*. Stuttgart 1991.

Rusch, Gebhard: »Fernsehgattungen in der Bundesrepublik Deutschland. Kognitive Strukturen im Handeln mit Medien«. In: Knut Hickethier (Hg.): *Geschichte des Fernsehens in der Bundesrepublik Bd. 1: Institution, Technik und Programm. Rahmenaspekte der Programmgeschichte des Fernsehens*. München 1993, 289–321.

Schmidt, Siegfried J./Weischenberg, Siegfried: »Mediengattungen, Berichterstattungsmuster, Darstellungsformen«. In: Klaus Merten/Siegfried J. Schmidt/Siegfried Weischenberg (Hg.): *Die Wirklichkeit der Medien. Eine Einführung in die Kommunikationswissenschaft*. Opladen 1994, 212–236.

Vellusig, Robert: *Schriftliche Gespräche. Briefkultur im 18. Jh.* Wien u. a. 2000.

Vogel, Andreas/Holtz-Bacha, Christina (Hg.): *Zeitschriften und Zeitschriftenforschung*. Wiesbaden 2002.

Werner Faulstich

9. Musikwissenschaftliche Gattungsforschung

Von der Gattungspoetik zu taxonomisch-biologistischen Systemen

Gattungstheorie ist erst spät zum Gegenstand musikwissenschaftlicher Forschung geworden. Als sich die Disziplin Mitte des 19. Jh.s an deutschsprachigen Universitäten zu etablieren begann, ging es zunächst vor allem darum, die Musik der Vergangenheit aufzufinden und in Editionen verfügbar zu machen. Musiktheoretiker hatten allerdings Musik von jeher klassifiziert: von der Antike über Boethius' deduktive Dreiteilung der »musica mundana« (Sphärenharmonie), der »musica humana« (der Harmonie der Bestandteile des menschlichen Körpers) und der »musica instrumentalis« (Musik im heutigen Sinne) zu Autoren wie Michael Praetorius (dessen *Syntagma musicum* die einzige graphische Darstellung einer Gattungstypologie vor dem 20. Jh. enthält), Johann Mattheson, Johann Nikolaus Forkel und Adolf Bernhard Marx beschrieben Theoretiker regelmäßig immer detailliertere Systeme musikalischer Klassifizierung (wobei sich vielfach Gattung, Stil und Form weder begrifflich noch inhaltlich trennen lassen). Doch werden die Kategorien der Klassifizierung im Rahmen dieser ›Gattungspoetiken‹ nie hinterfragt, sondern stets als gegeben angenommen. Gattungstheorie im Sinne der Reflexion von Definitionskriterien wurde kaum betrieben. Dies trifft auch auf Hermann Kretzschmars 1887 erschienenen *Führer durch den Konzertsaal* zu, der als erste Publikation ausschließlich nach Gattungen untergliedert war und als Ursprung einer eigenen musikschriftstellerischen Gattung gelten kann. Sofern tatsächlich Gattungstheorie betrieben wurde, war sie bis in die Zeit nach dem Zweiten Weltkrieg von biologistisch-taxonomischen Ideen und zum Teil auch von darwinistischen Ansätzen geprägt. Oswalt Koller etwa beschreibt in einem Aufsatz aus dem Jahr 1900 Beethovens 9. Sinfonie als einen »Bastard«, eine »Kreuzung« zweier Arten von »Organismen«, nämlich der Vokal- und der Instrumentalmusik (Koller 1965). Kollers Gattungen »mutieren« im Rahmen eines kulturellen »survival of the fittest«. So habe etwa die Einführung des Seitenthemas im Sonatensatz wesentlich zu dessen führender Stellung unter den Gattungen beigetragen. Noch Heinrich Husmann spricht nach dem Zweiten Weltkrieg von »Gattungsmutationen«, wenn er einen Versuch unternimmt, Musik in Analogie zur Tierwelt zu klassifizieren: so beschreibt er die Dialogoper als eine Gattung, der die komische Oper als »Familie« übergeordnet sei, gefolgt von der »Ordnung« Oper und dem »Stamm« Vokalmusik (Husmann 1958).

Im Rahmen der historischen Musikwissenschaft überwiegen bis heute bei Weitem Publikationen zur diachronen Geschichte einzelner Gattungen, während die synchrone Darstellung der Wechselbeziehungen von Gattungen und der Entwicklung ihrer Klassifikationskriterien weitaus seltener vorkommen. Anders verhält es sich in der Musikethnologie und der Popularmusikforschung, die jedoch weitaus kleinere musikwissenschaftliche Teilbereiche darstellen und deren Ergebnisse von der Mehrzahl der Musikhistoriker oft kaum wahrgenommen werden. Musikalische Gattungstheorie wurde weitaus stärker von Impulsen aus der Literaturwissenschaft beeinflusst. Im Folgenden soll zunächst die Entwicklung in der Historischen Musikwissenschaft seit den 1960er Jahren dargestellt werden, bevor ein Ausblick auf die übrigen Teilbereiche und jüngste Veröffentlichungen die Überlegungen beschließen.

Von der Taxonomie zur Geschichtlichkeit von Gattungen

Zu den frühen wichtigen Beiträgen zur Gattungstheorie im engeren Sinne zählen zwei Aufsätze Walter Wioras aus den 1960er Jahren (Wiora 1963, 1982). In ihnen setzt er sich vor allem mit der Frage auseinander, ob Gattungsdefinitionen statisch oder flexibel sein sollten. Er konstatiert einen quasihegelschen »objektiven Geist« von Gattungen, der unveränderlich sei, doch erkennt er an, dass sich Gattungen im Laufe der Zeit weiterentwickeln. Diesen Widerspruch löst er durch die Differenzierung von »konstitutiven« und »akzidentiellen« Eigenschaften von Gattungen: Erstere seien unveränderlich, Letztere hingegen nicht. Dies erlaubt ihm die Einbeziehung außermusikalischer Aspekte wie der Funktion als Gattungseigenschaften. Indem er diese als »akzidentiell« klassifiziert, macht er sie zu nachrangigen Gattungskriterien, die die Autonomie des Kunstwerks im Kern nicht infrage stellen. Wiora sieht wenig Sinn im Streben nach einem taxonomischen System aller Gattungen, da diese durch zu unterschiedliche Kriterien definiert werden, als dass sie sich in ein gemeinsames Schema pressen ließen. Zudem stehe dem auch die Geschichtlichkeit von Gattungen entgegen.

Die bedeutendsten Beiträge zur Gattungsforschung in der deutschsprachigen Musikwissenschaft des 20. Jh.s stammen von Carl Dahlhaus. In dreien seiner Aufsätze hat er wesentliche Gedanken zur Gattungstheorie entwickelt (Dahlhaus 1973, 1974, 1978). Er betont ebenfalls, dass Gattungsdefinitionen flexibel zu sein haben und dass die Erkenntnisse über die Entwicklung und Wechselwirkung von Gattungen viel eher das Ziel einer Gattungstheorie sein sollten als die Erstellung eines taxonomischen, quasi-biologischen Systems. Dahlhaus schlägt vor, dass die Definition musikalischer Gattungen niemals auf einem einzelnen Kriterium, sondern stets auf einem »Bündel« von mindestens drei Merkmalen beruhen müsse, welche sich im Laufe der Zeit verändern könnten. Ferner beschreibt er Gattungen als Organismen, deren lange Perioden des Auf- und Abstiegs von einem »point de la perfection« gekrönt werden. Als Erster führte er aus, dass und warum keineswegs jede Komposition einer Gattung angehören müsse.

Dahlhaus stellt seine gattungstheoretischen Überlegungen vorrangig im Kontext autonomieästhetischer Diskurse an. Werturteile sind für ihn untrennbarer Bestandteil von Gattungsdefinitionen, ja er sieht eine wesentliche Funktion der Gattungskategorie in der Bereitstellung von Wertmaßstäben (er spricht regelmäßig von »niederen« Gattungen oder dem »ästhetischen Rang« als zentralem Bestandteil seiner »Merkmalsbündel«). Gattungsnormen stehen für ihn in Konkurrenz zur Genieästhetik des 19. und 20. Jh.s, weshalb die Epoche der Romantik in der Musik das Ende der musikalischen Gattungen einläutete. Im 20. Jh. spielen laut Dahlhaus dann Gattungen keinerlei Rolle mehr in der Kunstmusik, da das Eingehen auf Gattungsnormen dem Streben nach Originalität entgegenstehe.

In seinen Überlegungen geht Dahlhaus am Rande auf die Bedeutung von Gattungen für die Musikwirtschaft und die Rezipienten von Musik ein, sieht dies jedoch eindeutig als nachrangige Aspekte einer Gattungstheorie an.

Gattungstheorie in der englischsprachigen Musikwissenschaft

Im englischsprachigen Raum ist die Gattungsforschung für lange Zeit weitaus weniger Gegenstand historisch-musikwissenschaftlichen Interesses gewesen, was sich unter anderem daran zeigt, dass Wörterbücher und Enzyklopädien der Musik das Stichwort »Genre« in aller Regel nicht anführen. Erst die zweite Auflage des bedeutendsten englischsprachigen Nachschlagewerks, des *New Grove Dictionary of Music and Musicians*, aus dem Jahr 2001 enthält einen solchen Eintrag. Einen wichtigen Meilenstein gattungstheoretischer Forschung stellt ein Artikel Jeffrey Kallbergs dar (Kallberg 1987/88), in dem er am Beispiel einer Nocturne Chopins die Bedeutung von Gattungen für die Rezeption von Kunstmusik analysiert: nur wenn der Hörer die drei in der Komposition repräsentierten Gattungen erkenne, sei ein adäquates Verständnis des Werkes möglich. Gemäß dieser Lesart werden Gattungsnormen in romantischer (und ebenso nachromantischer) Musik nicht mehr als normative Vorgaben angesehen, sondern sind nun vorrangig Teil des semiotischen Bedeutungstransfers vom Komponisten zum Rezipienten – Kallberg verwendet hier den aus der Literaturwissenschaft importierten Begriff des zwischen Autor/Komponist und Rezipient abgeschlossenen imaginären »generic contracts« (Kallberg 1987/88, 243); Jim Samson spricht in einem ebenfalls Chopin gewidmeten Artikel von Gattungen als »agents of communication« (Samson 1989, 213).

Der *generic contract* kann als Hauptargument gegen Dahlhaus' Abwertung der Gattungskategorie in der Musik des 20. (und 21.) Jh.s angesehen werden. Zwar sind Komponisten seit geraumer Zeit nicht mehr an Gattungsnormen gebunden, doch erzeugt ein Werktitel wie »Streichquartett« oder »Requiem« im Publikum weiterhin eine bestimmte, in der Regel am klassisch-romantischen Repertoire ausgerichtete Erwartungshaltung, mit deren Erfüllung, Teilerfüllung oder Nichterfüllung der Komponist dann spielen kann. Kallbergs scharfsinnige Analyse einer einzelnen Komposition geht allerdings am Kerninteresse einer Gattungstheorie vorbei: Gattungskriterien bestimmen normalerweise Eigenschaften, die eine Komposition mit anderen Werken teilt, während das individuelle Spiel mit den Konventionen dreier Gattungen Chopins Nocturne einzigartig und damit letztlich zum Bestandteil keiner Gattung macht. Jim Samson ist daher zuzustimmen, wenn er der Komposition die Zugehörigkeit zu mehreren Gattungen abspricht: »The work is not a march, a waltz or a mazurka but rather *refers* to a march, a waltz or a mazurka« (Samson 1989, 225).

Beiträge aus Popularmusikforschung und Musikethnologie

Die historische Musikwissenschaft tendierte lange dazu, die eigenen Grundüberzeugungen (inklusive etwa der Autonomieästhetik, aber auch der Gattungskriterien des jeweiligen Autors) als gegeben hinzunehmen und nicht zu hinterfragen, während sie sich gleichzeitig nur mit einem Teilbereich der Musik – der Kunstmusik – beschäftigte und andere Bereiche der Musik auf der Basis von Werturteilen von ihren Überlegungen ausschloss. Dies führte vor allem zur Vernachlässigung der sozialgeschichtlichen Relevanz und der kommunikativen Funktion von Gattungen bis in die späten 1980er Jahre, als Forscher wie Kallberg und Samson begannen, diese Lücke zu schließen. Popularmusikforschung und Musikethnologie hingegen gehen von jeher eher deskriptiv als wertend vor, reflektieren ihre eigenen Forschungsansätze regelmäßig und konnten daher insbesondere die funktionalen und kommunikativen Aspekte der Gattungstheorie früher und eingehender thematisieren. Zudem steht Klassifikation sehr viel mehr im Zentrum ihrer Überlegungen, da sie entweder fremde Musikkulturen beschreiben und einordnen müssen, oder aber im Fall der Popularmusik mit beständiger Veränderung eines schnelllebigen Marktes konfrontiert sind. In diesem Kontext beschrieb Franco Fabbri Gattungen als »a set of musical events [...] whose course is governed by a definite set of socially accepted rules« (Fabbri 1982, 52). Er gliederte diese Regeln in »formal and technical rules«, »behaviour rules«, »social and ideological rules« und »economical and juridical rules« und unternahm damit den ersten Versuch, Gattungskriterien anstelle von Gattungen in einem umfassenden und zugleich flexiblen System zu typologisieren. Dies ist eine generelle Tendenz neuerer gattungstheoretischer Schriften, die sich häufig mehr mit der Entwicklung der Klassifikationskriterien als mit derjenigen der Gattungen selbst befassen – oder, wie Fabian Holt es ausdrückte, deren Ziel »*understanding* rather than *defining* genres« ist (Holt 2007, 8). Keith Negus untersuchte die in der Kunstmusikszene oft vernachlässigte Rolle der Musikwirtschaft in der Gattungsentwicklung und führte den Begriff »genre culture« in den musikwissenschaftlichen Diskurs ein, um von der Diskussion der Musik selbst zur Einbeziehung der Musik produzierenden und rezipierenden Gruppen überzuleiten (Negus 1999). Fabian Holt schließlich prägte den Begriff des »in between genres«, mit dem er Crossover-Kompositionen erfassen will, die in sich Aspekte verschiedener Gattungen vereinen (Holt 2007; konkret bezieht er sich auf US-amerikanische Popmusik, die unterschiedliche – etwa lateinamerikanische – Stile kombiniert). Allerdings stellt sich die Frage, ob es sich dabei nicht möglicherweise um neue Gattungen in statu nascendi handelt – oder aber, ob (wenn dies nicht der Fall ist und eine noch relativ kleine Anzahl von Songs keinen neuen Trend begründet) man von der Verwendung des Gattungsbegriffs in diesem Fall nicht überhaupt absehen sollte. Letztlich beruht die Entstehung ebenso wie die kontinuierliche Existenz von Gattungen auf demokratischen, von einzelnen kaum steuerbaren Entscheidungen: nur wenn genug Komponisten Werke produzieren, die sich einer Gattung zurechnen lassen, so dass eine ausreichende kritische Masse erreicht wird, kann sich eine Gattung konstituieren. Sofern genug Interpreten diese dann zur Aufführung bringen und die Stücke genügend Interesse beim Publikum finden, kann die Gattung sich weiterentwickeln. In der Kunstmusik findet allerdings keine kontinuierliche Entwicklung von Gattungskriterien auf der »Produktionsseite« von Musik mehr statt, doch werden weiterhin regelmäßig Werke mit Titeln wie etwa »Streichquartett« oder »Requiem« geschrieben. Auch wenn diese z. B. mehr/andere als die traditionellen vier Streichinstrumente verwenden oder aber in ihrer Struktur kaum einen Zusammenhang mit der katholischen Totenmesse erkennen lassen, beruhen sie dennoch auf einer ästhetischen Auseinandersetzung mit den kanonischen Werken dieser beiden Gattungen, die insofern durchaus weiterhin existieren und sowohl die Produktion wie auch die Rezeption von Musik beeinflussen.

Musikalische Gattungstheorie in jüngster Zeit

In den letzten Jahren hat sich vor allem im deutschen Sprachraum die Auseinandersetzung mit musikalischer Gattungstheorie intensiviert, wie eine Reihe von Publikationen belegt. Wolfgang Marx schlug ein »Bedingungsgefüge musikalischer Gattungen« vor, welches eine Vielzahl von typologischen und kulturgeschichtlichen Gattungskriterien in einem Netzwerk wechselseitiger Beziehungen zu beschreiben versucht (Marx 2004). Im Rahmen des 17-bändigen »Handbuchs der musikalischen Gattungen« erschien ein Band *Theorie der Gattungen* (Mauser 2005), der neben einigen neu verfassten Texten vor allem einschlägige Artikel wie die von Dahlhaus neu verfügbar macht. *Die Geschichte der musikalischen Gattungen* (Brzoska 2006) lässt auf einen gattungstheoretischen Einleitungsteil in eher traditionellem Stil kurze Abrisse zu verschiedenen Gattungen der Kunstmusik folgen, während *Gattungsgeschichte als Kulturgeschichte* (Siegert 2008) neue, ungewöhnliche Gattungen und Klassifikationskriterien wie etwa den Partitur-/Klavierauszug oder das Groteske in der russischen Musik erschließt. Diese Publikationen beruhen vorwiegend auf kulturwissenschaftlichen Ansätzen, die die musikwissenschaftliche Gattungstheorie insgesamt noch für geraume Zeit prägen dürften.

Literatur

Brzoska, Matthias: *Die Geschichte der musikalischen Gattungen*. Laaber 2006.
Dahlhaus, Carl: »Zur Problematik der musikalischen Gattungen im 19. Jh.«. In: Wulf Arlt u. a. (Hg.): *Gattungen der Musik in Einzeldarstellungen*. Bern, München 1973, 840–893.
Dahlhaus, Carl: »Was ist eine musikalische Gattung?«. In: *Neue Zeitschrift für Musik* 135 (1974), 620–625.
Dahlhaus, Carl: »Die Neue Musik und das Problem der musikalischen Gattungen«. In: Carl Dahlhaus: *Schönberg und andere. Gesammelte Aufsätze zur Neuen Musik*. Mainz u. a. 1978, 72–82.
Fabbri, Franco: »A Theory of Musical Genres: Two Applications«. In: David Horn/Philip Tagg (Hg.): *Popular Music Perspectives*. Göteborg, Exeter, 52–81.
Holt, Fabian: *Genre in Popular Music*. Chicago, London 2007.
Husmann, Heinrich: *Einführung in die Musikwissenschaft*. Heidelberg 1958.
Kallberg, Jeffrey: »The Rhetoric of Genre: Chopin's Nocturne in G Minor«. In: *19th Century Music* XI (1987/88), 238–261.
Koller, Oswald: »Die Musik im Lichte der Darwinschen Theorie«. In: *Jahrbuch der Musikbibliothek Peters 7* (1900). Vaduz 1965 (unveränderter Nachdr. der Ausgabe Leipzig 1901), 35–50.
Kretzschmar, Hermann: *Führer durch den Konzertsaal*. Leipzig 1887.
Marx, Wolfgang: *Klassifikation und Gattungsbegriff in der Musikwissenschaft*. Hildesheim u. a. 2004.
Mauser, Siegfried (Hg.): *Theorie der Gattungen*. Handbuch der musikalischen Gattungen. Bd. 15. Laaber 2005.
Negus, Keith: *Music Genres and Corporate Cultures*. London, New York 1999.
Samson, Jim: »Chopin and Genre«. In: *music analysis* 8 (1989), 213–231.
Siegert, Christine u. a. (Hg.): *Gattungsgeschichte als Kulturgeschichte*. Hildesheim u. a. 2008.
Wiora, Walter: »Die musikalischen Gattungen und ihr sozialer Hintergrund«. In: Georg Reichert/Martin Just (Hg.): *Bericht über den Internationalen Musikwissenschaftlichen Kongreß Kassel 1962*. Kassel 1963, 15–23.
Wiora, Walter: »Die historische und systematische Betrachtung der musikalischen Gattungen«. In: Hellmuth Kühn/Christoph-Hellmuth Mahling (Hg.): *Ausgewählte Aufsätze von Walter Wiora*. Tutzing 1982, 448–476.

Wolfgang Marx

10. Romanistische Gattungsforschung

Die Diskussion über literarische Gattungen nimmt in den verschiedenen nationalen Traditionen der Romanistik einen unterschiedlichen Verlauf: Alle müssen sich dabei jedoch auf die besondere Herausforderung beziehen, die sich aus dem spezifischen Gewicht der Klassiken und dem normativen Gattungsverständnis der Rhetorik ergibt. Dabei lassen sich zwei Phasen unterscheiden, in denen es zu einer relevanten, international wirksamen Auseinandersetzung über Gattungen kommt. Nach einer ersten Kontroverse um 1900 folgt zwischen 1970 und 1980 – dem Höhepunkt neuerer romanistischer Gattungstheorie – eine Auffächerung der Diskurse, welche sich selbst wiederum um zwei zentrale Problematiken gruppieren lässt: Die Frage der Interaktion von Gattungen mit anderen kulturellen Systemen und die Frage nach der internen Struktur des Gattungssystems.

Die Realität der Gattungen und die Autonomie des Einzelwerks

Seit dem Ende des 19. Jh.s steht die Vorstellung von einer ästhetischen Realität der Gattungen gegen die Überzeugung von der ästhetischen Autonomie des Einzelwerks: Für Erstere ist die Literaturgeschichte eine Geschichte sich entwickelnder Formen, für Letztere stellen Gattungsbegriffe nur eine Art nachträglich hinzugefügter Etiketten dar, die nicht den gleichen Status beanspruchen dürfen wie das literarische Kunstwerk. Diese Kontroverse wird von der Theorie Brunetières ausgelöst, welche innerhalb der Romanistik die erste systematisch begründete Gattungstheorie darstellt (vgl. Brunetière 1890). Für Brunetière entstehen die literarischen Gattungen, nicht anders als die von Charles Darwin beobachteten Klassen von Lebewesen, durch einen biologistisch gedachten Evolutions- und Differenzierungsprozess (→ D 3; F 12). Ausdrücklich bezieht sich Brunetière auf die darwinsche Lehre von der natürlichen *Évolution des genres*, um zu erklären, wie einzelne Gattungen nach dem Prinzip der Selektion entstehen, aufsteigen und wieder fallen (vgl. Schaeffer 1989, 47–49): Die Kategorie des »Klassischen« stellt auf diese Weise eine Essenz derjenigen Formen dar, welche sich im System der Gattungen dauerhaft durchsetzen können.

Der Bezug auf moderne Naturwissenschaft ändert also nichts an der Vorliebe des Kritikers für die Autoren der französischen Klassik. Genau genommen, ist die ganze Übertragung einer naturwissenschaftlichen Theorie in den Bereich der Kultur auch eher eine heuristische Metapher als eine buchstäbliche Gleichsetzung (vgl. Compagnon 1998, 168; →B 5.3). Sie steht dementsprechend nicht in Nachfolge, sondern in Polemik gegen den positivistischen Determinismus: Wenn die literarische Gattung dem Werk übergeordnet wird, so bedeutet dies zugleich, dass sie relevanter ist als alle außerliterarische Realität (vgl. Schaeffer 1989, 53). Seine im Grunde klassizistische Ästhetik macht Brunetière auch zu einem der Hauptgegner des französischen naturalistischen Romans (vgl. Curtius 1914, 18–19). Nicht äußere Faktoren, sondern innere, in einzelnen Werken erkennbare Neuerungen erklären den Aufstieg von Gattungen: Die Fortüne der klassischen Tragödie verdankt sich z. B. der neuen Tragik von Racines Dramen. Brunetières Gattungstheorie begründet derart eine in Frankreich bis heute wirksame Praxis der Literaturgeschichtsschreibung, die sich dem einzelnen Text mit besonderer Aufmerksamkeit widmet und dabei seine Literarizität nicht so sehr in historischen oder sozialen Determinanten, als im Kontext sich entfaltender Gattungen sucht.

Auf vergleichbar systematische und wirksame Weise stellt sich der Theorie Brunetières ein Jahrzehnt später Croce entgegen, dessen *Estetica* die Relevanz des Gattungsbegriffs für das Verständnis des Einzelwerks bestreitet (vgl. Croce 1902). Der italienische Kritiker unterstreicht, dass alle hervorragenden Werke der Kunst und Literatur sich von der Klasse ähnlicher, genrehafter Erzeugnisse absetzen – als eine einmalige und weitgehend intuitive Schöpfung. Die individuelle Intuition und der individuelle Ausdruck der Kunst sind unvereinbar mit der universellen Ordnung des Rationalen (vgl. Zymner 2003, 39–40). Gattungsbegriffe haben laut Croce als Universalien keine ästhetische Realität und keinen Erklärungswert, sie können bloß der nachträglichen Klassifikation dienen. Diese Beschränkung dient ausdrücklich einer Befreiung der Literatur und Literaturkritik von den Zwängen einer klassizistischen Ästhetik (vgl. Croce 1996, 277).

In der deutschsprachigen Romanistik wird Croces Kritik an der französischen Gattungstheorie sehr positiv aufgenommen: Vossler, ein treuer Korrespondent Croces, wird von diesem als »Pate« der deutschen Übersetzung der *Estetica* begrüßt (vgl. Biondi 1999, 353), Curtius berücksichtigt sie in seiner eigenen, ausführlichen Auseinandersetzung mit Brunetières Werk (vgl. Curtius 1914, 31). Das Selbstverständnis der Romanistik der ersten Jahrhunderthälfte ist ohnehin vom Primat einer philologisch-ästhetischen Fragestellung geprägt, für welche der Ausschluss der Gattungsproblematik sogar konstitutiv sein kann. Vossler drückt dies deutlich aus, wenn er beobachtet, der Begriff der Gattung gehöre nicht in das Gebiet der Ästhetik, sondern in dasjenige der Psychologie und Soziologie (vgl. Vossler 1948, 255). Ziel der allgemeinen Poetik ist noch laut Fubini, der sich dabei auf Croce beruft, die Erkenntnis der inneren Gesetzmäßigkeiten eines Werks in seiner unverwechselbaren eigenen Schönheit (vgl. Fubini 1971, 12). Dass die Ablehnung Brunetières auch einer Vorliebe für die nicht-französische Romania geschuldet sein könnte, ist eine naheliegende Annahme. Gerade in der Hispanistik steht die Gattungstheorie unter dem Druck der barocken Gattungsreflexion: Cervantes spielt im *Don Quijote* mit der Ritterepik und allen anderen narrativen Genres seiner Zeit, Lope de Vega ironisiert im *Arte nuevo de hacer comedias* gegen die aristotelische Poetik der Gattungen – und der Schelmenroman entfaltet sich ebenfalls in der Dialektik von »Genre and Countergenre« (Guillén 1971, 146). Die von Brunetière behauptete Realität der Gattungen stößt sich also nicht nur an der Verteidigung des Einzelwerks durch Croce, sondern auch an der Selbstverteidigung dieser kanonischen Einzelwerke, welche souverän bis respektlos mit Klassifikationen jonglieren.

Unterschiedliche kulturelle Begründungen

Erst die Romanistik der zweiten Jahrhunderthälfte wendet sich der Gattungsproblematik wieder systematisch zu und findet gleich mehrere Lösungen für den Zwiespalt, den Brunetières heuristischer Bezug auf die Naturwissenschaften produziert hatte. Die Frage, ob die Gattungsbezeichnungen erst als nachträglich hergestellte Klassifikation interessant sind oder wirklich etwas über die Poetik der Literatur aussagen, wird beispielsweise in der Rezeptionsästhetik elegant aufgehoben (→F 15). Denn alle im Nachhinein produzierten Klassifikationen fließen in eine Rezeptionsgeschichte ein, welche ebenso zur Realität der Kunst und Literatur gehört wie ihre Objekte und deren Produktion. Mehr noch, die Gattungsbezeichnung prägt oft von vornherein unsere Erwartungshaltung als Leser. So haben die literarischen Gattungen – obgleich keine natürlichen Klassen – die gleiche Realität wie alle anderen kulturell erzeugten »*Gruppen* oder *historische Familien*«.

Sie gehören zu den sich überlagernden und wechselseitig brechenden »Erwartungshorizonten« einer Kultur, welche für das Verständnis des Einzelwerks unumgänglich sind (vgl. Jauß 1972, 110–111). Einen etwas konkreteren kulturellen Rahmen als die Jauß'schen Erwartungshorizonte präsentiert die marxistische Literatursoziologie, die innerhalb der Romanistik vor allem Krauss und Köhler vertreten. Für sie drückt die Gattung noch deutlicher als das Einzelwerk die Konflikte aus, die für eine bestimmte gesellschaftliche Gruppe relevant sind. Im Fall der Pastourelle – Köhlers Lieblingsbeispiel – äußern die Ritter von niederem Adel ihre Frustration über das feudale System, indem sie sich einem einfachen Hirtenmädchen zuwenden, welchem sie ihre Liebe, ihren Wunsch nach erotischer Erfüllung, kunstvoll erklären (vgl. Köhler 1966). Literarische Formen derart mit dem ethischen Horizont einer sozialen Gruppe zu korrelieren, verleiht ihnen eine greifbare, reale Begründung und erklärt insbesondere ihren historischen Wandel. Stärker formalisiert ist die konstruktivistische Gattungstheorie Hempfers (vgl. Hempfer 1973). Eine spätere Erweiterung dessen ist die romanistische Variante der Intermedialitätstheorie, bei welcher Medien tendenziell als gattungskonstitutive kulturelle Rahmen – und nicht etwa als technologische Substrate von Literatur – interpretiert werden (vgl. Rajewsky 2002). Um 1970 schließlich konturiert sich auch eine sprachwissenschaftliche Diskurstheorie, welche literarische Gruppen als »Textsorten« beschreibt (vgl. Gülich/Raible 1972, 3; →G 13).

Trotz der Vielfalt möglicher Rahmungen, in die sich die Gattungstheorie in einem relativ kurzen Zeitraum auffächert, bildet sich schnell auch ein Konsens heraus, welcher eine systematische, deduktive Theorie zugunsten einer historischen, induktiven Poetik der Gattungen aufgibt. So leiten Kritiker wie Guillén oder Pozuelo Ivancos von dem Ziel einer historisch gültigen Poetik bestimmte pragmatische Bedingungen des Umgangs mit Gattungsbegriffen ab: Wenn die Entscheidung, eine Gruppe von Werken als Gattung zu vereinen, dem Schriftsteller oder Kritiker helfen, diese Werke nachzuahmen oder zu verstehen, dann ist sie legitim (vgl. Guillén 1971, 131). Oder, ebenfalls als Bedingung formuliert: Werden die Gattungsbegriffe nicht aus einer Theorie deduziert und normativ angewandt, sondern induktiv aus der Literaturgeschichte entwickelt, können sie ebenfalls zu besserem Verständnis des Einzeltexts dienen (vgl. Pozuelo Ivancos 1983, 396; ähnlich Todorov 1968).

Diskontinuierliche Typologie und Gattungskontinuum

Eine zweite grundsätzliche Problematik, die ebenfalls in den 1970er Jahren neu verhandelt wird, entsteht aus der Tradition der Rhetorik, welche eine diskontinuierliche Typologie rhetorischer Gattungen vorgibt: Die Vorstellung von bestimmten Formen der Rede geht in den neoaristotelischen Poetiken der Renaissance mit der Vorstellung von ihrer mustergültigen Verwirklichung in bestimmten literarischen Formen des Altertums einher (vgl. Komfort-Hein 1996, 540). Gattungen sind dabei jeweils charakteristischen Stilen zugeordnet, reproduzieren also das antike System von hohem, mittlerem und niederem Stil. An dieser mächtigen Tradition der feststehenden ›großen‹ Gattungen arbeitet sich die Romanistik des 20. Jh.s insgesamt ab. Die Auseinandersetzung mit dem klassischen, diskontinuierlichen Gattungssystem entfaltet sich in der ersten Hälfte des 20. Jh.s im Gegensatz von Stilreinheit und Stilmischung, welcher insbesondere von Auerbach thematisiert wird. Dass beispielsweise Dante sein Epos »commedia« nennt und auf diese Weise das Epos im Gewand der Komödie auftreten lässt, unterläuft die klare Trennung von Gattungen oder Stilen (vgl. Auerbach 1988, 177–179). Die Lösung der Philologen seiner Generation besteht darin, den Begriff des Stils gegen denjenigen der Gattung zu wenden, womit letztlich ein analytischer Gebrauch gegen den klassifikatorischen Gebrauch gewandt wird. Spitzer ist sich mit Vossler darüber einig, dass die spanischen Romanzen nicht als »Bruchstücke« des Epos, sondern als »künstliche Ruinen« aufzufassen seien, als Ausdruck einer das weite Feld der literarischsprachlichen Formen bereichernden Stilisierung (vgl. Spitzer 1961, 38).

Der Strukturalismus systematisiert diesen analytischen Zugang, wenn er einzelnen Gattungsmerkmalen den Vorrang vor festen Merkmalgruppen gibt. Wie Lázaro Carreter schreibt, geht es nicht zuletzt darum, die normative Auffassung des Gattungssystems durch einen analytischen Umgang mit den Gattungsbegriffen zu ersetzen, welche nun einfach als Kategorien einer allgemeinen Poetik dienen (vgl. Lázaro Carreter 1979, 114). Auch Jauß bestimmt in expliziter Absetzung von der normativen Poetik die Gattung als System von gemischten Merkmalen und Funktionen, bei dem letztlich nur eine »systemprägende Dominante« der Differenzierung dient (Jauß 1972, 111–113). Überzeugend verwirklicht wird dieser Ansatz in Warnings »Pragmasemiotik« der Komödie: Warning unterscheidet u. a. die konstitutiven

»komischen Fehlhandlungen« von dem Substrat der durchgehenden »Komödienhandlung«, die auf nichtkomische Gattungen, wie die Novelle oder sogar die Tragödie, verweist (Warning 1978). Die Vorstellung eines Gattungskontinuums findet seine radikalste Form in der französischen Theorie der Intertextualität, in welcher die Klassifikation ohnehin zusammen mit den Grenzen des Werks gesprengt wird. Eine Ausnahme ist Genette: Dieser löst die Frage der Gattungszugehörigkeit zwar in der Vielzahl transtextueller Relationen auf, welche die Poetik eines Texts ausmachen. Im System dieser Relationen findet sich jedoch auch die Kategorie der »Architextualität«, welche die Beziehung des Einzeltexts zu vorgängigen Klassen verschiedener Art bezeichnet – ausdrücklich nicht von der Norm oder von Selbstkategorisierungen (etwa der Bezeichnung als »Roman«), sondern von der Praxis des Literaturbetriebs bestimmt (vgl. Genette 1993, 13 f.). Allerdings gibt es auch innerhalb des Strukturalismus Gegenströmungen, welche eben eine diskontinuierliche Struktur des Gattungssystems zu begründen suchen. Hempfer z. B. schlägt vor, die diachrone Ausdifferenzierung von Gattungen nach dem Modell einer generativen Grammatik zu denken, welche auf bestimmte invariable Tiefenstrukturen verweise (vgl. Hempfer 1973, 127). Die Anzahl dieser Archetypen wäre dann aber nicht unendlich. Die Problematik ist also weiter von einem Konsens entfernt als es scheinen mag. Die Frage, ob die Gesamtheit der Gattungen eher die Gestalt der unendlich kombinatorischen »Bibliothek von Babel« oder der in wenigen Sälen gegliederten Bibliothek aus *Il nome de la rosa* hat, scheint jedenfalls nicht nur die Kritiker, sondern auch die Autoren der Romania weiterhin zu beschäftigen.

Literatur

Auerbach, Erich: *Mimesis. Dargestellte Wirklichkeit in der abendländischen Literatur* (1946). Bern, Stuttgart 1988.
Biondi, Marino: »Sul carteggio Croce-Vossler: mezzo secolo di cultura italo-tedesca«. In: Anna Comi u. a. (Hg.): *Italien in Deutschland – Deutschland in Italien*. Berlin 1990, 343–356.
Borges, Jorge Luis: »La biblioteca de Babel« (1941). In: Ders.: *Obras completas I*. Buenos Aires 1989, 465–471.
Brunetière, Ferdinand: *Évolution des genres dans l'histoire de la littérature*. Paris 1890.
Compagnon, Antoine: *Le démon de la théorie. Littérature et sens commun*. Paris 1998.
Croce, Benedetto: *Estetica come scienza dell'espressione e linguistica generale*. Mailand 1900.
Croce, Benedetto: »Aesthetica in nuce« (1928). In: Ders.: *Filosofia, Poesia, Storia*, Mailand 1996, 257–294.
Curtius, Ernst R.: *Ferdinand Brunetière. Beitrag zur Geschichte der französischen Kritik*. Straßburg 1914.
Eco, Umberto: *Il nome de la rosa* (1980). Milano 1994.
Fubini, Mario: *Entstehung und Geschichte der literarischen Gattungen* (1956). Tübingen 1971.
Genette, Gérard: *Palimpseste. Die Literatur auf der zweiten Stufe*. Übers. v. Wolfram Bayer u. Dieter Hornig. Frankfurt a. M. 1993 [frz. 1982].
Gülich, Elisabeth/Raible, Wolfgang: »Einleitung«. In: Dies. (Hg.): *Textsorten. Differenzierungskriterien aus linguistischer Sicht*. Bielefeld 1972, 1–8.
Guillén, Claudio: *Literature as System. Essay Toward the Theory of Literary History*. Princeton, N. J. 1971.
Hempfer, Klaus W.: *Gattungstheorie. Information und Synthese*. München 1973.
Jauß, Hans R.: »Theorie der Gattungen und Literatur des Mittelalters«. In: Ders. u. a. (Hg.): *Grundriß der romanischen Literaturen des Mittelalters, vol. I: Généralités*. Heidelberg 1972, 107–138.
Komfort-Hein, Susanne: »Gattungslehre. 1. Poetik«. In: *Historisches Wörterbuch der Rhetorik*. Hg. v. Gert Ueding. Bd. 3. Tübingen 1996, 528–557.
Köhler, Erich: »Die Rolle des niederen Rittertums bei der Entstehung der Trobadorlyrik«. In: Ders.: *Esprit und arkadische Freiheit. Aufsätze aus der Welt der Romania*. Wiesbaden 1966, Nachdr. München 1984, 9–27.
Lazaro Carreter, Fernando: »Sobre el género literario«. In: Ders.: *Estudios de poética*. Madrid 1979, 113–120.
Pozuelo Ivancos, José María: *La lengua literaria*. Málaga 1983.
Rajewsky, Irina O.: *Intermedialität*. Tübingen 2002.
Schaeffer, Jean-Marie: *Qu'est-ce qu'un genre littéraire?*. Paris 1989.
Spitzer, Leo: »Zur Kunstgestalt einer spanischen Romanze«. In: Ders.: *Stilstudien. Zweiter Teil: Stilsprachen*. München 1961, 30–41.
Todorov, Tzvetan: *Einführung in die phantastische Literatur*. Frankfurt 1992.
Vossler, Karl: »Dreierlei Begriffe vom Drama«. In: Ders.: *Aus der romanischen Welt*. Karlsruhe 1948, 252–257.
Warning, Rainer: »Elemente einer Pragmasemiotik der Komödie«. In: Wolfgang Preisendanz u. a. (Hg.): *Das Komische*. München 1978, 279–333.
Zymner, Rüdiger: *Gattungstheorie. Probleme und Positionen der Literaturwissenschaft*. Paderborn 2003.

Matei Chihaia

11. Sinologische Gattungsforschung

Die chinesische Kultur hat sich in der Antike für einen Weg entschieden, der im Abendland so viel Bewunderung wie kritische Rezeption hervorgerufen hat: Es ist dies der Weg der Gesamtschau, der Einheit, des Universalismus, des monolithischen Denkens. Ein solcher Weg steht gegen ein analytisches Denken, gegen ein Denken in Subjekt und Objekt, gegen ein Denken in Teilen, wie in Griechenland seit dem Altertum und im sonstigen Europa seit der Neuzeit üblich. Dies hat zur Folge, dass die chinesische Kultur das Einzelne im Ganzen und das Ganze im Einzelnen stets mitbedenkt, so dass ihr eine scharfe Trennung oft unerwünscht und unmöglich ist: Das Einzelne ist das Ganze und das Ganze ist das Einzelne. Wir finden dies schon sehr früh auch in einem Schriftzeichen angedeutet, welches man im Sinne von *Gattung* interpretieren kann: *Ti*, Leib, meint seit dem 4. Jh. v. Chr. so etwas wie den Körper einer Kunst, einer Schrift. Hierin sind der Körper wie Körperteil gleichzeitig enthalten. Unter dem Gelehrten Yang Xiong (53–18) wandelt sich dieses Zeichen erstmals zu der Bedeutung von *literarische Gattung*, und unter einem Dichter wie Cao Pi (187–226) wird diese Sicht zu einem Allgemeingut. *Ti* steht nun für ein Mehrfaches: Es ist Ganzes und Teil, es kann also eine Versform meinen oder eine Gattung, einen Stil und ein Subgenre. *Literatur* sollte nach modernem Verständnis, ob im Abendland oder in China, vor allem Lyrik, Drama und Prosa umfassen. Doch die traditionelle chinesische Auffassung, »Literatur, Geschichte und Philosophie lassen sich nicht trennen« (*wen shi zhe bu fen*), hat in Theorie und Praxis bis heute zu einer Vermischung dieser drei genannten Bereiche geführt, und das nicht nur in der chinesischen, sondern auch in der westlichen historischen Erfassung von Chinas Literatur (vgl. z. B. Schmidt-Glintzer 1990; Emmerich 2004; anders Kubin 2002–2009). Eine Geschichte der chinesischen Literatur ist daher oftmals in nuce gleichzeitig eine Geschichte der chinesischen Philosophie, ja eine Historie von China. Der Begriff *Literatur* meint nämlich für China bis zum Ende des Kaiserreiches (1911) und mitunter darüber hinaus im weiten Sinne alles Schrifttum: alles Geschriebene gilt als Literatur. Dieses umfassende Verständnis geht auf die Praxis der Frühen Han-Dynastie (206 v. Chr. – 23 n. Chr.) zurück. Die klassischen Gelehrten Liu Xiang (79–8 v. Chr.) und dessen Sohn Liu Xin (46 v. Chr. – 23 n. Chr.) hatten hier die Aufgabe, das gesamte schriftlich überlieferte Wissen für die kaiserliche Bibliothek zu sichten, zu klassifizieren und vielleicht sogar zu zensieren. Das Wort für Literatur in der modernen chinesischen Hochsprache ist jüngeren Datums. Das Binom *wenxue* im heutigen Sinne von Literatur ist entweder von den Jesuiten im 17. Jh. oder von den protestantischen Missionaren im 19. Jh. geprägt worden. Möglich ist aber auch eine Entlehnung aus dem Japanischen, wo das Binom *bungaku* ausgesprochen wird. Es besteht aus zwei urtümlich chinesischen Zeichen, die man frei mit »die Lehre (*xue*) vom Geschriebenen (*wen*)« übersetzen könnte.

Das chinesische Zeichen *wen* bedeutet ursprünglich ›Brandzeichen auf der Haut eines Tieres‹ und hat dann im Laufe der Zeit verschiedene Bedeutungen angenommen, die sich schlussendlich als kosmologisches Muster der Welt, als Kultur zusammenfassen lassen. *Wen* meint daher im weitesten Sinne die schriftlich fixierte ethisch-moralische Grundlage der chinesischen Gesellschaft. Und dieser Grundlage hatte das Geschriebene zu dienen. Da nun *xue* urtümlich »nachahmen« bedeutete, ließe sich *wenxue* auch als »Nachahmung der überkommenen Ordnung« verstehen.

Nach der ersten Reichseinigung und Ausrufung des Kaisertums unter der Qin-Dynastie (221–206) war eine allgemeine Vereinheitlichung in die Wege geleitet worden, welche auch die Schriftzeichen umfasste. Diese Vereinheitlichung wurde unter dem Kaiser Wu (reg. 141–87) der Han-Dynastie fortgesetzt. Mit der Erhebung des Konfuzianismus zur Staatsdoktrin wurden alle anderen philosophischen Lehren ins Abseits gestellt. Und im Zuge der Edierung überlieferter Werke wurde eine Bearbeitung und Einteilung vorgenommen, die den klassischen Schriften ihre heute bekannte Form gaben. Eine nur bedingte Einsicht in ihre urtümliche Form geben seit einigen Jahrzehnten Ausgrabungen, doch die Urform soll hier nicht weiter verfolgt werden, weil sie keine lange, uns heute bekannte Geschichte gemacht hat und vielleicht, falls einmal gänzlich rekonstruiert, nur von historischem Interesse sein wird.

Im *Hanshu* (vgl. Schwermann), in der Geschichte der Frühen Han-Dynastie (um 100 n. Chr.), ist nun eine Art Literaturkatalog überliefert, welcher auf Liu Xiang zurückgeht. Sein Titel *Yiwen zhi* ließe sich mit »Aufzeichnung der Disziplinen und Werke« übersetzen. Dieser Katalog führt fort, was einmal in den »Sieben Abteilungen«, im *Qilüe* des Liu Xiang, zusammengetragen war, aber großteils verloren gegangen ist. Die Gattungen, die heute das *Hanshu* überliefert, umfassen u. a. (a) kanonische Schriften der Literatur, Geschichte und Philosophie, (b) Werke der Philosophen, aber auch der »Erzähler« (*xiaoshuojia*), (c) Poesie und Prosa, (d) Schriften von Militär und Technik, (e) Handbücher zur Berechnung des Kosmos (Astrologie, Orakelkunde), (f) Klassiker der Medizin und der Lebensführung. Etwas einfacher scheint es uns der erste große Literaturkritiker Chinas, Liu Xie (465–520), mit seiner literaturtheoretischen Schrift *Das literarische Schaffen ist wie das Schnitzen eines Drachen* (*Wenxin diaolong*) zu machen, der die Literatur in Gereimtes (*wen*) und Ungereimtes (*bi*), d. h. in den hohen Ton des Genusses und in den niedrigen Ton der Praxis unterteilt. Doch ein Blick in seine Auflistung zeigt, dass auch hier Heterogenes zusammengestellt worden ist. Unter der Rubrik »Reim« finden wir Poetik ebenso wie Gebete oder Grabinschriften, und unter der Rubrik »Prosa« Humorvolles ebenso wie Historisches oder Briefe (Liu Xie 2007, 11). Der Verfasser hat lediglich eine formale, keine inhaltliche Unterscheidung vorgenommen.

Aus dieser Fülle von Gattungsbezeichnungen bahnt sich bereits seit dem 3. Jh. eine Vereinfachung an, die mit dem Literaturkatalog der *Geschichte der Sui-Dynastie* (589–617; Suishu, 629–636) dokumentiert ist und bis zum Ende der Kaiserzeit als Leitlinie Gültigkeit behält, ja darüber hinaus gar bis in die Gegenwart traditionelle Sammelwerke (*congshu*) in inländischen wie ausländischen Bibliotheken prägt. Sie fasst sich in den Binomen *sibu* (Vier Abteilungen) bzw. *siku* (Vier Magazinen) zusammen. Darunter ist das Folgende zu verstehen: Zur Tang-Zeit (618–907), also zur Zeit der Abfassung des *Suishu*, brachte man Bücher in dem Kaiserpalast von Chang'an (heute Xi'an) auf vier verschiedene Standorte verteilt unter und kennzeichnete diese zusätzlich durch die Farben gelb, weiß, purpurn und rot. Das waren einmal die Klassiker (*jing*), die Geschichtswerke (*shi*), die Philosophen (*zi*), die Sammelwerke (*ji*). Doch so klar diese neue Einteilung auch wirken mag, so verwirrend muss sie für ein westliches Auge sein, denn unter den »Philosophen« z. B. finden wir nach wie vor die »Erzähler«, die Astronomie und die Mathematik, ja selbst die Mantik. Es ist daher nicht verwunderlich, wenn unter westlichem Einfluss schon vor dem Untergang des chinesischen Kaiserhauses eine neue Sichtung des traditionellen Schrifttums in China vorgenommen wurde.

Beschränken wir uns auf den Begriff von Literatur als schöner Literatur im westlichen Sinne, so ist zunächst zu sagen, dass der Roman und das Theater im Unterschied zur Poesie und dem Essay im traditionellen China überwiegend nicht als salonfähig galten.

Poesie und Essay waren der klassischen Sprache verpflichtet. Was sich jedoch langsam seit der Tang-Zeit an Erzählform und seit der Yuan-Zeit (1279–1368) an dramatischer Gestalt herausbildete, hatte entweder eine Nähe zum ›Volk‹ und seiner Kultur oder war der Umgangssprache verpflichtet. Die Erzählung, der Roman, das Theaterstück, denen mit der Ming-Zeit (1368–1644) faktisch im Publikationswesen und bei der Leserschaft eine eigentlich nicht mehr zu leugnende Präsenz gelang, wurden im Großen und Ganzen vom Literaten-Beamten gleichwohl nicht als kanonfähig angesehen. Dies hatte zur Folge, dass um die Zeit der Bewegung vom 4. Mai 1919, da China als Republik (1912–1949) erneuert werden sollte, der Roman und das Theater als Literaturgattungen neu entdeckt wurden. Doch zuvor hatte die Literatur als Literatur im engen Sinne erkannt und erfasst zu werden. Noch bevor China eine eigene Literaturgeschichte (1904) erstellte, hatte Deutschland eine Geschichte der chinesischen Literatur (1902) – natürlich der chinesischen Gattungstheorie verpflichtet – vorgelegt (Grube 1902, 467). China folgte erst, nachdem eine japanische Geschichte seiner Literatur 1903 übersetzt worden war und den Blick für das Spezifische des überkommenen Schrifttums öffnete.

Um unserem Gegenstand gerecht zu werden, muss zugestanden werden, dass die eigentliche Pionierarbeit zu den Gattungen der chinesischen Literatur nicht unmittelbar in China stattfand, sondern im Ausland. Der Grund ist denkbar einfach. Während das Ausland im 20. Jh. das chinesische Erbe verstärkt wissenschaftlich zu sichten begann, hatte China es vorgezogen, sein traditionelles Erbe zu hinterfragen, mitunter abzulehnen, um sich schneller modernisieren zu können. Ansatzweise seit 1919, vollends seit der Errichtung der Volksrepublik 1949. Dabei wurde unter dem Einfluss der Sowjetunion für den Akt der systematischen Ablehnung sogenannter rückständiger Werke bzw. der systematischen Anhebung sogenannter fortschrittlicher Werke als vermeintlich realistisches, protosozialistisches, nationales Gut eine Einteilung der bisherigen Literatur in Lyrik, Drama und Prosa vorgenommen. Es wurde dabei mancher sogenannter Nationaldichter kreiert. Man wollte eben auch in China seinen Shakespeare haben.

Die Pionierarbeit des Westens ist nicht ohne die frühe Pionierarbeit einzelner chinesischer Gelehrter zu verstehen. Um die Vergangenheit aufzuwerten und dabei Entwicklungen aufzuspüren, die im Einklang mit Theorie und Praxis des Westens standen, wurden das Theater, die umgangssprachliche Erzählweise und der Roman vor und nach dem 4. Mai

1919 als ernstzunehmende Gattungen neu entdeckt und historisch aufgearbeitet. Ihre Pioniere, Wang Guowei (1877–1927) (Kogelschatz 1986) für das Theater (1912), Hu Shi (1891–1962) (Hu Shi o. J.) für die umgangssprachliche Literatur (1928) und Lu Xun (1881–1936) (Lu Xun 1981) für den Roman (1923–1924), sind heute hoch angesehene Literati. Gleichwohl hat ihre wissenschaftlich fundierte Einschränkung der Literatur auf Lyrik, Drama und Erzählung die alte Sicht des Schriftkanons langfristig nicht außer Kraft setzen können. Bis heute wird z. B. im chinesischen Sprachraum *Das Buch der Lieder* (*Shijing*) als »historisches Material« klassifiziert, werden die Philosophen der Antike der Prosa zugerechnet und die frühen Historiker literarisch betrachtet.

Es nimmt daher nicht Wunder, dass einer der ersten Sinologen im Westen, der sich mit den Gattungen in der chinesischen Literatur auseinandergesetzt hat, James Robert Hightower, seine heute immer noch als gültig anzusehende Gattungsgeschichte (1949, 1952, 1966) ganz ›chinesisch‹ mit den Klassikern, Philosophen und Historikern beginnen lässt (Hightower 1966). Als erste literarische Gattungen führt er *Die Lieder des Südens* (*Chuci*) und die poetische Beschreibung (*fu*) an. Das eine ist eine Anthologie schamanistischer Gesänge um 300 v. Chr., und das andere ist eine Gattung, die als Panegyrik (Wu 2008) zur Han-Zeit aufkam und von chinesischer Seite der Prosa, von westlicher Seite aber der Dichtkunst zugeschlagen wird. In letzterem Fall wird der Reim also unterschiedlich gewichtet. Was hernach folgt, ist ein Kuddelmuddel an unterschiedlichen Dingen wie dem fünf- und siebensilbigen Vers, dem klassischen Achtzeiler (*lüshi*), dem klassischen Vierzeiler (*jueju*), ehe es zur Renaissance der alten Prosa (*guwen*), zum klassischen Lied (*ci*), zum Drama und zur Erzählkunst geht. Von allem bietet der Verfasser also etwas, ohne dass aus westlicher Perspektive irgendeine Klarheit im großen Ganzen gewonnen zu sein scheint. Doch hat Hightower zwei Argumente auf seiner Seite: nämlich zum einen die chronologische Entfaltung der Gattungen in China und zum anderen die chinesische Sicht der Dinge.

Am Anfang der chinesischen Geschichte steht zwar die Lyrik mit dem *Buch der Lieder* (um 700 abgeschlossen), aber es folgen dann die Philosophen (um 500), die mitunter reimen konnten, so z. B. Laotse mit seinem *Tao Te King* (Daodejing). Mit und neben den Philosophen etablieren sich, von den Historikern einmal abgesehen, am Ende der Antike (206 v. Chr. bis 220 n. Chr.) und zu Beginn des frühen Mittelalters (220–618) die Dichter, die die sakralen Formen der Poesie durch weltliche Formen ersetzen und somit die klassische Dichtung des späten Mittelalters (618–960) vorbereiten helfen (Owen 2006). Ihnen folgen im 9. Jh. die Essayisten, die das Altertum sprachlich und geistig wieder begründen wollen. Es gelingt ihnen schließlich, die Vorherrschaft des klassischen Gedichtes (*shi*) und des klassischen Liedes (*ci*) zu brechen und der klassischen Prosa (*guwen*) zum Siegeszug zu verhelfen, eine Prosa, welche unter veränderten ästhetischen und weltanschaulichen Bedingungen die taoistische und buddhistische Sicht der Lyrik durch eine konfuzianische Wahrnehmung ersetzt. Gegen den neuerlichen Sieg des Konfuzianismus in der Neuzeit (960–1840) stehen literarisch und ideologisch das Theater und der Roman, die, ohne diese Anerkennung zu gewinnen, die wichtigsten Gattungen der chinesischen Literatur seit der Mongolenzeit (1279–1368) werden. Entsprechend wuchs ihre Leserschaft nicht nur in China, sondern auch im Ausland.

Der amerikanische Sinologe James J. Y. Liu (1926–1986) hat Ende der 1970er Jahre eine Art Handbuch zur chinesischen Literatur für Nichtspezialisten vorgelegt (Liu 1979). Es ist dies meines Wissens nach das erste seiner Art, welches gemäß modernem literaturwissenschaftlichem Verständnis das auf uns gekommene Schrifttum aus dem Reich der Mitte auf die wenigen Gattungen wie Poesie, Prosa, Novelle bzw. Roman und Theater reduziert. Dabei gelingen ihm tiefgehende Einsichten in das innere Wesen der chinesischen Dichtung, Essayistik, Erzähl- und Bühnenkunst. Gleichwohl fällt auch er mit seiner Eingliederung der *Historischen Aufzeichnungen* (*Shiji*) von Sima Qian (145 – ca. 89) unter die Prosa in traditionelles Denken zurück (ebd., 33–36). Eine Konzentration auf strenge literaturwissenschaftliche Gattungen, wie sie Günther Debon (Debon 1989) in der Praxis für die chinesische Lyrik einmal angedacht hat, ist nach wie vor die Ausnahme. Lediglich die Bonner Geschichte der chinesischen Literatur (Kubin 2002–2009) hat dort fortzufahren versucht, wo James Liu und der Heidelberger Sinologe aufgehört haben. Erlaubt sei dennoch der Hinweis auf den Beitrag von Karl-Heinz Pohl, der sich vielfach unseres Themas angenommen hat (Pohl 2007).

Literatur

Debon, Günther: *Chinesische Dichtung. Geschichte, Struktur, Theorie*. Leiden u. a. 1989.
Emmerich, Reinhard (Hg.): *Chinesische Literaturgeschichte*. Stuttgart, Weimar 2004.
Grube, Wilhelm: *Geschichte der chinesischen Litteratur*. Leipzig 1902.

Hightower, James Robert: *Topics in Chinese Literature. Outlines and Bibliographies*. Cambridge (MA) 1966.
Hu Shi: *Baihua wenxue shi* (Geschichte der chinesischen Literatur in Umgangssprache). O. O. o. J.
Kogelschatz, Herman: *Wang Kuo-wei und Schopenhauer. Wandlung des Selbstverständnisses der chinesischen Literatur unter dem Einfluß der klassischen deutschen Ästhetik*. Stuttgart 1986.
Kubin, Wolfgang: *Geschichte der chinesischen Literatur*. Bde. 1–7. München 2002–2009.
Liu, James J. Y.: *Essentials of Chinese Literary Art*. North Scituate (MA) 1979.
Liu, Xie: *Wenxin diaolong. Das literarische Schaffen ist wie das Schnitzen eines Drachen*. Übers. v. Li Zhaoshu. Bochum/Freiburg 2007.
Lu, Xun: *Kurze Geschichte der chinesischen Romandichtung*. Peking 1981.
Owen, Stephen: *The Making of Early Chinese Classical Poetry*. Cambridge (MA), London 2006.
Pohl, Karl-Heinz: *Ästhetik und Literaturtheorie in China. Von der Tradition bis zur Moderne*. München 2007.
Schmidt-Glintzer, Helwig: *Geschichte der chinesischen Literatur*. München 1990.
Schwermann, Christian: »Gattungsdynamik in der traditionellen chinesischen Literatur: Von der ›Erläuterung‹ (*shuo*) zur ›Erzählung‹ (*xiaoshuo*)«. In: Stephan Conermann (Hg.): *Was sind Genres? Nicht-abendländische Kategorisierungen von Gattungen*. Hamburg 2010, 47–85.
Wu, Fusheng: *Written at Imperial Command. Panegyric Poetry in Early Medieval China*. Albany 2008.

Wolfgang Kubin

12. Sozialwissenschaftliche Gattungsforschung

Seit Beginn der 1980er Jahre findet in der deutschsprachigen soziologischen Theorie eine deutliche Hinwendung zur Kommunikation statt (Schütz/Luckmann 1979/1984; Habermas 1981; Luhmann 1984). Parallel dazu treten in der empirischen Forschung eine Reihe neuer Ansätze hervor (Ethnomethodologie, Konversationsanalyse, Ethnographie der Kommunikation, einige hermeneutische Verfahren), die alle eine Nähe zur sozialkonstruktivistischen Wissenssoziologie aufweisen. Die soziologische Erforschung natürlicher Kommunikation steht im deutschsprachigen Raum in engem Zusammenhang mit der Wissenssoziologie.

Gegenstand der soziologischen Gattungsforschung ist die Verwendung von Sprache und anderen Zeichensystemen in Interaktionssituationen. Ende der 1960er Jahre beginnt die wissenssoziologische empirische Erforschung der sprachlichen Konstitution der Wirklichkeit (Luckmann 1973; Soeffner 1979). Im Laufe der 1980er Jahre vollzieht sich eine allmähliche Emanzipation von der Sprache und eine Hinwendung zur Erforschung von kommunikativen Handlungen in einem breiteren Sinne. Schließlich etabliert sich ein eigenes ›kommunikatives Paradigma‹ der Wissenssoziologie (Knoblauch 1995; Luckmann 2006). Ziel der wissenssoziologischen Kommunikationsforschung ist die Rekonstruktion der Prozesse, in denen Wissen *in situ* – also im Handeln – hergestellt, vermittelt und transformiert wird. Dieses empirische Interesse traf sich mit dem sozialen Wandel und insbesondere mit der Bedeutungszunahme der Kommunikation (Knoblauch 1996): Im Zuge der rasanten Wissensausdifferenzierung steigt die Notwendigkeit, divergierende Sonderwissensbereiche kommunikativ miteinander zu verknüpfen. Diese Prozesse erhöhen die Kommunikationsintensität und -dichte. Verstärkt wird dieser Effekt durch die Mediatisierung als Ausbreitung und massenhafte Nutzung von Kommunikationstechnologien. Mediatisierung erfordert ihrerseits zusätzliche Kommunikation, um die Standardisierungen medialer Kommunikation zu »heilen« bzw. an das situative Handeln anzupassen (Knoblauch 1995). Schließlich bedingt die wachsende Pluralisierung der Lebenswelten einen Rückgang intersubjektiv geteilter Wissensbestände.

Vermehrte Kommunikation zwingt allerdings weder zu ›kommunikativer Rationalität‹ (Habermas) noch zur Systembildung (Luhmann), ebenso wenig kann sie als ›entkörperter Diskurs‹ aufgefasst werden.

Vielmehr bedarf Kommunikation notwendigerweise (a) handelnder Subjekte. Außerdem findet (b) eine ›sekundäre Traditionalisierung‹ statt: Im kommunikativen Handeln bilden sich Formen und Muster aus. Diese stehen wiederum den Handelnden als Wissen zur Verfügung. Sie bilden einen Orientierungsrahmen in dem sich rasch verändernden Fluss der Kommunikation. Mit Luckmann (1986) bezeichnen wir diese Formen und Muster als *kommunikative Gattungen*.

Handelnde können sich solcher in der Regel institutionell eingebetteter Muster und Formen zur Verständigung und zur Interpretation bedienen. Kommunikative Gattungen prägen insofern das kommunikative Handeln vor. Sie bilden »die mehr oder minder selbstverständliche und verbindliche Grundlage für die Einweisung ›natürlicher‹ menschlicher Organismen in eine ›künstliche‹ geschichtlich-gesellschaftliche Welt« (Luckmann 2002, 158). Luckmann entwickelte eine Theorie und Methodologie ›kommunikativer Gattungen‹ als Soziologie kommunikativer Darstellungs- und Deutungsformen. Sie baut auf Vološinov (1929) und Bachtin (1959) auf und dient der Untersuchung der für den gesellschaftlichen Aufbau der Wirklichkeit konstitutiven, routinisierten Vorgänge, in denen Wissen dargestellt, bearbeitet, gespeichert und tradiert wird.

Zweifellos sind nicht alle kommunikativen Vorgänge in menschlichen Gesellschaften gattungsartig verfestigt. Ebenso wenig orientieren sich die an der Kommunikation Beteiligten in ihrem Handeln immer an Formvorgaben einer Gattung. ›Spontane‹ kommunikative Vorgänge stehen allerdings solchen gegenüber, in denen das Handeln der Beteiligten in seinem Ablauf über eine gewisse Zeitspanne hinweg durch ein Gesamtmuster bestimmt ist, in dem die Kombination einzelner kommunikativer Elemente mehr oder minder verbindlich sozial vorgegeben ist und sich dementsprechend ›verfestigte‹ Formen erkennen lassen. Kommunikative Gattungen sind den Handelnden als Bestandteile des gesellschaftlichen Wissensvorrats verfügbar und sind im konkreten kommunikativen Handeln typisch erkennbar. In der Summe bilden sie den ›kommunikativen Haushalt‹ (Luckmann 1988) einer Gesellschaft.

Mit Blick auf gesellschaftliche Strukturen ist bedeutsam, dass kommunikative Probleme, die regelmäßig wiederkehren und deswegen von gesellschaftlicher Relevanz sind, entsprechend rekursive Lösungen in bestimmten Formen und Mustern finden. Kommunikative Gattungen bezeichnen folglich kommunikative Prozesse, die sich gesellschaftlich verfestigt haben. Weil sie situativ wiederkehrende Probleme lösen, sind funktionale und sozialstrukturelle Faktoren, die Situationen typischerweise beeinflussen, entscheidend an der Prägung kommunikativer Gattungen beteiligt. Gattungen stellen historisch und kulturell spezifische, gesellschaftlich verfestigte und formalisierte Lösungen kommunikativer Probleme dar. Deren – von Gattung zu Gattung unterschiedlich ausgeprägte – Aufgabe besteht in der Bewältigung, Vermittlung und Tradierung intersubjektiver Erfahrungen der Lebenswelt. Grundfunktion kommunikativer Gattungen ist folglich die entlastende Bewältigung untergeordneter Handlungsprobleme.

Gattungen sind jedoch nicht nur strukturell definiert, sondern direkt in das Wissen der Handelnden eingelassen. Einerseits dienen sie Handelnden als Orientierung, andererseits erleichtern sie die Kommunikation und entlasten die Kommunizierenden, indem sie die Synchronisation der Handelnden und die Koordination ihrer Handlungsteile mittels mehr oder weniger vorbestimmter Muster in halbwegs verlässliche, bekannte und gewohnte Bahnen lenken (Knoblauch 1995, 162 ff.). Gattungen bilden somit Rahmen, auf die sich Interagierende sowohl bei der Produktion kommunikativer Handlungen als auch bei ihrer Rezeption beziehen. Das Wissen darüber, dass kommunikative Vorgänge mit bestimmten Funktionen in typischen Situationszusammenhängen auf bestimmte Weise verlaufen, steuert also nicht nur das kommunikative Handeln, sondern auch die Deutung dieses Handelns.

Die soziologische Gattungsanalyse richtet sich keineswegs nur auf reine Gattungen, sondern auf Verfestigungen kommunikativer Abläufe allgemein, also auf Formen der Kommunikation. Weil diese Verfestigungen als routinisierte Muster als Folge typischer gesellschaftlicher Handlungsproblemen anzusehen sind, verweisen sie auf soziale Funktionen. Genau dieses Verhältnis von Form und Funktion erlaubt eine Rückanbindung der empirischen Gattungsforschung an die Gesellschaftstheorie.

Die Gattungsanalyse als Methode wissenssoziologischer Forschung

Mit der Gattungsanalyse hat die soziologische Gattungstheorie eine eigene Methode entwickelt. Sie untersucht auf der Grundlage korpusbildender Datensammlungen natürlicher Kommunikationsdaten die Struktur kommunikativer Abläufe empirisch auf verschiedenen Ebenen. Die Gattungsanalyse ist ein wesentlich interpretatives und essenziell komparativ vorgehendes Verfahren. Zur Analyse kommunikativer Gattungen wurde zunächst eine Differenzierung zwischen der ›Binnenstruktur‹ textueller Elemente und der ›Außenstruktur‹ vorgenommen, die sich auf sozialstrukturelle Aspekte bezieht (Luckmann 1986, 203). Dazwischen liegt die Strukturebene der ›interaktiven Realisierung‹ (Günthner/Knoblauch 1994). Methodisch hat die Gattungsanalyse ein Übersetzungsproblem zu lösen, denn es gilt, die für eine Kultur und Gesellschaft typischen Verständigungsformen als ›Konstruktionen erster Ordnung‹ (Schütz 2004) zu rekonstruieren und in eine wissenschaftliche Sprache zu übersetzen, die Vergleiche zwischen den Konstruktionen erster Ordnung erlaubt. Dabei richtet sich die empirische Gattungsanalyse jedoch nicht auf Taxonomien, Textsorten oder Semantiken, sondern auf einen Vergleich kommunikativer Abläufe, der die soziale Situation der Verwendung und der strukturellen Bedingungen berücksichtigt. Zu betonen ist, dass kommunikative Gattungen keine statischen Größen sind, sondern in ihrer Nutzung im Handeln bzw. in ihrer »Performanz« (Schnettler/Knoblauch 2007) betrachtet werden – einerlei, ob es sich um die Ausführung einer medizinischen Operation handelt, um die Durchführung eines Verkaufsgesprächs oder das Lesen eines Schrifttextes. Weil Gattungen eine zeitliche Struktur aufweisen, gilt es, diese systematisch und methodisch kontrolliert zu rekonstruieren. Damit weist die Gattungsanalyse eine Nähe zur Sequenzanalyse als hermeneutischem Verfahren (Soeffner 2004) und zur ethnomethodologischen Konversationsanalyse (Bergmann 1981) auf. Zugleich geht sie über diese beiden methodischen Instrumentarien hinaus. Denn mit der erwähnten Betonung des systematischen Vergleichs auf drei analytischen Ebenen zielt sie letztlich darauf ab, die unterschiedlichen Verfestigungsgrade von Gattungen, ihre substantiell zu differenzierenden Untertypen sowie ihre situativen Handlungskontexte und sozialstrukturellen Rahmenbedingungen zu erfassen.

In zahlreichen Untersuchungen hat sich die soziologische Gattungsanalyse als fruchtbar erwiesen (Günthner/Knoblauch 1994). Neben linguistischen Arbeiten (Günthner 2000, Kotthoff 1999) finden sich vor allem sprachsoziologisch orientierte Analysen, wie etwa jene zu Klatschgesprächen (Bergmann 1987), Konversionen (Ulmer 1988) oder Argumentationen (Keppler 1994). Anfangs standen vor allem informelle kommunikative Akte im Mittelpunkt. Später bildeten sich drei neue Interessenschwerpunkte: (a) Untersuchungen sprachlicher Interaktionen in institutionellen Kontexten (z. B. Christmann 1999), (b) Formen moralischer Kommunikation (z. B. Bergmann/Luckmann 1999) und (c) mediale Kommunikationsformen (z. B. Keppler 1985; Knoblauch/Raab 2002).

Auf der Grundlage zahlreicher empirischer Arbeiten hat die Gattungsanalyse zu einer theoretischen Neuorientierung der Wissenssoziologie und des Sozialkonstruktivismus beigetragen, die als »kommunikative Konstruktion« bezeichnet wird (Knoblauch 1995, Luckmann 2002a). Damit wird die konstitutive Bedeutung kommunikativen Handelns für das gesellschaftliche Leben und die Ausbildung sozialer Ordnungen pointiert zum Ausdruck gebracht. Markiert ist damit ebenso eine theoretische Ausweitung der Wissenssoziologie. Sie wendet sich nicht nur dem routinisierten und gesellschaftlich vorstrukturierten Handeln zu, sondern macht gleichzeitig den im Handeln kommunikativ objektivierten *Sinn* zum Gegenstand ihrer Analysen. Das kommunikative Paradigma der ›neuen‹ Wissenssoziologie offeriert damit einen Lösungsvorschlag für das sozialtheoretische Grundproblem der ›klassischen‹ Soziologie: »Wie ist es möglich, dass subjektiv gemeinter Sinn zu objektiver Faktizität wird? Oder, in der Terminologie Webers und Durkheims: Wie ist es möglich, dass menschliches Handeln (Weber) eine Welt von Sachen (*choses*) hervorbringt« (Berger/Luckmann 1969: 20).

Aktuelle Entwicklungen

Die jüngeren Entwicklungen in der soziologischen Gattungsanalyse sind vor allem durch drei Merkmale gekennzeichnet: (a) Zum einen liegen neben Untersuchungen von Face-to-face-Kommunikation mittlerweile eine Reihe von Studien über mediale, technisch vermittelte Kommunikationsformen vor. Dabei dehnt sich die Analyse zunehmend auf die Arbeit mit *audiovisuellen Aufzeichnungen* aus. Einflüsse aus den angelsächsischen *Workplace Studies* (Heath/Knoblauch 1999) spielen hier eine wichtige Rolle. (b) Außerdem werden zunehmend komplexe Hybridgattungen untersucht, wie etwa Radiozuhörertelefonate, Botschaften auf Anrufbeantwortern oder computergestützte visuelle Präsentationen (Schnettler/Knoblauch 2007). In den Mittelpunkt der Analyse rückt die in der Linguistik als ›Multimodalität‹ bezeichnete *situative ›Orchestrierung‹* verschiedener Kommunikationsmodalitäten wie Sprache, Gestik, Mimik, Körperhaltung und technische Artefakte. Im Zentrum steht die Performanz als vielfach übergangener, situativer, prozesshafter Realisierungscharakter kommunikativen Handelns. Kommunikation besteht keineswegs aus einem Code oder einzelnen Sprechakten, sondern aus einem zeitlichen Vollzug, in dem alles aus dem *Ablaufcharakter* des Handelns selbst – und damit notwendig sequenziell – Sinn gewinnt. Empirisch erfordert der Begriff der Performanz, die prozessual entstehende Ordnung aufzuzeigen, da sich diese nicht, wie etwa der Strukturalismus und weite Bereiche der Semiotik meinen, in kontextfreien Zeichen erschöpft, sondern gerade erst in der Realisierung – eben der ›Performanz‹ – ihre eigentliche Ordnung entfaltet. (c) Dies wird schließlich in methodischer Hinsicht durch die Fortentwicklung einer interpretativen Videoanalyse als Instrument der Gattungsforschung vorangetrieben. Dabei spielt die Videographie eine zentrale Rolle (vgl. Knoblauch/Schnettler/Soeffner/Raab 2006).

Literatur

Bachtin, Michail M.: *Speech Genres and Other Essays* [1959]. Austin 1986.
Berger, Peter L./Luckmann, Thomas: *Die gesellschaftliche Konstruktion der Wirklichkeit*. Frankfurt a. M. 1969.
Bergmann, Jörg R.: *Klatsch. Zur Sozialform der diskreten Indiskretion*. Berlin 1987.
Bergmann, Jörg R.: »Ethnomethodologische Konversationsanalyse«. In: Peter Schröder/Hugo Steger (Hg.): *Dialogforschung*. Düsseldorf 1981, 9–52.
Bergmann, Jörg R./Luckmann, Thomas (Hg.): *Kommunikative Konstruktion von Moral*. 2 Bde. Opladen 1999.
Christmann, Gabriele B.: »Moralisierungsaspekte in der Kommunikation von Ökogruppen«. In: Jörg Bergmann/Thomas Luckmann (Hg.), *Von der Moral zu den Moralen*. Opladen 1999, 215–235.
Günthner, Susanne: *Vorwurfsaktivitäten in der Alltagsinteraktion. Grammatische, prosodische, rhetorisch-stilistische und interaktive Verfahren bei der Konstitution kommunikativer Muster und Gattungen*. Tübingen 2000.
Günthner, Susanne/Knoblauch, Hubert: »›Forms are the food of faith‹. Gattungen als Muster kommunikativen Handelns«. In: *Kölner Zeitschrift für Soziologie und Sozialpsychologie* 46, 4 (1994), 693–723.
Habermas, Jürgen: *Theorie des kommunikativen Handelns*. 2 Bde. Frankfurt a. M. 1981.
Heath, Christian/Knoblauch, Hubert: »Technologie, Interaktion und Organisation: Die Workplace Studies«. In: *Schweizerische Zeitschrift für Soziologie* 25, 2, (1999) 163–181.
Keppler, Angela: *Präsentation und Information. Zur politischen Berichterstattung im Fernsehen*. Tübingen 1985.
Keppler, Angela: *Tischgespräche. Über Formen kommunikativer Vergemeinschaftung am Beispiel der Konversation in Familien*. Frankfurt a. M. 1994.
Kotthoff, Helga: »Die Kommunikation von Moral in georgischen Lamentos«. In: Jörg Bergmann/Thomas Luckmann (Hg.): *Von der Moral zu den Moralen*. Opladen 1999, 50–80.

Knoblauch, Hubert: *Kommunikationskultur: Die kommunikative Konstruktion kultureller Kontexte*. Berlin 1995.
Knoblauch, Hubert u. a. (Hg.): *Video-Analysis. Methodology and Methods*. Frankfurt a. M., New York 2006.
Luckmann, Thomas: »Aspekte einer Theorie der Sozialkommunikation«. In: Hans Peter Althaus u. a. (Hg.): *Lexikon der Germanistischen Linguistik*. Tübingen 1973, 1–13.
Luckmann, Thomas: »Grundformen der gesellschaftlichen Vermittlung des Wissens: Kommunikative Gattungen«. *Kölner Zeitschrift für Soziologie und Sozialpsychologie*, Sonderheft 27 (1986), 191–211.
Luckmann, Thomas: »Kommunikative Gattungen im kommunikativen Haushalt einer Gesellschaft«. In: Gisela Smolka-Kordt u. a. (Hg.): *Der Ursprung der Literatur*. München 1988, 279–288.
Luckmann, Thomas: »Der kommunikative Aufbau der sozialen Welt und die Sozialwissenschaften«. In: Ders: *Wissen und Gesellschaft*. Konstanz 2002, 157–181.
Luckmann, Thomas: »Das kommunikative Paradigma der ›neuen‹ Wissenssoziologie«. In: Ders.: *Wissen und Gesellschaft*. Konstanz 2002, 201–210 (= 2002a).
Luckmann, Thomas: »Die kommunikative Konstruktion der Wirklichkeit«. In: Dirk Tänzler u. a. (Hg.): *Neue Perspektiven der Wissenssoziologie*. Konstanz 2006, 15–26.
Luhmann, Niklas: *Soziale Systeme. Grundriß einer allgemeinen Theorie*. Frankfurt a. M. 1984.
Schnettler, Bernt/Knoblauch, Hubert (Hg.): *Powerpoint-Präsentationen. Neue Formen der gesellschaftlichen Kommunikation von Wissen*. Konstanz 2007.
Schütz, Alfred: »Common-Sense und wissenschaftliche Interpretation menschlichen Handels« [1953]. In: Jörg Strübing/Bernt Schnettler (Hg.): *Methodologie interpretativer Sozialforschung. Klassische Grundlagentexte*. Konstanz 2004, 158–197.
Schütz, Alfred/Luckmann, Thomas: *Strukturen der Lebenswelt* [1979/1984]. Konstanz 2003.
Soeffner, Hans-Georg: *Auslegung des Alltags – Der Alltag der Auslegung. Zur wissenssoziologischen Konzeption einer sozialwissenschaftlichen Hermeneutik* [1991], Konstanz 2004.
Soeffner, Hans-Georg (Hg.): *Interpretative Verfahren in den Sozial- und Textwissenschaften*. Stuttgart 1979.
Ulmer, Bernd: »Konversionserzählungen als rekonstruktive Gattung. Erzählerische Mittel bei der Rekonstruktion eines Bekehrungserlebnisses«. In: *Zeitschrift für Soziologie* 17, 1 (1988), 19–33.
Vološinov, Valentin N.: *Marxismus und Sprachphilosophie. Grundlegende Probleme der soziologischen Methode in der Sprachwissenschaft* [1929]. Frankfurt a. M. 1975.

Hubert Knoblauch/Bernt Schnettler

13. Sprachwissenschaftliche Gattungsforschung

Es ist vorauszuschicken, dass es *eine* spezifisch sprachwissenschaftliche Gattungsforschung nicht gibt, sondern unterschiedliche Ausrichtungen existieren, die sich vor allem darin unterscheiden, ob sie interdisziplinär orientiert sind oder sich als genuiner Beitrag der Linguistik verstehen. Die Unterschiede schlagen sich in den Fragen nieder, was als Gegenstandsbereich sprachwissenschaftlicher Texttypologie angesehen wird, welche Klassifikationskriterien benutzt werden und wie die linguistische Typologie sich zu alltagssprachlichen Kategorien für Arten von Texten und Klassifikationen aus anderen Textwissenschaften stellt. Ich beschränke mich in diesem Beitrag auf die Textlinguistik im engeren Sinne, von der (im deutschsprachigen Raum) seit den 1960er Jahren gesprochen werden kann.

Die programmatische Begründung der Textlinguistik ist besonders eng mit dem Namen Peter Hartmann verbunden. Seine Kritik an der strukturalistisch geprägten Sprachwissenschaft betrifft im Wesentlichen zwei Punkte: Erstens beschränkt diese sich erklärtermaßen auf die Analyse des Sprachsystems (die Saussure'sche *langue*) und lässt dessen Gebrauch und die dabei entstehenden Produkte außer Acht, zweitens bestimmt sie den Satz als oberste Analyseeinheit. Dem setzt Hartmann den Entwurf einer an der Sprachverwendung orientierten ›objektadäquaten‹ Linguistik entgegen, die von der Tatsache auszugehen habe, dass das ›originäre sprachliche Zeichen‹ der Text ist und Sprache anders als in Texten gar nicht vorkommt. In diesem Sinne ist Sprachwissenschaft per se Textwissenschaft; einbezogen ist dabei natürlich auch der mündliche Sprachgebrauch.

Seitdem wird zwar sehr regelmäßig angenommen, *die* Linguistik betrachte auch Alltagsgespräche als Text. Diese Setzung ist aber auch unter Sprachwissenschaftlern umstritten geblieben, und teilweise wird Schriftlichkeit als Definitionsmerkmal für *Text* beibehalten. Wie man sich dazu aber auch stellt, mündliche (und auch gebärdete) Äußerungen gehören auf jeden Fall zum Gegenstandsbereich der (verwendungsorientierten) Linguistik, so dass die Differenz schriftlich-mündlich als wesentliches Klassifikationskriterium dient und dann zur Abgrenzung zweier Subdisziplinen, nämlich Text- und Gesprächslinguistik führt (die Gebärdensprache ist immer noch ein sehr vernachlässigter Forschungsbereich).

Wichtiger ist aber ein anderes: Der früher sehr wichtig genommenen Frage, welches die notwendigen und hinreichenden Bedingungen für die Texthaftigkeit einer Zeichenmenge sind, steht inzwischen die Annahme gegenüber, *Text* sei ein prototypisches Konzept, so dass nicht mehr darüber entschieden werden muss, ob etwas ein Text ist oder nicht, sondern inwieweit es dem besten Vertreter der Kategorie, dem Prototyp, nahe ist. Es erweist sich zudem, dass dabei der konkreten medialen Gestalt gar kein so großes Gewicht zukommt (und zwar schon wegen der leichten Umsetzbarkeit von Schriftlichem in Mündliches und andersherum). Entscheidender für prototypische Texte ist vielmehr, dass sie auf Dauerhaftigkeit bzw. Überlieferung angelegt sind. Als abstraktes Differenzierungskriterium bietet sich Geltungsdauer an. Schriftliche Produkte wie Einkaufszettel, Fahrscheine, aber auch noch Tageszeitungen befinden sich im unteren Bereich, literarische und philosophische Texte im oberen.

Als Oberbegriff für Texte und Gespräche kann noch *sprachliche Äußerung* verwendet werden. Problematischer wird die Frage, Zeichen welcher medialen Verfasstheit und welcher Zeichensysteme/Kodes zum Gegenstandsbereich linguistischer Analysen gehören, bei multimedialen bzw. multikodalen Phänomenen, also insbesondere komplexen Gebilden, die Sprachliches und Nichtsprachliches (insbesondere Gestik, Bilder aller Art und Musik) verbinden. Als Oberbegriff hierfür wird inzwischen meist *Kommunikat* verwendet. Für die Klassifikation unterscheidet man dann mono- und multimediale/-kodale Kommunikate, wobei das Verhältnis der verschiedenen Bestandteile zueinander weiter typologisiert bzw. für einzelne Kommunikate beschrieben wird.

Eine weite Auslegung des Gegenstandsbereichs der Linguistik zählt nun dazu Kommunikate aller Art, engere Auslegungen betrachten multikodale Kommunikate als Objekte interdisziplinärer Untersuchungen und beschränken sich selbst auf den sprachlichen (oder auch nur schriftlichen) Anteil.

Neben mündlich-schriftlich und monologisch-dialogisch (Gespräch) gehören ± fiktional bzw. ± literarisch zu den (bekanntlich durchaus problematischen) Differenzierungskriterien für Texte/Kommunikate. Eine von ihrem Einfluss her recht bedeutsame Ausrichtung der Textlinguistik schließt nun literarische Texte aus ihrem Gegenstandsbereich aus und beschränkt ihn auf Gebrauchstexte. Der Hauptvertreter diese Ausrichtung ist zweifellos Klaus Brinker mit seiner einflussreichen Einführung in die Textlinguistik (1985/[7]2010). Am massivsten kommt sie zum

Ausdruck in dem von Brinker mit herausgegebenen großen Handbuch zur Text- und Gesprächslinguistik (Brinker u. a. 2000/01), das den Anspruch erhebt, die für die schriftliche Kommunikation wesentlichen Kommunikationsbereiche mit den für sie jeweils konstitutiven Textsorten (vgl. ebd. Bd. 1, XIXf.) vorzustellen, aber kein Kapitel zu literarischen Texten enthält. Dies ist geeignet, die häufige Gegenüberstellung von Textsorten/Texttypen (untersucht in der Linguistik) und Gattungen (untersucht von der Literaturwissenschaft) zu zementieren.

Dass literarische Gattungen in linguistischen Texttypologien oft unberücksichtigt bleiben, erklärt sich bis zu einem bestimmten Grad aus einer Entscheidung über den eigenen Gegenstandsbereich, der auf einer anderen Ebene liegt, nämlich die Frage betrifft, auf welcher Abstraktionsebene gearbeitet werden soll. Auch hier plädiert Hartmann für eine denkbar weite Auslegung. Zu untersuchen seien nämlich einerseits sog. textbildende, d. h. allen Texten zukommende Eigenschaften, andererseits sog. textformende Eigenschaften, die Unterschiede zwischen verschiedenen Texten betreffen. Textformende Eigenschaften können sich nun sowohl auf ›Arten, Sorten, Klassen‹ von Texten beziehen als auch auf Einzeltexte, insbesondere solche »individueller Prägung« (Hartmann 1964, 8), »die auf Einmaligkeit angelegt und also deutlich anders als normalsprachliche Texte sind« (ebd., 12). Wir haben es also mit drei grundlegenden Ebenen zu tun: dem Text überhaupt, Klassen von Texten mit spezifischeren rekurrenten Merkmalen – darunter natürlich auch die literarischen Gattungen bzw. »die vielfältigen Textsorten [...], die als literarische Texte zu werten sind« (ebd., 2) – und schließlich die Ebene des Einzeltextes, »wobei man in Texten individueller Prägung besonders auf das Nichtrekurrente achten wird« (ebd., 8).

In Fortführung der strukturalistischen Tradition, nach der es in der Linguistik nie um das Spezifische des je individuellen Sprachgebrauchs, sondern immer nur um verallgemeinerbare Regularitäten geht, wird nun diese letzte Ebene teilweise aus der Betrachtung ausgeschlossen und die Untersuchungen konzentrieren sich auf relativ anspruchslose Gebrauchstexte, die tatsächlich wenig individuelle Prägung aufweisen, da sie durch Reproduktion eines überlieferten Schemas zustande kommen. Dies lässt auch die zur ›Standarddefinition‹ von *Textsorte* gewordene Bestimmung von Brinker erkennen: »Textsorten sind konventionell geltende Muster für komplexe sprachliche Handlungen und lassen sich als jeweils typische Verbindungen von kontextuellen (situativen), kommunikativ-funktionalen und strukturellen (grammatischen und thematischen) Merkmalen beschreiben« (Brinker 1985, 124/⁷2010, 135).

Selbst wenn man sich jedoch auf die Ebene konventionell geltender Muster beschränkt, so ist doch nicht daran vorbeizusehen, dass entsprechende Texte eine mehr oder weniger ausgeprägte individuelle Prägung aufweisen: Am einen Pol stehen Texte, über die man schon (fast) alles weiß, wenn man nur die Textsorte kennt (z. B. Lottoschein oder Fahrplan), am anderen Ende solche, über die man noch (fast) nichts weiß, wenn man sie einer Klasse zugeordnet hat (z. B. Roman oder Aufsatz). Damit stellt die individuelle Geprägtheit ein Klassifikations- bzw. Beschreibungsmerkmal dar. Es handelt sich natürlich (wie bei der Geltungsdauer) eigentlich um eine Skala, die allerdings für Klassifikationszwecke in ein mehr oder weniger viele Stufen umfassendes Spektrum diskreter Ausprägungen umgeschrieben werden kann (z. B. stark-mittel-schwach oder zwischen –2 und +2). Literarische Texte gehören nun zweifellos zu denen mit besonders starker individueller Prägung (das Kriterium eignet sich auch zur Abgrenzung von Trivialliteratur!). Gleichwohl werden auch sie bestimmten Klassen, nämlich Gattungen, zugeordnet, und die Literaturwissenschaft bietet ja ein sehr umfangreiches Arsenal entsprechender Bezeichnungen. Ich sehe keinen systematischen Grund, literarische Texte von textlinguistischen Betrachtungen auszuschließen, und soweit man sich auf der allgemeinsten Ebene, dem Text überhaupt, bewegt, werden sie dort auch regelmäßig als Beispielmaterial herangezogen.

Dies führt also auf die Frage, wie das Verhältnis linguistischer Typologien zu solchen anderer Provenienz eingeschätzt wird. Unter diesem Gesichtspunkt lassen sich am ehesten Versuche einer genuin linguistischen Texttypologie ausmachen: Im Extremfall werden nämlich überlieferte Klassifikationen und auch Textsortenbezeichnungen (insbesondere alltagssprachlich geläufige) als grundsätzlich unergiebig betrachtet, da sie allenfalls vorwissenschaftlichen Charakter trügen, während eine linguistische Texttypologie im Rahmen einer (möglichst formalisierten) Texttheorie zu erstellen sei. Als Spezifikum linguistischer Herangehensweise wird also die Anwendung »möglichst streng analytischer Prozeduren« (Hartmann 1964, 12) angesehen (vgl. für eine Übersicht über diese besonders die frühe Phase der Textlinguistik kennzeichnenden und meist an der Generativistik orientierten Beiträge Dressler 1972). Zu einem konkreten Vorschlag für eine umfassende Texttypologie ist es dabei allerdings nicht gekommen.

Einen Spezialfall genuin linguistischer Ansätze stellen solche dar, die zur Klassifikation ausschließlich sprachliche Merkmale einsetzen wollen. Dazu gehört Harweg mit seinen Untersuchungen zu ›Pronomina‹, der dezidiert die Auffassung vertritt, traditionelle Klassifikationen aus der Literaturwissenschaft seien »mit linguistischen Begriffen nicht oder nur ungenau reinterpretierbar« (Harweg 1968, 327), und der darin auch keine relevante Aufgabe sieht.

Als genuin linguistisch sind auch alle empirischen Untersuchungen von Textkorpora anzusehen, die sich auf die sprachlichen oder sog. internen Merkmale konzentrieren. In der deutschsprachigen Tradition gibt es zwar viele solcher Untersuchungen mit statistischen Auswertungen zu diversen sprachlichen Eigenschaften (vgl. Adamzik 1995), sie dienen jedoch nicht der Klassifizierung, sondern werten nur die nach anderen Kriterien typologisierten Texte unter diesen Aspekten aus. Anderes gilt für die englischsprachige Tradition korpuslinguistischer Arbeiten, in denen charakteristische Kombinationen von Frequenzen sprachlicher Merkmale zur Klassifikation von *text-types* eingesetzt werden – die aber durchaus auf traditionelle (nach textexternen Kriterien ausgegrenzte) *genres* abgebildet werden (vgl. Esser 2009, 79 ff.).

Diese terminologische Differenzierung kann jedoch ebenso wenig als allgemein akzeptiert gelten wie diverse Präzisierungsversuche im Deutschen. Erwähnt sei daher nur, dass meines Wissens niemand je *Texttyp* für nach textinternen Kriterien bestimmte Klassen verwendet hat. Diesen Ausdruck wollte man vielmehr teilweise für Einheiten einer theoriebezogenen Typologie reservieren. In durchaus programmatisch-polemischer Absicht grenzte man ihn von ›traditionell überlieferten‹ Ausdrücken für *Textsorten* ab und wollte darunter eine bewusst vage gehaltene Bezeichnung für irgendwelche ohne Rücksicht auf Klassifikationsgrundsätze zusammengefasste Mengen von Texten verstehen. Diejenigen, denen die Anschlussfähigkeit der linguistischen Typologie auch an alltagssprachliche Kategorien wichtig ist, verstehen unter *Textsorten* dagegen meist Klassen sehr niedriger Abstraktionsstufe, die mittels einer Kombination von textexternen und textinternen Gesichtspunkten charakterisiert werden können (vgl. die obige Definition von Brinker, der auch in diese Gruppe gehört). Für diverse Zwischenstufen einer hierarchisch gedachten Typologie wurden dann Ausdrücke wie *Textart*, *Textklasse*, *Textsortenklasse* vorgeschlagen (vgl. so noch Heinemann/Heinemann 2002, 141 ff.). Von diesen terminologischen Vorschlägen hat sich jedoch keiner durchgesetzt und die Versuche einer sauberen hierarchischen Differenzierung von Typologisierungsstufen erwiesen sich als undurchführbar. Bemühungen um eine taxonomische Erfassung des gesamten Textuniversums, die auch eine gewisse Feingliederung umfasst, werden heute nicht mehr als realistische oder auch nur sinnvolle Aufgabe angesehen.

Vielmehr setzten sich schließlich sog. Mehrebenenklassifikationen (vgl. Heinemann/Viehweger 1991, 145 ff.) durch, bei denen einzelne Texte oder Gruppen von Texten unter verschiedenen Aspekten charakterisiert werden. Diese teilt man in aller Regel in vier Großgruppen ein: Funktion, Thema, situative Bedingungen und sprachliche Merkmale (vgl. für eine Zusammenschau der jeweils berücksichtigten Aspekte Adamzik 2004, Kap. 4–7). Die Kriterien und (Sub-)Kategorien sind natürlich je nach Kommunikationsbereich unterschiedlich (wichtig), so dass eine interdisziplinär orientierte Ausrichtung unumgänglich ist. Gut ausgebaut sind bislang die Zweige der Medien-, Wirtschafts-, Rechts-, Politikolinguistik, Fachsprachforschung und der teilweise von der Soziologie inspirierten Gesprächslinguistik.

Der spezifisch linguistische Beitrag zu diesen Interdisziplinen besteht natürlich in der Bereitstellung und Anwendung von Analysekategorien für die sprachlichen Merkmale. Den wesentlichen Beitrag einer allgemeinen sprachwissenschaftlichen Gattungsforschung sehe ich jedoch in der möglichst umfassenden Sichtung und Systematisierung der Klassifikationsansätze und Kriterien aller Dimensionen. Der Blick von einer solchen übergreifenden Warte ist nicht zuletzt insofern vorteilhaft, als Kriterien, die sich im einen Bereich aufdrängen, sich auch in anderen als nützlich erweisen können (z. B. die Kategorie der Beteiligungsrolle aus der Gesprächsanalyse für schriftliche Texte; vgl. Adamzik 2004, 84 ff.).

Die Berücksichtigung von Arbeiten u. a. aus der Psychologie, Soziologie und Intertextualitätsforschung hat auch zu einer deutlichen Verschiebung der Forschungsschwerpunkte geführt: Stand zunächst eine produktzentrierte Sichtweise im Vordergrund, die Textsorten nach möglichst objektiven Merkmalen zu bestimmen oder gar den gesamten Textkosmos nach einheitlichen Kriterien zu taxonomisieren suchte, so gewinnt inzwischen die Perspektive, aus der die Sprachteilhaber selbst mit Gattungen umgehen, immer stärkeres Gewicht. Dies führt auch zu einer Relativierung von Kommunikationsbereichen als primären und deutlich gegeneinander abgegrenzten Untersuchungsfeldern. Texte, Textsorten und auch Kommunikationsbereiche sind vielmehr miteinander vernetzt. So sind etwa literarische Texte auch eine (potenzielle) Ware (Kommunikationsbereich Wirtschaft mit Verlag, Buchhandel und inzwischen sogar Kundenrezensionen), Gegenstand des Literaturbetriebs (Medien, Kulturdezernate), des Schulunterrichts sowie diverser Arten von Sach- und Fachtexten, und gewinnen ihren spezifischen Status teilweise daraus, wie man in diesen Bereichen mit ihnen umgeht.

Literatur

Adamzik, Kirsten: *Textsorten – Texttypologie. Eine kommentierte Bibliographie.* Münster 1995 [http://www.unige.ch/lettres/alman/adamzik/alman/akt/aktbibl.html].
Adamzik, Kirsten: *Textlinguistik. Eine einführende Darstellung.* Tübingen 2004.
Brinker, Klaus: *Linguistische Textanalyse. Eine Einführung in Grundbegriffe und Methoden.* Berlin 1985, [7]2010.
Brinker, Klaus u. a. (Hg.): *Text- und Gesprächslinguistik. Ein internationales Handbuch zeitgenössischer Forschung.* 2 Bde. Berlin, New York 2000/2001.
Dressler, Wolfgang: *Einführung in die Textlinguistik.* Tübingen 1972.
Esser, Jürgen: *Introduction to English Text-linguistics.* Frankfurt a. M. u. a. 2009.
Fix, Ulla: *Texte und Textsorten – sprachliche, kommunikative und kulturelle Phänomene.* Berlin 2008.
Hartmann, Peter: »Text, Texte, Klassen von Texten«. In: *Bogawus* 2, 1964, 15–25; wieder in: Walter A. Koch (Hg.): *Strukturelle Textanalyse – Analyse du récit – Discourse Analysis.* Hildesheim, New York 1972, 1–22.
Harweg, Roland: *Pronomina und Textkonstitution.* München 1968.
Heinemann, Margot/Heinemann, Wolfgang: *Grundlagen der Textlinguistik. Interaktion – Text – Diskurs.* Tübingen 2002.
Heinemann, Wolfgang/Viehweger, Dieter: *Textlinguistik. Eine Einführung.* Tübingen 1991.
Janich, Nina (Hg.): *Textlinguistik. 15 Einführungen.* Tübingen 2008.

Kirsten Adamzik

14. Theaterwissenschaftliche Gattungsforschung

Die Theaterwissenschaft kann nicht auf eine eigenständige Gattungstheorie zurückgreifen; auch spielen im Forschungsdiskurs gattungstheoretische Fragen nur eine nachgeordnete Rolle. Hierbei handelt es sich nicht um ein zufälliges Fehlen, sondern um eine symptomatische, mitunter sogar systematische Konstellation, die zum einen in der fachgeschichtlichen Entwicklung der Theaterwissenschaft begründet ist, zum anderen in der kulturellen Praxis des europäischen Theaters. Dennoch bleibt das Verhältnis von Drama und Aufführung von zentraler Bedeutung, weil es in paradigmatischer Weise das Verhältnis von Textualität und Performativität umkreist.

Fachgeschichtliche Entwicklung

Die Entwicklung der Theaterwissenschaft im deutschsprachigen Raum als eigenständige wissenschaftliche Disziplin lässt sich nicht angemessen verstehen, ohne die Loslösung von den Philologien mitzubedenken. Bis zum Beginn des 20. Jh.s fand eine wissenschaftliche Reflexion von Theater entweder aus dem Blickwinkel der Dramentheorie statt oder in Gestalt einer Theatergeschichte, die im Wesentlichen Schauspielergeschichte war. Exemplarisch ist hier Eduard Devrients *Geschichte der deutschen Schauspielkunst* (1848–1874) zu nennen. Vor diesem Hintergrund profilierte Max Herrmann als einer der ersten Wissenschaftler eine eigenständige Theaterwissenschaft, die sich sowohl in ihrer Thematik, als auch in ihrer Methodik deutlich von den Philologien abheben sollte. Bezeichnenderweise entwickelte Herrmann seine Idee in dialogischer Auseinandersetzung mit den Philologen, allerdings anhand von Beispielen, die im Randbereich des literaturwissenschaftlichen Fokus lagen, wie Hans Sachs' Fastnachtspiele oder Goethes *Jahrmarktsfest zu Plunderweilern*. Hier etabliert sich die Denkfigur eines *agonalen Verhältnisses von Drama und Theater*, die den Diskurs der Theaterwissenschaft prägt (vgl. Hulfeld 2007, 271).

In dieser Perspektive erschien das Drama (und damit auch die Gattungstheorie) als Teil des literarischen Diskurses gebunden an die Sprache, während sich das Theater als komplexes Zeichensystem eben nicht auf eine ›Umsetzung‹ des literarischen Textes reduzieren ließ.

In der Begründung des Theaters als eigenständiger Kunstform war die Entwicklung einer eigenständigen Methodik ein entscheidender Schritt. Kennzeichnend hierfür ist die Etablierung einer semiotisch begründeten Aufführungsanalyse, wie sie Erika Fischer-Lichte 1983 mit ihrer dreibändigen *Semiotik des Theaters* vorlegte. Ausgangspunkt dieses Ansatzes ist die Analyse der spezifischen semiotischen Konstitution von Theater, die sich vor allem in der (möglichen) Vielzahl unterschiedlicher Zeichensysteme auf der einen Seite, zum anderen in der spezifischen Transitorik des theatralen Kunstwerks manifestiert. Die Aufführung als Inbegriff des theatralen Kunstwerks erweist sich damit als *plurimedial* (vgl. Pfister 1988, 25) und an die *Kopräsenz von Produzenten und Rezipienten* gebunden. Ganz im Sinne des semiotischen Paradigmas definiert Fischer-Lichte im Anschluss an Lotman und Greimas die Aufführung als »Aufführungstext« (Fischer-Lichte 1983, Bd. 3, 10–68), dessen spezifische Verfasstheit ihn gegen das Drama abgrenzt. Es ist nur eine innere Folgerichtigkeit, dass die Vorstellung einer Gattungstheorie in diesem Ansatz keinen Platz finden konnte.

Parallel zu einer kritischen Reflexion der Text-Metaphorik, wie sie sich z. B. in der Ethnologie in Auseinandersetzung mit Clifford Geertz etablierte und die auf die Problematik der durch die Metapher suggerierten Statik von Kultur zielte, entwickelte sich auch im theaterwissenschaftlichen Diskurs eine stärkere Fokussierung auf die Ereignishaftigkeit. Fischer-Lichte hat dies in ihrer 2004 vorgelegten *Ästhetik des Performativen* als einen bereits bei Herrmann angelegten Wechsel vom Werk- zum Ereignisbegriff charakterisiert: »Im Kern impliziert Herrmanns Aufführungsbegriff einen Wechsel vom Werkbegriff zum Ereignisbegriff. Ihm ist weder eine hermeneutische Ästhetik kompatibel noch die heuristische Unterscheidung von Produktions-, Werk- und Rezeptionsästhetik. Die Aufführung hat vielmehr ihre spezifische Ästhetizität in ihrer Ereignishaftigkeit« (Fischer-Lichte 2004, 55).

Diese starke Akzentuierung der Gegenwärtigkeit von Theater korrespondiert mit einer stärkeren Hinwendung zur Performance-Kunst, die sich u. a. durch Impulse aus der Bildenden Kunst (*Action Painting*) und weniger aus einer Auseinandersetzung mit literarischen Texten speist. Erika Fischer-Lichte fordert in diesem Kontext eine neue Ästhetiktheorie des Performativen: »Es bietet sich daher an, eine Ästhetik des Performativen im Begriff der Aufführung zu fundieren. Das heißt, den vorhandenen Theorien des Performativen müßte eine neue, eine ästhetische Theorie der Performance/Aufführung hinzugefügt werden« (Fischer-Lichte 2004, 41).

Zwar spricht Fischer-Lichte in diesem Zusammenhang davon, dass sich die Performance als eine »neu[e] Kunstgattung« (Fischer-Lichte 2004, 22) entwickelt habe, aber eine Gattungstheorie muss vor dem Hintergrund des konstitutiven, kunst- und gattungsüberschreitenden Charakters der Performance-Kunst als nachgerade widersinnig erscheinen. So hat sich denn aus dieser Forschungsrichtung keinerlei gattungstheoretische Grundlage entwickelt.

Einen weiteren Ansatz bietet in diesem Zusammenhang die Theorie des *postdramatischen* Theaters, wie sie von Hans-Thies Lehmann 1999 vorgelegt wurde. Lehmann entwickelt hier, unter Rückgriff auf Peter Szondis Theorie der *Absolutheit des Dramas* (vgl. Szondi 1963, 14–19) ein System der Periodisierung, das von einer grundsätzlichen Historisierung des Dramas als eines vom Primat des literarischen Textes geprägten Theaters ausgeht. Dieses wird in Lehmanns Betrachtung nicht als unhintergehbare Norm verstanden, sondern als historische Epoche, die von der Frühen Neuzeit bis zum Ende des 19./Anfang des 20. Jh.s reicht.

Das postdramatische Theater hingegen ist ein Theater »jenseits des Dramas« (Lehmann 1999, 30), das stärker auf die Materialität seiner Zeichen sowie die ästhetische Erfahrung und Erfahrbarkeit von Raum und Zeit fokussiert. Damit folgt es jener Akzentverschiebung von der Repräsentation zur Präsenz, die auch Fischer-Lichte unter dem Rubrum der Performativität beschrieben hat.

In der Auseinandersetzung mit Lehmann ist vor allem der evolutionäre Grundzug seiner Argumentation kritisiert worden sowie der Versuch, eine »ästhetische Logik« des Theaters beschreiben zu wollen. Wie sehr auch diese Kritik den Vorstellungen einer Gattungslehre des Theaters eine Absage erteilt, kann man an Andreas Kottes Schlussfolgerung ablesen, die »Abweichungen vom Modell« bildeten in der Theatergeschichte die Regel, weil es hier immer ein Nebeneinander von literarischen und nicht-literarischen Spielformen gegeben habe (Kotte 2005, 110–114).

Es dürfte leichthin deutlich geworden sein, dass diese Ansätze, die konsequent von dem Theater ausgehen und dessen spezifische semiotische bzw. performative Konstitution zentral setzen, nicht auf eine gattungstheoretische Begrifflichkeit zielen bzw. diese sogar ablehnen. Die Vorstellung einer, wie auch immer zu fassenden Ordnung muss einer Betrachtung, die gerade die Besonderheit des jeweiligen Kunstwerks betont und sich stärker für alle Formen der

Überschreitung von Künsten und Medien sowie der konzeptionellen Irritation von Zuschauererwartungen interessiert als systematisch unmöglich erscheinen.

Gattungstheorie und Theater

Gleichwohl hat die Gattungstheorie eine große Bedeutung für die Entwicklung des Theaters gehabt. So zielten zahlreiche Theaterreformprojekte seit der Französischen Klassik auf die Durchsetzung des Primats des Dramas und seiner Gattungen. Störungen der Reinheit der Gattungen, durch Zwischenspiele oder komische Einlagen, wurden als unsittlich zurückgewiesen und abgelehnt. Dies ist z. B. sehr gut an der Rezeption von *Hamlet* auf der deutschen Bühne des 18. Jh.s zu beobachten: Sowohl das Ende, als auch die Szene der Totengräber wurden als Verstoß gegen die Gattung der Tragödie, mithin als ›unsittlich‹ abgelehnt und in teilweise sehr weitgehenden Bearbeitungen gestrichen. Darüber hinaus entfaltete die Gattungstheorie in ihrem Bemühen um eine Regulierung des Theaters eine sehr konkrete disziplinierende Funktion; so wird zu Beginn des 19. Jh.s die Gattungstheorie sowohl in Frankreich, als auch in England zum entscheidenden Maßstab der Theaterpolitik: Die Unterscheidung von »legitimate« versus »illegitimate theatres« basierte auf der Lizensierung von einzelnen Bühnen, Dramen spielen zu dürfen, während die anderen Theater nur Mischgattungen, Pantomimen oder Singspiele aufführen durften (vgl. hierzu Moody 2000). Als Folge davon kam es zu einer Blüte von Mischformen, die konsequent die Klassifizierungen der Gattungstheorie unterliefen. Am bekanntesten und einflussreichsten ist hier sicherlich das *Melodrama*. Das Melodrama, gegen Ende des 18. Jh.s in Deutschland und Frankreich entstanden, basierte auf einer systematischen Verschränkung von szenischer Darbietung, Musik und dramatischem Text, wobei Letzterer keineswegs die zentrale Rolle einnahm. Vielmehr strukturierten sich diese Theaterproduktionen nach dem Primat des Spektakulären. Gattungstheoretische Vorgaben wurden nur noch als Folie der Vermeidung wirksam und von der theatralen Praxis konsequent ausgehöhlt.

Gegen Ende des 19. Jh.s finden sich Gattungsbezeichnungen vornehmlich als Vokabeln der öffentlichen Kommunikation der Theater u. a. für Werbezwecke. Dies führt zu einer Proliferation der Gattungen, die unter der Vielfalt der Bezeichnungen ihre begriffliche Klarheit einbüßen und nur noch auf die Erregung von Aufmerksamkeit beim (potenziellen) Publikum abzielen. So hat H. Schanze für die 1890er Jahre aus Theaterankündigungen über 45 unterschiedliche Gattungen nachweisen können, von denen die meisten Bezeichnungen heute fast völlig unüblich geworden sind (vgl. Schanze 1973, 110 f.).

Vorwissenschaftliche Bezeichnungen, wie Sprech-, Musik- oder Tanztheater, die heute parallel zu älteren Bezeichnungen wie Schauspiel, Oper, Ballett gebräuchlich sind, lassen sich kaum im Sinne einer gattungstheoretischen Differenzierung gebrauchen: Sie bezeichnen zwar teilweise eine semiotische Dominanz, etwa beim Sprechtheater, sind aber, wie Musik- und Tanztheater, eher programmatische Begriffe des künstlerischen Diskurses, die sich weniger als Benennungen ästhetischer Strukturen verstehen, sondern mehr als Ausdruck einer künstlerischen Zielsetzung. Das Bemühen, solche Begriffe konzeptionell zu präzisieren, muss angesichts der immer schon zu beobachtenden Tendenz zur Vermischung der unterschiedlichen Sparten als weniger erfolgversprechend betrachtet werden.

Neuere Forschung zu Drama und Theater

Ungeachtet der eingangs skizzierten Akzentuierung auf die Aufführung, bildet das Verhältnis von Drama und Theater immer noch ein wichtiges Feld der Theaterwissenschaft, wobei die neuere Forschung vor allem die Eigenständigkeit von Text und Aufführung hervorhebt und immer wieder der Materialcharakter des Textes betont wird (vgl. Fischer-Lichte 2010, 93–100). Diese statische Gegenüberstellung hat in jüngster Zeit von Seiten der Shakespeare-Forschung eine kritische Revision erfahren: So argumentiert Stephen Orgel, dass der Spieltext und der später tradierte literarische Text nicht miteinander identisch seien. Stücke seien vielmehr im zeitgenössischen Verständnis als per se instabil und für jede Veränderung offen betrachtet worden. Die heutige Form des Textes sei Ausdruck einer editorischen Politik und nicht Produkt einer kanonischen Überlieferung (vgl. Orgel 2002, 20–47).

Weimann/Bruster nehmen diese Überlegung auf, wenn sie dem Shakespeare'schen Theater eine doppelte Ästhetik der Darstellung attestieren: Einen Modus der Präsentation, der vor allem auf die körperliche, performative Darstellung des Schauspielers baute, und einen Modus der Repräsentation, der vor allem in der referenziellen Funktion der Sprache wurzelte. In den Shakespeare'schen Texten sedimentieren sich nun beide Darstellungsmodi, die in seinem Theater in produktivem Wechselverhältnis standen: »Shakespeare's stage was spacious enough to comprehend, but also to qualify both these traditions. The altogether unequal degree of qualification in either of these modes of performance meant that, intriguingly, boundaries between the verbal signs of language and the visible signs of the body became as porous as they were contingent. For Shakespeare, therefore, the familiar opposition of ›performance versus text‹ (or vice versa) would be entirely unhelpful« (Weimann/Bruster 2008, 9).

Weimann/Bruster beschreiben die Shakespeare'schen Texte in einer Verschränkung dieser beiden Modi der Darstellung. Dadurch wird die dichotomische Gegenüberstellung von Text und Theater aufgehoben und als Wechselseitigkeit definiert. Dieses historische Beispiel erlaubt eine Annäherung an das Verhältnis von Text und Theater jenseits einer kategorialen Gegenüberstellung: W. B. Worthen hat in seiner Studie *Drama. Between Poetry and Performance* (2010) diesen Gedanken aufgenommen und grundsätzlich auf das Verhältnis von Drama und Theater übertragen, wenn er konstatiert: »a. Dramatic writing is simultaneously representational and instrumental; all aspects of its verbal style and represented ›fiction‹ are simultaneously capable of being seized as *agency* for doing, for making performance. b. The *agency* of dramatic writing, and so the *act* it constitutes, will change with the *agent, purpose*, and *scene* in which it is performed. [...] d. Acting is one means of instrumentalizing writing as *agency* in a specific *scene* of performance« (Worthen 2010, 33). Worthen, der sich programmatisch gegen die eindeutige Abgrenzung von Drama und Aufführung wendet, begreift das Verhältnis von Drama und Theater analog zu jenem von Werkzeug und Technologie: Das Drama wird hierbei nicht nur durch seine literarische Fiktion bestimmt, sondern hat vielmehr einen doppelten Charakter, weil es auch Anweisungen für die Erarbeitung einer Aufführung beinhaltet: »This interface between drama and theatre, writing as fictive representation and writing as equipment for doing, is where the engaging ›ambiguities‹ of drama ›necessarily arise‹« (Worthen 2010, 24). So betont er ausdrücklich, dass das Drama durch die ihm eingeschriebene Beziehung zum Theater auch innerhalb der literarischen Gattungen eine liminale Stellung einnehme.

Worthen diskutiert ausführlich bekannte Metaphern, die das Verhältnis von Theater und Drama bestimmen, wie »score« (Partitur) oder »blueprint« (Bauplan), lehnt aber die in diesen Metaphern angelegte Hierarchisierung zwischen Aufführung und Text nachdrücklich ab. Vielmehr betont er die Wechselseitigkeit im Verhältnis von Text und Aufführung sowie die ständige Verschiebbarkeit: Der Text schreibt nicht etwa die Gestaltung einer Aufführung (im Wortsinne) vor, sondern vielmehr verändern sich die in ihm angelegten Wirkungen und Handlungsmuster durch die Aufführung.

Diese neueren Entwicklungen, die verstärkt auf performative Elemente in Theatertexten verweisen, ermöglichen eine neue Perspektive auf das Verhältnis von Textualität und Performativität als Wahlverwandtschaft in der europäischen Kultur.

Literatur

Fischer-Lichte, Erika: *Semiotik des Theaters. Bd. 1: Das System der theatralischen Zeichen. Bd. 2: Vom »künstlichen« zum »natürlichen« Zeichen. Theater des Barock und der Aufklärung. Bd. 3: Die Aufführung als Text* [1983]. Tübingen ²1988.
Fischer-Lichte, Erika: *Ästhetik des Performativen*. Frankfurt a. M. 2004.
Fischer-Lichte, Erika: *Theaterwissenschaft. Eine Einführung in die Grundlagen des Fachs*. Tübingen 2010.
Herrmann, Max: *Forschungen zur deutschen Theatergeschichte des Mittelalters und der Renaissance*. Berlin 1914.
Hulfeld, Stefan: *Theatergeschichtsschreibung als kulturelle Praxis. Wie Wissen über Theater entsteht*. Zürich 2007.
Kotte, Andreas: *Theaterwissenschaft. Eine Einführung*. Köln u. a. 2005.
Lehmann, Hans-Thies: *Postdramatisches Theater*. Frankfurt a. M. 1999.
Marx, Peter W. »Gattungstheorie«. In: Erika Fischer-Lichte u. a.: *Metzler Lexikon Theatertheorie*. Stuttgart, Weimar 2005, 109–17.
Moody, Jane: *Illegitimate Theatre in London, 1770–1840*. Cambridge 2000.
Orgel, Stephen: *The Authentic Shakespeare and Other Problems of the Early Modern Stage*. London, New York 2002.
Pfister, Manfred: *Das Drama. Theorie und Analyse* (1977). München ⁷1988.
Schanze, Helmut: *Drama im Bürgerlichen Realismus (1850–1890). Theorie und Praxis*. Frankfurt a. M. 1973.
Szondi, Peter: *Theorie des modernen Dramas (1880–1950)* (1959). Frankfurt a. M. 1963.
Weimann, Robert/Bruster, Douglas: *Shakespeare and the Power of Performance. Stage and Page in the Elizabethan Theatre*. Cambridge 2008.
Worthen, W. B: *Drama. Between Poetry and Performance*. Chichester 2010.

Peter W. Marx

15. Theologische Gattungsforschung

Die theologische Gattungsforschung im engeren Sinn beginnt im 19. Jh. mit der Einsicht, dass sich die biblischen Texte grundlegend von der späteren patristischen, philosophisch geprägten Literatur unterscheiden. Franz Overbeck (1837–1905) beschrieb diese Differenz im Blick auf die literarischen Großformen des Neuen Testaments (Evangelium, Apostelgeschichte, Apokalypse) und führte den Begriff der ›Formgeschichte‹ ein (Overbeck 1882/2010), der für lange Zeit zum Leitbegriff für die Gattungsdiskussion innerhalb der Bibelwissenschaft avancierte. ›Formgeschichte‹ ist seither ein wesentliches Element der ausdifferenzierten Methodik der Bibelauslegung.

Für die Ausbildung einer methodischen Analytik der literarischen Formen in der Bibel war dann aber der Alttestamentler Hermann Gunkel (1862–1932) richtungsweisend: Zum einen hatte er in seinem Genesis-Kommentar (Gunkel 1901) kleinere literarische Einheiten wahrgenommen, die bereits vor der Komposition des Gesamtwerks im Rahmen eines mündlichen Tradierungsprozesses geformt worden seien und die rekonstruiert und einem typischen ›Sitz im Leben‹ zugeordnet werden könnten. Als ›Sitz im Leben‹ wurde dabei eine institutionalisierte Kommunikationssituation bezeichnet, in der eine Gattung typischerweise verwendet wurde, wie etwa das Klagelied des Volkes in einer kultischen Zeremonie. Zum anderen versuchte Gunkel als eine der herausragenden Gestalten der sogenannten ›religionsgeschichtlichen Schule‹ (Göttingen) die biblischen Schriften in den Kontext der allgemeinen Literaturgeschichte einzuordnen, wobei er sie als ›Kleinliteratur‹ mit volkstümlichem Charakter klassifizierte.

Diese Einsichten wurden dann besonders für die Analyse der synoptischen Evangelien Matthäus, Markus und Lukas fruchtbar gemacht und neben Einzeldarstellungen wie z. B. zu den Gleichnissen (vgl. Jülicher 1910) mit den umfassenden Arbeiten von Dibelius und Bultmann in einer Weise ausgearbeitet, dass sie die formgeschichtliche Arbeit an neutestamentlichen Texten für einen Großteil des Jahrhunderts bestimmten.

Martin Dibelius (1883–1947) betrachtete in seiner *Formgeschichte des Evangeliums* (1919) die Evangelien als Kleinliteratur, die aus vorher bereits formal geschlossenen kleinen Einheiten zusammengesetzt seien. Von der Form der kleinen Einheiten sei auf den ›Sitz im Leben‹ zurückzuschließen, der von Dibelius besonders in der Mission, d. h. der Weitergabe der Jesustradition mittels Predigt gesehen wird. Konkret unterschied Dibelius zwischen zwei Hauptgattungen in den Evangelien: (A) den Erzählungen, die wiederum in fünf Untergruppen unterteilt werden: (1) Paradigma; (2) Novelle; (3) Legende; (4) Mythos; (5) Leidensgeschichte; (B) den Paränesen, d. h. der Lehre Jesu.

Mehr noch als die Arbeit von Dibelius wurde die *Geschichte der synoptischen Tradition* (1921) von Rudolf Bultmann (1884–1976) zum Standardwerk der Formgeschichte. Im Unterschied zu Dibelius ging Bultmann analytisch vor, indem er nahezu jeden Perikopentext der synoptischen Evangelien diskutiert und klassifiziert hat. Bultmann differenzierte zwischen (I) Redestoff (»Überlieferung der Worte Jesu«), der sich in (A) Apophtegmata und (B) Herrenworte untergliedern lässt.

Der Begriff ›Apophtegma‹, der sonst in der griechischen Literaturgeschichte und Patristik gebraucht wurde, bezeichnet Anekdoten von Philosophen oder Mönchen, die in einem pointierten Ausspruch enden. Bezogen auf das Neue Testament definiert Bultmann als Apophtegma »eine Gattung von Traditionsstücken (…), deren Pointe ein in einen kurzen Rahmen gefaßtes Jesuswort bildet« (Bultmann 1921, 8), also einen Text, der ein Ereignis aus dem Leben Jesu beschreibt, das in einem Wort Jesu gipfelt. Bultmann unterscheidet weiter zwischen den ›Streit- und Schulgesprächen‹, die Jesus in Auseinandersetzung mit Gegnern zeigen und ›biographischen Apophtegmata‹.

Die Herrenworte werden von Bultmann wiederum in ›Logien‹ (Weisheitssprüche), ›Prophetische und apokalyptische Worte‹, ›Gesetzesworte und Gemeinderegeln‹, ›Ich-Worte‹ sowie ›Gleichnisse und Verwandtes‹ ausdifferenziert.

Der zweite Teil fasst den ›Erzählstoff‹ zusammen, zu dem A) ›Wundergeschichten‹ (Heilungs- und Naturwunder) sowie B) ›Geschichtserzählungen und Legenden‹ gerechnet werden, wobei unter letzteren Erzählungen über einzelne Lebensphasen (die Vorgeschichten, z. B. Lk 2,1–20; die Passionsgeschichte, z. B. Mk 14,22–25) präsentiert werden. Nach Bultmann scheint »eine Trennung von Geschichtserzählung und Legende nicht möglich zu sein, da zwar manche Stücke rein legendarischen Charakters sind, aber die Geschichtserzählung so sehr unter der Herrschaft der Legende steht, daß sie nur mit dieser zugleich behandelt werden kann« (Bultmann 1921, 261).

Bultmann vertrat hierbei die – wirkungsgeschichtlich besonders umstrittene – These, dass der ›Sitz im Leben‹ nicht nur die Gattung geprägt, sondern in kreativer Weise auch erst hervorgebracht hat, wobei er neben der Predigt auch Polemik, Apologetik oder Gemeindedisziplin als Sitze im Leben annimmt. So steht die Gattung ›Apophtegma‹ im Dienst der frühchristlichen Verkündigung, bei der eine aktuelle Vergegenwärtigung der Worte Jesu geleistet werden soll. Aufgrund der Typizität der Texte, z. B. der Wundererzählungen, und im aktuellen Verkündigungsinteresse habe die Gemeinde neue Texte hervorbringen können und auch müssen, um die Botschaft Jesu gegenwärtig wirksam weiterzusagen. Gattungstheoretisch betrachtet, hatte die frühe formgeschichtliche Arbeit ein gutes Gespür für eine kommunikationsorientierte Gattungsdynamik, obgleich aufgrund einzelner Postulate (wie die ›reine Form‹ am Anfang) bzw. defizienter Theorien (sprachwissenschaftliche Grundlagen) Schlussfolgerungen kritisch betrachtet werden müssen.

Unter dem Einfluss der ›linguistischen Wende‹ der 1970er Jahre kritisierten Erhardt Güttgemanns und Klaus Berger die Prämissen der bisherigen formgeschichtlichen Arbeit und proklamierten demgegenüber eine »neue Formgeschichte« (Berger 1987, 13–18.85–90). So wurde die unmittelbare Kontinuität zwischen Mündlichkeit und Schriftlichkeit der Überlieferung bestritten. Güttgemanns und später Werner H. Kelber gingen von einer radikalen Andersartigkeit zwischen mündlichen Formen der Jesusüberlieferung und der schriftlichen Ausarbeitung etwa des Markusevangeliums aus: »Both in form and content the written gospel constitutes a radical alternative to the oral gospel« (Kelber 1983, 210).

Statt die Evangelisten nur als ›Sammler und Bearbeiter‹ zu betrachten, wurde jetzt ihre eigenständige literarische und theologische Leistung gewürdigt.

Die Existenz ›kleiner Formen‹ wurde zwar weiterhin angenommen, ihre Analyse allerdings präzisiert, indem die ›formbildenden Elemente‹ eines Textes nicht mehr inhaltlich, sondern mit textlinguistischen Kriterien (unter Einbeziehung von Stilkritik und Soziolinguistik) beschrieben werden mussten. Kritisiert wurde schließlich das Ideal der reinen Anfänge oder gar der christlichen Urliteratur, denn die neutestamentlichen Gattungen seien zum großen Teil unmittelbar mit hellenistischen Gattungen vergleichbar, wie besonders Klaus Berger (Berger 1984) und später Detlev Dormeyer (Dormeyer 1993) nachgewiesen haben. So konnten z. B. die neutestamentlichen ›Haustafeltexte‹ der seit Xenophon verbreiteten Gattung der ›Oikonomikos‹ zugeordnet werden, weisheitliche Mahnsprüche werden mit ›Gnomen‹ parallelisiert, und hinter urchristlichen Hymnen konnte man ›Enkomien‹ erkennen. Bei letzterem Beispiel wurde sogar die Existenz von ›urchristlichen (Bekenntnis-) Formeln‹ als frühesten Kleinstbestandteile der Texte gänzlich bestritten und Lobhymnen auf einzelne Personen als in antiken Texten breit nachweisbare Stilwechsel beschrieben.

Berger ordnete den ganzen Stoff neutestamentlicher Texte darüber hinaus den in der antiken Rhetorik geläufigen Stilformen des *genos epideiktikon*, *symbuleutikon* und *dikanikon* zu (Berger 1984; 2005) und fasst auch einzelne Formen zu Mischgattungen zusammen (z. B. ›Gleichnisdiskurs‹).

Die methodische Konsequenz der Vertreter der ›neuen Formgeschichte‹ war eindeutig: Das primäre Interesse galt nicht der mündlichen Tradition oder der Entstehung der Texte, sondern den vorliegenden Texten selbst. Die diachrone Fragerichtung sei als »Überlieferungsgeschichte« von einer synchron arbeitenden Methodik zu trennen, die dann folgerichtig auch nunmehr als »Formkritik« bzw. »Gattungskritik« bezeichnet wurde. Auf der Basis eines Vergleichs von formbildenden Elementen mehrerer Texte lasse sich die Gattung beschreiben. Eine Gattung sei demnach das überindividuelle Gepräge selbständiger sprachlicher Einheiten, eine idealtypische Textsorte, die durch sprachlich-formale Kriterien sowie durch Textvergleiche konstituiert wird (vgl. Berger 1987, 36).

Stand z. B. bezogen auf die Gleichnisse in der früheren Forschung die Rekonstruktion der ursprünglichen Form eines Gleichnisses, bis hin zur ›ipsissima vox‹ Jesu sowie die als Ausweitung und Anpassung verstandene Überlieferungsgeschichte (Bildwort > Gleichnis im engeren Sinn > Parabel > Allegorie) im Vordergrund, so wurde jetzt die Analyse der literarischen Gestalt etwa mit narratologischen Methoden (vgl. Harnisch 1978) in den Mittelpunkt der Gattungsforschung gerückt. Gleichnisse wurden entsprechend als ›literarische Kunstwerke‹ betrachtet, die ihre hermeneutische Kraft im Rezeptionsvorgang entfalteten, unabhängig von Entstehung und Überlieferung.

In der Praxis exegetischen Lehrens und Arbeitens wurde jedoch trotz dieser bewussten Frontstellung die alte Formgeschichte nicht vollständig abgelöst. Vielmehr wurde eine eigenartige Synthese aus der alten und neuen Formgeschichte vollzogen. So pflichtete man der synchronen Arbeitsweise der neuen Gattungskritik bei und bestimmte ›formbildende Elemente‹ anhand sprachlicher Kriterien. Wenn es jedoch darum ging, kleinere Texteinheiten des Neuen Testaments einer Gattung zuzuordnen, griff man nicht selten auf die differenzierte Systematik von Bultmann zurück und blieb somit im Grundbekenntnis einer klassifikatorischen Gattungspoetik verpflichtet.

Neuere Arbeiten zur theologischen Gattungsforschung vertiefen und präzisieren den bereits in der ›alten Formgeschichte‹ konstitutiven Aspekt der Einordnung in die allgemeine Literaturgeschichte (Strecker 1992, Reiser 2001, Theißen 2007). Ferner widmen sie sich z. B. der Frage, ob und in welchem Maße bereits in den Quellen ein Gattungsbewusstsein erkennbar ist. So finden sich in der alttestamentlichen Literatur Gattungen, die rituell bzw. institutionell verankert sind, wie Totenklage (qinah Amos 5,1), Lieder (tehilla, Nehemia 12,46) oder Rechtssätze (mishpat, Exodus 21,1); im Neuen Testament wären etwa Parabel (parabole, Matthäus 13,3.10.18.24) oder Hymnus (Magnifiat Lukas 1,46–55) zu nennen. Bei vielen anderen ›Gattungen‹ zeigen die Quellen keinen einheitlichen Gebrauch oder ein begrifflich fixiertes Bewusstsein, so dass der konstruktive Charakter der Gattungsforschung deutlicher zu Tage trat, was sogar zur grundsätzlichen Bestreitung etwa der ›JHWH-Königs-Psalmen‹ oder der ›Wundergeschichten‹ (Berger 1984) geführt hat.

Nach wie vor heftig umkämpft ist dabei auch die Gattung ›Evangelium‹, da der Quellenbegriff *euangelion* zunächst unliterarisch die frohe Botschaft bezeichnet (1. Korinther 15,3–5), aber in Markus 1,1 auch bewusst als Textüberschrift verwendet wird. Einige Exegeten versuchen, die neutestamentlichen Texte in den Klassifikationsrahmen der antiken Biographie (*bíos*, Wördemann 2002) oder Historiographie (Becker 2006) zuzuordnen oder als Gattung sui generis eigenständig zu profilieren (Dormeyer 1989). Häufig wurde hier jedoch das Konzept der klassifikatorischen Gattungspoetik vorausgesetzt, nach dem dann anhand bestimmter Kriterien die neutestamentlichen Texte der einen oder anderen als vorausliegend postulierten Gattung zugeordnet werden. Betrachtet man eine Gattung hingegen als ein dynamisches Medium der Kommunikation, dann rückt die Funktionalität bestimmter Textformen im Kommunikationsprozess in den Mittelpunkt.

Weiterführend ist hierbei etwa der in Analogie zur ›linguistic competence‹ (Chomsky) gebildete und von Mary Gerhart auf biblische Texte applizierte Begriff der ›Gattungskompetenz‹ (*generic competence*). Gattungswissen wird hierbei nicht nur als Voraussetzung gelingender Kommunikation betrachtet, vielmehr ist es gerade auch eine prägende Gesellschaft oder sogar ein soziales Milieu, die Gattungskompetenz vermitteln.

Utzschneider/Nitsche betrachten alttestamentliche Gattungen als Teil der institutionellen Kommunikation, deren kommunikative Funktion innerhalb eines bestimmten Lebenszusammenhangs des Alten Israel, etwa des Tempelkultes, des Staatslebens oder der Familien nicht nur gepflegt sondern regelrecht konstruiert wird. Gattungen sind dann institutionell hervorgebrachte typische Weisen sprachlicher Kommunikation (Utzschneider/Nitsche 2005, 117).

Von einem dynamisch-kommunikativen Gattungsverständnis gehen auch Samuel Byrskog und Ruben Zimmermann aus, indem sie die neutestamentlichen Gattungen als »Medien des kollektiven Gedächtnisses« des frühen Christentums betrachten (Byrskog 2007; Zimmermann 2007; 2010). Als Wiedergebrauchsformen erfüllten sie dabei eine traditionsstiftende Funktion, indem z. B. mit dem Stammbaum Jesu in Matthäus 1,1–15 bewusst an die bekannten Texte der alttestamentlichen Genealogien (z. B. Genesis 5) angeknüpft wird. Als Kommunikationsformen erfüllen sie für die sie verwendende Gruppe eine gemeinschaftsstiftende Funktion, indem man sich in stabilisierenden sprachlichen Formen auf die Jesusgeschichte bezieht (z. B. Jesus als Gleichniserzähler). Schließlich werden Gattungen zu sinnstiftenden Lebensformen, die nicht nur als inhaltsleeres Überlieferungsvehikel fungieren, sondern im Sinne der Semantisierung der Formen (A. Nünning) die kommunizierten Inhalte gerade auch hervorbringen und prägen. So korreliert die literarische Form des Gleichnisses mit dem christologischen Grundbekenntnis, dass Jesus das ›Gleichnis Gottes‹ genannt werden kann.

Hierbei wird die diachrone und inhaltsorientierte Perspektive der alten Formgeschichte wieder aufgenommen, allerdings in ihrer Fragerichtung umgekehrt. Die ideologisch belastete und meist unlösbare Frage nach der Ursprungsform wird aufgegeben und stattdessen nach den Bedingungen und Merkmalen einer sich im Kommunikations- und Überlieferungsprozess entwickelnden und verändernden Gattung gefragt.

Literatur

Baily, James L./Van der Broek, Lyle D.: *Literary Forms in the New Testament. A Handbook*. Westminster/Louisville 1992.

Becker, Eve-Marie: *Das Markusevangelium im Rahmen antiker Historiographie*. Tübingen 2006.

Berger, Klaus: *Formgeschichte des Neuen Testaments*. Tübingen 1984.

Berger, Klaus: »Hellenistische Gattungen im Neuen Testament«. In: *ANRW* II 25.2 (= 1984a), 1031–1432.1831–1885.

Berger, Klaus: *Einführung in die Formgeschichte.* Tübingen 1987.
Berger, Klaus: *Formen und Gattungen im Neuen Testament.* Tübingen 2005.
Bultmann, Rudolf: *Die Geschichte der synoptischen Tradition* [1921]. Göttingen ¹⁰1995.
Buss, Martin J.: *Biblical Form Criticism in its Context.* Sheffield 1999.
Byrskog, Samuel: A Century with the »Sitz im Leben«. In: *Zeitschrift für Neutestamentliche Wissenschaft* 98 (2007), 1–27.
Dibelius, Martin: *Die Formgeschichte des Evangeliums* [1919]. Tübingen ⁶1971.
Dormeyer, Detlev: *Evangelium als literarische und theologische Gattung.* Darmstadt 1989.
Dormeyer, Detlev: *Das Neue Testament im Rahmen der antiken Literaturgeschichte. Eine Einführung.* Darmstadt 1993.
Gerhart, Mary: »Generic Competence in Biblical Hermeneutics«. In: *Semeia* 43 (1988), 29–44.
Gunkel, Hermann: *Genesis, übersetzt und erklärt.* Göttingen 1901.
Gunkel, Hermann: »Die Grundprobleme der israelitischen Literaturgeschichte«. In: Ders.: *Reden und Aufsätze.* Göttingen 1913, 29–38.
Güttgemanns, Erhardt: *Offene Fragen zur Formgeschichte des Evangeliums.* München 1970.
Hahn, Ferdinand: »Die Formgeschichte des Evangeliums. Voraussetzungen, Ausbau und Tragweite«. In: Ders. (Hg.): *Zur Formgeschichte des Evangeliums.* Darmstadt 1985, 427–477.
Harnisch, Wolfgang: *Die Gleichniserzählungen Jesu. Eine hermeneutische Einführung* [1978]. 4., rev. Aufl. Göttingen 2001.
Jülicher, Adolf: *Die Gleichnisreden Jesu.* 2 Bde. [1883, 1899]. Tübingen ²1910.
Kelber, Werner H.: *The Oral and the Written Gospel. The Hermeneutics of Speaking and Writing in the Synoptic Tradition, Paul, Marc, and Q.* Philadelphia 1983 (Bloomington/Indianapolis 1997).
Koch, Klaus: *Was ist Formgeschichte? Methoden der Bibelexegese.* Neukirchen-Vluyn 1963 (⁴1982).
Overbeck, Franz: *Über die Anfänge der patristischen Literatur.* In: Ders., *Werke und Nachlaß,* Bd. 3. Hg. v. Hubert Cancik u. Hildegard Cancik-Lindemaier. Stuttgart, Weimar 2010, 33–90.
Reiser, Marius: *Sprache und literarische Formen des Neuen Testaments. Eine Einführung.* Paderborn 2001.
Strecker, Georg: *Literaturgeschichte des Neuen Testaments.* Göttingen 1992.
Theißen, Gerd: *Die Entstehung des Neuen Testaments als literaturgeschichtliches Problem.* Heidelberg 2007.
Utzschneider, Helmut/Nitsche, Stefan A.: »Gattungskritik«. In: Dies. (Hg.): *Arbeitsbuch literaturwissenschaftliche Bibelauslegung. Eine Methodenlehre zur Exegese des Alten Testaments.* Gütersloh ²2005, 113–149.
Wördemann, Dirk: *Das Charakterbild des bíos nach Plutarch und das Christusbild im Evangelium nach Markus.* Paderborn 2002.
Zimmermann, Ruben: »Formen und Gattungen als Medien der Jesuserinnerung. Zur Rückgewinnung der Diachronie in der Formgeschichte des Neuen Testaments«. In: Otto Fuchs/Bernd Janowski (Hg.): *Die Macht der Erinnerung.* Neukirchen-Vluyn 2007, 131–167.
Zimmermann, Ruben: »Memory and Form Criticism. The Typicality of Memory as a Bridge Between Orality and Literality in the Early Christian Remembering Process«. In: Annette Weissenrieder/Robert B. Coote (Hg.): *The Interface of Orality and Writing.* Tübingen 2010.

Ruben Zimmermann

16. Volkskundliche/Ethnologische Gattungsforschung

Das Interesse Jakob und Wilhelm Grimms zu Beginn des 19. Jh.s unter anderem an Märchen, Sagen und Mythen wird als einer der frühesten Belege für volkskundliche bzw. ethnologische Gattungsforschung und Gattungstheorie betrachtet (vgl. Honko 1987, 746). Generisch organisierte Anthologien wie die *Kinder- und Haus-Märchen* (1812/1815), die *Deutschen Sagen* (1816) oder auch Jakob Grimms *Deutsche Mythologie* (1835) begründeten neben zahlreichen weiteren Sammlungen und Darstellungen (sie betreffen ›Irische Feenmärchen‹ ebenso wie ›Altdänische Heldenlieder‹ und ›Altschottische Lieder‹, ›Weisthümer‹ ebenso wie ›Lieder der alten Edda‹ u. a. m.) eine wissenschaftliche Auseinandersetzung mit dem, was man damals als ›Volkspoesie‹ oder ›Volksdichtung‹ konzeptualisierte und heute eher als »interaktive Handlungsmuster« mit spezifischen Funktionen »für gesellschaftliche Strukturen« (vgl. Knoblauch 1996, 557) oder allgemeiner als Medien oder Kanäle kultureller Kommunikation (vgl. Honko 1987, 745) bestimmt. Die Arbeiten der ›Brüder Grimm‹ stehen im Kontext einer romantischen Suche nach den vermeintlichen ›Ursprüngen‹ kultureller Entwicklungen, Formen und Verfahren, denen die sogenannten ›Altertümer‹ als Ausprägungen und Belege einer ›von selbst‹ entstandenen und sich selbst ›fortgesungenen‹ ›Naturpoesie‹ näher zu sein schienen als viele der dichterischen Erzeugnisse der Gegenwart (vgl. Lichtenstein 1918; Bausinger 1968, 17 f.). In diesem ›Sinn‹ unterschied etwa Jakob Grimm die sogenannten ›Volksmärchen‹ als Schöpfung einer kollektiven ›Volksseele‹ von den Kunstmärchen der Romantiker (wie Arnim, Brentano, Tieck) als Produkten subjektiver Zubereitung. Die Beschäftigung mit ›Volksdichtung‹, ›Volkspoesie‹ oder auch ›Volksliedern‹ war insbesondere im 18. Jh. durch ein ›genialisch-produktives Interesse‹ (vgl. Bausinger 1968, 10) an vermeintlichen Volksüberlieferungen angeregt worden. Es manifestiert sich in epochalen Publikationen wie James Macphersons *Fragments of Ancient Poetry* (1760) – die einem blinden gälischen Barden aus dem 3. Jh. namens Ossian zugeschrieben wurden, tatsächlich aber von Macpherson selbst stammten – oder auch in Thomas Percys *Reliques of Ancient English Poetry* (1765) und im deutschsprachigen Bereich vor allem in den Veröffentlichung Johann Gottfried Herders (u. a. *Über Ossian und die Lieder alter Völker*, 1771; *Volkslieder*, 1778/1779, später unter dem Titel *Stimmen der Völker in Liedern*, u. a. m.). Herder ist es auch, der den Ausdruck ›Naturpoesie‹ einführt (in *Vom Geist der Ebräischen Poesie*, 1782/1783) und darunter wie auch unter ›Volkspoesie‹ so etwas wie eine Vorstufe zur Kunstpoesie versteht. Die Brüder Grimm identifizieren ›Naturpoesie‹ indes mit ›Nationalpoesie‹: »Nationalpoesie ist nicht nur die Dichtung, die aus der Anonymität des Volkes hervorgegangen ist, sondern auch und vor allem jede Dichtung, die den Geist der Nation verkörpert, die in Inhalt und Form national gültig und verbindlich ist« (Bausinger 1968, 20). Dabei wurde die vermeintliche ›Volksdichtung‹ nicht einfach als mündliche Überlieferung gewissermaßen ›soziolinguistisch‹ erhoben und dokumentiert. Wie man insbesondere an den *Kinder- und Haus-Märchen* zeigen kann, handelt es sich vielfach um Texte, die auf ältere schriftliche Quellen zurückgehen (z. B. Schwanksammlungen, französische Märchensammlungen u. a. m.) und in den *Kinder- und Haus-Märchen* besonders von Wilhelm Grimm im »Sinne seiner Auffassung der Naturpoesie stilisiert« wurden (Bausinger 1968, 24). Durch stilistische und inhaltliche Glättungen und erzählstrukturelle Angleichungen schufen die Brüder Grimm erst das, was man als ›Buchmärchen‹ (vgl. Lüthi 2005, 100) oder sogar als ›Gattung Grimm‹ bezeichnet hat. Seit den Arbeiten der Brüder Grimm entwickelte sich bis heute eine breite, internationale volkskundliche bzw. ethnologische Gattungsforschung, die sich zunächst mit Fragen der Entstehung und Verbreitung von sogenannter ›Volksdichtung‹ befasst, sodann aber auch Probleme der Definition von Gattungen, der Abgrenzung von Gattungen untereinander, der Systematisierung und der Funktion von Gattungen thematisiert.

Eine generologische Leitgattung war dabei lange Zeit das Märchen. Am exemplarischen Problemfall des Märchens haben sich Theorien des Ursprungs und der Verbreitung von Volksdichtung entwickelt (vgl. Bausinger 1968, 27 ff.; Pöge-Alder 2007, 66 ff.), ebenso wie strukturanalytische und typologische Ansätze der volkskundlichen Gattungsforschung (vgl. z. B. Propp 1975; Aarne/Thompson 1961; Thompson 1964). Unter anderem am Problemfall des Märchens sind immer wieder auch generische Verbindungen zwischen oder Übergänge von ›Volksdichtung‹ und (Kunst-)Literatur gesucht oder postuliert worden – wie etwa mit besonderer Wirkung in Teilen der (germanistischen) Literaturwissenschaft in André Jolles *Einfache Formen* (1930; vgl. Pöge-Alder 2007, 46 f.). Jolles bezeichnet mit dem Ausdruck ›Einfache Formen‹ (Legende, Sage, Mythe, Rätsel, Spruch, Kasus, Memorabile, Märchen und Witz) vermeintlich ›vorliterarische‹ Ausdrucksschemata, die auf kollektiven Erfahrungs- oder Denkweisen (›Geistesbeschäftigungen‹) beruhen sollen. ›Einfach‹ nennt Jolles diese abstrakten Basisformen nicht etwa, weil man es mit umfangsarmen oder strukturell unkomplizierten Texten zu tun bekäme, sondern weil es sich um gleichsam von selbst erwachsende und nicht bewusst gestaltete Formen handele. Jolles begreift solche ›Einfachen Formen‹ als überhistorische und überindividuelle Grundmöglichkeiten sprachlicher Gestaltung, die »sich in einem ›anderen Aggregatzustand‹ befinden als die eigentliche Litteratur« (Jolles 1999, 263) und zugleich als Grundelemente literarischer Gestaltungen angesehen werden müssen. ›Einfache Formen‹ betreffen jenen literaturwissenschaftlichen Bereich, »der zwischen Sprache als solcher und jenen Gebilden liegt, in denen sich als Kunstform etwas letztmalig und endgültig verwirklicht« (ebd. 172). Seit ca. der zweiten Hälfte des 20. Jh.s treten verstärkt andere Formen neben dem Märchen (wie z. B. der Witz, die Anekdote oder das Predigtmärlein, Alltagserzählungen, *urban legends* etc.) in den Vordergrund der volkskundlichen generologischen Forschung, und allgemein konzentriert man sich vor allem auf alltägliche, jedenfalls nicht mit einem Kunstanspruch markierte, vorwiegend mündliche kommunikative Vorgänge und die hier erkennbaren Muster oder Routinen. Dabei wird in der Volkskunde eine Vielzahl von ganz heterogenen Kriterien zur Gattungsdifferenzierung verwendet: 1. Inhalt (z. B. Heiligensage, Schatzsage), 2. Form (Kettenmärchen, Wellerimus), 3. Stil (Fragemärchen, Priamel), 4. Struktur (endloses Märchen, Refrainlied), 5. Kontext (Kultmythos, Tanzlied), 6. Funktion (Erklärungssage, Warnerzählung), 7. Frequenz (favorisiertes Sprichwort, idiosynkratische Glaubensvorstellung), 8. Verbreitung (Wandersage, Ortssage), 9. Ursprung (Exemplum, Flugblattlied), 10. Beteiligte (Ammenmärchen, Kindermärchen; vgl. Honko 1987, 751; Knoblauch 1997, 558 f.).

Eine theoretisch und methodisch grundlegende Frage ist die nach dem Verhältnis einer *etischen* und/oder einer *emischen* Perspektive (vgl. Dundes 1975; Ben-Amos 1976), also die Frage, ob volkskundliche/ethnologische Gattungsforschung mit Kategorisierungen und Termini arbeitet, die ihrem eigenen (in der Regel: westlich-abendländischen und modernen) kulturellen Kontext entstammen und/oder wissenschaftlich konstruierte, ›idealtypische‹ Ordnungsbegriffe sind (etische Perspektive), oder ob Unterscheidungen und Vokabular, die dem jeweils untersuchten Kontext selbst entstammen (emische Perspektive), übernommen werden sollen. Die Unterscheidung zwischen den beiden Perspektivierungen geht einher mit der Unterscheidung zwischen sogenannten »idealtypischen und natürlichen Gattungssystemen« (Honko 1987, 752). Die kommunikativen Muster, die aus der emischen Perspektive erfasst werden, bezeichnet man auch als »ethnische Gattungen« (Ben-Amos 1969; Honko 1987, 754) – im Unterschied zu idealtypischen oder ›globalen‹ Gattungen. Am Beispiel der Feldforschungen Bronislaw Malinowskis lässt sich zeigen, dass es auch zur Vermischung der beiden Perspektiven kommen kann. Malinowski stieß bei der Untersuchung der Erzählüberlieferung der Kiriwiner auf drei ›ethnische Gattungen‹ (*kukwanebu, libwogwo, lili'u*). Bei der Analyse der generischen Binnendifferenzierung der *libwogwo*-Gattung wechselt Malinowski jedoch in die etische Perspektive und spricht z. B. von ›Historischen Erinnerungen‹, ›Sagen‹ oder ›Gerüchten‹, da die Kiriwiner selbst solche Unterscheidungen nicht machen (vgl. Malinowski 1926). Die Entscheidung für eine emische Perspektive wirft in jedem Fall die Frage nach der Übertragbarkeit bzw. Vermittelbarkeit der jeweils kulturell spezifischen Kategorien auf sowie die Frage nach der Integration der verschiedenen ›etischen‹ Gattungssysteme in einem umfassenden oder übergreifenden Gattungssystem: »The basic problem inherent in any analytical scheme for folklore classification is that it must synchronize different folklore communication systems, each with its own internal logical consistency, each based upon distinct socio-historical experiences and cognitive categories. This is methodologically, if not logically, impossible« (Ben-Amos 1969, 275). Einer der frühesten Versuche, eine Systematik der ›volkspoetischen‹ Gattungen zu skizzieren, stammt von Carl von Sydow. Nach dem Vorbild des Biologen Carl von Linné skizzierte von Sydow eine globale Taxonomie folkloristischer Gattungen. Dem stehen bis heute zumeist nebenordnende Aufzählungen mit offenem Charakter gegenüber, wie sie z. B. bei Bausinger anzutreffen sind (vgl. Bausinger 1968). Bausinger unterscheidet hier Formgruppen wie »Sprachformel und Sprachspiel«, »Erzählformen« sowie »szenische und musikalische Formen« und innerhalb einer jeden Gruppe einzelne Genres und weitere ›Unterformen‹ wie z. B. die Funktionsformel, Schwank und Märchen oder auch Schauspiel und Lied. Allgemein gilt hierbei: »Neben der empirischen Gattungsforschung nimmt [auch in der heutigen Gattungsforschung] das Streben nach einem übergreifenderen, aber gleichzeitig koordinierten Gattungssystem eine zentrale Stelle […] ein« (Honko 1987, 765). Einer der anregendsten Versuche, eine Theorie der sogenannten ›Ethnopoetry‹

zu entwickeln, stammt von Heda Jason (vgl. Jason 1977). Unter »Ethnopoetry« versteht Jason »verbal art, transmitted from generation to generation by talented performers in a process of improvisiation« (Jason 1977, 5). Jason möchte einen allgemeinen theoretischen Rahmen entwickeln, der es erlauben soll ›Ethnopoetry‹ und die hierzu gezählten Gattungen besser beschreiben und verstehen zu können: »it should teach us more about the literary processes by which it is formed and recreated, and should tell about its meaning and function in human society« (Jason 1977, 3). Jason schlägt vor, zur Beschreibung und Unterscheidung ethnopoetischer Genres vier Aspekte zu betrachten: (1) Ethnopoetischer Modus (»faboulus, realistic and symbolic«, ebd.), (2) formale Aspekte (»textural, dramatic, narrative and composition patterns, and formula number«, ebd.), (3) inhaltliche Aspekte (»characters, requisites, the time and space model and the symbolic dimension«, ebd.), sowie (4) soziale Aspekte (»biology, message, function and use«, ebd.). Jason erörtert sodann in ihrer Untersuchung eine Reihe von ›realistischen‹, ›fabelartigen‹ und ›symbolischen‹ Genres sowie ›Quasigenres‹ und bietet ein ›System ethnopoetischer Genres‹ (vgl. Jason 1977, 48 f.). Schließlich stellt Jason formale, inhaltliche und funktionale Aspekte der ›Ethnopoetry‹ dar, um ihre Ausführungen in einer ›Synthese‹ münden zu lassen (vgl. Jason 1977, 273 ff.). Der Schwerpunkt der Überlegungen Jasons liegt bei erzählenden ›ethnopoetischen‹ Formen. Mit einer ›Ökologie des Narrativen‹ befasst sich ausgehend von volkskundlicher Erzählforschung auch Neumann. Neumann möchte zeigen, dass sich »die Narrationen aller Kulturen und Zeiten [...] weithin fünf großen Strömen des Erzählens« zuordnen lassen (Neumann 2007, 373). Gattungssystematisch folgt Neumann dem Konzept der »prototypischen Cluster« (Neumann 2007, 379), bei dem Klassifikationen ihr Material nach der Ähnlichkeit zu verschiedenen Prototypen ordnen. Prototypen (›beste Beispiele‹) stehen in einem gradierten Feld ohne feste Grenzen, und sie weisen typische Eigenschaften auf. Im Fall der ›Erzählströme‹ lassen sich diese Eigenschaften mit folgenden Stichwörtern bezeichnen: Handlungssequenz, Handlungsziel, Figuren, Handlungsraum, Rahmen der Situation, Emotion der Rezipienten, anthropologische Funktion (vgl. Neumann 2007, 379). Mithilfe dieser Eigenschaften, die Neumann als Matrix verwendet, kann er nun fünf transkulturelle und transhistorische Ströme des Erzählens voneinander unterscheiden, nämlich den *Sagen-Strom*, den *Mythen-Strom*, den *Schwank-Strom*, den *Legenden-Strom* sowie den *Märchen-Strom*. »Die Theorie der Erzählströme bietet [...] die Möglichkeit, sehr verschiedene Gattungen und Formen des Narrativen einem einheitlichen Zusammenhang zuzuordnen. Und dieser Zusammenhang ist nicht nur von systematischem Interesse, sondern er erlaubt – kraft der Ökologie des Erzählens – auch Rückschlüsse auf die menschlichen Bedürfnisse, welche eine bestimmte Gattung an ihrem konkreten Ort zu erfüllen oder zu bearbeiten hat« (Neumann 2007, 392). Neumanns Theorie ist ein Beitrag zur literaturwissenschaftlichen *und* volkskundlichen Generologie, beide Disziplinen kreuzen einander in einem grundlegend anthropologischen oder biopoetischen Interesse an ›fundamentalen‹ und musterhaft-typischen Verwendungsweisen von Sprache. Dieses grundlegende anthropologische Interesse, bei dem an der Untersuchung spezifischer generischer Strukturen in *bestimmten* kulturellen Kontexten etwas über ›den‹ Menschen im *Allgemeinen* herausgefunden werden soll, ist ebenso leitend bei Untersuchungen, wie sie z. B. Volker Heeschen zu den Liedern und Erzählungen der Eipo (vgl. Heeschen 1984) oder María Susanna Cipoletti zu den Liedern und Erzählungen der Secoya in Ecuador (vgl. Cipoletti 1990; Cipoletti 2010) vorgelegt haben.

Literatur

Aarne, Antti/Thompson, Stith: *The Types of the Folktale*. Helsinki ³1961.
Bausinger, Hermann: *Formen der »Volkspoesie«*. Berlin 1968.
Ben-Amos, Dan: »Analytical Categories and Ethnic Genres«. In: *Genre* 2 (1969), 275–301.
Ben-Amos, Dan (Hg.): *Folklore Genres*. Austin 1976.
Cipoletti, María Susanna: »›El animalito doméstico quedó hecho cenizas‹. Aspectos del lenguaje shamánico secoya (amazonica ecuatoriana)«. In: Bruno Illius/Matthias Laubscher (Hg.): *Circumpacifica. Festschrift für Thomas S. Barthel*. Frankfurt a. M. u. a. 1990, 493–507.
Cipoletti, María Susanna: »Kultureigene Gattungskonzepte indigener oraler Traditionen im Tiefland Südamerikas«. In: Stephan Conermann (Hg.): *Was sind Genres?* Berlin 2010, 15–32.
Dundes, Alan: »From Etic to Emic Units in the Structural Study of Folktales«. In: Ders.: *Analytic Essays in Folktale*. The Hague/P. 1975, 61–72.
Heeschen, Volker: »Ästhetische Form und sprachliches Handeln«. In: Inger Rosengren (Hg.): *Sprache und Pragmatik. Lunder Symposion 1984*. Lund 1984, 387–411.
Honko, Lauri: »Gattungsprobleme«. In: Rolf Wilhelm Brednich (Hg.): *Enzyklopädie des Märchens. Handwörterbuch zur historischen und vergleichenden Erzählforschung*. Bd. 5. Berlin, New York 1987, 744–769.
Honko, Lauri: »Genre Analysis in Folcloristics and Comparative Religion«. In: *Temenos* 3 (1968), 48–66.

Jason, Heda: *Ethnopoetry. Form, Content, Function.* Bonn 1977.
Jolles, André: *Einfache Formen* [1930]. Tübingen ⁷1999.
Knoblauch, Hubert: »Gattungslehre: Kommunikationswissenschaften«. In: *Historisches Wörterbuch der Rhetorik.* Hg. v. Gert Ueding. Bd 3. Tübingen 1996, 557–564.
Lichtenstein, Ernst: »Die Idee der Naturpoesie bei den Brüdern Grimm und ihr Verhältnis zu Herder«. In: *DVjs* 6 (1918), 513–547.
Lüthi, Max: *Das europäische Volksmärchen.* Tübingen ¹¹2005.
Malinowski, Bronislaw: *Myth in Primitive Psychology.* London 1926.
Neumann, Michael: »Die fünf Ströme des Erzählens. Zur Ökologie des Narrativen«. In: Karl Eibl/Katja Mellmann/ Rüdiger Zymner (Hg.): *Im Rücken der Kulturen.* Paderborn 2007, 373–394.
Paltridge, Brian: *Genre, Frames and Writing in Research Settings.* Amsterdam/Philadelphia 1997.
Pöge-Alder, Kathrin: *Märchenforschung. Theorien, Methoden, Interpretationen.* Tübingen 2007.
Propp, Vladimir: *Morphologie des Märchens* [1928]. Frankfurt a. M. 1975.
Thompson, Stith: *The Types of the Folktales.* Helsinki 1964.
von Sydow, Carl Wilhelm: »Kategorien der Prosa-Volksdichtung«. In: *Volkskundliche Gaben. John Meier zum 70. Geburtstag dargebracht.* Berlin, Leipzig 1934, 253–268.

Rüdiger Zymner

(H) Theorien generischer Gruppen und Schreibweisen

1. Theorien der Epik

Der Begriff ›Epik‹ scheint zumindest in seinem semantischen Kern unproblematisch und, wie ein verbreitetes Fachlexikon vermerkt, grundsätzlich »die mittlere der drei natürlichen Gattungen dichterischer Gestaltungsmöglichkeiten überhaupt« zu bezeichnen (Wilpert 2001, 220). Tatsächlich ist die hier vorausgesetzte Existenz von »drei natürlichen Gattungen« jedoch nicht »natürlich«, sondern entspricht vielmehr einer historisch gewachsenen Vorstellung. Sowohl die konstitutiven Merkmale als auch die Extension eines Phänomens mit Namen ›Epik‹ hat man aus dichtungs- und gattungstheoretischer Sicht denn auch sehr unterschiedlich konzipiert, und konsequenterweise wurden der Begriff ›Epik‹ und seine Verwandten ›Epos‹ und ›episch‹ über die Jahrhunderte hinweg in zum Teil erheblich differierenden Bedeutungen verwendet.

Etymologisch leitet sich das Wort ›Epik‹ von dem griechischen Wort *epikós* (lat. *epicus*) ab, das dem Sinne nach ›zum Epos gehörende Dichtung‹ meint. Nicht als Bezeichnung einer viele Unterarten umfassenden ›Hauptgattung‹ und Teil einer Gattungstrias, sondern in der Bedeutung von ›in der Art eines Epos‹ hat man die Begriffe *epikós* und *epicus* in der Antike gebraucht. Unter der Bedingung, dass sie das im Epos übliche Versmaß des Hexameters aufwiesen, hat man dabei im Einzelfall auch kleinere bukolische Formen sowie Enkomion, Hymnus, Lehrgedicht und Versepistel unter diesen Begriff subsumiert (vgl. Martínez 1997, 466).

Die Form des Epos selbst, die am Ursprung des Konzepts von *epikós* steht, wird in der ersten bedeutenden, als eine Art Gründungsurkunde geltenden Dichtungstheorie des Abendlandes, der *Poetik* des Aristoteles, auf der Basis einer gemeinsamen Eigenschaft mit dem Drama bestimmt und von diesem nur recht oberflächlich unterschieden. Wie die Dichtung im Allgemeinen ist für Aristoteles auch das Epos durch das Prinzip der *mímēsis* (im Sinne von ›Nachahmung‹, aber auch ›Darstellung‹) von handelnden Menschen geprägt. Gegenüber dem Drama zeichnet sich das Epos für Aristoteles dabei durch eine besondere Art und Weise der *mímēsis* aus. Zum Zwecke ihrer Bestimmung lassen sich der in erster Linie als eine Theorie der Tragödie angelegten *Poetik* nachstehende, in unsystematischer Folge angesprochene Merkmale entnehmen: Das Epos stellt eine Handlung durch Berichten, nicht durch Handeln dar (vgl. Aristoteles 1991, III, 1448a20–24; V, 1449a10–14; VI, 1449b25–30); es ahmt nur durch Verse, nicht auch mithilfe von Melodien nach (vgl. Aristoteles 1991, XXIII, 1459a77, 17 f.); es verfügt über mehr »Handlungsvielfalt« (Aristoteles 1991, XVIII, 1456a13 f.), eine weitere »Ausdehnung des Handlungsgefüges« (Aristoteles 1991, XXIV, 1459b18 f.) und eine gewisse Breite in der Anlage der Szenen (vgl. Aristoteles 1991, XVII, 1455b, 16–24). Als mustergültig für die Form des Epos betrachtet Aristoteles die beiden Epen Homers. Zu den besonderen Qualitäten, die sowohl die *Ilias* als auch die *Odyssee* positiv von der Mehrheit der von ihm eher kritisch bewerteten Epen unterscheidet, zählt er, dass der Dichter selbst hier möglichst wenig redet (vgl. Aristoteles 1991, XXIV, 1460a6–12) und dass der *mýthos* (im Sinne von ›plot‹) beider Werke vorbildlich, nämlich so gebaut ist, dass diese in idealer Weise zwei auch in der Tragödie zu findende Typen der Nachahmung von Handlungen verwirklichen: Die *Ilias* ist für Aristoteles »so zusammengefügt, dass sie einfach und von schwerem Leid erfüllt« ist, während er den *mýthos* der *Odyssee* als »kompliziert und auf Charakterdarstellung bedacht« versteht (Aristoteles 1991, XXIV, 1459b8–18). Bei aller Wertschätzung Homers bildet die im Fall des Epos verwirklichte Art und Weise der *mímēsis* für Aristoteles im Vergleich zur Tragödie aber grundsätzlich »weniger eine Einheit« (Aristoteles 1991, XXVI, 1462b4 f.). Insofern betrachtet er das letztlich am Maßstab der Kompaktheit der Tragödienform und ihrer besonderen Wirkung gemessene Epos als eine der Tragödie unterlegene Gattung.

Mit dem – aus heutiger Sicht – so genannten ›Redekriterium‹, das er selbst im Rahmen seiner Unterscheidung der Arten von *mímēsis* im Epos auf der einen und Drama auf der anderen Seite ohne nähere Explikation verwendet, greift Aristoteles einen Gedanken auf, der sich in systematisch ausgeführter Form erstmals bei Platon findet. In seiner Schrift *Politeia* klassifiziert dieser unterschiedliche Arten literarischer Texte nach dem Kriterium der *dihḗgēsis*, d. h. der in ihnen jeweils realisierten spezifischen Form der Rede des Dichters. Anders als später oft behauptet wurde, hat Platon dabei allerdings durchaus nicht das System einer Gattungstrias im Blick (Behrens 1940, 9 ff., 189; Genette 1990). Nicht zum Zwecke der Einordnung poetischer Werke zahlreicher Spezies in drei grundverschiedene Großgattungen, sondern im Sinne einer formalen Binnendifferenzierung bezeichnet er als »einfache *dihḗgēsis*« eine Redeform, in welcher der Dichter, etwa im Dithyrambos, als er selbst spricht – im Unterschied zur Redeform der *mímēsis*, in welcher der Dichter, etwa im Drama, in direkter Rede die Äußerungen anderer wiedergibt bzw. nachahmt. Im Fall des Epos liegt nach Platon insofern eine Mischform von »einfacher *dihḗgēsis*« (wie im Dithyrambos) und *mímēsis* (wie in dramatischer Dichtung) vor, als der episch-erzählende Dichter teils als er selbst spricht, teils die Rede anderer Sprecher zitiert.

Am Ausgang der Antike findet sich die mit dieser Art der Einteilung von Formen der Dichterrede verbundene Einordnung des Epos in der *Ars grammatica* von Diomedes noch einmal pointiert. In seiner im Ansatz eklektischen, die Positionen griechischer und lateinischer Autoren vereinenden Abhandlung betrachtet Diomedes alle Dichtung als *narratio* (wobei er diesen Begriff im Sinne der zeitgenössischen Rhetorik, d. h. in der Bedeutung von ›Darlegung des Tatbestandes‹ gebraucht) und unterscheidet ausgehend vom Kriterium der jeweiligen Rolle des Dichters zwischen drei Formen, nämlich dem *genus activum* (die Personen der Dichtung reden und handeln, der Dichter selbst tritt nicht auf; Beispiele sind Tragödie, Komödie, Satyrspiel, Mimus und einige Eklogen), dem *genus enarrativium* (der Dichter redet selbst; ein Beispiel ist die lehrhafte Dichtung) und dem *genus commune* oder auch *mixtum* (bald spricht der Dichter, bald sprechen die Gestalten der Dichtung; Beispiele sind u. a. Epos, Elegie, Jambus und Satire). In Anlehnung an das skizzierte Redekriterium finden sich in vielen späteren Poetiken Klassifikationen, die bei allen Unterschieden in der jeweils entfalteten Systematik jedenfalls auch eine unter den Namen *genus commune*, *mixtum* oder auch *heroicum* (bzw. entsprechenden volkssprachlichen Termini) bis in die Neuzeit überlieferte Kategorie umfassen. Auch wenn die besondere Form des Epos – wie das ja schon in der *Poetik* des Aristoteles der Fall war – dabei der Sache nach im Blickpunkt steht, bleiben die Begriffe ›Epos‹ und ›Epik‹ in diesem Zusammenhang allerdings über das gesamte Mittelalter hinweg weitgehend ausgeklammert. Ein wesentlicher Grund dafür ist, dass die *Poetik* des Aristoteles für mehrere Jahrhunderte verschollen war und die im Mittelalter als eine der wichtigsten Bezugsquellen dienende *Ars poetica* des Horaz den Namen ›Epos‹ selbst nicht gebraucht (Behrens 1940, 20, 33). Erst ab dem 15. Jh. findet dieser Name mitsamt seinen Ableitungen wieder regelmäßig Verwendung, wobei ›episch‹ bis ins 18. Jh. hinein zumeist im antiken Sinne von ›in der Art eines Epos‹ und ›Epos‹ wiederum in der Regel als Synonym für das in Versen verfasste und mustergültig von Homer und Vergil realisierte *genus heroicum* verstanden wird.

In Rahmen der sich im Verlauf der Neuzeit in Europa ausprägenden Nationalkulturen folgen auch die Konzeptualisierungen von Gattungen zum Teil unterschiedlichen Wegen (Behrens 1940). Im deutschsprachigen Raum zeichnen sich Tendenzen zu einem Wandel in der Bedeutung und in der Extension der Begriffe ›Epik‹ und ›episch‹ am Beginn der Aufklärung etwa in Gottscheds *Versuch einer Critischen Dichtkunst* ab. Unter Bezug auf die *Poetik* des Aristoteles und den dort gebrauchten Begriff des *mýthos* (den Gottsched mit ›Fabel‹ übersetzt) führt Gottsched das Kriterium ›Erzählung‹ als das definierende Merkmal von epischen Werken ein, wobei er ›episch‹ jetzt nicht vorrangig auf das Epos selbst bezieht, sondern im Sinne einer unterschiedliche Spezies und auch Prosaformen umfassenden Gattung nutzt: »Ferner können die Fabeln eingeteilt werden in epische und theatralische. Jene werden bloß erzählt, und dahin gehören nicht nur die ›Ilias‹, ›Odyssee‹ und ›Aeneis‹, sondern alle Romane, ja sogar die Aesopischen Fabeln« (Gottsched 1972, 89). ›Episch‹ wird von Gottsched jetzt also erklärtermaßen im allgemeinen und neutralen Sinne von ›erzählend‹ und nicht etwa in der engeren, eine Reihe anderer Merkmale einschließenden Bedeutung von ›in der Art eines Epos‹ gebraucht.

Theorien der Epik im Sinne eines Konzepts, das diese nunmehr als eine von drei ›Hauptgattungen‹ oder auch ›Naturformen‹ begreift, hängen wesentlich mit Veränderungen des Literaturbegriffs, der dichtungstheoretischen Reflexion und der Episteme im Allgemeinen zusammen. Sie stehen im Zeichen neuer Formen des Denkens, welche sich an der Empirie orientieren, ein Verstehen der Welt als bloße Summe von Erscheinungen aber gleichwohl zu überschreiten suchen. Im deutschsprachigen Raum werden solche Theorien vor allem im historischen Kontext

1. Theorien der Epik

von Romantik und Klassik formuliert (Behrens, 180–194; Trappen 198–264; Willems, 268–278). In diesem Sinne verkündet so z. B. A. W. Schlegel 1808 zu Beginn seiner »Wiener Vorlesungen über dramatische Kunst und Litteratur«: »Die drei Hauptgattungen der Poesie überhaupt sind die epische, die lyrische und die dramatische. Alle übrigen Nebenarten lassen sich entweder nach ihrer Verwandtschaft einer von diesen unterordnen und daraus ableiten, oder sie sind als Mischungen aus ihnen zu erklären« (Schlegel 1971, 38). Und anknüpfend an gemeinsame Überlegungen mit Schiller führt Goethe in den *Noten und Abhandlungen* zum *West-östlichen Divan* von 1819 aus: »Es gibt nur drei echte Naturformen der Poesie: die klar erzählende, die enthusiastisch aufgeregte und die persönlich handelnde: Epos, Lyrik und Drama. Diese drei Dichtweisen können zusammen oder abgesondert wirken. In dem kleinsten Gedicht findet man sie oft beisammen« (Goethe 1981, 187). Im Kern ähnlich wie schon Gottsched, aber nunmehr im Rahmen eines überschaubaren und systematisch konsistent angelegten Konzepts einer ›Gattungstrias‹ versteht Goethe »episch« also im Sinne von »klar erzählend«. Die historische »Dichtart« »Epopöe« unterscheidet er in diesem Zusammenhang nunmehr auch explizit vom Klassifikationsbegriff »Epik«. Für Goethe bezeichnet dieser jetzt eine prinzipiell unabhängig von einzelnen Spezies der Dichtung zu denkende »Naturform«, die in concreto in aller Regel in Mischformen auftritt und die nur in Einzelfällen wie etwa dem »Homerischen Heldengedicht« in reiner Form zu finden ist. Auch wenn Goethe selbst sich ausschließlich auf den Phänomenbereich der Dichtung bezieht, so entspricht seinem durch Abstraktion gewonnenen Verständnis des ›Epischen‹ als eine »Naturform« doch in gewisser Weise, dass im gleichen Epochenkontext etwa F. Schlegel und Novalis diesen Begriff auf allgemeine Sachverhalte außerhalb der Dichtung anwenden und so z. B. von einem »epischen Menschen« oder einem »epischen Zeitalter« (Behrens 1940, 187) sprechen – eine Tendenz zur Verallgemeinerung des Begriffs, die dann im 20. Jh. in Emil Staigers einflussreichen »Grundbegriffen der Poetik« und seinem Konzept des Epischen als einer von drei »fundamentalen Möglichkeiten des Daseins überhaupt (Staiger 1971, 148) ihren Höhepunkt findet.

Das von Goethe, A. W. Schlegel und anderen Zeitgenossen um 1800 formulierte Verständnis von Epik als Teil einer Trias mit den Gegenbegriffen ›Lyrik‹ und ›Drama‹ und einer zum Teil doppeldeutigen Verwendung im Sinne eines klassifikatorischen Sammelbegriffs für die Menge aller erzählenden Texte oder aber als eines im Einzelnen unterschiedlich bestimmten, unabhängig von spezifischen Gattungen oder Werken anzuwendenden Stilbegriffs setzt sich im Verlauf des 19. Jh.s durch. Zu den Kernmerkmalen von ›Epik‹ in diesem Sinne zählen bis heute neben dem Kriterium ›Erzählung‹ bzw. ›erzählend‹ die Präsenz eines Erzählers (vgl. Friedemann 1910) bzw. die »Mittelbarkeit des Erzählens« (Stanzel 1989) sowie die Vergangenheit bzw. »Nichtaktualität« (Weber 1998) des grundsätzlich in Form einer Erzählung dargestellten Geschehens. Hinsichtlich der Merkmale ›Erzähler‹ und ›Vergangenheit‹ gibt es im 20. Jh. allerdings auch Kritik. Aus systematischer Sicht wird sie von der Neo-Aristotelikerin Käte Hamburger formuliert, deren als Sprach- und Aussagetheorie angelegte *Logik der Dichtung* die überlieferten Kategorien der Gattungstrias grundlegend infrage stellt (vgl. Hamburger 1980). Im Anschluss an Aristoteles sieht Hamburger Dramatik und Epik gleichermaßen durch die ›mímesis‹ von Handlungen und den Entwurf einer imaginären Objektivität gekennzeichnet. Im Fall der Epik gehört zu dem sprachlich erzeugten ›Schein von Wirklichkeit‹ für Hamburger wesentlich, dass es hier grundsätzlich kein Aussagesubjekt in Gestalt eines Erzählers gibt (den Fall Ich-Erzählung betrachtet Hamburger konsequenterweise als Sonderfall) und dass die Tempusformen der Vergangenheit ihre in der Alltagssprache geltende grammatische Funktion verlieren und in Gestalt eines ›epischen Präteritums‹ keine historische Vergangenheit, sondern eine ›fiktive Gegenwart‹ bezeichnen.

Im Rahmen der Neuzeit kann der Begriff ›Epik‹ schließlich auch einen engeren Gegenstandsbereich benennen und allein auf die beiden Großformen erzählender Literatur, das Epos und den Roman bezogen werden. Theorien einer so verstandenen Epik befassen sich zum einen mit deren Abgrenzung von kürzeren Formen wie Ballade, Legende, Novelle etc., wobei sie zu diesem Zweck – neben dem Kriterium eines Mindestumfangs, der z. B. nach E. M. Forster mehr als 50.000 Wörtern beträgt – im Wesentlichen zwei Merkmale entwickelt haben (vgl. Martínez 1997, 467): Thematisch sind epische Werke durch die Darstellung der »extensiven Totalität des Lebens« (Lukács 1920, 31) einer Gesellschaft und Epoche charakterisiert; strukturell zeichnen sie sich durch vergleichsweise komplexe Erzählschemata aus. Zum anderen reflektiert man im Rahmen solcher Theorien sowohl die jeweiligen Besonderheiten als auch das Verhältnis von Epos und Roman. Die auch im Rahmen eines sich ab dem 17. Jh. ausdifferenzierenden Spezialdiskurses in zahlreichen Facetten erörterte poetische Form des Romans (vgl. Voßkamp 1973; Hillebrand 1993) wird dabei teils als Subgattung der Gattung Epos aufgefasst, teils auf eine Stufe mit dem Epos gestellt. Ab dem Ende des 18. Jh.s finden sich in Deutschland überdies zahlreiche geschichtsphilosophisch angelegte Überlegungen zum Verhältnis von Epos und Roman, in deren Rahmen dieser z. B. als »moderne bürgerliche Epopöe« (Hegel 1955, 983) oder »Epopöe der gottverlassenen Welt« (Lukács 1920, 77) charakterisiert und als eine im Einzelnen wiederum sehr verschieden konzipierte Erscheinung der »modernen Zeit« (Vischer 1975, 1303) grundlegend vom Epos der Antike unterschieden wird.

Literatur

Aristoteles: *Poetik*. Griechisch/Deutsch. Übers. u. hg. v. M. Fuhrmann. Stuttgart 1991.
Behrens, Irene: *Die Lehre von der Einteilung der Dichtkunst vornehmlich vom 16. bis 19. Jh. Studien zur Geschichte der poetischen Gattungen*. Halle 1940.
Friedemann, Käte: *Die Rolle des Erzählers in der Epik*. Berlin 1910.
Genette, Gérard: *Einführung in den Architext*. Übers. v. J.-P. Dubost u. a. Stuttgart 1990.
Goethe, Johann Wolfgang: *Werke*. Hamburger Ausgabe. Bd. 2. München 1981.
Gottsched, Johann Christoph: »Versuch einer Critischen Dichtkunst vor die Deutschen« [1730]. In: Ders.: *Schriften zur Literatur*. Hg. v. H. Steinmetz. Stuttgart 1972, 12–196.
Hegel, Georg Wilhelm Friedrich: *Ästhetik* [1835]. Berlin 1955.
Hillebrand, Bruno: *Theorie des Romans. Erzählstrategien der Neuzeit*. 3., erw. Aufl. Stuttgart 1993.
Hamburger, Käte: *Die Logik der Dichtung*. Ungek. Ausg. nach d. 3. Ausg. Frankfurt a. M. u. a. 1980.
Lukács, Georg: *Die Theorie des Romans*. Berlin 1920.
Martínez, Matías: »Episch«. In: *Reallexikon der deutschen Literaturwissenschaft*. Bd. 1. Hg. v. Klaus Weimar u. a. Berlin, New York 1997, 465–468.
Schlegel, August Wilhelm: *Sämmtliche Werke*. Hg. v. E. Böcking. Bd. 5. Nachdr. der Ausgabe Leipzig 1846. Hildesheim, New York 1971.
Staiger, Emil: *Grundbegriffe der Poetik* [1946]. München 1971.
Stanzel, Franz K.: *Theorie des Erzählens*. 4. durchges. Aufl. Göttingen 1989.
Trappen, Stefan: *Gattungspoetik. Studien zur Poetik des 16. bis 19. Jh.s und zur Geschichte der triadischen Gattungslehre*. Heidelberg 2001.
Vischer, Friedrich Theodor: *Ästhetik oder Wissenschaft des Schönen*. 3. Teil. Nachdr. der Ausg. Stuttgart 1858. Hildesheim, New York 1975.
Voßkamp, Wilhelm: *Romantheorie in Deutschland. Von Martin Opitz bis Friedrich von Blanckenburg*. Stuttgart 1973.
Weber, Dietrich: *Erzählliteratur: Schriftwerk, Kunstwerk, Erzählwerk*. Göttingen 1998.
Willems, Gottfried: *Das Konzept der literarischen Gattung. Untersuchungen zur klassischen deutschen Gattungstheorie, insbesondere zur Ästhetik F. Th. Vischers*. Tübingen 1981.
Wilpert, Gero von: *Sachwörterbuch der Literatur*. 8. verb. und erw. Aufl. Stuttgart 2001.

Michael Scheffel

2. Theorien der Faktographischen Literatur

Theorien der Faktographischen Literatur unterscheiden sich vor allem nach ihren Bezugssystemen und in ihrer Gegenstandskonstituierung. Es lassen sich hierbei vor allem drei Richtungen voneinander unterscheiden: (1) die geistesgeschichtlich-hermeneutische, (2) die narratologische sowie (3) die kulturwissenschaftliche Erforschung Faktographischer Literatur.

Faktographische oder Sachliteratur findet seit der Mitte des 20. Jh.s zunehmend als eigenständiger generischer Bereich die Aufmerksamkeit der (vor allem: germanistischen) Literaturwissenschaft. Eine geistesgeschichtlich-hermeneutische Forschungsrichtung verstand dabei unter Faktographischer Literatur bzw. Sachtexten, Zweckformen oder Gebrauchsformen der Literatur u. ä. zunächst einmal alle nichtfiktionalen Prosaformen, die sich zusammenfassend als ›vierte Gattung‹ (vgl. Sengle 1967) neben die Formen der traditionellen literaturwissenschaftlichen Gattungstrias von Epik, Lyrik und Drama stellen lassen. Dies wären nach Sengle z. B. »die Biographie und die Autobiographie, der Dialog, die Rede, die Predigt, das Tagebuch, der Aphorismus, der Brief, der Essay und die anderen Formen der Publizistik, die verschiedenen Formen der wissenschaftlichen Literatur und viele andere altbewährte oder neu entstehende literarische Formen« (Sengle 1967, 10; vgl. auch Belke 1973). Die besonders in den 1970er Jahren zu beobachtende Diskussion über Gebrauchstexte als Forschungsgegenstand und als Gegenstände des Deutschunterrichtes geht mit einem literatur- wie sprachwissenschaftlichen Interesse an sogenannten ›populären Lesestoffen‹ ebenso wie an ›Alltagstexten‹ einher (vgl. Schwitalla 1997). Die Ausrichtung auf eine literaturwissenschaftliche Gattungslehre (wie sie in einer ersten Phase der literaturwissenschaftlichen Beschäftigung mit Sachtexten in den 1960er Jahren vorherrschte), die die genannte Gattungstrias um eine Gruppe allemal als ›literarisch‹ eingeschätzter Texte ergänzt und dadurch den Gegenstandsbereich der Literaturwissenschaft erweitert, ohne überkommene postromantische Systematisierungen fallenlassen zu müssen, wird heute unter dem Einfluss kulturwissenschaftlicher Theorien eher aufgegeben. Stattdessen konstituiert man den Gattungsbereich der Faktographischen Literatur in kulturwissenschaftlichen Ansätzen seit ungefähr den 1990er Jahren verengend und zuspitzend besonders aus solchen Erzählungen in Prosa, »die sich ausdrücklich kulturelle Bedeutungskonstruktionen zum Thema nehmen und sie popularisieren, indem sie sie narrativ rekonstruieren, um sie dabei zu transformieren« (Porombka 2007, 158 f.). Ob solche Texte außerdem und ausschließlich der Literatur (→ B 5.5) in einem emphatischen Sinn zugerechnet und daher auch als ›Literaturliteratur‹ (vgl. Porombka 2005) bezeichnet werden können, oder ob sie anderen gesellschaftlichen Handlungsbereichen wie etwa dem Journalismus oder der Wissenschaft zugehören, ist für die Gegenstandskonstituierung der kulturwissenschaftlich orientierten Forschung zur Faktographischen Literatur nicht ausschlaggebend.

Das Interesse ebenso wie die generische Gegenstandskonstituierung richten sich hier allgemein auf tendenziell nichtfiktionale, erzählende Prosaformen, ohne dass deren wesentliche Eigenschaft auch darin gesehen würde, dass es sich um Kunstprosa (→ H 3) und überhaupt um Kunst oder Literatur (im Sinne von Dichtkunst oder Poesie) handelt. Derartige normative und tendenziell essenzialistische Zuschreibungen werden in diesem Forschungskontext ersetzt durch die Fokussierung auf kulturelle Funktionen bedeutungskonstitutiver erzählender Prosaformen (vgl. Porombka 2005) – insbesondere solche popularisierenden Charakters oder solche der ›Alltagskultur‹. Dabei betont man zur Begründung, dass die kulturwissenschaftlich orientierte Literaturwissenschaft die Alltagskultur und die populäre Kultur als Gegenstand der Forschung nicht einfach nur dulde. Vielmehr verstehe kulturwissenschaftlich orientierte Literaturwissenschaft sie »als notwendigen Bestandteil der eigenen Arbeit, ohne den das, was als kulturelle Funktion ›hoher‹ oder ›ernster‹ Kunst gilt (und in die drei ›echten‹ Gattungen passt), gar nicht zu verstehen ist«. Eine kulturwissenschaftlich orientierte Literaturwissenschaft interessiere sich für ›Produktionssysteme‹ aller Art, in denen Kultur Bedeutung herstelle, stabil halte, infrage stelle und neu zusammensetze. So operiere sie nicht mit überzeitlichen oder gar ›organischen‹ Modellen. Sie bevorzuge das Bild des diskursiven Netzwerks, in dem immer auch Neues entstehe, mit dem vorher nicht zu rechnen war. Mit dem Rückgriff auf das Prinzip des Netzwerks lassen sich die Strategien, mit denen sich Kultur etwas über sich selbst erzähle und dabei Bedeutung herstelle, umfassend untersuchen. Die Grenzen von Literarischem und Nicht-Literarischem, Fiktionalem und Nicht-Fiktionalem seien dabei nicht als Trennlinien von Interesse, sondern als Unterscheidungen, die Bedeutungen auf je ihre Weise generieren.

Für den Umgang mit der »vierten Gattung« sei dies entscheidend. Denn die gelte hier nicht mehr als Ergänzungskategorie, in der versammelt werde, was zu den anderen drei vermeintlichen ›Hauptgattungen‹ nicht passen mag, aber immerhin Gegenwartsbezug und Legitimation der Literaturwissenschaft notdürftig sichere.«›Sach- und Gebrauchstexte‹ können viel besser als das verstanden werden, was – die Grenzen zwischen Literarischem und Nicht-Literarischem, Fiktionalem und Nicht-Fiktionalem kreuzend – Irritationen und Ordnungen schafft, über die sich neue kulturelle Beschreibungs-, Erzählungs- und Reflexionsmodelle als ›Arsenal der anderen Gattungen‹ entwickeln. Dieses Interesse an den kulturellen und damit immer schon öffentlichen Selbstbeschreibungsmustern beinhaltet notwendig auch ein starkes Interesse an den Formen dieser Öffentlichkeit, allen voran am Markt« (Oels/Porombka/Schütz 2006, Vorwort). Ein solcher kulturwissenschaftlicher Zugriff, der Unterscheidungen wie fiktional/faktual oder literarisch/nicht-literarisch porös werden lässt (siehe hierzu aber auch Herrmann 2005), steht allerdings in einem gewissen Kontrast zu narratologischen Forschungen, die sich mit Faktographischer Literatur unter dem Stichwort ›Wirklichkeitserzählungen‹ befassen und hierunter ausdrücklich und ausschließlich Formen *nicht-literarischen Erzählens* verstehen (vgl. Klein/Martínez 2009). ›Wirklichkeitserzählungen‹ seien solche Erzählungen, die einen unmittelbaren »Bezug auf die konkrete außersprachliche Realität« haben (Klein/Martínez 2009, 1). Wirklichkeitserzählungen unterscheiden sich nach diesem Konzept als Formen faktualer Rede von literarischen Erzählungen, die als Formen fiktionaler Rede anzusprechen wären. »Der grundsätzliche Unterschied zwischen fiktionalen und faktualen Erzählungen wird auch nicht durch die Existenz von ›Borderline-Texten‹ aufgehoben, die auf unterschiedliche Art und Weise mit dieser Grenze spielen« (Klein/Martínez 2009, 4; ähnlich allerdings auch Herrmann 2005). Typologische Unterscheidungen wie z. B. die zwischen *Deskriptiven Wirklichkeitserzählungen* (z. B. in Geschichtschreibung oder Journalismus), *Normativen Wirklichkeitserzählungen* (z. B. in Verhaltensratgebern) und *Voraussagenden Wirklichkeitserzählungen* (z. B. in naturwissenschaftlichen Voraussagen, medizinischen Prognosen, wirtschaftswissenschaftlichen Modellierungen; vgl. Klein/Martínez 2009, 6 f.) verdeutlichen schließlich die systematisierend-strukturanalytische Ausrichtung dieses Ansatzes. Geht es bei der Erforschung von Wirklichkeitserzählungen insbesondere um Formen und Verfahren des Erzählens z. B. im ›juristischen Diskurs‹, im ›wissenschaftlichen Diskurs‹, im Journalismus u. a. m. im abgrenzenden Vergleich zu literarischem Erzählen, so geht es dem kulturwissenschaftlichen Ansatz um nicht weniger als eine ›Poetik der Sachliteratur‹. Im Mittelpunkt der kulturwissenschaftlichen Forschung und Theoriebildung zur Faktographischen Literatur stehen insbesondere Genres wie die Biographie (vgl. Klein 2009), die Reportage und vor allem das (populärwissenschaftliche) Sachbuch. Das Genre des (populärwissenschaftlichen) Sachbuchs, dessen ›Gattungsklassiker‹ – jedenfalls innerhalb eines Forschungskanons – C. W. Cerams *Götter Gräber und Gelehrte* ist (Untertitel: »Roman der Archäologie«) und zu dem sich Stephen W. Hawkings *Eine kurze Geschichte der Zeit* ebenso zählen lässt wie Konrad Lorenz' *Über tierisches und menschliches Verhalten*, wird historisch auf den sogenannten *Tatsachenroman* zurückgeführt. C. W. Ceram (d. i. Kurt Marek) jedenfalls hält in der Einleitung seines Buches fest: »Nicht nur der Wissenschaft fühle ich mich verpflichtet, sondern auch einer bestimmten Art von Literatur […], de[m] ›Tatsachenroman‹« (Ceram 1958, 15; vgl. auch Oels 2005, 11 f.; Hahnemann 2006; Schütz 2007). Erst bei Ceram erfolge die Engführung dieser literarischen Tradition mit der populärwissenschaftlichen der »Wissensunterhaltung« (Oels 2005, 12). Wissen unterhaltsam zu vermitteln, gilt denn auch als eine der wichtigsten Funktionen des Sachbuches und der Sachliteratur insgesamt, zu der Porombka u. a. auch Sachromane, Sachbiographien, Informationsbücher, Realienbücher, Sachreportagen oder auch Fachbücher des Nichtfachmannes rechnet (vgl. Porombka 2005, 5). Doch während das Sachbuch ein Genre der Sachliteratur sei, das sich erst in der zweiten Hälfte des 20. Jh.s als eigenständiges Genre etabliert habe, lassen sich andere Formen der Sachliteratur (wie z. B. Kalender, Almanache u. a. m.) mindestens bis in die Frühe Neuzeit zurückverfolgen (siehe zur Wissensliteratur des Mittelalters z. B. Wolf 1987).

Literatur

Belke, Horst: »Gebrauchstexte«. In: Heinz Ludwig Arnold/Volker Sinemus: *Grundzüge der Literaturwissenschaft*. München 1973, 320–341.

Ceram, C. W.: *Götter Gräber und Gelehrte. Roman der Archäologie* [1949]. Hamburg 1958.

Doderer, Klaus: *Das Sachbuch als literar-pädagogisches Problem*. Frankfurt a. M. 1961.

Fischer, Ludwig u. a. (Hg.): *Gebrauchsliteratur*. Stuttgart 1976.

Hahnemann, Andy/Oels, David (Hg.): *Sachbuch und populäres Wissen im 20. Jh.* Frankfurt a. M. u. a. 2008.

Hahnemann, Andy: »*Aus der Ordnung der Fakten«. Zur historischen Gattungspoetik des Sachbuchs. Arbeitsblätter für die Sachbuchforschung #9*. Berlin, Hildesheim

2006. http://www.sachbuchforschung.de/html/literatur.html
Herrmann, Meike: *Fiktionalität gegen den Strich gelesen. Was kann die Fiktionstheorie zu einer Poetik des Sachbuchs beitragen? Arbeitsblätter für die Sachbuchforschung #7*. Berlin, Hildesheim 2005. http://www.sachbuchforschung.de/html/literatur.html.
Klein, Christian (Hg.): *Handbuch Biographie. Methoden, Traditionen, Theorien*. Stuttgart, Weimar 2009.
Klein, Christian/Martínez, Matías (Hg.): *Wirklichkeitserzählungen. Felder, Formen und Funktionen nicht-literarischen Erzählens*. Stuttgart, Weimar 2009.
Kreuzer, Helmut: *Biographie, Reportage, Sachbuch. Zu ihrer Geschichte seit den zwanziger Jahren. Arbeitsblätter für die Sachbuchforschung #8*. Berlin, Hildesheim 2006. http://www.sachbuchforschung.de/html/literatur.html.
Oels, Daniel/Porombka, Stephan/Schütz, Erhard: »Vorwort«. In: *Non-Fiktion. Das Arsenal der anderen Gattungen* 1. Berlin 2006.
Oels, David: *Wissen und Unterhaltung im Sachbuch oder: Warum es keine germanistische Sachbuchforschung gibt und wie eine solche aussehen könnte. Arbeitsblätter für die Sachbuchforschung #1*. Berlin, Hildesheim 2005. http://www.sachbuchforschung.de/html/literatur.html
Porombka, Stephan: »Sachbücher und -texte«. In: Thomas Anz (Hg.): *Handbuch Literaturwissenschaft*. Bd. 2. Stuttgart, Weimar 2007, 155–160.
Porombka, Stephan: *Regelwissen und Weltwissen für die Jetztzeit. Die Funktionsleistungen der Sachliteratur. Arbeitsblätter für die Sachbuchforschung #2*. Berlin, Hildesheim 2005. http://www.sachbuchforschung.de/html/literatur.html
Schütz, Erhard: »Tatsachen oder Transzendenz? Zur Fortsetzung der neusachlichen Diskussion um die Faktographie nach 1933«. In: *»Zum Tatsachenroman«. Die Prawdin/Vietta-Debatte 1934*. Berlin, Hildesheim 2007, 3–11. http://www.sachbuchforschung.de/html/literatur.html.
Schütz, Erhard: *Faktographie. Arbeitsblätter für die Sachbuchforschung #3*. Berlin, Hildesheim 2005. http://www.sachbuchforschung.de/html/literatur.html.
Schwitalla, Johannes: »Gebrauchstexte«. In: *Reallexikon der deutschen Literaturwissenschaft*. Bd. 1. Hg. v. Klaus Weimar u. a. Berlin, New York 1997, 664–666.
Sengle, Friedrich: *Die literarische Formenlehre. Vorschläge zu ihrer Reform*. Stuttgart 1967.
Wolf, Norbert Richard (Hg.): *Wissensorganisierende und wissensvermittelnde Literatur im Mittelalter*. Wiesbaden 1987.

Rüdiger Zymner

3. Theorien der Kunstprosa

Der Ausdruck ›Kunstprosa‹ ist von Eduard Norden eingeführt worden (Norden 1898), um das klassische griechische und römische Prosaschrifttum, das sich durch einen hohen Grad an ästhetisierenden Elementen und Strukturen auszeichnet, zu bestimmen. Erst das erneute wissenschaftliche Interesse an der antiken Rhetorik und die Erkenntnis ihrer programmatischen Umwandlung zur modernen ›rhetorischen Kunstprosa‹ nach dem Scheitern der Französischen Revolution (Ueding 1971 u. 1987) hat dem Begriff der ›Kunstprosa‹ als Sammelbegriff für literarische Formen wie z. B. Tagebuch, Brief, Reisebericht, Autobiographie, Biographie, Dialog, Predigt, Essay, Fragment und Aphorismus zu einem gewissen Rückhalt verholfen. Zu jedem dieser Genres gibt es umfangreiche Forschungen (vgl. z. B. Wuthenow 1990; Müller 2009; Klein 2009; Spicker 1997). Bisher ist allerdings noch keine umfassende theoretische und systematische Erfassung der Kunstprosa als Gattung erfolgt. Als einer der Ersten hat immerhin Friedrich Sengle 1967 eine Reform der traditionellen literaturwissenschaftlichen Formenlehre angeregt, um die angeführten Formen und andere Formen der Publizistik als Gegenstände der literaturwissenschaftlichen Forschung zu legitimieren. Es handelt sich dabei um eine Erweiterung des triadischen Gattungsmodells um eine vierte Gattung, für die Sengle allerdings den absichtlich allgemeinen Ausdruck »Zweck- oder Gebrauchsform« vorschlägt (Sengle 1967, 15; vgl. Minot 2003). Dieser Vorschlag ist vor allem von der Textsortenlehre aufgegriffen worden, deren Vertreter literarische und nicht-literarische Texte unter Bezug auf den kommunikativen Ansatz der klassischen Rhetorik vom Standpunkt ihres spezifischen Gebrauchswerts als »Formen mit informierender, wertender, appellierender und autobiographischer Funktion« klassifizieren (Belke 1973, 78–141), um sich damit von »einer ›weltfremden‹ textimmanenten Literaturbetrachtung« abzusetzen (Belke 1973, 36). An diesem Ansatz hält auch Müller in seinem Artikel über »Gebrauchsprosa« fest, um den Gefahren einer divinatorischen Ästhetik zu entgehen. Müller wendet sich gegen den Begriff der Kunstprosa, weil damit »der ›natürlichen‹ Gattungstrias [...] nur eine weitere auratische Kunstform hinzugefügt wird« (Müller 1996, 589).

Der erste ausführlichere Versuch, die Gattungsfrage der nicht-fiktionalen Kunstprosa zu erörtern, stammt demgegenüber von Weissenberger (Weissenberger 1985; dezidierter Weissenberger 1998). Dabei erfolgt zunächst die Abgrenzung der Kunstprosa gegenüber der reinen Zweckprosa und der fiktionalen Prosa. Diese kann nach Weissenberger nur auf dichtungslogischer Ebene erfolgen. Da es sich bei Zweckprosa und Kunstprosa immer um eine echte Wirklichkeitsaussage mit einem real existierenden Aussagesubjekt und Aussageobjekt handele, könne nur der Modus dieser Relation literarischen Charakter annehmen, so dass er allein über die Zugehörigkeit zur Kunstprosa entscheide. Was den immer wieder vorgebrachten Nachweis von Fiktionalisierungstendenzen innerhalb der Kunstprosa betrifft, so ändere dieser nichts an dem grundsätzlichen ›Pakt‹ der Authentizität zwischen Autor und Leser, den Lejeune für die Autobiographie nachgewiesen hat (Lejeune 1973/75), der jedoch darüber hinaus für alle Gattungsarten der Kunstprosa gelte. Die antithetische Grundstruktur der Kunstprosa besitze ihr Korrelat auf produktionsästhetischer Ebene in dem Spannungsverhältnis zwischen kulturfundierender und kulturkritischer Funktion. Dem entspricht ein Gegenüber von belletristischem oder schöngeistigem und spekulativem oder schöpfungspoetologischem Gattungstyp. Ersterer definiert sich als Nachvollzug eines präetablierten Erwartungshorizonts und weist dadurch primär didaktische Züge auf, die die ursprüngliche *persuasio* zum maieutischen Lehrverfahren aufwerten, während Letzterer durch das Durchbrechen dieses Erwartungshorizonts als Ausdruck künstlerischer Selbstverwirklichung charakterisiert ist. Für den ›belletristischen‹ Typ kann eine *ars combinatoria* als übergreifendes Darstellungsprinzip gelten. Der ›spekulative‹ Gattungstyp dagegen besitzt in Montaigne seinen richtungsweisenden Repräsentanten, in- dem dieser sich bereit erklärt, seine geistigen Entdeckungsfahrten auf sich allein gestellt zu unternehmen.

Zur Geschichte der Kunstprosa

Die Entstehung der antiken Kunstprosa ist eng mit dem Übergang von einer Oral- und Gedächtniskultur zu einer Schriftkultur verbunden. Dementsprechend beruhen die Struktur- und Stilelemente der klassischen Kunstprosa auf einer Umfunktionalisierung der poetischen Verfahren der Oralität. Herodot und Thukydides beziehen sich direkt oder indirekt auf Homer, um dadurch ihren Anspruch auf dichterische Ebenbürtigkeit unter Beweis zu stellen. Doch zusätzlich zu der Orientierung an den kanonischen Texten der Oralkultur erlaubt die Verschriftung von Prosa, dem Prozess der kollektiven Amnesie und einer kollektiv gelenkten Präventiv-Zensur Widerstand zu leisten und damit nicht nur zu einem Denken in Varianten, sondern auch als Dissens anzuregen. Damit ist die Grundvoraussetzung für das essayistische selbstreflexive Verfahren gegeben, das zur Entwicklung der einzelnen Gattungsarten der antiken Kunstprosa geführt hat. Der für die Entstehung der neuzeitlichen Kunstprosa entscheidende Impuls ist in der Umbruchszeit der Renaissance mit der »Entdeckung des Menschen« erfolgt. Diese entlässt den Menschen so sehr aus der Mitgliedschaft der mittelalterlichen *civitas dei*, dass er sich erstmalig selbst gegenübertreten, das neugefundene Selbst beobachten und ausleben und in der Selbsterkenntnis den Sinn dieses Prozesses erkennen kann. Die Befreiung von der scholastisch-deduktiven Systematik wird zum Antriebsmoment der nicht-fiktionalen Prosaformen. Entweder erfahren die bereits etablierten Formen ihren Durchbruch zur Literarizität, oder neue Genres wie Essay (Montaigne und Bacon) oder Tagebuch (Montaigne) formen sich heraus, indem sie sich aufgrund ihres spezifischen Subjekt-Objekt-Modus gegenüber ihren Ursprungsformen verselbständigen. Die nächste Stufe im Prozess der fortschreitenden Entdeckung des Menschen setzt mit der Aufklärung ein. Der Grund dafür liegt in der zweiten ›kopernikanischen Wende‹, die erst in der Mitte des 18. Jh. das allgemeine Bewusstsein – speziell im deutschen – Sprachraum erfasst und die Emanzipation des Ich bis zur vollkommenen Loslösung aus einem religiös verankerten Weltbild weitergeführt hat. Erst das Wechselspiel zwischen der Entfaltung des Selbstbewusstseins und seiner Erschütterungen und damit verbunden ein nach Autonomie verlangender Individualismus schaffen auch in der deutschen Literatur die Voraussetzungen für die literarische Ausformung von Tagebuch (Hamann, Lichtenberg), Reisebericht (Forster, Herder), Autobiographie (Hamann, Jung-Stilling, K. Ph. Moritz), Essay (Lichtenberg, Forster, Herder) und Aphorismus (Lichtenberg). Diese vergleichsweise verspätete Entstehung der Kunstprosa in Deutschland, die aufs engste mit den Bemühungen um eine ›originelle Prosa‹ und der sich anbahnenden Zuordnung des Romans zur Poesie verknüpft ist, hat auch mit zur begrifflichen Unklarheit der Kunstprosa und ihrer Anerkennung als Gattung beigetragen. Den entscheidenden Antrieb zur Weiterentwicklung erfährt die deutsche Kunstprosa durch die geistige Krise, die das Scheitern der Französischen Revolution ausgelöst hat. Mit der Erschütterung des aufklärerischen Vernunftglaubens ist auch der populärwissenschaftliche Vortrag mit seinen ideologisch erstarrten Lehrmeinungen fragwürdig geworden, und an seine Stelle tritt vor allem bei Schiller, Kleist und den Romantikern ein heuristischer Wahrheitsbegriff, für den die Variationsbreite der Kunstprosa als Experimentierfeld das entsprechende Medium bietet (Ueding 1987, 777). Entsprechend stellt Schiller die Bedingungen für den ›schönen Vortrag‹: »Wer mir seine Kenntnisse in schulgerechter Form überliefert, der überzeugt mich zwar, daß er sie richtig faßte und zu behaupten weiß; wer aber zugleich imstande ist, sie in einer schönen Form mitzuteilen, der beweist nicht nur, daß er dazu gemacht ist, sie zu erweitern, er beweist auch, daß er sie in seine Natur aufgenommen und in seinen Handlungen darzustellen fähig ist. Es gibt für Resultate des Denkens keinen anderen Weg zu dem Willen und in das Leben, als durch die selbsttätige Bildungskraft. Nichts, was *in uns selbst* schon lebendige Tat ist, kann es *außer uns* werden« (Schiller 1959, 682). Indem er einen derartigen Schriftsteller von der bloßen Wissensvermittlung des typischen Lehrers abhebt, ist Schiller auch derjenige, der die Wirkungsintention der modernen Kunstprosa zu dem Kriterium erklärt, das allen ihren Gattungsformen gemeinsam ist: »Dafür schränkt sich aber seine [des Schriftstellers] Wirkung auch nicht darauf ein, bloß tote Begriffe mitzuteilen, er ergreift mit lebendiger Energie das Lebendige und bemächtigt sich des ganzen Menschen, seines Verstandes, seines Gefühls, seines Willens zugleich« (ebd.). Verbunden mit dieser Wirkungsintention ist ein heuristischer Wahrheitsbegriff, der sogar die Utopie als Denkansatz miteinschließt, um sich als Inspiration gegenüber überkommenen Denkvorstellungen kreativ zu rechtfertigen. Dieses ethische und künstlerische Anliegen ist konstitutiv für die Kunstprosa der Folgezeit geworden.

Im 19. Jh. ist aufgrund von Sozial- und Bildungskritik die Totalitätsschau, die die Kunstprosa von Klassik und Romantik auszeichnet, einem sich zuspitzenden Relativierungsprozess, was die Integrationsbezüge der Kunstprosa von Faktischem und Morphologischem betrifft, ausgesetzt. Als Hauptrepräsentant dieser Entwicklung gilt Heine, in dessen zwischen Poesie und Journalistik anzusiedelnder Prosa sich das Krisenbewusstsein seiner Zeit manifestiert. Gegen jegliche Pragmatisierung des Literarischen polemisiert Nietzsche mit seiner ›Artistenmetaphysik‹, deren systemaufkündigende Wirkungsorientiertheit allein auf das Medium der Kunstprosa zutrifft, wenn er von der Prosa eine Annäherung an die Poesie unter gleichzeitiger Absetzung von ihr verlangt. Für Hofmannsthal lässt sich die im *Chandos-Brief* abzeichnende Sprache nur »jenseits des Geheges der rhetorischen Kunststücke« verwirklichen (Hofmannsthal 1959a, 9), so dass er darüber resümiert: »Die reinste Poesie ist ein völliges Außer-sich-sein, die vollkommenste Prosa ein völliges Zu-sich-kommen. Das Letztere ist vielleicht noch seltener als das erstere« (Hofmannsthal Aufzeichnungen 1959, 81). Dem entspricht Brochs Klassifikation von Stefan Zweigs Biographien als »vollkommene Tatsachendichtungen, vollkommen in der Phantasie, dennoch sagend, ›wie es gewesen ist‹. […] sie (bilden) eine Kategorie für sich […], die Kategorie dessen, was bleiben wird« (Brief an Stefan Zweig vom 11. 11. 1932. Stefan Zweig-Archiv, State University of New York at Fredonia, N. Y.). Die sich darin abzeichnende metaphorische Marginalisierung des Schriftstellers erfährt durch das aufgezwungene NS-Exil eine Steigerung zur konkreten Existenzbedrohung, die ihrerseits die weite Verbreitung fast aller Gattungsarten der Kunstprosa erklärt, in denen sich Überlebensstrategien, Identitätsfindung und Erkenntnisgewinnung gegenseitig bedingen.

Die allen Gattungsformen der Kunstprosa gemeinsame Wirkungsintention, die sich bis in die Korrelation von Erkenntnistheorie und Form manifestiert, hat auch dazu geführt, dass sich die Autoren in einem Dialog mit einander befinden, der nicht nur zeitliche, sondern auch geographische und sprachliche Grenzen überbrückt und wegen des prozessualen Wahrheitsanspruchs nie an Aktualität und Überzeugungskraft verliert.

Literatur

Belke, Horst: *Literarische Gebrauchsformen*. Düsseldorf 1973.
Hofmannsthal, Hugo von: *Aufzeichnungen*. Frankfurt a. M. 1959.
Hofmannsthal, Hugo von: »Ein Brief«. In: Ders.: *Prosa II*. Frankfurt a. M. 1959, 7–20 (= 1959a).
Klein, Christian (Hg.): *Handbuch Biographie. Methoden, Traditionen, Theorien*. Stuttgart 2009.
Kleinschmidt, Erich: »Prosa«. In: *Reallexikon der deutschen Literaturwissenschaft*. Bd. 3. Hg. v. Jan-Dirk Müller. Berlin, New York 2003, 168–172.
Lejeune, Philippe: »Der autobiographische Pakt (1973/1975)«. In: Günter Niggl (Hg.): *Die Autobiographie. Zu Form und Geschichte einer literarischen Gattung*. Darmstadt 1989, 214–257.
Minot, Stephen: *Literary Non-fiction: the Fourth Genre*. Upper Saddle River 2003.
Müller, Jan-Dirk: »Gebrauchsprosa«. In: *Historisches Wörterbuch der Rhetorik*. Hg. v. Gert Ueding. Bd. 3. Tübingen 1996, 587–604.

Müller, Wolfgang G.: »Brief«. In: Dieter Lamping u. a. (Hg.): *Handbuch der literarischen Gattungen.* Stuttgart 2009, 73–83.

Neumann, Gerhard (Hg.): *Der Aphorismus. Zur Geschichte, zu den Formen und Möglichkeiten einer literarischen Gattung.* Darmstadt 1976.

Norden, Eduard: *Die antike Kunstprosa vom VI. Jh. v. Chr. bis in die Zeit der Renaissance* (1898). Stuttgart ⁹1983.

Schiller, Friedrich: »Über die notwendigen Grenzen beim Gebrauch schöner Formen«. In: *Sämtliche Werke.* Hg. v. Gerhard Fricke u. Herbert G. Göpfert. Bd. 5. München 1959, 670–693.

Sengle, Friedrich: *Vorschläge zur Reform der literarischen Formenlehre.* Stuttgart ²1969.

Spicker, Friedemann: *Der Aphorismus.* Berlin, New York 1997.

Ueding, Gert: *Schillers Rhetorik. Idealistische Wirkungsästhetik und rhetorische Tradition.* Tübingen 1971.

Ueding, Gert: *Klassik und Romantik. Deutsche Literatur im Zeitalter der Französischen Revolution 1789–1815.* München u. a. 1987.

Weissenberger, Klaus: *Prosakunst ohne Erzählen. Die Gattungen der nicht-fiktionalen Kunstprosa.* Tübingen 1985.

Weissenberger, Klaus: »Kunstprosa in der Moderne, 18. bis 20. Jh.«. In: *Historisches Wörterbuch der Rhetorik.* Hg. v. Gert Ueding. Bd. 4. Tübingen 1998, 1506–1531.

Wuthenow, Ralph-Rainer: *Europäische Tagebücher. Eigenart, Formen, Entwicklung.* Darmstadt 1990.

Klaus Weissenberger

4. Theorien des Komischen

Im fünften Kapitel der *Poetik* des Aristoteles wird die Grundlage der Komödie und mithin das Komische wie folgt bestimmt: »Das Lächerliche ist ein [...] mit Häßlichkeit verbundener Fehler, der indes keinen Schmerz und kein Verderben verursacht« (1449a). Diese Bestimmung enthält in nuce die Grundbausteine aller gängigen Theorien des Komischen bis heute: die Verbindung des Komischen mit dem Lachen, den komischen Fehler, die Harmlosigkeit und die Abwertung dessen, was als komisch wahrgenommen wird.

Das Komische wird heute in der Regel als Zuschreibungsresultat, d. h. als Reaktions- bzw. als Kommunikationsphänomen bestimmt (vgl. z. B. Lamping 1996): Ein Objekt wird von einem Betrachter als komisch empfunden und die diese Empfindung begleitende Reaktion ist in der Regel ein Lachen. Komisch sind also Gegenstände, Ereignisse, Sachverhalte oder Äußerungen, die in einer bestimmten Situation Lachen verursachen; dabei können die jeweiligen Phänomene in der Lebenswelt des Betrachters vorhanden (das lebensweltlich Komische) oder intentional zu dessen Belustigung hergestellt sein (das dargestellt Komische). Auch wenn die Bestimmung des Komischen über die Reaktion des Lachens unhintergehbar ist, bleibt ihre Aussagekraft für eine Theorie des Komischen eng umgrenzt. Zum einen: Lachen kann die verschiedensten Ursachen haben und bleibt als Reaktion nicht auf komische Phänomene beschränkt; zum anderen: nicht jedes allgemein als komisch angesehene Phänomen löst in jeder Situation bei jeder Person unweigerlich Lachen aus. Von dieser Unvorhersehbarkeit des Lachens als Reaktion auf komische Phänomene wird zuweilen auf die radikale Subjektivität und damit die Undefinierbarkeit des Komischen geschlossen. Dass dies ein Fehlschluss ist, wird schon daran sichtbar, dass alle Anhänger dieses Undefinierbarkeitspostulats sich letztlich doch an Bestimmungen des Komischen versuchen (vgl. z. B. Schmidt in Block 2006, 19 f.).

Der erste Baustein der aristotelischen Definition ist ›der hässliche Fehler‹. Das Konzept eines Komik bewirkenden Fehlers wurde in allen wichtigen abendländischen Theorien des Komischen aufgenommen, wenn auch in zum Teil recht unterschiedlichen Formulierungen. So macht Horn ein den komischen Fehler verallgemeinerndes Konzept zum zentralen Punkt seiner Theorie des komischen Gegenstandes. Er bezieht sich dabei vornehmlich auf Formulierungen von Schopenhauer, der diesen Fehler als Unangemessenheit bzw. als Inkongruenz zwischen Sein und Sollen konzeptualisiert. Horn kann jedoch auf ähnliche Vorstellungen bei einer Vielzahl von Autoren von Platon über Cicero, Jonson, Fielding, Hegel, Emerson, Vischer bis zu Plessner, Bergson oder Freud verweisen. In der Literaturwissenschaft vielfach aufgegriffen wurde Plessners Konzeptionalisierung der Inkongruenz als Normabweichung (vgl. z. B. Eco 1984, 2; Lamping 1996, 94), wobei unter einer ›Norm‹ nicht nur ausformulierte Regeln verstanden werden, sondern auch implizite Konventionen oder anerkannte Verhaltensweisen. In diesem Sinn kann die Grundlage des Komischen auch als Enttäuschung einer Erwartung, als Diskrepanz zwischen dem Erwarteten bzw. Erwartbaren und dem tatsächlich Eintreffenden beschrieben werden (vgl. z. B. Schmidt in Block 2006, 24).

Andere, den komischen Fehler ausdeutende Theorien erscheinen eher verengend. So impliziert die Rede vom ›komischen Kontrast‹, dass am komischen Phänomen Gegensätzliches beteiligt sein soll. Fraglich erscheint jedoch, ob das Erwartete und das stattdessen Eintretende notwendig einen Gegensatz bilden oder lediglich inkongruent sein müssen. Auch Bergsons Formulierung, das Komische entspringe aus dem »mécanique plaqué sur le vivant« (Bergson 1970, 405), verengt das Phänomen auf die Unangemessenheit von Mechanisch-Starrem, dort wo Lebendig-Flexibles erwartet wird. Als partielle Ausformulierungen der Inkongruenztheorie können auch Freuds Ausführungen zum sprachlich Komischen als Denkfehler und damit als logische bzw. sprachliche Abweichung von Denk- bzw. Sprachnormen angesehen werden, ebenso wie seine Ausführungen zum körperlich Komischen als eines Zuviel an Bewegungsaufwand (z. B. bei Clowns) oder zum geistig Komischen als eines Zuwenig an Denkaufwand (z. B. Nonsens). Ebenfalls nur Teilbereiche des Komischen decken Theorien ab, die das Komische als Kontextwechsel und Umschlagphänomen (z. B. Gutwirth 1993) oder in gestaltpsychologischer Terminologie als Wechsel von einer Figur-Grund-Konstellation zu einer anderen beschreiben (z. B. Schäfer 1996). In diesem Zusammenhang wird auch von einer binären oder bipolaren Struktur des Komischen gesprochen.

Die dargestellten Inkongruenztheorien wurden traditionell oft als Theorien des komischen Gegenstandes formuliert. Neuere Ansätze berücksichtigen die Bedeutung des Betrachters bei der Feststellung der Normabweichung und thematisieren in diesem Zusammenhang die Abhängigkeit der Komik von der jeweiligen Situation bzw. vom jeweiligen kulturellen Kontext (vgl. z. B. Schäfer 1996). Ein Betrachter, der aus persönlicher Unwissenheit oder wegen historischer oder kultureller Distanz die Norm, von der abgewichen wird, nicht kennt, kann die Inkongruenz und damit die potenzielle Komik eines Phänomens nicht feststellen.

Eine Bestimmung des Komischen allein über den der Komik zugrunde liegenden Fehler wird von den meisten Theorien als unzureichend angesehen. Ein Fehler kann z. B. auch die Grundlage eines tragischen Geschehens sein. Es wird deshalb versucht, die Normabweichung zur näheren Bestimmung des Komischen genauer zu spezifizieren. Die aristotelische Bestimmung, dass kein Schmerz oder Verderben verursacht werden darf, wurde in den meisten Theorien als Harmlosigkeits- bzw. Unschädlichkeitspostulat übernommen. Der Fehler, der einer realen Person oder fiktiven Figur unterläuft bzw. die Inkongruenz, der sie ausgesetzt ist, soll für den Betreffenden harmlos sein, ihm zumindest nicht grundlegend zum Schaden gereichen. So könne der Betrachter beim paradigmatischen Fall des Ausrutschens auf der Bananenschale die gemessen am normalen menschlichen Gang inkongruenten Bewegungen nur dann komisch finden, wenn dem Opfer kein (dauerhafter) Schaden entstehe. Erleide der Ausrutschende massive Verletzungen, wäre die Inkongruenz nicht mehr komisch (vgl. Gutwirth 1993, 60). Entsprechend geht Eco davon aus, dass nur Verstöße gegen weniger wichtige Regeln wie die der Etikette, nicht jedoch solche gegen wichtige Gesetze oder grundlegende menschliche Verhaltensweisen als komikfähige Normverletzungen in Frage kommen.

Harmlosigkeit als Bestimmungselement von Komik ist jedoch nicht ganz unumstritten. So argumentiert Lamping, dass in Polemik und Satire der Gegenstand der Komik zuweilen alles andere als harmlos sei und den Beteiligten durchaus Schaden zugefügt werde. Das Harmlosigkeitspostulat blende zudem die moderne Komik, die an der Grenze zum Ernst angesiedelt sei, aus. Ähnlich vertreten Scherer/Lohse die These, dass Komik in Verbindung mit Avantgarde einen Teil ihrer Harmlosigkeit verliere (Einleitung in Scherer/Lohse 2004, 19).

Zur weiteren Differenzierung wurde die Unterscheidung zwischen lebensweltlicher (im realen Leben beobachteter) Komik und dargestellter, inszenierter Komik herangezogen. In Darstellungen können an und für sich Schaden verursachende Ereignisse bis hin zu Aggression und Gewalt in einer Art dargeboten werden, die diese Grenzüberschreitungen als harmlose Inkongruenzen erscheinen lässt. In einem Comic wie z. B. *Tom and Jerry* steht die verprügelte, verbrannte oder platt gedrückte Katze immer wieder zu körperlicher Unversehrtheit auf. In gewisser Weise kann von der Unverletzbarkeit der komischen Figur gesprochen werden (vgl. Gutwirth 1993, 106). Durch die Art der Darstellung (in Kombination mit der variierenden Wiederholung eines immer gleichen Handlungsschemas) wird eine Art Harmlosigkeit impliziert.

Die komische Wirkung wird zudem oft mit einer emotionalen Distanz des Betrachters in Verbindung gebracht. So spricht Bergson von der »anesthésie momentanée du coeur«, von der momentanen Anästhesie des Herzens (Bergson 1970, 389), um das Unbeteiligtsein des Betrachters als Voraussetzung des Lachens zu beschreiben. Es wird davon ausgegangen, dass Empathie die Wahrnehmung eines Geschehens als komisch verhindert. Diese Vorstellung steht in enger Verbindung mit dem Harmlosigkeitspostulat. Ist die Normabweichung harmlos, ist ohnehin keine emotionale Beteiligung des Beobachters erforderlich. Im Fall eines nicht harmlosen Vorgangs kann die Unschädlichkeit oder Harmlosigkeit implizierende Darstellung dazu führen, dass der Betrachter der emotionalen Beteiligung an dem für die Figuren negativen Geschehen enthoben wird.

Ein zentraler Strang der Theorien des Komischen – insbesondere solcher Überlegungen, welche die Theorie des Komischen eng mit einer Theorie des Lachens verbinden – beschreibt das Komische als etwas, das verlacht wird, d. h. als etwas, worüber der Beobachter aus dem Gefühl der Überlegenheit heraus lacht und das er damit kritisiert bzw. herabsetzt. Solche Vorstellungen lassen sich von Platons Darstellung des Lächerlichen als Unwissenheit des Schwachen im *Philebos* über Formulierungen von Hobbes, Lessing oder Baudelaire bis hin zu Bergson und neueren Ansätzen verfolgen (vgl. Greiner 1992, 97–114). Das Verlachen wird dabei zumeist als gesellschaftliche Sanktion gegenüber der Normabweichung betrachtet: der Abweichende wird herabgesetzt und erniedrigt, gleichzeitig wird die Norm verteidigt und gestützt (vgl. Bergson 1970, 450–451). Komik als Reaktionsphänomen wäre so in gewisser Weise immer ›rassistisch‹, also mit der Ablehnung des Andersartigen bzw. zumindest mit der Freude an der Blamage und Erniedrigung des Anderen verbunden (vgl. Eco 1984, 2).

Die meisten Theorien der Komik berücksichtigen jedoch, wenn auch zumeist nicht in zentraler Position, neben dem *Ver*lachen auch das *Mit*lachen, neben der Überlegenheitskomik eine Solidaritätskomik, neben der Komik der Herabsetzung eine Komik der Heraufsetzung (vgl. Greiner 1992, 105 f.). So kann ein Beobachter z. B. über den Kampf eines Anderen mit der Tücke des Objekts aus Überlegenheit über dessen Scheitern lachen, aber auch mit einem Gefühl der Solidarität, ausgehend von der Annahme, dass er sich in derselben Situation ähnlich ungeschickt verhalten hätte (vgl. Freud 1992, 209). Wird zudem berücksichtigt, dass Komik nicht nur aus unwillentlich unterlaufenden, sondern auch durch willentlich herbeigeführte Normabweichungen entstehen kann, kann neben die Komik des Scheiterns eine Komik des Übermuts und der Weltüberlegenheit gestellt werden. Im Gegensatz zur Abweichungen bestrafenden und Norm stabilisierenden Herabsetzungskomik kann eine solche Komik als Kritik bzw. Relativierung geltender Normen produziert und aufgefasst werden. In diesem Zusammenhang können auch Bachtins in den letzten Jahrzehnten literaturwissenschaftlich einflussreichen Ausführungen über karnevalistische Lachkultur gestellt werden. Mittels willentlicher und durch den Ausnahmezustand des Karnevals quasi legalisierter Normüberschreitungen werden etablierte Regeln relativiert. Zudem kann aus dieser Komik der Transgression der Entwurf einer Gegenwelt entstehen, der über den legalisierten Ausnahmezustand hinaus, die Augen für gesellschaftliche Veränderungen öffnen soll (vgl. Bachtin, 32–60). Diese Art von Komik wird so mit Kreativität einerseits und revolutionärem Umbruch andererseits in Verbindung gebracht.

Komik und Komödie

Das Komische wird als Schreibweise bzw. Verfahren in der Literaturwissenschaft in Verbindung mit verschiedenen Gattungsbegriffen (z. B. Humoreske, Burleske, Erzählung, Lyrik) behandelt, besonders jedoch im Kontext von interpretatorischen, epochenspezifischen oder gattungstheoretischen Auseinandersetzungen mit der Komödie. In diesem Zusammenhang wird darauf hingewiesen, dass das Komische ein punktuelles, augenblickhaftes, episodenhaftes Phänomen darstellt. So benötige eine Komödie neben komischen Elementen eine anderweitige Handlung, ein Handlungsgerüst, das als Grundlage für die episodische Komik fungiere (vgl. Warning in Preisendanz/Warning 1976, 279–333). Die anderweitige Handlung wird dabei in der Regel die Aktualisierung komischer Ereignisse befördern, kann diese jedoch auch durch Ernsthaftigkeit oder Tragik des Geschehens behindern und zu komplexen Gattungsformen wie der Tragikomödie führen. Allerdings können ernste Wendung oder potenzielle Ausweglosigkeit von Situationen durch das traditionelle gute Ende der Komödie relativiert werden, weil hierdurch die Folgenlosigkeit und damit die Belachbarkeit des Dargstellten unterstrichen wird.

Im Zusammenhang der Komödietheorie werden auch grundlegende Arten des Komischen unterschieden: Redekomik, Figurenkomik und Handlungskomik. Unter Redekomik werden Sprachkomik (Inkongruenzen im Sprachgebrauch) und Dialogkomik (Inkongruenzen in den Wechselreden von Figuren) zusammengefasst. Innerhalb der Figurenkomik wird zwischen Typenkomik und Charakterkomik unterschieden, je nachdem, ob sich die inkongruenten Verhaltensweisen einer Figur aus einem allgemeinen Typus (z. B. der Geizige, der Prahler, der Heuchler) oder aus dem individuellen Charakter einer Figur ergeben. Unter der Kategorie Handlungskomik werden komische Elemente zusammengefasst die auf Verwechslungen, Verstellungen, Situationen (z. B. überraschende Figurenkonfigurationen, Kampf mit der Tücke des Objekts, Slapstick) oder unwahrscheinlichen Handlungswiederholungen beruhen (vgl. Fricke/Salvisberg 1997).

Die mit der Komödientheorie verbundenen Aspekte des Komischen wie das komplexe Verhältnis von anderweitiger Handlung und episodischer Komik oder die Unterscheidung verschiedener Arten des Komischen können mutatis mutandis auch auf die Darstellung von mehr oder weniger umfangreichen Geschichten in nicht-dramatischen, insbesondere narrativen Gattungen übertragen werden.

In den letzten Jahren wurde versucht, die dargestellten traditionellen Elemente der Theorien der Komik auf verschiedenen methodischen Grundlagen neu- oder umzuformulieren. Unumstritten, aber auch in vielen älteren Theorien bereits vorhanden, erscheint dabei die Abwendung von ontologischen Bestimmungen des Komischen zugunsten der oben dargestellten, den Betrachter stärker berücksichtigenden Konzeptionen von Komik als Zuschreibungs- bzw. Kommunikationsphänomen. Als weniger ergiebig erweisen sich bisher gender- und medientheoretisch begründete Herangehensweisen (vgl. Block 2006), kulturwissenschaftliche Ansätze, die in der Regel stärker auf das Phänomen des Lachens abzielen, und systemtheoretische Ansätze, wenn sie wie Gerigk moderne »Hochkomik« als Ambivalenz gegenüber der Organisationsform des Sozialen bestimmen, dabei jedoch einräumen müssen, dass zentrale Formen des Komischen (wie Charakter- oder Situationskomik) nicht innerhalb des gewählten theoretischen Rahmens erläuterbar sind.

Literatur

Aristoteles: *Poetik*. Griechisch/Deutsch. Übers. u. hg. v. Manfred Fuhrmann. Stuttgart 1982.
Bachtin, Michail: *Literatur und Karneval. Zur Romantheorie und Lachkultur*. München 1969.
Berger, Peter L.: *Redeeming Laughter. The Comic Dimension of Human Experience*. Berlin, New York 1997.
Bergson, Henri: *Le Rire. Essai sur la signification du comique* [1900] (*Das Lachen*). In: Ders.: *Oeuvres*. Paris 1970, 383–485.
Block, Friedrich W. (Hg.): *Komik. Medien. Gender. Ergebnisse des Kasseler Komik-Kolloquiums*. Bielefeld 2006.
Eco, Umberto: »The frames of comic ›freedom‹«. In: Umberto Eco/V. V. Ivanov/Monica Rector: *Carnival!* Hg. v. Thomas A. Sebeok. Berlin u. a. 1984, 1–9.
Freud, Sigmund: *Der Witz und seine Beziehung zum Unbewußten. Der Humor*. Frankfurt a. M. 1992.
Fricke, Harald/Salvisberg, Angelika: »Bühnenkomik«. In: *Reallexikon der deutschen Literaturwissenschaft*. Bd 1. Hg. v. Klaus Weimar u. a. Berlin, New York 1997, 279–282.
Gerigk, Anja: *Literarische Hochkomik in der Moderne. Theorie und Interpretationen*. Tübingen 2008.
Greiner, Bernhard: *Die Komödie. Eine theatralische Sendung: Grundlagen und Interpretationen*. Tübingen 1992.
Gutwirth, Marcel: *Laughing Matter. An Essay on the Comic*. Ithaca/London 1993.
Horn, András: *Das Komische im Spiegel der Literatur. Versuch einer systematischen Einführung*. Würzburg 1988.
Lamping, Dieter: »Ist Komik harmlos? Über Veränderungen der komischen Literatur seit dem neunzehnten Jh.«. In: Ders.: *Literatur und Theorie. Poetologische Probleme der Moderne*. Göttingen 1996, 86–99.
Schäfer, Susanne: *Komik in Kultur und Kontext*. München 1996.
Scherer, Ludger/Lohse, Rolf (Hg.): *Avantgarde und Komik*. Amsterdam/New York 2004.
Preisendanz, Wolfgang/Warning, Rainer (Hg.): *Das Komische*. München 1976.

Frank Zipfel

5. Theorien der Lyrik

›Theorien der Lyrik‹ im weitesten Sinn meint alle allgemeinen Reflexionen über lyrische Gedichte. Im Näheren sind vor allem drei verschiedene Theorietypen zu unterscheiden; sie lassen sich, stichwortartig abgekürzt, als Poetik der Lyrik, Philosophie der Lyrik und Theorie der Lyrik im engeren Sinn bezeichnen.

Der Poetik der Lyrik lassen sich alle Reflexionen von Autoren über Lyrik zuordnen. Die historische Reihe dieser Autorenpoetiken schließt etwa die horazische *Epistula ad Pisones*, Friedrich Schillers Rezension *Bürgers Gedichte*, Edgar Allan Poes Essay *The Philosophy of Composition* und Gottfried Benns Vortrag *Probleme der Lyrik* ein.

Die Philosophie der Lyrik ist zumeist Teil einer umfassenden Ästhetik. Ihre prominenteste und wirkungsmächtigste Realisierung hat sie in G. W. F. Hegels *Vorlesungen zur Ästhetik* gefunden. In deren drittem Teil handelt Hegel nicht nur den allgemeinen »Charakter der Lyrik« (Hegel 1970, 418) ab, sondern auch »[b]esondere Seiten der lyrischen Poesie« (ebd., 438), insbesondere den lyrischen Dichter, das lyrische Kunstwerk und die »Arten der eigentlichen Lyrik« (ebd., 450).

Als Lyriktheorie sind schließlich alle allgemeinen (literatur-)wissenschaftlichen Reflexionen über lyrische Gedichte zu verstehen. In ihrem Mittelpunkt steht die Frage, was Lyrik sei. Damit verbunden ist die Frage, wie sie sich von Epik und Dramatik unterscheidet oder, allgemeiner formuliert, welchen Ort sie in einem angenommenen System oder einer bloßen Reihe der literarischen Gattungen einnehme.

Die Anfänge der Lyriktheorie werden meist in der zweiten Hälfte des 18. Jh.s gesehen (vgl. Völker 1990). In dieser Zeit setzt eine Reflexion der Gattung ein, die zumindest das Fundament für die wissenschaftliche Theorie der Gattung gelegt hat. Die folgende Übersicht beschränkt sich demgegenüber auf aktuelle literaturwissenschaftliche Theorien seit der Mitte des 20. Jh.s, die auf den aktuellen Forschungsstand hingeführt haben oder ihn sogar noch bezeichnen (vgl. Lamping 2000, 55 ff.; Lamping 2007).

Die Subjektivitätstheorie der Lyrik

Die Subjektivitätstheorie ist bis heute das wirkungsmächtigste Paradigma der Lyrik-Forschung und zugleich das traditionsreichste. Sie geht auf Hegels Bestimmung der Lyrik in seinen *Vorlesungen zur Ästhetik* durch »das betrachtende, empfindende Gemüt« zurück, »das, statt zu Handlungen fortzugehen, bei sich als Innerlichkeit stehen bleibt und sich deshalb auch das Sich*aussprechen* des Subjekts zur einzigen Form und zum letzten Ziel nehmen kann« (Hegel 1970, 322). In der Nachfolge Hegels hat Friedrich Theodor Vischer in seiner *Ästhetik* die Subjektivitätstheorie der Lyrik systematisch ausformuliert. Auf ihn vor allem hat sich dann auch Emil Staiger bezogen, der allerdings den bei Vischer und Hegel noch einigermaßen großzügigen Lyrikbegriff erheblich eingeengt hat: auf das, was bei Vischer »die wahre lyrische Mitte« heißt (Vischer 1922–23, 232). In seinen *Grundbegriffen der Poetik* hat er »lyrisch« als ein »Stimmung« genanntes »Ineinander« von Subjekt und Objekt (Staiger 1971, 47) definiert: als eine geradezu mystische Verschmelzung von lyrischem Ich und Gegenstand. Dieses Verständnis des Lyrischen hat er an deutschen Gedichten, genauer: an Liedern von Goethe bis Mörike entwickelt – von wenigen Ausnahmen abgesehen, nicht an früheren und nicht an späteren. Das war Programm; Staiger hat erklärt, »rein« lyrisch im Sinn seiner Definition seien allein »romantische Lieder« (ebd., 171). Zahlreiche andere Formen und Zeiten werden somit aus dem Bezirk der Lyrik ausgeschlossen, etwa die moderne Poesie, aber auch die mittelalterliche, ja selbst die antike zu einem großen Teil. Schon Hugo Friedrich hat in seinem Buch *Die Struktur der modernen Lyrik* konstatiert, dass die Poesie seit der Mitte des 19. Jh.s »einer an der romantischen Poesie abgelesenen (und sehr zu Unrecht verallgemeinerten) Bestimmung der Lyrik« als »Sprache des Gemüts, der persönlichen Seele« (Friedrich 1967, 16) nicht mehr entspreche (siehe auch Söring 1980, 245; Conrady 1985).

Die additive Theorie der Lyrik

Angesichts der Schwierigkeiten vor allem der Subjektivitätstheorie, einen umfassenden Begriff von Lyrik zu formulieren, hat z. B. Walther Killy versucht, lediglich einige »überdauernde Elemente« als »Grundmuster« (Killy 1972, 3) in einer logisch und historisch ungeordneten Reihe von Merkmalen zu beschreiben, zu der etwa »Natur«, »Addition, Variation, Summation«, »Mythologie«, »Stimmung«, »Maske« und »Kürze« gehören. Bei aller Subtilität der Deskription scheitert ein solches Modell jedoch an dem grundlegenden logischen Widerspruch, ›Elemente der Lyrik‹ bestimmen zu wollen, ohne einen Begriff von Lyrik definieren zu können, aus denen sie herzuleiten wären. In anderer Terminologie hat noch Eva Müller-Zettelmann den methodisch vergleichbaren Versuch einer additiven Theorie unternommen, die sie ein »Mehrkomponentenmodell« der »lyrischen Gattung« nennt (Müller-Zettelmann 2000, 15 u. ö.). Dabei hat sie eine Reihe von »Charakteristika der Lyrik« aufgestellt, die als ›Tendenzen‹ bezeichnet werden: die »Tendenz zu relativer Kürze«, die »zu erhöhter manifester Artifizialität«, die »zu erhöhter ästhetischer Selbstreferenzialität«, die »zu erhöhter Devianz«, die »zu erhöhter epistemologischer Subjektivität« und die »zur Generierung einer labilen ästhetischen Illusion« (ebd., 64 ff.). Müller-Zettelmann geht von der berechtigten Voraussetzung »lyrischer Heterogenität« (ebd., 20) aus und spricht von einer »›Familie der Lyrik‹«. Ihr ›Mehrkomponentenmodell‹ versteht sich als »Beschreibung einer Familienähnlichkeit« im Sinn Wittgensteins, deren Charakteristika »zu einer kumulativen Gattungsbestimmung vereint« werden (ebd., 63). Dass diese ›kumulative‹ Methode dem Wittgensteinschen Konzept (vgl. dazu Strube 1982) entspricht, darf aber bezweifelt werden, weil ihre ahistorische Reihung von Merkmalen kaum eine ›Familienähnlichkeit‹ begründen kann, die immer generisch im engeren historischen Sinn ist.

Die Sprachtheorie der Lyrik

Als Ausweg aus den Aporien der Subjektivitätstheorie versteht sich, neben der additiven, auch die Sprachtheorie der Lyrik. Als eine Sprachtheorie der Literatur hat Käte Hamburger schon ihre *Logik der Dichtung* in der Nachfolge der aristotelischen *Poetik* verstanden. Sie unterscheidet auf der einen Seite zwischen dem System der Fiktion, das die epische, dramatische und filmische Fiktion einschließt, und dem Aussagesystem als Gesamtheit aller »Aussagen eines Aussagesubjekts über ein Aussageobjekt« (Hamburger 1980, 37). Dabei differenziert sie zwischen historischem, theoretischem, pragmatischem und lyrischem Aussagesubjekt. Lyrische Aussage kennzeichnet sie dadurch, dass sie »keinen Objekt- und d. h. auch keinen Mitteilungszusammenhang« bilde, »sondern etwas anderes, das wir als Sinnzusammenhang bezeichnen« (ebd., 220). In der Lyrik werde die Aussage »aus dem Objektpol fort in die Sphäre des Subjektpols hineingezogen« (ebd.), »gelenkt von dem Sinn, den das lyrische Ich« (ebd.) ausdrücken wolle. Das Objekt sei »nicht Ziel, sondern Anlaß« (ebd.) der Aussage. Dies bedeute, dass »die lyrische Aussage keine Funktion in einem Objekt- oder Wirklichkeitszusammenhang haben will« (ebd., 234, Original kursiv). Die »Beschaffenheit des lyrischen Ich« (ebd., 243) beschreibt Hamburger mit dem traditionsreichen Begriff des Erlebnisses und bringt es auf die Formel: »das lyrische Aussagesubjekt macht nicht das Objekt des Erlebnisses, sondern das Erlebnis des Objekts zu seinem Aussageinhalt« (ebd., 244). Es lässt sich darüber streiten, ob Käte Hamburgers Aussagetheorie tatsächlich eine Sprach- oder eher eine neuformulierte Subjektivitätstheorie der Lyrik darstellt, der sie noch ihre zentrale Kategorie des Erlebnisses entlehnt. Was sie jedoch von der Theorie Staigers unterscheidet, ist zum einen die Einbeziehung auch moderner Lyrik, die ihren Aussagen eine ungleich größere historische Reichweite verleiht, und zum anderen die Absicht, Lyrik als »rein sprachkünstlerisches Phänomen« (ebd., 206) zu beschreiben. Ob sie diesen Anspruch erfüllen kann, ist allerdings fraglich, weil sie eine spezifisch lyrische, dem epischen Präteritum vergleichbare sprachliche Besonderheit nicht nachweist.

Die Sprachtheorie der Lyrik ging allerdings schon bald ganz andere Wege, die sie zunehmend von der Subjektivitätstheorie entfernten. Vorbereitet hat diesen Wechsel zu einem neuen Theorie-Paradigma die klassisch-strukturalistische Definition der Lyrik durch die emotive oder expressive Funktion, die Roman Jakobson in seinem berühmten Vortrag »Linguistik und Poetik« entwickelt hat (vgl. Jakobson 1979, 94). Die Sprachtheorie der Lyrik hat sich die Suche nach einer gedichtspezifischen Verwendung von Sprache zum Ziel gesetzt. Einen frühen Versuch stellt etwa Siegfried J. Schmidts Aufsatz »Alltagssprache und Gedichtsprache« dar, der bereits den Weg einer Abweichungspoetik beschritten hat, ähnlich wie dann Harald Fricke. Fricke hat in seinem Buch *Norm und Abweichung* die Lyrik systematisch neu definiert, und zwar durch sprachliche Abweichungen »im umfassend verstandenen Bereich der Grammatik als Inbegriff der Normebenen von Phonetik, Phonemik, Graphemik, Morphologie und Syntax« (Fricke 1981, 116). Diese Definition berücksichtigt jedoch zum einen den geltenden Sprachgebrauch zu wenig; zum zweiten ist sie im Unterschied zu den traditionellen Bestimmungen der Lyrik zu weit gefasst (vgl. Lamping 2007).

Die Formtheorie der Lyrik

Den zweiten Versuch, insbesondere den Befangenheiten der Subjektivitätstheorie zu entrinnen, stellt die Formtheorie dar, die lyrische Texte wesentlich durch ihre Vers-Form definiert. Zu dieser Richtung gehört etwa Karl Otto Conrady mit seinem »Kleinen Plädoyer für Neutralität der Begriffe Lyrik und Gedicht« (Conrady 1994). Sein Grundsatz lautet: »die Theorie einer Gattung muß so gefaßt sein, daß Aussperrungen vermieden werden« (ebd., 49). Auch deshalb ist seine Bestimmung der Lyrik eine Minimaldefinition: »Zur Lyrik gehören alle Gedichte« (ebd.). Mit Conradys Definition ist in einer Hinsicht genau die Antithese zu der Position Staigers erreicht: Die restriktive Normativität der Subjektivitätstheorie wird bei ihm abgelöst durch die grenzenlose Neutralität einer extensionalen Definition. Conradys Begriffsbestimmung läuft zudem auf eine Suspendierung der wissenschaftlichen Lyriktheorie, ja der Literaturtheorie insgesamt hinaus. Indem sie von sich aus darauf verzichtet, Kriterien zu formulieren, liefert sie sich den heterogenen Entscheidungen der Autoren aus. In der Sache ähnlich wie Conrady hat Dieter Burdorf Lyrik als »die Gattung«, definiert, »die alle Gedichte umfasst« (Burdorf 1995, 20). Ein Gedicht bestimmt er durch zwei Eigenschaften, von denen die eine aber bloß negativ ist. Ein Gedicht, so legt er fest, sei »eine mündliche oder schriftliche Rede in Versen« (ebd.), und es sei »kein Rollenspiel, also nicht auf szenische Aufführbarkeit hin angelegt« (ebd., 21). Methodisch grundlegend ist seine Entscheidung, auf den »Doppelbegriff ›lyrisches Gedicht‹« zu verzichten: »Demnach sind alle Gedichte lyrisch« (ebd.). Das ist allerdings eine Setzung, die den literarischen Sprachgebrauch missachtet. ›Lyrik‹ und ›Gedicht‹ sind keineswegs identische Begriffe.

Die Kombination von Sprach- und Formtheorie

Eine Kombination aus Sprach- und Formtheorie stellt die fünfte Position dar. Sie geht von zwei allgemeinen literaturtheoretischen Voraussetzungen aus: von der einen, dass alle Literatur Rede, also sprachlich verfasst ist, und von der anderen, dass es letztlich nur zwei Formen und drei Strukturen von Rede gibt. Mit den zwei Formen sind Vers und Prosa gemeint; mit den drei Strukturen die (monologische) Einzelrede, die (dialogische) Wechselrede und die (episch) vermittelnde Rede. Diese drei Redestrukturen lassen sich den drei Hauptgattungen als ein jeweils notwendiges, aber keineswegs hinreichendes Merkmal zuordnen (vgl. ausführlicher Lamping 2000, 55 ff.).

Die auf dieser Voraussetzung basierende Definition begreift das lyrische Gedicht als »Einzelrede in Versen« (Lamping 2000, 63). Sie enthält nur zwei notwendige Bedingungen, die zusammengenommen auch hinreichend sind: das formale Kriterium der Versform und das strukturelle der Einzelrede. Einzelrede ist dabei zu verstehen als eine einzelne Äußerung, die nur ein Redesubjekt hat, das natürlich aus verschiedenen Sprechern bestehen kann, deren gemeinsame Rede sie darstellt. Insofern ist sie auch monologisch, kann aber natürlich an ein Gegenüber gerichtet sein. Sie unterscheidet sich vor allem vom Dialog als Wechselrede zweier Sprecher. Und sie ist damit strukturell einfache Rede im Unterschied zu strukturell komplexer, wie sie nicht nur die dialogische, sondern auch die eine andere Äußerung vermittelnde Rede etwa eines epischen Erzählers darstellt.

Rede in Versen wiederum ist zu verstehen als eine Form, die in einer von der normalen Satzgliederung grundsätzlich abweichenden Segmentierung der Rede besteht. Ihr einfachstes Mittel ist die Setzung syntaktisch nicht geforderter Pausen. Das unterscheidet sie von der Prosa als der anderen Form sprachlicher Äußerung.

Der Stand der Lyriktheorie

Die verschiedenen Positionen bestehen, mehr oder weniger scharf voneinander abgegrenzt, zum großen Teil nebeneinander. Darin kann man »ein offenkundiges Beharrungsvermögen dessen« sehen, »was man mit dem Stichwort ›Lyrik-Problem‹ zusammenfassen und als Mangel an begrifflicher, systematischer wie historischer Deutlichkeit der Gattung Lyrik bezeichnen könnte« (Zymner 2009, 8). Dass diese Situation nicht das Ende der Lyriktheorie, sondern umgekehrt gerade einen Ansporn zu ihrer Weiterführung bedeutet, versteht sich fast von selbst. Den vorläufig letzten Stand der Lyriktheorie markiert die Position Rüdiger Zymners, die den Anspruch erheben kann, den Begriff weiter als alle vorangegangenen gefasst zu haben. Zymner hat die Gattung definiert als »Repräsentation von Sprache als generisches Display sprachlicher Medialität und damit als generischer Katalysator ästhetischer Evidenz« (Zymner 2009, 140). In dieser stark funktionsorientierten Theorie, die »strukturanalytische Ansätze« (ebd., 139) mit wahrnehmungspsychologischen und kognitionswissenschaftlichen zu verbinden sucht, spielt »Sprache als ›bildendes Organ des Gedankens‹ (Lyrik als generisches Display) sowie als ›Auslöser‹ für Sinnbildung (Lyrik als Katalysator für ästhetische Evidenz)« (ebd.) eine zentrale Rolle. Dabei ist der Lyrikbegriff so weit gefasst, dass er – im Unterschied zu allen anderen vorliegenden Theorien – auch Texte ohne Versform einschließt.

Literatur

Burdorf, Dieter: *Einführung in die Gedichtanalyse*. Stuttgart 1995.
Conrady, Karl Otto: »Von Schwierigkeiten, über Gedichte zu reden«. In: Jutta Kolkenbrock-Netz u. a. (Hg.): *Wege der Literaturwissenschaft*. Bonn 1985, 26–44.
Conrady, Karl Otto: »Kleines Plädoyer für Neutralität der Begriffe Lyrik und Gedicht«. In: Joseph Kohnen/Hans-Joachim Solms/Klaus-Peter Wegera (Hg.): *Brücken schlagen ... ›Weit draußen auf eigenen Füßen‹. Festschrift für Fernand Hoffmann*. Frankfurt a. M. u. a. 1994, 35–57.
Fricke, Harald: *Norm und Abweichung. Eine Philosophie der Literatur*. München 1981.
Friedrich, Hugo: *Die Struktur der modernen Lyrik*. Erw. Neuausgabe. Hamburg 1967.
Hamburger, Käte: *Logik der Dichtung*. Ungek. Ausg. nach der 3. Aufl. 1977. Frankfurt a. M. u. a. 1980.
Hegel, Georg Wilhelm Friedrich: *Werke in 20 Bdn. Auf der Grundlage der Werke von 1832–1845 neu edierte Ausgabe*. Redaktion Eva Moldenhauer und Karl Markus Michel. Bd. 15: *Vorlesungen über die Ästhetik III*. Frankfurt a. M. 1986.
Jakobson, Roman: »Linguistik und Poetik«. In: Ders.: *Poetik. Ausgewählte Aufsätze 1921–1971*. Hg. v. Elmar Holenstein und Tarcisius Schelbert. Frankfurt a. M. 1979, 83–121.
Killy, Walther: *Elemente der Lyrik*. München 1972.
Lamping, Dieter: *Das lyrische Gedicht. Definitionen zu Theorie und Geschichte der Gattung*. Göttingen ³2000.
Lamping, Dieter: »Moderne Lyrik als Herausforderung der Lyrik-Theorie«. In: Ernst Rohmer u. a. (Hg.): *Texte Bilder Kontexte. Interdisziplinäre Beiträge zu Literatur, Kunst und Ästhetik der Neuzeit*. Heidelberg 2000, 229–242.
Lamping, Dieter: »Lyrikanalyse«. In: Thomas Anz (Hg.): *Handbuch Literaturwissenschaft*. Bd. 2. Stuttgart, Weimar 2007, 139–155.
Link, Jürgen: »Das lyrische Gedicht als Paradigma des überstrukturierten Textes«. In: Helmut Brackert/Eberhard Lämmert (Hg.): *Funkkolleg Literatur. Studienbegleitbrief 4*. Wiesbaden, Basel 1976, 36–68.
Müller, Wolfgang G.: *Das lyrische Ich. Erscheinungsformen gattungseigentümlicher Autor-Subjektivität in der englischen Lyrik*. Heidelberg 1979.
Müller, Wolfgang G.: »Das Problem der Subjektivität der Lyrik und die Dichtung der Dinge und Orte«. In: Ansgar Nünning (Hg.): *Literaturwissenschaftliche Theorien, Modelle und Methoden. Eine Einführung*. Trier 1995, 93–105.
Müller-Zettelmann, Eva: *Lyrik und Metalyrik. Theorie einer Gattung und ihrer Selbstbespiegelung anhand von Beispielen aus der englisch- und deutschsprachigen Dichtkunst*. Heidelberg 2000.
Söring, Jürgen: »›Die Apriorität des Individuellen über das Ganze‹. Von der Schwierigkeit, ein Prinzip der Lyrik zu finden«. In: *Schiller-Jb*. 24 (1980), 205–246.
Staiger, Emil: *Grundbegriffe der Poetik*. München 1971.
Stierle, Karlheinz: »Die Identität des Gedichts – Hölderlin als Paradigma«. In: Odo Marquard/Karlheinz Stierle (Hg.): *Identität*. München 1979, 505–552.
Strube, Werner: »Die komplexe Logik des Begriffs »Novelle«. Zur Definition literarischer Gattungsbegriffe«. In: *Germanisch-Romanische Monatsschrift N. F*. 63 (1982), 379–386.
Vischer, Friedrich Theodor: *Ästhetik oder Wissenschaft des Schönen*. 6 Bde. Hg. v. Robert Vischer. Bd. 6. München ²1922–23.
Völker, Ludwig (Hg.): *Lyriktheorie. Texte vom Barock bis zur Gegenwart*. Stuttgart 1990.
Warning, Rainer: *Lektüren romanischer Lyrik. Von den Trobadors zum Surrealismus*. Freiburg/Br. 1997.
Zymner, Rüdiger: *Lyrik. Umriss und Begriff*. Paderborn 2009.
Zymner, Rüdiger: »Texttypen und Schreibweisen«. In: Thomas Anz (Hg.): *Handbuch Literaturwissenschaft*. Bd. 1. Stuttgart, Weimar 2007, 25–80.

Dieter Lamping

6. Theorien des Narrativen

Theorien des Narrativen befassen sich mit der Frage, was Erzählen bedeutet und in welchem Sinne eine mündliche Rede, ein Text oder auch eine Sammlung von nicht auf ein bestimmtes Medium begrenzten Zeichen als ›erzählend‹ gelten kann. In aller Regel wird diese Frage heute unabhängig vom Problem der Gattungszuordnung, ja sogar der Literatur als solcher verhandelt (→ B 5.5). Gleichwohl gibt es zwischen dem Gegenstand von Theorien des Narrativen und den Fragen der Gattungstheorie nach wie vor Schnittmengen und beachtenswerte Bezüge.

Aus gattungstheoretischer Sicht wird das Merkmal ›erzählen(d)‹ seit der Antike in erster Linie mit der besonderen Form des Epos und seit der Aufklärung – jedenfalls im deutschsprachigen Raum – mit der ›Epik‹ als einer im Einzelnen unterschiedlich verstandenen ›Hauptgattung‹ verbunden (→ H 1). Erzähltheoretische Fragen werden dabei für gewöhnlich nicht losgelöst von einer Poetik der besonderen epischen Formen, sondern im Blick auf einzelne Untergattungen wie z. B. ›Fabel‹, ›Märchen‹, ›Novelle‹ und ›Roman‹ reflektiert. Im Rahmen des um 1800 im Epochenkontext von Klassik und Romantik entfalteten Konzepts einer ›Gattungstrias‹ führt Goethe in seinen *Noten und Abhandlungen* zum *West-östlichen Divan* von 1819 aber auch noch ein anderes Verständnis von ›erzählend‹ ein: »Es gibt nur drei echte Naturformen der Poesie: die klar erzählende, die enthusiastisch aufgeregte und die persönlich handelnde: Epos, Lyrik und Drama. Diese drei Dichtweisen können zusammen oder abgesondert wirken. In dem kleinsten Gedicht findet man sie oft beisammen« (Goethe 1981, 187). Tatsächlich enthält diese in aller Regel als Beleg für Goethes Entwurf einer Trias von ›Hauptgattungen‹ zitierte Passage zugleich den Ansatz zu deren Überschreitung. Denn »episch« im Sinne von »klar erzählend« bezeichnet für Goethe (der hier im Übrigen an gemeinsame Überlegungen mit Schiller anknüpft) offensichtlich auch eine prinzipiell unabhängig sowohl von der historischen ›Dichtart‹ »Epopöe« als auch von einzelnen Spezies zu denkende ›Dichtweise‹ im Sinne einer in concreto in aller Regel in Mischformen auftretenden ›Naturform‹. Analog zu ›lyrisch‹ und ›dramatisch‹ gebraucht Goethe die von ihm synonym verwendeten Termini ›episch‹ und ›erzählend‹ insofern nicht nur im Sinne eines klassifikatorischen Sammelbegriffs (in diesem Fall für die Menge aller erzählenden Texte), sondern auch im Sinne eines textsorten- und gattungsunabhängigen Stilbegriffs, der als solcher z. B. ebenso einzelne Passagen aus einem Gedicht oder einem Drama bezeichnen kann. Mit anderen Worten: Im Gewand von gattungstheoretischen Überlegungen etabliert Goethe hier zugleich den Kern einer Theorie des Narrativen.

Welche Kriterien für das Stilmerkmal »klar erzählend« im Einzelnen anzusetzen sind, das hat Goethe selbst in seinen *Noten und Abhandlungen* allerdings nur ansatzweise reflektiert. Erst rund hundert Jahre später, d. h. im Zeichen der Ausdifferenzierung von Feldern des Wissens und Forschens nach 1900 hat man diese Kriterien in unterschiedlichen Zusammenhängen im Detail erörtert und – nunmehr auch unabhängig von Fragen der Gattungstheorie – in mancher Hinsicht präzisiert. Pionierleistungen im deutschsprachigen Raum erbringen hier eine Reihe von Studien, zu deren bedeutendsten Verfassern u. a. Friedemann (1910), Hirt (1923), Petsch (1934), Müller (1968), Lämmert (1955) und Stanzel (1955) zählen. Bei allen Unterschieden verbindet die genannten Autoren, dass sie im Anschluss an Goethes Morphologiebegriff und sein Konzept von ›Naturformen‹ ein episches ›Formgesetz‹ zu ermitteln bzw. eine Formpoetik der ›Erzählkunst‹ zu entwerfen versuchen. Im Wesentlichen unabhängig von diesen bis in die 1950er Jahre hinein einer eigenen, spezifisch deutschen Tradition verpflichteten Ansätzen etabliert sich seit etwa den 1920er Jahren im internationalen Rahmen eine unter Namen wie ›Narratology‹, ›Théorie du récit‹ o. Ä. operierende Grundlagendisziplin, die als eine aus dem Geist von Formalismus und Strukturalismus geborene und – sieht man von der volkskundlich orientierten Erzählforschung in der Nachfolge von Propp (1972) ab – ursprünglich als Teil der Literaturwissenschaft ausgebildete ›Wissenschaft vom Erzählen‹ unterschiedliche Modelle des Erzählens entwickelt (vgl. Cornils/ Schernus 2003; Martínez/Scheffel 2009).

Bemühungen um einen konturierten Begriff von Erzählen finden sich vor allem in dem Bereich der Narratologie, der sich mit dem verbalen Erzählen und insofern seiner wohl ältesten, gemeinhin als ›prototypisch‹ verstandenen Form befasst. Mustert man die zahlreichen Bestimmungsversuche der neueren Forschung (vgl. Scheffel 2004), dann lassen sich hier, vereinfacht gesagt, zwei verschiedene Gruppen von Bestimmungsversuchen finden.

Die eine Gruppe definiert das Erzählen vergleichsweise weich und mit entsprechend weiter Extension. Als Minimalbedingung für ein Phänomen mit Namen Erzählen betrachtet sie nichts weiter als die Darstellung von – wie schon E. M. Forster in seinen *Aspects of the novel* formulierte – »zeitlich aufeinander folgenden Begebenheiten« (Forster 1949, 36). In dieser Tradition spricht etwa Stempel von der »Abbildung eines Wandels« (Stempel 1982, 10), Weber formuliert »Erzählen ist serielle Rede von zeitlich bestimmten Sachverhalten« (Weber 1998, 11–23), und der im Kontext der klassischen, d. h. strukturalistisch geprägten Narratologie und vor allem im englischsprachigen Raum einflussreiche Prince postuliert: »narrative is the representation of at least two real or fictive events or situations in a time sequence, neither of which presupposes or entails the other« (Prince 1982, 4). So gesehen verbindet sich mit jedem Erzählen notwendig die Darstellung der zeitlichen Sequenzialität eines Geschehens, nicht aber der Entwurf von Geschichten.

Eine andere Gruppe von Forschern fasst den Begriff enger, indem sie das Minimalkriterium der Darstellung einer zeitlichen Folge von Ereignissen um ein weiteres Kriterium ergänzt. In der Regel ist das das Kriterium der Kausalität. Am Ursprung vieler neuerer Ansätze, die in diese Richtung zielen, stehen formale Überlegungen wie sie der amerikanische Philosoph und Kunsttheoretiker Danto entwickelt hat. Nicht die bloße Darstellung einer mehr oder minder kontingenten Ereignisfolge, sondern die Ordnung von Geschehen zu einer oder auch mehreren Geschichten bestimmt für Danto das Erzählen (vgl. Danto 1974, 376). Zu dessen Wesen gehört demnach die Darstellung einer Folge von Begebenheiten, die nicht nur aufeinander, sondern auch auseinander folgen. Mit anderen Worten: Neben der bloßen »Darstellung von ›Situationsveränderung‹« (Weber 1998, 17) schließt das Erzählen so gesehen immer auch die Darstellung irgendeiner Art von Zusammenhang im Sinne einer motivationalen Verkettung der dargestellten Veränderungen ein (wobei diese ›Verkettung‹ im Sinne eines möglichen, wahrscheinlichen oder notwendigen Zusammenhangs gestaltet sein kann). Im Anschluss an diese zweite Gruppe von Bestimmungsversuchen lässt sich das Erzählen als die Darstellung »einer nicht-zufälligen Ereignisfolge« (Eibl 2004, 255) verstehen. Auch wenn das Merkmal ›nicht-zufällig‹ im Einzelfall problematisch ist: Erzählen in diesem Sinn hat dann jedenfalls immer auch etwas mit ›Konstruktion‹ im Sinne einer »Herstellung von Zusammenhang aus Einzelheiten« (Klotz 1982, 334) oder auch – in der Begrifflichkeit von Ricœurs epochaler Studie *Temps et récit* formuliert – einer ›mise en intrigue‹ auf der Basis einer »Synthese des Heterogenen« (Ricœur 1988, 106) zu tun.

Zu den Grundlagen jeder Art von narratologischer Modellbildung gehört weiterhin die Annahme, dass Erzählen eine Tätigkeit ist, deren Ergebnis, die Erzählung, aus unterschiedlichen Komponenten besteht. Im Rahmen der klassischen Narratologie hat Chatman das entsprechende Modell wie folgt erläutert: »each narrative has two parts: a story (*histoire*) [...] and a discourse (*discours*) [...]. In simple terms, the story is the *what* in a narrative that is depicted, discourse the *how*« (Chatman 1978, 19). Diese zwischen dem ›Wie‹ und dem ›Was‹ bzw. zwischen ›Discours‹ und ›Histoire‹ unterscheidende Vorstellung vom Aufbau von Erzählungen ist vielfach kritisiert, differenziert und auf bis zu vier Ebenen erweitert worden (vgl. Scheffel 2009). Gleichwohl darf das in der Tradition von Formalismus und Strukturalismus entstandene Zwei-Stufen-Modell der narrativen Konstitution im Kern wohl immer noch als kanonisch gelten. An die Seite dieses Strukturmodells treten weitere Spezifika des Erzählens, die man der Sache nach im Rahmen vieler narratologischer Ansätze anführt, auch wenn man sie im Detail unterschiedlich benennt und konzipiert. Zu ihnen zählt, dass jedenfalls die Tätigkeit des verbalen Erzählens an ein ›Aussagesubjekt‹ gebunden ist, das man in der Regel ›Erzähler‹ nennt, das man aber, um für den Fall von fiktionalen Erzählungen die Assoziation einer realen ›Person‹ zu vermeiden, auch z. B. als ›Aussageinstanz‹, ›Vermittlungsinstanz‹ oder ›narrative Instanz‹ bezeichnet (vgl. Scheffel 2006). In der Terminologie von Weber lassen sich außerdem noch die nachstehenden Merkmale benennen: (1) »Erzählen gilt Nichtaktuellem«, d. h. aus der Sicht des Erzählenden betrifft das Erzählen insofern ›Nichtaktuelles‹, als es für ihn Nachvollzug von mehr oder minder lang Vergangenem oder aber Vergegenwärtigung von etwas Imaginärem ist (Weber 1998, 24–32). Aus dieser Tatsache wiederum folgt (2), dass Erzähler im Verhältnis zum erzählten Geschehen im engeren Sinne nicht Handelnde, sondern »Außenstehende« sind und (3), dass zum Erzählen eine spezifische »Zweipoligkeit« gehört: »Erzählen hat zwei Orientierungszentren«, nämlich ein »Orientierungszentrum I« des Erzählenden in seinem »Ich-Hier-Jetzt-System« und ein »Orientierungszentrum II« der »Personen, von denen erzählt wird, in ihrem Ich-Hier-Jetzt-System« (Weber 1998, 43).

Im Zeichen des ›cultural turn‹ und des nachlassenden Interesses für eine als reine ›Textwissenschaft‹ verstandene Philologie rücken seit einiger Zeit auch die medialen, soziokulturellen und kognitionspsychologischen Voraussetzungen des Erzählens, seine Funktionen und sein Wirklichkeitsbezug in den Blick einer zunehmend ›interdisziplinär‹, ›transgenerisch‹ und ›intermedial‹ und damit außerhalb der herkömmlichen Grenzen der Literaturwissenschaft operierenden ›postklassischen‹ Narratologie (vgl. Nünning 2002). Zu den Konsequenzen dieser Entwicklung gehört, dass sich mit ihr zuweilen auch das Konzept von ›narrativ‹ verändert. Im Rahmen einer sogenannten ›kognitiven Narratologie‹ tritt so z. B. das herkömmliche Minimalkriterium der Darstellung einer Ereignisfolge im Extremfall zugunsten des Kriteriums einer als Bewusstseins- und Erfahrungsdarstellung verstandenen »experientiality« zurück. Fludernik erläutert dementsprechend: »In my model there can (…) be narratives without plot, but there cannot be any narratives without a human (antropomorphic) experiencer« (Fludernik 1996, 13).

Je nachdem, welche Kriterien welcher Theorie des Narrativen als Bezugspunkt dienen, ergeben sich schließlich auch für die auf einzelne Textteile, Texte oder Textgruppen bezogenen Systematisierungsversuche der Gattungstheorie unterschiedliche Konsequenzen. Wenn z. B. Hempfer vom ›Narrativen‹ als einer vom ›Dramatischen‹ zu unterscheidenden, die Gattungsgrenzen im Einzelfall überschreitenden ›primären Schreibweise‹ spricht (vgl. Hempfer 1973), dann nutzt er die Merkmale ›Präsenz eines Erzählers‹ und ›Zweipoligkeit des Erzählens‹ in der auf Platon zurückgehenden Tradition des ›Redekriteriums‹ (→ A 2.8) und stützt sich insofern wesentlich auf ein Element des ›Discours‹, d. h. der Art und Weise der Darstellung von Geschehen. Eben dieses Element vernachlässigen all die Ansätze, die sich auf die Ebene der ›Histoire‹ konzentrieren, indem sie das Merkmal der ›Sequenzialität von Ereignissen‹ in den Vordergrund stellen und zugunsten einer Gruppenbildung »geschehensdarstellende Literatur« die Grenzen zwischen epischen und dramatischen Präsentationsformen nivellieren (Korthals 2003; Andronikashvili 2009). Eine eigenwillige Kombination aus beiden Ansätzen stellen dagegen die mit erheblichem theoretischen Aufwand betriebenen Versuche von Hühn, Schönert u. a. dar, die Lyrik als eine Art Mischgattung zu begreifen, die von Fall zu Fall unterschiedliche Merkmale des ›Narrativen‹ aktualisiert: So zeigt diesen Theorien zufolge auch die Lyrik im Regelfall eine Geschehensfolge, wobei die Art und Weise ihrer Darstellung im Einzelfall wahlweise den Präsentationsformen der Epik oder aber der Dramatik entspricht (vgl. Hühn/Kiefer 2005; Schönert u. a. 2007).

Unabhängig davon aber, wie man diese und viele weitere mögliche Verknüpfungen von Theorien des Narrativen mit Fragen der Gattungstheorie beurteilt: Grundsätzlich gilt wohl, dass der Entwurf eines transgenerisch oder gar transmedial gültigen Konzepts des ›Narrativen‹ nur um den Preis einer entweder nicht für jeden Fall sachgerechten Profilierung oder aber einer mehr oder minder erheblichen Reduktion der prinzipiell möglichen Merkmale von ›Erzählen‹ zu haben ist.

Literatur

Andronikashvili, Zaal: *Die Erzeugung des dramatischen Textes. Ein Beitrag zur Theorie des Sujets.* Berlin 2009.
Chatman, Seymour: *Story and Discourse. Narrative Structure in Fiction and Film.* Ithaca 1978.
Cornils, Anja/Schernus, Wilhelm: »On the Relationship Between the Theory of the Novel, Narrative Theory, and Narratology«. In: Tom Kindt/Hans-Harald Müller (Hg.): *What is Narratology? Questions and Answers Regarding the Status of a Theory.* Berlin, New York 2003, 137–174.
Danto, Arthur C.: *Analytische Philosophie der Geschichte.* Übers. v. Jürgen Behrens. Frankfurt a. M. 1974.
Eibl, Karl: *Animal Poeta. Bausteine der biologischen Kultur- und Literaturtheorie.* Paderborn 2004.
Forster, Edward M.: *Ansichten des Romans.* Übers. v. Walter Schürenberg. Frankfurt a. M. 1949.
Goethe, Johann Wolfgang: *Werke.* Hamburger Ausgabe. Bd. 2. München 1981.
Fludernik, Monika: *Towards a ›Natural‹ Narratology.* London, New York 1996.
Friedemann, Käte: *Die Rolle des Erzählers in der Epik.* Berlin 1910.
Hempfer, Klaus W.: *Gattungstheorie.* München 1973.
Hirt, Ernst: *Das Formgesetz der epischen, dramatischen und lyrischen Dichtung.* Berlin, Leipzig 1923.
Hühn, Peter/Kiefer, Jens: *The Narratological Analysis of Lyric Poetry. Studies in English Poetry from the 16th to the 20th Century.* Berlin 2005.
Korthals, Holger: *Zwischen Drama und Erzählung: Ein Beitrag zur Theorie geschehensdarstellender Literatur.* Berlin 2003.
Klotz, Volker: »Erzählen als Enttöten. Vorläufige Notizen zu ›zyklischem‹, ›instrumentalem‹ und ›praktischem‹ Erzählen«. In: Eberhard Lämmert (Hg.): *Erzählforschung.* Stuttgart 1982, 319–334.
Lahn, Silke/Meister, Jan Christoph: *Einführung in die Erzähltextanalyse.* Stuttgart, Weimar 2008.
Lämmert, Eberhard: *Bauformen des Erzählens.* Stuttgart 1955 u. ö.
Martínez, Matías/Scheffel, Michael: *Einführung in die Erzähltheorie.* München ⁸2009.
Müller, Günther: *Morphologische Poetik. Gesammelte Aufsätze.* Tübingen 1968.
Nünning, Ansgar/Nünning, Vera (Hg.): *Erzähltheorie transgenerisch, intermedial, interdisziplinär.* Trier 2002.
Nünning, Ansgar/Nünning Vera (Hg.).: *Neue Ansätze in der Erzähltheorie.* Trier 2002.
Petsch, Robert: *Wesen und Formen der Erzählkunst.* Halle 1934.
Prince, Gerald: *Narratology. The Form and Functioning of Narrative.* Berlin u. a. 1982.
Propp, Vladimir: *Morphologie des Märchens* [1928]. Übers. v. Christel Wendt. München 1972.
Ricœur, Paul: *Zeit und Erzählung* [1988–1991]. Übers. v. Rainer Rochlitz. Bd. I. München 1988.

Scheffel, Michael: »Erzählen als anthropologische Universalie. Funktionen des Erzählens im Alltag und in der Literatur«. In: Manfred Engel/Rüdiger Zymner (Hg.): *Anthropologie der Literatur. Poetogene Strukturen und ästhetisch-soziale Handlungsfelder.* Paderborn 2004, 121–138.

Scheffel, Michael: »Wer spricht? Überlegungen zur ›Stimme‹ in fiktionalen und faktualen Erzählungen«. In: Andreas Blödorn/Daniela Langer/Michael Scheffel (Hg.): *Stimme(n) im Text. Narratologische Positionsbestimmungen.* Berlin, New York 2006, 83–99.

Scheffel, Michael: »Narrative Constitution«. In: Peter Hühn u. a. (Hg.): *Handbook of Narratology.* Berlin, New York 2009, 282–294.

Schönert, Jörg/Hühn, Peter/Stein, Malte (Hg.).: *Lyrik und Narratologie. Text-Analysen zu deutschsprachigen Gedichten vom 16. bis zum 20. Jh.* Berlin 2007.

Stanzel, Franz Karl: *Die typischen Erzählsituationen im Roman.* Wien, Stuttgart 1955.

Stempel, Wolf-Dieter: »Zur Frage der narrativen Identität konversationeller Erzählungen«. In: Eberhard Lämmert (Hg.): *Erzählforschung.* Stuttgart 1982, 7–32.

Weber, Dietrich: *Erzählliteratur. Schriftwerk, Kunstwerk, Erzählwerk.* Göttingen 1998.

Michael Scheffel

7. Theorien des Satirischen

Mit dem Ausdruck ›Satire‹ können bestimmte literarische Gattungstraditionen (v. a. die der Vers- und der Prosasatire), aber auch ein gattungsübergreifendes Verfahren bzw. »ein Ethos, ein Ton, eine Absicht« (Brummack 1971, 275) bezeichnet werden: ›das Satirische‹. Der literarische Modus des Satirischen ist ein besonderer Fall des Satirischen als einer allgemeinen Gestaltungsweise oder als allgemeines Verfahren, das auch außerhalb der Literatur anzutreffen ist (vgl. Brummack 2003), im Fall satirischer Zeichnungen etwa, satirischer Fotos, satirischer Musik, satirischer Plakate, satirischen Kabaretts, satirischer T-Shirts, satirischer Skulpturen und allgemein satirischer Kunst (vgl. Neugebauer 1993) ebenso wie im Fall satirischen Alltagsverhaltens. Theorien des Satirischen sind bis heute allerdings auf das dichterische bzw. literarische Satirische fokussiert oder konzentrieren sich sogar lediglich auf Genretraditionen, die sich seit der Aufnahme der Satire als dichterische Gattung in die Poetiken der Renaissance verfolgen lassen. Schon Johann Georg Sulzer betont im Artikel »Satire« der *Allgemeinen Theorie der schönen Künste* (1794, 131) allerdings, »daß die Satire nicht [...] ihre eigene Form habe«. Die literaturwissenschaftliche Diskussion über das Satirische als Schreibart bzw. Schreibweise setzt in der englischsprachigen Literaturwissenschaft der 1940er Jahre ein.

Hier entstehen dann eine Reihe von Arbeiten, die Formen und Verfahren des Satirischen erörtern und teilweise weit ausgreifend komparatistisch behandeln (vgl. Elliott 1960, Highet 1962, Paulson 1971; siehe aber auch schon Lukács 1932). So definiert bereits Northrop Frye ›Satire‹ als »tone or a quality of art which we may find in any form; in a play by Shaw, a novel by Sinclair Lewis or a cartoon by Low« (Frye 1944, 75). Dem entspricht die Bestimmung des Satirischen als Schreibart bzw. Schreibweise, welche die Satireforschung u. a. durch Arbeiten Gaiers, Schönerts, Brummacks und Hempfers entwickelte (Trossbach 2005, 15). Theoretisch anspruchsvoll ist hier insbesondere Hempfers Vorschlag, das Satirische (ebenso wie z. B. das Narrative) als tiefenstrukturell ansetzbare generische Invariante zu betrachten, die sich über bestimmte Transformationen in historischen Gattungen konkretisieren kann (Hempfer 1973, 224). Das Satirische ist nach Hempfer eine sekundäre Schreibweise. Während primäre Schreibweisen nur in einer bestimmten Sprechsituation möglich seien (wie das Narrative in der berichtenden, das Dramatische in der performativen), können sekundäre Schreibweisen in verschiedenen Typen von Sprechsituationen vorkommen (ebd. 225). Im Anschluss an Hempfer bestimmt Weber die Satire und darin im Grunde das Satirische allgemein als Ausdruck von Anstoßnahme, als Darstellung eines Gegenstandes, der in den Augen des Satirikers einen Missstand ausmache oder vertrete, sowie als Appell, den dargestellten Missstand als Missstand zu erkennen und zu seiner Abschaffung beizutragen (Weber 1981, 319 f.). Dieser Ausdruck von Anstoßnahme bedient sich nach Weber ästhetischer Mittel im Bereich der Symbolisierung, Stilisierung und Fiktionalisierung, es bleibe allerdings umstritten, ob jede Satire bzw. Satirisches immer auch Kunst sei. Die Position moderner Satiretheorie bezeichnet insgesamt Schönerts Feststellung, dass »der Begriff ›Satire‹ nur dann der Literaturpraxis von der Antike bis heute gerecht werden kann, wenn er [...] nicht an die Genrebereiche von Epigramm, Verssatire und Prosasatire (im Stile der Menippea) gebunden wird« (Schönert 2007, 84 f.).

Die Entscheidung, das Satirische letztlich außerhalb und unabhängig von historischen Gattungspoetiken als allgemeines ästhetisches Verfahren zu betrachten, impliziert eine Reihe von Fragen und Problemen. So stellt sich die Frage, ob und inwiefern das Satirische lediglich ein Moment »sei es des Systems Kunst, sei es des Systems Literatur« (Arntzen 2003, 345) ist und ob sich hier nicht anthropologische Dimensionen eröffnen, die das Satirische als eine »Welthaltung« (ebd.) zeigen.

Ein wesentlicher Streitpunkt der Satiretheorie bzw. der Theorie des Satirischen ist die Frage nach der moralischen Funktion der Satire, gesellschaftliche Werte und Normen implizit einzufordern. Noch Arntzen etwa entwickelte unter Bezug auf Schiller ein vergleichsweise idealistisches Verständnis von der Satire als einer »Utopie ex negativo« (Arntzen 1971, 166), ähnlich sieht Schmidt die Satire »in die Pflicht des Ethischen genommen« (Schmidt 1977, 11). Dagegen betont Gaier, dass das Satirische nicht angemessen von der idealistischen Ästhetik der Goethezeit aus erfasst werden könne und setzt stattdessen im Rekurs auf die römische Verssatire die »Auseinandersetzung mit einem unmittelbar gegebenen Wirklichen« als Merkmal (Gaier 1967, 423). Den eigenen Ansatz erweiternd, begreift Arntzen »das Satirische« später als Tadelrede, welche wiederum in eine moralische und in eine prophetische zu unterteilen sei. Einflussreichster Belegfall hierfür ist nun die römische Verssatire Juvenals. Insgesamt seien es vier Elemente – die Aggressivität, die Moral, die Entrüstung bzw. »indig-

natio« und die Negativität bzw. das »Verkehrte« –, die das funktionale Feld der Satire bzw. des Satirischen beschreiben. Die Negativität und das »Verkehrte« seien dabei die wichtigsten Verfahrensmerkmale: In der Satire bzw. dem Satirischen wird das »Verkehrte« so dargestellt, dass dessen Abschaffung gefordert wird. Der strittige moralische Funktionswert der Satire erklärt sich aus der Tradition der römischen Gattung »Satura« (Hendrickson 1975), der in Hexameterversen verfassten, von dem römischen Dichter Lucilius (gest. 103/02 v. Chr.) begründeten Verssatire. Quintilians auf Horaz und Juvenal bezogener Satz »satura quidem tota nostra est« (Die Satire freilich ist ganz unser; Inst. Or. X, 1) macht das horazische »ridentem dicere verum« (lachend die Wahrheit sagen; Saturae I, 1, 24) als Belehrung des Rezipienten durch humorvolle Hinweise auf fehlerhaftes Verhalten zu einem Verfahrensmerkmal und entwickelt so das Paradigma der ausgleichenden, aus dem urbanen Gespräch (*sermo urbanus*) über menschliche Schwächen entwickelten Satire. Auch die aus der Entrüstung (*indignatio*) entstandenen Satiren Juvenals, bezogen auf die Laster der römischen Städter – »Difficile est saturam non scribere« (»Es ist schwer, darüber keine Satire zu schreiben«; Saturae I, 30) –, sind Vorbild der strafenden Moralsatire (Adamietz 1986). Die Wertgebundenheit der Satire verdeutlicht deren Differenzierung in eine ›heitere‹ und eine ›strafende‹ Form, die schon die wichtigste Satiretheorie des 17. Jhs., Drydens Essay *A Discourse concerning the Original and Progress of Satire* (1693), festschrieb. Weiß begreift diese Poetologie kritisch als »Zähmung der Satire«, demnach stellt in der Phase der älteren Satyr-Etymologie Juvenal das »unangefochtene Vorbild« satirischen Schreibens dar, wohingegen sich der *plain style* der an Horaz orientierten Satire »unter dem Einfluss Ben Jonsons in den dreißiger und vierziger Jahren des siebzehnten Jahrhunderts durchsetzte« (Weiß, 1992, 116). Trotz der häufig wiederholten Kritik am normativen Gehalt klassischer Satiretheorien gilt: Der Aspekt der moralischen Funktion trennt die Satire/das Satirische von der Polemik. Zwar hat die aggressive Verfahrensweise des ›furor satiricus‹ (Deupmann 2002) große Affinitäten zur Polemik, denn auch diese resultiert aus der »Lust am Streit« (Plavius 1981, 734 f.). Der Polemik fehle jedoch häufig eine für Satiren konstitutive kritische Einbindung in den gesellschaftskritischen und somit moralischen Diskurs.

Ein weiterer wichtiger Streitpunkt in der Theorie der Satire/des Satirischen ist die Frage nach deren Bezug zur gesellschaftlichen Wirklichkeit. Diese Frage betrifft vor allem die Differenz der satirischen Schreibweise zur literarischen Groteske, in welcher der kritische Bezug zur gesellschaftlichen Wirklichkeit fehle (Tschizewskij 1976, 278; Pietzcker 1971, 199 f.). Zwar hat sich Bachtins Genealogie des Grotesken aus der *satura menippaea* (Satiren des griechischen Philosophen Menippos von Gadara, 3. Jh. v. Chr.) als Konsens der Forschung etabliert, wie Studien zur Prosasatire (Trappen 1994) bzw. zur Utopiefiktion der Satire (Koppenfels 1981) zeigen. Aber gilt Bachtins auf die Renaissance bezogene Genealogie noch in der Moderne? Sind Autoren wie E. T. A. Hoffmann, Franz Kafka oder Thomas Bernhard auch als Satiriker lesbar? Wie schwierig das Verhältnis zwischen Satire und Groteske ist, verdeutlicht die Kritik an Wolfgang Kayser, der das Groteske als Versuch deutete, »das Dämonische in der Welt zu bannen und zu beschwören« (Kayser 1960, 139). Clemens Heselhaus und Reinhold Grimm stellten dieser »Dämonisierung des Grotesken« (Heselhaus 1962, 287) eine sozialkritische, realistische Intention dieses Stilprinzips entgegen und klagten neben einer gesellschaftskritischen eben auch eine satirische Intention ein (Grimm 1961, 450).

Fruchtbar für die Theorie der Satire bzw. des Satirischen erscheint bezüglich der Problematik des Wirklichkeitsbezuges der rhetorisch orientierte Ansatz von Alvin B. Kernan, der sich an der elisabethanischen Rhetorik und der elisabethanischen Satire orientiert (Kernan 1959). Ähnlich bezieht sich auch Schmidt mit der Frage nach der Wirkfunktion der Satire auf rhetorische Modelle (Schmidt 1974, 45 f.). Griffin beruft sich später auf die am *New Criticism* orientierte Satiretheorie der *Yale School*, um so das Satirische vom Verdikt des Kunstlosen zu befreien und als rhetorische *Kunst* zu begreifen, und nennt »Inquiry and Provocation« bzw. »Display and Play« als Aspekte satirischer Rhetorik (Griffin 1994, 35–94). Man muss dabei jedoch immer bedenken, dass die satirische Rhetorik aufgrund der triangulären Konstellation von Autor, Opfer bzw. Gegenstand des Anstoßes und Leser (Brummack 1971, 282) von einer dialogisch-kommunikativen Rhetorik zu unterscheiden ist: In diesem Sinne definiert Mahler die satirische Rhetorik im Anschluss an die Konversationstheorie von Grice als »eine Konversationsmaximen absichtlich verletzende, unaufrichtige, aber in ihrer Unaufrichtigkeit vom Hörer gleichwohl durchschaute Sprechhandlung« (Mahler 1992, 43). Bezüglich der Mehrdeutigkeit der kommunikativen Funktion unterscheidet schon Könneker im Rekurs auf Schönert und Gaier zwischen der nennenden bzw. gelenkten und der darstellenden bzw. ungelenkten Satire: Während in der ungelenkten Satire der Autor in den Hintergrund tritt und dem Leser die Interpretation überlässt, versucht er in der gelenkten Satire, den Leser direkt zu überzeugen und zu belehren, wobei meist, wie in der Moralsatire, der Leser selbst das Ziel des satirischen Angriffs ist (Könneker 1991, 15 f.).

Die Satire kennzeichnet also sowohl die Verstellung (*dissimulatio*) im Sinne des humorvollen *ridentem dicere verum* (lachend das Wahre sagen, Horaz) wie auch die Verspottung (*illusio*) im Rahmen der *indignatio* (Entrüstung, Juvenal) als explizite Kritik einer lasterhaften oder verkehrten Welt. Erst vor dem Hintergrund dieser Differenz lässt sich der Wirklichkeits- und Publikumsbezug der Satire anhand der klassischen Wirkfunktionen der Rhetorik – Belehrung/ *docere* (*dicere verum*), Sympathiegewinn/*conciliare* (*ridentem*), Emotionalisierung/*movere* (*indignatio*) – angemessen bestimmen. Den impliziten Charakter der satirischen Rhetorik zeigt dann vor allem die ironische *dissimulatio*: die vier Hauptaspekte der Ironie-Definition in der Rhetorik – »a) das Gegenteil von dem zu sagen, was man meint; b) etwas anderes zu sagen, als man meint; c) tadeln durch falsches Lob und Lob durch vorgeblichen Tadel; d) jede Art des sich Lustigmachens und Spottens« (Lapp 1992, 24) – sind zentrale Merkmale satirischer Texte. Neben der Ironie, die z. B. im satirischen Lobgedicht (Enkomion) bei Gorgias, Isokrates oder Erasmus vorliegt, sind auch Tropen wie Sarkasmus, Asteismus, Hyperbole, Ethopoeie, Prosopopoeie, Sermocinatio, Parodie, Allegorie oder Allusion zu nennen (Meyer-Sickendiek 2007, 447). Diese Redefiguren konstituieren im Medium des satirischen Textes Stil- bzw. Darstellungsprinzipien: Sarkasmus ist ein Kennzeichen der Satiren Lukians, später auch bei Swift, in Deutschland vor allem bei Heine, Kraus oder Tucholsky (Meyer-Sickendiek 2009), Asteismus als *fine raillery* (feine Stichelei) prägt die an Horaz' urbanem Witz orientierte Satire Popes oder Jonsons, Hyperbolismus kennzeichnet die groteske Satire bei Rabelais, Gogol oder Thomas Bernhard (Stollmann 1997), die Ethopoeie prägt seit Theophrast die Typen- oder Gelehrtensatire (Košenina 2003), die Sermocinatio ist ein Prinzip der Dialogsatiren Lukians, Ulrich von Huttens (Walker 1970) oder Diderots, die Parodie ist Prinzip der Literatursatire etwa in Cervantes' *Don Quichotte* (Riha 1992).

Literatur

Adamietz, Joachim: »Juvenal«. In: Ders.: (Hg.): *Die römische Satire*. Darmstadt 1986, 231–307.

Arntzen, Helmut: »Nachricht von der Satire«. In: Ders.: *Literatur im Zeitalter der Information. Aufsätze. Essays. Glossen*. Frankfurt a. M. 1971, 148–166.

Arntzen, Helmut: »Satire«. In: *Ästhetische Grundbegriffe*. Hg. v. Karlheinz Barck u. a. Bd. 5: Postmoderne bis Synästhesie. Stuttgart, Weimar 2003, 345–364.
Brummack, Jürgen: »Zu Begriff und Theorie der Satire«. In: *DVjs* 45 (1971), 275–377.
Brummack, Jürgen: »Satire«. In: *Reallexikon der deutschen Literaturgeschichte*. Bd. 3. Hg. v. Werner Kohlschmidt und Wolfgang Mohr. Berlin, New York 1977, 601–614.
Brummack, Jürgen: »Satire«. In: *Reallexikon der deutschen Literaturwissenschaft*. Bd. 3. Hg. v. Jan-Dirk Müller. Berlin, New York 2003, 355–360.
Deupmann, Christoph: *›Furor satiricus‹. Verhandlungen über literarische Aggression im 17. und 18. Jh.* Tübingen 2002.
Elliott, Robert C.: *The Power of Satire*. Princeton 1960.
Frye, Northrop: »The Nature of Satire«. In: *University of Toronto Quarterly* 14 (1944), 75–89.
Gaier, Ulrich: *Satire. Studien zu Neidhart, Wittenweiler, Brant und zur satirischen Schreibart*. Tübingen 1967.
Griffin, Dustin H.: *Satire: a Critical Reintroduction*. Lexington 1994.
Grimm, Reinhold: »Parodie und Groteske im Werk Friedrich Dürrenmatts«. In: *Germanisch-Romanische Monatsschrift* 42 (1961), 431–450.
Hempfer, Klaus W.: *Tendenz und Ästhetik. Studien zur französischen Verssatire des 18. Jh.s.* München 1972.
Hempfer, Klaus W.: *Gattungstheorie. Information und Synthese*. München 1973.
Hendrickson, George Lincoln: »Satura tota nostra est«. In: Bernhard Fabian (Hg.): *Satura. Ein Kompendium moderner Studien zur Satire*. Hildesheim 1975, 1–15.
Heselhaus, Clemens: »Lyrische Grotesken«. In: Ders.: *Deutsche Lyrik der Moderne von Nietzsche bis Yvan Goll. Die Rückkehr zur Bildlichkeit der Sprache*. Düsseldorf 1962, 286–338.
Highet, Gilbert: *The Anatomy of Satire*. Princeton 1962.
Kayser, Wolfgang: *Das Groteske in Malerei und Dichtung*. Hamburg 1960.
Kernan, Alvin B.: *The Cankered Muse. Satire of the English Renaissance*. New Haven 1959.
Könneker, Barbara: *Satire im 16. Jh.: Epoche – Werk – Wirkung*. München 1991.
Koppenfels, Werner v.: »Mundus alter et idem. Utopiefiktion und menippeische Satire«. In: *Poetica* 13 (1981), 16–65.
Košenina, Alexander: *Der gelehrte Narr. Gelehrtensatire seit der Aufklärung*. Göttingen 2003.
Lapp, Edgar: *Linguistik der Ironie*. Tübingen 1992.
Lukács, Georg: »Zur Frage der Satire«. In: *Internationale Literatur* 2 (1932), H. 4–5, 136–153.
Mahler, Andreas: *Moderne Satireforschung und elisabethanische Verssatire*. München 1992.
Meyer-Sickendiek, Burkhard: »Satire«. In: *Historisches Wörterbuch der Rhetorik*. Hg. v. Gert Ueding. Bd. 8. Tübingen 2007, 447–469.
Meyer-Sickendiek, Burkhard: *Was ist literarischer Sarkasmus? Ein Beitrag zur deutsch-jüdischen Moderne*. Paderborn 2009.
Neugebauer, Rosamunde: *George Grosz. Macht und Ohnmacht satirischer Kunst*. Berlin 1993.
Paulson, Ronald (Hg.): *Satire*. Englewood Cliffs 1971.
Plavius, Heinz: »Die Kunst der Polemik«. In: *Sinn und Form* 33 (1981) 4, 734–740.
Riha, Karl: *Kritik, Parodie, Satire*. Opladen 1992.

Schmidt, Johann N.: *Fiktionalität und Wirklichkeitsbezug. Studien zur satirischen Schreibweise Jonathan Swifts*. München 1974.
Schmidt, Johann N.: *Satire. Swift und Pope*. Stuttgart 1977.
Schönert, Jörg: »Zur Definition und Analyse von Satire am Beispiel von Herbert Heckmanns ›Lebenslauf eines Germanisten in aufsteigender Linie‹« (1969). In: Ders.: *Perspektiven zur Sozialgeschichte der Literatur Beiträge zu Theorie und Praxis*. Tübingen 2007, 83–96.
Trappen, Stefan: *Grimmelshausen und die menippeische Satire: eine Studie zu den historischen Voraussetzungen der Prosasatire im Barock*. Tübingen 1994.
Trossbach, Horst: *Von Kruger's Alp nach Darkest England: Christopher Hopes satirische Romane*. Würzburg 2005.
Walker, Francis E.: *Rhetorical and Satirical Elements in Ulrich von Huttens ›Gesprächbüchlein‹*. Harvard 1970.
Weber, Dietrich: »Die Satire«. In: Otto Knörrich (Hg.): *Formen der Literatur*. Stuttgart 1981, 319–325.
Weiß, Wolfgang: *Swift und die Satire des 18. Jh.s: Epoche, Werke, Wirkung*. München 1992.

Burkhard Meyer-Sickendiek

8. Theorien der Theaterliteratur

Unter den literarischen Gattungen nimmt das Drama eine Sonderstellung ein, weil seine Form nicht nur auf die literarische Rezeption ausgerichtet ist, sondern immer auch schon auf das Theater zielt (vgl. Worthen 2010, 24). Diese Spannung durchzieht die Theoriebildung und -entwicklung zur Theaterliteratur seit der Antike bis heute, wobei sich leitmotivisch der Versuch einer Disziplinierung des Theaters durch die Gattungstheorie der Theaterliteratur zieht. Die Theorie der Theaterliteratur lässt sich in zwei unterschiedliche Diskurse einteilen: Auf der einen Seite der gattungspoetische Diskurs, der auf eine idealtypische, normative Bestimmung von Theatertexten und -gattungen zielt, auf der anderen Seite die Dramaturgie, die sich »mit den Kompositionsprinzipien, Strukturen und Funktionen von Texten für und in Aufführungen sowie mit den Abläufen, Strukturen und Funktionen von Aufführungen selbst, mit der beabsichtigten Wirkung von Schauereignissen« (Kotte 2005, 206), beschäftigt.

Drama und Theater

Bereits in der *Poetik* des Aristoteles, lässt sich eine deutliche Spannung zwischen Drama und Theater erkennen. So bestimmt Aristoteles die Tragödie durch sechs Teile: Mythos, Charaktere, Sprache, Erkenntnisfähigkeit, Inszenierung [Opsis] und Melodik (vgl. Poetik, 21, Kap. 6). In der Rangfolge der unterschiedlichen Teile ist ihm die Inszenierung »jedoch das Kunstloseste und hat am wenigsten etwas mit der Dichtkunst zu tun. Denn die Wirkung der Tragödie kommt auch ohne Aufführung und ohne Schauspieler zustande« (Poetik, 25, Kap. 6). Hier zeigt sich eine klare Fokussierung auf die Sprache, wie Aristoteles betont: »Denn die Handlung muß so zusammengefügt sein, daß jemand, der nur hört und nicht auch sieht, wie die Geschehnisse sich vollziehen, bei den Vorfällen Schaudern und Jammern empfindet« (Poetik, 41 f., Kap. 14).

Die Abwertung der Bühne, vor allem der Visualität des Theaters, zugunsten der Dichtkunst zieht sich wie ein roter Faden durch die Theater- und Dramengeschichte. In diesem Sinne offenbart sich die Geschichte der Dramentheorie als ein Disziplinierungsdiskurs gegen das Theater und seine künstlerischen Verfahren. Besonders deutlich wird dies bei den Reformprojekten seit dem 17. Jh.: Die Französische Klassik ebenso wie die von Gottsched eingeleitete bürgerliche Theaterreform zielen auf eine ästhetische Neugestaltung des Theaters als *literarisches* Theater, als auch auf seine moralische und soziale Nobilitierung, indem es als »moralische Anstalt« neben die Kanzel als Ort öffentlicher Moral treten soll. Die »Vertreibung des Harlekin«, die Gottsched gemeinsam mit Caroline Neuber 1737 in Leipzig inszeniert haben soll, steht exemplarisch für die Durchsetzung des regelmäßigen literarischen Dramas gegen die ›Unordnung‹ eines teilweise improvisierten Theaterspiels. Gerda Baumbach erkennt in diesen Entwicklungen einen grundsätzlichen Paradigmenwechsel: »[D]er Aufstieg des Theaters bedeutete den Fall des Schauspielers« (Baumbach 2002, 1). Die sich im 18. Jh. vor allem mit Lessing, Goethe und Schiller ausprägende Vorstellung eines literarischen Theaters entwickelt sich zu einer Leitnorm, die bis ins 20. Jh. hinein eine große Wirkungsmacht entfalten kann. Entsprechend orientieren sich auch die theoretischen Auseinandersetzungen an den im Anschluss an Aristoteles formulierten Begrifflichkeiten. Als paradigmatisch kann hier Gustav Freytag gelten, dessen Buch *Die Technik des Dramas* (1863) für lange Zeit als Standardwerk der Dramentheorie galt.

Im 20. Jh. verändert sich der Diskurs über das Drama grundlegend, zum einen durch die Etablierung der Theaterwissenschaft (→G 14), zum anderen durch den Einfluss des Strukturalismus auf die literaturwissenschaftlichen Methoden, der einen stärker empirischen Gehalt der Gattungsbegriffe forderte. Manfred Pfisters Studie *Das Drama* (1977) kann hierfür als exemplarisch erachtet werden. Seine Perspektive auf das Drama folgt einem Kommunikationsmodell, das im Fehlen eines »vermittelnden Kommunikationssystems« das entscheidende Merkmal der Textform erkennt (Pfister 2001, 20–22). Entsprechend beschreibt Pfister die Differenz zwischen Drama und Theater über den plurimedialen Charakter der Theateraufführung, der zu einem »Überschuß an Informationen« (Pfister 2001, 25) führe; allerdings bleibt die implizite Vorstellung eines Primats der Literatur noch vorhanden.

Unter dem Eindruck einer sich seit Beginn des 20. Jh.s etablierenden Theaterpraxis, die mit den Schlagworten *Entliterarisierung* und *Retheatralisierung* systematisch das Drama in seiner strukturprägenden Bedeutung zurückdrängt, entwickelt sich eine begriffliche Differenzierung, die im Anschluss an Peter Szondi den Begriff ›Drama‹ nur noch für eine bestimmte Epoche verwendet und stattdessen den neutraleren Terminus ›Theatertext‹ einführt (vgl. Poschmann 1997, 38–42). In dieser Terminologie sedimentiert sich eine stark veränderte Praxis der Theater, die nach alternativen Spielformen sucht, für die der Text nur noch ein *Material* ihrer Inszenierung darstellt (Fischer-Lichte 2010, 100).

Gattungen

Im Anschluss an Aristoteles unterscheidet man traditionellerweise zwei Hauptgattungen, die Tragödie und die Komödie: Während die Tragödie nach Aristoteles durch Jammer und Schauder den Menschen zur Katharsis, zur seelischen Reinigung, führen soll, soll die Komödie durch die Lächerlichkeit menschlichen Verhaltens den Menschen bessern. Da die Teile der aristotelischen *Poetik* zur Komödie nicht überliefert sind, übernimmt die Tragödie die Funktion einer Leitgattung. Wie sehr die Theorie der Theaterliteratur ein abstrakter, nicht aus der künstlerischen Bühnenpraxis entstehender Diskurs ist, kann man an der ablehnenden Haltung gegenüber den erfolgreichen und wirkungsmächtigen Mischformen, wie z. B. dem Melodrama, erkennen: Da sie gegen die Systematik der Gattungsordnung verstoßen, können sie nur als ›Regelverstoß‹ oder ›unreine Gattung‹ in den Blick geraten.

Neben der traditionellen Gattungsordnung findet man in den Benennungen von Theatertexten durch Schriftsteller immer wieder Bestrebungen, diese klassischen Kategorien zu umgehen, so etwa, wenn Lessing *Nathan der Weise* als »dramatisches Gedicht« betitelt, oder auch in neutraleren Bezeichnungen wie »Schauspiel«. Ab dem Naturalismus verlieren die klassischen Gattungsbezeichnungen an Bedeutung, im 20. Jh. mit seiner ausgeprägten Tradition von Formexperimenten sind sie völlig nachrangig.

Gattungstheorie und der Aufbau des Dramas

Bereits in der *Poetik* des Aristoteles finden sich detaillierte Auskünfte über die innere Struktur und den Aufbau eines Dramas. Am einflussreichsten sind hier sicherlich die Aristoteles zugeschriebenen drei Einheiten von Ort, Zeit und Handlung. In der Rezeption sind diese Kriterien mit unterschiedlicher Strenge definiert worden (vgl. Korthals 2003, 39 f.). Vor allem die Französische Klassik hat diese Einheiten sehr eng aufgefasst. Ähnlich auch im Naturalismus, die Forderung nach der Einheit von Ort und Zeit extrem zugespitzt hat (vgl. Kafitz 1989, 297).

Die ältere Dramentheorie zielte in der Bestimmung des Dramas vor allem auf den Konflikt bzw. die Auseinandersetzung, wie Gustav Freytag formuliert hat: »Der Inhalt des Dramas ist immer ein Kampf mit starken Seelenbewegungen, den der Held gegen widerstrebende Gewalten führt« (Freytag 2003, 87). Eine solche essenzialistische Qualifizierung lässt sich aber weder mit Blick auf die konkreten Texte aufrechterhalten, noch kann es in befriedigender Weise zur Abgrenzung gegen andere Gattungen herangezogen werden (vgl. Korthals 2003, 37–39).

Gegen eine solche Bestimmung hat Peter Szondi in seiner *Theorie des modernen Dramas* (1959) eine Gegenposition eingenommen, die gleichermaßen auf einer Historisierung des Dramas wie auf einer strukturellen Definition beruht: Das Drama im engeren Sinne setze das neuzeitliche Menschenbild voraus, dass überhaupt erst den Menschen als selbständig Handelnden denkbar werden lässt, dies aber sei die Voraussetzung für die Interaktion des Dramas. Dies lässt sich beispielhaft an der Verschiebung des Handlungsbegriffs bei Lessing ablesen; beschreibt Aristoteles Handlung noch als eine den Figuren übergeordnete Kategorie im Sinne von Mythos, individualisiert sich der Handlungsbegriff bei Lessing, da die einzelne Figur nun nicht mehr ein determiniertes Schicksal erleidet, sondern die eigenen Geschicke durch ihr Verhalten beeinflusst (vgl. Kafitz 1989, 15).

Die ästhetischen Folgerungen dieser Historisierung kondensieren sich in Szondis Begriff der *Absolutheit des Dramas* (vgl. Szondi 1963, 14–19). Mit diesem Konzept bildet Szondi einen ästhetischen Idealtypus des dramatischen Textes, der frei von allen epischen Vermittlungselementen ist. Die Absolutheit lässt sich auf alle Ebenen des Dramas übertragen:
– Der Autor bzw. jegliche Erzählerinstanz fehlt.
– Der Zuschauer ist nur ein passiver Zeuge, dessen Aufmerksamkeit ausschließlich auf das sich selbst genügende Bühnengeschehen gerichtet ist. (Daher ist auch die Guckkastenbühne für Szondi der ideale Ausdruck des Dramas.)
– Schauspieler und Rolle amalgamieren zu einer untrennbaren Einheit.
– Das Drama lebt von der Fiktion des *hic et nunc*; die Handlung spielt immer in einer absoluten Gegenwärtigkeit und an dem Ort, den die Bühne repräsentiert.
– Die zentrale Kommunikationsform des Dramas ist der Dialog, epische Elemente gefährden potenziell immer schon die Absolutheit der Konstruktion.

Dieser Idealtypus lässt sich nur schwerlich in einer empirischen Analyse belegen. Selbst in jenen Epochen, in denen, nach Szondi, das Drama in dieser reinen Form dominieren müsste, finden sich immer wieder Brüche der Absolutheit. Szondi selbst aber hat dieses Modell angesichts einer von ihm diagnostizierten »Krise des Dramas« als historisch überholtes entwickelt. Obgleich der deskriptive Wert seiner Theorie begrenzt ist, liegt die Bedeutung von Szondis Theorem vor allem in der vielgestaltigen und produktiven Rezeption, die diese Denkfigur erfahren hat, weil sie den Weg eröffnet hat für ein Weiterdenken der alten Dramentheorie im Horizont strukturalistischer Textanalysen.

Das Drama wurde traditionell aber nicht nur durch seinen Stoff, sondern auch durch seine äußere Gestalt bestimmt. Die Einteilung in Akte – fünf für die Tragödie, drei für die Komödie – galt bis ins 19. Jh. als ein feststehendes Gesetz. Damit war aber nicht nur eine formale Texteinteilung verbunden, sondern auch eine inhaltlich-dramaturgische Gestaltung, wie man an dem bekannten Pyramiden-Schema Gustav Freytags ablesen kann.

Freytag begreift sein Schema als einen Bauplan des Textes, der sowohl die Informationsvergabe als auch die emotionale Steuerung beschreibt.

Dieser innere Aufbau, der auf eine Logik der Finalität und Sukzession zielt, ist von Bert Brecht mit seinem Modell des *epischen Theaters* programmatisch angegriffen worden. Allerdings zeigt ein Blick in die Dramen- und Theatergeschichte, dass es eine Reihe von Dramenformen gibt, die diese Vorgaben ebenfalls nicht erfüllen (vgl. Klotz 1969). Im 20. Jh. wird gerade der äußere Aufbau zum Experimentierfeld, etwa durch Kurzformen, so dass der traditionelle Aufbau fast nur noch als Zitat in Erscheinung tritt.

Das Paradigma des ›postdramatischen Theaters‹

Unter dem Eindruck einer sich herausbildenden Theaterästhetik, die sich längst nicht mehr an der Norm eines dramatischen Theaters orientiert, und unter Rückgriff auf das von Szondi vorgelegte Modell der Historisierung des Dramas hat Hans-Thies Lehmann 1999 seine Studie *Das postdramatische Theater* vorgelegt. Er folgt Szondis Historisierung und geht von einer (fast evolutionären) Entwicklung aus, die vom prädramatischen Theater der Antike (vgl. Lehmann 1991) und des Mittelalters, in dem der Mythos/die Heilsgeschichte vorherrschen und zahlreiche epische Vermittlungsinstanzen zu finden sind, über die Periode des Theaters des Dramas bis hin zum postdramatischen Theater führt, dessen Wurzeln Lehmann schon in der historischen Avantgarde um 1900 sieht, das sich aber vor allem ab den 1980er Jahren im Kontext der Postmoderne entfaltet.

Kernpunkt seiner Beobachtung ist eine Ablösung von Modellen der Fiktion und Repräsentation hin zu einer stärkeren Fokussierung auf die konkrete Sinnlichkeit und Materialität der Zeichen von Theater. So diagnostiziert er eine generelle De-Semantisierung der Zeichen des Theaters: »Sucht man einen Begriff, der die neuen Spielformen des Textes erfasst, so muß er das im Sinne Derridas verstandene ›Escapement‹ bezeichnen; die lautliche Materialität, den zeitlichen Verlauf, die Ausbreitung im Raum, den Verlust der Teleologie und Selbstidentität« (Lehmann 1999, 272).

Begrifflich unterstreicht Lehmann dies durch den Begriff der ›Textlandschaft‹, den er programmatisch als Ausdruck für die »Verknüpfung der postdramatischen Theatersprache mit den neuen Dramaturgien des Visuellen« versteht. So zielen Lehmanns Überlegungen, in deren Zentrum vor allem eine aus der *Performance Art* sich entwickelnde Ästhetik der Szene steht, auf Textformen, die die konventionellen Kategorien des Dramas, wie Figur, Handlung oder Dialog nicht nur überschreiten oder infrage stellen, sondern sie gänzlich negieren. Denkt man z. B. an Heiner Müllers *Bildbeschreibung* oder jüngere Texte von Elfriede Jelinek, so wird hier schon die äußerliche Form des Dramas, wie die Einteilung in Figuren oder die graphische Kennzeichnung des Dialogischen, verweigert. Damit verbunden ist aber notwendigerweise auch eine neue Position des Textes im Theater: Er tritt dem Theater als eigenständiges Kunstwerk entgegen, in das nicht mehr Spuren eines möglichen Bezugs auf eine Inszenierung eingeschrieben sind. Damit aber erheben diese Texte auch nicht mehr den Anspruch, eine konstitutive Funktion für die Aufführung zu haben, sondern werden als Material in das Zeichenkorpus des Theaters eingefügt.

In den letzten Jahren hat Lehmanns Anspruch, eine »ästhetische Logik des neuen Theaters« (Lehmann 1999, 15) zu beschreiben, vielfältigen Widerspruch erfahren. Dies betrifft zum einen seine methodischen und epistemologischen Voraussetzungen (vgl. Drewes 2009) als auch vor allem die Beobachtung der künstlerischen Praxis, die keineswegs das Paradigma des Dramas nur noch als »abgestorbenes Material« (Lehmann 1999, 31) kennt. Beispielhaft hierfür sind die Bemühungen von Stefan Tigges, unter dem Rubrum der »dramatischen Transformation« eine Bestandsaufnahme der strukturellen Veränderungen des Textgebrauchs im Gegenwartstheater vorzunehmen, ohne die Vorstellung des Theatertextes kategorial aufzugeben (vgl. Tigges 2008, auch Bayerdörfer 2007). Ohne dass schon ausformulierte Modelle und Kategorien vorlägen, wird deutlich, dass sich langsam ein neues Paradigma der Diskussion von Dramen ›nach dem postdramatischen Theater‹ entwickelt.

Literatur

Aristoteles: *Die Poetik*. Übers. u. hg. v. Manfred Fuhrmann. Stuttgart 1982.
Baumbach, Gerda: »Vom Verschwinden und von der Beharrlichkeit der Comödie«. In: Gerda Baumbach: *Theaterkunst & Heilkunst. Studien zu Theater und Anthropologie*. Köln u. a. 2002, 1–38.
Bayerdörfer, Hans Peter (Hg.): *Vom Drama zum Theatertext? Zur Situation der Dramatik in Ländern Mitteleuropas*. Tübingen 2007.
Drewes, Miriam: »Wissenschaft als Moral. Wieviel Dogma steckt in neueren Theaterdiskursen?«. In: *Maske und Kothurn* 55. 1–2 (2009), 359–71.
Fischer-Lichte, Erika: *Theaterwissenschaft. Eine Einführung in die Grundlagen des Fachs*. Tübingen 2010.
Freytag, Gustav: *Die Technik des Dramas* [1863]. Berlin 2003.
Kafitz, Dieter: *Grundzüge einer Geschichte des deutschen Dramas von Lessing bis zum Naturalismus* [1982]. Frankfurt a. M. ²1989.
Klotz, Volker: *Geschlossene und offene Form im Drama*. München 1969 u. ö.
Korthals, Holger: *Zwischen Drama und Erzählung. Ein Beitrag zur Theorie geschehensdarstellender Literatur*. Berlin 2003.
Kotte, Andreas: *Theaterwissenschaft. Eine Einführung*. Köln u. a. 2005.
Lehmann, Hans-Thies: *Theater und Mythos. Die Konstitution des Subjekts im Diskurs der antiken Tragödie*. Stuttgart 1991.
Lehmann, Hans-Thies: *Postdramatisches Theater*. Frankfurt a. M. 1999.
Poschmann, Gerda: *Der nicht mehr dramatische Theatertext. Aktuelle Bühnenstücke und ihre dramaturgische Analyse*. Tübingen 1997.
Pfister, Manfred: *Das Drama. Theorie und Analyse* [1977]. München ¹¹2001.
Szondi, Peter: *Theorie des modernen Dramas (1880–1950)*. Frankfurt a. M. 1963.
Tigges, Stefan (Hg.): *Dramatische Transformationen. Zu gegenwärtigen Schreib- und Aufführungsstrategien im deutschsprachigen Theater*. Bielefeld 2008.
Worthen, W. B.: *Drama. Between Poetry and Performance*. Chichester, UK: Wiley-Blackwell, 2010.

Peter W. Marx

9. Theorien des Tragischen

Alle Theorien des Tragischen sind direkt oder indirekt mit Überlegungen zu einer der wichtigsten dramatischen Gattungen der abendländischen Literaturgeschichte, der Tragödie, verbunden. Besonders moderne Theorien des Tragischen stehen dabei vor drei grundsätzlichen Problemen. Sie müssen erstens das Verhältnis der alltagssprachlichen Bedeutung von ›tragisch‹ zu den spezifischen literaturwissenschaftlichen bzw. ästhetischen Bedeutungen klären. Das Prädikat ›tragisch‹ hat sich im Laufe der Jahrhunderte von seinen auf ästhetische Gegenstände bezogenen Bedeutungen emanzipiert, wird heute in der Alltagssprache auf unterschiedlichste Phänomen angewendet und bedeutet dabei oft nicht viel mehr als ›sehr traurig‹ (vgl. Eagleton 2003, 1). Da sich im Laufe der letzten 2500 Jahre unterschiedliche Konzepte des Tragischen entwickelt haben, stehen Theorien des Tragischen zweitens vor der grundlegenden gattungstheoretischen Schwierigkeit der Vermittlung von systematischen und historischen Betrachtungen: epochenspezifisch differenzierte Bestimmungen des Tragischen haben den Vorteil der historischen Präzision, können aber in ihrer Begrenztheit den Blick für epochenübergreifende Zusammenhänge verstellen, Versuche systematischer Bestimmung laufen Gefahr, grundlegende Unterschiede zu verwischen und das Konzept unangemessen weit zu fassen. Angesichts der engen Verknüpfung zwischen Tragik- und Tragödientheorie entsteht drittens und schließlich die Frage, inwieweit Theorien des Tragischen sich als Ausformulierung der grundlegenden Komponenten der Tragödie bzw. einer historischen Ausprägung dieser Gattung verstehen oder als Bestimmungen, die in einem weiteren poetologischen oder philosophischen Zusammenhang stehen.

Ausgangspunkt aller theoretischen Überlegungen über das Tragische sind und bleiben die Ausführungen zur Tragödie in der *Poetik* des Aristoteles, insbesondere die viel zitierte Bestimmung der Tragödie als »Nachahmung einer guten in sich geschlossenen Handlung [...], die Jammer und Schauder hervorruft und hierdurch eine Reinigung von derartigen Erregungszuständen bewirkt« (Aristoteles 1982, 18 f., 1449b). Ausgehend von dieser auf die potenzielle Reaktion der Rezipienten bezogenen Bestimmung, versuchen manche Autoren, das Tragische als ausschließlich wirkungsästhetische Kategorie zu bestimmen (vgl. z. B. Palmer). Obwohl vielfach davon ausgegangen wird, dass eine Ablösung der aristotelischen

9. Theorien des Tragischen

Wirkungsästhetik durch eine Gehaltsästhetik erst durch die philosophische Bestimmungen des Tragischen im deutschen Idealismus erfolgte (vgl. z. B. Profitlich 1999, 121), ist schon bei Aristoteles eine inhaltliche Bestimmung des Tragischen zu finden. Neben den eher tragödienspezifischen Komponenten Peripetie (Umschwung) und Anagnorisis (Wiedererkennen) führt Aristoteles das schwere Leid (Pathos), ein verderbliches und schmerzliches Geschehen, als notwendiges Element der Tragödie auf. Mit Lessing sind viele der Ansicht, dass sich ohne Leidgeschehen keine tragische Handlung denken lässt. So stellt diese Bestimmung bis heute eine der wenigen Gemeinsamkeiten fast aller Tragik-Theorien dar, und Bestimmungen des Tragischen lassen sich in der Regel durch die verschiedenen Konzeptionen des mit der Tragik verbunden Leidens unterscheiden.

Hervorgehoben wird gemeinhin die besondere Intensität des tragikspezifischen Leidens. So ist Aristoteles der Ansicht, dass sich das Leid innerhalb von Nahverhältnissen ereignen soll, und meint damit hauptsächlich familiäre Beziehungen. Diese Bestimmung wird in der französischen Klassik durch Corneille auf emotionale Nahbeziehungen, besonders auf Liebesbeziehungen ausgeweitet. Neben der besonderen Intensität gelten die Unabänderlichkeit des Geschehens bzw. die Unwiederbringlichkeit des damit verbundenen Verlustes als charakteristisch für tragisches Leid. So stehe tragisches Geschehen oft im Zusammenhang mit dem Tod, immer jedoch in Verbindung mit dem (drohenden) Verlust von etwas Existenz-Relevantem bzw. mit der Vernichtung eines menschlichen Daseins, sei es durch gesellschaftlichen Fall, moralischen Untergang oder psychische Beschädigung. Als ebenfalls weitgehend unumstrittenes Kennzeichen des Tragischen gelten Unausweichlichkeit und/oder Unvermeidbarkeit. Allerdings gibt es auch Theoretiker, die gerade das vermeidbare Unheil als besonders tragisch ansehen. Im Allgemeinen jedoch wird vom »Verhängnis-Charakter« des Tragischen ausgegangen, so dass tragische Prozesse als solche bestimmt werden, die Figuren »mit einer gewissen Zwangsläufigkeit in ein Geschehen verwickeln, das zur Katastrophe führt« (Söring 1982, 10). Die Frage, wie es zu dieser Zwangsläufigkeit kommt, die Frage also, welche Instanzen für die Unausweichlichkeit des Geschehens verantwortlich sind, kann als eine der Zentralfragen der Theorien des Tragischen angesehen werden.

Tragisches Geschehen ist in der Regel komplexer Natur und wird deshalb nicht als durch ein Einzelereignis verursacht angesehen. Nichtsdestotrotz kann man im Hinblick auf die Konzeptionalisierung der Geschehenszusammenhänge, die zu tragischen Situationen führen, zwei große Linien unterscheiden: Theorien, welche Tragik vornehmlich auf einen Fehler der Zentralfigur zurückführen, und Theorien, nach denen Tragik hauptsächlich auf einem unlösbaren Konflikt basiert.

Aristoteles geht davon aus, dass der tragische Umschlag vom Glück ins Unglück nicht durch die Schlechtigkeit der Figur, sondern wegen eines von ihr begangenen Fehlers (*hamartia*) eintritt (vgl. Aristoteles 1982, 38 f., 1452a). Die aristotelische *hamartia* kann unterschiedlich gedeutet werden: als Fehler aus Unwissenheit und damit als unbeabsichtigte Verfehlung, als Handlung, die zwar absichtlich, aber nicht vorsätzlich durchgeführt wird (wie z. B. eine unbedachte Handlung aus Leidenschaft), oder als Fehler, der im Charakter der Figur begründet ist. Alle diese Interpretationen beschreiben die tragische Figur als eine in gewisser Hinsicht schuldlos Schuldige. So lädt z. B. Ödipus die Schuld des Vatermordes und des Inzestes auf sich, ohne beim Vollzug der Handlungen zu wissen, wer der Ermordete und die Frau, mit der sich verheiratet, in Wirklichkeit sind.

In den Fehlertheorien wird in der Regel neben den unberechenbaren Umständen oder der Unwissenheit der Betroffenen die Verantwortlichkeit und damit die Aktivität der am tragischen Geschehen Beteiligten als Voraussetzung für Tragik angesehen. Rein passive Figuren gelten als untragisch. Zuweilen wird jedoch – wie z. B. bei Schiller – die Aktivität der tragischen Figur nicht als physische Tat, sondern als geistige Beweglichkeit konzeptualisiert, die darin besteht, das unausweichliche Leiden durch geistige Freiheit zu akzeptieren und damit zu überwinden.

In diesem Zusammenhang können auch die historischen Veränderungen der figurenspezifischen Voraussetzungen für Tragik betrachtet werden. Klassisch war Tragik wegen der sogenannten Fallhöhe nach der Ständeklausel höher gestellten Persönlichkeiten vorbehalten. Eine traditionelle Form der Tragödie (z. B. bei Shakespeare) besteht in der Schilderung des beispielhaften Untergangs einer öffentlich und politisch wichtigen Figur. Spätestens seit Lessing wird jedoch argumentiert, dass Figuren nicht wegen ihres Standes oder Königtums, sondern, insofern sie Menschen sind, als tragisch angesehen werden. A. Miller geht in seinem Versuch, eine Tragödie für die USA des 20. Jh.s zu konzipieren, davon aus, dass auch der sogenannte kleine Mann tragikfähig ist, insofern er bereit ist, sein Leben für seine persönliche Würde einzusetzen (vgl. Newton 2008, 43 f.).

Manche Theorien des Tragischen kommen gänzlich ohne die Vorstellung eines tragischen Fehlers oder sogar ohne das aktive Handeln der Betroffenen aus. Wenn, wie z. B. bei Schopenhauer, blindes Schicksal, der reine Zufall oder die Verhältnisse für tragisches Geschehen verantwortlich sind, dann besteht der ›tragische Fehler‹ des Menschen nur darin, geboren zu sein. In neuerer Zeit geht Eagleton davon aus, dass die meisten tragischen Geschehnisse wegen kontingenter Ursachen unausweichlich sind (vgl. Eagleton 2003, 127).

Konflikttheorien sind im Gegensatz zu den meisten theoretischen Aussagen zum Tragischen nicht auf Aristoteles zurückführbar. Einer ihrer wirkungsmächtigsten Vertreter ist Hegel. Nicht unwesentlich ist dabei, dass in den Tragik-Kapiteln von Hegels *Ästhetik* nicht wie in der aristotelischen Poetik *König Ödipus* von Sophokles als Beispieldrama im Hintergrund steht, sondern dessen *Antigone*. Konflikttheorien des Tragischen lassen sich danach unterscheiden, ob sie den Konflikt als Auseinandersetzung einer Figur mit der Außenwelt konzipieren oder ihn in der Innenwelt der Figur ansiedeln. Theorien der ersten Variante beschreiben den Konflikt als Kampf zwischen dem Menschen und von ihm nicht kontrollierbaren und/oder nicht durchschaubaren Mächten oder als Widerstreit zwischen zwei Positionen, wobei jede für sich genommen ihre Berechtigung hat, beide sich jedoch im konkreten Fall gegenseitig ausschließen (z. B.: nach traditionellem Familienrecht muss Antigones Bruder beerdigt werden, nach Staatsrecht darf er als Angreifer der Stadt nicht beerdigt werden). Hegel sieht (wie nach ihm andere) den Unterschied zwischen antiker und neuzeitlicher Tragik darin, dass der Antagonismus in das Innere der Figur verlegt wird. Die tragische Figur wird dabei Opfer ihrer selbst, ihrer eigenen Zwiespältigkeit, eines Konflikts, der zwischen zwei gleichberechtigten ethischen oder gesellschaftlichen Pflichten oder einer Pflicht und einem mit der persönlichen Selbstentfaltung verbundenen emotionalen Bedürfnis entsteht. In diesen Zusammenhang kann man auch die auf einer abstrakteren Ebene im deutschen Idealismus formulierte Konzeption der Tragik als Gegenüberstellung von Notwendigkeit und Freiheit einordnen (vgl. Eagleton 2003, 118 ff.).

Theorien des Tragischen zielen im Gegensatz zu Theorien der Tragödie in der Regel stärker auf inhaltliche Bestimmungen ab. Wegen der engen Verknüpfung des Tragischen mit der Tragödie ist jedoch auch eine breite Tradition wirkungsästhetischer Bestimmungen zu beobachten. Im Mittelpunkt stehen dabei die Diskussionen über die aristotelischen Wirkungskategorien *phobos*, *eleos* und *katharsis*. Die deutschsprachige Aristoteles-Interpretation ist von der Ablösung der von Lessing begründeten, christlich geprägten Übersetzung von *phobos* und *eleos* als Furcht und Mitleid durch die psycho-physiologischen Reaktionskategorien Schauder und Jammer von Schadewaldt geprägt (vgl. Gelfert 1995, 17). Zur Ausdeutung der aristotelischen *katharsis* werden Konzepte diskutiert, die auf moralischer Reinigung, rationaler Erkenntnis, emotionaler Affektbefreiung oder auf einer Kombination dieser drei Komponenten beruhen. Eine Umdeutung der aristotelischen Wirkungstheorie ist im deutschen Idealismus zu beobachten, wenn z. B. Schiller oder Hegel die Tragödie als Darstellung der Bewahrung der geistigen Freiheit gegenüber sinnlichem Leiden konzipieren und mit einer Art pädagogischer Wirkung im Sinne einer Anleitung zur Überwindung von Leiderfahrungen verbinden. In diesen Zusammenhang gehört auch die Frage nach dem Vergnügen an tragischen Gegenständen, d. h. die Frage, warum Rezipienten sich der Darstellung von Leid aussetzen – eine Frage, die Palmer in einem Versuch der Verbindung von aristotelischer und idealistischer Tragikkonzeption als Gleichgewicht zwischen intensiver Abstoßung und Anziehung zu erläutern versucht (vgl. Palmer 1991, 120).

Unterschiedliche Ansichten gibt es auch über den ontologischen Status des Tragischen. Grundlegend ist dabei die Frage, ob es tragische Ereignisse an sich gibt oder ob die Feststellung von Tragik an eine bestimmte Betrachtungsweise oder an eine epochenspezifische Weltsicht gebunden ist. Eng damit verbunden ist die Frage, ob Tragik primär als ein lebensweltliches oder ausschließlich als ein ästhetisches Phänomen anzusehen ist.

Essenzialistische Positionen gehen davon aus, dass Tragik unabhängig von Betrachtungsweisen oder historisch wechselnden Weltanschauungen vorhanden ist, sei es als spezifische Art der menschlichen Erfahrung, als Urtatsache des Lebens, als Wurzel der Existenz, als Element des Universums. Weniger essenzialistische Theorien sehen zwar die Grundlage für Tragik in alltagsweltlichen Situationen oder Ereignissen, finden tatsächlich Tragisches jedoch nur in Kunstwerken realisiert. Das eigentliche, ästhetisch Tragische wird dabei als eine Art Destillat des immer mit anderen Aspekten vermischten lebensweltlich Tragischen konzipiert. Vielfach ist man jedoch heute der Überzeugung, dass Tragik kein universelles Phänomen darstellt, sondern als Wahrnehmungs- oder Bewertungsart von Geschehnissen anzusehen ist.

Manche gehen dabei davon aus, dass Tragik eine zu jeder Zeit mögliche, aber nie notwendige Betrachtungsweise darstellt, andere sehen die Wahrnehmung von Tragik an bestimmte kulturelle oder historische Voraussetzungen gebunden. Diskutiert wird, inwiefern das Tragische ein durch die griechische Antike und ihre Rezeption in der abendländischen Kunst bedingtes und damit kulturell eingeschränktes Phänomen darstellt. Zudem wird darüber spekuliert, ob eine Disposition für das Tragische auf bestimmte historische Konstellationen beschränkt sein könnte, z. B. auf sozialgeschichtliche Umbruchssituationen (vgl. Gelfert 1995, 26).

Noch skeptischere Positionen, wie z. B. Steiners These vom Tod der Tragödie, behaupten, dass Tragik an das Weltbild der Entstehungszeit der aristotelischen Tragödie und damit an die griechische Antike gebunden ist. Steiner geht davon aus, dass z. B. das christliche Weltbild mit seinem Erlösungsglauben oder der Marxismus mit seinem Glauben an die Veränderbarkeit der Verhältnisse eigentlich mit Tragik unvereinbar sind. Eine solch rigide Position ist jedoch kaum mit der abendländischen Literaturgeschichte in Einklang zu bringen, in der bis heute antike Tragödien rezipiert und immer wieder neue Konzepte des Tragischen entwickelt werden (vgl. z. B. Strindbergs Konzeption einer naturalistischen Tragödie oder Camus' Versuch einer Belebung der Tragödie auf der Grundlage des Existenzialismus). Unstrittig jedoch ist, dass die Feststellung von Tragik notwendig mit einem Wertekontext verbunden ist. Wenn Tragik ganz allgemein als Leben zerstörendes Leid oder existenzieller Verlust angesehen wird, ist die Frage, welcher Verlust als existenziell anzusehen ist, nur innerhalb eines Wertesystems zu beantworten.

Trotz aller Skepsis gegenüber Wiederbelebungsversuchen der Tragödie zeichnet sich kein Ende der Beschäftigung mit dem Tragischen ab, es lässt sich sogar international in der Literatur- und Kulturwissenschaft der letzten zehn Jahren eine beträchtliche Wiederbelebung des Interesses an Tragik und Tragödie beobachten. Neue Überblicksuntersuchungen thematisieren die Tragödie als abendländisches Traditionsphänomen (vgl. z. B. Frick u. a. 2003, Menke 2005, Bushnell 2005), es werden die tragischen Aspekte in nicht-dramatischen Werken von Dostojewski, Čechov, Faulkner, Kafka, Beckett, Celan, H. Müller u. v. a. herausgearbeitet (vgl. z. B. Bottani 2006, Newton 2008) oder es wird aus soziologischer Perspektive eine Wiederkehr des Tragischen in der postmodernen Gesellschaft postuliert (vgl. z. B. Felski 2008).

Literatur

Aristoteles: *Poetik*. Griechisch/Deutsch. Übers. u. hg. v. Manfred Fuhrmann. Stuttgart 1982.
Breuer, Rolf: *Tragische Handlungsstrukturen. Eine Theorie der Tragödie*. München 1988.
Bottani, Livio: *Il tragico e la letteratura*. Vercelli 2006.
Bushnell, Rebecca (Hg.): *A Companion to Tragedy*. Malden (MA) u. a. 2005.
Eagleton, Terry: *Sweet Violence. The Idea of the Tragic*. Malden (MA) u. a. 2003.
Felski, Rita (Hg.): *Rethinking Tragedy*. Baltimore 2008.
Frick, Werner/Essen, Gesa von/Lampart, Fabian (Hg.): *Die Tragödie. Eine Leitgattung der europäischen Literatur*. Göttingen 2003.
Gelfert, Hans-Dieter: *Die Tragödie. Theorie und Geschichte*. Göttingen 1995.
Menke, Christoph: *Die Gegenwart der Tragödie. Versuch über Urteil und Spiel*. Frankfurt a. M. 2005.
Newton, K. M.: *Modern Literature and the Tragic*. Edinburgh 2008.
Palmer, Richard H.: *Tragedy and Tragic Theory: An Analytical Guide*. Westport 1992.
Pfeiffer, K. Ludwig: »Tragik und Tragisches: Zur Tragikomödie eines Begriffsschicksals«. In: Wagenknecht, Christian (Hg.): *Zur Terminologie der Literaturwissenschaft. Akten des IX. Germanistischen Symposions der Deutschen Forschungsgemeinschaft Würzburg 1986*. Stuttgart 1988, 363–372.
Profitlich, Ulrich (Hg.): *Tragödientheorie. Texte und Kommentare. Vom Barock bis zur Gegenwart*. Reinbek 1999.
Söring, Jürgen: *Tragödie. Notwendigkeit und Zufall im Spannungsfeld tragischer Prozesse*. Stuttgart 1982.
Steiner, George: *Death of Tragedy*. New York 1961.
Williams, Raymond: *Modern Tragedy*. London 1966.

Frank Zipfel

Verzeichnis der Beiträgerinnen und Beiträger

Kirsten Adamzik (Genf)
Hans-Joachim Backe (Bochum)
Moritz Baßler (Münster)
Matthias Beilein (Göttingen)
Andreas Blödorn (Wuppertal)
Peter Blume (Wuppertal)
Thomas Borgstedt (München)
Matei Chihaia (Wuppertal)
Axel Dunker (Bremen)
Ulrich Ernst (Wuppertal)
Werner Faulstich (Lüneburg)
Markus Fauser (Vechta)
Stefan Freund (Wuppertal)
Harald Fricke (Fribourg)
Michael Gamper (Zürich)
Elena Giannoulis (Berlin)
Dirk Göttsche (Nottingham)
Marion Gymnich (Bonn)
Lutz Hagestedt (Rostock)
Klaus W. Hempfer (Berlin)
Heinrich Kaulen (Marburg)
Tom Kindt (Göttingen)
Ralf Klausnitzer (Berlin)
Hubert Knoblauch (Berlin)
Tilmann Köppe (Freiburg)
Susanne Komfort-Hein (Frankfurt a. M.)
Wolfgang Kubin (Bonn)
Dieter Lamping (Mainz)
Peter W. Marx (Bern)

Wolfgang Marx (Dublin)
Burkhard Meyer-Sickendiek (Berlin)
Werner Michler (Wien)
Ralph Müller (Fribourg)
Ansgar Nünning (Gießen)
Rüdiger Nutt-Kofoth (Wuppertal)
Dirk Oschmann (Jena)
Stefan Pätzold (Bochum)
Ulrich Pfisterer (München)
Bodo Plachta (Amsterdam)
Joachim Friedrich Quack (Heidelberg)
Ursula Rautenberg (Erlangen)
Jörg Robert (Würzburg)
Michael Scheffel (Wuppertal)
Gesine Lenore Schiewer (Bern)
Manfred Schmeling (Saarbrücken)
Monika Schmitz-Emans (Bochum)
Bernt Schnettler (Bayreuth)
Roy Sommer (Wuppertal)
Carlos Spoerhase (Kiel)
Uwe Spörl (Bremen)
Dietmar Till (Berlin)
Lothar van Laak (Bielefeld)
Klaus Weissenberger (Houston, Texas)
Jörg Wesche (Augsburg)
Ruben Zimmermann (Mainz)
Frank Zipfel (Mainz)
Ralf Zschachlitz (Lyon)
Rüdiger Zymner (Wuppertal)

Sachregister

Abenteuerroman 56
Absolutheit 173, 275, 299, 336 f.
abstrakt 3, 17 f., 74, 113, 120, 122, 127, 162, 166, 168 f., 170, 179, 195, 197, 207, 245, 295, 307, 336, 340
Abstraktion 35, 120, 122, 129, 159, 166, 183, 214, 297, 313
Abstraktionsebene 14, 16 f., 138, 296
Abweichung 10, 12, 15, 18, 21 f., 23, 26, 34 f., 48, 50, 60 f., 70 f., 73 ff., 77, 88, 109, 116, 127, 130, 144, 147, 150, 152, 194 f., 204, 206, 216, 218, 242, 259, 299, 321 f., 325, 327
accessus 201
Adäquatheit 12, 23, 123
aemulatio 60 f., 69, 76, 207
Akt 45, 47, 54, 62, 88, 99, 249, 293, 337
Aktant 32
Akten 26, 112, 216, 260, 261 ff., 341
Akteur 3, 78, 88, 113, 148, 236, 240
Alexandriner 33, 45, 200
Allegorie 13, 28, 56, 172, 250 f., 275 f., 303, 333
Allgemeinbegriff 14, 17, 119–122, 128, 159, 162, 189
Allgemeinheitsgrad 10, 15–18, 56, 178, 245
Alltagssprache 20, 233, 248, 313, 325, 338
Alternation 13, 129
Amtsbuch 260 ff.
Anagnorisis 339
Analogie 12, 18, 73, 108, 112, 114, 127, 131, 133 f., 139, 148, 176, 212 f., 254, 257, 281, 304
Anekdote 8 f., 19, 23 f., 42, 44, 95, 118, 302, 307
Angestelltenroman 31
Anthropologie 27, 87, 107, 117, 173, 176, 214, 219, 223 f., 236, 239, 256, 331, 338
Antike 11 ff., 15, 18 f., 27, 31, 33, 36, 38, 40 f., 43, 45 f., 62 f., 73, 76, 79, 82 f., 95, 99, 111, 115, 117 ff., 121, 130, 135 f., 141, 146 f., 152, 160, 166, 172, 184, 188 f., 199–204, 207 f., 210, 213, 235, 237, 240, 247, 250, 272, 274–278, 281, 286, 288, 290, 303 ff., 311 f., 314, 317 f., 320, 324, 328, 332, 335, 337 f., 340 f.
Antikenroman 201
Anti-Utopie 70
Anweisungspoetik 59, 168
Aphorismus 11, 27 ff., 30, 41 f., 44, 55, 110, 195, 257, 273, 315, 317 f., 320
Apparat 48 ff., 263
aptum 33, 36, 73, 168, 204
Äquivalenz-Prinzip 116
Architext 18, 109, 111, 216, 218, 258, 314
Architextualität 56, 87, 287
Archiv 24, 52, 56 ff., 63, 78, 112 f., 180, 198, 232, 260, 262 f., 319
Archivroman 255
Aristotelismus 182 ff., 203 f.
ars dictaminis 201
ars poetica 200, 203, 312

Art und Weise 12, 32, 39, 56, 199, 311, 316, 330
Artefakt 4, 105, 106, 113, 159, 160, 185 f., 293
Artusroman 52, 125, 201
Arztroman 21, 36, 77
Asteismus 333
Ästhetik 2 ff., 11, 15, 22, 25, 27, 31, 33 f., 37 f., 40, 45, 59, 71, 74–77, 79, 94 f., 107, 109, 111, 115 ff., 119, 125, 161, 172 ff., 179, 191, 203, 205–211, 213, 222, 230, 238, 245 f., 248 f., 259, 270, 275, 282, 285, 291, 299 ff., 314, 317, 320, 324, 327, 332, 334, 337, 339 f.
Aufführung 301
Ausdruck 1 f., 7, 14 f., 20, 22, 24 f., 26, 33–37, 41 f., 45, 49, 56, 60, 62, 68, 78, 88, 100, 102, 104, 106 f., 110 f., 116, 121 f., 132 f., 139, 141, 151, 155, 157, 159 ff., 168 f., 171–176, 181, 183, 186, 189, 191, 194 f., 214, 221 ff., 226 f., 231, 233, 237, 239, 241, 245, 250, 254, 278, 285 f., 293, 296, 297, 300, 306 f., 317 f., 331 f., 337
Ausdrucksform 45, 65, 92, 103 f., 108, 110, 160, 168, 188, 193, 265, 275
Außenstruktur 293
äußere Form 33, 254
Auszeichnungssprache 104
Authentizität 29, 50, 65, 181, 264, 318
Autobiographie 29, 66, 89, 97, 104, 262, 315, 317 ff.
Autonomie 67, 87, 95, 116 f., 148, 160, 207, 281, 282, 284, 318
Autor 1, 7, 20, 22, 27, 29, 40, 42 f., 47–50, 53 f., 59, 61–64, 68–71, 75 f., 79, 81, 83, 85 f., 88, 91–95, 97–100, 103 f., 108 f., 111, 115, 124 ff., 130, 136 f., 146 f., 152, 155, 160 f., 167, 176, 181–186, 190 ff., 194, 197, 201, 206 f. 211 f., 222, 225, 228, 231 f., 237 f., 247, 249, 263–267, 271, 281 f., 287, 312, 318 f., 321, 324, 326 ff., 333, 336, 338
Autorschaft 48, 75, 88, 104, 181, 231 f.
Avantgarde 60, 109, 181, 211, 272, 321, 323, 337

Ballade 3, 13, 15, 57, 62 f., 75 f., 95, 171 f., 201 f., 254, 313
Barock 7, 24, 36, 45, 61, 67, 70 f., 121, 170 f., 189, 204 ff., 250, 259, 285, 301, 327, 334, 341
basic level 22, 127, 162 f.
Bedürfniserweiterung 131
Bedürfnissynthese 28, 69, 131 f., 142, 151, 192, 215, 258
Begriffsanalyse 222, 242
Begriffsbestimmung 3, 9, 27, 111, 198, 222, 246
Begriffsbildung 16, 21, 221 f., 224, 246, 253 f.
Begriffsdefinition 7, 127, 242
Begriffsexplikation 7, 20, 24, 110, 127
Begriffsfiktion 107
Begriffsform 4, 7, 163
Begriffsgeschichte 1, 24, 27, 91, 178, 251
Begriffsname 4, 22 f., 127
Begriffssetzung 23
Begriffsstruktur 8

Begriffstyp 15
Begriffsverwendung 20, 217
Beispielgeschichte 28
Belletristik 1, 82 f., 85 f., 90, 93, 97, 278, 318
Bemerkung 15, 50, 184, 222, 224
Beobachter 3 f., 118, 157 f., 221, 322
Bericht 9, 39 ff., 67, 111, 115, 170, 176, 199, 215, 232, 254, 261 f., 267 ff., 272, 280, 284, 294, 311, 317 f., 331
Bewegung 46, 82, 88, 107 f., 124 f., 144, 166 f., 172, 182, 193, 204, 206, 208, 210 f., 231, 321, 336
Bewegung des 4. Mai 1919 289
Bezugstheorie 2, 222 f., 225, 227, 229, 231, 233, 239, 248
Bibel 85, 98, 153, 302, 305
Bibeldichtung 201
Bibelepik 153, 201
Bibliothek 1, 5, 7, 80–84, 86 f., 93, 97 f., 101, 148, 168, 198, 200, 284, 287–289
bienséance 204
Bildungsroman 7, 25, 28, 35 f., 52, 57, 65 f., 77 f., 83, 129, 131 f., 137, 148 f., 151 f., 206, 210, 216, 236, 273
Binnenstruktur 293
Biographie 30 f., 47, 63, 66, 111, 125, 135, 160, 174, 255 f., 261, 264, 278, 304, 315 ff., 319
Biologie 2, 13, 102, 112, 133 f., 212, 223, 243 f.
Biopoetik 223 f.
Blankvers 45
Brief 30, 47, 49 f., 52, 64 f., 81, 85, 135, 160 f., 181, 197, 205, 208 f., 216, 261 f., 268, 277 f., 280, 289, 315, 317, 319 f., 327
Briefroman 10, 13, 16, 25, 30, 45, 53, 57 f., 65, 136, 152, 157, 178
Buchgattung 1, 5, 85, 87, 97, 100 f.
Buchhandel 29, 72, 85 ff., 97 f., 101, 278, 298
Buchtyp 85, 91 f., 97, 100, 261
bürgerliches Trauerspiel 10, 16, 25, 31, 36, 38, 45, 57, 67, 69, 71, 73, 78 f., 157, 178, 206, 271

carmen figuratum 201
Chanson de geste 201
Charakterkomödie 31
Chronik 9, 111, 261
ci 290
Comic 85, 95, 105 f., 255, 278, 322
Commedia 44, 286
Commedia dell'arte 31
Computer 80, 102 ff., 107, 136, 263, 278 ff., 293
Computerphilologie 24, 104
Computerspiel 105 f., 255
Countergenre 285
Creative Writing 99

Darstellung 16, 30 f., 35 f., 39, 45, 48 ff., 53, 62, 65 f., 67, 86, 106, 109, 115 f., 133 f., 141–144, 148, 166 f., 170, 172, 177, 182, 188, 203, 206 f., 209, 215 f., 248, 255, 258, 264, 271 f., 281, 284, 298, 300 f., 306, 311, 313, 318, 321 ff., 328 ff., 332, 340
Darstellungsform 87, 93, 114 f., 133 f., 267 f., 280, 292
Darwinismus 164 f.
decorum 204, 275, s. a. Dekorum

Deduktion 23 f., 120, 214
Definition 4, 7–10, 15, 18–21, 23–27, 31, 37, 39 f., 44 ff., 52, 55, 57–60, 73, 87, 91 f., 95, 105 ff., 112, 115 f., 118 f., 122, 126–131, 134 f., 138, 142 f., 145, 148, 150, 154, 156 f., 161, 163 f., 171, 178, 180, 184, 197 f., 211, 215, 217 f., 221 f., 236, 242 f., 245 f., 248, 254, 259, 263, 267, 271–275, 279, 281 ff., 292, 295 ff., 299, 301 f., 306, 312, 318, 320, 324–328, 331, 333–336
degré zéro 107 ff.
Dekonstruktion 39, 87, 109, 182, 185, 225 ff., 231, 250
Dekonstruktivismus 109, 129, 245 f.
Dekorum 168, s. a. decorum
Denkmäler 260
Deskription 14, 156, 267, 324
deskriptiv 7, 12, 17, 28, 59 ff., 79, 103, 150, 153, 186, 194, 203, 206, 241, 257 f., 276, 283, 316, 337
Deviation 26, 55
Dialektik 67, 83, 124, 203 f., 212, 285
Dialog 10, 16, 42, 58, 62, 166, 185 ff., 197, 199, 215, 238, 281, 294 f., 298, 315, 317, 319, 323, 326, 333, 337
Dichtarten 3, 10, 13, 16, 42, 172, 207 ff., 313, 328
Dichtungslehre 166 ff., 211
Dichtweisen 3, 13, 40, 52, 110 f., 172, 313, 328
didaktische Poesie 11, 38, 42, 73, 91 f., 94 ff., 110 f., 141, 162, 166 ff., 173, 183, 198, 201, 267, 318
differentia specifica 8, 25, 203
digital 12, 15, 18, 23 f., 40 f., 53, 73, 85, 96, 99, 102–107, 254 f., 280
dihēgēsis 39 f., 199, 312,
Diplomatik 260 ff.
Diskursgemeinschaft 22
distinktiv 18, 123, 134, 156
Distinktivität 12
Dithyrambos 12, 39, 199 f., 312
Diversität 61, 70 f., 118, 206
Dokument 20, 26, 47, 49 f., 54, 63, 72, 75, 82, 84, 99, 106, 119, 147, 168 ff., 177, 201, 216, 261 ff., 265, 279 f., 289, 306
Drama 9 f., 12 ff., 21, 25, 30 f., 36, 40, 42 f., 45 f., 48, 52 f., 55, 60–63, 65–69, 71 f., 76, 78, 89, 93, 95 ff., 100, 103, 111, 128, 135, 138, 140, 150, 159 f., 163, 165, 166 f., 173, 176, 178, 183, 188, 198 ff., 205, 207, 210 f., 214, 254 f., 258 f., 264, 271–274, 287, 289 f., 298–301, 311 ff., 315, 328, 330, 335–338, 340
Dramatik 3, 12, 15, 30, 32, 39 f., 48, 69, 85, 96, 110, 126, 135, 140 ff., 146, 167 f., 170, 172 f., 175, 179, 197, 207, 210 f., 255 ff., 271, 288, 313, 324, 330, 338
dramatisch 10 f., 14–18, 25, 31 f., 35, 39 f., 42, 45, 48, 52, 58, 62, 69 f., 72, 94, 96, 110 f., 120, 124, 126, 141 f., 159 f., 167 f., 170, 172 ff., 175 ff., 178, 185, 199, 205, 207, 210 f., 214, 255 f., 264, 267, 271, 289, 298–301, 308, 312, 323, 325, 328, 330 f., 336 ff., 341
Drei Einheiten 167, 204, 336
Dreistillehre 188 ff., 202

écriture 107 ff., 213, 231
Edition 27, 48 ff., 85, 103, 171, 174, 202 f., 246, 281
Ego-Dokument 262 f.
Eigenname 189

Einbildungskraft 65, 175 f., 205, 212
Einfache Formen 11 f., 18, 27, 29, 32 f., 45, 58, 126, 128, 135, 137, 257, 259, 306 f., 309
Einzeltext 18, 23 f., 41, 52, 58, 64, 68, 74, 87, 90, 105, 109, 114, 117, 132, 147, 150, 152, 211, 215, 232, 286 f., 296
Ekloge 254, 312
Elegie 18 f., 34, 36, 40, 45, 55, 166, 172, 199 f., 208, 261, 270, 312
eleos 34, 340
Emblem 20, 70, 105 ff.
emisch 118 f., 307
Emotion 65, 90, 98, 126 f., 167, 176, 183, 223 f., 229, 244, 265, 308, 322, 333, 337, 339 f.
empirische Triftigkeit 2, 27
Entinstitutionalisierung 134, 148, 154, 192, 215, 258
Entliterarisierung 335
Entstehungsgeschichte 50, 135
Entstehungstheorie 135 ff., 154
Epigramm 11, 23 f., 33, 41, 44, 94, 170, 200, 332
Epik 3, 5, 10, 12–15, 25, 30, 32, 39 f., 48, 63, 71, 79, 83, 89, 93, 96, 110 f., 126, 135, 138, 140 ff., 153, 159 f., 163, 165, 168, 170, 172 f., 175 f., 178 f., 197, 200 f., 207, 210 f., 214 f., 256 f., 264, 285, 311–315, 324, 328, 330
episch 10 f., 16, 25, 30 ff., 35, 39, 42, 45, 48, 52, 69, 96, 110 f., 119, 124, 126 ff., 130, 141 f., 148, 159 f., 168, 170, 172 f., 175 f., 178, 185, 200, 205, 207, 210 f., 214, 256, 271, 311–314, 325 f., 328, 330, 336 f.
Epistel 13, 311
Epithalamium 188
Epitheta 194
Epos 10, 12 ff., 16 f., 25, 30 f., 36–40, 42, 45 f., 51 f., 60, 62 f., 78, 95, 117, 120, 130, 139, 146, 148, 150, 167, 173, 177 f., 189, 191, 198 ff., 203, 207 f., 210, 212, 270, 286, 311–314, 328
Erläuterung 129, 197, 291
erzählen 10, 13, 15–19, 24, 30 f., 38 ff., 42, 46, 72, 85 f., 94, 96 f., 100, 109, 115, 128, 160 f., 165, 167, 173, 181, 200, 215, 241 f., 247, 249, 257, 261, 267 ff., 274, 279, 308 f., 312–317, 320, 328–331
Erzählgrammatik 241
Erzählung 7 ff., 12, 21, 29 f., 35 ff., 39, 45 f., 63, 85, 93, 95 ff., 100 f., 109, 115, 118, 157, 166, 168, 197–201, 205, 234, 248, 264 f., 269, 274, 289 ff., 294, 302 f., 305, 307 f., 312 f., 315 ff., 322, 329 ff., 338
Essay 30, 48, 52, 63, 68, 93, 96, 125, 150, 175, 184, 186, 249, 269, 271, 273, 287, 289 f., 294, 308, 315, 317 f., 323 f., 332 f.
Ethnographie der Kommunikation 291
Ethnomethodologie 291, 293 f.
Ethnopoetry 307 f.
etisch 118 f., 307
Evangelium 302–305
Evolution 28, 88, 112, 114, 119, 127, 139 f., 151, 158, 164 ff., 192–195, 205, 212 f., 223, 233, 258, 271, 273, 276, 280, 284, 287, 299, 337
Evolutionäre Psychologie 127, 223 f.
Evolutionstheorie 27, 70, 113, 119, 164 ff., 192, 223
Exilroman 125
Exkurs 187, 201

Explikation 7, 20, 24, 111, 127, 141, 175, 178, 217, 221, 223, 225, 227, 229, 231 f., 234 f., 237, 239 f., 243, 245, 247 f., 250, 311
Expression 12, 183, 189
extensionale Definition 25, 326
Fabel 11, 16, 25, 28, 31 f., 34, 39, 44, 47, 51, 56, 95, 178, 198, 201, 205, 308, 312, 328
Fachausdruck 7
Fachsprache 92, 221, 248
Faksimile 49
faktographisch 30, 94, 315 f.
faktual 29 f., 106, 115, 268, 316, 331
Faktualität 29 f., 33, 36, 264, 268
Fallhöhe 78, 339
Familienähnlichkeit 8 ff., 12, 15, 17 ff., 21 f., 25, 41, 105, 112 f., 127, 129, 162 f., 179, 217, 222, 253, 257, 259, 325
Familienroman 31 f.
Fantasy 31, 36, 43, 55, 85, 254
Feenmärchen 31, 306
Fehler 60, 320 f., 332, 339 f.
feministisch 11, 64, 88, 180 f., 216, 221, 231 f.
Fernsehen 55, 80, 93, 96, 101, 239, 267 ff., 277, 279, 292 ff.
Feuilleton 93, 267 ff.
Figur 31 f., 33, 36, 39, 61, 81, 106, 150, 167 f., 186–189, 199 f., 247, 250 f., 265, 279, 308, 321 ff., 336 f., 339 f.
Figural 31, 167
Fiktion 30 f., 53, 58, 63, 104 f., 143, 215, 245, 256, 269, 274, 301, 325, 336 f.
fiktional 29 f., 106, 315 f.
Fiktionalisierung 3, 269, 318, 332
Fiktionalität 10, 14, 25, 29 ff., 33, 36, 43, 63, 74, 94, 115, 117, 178, 224, 257, 260, 264, 266, 268, 317, 334
Fiktionstheorie 183, 201, 241, 317
Fiktivität 30 f., 36
Film 31, 51, 53, 55, 63, 65 f., 80, 96, 104 f., 249, 255, 276 ff., 279 f., 330
Filmgenre 279
Finalität 337
Fixierung 61, 115, 121, 160, 170, 225, 263
Form 2 ff., 7, 9 f., 11–16, 18 f., 21 ff., 25–49, 51 f., 55, 57–69, 72 f., 76, 78–81, 84 f., 87 ff., 92–98, 103–111, 113–121, 124–145, 147 f., 151, 155 ff., 159 ff., 163 f., 166–185, 187 ff., 191–194, 198–201, 204–214, 216, 218, 223–231, 233, 235 f., 239, 241, 243, 246 f., 249 f., 254–263, 265–273, 275–281, 284, 286–290, 292–320, 323–339
Formalismus 27, 87, 108, 110, 116 f., 143, 147, 151, 154, 156, 158, 170 f., 192–195, 212, 214, 216, 218, 221, 226, 232–234, 257 f., 271, 329
Format 1, 24, 55, 66, 81, 93, 96, 98 f., 100, 104, 117, 172, 190, 198, 277 ff.
Formgeschichte 169 ff., 302–305
Formzitat 50 ff., 57, 62, 70, 258
Foto 277, 331
Fotografie 279
Fragment 45, 49, 54, 72, 109, 171, 206, 208, 306, 317
Fragmentierung 108
Fremdheit 124 f.
Frühe Han-Dynastie 288

Funktion 2, 12, 14, 17, 19, 21 f., 24 f., 31 f., 33–38, 42–45, 50 ff., 55 f., 58 f., 64, 68, 70 f., 75, 85, 89, 91 f., 94 f., 100, 108, 111, 113, 116 ff., 121, 127, 129, 131 f., 136, 144, 148, 150 ff., 160, 165, 171 ff., 179 ff., 185–194, 201, 215 f., 223, 228, 233, 240, 242, 245, 249, 253 f., 256, 258, 263–266, 269, 271, 273, 275, 277–283, 286, 292, 297, 300, 301, 304, 306 ff., 313, 315–318, 325 f., 329, 331 ff., 335 ff.
Funktionsgattung 276
Funktionsgeschichte 21, 28 f., 34 f., 69, 88, 114, 131 f., 134, 136 f., 142 f., 149–151, 153, 156, 190 ff., 201, 215, 218, 254 f., 258 f., 264, 271, 273
Funktionsmodell 132
Furcht und Mitleid 340

Gattungsästhetik 27, 59, 71, 172 f.
Gattungsbegriff 7–10, 12, 18 f., 21–24, 26 ff., 32, 35 f., 41 f., 48, 50, 52–57, 59, 61, 67, 74 f., 77 f., 83 f., 90, 92, 94, 105, 109 ff., 113, 123, 128 ff., 140 ff., 159 ff., 168, 172 f., 175, 179, 184–187, 200, 203, 208, 213 ff., 217 f., 222, 246 ff., 255, 257 f., 263 f., 274 f., 283–286, 322, 327, 335
Gattungsdynamik 35, 44, 70 f., 76, 119, 134, 137, 149, 158, 209, 291, 303
Gattungsentwicklung 10, 35, 69 f., 133 f., 136, 138 f., 145 f., 149, 152, 156 f., 165, 191 f., 215 f., 254, 283
Gattungsforschung 2, 4, 7, 13 f., 26 f., 34 f., 44, 72, 93, 114, 118, 137, 140 ff., 145, 158, 162, 164, 171, 179, 193, 216, 221–308
Gattungsgeschichte 3 ff., 8, 15, 19, 21, 23, 25 ff., 29, 31, 33, 35, 37, 42, 54, 58, 61, 65, 67, 69, 71, 74, 76–79, 87, 94, 111–114, 119, 121–124, 130–139, 141–146, 148 ff., 152–155, 158, 161, 168, 171, 177, 179, 192, 209, 215–218, 236, 253 f., 256, 258 f., 271, 272 f., 275, 283 f., 290
Gattungsgrammatik 62, 134
Gattungshierarchie 60, 78 f., 146 f., 150, 163, 192, 275
Gattungshybridisierung 157, 254 f.
Gattungskanon 62, 71, 73, 78 f.
Gattungskonvention 39, 55, 74, 92, 109, 112, 120, 129, 155, 200, 207
Gattungsmischung 13, 38, 41, 52 f., 70, 76, 96, 119, 146, 157, 189, 208 f., 216
Gattungsname 1, 23, 25 f., 30, 57 f., 110, 120, 130
Gattungsnorm 42, 60, 74 ff., 95 f., 109, 119 ff., 129, 165, 195, 203 f., 275, 282
Gattungspoetik 12, 15, 19, 27, 29, 33, 37, 42, 59 f., 66, 70, 79, 89, 112, 121, 139 f., 142, 144–147, 150, 158, 166–169, 172, 174, 176, 182, 190, 203–206, 209 ff., 213 ff., 254, 256–259, 272 f., 281, 304, 314, 316, 332
Gattungstopik 93, 218
Gattungstrias 11, 30, 94, 96, 140 f., 207, 210 f., 214 f., 257, 311 ff., 315, 317, 328
Gattungstypologie 77, 90, 93, 140, 147, 228, 249, 251, 254 ff., 273, 278, 281
Gattungsvervielfältigung 70 f., 94, 119, 134, 137, 149, 157 f., 208 f.
Gattungszuordnung 30, 42, 47, 54 f., 57, 110, 264, 328
Gebet 38, 198, 260, 262, 289
Gebrauch 1, 7, 9 f., 15, 21, 24, 26, 64 f., 75, 82, 88, 90, 102, 104 f., 107, 183, 191, 213, 254, 260, 264, 275 f., 279, 286, 295 f., 304, 320, 323, 325 f., 338

Gebrauchsanweisung 278
Gebrauchsbuch 97, 100
Gebrauchsform 26, 30, 304, 315, 317, 319
Gebrauchsliteratur 15, 25, 178, 316
Gebrauchsprosa 317, 319
Gebrauchstext 295, 315 ff.
Geburt 62, 113, 165, 212, 215, 276
Gedankenlyrik 52
Gedicht 1 f., 7 f., 10–13, 18 ff., 22 f., 30, 35, 38 f., 43–46, 48, 52 f., 57, 61 ff., 90, 93 f., 96, 100, 105, 111, 118, 121, 130, 140, 145, 151, 155, 159, 163, 166, 168, 172 f., 188, 197–200, 202, 205, 208, 218, 264 f., 269, 271, 273, 290, 311, 313, 324–328, 331, 333, 336
Gegendiskurs 35, 132
Gegenstand 4, 12 f., 16, 30 ff., 35 f., 38–41, 46, 59, 62, 67, 82 f., 89 f., 92, 94 ff., 104, 106, 108 f., 115, 117, 119, 121, 124, 133, 142–146, 157, 161 f., 166, 168 f., 171, 178, 180 f., 199, 201, 207, 211, 217, 221 ff., 227, 237, 239 ff., 243 f., 247, 249, 253, 257, 260, 263, 265, 270, 272, 281 f., 289, 291, 293, 295 f., 298, 313, 315, 317, 320 f., 324, 328, 332 f., 338, 340
Gehalt 13, 35 f., 87, 160, 170, 174, 212, 233, 244, 246, 250, 332, 335, 339
Gelegenheitsdichtung 36, 188
Gelehrtensatire 333 f.
gender 64 ff., 88, 181 f., 231, 258, 323
Gender Studies 64 ff., 88, 181 f., 227, 231 f., 239, 258
genera dicendi 36, 188, 201 f., 274
generic contract 282
Genie 76 f., 120, 172, 205
Genieästhetik 75 f., 206, 275, 282
genre 15, 18, 19, 22 f., 28, 37, 54, 66, 68, 70 f., 78 f., 88 f., 96, 104 ff., 111 f., 114, 128, 134, 137, 140, 145, 147, 149, 151, 153, 155, 158, 163 f., 166, 176, 179, 182, 184, 186 f., 189 f., 192, 198, 200, 212 f., 216, 218, 226, 230, 242, 253, 255 f., 258, 273, 276 f., 280, 283 ff., 287, 294, 297, 308 f., 219
Genre 11, 20 f., 26 f., 31 f., 34–38, 41–44, 46, 48, 51–55, 64, 66–69, 71, 74, 77 ff., 86, 89 f., 93 ff., 97, 104, 112, 114, 123 ff., 136, 157, 159, 165, 167 f., 176, 178, 182, 187 f., 190, 192, 195, 198, 205 f., 214, 217 f., 232, 236, 242, 249, 253 f., 255 f., 257 f., 263, 266–269, 274 ff., 277–280, 285, 288, 307 f., 316 ff., 331 f.
genre culture 283
Genrebild 42, 159
genus dramaticum 12, 166, 200
genus enarrativum 40, 166, 312
genus mixtum 12, 40, 173, 200
genus narrativum 12, 173
genus proximum 8, 25
gesaku 264 f.
Gesamtausgabe 48 ff., 86
Gesamtkunstwerk 69, 76
Geschichtsschreibung 72, 316
Geschlecht 3, 64 ff., 73, 79, 87, 89, 101, 131, 181 f., 216, 228, 231 f., 259, 278
Geschlossenheit 12, 33, 41, 115, 229
Gesetz 7, 21, 26, 28, 36 f., 43, 66, 73, 81, 99, 119, 121, 133, 138 f., 155, 157, 160, 167, 170 f., 175 f., 178, 180, 185,

Sachregister

187, 189, 194, 203, 207 f., 211, 243, 258, 261, 275, 285, 302, 321, 328, 330, 337
Gespenstergeschichte 37, 163
Gestalt 3, 13, 29, 31, 42, 57, 119, 128, 160, 162, 167 f., 170 f., 174, 214, 249, 257, 273, 287, 289, 295, 303, 312, 321, 337
Gestalttyp 27, 214
Gleichnis 28, 41 f., 153, 302–305
Globalisierung 123, 126
Glosse 93, 262, 267 f., 333
Groteske 17, 43, 94, 283, 333 f.
guwen 290

Hagiographie 261
Haiku 44, 124, 126, 265, 271
hamartia 339
Handlungskomik 323
Handschrift 49 f., 85, 174, 197
Handyroman 98 f., 266
Harmlosigkeitspostulat 321 f.
Hauptgattung 13 f., 25 f., 39 f., 78, 135, 138 f., 166 f., 170, 172, 175, 207, 210, 302, 311 ff., 316, 326, 328, 336
Heft 1, 81, 97, 170, 277 f.
Heftchenliteratur 81
Heftchenroman 117, 278
Heldenlied 306
Herabsetzungskomik 322
Hermeneutik 21, 48, 90, 174, 191, 228, 230, 237 f., 245, 248 f., 294
Hierarchie 17, 60, 78 f., 107 f., 146 f., 150, 156, 163, 192, 201, 275
Historik 260
Historiographie 24, 45, 131–158, 235, 304
Historische Erzählung 201
Historische Hilfswissenschaften 260
Historische Musikwissenschaft 282
historischer Roman 125, 137
Homogenität 12, 23
Hörbuch 37, 97 ff.
Horizont 34, 54, 57, 74, 77, 80, 87, 109, 129, 141, 143, 164, 185, 191, 201, 204, 208, 215, 248, 258, 272, 286, 318, 337
Horizontveränderung 129, 215, 258
Hörspiel 37, 72, 96, 98, 279
Humor 85, 289, 323, 332, 333
Humoreske 322
hybride Genres 35, 54
Hybridgattungen 293
Hybridisierung 46, 70, 76, 146, 157, 254 f.
Hybridität 53, 124
Hymne 34, 38, 45, 57, 76, 198, 303
Hymnus 197, 304, 311
Hyperbolismus 333
Hypertext 103 f., 255, 280
Hypertextgedicht 105
Hypothese 52, 58, 106, 126, 155, 162 f., 222, 225, 243, 247

Idealismus 138 ff., 173 ff., 339 f.
idealistisch 36, 125, 139, 141, 164, 210 ff., 320, 332, 340
Idee 14, 81, 87 ff., 110, 119 f., 122, 126, 160, 164, 168, 173 ff. 183, 189, 207 f., 210, 212, 214, 225, 227, 232 f. 238, 249 f., 256, 276 f., 281, 298, 309
Ideengeschichte 69, 169
Idylle 10, 38, 166, 172, 208
imaginativ 132, 280
imagologische Perspektive 124
imitatio 59–62, 74 f., 203 ff., 207
in between genre 283
Individualisierung 31, 207 ff.
Individualität 25, 31, 75 f., 129, 139, 152, 159 f., 176, 207 ff., 213, 262
Induktion 23 f., 77, 174
ingenium 204
Inhalt 1, 12 ff., 19, 32–37, 40, 49, 51 f., 55–60, 66 f., 80–87, 91, 95, 97, 99 f., 104, 108 f., 115 f., 118, 147 f., 152–155, 165, 168, 172, 181, 197–200, 204, 210, 214, 218, 221 f., 233, 240, 245, 255, 261 f., 264 f., 275 f., 278–281, 289, 301, 303 f., 306 ff., 316, 325, 336 f., 339 f.
Inkongruenztheorie 321
innere Form 174
Innovation 46, 61 f., 66, 69 f., 74 ff., 111, 128, 134, 157, 172, 183, 191, 203, 206, 216, 248
Inschrift 63, 79, 188, 197, 262, 289
Institution 3, 19 ff., 22 f., 26, 28, 35, 68 f., 71, 74, 80 f., 84 f., 87, 112, 114, 124, 130, 132, 134, 137, 145, 148 f., 151, 153, 155, 176, 180, 190 ff., 195, 211, 214 ff., 218, 225 f., 231, 236, 246, 257 ff., 273 f., 280, 292 f., 304
Institutionalisierung 3, 19, 28, 79, 83, 128 f., 131, 134, 136, 144, 146, 148 f., 154, 157, 176, 192, 207, 215, 235, 258, 261, 278, 302
Institutionentheorie 19, 82–101
Inszenierung 67, 93, 108, 231, 335 ff.
Interaktionssituation 291
Interdiskurs 132
Interdiskursivität 255
Interesse 4, 65, 67, 78, 84, 86, 88, 91, 97, 104, 111, 115 f., 141, 143 f., 146, 149, 171 f., 181, 185 f., 190 f., 216 f., 221, 240, 245, 247, 254 f., 258, 263, 267 ff., 271, 275, 282 f., 288, 291, 293, 303, 306, 308, 315 ff., 329, 341
Interkulturalität 124 f., 239
Intermedialität 51, 105 ff., 286 f.
Internet 65, 80, 86, 93, 96, 99, 103, 136, 256, 266 ff., 280
Interpretation 10, 15, 19, 23, 26, 41, 47 f., 54 ff., 71, 74, 95, 111, 115, 126, 128, 130, 133, 139, 158, 173, 182 f., 185, 191, 205, 221 ff., 225 f., 228 ff., 233–238, 241–245, 247–250, 256, 265, 273, 292, 294, 309, 323, 333, 339 f.
Intertextualität 15, 51, 52 f., 55–58, 61, 63 f., 72, 87, 105 f., 109, 124 f., 145, 147, 153, 185 ff., 258, 271, 287, 297
Interview 47, 99, 267
Intuition 159 ff., 285
Ironie 170, 333 f.

Jammer und Schauder 335 f., 338, 340
jueju 290
junbungaku 264

Kalendergeschichte 42, 95, 153
Kanon 12, 26, 51, 59–62, 64, 67, 69, 71 ff., 77 f., 84, 88, 94 ff., 117, 124, 127, 149, 151, 155, 157 f., 171, 181, 199,

202, 204, 206, 239, 245, 259, 261, 275, 283, 285, 288 ff., 300, 316, 318, 329
Kanonisierung 11, 54 f., 57, 71 ff., 143, 149, 152, 199, 265
Kanzone 18, 40, 159, 201, 202
Karneval 322 f.
Kasus 11, 27, 136, 306
Kategorie 3, 14, 16, 18, 21 f., 24, 27, 30, 47 ff., 52 f., 64, 66, 68, 75 ff., 80, 82, 85, 87 ff., 104 f., 126 ff., 138, 140 f., 159, 162 f., 169, 172, 175, 181, 183, 188, 195, 197, 210 ff., 214, 217, 231, 236, 241, 248 f., 253 f., 257, 275 f., 281 f., 284, 286 f., 295, 297, 307, 309, 312 f., 316, 319, 323, 325, 336 ff., 340
Katharsis 336, 340
Kinder- und Jugendbuch 86, 97
Kladogramm 13, 134
Klagelied 200, 302
Klasse 8, 10, 15, 17 f., 56, 83 f., 87, 90, 107, 121 f., 163, 173, 179, 236, 245, 275, 284 f., 287, 296 ff.
Klassenbegriff 15, 18, 247
Klassenbildung 10, 15, 25, 158, 178, 257
Klassenhierarchie 17
Klassifikation 7, 10 f., 14 f., 21 ff., 25 f., 41, 74 f., 77 ff., 84, 89 f., 108 f., 112 f., 123, 128 ff., 151, 161, 180, 197, 199, 201, 211 f., 214, 218, 221 f., 226, 230, 232, 242, 253–255, 257 f., 280 f., 283 ff., 287, 295 ff., 300, 304, 308, 312, 319
klassifikatorisch 12 ff., 21, 25, 55, 109, 140, 144, 181, 202, 207, 217, 218, 231, 241, 244, 247, 256, 260, 286, 304, 313, 328
klassifizieren 4, 22, 50, 59, 84 f., 104, 126, 253, 260, 262, 278, 281, 288, 290, 302, 312, 317
Klassizismus 204, 206, 211
Kleine Prosa 39, 42 f., 54, 109
Kognition 22, 165, 224
Kognitionsforschung 18
Kognitionspsychologie 18, 128, 162, 217, 223, 229 f., 247, 264, 280, 329
Kognitionswissenschaften 22, 91, 162 ff., 223, 229, 242, 244, 326
kognitiv 18, 33, 60, 70 f., 73, 87, 91, 95 f., 99, 100, 126 f., 128, 138, 162 f., 164, 215, 218, 223 f., 229, 247, 253, 255, 280, 330
kognitivistisch 118, 126 ff., 224
Kohärenz 28, 41, 43, 61, 247, 269
Kohäsion 43
Kombination 7 f., 14, 36, 39, 56, 70, 105 f., 116, 129, 135, 157, 215 f., 233, 240, 255, 263, 292, 297, 322, 326, 330, 340
Komik 19, 83, 223, 320–323
Kommentar 13, 80, 82, 94, 103, 203, 228, 267, 276, 302, 341
Kommunikation 3 f., 28, 34, 61, 73 ff., 88, 92, 99, 103, 105–108, 112 f., 116 f., 119, 121, 123, 126, 131 f., 136, 143, 148, 156, 172, 176 f., 180 f., 190–195, 198, 215, 217 f., 223 f., 226, 229 f., 235 f., 240, 248, 258, 262, 264 ff., 269, 277 f., 280, 283, 291–298, 300, 303 f., 306, 307, 317, 320, 323, 333, 335 f.
Kommunikationsakt 34
Kommunikationskontrolle 79

Kommunikationssituation 17, 242, 250, 302
Kommunikationstheorie 14, 217, 235, 249, 257
Kommunikationswissenschaft 66, 280, 309
Kommunikationszweck 35
kommunikative Gattungen 91 f., 112, 217 f., 292 ff.
kommunikativer Haushalt 92, 292
kommunikatives Paradigma 291, 293
Komödie 12, 16, 18 ff., 22, 31, 39 ff., 52, 62, 95, 119, 157, 167 f., 188 f., 199 f., 210 f., 249, 254, 270, 273 f., 279, 286 f., 312, 320, 322 f., 336 f., 341
Kompaktbegriff 37, 61, 145, 218
Komparatistik 270–273
Komplementarität 12, 74
Konjunktion 13, 118, 129
Konkrete Poesie 46
Konstrukt 4, 12, 15, 64, 120, 123, 140, 144, 156, 163, 258, 266
Konstruktion 64, 99, 123 f., 156, 162, 171, 181, 231 f., 238, 260, 293 f., 315, 329, 336
konstruktivistisch 10, 17, 89, 111, 115, 123, 127, 177 ff., 217, 228 ff., 258 f., 268, 280, 286, 291
Kontext 2 ff., 17, 21, 25, 28, 30, 33 ff., 38, 41, 44, 54, 56, 58, 64, 66, 69 f., 74 f., 87 ff., 104 ff., 113–116, 118, 122, 127, 136–139, 142 ff., 148, 153 f., 160, 162, 170, 174, 180 ff., 185, 189, 198, 201, 217, 222, 235, 237, 239–242, 244, 250, 253 f. 256 ff., 262 ff., 266, 269, 271, 274, 278, 282 f., 285, 293 f., 296, 299, 302, 306 ff., 313, 315, 321 ff., 327 ff., 337, 341
Kontrafaktur 17, 19, 35, 37, 43, 58, 62 ff., 129, 218, 259
Konvention 7, 21 f., 25, 31, 39, 42, 55, 69, 73–77, 92, 100, 109, 112, 116 f., 120, 129, 142, 150, 155, 179 f., 183, 191, 200, 207, 215, 230, 240, 246, 261, 263 f., 279, 282, 321
Konventionalität 12, 57, 73, 75, 108
Konversationsanalyse 291, 293 f., 333
Konzeptualismus 121 ff.
Koordiniertheit 12
Korpus 23 f., 47, 53, 57, 75, 77 f., 90, 270, 272, 297, 337
Korpusbildung 23 f., 26, 60, 75, 292
Kotextisolierung 41
Kriminalroman 32, 55, 67 f., 77, 97, 254
Kritik 7, 15, 22, 29, 43, 49, 61, 67 f., 73, 75 f., 77, 79 f., 88, 92 ff., 141, 148, 155, 159 ff., 166, 171, 174, 176, 178, 181 f., 183 f., 187, 205, 208 f., 211 ff., 217, 224–230, 236 ff., 240, 249 f., 254 ff., 260, 263, 265 ff., 272 f., 284–287, 289, 295, 299, 303, 305, 313, 319, 322, 332 ff.
Kultur 3 f., 21, 30, 38, 42, 51, 54, 56, 58 f., 64–67, 70, 79, 82, 87 ff., 91 f., 98 f., 101 f., 107, 115, 118 f., 123–127, 132, 135 f., 142, 144 f., 147, 149, 155, 158, 160, 162, 165 ff., 172, 174, 176, 190, 197, 210 f., 216, 224 f., 227, 232, 234–237, 239 f., 242 f., 253 f., 256, 258 ff., 263, 265, 269, 271, 277 f., 280, 283, 285 f., 288 f., 293 f., 298 f., 301, 308 f., 312, 315 f., 318, 322 ff., 330, 341
kulturell 2 f., 4, 15, 22, 28 ff., 32, 34, 47, 54 f., 64 f., 68, 70 f., 73 ff., 79, 83, 85, 105, 107 f., 118, 120, 123–126, 131 f., 136 f., 142 ff., 146, 148 f., 154, 156 f., 162 ff., 167, 174, 178, 180 f., 189 f., 193, 197, 217, 231, 235, 239 f., 254, 258, 265 f., 271, 281, 284 ff., 292, 298, 301, 306 f., 308, 315 f., 321, 329, 341

Sachregister

kulturelles Gedächtnis 63, 66, 73, 155
Kulturen der Dichtung 118 f.
Kunstmärchen 37, 306
Kürze 9, 33, 44 f., 96, 100, 157, 175, 269, 313, 324 f.
Kurzgeschichte 45, 95, 99, 254

Lachen 20, 320, 322 f., 332 f.
Lachkultur 322, 323
Lautgedicht 48
Legende 11, 27, 62, 95, 125, 136, 198, 201, 302, 306, 308, 313
Lehrgedicht 10, 11 ff., 173, 199, 200, 202, 311
Leitartikel 267 f.
Leitgattung 72, 150 f., 208, 306, 336, 341
Lektüre 19, 41, 47, 52 ff., 55 f., 65, 74, 77, 80 f., 86, 95 f., 101, 107, 119, 181 f., 185 f., 205, 225 f., 247, 249, 259, 266, 268, 273, 327
Lektürepräferenzen 101
Leserevolution 98 f., 101
Lesergeschichte 101
Leseverhalten 101
Leseverstehen 99 f.
Lexem 90
lexikalische Definition 7
Lexikographie 90 ff.
Liebesroman 57, 86
Lied 37, 45, 52, 62, 68, 75, 86, 95, 118, 163, 176, 198, 200, 202, 259, 290, 302, 304, 306, 307, 308, 324
Linguistik 13, 18, 22, 35, 43 f., 57, 90 ff., 103, 113, 117, 127, 161, 187, 193, 217, 221, 223, 227, 240 ff., 257, 280, 293–298, 303, 325, 327, 334
Literalität 38, 115
Literarizität 39, 43, 74, 106, 116 f., 193, 224, 232 ff., 264, 285, 318
Literatur vor der Literatur 118
Literaturbegriff 3, 30, 103, 109, 117 f., 126, 129, 141, 149, 157, 170, 186, 217, 239, 257, 264, 312
Literaturgeschichte 27, 29, 58, 65 f., 69, 74 f., 78, 82, 85, 89, 108, 118, 141 f., 145, 148 ff., 153, 158, 164 ff., 174, 183, 191 f., 198, 210, 216, 228, 232, 234, 238, 249, 263 ff., 266, 284, 286, 289 f., 302, 304 f., 334, 338, 341
Literaturgeschichtsschreibung 72 f., 134, 139, 141–145, 147, 149, 222, 224, 232, 234 f., 244, 285
Literaturkritik 61, 76 f., 92 ff., 148, 159, 166, 183 f., 205, 211, 213, 263, 265, 285, 289
Literatursatire 333
lüshi 290
Lustspiel 157, 167, 271, 273
Lyrik 3, 5, 10, 12–16, 18 f., 25, 27, 29 f., 31 f., 39–45, 48 f., 52, 55, 62 f., 65 f., 70 ff., 77, 81, 83, 85, 93–97, 100, 104 f., 110 f., 124, 126, 130, 135, 138, 140 ff., 159 ff., 163, 165, 167 f., 170–173, 175, 178 f., 188, 191, 197, 199 f., 202 ff., 206 f., 210–215, 255 ff., 259, 264 f., 271 ff., 287–290, 313, 315, 322, 324–328, 330 f., 334
Lyriktheorie 15, 18, 40, 324, 326, 327
lyrisch 10 f., 16 f., 19, 25, 27, 30, 32, 35, 37, 40–43, 45 f., 48, 52 f., 58, 81, 110 f., 119, 121, 124, 126, 142, 159 f., 167 f., 172, 175, 178, 193, 198, 200 ff., 205, 210 ff., 214, 218, 255 f., 273, 313, 324–328, 330, 334

Machtstruktur 107, 131
Macro-Genre 21
Madrigal 159, 204
making special 118 f.
Manierismus 17, 21, 34 f., 43, 70, 76 f., 219, 257
Manuskript 49, 86, 97, 100, 275
Märchen 11, 20, 27, 29, 31 f., 35, 37, 38, 45, 51, 81, 86, 95, 136, 214, 233 f., 306–309, 328, 330
marxistisch 68, 138 f., 192, 211, 235, 286
Medien 17, 36, 38, 51, 53, 62–65, 79 f., 82, 85, 87 ff., 92 f., 96–99, 101–117, 117, 125 f., 156, 206, 215, 217, 232, 236, 247, 254–259, 264, 267–270, 274 f., 277–280, 286, 297 f., 300, 304 ff., 323
Medienkombination 106
medientheoretisch 102–105, 206, 217, 258, 323
Medium 28, 32, 37 f., 44, 63, 66, 85, 94, 97, 102–107, 116, 132, 153, 201, 240, 255 f., 258 f., 264, 277–280, 304, 319, 328, 333
Mehrkomponentenmodell 163, 255, 325
Mehrsprachigkeit 124
Melodrama 66, 198, 254, 300, 336
melos 40, 200
Memorabile 11, 136, 306
Memorialüberlieferung 260
Merkmal 1, 7 ff., 11, 13 ff., 17–20, 22, 24, 26–30, 33 f., 37 ff., 41 f., 50 f., 53–58, 60–68, 74, 77, 79, 90 f., 102, 104, 106, 110, 112, 116 f., 120, 123, 125, 129, 133 ff., 138, 143 f., 148, 152, 154 ff., 160, 163, 166, 175, 179, 183 f., 217, 222, 230, 237, 243, 246, 250, 253 ff., 260, 264, 267 f., 282, 286, 293, 295 ff., 304, 311 ff., 324 ff., 328 ff., 332 f., 335
Metadiskurs 132
Metaisierung 70, 133, 155, 255 f.
Metapher 103, 112 ff., 133 f., 226 f., 241, 247, 254, 285, 299, 301
Metaphorologie 112 ff.
Methode 24, 26 f., 50, 68, 84, 89, 96, 99, 103, 106 f., 111, 134, 165, 190, 212, 221 f., 229 f., 237–241, 243, 245 ff., 249, 260, 263, 265, 277, 292, 294, 298, 303, 305, 309, 317, 319, 325, 327, 335
Metrik 46, 49, 241
Migrationsliteratur 125
mímēsis 39, 199, 311 ff.
Mimesis 30, 35, 39, 75 f., 78, 167, 199 f., 203, 206, 287
Ming-Zeit (1368–1644) 289
Minimaldefinition 326
Minnesang 48
Mischform 14, 37, 199, 255, 275, 279, 300, 312 f., 328, 336
Mischgattung 39 f., 52 f., 268, 300, 303, 330
Mitlachen 322
Mittel 12, 16, 30, 36, 39 f., 42, 56, 62, 67, 80, 90, 100, 103, 106, 108, 117, 124, 166, 173, 189, 191, 193 f., 199, 250, 262, 280, 294, 326, 332
Mittelalter 10, 18, 30, 33, 35–38, 40, 45, 48, 79, 83, 95, 98, 101, 122 f., 125, 130, 135, 147, 166, 169, 189, 191 f., 201 f., 218, 259–264, 275, 287, 290, 301, 312, 316 ff., 324, 337
Modell 11–17, 26, 30 ff., 34 ff., 39, 41, 44, 48 f., 52, 59 f., 62, 64 f., 67, 69 ff., 73 ff., 79, 83, 88, 93 f., 96, 98, 102,

109 f., 112–116, 123, 127, 129, 131 f., 134, 136, 139, 144 f., 148, 152 ff., 158, 163, 165–168, 172, 175, 188 f., 192 ff., 201, 207, 214, 218, 223 f., 227 ff., 232–238, 241 f., 247 f., 251, 253, 255 ff., 259, 265, 276, 279 f., 287, 299, 315 ff., 324 f., 327 ff., 333, 335, 337 f.
Moderne 38 f., 42 f., 45 f., 52–55, 63, 65, 74, 76 f., 82, 88, 94, 100, 108 f., 111, 130, 145, 151, 187, 200, 208 f., 211, 213, 222, 246, 249, 264 f., 276, 280, 291, 320, 323, 333 f.
Modus 12, 36, 58, 175, 204, 206, 208, 223 f., 265, 268, 300, 308, 318, 331
Mongolenzeit (1279–1368) 290
Monodrama 31, 45, 62
monogatari 264 f.
Monogenese 136 f.
Morphologie 27, 29, 32, 35, 112, 171, 214, 234, 240, 309, 325, 328, 330
morphologisch 3, 13 f., 27, 110, 171, 214 f., 233, 257, 259, 319, 330
motus confectus 202
Multimodaliät 293
Mündlichkeit 33, 37 f., 63, 115, 303
musica humana 281
musica instrumentalis 281
musica mundana 281
Musik 2, 5, 42, 58, 62, 79, 86, 105 f., 114 f., 172 f., 175, 198 f., 210 ff., 240, 255, 277, 279, 281–284, 295, 300, 307, 331
Musikwissenschaft 2, 5, 281–284
Mutation 69 f., 143, 145, 155, 158, 254, 281
Mythos 53, 125, 239, 275, 302, 307, 335–338
mythos 311 f.

Nachahmung 12 f., 30, 39 f., 59, 61 f., 70, 75, 81, 120, 136, 146, 152, 157, 166, 183, 199, 203 f., 207, 274, 288, 311, 338
narrativ 12, 14–17, 23, 25, 29, 42, 55, 88 f., 93, 104 f., 107, 110, 114, 125, 127, 128, 136, 144, 148, 166, 173, 177 f., 181 f., 187, 192, 198, 200, 214, 218, 224, 234, 242, 247, 249, 254 f., 285, 308 f., 315, 323, 328–331
Narratologie 41, 241, 247 f., 328–331
Natur 10, 65, 68, 76 f., 92, 108, 112, 121, 123, 139, 159, 163, 165, 175, 203 f., 210, 212, 234, 237, 242, 261, 319, 324, 339
Naturformen 3, 10, 13 f., 16, 25, 27, 32, 35, 40, 42, 47, 65, 93, 110 f., 113 f., 119, 121, 126, 128, 135, 138, 141 f., 147, 164, 170, 172, 176, 178, 183, 189, 191, 207, 209 f., 224, 256, 275, 312 f., 328
Neoaristotelismus 182–184
Netzliteratur 97, 102, 106
Netzwerk 103, 283, 315
Nocturne 282, 284
Nomenklatur 13
Nominaldefinition 10
Nominalismus 10, 11, 122, 159–161, 177
nominalistisch 10, 22, 121 f., 159–161, 212 f., 258
Nonsense-Poesie 43
Norm 3 f., 7, 10, 12, 15 f., 18, 21, 23, 25 f., 35, 42, 59–61, 64, 67, 69 f., 73–76, 78 ff., 92, 94 ff., 100, 107 ff., 112, 116, 119 ff., 126, 128 ff., 144, 148, 150

Normabweichung 321 f.
normativ 3, 7, 16 f., 27, 29, 41, 59, 60 f., 65, 71, 74 f., 78, 109, 117, 119 ff., 129, 140 f., 146 ff., 150
normative Poetiken 3, 61, 146, 148, 170
Normativität 70 f., 119 ff., 146
Normbildung 61, 71, 128 f., 136, 146, 150
normierte Prädikatoren 25
Normierung 44, 71, 84, 108, 121
Normierungslücke 6
Normsetzung 71
Novelle 9, 14, 16, 25, 30, 35, 42, 45, 53, 57, 63, 92, 95, 126, 152, 159, 161, 177 f., 211, 216, 270, 287, 290, 302, 313, 327 f.
Nullpunkt 108
Nützlichkeit 81 f.

Oberbegriff 15, 20, 25, 52, 178, 195, 262, 295
Ode 27, 44 f., 117, 134, 167, 204, 270
Ökologie 131 f., 308 f.
Ontologie 3, 27, 121 f., 175 f., 245, 249
opus geminum 201
Oralität 37 f., 63, 91, 115, 135, 318
Orchestrierung 293
organistic fallacy 133 f.
Organonmodell 116
Original 50, 168, 170, 206, 322
Originalität 61 f., 75 f., 98, 134, 181, 282
Originalkunstwerk 206 f.

Parabel 28 f., 31 f., 34, 45, 56, 95, 303 f.
Paradigmenabhängigkeit 4, 12, 32
Paratext 47, 56 f., 61, 63, 70 f., 84, 111, 124, 130, 201, 209, 264 f.
Parodie 10, 32–35, 43, 51, 57 f., 62, 74, 93 f., 97, 121, 129, 154 ff., 179, 194, 215, 218, 273, 333 f.
Pathos 189, 339
Performance 299, 301, 337 f.
Performanz 48, 231, 265, 293 f.
Performativität 231, 298 f., 301
Peripetie 339
Phantastik 31, 43, 287
Philosophie 8, 10 ff., 15, 18, 21, 23, 26, 29, 35, 61, 70, 75, 77, 80, 83, 115, 117, 121, 130, 138 ff., 165, 168, 172 ff., 176 f., 181, 187, 201, 204 f., 208, 210, 212 f., 216, 218, 222, 225, 227, 229, 235, 237, 240–246, 256, 259, 273, 288 f., 294, 324, 327, 330
phobos 34, 340
Picaro-Roman 125
Plakat 37, 64, 218, 259, 277, 279, 311
Pluralisierung 203, 291
Poesie 3, 10–13, 15, 18, 33 f., 38, 40 f., 43, 45 f., 60–64, 71, 73, 76, 83, 94, 104, 110 f., 115 f., 118, 121, 135, 163 f., 166 ff., 172 f., 176, 194, 200, 204, 206, 208–212, 224, 241, 269, 273, 289 f., 306, 308 f., 313, 315, 318 f., 324, 328
Poetik 2 ff., 10 ff., 15 f., 19, 21, 27, 29 ff., 33–42, 44 f., 59 ff., 63, 66 ff., 70 f., 73, 76, 78 f., 84, 89, 95, 108 f., 112, 116–121, 123, 126, 128 f. 139–142, 144–148, 150, 158, 166–176, 182 ff., 188–192, 195, 199–216, 223 f., 233 f., 242, 254, 256–259, 264, 267, 272 ff., 281, 285 ff., 289,

Sachregister

304, 311–314, 316, 320, 323 ff., 327 f., 330 ff., 335 f., 338, 340 f.
Poetizität 45, 115 ff., 208, 234, 264
poetogene Struktur 17, 70, 117, 119, 128, 142, 147, 163 f., 209, 215, 217 f., 224, 331
poetologisch 4, 5, 24, 39, 46, 58 f., 61, 70 f., 78 f., 92, 103, 107, 118 ff., 130, 141, 146, 150, 168, 172 f., 175, 178, 180, 182, 194, 197–218, 318, 323, 338
Poetrie 4, 118 f.
Polemik 43, 285, 303, 321, 332, 334
Polyvalenz 74, 107, 230
Popularmusikforschung 281 ff.
poröse Begriffe 13, 129
postdramatisches Theater 70, 94, 299, 301, 337 f.
postkolonialer Roman 124 f.
Postkolonialismus 125
Postmoderne 7, 52–55, 70, 76, 109 f., 115, 124 f., 130, 226, 254, 268, 334, 337, 341
Poststrukturalismus 107, 185, 227, 239, 250
Prädikat 14, 116, 121 f., 338
Prädikator 25, 121, 177
praecepta 59
Präsenz 186, 289, 299, 313, 330
Predigt 11, 188, 262, 302 f., 307, 315, 317
Produktion 4, 16, 25, 34, 48, 50, 53, 55 ff., 59–62, 68, 70, 72 f., 75 f., 78, 85 ff., 92, 95–98, 101, 103 f., 106, 111, 118, 121, 126, 131 f., 146, 148, 153, 167 f., 172, 177 f., 180 f., 186, 190, 199, 213, 215, 221, 223, 229, 244, 247 f., 257, 265, 269, 271, 275, 279, 283, 285, 292, 296, 299, 300, 315, 318
Prolog 146, 201
Prosa 14, 28, 30 f., 33, 37 ff., 41 ff., 45 f., 48 ff., 52 ff., 58, 69, 72, 83, 94, 100 f., 109, 195, 201, 208, 210, 234, 249, 255, 264 f., 269, 288 ff., 309, 312, 315, 317–320, 326, 331
Prosagattung 60
Prosagedicht 39, 46, 52, 57, 145, 151
prosaisch 21, 81, 116
Prosaroman 10, 167
Prosasatire 331–334
Prosimetrum 38 f., 46, 201 f.
Prototyp 3, 5, 10, 17 f., 22 f., 47, 51, 53 ff., 57 f., 60, 112 f., 126 ff., 133, 152 f., 162 ff., 192, 217 f., 246, 253, 295
prototypisch 18, 22, 91, 126, 128, 295, 308, 328

Qin-Dynastie (221–206) 288
Quatrain 44, 204
Quelle 24, 40, 50, 63, 91, 101, 135, 168, 174, 183, 186, 202 f., 228, 233, 247, 260–263, 276, 304, 306, 312
Quellenkunde 260–263
Querelle des Anciens et des Modernes 203 ff., 207

Radio 37, 80, 268, 277, 279 f., 293
Radiohörspiel 96
Ratgeber 1, 86, 99 f., 279, 316
Rationalismus 205
Räumlichkeit 49
Realismus 10 f., 68, 72, 95, 122, 140, 177, 211 ff., 301
Rechtstext 261

Redekomik 323
Redekriterium 11 ff., 16 f., 33, 39 f., 172, 311 f., 330
Regel 26 f., 29 f., 33, 36, 51, 53, 56–60, 65, 67, 75, 79 ff., 85, 94, 99, 100, 104, 107 f., 112, 119 ff., 126, 128 f., 142, 146 f., 154 f., 160, 163 f., 166, 168, 180 f., 186 f., 189, 193 f., 200, 204, 206, 208 f., 221, 224, 230, 237, 242, 244, 250, 260, 283, 317, 321 f.
Regelpoetik 38, 45, 55, 57 f., 67, 123, 140, 146, 203 f., 206
Reimprosa 38, 46
Reiseliteratur 65, 94, 125, 278
Reiseroman 123 ff.
Renaissance 13, 32, 37 f., 40, 46, 58, 63, 71, 73, 83, 89, 96, 137, 152, 160, 167, 204, 209, 255, 274, 276, 286, 290, 301, 318, 320, 331, 333 f.
Reportage 267 ff., 316 f.
Repräsentation 18, 49, 65, 67, 78, 106, 118, 132, 162 f., 167, 180, 185, 189, 247, 266, 271, 299 f., 326, 337
Requiem 282 f.
Retheatralisierung 335
Rezeption 16, 25, 29, 32–35, 50, 54 f., 57, 60 ff., 68 ff., 73 f., 76 f., 87, 92 ff., 96, 98 ff., 103 f., 106, 121, 124–127, 130, 139, 146, 148, 160, 168, 172, 178, 186, 190 f., 199, 203 f., 208, 213, 215, 221, 223, 229 ff., 244, 247–250, 255, 257, 259 f., 264 f., 271, 273 f., 279, 282 f., 288, 292, 300, 303, 335 ff., 341
Rezeptionsästhetik 4, 16, 24, 34, 50, 51, 57, 74, 129, 179, 191, 215, 229, 238, 248 f., 264, 271, 285, 299
Rezeptionsgeschichte 101, 147, 258, 285
Rhetorik 2, 11, 13, 29, 31, 33 f., 38, 42 f., 59 ff., 69, 73, 76, 83, 87, 95 f., 110, 120, 186, 188 ff., 200, 202 f., 205 f., 208, 241, 250 f., 269, 284, 286 f., 303, 309, 312, 317, 319 f., 333 f.
Rhythmus 45, 166, 168, 199
Ritterroman 31
Robinsonade 35, 129 f., 152
Roman 1, 3, 9, 14 ff., 18, 22, 26, 28–32, 35, 37 f., 41, 43, 45, 47 f., 51–58, 61, 63, 65–68, 76, 78 f., 81 f., 84 f., 87–90, 93, 95–101, 105, 111, 118–121, 124 ff., 132, 135 ff., 140, 148, 151 f., 157, 159, 166 ff., 173, 175–178, 182, 187 f., 191, 208–211, 216, 253–259, 265 f., 268, 270, 278, 285, 287, 289 ff., 296, 312–314, 316, 318, 323, 328, 331, 334
Romantik 31, 41, 43, 45, 52, 62, 72, 76 f., 111, 139 f., 208 f., 282, 306, 313, 319 f., 328
Romanze 157, 286 f.
Romanzeitschrift 101
romanzo 203
Rondeau 10, 18, 25, 178, 204
Rota Vergilii 11, 13, 36, 189
rotundellus 202

Sachbuch 1, 63, 86 f., 93, 97–100, 278, 316 f.
Sacherschließung 84
Sage 11, 27, 45, 95, 136, 201, 306 ff.
Sammelbegriff 10, 14 f., 25, 32, 35, 140, 176, 178, 214, 232, 256, 313, 317, 328
Sarkasmus 333 f.
Satire 10, 14, 16–20, 25, 38, 40, 42 f., 84 f., 166, 172, 177 ff., 188, 200, 208, 270, 312, 321, 331–334
Satiretheorie 332

satirisch 10, 14, 17 f., 21, 25, 32, 42 f., 84, 106, 110, 177 ff., 214, 331–334
Satyrspiel 199 f., 274, 312, 332
Schauder und Jammer 335 f., 338, 340
Schelmenroman 31, 171, 273, 285
Schicksal 50, 124 f., 167, 170, 278, 336, 340 f.
Scholastik 201
Schöne Künste 114, 331
Schreibverfahren 107 ff., 116
Schreibweise 3, 5, 10, 14, 16 ff., 21, 25, 32, 34 ff., 41 ff., 46 f., 52 f., 58, 63, 70, 76, 105, 107 f., 110 f., 119, 129 f., 177 ff., 206, 214 f., 217, 219, 253, 255, 257, 259, 272, 311–340
Schriftlichkeit 37
Schwank 31, 45, 56, 306 ff.
Science Fiction 31, 36, 57, 85, 90, 254, 278 f.
Selbstzeugnis 262
Semiotik 19, 90, 109, 195, 234, 240, 242, 248, 286 f., 294, 299, 301
Sequenzanalyse 203
serventius 208
Sestine 25, 44, 63, 178
shishōsetsu 265 f.
Sinfonie 281
Sitz im Leben 240, 302, 305
Sonett 7 f., 10, 14, 18 f., 22, 25, 32 f., 35, 40 f., 44 f., 55, 57, 63, 84, 94, 127, 129, 136, 155, 157, 159, 163 f., 178, 201 f., 204, 218, 253, 258 f.
Sozialsystem 78, 93, 117 f., 148, 235
Spannung 11, 34, 51, 68, 85, 97, 115, 176, 223 f.
species 112, 166, 184, 201, 203
Spekulation 135, 170, 172 f., 175, 210
spekulativ 3, 27, 29, 71 f., 121, 135, 138, 140, 164, 172–175, 193, 210 f., 213 f., 256, 272 f., 318
sprachanalytisch 16, 217 f.
Sprachsoziologie 293
Sprachspiel 75, 111, 186, 307
Sprechakttheorie 90, 136, 241
Sprichwort 37, 41, 154, 198, 307
Stadtbuch 261
Ständeklausel 31, 60, 78, 167 f., 339
Stil 12, 31, 33, 36 f., 42 ff., 51, 53, 59 ff., 65, 67–70, 76, 81, 90, 106, 110, 112, 116, 130, 171, 176, 181, 185, 188 ff., 197, 201–205, 225, 241 f., 254, 262 f., 267, 274, 278 f., 281, 283, 286 ff., 294, 303, 306 f., 313, 318, 328, 332 f.
Stilgattung 188
Stilhöhe 13, 147, 189, 199 f.
Stilisierung 3, 62, 268 f., 286, 306, 332
Streichquartett 282 f.
Strukturalismus 27, 70, 87, 110, 143, 156, 185, 187, 192 ff., 221, 225, 227 f., 232–238, 241, 257 f., 286 f., 294, 328 f., 335
Strukturbestimmung 3, 257
Strukturgeschichte 34, 258, 271
Subversion 38, 46, 108
Sukzession 206, 337
Symbol 61, 85, 89, 94, 162, 227, 240, 242
symbolisch 63, 72, 87 f., 114, 131 f., 176, 181, 192, 236, 253, 248, 308
Symbolisierung 3, 163, 165, 268 f., 332

Symbolsystem 235
Synkretismus 124
synkretistische Gattung 125
Synmedialität 106
Systematik 10 ff., 14, 16, 40, 42, 64, 77 f., 85, 93, 100, 104, 109, 120, 123, 140, 145 ff., 153, 158, 188, 191, 197, 209 f., 215, 228, 234, 253 f., 256, 267, 272, 274, 276, 280, 304, 307, 312, 318, 336
Systemtheorie 103, 116, 191, 215, 229, 235, 323

Tagebuch 30, 49 f., 58, 65, 85, 135, 181, 209, 216, 262, 264 ff., 315, 317 f., 320
taishū bungaku 264
Tang-Zeit (618–907) 289
tanka 264, 271
Taxonomie 12, 22, 113, 162, 254, 281, 293, 307
Teilnehmer 4, 85, 103, 118, 157, 221, 237
Terminologie 12, 21, 25 f., 56, 85, 92, 121, 126, 130, 132, 137, 149, 151, 193, 197, 216, 253, 293, 321, 325, 329, 336, 341
Terminus 16 f., 20, 25, 27, 178, 194, 227, 336
Textereignis 143
Textgenese 48 ff.
Textkritik 49, 93, 174
Textlinguistik 43 f., 90, 92, 113, 240, 242, 295 f., 298
Textprobe 24
Textsorte 12, 16, 20 f., 23, 26 f., 32, 34–37, 41 f., 48 ff., 55, 62, 69, 74, 90 f., 94 f., 99–102, 104 f., 110, 112, 114 f., 129 f., 132, 134 f., 145 f., 149, 151, 153, 155, 168, 179, 188, 192, 195, 197 f., 214–218, 236, 242, 257 ff., 263 f., 267–270, 272 f., 286 f., 293, 296 ff., 303, 317, 328
Texttheorie 187 f., 248, 296
Textualität 33, 43 f., 48, 58, 266, 298, 301
Theater 62, 255, 300, 335, 337 f.
Theaterliteratur 335–338
Theaterwissenschaft 298–301
Theorieabhängigkeit 32
Tiefenmetaphorik 112 f.
Tiefenstruktur 78, 104 f., 110, 127, 178 f., 214 f., 250, 287, 331
Tod der Tragödie 271, 273, 341
Topik 93, 218, 250, 258
Tradierung 71, 211, 292, 302
Tradition 7 f., 31, 34, 37–40, 42 f., 45, 52–55, 58–62, 65–70, 72 f., 75 f., 85, 88 f., 108 f., 112, 117 f., 124 f., 131, 139, 144, 146, 149, 155 ff., 170, 173, 178, 179, 183 ff., 189, 191, 192, 194, 199 ff., 203 ff., 211 f., 214 f., 217 f., 222, 225, 233 f., 236 f., 245 f., 253 ff., 258, 260, 261, 265, 271 ff., 275 f., 284, 286, 291, 296 f., 302–305, 308, 316 f., 319 f., 328–332, 336, 340 f.
Tragik 322, 338–341
Tragiker 71, 83, 199
Tragikomödie 52, 157, 254, 273, 323, 341
Tragödie 3, 10, 12, 14, 16, 25, 30 f., 33 f., 36, 39 f., 45, 55 f., 60, 62, 67, 77 f., 95, 112, 117, 119, 124 f., 154, 164 f., 167 f., 178, 183, 189, 199 f., 207 f., 210, 212, 246, 270–273, 285, 287, 300, 311 f., 335–341
Tragödienvariation 124
Transkulturalität 106, 123–126

Sachregister

Transmedialität 106 f., 270
Trauerspiel 10, 16, 25, 31, 36, 38, 45, 57 f., 60, 62, 67, 69, 71, 73, 78 f., 157, 167, 178, 206, 208, 271
Travestie 43, 51, 58
triadisch 13, 19, 30, 33, 35, 37, 42, 71, 93, 110, 132, 140 f., 145, 167 ff., 173 f., 190, 205 f., 208 f., 213, 256 f., 257, 259, 314, 317
Trobador 19, 41, 201, 287, 327
Typenkomödie 31, 323
Typographie 49, 63, 85, 97, 99–104
Typologie 11 f., 15, 21, 29, 34, 69, 77, 90–93, 112, 130, 132, 140 ff., 147, 157, 218, 228, 238, 249, 251, 254 ff., 273, 278, 280 f., 286, 295–298
typologisch 12 ff., 16, 21, 25, 35, 44, 71, 90, 124 f., 135, 138, 140 f., 143 f., 149, 156, 169, 174 f., 178 f., 217, 224, 253 ff., 263, 271 f., 283, 306, 316

Überrest 260
Unausweichlichkeit 339
Unbestimmbarkeit 52 ff.
Unbestimmtheit 105, 249
Unbestimmtheitsstelle 249
Universalien 10, 121 ff., 285
Universalienstreit 121 f.
Unvermeidbarkeit 339
Ur-Ei 76
Urkunde 260–263, 311
Utopie 29, 70, 108, 130, 132, 152, 187 f., 319, 332 ff.

Verfremdung 108, 116, 193, 195, 233 f.
Verlachen 322
Vers 31, 33 f., 36, 38 f., 43–46, 48 f., 116, 124 f., 148 f., 166, 168, 194, 198–201, 254, 288, 290, 311 f., 326 f., 332
Versepistel 311
Versepos 38, 45, 78, 150
Verserzählung 37, 46
Versroman 38
Verssatire 10, 14, 16 ff., 25, 43, 177 ff., 331 f., 334
Verwaltungsschriftgut 261
Video 106 f., 280
Videoanalyse 294

Vokalität 37 f.
vormodern 3 f., 118, 151, 263–266
Vormoderne 203, 264, 266

Wahrnehmung 2 f., 22, 61, 97, 105 f., 124, 126 ff., 141, 152, 162, 193, 275, 290, 322, 326, 340 f.
waka 264, 265
Warengruppe 85 ff.
Website 103, 263
Weltliteratur 125, 139, 272
wenxue 288, 291
Werkbegriff 130, 183, 185, 299
Wertung 10, 14 f., 23, 26, 54, 61, 69, 71, 73, 75–79, 92 f., 97, 108, 129 f., 146, 147, 153, 160 f., 167 f., 176, 188, 206, 211, 222, 250, 259, 260, 264, 267, 275, 282, 320, 335, 340
Wesensbestimmungen 3, 27, 160, 257
Western 31, 255, 278 f.
Widerspruchsfreiheit 2, 27
Wissenssoziologie 207, 236, 291–294
Witz 11, 27, 45, 56, 118, 136, 278, 306 f., 323, 333
Workplace Studies 293 f.
Wortgeschichte 1
Wundergeschichte 261, 302, 304

Yuan-Zeit (1279–1368) 289

Zahl 2
Zahlentheorie 5
Zeitroman 31 f., 73
Zeitschrift 1, 10, 18 f., 40 f., 43, 50, 71, 80 f., 85 f., 93, 101, 145, 158, 171, 174, 176, 192, 198, 202, 218, 236, 242, 253, 263, 269, 277 f., 280, 284, 294, 305
Zeitung 1, 7, 48, 80, 88, 90, 93, 96, 100 f., 198, 262, 268, 277 f., 280, 295
Zensur 34, 79–82, 155, 318
Zeugnis 4, 49 f., 53, 82 f., 101, 124, 135, 137, 180, 216, 262
Zweck 4, 7, 12, 25, 35, 67, 83, 91, 101, 104, 111, 113, 121, 153, 160, 163, 176, 193 f., 197, 231, 250, 258, 260 ff., 296, 300, 311 ff.
Zweckform 15, 257, 315, 317
Zweckprosa 318
Zweckmäßigkeit 7

Namenregister

Aarne, Antti 306
Aarseth, Espen J. 102–104
Ackstaller, Susanne 99
Adamietz, Joachim 332
Adamzik, Kirsten 217, 297
Addison, Joseph 205
Adorno, Theodor W. 67, 211
Aischylos 71, 212
Ajouri, Philip 211
Alberti, Leon Battista 275
Alembert, Jean le Rond d' 91
Alexis, Willibald 125
Altman, Rick 71, 105, 276
Anakreon 71
Anderson, Benedict 88
Andronikashvili, Zaal 330
Anouilh, Jean 124
Antonio da Tempo 202
Anz, Thomas 92, 247
Apel, Karl-Otto 187
Apuleius 43
Ariost, Ludovico 167, 211
Aristophanes 199
Aristoteles 3, 8, 12, 16f., 30f., 36, 39f., 45, 71, 76, 115, 122, 146, 166, 168, 178, 183f., 188f., 199f., 203–206, 245f., 250, 274, 311–313, 320, 335, 338–340
Arnim, Achim von 47, 306
Arntzen, Helmut 332f.
Artmann, H.(ans) C.(arl) 124
Askehave, Inger 280
Assmann, Jan 72
Assmann, Aleida 118
Assurbanipal 82
Ast, Friedrich 173
Auerbach, Erich 286
Augustinus 38
Aulich, Reinhard 79
Austin, John L. 90
Ayivi, Christian K. 90f.

Babka, Anna 64
Bachtin, Michail 88f., 185f., 292, 322, 333
Bacon, Francis 318
Baehr, Hans Dieter 2
Balzac, Honoré de 186, 211
Barash, David P. 165
Barash, Nanelle R. 165
Barner, Wilfried 76, 271
Barsch, Achim 229
Bartelborth, Thomas 243
Barthes, Roland 27, 51, 55f., 107–109, 181, 185f., 203, 225, 233
Bashō, Matsuo 265

Baßler, Moritz 43, 53, 56, 109, 255
Bateman, John A. 105f.
Batteux, Charles 40, 120, 129, 167f., 205
Baudelaire, Charles 38, 53, 322
Baudrillard, Jean 29
Bauer, Barbara 60
Baum, Vicki 55
Bauman, Marcy Lassota 280
Baumbach, Gerda 335
Baumgarten, Alexander Gottlieb 119f., 168, 172, 203, 205
Bausinger, Hermann 306f.
Bayerdörfer, Hans Peter 338
Beardsley, Monroe C. 47, 245
Beaugrande, Robert-Alain de 43, 241
Becker, Eve-Marie 304
Becker, Uli 124
Beckett, Samuel 341
Beda Venerabilis 201
Beebee, Thomas O. 67f.
Beghtol, Clare 84
Behrens, Franz Richard 55
Behrens, Irene 39f., 188, 272, 312f.
Beißner, Friedrich 49
Belke, Horst 315, 317
Ben-Amos, Dan 307
Benjamin, Walter 72
Benn, Gottfried 54, 324
Bennett, Tony 88
Berger, Klaus 303f.
Berger, Peter L. 293
Berger, Willy R. 136, 156, 272
Bergmann, Jörg R. 293
Bergson, Henri 321f.
Beriger, Leonhard 175
Bernhard, Thomas 333
Bernhart, Walter 105
Bernheim, Ernst 260
Bertram, Jutta 82
Beti, Mongo 125
Betti, Emilio 237
Bhabha, Homi K. 125
Biber, Douglas 24, 242
Bickmann, Claudia 139
Bierbaum, Otto Julius 38
Biese, Alfred 174
Biondi, Marino 285
Blanchot, Maurice 187
Blanckenburg, Friedrich von 3, 167
Blei, Franz 271
Blöbaum, Bernd 268
Block, Friedrich W. 320f., 323
Boccaccio, Giovanni 57, 152, 157
Böckmann, Paul 169–171

Bodel, Jean 201
Bodmer, Johann Jacob 120
Bodoni, Giambattista 100
Boeckh, August 173, 237f.
Boethius 38, 281
Böhme, Hartmut 239
Böhn, Andreas 51, 258
Bohrer, Karl Heinz 76
Boiardo, Matteo Maria 52
Boileau, Nicolas 204
Böll, Heinrich 86
Bonheim, Helmut 13, 134, 253
Booth, Wayne C. 183, 250
Borges, Jorge L. 63, 287
Borgstedt, Thomas 217f., 257f.
Bosse, Heinrich 95
Bottani, Livio 341
Bourdieu, Pierre 59, 72, 79, 89, 192, 236
Bovenschen, Silvia 65, 231
Boyd, Richard 113
Braun, Christina von 181
Braungart, Georg 250
Braungart, Wolfgang 70
Brecht, Bertolt 19, 42, 55, 69, 337
Breitinger, Johann Jacob 120
Brentano, Clemens 306
Breuer, Dieter 81
Breuer, Ulrich 218, 257
Brinker, Klaus 242, 295f.
Broch, Hermann 63, 319
Brod, Max 47
Broggini, Gisbert 68
Broich, Ulrich 51, 56, 186
Brooks, Cleanth 160, 182
Brosch, Renate 264
Brummack, Jürgen 43, 331, 333
Brunetière, Ferdinand 27, 112, 114, 139, 164f., 212, 215, 273, 284f.
Bruster, Douglas 300f.
Brütting, Richard 185
Bryson, Norman 274, 276
Brzoska, Matthias 283
Buch, Hans-Christoph 269
Buchanan, Brian 84
Bucher, Hans-Jürgen 268
Büchner, Georg 50
Bühler, Charlotte 95
Bühler, Karl 34, 116
Bultmann, Rudolf 302
Bundschuh, Peter 2
Bunzel, Wolfgang 39, 144, 151
Burckhardt, Jacob 275f.
Burdorf, Dieter 33, 326
Bürger, Christa 67
Bürger, Gottfried August 63
Bürger, Jan 50, 63
Burke, Peter 87
Busch, Werner 275f.

Bushnell, Rebecca 341
Butler, Judith 227, 231
Byrskog, Samuel 304

Cahn, Ralph M. 2
Cambell, Karlyn Kohrs 189
Camus, Albert 341
Cao Pi 288
Carreter, Lázaro 286
Carrière, Moritz 135, 211
Carroll, Joseph 127, 165
Cassirer, Ernst 176, 239
Čechov, Anton 341
Celan, Paul 42, 341
Ceram, C.W. (d.i. Kurt Marek) 316
Cervantes, Miguel de 125, 285, 333
Chamoiseau, Patrick 125
Chatman, Seymour 248, 329
Chiellino, Carmine 125
Chlebnikow, Velemir 193
Chōmei, Kamo no 265
Chomsky, Noam 122, 127, 304
Chopin, Frédéric 282
Chrétien de Troyes 125
Christmann, Gabriele 293
Christmann, Ursula 99, 127, 229
Cicero 13, 38, 61, 146, 200, 250, 321
Cipoletti, María Susanna 308
Cixous, Helène 231
Coen, Ethan 51
Coen, Joel 51
Cohen, Ralph 253
Coleridge, Samuel Taylor 184
Comer, Christopher 276
Compagnon, Antoine 285
Conan Doyle, Arthur 57
Conrady, Karl Otto 324, 326
Cooke, Simon 54
Corbineau-Hoffmann, Angelika 273
Corneille, Pierre 108, 124, 339
Cornils, Anja 328
Cosmides, Leda 223
Crane, Ronald Salmon 183f.
Croce, Benedetto 11, 22, 122, 159–161, 212f., 258, 285
Culler, Jonathan 114, 225, 241
Culpeper, Jonathan 223, 241
Currie, Gregory 244, 247
Curti, Lidia 182
Curtius, Ernst Robert 40, 165, 285
Curtius, Michael Conrad 167

Dach, Simon 204
Dahlhaus, Carl 282
Danneberg, Lutz 87, 238
Dante Alighieri 38, 44, 202
Danto, Arthur 329
Darwin, Charles 139, 164f., 284
Dath, Dietmar 52

Däubler, Theodor 46
Dauthendey, Max 38
Debon, Günther 290
Defoe, Daniel 47, 125, 152
Derrida, Jacques 22, 122, 180, 185–187, 213, 225 f., 337
Deschamps, Eustache 202
Detel, Wolfgang 243
Detmers, Ines 148
Deupmann, Christoph 332
Devitt, Amy J. 87
Devoto, Giacomo 160
Devrient, Eduard 298
Dibelius, Martin 302
Dickens, Charles 132
Diderot, Denis 91, 167, 333
Dijk, Teun A. van 11
Dilthey, Wilhelm 96, 170, 174 f., 212, 214, 237, 243, 256
Dimock, Wai Chee 253 f.
Diomedes 40, 166, 200, 203, 312
Dionysios (Maler) 274
Dionysios Thrax 199, 274
Dissanayake, Ellen 118
Djebar, Assia 125
Döblin, Alfred 54
Doležel, Lubomir 116, 233
Donat 201
Dormeyer, Detlev 303 f.
Dörner, Andreas 118
Dosse, François 232
Dostojewski, Fjodor 194, 341
Dressler, Wolfgang Ulrich 43, 296
Drewes, Miriam 337
Dreyfus, Hubert 227
Droysen, Johann Gustav 260
Dryden, John 150, 332
Duarte, João F. 253–255
Dubois, Jean 90
DuBos, Charles 167
DuBos, Jean-Baptiste 275
Dudley-Evans, Tony 242
Duff, David 147, 150, 154, 156, 185, 253
Dundes, Alan 307
Duns Scotus 122
Dürer, Albrecht 89
Duro, Paul 275
Dyck, Joachim 189

Eagleton, Terry 181 f., 235, 239, 338, 340
Eco, Umberto 2, 63, 240, 248, 287, 321 f.
Egri, Lajos 98
Eibl, Karl 19, 127, 165, 22 f., 329
Eich, Günter 53
Eichendorff, Joseph Freiherr von 43
Eike von Repgow 261
Einhard 261
Eisele, Ulf 211
Ėjchenbaum, Boris Michajlovič 193, 233
Ekman, Björn 141

Ellerup Nielsen, Anne 280
Elliott, Robert C. 331
Ellis, John M. 225
Éluard, Paul 124
Emerson, Ralph Waldo 321
Emmerich, Reinhard 288
Emrich, Kerstin 85
Engel, Johann Jakob 167 f., 172
Engel, Manfred 223
Engelmann, Susanne 95
Enzensberger, Hans Magnus 7, 10, 19 f., 63, 84, 121
Erasmus von Rotterdam 1, 333
Erhart, Walter 231
Erlebach, Peter 141
Erlich, Victor 193
Erll, Astrid 64, 131, 254, 258
Ernesti, Heinrich Martin 173
Ernst, Jutta 53
Ernst, Paul 211
Eschenburg, Johann Joachim 172 f., 205
Esser, Jürgen 297
Esser, Rolf 96
Étiemble, René 124
Euripides 71, 124, 199
Evers, Momo 99

Fabb, Nigel 241
Fabbri, Franco 283
Faral, Edmond 189
Fasel, Christoph 267
Faulkner, Willliam 341
Faulstich, Werner 277, 279
Fauser, Markus 62
Faust, Wolfgang Max 114
Fechner, Jörg-Ulrich 69 f., 143, 156
Félibien, André 275
Felman, Shoshana 231
Felski, Rita 341
Fielding, Henry 321
Fietz, Lothar 232
Finke, Peter 229
Fink-Eitel, Hinrich 227 f.
Fischart, Johann 43, 63
Fischer, Ludwig 189
Fischer-Lichte, Erika 299 f., 336
Fish, Stanley 129 f., 191
Fishelov, David 112–114, 133, 163, 212
Fiske, John 66
Fix, Ulla 242
Flaubert, Gustave 211
Fleckner, Uwe 276
Fleig, Anne 64, 65, 88
Fluck, Winfried 28, 254
Fludernik, Monika 16, 21, 217, 330
Fohrmann, Jürgen 208, 227
Føllesdal, Dagfinn 222, 245
Forkel, Johann Nikolaus 281
Forssman, Erik 274

Forssman, Friedrich 100
Forster, E.(dward) M.(organ) 313, 318, 328
Forte, Dieter 32
Foucault, Michel 67, 89, 180 f., 226 f., 228
Fowler, Alastair 13, 15, 36, 70, 78, 87, 112, 133, 135, 137, 143, 147, 153–155, 157, 216, 253 f.
Fowler, Edward 266
Franceschini, Rita 125
Frank, Manfred 228, 238
Frankl, Paul 276
Franz, Kurt 96
Frasca, Gonzalo 106
Freedman, Aviva 22, 189
Frege, Gottlob 245
Freud, Sigmund 63, 247, 321 f.
Freytag, Gustav 60, 211, 335–337
Frick, Werner 124, 341
Fricke, Harald 7, 10, 13, 16, 20 f., 24, 26–28, 34, 41, 60, 70, 74 f., 96, 129, 178, 195, 214, 217 f., 221, 257 f., 272, 323, 325
Friedemann, Käte 313, 328
Friedländer, Max J. 276
Fried, Michael 276
Friedrich, Hugo 271, 324
Friedrich, Lars 180
Frommer, Harald 96
Frow, John 213, 253
Frye, Northrop 214, 331
Fubini, Mario 159, 285
Fuchs, Anne 125
Fülleborn, Ulrich 57
Funke, Cornelia 86
Füssel, Stefan 1

Gadamer, Hans-Georg 191, 237, 248
Gaethgens, Barbara 276
Gaethgens, Thomas W. 276
Gahse, Zsuzsana 39
Gaier, Ulrich 331–333
Gamper, Michael 67
Gaskell, Elizabeth 132
Gatterer, Johann Christoph 260
Gebhardt, Julian 278
Geertz, Clifford 125, 299
Geibel, Emanuel 62
Gelfert, Hans-Dieter 340 f.
Gellert, Christian Fürchtegott 57, 65
Gendolla, Peter 102 f., 106
Genette, Gérard 17, 29, 52, 54, 56 f., 84, 87, 109, 111, 215, 217, 233, 258, 287, 312
Geoffrey de Monmouth 125
Gerhart, Mary 304
Gerigk, Anja 323
Gernhardt, Robert 94, 155
Gerstenberg, Heinrich Wilhelm von 62
Gervasius von Canterbury 260
Gesse, Sven 208
Gessner, Salomon 38

Giannoulis, Elena 264
Gibbs, Raymond W. 127
Giltrow, Janet 255
Giustiniani, Vincenzo 275
Glattauer, Daniel 45
Glauch, Sonja 101
Glock, Hans-Johann 222
Glowinski, Michal 192
Goethe, Johann Wolfgang von 10–14, 16, 19, 25, 27, 31, 33, 36, 38, 40, 42, 45 f., 48, 52, 55, 57 f., 62 f., 76, 81, 95 f., 110, 126, 141, 152 f., 170–172, 189, 207–209, 211, 256 f., 298, 313, 324, 328, 335
Goetz, Rainald 94
Gogol, Nikolaj 194, 333
Goldmann, Lucien 88, 211
Goldt, Max 47, 269
Goll, Yvan 271
Gombrich, Ernst H. 276
Goodman, Nelson 240
Goodwin, David 189
Gordon, Noah 47
Gorgias 333
Göschen, Georg Joachim 100
Gottschall, Jonathan 165, 223
Gottschall, Rudolf 211
Göttsche, Dirk 31, 39, 42, 72
Gottsched, Johann Christoph 12, 31, 45, 59, 60, 77 f., 204 f., 312, 335
Grass, Günter 86
Green, Jonathan 101
Greenblatt, Stephen 58, 89
Greimas, Algirdas J. 32, 90, 299
Greiner, Bernhard 322
Grewendorf, Günther 221
Grice, H. Paul 333
Griffin, Dustin H. 333
Griffiths, Paul E. 244
Grillparzer, Franz 124
Grimm, Jakob 306
Grimm, Reinhold 333
Grimm, Sieglinde 207 f.
Grimm, Wilhelm 1, 50, 306
Grisham, John 86
Grivel, Charles 186
Groeben, Norbert 99, 229, 231, 244, 247 f.
Grondin, Jean 237
Grube, Wilhelm 289
Grübel, Rainer 232
Grubmüller, Klaus 31
Grünbein, Durs 63
Guillén, Claudio 125, 285 f.
Gülich, Elisabeth 11, 286
Gundolf, Friedrich 160, 170
Gunkel, Hermann 302
Günther, Johann Christian 204
Günther, Manuela 231
Günthner, Susanne 114, 217, 293
Guthke, Karl S. 272

Güttgemanns, Erhardt 303
Gutwirth, Marcel 321 f.
Guyau, Jean-Marie 212
Gymnich, Marion 35, 59, 218, 254

Haacke, Wilmont 268
Haas, Wolf 54
Habermas, Jürgen 187, 246, 291
Hack, R.K. 189
Hacke, Konstanze 99
Hacker, Katharina 100
Hacks, Peter 62
Haeckel, Ernst 164
Haefs, Gisbert 81
Hagedorn, Friedrich 46
Hahnemann, Andy 316
Hallet, Wolfgang 33, 70
Hamann, Johann Georg 318
Hamburger, Käte 30, 215, 257, 271, 313, 325
Hamilton, Craig 248
Hansen-Löve, Aage A. 193, 232
Hardy, Godfrey H. 2
Harnisch, Wolfgang 303
Harrell, Jackson 189
Harris, Henry S. 160
Harris, Robert 58
Harsnett, Samuel 58
Hartl, Robert 40, 121, 175, 256
Hartman, Geoffrey 225
Hartmann, Peter 295, 296
Harweg, Roland 297
Hauptmeier, Helmut 229
Hausmann, Franz F. 91
Hauthal, Janine 255
Havránek, Bohuslav 194
Hawking, Stephen W. 316
Heath, Christian 293
Hebbel, Friedrich 62, 71
Heeschen, Volker 308
Hegel, Georg Wilhelm Friedrich 3, 11, 36, 38, 78, 115, 173, 207, 210–212, 214, 245 f., 275, 314, 321, 324, 340
Heidegger, Martin 11, 175 f., 225, 237, 256
Heine, Heinrich 43, 46, 48, 68, 125, 319, 333
Heinemann, Margot 297
Heinemann, Wolfgang 297
Heinsius, Daniel 203
Heißenbüttel, Helmut 53
Helmer, Olaf 243
Helmich, Wilhelm 96
Hempel, Carl Gustav 243
Hempfer, Klaus W. 8, 10, 12, 14, 16–18, 21, 23–26, 32, 35, 40–42, 44, 70, 75 f., 84, 110, 119, 121, 123, 126–128, 138–140, 146, 163, 165, 177–179, 183, 185, 189, 203, 212, 214–217, 257 f., 272, 286 f., 330–332
Henderson, David K. 244
Hendrickson, George Lincoln 332
Herberger, Sepp 9

Herder, Johann Gottfried 27, 63, 76, 96, 120, 135, 168, 214, 306, 318
Heringer, Hans Jürgen 16
Herman, David 127, 247
Hernadi, Paul 178
Herodot 318
Herrmann, Britta 231
Herrmann, Max 298 f.
Herrmann, Meike 316
Heselhaus, Clemens 333
Hess, Peter 41
Hesse, Mary 113
Heydebrand, Renate von 59, 71 f., 258
Heyerick, Koenraad 113
Heyse, Paul 46, 211
Hibi, Yoshitaka 264
Hickethier, Knut 279
Highet, Gilbert 331
Hightower, James Robert 290
Hijiya-Kirschnereit, Irmela 263–266
Hildesheimer, Wolfgang 30, 62 f.
Hillebrand, Bruno 314
Hilzinger, Sonja 23
Hinck, Walter 179
Hinrich, Johann Conrad 101
Hirsch, Arnold 161, 190
Hirsch, Eric D. 47, 128, 237
Hirt, Ernst 175, 328
Hjelmslev, Louis 2
Hobbes, Thomas 322
Hobohm, Hans-Christoph 81
Hoeges, Dirk 164 f., 212
Hoffmann, E.(rnst) T.(heodor) A.(madeus) 43, 333
Höflich, Joachim R. 278
Hofmannsthal, Hugo von 38, 46, 62, 319
Hölderlin, Friedrich 42, 45, 49
Hollanda, Francisco de 275
Holt, Fabian 283
Holtz-Bacha, Christina 278
Holz, Arno 53
Homer 39, 57, 60, 63, 78, 152, 168, 311 f., 318
Honko, Lauri 306 f.
Horaz 17, 34 f., 43, 146, 167, 189, 200 f., 204, 312, 324, 332 f.
Horkheimer, Max 67
Hörmann, Hans 99
Horn, András 76, 110, 176, 215, 256 f., 320 f.
Hornschuch, Hieronymus 100
Hoskins, John Preston 165
Hrabanus Maurus 201
Huber, Martin 235
Hugo, Victor 17, 210
Hühn, Peter 330
Hulfeld, Stefan 298
Hupka, Werner 91
Hurlebusch, Klaus 49
Hurrelmann, Bettina 231
Husmann, Heinrich 281

Hutten, Ulrich von 333
Huysmans, Joris-Karl 58

Ibsen, Henrik 271
Immermann, Carl Leberecht 62
Ingarden, Roman 248 f.
Iser, Wolfgang 248 f.
Isidor von Sevilla 201
Isokrates 333
Ivancos, Pozuelo 286

Jäger, Georg 12 f., 40, 173, 211
Jakobson, Roman Osipovič 34 f., 54, 116, 194, 232 f., 325
Jaksche, Harald 14
Jameson, Fredric 88 f., 112, 211
James, William 247
Jamieson, Kathleen Hall 189
Jannidis, Fotis 24, 103, 235, 241
Japp, Uwe 228, 238
Jason, Heda 308
Jauß, Hans Robert 34, 73 f., 122, 129, 191 f., 204, 215, 218, 238, 248 f., 258, 286
Jean Paul 11, 38
Jelinek, Elfriede 77, 337
Joch, Markus 236
Jochum, Uwe 82 f.
Johannes de Garlandia 13, 189, 201
Johnson, Barbara 226
Johnson, Marc 127
Jolles, André 11, 17, 27, 32, 45, 126, 135, 214, 257, 306 f.
Jonke, Gert 77
Jonson, Ben 321, 332
Joseph II. 80
Joyce, James 51, 54, 63
Jung-Stilling, Johann Heinrich 318
Jurt, Joseph 192, 236
Juvenal 17, 43, 332 f.

Kafitz, Dieter 336
Kafka, Franz 43, 47, 49, 333, 341
Kaiser, Gerhard R. 136, 144, 152, 192, 272
Kallberg, Jeffrey 282 f.
Kallimachos 82, 200
Kaminski, Nicola 59
Kanzog, Klaus 79
Kappl, Brigitte 60, 203
Käsler, Dirk 235
Kasten, Ingrid 241
Kauffmann, Kai 268, 274
Kaulen, Heinrich 95
Kayser, Wolfgang 110 f., 115, 171, 176, 333
Keck, Annette 231
Kelber, Werner H. 303
Keller, Gottfried 51
Keller, Hagen 260
Kemp, Wolfgang 274, 276
Kemper, Hans-Georg 76

Kenkō, Yoshida 265
Keppler, Angela 293
Kernan, Alvin B. 333
Kiefer, Jens 330
Killy, Walther 324
Kind, Thomas 103
Kindt, Tom 233, 238, 241, 250
Kirchhoff, Bodo 55, 77
Kirn, Paul 260
Kirsch, Sarah 39
Kisch, Egon Erwin 268
Kittler, Friedrich 228
Klaus, Elisabeth 268
Klausnitzer, Ralf 17, 22, 102, 117, 127, 174, 178
Klein, Christian 29, 316 f.
Kleinberg, Alfred 190
Kleist, Heinrich 9, 271, 319
Kliewer, Heinz-Jürgen 96
Klopstock, Friedrich Gottlieb 45, 49, 62, 95, 120, 211
Klotz, Volker 96, 329, 337
Knape, Joachim 188, 250
Knoblauch, Hubert 114, 217, 291–294, 306 f.
Koch, Peter 37, 217
Kogelschatz, Herman 290
Köhler, Erich 143, 157, 286
Koller, Oswalt 281
Komfort-Hein, Susanne 204, 286
Kondylis, Panayotis 205
König, Eberhard 276
Königsberg, Matthew 266
Könneker, Barbara 333
Köppe, Tilmann 221- 224, 227 f., 231–233, 235–239, 241, 244, 249
Koppenfels, Werner von 333
Kormann, Eva 264
Körner, Theodor 208
Korthals, Holger 330, 336
Koselleck, Reinhart 205
Kotte, Andreas 299, 335
Kotthoff, Helga 293
Kracht, Christian 54, 58
Kraft, Herbert 49
Kranich-Hofbauer, Karin 50
Kraß, Andreas 181
Kraus, Karl 43, 333
Krauss, Werner 286
Kretzschmar, Hermann 281
Kreuzer, Helmut 279
Kristeva, Julia 57, 185 f.
Krummacher, Hans-Henrik 170 f.
Krutschenych, Alexej 193
Kubin, Wolfgang 288, 290
Kubler, George 276
Kuhn, Axel 99
Kuhn, Hugo 191
Kühn, Peter 91
Kunda, Ziva 247
Kurosawa, Akira 51

Namenregister

Kurz, Gerhard 208
Küspert, Michael Joe 99

Labov, William 2
Lacan, Jacques 231
Lacey, Hugh 243
Lacoue-Labarthe, Philippe 186
Lakoff, George 22, 127, 162, 217
Lamarque, Peter 222, 226, 241, 246
Lämmert, Eberhard 17, 44, 105, 160 f., 257, 328
Lamping, Dieter 3, 17, 21, 25, 34, 43, 111, 117, 121, 178, 215, 217 f., 257, 268, 271 f., 320 f., 324–326
Lamprecht, Karl 190
Lange, Günter 96
Lapp, Edgar 333
Lasos 71
László, János 126, 163, 230
Lauer, Gerhard 104, 235
Laurence, Stephen 242, 246 f.
Lausberg, Heinrich 250
Lecointre, Guillaume 2
Le Guyader, Hervé 2
Lehmann, Hans-Thies 299, 337
Leibniz, Gottfried Wilhelm 205
Lejeune, Philippe 29, 318
Le Moigne, Jean-Louis 123
Lenz, Jakob Michael Reinhold 31, 38
Lenz, Siegfried 86
Leon, Donna 86
Lesage, Alain-René 125
Lessing, Gotthold Ephraim 1, 31, 38, 45, 58, 68 f., 71, 76, 94, 96, 206 f., 268, 271, 322, 335 f., 339 f.
Leubner, Martin 96
Levin, Harry 19, 191
Lewis, David 73, 247
Lichtenberg, Georg Christoph 318
Lichtenstein, Ernst 306
Liebenstein, Karina 86
Lieber, Hans-Joachim 66
Liliencron, Detlev von 46, 53
Lindberg-Wada, Gunilla 118 f.
Lindhoff, Lena 231
Lindner, Hermann 189
Link, Jürgen 68
Link-Heer, Ursula 68
Linkugel, Wil A. 189
Linné, Carl von 8, 13, 307
Liu, James J.Y. 290
Liu Xiang 288
Liu Xie 288 f.
Llosa, Mario Vargas 125
Lockemann, Wolfgang 178
Logau, Friedrich von 24
Loher, Dea 124
Lohner, Edgar 182
Lohse, Rolf 321
Lomazzo, Giovanni Paolo 275
Lönne, Karl-Egon 160

Lorenz, Bernd 83
Lotman, Jurij 299
Löwenthal, Leo 190
Loyd, Barbara B. 162
Lu Xun 290
Lucilius 332
Luckmann 92, 217, 291–293
Luhmann, Niklas 73, 94, 215, 235 f., 291
Lukács, Georg 88, 139, 175, 211, 258, 268, 313 f., 331
Lukian 333
Lukrez 40
Lünenborg, Margret 268
Lüsebrink, Hans-Jürgen 123 f.
Lüthi, Max 306

Maalouf, Amin 125
Maase, Kaspar 81
Mabillon, Jean 260
Mächler, Stefan 29
Macpherson, James 306
Mahler, Andreas 18, 333
Majakowskij, Wladimir 193
Malinowski, Bronislaw 35, 307
Mallarmé, Stéphane 38, 111
Manly, J.M. 165
Mann, Heinrich 125
Mann, Thomas 47, 63, 124, 125
Manovich, Lev 104
Man, Paul de 225, 250
Manzoni, Alessandro 47
Marcus, Ludwig 94
Margolis, Eric 242, 246 f.
Marsch, Edgar 134, 143
Martenstein, Harald 269
Martínez, Matías 29, 268, 311, 313, 316, 328
Martus, Steffen 258
Marx, Karl 66, 88
Marx, Adolf Bernhard 281
Marx, Wolfgang 283
Mathesius, Vilem 194
Mattausch, Josef 91
Mattenklott, Gert 67
Mattheson, Johann 281
Matussek, Peter 239
Maunsell, G.W. 1
Mauser, Siegfried 274, 283
May, Ekkehard 263
Mayr, Ernst 164
Mazal, Otto 98
McKeon, Michael 88
McKeon, Richard Peter 183 f.
Medvedev, Pavel 87
Medway, Peter 22
Meidl, Christian N. 235
Meise, Helga 64 f., 88
Meisner, Heinrich Otto 260
Mellmann, Katja 223
Mellor, Anne 181

Melville, Herman 68
Menippos von Gadara 38, 43, 332 f.
Menke, Christoph 341
Menninghaus, Winfried 207
Merck, Johann-Heinrich 93
Merker, Paul 190
Merz, Klaus 39
Messerli, Alfred 101
Metzeltin, Michael 14
Meuthen, Erich 250
Meyer, Conrad Ferdinand 46, 49, 50
Meyer, Urs 106, 250
Meyer-Sickendiek, Burkhard 333
Meyrink, Gustav 43
Michler, Werner 78, 89
Miller, Arthur 271, 339
Miller, Carolyn R. 192
Miller, J. Hillis 225
Milton, John 211
Miner, Earl Roy 264
Minot, Stephen 317
Minturno, Antonio Sebastiano 40
Molière (d. i. Jean-Baptiste Poquelin) 31
Mölleken, Jan 98
Möller, Melanie 76
Montaigne, Michel de 318
Moody, Jane 300
Moreau, Gustave 58
Moretti, Franco 165
Morhof, Daniel Georg 44
Mörike, Eduard 324
Moritz, Karl Philipp 318
Morus, Thomas 152
Mozart, Wolfgang Amadé 63
Mukařovský, Jan 116, 194
Müllenbrock, Heinz-Joachim 254
Müller, Ralph 9, 127, 223
Müller-Dyes, Klaus 11, 14
Müller, Günther 14, 27, 171, 214, 257 f., 328
Müller, Hans-Harald 232 f., 238, 249
Müller, Heiner 124, 337, 341
Müller, Jan-Dirk 108, 317
Müller, Jürgen E. 105
Müller, Lothar 239
Müller, Wolfgang G. 317
Müller-Seidel, Walter 170 f.
Müller-Zettelmann, Eva 255, 325

Nabokov, Vladimir 63
Nadj, Julijana 254 f.
Naschert, Guido 17, 22, 102, 127, 178
Negus, Keith 283
Neoptolemos von Parion 200
Neuber, Caroline 335
Neugebauer, Rosamunde 331
Neuhaus, Stefan 149, 268
Neuland, Eva 241
Neumann, Birgit 16, 25, 32, 35, 57, 59, 70, 76, 123, 218, 254

Neumann, Michael 308
Neumann, Uwe 250
Neumark, Georg 41
Newton, K. M. 339, 341
Nickisch, Reinhard 278
Nida-Rümelin, Julian 243
Nies, Fritz 11, 130
Nietzsche, Friedrich 212
Nitsche, Stefan A. 304
Norden, Eduard 317
Novalis 38, 57, 313
Nünning, Ansgar 14, 16, 25 f., 32, 57, 70, 76, 123, 125, 141, 181, 217, 231, 254 f., 304, 330
Nünning, Vera 125, 181, 217, 231, 255

Oels, Daniel 316
Oesterreicher, Wulf 37, 217
Oestreich, Gerhard 235
Olsen, Stein Haugom 222, 241, 246
Olson, Elder James 183
Ong, Walter J. 37
Opitz, Martin 31, 59 f., 167, 170, 189, 203 f.
Orgel, Stephen 300
Orsini, Gian N. G. 160
Oschmann, Dirk 208
Osinski, Jutta 231
Ossian 58, 62, 168, 306
Osterkamp, Ernst 160
Otfrid von Weißenburg 201
Ottmers, Clemens 189
Overbeck, Franz 302
Owen, Stephen 290

Pabst, Bernhard 38
Pailer, Gaby 71, 78
Palmer, Lucia M. 160
Palmer, Richard H. 338, 340
Palmeri, Frank 89
Paltridge, Brian 162
Panizza, Oskar 43
Paolozzi, Ernesto 160
Patzig, Günther 243, 245
Paulson, Ronald 331
Pauson 274
Pawłowski, Tadeusz 222, 246
Pearson, Norman Holmes 19, 191
Peer, Willie van 229
Peiraikos 274
Peirce, Charles S. 240
Percy, Thomas 306
Perloff, Marjorie 254
Petersen, Julius 11, 13, 110, 215
Petersen, Jürgen 170
Pethes, Nicolas 67
Petrarca, Francesco 40, 57, 167
Petsch, Robert 169, 175, 214, 328
Pettersson, Anders 118
Pfister, Manfred 51, 56, 186, 272, 299, 335
Phillips, Mark Salber 144

Namenregister

Photios 200
Piaget, Jean 17, 123, 127
Pias, Claus 104
Pietzcker, Carl 333
Pilcher, Rosamunde 86
Piles, Roger de 275
Pindar 71
Pius IV. 80
Plachta, Bodo 48, 80 f.
Platen, August von 52
Platon 3, 10–12, 17, 39, 40, 115, 122, 166, 173, 199, 235, 240, 245, 256, 312, 321 f.
Plautus 31
Plavius, Heinz 332
Plessner, Helmuth 321
Plett, Heinrich F. 58, 87, 186, 188 f.
Plinius d. Ä. 274
Plinke, Manfred 99
Plumpe, Gerhard 116, 211
Poe, Edgar Allan 43, 57, 324
Pöge-Alder, Kathrin 306
Pohl, Inge 90, 96
Pohl, Karl-Heinz 290
Polygnot 274
Pope, Alexander 333
Pöppel, Ernst 99
Porombka, Stefan 99, 315 f.
Poschmann, Gerda 336
Posner, Roland 241
Pott, Sandra 211
Pound, Ezra 124
Praetorius, Michael 281
Preimesberger, Rudolf 275 f.
Preisendanz, Wolfgang 170 f., 322
Priest, Graham 245
Primavesi, Oliver 10, 39, 71
Prince, Gerald 249, 329
Profitlich, Ulrich 339
Proklos 200
Propp, Vladimir 27, 32, 35, 214, 233, 306, 328
Proust, Marcel 62
Prümm, Karl 279
Putnam, Hilary 226, 243

Queneau, Raymond 62
Quincy, Quatremère de 274
Quine, Willard van Orman 122
Quintilian 146, 200, 203, 250 f., 274, 332

Raab, Jürgen 293 f.
Raabe, Gerhard 53
Rabelais, Francois 63, 108, 333
Rabinow, Paul 227
Racine, Jean Baptiste 285
Raible, Wolfgang 11, 22, 75, 217, 286
Rajewsky, Irina Olga 40, 105 f., 286
Ramler, Karl Wilhelm 129, 172, 205
Ransom, John Crowe 182
Rauhe, Paul Josef 267

Rautenberg, Ursula 85, 97
Reichmann, Oskar 91
Reich-Ranicki, Marcel 61
Reiser, Marius 304
Reitz, Bernhard 141
Rescher, Nicholas 243
Reuß, Roland 49
Rey-Debove, Josette 90
Richardson, Samuel 152
Richter, Karl 244
Rickert, Heinrich 239
Ricœur, Paul 237 f., 329
Riegl, Alois 276
Riha, Karl 333
Rilke, Rainer Maria 38, 55, 271
Rimbaud, Arthur 38
Robbins, Bruce 253
Robert, Jörg 118, 203
Robortello, Francesco 203
Roche, Charlotte 86
Rodgers, Dennis 247
Roethe, Gustav 174
Roetzer, Hans Gerd 203
Roloff, Volker 105
Rorty, Richard 225
Rosch, Eleanor 113, 127, 162, 223
Rosenberg, Jay F. 246
Rowling, Joanne K. 86
Rowohlt, Harry 269
Rückert, Friedrich 62
Rühmkorf, Peter 2, 62
Rühr, Sandra 98 f.
Ruprecht, Dorothea 211
Rusch, Gebhard 229, 279
Rushdie, Salman 125
Russell, Bertrand 245
Russell, David R. 95
Rusterholz, Peter 237
Rutschky, Katharina 57
Rutschky, Michael 269
Ruttkowski, Wolfgang Viktor 176
Ryan, Marie-Laure 15, 103, 105, 126

Saarti, Jarmo 84
Sachs, Hans 62, 298
Sachsse, Rolf 267
Sacks, Sheldon 127
Sadami, Suzuki 263 f.
Said, Edward W. 125
Salinger, Jerome David 54
Salvisberg, Angelika 323
Samson, Jim 282 f.
Šamurin, Evgenij I. 82 f.
Sappho 71
Saße, Günter 67
Saupe, Anja 96
Saussure, Ferdinand de 225, 233, 240, 295
Scaliger, Julius Caesar 33, 36, 40, 189, 203–205
Schabert, Ina 65

Schadewaldt, Wolfgang 340
Schaeder, Burkhard 90
Schädlich, Hans-Joachim 55
Schäfer, Jörgen 102 f., 106, 321
Schaefer, Ursula 37
Schaeffer, Jean Marie 16, 114, 216, 284 f.
Schamoni, Wolfgang 263
Schanze, Helmut 71, 300
Scheerbart, Paul 43, 53
Scheffel, Michael 46, 328 f.
Scheibe, Siegfried 48 f.
Scheitler, Irmgard 65
Schelling, Friedrich Wilhelm Josef 172 f., 210, 212
Scherer, Wilhelm 212, 321
Schernus, Wilhelm 328
Scherpe, Klaus R. 13, 27, 67, 168, 172, 205
Schiewer, Gesine Lenore 241
Schiller, Friedrich 38, 43, 50, 57, 68, 71, 76, 96, 141, 170, 172, 189, 207 f., 212 f., 319, 324, 328, 332, 335, 339 f.
Schlaffer, Heinz 176
Schlegel, August Wilhelm 62, 76, 172 f., 207, 209 f., 268, 313
Schlegel, Friedrich 3, 21, 41, 76, 207 f., 212 f.
Schlegel, Johann Adolf 120, 205
Schleiermacher, Friedrich 173, 237
Schlieper, Hendrik 65
Schlimmer, Angelika 65
Schmeling, Manfred 123, 125
Schmidt, Arno 100
Schmidt, Jochen 76
Schmidt, Johann N. 332 f.
Schmidt, Siegfried J. 74, 87, 221, 229 f., 258, 280, 320 f., 325
Schmidt, Thomas 243
Schmidt-Glintzer, Helwig 288
Schmitt, Hans-Jürgen 68
Schmitz-Emans, Monika 123 f.
Schneider, Anna Dorothea 183
Schneider, Irmela 64, 66
Schneider, Jost 115, 117–119
Schneider, Ralf 248
Schneider, Ute 98, 101
Schneider, Wolf 267
Schnettler, Bernt 293 f.
Schnur-Wellpott, Margrit 28, 109, 213, 258
Schöffler, Herbert 89
Scholtz, Gunter 237
Scholz, Bernhard 20
Schön, Christiane 276
Schön, Erich 101
Schönert, Jörg 235, 241, 244, 330–333
Schopenhauer, Arthur 55, 63, 212, 321, 340
Schößler, Franziska 231
Schrader, Wolfgang H. 73
Schreier, Margrit 127, 229
Schrott, Raoul 63
Schubart, Christian Friedrich Daniel 268
Schücking, Levin L. 190
Schulz-Buschhaus, Ulrich 67

Schuster, Karl 96
Schütte, Ulrich 274
Schütz, Alfred 268, 291, 293, 316
Schweizer, Gerhard 66
Schwermann, Christian 288
Schwitalla, Johannes 315
Schwob, Anton 50
Scott, Walter 26, 47, 125, 136 f., 152
Scruton, Roger 245
Searle, John R. 90, 225
Seibel, Klaudia 52, 64, 258
Seidler, Herbert 11
Seiffert, Helmut 237
Semino, Elena 24, 223, 241
Seneca d. J. 43, 76, 124, 271
Sengle, Friedrich 173, 257, 315, 317
Shaftesbury, Antony Ashley Cooper 205
Shakespeare, William 22, 45, 51, 58, 77, 121, 168, 206, 289, 300 f., 339
Shaw, George Bernard 157
Shikibu, Murasaki 265
Shōnagon, Sei 265
Short, Mick 24, 241
Shūichi, Katō 263
Shusterman, Richard 222
Siegert, Christine 283
Silver, Larry 275
Sima Qian 290
Simanowski, Roberto 103
Simmel, Georg 86, 239
Simonides 71
Simons, Olaf 118
Sinding, Michael 163
Šklovskij, Viktor Borisovič 193, 232 f.
Söffing, Werner 203
Soeffner, Hans-Georg 291, 293 f.
Sokrates 39
Solger, Karl Wilhelm Friedrich 173
Sommer, Roy 254
Sophokles 71, 199, 340
Söring, Jürgen 324, 339
Sowinski, Bernhard 42
Spang, Kurt 188
Spencer, Herbert 164 f.
Spicker, Friedemann 27, 317
Spielhagen, Friedrich 211
Spinner, Kaspar H. 96
Spitzer, Leo 182, 286
Spoeri, Daniel 175
Spree, Axel 221, 225, 230
Staab, Joachim Friedrich 267
Staiger, Emil 11, 14, 16, 27, 35 f., 52, 96, 110 f., 115, 126, 141, 160 f., 173, 175 f., 178, 214, 256 f., 313, 324, 326
Stanzel, Franz K. 96, 313, 328
Stechow, Wolfgang 276
Stecker, Robert 249
Steele, Richard 205
Stegert, Gernot 268
Stegmüller, Wolfgang 122 f.

Namenregister

Stein, Thomas Michael 38, 141, 255
Steinecke, Hartmut 125
Steiner, George 114, 271, 341
Steinmetz, Horst 128, 215
Stempel, Wolf-Peter 126, 128, 329
Stendhal (d. i. Henri Beyle) 211
Stephan, Inge 181
Stesichoros 71
Stierle, Karlheinz 125
Stocker, Peter 96, 258
Stockhorst, Stefanie 60, 70
Stöckmann, Ingo 118
Stockwell, Peter 127, 162, 247
Stoichita, Victor I. 275
Stolz, Peter 41
Storm, Theodor 35, 52 f.
Straub, Enrico 78
Strecker, Georg 304
Streitfeld, Erwin 50
Strelka, Joseph P. 253
Striedter, Jurij 170 f., 193
Strindberg, August 341
Strube, Werner 7 f., 11–13, 21, 25, 27 f., 129, 216 f., 222, 325
Struck, Elisabeth 257 f.
Sturges, John 51
Suerbaum, Ulrich 15 f., 51, 56 f., 143 f., 146 f., 152
Sulzer, Johann Georg 120, 331
Suzuki, Tomi 265
Svensén, Bo 90 f.
Swales, John M. 22, 112–114
Swift, Jonathan 17, 333
Sydow, Carl von 307
Szondi, Peter 27, 121, 210, 258, 271 f., 299, 335–337

Taine, Hippolyte 212
Tarantino, Quentin 53, 55
Tarot, Rolf 67
Tasso, Torquato 203, 211
Taylor, John R. 2, 22, 162
Thalmayer, Andreas (d. i. Hans Magnus Enzensberger) 121
Theißen, Gerd 304
Theophrast 333
Thompson, Evan 223
Thompson, Stith 306
Thukydides 318
Tieck, Ludwig 62, 211, 306
Tieger, Gerhild 99
Tigges, Stefan 337 f.
Tihanov, Galin 88
Till, Dietmar 60, 250
Tillyard, E.(ustace) M.(andeville) W.(etenhall) 89
Timm, Uwe 32
Titzmann, Michael 144, 152 f., 156, 221, 227, 233 f., 241, 244
Todorov, Tzvetan 27, 43, 135 f., 186, 212, 214, 233, 268, 286
Tomaševskij, Boris 194, 232

Tooby, John 223
Toolan, Michael 241
Tophinke, Doris 217
Trakl, Georg 38, 42
Trappen, Stefan 16, 33, 36, 41, 168, 188 f., 207 f., 210, 313, 333
Trissino, Giovanni Giorgio 40, 167
Tristram, Hildegard L.C. 38
Trnka, Bohumil 194
Trossbach, Horst 331
Tschichold, Jan 100
Tsur, Reuven 223
Tsurayuki, Ki no 265
Tucholsky, Kurt 268, 333
Turgenjev, Iwan Sergejewitsch 38
Tynjanow, Jurij Nikolajevič 143, 150, 154, 156, 193 f., 233 f.

Ueding, Gert 250, 317, 319
Uhland, Ludwig 62 f.
Ulmer, Bernd 293
Ulrich von Liechtenstein 38
Umlauf, Konrad 1, 85
Umstätter, Walther 83
Ungaretti, Giuseppe 124
Unger, Rudolf 170
Urban, Astrid 209
Usandizaga, Aranzazu 65
Uschtrin, Sandra 99
Utzschneider, Helmut 304

Varela, Francisco 223
Vega, Lope de 285
Veit, Valentin 172
Vellusig, Robert 278
Venantius Fortunatus 201
Vergil 13, 36, 60 f., 78, 167, 189, 201, 312
Verweyen, Theodor 11, 17, 20 f. 32, 34, 36, 43, 58, 62, 179, 215, 217, 257
Vickers, Brian 250
Viehoff, Reinhold 126, 163, 229 f.
Viehweger, Dieter 297
Viëtor, Karl 133, 161, 175, 214
Vischer, Friedrich Theodor 36, 45, 77, 173, 210 f., 275, 314, 321, 324
Vitruv 274
Vogel, Andreas 278
Vogel, Matthias 123
Vogl, Joseph 67, 227
Vogt, Ludgera 118
Völker, Ludwig 324
Vološinov, Valentin N. 292
Voltaire (d.i. François Marie Arouet) 17
Vorderer, Peter 244, 247
Vossius, Gerhard Johann 173, 205
Voßkamp, Willhelm 19, 22, 28, 35, 68 f., 74, 87, 112, 128 f., 131, 134, 136, 140–144, 148, 151 f., 154, 156 f., 190–192, 207, 215, 218, 236, 258, 271, 314
Vossler, Karl 160, 285 f.

Wace 125
Wackwitz, Stephan 32
Waetzold, Wilhelm 276
Wagenknecht, Christian 25
Wagner, Richard 69, 211 f.
Walch, Günter 69, 142
Waldmann, Günter 96
Walser, Martin 61
Wang Guowei 290
Warning, Rainer 17, 40, 271, 286 f., 322
Warren, Austin 19, 87, 112, 191
Weber, Dietrich 241, 293, 313, 329, 332
Weber, Max 161
Weber, Samuel 186
Wehde, Susanne 100
Weimann, Robert 300 f.
Weimar, Klaus 24, 237
Weinhold, Swantje 96
Weinmann, Peter 202
Weischenberg, Siegfried 280
Weise, Adam 276
Weise, Christian 204
Weiß, Wolfgang 332
Weissenberger, Klaus 317 f.
Weisstein, Ulrich 272
Wellek, René 19, 87, 112, 160, 184, 191
Wels, Volkhard 203
Welsch, Wolfgang 124
Weninger, Robert 73
Wenzel, Peter 133, 142, 144, 154 f.
Werner, Michael 49
Werner, Richard Maria 212
Wesche, Jörg 60, 70, 204
Wickram, Jörg 38
Wiegand, Herbert Ernst 91
Wieland, Christoph Martin 43, 76, 100
Wilde, Oscar 58
Wilkomirski, Binjamin (d. i. Bruno Dössekker) 29
Willberg, Hans Peter 100
Willems, Gottfried 33, 36, 70, 76 f., 178, 207, 211, 313
Williams, Raymond 87, 89
Wilpert, Gero von 311
Wilson, David Sloan 165, 223
Wimsatt, William K. 47, 184
Winckelmann, Johann Joachim 96
Windelband, Wilhelm 243
Windfuhr, Manfred 48
Wingert, Lutz 123
Winkler, Hartmut 105
Winko, Simone 59, 71, 97, 221, 223, 227–229, 231–233, 235–237, 239, 241, 244, 249, 258

Wiora, Walter 281
Wittbrodt, Andreas 18, 124, 163, 257, 271
Wittgenstein, Ludwig 8, 15, 112, 217, 245, 257
Witting, Gunther 17, 32, 34, 36, 43, 58, 62, 129, 179, 215, 217, 257
Wittmann, Marc 99
Wittmann, Reinhard 98
Woesler, Winfried 49
Wolf, Hubert 80
Wolf, Norbert Christian 236
Wolf, Norbert Richard 316
Wolf, Werner 18, 106, 255
Wolfe, Tom 268
Wolff, Christian 204 f.
Wolfram von Eschenbach 98
Woolcock, Michael 247
Wördemann, Dirk 304
Worthen, W.B. 301, 335
Worthmann, Friederike 77
Wright, Edward M. 2
Wundt, Max 175, 256
Wundt, Wilhelm 190, 247
Würzbach, Natascha 74, 254
Wuthenow, Ralph-Rainer 317

Xenophon 303

Yakamochi, Ōtomo no 265
Yang Xiong 288

Zabka, Thomas 87
Zapf, Hubert 131 f.
Zelle, Carsten 78
Zeller, Hans 49 f.
Ziegler, Edda 81
Zima, Peter V. 272
Zimmer, Robert 160
Zimmermann, Rolf Christian 170 f.
Zimmermann, Ruben 304
Zipfel, Frank 30
Zobel, Reinhard 229
Zola, Émile 211
Zumthor, Paul 37
Zunshine, Lisa 165
Zweig, Stefan 319
Zymner, Rüdiger 3, 7, 14, 16–18, 21–25, 27 f., 30–36, 41, 43 f., 59, 69 f., 75 f., 78, 84, 91–93, 95 f., 105 f., 109–111, 117 f., 119 f., 123, 126, 133, 136, 140, 142 f., 148, 156–158, 163, 168, 206 f., 213, 215–217, 223 f., 232, 234, 238, 256–258, 268, 271 f., 285, 326

Sachregister

Transmedialität 106 f., 270
Trauerspiel 10, 16, 25, 31, 36, 38, 45, 57 f., 60, 62, 67, 69, 71, 73, 78 f., 157, 167, 178, 206, 208, 271
Travestie 43, 51, 58
triadisch 13, 19, 30, 33, 35, 37, 42, 71, 93, 110, 132, 140 f., 145, 167 ff., 173 f., 190, 205 f., 208 f., 213, 256 f., 257, 259, 314, 317
Trobador 19, 41, 201, 287, 327
Typenkomödie 31, 323
Typographie 49, 63, 85, 97, 99–104
Typologie 11 f., 15, 21, 29, 34, 69, 77, 90–93, 112, 130, 132, 140 ff., 147, 157, 218, 228, 238, 249, 251, 254 ff., 273, 278, 280 f., 286, 295–298
typologisch 12 ff., 16, 21, 25, 35, 44, 71, 90, 124 f., 135, 138, 140 f., 143 f., 149, 156, 169, 174 f., 178 f., 217, 224, 253 ff., 263, 271 f., 283, 306, 316

Überrest 260
Unausweichlichkeit 339
Unbestimmbarkeit 52 ff.
Unbestimmtheit 105, 249
Unbestimmtheitsstelle 249
Universalien 10, 121 ff., 285
Universalienstreit 121 f.
Unvermeidbarkeit 339
Ur-Ei 76
Urkunde 260–263, 311
Utopie 29, 70, 108, 130, 132, 152, 187 f., 319, 332 ff.

Verfremdung 108, 116, 193, 195, 233 f.
Verlachen 322
Vers 31, 33 f., 36, 38 f., 43–46, 48 f., 116, 124 f., 148 f., 166, 168, 194, 198–201, 254, 288, 290, 311 f., 326 f., 332
Versepistel 311
Versepos 38, 45, 78, 150
Verserzählung 37, 46
Versroman 38
Verssatire 10, 14, 16 ff., 25, 43, 177 ff., 331 f., 334
Verwaltungsschriftgut 261
Video 106 f., 280
Videoanalyse 294

Vokalität 37 f.
vormodern 3 f., 118, 151, 263–266
Vormoderne 203, 264, 266

Wahrnehmung 2 f., 22, 61, 97, 105 f., 124, 126 ff., 141, 152, 162, 193, 275, 290, 322, 326, 340 f.
waka 264, 265
Warengruppe 85 ff.
Website 103, 263
Weltliteratur 125, 139, 272
wenxue 288, 291
Werkbegriff 130, 183, 185, 299
Wertung 10, 14 f., 23, 26, 54, 61, 69, 71, 73, 75–79, 92 f., 97, 108, 129 f., 146, 147, 153, 160 f., 167 f., 176, 188, 206, 211, 222, 250, 259, 260, 264, 267, 275, 282, 320, 335, 340
Wesensbestimmungen 3, 27, 160, 257
Western 31, 255, 278 f.
Widerspruchsfreiheit 2, 27
Wissenssoziologie 207, 236, 291–294
Witz 11, 27, 45, 56, 118, 136, 278, 306 f., 323, 333
Workplace Studies 293 f.
Wortgeschichte 1
Wundergeschichte 261, 302, 304

Yuan-Zeit (1279–1368) 289

Zahl 2
Zahlentheorie 5
Zeitroman 31 f., 73
Zeitschrift 1, 10, 18 f., 40 f., 43, 50, 71, 80 f., 85 f., 93, 101, 145, 158, 171, 174, 176, 192, 198, 202, 218, 236, 242, 253, 263, 269, 277 f., 280, 284, 294, 305
Zeitung 1, 7, 48, 80, 88, 90, 93, 96, 100 f., 198, 262, 268, 277 f., 280, 295
Zensur 34, 79–82, 155, 318
Zeugnis 4, 49 f., 53, 82 f., 101, 124, 135, 137, 180, 216, 262
Zweck 4, 7, 12, 25, 35, 67, 83, 91, 101, 104, 111, 113, 121, 153, 160, 163, 176, 193 f., 197, 231, 250, 258, 260 ff., 296, 300, 311 ff.
Zweckform 15, 257, 315, 317
Zweckprosa 318
Zweckmäßigkeit 7